浄土真宗聖典

（註釈版）

序

生に迷い、死をおそれつつ生きる私どもを導いて、その生に意義あらしめ、死に光あらしめるものは、真実に目覚めたもうた仏祖のみことばであります。

その真実のみ教えを集めた『浄土真宗聖典（原典版）』がさきに刊行されました。それは浄土三部経や宗祖親鸞聖人の主著『顕浄土真実教行証文類』をはじめ仏祖の聖教を厳密に校異し翻刻したものでした。しかしその原文は漢文や鎌倉・室町期等の古文で記されているうえに、難解な仏教用語が用いられているために、文意を正確に理解することはまことに困難であります。

聖典は万人に読まれ、領解されてこそ、万人の法財となり、光となります。このたび多くの方々の協力により、原典版の文意をできるだけそこなわずに、わかり易く読み下し、また難解な用語には適切な註釈を加えて、『浄土真宗聖典（註釈版）』が編纂されました。親鸞聖人のみ教えを仰ぐ者として、まことに喜ばしいことであります。この聖典によって、一人でも多くの方が仏陀のみことばにふれ、祖師先徳のおさとしをまのあたり聞いて、本願の真実を領解し、心豊かに人生をまっとうじられることを願ってやみません。

昭和六十三年（一九八八）一月

門主　大谷光真

第二版の序

『浄土真宗聖典（註釈版）』が発刊されて十六年間、多くの方に親しまれ、日々の拝読に、研修会に、そして学習や研究に用いられてきました。この度、用語索引が付加され、編集に一段と工夫をこらした改訂版ができました。

蓮如上人は「本尊は掛けやぶれ、聖教はよみやぶれ」と対句におっしゃいました。家庭での礼拝の中心としてご本尊を安置するとともに、お聖教のお言葉を通じて阿弥陀如来のお意をいただくことは親鸞聖人のお流れを汲むもののたしなみであります。ご本尊を会所におともしたために傷む、ということは少なくなりましたが、お聖教が傷むほどに、繰り返し拝読することは素晴らしいことです。

なおいっそう多くの方に親しみやすいようにと、お聖教の現代語訳が進められていますが、翻訳には利点とともに、限界もあります。『浄土真宗聖典（註釈版）』と現代語訳のそれぞれの特長を生かして、仏祖のお心を味わい、人生を豊かに過される方々が増え、「世のなか安穏なれ、仏法ひろまれ」との宗祖親鸞聖人のお言葉に応えることができることを願っています。

平成十六年（二〇〇四）三月

門主　大谷光真

凡　例

一、本聖典について

㈠　本聖典には『浄土真宗聖典（原典版）』（以下『原典版聖典』という）に収録した聖教を収めた。

㈡　掲げた標題は、浄土真宗本願寺派宗制の規定による聖教名を用いた。

㈢　各聖教のはじめに、内容についての解説を付した。

㈣　各聖教の本文には、利用の便宜をはかるため一連の番号を付した。

㈤　『原典版聖典』および『浄土真宗聖典七祖篇（註釈版）』（以下『註釈版聖典七祖篇』という）との参照の便宜をはかるため、『原典版聖典』の各聖教毎の該当頁数を本文上部に示し、『註釈版聖典七祖篇』の該当頁数（通頁）を本文註で示した。

㈥　『原典版聖典』に準じて、各頁の柱書に聖教の小見出し等を示した。

㈦　付録として年表、インド仏教史蹟略図、中国仏教史蹟略図、親鸞聖人史蹟略図、蓮如上人史蹟略図、京都聖蹟略図、また巻末には本文検索の便宜をはかるため索引を掲載した。

二、本文について

㈠　本聖典は『原典版聖典』を底本とし、漢語聖教については漢文の書下し文を本文とした。ただし、漢文の書下しにあたっては次の措置をとった。

① 訓点のある聖教中の引用文、所釈の文は原則として書下しをしなかった。

② 『顕浄土真実教行証文類』について、引用文のうち訓読等において意味の不明瞭な箇所は、対校本諸本・本山蔵版延書等を参考として、適宜、本文を読み改め、対校本によった箇所には†印を、本山蔵版延書等によった箇所には‡印をそれぞれ右傍に付した。

③ その他の漢語聖教についても、『原典版聖典』の漢文底本および対校本諸本によって本文を校訂し、対校本によった箇所には右傍に†印を付した。

④ 『顕浄土真実教行証文類』の「証巻」「真仏土巻」引用の『往生論註』において、『浄土論』長行の偈文を引き「ゆゑにとのたまへり」「ゆゑにといへり」と訓読されている箇所は、本山蔵版延書に準じて「いへるがゆゑに」と読み改めた。

⑤ 『仏説無量寿経』の「讃仏偈」「重誓偈」「往覲偈」、および『顕浄土真実教行証文類』の親鸞聖人御自釈の文は、二字下げで表記した。

(二) 和語聖教について

① 和語聖教の本文については、『原典版聖典』の底本および対校本によって本文を校訂し、対校本によった箇所には右傍に†印を付した。また、一部本文中の漢文を書下し文に改めて表記した場合もある。

② 底本に訓点のある漢文について、本文に返点を付し、訓点に従ってその書下し文を振り仮名の体裁

で示した場合がある。ただし、返点は現行の返点に統一して表記した。

㈢　聖教に出る固有名詞等で、表記が大蔵経諸本等の表記と相違するもの、また、一般に通行している表記と異なるものについては改めた。

㈣　読解の便宜をはかるため、本文中に適宜、主語、連体・連用両修飾語、および助詞等を〔　〕に入れて示した。

㈤　底本にある割註で、字註に類するものは（　）に入れて示したが、漢字の発音を示す註（反切）は除いた。

㈥　奥書は、原則として底本にあるものを掲載した。ただし、漢文の奥書は書下し文とした。

三、本文表記法について

㈠　本文は、適宜、改行を行い、句読点、中点を加えた。また、仮名は平仮名を、仮名遣いは歴史的仮名遣いを用い、濁音符、半濁音符を補った。

㈡　漢字は、原則として常用漢字を含めた現行の通行体を用い、現行の通行体にない漢字で、仮名に直すと意味不明になるおそれのあるものは、底本の漢字を用いた。また、漢字には現在の発音に従って、現代仮名遣いによる振り仮名を付した。

㈢　本文中の書名には『　』を、品・巻および引文・諺語・歌・会話等には「　」を付し、「　」内の符号は〈《〝　〟》〉の順とした。

(四) 底本の割註は、原則として「乃至」「以上」「抄出」等以外は一行書きにし、ポイントを落として上下一字アキで示した。

四、本文表記法の細目について

(一) 漢字・仮名の変換について

① 漢語聖教の書下し文については、代名詞・副詞・連体詞・接続詞・感動詞・助動詞・助詞・補助動詞・形式名詞は、原則として仮名を用いた。

② 和語聖教については、『三帖和讃』を除き、適宜、仮名を漢字、漢字を仮名に改めた。

③ 『恵信尼消息』『御消息』にみられるサ行拗音の直音表記については、本文表記を仮名とし、右傍に漢字を（　）に入れて示した。

[例] 御りんず《（臨終）》、すざう《（衆生）》、そらう《（所領）》　等

(二) 漢字について

① 従来当派で慣用されている「慧・廻（輪廻の場合）・憍・慚・智・龍（人名の場合）・蓮」等の漢字は残した。

② 次の漢字は、底本の漢字に従った。

唯信抄・唯信鈔、讃嘆・讃歎、三途・三塗、聖人・上人、学文・学問、正教・聖教、照曜・照耀、座・坐、房・坊

③　次の漢字は、通常用いられている漢字に置きかえた。
奸→奸（例えば、奸詐→奸詐）、挍→校（例えば、比挍→比校）、花→華（例えば、法花→法華）、悞→誤（例えば、悞らざる→誤らざる）、懃→勤（例えば、懃苦→勤苦）、砂→沙（例えば、恒砂→恒沙）、忠→中（玄忠寺→玄中寺）、癈→廃（例えば、停癈→停廃）、蜯→蚌（例えば、魚蜯→魚蚌）、密→蜜（例えば、波羅密→波羅蜜）
④　次の漢字について、意味上、置きかえてよいものは置きかえた。
師→獅（「師子」は、ライオンの意のときには「獅子」とした）
著→着（「著」は、つく・つける・きるの意のときには「着」とした）
政→正（「政」は、ただすの意のときには「正」とした）
蔵→臓（「蔵」は、人体内の諸器官の意のときには「臓」とした）
然→燃（「然」は、もえるの意のときには「燃」とした）
府→腑（「府」は、人体内の諸器官の意のときには「腑」とした）
蜜→密（「蜜」は、ひそかの意のときには「密」とした）
⑤　『原典版聖典』で翻刻した漢字の音通字は、意味の通じるように改めた。
㈢　送り仮名は、底本書き下し文に準じて、昭和四十八年六月の内閣告示（昭和五十六年十月一部改正）にもとづく現行の送り仮名法に従った。なお、現在の送り仮名の表記の傾向にかんがみ、省略が許容されるものについては省略した。

㈣ 仮名遣いについては、原則として歴史的仮名遣いを用いたが、読解の便を考慮して左記のように表記を改めた。

① 助動詞「む」は、すべて「ん」と表記した。

例 われ仏をえむに→われ仏をえんに

② 仮名遣いで「む」「う」と両方の表記があるものについては「う」に統一した。

例 むまる→うまる　等

③ 「おほよす」は「おほよそ」と表記した。

④ 清濁の表記は、原則として当時の発音に従ったが、現代人に耳慣れないものは濁音で表記した。

例 あしさま→あしざま、あた→あだ、かかやく→かがやく、くはたつ→くはだつ、たはこと→たはごと、ひがこと→ひがごと、ひがさま→ひがざま

㈤ 音便について

① 現代人に耳慣れない音便は元の形にもどした。

例 学うて（まのうで）→学びて、飛ふて（とうで）→飛びて、行じたまふし→行じたまひし　等

② 促音便の無表記と考えられる場合には、「つ」を補った。

例 もて→もつて、またく→まつたく　等

㈥ 反復記号について

① 同じ漢字が二つ重なった熟語には、反復記号「々」を用いた。

例　云云→云々、種種→種々　等

② 「まゝ」など和語聖教の反復記号は「まま」のように仮名の連記に改めた。

(七) 和語聖教の署名を除く人名および地名で、仮名書きのものには圏点を付した。

例　わかさ殿、さかいの郷　等

(八) 振り仮名について

① 独立した数字、割註の「乃至・以上・抄出」等および「文」を除き、原則としてすべての漢字に振り仮名を付した。

② 底本に読み仮名のあるものは、原則としてその表記にもとづき振り仮名を付し、新たに書下した漢語聖教および底本に読み仮名のないものについては、当派依用音、現行辞書類等に掲げられている音をあてた。

③ 底本の読み仮名で短音表記になっている「宗《しゅ》・衆《しゅ》・住《じゅ》・終《しゅ》・風《ふ》・空《く》・遇《ぐ》」等について、長音で表記した場合がある。

④ 底本の読み仮名がサ行拗音の直音表記のものは拗音の表記とした。

例　庶機（そき→しょき）、気色（きそく→きしょく）、初夏（そか→しょか）

⑤ 底本に読み仮名のない日付のうち、『御消息』『恵信尼消息』については「九《く》月《がつ》二《ふつか》日《のひ》」「五《ご》月《がつ》五《いつか》日《のひ》」等と付し、その他の聖教については、「文明五年二《に》月《がつ》八《よう》日《か》」等と、現在の読み方で振り仮名を付した。

⑥ 底本の読み仮名が通常の読み方と異なるものは、現行辞書類等を参考として読み改めた場合がある。

擁護（おうご→ようご）、海水（かいしい→かいすい）、宿縁（しふえん→しゅくえん）、楽邦文類（らくほうぶんるい→らくほうもんるい）、六十行（ろくじゅうごう→ろくじゅうぎょう）等

⑦読み方に揺れのあるものについては、次のように読み方を定めた。

悪見（あくけん）、安居院（あんごいん）、安慰（あんに）、安養（あんにょう）、安楽国（あんらくこく）、依止（えじ）、円融（えんにゅう）、恩愛（おんない）、賢聖（げんじょう）、業苦（ごっく）、勤修（ごんしゅ）、三有（さんぬ）、三悪道（さんまくどう）、釈家（しゃくけ）、呪術（しゅじゅつ）、竪出（しゅしゅつ）、竪超（しゅちょう）、身意（しんい）、神光（じんこう）、瞋恚（しんに）、信慧（しんね）、親友（しんぬ）、真影（しんねい）、垂迹（すいしゃく）、善悪（ぜんあく）、善知識（ぜんぢしき）、帝王（たいおう）、同朋（どうぼう）、貪愛（とんない）、南無（なも）、人天（にんでん）、仏意（ぶつい）、仏慧（ぶって）、仏恩（ぶっとん）、法界（ほうかい）、焚焼（ぼんじょう）、梵天王（ぼんてんのう）、万億（まんおく）、密意（みつい）、聞法（もんぼう）、門葉（もんよう）、映徹（ようてつ）、来迎（らいこう）、来集（らいじゅう）、六波羅蜜（ろっぱらみつ）

⑧仮名遣いに揺れのある「づ・ず」「じ・ぢ」は、次のように表記した。

例　神通（じんずう）、選択（せんじゃく）　等

⑨『三帖和讃』『御伝鈔』等の拝読聖教の振り仮名は、底本右仮名によることを原則とした。ただし、通常の読み方と異なるものは読み改めた。

因位（いんい→いんに）、改悔（かいけ→がいけ）、憍慢（きょうばん→きょうまん）、刻（きわざ

み→きざみ）、交衆（こうしゅ→きょうしゅ）、皇太后宮（こうたいこぐう→こうたいごうぐう）、近衛（こんえ→このえ）、三位（さんい→さんみ）、三会（さんえ→さんね）、慈氏（じじ→じし）、闍王（しゃおう→じゃおう）、上皇（しょうこう→じょうこう）、丞相（しょうしょう→しょうじょう）、聖代（せいたい→せいだい）、造次顚沛（そうしてんぱい→ぞうじてんぱい）、大織冠（たいしょくかん→たいしょっかん）、大進（たいしん→だいしん）、頭巾（とうきん→ときん）、範宴（はんえん→はんねん）　等

⑩『顕浄土真実教行証文類』の「化身土巻」（末）引用の『弁正論』において、底本読み仮名が漢音でなじまないものは通常の読み方に改めた。

菩提（ほてい→ぼだい）、涅槃（ていはん→ねはん）　等

五、註釈の種別と内容について

㈠本聖典に施した註釈は、①本文註、②脚註、③巻末註、④補註（要語解説）の四種類である。

㈡本文註は、人名、書名、願名（四十八願の呼称）、引用文の出拠等について（　）内に示した。また、引用文が取意の場合は「意」と表記した。

例　宗師（善導）、経（大経・上）、至心信楽の願（第十八願）、慈氏（弥勒）、天竺（印度）　等

㈢脚註は、とくに説明を必要とする語、本文中の漢文の書き下し文、読解上留意すべき校異・左訓等について、本文下の欄外に示した。

㈣　巻末註は、仏教・真宗の基本用語、および人名・書名等の固有名詞を五十音順にまとめて掲載した。

㈤　補註は、聖教の領解にあたり、とくに留意すべき重要な語句（要語）について、巻末註の後に五十音順にまとめて掲載した。

六、註釈表記の細目について

㈠　脚註について

①　脚註を付した箇所には本文右傍に＊印で示した。

②　巻末註、補註への参照送りは、文末に、↓○○、↓補註○で示した。

例　**泥洹**　涅槃のこと。↓涅槃《ねはん》、**三蔵**　↓三蔵《さんぞう》2、**五障**　↓五障三従《ごしょうさんしょう》、**先生**　過去世。↓補註5

③　校異・左訓を示したもので、異本とあるのは『原典版聖典』対校本を指す。

㈡　巻末註および補註（要語解説）の表記の細目については、巻末註のはじめに示した。

七、本聖典の註釈等に用いた聖教の略称について

㈠　浄土三部経および七祖聖教

『仏説無量寿経』↓『大経』、『仏説観無量寿経』↓『観経』、『仏説阿弥陀経』↓『小経』、『十住毘婆沙論』「易行品第九」↓「易行品」、『無量寿経優婆提舎願生偈』↓『浄土論』、『無量寿経優婆提舎願生偈註（往生論註）』↓『論註』、『讃阿弥陀仏偈』↓『讃弥陀偈』、『観経疏（観経玄義分巻第一・観経序分義巻第二・観経正宗分定善義巻第三・観経正宗分散善義巻第四）』↓「玄義分」・「序分義」・「定善義」・「散善義」、『転経行道願往生浄土法事讃巻上』・『安楽行道転経願生浄土法事讃巻下』↓『法事讃』、『観念阿弥陀仏相海三昧功徳法門』↓『観念法門』、『依観経等明般舟三昧行道往生讃』↓『般舟讃』、『往生礼讃』↓『礼讃』、『選択本願念仏集』↓『選択集』

㈡　親鸞聖人等の撰述

『顕浄土真実教行証文類（序・教文類一・行文類二・信文類三・証文類四・真仏土文類五・化身土文類六）』→『教行信証（「総序」「教巻」「行巻」「信巻」「証巻」「真仏土巻」「化身土巻」）』、「正信念仏偈」→「正信偈」、『浄土文類聚鈔』→『文類聚鈔』、『入出二門偈頌』→『二門偈』、『如来二種回向文』→『二種回向文』、『尊号真像銘文』→『銘文』、『一念多念文意（一念多念証文）』→『一多文意』、『親鸞聖人御消息』→『御消息』、『浄土真要鈔』→『真要鈔』、『蓮如上人御一代記聞書』→『御一代記聞書』、『後世物語聞書』→『後世物語』

㈢　その他の浄土教典籍

『仏説無量清浄平等覚経』→『平等覚経』、『仏説阿弥陀三耶三仏薩楼仏檀過度人道経』→『大阿弥陀経』、『無量寿如来会』→『如来会』、『仏説大乗無量寿荘厳経』→『荘厳経』、『称讃浄土仏摂受経』→『称讃浄土経』、『無量寿経連義述文賛』→『述文賛』、『観無量寿経義疏』→『観経義疏』、『浄土五会念仏略法事儀讃』→『五会法事讃』

※　なお、右記以外の聖教で略称が一般的なものについては、一々示さなかった。

浄土真宗聖典（註釈版）　目次

目次

付　録

仏《ぶつ》説《せつ》無《む》量《りよう》寿《じゆ》経《きよう》

この経は『大無量寿経《だいむりょうじゅきょう》』ともいい、略して『大経《だいきょう》』とも称される。浄土真宗の根本所依の経典であり、阿弥陀仏の本願が説かれる。

おおよそ、経典は序分《じょぶん》、正宗分《しょうしゅうぶん》、流通分《るずうぶん》に分けられるが、この経の序分には、それが王舎城《おうしゃじょう》の耆闍崛山《ぎしゃくっせん》において、すぐれた比丘《びく》や菩薩《ぼさつ》たちに対して、釈尊が五徳の瑞相《ずいそう》をあらわして説かれたものであり、如来が世間に出現されるのは、苦悩の衆生《しゅじょう》に真実の利益《りやく》を与えて救うためであるといわれている。

正宗分にはいって、第一に法蔵《ほうぞう》菩薩が発願《ほつがん》し修行して阿弥陀仏となられた仏願の始終が説かれる。まず「讃仏偈《さんぶつげ》」において師の世自在王仏《せじざいおうぶつ》を讃嘆し、続いてみずからの願を述べる。次いで諸仏土中における選択《せんじゃく》と、それによってたてられた四十八願が説かれるが、なかでも、すべての衆生に名号《みょうごう》を与えて救おうと誓う第十八願が根本である。次に四十八願の要点を重ねて誓う「重誓偈《じゅうせいげ》」が、さらに兆載永劫《ちょうさいようごう》にわたる修行のさまが説かれ、この願と行が成就して阿弥陀仏となりたもうてから十劫《じっこう》を経ているといい、その仏徳と浄土のありさまがあらわされている。下巻にいたると第十八願が成就して、衆生は阿弥陀仏の名号を聞信する一念に往生が定まると述べ、さらに浄土に往生した聖衆《しょうじゅ》の徳が広く説かれる。こうして第二に釈尊は弥勒《みろく》菩薩に対して、三毒、五悪を誡《いまし》め、胎生《たいしょう》と化生《けしょう》の得失を判定し、仏智を信じて浄土往生を願うべき旨が勧められる。

最後に流通分にいたって、無上功徳《むじょうくどく》の名号を受持《じゅじ》せよとすすめ、将来聖道《しょうどう》の法が滅尽《めつじん》しても、この経だけは留めおいて人々を救いつづけると説いて終っている。

仏《ぶつ》説《せつ》無《む》量《りょう》寿《じゅ》経《きょう》　巻上《かんじょう》

*曹魏《そうぎ》*天竺《てんじくの》*三蔵《さんぞう》康僧鎧《こうそうがい》訳《やく》

【一】 われ聞《き》きたてまつりき、かくのごとく。ひと時《とき》、仏《ぶつ》、王舎城《おうしゃじょう》耆闍崛山《ぎしゃくっせん》のうちに住《じゅう》したまひき。*大比丘《だいびく》の衆《しゅう》、万二千人《まんにせんにん》と倶《とも》なりき。一切《いっさい》は大聖《だいしょう》にして、神通《じんずう》すでに達《たつ》せり。その名《な》をば、尊者了本際《そんじゃりょうほんざい》・尊者正願《そんじゃしょうがん》・尊者正語《そんじゃしょうご》・尊者大号《そんじゃだいごう》・尊者仁賢《そんじゃにんげん》・尊者離垢《そんじゃりく》・尊者名聞《そんじゃみょうもん》・尊者善実《そんじゃぜんじつ》・尊者具足《そんじゃぐそく》・尊者牛王《そんじゃごおう》・尊者優楼頻蠃迦葉《そんじゃうるびんらかしょう》・尊者伽耶迦葉《そんじゃがやかしょう》・尊者那提迦葉《そんじゃなだいかしょう》・尊者摩訶迦葉《そんじゃまかかしょう》・尊者舎利弗《そんじゃしゃりほつ》・尊者大目犍連《そんじゃだいもくけんれん》・尊者劫賓那《そんじゃこうひんな》・尊者大住《そんじゃだいじゅう》・尊者大浄志《そんじゃだいじょうし》・尊者摩訶周那《そんじゃまかしゅな》・尊者満願子《そんじゃまんがんし》・
4
尊者離障《そんじゃりしょう》・尊者流灌《そんじゃるかん》・尊者堅伏《そんじゃけんぷく》・尊者面王《そんじゃめんのう》・尊者異乗《そんじゃいじょう》・尊者仁性《そんじゃにんしょう》・尊者嘉楽《そんじゃからく》・尊者善来《そんじゃぜんらい》・尊者羅云《そんじゃらうん》・尊者阿難《そんじゃあなん》といひき。みなこれらのごとき*上首《じょうしゅ》たるものなり。

また大乗《だいじょう》のもろもろの菩薩《ぼさつ》と倶《とも》なりき。普賢菩薩《ふげんぼさつ》・*妙徳菩薩《みょうとくぼさつ》・慈氏菩薩《じしぼさつ》（弥勒）等《とう》の、この*賢劫《げんごう》のなかの一切《いっさい》の菩薩《ぼさつ》、また賢護《げんご》等《とう》の十六《じゅうろく》*正士《しょうじ》、善思議菩薩《ぜんしぎぼさつ》・信慧菩薩《しんねぼさつ》・空無菩薩《くうむぼさつ》・神通華菩薩《じんずうけぼさつ》・光英菩薩《こうようぼさつ》・慧上菩薩《えじょうぼさつ》・智幢菩薩《ちどうぼさつ》・寂根《じゃくこん》

曹魏　三国時代の魏（二二〇―二六五）の別称。王室の姓をとって曹魏と呼ぶ。

天竺　インド。

三蔵　→三蔵《さんぞう》[2]

大比丘の衆　大いなる比丘の集まり。後に列挙する菩薩衆に対すれば声聞衆《しょうもんしゅ》である。

上首　教団の最上位にあるものをいう。

妙徳菩薩　文殊師利菩薩のこと。→文殊師利《もんじゅしり》

賢劫　現在の住劫《じゅうこう》（世界の存続期）の称。劫は非常に長い時間の単位。過去の住劫を荘厳劫《しょうごんこう》、未来の住劫を星宿劫《しょうしゅくこう》というのに対す。現在の住劫には千仏が出世するので賢劫の名がある。

正士　正道を求める大士《だいじ》。菩薩のこと。→菩薩《ぼさつ》

菩薩《ぼさつ》・願慧菩薩《がんねぼさつ》・香象菩薩《こうぞうぼさつ》・宝英菩薩《ほうようぼさつ》・中住菩薩《ちゅうじゅうぼさつ》・制行菩薩《せいぎょうぼさつ》・解脱菩薩《げだつぼさつ》なり。

【三】　みな*普賢大士《ふげんだいじ》の徳《とく》に遵《したが》へり。もろもろの菩薩《ぼさつ》の無量《むりょう》の*行願《ぎょうがん》を具《ぐ》し、一切功徳《いっさいくどく》の法《ほう》に安住《あんじゅう》す。十方《じっぽう》に遊歩《ゆぶ》して権方便《ごんほうべん》を行《ぎょう》じ、*仏法蔵《ぶっぽうぞう》に入《い》りて彼岸《ひがん》を究竟《くきょう》し、無量《むりょう》の世界《せかい》において*等覚《とうがく》を成《じょう》ずることを現《げん》じたまふ。兜率天《とそつてん》に処《しょ》して正法《しょうぼう》を弘宣《ぐせん》し、かの天宮《てんぐ》を捨《す》てて*神《じん》を母胎《もたい》に降《くだ》す。右脇《うきょう》より生《しょう》じて七歩《しちぶ》を行《ゆ》くことを現《げん》ず。光明《こうみょう》は顕耀《けんよう》にして、あまねく十方《じっぽう》を照《て》らし、無量《むりょう》の仏土《ぶつど》は、*六種《ろくしゅ》に震動《しんどう》す。声《こえ》を挙《あ》げてみづから称《とな》ふ、「われまさに世《よ》において無上尊《むじょうそん》となるべし」と。*釈《しゃく》・梵《ぼん》は奉侍《ぶじ》し、天《てん》・人《にん》は帰仰《きごう》す。算計《さんげ》・文芸《もんげい》・射御《しゃご》を示現《じげん》して、博《ひろ》く道術《どうじゅつ》を綜《なら》ひ、群籍《ぐんじゃく》を貫練《かんれん》したまふ。後園《ごおん》に遊《あそ》びて武《ぶ》を講《こう》じ芸《げい》を試《こころ》みる。宮中《くちゅう》*色味《しきみ》のあひだに処《しょ》することを現《げん》じ、老病死《ろうびょうし》を見《み》て世《よ》の*非常《ひじょう》を悟《さと》る。国《くに》と財《ざい》と位《くらい》を棄《す》てて山《やま》に入《い》りて道《どう》を学《がく》す。服乗《ぶくじょう》の白馬《びゃくめ》・宝冠《ほうかん》・瓔珞《ようらく》、これを遣《つか》はして還《かえ》さしむ。珍妙《ちんみょう》の衣《ころも》を捨《す》てて法服《ほうぶく》を着《ちゃく》し、鬚髪《しゅほつ》を剃除《たいじょ》し、樹下《じゅげ》に端坐《たんざ》し、勤苦《ごんく》すること六年《ろくねん》、行《ぎょう》、所応《しょおう》のごとくまします。五濁《ごじょく》の*刹《せつ》に現《げん》じて群生《ぐんじょう》に随順《ずいじゅん》す。塵垢《じんく》ありと示《しめ》して*金流《こんる》に沐浴《もくよく》す。天《てん》は樹《き》の枝《えだ》を按《おさ》へて池《いけ》より攀《よ》ぢ出《い》づることを得《え》しむ。*霊禽《りょうきん》、*翼従《よくじゅう》して道場《どうじょう》に往詣《おうげい》す。*吉祥《きっしょう》、*感徴《かんちょう》して*功祚《こうそ》を表章《ひょうしょう》

普賢大士の徳に遵へり　普賢菩薩のように、慈悲行を実践するという意。

行願　菩薩の修する四摂《ししょう》・六度等の行と四弘誓願《しぐぜいがん》・十大願等の願。

仏法蔵　真如法性《しんにょほっしょう》のこと。

等覚　→等正覚《とうしょうがく》[1]

神　神識《じんしき》。こころ。

六種に震動す　仏の出現や説法を讃えて、動《どう》・起《き》・涌《ゆう》（形の震動）と震《しん》・吼《く》・覚《かく》（音の震動）の六種の瑞相があらわれることをいう。

釈梵　帝釈天《たいしゃくてん》と梵天《ぼんてん》。

色味　五欲（色《しき》・声《しょう》・香《こう》・味《み》・触《そく》を対象とする欲）の中の二つを挙げて、欲望を代表的に示す。

非常　無常に同じ。常ならざること。

刹　梵語クシェートラ（kṣetra）の音写。国土の意。

金流　清流。釈尊の場合で

6 す。哀《あわ》れんで施草《せそう》を受《う》けて仏樹《ぶつじゅ》の下《もと》に敷《し》き、*跏趺《かふ》して坐《ざ》す。大光明《だいこうみょう》を奮《ふる》つて、魔《ま》をしてこれを知《し》らしむ。魔《ま》、*官属《かんぞく》を率《ひき》ゐて、来《きた》りて逼《せ》め試《こころ》みる。制《せい》するに智《ち》力《りき》をもつてして、みな降伏《ごうぶく》せしむ。微妙《みみょう》の法《ほう》を得《え》て最正覚《さいしょうがく》を成《な》る。釈《しゃく》・梵《ぼん》、祈勧《きかん》して*転法輪《てんぼうりん》を請《しょう》ず。〔成道《じょうどう》せられし菩薩《ぼさつ》は〕仏《ぶつ》の遊歩《ゆぶ》をもつてし、仏《ぶつ》の吼《く》をもつて吼《く》す。法鼓《ほうく》を扣《たた》き、法螺《ほうら》を吹《ふ》き、法剣《ほうけん》を執《と》り、*法幢《ほうどう》を建《た》て、法雷《ほうらい》を震《ふる》ひ、法電《ほうでん》を曜《かがや》かし、法雨《ほうう》を澍《そそ》ぎ、法施《ほうせ》を演《の》ぶ。つねに法音《ほうおん》をもつて、もろもろの世間《せけん》を覚《かく》せしむ。光明《こうみょう》、あまねく無量《むりょう》の仏土《ぶつど》を照《て》らし、一切世界《いっさいせかい》、六種《ろくしゅ》に震動《しんどう》す。総《そう》じて魔界《まかい》を摂《せっ》し、魔《ま》の宮殿《くでん》を動《どう》ず。衆魔《しゅま》、慴怖《しょうふ》して帰伏《きぶく》せざるはなし。邪網《じゃもう》を摑裂《かくれつ》し、*諸見《しょけん》を消滅《しょうめつ》し、もろもろの*塵労《じんろう》を散《さん》じ、もろもろの欲塹《よくぜん》を壊《やぶ》る。法城《ほうじょう》を厳護《ごんご》して法門《ほうもん》を開闡《かいせん》す。垢汚《くお》を洗濯《せんじょく》して清白《しょうびゃく》を顕明《けんみょう》す。仏《ぶつ》法《ぽう》を光融《こうゆ》し、正化《しょうけ》を宣流《せんる》す。国《くに》に入《い》りて*分衛《ぶんえ》して、もろもろの豊膳《ぶぜん》を獲《え》、功徳《くどく》を貯《たくわ》へしめ、*福田《ふくでん》を示《しめ》す。法《ほう》を宣《の》べんと欲《ほっ》して欣笑《ごんしょう》を現《げん》ず。もろもろの法薬《ほうやく》をもつて三苦《さんく》を救療《くりょう》し、*道意無量《どういむりょう》の功徳《くどく》を顕現《けんげん》す。菩薩《ぼさつ》に記《き》を授《さず》け、*等正覚《とうしょうがく》
7 を成《な》らしむ。滅度《めつど》を示現《じげん》すれども、拯済《じょうさい》すること極《きわ》まりなし。*諸漏《しょろ》を消除《しょうじょ》して、もろもろの徳本《とくほん》を植《う》ゑ、功徳《くどく》を具足《ぐそく》せしむること、微妙《みみょう》にして量《はか》りがた

は、ブッダガヤー(Buddha-gayā)に近いナイランジャナー(Nairañjanā)河を指す。

霊禽　霊鳥。不思議な鳥。

翼従　両翼のように左右に従うこと。

吉祥　仏の成道《じょうどう》に際し、草を捧げた童子の名。その草も吉祥という。

感徴　仏が成道するという奇瑞《きずい》を感得すること。

功祚　仏のさとり。仏果。修行の功徳《くどく》によって成仏したことをたたえていう語。

跏趺して坐す　結跏趺坐《けっかふざ》のこと。足の甲を左右のももの上に置く坐法。

官属　一族の者。配下の者。

転法輪　仏が教法の輪を転ずること。

法幢　真理の旗。

諸見　もろもろの悪い見解。

塵労　心を疲れさせるもの

し。諸仏《しょぶつ》の国《くに》に遊《あそ》びてあまねく*道教《どうきょう》を現《げん》ず。その修行《しゅぎょう》するところ、清浄《しょうじょう》にし
て穢《え》なし。たとへば幻師《げんし》のもろもろの異像《いぞう》を現《げん》じて、男《おとこ》となし、女《おんな》となして、
変《へん》ぜざるところなく、*本学明了《ほんがくみょうりょう》にして意《こころ》の所為《しょい》にあるがごとし。このもろも
ろの菩薩《ぼさつ》、またまたかくのごとし。一切《いっさい》の法《ほう》を学《がく》して*貫綜縷練《かんそうるれん》す。*所住安諦《しょじゅうあんたい》
にして化《け》を致《いた》さざることなし。無数《むしゅ》の仏土《ぶつど》にみなことごとくあまねく現《げん》ず。い
まだかつて慢恣《まんし》せず。衆生《しゅじょう》を愍傷《みんしょう》す。かくのごときの法《ほう》、一切具足《いっさいぐそく》せり。菩《ぼ》
薩《さつ》の経典《きょうてん》、要妙《ようみょう》を究暢《くちょう》し、名称《みょうしょう》あまねく至《いた》りて十方《じっぽう》を導御《どうご》す。無量《むりょう》の諸仏《しょぶつ》、
ことごとくともに護念《ごねん》したまふ。*仏《ぶつ》の所住《しょじゅう》は、みなすでに住《じゅう》することを得《え》た
り。*大聖《だいしょう》の所立《しょりゅう》は、しかもみなすでに立《りゅう》す。如来《にょらい》の導化《どうけ》は、おのおのよく宣《せん》
布《ぷ》して、もろもろの菩薩《ぼさつ》のために、しかも大師《だいし》となる。甚深《じんじん》の*禅《ぜん》・慧《え》をもつて
衆人《しゅにん》を開導《かいどう》す。*諸法《しょほう》の性《しょう》を通《さと》り、衆生《しゅじょう》の相《そう》に達《たつ》せり。あきらかに諸国《しょこく》を了《さと》り
8 て諸仏《しょぶつ》を供養《くよう》したてまつる。その身《み》を化現《けげん》すること、なほ電光《でんこう》のごとし。よく
*無畏《むい》の網《もう》を学《がく》して、あきらかに*幻化《げんけ》の法《ほう》を了《りょう》す。魔網《まもう》を壊裂《えれつ》し、もろもろの*纏《てん》
縛《ばく》を解《と》く。声聞《しょうもん》・縁覚《えんがく》の地《じ》を超越《ちょうおつ》して、*空《くう》・無相《むそう》・無願三昧《むがんざんまい》を得《え》たり。よく方《ほう》
便《べん》を立《りゅう》して三乗《さんじょう》を顕示《けんじ》す。この*中下《ちゅうげ》において、しかも滅度《めつど》を現《げん》ずれども、ま

の意。煩悩《ぼんのう》の異名。

分衛　梵語ピンダ・パータ（piṇḍa-pāta）の音写。乞《こつ》食《じき》・托鉢の意。

福田　仏を敬い供養《くよう》すれば、田地に穀物が生じるように福徳を生み出すから、仏を指して福田という。

道意　→菩提心《ぼだいしん》

等正覚　→等正覚《とうしょうがく》1

諸漏　もろもろの煩悩。

道教　仏道の教え。

本学　幻師（幻術者）の学問を指す。

貫綜縷練　徹底的に学び通達すること。

所住安諦　学んだ教えの上に心を落ち着かせて、安らかになること。

仏の所住　仏の具《そな》える功徳《くどく》。

大聖の所立　大聖は仏のこと。仏の清浄《しょうじょう》な行い。

禅慧　禅定《ぜんじょう》と智慧《ちえ》。

た所作《しょさ》なく、また所有《しょう》なし。不起《ふき》・不滅《ふめつ》にして平等《びょうどう》の法《ほう》を得《え》たり。無量《むりょう》の総《そう》持《じ》、百千《ひゃくせん》の三昧《さんまい》を具足《ぐそく》し成就《じょうじゅ》す。*諸根智慧《しょこんちえ》、*広普寂定《こうふじゃくじょう》にして、深《ふか》く菩薩《ぼさつ》の法《ほう》蔵《ぞう》に入《い》り、*仏華厳三昧《ぶっけごんざんまい》を得《え》て一切《いっさい》の経典《きょうてん》を宣暢《せんちょう》し演説《えんぜつ》す。深定門《じんじょうもん》に住《じゅう》して、ことごとく現在《げんざい》の無量《むりょう》の諸仏《しょぶつ》を観《み》たてまつること、一念《いちねん》のあひだに周遍《しゅうへん》せざることなし。もろもろの*劇難《ぎゃくなん》と、もろもろの*閑《げん》と不閑《ふげん》とを済《すく》ひて、真実《しんじつ》の際《さい》を分別《ふんべつ》し顕示《けんじ》す。もろもろの如来《にょらい》の*弁才《べんざい》の智《ち》を得《え》、もろもろの言音《ごんのん》を入《さと》りて一《いっ》切《さい》を開化《かいけ》す。世間《せけん》のもろもろの*所有《しょう》の法《ほう》に超過《ちょうか》して、心《こころ》つねにあきらかに度世《どせ》の道《どう》に住《じゅう》す。一切《いっさい》の万物《まんもつ》において、しかも随意自在《ずいいじざい》なり。もろもろの*庶類《しょるい》のために*不請《ふしょう》の友《とも》となる。群生《ぐんじょう》を荷負《かぶ》してこれを重担《じゅうたん》とす。如来《にょらい》の甚深《じんじん》の法蔵《ほうぞう》を受持《じゅじ》し、*仏種性《ぶっしゅしょう》を護《まも》りて、つねに絶《た》えざらしむ。大悲《だいひ》を興《おこ》して衆生《しゅじょう》を愍《あわ》れみ、慈弁《じべん》を演《の》べ、法眼《ほうげん》を授《さず》く。三趣《さんしゅ》を杜《ふさ》ぎ、善門《ぜんもん》を開《ひら》く。不請《ふしょう》の法《ほう》をもつてもろもろの*黎庶《れいしょ》に施《ほどこ》すこと、純孝《じゅんきょう》の子《こ》の父母《ぶも》を愛敬《あいきょう》するがごとし。もろもろの衆《しゅ》生《じょう》において視《み》そなはすこと、自己《じこ》のごとし。一切《いっさい》の善本《ぜんぽん》みな彼岸《ひがん》に度《ど》す。ことごとく諸仏《しょぶつ》の無量《むりょう》の功徳《くどく》を獲《う》。智慧聖明《ちえしょうみょう》なること不可思議《ふかしぎ》なり。かくのごときらの菩薩大士《ぼさつだいじ》、称計《しょうげ》すべからず、一時《いちじ》に来会《らいえ》す。

諸法の性　あらゆる存在の本性。

無畏　→無畏《むい》[1]

幻化の法　すべての事物は因縁《いんねん》によって生起したもので、それ自身に固有な本性がないから幻のようである、という道理。

纏縛　煩悩《ぼんのう》の異名。

空無相無願三昧　→三解脱《さんげだつ》門《もん》

中下　縁覚《えんがく》と声聞《しょうもん》。

諸根智慧　一切衆生《しゅじょう》の素質能力を知りわける智慧。

広普寂定　菩薩が無量の法門を説法するよりどころとなる禅定《ぜんじょう》。

仏華厳三昧　広普寂定の異名。

劇難　八難の中で痛苦の最も劇しい三悪趣《さんまくしゅ》をいう。

閑と不閑　苦悩が薄くて仏道を求めるのに暇のある者

【三】 その時《とき》に、世尊《せそん》、*諸根悦予《しょこんえつよ》し、姿《し》色《しき》清浄《しょうじょう》にして*光顔巍々《こうげんぎぎ》とましま す。尊《そん》
者《じゃ》阿難《あなん》、仏《ぶつ》の聖旨《しょうし》を承《う》けてすなはち座《ざ》より起《た》ちて、*ひとへに右《みぎ》の肩《かた》を袒《かたぬ》ぎ、長《じょう》
跪合掌《きがっしょう》して、仏《ぶつ》にまうしてまうさく、「今日《こんにち》世尊《せそん》、諸根悦予《しょこんえつよ》し、姿《し》色《しき》清浄《しょうじょう》にし
て光顔巍々《こうげんぎぎ》とましますこと、*明浄《みょうじょう》なる鏡《かがみ》の影《かげ》、表裏《ひょうり》に暢《とお》るがごとし。威容顕《いようけん》
10 曜《よう》にして超絶《ちょうぜつ》したまへること無量《むりょう》なり。いまだかつて*瞻覩《せんと》せず、殊妙《しゅみょう》なること
今《きょう》のごとくましますをば。*やや、しかなり。大聖《だいしょう》、われ心《こころ》に念言《ねんごん》すらく、今日《こんにち》
世尊《せそん》、*奇特《きどく》の法《ほう》に住《じゅう》したまへり。今日《こんにち》世雄《せおう》、*仏《ぶつ》の所住《しょじゅう》に住《じゅう》したまへり。今日《こんにち》
世眼《せげん》、*導師《どうし》の行《ぎょう》に住《じゅう》したまへり。今日《こんにち》世英《せよう》、*最勝《さいしょう》の道《どう》に住《じゅう》したまへり。今日《こんにち》
天尊《てんそん》、*如来《にょらい》の徳《とく》を行《ぎょう》じたまへり。去来現《こらいげん》の仏《ぶつ》、仏《ぶつ》と仏《ぶつ》とあひ念《ねん》じたまふ。いま
の仏《ぶつ》も諸仏《しょぶつ》を念《ねん》じたまふことなきことを得《え》んや。なんがゆゑぞ、威神光々《いじんこうこう》たる
こといまし、しかるや」と。ここにおいて世尊《せそん》、阿難《あなん》に告《つ》げてのたまはく、「い
かんぞ阿難《あなん》、諸天《しょてん》のなんぢを教《おし》へて仏《ぶつ》に来《きた》し問《と》はしむるか。みづから慧見《えけん》をも
つて威顔《いげん》を問《と》へるか」と。阿難《あなん》、仏《ぶつ》にまうさく、「諸天《しょてん》の来《きた》りてわれを教《おし》ふるも
のあることなし。みづから所見《しょけん》をもつてこの義《ぎ》を問《と》ひたてまつるのみ」と。仏《ぶつ》
のたまはく、「善《よ》いかな阿難《あなん》、問《と》へるところはなはだ快《こころよ》し。深《ふか》き智慧《ちえ》、真妙《しんみょう》の

と、ひどく苦に迫られて仏道を求める暇のない者。

弁才の智　↓四無礙智《しむげち》

所有の法　有為法《ういほう》。迷いによって現れたあらゆる世間の事柄。

庶類　衆生《しゅじょう》のこと。

不請の友　衆生が請願しなくとも、衆生のために大いなる慈しみをもってその親友となる人。

仏種性　一切衆生が本来的にもっている仏性《ぶっしょう》のこと。

黎庶　衆生のこと。

諸根悦予　諸根は眼・耳・鼻・舌・身の五根（五種の感覚器官）、悦予はよろこぶこと。

光顔巍々　光り輝く顔が気高くすぐれているさま。

ひとへに…長跪合掌して　衣の右肩をはだ脱ぎ、両膝を地につけ両足指を地に立

弁才《べんざい》を発《おこ》し、衆生《しゅじょう》を愍念《みんねん》せんとしてこの*慧義《えぎ》を問《と》へり。如来《にょらい》、*無蓋《むがい》の大悲《だいひ》をも
つて三界《さんがい》を矜哀《こうあい》したまふ。世《よ》に出興《しゅっこう》するゆゑは、*道教《どうきょう》を光闡《こうせん》して、群萌《ぐんもう》を拯《すく》
ひ恵《めぐ》むに*真実《しんじつ》の利《り》をもつてせんと欲《おぼ》してなり。無量億劫《むりょうおくこう》にも値《あ》ひがたく見《み》た
11 てまつりがたきこと、なほ*霊瑞華《れいずいけ》の、時《とき》ありて、時《とき》にいまし出《い》づるがごとし、い
ま問《と》へるところは、*饒益《にょうやく》するところ多《おお》し。一切《いっさい》の諸天《しょてん》・人民《にんみん》を開化《かいけ》す。阿難《あなん》
まさに知《し》るべし、如来《にょらい》の正覚《しょうがく》は、その智量《ちはか》りがたくして、〔衆生《しゅじょう》を〕導御《どうご》する
ところ多《おお》し。*慧見無礙《えけんむげ》にして、よく*遏絶《あつぜつ》することなし。*一餐《いちざん》の力《ちから》をもつて、よ
く寿命《じゅみょう》を住《とど》めたまふこと、億百千劫《おくひゃくせんごう》無数《むしゅ》無量《むりょう》にして、またこれよりも過《す》ぎた
まへり。諸根悦予《しょこんえつよ》してもつて毀損《きそん》せず。姿色《ししき》変《へん》ぜず、光顔《こうげん》異《こと》なることなし。ゆゑ
はいかん。如来《にょらい》は、*定《じょう》と慧《え》と究暢《くちょう》したまへること極《きわ》まりなし。一切《いっさい》の法《ほう》におい
て自在《じざい》を得《え》たまへり。阿難《あなん》、あきらかに聴《き》け、いまなんぢがために説《と》かん」と。
対《こた》へてまうさく、「やや、しかなり。願楽《がんぎょう》して聞《き》きたてまつらんと欲《おも》ふ」と。
12 【四】仏《ぶつ》、阿難《あなん》に告《つ》げたまはく、「*乃往過去《ないおうかこ》久遠《くおん》無量《むりょう》不可思議《ふかしぎ》*無央数劫《むおうしゅこう》に、*錠《じょう》
光如来《こうにょらい》、世《よ》に興出《こうしゅつ》して無量《むりょう》の衆生《しゅじょう》を教化《きょうけ》し*度脱《どだつ》して、みな道《どう》を得《え》しめてすな
はち滅度《めつど》を取《と》りたまひき。次《つぎ》に如来《にょらい》ましましき、名《な》をば光遠《こうおん》といふ。次《つぎ》をば月《がっ》

てて合掌して。
明浄なる鏡…ごとし　底本延書には「あきらかなる鏡、浄き影表裏に暢るがごとし」とある。
瞻覩　仰ぎみること。
ややしかなり　相手に恭順の意を示しつつ応諾する語。「はい、そうです」と仏の聖旨《しょうし》に随順するという意。
奇特の法　とくにすぐれた禅定《ぜんじょう》。
仏の所住　普遍平等の真理に安住する仏の境地。普等《ふとう》三昧《ざんまい》。
導師の行　人々を真実の世界へ導く師としての行。
最勝の道　最もすぐれた智《ち》慧《え》の境地。
如来の徳　自利利他を円満した徳。

慧義　智慧によってのみ知ることができる意義。すな

光《こう》と名《な》づく。次《つぎ》をば栴檀香《せんだんこう》と名《な》づく。次《つぎ》をば善山王《ぜんせんのう》と名《な》づく。次《つぎ》をば須弥天冠《しゅみてんがん》
と名《な》づく。次《つぎ》をば須弥等曜《しゅみとうよう》と名《な》づく。次《つぎ》をば月色《がっしき》と名《な》づく。次《つぎ》をば正念《しょうねん》と名《な》
づく。次《つぎ》をば離垢《りく》と名《な》づく。次《つぎ》をば無著《むじゃく》と名《な》づく。次《つぎ》をば龍天《りゅうてん》と名《な》づく。次《つぎ》
をば夜光《やこう》と名《な》づく。次《つぎ》をば安明頂《あんみょうちょう》と名《な》づく。次《つぎ》をば不動地《ふどうじ》と名《な》づく。次《つぎ》をば
瑠璃妙華《るりみょうけ》と名《な》づく。次《つぎ》をば瑠璃金色《るりこんじき》と名《な》づく。次《つぎ》をば金蔵《こんぞう》と名《な》づく。次《つぎ》をば焔《えん》
光《こう》と名《な》づく。次《つぎ》をば焔根《えんこん》と名《な》づく。次《つぎ》をば地動《じどう》と名《な》づく。次《つぎ》をば月像《がつぞう》と名《な》づ
く。次《つぎ》をば日音《にっとん》と名《な》づく。次《つぎ》をば解脱華《げだつけ》と名《な》づく。次《つぎ》をば荘厳光明《しょうごんこうみょう》と名《な》づく。
次《つぎ》をば海覚神通《かいかくじんずう》と名《な》づく。次《つぎ》をば水光《すいこう》と名《な》づく。次《つぎ》をば大香《だいこう》と名《な》づく。次《つぎ》をば
離塵垢《りじんく》と名《な》づく。次《つぎ》をば捨厭意《しゃえんに》と名《な》づく。次《つぎ》をば宝焔《ほうえん》と名《な》づく。次《つぎ》をば妙頂《みょうちょう》
13 と名《な》づく。次《つぎ》をば勇立《ゆうりゅう》と名《な》づく。次《つぎ》をば功徳持慧《くどくじえ》と名《な》づく。次《つぎ》をば蔽日月光《へいにちがっこう》
と名《な》づく。次《つぎ》をば日月瑠璃光《にちがつるりこう》と名《な》づく。次《つぎ》をば無上瑠璃光《むじょうるりこう》と名《な》づく。次《つぎ》をば最《さい》
上首《じょうしゅ》と名《な》づく。次《つぎ》をば菩提華《ぼだいけ》と名《な》づく。次《つぎ》をば月明《がつみょう》と名《な》づく。次《つぎ》をば日光《にっこう》と
名《な》づく。次《つぎ》をば華色王《けしきおう》と名《な》づく。次《つぎ》をば水月光《すいがっこう》と名《な》づく。次《つぎ》をば除痴瞑《じょちみょう》と名《な》づ
く。次《つぎ》をば度蓋行《どがいぎょう》と名《な》づく。次《つぎ》をば浄信《じょうしん》と名《な》づく。次《つぎ》をば善宿《ぜんしゅく》と名《な》づく。次《つぎ》
をば威神《いじん》と名《な》づく。次《つぎ》をば法慧《ほうえ》と名《な》づく。次《つぎ》をば鸞音《らんのん》と名《な》づく。次《つぎ》をば師子音《ししおん》

わち、仏の五徳瑞現の理由。

無蓋の大悲　いかなるものにもおおい隠されることのない無上の大慈悲心。

道教を光闡して　仏道の教えを広く説きのべて。

真実の利　真実の利益《りやく》。阿弥陀仏の本願名号《みょうごう》によって得る利益をいう。

霊瑞華　→優曇華《うどんげ》

饒益　他を利益すること。

慧見無礙　仏の智慧《ちえ》が自在であること。

遏絶　さえぎりとどめること。

一餐　一度の食事。

定と慧　禅定《ぜんじょう》（三昧《さんまい》）と智慧《ちえ》。

乃往　昔。過去。

無央数　阿僧祇に同じ。→阿僧祇《あそうぎ》

錠光如来　梵語ディーパンカラ・タターガタ（Dīpaṃkara-tathāgata）の漢訳。

と名《な》づく。次《つぎ》をば龍音《りゅうおん》と名《な》づく。次《つぎ》をば処世《しょせ》と名《な》づく。かくのごときの諸仏《しょぶつ》、みなことごとくすでに過《す》ぎたまへり。

【五】その時《とき》に、次《つぎ》に仏《ぶつ》ましましき。世自在王《せじざいおう》*如来《にょらい》・応供《おうぐ》・等正覚《とうしょうがく》・明行足《みょうぎょうそく》・善逝《ぜんぜい》・世間解《せけんげ》・無上士《むじょうじ》・調御丈夫《じょうごじょうぶ》・天人師《てんにんし》・仏《ぶつ》・世尊《せそん》と名《な》づけたてまつる。

14 時《とき》に国王《こくおう》ありき。仏《ぶつ》（世自在王仏）の説法《せっぽう》を聞《き》きて、心《こころ》に悦予《えつよ》を懐《いだ》く。すなはち*無上正真道《むじょうしょうしんどう》の意《こころ》を発《おこ》す。国《くに》を棄《す》て王《おう》を捐《す》てて、行《ぎょう》じて沙門《しゃもん》となる。号《ごう》して法蔵《ほうぞう》といふ。高才勇哲《こうざいゆうてつ》にして、世《よ》と超異《ちょうい》す。世自在王如来《せじざいおうにょらい》の所《みもと》に詣《もう》でて仏足《ぶっそく》を稽首《けいしゅ》し、*右《みぎ》に繞《めぐ》ること三帀《さんぞう》して、長跪合掌《じょうきがっしょう》して、*頌《じゅ》をもつて讃《ほ》めてまうさく、

〈光顔巍々《こうげんぎぎ》として、威神極《いじんきわ》まりなし。かくのごときの*焔明《えんみょう》、ともに等《ひと》しきものなし。

日《にち》・月《がつ》・摩尼珠光《まにしゅこう》の焔耀《えんよう》も、みなことごとく隠蔽《おんぺい》せられて、なほ*聚墨《じゅもく》のごとし。

如来《にょらい》の容顔《ようげん》は、世《よ》に超《こ》えて倫《たぐい》なし。正覚《しょうがく》の大音《だいおん》、響《ひび》き十方《じっぽう》に流《なが》る。

*戒《かい》と聞《もん》と精進《しょうじん》と三昧《さんまい》と智慧《ちえ》との威徳《いとく》は、侶《ともがら》なくして、殊勝《しゅしょう》にして希有《けう》なり。

燃灯仏《ねんとうぶつ》ともいう。過去世に出現して、釈迦菩薩（釈尊の前生）に、未来には仏になると予言した仏。

度脱　済度《さいど》に同じ。迷いの世界からさとりの世界へ導き入れること。

如来…仏世尊　如来の十号。→如来《にょらい》

無上正真道の意　この上ないさとりを求める心。菩提心のこと。→菩提心《ぼだいしん》

右に繞ること三帀して　右回りに三周するという意。仏を敬礼《きょうらい》する作法。

頌　梵語ガーター（gāthā）の漢訳。偈ともいい、韻文体の詩句を指す。

焔明　光明《こうみょう》のこと。

聚墨　墨のかたまり。

戒と聞　持戒《じかい》（戒を持つこと）と多聞《たもん》（よく法を聞くこと）。

15
深《ふか》くあきらかに、よく諸仏《しょぶつ》の法海《ほうかい》を念《ねん》じて、深《ふか》きを窮《きわ》め奥《おく》を尽《つく》して、その
涯底《がいたい》を究《きわ》む。
*無明《むみょう》と欲《よく》と怒《いか》りとは、世尊《せそん》に永《なが》くましまさず。*人雄獅子《にんのうしし》にして*神徳無量《じんとくむりょう》な
り。
功勲広大《くくんこうだい》にして、智慧深妙《ちえじんみょう》なり。光明《こうみょう》の威相《いそう》は、*大千《だいせん》を震動《しんどう》す。
願《ねが》はくは、われ仏《ぶつ》とならんに、*聖法王《しょうほうおう》に斉《ひと》しく、生死《しょうじ》を過度《かど》して、解脱《げだつ》
せざることなからしめん。
布施《ふせ》・*調意《じょうい》・戒《かい》・忍《にん》・精進《しょうじん》、かくのごときの三昧《さんまい》、智慧《ちえ》上《すぐ》れたりとせん。
われ誓《ちか》ふ、仏《ぶつ》を得《え》たらんに、あまねくこの願《がん》を行《ぎょう》じて、一切《いっさい》の恐懼《くく》〔の衆《しゅ》
生《じょう》〕に、ために大安《だいあん》をなさん。
たとひ仏《ぶつ》ましまして、百千億万《ひゃくせんおくまん》の無量《むりょう》の*大聖《だいしょう》、数恒沙《かずごうじゃ》のごとくならんに、
一切《いっさい》のこれらの諸仏《しょぶつ》を供養《くよう》したてまつらんよりは、道《どう》を求《もと》めて、堅正《けんしょう》に
16
して却《しりぞ》かざらんにはしかじ。
たとへば恒沙《ごうじゃ》のごときの諸仏《しょぶつ》の世界《せかい》、また計《かぞ》ふべからざる無数《むしゅ》の刹土《せっど》あら
んに、光明《こうみょう》ことごとく照《て》らして、このもろもろの国《くに》に遍《へん》し、かくのごと

無明と欲と怒り　三毒の煩悩《ぼんのう》。無明は真理に対する無知、欲は貪欲《とんよく》、怒は瞋恚《しんに》の意。

人雄獅子　仏を讃嘆する語。人中の雄者で獅子のような方。

神徳　不可思議な功徳《くどく》。

大千　三千大千世界《さんぜんだいせんせかい》のこと。→三千大千世界

聖法王　ここでは世自在王《せじざいおう》仏《ぶつ》を指す。

調意　布施《ふせ》行を修めて惜《お》しみ貪《むさぼ》る心を除き、身心を調えること。

大聖　仏のこと。

17

く精進《しょうじん》にして、威神《いじん》量《はか》りがたからん。

われ仏《ぶつ》とならんに、国土《こくど》をして第一《だいいち》ならしめん。その衆奇妙《しゅうきみょう》にして、道《どう》場《じょう》超絶《ちょうぜつ》ならん。

国《くに》*泥洹《ないおん》のごとくして、しかも等《ひと》しく双《なら》ぶものなからしめん。われまさに哀愍《あいみん》して、一切《いっさい》を度脱《どだつ》すべし。

十方《じっぽう》より来生《らいしょう》せんもの、心悦清浄《しんえつしょうじょう》にして、すでにわが国《くに》に到《いた》らば、快楽《けらく》安穏《あんのん》ならん。

幸《ねが》はくは仏《ぶつ》（世自在王仏）、*信明《しんみょう》したまへ、これわが*真証《しんしょう》なり。願《がん》を発《おこ》して、かしこにして所欲《しょよく》を*力精《りきしょう》せん。

十方《じっぽう》の世尊《せそん》、智慧無碍《ちえむげ》にまします。つねにこの尊《そん》をしてわが*心行《しんぎょう》を知《し》らしめん。

たとひ身《み》をもろもろの苦毒《くどく》のうちに止《お》くとも、わが行《ぎょう》、精進《しょうじん》にして、忍《しの》びてつひに悔《く》いじ〉」と。


【六】仏《ぶつ》、阿難《あなん》に告《つ》げたまはく、「法蔵比丘《ほうぞうびく》、この頌《じゅ》を説《と》きをはりて、仏《ぶつ》（世自在王仏）にまうしてまうさく、〈やや、しかなり。世尊《せそん》、われ*無上正覚《むじょうしょうがく》の心《しん》を

泥洹　涅槃のこと。→涅槃《ねはん》

信明　信は誠信、明は証明。まことにして偽りなきことを証明すること。

真証　真実の証明。

力精　力を尽して努めはげむこと。

心行　願い。志。

無上正覚の心　菩提心のこと。→菩提心《ぼだいしん》

発《おこ》せり。願《ねが》はくは仏《ぶつ》、わがために広《ひろ》く経法《きょうぼう》を宣《の》べたまへ。われまさに修行《しゅぎょう》して仏国《ぶっこく》を*摂取《せっしゅ》し、清浄《しょうじょう》に無量《むりょう》の妙土《みょうど》を荘厳《しょうごん》すべし。われをして世《よ》においてすみやかに正覚《しょうがく》を成《な》りて、もろもろの生死《しょうじ》勤苦《ごんく》の本《もと》を抜《ぬ》かしめたまへ〉」と。

仏《ぶつ》、阿難《あなん》に語《かた》りたまはく、「時《とき》に*世饒王仏《せにょうおうぶつ》、法蔵比丘《ほうぞうびく》に告《つ》げたまはく、〈修行《しゅぎょう》せんところのごときの荘厳《しょうごん》の仏土《ぶつど》、なんぢみづからまさに知《し》るべし〉と。比丘《びく》、仏《ぶつ》にまうさく、〈この義《ぎ》、弘深《ぐじん》にしてわが*境界《きょうがい》にあらず。やや、願《ねが》はくは世尊《せそん》、広《ひろ》くために*諸仏如来《しょぶつにょらい》の浄土《じょうど》の行《ぎょう》を*敷演《ふえん》したまへ。われこれを聞《き》きをはりて、まさに説《せつ》のごとく修行《しゅぎょう》して、所願《しょがん》を成満《じょうまん》すべし〉と。その時《とき》に、世自在《せじざい》王仏《おうぶつ》、その高明《こうみょう》の志願《しがん》の深広《じんこう》なるを知《し》ろしめして、すなはち法蔵比丘《ほうぞうびく》のために、しかも経《きょう》を説《と》きてのたまはく、〈たとへば大海《だいかい》を一人《いちにん》*升量《しょうりょう》せんに、劫数《こうしゅ》を経歴《きょうりゃく》せば、なほ底《そこ》を窮《きわ》めてその妙宝《みょうほう》を得《う》べきがごとし。人《ひと》、至心《ししん》に精進《しょうじん》して道《どう》を求《もと》めて止《や》まざることあらば、みなまさに*剋果《こっか》すべし。いづれの願《がん》をか得《え》ざらん〉と。ここにおいて世自在王仏《せじざいおうぶつ》、すなはちために広《ひろ》く二百一十億《にひゃくいちじゅうおく》の諸《しょ》仏《ぶつ》の刹土《せつど》の天《てん》・人《にん》の善悪《ぜんあく》、国土《こくど》の粗妙《そみょう》を説《と》きて、その心願《しんがん》に応《おう》じてことごとく現《げん》じてこれを与《あた》へたまふ。時《とき》にかの比丘《びく》、仏《ぶつ》の所説《しょせつ》を聞《き》きて、*厳浄《ごんじょう》の国土《こくど》み

摂取　選択《せんじゃく》摂取の意で、えらびとること。すなわち、劣を捨て勝を取ること。

世饒王仏　世自在王仏のこと。→世自在王仏《せじざいおうぶつ》

境界　能力の範囲。

諸仏如来の浄土の行　諸仏がそれぞれの浄土を建立するための行。

敷演　広く説きのべること。

升量　ますで量を計ること。

剋果　必ず成し遂げること。

厳浄　おごそかで清いこと。

19

なことごとく*観見《とけん》して*無上殊勝《むじょうしゅしょう》の願《がん》を超発《ちょうほつ》せり。その心寂静《しんじゃくじょう》にして志《こころざし》、所《しょ》着《じゃく》なし。一切《いっさい》の世間《せけん》によく及《およ》ぶものなけん。五劫《ごこう》を具足《ぐそく》し、思惟《しゆい》して荘厳仏《しょうごんぶつ》国《こく》の清浄《しょうじょう》の行《ぎょう》を摂取《せっしゅ》す」と。阿難《あなん》、仏《ぶつ》にまうさく、「かの仏国土《ぶっこくど》の〔世自在王《せじざいおう》仏《ぶつ》の〕寿量《じゅりょう》いくばくぞや」と。仏《ぶつ》のたまはく、「その仏《ぶつ》の寿命《じゅみょう》は四十二劫《しじゅうにこう》なりき。時《とき》に法蔵比丘《ほうぞうびく》、二百一十億《にひゃくいちじゅうおく》の諸仏《しょぶつ》の妙土《みょうど》の清浄《しょうじょう》の行《ぎょう》を摂取《せっしゅ》しき。かくのごとく修《しゅ》しをはりて、かの仏《ぶつ》の所《みもと》に詣《もう》で、稽首《けいしゅ》し足《みあし》を礼《らい》し、仏《ぶつ》を繞《めぐ》ること三《さん》帀《ぞう》し、合掌《がっしょう》して住《じゅう》して、仏《ぶつ》にまうしてまうさく、〈世尊《せそん》、われすでに荘厳仏土《しょうごんぶつど》の清浄《しょうじょう》の行《ぎょう》を摂取《せっしゅ》しつ〉と。仏《ぶつ》、比丘《びく》に告《つ》げたまはく、〈なんぢいま説《と》くべし。よろしく知《し》るべし、*これ時《とき》なり。一切《いっさい》の大衆《だいしゅ》を*発起《ほっき》し悦可《えっか》せしめよ。菩薩《ぼさつ》聞《き》きをはりて、この法《ほう》を修行《しゅぎょう》し縁《えん》として、無量《むりょう》の大願《だいがん》を満足《まんぞく》することを致《いた》さん〉と。

比丘《びく》、仏《ぶつ》にまうさく、〈やや、*聴察《ちょうざつ》を垂《た》れたまへ。わが所願《しょがん》のごとくまさにつぶさにこれを説《と》くべし。

【七】 *（一） たとひわれ仏《ぶつ》を得《え》たらんに、国《くに》に地獄《じごく》・餓鬼《がき》・畜生《ちくしょう》あらば、正覚《しょうがく》を取《と》らじ。

観見　みること。

無上殊勝の願　この上なくすぐれた本願。→補註17

これ時なり　今が本願を説くべき時であるという意。

発起し悦可せしめよ　浄土願生の心を起さしめ、よろこびの心を起さしめなさい。

聴察　聴いて心に察し知ること。

一　無三悪趣《むさんまくしゅ》の願。なお、願名については、親鸞聖人の撰述にみえる願名はその呼称（『教行信証』の場合は標願）を用い、その他については底本延書にある願名を用いた。

20

(二)* たとひわれ仏《ぶつ》を得《え》たらんに、国中《こくちゅう》の人天《にんでん》、寿終《いのちおわ》りての後《のち》に、また三悪道《さんまくどう》に更《かえ》らば、正覚《しょうがく》を取《と》らじ。

(三)* たとひわれ仏《ぶつ》を得《え》たらんに、国中《こくちゅう》の人天《にんでん》、ことごとく真金色《しんこんじき》ならずは、正覚《しょうがく》を取《と》らじ。

(四)* たとひわれ仏《ぶつ》を得《え》たらんに、国中《こくちゅう》の人天《にんでん》、形色不同《ぎょうしきふどう》にして、好醜《こうしゅ》あらば、正覚《しょうがく》を取《と》らじ。

(五)* たとひわれ仏《ぶつ》を得《え》たらんに、国中《こくちゅう》の人天《にんでん》、*宿命《しゅくみょう》を識《さと》らずして、下百千《しもひゃくせん》億那由他《おくなゆた》の諸劫《しょこう》の事《じ》を知《し》らざるに至《いた》らば、正覚《しょうがく》を取《と》らじ。

(六)* たとひわれ仏《ぶつ》を得《え》たらんに、国中《こくちゅう》の人天《にんでん》、*天眼《てんげん》を得《え》ずして、下百千億《しもひゃくせんおく》那由他《なゆた》の諸仏《しょぶつ》の国《くに》を見《み》ざるに至《いた》らば、正覚《しょうがく》を取《と》らじ。

(七)* たとひわれ仏《ぶつ》を得《え》たらんに、国中《こくちゅう》の人天《にんでん》、*天耳《てんに》を得《え》ずして、下百千億《しもひゃくせんおく》那由他《なゆた》の諸仏《しょぶつ》の説《と》くところを聞《き》きて、ことごとく*受持《じゅじ》せざるに至《いた》らば、正覚《しょうがく》を取《と》らじ。

(八)* たとひわれ仏《ぶつ》を得《え》たらんに、国中《こくちゅう》の人天《にんでん》、*他心《たしん》を見《み》る智《ち》を得《え》ずして、下《しも》百千億那由他《ひゃくせんおくなゆた》の諸仏国中《しょぶつこくちゅう》の衆生《しゅじょう》の心念《しんねん》を知《し》らざるに至《いた》らば、正覚《しょうがく》を取《と》らじ。

二　不更悪趣《ふきょうあくしゅ》の願。

三　悉皆金色《しっかいこんじき》の願。

四　無有好醜《むうこうしゅ》の願。

五　令識宿命《りょうしきしゅくみょう》の願。

宿命　六神通の一、宿命通のこと。→六神通《ろくじんずう》

六　令得天眼《りょうとくてんげん》の願。

天眼　六神通の一、天眼通のこと。→六神通《ろくじんずう》

七　天耳遥聞《てんにようもん》の願。

天耳　六神通の一、天耳通のこと。→六神通《ろくじんずう》

受持　うけたもつこと。記憶すること。

八　他心悉知《たしんしっち》の願。

他心を見る智　六神通の一、他心通のこと。→六神通《ろくじんずう》

21 (九)* たとひわれ仏《ぶつ》を得《え》たらんに、国中《こくちゅう》の人天《にんでん》、*神足《じんそく》を得《え》ずして、一念《いちねん》のあひだにおいて、下百千億那由他《しもひゃくせんおくなゆた》の諸仏《しょぶつ》の国《くに》を超過《ちょうか》することあたはざるに至《いた》らば、正覚《しょうがく》を取《と》らじ。

(一〇)* たとひわれ仏《ぶつ》を得《え》たらんに、国中《こくちゅう》の人天《にんでん》、もし想念《そうねん》を起《おこ》して、身《み》を*貪計《とんげ》せば、正覚《しょうがく》を取《と》らじ。

(一一)* たとひわれ仏《ぶつ》を得《え》たらんに、国中《こくちゅう》の人天《にんでん》、*定聚《じょうじゅ》に住《じゅう》し、かならず*滅度《めつど》に至《いた》らずは、正覚《しょうがく》を取《と》らじ。

(一二)* たとひわれ仏《ぶつ》を得《え》たらんに、光明《こうみょう》よく限量《げんりょう》ありて、下百千億那由他《しもひゃくせんおくなゆた》の諸仏《しょぶつ》の国《くに》を照《て》らさざるに至《いた》らば、正覚《しょうがく》を取《と》らじ。

(一三)* たとひわれ仏《ぶつ》を得《え》たらんに、寿命《じゅみょう》よく限量《げんりょう》ありて、下百千億那由他劫《しもひゃくせんおくなゆたこう》に至《いた》らば、正覚《しょうがく》を取《と》らじ。

(一四)* たとひわれ仏《ぶつ》を得《え》たらんに、国中《こくちゅう》の声聞《しょうもん》、よく計量《けりょう》ありて、*下三千大千世界《しもさんぜんだいせんせかい》の声聞《しょうもん》・縁覚《えんがく》、百千劫《ひゃくせんごう》において、ことごとくともに*計校《けきょう》して、その数《かず》を知《し》るに至《いた》らば、正覚《しょうがく》を取《と》らじ。

22 (一五)* たとひわれ仏《ぶつ》を得《え》たらんに、国中《こくちゅう》の人天《にんでん》、寿命《じゅみょう》よく限量《げんりょう》なからん。そ

九　神足如意《じんそくにょい》の願。
神足　六神通の一、神足通のこと。→六神通《ろくじんずう》
一〇　不貪計心《ふとんげしん》の願。
貪計　執着すること。とらわれること。
一一　必至滅度《ひっしめつど》の願。
定聚　正定聚のこと。→正定聚《しょうじょうじゅ》
滅度　→補註2
一二　光明無量《こうみょうむりょう》の願。→補註1
一三　寿命無量《じゅみょうむりょう》の願。→補註1
一四　声聞無量《しょうもんむりょう》の願。
下三千…知るに至らば　底本延書には「乃至三千…知らば」とある。
計校　計算すること。
一五　眷属長寿《けんぞくちょうじゅ》の願。

23

の本願《ほんがん》の*修短《しゅたん》自在《じざい》ならんをば除《のぞ》く。もししからずは、正覚《しょうがく》を取《と》らじ。

*(一六)　たとひわれ仏《ぶつ》を得《え》たらんに、国中《こくちゅう》の人天《にんでん》、乃至《ないし》*不善《ふぜん》の名《な》ありと聞《き》かば、正覚《しょうがく》を取《と》らじ。

*(一七)　たとひわれ仏《ぶつ》を得《え》たらんに、十方世界《じっぽうせかい》の無量《むりょう》の諸仏《しょぶつ》、ことごとく*咨嗟《ししゃ》して、わが名《な》を*称《しょう》せずは、正覚《しょうがく》を取《と》らじ。

*(一八)　たとひわれ仏《ぶつ》を得《え》たらんに、十方《じっぽう》の衆生《しゅじょう》、*至心信楽《ししんしんぎょう》してわが国《くに》に生《しょう》ぜんと欲《おも》ひて、乃至十念《ないしじゅうねん》せん。もし生《しょう》ぜずは、正覚《しょうがく》を取《と》らじ。*ただ五逆《ごぎゃく》と*誹謗《ひほう》正法《しょうぼう》とをば除《のぞ》く。

*(一九)　たとひわれ仏《ぶつ》を得《え》たらんに、十方《じっぽう》の衆生《しゅじょう》、菩提心《ぼだいしん》を発《おこ》し、*もろもろの功徳《くどく》を修《しゅ》して、至心発願《ししんほつがん》してわが国《くに》に生《しょう》ぜんと欲《ほっ》せん。寿《いのち》終《おわ》る時《とき》に臨《のぞ》んで、たとひ大衆《だいしゅ》と*囲繞《いにょう》してその人《ひと》の前《まえ》に現《げん》ぜずは、正覚《しょうがく》を取《と》らじ。

*(二〇)　たとひわれ仏《ぶつ》を得《え》たらんに、十方《じっぽう》の衆生《しゅじょう》、わが名号《みょうごう》を聞《き》きて、念《ねん》をわが国《くに》に係《か》け、*もろもろの徳本《とくほん》を植《う》ゑて、至心回向《ししんえこう》してわが国《くに》に生《しょう》ぜんと欲《ほっ》せん。果遂《かすい》せずは、正覚《しょうがく》を取《と》らじ。

*(二一)　たとひわれ仏《ぶつ》を得《え》たらんに、国中《こくちゅう》の人天《にんでん》、ことごとく*三十二大人相《さんじゅうにだいにんそう》を

修短　長短。
一六　離諸不善《りしょふぜん》の願。
不善の名　このましくない言葉。
一七　諸仏称名《しょぶつしょうみょう》の願。
咨嗟　讃嘆の意で、ほめたたえること。
称　称揚の意で、名号《みょうごう》をほめたたえること。
一八　至心信楽《ししんしんぎょう》の願。
至心信楽…　→三心《さんしん》[1]、補註11
ただ　底本延書には「ただし」とある。
誹謗正法　仏の正しい教法をそしり、その真実性を否定すること。
一九　至心発願《ししんほつがん》の願。
もろもろの功徳　定散の諸善のこと。→定善《じょうぜん》、散善《さんぜん》
囲繞　とりかこむこと。
二〇　至心回向《ししんえこう》の願。
もろもろの徳本を植ゑて　名号を称えるという意。

成満《じょうまん》せずは、正覚《しょうがく》を取《と》らじ。

*(二二) たとひわれ仏《ぶつ》を得《え》たらんに、他方仏土《たほうぶつど》の諸菩薩衆《しょぼさつしゅ》、わが国《くに》に来生《らいしょう》して、究竟《くきょう》してかならず一生補処《いっしょうふしょ》に至《いた》らん。その本願《ほんがん》の自在《じざい》の所化《しょけ》、衆生《しゅじょう》のためのゆゑに、*弘誓《ぐぜい》の鎧《よろい》を被《き》て、徳本《とくほん》を積累《しゃくるい》し、一切《いっさい》を度脱《どだつ》し、諸仏《しょぶつ》の国《くに》に遊《あそ》んで、菩薩《ぼさつ》の行《ぎょう》を修《しゅ》し、十方《じっぽう》の諸仏如来《しょぶつにょらい》を供養《くよう》し、恒沙無量《ごうじゃむりょう》の衆生《しゅじょう》を開化《かいけ》して*無上《むじょう》正真《しょうしん》の道《どう》を立《りゅう》せしめんをば除《のぞ》く。*常倫《じょうりん》に超出《ちょうしゅつ》し、*諸地《しょじ》の行現前《ぎょうげんぜん》し、普賢《ふげん》の徳《とく》を修習《しゅじゅう》せん。もししからずは、正覚《しょうがく》を取《と》らじ。

*(二三) たとひわれ仏《ぶつ》を得《え》たらんに、国中《こくちゅう》の菩薩《ぼさつ》、仏《ぶつ》の*神力《じんりき》を承《う》けて、諸仏《しょぶつ》を供養《くよう》し、*一食《いちじき》のあひだにあまねく無数無量那由他《むしゅむりょうなゆた》の諸仏《しょぶつ》の国《くに》に至《いた》ることあたはずは、正覚《しょうがく》を取《と》らじ。

*(二四) たとひわれ仏《ぶつ》を得《え》たらんに、国中《こくちゅう》の菩薩《ぼさつ》、諸仏《しょぶつ》の前《みまえ》にありて、その徳《とく》本《ほん》を現《げん》じ、もろもろの欲求《よくぐ》せんところの供養《くよう》の具《ぐ》、もし意《こころ》のごとくならずは、正覚《しょうがく》を取《と》らじ。

*(二五) たとひわれ仏《ぶつ》を得《え》たらんに、国中《こくちゅう》の菩薩《ぼさつ》、*一切智《いっさいち》を演説《えんぜつ》することあたはずは、正覚《しょうがく》を取《と》らじ。

二一　具足諸相《ぐそくしょそう》の願。

三十二大人相　三十二相のこと。→三十二相《さんじゅうにそう》

二二　還相回向《げんそうえこう》の願。→補註12

弘誓の鎧　衆生済度《しゅじょうさいど》の誓《せい》願《がん》が堅固なことを鎧《よろい》に喩える。

無上正真の道　阿耨多羅三藐三菩提のこと。→阿耨多《あのくた》羅三藐三菩提《らさんみゃくさんぼだい》

常倫に…現前し　通常は「常倫諸地の行を超出し、現前に」と読む。常倫はつねなみ、普通一般の意。

諸地の行　十地《じゅうじ》の菩薩が行う自利利他の修行。

二三　供養諸仏《くようしょぶつ》の願。

神力　威神力《いじんりき》のこと。不思議な力。

一食のあひだ　一度食事をするほどの短い時間。

二四　供養如意《くようにょい》の願。

25

*(二六) たとひわれ仏《ぶつ》を得《え》たらんに、国中《こくちゅう》の菩薩《ぼさつ》、*金剛那羅延《こんごうならえん》の身《しん》を得《え》ずは、正覚《しょうがく》を取《と》らじ。

*(二七) たとひわれ仏《ぶつ》を得《え》たらんに、国中《こくちゅう》の人天《にんでん》、一切万物《いっさいまんもつ》、厳浄光麗《ごんじょうこうらい》にして、形色殊特《ぎょうしきしゅどく》にして、窮微極妙《ぐみごくみょう》なること、よく*称量《しょうりょう》することなけん。そのもろもろの衆生《しゅじょう》、乃至天眼《ないしてんげん》を*逮得《たいとく》せん。よく明了《みょうりょう》にその名数《みょうしゅ》を弁《わきま》ふることあらば、正覚《しょうがく》を取《と》らじ。

*(二八) たとひわれ仏《ぶつ》を得《え》たらんに、国中《こくちゅう》の菩薩《ぼさつ》、乃至少功徳《ないししょうくどく》のもの、その道場樹《どうじょうじゅ》の無量《むりょう》の光色《こうしき》ありて、高《たか》さ四百万里《しひゃくまんり》なるを知見《ちけん》することあたはずは、正覚《しょうがく》を取《と》らじ。

*(二九) たとひわれ仏《ぶつ》を得《え》たらんに、国中《こくちゅう》の菩薩《ぼさつ》、もし経法《きょうぼう》を受読《じゅどく》し諷誦持説《ふじゅじせつ》して、*弁才智慧《べんざいちえ》を得《え》ずは、正覚《しょうがく》を取《と》らじ。

*(三〇) たとひわれ仏《ぶつ》を得《え》たらんに、国中《こくちゅう》の菩薩《ぼさつ》、智慧弁才《ちえべんざい》もし限量《げんりょう》すべくは、正覚《しょうがく》を取《と》らじ。

*(三一) たとひわれ仏《ぶつ》を得《え》たらんに、国土清浄《こくどしょうじょう》にして、みなことごとく十方一切《じっぽういっさい》の無量無数不可思議《むりょうむしゅふかしぎ》の諸仏世界《しょぶつせかい》を照見《しょうけん》すること、なほ明鏡《みょうきょう》にその面像《めんぞう》を覩《み》

二五 説一切智《せっいっさいち》の願。

一切智 すべてのことがらの真実を知る智慧《ちえ》。

二六 得金剛身《とくこんごうしん》の願。

金剛那羅延の身 金剛とは堅固なこと、那羅延とは梵語ナーラーヤナ(Nārāyaṇa)の音写で、大力を有する神。この神のように何者にも破壊されることのない力強い身体をいう。

二七 万物厳浄《まんもつごんじょう》の願。

称量 はかりしること。

逮得 得ること。

二八 道場樹《どうじょうじゅ》の願。

二九 得弁才智《とくべんざいち》の願。

弁才智慧 自由自在でさわりのない理解表現能力。四無礙智のこと。→四無礙智《しむげち》

三〇 弁才無尽《べんざいむじん》の願。

三一 国土清浄《こくどしょうじょう》の願。

るがごとくならん。もししからずは、正覚《しょうがく》を取《と》らじ。

26 (三二)* たとひわれ仏《ぶつ》を得《え》たらんに、地《じ》より以上《いじょう》、虚空《こくう》に至《いた》るまで、宮殿《くでん》・*楼《ろう》観《かん》・池流《ちる》・華樹《けじゅ》、国中《こくちゅう》のあらゆる一切万物《いっさいまんもつ》、みな無量《むりょう》の雑宝《ざっぽう》、百千種《ひゃくせんじゅ》の香《こう》をもつてともに合成《ごうじょう》し、厳飾奇妙《ごんじききみょう》にしてもろもろの人天《にんでん》に超《こ》えん。その香《こう》あまねく十方世界《じっぽうせかい》に熏《くん》じて、菩薩《ぼさつ》聞《か》がんもの、みな仏行《ぶつぎょう》を修《しゅ》せん。もしかくのごとくならずは、正覚《しょうがく》を取《と》らじ。

(三三)* たとひわれ仏《ぶつ》を得《え》たらんに、十方無量不可思議《じっぽうむりょうふかしぎ》の諸仏世界《しょぶつせかい》の衆生《しゅじょう》の類《るい》、わが光明《こうみょう》を蒙《こうぶ》りてその身《み》に触《ふ》れんもの、*身心柔軟《しんしんにゅうなん》にして人天《にんでん》に超過《ちょうか》せん。もししからずは、正覚《しょうがく》を取《と》らじ。

(三四)* たとひわれ仏《ぶつ》を得《え》たらんに、十方無量不可思議《じっぽうむりょうふかしぎ》の諸仏世界《しょぶつせかい》の衆生《しゅじょう》の類《るい》、わが名字《みょうじ》を聞《き》きて、菩薩《ぼさつ》の無生法忍《むしょうぼうにん》、もろもろの*深総持《じんそうじ》を得《え》ずは、正覚《しょうがく》を取《と》らじ。

27 (三五)* たとひわれ仏《ぶつ》を得《え》たらんに、十方無量不可思議《じっぽうむりょうふかしぎ》の諸仏世界《しょぶつせかい》に、それ女人《にょにん》ありて、わが名字《みょうじ》を聞《き》きて、歓喜信楽《かんぎしんぎょう》し、菩提心《ぼだいしん》を発《おこ》して、女身《にょしん》を厭悪《えんお》せん。寿終《いのちおわ》りての後《のち》に、また女像《にょぞう》とならば、正覚《しょうがく》を取《と》らじ。

三二 妙香合成《みょうこうごうじょう》の願。
楼観 重層の建物。高殿。

三三 触光柔軟《そくこうにゅうなん》の願。
身心柔軟 摂取《せっしゅ》の光明《こうみょう》につつまれた者は、貪《とん》・瞋《しん》・痴《ち》の三毒の煩悩《ぼんのう》が消えて、身も心もやわらぐこと。我執《がしゅう》がなくなること。

三四 聞名得忍《もんみょうとくにん》の願。
深総持 深妙な総持。→総持《そうじ》

三五 女人往生《にょにんおうじょう》の願。→補註14

*(三六) たとひわれ仏《ぶつ》を得《え》たらんに、十方無量不可思議《じっぽうむりょうふかしぎ》の諸仏世界《しょぶつせかい》の諸菩薩衆《しょぼさつしゅ》、わが名字《みょうじ》を聞《き》きて、寿終《いのちおわ》りての後《のち》に、つねに*梵行《ぼんぎょう》を修《しゅ》して仏道《ぶつどう》を成《な》るに至《いた》らん。もししからずは、正覚《しょうがく》を取《と》らじ。

*(三七) たとひわれ仏《ぶつ》を得《え》たらんに、十方無量不可思議《じっぽうむりょうふかしぎ》の諸仏世界《しょぶつせかい》の諸天《しょてん》・人民《にんみん》、わが名字《みょうじ》を聞《き》きて、五体《ごたい》を地《じ》に投《な》げて、稽首作礼《けいしゅさらい》し、歓喜信楽《かんぎしんぎょう》して、菩薩《ぼさつ》の行《ぎょう》を修《しゅ》せんに、諸天《しょてん》・世人《せにん》、敬《うやま》ひを致《いた》さずといふことなけん。もししからずは、正覚《しょうがく》を取《と》らじ。

*(三八) たとひわれ仏《ぶつ》を得《え》たらんに、国中《こくちゅう》の人天《にんでん》、衣服《えぶく》を得《え》んと欲《おも》はば、念《ねん》に随《したが》ひてすなはち至《いた》らん。仏《ぶつ》の所讃《しょさん》の*応法《おうぼう》の妙服《みょうぶく》のごとく、自然《じねん》に身《み》にあらん。もし裁縫《ざいぶ》・*擣染《とうぜん》・*浣濯《かんじょく》することあらば、正覚《しょうがく》を取《と》らじ。

*(三九) たとひわれ仏《ぶつ》を得《え》たらんに、国中《こくちゅう》の人天《にんでん》、受《う》けんところの快楽《けらく》、*漏尽《ろじん》比丘《びく》のごとくならずは、正覚《しょうがく》を取《と》らじ。

*(四〇) たとひわれ仏《ぶつ》を得《え》たらんに、国中《こくちゅう》の菩薩《ぼさつ》、意《こころ》に随《したが》ひて十方無量《じっぽうむりょう》の厳浄《ごんじょう》の仏土《ぶつど》を見《み》んと欲《おも》はん。時《とき》に応《おう》じて願《がん》のごとく、宝樹《ほうじゅ》のなかにして、みなことごとく照見《しょうけん》せんこと、なほ明鏡《みょうきょう》にその面像《めんぞう》を覩《み》るがごとくならん。もししか

三六 聞名梵行《もんみょうぼんぎょう》の願。
梵行 梵は清浄《しょうじょう》の意。清浄な行。
三七 作礼致敬《さらいちきょう》の願。
三八 衣服随念《えぶくずいねん》の願。
応法の妙服 仏の定めた法にかなった衣服。袈裟《けさ》のこと。
擣染 つやだしのために衣をたたいたり、染色したりすること。底本延書には「染治」とある。
浣濯 洗濯すること。
三九 常受快楽《じょうじゅけらく》の願。
漏尽比丘 一切の煩悩《ぼんのう》を断じ尽した修行者。阿羅漢のこと。→阿羅漢《あらかん》
四〇 見諸仏土《けんしょぶつど》の願。

らずは、正覚《しょうがく》を取《と》らじ。

*(四一) たとひわれ仏《ぶつ》を得《え》たらんに、他方国土《たほうこくど》の諸菩薩衆《しょぼさつしゅ》、わが名字《みょうじ》を聞《き》きて、仏《ぶつ》を得《う》るに至《いた》るまで、*諸根闕陋《しょこんけつる》して具足《ぐそく》せずは、正覚《しょうがく》を取《と》らじ。

*(四二) たとひわれ仏《ぶつ》を得《え》たらんに、他方国土《たほうこくど》の諸菩薩衆《しょぼさつしゅ》、わが名字《みょうじ》を聞《き》きて、みなことごとく*清浄解脱三昧《しょうじょうげだつざんまい》を逮得《たいとく》せん。この三昧《さんまい》に住《じゅう》して、一《ひと》たび意《こころ》を発《おこ》さんあひだに、無量不可思議《むりょうふかしぎ》の諸仏世尊《しょぶつせそん》を供養《くよう》したてまつりて、*定意《じょうい》を失《しっ》せじ。もししからずは、正覚《しょうがく》を取《と》らじ。

*(四三) たとひわれ仏《ぶつ》を得《え》たらんに、他方国土《たほうこくど》の諸菩薩衆《しょぼさつしゅ》、わが名字《みょうじ》を聞《き》きて、寿《いのち》終《おわ》りての後《のち》に、尊貴《そんき》の家《いえ》に生《しょう》ぜん。もししからずは、正覚《しょうがく》を取《と》らじ。

*(四四) たとひわれ仏《ぶつ》を得《え》たらんに、他方国土《たほうこくど》の諸菩薩衆《しょぼさつしゅ》、わが名字《みょうじ》を聞《き》きて、歓喜踊躍《かんぎゆやく》して菩薩《ぼさつ》の行《ぎょう》を修《しゅ》し徳本《とくほん》を具足《ぐそく》せん。もししからずは、正覚《しょうがく》を取《と》らじ。

*(四五) たとひわれ仏《ぶつ》を得《え》たらんに、他方国土《たほうこくど》の諸菩薩衆《しょぼさつしゅ》、わが名字《みょうじ》を聞《き》きて、みなことごとく*普等三昧《ふとうざんまい》を逮得《たいとく》せん。この三昧《さんまい》に住《じゅう》して成仏《じょうぶつ》に至《いた》るまで、つねに無量不可思議《むりょうふかしぎ》の一切《いっさい》の諸仏《しょぶつ》を見《み》たてまつらん。もししからずは、正覚《しょうがく》を取《と》らじ。

四一　聞名具根《もんみょうぐこん》の願。

諸根闕陋　諸根は眼《げん》・耳《に》・鼻《び》・舌《ぜつ》・身《しん》・意《い》の六根《ろっこん》のこと。闕陋は不自由であること。→補註14

四二　聞名得定《もんみょうとくじょう》の願。

清浄解脱三昧　煩悩《ぼんのう》のけがれと束縛とを離れた禅定《ぜんじょう》(深い精神統一)の境地。

定意　禅定のこころ。

四三　聞名生貴《もんみょうしょうき》の願。

四四　聞名具徳《もんみょうぐとく》の願。

四五　聞名見仏《もんみょうけんぶつ》の願。

普等三昧　一切の諸仏をあまねく同時にみることのできる禅定(深い精神統一)の境地。

(四六)*たとひわれ仏《ぶつ》を得《え》たらんに、国中《こくちゅう》の菩薩《ぼさつ》、その志願《しがん》に随《したが》ひて、聞《き》かんと欲《おも》はんところの法《ほう》、自然《じねん》に聞《き》くことを得《え》ん。もししからずは、正覚《しょうがく》を取《と》らじ。

30 (四七)*たとひわれ仏《ぶつ》を得《え》たらんに、他方国土《たほうこくど》の諸菩薩衆《しょぼさつしゅ》、わが名字《みょうじ》を聞《き》きて、すなはち不退転《ふたいてん》に至《いた》ることを得《え》ずは、正覚《しょうがく》を取《と》らじ。

(四八)*たとひわれ仏《ぶつ》を得《え》たらんに、他方国土《たほうこくど》の諸菩薩衆《しょぼさつしゅ》、わが名字《みょうじ》を聞《き》きて、すなはち*第一《だいいち》、第二《だいに》、第三法忍《だいさんぼうにん》に至《いた》ることを得《え》ず、*諸仏《しょぶつ》の法《ほう》においては、すなはち不退転《ふたいてん》を得《う》ることあたはずは、正覚《しょうがく》を取《と》らじ〉」と。

【八】仏《ぶつ》、阿難《あなん》に告《つ》げたまはく、「その時《とき》に、法蔵比丘《ほうぞうびく》、この願《がん》を説《と》きをはりて、*頌《じゅ》を説《と》きていはく、

〈われ超世《ちょうせ》の願《がん》を建《た》つ、かならず無上道《むじょうどう》に至《いた》らん。
この願満足《がんまんぞく》せずは、誓《ちか》ひて正覚《しょうがく》を成《な》らじ。
われ無量劫《むりょうこう》において、大施主《だいせしゅ》となりて、
あまねくもろもろの*貧苦《びんぐ》を済《すく》はずは、誓《ちか》ひて正覚《しょうがく》を成《な》らじ。
31 われ仏道《ぶつどう》を成《な》るに至《いた》りて、*名声《みょうしょう》十方《じっぽう》に超《こ》えん。
究竟《くきょう》して*聞《き》ゆるところなくは、誓《ちか》ひて正覚《しょうがく》を成《な》らじ。

四六　随意聞法《ずいいもんぽう》の願。

四七　聞名不退《もんみょうふたい》の願。

四八　得三法忍《とくさんぼうにん》の願。

第一第二第三法忍　三法忍《さんぼうにん》のこと。→三法忍

諸仏の法　仏のさとりのこと。「もろもろの仏法」と読み、第一、第二、第三法忍の法を指すとする説もある。

頌を説きていはく　底本延書には、「偈をもつて頌していはく」とある。

貧苦　智慧《ちえ》も能力も貧しい者。

名声　阿弥陀仏の名号《みょうごう》のこと。

聞ゆるところなくは　聞えないところがあるならばという意。

二四

32

離欲《りよく》と*深正念《じんしょうねん》と、浄慧《じょうえ》とをもって梵行《ぼんぎょう》を修《しゅ》し、
無上道《むじょうどう》を志求《しぐ》して、諸天人《しょてんにん》の師《し》とならん。
神力《じんりき》、大光《だいこう》を演《の》べて、あまねく*無際《むさい》の土《ど》を照《て》らし、
三垢《さんく》の冥《みょう》を消除《しょうじょ》して、広《ひろ》くもろもろの厄難《やくなん》を済《すく》はん。
かの智慧《ちえ》の眼《まなこ》を開《ひら》きて、この*昏盲《こんもう》の闇《あん》を滅《めっ》し、
もろもろの悪道《あくどう》を閉塞《へいそく》して、善趣《ぜんしゅ》の門《もん》を通達《つうだつ》せん。
功祚《こうそ》、成満足《じょうまんぞく》して、*威曜十方《いようじっぽう》に朗《ほが》らかならん。
日月《にちがつ》、*重暉《じゅうき》を戢《おさ》めて、天《てん》の光《ひかり》も隠《かく》れて現《げん》ぜじ。
衆《しゅう》のために*法蔵《ほうぞう》を開《ひら》きて、広《ひろ》く*功徳《くどく》の宝《ほう》を施《せ》せん。
つねに大衆《だいしゅ》のなかにして、法《ほう》を説《と》きて*獅子吼《ししく》せん。
一切《いっさい》の仏《ぶつ》を供養《くよう》したてまつりて、もろもろの徳本《とくほん》を具足《ぐそく》し、
願《がん》と慧《え》ことごとく成満《じょうまん》して、三界《さんがい》の雄《おう》たることを得《え》ん。
仏《ぶつ》（世自在王仏）の無礙智《むげち》のごとく、通達《つうだつ》して照《て》らさざることなけん。
願《ねが》はくはわが功慧《くえ》の力《ちから》、この最勝尊《さいしょうそん》（世自在王仏）に等《ひと》しからん。
この願《がん》もし剋果《こっか》せば、大千《だいせん》まさに感動《かんどう》すべし。

深正念　深い禅定《ぜんじょう》（精神統一）の境地。

無際の土　果てしのない世界。

昏盲の闇　昏盲とは智慧《ちえ》のない暗い状態で、その暗さを闇に喩える。

威曜　威神光曜《いじんこうよう》。すぐれた輝きのこと。

重暉　日と月の光による二重の輝き。

法蔵　法門の蔵。真理をおさめた蔵。

功徳の宝　阿弥陀仏の名《みょう》号《ごう》のこと。

獅子吼　仏の説法を獅子のほえる声に喩えた語。獅子のほえる声が百獣を畏伏させるように、仏の説法はすべての衆生《しゅじょう》を信順させるという意をあらわす。

虚空《こくう》の諸天人《しょてんにん》、まさに珍妙《ちんみょう》の華《はな》を雨《あめふ》らすべし〉」と。

【九】　仏《ぶつ》、阿難《あなん》に告《つ》げたまはく、「法蔵比丘《ほうぞうびく》、この頌《じゅ》を説《と》きをはるに、時《とき》に応《おう》じてあまねく地《じ》、六種《ろくしゅ》に震動《しんどう》す。天《てん》より妙華《みょうけ》を雨《あめふ》らして、もつてその上《うえ》に散《さん》ず。自然《じねん》の音楽《おんがく》、空中《くうちゅう》に讃《ほ》めていはく、〈決定《けつじょう》してかならず無上正覚《むじょうしょうがく》を成《な》るべし〉と。ここにおいて法蔵比丘《ほうぞうびく》、かくのごときの大願《だいがん》を具足《ぐそく》し修満《しゅまん》して、*誠諦《じょうたい》にして虚《むな》しからず。世間《せけん》に超出《ちょうしゅつ》して深《ふか》く寂滅《じゃくめつ》を楽《ねが》ふ。阿難《あなん》、時《とき》にかの比丘《びく》、その仏《ぶつ》の所《みもと》、諸天《しょてん》・魔《ま》・梵《ぼん》・竜神八部《りゅうじんはちぶ》・大衆《だいしゅ》のなかにして、この弘誓《ぐぜい》を発《おこ》す。この願《がん》を建《た》てをはりて、一向《いっこう》に専志《せんし》して妙土《みょうど》を荘厳《しょうごん》す。所修《しょしゅ》の仏国《ぶっこく》、*恢廓広《かいかくこう》

33

大《だい》にして超勝独妙《ちょうしょうどくみょう》なり。建立《こんりゅう》〔せられし仏国《ぶっこく》は〕常然《じょうねん》にして、衰《すい》なく変《へん》なし。不可思議《ふかしぎ》の兆載永劫《ちょうさいようごう》において、菩薩《ぼさつ》の無量《むりょう》の徳行《とくぎょう》を積植《しゃくじき》して、*欲覚《よくかく》・瞋《しん》覚《かく》・害覚《がいかく》を生《しょう》ぜず。*欲想《よくそう》・瞋想《しんそう》・害想《がいそう》を起《おこ》さず。*色《しき》・声《しょう》・香《こう》・味《み》・触《そく》・法《ほう》に着《じゃく》せず。忍力成就《にんりきじょうじゅ》して衆苦《しゅく》を計《はか》らず。少欲知足《しょうよくちそく》にして*染《ぜん》・恚《い》・痴《ち》なし。三昧常《さんまいじょう》寂《じゃく》にして智慧無礙《ちえむげ》なり。*虚偽諂曲《こぎてんごく》の心《しん》あることなし。*和顔愛語《わげんあいご》にして、*意《こころ》を先《さき》にして承問《じょうもん》す。勇猛精進《ゆうみょうしょうじん》にして志願《しがん》倦《う》むことなし。もつぱら*清白《しょうびゃく》の法《ほう》を求《もと》めて、もつて群生《ぐんじょう》を恵利《えり》す。三宝《さんぼう》を恭敬《くぎょう》し、師長《しちょう》に奉事《ぶじ》す。*大荘厳《だいしょうごん》をもつて

誠諦　まこと。真実。

恢廓広大　限りなく広く大きいさま。

欲覚瞋覚害覚　むさぼり、いかり、害を加えようとする分別作用。

欲想瞋想害想　想は外界の対象を知覚表象するはたらきで、欲覚・瞋覚・害覚を生ぜしめる原因となる。

色声香味触法　感覚器官のはたらく対象。

染恚痴　三毒のこと。→三《さん》毒《どく》

虚偽諂曲の心　うそいつわりの心、相手にこびへつらう心。

和顔愛語　おだやかな顔とやさしい言葉。

意を先にして承問す　相手の意志を先んじて知り、よく受け入れて教え導くこと。

清白の法　清浄潔白な無漏《むろ》(煩悩《ぼんのう》のない状態)の善法《ぜんぽう》。

衆行《しゅぎょう》を具足《ぐそく》し、もろもろの衆生《しゅじょう》をして功徳《くどく》を成就《じょうじゅ》せしむ。*空《くう》・無相《むそう》・無願《むがん》の法《ほう》に住《じゅう》して、*作《さ》なく起《き》なく、*法《ほう》は化《け》のごとしと観《かん》じて、粗言《そごん》の自害《じがい》と害彼《がいひ》と、彼此《ひし》ともに害《がい》するを遠離《おんり》し、善語《ぜんご》の自利《じり》と利人《りにん》と、人我《にんが》兼《か》ねて利《り》するを修習《しゅじゅう》す。国《くに》を棄《す》て王《おう》を捐《す》てて財色《ざいしき》を絶《た》ち去《さ》け、みづから六波羅蜜《ろっぱらみつ》を行《ぎょう》じ、人《ひと》を教《おし》へて行《ぎょう》ぜしむ。無央数劫《むおうしゅこう》に功《こう》を積《つ》み徳《とく》を累《かさ》ぬるに、その*生処《しょうじょ》に随《したが》ひて意《こころ》の所欲《しょよく》にあり。無量《むりょう》の宝蔵《ほうぞう》、自然《じねん》に発応《ほっとう》し、無数《むしゅ》の衆生《しゅじょう》を教化《きょうけ》し安立《あんりゅう》して、無上《むじょう》正真《しょうしん》の道《どう》に住《じゅう》せしむ。あるいは長者《ちょうじゃ》・*居士《こじ》・*豪姓《ごうしょう》・尊貴《そんき》となり、あるいは*刹《せつ》利国君《りこくくん》・*転輪聖帝《てんりんじょうたい》となり、あるいは*六欲天主《ろくよくてんじゅ》乃至《ないし》*梵王《ぼんのう》となりて、つねに四事《しじ》をもつて一切《いっさい》の諸仏《しょぶつ》を供養《くよう》し恭敬《くぎょう》したてまつる。かくのごときの功徳《くどく》、*称説《しょうせつ》すべからず。口気《くけ》は香潔《こうけつ》にして、*優鉢羅華《うはらけ》のごとし。身《み》のもろもろの毛孔《もうく》より*栴檀香《せんだんこう》を出《いだ》す。その香《こう》は、あまねく無量《むりょう》の世界《せかい》に熏《くん》ず。容色端正《ようしきたんじょう》にして相好《そうごう》殊妙《しゅみょう》なり。その手《て》よりつねに無尽《むじん》の宝《たから》・衣服《えぶく》・飲食《おんじき》・珍妙《ちんみょう》の華香《けこう》・*繒蓋《ぞうがい》・*幢《どう》幡《ばん》、荘厳《しょうごん》の具《ぐ》を出《いだ》す。かくのごときらの事《じ》、もろもろの天人《てんにん》に超《こ》えたり。一《いっ》切《さい》の法《ほう》において自在《じざい》を得《え》たりき」と。

【一〇】阿難《あなん》、仏《ぶつ》にまうさく、「法蔵菩薩《ほうぞうぼさつ》、すでに成仏《じょうぶつ》して滅度《めつど》を取《と》りたまへり

大荘厳　三宝《さんぼう》を恭敬《くぎょう》し、師長を奉事することによって得られた福徳《ふくとく》と智慧《ちえ》の二つの荘厳。また、誓願《せいがん》を指すという説もある。

空無相無願　三解脱門のこと。→三解脱門《さんげだつもん》

作なく起なく　はからいがないという意。

法は化のごとし　もろもろの現象（法）は、仮に相《すがた》をとって現れた存在にすぎない。

生処　生を受けたところ。

居士　男性の在家の信者。

豪姓　婆羅門のこと。

刹利　梵語クシャトリヤ（kṣatriya）の音写。古代インドの四姓制度の第二階級。婆羅門につぐもので、王侯・貴族・武士の階級。

転輪聖帝　転輪聖王のこと。→転輪聖王《てんりんじょうおう》

とやせん、いまだ成仏《じょうぶつ》したまはずとやせん、いま現《げん》にましますとやせん」と。
仏《ぶつ》、阿難《あなん》に告《つ》げたまはく、「法蔵菩薩《ほうぞうぼさつ》、いますでに成仏《じょうぶつ》して、現《げん》に西方《さいほう》にまし
35 ます。*ここを去《さ》ること十万億刹《じゅうまんおくせつ》なり。その仏《ぶつ》の世界《せかい》をば名《な》づけて安楽《あんらく》といふ」と。阿難《あなん》、また問《と》ひたてまつる、「その仏《ぶつ》、成道《じょうどう》したまひしよりこのかた、いくばくの時《とき》を経《へ》たまへりとやせん」と。仏《ぶつ》のたまはく、「成仏《じょうぶつ》よりこのかた、おほよそ十劫《じっこう》を歴《へ》たまへり。その仏国土《ぶっこくど》は、自然《じねん》の七宝《しっぽう》、金《こん》・銀《ごん》・瑠璃《るり》・珊《さん》瑚《ご》・琥珀《こはく》・硨磲《しゃこ》・碼碯《めのう》、合成《ごうじょう》して地《じ》とせり。*恢廓曠蕩《かいかくこうとう》にして、限極《げんごく》すべからず。ことごとくあひ*雑廁《ざっし》し、うたたあひ*入間《にゅうけん》せり。*光赫焜耀《こうかくこんよう》にして微妙奇麗《みみょうきらい》なり。清浄《しょうじょう》に荘厳《しょうごん》して十方一切《じっぽういっさい》の世界《せかい》に超踰《ちょうゆ》せり。衆宝《しゅぼう》のなかの精《しょう》なり。その宝《たから》、なほ*第六天《だいろくてん》の宝《たから》のごとし。またその国土《こくど》には、須弥山《しゅみせん》および*金剛鉄囲《こんごうてっち》、一切《いっさい》の諸山《しょせん》なし。また大海《だいかい》・小海《しょうかい》・*谿渠《けいご》・井谷《しょうこく》なし。仏神力《ぶつじんりき》のゆゑに、見《み》んと欲《おも》へばすなはち現《げん》ず。また地獄《じごく》・餓鬼《がき》・畜生《ちくしょう》、*諸難《しょなん》の趣《しゅ》なし。また四時《しじ》の春秋冬夏《しゅんじゅうとうげ》なし。寒《さむ》からず、熱《あつ》からず。つねに和《やわ》らかにして*調適《じょうちゃく》なり」と。
その時《とき》に、阿難《あなん》、仏《ぶつ》にまうしてまうさく、「世尊《せそん》、もしかの国土《こくど》に須弥山《しゅみせん》なく
36 は、その四天王《してんのう》および忉利天《とうりてん》、なにによりてか住《じゅう》する」と。仏《ぶつ》、阿難《あなん》に語《かた》りた

六欲天主　欲界《よくかい》の六天（四天王天《してんのうてん》・忉利天《とうりてん》・夜摩天《やまてん》・兜率天《とそつてん》・化楽天《けらくてん》・他化自在天《たけじざいてん》）の各々の主。

梵王　色界《しきかい》の初禅天《しょぜんてん》の王、梵天王のこと。→梵天王《ぼんてんのう》

称説　説き示すこと。

優鉢羅華　優鉢羅は梵語ウトパラ（utpala）の音写。青蓮華《しょうれんげ》のこと。

栴檀香　栴檀は梵語チャンダナ（candana）の音写。香木の一種で、赤・白・紫などの諸種があるという。

繒蓋　仏殿にかける絹の天蓋（かさ）。

幢幡　はたぼこ。のぼりの一種。

ここ　娑婆《しゃば》世界。

恢廓曠蕩　果てしなく広々とし、大きいさま。

雑廁　まじりあうこと。

入間　入りまじること。

まはく、「*第三《だいさん》の焔天乃至色究竟天《えんてんないししきくきようてん》、みなになによりてか住《じゆう》する」と。阿難《あなん》、仏《ぶつ》にまうさく、「行業《ぎようごう》の果報《かほう》、不可思議《ふかしぎ》なればなり」と。仏《ぶつ》、阿難《あなん》に語《かた》りたまはく、「行業《ぎようごう》の果報不可思議《かほうふかしぎ》ならば、諸仏世界《しよぶつせかい》もまた不可思議《ふかしぎ》なり。その*もろもろの衆生《しゆじよう》、功徳善力《くどくぜんりき》をもつて行業《ぎようごう》の地《じ》に住《じゆう》す。ゆゑによくしかるのみ」と。阿難《あなん》、仏《ぶつ》にまうさく、「われこの法《ほう》を疑《うたが》はず。ただ将来《しようらい》の衆生《しゆじよう》のために、その疑惑《ぎわく》を除《のぞ》かんと欲《ほつ》するがゆゑに、この義《ぎ》を問《と》ひたてまつる」と。

【二】 仏《ぶつ》、阿難《あなん》に告《つ》げたまはく、「無量寿仏《むりようじゆぶつ》の威神光明《いじんこうみよう》は、最尊第一《さいそんだいいち》なり。諸仏《しよぶつ》の光明《こうみよう》、及《およ》ぶことあたはざるところなり。あるいは仏光《ぶつこう》ありて、百仏世界《ひやくぶつせかい》あるいは千仏世界《せんぶつせかい》を照《て》らす。要《よう》を取《と》りてこれをいはば、すなはち東方恒沙《とうぼうごうじや》の仏剎《ぶつせつ》を照《て》らす。南西北方《なんざいほつぽう》・*四維《しゆい》・上下《じようげ》もまたまたかくのごとし。あるいは仏光《ぶつこう》ありて七尺《しちしやく》を照《て》らし、あるいは一由旬《いちゆじゆん》、二《に》・三《さん》・四《し》・五由旬《ごゆじゆん》を照《て》らす。かくのご
37
*とくうたた倍《ばい》して、乃至一仏剎土《ないしいちぶつせつど》を照《て》らす。このゆゑに無量寿仏《むりようじゆぶつ》をば、*無量光仏《むりようこうぶつ》・無辺光仏《むへんこうぶつ》・無礙光仏《むげこうぶつ》・無対光仏《むたいこうぶつ》・焔王光仏《えんのうこうぶつ》・清浄光仏《しようじようこうぶつ》・歓喜光仏《かんぎこうぶつ》・智慧光仏《ちえこうぶつ》・不断光仏《ふだんこうぶつ》・難思光仏《なんじこうぶつ》・無称光仏《むしようこうぶつ》・超日月光仏《ちようにちがつこうぶつ》と号《ごう》す。それ衆生《しゆじよう》ありて、この光《ひかり》に遇《もうあ》ふものは、三垢消滅《さんくしようめつ》し、身意《しんい》*柔軟《にゆうなん》なり。歓喜踊躍《かんぎゆやく》して善心《ぜんしん》生《しよう》ず。

光赫焜耀　光り輝くこと。

第六天　欲界《よくかい》六天の頂上の他化自在天のこと。↓他化天《たけてん》

金剛鉄囲　鉄囲山のこと。須弥世界の外郭をなす鉄でできた山。また小千世界・中千世界・大千世界の各々を一つの鉄囲山がかこむという説もある。↓須弥山《しゆみせん》、三千大千世界《さんぜんだいせんせかい》

谿渠井谷　谿は谷、渠は溝、井は井戸、谷は水のない谷。

諸難　もろもろの苦しみの世界。

調適　ほどよく整っていること。

第三の焔天　夜摩天のこと。↓夜摩天《やまてん》

もろもろの衆生　浄土の聖者《しようじや》。

四維　東南、東北、西南、西北の四隅。

もし三塗《さんず》勤苦《ごんく》の処《ところ》にありて、この光明《こうみょう》を見《み》たてまつれば、みな休息《くそく》を得《え》てまた苦悩《くのう》なし。寿《いのち》終《おわ》りての後《のち》に、みな解脱《げだつ》を蒙《こうぶ》る。無量寿仏《むりょうじゅぶつ》の光明《こうみょう》は*顕赫《けんかく》にして、十方諸仏《じっぽうしょぶつ》の国土《こくど》を*照耀《しょうよう》したまふに、*聞《きこ》えざることなし。ただわれのみいまその光明《こうみょう》を称《しょう》するにあらず。一切《いっさい》の諸仏《しょぶつ》・声聞《しょうもん》・縁覚《えんがく》・もろもろの菩薩衆《ぼさつしゅ》、ことごとくともに歎誉《たんよ》すること、またまたかくのごとし。もし衆生《しゅじょう》ありて、その光明《こうみょう》の威神功徳《いじんくどく》を聞《き》きて、日夜《にちゃ》に称説《しょうせつ》して至心不断《ししんふだん》なれば、意《こころ》の所願《しょがん》に随《したが》ひて、その国《くに》に生《しょう》ずることを得《え》て、もろもろの菩薩《ぼさつ》・声聞《しょうもん》の大衆《だいしゅ》のために、ともに歎誉《たんよ》してその功徳《くどく》を称《しょう》せられん。それしかうして後《のち》、仏道《ぶつどう》を得《う》る時《とき》に至《いた》りて、あまねく十方《じっぽう》の諸仏《しょぶつ》・菩薩《ぼさつ》のために、その光明《こうみょう》を歎《ほ》められんこと、またいまのごとくならん」と。仏《ぶつ》のたまはく、「われ、無量寿仏《むりょうじゅぶつ》の光明《こうみょう》の威神《いじん》、*巍々《ぎぎ》殊妙《しゅみょう》なるを説《と》かんに、昼夜一劫《ちゅうやいっこう》すとも、なほいまだ尽《つ》くすことあたはじ」と。

【一二】仏《ぶつ》、阿難《あなん》に語《かた》りたまはく、「無量寿仏《むりょうじゅぶつ》は寿命《じゅみょう》長久《じょうく》にして*称計《しょうげ》すべからず。なんぢむしろ知《し》れりや。たとひ十方世界《じっぽうせかい》の無量《むりょう》の衆生《しゅじょう》、みな人身《にんじん》を得《え》て、ことごとく声聞《しょうもん》・縁覚《えんがく》を成就《じょうじゅ》せしめて、すべてともに集会《しゅうえ》し、*禅思一心《ぜんしいっしん》にその智力《ちりき》を竭《つく》し、百千万劫《ひゃくせんまんごう》においてことごとくともに推算《すいさん》してその寿命《じゅみょう》の長遠《じょうおん》

うたた倍して　次第に増大して。

無量光仏…超日月光仏　阿弥陀仏の十二種の異名。↓十二光《じゅうにこう》

柔軟　やわらかでおだやかなこと。

顕赫　盛んに輝くさま。

照耀　照り輝くこと。

聞え　聞は光明《こうみょう》の利益《りやく》がそのまま名号《みょうごう》の功徳《くどく》であることを示す。

巍々殊妙　気高くすぐれていること。

称計　数えはかること。

禅思一心に　思いを静め、心を一つにして。

三〇

の数《かず》を計《はか》らんに、窮尽《ぐじん》してその限極《げんごく》を知《し》ることあたはじ。声聞《しょうもん》・菩薩《ぼさつ》・天《てん》・人《にん》の衆《しゅう》の寿命《じゅみょう》の長短《ちょうたん》も、またまたかくのごとし。算数《さんじゅ》・譬喩《ひゆ》のよく知《し》るところにあらざるなり。また声聞《しょうもん》・菩薩《ぼさつ》、その数量《かずはか》りがたし。称説《しょうせつ》すべからず。*神《じん》智洞達《ちどうだつ》して、威力自在《いりきじざい》なり。よく掌《たなごころ》のうちにおいて、一切世界《いっさいせかい》を持《じ》せり」と。

【三】仏《ぶつ》、阿難《あなん》に語《かた》りたまはく、「かの仏《ぶつ》の*初会《しょえ》の声聞衆《しょうもんしゅ》の数《かず》、称計《しょうげ》すべからず。菩薩《ぼさつ》もまたしかなり。いまの大目揵連《だいもくけんれん》のごとき、百千万億無量無数《ひゃくせんまんおくむりょうむしゅ》にして、阿僧祇那由他劫《あそうぎなゆたこう》において、乃至滅度《ないしめつど》までことごとくともに計校《けきょう》すとも、多《た》少《しょう》の数《かず》を究了《くりょう》することあたはじ。たとへば大海《だいかい》の深広《じんこう》にして無量《むりょう》なるを、たとひ人《ひと》ありて、その一毛《いちもう》を析《くだ》きてもつて百分《ひゃくぶん》となして、一分《いちぶん》の毛《もう》をもつて*一渧《いったい》を*沾取《てんしゅ》せんがごとし。意《こころ》においていかん、その渧《したた》るところのものは、かの大海《だいかい》においていづれをか多《おお》しとする」と。阿難《あなん》、仏《ぶつ》にまうさく、「かの渧《したた》るところの水《みず》を大海《だいかい》に比《ひ》するに、多少《たしょう》の量《りょう》、*巧暦《きょうりゃく》・算数《さんじゅ》・言辞《ごんじ》・譬類《ひるい》のよく知《し》るところにあらざるなり」と。仏《ぶつ》、阿難《あなん》に語《かた》りたまはく、「目連等《もくれんとう》のごとき、百千万《ひゃくせんまん》億那由他劫《おくなゆたこう》において、かの初会《しょえ》の声聞《しょうもん》・菩薩《ぼさつ》を計《かぞ》へて、知《し》らんところの数《かず》はなほ一渧《いったい》のごとし。その知《し》らざるところは大海《だいかい》の水《みず》のごとし。

神智洞達　神通《じんずう》・智慧弁才《ちえべんざい》に通達していること。あるいは、不可思議の智慧に深く熟達していること。

初会　仏の成道《じょうどう》後、初めての法座、またはその説法。

一渧　ひとしずく。

沾取　うるおしとること。

巧暦　たくみな暦術。

40
【一四】 また、その国土《こくど》に七宝《しっぽう》のもろもろの樹《き》、世界《せかい》に周満《しゅうまん》せり。金樹《こんじゅ》・銀樹《ごんじゅ》・
瑠璃樹《るりじゅ》・玻瓈樹《はりじゅ》・珊瑚樹《さんごじゅ》・碼碯樹《めのうじゅ》・硨磲樹《しゃこじゅ》なり。あるいは二宝《にほう》・三宝《さんぽう》、乃至《ないし》七《しっ》
宝《ぽう》、うたたともに合成《ごうじょう》せるあり。あるいは金樹《こんじゅ》に銀《しろがね》の葉《は》・華《はな》・果《このみ》なるあり。あ
るいは銀樹《ごんじゅ》に金《こがね》の葉《は》・華《はな》・果《このみ》なるあり。あるいは瑠璃樹《るりじゅ》に玻瓈《はり》を葉《は》とす、華《はな》・
果《このみ》またしかなり。あるいは*水精樹《すいしょうじゅ》に瑠璃《るり》を葉《は》とす、華《はな》・果《このみ》またしかなり。あ
るいは珊瑚樹《さんごじゅ》に碼碯《めのう》を葉《は》とす、華《はな》・果《このみ》またしかなり。あるいは碼碯樹《めのうじゅ》に瑠璃《るり》を
葉《は》とす、華《はな》・果《このみ》またしかなり。あるいは硨磲樹《しゃこじゅ》に衆宝《しゅぼう》を葉《は》とす、華《はな》・果《このみ》またし
かなり。あるいは宝樹《ほうじゅ》あり、*紫金《しこん》を*本《もと》とし、白銀《びゃくごん》を*茎《くき》とし、瑠璃《るり》を枝《えだ》とし、
水精《すいしょう》を条《こえだ》とし、珊瑚《さんご》を葉《は》とし、碼碯《めのう》を華《はな》とし、硨磲《しゃこ》を実《み》とす。あるいは宝樹《ほうじゅ》
あり、白銀《びゃくごん》を本《もと》とし、瑠璃《るり》を茎《くき》とし、水精《すいしょう》を枝《えだ》とし、珊瑚《さんご》を条《こえだ》とし、碼碯《めのう》を
葉《は》とし、硨磲《しゃこ》を華《はな》とし、紫金《しこん》を実《み》とす。あるいは宝樹《ほうじゅ》あり、瑠璃《るり》を本《もと》とし、水《すい》
41
精《しょう》を茎《くき》とし、珊瑚《さんご》を枝《えだ》とし、碼碯《めのう》を条《こえだ》とし、硨磲《しゃこ》を葉《は》とし、紫金《しこん》を華《はな》とし、白《びゃく》
銀《ごん》を実《み》とす。あるいは宝樹《ほうじゅ》あり、水精《すいしょう》を本《もと》とし、珊瑚《さんご》を茎《くき》とし、碼碯《めのう》を枝《えだ》と
し、硨磲《しゃこ》を条《こえだ》とし、紫金《しこん》を葉《は》とし、白銀《びゃくごん》を華《はな》とし、瑠璃《るり》を実《み》とす。あるいは
宝樹《ほうじゅ》あり、珊瑚《さんご》を本《もと》とし、碼碯《めのう》を茎《くき》とし、硨磲《しゃこ》を枝《えだ》とし、紫金《しこん》を条《こえだ》とし、白《びゃく》

水精樹　水晶でできた樹。

紫金　紫磨黄金《しまおうごん》の略。閻浮檀金のこと。→閻浮檀金《えんぶだんごん》

本　根《ね》のこと。

茎　幹《みき》のこと。

銀《ごん》を葉《は》とし、瑠璃《るり》を華《はな》とし、水精《すいしょう》を実《み》とす。あるいは宝樹《ほうじゅ》あり、碼碯《めのう》を本《もと》とし、硨磲《しゃこ》を茎《くき》とし、紫金《しこん》を枝《えだ》とし、白銀《びゃくごん》を条《こえだ》とし、瑠璃《るり》を葉《は》とし、水精《すいしょう》を華《はな》とし、珊瑚《さんご》を実《み》とす。あるいは宝樹《ほうじゅ》あり、硨磲《しゃこ》を本《もと》とし、紫金《しこん》を茎《くき》とし、白銀《びゃくごん》を枝《えだ》とし、瑠璃《るり》を条《こえだ》とし、水精《すいしょう》を葉《は》とし、珊瑚《さんご》を華《はな》とし、碼碯《めのう》を実《み》とす。このもろもろの宝樹《ほうじゅ》、*行々《ごうごう》あひ値《あ》ひ、茎々《きょうきょう》あひ望《のぞ》み、枝々《しし》あひ準《したが》ひ、葉々《ようよう》あひ向《む》かひ、華々《けけ》あひ順《したが》ひ、実々《じつじつ》あひ当《あた》れり。栄色《ようしき》の光耀《こうよう》たること、*勝《あ》げて視《み》るべからず。清風《しょうふう》、時《とき》に発《おこ》りて*五《いつ》つの音声《おんじょう》を出《いだ》す。微妙《みみょう》にして宮商《きゅうしょう》、自然《じねん》にあひ和《わ》す。

【一五】また、無量寿仏《むりょうじゅぶつ》のその道場樹《どうじょうじゅ》は、高《たか》さ四百万里《しひゃくまんり》、その本《もと》の周囲《しゅうい》五十由旬《ごじゅうゆじゅん》なり。枝葉《しよう》四《し》に布《し》けること二十万里《にじゅうまんり》なり。一切《いっさい》の衆宝《しゅぼう》自然《じねん》に合成《ごうじょう》せり。*月光摩尼《がっこうまに》・*持海輪宝《じかいりんぼう》の衆宝《しゅぼう》の王《おう》たるをもつて、これを荘厳《しょうごん》せり。条《こえだ》のあひだに*周帀《しゅうそう》して、宝《たから》の瓔珞《ようらく》を垂《た》れたり。百千万色《ひゃくせんまんじき》にして種々《しゅじゅ》に異変《いへん》す。無量《むりょう》の光焔《こうえん》、照耀極《しょうようきわ》まりなし。珍妙《ちんみょう》の宝網《ほうもう》その上《うえ》に*羅覆《らふ》せり。一切《いっさい》の荘厳《しょうごん》、応《おう》に随《したが》ひて現《げん》ず。微風《みふう》*やうやく動《うご》きてもろもろの枝葉《しよう》を吹《ふ》くに、無量《むりょう》の妙法《みょうほう》の音声《おんじょう》を演出《えんすい》す。その声《こえ》流布《るふ》して諸仏《しょぶつ》の国《くに》に遍《へん》す。その音《こえ》を聞《き》くものは、*深法忍《じんぼうにん》を得《え》て不退転《ふたいてん》に住《じゅう》す。仏道《ぶつどう》を成《な》るに至《いた》るまで、耳根《にこん》清徹《しょうてつ》にして苦患《くげん》に遭《あ》はず。目《め》に

行々　列と列。

勝げて視るべからず　ことごとく見尽すことができない。

五つの音声　宮《きゅう》・商《しょう》・角《かく》・徴《ち》・羽《う》の五音階。

月光摩尼　摩尼は梵語マニ(maṇi)の音写。宝珠と漢訳する。月光のようにすぐれた輝きをもつ宝珠。

持海輪宝　極楽を飾る摩尼宝珠の別名。海のように広大な徳を有する宝珠。一説には、須弥山《しゅみせん》の頂上にある威華という名の如意宝珠のことで、大海の水をよくたもつからこの名があるという。

周帀　めぐりまわること。あまねくゆきわたること。

羅覆　上から覆いめぐらすこと。

やうやく　ゆるやかに。

深法忍　無生法忍のことで、

その色《いろ》を観《み》、耳《みみ》にその音《こえ》を聞《き》き、鼻《はな》にその香《か》を知《し》り、舌《した》にその味《あじ》はひを嘗《な》め、身《み》にその光《ひかり》を触《ふ》れ、心《こころ》に法《ほう》をもつて*縁《えん》ずるに、一切《いっさい》みな甚深《じんじん》の法忍《ほうにん》を得《え》て不退《ふたい》転《てん》に住《じゅう》す。仏道《ぶつどう》を成《な》るに至《いた》るまで、六根《ろっこん》は清徹《しょうてつ》にしてもろもろの悩患《のうげん》なし。

43 阿難《あなん》、もしかの国《くに》の人天《にんでん》、この樹《き》を見《み》るものは三法忍《さんぼうにん》を得《う》。一《ひと》つには音響忍《おんこうにん》、二《ふた》つには柔順忍《にゅうじゅんにん》、三《み》つには無生法忍《むしょうぼうにん》なり。これみな無量寿仏《むりょうじゅぶつ》の威神力《いじんりき》のゆゑに、本願力《ほんがんりき》のゆゑに、満足願《まんぞくがん》のゆゑに、明了願《みょうりょうがん》のゆゑに、堅固願《けんごがん》のゆゑに、究竟願《くきょうがん》のゆゑなり」と。仏《ぶつ》、阿難《あなん》に告《つ》げたまはく、「世間《せけん》の帝王《たいおう》に百千《ひゃくせん》の音楽《おんがく》あり。転輪聖王《てんりんじょうおう》より、乃至《ないし》第六天上《だいろくてんじょう》の*伎楽《ぎがく》の音声《おんじょう》、*展転《てんでん》してあひ勝《すぐ》れたること、千億万倍《せんおくまんばい》なり。第六天上《だいろくてんじょう》の万種《まんじゅ》の楽音《がくおん》、無量寿国《むりょうじゅこく》のもろもろの七《しっ》宝樹《ぽうじゅ》の一種《いっしゅ》の音声《おんじょう》にしかざること、千億倍《せんおくばい》なり。また自然《じねん》の万種《まんじゅ》の伎楽《ぎがく》あり。またその楽《がく》の声《こえ》、法音《ほうおん》にあらざることなし。*清揚哀亮《しょうようあいりょう》にして微妙和雅《みみょうわげ》なり。十方世界《じっぽうせかい》の音声《おんじょう》のなかに、もつとも第一《だいいち》とす。

【一六】また*講堂《こうどう》・*精舎《しょうじゃ》・宮殿《くでん》・楼観《ろうかん》、みな七宝荘厳《しっぽうしょうごん》して自然《じねん》に化成《けじょう》す。また *44* 真珠《しんじゅ》・*明月摩尼《みょうがつまに》の衆宝《しゅぼう》をもつて、もつて*交露《きょうろ》としてその上《うえ》に覆蓋《ふがい》せり。内外《ないげ》左右《さう》にもろもろの浴池《よくち》あり。〔大《おお》きさ〕あるいは十由旬《じゅうゆじゅん》、あるいは二十《にじゅう》・三十《さんじゅう》、

これをもつて三法忍を代表させるものとみられる。↓

三法忍《さんぼうにん》

縁ずる　対象を認識する。

伎楽　音楽のこと。

展転して　順次に。

清揚哀亮　音がきよらかであり、あわれにしてさえわたること。「清揚」は底本延書には「清暢」とある。

講堂　教法を講説する堂舎。

精舎　仏道修行に精進《しょうじん》する者の住む坊舎。

明月摩尼　月光摩尼に同じ。

交露　宝玉をつらねた幔幕《まんまく》。玉の光が露の光を交えたようになるから交露という。

乃至《ないし》百千由旬《ひやくせんゆじゆん》なり。*縦広深浅《じゆうこうじんせん》、おのおのみな*一等《いつとう》なり。八功徳水《はつくどくすい》、*湛然《たんねん》とし
て盈満《ようまん》せり。清浄香潔《しようじようこうけつ》にして、味《あじ》はひ甘露《かんろ》のごとし。黄金《おうごん》の池《いけ》には、底《そこ》に白《びやく》
銀《ごん》の沙《いさご》あり。白銀《びやくごん》の池《いけ》には、底《そこ》に黄金《おうごん》の沙《いさご》あり。水精《すいしよう》の池《いけ》には、底《そこ》に瑠璃《るり》の
沙《いさご》あり。瑠璃《るり》の池《いけ》には、底《そこ》に水精《すいしよう》の沙《いさご》あり。珊瑚《さんご》の池《いけ》には、底《そこ》に琥珀《こはく》の沙《いさご》あ
り。琥珀《こはく》の池《いけ》には、底《そこ》に珊瑚《さんご》の沙《いさご》あり。硨磲《しやこ》の池《いけ》には、底《そこ》に碼碯《めのう》の沙《いさご》あり。碼《め》
碯《のう》の池《いけ》には、底《そこ》に硨磲《しやこ》の沙《いさご》あり。白玉《びやくごく》の池《いけ》には、底《そこ》に紫金《しこん》の沙《いさご》あり。紫金《しこん》の
池《いけ》には、底《そこ》に白玉《びやくごく》の沙《いさご》あり。あるいは二宝《にほう》・三宝《さんぼう》、乃至《ないし》七宝《しつぽう》、うたたともに
合成《ごうじよう》せり。その池《いけ》の岸《きし》の上《うえ》に栴檀樹《せんだんじゆ》あり。華葉《けよう》垂《た》れ布《し》きて、香気《こうけ》あまねく熏《くん》
ず。天《てん》の優鉢羅華《うはらけ》・*鉢曇摩華《はどんまけ》・*拘物頭華《くもずけ》・分陀利華《ふんだりけ》、*雑色光茂《ざつしきこうも》にして、弥《ひろ》く水《みず》
の上《うえ》に覆《おお》へり。かの諸菩薩《しよぼさつ》および声聞衆《しようもんしゆ》、もし宝池《ほうち》に入《い》りて、意《こころ》に水《みず》をして
45 足《あし》を没《ひた》さしめんと欲《おも》へば、水《みず》すなはち足《あし》を没《ひた》す。膝《ひざ》に至《いた》らしめんと欲《おも》へば、す
なはち膝《ひざ》に至《いた》る。腰《こし》に至《いた》らしめんと欲《おも》へば、水《みず》すなはち腰《こし》に至《いた》る。頸《くび》に至《いた》らし
めんと欲《おも》へば、水《みず》すなはち頸《くび》に至《いた》る。身《み》に灌《そそ》がしめんと欲《おも》へば、自然《じねん》に身《み》に灌《そそ》
ぐ。還復《げんぶく》せしめんと欲《おも》へば、水《みず》すなはち還復《げんぶく》す。冷煖《りようなん》を調和《じようわ》するに、自然《じねん》に
意《こころ》に随《したが》ふ。〔水浴《すいよく》せば〕神《たましい》を開《ひら》き、体《み》を悦《よろこ》ばしめて、*心垢《しんく》を蕩除《とうじよ》す。〔水《みず》は〕清《しよう》

縦広深浅　たてよこと、ふかさ。

一等　平等。ひとしいこと。

湛然として盈満せり　なみなみとたたえられ、みちあふれている。

鉢曇摩華　鉢曇摩は梵語パドマ（padma）の音写。紅《ぐ》蓮華《れんげ》のこと。

拘物頭華　拘物頭は梵語クムダ（kumuda）の音写。黄《おう》蓮華のこと。

雑色光茂　色とりどりに咲き乱れるさま。

心垢　煩悩《ぼんのう》のけがれ。

明澄潔《みょうちょうけつ》にして、浄《きよ》きこと形《かたち》なきがごとし。〔池底《ちてい》の〕宝沙《ほうしゃ》、*映徹《ようてつ》して、深《ふか》きをも照《て》らさざることなし。*微瀾回流《みらんえる》してうたたあひ*灌注《かんちゅう》す。*安詳《あんじょう》としてやうやく逝《ゆ》きて、遅《おそ》からず、疾《と》からず。波揚《なみあが》りて無量《むりょう》なり。自然《じねん》の妙声《みょうしょう》、その*所《しょ》応《おう》に随《したが》ひて聞《きこ》えざるものなし。あるいは仏声《ぶっしょう》を聞《き》き、あるいは法声《ほうしょう》を聞《き》き、あるいは僧声《そうしょう》を聞《き》く。あるいは*寂静《じゃくじょう》の声《こえ》、空無我《くうむが》の声《こえ》、大慈悲《だいじひ》の声《こえ》、波羅蜜《はらみつ》の声《こえ》、あるいは十力《じゅうりき》・*無畏《むい》・*不共法《ふぐほう》の声《こえ》、もろもろの*通慧《つうえ》の声《こえ》、*無所作《むしょさ》の声《こえ》、*不起滅《ふきめつ》の声《こえ》、無生忍《むしょうにん》の声《こえ》、乃至《ないし》、*甘露灌頂《かんろかんじょう》、もろもろの妙法《みょうほう》の声《こえ》、かくのごときらの声《こえ》、その聞《き》くところに称《かな》ひて、歓喜《かんぎ》すること無量《むりょう》なり。〔聞《き》くひとは〕
46 清浄《しょうじょう》・離欲《りよく》・寂滅《じゃくめつ》・真実《しんじつ》の義《ぎ》に随順《ずいじゅん》し、三宝《さんぼう》・〔十《じゅう》〕力《りき》・無所畏《むしょい》・不共《ふぐ》の法《ほう》に随順《ずいじゅん》し、通慧《つうえ》、菩薩《ぼさつ》・声聞《しょうもん》の所行《しょぎょう》の道《どう》に随順《ずいじゅん》す。三塗苦難《さんずくなん》の名《な》あることなく、ただ自然快楽《じねんけらく》の音《こえ》のみあり。このゆゑに、その国《くに》を名《な》づけて安楽《あんらく》といふ。

【一七】阿難《あなん》、かの仏国土《ぶっこくど》にもろもろの往生《おうじょう》するものは、かくのごときの清浄《しょうじょう》の色身《しきしん》、もろもろの妙音声《みょうおんじょう》、神通功徳《じんずうくどく》を具足《ぐそく》す。処《しょ》するところの宮殿《くでん》・衣《え》服《ぶく》・飲食《おんじき》・衆妙華香《しゅみょうけこう》・荘厳《しょうごん》の具《ぐ》は、なほ第六天《だいろくてん》の自然《じねん》の物《もの》のごとし。もし食《じき》せんと欲《おも》ふ時《とき》は、七宝《しっぽう》の*鉢器《はっき》、自然《じねん》に前《まえ》にあり。金《こん》・銀《ごん》・瑠璃《るり》・硨磲《しゃこ》・碼碯《めのう》・珊《さん》

三六

映徹　照りはえること。

微瀾　さざなみ。

灌注す　流れそそぐこと。

安詳　静かなさま。

所応　ねがい。望み。

寂静　涅槃のこと。→涅槃《ねはん》

無畏　→無畏《むい》[1]

不共法　十八不共法のこと。→十八不共法《じゅうはちふぐほう》

通慧　神通智慧《じんずうちえ》。

無所作　とらわれのない修行。

不起滅　不生不滅《ふしょうふめつ》の真理。生滅を超えた真理。

甘露灌頂　第十地《じゅうじ》の菩薩。菩薩が第十地に入る時、諸仏がその頂に甘露水（智慧を象徴する）をそそいで法王の職を授けるしるしとするからこういう。

鉢器　応器ともいう。仏の制規に応じた沙門《しゃもん》の食器のこと。

47

瑚《ご》・琥珀《こはく》・明月真珠《みょうがつしんじゅ》、かくのごときの諸鉢《しょはつ》、意《こころ》に随《したが》ひて至《いた》る。*百味《ひゃくみ》の飲食《おんじき》、自《じ》然《ねん》に盈満《ようまん》す。この食《じき》ありといへども、実《じつ》に食《じき》するものなし。ただ色《いろ》を見《み》、香《か》を聞《か》ぐに、意《こころ》に食《じき》をなすと以《おも》へり。自然《じねん》に*飽足《ほうそく》して身心柔軟《しんしんにゅうなん》なり。*味着《みじゃく》するところなし。事已《ことおわ》れば化《け》して去《さ》り、時至《ときいた》ればまた現《げん》ず。かの仏国土《ぶっこくど》は、清浄安《しょうじょうあん》穏《のん》にして微妙快楽《みみょうけらく》なり。無為泥洹《むいないおん》の道《どう》に次《ちか》し。そのもろもろの声聞《しょうもん》・菩薩《ぼさつ》・天《てん》・人《にん》は、智慧《ちえ》高明《こうみょう》にして神通洞達《じんずうどうだつ》せり。ことごとく同《おな》じく一類《いちるい》にして、形《かたち》に異状《いじょう》なし。*ただ余方《よほう》に因順《いんじゅん》するがゆゑに、天《てん》・人《にん》の名《な》あり。顔貌端正《げんみょうたんじょう》にして超世希有《ちょうせけう》なり。容色微妙《ようしきみみょう》にして、天《てん》にあらず人《にん》にあらず。みな*自然虚無《じねんこむ》の身《しん》、無極《むごく》の体《たい》を受《う》けたり」と。

【一八】 仏《ぶつ》、阿難《あなん》に告《つ》げたまはく、「*たとへば世間《せけん》の貧窮《びんぐ》・乞人《こつにん》の、帝王《たいおう》の辺《ほとり》にあらんがごとし。形貌《ぎょうみょう》・容状《ようじょう》、むしろ類《るい》すべけんや」と。阿難《あなん》、仏《ぶつ》にまうさく、「たとひこの人《ひと》、帝王《たいおう》の辺《ほとり》にあらんに、*羸陋醜悪《るいるしゅうあく》にして、もつて喩《たと》へとすることなきこと、百千万億《ひゃくせんまんおく》*不可計倍《ふかけばい》なり。しかるゆゑは、貧窮《びんぐ》・乞人《こつにん》は*底極廝下《たいごくしげ》にして、衣形《ころもかたち》を蔽《かく》さず。食趣《じきわず》かに命《いのち》を支《ささ》ふ。飢寒困苦《きかんこんく》して*人理《にんり》ほとほと尽《つ》きなんとす。みな前世《ぜんせ》に徳本《とくほん》を植《う》ゑず、財《ざい》を積《つ》みて施《ほどこ》さず、富有《ふう》にしてますます慳《お》

百味の飲食　種々さまざまの美味よりなる飲食物。

飽足　満足すること。

味着　味に執着すること。

ただ余方に…　浄土の聖《しょう》者《じゃ》を他方世界に順じて天とか人と呼ぶのみで実の天でも人でもないという意。

自然虚無の身無極の体　自然・虚無・無極は涅槃《ねはん》の異名。浄土における身体は、涅槃のさとりにかない、一切の限定を超えた絶対の自由をもつものであるという意。

たとへば…　↓補註5

羸陋醜悪　弱々しくみにくいこと。

不可計倍　はかることができないほどの倍数。

底極廝下　最低の暮しをしていること。

人理ほとほと…　人間らしい生活をほとんどしていな

48 しみ、ただいたづらに得《え》んと欲《おも》ひて、貪求《とんぐ》して厭《いと》ふことなく、あ*へて善《ぜん》を修《しゅ》せず、悪《あく》を犯《おか》すこと山《やま》のごとくに積《つも》るによりてなり。かくのごとくして、寿終《いのちおわ》りて、財宝消散《ざいほうしょうさん》す。身《み》を苦《くる》しめ、*聚積《じゅしゃく》してこれがために憂悩《うのう》すれども、おのれにおいて益《やく》なし。いたづらに*他《た》の有《う》となる。善《ぜん》として怙《たの》むべきなし、徳《とく》として恃《たの》むべきなし。このゆゑに、死《し》して悪趣《あくしゅ》に堕《だ》してこの長苦《じょうく》を受《う》く。罪畢《つみおわ》り出《い》づることを得《え》て、生《うま》れて下賤《げせん》となり、*愚鄙斯極《ぐひしごく》にして*人類《にんるい》に示同《じどう》す。世間《せけん》の帝《たい》王《おう》、人中《にんちゅう》に独尊《どくそん》なるゆゑは、みな*宿世《しゅくせ》に徳《とく》を積《つ》めるによりて致《いた》すところなり。慈恵博《じえひろ》く施《ほどこ》し、仁愛兼《にんあいか》ねて済《すく》ふ。信《しん》を履《ふ》み善《ぜん》を修《しゅ》して、*違諍《いじょう》するところなし。ここをもつて寿終《いのちおわ》れば、福応《ふくおう》じて善道《ぜんどう》に昇《のぼ》ることを得《え》、天上《てんじょう》に上生《じょうしょう》してこの福楽《ふくらく》を享《う》く。*積善《しゃくぜん》の余慶《よきょう》に、いま人《ひと》となることを得《え》て、たまたま王家《おうけ》に生《うま》れて、自然《じねん》に尊貴《そんき》なり。*儀容端正《ぎようたんじょう》にして衆《しゅう》の敬事《きょうじ》するところなり。妙衣《みょうえ》・珍膳《ちんぜん》、心《こころ》に随《したが》ひて*服御《ぶくご》す。*宿福《しゅくふく》の追《お》ふところなるがゆゑに、よくこれを致《いた》す」と。

49 【一九】仏《ぶつ》、阿難《あなん》に告《つ》げたまはく、「なんぢが言是《ことばぜ》なり。たとひ帝王《たいおう》のごとき、人中《にんちゅう》の尊貴《そんき》にして形色端正《ぎょうしきたんじょう》なりといへども、これを転輪聖王《てんりんじょうおう》に比《なら》ぶるに、はなはだ*鄙陋《ひる》なりとす。なほかの乞人《こつにん》の帝王《たいおう》の辺《ほとり》にあらんがごときなり。転輪《てんりん》

いという意。

あへて善を修せず　底本延書には、「善を修することを信ぜず」とある。

聚積　集めたくわえること。

他の有　他人の所有。

愚鄙斯極　最低の生活をしていること。

人類に示同す　どうにか人間として暮しているというほどの意。

宿世　前の世。過去世。

違諍　逆らい争うこと。

積善の余慶　過去に積んだ善の報いとして受ける幸福。

儀容　立居振舞とすがたかたち。

服御　衣服を着、食事をとること。

宿福　過去世に積んだ福徳《ふくとく》善根《ぜんごん》。

鄙陋　見劣りすること。

三八

聖王《じょうおう》は、威相殊妙《いそうしゅみょう》にして天下第一《てんげだいいち》なれども、これを*忉利天王《とうりてんのう》に比《なら》ぶるに、また醜悪《しゅうあく》にしてあひ喩《たと》ふるを得《え》ざること万億倍《まんおくばい》なり。たとひ天帝《てんたい》を*第六天王《だいろくてんのう》に比《なら》ぶるに、百千億倍《ひゃくせんおくばい》あひ類《るい》せざるなり。たとひ第六天王《だいろくてんのう》を無量寿仏国《むりょうじゅぶっこく》の菩薩《ぼさつ》・声聞《しょうもん》に比《なら》ぶるに、光顔《こうげん》・容色《ようしき》あひ及逮《およ》ばざること百千万億不可計倍《ひゃくせんまんおくふかけばい》なり」と。

【三〇】仏《ぶつ》、阿難《あなん》に告《つ》げたまはく、「無量寿国《むりょうじゅこく》の、そのもろもろの天《てん》・人《にん》の衣《え》服《ぶく》・飲食《おんじき》・華香《けこう》・瓔珞《ようらく》・繒蓋《ぞうがい》・幢幡《どうばん》、微妙《みみょう》の音声《おんじょう》、所居《しょご》の舎宅《しゃたく》・宮殿《くでん》・楼閣《ろうかく》は、その*形色《ぎょうしき》に称《かな》ひて高下大小《こうげだいしょう》あり。あるいは一宝《いっぽう》・二宝《にほう》、乃至《ないし》無量《むりょう》の衆宝《しゅぼう》、意《こころ》の所欲《しょよく》に随《したが》ひて、念《ねん》に応《おう》じてすなはち至《いた》る。また衆宝《しゅぼう》の妙衣《みょうえ》をもつてあまねくその地《じ》に布《し》けり。一切《いっさい》の天《てん》・人《にん》これを践《ふ》みて行《ゆ》く。無量《むりょう》の宝網《ほうもう》、仏土《ぶつど》に弥覆《みふ》せり。みな*金縷《こんる》・真珠《しんじゅ》、百千《ひゃくせん》の雑宝《ざっぽう》の奇妙珍異《きみょうちんい》なるをもつて荘厳《しょうごん》*校飾《きょうじき》せり。四面《しめん》に周帀《しゅうそう》して、垂《た》るるに宝鈴《ほうりょう》をもつてす。光色晃耀《こうしきこうよう》にして、ことごとく厳《ごん》麗《らい》を極《きわ》む。自然《じねん》の徳風《とくふう》やうやく起《おこ》りて微動《みどう》す。その風《かぜ》、調和《じょうわ》にして寒《さむ》からず、暑《あつ》からず。温涼柔軟《おんりょうにゅうなん》にして、遅《おそ》からず、疾《と》からず。もろもろの*羅網《らもう》およびもろもろの宝樹《ほうじゅ》を吹《ふ》くに、無量微妙《むりょうみみょう》の法音《ほうおん》を演発《えんぼつ》し、万種温雅《まんじゅおんげ》の徳香《とくこう》を流布《るふ》す。それ聞《か》ぐことあるものは、*塵労垢習《じんろうくじゅう》、自然《じねん》に起《おこ》らず。風《かぜ》、その身《み》に触《ふ》るるに、

忉利天王　忉利天の主神。→忉利天《とうりてん》

第六天王　欲界《よくかい》第六天の主である他化自在天王のこと。→他化天《たけてん》

形色　（浄土の聖者《しょうじゃ》の）すがたかたち。

金縷　黄金の糸。

校飾　宝をまじえて飾りたてること。

羅網　宝珠をつらねた飾り網。

塵労垢習　塵労は煩悩《ぼんのう》、垢習はその習気《じっけ》（潜在的余力、なごり）のこと。

三九

四〇

みな快楽《けらく》を得《う》。たとへば比丘《びく》の*滅尽三昧《めつじんざんまい》を得《う》るがごとし。

【三】また風《かぜ》吹《ふ》きて華《はな》を散《ち》らし、仏土《ぶつど》に遍満《へんまん》す。色《いろ》の次第《しだい》に随《したが》ひて雑乱《ぞうらん》せず。
51 柔軟光沢《にゅうなんこうたく》にして*馨香芬烈《きょうこうふんれつ》なり。足《あし》その上《うえ》を履《ふ》むに、陥《くぼ》み下《くだ》ること四寸《しすん》、足《あし》を挙《あ》げをはるに随《したが》ひて、還復《げんぶく》すること故《もと》のごとし。華《はな》、用《もち》ゐることすでに訖《おわ》れば、地《じ》すなはち開《ひら》き裂《さ》け、次《つ》いでをもつて化没《けもつ》す。清浄《しょうじょう》にして遺《のこ》りなし。その時節《じせつ》に随《したが》ひて、風《かぜ》吹《ふ》きて華《はな》を散《ち》らす。かくのごとく*六返《ろっぺん》す。また衆宝《しゅぼう》の蓮華《れんげ》、世界《せかい》に周満《しゅうまん》せり。一々《いちいち》の宝華《ほうけ》に百千億《ひゃくせんおく》の葉《はなびら》あり。その華《はな》の光明《こうみょう》に無量種《むりょうしゅ》の色《いろ》あり。青色《しょうしき》に青光《しょうこう》、白色《びゃくしき》に白光《びゃくこう》あり、玄《げん》・黄《おう》・朱《しゅ》・紫《し》の光色《こうしき》もまたしかなり。*暐曄煥爛《いようかんらん》として日月《にちがつ》よりも明曜《みょうよう》なり。一々《いちいち》の華《はな》のなかより*三十六百千億《さんじゅうろっぴゃくせんおく》の光《ひかり》を出《いだ》す。一々《いちいち》の光《ひかり》のなかより三十六百千億《さんじゅうろっぴゃくせんおく》の仏《ぶつ》を出《いだ》す。身色紫金《しんじきしこん》にして相好殊特《そうごうしゅどく》なり。一々《いちいち》の諸仏《しょぶつ》、また百千《ひゃくせん》の光明《こうみょう》を放《はな》ちて、あまねく十方《じっぽう》のために微妙《みみょう》の法《ほう》を説《と》きたまふ。かくのごときの諸仏《しょぶつ》、各々《かくかく》に無量《むりょう》の衆生《しゅじょう》を仏《ぶつ》の正道《しょうどう》に安立《あんりゅう》せしめたまふ」と。

仏説無量寿経《ぶつせつむりょうじゅきょう》 巻上《かんじょう》

滅尽三昧　滅尽定に同じ。心と心のはたらきをすべて滅し尽した深い精神統一の境地。この三昧に入ると、無心の静けさを楽しむことができるという。

馨香芬烈　香気が強いこと。

六返　昼夜六時（晨朝《じんじょう》・日中《にっちゅう》・日没《にちもつ》・初夜《しょや》・中夜《ちゅうや》・後夜《ごや》）に行うこと。

暐曄煥爛　華光が明るく鮮やかに輝くさま。

三十六百千億　浄土の蓮華《れんげ》には百千億の花びらがあり、その花びらに青・白・玄・黄・朱・紫の六光があって相互に照らし合うから、六六三十六の百千億の光になる。一即一切、一切即一という無礙《むげ》の相をあらわしている。

仏《ぶっ》説《せつ》無《む》量《りょう》寿《じゅ》経《きょう》　巻《かん》下《げ》

曹魏《そうぎ》天竺《てんじく》三蔵《のさんぞう》康僧鎧《こうそうがい》訳《のやく》

【二】 仏《ぶつ》、阿難《あなん》に告《つ》げたまはく、「それ衆生《しゅじょう》ありて、かの国《くに》に生《うま》るるものは、みなことごとく*正定《しょうじょう》の聚《じゅ》に住《じゅう》す。ゆゑはいかん。かの仏国《ぶっこく》のなかにはもろもろの*邪聚《じゃじゅ》および不定聚《ふじょうじゅ》なければなり。十方恒沙《じっぽうごうじゃ》の諸仏如来《しょぶつにょらい》は、みなともに無《む》量寿仏《りょうじゅぶつ》の威神功徳《いじんくどく》の不可思議《ふかしぎ》なるを讃歎《さんだん》したまふ。あらゆる衆生《しゅじょう》、その名号《みょうごう》を聞《き》きて信心歓喜《しんじんかんぎ》せんこと、乃至一念《ないしいちねん》せん。*至心《ししん》に回向《えこう》したまへり。かの国《くに》に生《うま》れんと願《がん》ずれば、すなはち往生《おうじょう》を得《え》、不退転《ふたいてん》に住《じゅう》せん。ただ五逆《ごぎゃく》と*誹謗正《ひほうしょう》法《ぼう》とをば除《のぞ》く」と。

【三】 仏《ぶつ》、阿難《あなん》に告《つ》げたまはく、「十方世界《じっぽうせかい》の諸天《しょてん》・人民《にんみん》、それ心《こころ》を至《いた》してかの国《くに》に生《うま》れんと願《がん》ずることあらん。おほよそ三輩《さんぱい》あり。それ上輩《じょうはい》といふは、家《いえ》を捨《す》て欲《よく》を棄《す》てて沙門《しゃもん》となり、菩提心《ぼだいしん》を発《おこ》して一向《いっこう》にもつぱら無量寿仏《むりょうじゅぶつ》を念《ねん》じたてまつり、もろもろの功徳《くどく》を修《しゅ》してかの国《くに》に生《うま》れんと願《がん》ぜん。これらの衆生《しゅじょう》、

正定の聚　正定聚のこと。→正定聚《しょうじょうじゅ》

邪聚　邪定聚のこと。→邪定聚《じゃじょうじゅ》

至心に回向したまへり　通常は「至心に回向して」と読む。親鸞聖人は如来回向の義をあらわすために、このように読みかえた。

誹謗　そしること。

寿《いのち》終《おわ》らん時《とき》に臨《のぞ》んで、無量寿仏《むりょうじゅぶつ》は、もろもろの大衆《だいしゅ》とともにその人《ひと》の前《まえ》に現《あらわ》れたまふ。すなはちかの仏《ぶつ》に随《したが》ひてその国《くに》に往生《おうじょう》す。すなはち七宝《しっぽう》の華《はな》のなかより自然《じねん》に化生《けしょう》して不退転《ふたいてん》に住《じゅう》せん。智慧《ちえ》勇猛《ゆうみょう》にして神通自在《じんずうじざい》ならん。このゆゑに阿難《あなん》、それ衆生《しゅじょう》ありて、今世《こんぜ》において無量寿仏《むりょうじゅぶつ》を見《み》たてまつらんと欲《おも》はば、無上菩提《むじょうぼだい》の心《しん》を発《おこ》し功徳《くどく》を修行《しゅぎょう》してかの国《くに》に生《うま》れんと願《がん》ずべし」と。

【二四】仏《ぶつ》、阿難《あなん》に語《かた》りたまはく、「それ中輩《ちゅうはい》といふは、十方世界《じっぽうせかい》の諸天《しょてん》・人民《にんみん》、それ心《こころ》を至《いた》してかの国《くに》に生《うま》れんと願《がん》ずることありて、行《ぎょう》じて沙門《しゃもん》となりて大《おお》きに功徳《くどく》を修《しゅ》することあたはずといへども、まさに無上菩提《むじょうぼだい》の心《しん》を発《おこ》して一向《いっこう》にもつぱら無量寿仏《むりょうじゅぶつ》を念《ねん》じたてまつるべし。多少《たしょう》、善《ぜん》を修《しゅ》して、*斎戒《さいかい》を奉持《ぶじ》し、*塔像《とうぞう》を起立《きりゅう》し、沙門《しゃもん》に飯食《ぼんじき》せしめ、*繒《ぞう》を懸《か》け灯《とう》を燃《とも》し、華《け》を散《さん》じ香《こう》を焼《た》きて、これをもつて回向《えこう》してかの国《くに》に生《うま》れんと願《がん》ぜん。その人《ひと》、終《おわ》りに臨《のぞ》みて、無量《むりょう》寿仏《じゅぶつ》はその身《しん》を化現《けげん》したまふ。光明《こうみょう》・相好《そうごう》はつぶさに*真仏《しんぶつ》のごとし。もろもろの大衆《だいしゅ》とともにその人《ひと》の前《まえ》に現《あらわ》れたまふ。すなはち化仏《けぶつ》に随《したが》ひてその国《くに》に往《おう》生《じょう》して不退転《ふたいてん》に住《じゅう》せん。功徳《くどく》・智慧《ちえ》は、次《つ》いで上輩《じょうはい》のもののごとくならん」と。

【二五】仏《ぶつ》、阿難《あなん》に告《つ》げたまはく、「それ下輩《げはい》といふは、十方世界《じっぽうせかい》の諸天《しょてん》・人民《にんみん》、

斎戒　八斎戒のこと。→八《はっ》戒斎《かいさい》
塔像　堂塔と仏像。
繒　仏殿にかける絹の天蓋《てんがい》（かさ）。
真仏　上輩の臨終に現れる仏を指す。

それ心《こころ》を至《いた》してかの国《くに》に生《うま》れんと欲《ほっ》することありて、たとひもろもろの功徳《くどく》をなすことあたはざれども、まさに無上菩提《むじょうぼだい》の心《しん》を発《おこ》して一向《いっこう》に意《こころ》をもつぱらにして、乃至十念《ないしじゅうねん》、無量寿仏《むりょうじゅぶつ》を念《ねん》じたてまつりて、その国《くに》に生《うま》れんと願《がん》ずべし。もし深法《じんぼう》を聞《き》きて歓喜信楽《かんぎしんぎょう》し疑惑《ぎわく》を生《しょう》ぜずして、乃至一念《ないしいちねん》、かの仏《ぶつ》を念《ねん》じたてまつりて、至誠心《しじょうしん》をもつてその国《くに》に生《うま》れんと願《がん》ぜん。この人《ひと》、終《おわ》りに臨《のぞ》んで、夢《ゆめ》のごとくにかの仏《ぶつ》を見《み》たてまつりて、また往生《おうじょう》を得《う》。功徳《くどく》・智慧《ちえ》は、次《つ》いで中輩《ちゅうはい》のもののごとくならん」と。

【三六】仏《ぶつ》、阿難《あなん》に告《つ》げたまはく、「無量寿仏《むりょうじゅぶつ》の威神極《いじんきわ》まりなし。十方世界《じっぽうせかい》の無《む》量無辺不可思議《りょうむへんふかしぎ》の諸仏如来《しょぶつにょらい》、かれを*称歎《しょうたん》したまはざることなし。東方恒沙仏《とうぼうごうじゃぶつ》国《こく》の無量無数《むりょうむしゅ》の諸菩薩衆《しょぼさつしゅ》、みなことごとく無量寿仏《むりょうじゅぶつ》の所《みもと》に往詣《おうげい》して、*恭敬《くぎょう》し供養《くよう》したてまつり、もろもろの菩薩《ぼさつ》・声聞《しょうもん》の大衆《だいしゅ》に及《およ》ぼさん。*経法《きょうぼう》を聴受《ちょうじゅ》し、*道化《どうけ》を宣布《せんぷ》す。南西北方《なんざいほっぽう》・*四維《しゆい》・上下《じょうげ》〔の菩薩衆《ぼさつしゅ》〕、またまたかくのごとし」と。

【三七】その時《とき》に、世尊《せそん》、しかも頌《じゅ》を説《と》きてのたまはく、

「東方《とうぼう》の諸仏《しょぶつ》の国《くに》、その数恒沙《かずごうじゃ》のごとし。
かの土《ど》の菩薩衆《ぼさつしゅ》、往《ゆ》いて*無量覚《むりょうかく》を観《み》たてまつる。

称歎　ほめたたえること。
恭敬　つつしみ敬うこと。
経法　阿弥陀仏が説く教法。
道化を宣布す　阿弥陀仏の教法を、十方世界の人々に広く説きのべるという意。
四維　東南、東北、西南、西北の四隅。
無量覚　阿弥陀仏のこと。阿弥陀を無量、仏を覚とする。この偈頌《げじゅ》では、他に阿弥陀仏を最勝尊・無上尊・安養《あんにょう》仏等と表現している。

南西北《なんざいほく》・四維《しゆい》・上下《じょうげ》〔の仏国《ぶっこく》〕、またまたしかなり。
かの土《ど》の菩薩衆《ぼさつしゅ》、往《ゆ》いて無量覚《むりょうかく》を観《み》たてまつる。
一切《いっさい》のもろもろの菩薩《ぼさつ》、おのおの天《てん》の妙華《みょうけ》・
宝香《ほうこう》・*無価《むげ》の衣《ころも》を齎《も》つて、無量覚《むりょうかく》を供養《くよう》したてまつる。
*咸然《げんねん》として天《てん》の楽《がく》を奏《そう》し、和雅《わげ》の音《こえ》を*暢発《ちょうほつ》して、
最勝《さいしょう》の尊《そん》を*歌歎《かたん》して、無量覚《むりょうかく》を供養《くよう》したてまつる、
〈神通《じんずう》と慧《え》とを*究達《くだつ》して、*深法門《じんぼうもん》に遊入《ゆにゅう》し、
功徳蔵《くどくぞう》を具足《ぐそく》して、妙智《みょうち》、*等倫《とうりん》なし。
*慧日《えにち》、世間《せけん》を照《て》らして、生死《しょうじ》の雲《くも》を消除《しょうじょ》したまふ〉と。
恭敬《くぎょう》して繞《めぐ》ること*三帀《さんぞう》して、無上尊《むじょうそん》を稽首《けいしゅ》したてまつる。
かの厳浄《ごんじょう》の土《ど》の、微妙《みみょう》にして思議《しぎ》しがたきを見《み》て、
よりて*無上心《むじょうしん》を発《おこ》して、わが国《くに》もまたしからんと願《がん》ず。
時《とき》に応《おう》じて無量尊《むりょうそん》、容《みかお》を動《うご》かし欣笑《ごんしょう》を発《おこ》したまひ、
口《くち》より無数《むしゅ》の光《ひかり》を出《いだ》して、あまねく十方国《じっぽうこく》を照《て》らしたまふ。
光《ひかり》を回《めぐ》らして身《み》を囲繞《いにょう》すること、三帀《さんぞう》して*頂《いただき》より入《い》る。

無価の衣　あたいがつけられないほど尊い衣。
咸然として　みなともに。
暢発　明るくのびのびした音を出すこと。
歌歎　歌をうたってほめること。
究達　究竟洞達。きわめ尽すこと。
深法門に遊入し　深法門は甚深の法門で真理のこと。遊入はさとること。すなわち、深い真理をさとること。
等倫　等しい者。
慧日　阿弥陀仏の智慧《ちえ》の明らかなことを太陽に喩えた語。
三帀　三周すること。
無上心　この上なくすぐれた願心。
頂　頭。

57 一切《いっさい》の天《てん》・人衆《にんしゅ》、踊躍《ゆやく》してみな歓喜《かんぎ》す。
*大士観世音《だいじかんぜおん》、服《ぶく》を整《ととの》へ稽首《けいしゅ》して問《と》うて、
仏《ぶつ》にまうさく、〈なんの縁《えん》ありてか笑《え》みたまふや。やや、しかなり。願《ねが》は
くは意《こころ》を説《と》きたまへ〉と。
〔仏《ぶつ》の〕*梵声《ぼんしょう》はなほ雷《いかずち》の震《ふる》ふがごとく、八音《はっとん》は妙《たえ》なる響《ひび》きを暢《の》ぶ、
〈まさに菩薩《ぼさつ》に記《き》を授《さず》くべし。いま説《と》かん。なんぢあきらかに聴《き》け。
十方《じっぽう》より来《きた》れる*正士《しょうじ》、われことごとくかの願《がん》を知《し》れり。
厳浄《ごんじょう》の土《ど》を志求《しぐ》し、*受決《じゅけつ》してまさに仏《ぶつ》となるべし。
一切《いっさい》の法《ほう》は、なほ*夢《ゆめ》・幻《まぼろし》・響《ひび》きのごとしと覚了《かくりょう》すれども、
もろもろの妙《たえ》なる願《ねがい》を満足《まんぞく》して、かならずかくのごときの*刹《くに》を成《じょう》ぜん。
法《ほう》は電《でん》・影《よう》のごとしと知《し》れども、菩薩《ぼさつ》の道《どう》を究竟《くきょう》し、
もろもろの功徳《くどく》の本《もと》を具《ぐ》して、受決《じゅけつ》してまさに仏《ぶつ》となるべし。
*諸法《しょほう》の性《しょう》は、一切《いっさい》、空無我《くうむが》なりと通達《つうだつ》すれども、
もつぱら浄《きよ》き仏土《ぶつど》を求《もと》めて、かならずかくのごときの刹《くに》を成《じょう》ぜん〉と。
58 諸仏《しょぶつ》は菩薩《ぼさつ》に告《つ》げて、*安養仏《あんにょうぶつ》を観《み》せしむ、

大士観世音　観世音菩薩のこと。→観世音菩薩《かんぜおんぼさつ》

梵声　清浄《しょうじょう》な仏の声。

正士　正道を求める大士《だいじ》。菩薩のこと。→菩薩《ぼさつ》

受決して　記（記別）を受けて。→記《き》

夢幻響き　次々行の「電・影」と合せて五喩を出す。すなわち、あらゆる存在は因縁《いんねん》により生ずるものであり、実体がないことを、夢・幻・こだま・いなずま・かげに喩える。

刹　刹（せつ）は梵語クシェートラ（kṣetra）の音写。国土・世界の意。ここでは阿弥陀仏の浄土のこと。

諸法の性　あらゆる存在の本性。

安養仏　阿弥陀仏のこと。

四五

59

〈法《ほう》を聞《き》きて楽《ねが》ひて*受行《じゅぎょう》して、疾《と》く*清浄《しょうじょう》の処《ところ》を得《え》よ。
かの厳浄《ごんじょう》の国《くに》に至《いた》らば、すなはちすみやかに神通《じんずう》を得《え》、
かならず無量尊《むりょうそん》において、記《き》を受《う》けて等覚《とうがく》を成《な》らん。
その仏《ぶつ》の本願力《ほんがんりき》、名《みな》を聞《き》きて往生《おうじょう》せんと欲《おも》へば、
みなことごとくかの国《くに》に到《いた》りて、おのづから不退転《ふたいてん》に致《いた》る。
菩薩《ぼさつ》、*至願《しがん》を興《おこ》して、おのれが国《くに》も異《こと》なることなからんと願《ねが》ふ。
あまねく一切《いっさい》を度《ど》せんと念《ねん》じ、名《な》、顕《あらわ》れて十方《じっぽう》に達《たっ》せん。
億《おく》の如来《にょらい》に奉事《ぶじ》するに、飛化《ひけ》してもろもろの刹《くに》に遍《へん》し、
恭敬《くぎょう》し歓喜《かんぎ》して去《さ》り、還《かえ》りて安養国《あんにょうこく》に到《いた》る。
もし人《ひと》善本《ぜんぽん》なければ、この経《きょう》を聞《き》くことを得《え》ず。
清浄《しょうじょう》に戒《かい》を有《たも》てるもの、いまし正法《しょうぼう》を聞《き》くことを獲《う》。
曾更《むかし》*世尊《せそん》を見《み》たてまつりしものは、すなはちよくこの*事《じ》を信《しん》じ、
*謙敬《けんきょう》にして*聞《き》きて奉行《ぶぎょう》し、踊躍《ゆやく》して大《おお》きに歓喜《かんぎ》す。
憍慢《きょうまん》と*弊《へい》と懈怠《けだい》とは、もつてこの*法《ほう》を信《しん》ずること難《かた》し。
*宿世《しゅくせ》に諸仏《しょぶつ》を見《み》たてまつりしものは、楽《この》んでかくのごときの教《きょう》を聴《き》かん。

受行　受持奉行《じゅじぶぎょう》。教えを受けて、その通り行ずること。
清浄の処　次行の「厳浄の国」と同じく、阿弥陀仏の浄土を指す。
至願　真実の願い。
世尊　諸仏のこと。
この事　阿弥陀仏の本願を指す。
謙敬　わが身をへりくだり、法を敬信すること。
聞きて奉行し　聞いた教えのままに行じて。
弊　邪見のこと。
この法　阿弥陀仏の本願を指す。
宿世　前の世。過去世。

声聞《しょうもん》あるいは菩薩《ぼさつ》、よく*聖心《しょうしん》を究《きわ》むることなし。
*たとへば生《うま》れてより盲《めし》ひたるものの、行《ゆ》いて人《ひと》を*開導《かいどう》せんと欲《おも》はんがごとし。
如来《にょらい》の智慧海《ちえかい》は、深広《じんこう》にして涯底《がいたい》なし。
*二乗《にじょう》の測《はか》るところにあらず。ただ仏《ぶつ》のみ独《ひと》りあきらかに了《さと》りたまへり。
たとひ一切《いっさい》の人《ひと》、具足《ぐそく》してみな道《どう》を得《え》、
浄慧《じょうえ》、*本空《ほんくう》を知《し》り、億劫《おくこう》に仏智《ぶっち》を思《おも》ひ、
力《ちから》を窮《きわ》め、*講説《こうせつ》を極《きわ》めて、寿《いのち》を尽《つ》すとも、なほ知《し》らじ。
仏慧《ぶって》は辺際《へんざい》なくして、かくのごとく清浄《しょうじょう》に致《いた》る。
寿命《じゅみょう》はなはだ得《え》がたく、*仏世《ぶっせ》また値《もうあ》ひがたし。
人《ひと》*信慧《しんね》あること難《かた》し。もし〔法《ほう》を〕聞《き》かば精進《しょうじん》して求《もと》めよ。
法《ほう》を聞《き》きてよく忘《わす》れず、*見《み》て敬《うやま》ひ得《え》て大《おお》きに慶《よろこ》ばば、
すなはちわが善《よ》き親友《しんぬ》なり。このゆゑにまさに*意《こころ》を発《おこ》すべし。
たとひ世界《せかい》に満《み》てらん火《ひ》をも、かならず過《す》ぎて要《もと》めて法《ほう》を聞《き》かば、
かならずまさに仏道《ぶつどう》を成《じょう》じて、広《ひろ》く*生死《しょうじ》の流《ながれ》を済《すく》ふべし〉」と。

聖心　仏のさとりの心。
たとへば…　→補註14
開導　手引きすること。
二乗　声聞《しょうもん》と菩薩を指す。
本空　本来皆空。あらゆる存在は因縁《いんねん》により生じたもので、その本性は空（実体のないこと）であるという道理。
講説　説き明かすこと。
仏世　仏が出現している時。
信慧　信心の智慧《ちえ》。
見て…慶ばば　見は聞見のこと。名号《みょうごう》のいわれを聞きひらき、信を得て法を敬い深く心によろこべば。
意を発す　菩提心をおこす。→菩提心《ぼだいしん》
生死の流　流転輪廻《るてんりんね》している迷いの世界を指す。

61
【三八】 仏《ぶつ》、阿難《あなん》に告《つ》げたまはく、「かの国《くに》の菩薩《ぼさつ》は、みなまさに一生補処《いっしょうふしょ》を究《く》竟《きょう》すべし。その本願《ほんがん》、衆生《しゅじょう》のためのゆゑに、弘誓《ぐぜい》の功徳《くどく》をもつてみづから荘《しょう》厳《ごん》して、あまねく一切衆生《いっさいしゅじょう》を*度脱《どだつ》せんと欲《おも》ふをば除《のぞ》く。阿難《あなん》、かの仏国《ぶっこく》のなかのもろもろの声聞衆《しょうもんしゅ》の身光《しんこう》は*一尋《いちじん》なり。菩薩《ぼさつ》の光明《こうみょう》は百由旬《ひゃくゆじゅん》を照《て》らす。ふたりの菩薩《ぼさつ》ありて最尊第一《さいそんだいいち》なり。威神《いじん》の光明《こうみょう》はあまねく三千大千世界《さんぜんだいせんせかい》を照《て》らす」と。阿難《あなん》、仏《ぶつ》にまうさく、「かのふたりの菩薩《ぼさつ》、その号《な》いかん」と。仏《ぶつ》のたまはく、「ひとりをば観世音《かんぜおん》と名《な》づけ、ふたりをば大勢至《だいせいし》と名《な》づく。このふたりの菩薩《ぼさつ》は、この国土《こくど》において菩薩《ぼさつ》の行《ぎょう》を修《しゅ》して、命終《いのちおわ》りて*転化《てんけ》してかの仏国《ぶっこく》に生《うま》れたまへり。阿難《あなん》、それ衆生《しゅじょう》ありて、かの国《くに》に生《うま》るるものは、みなことごとく三十二相《さんじゅうにそう》を具足《ぐそく》す。智慧成満《ちえじょうまん》して深《ふか》く諸法《しょほう》に入《い》り、*要妙《ようみょう》を究暢《くちょう》し、神通無礙《じんずうむげ》にして*諸根明利《しょこんみょうり》なり。その鈍根《どんこん》のものは*二忍《ににん》を成就《じょうじゅ》し、その利《り》根《こん》のものは不可計《ふかけ》の無生法忍《むしょうぼうにん》を得《う》。またかの菩薩《ぼさつ》、乃至成仏《ないしじょうぶつ》まで悪趣《あくしゅ》に更《かえ》らず。神通自在《じんずうじざい》にしてつねに*宿命《しゅくみょう》を識《さと》る。他方《たほう》の五濁悪世《ごじょくあくせ》に生《しょう》じて、示現《じげん》して*かれに同《どう》ずること、*わが国《くに》のごとくなるをば除《のぞ》く」と。

62
仏《ぶつ》、阿難《あなん》に告《つ》げたまはく、「かの国《くに》の菩薩《ぼさつ》は、仏《ぶつ》の威神《いじん》〔力《りき》〕を承《う》けて、一《いち》

度脱　済度《さいど》に同じ。迷いの世界からさとりの世界へ導き入れること。

一尋　尋は長さの単位。両腕を左右に広げた時の長さを一尋とする。

転化　娑婆《しゃば》世界の身を転じて、浄土へ化生《けしょう》すること。

要妙を究暢し　経典の本旨を究め尽し、通達すること。

諸根明利　眼《げん》・耳《に》・鼻《び》・舌《ぜつ》・身《しん》・意《い》の六根《ろっこん》が明朗で利発であること。六神通《ろくじんずう》を得て自在であることをいう。

二忍　三法忍の中の音響忍《おんこうにん》と柔順忍《にゅうじゅんにん》の二つ。→三法《さんぼう》忍《にん》

宿命　過去世の境涯。

かれに同ずること　五濁の悪世間の人々と同じ相をとること。

わが国のごとくなる　釈尊みずからがこの娑婆世界に応化して、衆生《しゅじょう》済度する

食《じき》のあひだに十方《じっぽう》無量《むりょう》の世界《せかい》に往詣《おうげい》して、諸仏世尊《しょぶつせそん》を恭敬《くぎょう》し供養《くよう》したてまつらん。心《こころ》の所念《しょねん》に随《したが》ひて、華香《けこう》・伎楽《ぎがく》・繒蓋《ぞうがい》・幢幡《どうばん》、無数無量《むしゅむりょう》の供養《くよう》の具《ぐ》、自然《じねん》に化生《けしょう》して念《ねん》に応《おう》じてすなはち至《いた》らん。珍妙殊特《ちんみょうしゅどく》にして、世《よ》の所有《しょう》にあらず。すなはちもつてもろもろの仏《ぶつ》・菩薩《ぼさつ》・声聞《しょうもん》の大衆《だいしゅ》に*奉散《ぶさん》せん。〔散《さん》ぜし華《はな》は〕虚《こ》空《くう》のなかにありて、化《け》して*華蓋《けがい》となる。光色《こうしき》*昱爍《いくしゃく》して、香気《こうけ》あまねく熏《くん》ず。その華《はな》の周円《しゅうえん》、四百里《しひゃくり》なるものあり。かくのごとく*うたた倍《ばい》してすなはち三《さん》千大千世界《ぜんだいせんせかい》に覆《おお》へり。その*前後《ぜんご》に随《したが》ひて、次《つ》いでをもつて化没《けもつ》す。そのもろもろの菩薩《ぼさつ》、*僉然《せんねん》として欣悦《ごんえつ》す。虚空《こくう》のなかにおいてともに天《てん》の楽《がく》を奏《そう》し、微《み》妙《みょう》の音《こえ》をもつて仏徳《ぶっとく》を歌歎《かたん》す。経法《きょうぼう》を聴受《ちょうじゅ》して歓喜《かんぎ》すること無量《むりょう》なり。仏《ぶつ》を供養《くよう》したてまつること已《おわ》りていまだ食《じき》せざるの前《さき》に、*忽然《こつねん》として*軽挙《きょうこ》してその*本国《ほんごく》に還《かえ》る」と。

63
【三九】仏《ぶつ》、阿難《あなん》に語《かた》りたまはく、「無量寿仏《むりょうじゅぶつ》、もろもろの声聞《しょうもん》・菩薩《ぼさつ》の大衆《だいしゅ》のために法《ほう》を*班宣《はんせん》したまふ時《とき》、すべてことごとく七宝《しっぽう》の講堂《こうどう》に集会《しゅうえ》して、広《ひろ》く*道《どう》教《きょう》を宣《の》べ妙法《みょうほう》を*演暢《えんちょう》したまふに、〔聞《き》くもの〕歓喜《かんぎ》し、心《こころ》に解《さと》り、道《どう》を得《え》ざることなし。即時《そくじ》に四方《しほう》より自然《じねん》に風起《かぜお》こりて、あまねく宝樹《ほうじゅ》を吹《ふ》くに、*五《いつ》つの音《おん》

のと同じであるという意。

奉散　献上して散らすこと。
華蓋　華で作られた天蓋（かさ）。
昱爍して　昱は輝くこと、爍は火の光。火の光のように輝いて。
うたた倍して　次第に増大して。
前後に…　現れた順序に従って、先のものから次々に消えるという意。
僉然として　みなともに。
忽然として　たちまちに。
軽挙　神通力《じんずうりき》によって身軽く飛ぶこと。
本国　阿弥陀仏の浄土を指す。
班宣　班は分かつの意で、仏が相手の能力に応じて、法を分けのべること。
道教　仏道の教え。
演暢　広く説きのべること。

四九

声《じょう》を出《いだ》し、無量《むりょう》の妙華《みょうけ》を雨《あめふ》らす。風《かぜ》に随《したが》ひて周遍《しゅうへん》して自然《じねん》に供養《くよう》すること、かくのごとくして絶《た》えず。一切《いっさい》の諸天《しょてん》、みな天上《てんじょう》の百千《ひゃくせん》の華香《けこう》・万種《まんじゅ》の伎楽《ぎがく》を齎《も》つて、その仏《ぶつ》およびもろもろの菩薩《ぼさつ》・声聞《しょうもん》の大衆《だいしゅ》を供養《くよう》したてまつる。あまねく華香《けこう》を散《さん》じ、もろもろの音楽《おんがく》を奏《そう》し、前後《ぜんご》に来往《らいおう》して、かはるがはるあひ*開避《かいひ》す。この時《とき》に当《あた》りて〔大衆《だいしゅ》の〕*熙怡快楽《きいけらく》すること、勝《あ》げていふべからず」と。

【三〇】仏《ぶつ》、阿難《あなん》に語《かた》りたまはく、「かの仏国《ぶっこく》に生《うま》るるもろもろの菩薩等《ぼさつとう》は、*講《こう》説《せつ》すべきところにはつねに正法《しょうぼう》を宣《の》べ、智慧《ちえ》に随順《ずいじゅん》して違《い》なく失《しつ》なし。その国土《こくど》のあらゆる万物《まんもつ》において我所《がしょ》の心《しん》なく、染着《ぜんじゃく》の心《しん》なし。去《ゆ》くも来《かえ》るも、進《すす》むも止《とど》まるも、情《じょう》に係《か》くるところなく、意《こころ》に随《したが》ひて自在《じざい》にして*適莫《ちゃくまく》するところなし。彼《ひ》なく我《が》なく、競《きょう》なく訟《じゅ》なし。もろもろの衆生《しゅじょう》において大慈悲《だいじひ》*饒《にょう》益《やく》の心《しん》を得《え》たり。*柔軟調伏《にゅうなんじょうぶく》にして忿恨《ふんごん》の心《しん》なく、*離蓋清浄《りがいしょうじょう》にして厭怠《えんだい》の心《しん》なし。*等心《とうしん》・勝心《しょうしん》・深心《じんしん》・定心《じょうしん》、*愛法《あいほう》・楽法《ぎょうほう》・喜法《きほう》の心《しん》のみなり。もろもろの煩悩《ぼんのう》を滅《めつ》して悪趣《あくしゅ》の心《しん》を離《はな》る。一切菩薩《いっさいぼさつ》の所行《しょぎょう》を究竟《くきょう》して、無量《むりょう》の功徳《くどく》を具《ぐ》足《そく》し成就《じょうじゅ》せり。深《ふか》き禅定《ぜんじょう》ともろもろの*通明慧《つうみょうえ》を得《え》て、志《こころざし》を*七覚《しちかく》に遊《あそ》ばしめ、心《こころ》に仏法《ぶっぽう》を修《しゅ》す。*肉眼《にくげん》は清徹《しょうてつ》にして分了《ふんりょう》ならざることなし。天眼《てんげん》は通達《つうだつ》して

五つの音声　宮《きゅう》・商《しょう》・角《かく》・徴《ち》・羽《う》の五音階。

開避　道をゆずること。

熙怡快楽　身心ともにやわらぎよろこぶこと。

講説　教えを説きのべること。

適莫　適は親、莫は疎の意で、救済すべき衆生《しゅじょう》に対して、親疎のへだて心をもつこと。

饒益　他を利益《りやく》すること。

柔軟調伏　心をやわらかく保ち、自制すること。

離蓋　真実を覆う煩悩《ぼんのう》(蓋)を離れること。

等心勝心深心定心　衆生を平等に救う心・志願のすぐれた心・慈悲深い心・精神が統一された静かな境地の心。

愛法楽法喜法の心　仏法を愛楽《あいぎょう》し歓喜する心。

65

無量無限《むりようむげん》なり。法眼《ほうげん》は観察《かんざつ》して諸道《しよどう》を究竟《くきよう》す。慧眼《えげん》は真《しん》を見《み》てよく彼岸《ひがん》に度《ど》す。仏眼《ぶつげん》は具足《ぐそく》して法性《ほつしよう》を覚了《かくりよう》す。*無礙《むげ》の智《ち》をもつて人《ひと》のために〔法《ほう》を〕演説《えんぜつ》す。等《ひと》しく三界《さんがい》の空《くう》・無所有《むしよう》なるを観《かん》じて仏法《ぶつぽう》を志求《しぐ》し、もろもろの弁才《べんざい》を具《ぐ》して衆生《しゆじよう》の煩悩《ぼんのう》の患《うれ》へを除滅《じよめつ》す。*如《によ》より来生《らいしよう》して法《ほう》の如々《によによ》を解《さと》り、よく*習滅《じゆうめつ》の音声《おんじよう》の方便《ほうべん》を知《し》りて*世語《せご》を欣《ねが》はず、楽《ねが》ひ正論《しようろん》にあり。もろもろの善本《ぜんぽん》を修《しゆ》して、志《こころざし》仏道《ぶつどう》を崇《あが》む。一切《いつさい》の法《ほう》はみなことごとく寂滅《じやくめつ》なりと知《し》りて、*生身《しようじん》・煩悩《ぼんのう》、*二余《によ》ともに尽《つく》せり。甚深《じんじん》の法《ほう》を聞《き》きて心《こころ》に疑懼《ぎく》せず、つねによく修行《しゆぎよう》す。その大悲《だいひ》は深遠微妙《じんのんみみよう》にして*覆載《ふさい》せずといふことなし。一乗《いちじよう》を究竟《くきよう》して〔衆生《しゆじよう》を〕彼岸《ひがん》に至《いた》らしむ。疑網《ぎもう》を決断《けつだん》して、慧《え》、心《しん》によりて出《い》づ。*仏《ぶつ》の教法《きようぼう》において該羅《かいら》して外《ほか》なし。〔浄土《じようど》の菩薩《ぼさつ》の〕智慧《ちえ》は大海《だいかい》のごとく、三昧《さんまい》は*山王《せんのう》のごとし。慧光《えこう》は明浄《みようじよう》にして日月《にちがつ》に超踰《ちようゆ》せり。*清白《しようびやく》の法《ほう》具足《ぐそく》し円満《えんまん》すること、なほ雪山《せつせん》のごとし、もろもろの功徳《くどく》を照《て》らすこと等一《とういつ》にして浄《きよ》きがゆゑに。なほ大地《だいじ》のごとし、浄穢《じようえ》・好悪《こうあく》、*異心《いしん》なきがゆゑに。なほ浄水《じようすい》のごとし、*塵労《じんろう》もろもろの*垢染《くぜん》を洗除《せんじよ》するがゆゑに。なほ*火王《かおう》のごとし、一切《いつさい》の煩悩《ぼんのう》の薪《たきぎ》を焼滅《しようめつ》するがゆゑに。なほ大風《だいふう》のごとし、もろもろの世界《せかい》に行《ぎよう》ずるに障礙《しようげ》な

通明慧　通は六神通、明は三明のこと、慧はその六神通と三明を貫く智慧《ちえ》のこと。↓六神通《ろくじんずう》、三明《さんみよう》

七覚　↓七菩提分《しちぼだいぶん》

肉眼…　↓五眼《ごげん》

無礙の智　↓四無礙智《しむげち》

如より来生して…　真如をさとったものが、そのさとりの境地を人々に正しく解説するという意。↓真如《しんによ》

習滅の音声の方便　善を習い悪を滅する教誡（音声）を衆生《しゆじよう》に会得させる種々の手だて。

世語　仏道修行にとって利益にならない世間の俗論。

生身煩悩　迷いの果としての肉体と、迷いの因としての煩悩。

二余　生身の苦しみと煩悩との二つの余習。

覆載せずといふことなし

きがゆゑに。なほ虚空《こくう》のごとし、*一切《いっさい》の有《う》において所着《しょじゃく》なきがゆゑに。なほ蓮華《れんげ》のごとし、もろもろの世間《せけん》において汚染《わぜん》なきがゆゑに。なほ*大乗《だいじょう》のごとし、群萌《ぐんもう》を運載《うんさい》して生死《しょうじ》を出《いだ》すがゆゑに。なほ重雲《じゅううん》のごとし、大法《だいほう》の雷《いかずち》を震《ふる》ひて未覚《みかく》を覚《かく》せしむるがゆゑに。なほ大雨《だいう》のごとし、甘露《かんろ》の法《ほう》を雨《あめふ》らして衆《しゅ》生《じょう》を潤《うるお》すがゆゑに。*金剛山《こんごうせん》のごとし、衆魔《しゅま》・外道《げどう》、動《うご》かすことあたはざるがゆゑに。梵天王《ぼんてんのう》のごとし、もろもろの善法《ぜんぽう》において最上首《さいじょうしゅ》なるがゆゑに。*尼拘《にく》類樹《るいじゅ》のごとし、あまねく一切《いっさい》を覆《おお》ふがゆゑに。*優曇鉢華《うどんばけ》のごとし、希有《けう》にして遇《もうあ》ひがたきがゆゑに。*金翅鳥《こんじちょう》のごとし、外道《げどう》を威伏《いぶく》するがゆゑに。もろもろの遊禽《ゆきん》のごとし、*蔵積《ぞうしゃく》するところなきがゆゑに。なほ牛王《ごおう》のごとし、よく勝《か》つものなきがゆゑに。なほ象王《ぞうおう》のごとし、よく調伏《じょうぶく》するがゆゑに。獅子王《ししおう》のごとし、畏《おそ》るるところなきがゆゑに。曠《ひろ》きこと虚空《こくう》のごとし、大慈《だいじ》、等《ひと》しきがゆゑに。〔菩薩《ぼさつ》は〕嫉心《しっしん》を摧滅《さいめつ》す、勝《まさ》れるを忌《そね》まざるがゆゑに。もつぱら法《ほう》を楽《ねが》ひ求《もと》めて、心《しん》*厭足《えんそく》なし。つねに広説《こうせつ》を欲《おも》ひて、志《こころざし》疲倦《ひけん》なし。法鼓《ほうく》を撃《う》ち、法幢《ほうどう》を建《た》て、慧日《えにち》を曜《かがや》かし、*痴闇《ちあん》を除《のぞ》く。六和敬《ろくわきょう》を修《しゅ》してつねに法施《ほうせ》を行《ぎょう》ず。志勇精進《しゆうしょうじん》にして心退弱《しんたいにゃく》せず。世《よ》の灯明《とうみょう》となりて最勝《さいしょう》の*福田《ふくでん》なり。つねに導《どう》

仏の大悲は、天が一切万物を差別なく覆い、地が残すことなく載せるように、衆《しゅ》生《じょう》に対してわけへだてしないという意。

仏の教法…　仏教のすべてに精通していて余すところがない。

山王　須弥山のこと。→須《しゅ》弥山《みせん》

清白の法　清浄潔白な無漏《むろ》（煩悩《ぼんのう》のない状態）の善法《ぜんぽう》。

異心　わけへだてする心。

塵労　心を疲れさせるものの意。煩悩の異名。

垢染　心を汚し染めるはたらき。煩悩のこと。

火王　盛んに燃える火。

一切の有　あらゆる存在。

大乗　大きな乗物。

金剛山　鉄囲山《てっちせん》のこと。→須《しゅ》弥山《みせん》

尼拘類樹　尼拘類は梵語ニ

67 師《し》となり、等《ひと》しくして憎愛《ぞうあい》なし。ただ正道《しょうどう》を楽《ねが》ひて余《よ》の欣*戚《ごんしゃく》なし。もろもろの*欲《よく》の刺《とげ》を抜《ぬ》いてもつて群生《ぐんじょう》を安《やす》んず。*功慧《くえ》、殊勝《しゅしょう》にして尊敬《そんきょう》せられざることなし。三垢《さんく》の障《さわり》を滅《めつ》し、もろもろの神通《じんずう》に遊《あそ》ぶ。*因力《いんりき》・*縁力《えんりき》・*意力《いりき》・*願力《がんりき》・*方便《ほうべん》の力《ちから》・*常力《じょうりき》・*善力《ぜんりき》・*定力《じょうりき》・*慧力《えりき》・*多聞《たもん》の力《ちから》、施《せ》・戒《かい》・忍辱《にんにく》・精進《しょうじん》・禅定《ぜんじょう》・智慧《ちえ》の力《ちから》、*正念《しょうねん》・正観《しょうかん》・もろもろの通明《つうみょう》の力《ちから》、法《ほう》のごとくもろもろの衆生《しゅじょう》を調伏《じょうぶく》する力《ちから》、かくのごときらの力《ちから》、一切具足《いっさいぐそく》せり。身色《しんじき》・相好《そうごう》・功徳《くどく》・弁才《べんざい》を具足《ぐそく》し荘厳《しょうごん》して、ともに等《ひと》しきものなし。無量《むりょう》の諸仏《しょぶつ》を恭敬《くぎょう》し供養《くよう》したてまつりて、つねに諸仏《しょぶつ》のためにともに称歎《しょうたん》せらる。菩薩《ぼさつ》のもろもろの波羅蜜《はらみつ》を究竟《くきょう》し、*空《くう》・無相《むそう》・無願三昧《むがんざんまい》と、*不生不滅《ふしょうふめつ》〔等《とう》の〕もろもろの三昧門《さんまいもん》を修《しゅ》して、声聞《しょうもん》・縁覚《えんがく》の地《じ》を遠離《おんり》す。阿難《あなん》、かのもろもろの菩薩《ぼさつ》、かくのごときの無量《むりょう》の功徳《くどく》を成就《じょうじゅ》せり。われただなんぢがために略《りゃく》してこれを説《と》くのみ。もし広《ひろ》く説《と》かば、百千万劫《ひゃくせんまんごう》にも窮尽《ぐじん》することあたはじ」と。

68 【三二】 仏《ぶつ》、弥勒菩薩《みろくぼさつ》ともろもろの天《てん》・人等《にんとう》に告《つ》げたまはく、「無量寿国《むりょうじゅこく》の声聞《しょうもん》・菩薩《ぼさつ》の功徳《くどく》・智慧《ちえ》は、称説《しょうせつ》すべからず。またその国土《こくど》は、微妙安楽《みみょうあんらく》にして清浄《しょうじょう》なることかくのごとし。なんぞつとめて善《ぜん》をなして、道《どう》の自然《じねん》なるを

ヤグローダ（nyagrodha）の音写。縦広樹・縦横樹等と漢訳する。バニヤン樹。炎日を避けるのに適した樹陰をつくる。

優曇鉢華 →優曇華《うどんげ》

金翅鳥 八部衆のうちの迦《か》楼《る》羅のこと。竜を食べる怪鳥。

蔵積するところなき 遊禽（小鳥）は食べ物をたくわえない、すなわち足ることを知って欲を離れているという意。

厭足 あき足りること。

痴闇 愚痴《ぐち》（真理に対する無知）を闇に喩えた語。

福田 福徳《ふくとく》を生ずる田の意。仏や菩薩等を敬い供養《くよう》すれば、田地に穀物が生ずるように福徳を生み出すから、これらを指して福田という。

欣戚 欣は喜び、戚は憂い。

念《ねん》じて、*上下《じょうげ》なく洞達《どうだつ》して辺際《へんざい》なきことを著《あらわ》さざらん。よろしくおのおのつと
めて精進《しょうじん》して、つとめてみづからこれを求《もと》むべし。かならず〔迷《まよ》ひの世界《せかい》を〕
超絶《ちょうぜつ》して去《す》つることを得《え》て安養国《あんにょうこく》に往生《おうじょう》して、横《よこさま》に五悪趣《ごあくしゅ》を截《き》り、悪趣自《あくしゅじ》
然《ねん》に閉《と》ぢ、道《どう》に昇《のぼ》るに窮極《ぐうごく》なからん。〔安養国《あんにょうこく》は〕*往《ゆ》き易《やす》くして人《ひと》なし。*その
国逆違《くにぎゃくい》せず、自然《じねん》の牽《ひ》くところなり。なんぞ世事《せじ》を棄《す》てて勤行《ごんぎょう》して*道徳《どうとく》を求《もと》
めざらん。極長《ごくじょう》の生《しょう》を獲《え》て、寿《いのち》の楽《たの》しみ極《きわ》まりあることなかるべし。しかる
に世《よ》の人《ひと》、薄俗《はくぞく》にしてともに*不急《ふきゅう》の事《じ》を諍《あらそ》ふ。この劇悪極苦《ぎゃくあくごっく》のなかにして、
身《み》の営務《ようむ》を勤《つと》めてもつてみづから給済《きゅうさい》す。尊《そん》となく卑《ひ》となく、貧《びん》となく富《ふ》と
なく、少長《しょうちょう》・男女《なんにょ》ともに銭財《ぜんざい》を憂《うれ》ふ。有無同然《うむどうねん》にして、憂思《うし》まさに等《ひと》し。*屏《びょう》
営《よう》として愁苦《しゅうく》し、*念《おもい》を累《かさ》ね、慮《おもんぱか》りを積《つ》みて、〔欲《よく》〕心《しん》のために走《はし》り使《つか》はれて、
安《やす》き時《とき》あることなし。田《た》あれば田《た》に憂《うれ》へ、宅《いえ》あれば宅《いえ》に憂《うれ》ふ。牛馬六畜《ごめろくちく》・奴《ぬ》
69
婢《ひ》・銭財《ぜんざい》・衣食《えじき》・*什物《じゅうもつ》、またともにこれを憂《うれ》ふ。思《し》を重《かさ》ね息《そく》を累《つ》みて、憂念《うねん》
愁怖《しゅうふ》す。横《よこさま》に非常《ひじょう》の水火《すいか》・盗賊《とうぞく》・怨家《おんげ》・債主《さいしゅ》のために焚《や》かれ、漂《なが》され、劫奪《こうだつ》せ
られ、消散《しょうさん》し磨滅《まめつ》せば、憂毒《うどく》*忪々《しゅじゅ》として解《と》くる時《とき》あることなし。憤《いきどお》りを心《しん》
中《ちゅう》に結《むす》びて、憂悩《うのう》を離《はな》れず。心堅《しんかた》く意固《いかた》く、まさに*縦捨《じゅうしゃ》することなし。ある

欲の刺　貪欲《とんよく》の煩悩《ぼんのう》。

功慧　功徳《くどく》と智慧《ちえ》。

因力　直接の原因となる業の力。ここでは過去に修めた善根《ぜんごん》力の意。

縁力　因を育てて果を結ばせる間接的な力。ここでは諸仏・善知識《ぜんぢしき》の教導の力を指す。

意力　さとりを求める意思力。

願力　衆生《しゅじょう》救済を願う力。

方便の力　修行のことを方便という場合と衆生救済の手段を方便という場合とがある。

常力　常に怠ることなく修行する力。

善力　悪をなさず善をなす力。

定力　精神統一によって得る力。

慧力　智慧の力。

多聞の力　多くの教えを聞

70

いは*摧砕《さいさい》によりて身《み》亡《ほろ》び命終《いのちおわ》れば、これを棄捐《きえん》して去《さ》るに、たれも随《したが》ふものなし。尊貴《そんき》・豪富《ごうふ》もまたこの患《うれ》へあり。*憂懼万端《うくまんたん》にして、勤苦《ごんく》することかくのごとし。もろもろの*寒熱《かんねつ》を結《むす》びて痛《いた》みとともに居《こ》す。貧窮《びんぐ》・下劣《げれつ》のものは、困《こん》乏《ぼう》してつねに無《か》けたり。田《た》なければ、また憂《うれ》へて田《た》あらんことを欲《おも》ふ。宅《いえ》なければまた憂《うれ》へて宅《いえ》あらんことを欲《おも》ふ。牛馬六畜《ごめろくちく》・奴婢《ぬひ》・銭財《ぜんざい》・衣食《えじき》・什物《じゅうもつ》なければまた憂《うれ》へてこれあらんことを欲《おも》ふ。たまたま一《ひと》つあればまた一《ひと》つ少《か》け、これあればこれを少《か》く。*斉等《さいとう》にあらんと思《おも》ふ。たまたまつぶさにあらんと欲《おも》へば、すなはちまた*靡散《みさん》す。かくのごとく憂苦《うく》してまさにまた求索《ぐしゃく》すれども、時《とき》に得《う》ることあたはず。*思想《しそう》するも益《やく》なく、身心《しんしん》ともに労《つか》れて、坐起《ざき》安《やす》からず、憂念《うねん》あひ随《したが》ひて勤苦《ごんく》することかくのごとし。またもろもろの寒熱《かんねつ》を結《むす》びて痛《いた》みとともに居《こ》す。ある時《とき》はこれによつて身《み》を終《お》へ、命《いのち》を夭《ほろ》ぼす。あへて善《ぜん》をなし道《どう》を行《ぎょう》じて徳《とく》に進《すす》まず。寿終《いのちおわ》り、身死《みし》してまさに独《ひと》り遠《とお》く去《さ》るべし。趣向《しゅこう》するところあれども、*善悪《ぜんあく》の道《どう》よく知《し》るものなし。世間《せけん》の人民《にんみん》、父子《ぶし》・兄弟《きょうだい》・夫《ふ》婦《ふ》・*家室《けしつ》・*中外《ちゅうげ》の親属《しんぞく》、まさにあひ敬愛《きょうあい》してあひ憎嫉《ぞうしつ》することなかるべし。*有《う》無《む》あひ通《つう》じて貪惜《とんじゃく》を得《う》ることなく、*言色《ごんしき》つねに和《わ》してあひ*違戻《いらい》することな

正念正観…通明の力　正しく教法を念ずる力と真実の道理を正しくみる力、および六神通《ろくじんずう》と三明《さんみょう》の力。

空無相無願三昧　三解脱門のこと。→三解脱門《さんげだつもん》

不生不滅　すべての存在の真実の相は、生滅《しょうめつ》がないということ。

上下なく洞達して　上下の別なくさとりを得ること。

往き易くして人なし　阿弥陀仏の本願力によるから浄土に往生することは容易であるが、自力の心を捨てて真実信心を得る人は少ないから、浄土に往生する人は稀《まれ》であるという意。

その国…牽く　浄土は真実信心の行者をたがうことなく、願力の自然《じねん》によりひきよせるという意。

71

かれ。ある時《とき》は心《こころ》諍《あらそ》ひて恚怒《いぬ》するところあり。今世《こんぜ》の恨《うら》みの意《こころ》は微《すこ》しきあひだなれども、後世《ごせ》にはうたた劇《はげ》しくして大《おお》きなる怨《あだ》となるに至《いた》る。ゆゑはいかんとなれば、世間《せけん》の事《じ》たがひにあひ患害《げんがい》*す。即時《そくじ》に急《きゅう》にあひ破《は》すべからずといへども、しかも毒《どく》を含《ふく》み怒《いか》りを畜《たくわ》へて憤《いきどお》りを精神《しょうじん》に結《むす》び、自然《じねん》に剋識《こくし》*してあひ離《はな》るることを得《え》ず。みなまさに対生《たいしょう》*してたがひにあひ報復《ほうぶく》すべし。人《ひと》、世間愛欲《せけんあいよく》のなかにありて、独《ひと》り生《うま》れ独《ひと》り死《し》し、独《ひと》り去《さ》り独《ひと》り来《きた》る。行《ぎょう》*に当《あた》りて苦楽《くらく》の地《じ》に至《いた》り趣《おもむ》く。身《み》みづからこれを当《う》くるに、代《かわ》るものあることなし。善《ぜん》悪変化《あくへんげ》して、殃福《おうふく》*処《ところ》を異《こと》にし、あらかじめ厳《きび》しく待《ま》ちてまさに独《ひと》り趣入《しゅにゅう》すべし。遠《とお》く他所《たしょ》に到《いた》りぬれば*よく見《み》るものなし。善悪自然《ぜんあくじねん》にして行《ぎょう》を追《お》うて生《しょう》ずるところなり。窈々冥々《ようようみょうみょう》*として別離《べつり》久《ひさ》しく長《なが》し。道路《どうろ》同《おな》じからずして会《あ》ひ見《み》ること期《ご》なし。はなはだ難《かた》く、はなはだ難《かた》ければ、またあひ値《あ》ふことを得《え》んや。なんぞ衆事《しゅじ》を棄《す》てざらん。おのおの強健《ごうごん》の時《とき》に曼《およ》びて、つとめて善《ぜん》を勤修《ごんしゅ》し精進《しょうじん》して度世《どせ》*を願《ねが》ひ、極長《ごくじょう》*の生《しょう》を得《う》べし。いかんぞ道《どう》を求《もと》めざらん。いづくんぞすべからく待《ま》つべきところある。なんの楽《らく》をか欲《ほっ》するや。かくのごときの世人《せにん》、善《ぜん》をなして善《ぜん》を得《え》、道《どう》をなして道《どう》を得《う》ることを信《しん》ぜず。人死《ひとし》してさら

五六

道徳　さとりの功徳《くどく》。

不急の事　急がなくてもよいこと。急ぐべき出離生死《しゅつりしょうじ》に対し、世俗の欲望をみたそうとするすべての事柄をいう。

屛営　不安でうろうろするさま。

念を累ね慮りを積み　過去をおもい、未来をおもんぱかる。

什物　家財道具。

忪々　おののき乱れること。

縦捨　放ち捨てること。捨て去ること。

摧砕　盗賊・水火等の災難が身を打ち砕くこと。

憂懼万端　憂いや恐れが数かぎりなくあること。

寒熱　肝を冷やし身に汗をかくほどの苦しみ。

斉等　あれもこれも等しくそろうこと。

に生《しょう》じ、恵施《えせ》して福《ふく》を得《う》ることを信《しん》ぜず。善悪《ぜんあく》の事《じ》すべてこれを信《しん》ぜずして、これをしからずと謂《おも》うてつひに是《ぜ》することあることなし。ただ*これによるがゆゑに、またみづからこれを見《み》る。たがひにあひ*瞻視《せんじ》して*先後《せんご》同《おな》じくしかなり。うたたあひ*承受《じょうじゅ》するに父《ちち》の余《のこ》せる*教令《きょうりょう》をもつてす。*先人《せんにん》・祖父《そぶ》もとより善《ぜん》をなさず、道徳《どうとく》を識《し》らず、身《み》愚《おろ》かに神《たましい》闇《くら》く、心《こころ》塞《ふさ》がり意《こころ》閉《と》ぢて、死生《ししょう》の趣《おもむき》、善《ぜん》悪《あく》の道《どう》、みづから見《み》ることあたはず、語《かた》るものあることなし。吉凶《きっきょう》・禍福《かふく》、競《きお》ひておのおのこれをなすに、ひとりも怪《あや》しむものなし。*生死《しょうじ》の常《つね》の道《みち》、うたた*あひ嗣《つ》ぎて立《た》つ。あるいは父《ちち》、子《こ》に哭《こく》し、あるいは子《こ》、父《ちち》に哭《こく》す。兄弟《きょうだい》・夫《ふう》婦《ふ》たがひにあひ哭泣《こっきゅう》す。*顚倒上下《てんどうじょうげ》することは、無常《むじょう》の根本《こんぽん》なり。みなまさに過《す》ぎ去《さ》るべく、つねに保《たも》つべからず。〔道理《どうり》を〕教語《きょうご》し開導《かいどう》すれども、これを信《しん》ずるものは少《すく》なし。ここをもつて生死流転《しょうじるてん》し、休止《くし》することあることなし。かくのごときの人《ひと》、*矇冥抵突《もうみょうたいとつ》して経法《きょうぼう》を信《しん》ぜず、心《こころ》に*遠《とお》き慮《おもんぱか》りなくして、おのおの意《い》を快《こころよ》くせんと欲《おも》へり。*愛欲《あいよく》に痴惑《ちわく》せられて道徳《どうとく》を達《さと》らず、瞋怒《しんぬ》に迷《めい》没《もっ》し*財色《ざいしき》を貪狼《とんろう》す。これによつて道《どう》を得《え》ず、まさに悪趣《あくしゅ》の苦《く》に更《かえ》り、生死《しょうじ》窮《きわ》まりやむことなかるべし。哀《あわ》れなるかな、はなはだ傷《いた》むべし。ある時《とき》は*室家《しっけ》の父《ぶ》

靡散　散失すること。消え失せること。
思想　思い悩むこと。
善悪の道　善悪因果の道理。
家室　家族。
中外の親属　内外の親属。父方の親類を内、母方の親類を外という。
有無あひ通じて　衣食金銭等をたがいに融通し合って。
言色　言葉と表情。
違戾　逆らい背くこと。

患害　相手の心を傷つけ悩ませること。
剋識　深く心に刻みつけて忘れないこと。
対生　二人が同じ世界にあい対して生れること。
行に当りて…　自己のなす善悪の行業に従って、その苦楽の果報《かほう》を得るという意。
殃福　禍《わざわい》と福。
よく見るものなし　業報《ごうほう》に

五七

子《し》・兄弟《きょうだい》・夫婦《ふうふ》、ひとりは死《し》しひとりは生《い》きて、たがひにあひ哀愍《あいみん》し、恩愛思《おんないし》慕《ぼ》して憂念《うねん》〔身心《しんしん》を〕結縛《けつばく》す、心意《しんい》*痛着《つうじゃく》してたがひにあひ顧恋《これん》す。日《ひ》を窮《きわ》め歳《とし》を卒《お》へて、解《と》けやむことあることなし。道徳《どうとく》を教語《きょうご》すれども心開明《しんかいみょう》せず、*恩好《おんこう》を思想《しそう》して情欲《じょうよく》を離《はな》れず。*昏矇閉塞《こんもうへいそく》して愚惑《ぐわく》に覆《おお》はれたり。深《ふか》く思《おも》ひ、

73 つらつら計《はか》り、心《こころ》みづから端正《たんじょう》にして*専精《せんしょう》に道《どう》を行《ぎょう》じて世事《せじ》を決断《けつだん》することあたはず。*便旋《べんせん》として竟《おわ》りに至《いた》る。年寿終《ねんじゅおわ》り尽《つ》きぬれば、道《どう》を得《う》ることあたはず、いかんともすべきことなし。*総猥憒擾《そうわいかいにょう》にしてみな愛欲《あいよく》を貪《むさぼ》る。道《どう》に惑《まど》へるものは衆《おお》く、これを悟《さと》るものは寡《すく》なし。世間《せけん》*悤々《そうそう》として*憀頼《りょうらい》すべきものなし。尊卑《そんぴ》・上下《じょうげ》・貧富《ひんぷ》・貴賤《きせん》、勤苦《ごんく》*怱務《そうむ》しておのおの*殺毒《せつどく》を懐《いだ》く。*悪気窈冥《あくけようみょう》にしてためにみだりに事《じ》を興《おこ》す。天地《てんち》に違逆《いぎゃく》し、人心《にんしん》に従《したが》はず。自然《じねん》の*非悪《ひあく》、まづ随《したが》ひてこれに与《くみ》し、ほしいままに所為《しょい》を聴《ゆる》してその罪《つみ》の極《きわ》まるを待《ま》つ。その寿《いのち》いまだ尽《つ》きざるに、すなはちたちまちにこれを奪《うば》ふ。悪道《あくどう》に下《くだ》り入《い》りて*累世《るいせ》に勤苦《ごんく》す。そのなかに展転《てんでん》して数千億劫《しゅせんおくこう》も出《い》づる期《ご》あることなし。痛《いた》みいふべからず、はなはだ哀愍《あいみん》すべし」と。

74 【三】仏《ぶつ》、弥勒菩薩《みろくぼさつ》ともろもろの天《てん》・人等《にんとう》に告《つ》げたまはく、「われいまなんぢ

五八

より境界《きょうがい》を異にするため、愛し合った者同士でも再びめぐり会うことはできない。

窈々冥々　奥深く暗いさま。

度世　この迷いの世界を渡り浄土に往生すること。

極長の生　涅槃《ねはん》の常楽のこと。

これ　善悪因果の道理を信じない邪見を指す。

瞻視　見習うこと。

先後　先祖と子孫。

承受　受けつぐこと。

教令　ここでは教訓の意。

先人　父親。

生死の常の道　生と死を繰り返すという不変の道。

あひ嗣ぎて立つ　生と死が次々に続いて絶えることがないという意。

顚倒上下　ここでは老少不定のこと。老人が先に死に、若者が後で死ぬとは限らな

に世間《せけん》の事《じ》を語《かた》る。人《ひと》これをもつてのゆゑに坐《とど》まりて道《どう》を得《え》ず。まさにつらつら思《おも》ひ計《はか》りて衆悪《しゅあく》を遠離《おんり》し、その善《ぜん》のものを択《えら》びてつとめてこれを行《ぎょう》ずべし。愛欲《あいよく》・栄華《えいが》つねに保《たも》つべからず、みなまさに別離《べつり》すべし。楽《たの》しむべきものなし。仏《ぶつ》の在世《ざいせ》に曁《およ》びて、まさにつとめて精進《しょうじん》すべし。それ至心《ししん》に安楽国《あんらくこく》に生《うま》れんと願《がん》ずることあるものは、智慧《ちえ》あきらかに達《さと》り、功徳殊勝《くどくしゅしょう》なることを得《う》べし。心《こころ》の所欲《しょよく》に随《したが》ひて、*経戒《きょうかい》を虧負《きぶ》して、人《ひと》の後《しりえ》にあることを得《う》ることなかれ。もし疑《うたがい》の意《こころ》ありて経《きょう》を解《さと》らざるものは、つぶさに仏《ぶつ》に問《と》ひたてまつるべし。まさにためにこれを説《と》くべし」と。

弥勒菩薩《みろくぼさつ》、*長跪《じょうき》してまうさく、「仏《ぶつ》は威神尊重《いじんそんじゅう》にして、説《と》きたまふところ快《こころよ》く善《よ》し。仏《ぶつ》の経語《きょうご》を聴《き》きたてまつりて、心《こころ》に貫《つらぬ》きてこれを思《おも》ふに、世人《せにん》まことにしかなり。仏《ぶつ》ののたまふところのごとし。いま仏《ぶつ》、*慈愍《じみん》して大道《だいどう》を顕示《けんじ》したまふに、耳目開明《にもくかいみょう》にして長《なが》く*度脱《どだつ》を得《う》。仏《ぶつ》の所説《しょせつ》を聞《き》きたてまつりて歓喜《かんぎ》せざることなし。諸天《しょてん》・人民《にんみん》、*蠕動《ねんどう》の類《たぐい》、みな慈恩《じおん》を蒙《こうぶ》りて憂苦《うく》を解脱《げだつ》す。仏語《ぶつご》の教誡《きょうかい》ははなはだ深《ふか》くはなはだ善《よ》し。智慧《ちえ》あきらかに、八方上下《はっぽうじょうげ》、*去来今《こらいこん》の事《じ》を見《み》そなはして、*究暢《くちょう》せざることなし。いまわれ衆等《しゅとう》、度脱《どだつ》を得《う》ること

いこと。

矇冥抵突　心が愚かでくらいために、道理に背くこと。

遠き慮り　将来を思いはかること。後世を心にかけること。

愛欲に痴惑せられて　欲望にまどわされて。

財色を貪狼す　財欲・色欲をむさぼる。

室家　一戸の家庭、家族。

痛着　悲歎にくれること。

恩好を思想して　先立ったものに対する恩愛とよしみを思い出して。

昏矇閉塞　心がくらく閉じふさがること。

専精　一心にはげむこと。

便旋　さまよいめぐること。

総猥憒擾　世の中がすべて濁り、心煩《わずら》わしく乱れること。

怱々　あわただしいさま。

を蒙《こうぶ》るゆゑは、みな仏《ぶつ》の前世《ぜんせ》に求道《ぐどう》の時《とき》*謙苦《けんく》せしが致《いた》すところなり。恩徳《おんどく》あまねく〔衆生《しゅじょう》を〕覆《おお》ひて*福禄巍々《ふくろくぎぎ》たり。光明徹照《こうみょうてっしょう》して空《くう》を達《さと》ること極《きわ》まりなし。〔人《ひと》をして〕*泥洹《ないおん》に開入《かいにゅう》せしめ、*典攬《てんらん》を教授《きょうじゅ》し、*威制消化《いせいしょうけ》して十方《じっぽう》を感動《かんどう》せしめたまふこと無窮無極《むぐうむごく》なり。仏《ぶつ》は*法王《ほうおう》たり、尊《とうと》きこと衆聖《しゅしょう》に超《こ》えたまへり。あまねく一切《いっさい》の天《てん》・人《にん》の師《し》となりて、〔人々《ひとびと》の〕心《こころ》の所願《しょがん》に随《したが》ひてみな道《どう》を得《え》しめたまふ。いま仏《ぶつ》に値《もうあ》ひたてまつることを得《え》、また無量寿仏《むりょうじゅぶつ》の声《みこえ》を聞《き》きたてまつりて、歓喜《かんぎ》せざるものなし。心開明《しんかいみょう》なることを得《え》たり」と。

【三】　仏《ぶつ》、弥勒菩薩《みろくぼさつ》に告《つ》げたまはく、「なんぢがいへることは是《ぜ》なり。もし仏《ぶつ》を慈敬《じきょう》することあらば、実《じつ》に大善《だいぜん》なりとす。天下《てんげ》に久々《くく》にしていましまた仏《ぶつ》まします。いまわれこの世《よ》において仏《ぶつ》となりて、経法《きょうぼう》を演説《えんぜつ》し、道教《どうきょう》を宣布《せんぷ》して、もろもろの疑網《ぎもう》を断《た》ち、愛欲《あいよく》の本《もと》を抜《ぬ》き、衆悪《しゅあく》の源《みなもと》を杜《ふさ》ぐ。三界《さんがい》に*遊歩《ゆぶ》するに*拘礙《くげ》するところなし。典攬《てんらん》の智慧《ちえ》は衆道《しゅどう》の要《よう》なり。*綱維《こうゆい》を執持《しゅうじ》して昭然《しょうねん》分明《ぶんみょう》なり。五趣《ごしゅ》を開示《かいじ》していまだ度《ど》せざるものを度《ど》し、生死《しょうじ》と泥洹《ないおん》の道《どう》を決《けつ》正《しょう》す。弥勒《みろく》まさに知《し》るべし、なんぢ無数劫《むしゅこう》よりこのかた菩薩《ぼさつ》の行《ぎょう》を修《しゅ》して衆《しゅ》生《じょう》を度《ど》せんと欲《ほっ》するに、それすでに久遠《くおん》なり。なんぢに従《したが》ひて道《どう》を得《え》、泥洹《ないおん》に

六〇

憀頼　たよりにすること。

悤務　世渡りに忙しく、あくせくすること。

殺毒　殺生《せっしょう》のもとである瞋恚《しんに》（いかり）を毒に喩えていう。

悪気窈冥　内に悪意を含み外に顕さないこと。

非悪　悪い行為。

累世に　迷いの生死《しょうじ》を繰り返して。

経戒を虧負して　仏の戒めを守らず、それに背いて。

長跪　両膝を地につけ、両足指を地に立てて礼すること。

慈愍　いつくしみあわれむこと。

度脱　解脱《げだつ》に同じ。迷いの世界をわたり、そこから脱すること。

蠕動の類　地にうごめくうじ虫の類。

77
至《いた》るもの、称《はか》り数《かぞ》ふべからず。なんぢおよび十方《じっぽう》の諸天《しょてん》・人民《にんみん》、一切《いっさい》の四衆《ししゅ》、永劫《ようごう》よりこのかた五道《ごどう》に展転《てんでん》して、憂畏勤苦《ういごんく》つぶさにいふべからず。乃至今世《ないしこんぜ》まで生死《しょうじ》絶《た》えず。仏《ぶつ》とあひ値《お》うて経法《きょうぼう》を聴受《ちょうじゅ》し、またまた無量寿仏《むりょうじゅぶつ》を聞《き》くことを得《え》たり。快《こころよ》きかな、はなはだ善《よ》し。われ、なんぢを助《たす》けて喜《よろこ》ばしむ。なんぢいままたみづから生死老病《しょうじろうびょう》の痛苦《つうく》を厭《いと》ふべし。*悪露不浄《おろふじょう》にして楽《たの》しむべきものなし。よろしくみづから決断《けつだん》し、身《み》を端《ただ》しくし行《おこな》ひを正《ただ》しくして、ますますもろもろの善《ぜん》をなし、おのれを修《おさ》めて体《たい》を潔《いさぎよ》くし、心垢《しんく》を洗除《せんじょ》し、言行《ごんぎょう》*忠信《ちゅうしん》にして表裏相応《ひょうりそうおう》すべし。人《ひと》よくみづから度《ど》してうたたあひ*拯済《じょうさい》し、*精明《しょうみょう》に求願《ぐがん》して善本《ぜんぽん》を積累《しゃくるい》せよ。*一世《いっせ》に勤苦《ごんく》すといへども須臾《しゅゆ》のあひだなり、後《のち》に無量寿仏国《むりょうじゅぶっこく》に生《うま》れて快楽《けらく》極《きわ》まりなし。長《なが》く*道徳《どうとく》と合明《ごうみょう》して永《なが》く生死《しょうじ》の根本《こんぽん》を抜《ぬ》き、また貪《とん》・恚《い》・愚痴《ぐち》の苦悩《くのう》の患《うれ》へなく、寿《いのち》一劫《いっこう》・百劫《ひゃくこう》・千万億劫《せんまんおくこう》ならんと欲《おも》へば、自在《じざい》に意《こころ》に随《したが》ひてみなこれを得《う》べし。〔浄土《じょうど》は〕*無為自然《むいじねん》にして泥洹《ないおん》の道《どう》に次《ちか》し。なんぢら、よろしくおのおの精進《しょうじん》して心《こころ》の所願《しょがん》を求《もと》む

78
べし。〔仏智《ぶっち》を〕疑惑《ぎわく》し*中悔《ちゅうけ》して、みづから*過咎《かぐ》をなして、かの辺地《へんじ》の七宝《しっぽう》の宮殿《くでん》に生《うま》れて、五百歳《ごひゃくさい》のうちにもろもろの*厄《わざわい》を受《う》くることを得《う》ることなか

去来今　過去・未来・現在。
究暢　究め尽し、通達すること。

謙苦　謙譲勤苦。へりくだり、つとめること。
福禄巍々たり　仏果（仏のさとり）の福徳《ふくとく》が高くすぐれている。
泥洹　涅槃のこと。→涅槃《ねはん》
典攬を教授し　経典の要義を取ってこれを学ばせるという意。
威制消化　仏の威光をもって、外道《げどう》を制伏し、邪見を消して教え導くこと。
法王　法門の王。仏を讃嘆していう語。
遊歩　各地をめぐって説法教化すること。
拘礙　さまたげること。
綱維　教法の大綱。

悪露不浄　醜悪さがあらわ

六一

れ」と。弥勒《みろく》、仏《ぶつ》にまうしてまうさく、「仏《ぶつ》の＊重誨《じゅうけ》を受《う》けて専精《せんしょう》に修学《しゅがく》し、教《おしえ》のごとく奉行《ぶぎょう》して、あへて疑《うたが》ふことあらじ」と。

【三四】仏《ぶつ》、弥勒《みろく》に告《つ》げたまはく、「なんぢらよくこの世《よ》にして、心《こころ》を端《ただ》しくし意《い》を正《ただ》しくして衆悪《しゅあく》をなさざれば、はなはだ至徳《しとく》なりとす。十方世界《じっぽうせかい》にもつとも＊倫匹《りんぴつ》なけん。ゆゑはいかん。諸仏《しょぶつ》の国土《こくど》の天《てん》・人《にん》の類《るい》は、自然《じねん》に善《ぜん》をなして大《おお》きに悪《あく》をなさざれば、開化《かいけ》すべきこと易《やす》し。いまわれこの世間《せけん》において仏《ぶつ》になりて五悪《ごあく》・＊五痛《ごつう》・＊五焼《ごしょう》のなかに処《しょ》すること、もつとも劇苦《ぎゃくく》なりとす。群生《ぐんじょう》を教化《きょうけ》して五悪《ごあく》を捨《す》てしめ、五痛《ごつう》を去《さ》らしめ、五焼《ごしょう》を離《はな》れしめ、その意《こころ》を＊降化《ごうけ》して五善《ごぜん》を持《たも》たしめて、その福徳《ふくとく》・度世《どせ》・長寿《ちょうじゅ》・泥洹《ないおん》の道《どう》を獲《え》しめん」と。仏《ぶつ》のたまはく、「なんらか五悪《ごあく》、なんらか五痛《ごつう》、なんらか五焼《ごしょう》なる。なんらか五悪《ごあく》を消化《しょうけ》して五善《ごぜん》を持《たも》たしめて、その福徳《ふくとく》・度世《どせ》・長寿《ちょうじゅ》・泥洹《ないおん》の道《どう》を獲《え》しむる」と。

79 【三五】＊仏《ぶつ》のたまはく、「その一《ひと》つの悪《あく》とは、諸天《しょてん》・人民《にんみん》、蠕動《ねんどう》の類《たぐい》、衆悪《しゅあく》をなさんと欲《おも》へり、みなしからざるはなし。強《つよ》きものは弱《よわ》きを伏《ぶく》し、うたたあひ＊剋《こく》賊《ぞく》し、残害殺戮《ざんがいせつろく》してたがひにあひ＊呑噬《とんぜい》す。善《ぜん》を修《しゅ》することを知《し》らず、悪逆無《あくぎゃくむ》道《どう》にして、後《のち》に＊殃罰《おうばつ》を受《う》けて、自然《じねん》に〔悪道《あくどう》に〕趣向《しゅこう》す。＊神明《じんみょう》は＊記識《きし》して、

れて汚いこと。

忠信　まことにして虚偽のないこと。

拯済　救いたすけること。

精明　専精明信。ひたすら明瞭な心でつとめること。

一世　一生。

道徳と合明して　さとりの道に相応し智慧《ちえ》が明らかなこと。

無為自然　→自然《じねん》③

中悔　途中で疑いをおこし、後悔してやめてしまうこと。

過咎　つみとが。

厄　三宝《さんぼう》を見聞できないことや、有情利益《うじょうりやく》ができないことなどを指す。自利利他の行ができないことが辺地のわざわいである。

重誨　懇切ていねいな教え。

倫匹　同列の人。比べるべきもの。

五痛　五悪をなすことによ

六二

犯《おか》せるものを赦《ゆる》さず。ゆゑに貧窮《びんぐ》・下賤《げせん》・*乞丐《こつがい》・孤独《こどく》・聾《ろう》・盲《もう》・*瘖瘂《おんあ》・愚痴《ぐち》・
*弊悪《へいあく》のものありて、*尪《おう》・狂《きよう》・不逮《ふたい》の属《たぐい》あるに至《いた》る。また尊貴《そんき》・豪富《ごうふ》・高才《こうざい》・明《みよう》
達《だつ》なるものあり。みな宿世《しゆくせ》に慈孝《じきよう》ありて、善《ぜん》を修《しゆ》し徳《とく》を積《つ》むの致《いた》すところによ
るなり。世《よ》に常道《じようどう》の*王法《おうぼう》の牢獄《ろうごく》あれども、あへて畏《おそ》れ慎《つつし》まず。悪《あく》をなし罪《つみ》に
入《い》りてその殃罰《おうばつ》を受《う》く。解脱《げだつ》を求望《ぐもう》すれども、免《まぬか》れ出《い》づることを得《え》がたし。世《せ》
間《けん》に、この目前《もくぜん》に見《み》ることあり。寿《いのち》終《おわ》りて後世《ごせ》に〔受《う》くるところの苦《くる》しみは〕
もつとも深《ふか》く、もつとも劇《はげ》し。その*幽冥《ゆうみよう》に入《い》り、生《しよう》を転《てん》じて身《み》を受《う》くること、
たとへば王法《おうぼう》の痛苦極刑《つうくごくぎよう》なるがごとし。ゆゑに自然《じねん》の三塗無量《さんずむりよう》の苦悩《くのう》ありて、
うたたその身《み》を貿《か》へ、形《かたち》を改《あらた》め、〔生死輪廻《しようじりんね》して〕道《どう》を易《か》へて、受《う》くるところ
80
の寿命《じゆみよう》、あるいは長《なが》く、あるいは短《みじか》し。*魂神精識《ごんじんしようしき》、自然《じねん》にこれに趣《おもむ》く。まさ
に独《ひと》り値《あ》ひ向《む》かひ、あひ従《したが》ひてともに生《うま》れて、たがひにあひ報復《ほうぶく》して絶《た》えやむ
ことあることなかるべし。*殃悪《おうあく》いまだ尽《つ》きざれば、あひ離《はな》るることを得《え》ず。そ
のなかに展転《てんでん》して出《い》づる期《ご》あることなく、解脱《げだつ》を得《え》がたし。痛《いた》みいふべから
ず。天地《てんち》のあひだに自然《じねん》にこれあり*。即時《そくじ》にはかに善悪《ぜんあく》の道《どう》に至《いた》るべからず
といへども、かならずまさにこれに帰《き》すべし。これを一《ひと》つの大悪《だいあく》・一《ひと》つの痛《つう》・

り、現世において受ける華《け》報《ほう》。現世の益たる福徳《ふくとく》に対する語。

五焼　五悪をなすことにより、来世において受ける果《か》報《ほう》。来世の益たる度世・長寿・泥洹に対する語。

降化　悪心を降伏《ごうぶく》し教化すること。

仏のたまはく…　以下の「五善五悪」の経文は、従来「五悪段」と称して布教されてきたものである。↓補註5

剋賊　殺害すること。

呑噬　呑はのみこむこと、噬はかむこと。

殃罰　罪の報いとしての罰。

神明　天地の神々。

記識して　(罪を) 記録して忘れず。

乞丐　食を人に乞うて生活する人。

一《ひと》つの焼《しよう》とす。勤苦《ごんく》かくのごとし。たとへば大火《だいか》の人身《にんじん》を焚焼《ぼんじよう》するがごとし。
人《ひと》よく*なかにおいて一心《いつしん》に意《こころ》を制《せい》し、身《み》を端《ただ》しくし行《おこな》ひを正《ただ》しくして、独《ひと》りも
ろもろの善《ぜん》をなして衆悪《しゆあく》をなさざれば、身独《みひと》り度脱《どだつ》して、その福徳《ふくとく》・度世《どせ》・上《じよう》
天《てん》・泥洹《ないおん》の道《どう》を獲《え》ん。これを一《ひと》つの大善《だいぜん》とす」と。
【三六】　仏《ぶつ》のたまはく、「その二《ふた》つの悪《あく》とは、世間《せけん》の人民《にんみん》、父子《ぶし》・兄弟《きようだい》・室家《しつけ》・
81
夫婦《ふうふ》、すべて義理《ぎり》なくして*法度《ほうど》に順《したが》はず。*奢婬《しやいん》・*憍縦《きようじゆう》にしておのおの意《い》を快《こころよ》く
せんと欲《おも》へり。心《こころ》に任《まか》せてみづからほしいままにたがひにあひ欺惑《ごわく》す。心口《しんく》お
のおの異《こと》にして、言念《ごんねん》実《まこと》なし。*佞諂不忠《にようてんふちゆう》にして、*巧言諛媚《きようごんゆみ》なり。賢《けん》を嫉《そね》み善《ぜん》
を謗《そし》りて、*怨枉《おんおう》に陥《おと》し入《い》る。主上《しゆじよう》あきらかならずして、臣下《しんげ》を任用《にんよう》すれば、
臣下《しんげ》自在《じざい》にして*機偽多端《きぎたたん》なり。*度《ど》を践《ふ》みよく行《おこな》ひてその形勢《ぎようせい》を知《し》る。位《くらい》にあ
りて正《ただ》しからざれば、それがために欺《あざむ》かれ、みだりに忠良《ちゆうりよう》を損《そん》じて*天心《てんしん》に当《あた》
らず。臣《しん》はその君《くん》を欺《あざむ》き、子《こ》はその父《ちち》を欺《あざむ》く。兄弟《きようだい》・夫婦《ふうふ》・中外《ちゆうげ》・*知識《ちしき》、たが
ひにあひ欺誑《ごおう》す。おのおの貪欲《とんよく》・瞋恚《しんに》・愚痴《ぐち》を懐《いだ》きて、みづからおのれを厚《あつ》く
せんと欲《おも》ひ、多《おお》くあることを欲貪《よくとん》す。尊卑《そんぴ》・上下《じようげ》、心《こころ》ともに同《おな》じくしかなり。
家《いえ》を破《やぶ》り身《み》を亡《ほろ》ぼし、前後《ぜんご》を顧《かえり》みず、親属内外《しんぞくないげ》これによりて滅《ほろ》ぶ。ある時《とき》は室《しつ》

痞瘂　話すことの不自由な人。
弊悪　片意地な人。
尫狂不逮　身心の不自由な人や才智の至らない人。
王法　国の法律・規則。
幽冥　暗い世界、すなわち地獄・餓鬼《がき》・畜生《ちくしよう》の三塗（三悪道《さんまくどう》）のこと。
魂神精識　精神や感情や意識をまとめていう。俗にいうたましい。
殃悪　罪悪。罪業《ざいごう》。
これ　因果必然の道理を指す。

なかにおいて　五濁の世の中において。
法度　法規。規則。
奢婬　贅沢を好み、みだらであること。
憍縦　おごりたかぶり、勝手気ままであること。
佞諂不忠　こびへつらって、

82
家《け》・知識《ちしき》・*郷党《きょうとう》・*市里《じり》・愚民《ぐみん》・野人《やにん》、うたたともに事《じ》に従《したが》ひてたがひにあひ*利《り》害《がい》し、忿《いか》りて怨結《おんけつ》をなす。富有《ふう》なれども*慳惜《けんじゃく》してあへて施与《せよ》せず。宝《たから》を愛《あい》して貪《むさぼ》ること重《おも》く、心労《しんろう》し身苦《みくる》しむ。かくのごとくして、竟《おわ》りに至《いた》りて*恃怙《じこ》するところなし。独《ひと》り来《きた》り独《ひと》り去《さ》り、ひとりも随《したが》ふものなけん。善悪《ぜんあく》・禍福《かふく》、*命《みょう》を追《お》ひて生《しょう》ずるところなり。あるいは*楽処《らくしょ》にあり、あるいは*苦毒《くどく》に入《い》る。しかる後《のち》に、いまし悔《く》ゆともまさにまたなんぞ及《およ》ぶべき。世間《せけん》の人民《にんみん》、心愚《こころおろ》かにして智少《ちすく》なし。善《ぜん》を見《み》ては憎《にく》み謗《そし》りて、慕《した》ひ及《およ》ばんことを思《おも》はず、ただ悪《あく》をなさんと欲《おも》ひて、みだりに非法《ひほう》をなす。つねに盗心《とうしん》を懐《いだ》きて他《た》の利《り》を悕望《けもう》す。消《しょう》散《さん》し*靡尽《みじん》してしかもまた求索《ぐしゃく》す。邪心《じゃしん》にして正《ただ》しからざれば、人《ひと》の色《し》ることあらんことを懼《おそ》る。あらかじめ思《おも》ひ計《はか》らずして、事至《じいた》りていまし悔《く》ゆ。今世《こんぜ》に現《げん》に王法《おうぼう》の牢獄《ろうごく》あり。罪《つみ》に随《したが》ひて趣向《しゅこう》してその殃罰《おうばつ》を受《う》く。その前世《ぜんせ》に道徳《どうとく》を信《しん》ぜず、善本《ぜんぽん》を修《しゅ》せざるによりていままた悪《あく》をなさば、天神《てんじん》、*剋識《こくし》してその*名籍《みょうじゃく》を別《わか》つ。寿終《いのちおわ》り、神逝《たましいゆ》きて悪道《あくどう》に下《くだ》り入《い》る。ゆゑに自然《じねん》の三塗《さんず》の無量《むりょう》の苦悩《くのう》あり。そのなかに展転《てんでん》して世々《せせ》に劫《こう》を累《かさ》ねて出《い》づる期《ご》あることなく、解《げ》脱《だつ》を得《え》がたし。痛《いた》みいふべからず。これを二《ふた》つの大悪《だいあく》・二《ふた》つの痛《つう》・二《ふた》つの焼《しょう》と

誠実さがないこと。
巧言諛媚　言葉たくみに相手にとりいること。
怨枉に陥し入る　人を怨んで無実の罪におとし入れる。
機偽多端　いろいろなからくりを設けて偽ること。
度を践み…　よく法度を実践し、天下の大勢を知る。
天心に当らず　天地のことわりに背く。
知識　友人。知人。
郷党　村里、また同郷の人。
市里　町。
利害　自分の利益をはかり、他人に害を加えること。
慳惜　執着して物おしみすること。
恃怙　たのみとすること。
命を追ひて　自己のなす業に従って。
楽処　人天を指す。
苦毒　地獄・餓鬼《がき》・畜生《ちくしょう》の

六六

す。勤苦《ごんく》かくのごとし。たとへば大火《だいか》の人身《にんじん》を焚焼《ぼんじよう》するがごとし。人《ひと》よくなかにおいて一心《いっしん》に意《こころ》を制《せい》し、身《み》を端《ただ》しくし行《おこな》ひを正《ただ》しくして、独《ひと》りもろもろの

83 善《ぜん》をなして衆悪《しゅあく》をなさざれば、身《み》独《ひと》り度脱《どだつ》して、その福徳《ふくとく》・度世《どせ》・上天《じょうてん》・泥洹《ないおん》の道《どう》を獲《え》ん。これを二《ふた》つの大善《だいぜん》とす」と。

【三七】仏《ぶつ》のたまはく、「その三《み》つの悪《あく》とは、世間《せけん》の人民《にんみん》、あひより寄生《きしょう》してともに天地《てんち》のあひだに居《こ》す。*処年寿命《しょねんじゅみょう》、よくいくばくなることなし。上《かみ》に賢《げん》明《みょう》・長者《ちょうじゃ》・尊貴《そんき》・豪富《ごうふ》あり。下《しも》に貧窮《びんぐ》・*廝賤《しせん》・*尪劣《おうれつ》・愚夫《ぐふ》あり。なかに不善《ふぜん》の人《ひと》ありてつねに邪悪《じゃあく》を懐《いだ》けり。ただ*婬妷《いんいつ》を念《おも》ひて、煩《わずら》ひ胸《むね》のうちに満《み》ち、愛欲《あいよく》交乱《きょうらん》して坐起《ざき》安《やす》からず。貪意《とんい》*守惜《しゅしゃく》して、ただいたづらに得《え》んことを欲《おも》ふ。*細《さい》色《しき》を眄睞《めんらい》して*邪態《じゃたい》ほかにほしいままにす。自妻《じさい》をば厭《いと》ひ憎《にく》みて、ひそかにみだ

84 りに入出《にゅうしゅつ》す。家財《けざい》を費損《ひそん》して、事非法《じひほう》をなす。*交結聚会《きょうけつじゅえ》して師《いくさ》を興《おこ》してあひ伐《う》つ。攻《せ》め劫《うば》ひ殺戮《せつろく》して強奪《ごうだつ》すること不道《ふどう》なり。悪心《あくしん》ほかにありて*みづから業《ごう》を修《しゅ》せず。盗窃《とうせつ》して趣《わず》かに得《う》れば、*欲繫《よくけ》して事《じ》をなす。*恐熱迫愶《くねつはっきょう》して妻子《さいし》に*帰給《ききゅう》す。心《こころ》をほしいままにし、意《い》を快《こころよ》くし、身《み》を極《きわ》めて楽《たの》しみをなす。あるいは親属《しんぞく》において*尊卑《そんぴ》を避《さ》けず。家室《けしつ》・中外《ちゅうげ》患《うれ》へてこれに苦《くる》しむ。またまた王法《おうぼう》

三悪道《さんまくどう》を指す。

靡尽　使いはたすこと。

剋識　必ず記録すること。明らかに記録すること。

名籍を別つ　罪相とその名前を名簿にはっきりと書き記すこと。

処年寿命　生をうけてから死ぬまでの年月。

廝賤　地位の低い者。

尪劣　弱く劣った者。

婬妷　邪婬にふけること。

守惜　守り惜しむこと。

細色を眄睞して　美しい人に流し目を送って。

邪態　卑猥な態度。

交結聚会　同心のものがより集まり徒党を組むこと。

みづから業を修せず　自分の正当の仕事を怠る。

欲繫して事をなす　欲にかられてより大きな悪事をはたらくようになるという意。

85

の禁令《きんりょう》を畏《おそ》れず。かくのごときの悪《あく》は*人《にん》・鬼《き》に著《しる》され、日月《にちがつ》も照見《しょうけん》し、神明《じんみょう》も記識《きし》す。ゆゑに自然《じねん》の三塗《さんず》の無量《むりょう》の苦悩《くのう》あり。そのなかに展転《てんでん》して世々《せせ》に劫《こう》を累《かさ》ねて出《い》づる期《ご》あることなく、解脱《げだつ》を得《え》がたし。痛《いた》みいふべからず。これを三《み》つの大悪《だいあく》・三《み》つの痛《つう》・三《み》つの焼《しょう》とす。勤苦《ごんく》かくのごとし。たとへば大火《だいか》の人《にん》身《じん》を焚焼《ぼんじょう》するがごとし。人《ひと》よくなかにおいて一心《いっしん》に意《こころ》を制《せい》し、身《み》を端《ただ》しくし行《おこな》ひを正《ただ》しくして、独《ひと》りもろもろの善《ぜん》をなして衆悪《しゅあく》をなさざれば、身《み》独《ひと》り度脱《どだつ》して、その福徳《ふくとく》・度世《どせ》・上天《じょうてん》・泥洹《ないおん》の道《どう》を獲《え》ん。これを三《み》つの大善《だいぜん》とす」と。

【三八】仏《ぶつ》のたまはく、「その四《よ》つの悪《あく》とは、世間《せけん》の人民《にんみん》、善《ぜん》を修《しゅ》せんと念《おも》はず、うたたあひ*教令《きょうりょう》してともに衆悪《しゅあく》をなす。*両舌《りょうぜつ》・悪口《あっく》・妄言《もうごん》・綺語《きご》、*讒賊闘乱《ざんぞくとうらん》す。善人《ぜんにん》を憎嫉《ぞうしつ》し、賢明《げんみょう》を敗壊《はいえ》して、傍《かたわ》らにして快喜《けき》す。二親《にしん》に孝《きょう》せず、師長《しちょう》を軽慢《きょうまん》し、朋友《ぼうう》に信《しん》なくして、誠実《じょうじつ》を得《え》がたし。*尊貴自大《そんきじだい》にしておのれに道《どう》ありと謂《おも》ひ、横《よこさま》に威勢《いせい》を行《ぎょう》じて人《ひと》を*侵易《しんい》し、みづから知《し》ることあたはず。悪《あく》をなして恥《は》づることなし。みづから強健《ごうごん》なるをもつて、人《ひと》の*敬難《きょうなん》せんことを欲《おも》へり。天地《てんち》・神明《じんみょう》・日月《にちがつ》を畏《おそ》れず、あへて善《ぜん》をなさず、降化《ごうけ》すべきこと難《かた》し。みづからもつて*偃蹇《えんけん》して、つねにしかるべしと謂《おも》ひ、憂懼《うく》するところなく、つね

恐熱迫愶 悪事をするため心は落ち着かず、熱の出たようにみずから恐れながらも、他人を脅迫し財宝を奪い取ること。

帰給 支給すること。

尊卑を避けず 上下の区別を顧みないで礼儀を乱す。

人鬼に著され 人にも知られ鬼神《きじん》にもみられ。

教令 ここでは教えそそのかすという意。

両舌悪口妄言綺語 十悪のうちの口業（言葉）の四悪。→十悪《じゅうあく》

讒賊闘乱す 人をそしり害し、仲違いさせて争わせること。

尊貴自大 わが身ほど尊いものはないと思いあがること。

侵易 侵しあなどる。

敬難 敬いはばかること。

六八

86

に憍慢《きょうまん》を懐《いだ》けり。かくのごときの衆悪《しゅあく》、天神記識《てんじんきし》す。その前世《ぜんせ》に*すこぶる福《ふく》徳《とく》をなせるによりて、小善《しょうぜん》*扶接《ふしょう》し*営護《ようご》してこれを助《たす》く。今世《こんぜ》に悪《あく》をなして福《ふく》徳《とく》ことごとく滅《めっ》しぬれば、もろもろの善鬼神《ぜんきじん》、おのおのともにこれを離《はな》る。身《み》独《ひと》り空《むな》しく立《た》ちて、またよるところなし。寿命《じゅみょう》終《おわ》り尽《つ》きて諸悪《しょあく》の帰《き》するところ自然《じねん》に*迫促《はくそく》してともに趣《おもむ》きてこれに頓《いた》る。またその名籍《みょうじゃく》、記《き》して神明《じんみょう》にあり。*殃咎《おうぐ》牽引《けんいん》して、まさに往《ゆ》いて〔悪道《あくどう》に〕趣向《しゅこう》すべし。罪報自然《ざいほうじねん》にして従《したが》ひて捨離《しゃり》することなし。ただ前《すす》み行《ゆ》いて*火鑊《かかく》に入《い》ることを得《え》て、身心摧砕《しんしんさいさい》し精神痛《しょうじんつう》苦《く》す。この時《とき》に当《あた》りて悔《く》ゆともまたなんぞ及《およ》ばん。*天道自然《てんどうじねん》にして、*蹉跌《さてつ》することを得《え》ず。ゆゑに自然《じねん》の三塗《さんず》の無量《むりょう》の苦悩《くのう》あり。そのなかに展転《てんでん》して、世々《せせ》に劫《こう》を累《かさ》ねて出《い》づる期《ご》あることなく、解脱《げだつ》を得《え》がたし。痛《いた》みいふべからず。これを四《よ》つの大悪《だいあく》・四《よ》つの痛《つう》・四《よ》つの焼《しょう》とす。勤苦《ごんく》かくのごとし。たとへば大火《だいか》の人身《にんじん》を焚焼《ぼんじょう》するがごとし。人《ひと》よくなかにおいて、一心《いっしん》に意《こころ》を制《せい》し、身《み》を端《ただ》しくし行《おこな》ひを正《ただ》しくして、独《ひと》りもろもろの善《ぜん》をなして衆悪《しゅあく》をなさざれば、身独《みひと》り度《ど》脱《だつ》して、その福徳《ふくとく》・度世《どせ》・上天《じょうてん》・泥洹《ないおん》の道《どう》を獲《え》ん。これを四《よ》つの大善《だいぜん》とす」と。

【三九】仏《ぶつ》のたまはく、「その五《いつ》つの悪《あく》とは、世間《せけん》の人民《にんみん》、*徙倚懈惰《しいけだ》にして、あ

憍慢　おごりたかぶること。ここでは善事をなそうとせずに、横着をきめこむこと。

すこぶる　少しばかり。

扶接　たすけたもつこと。

営護　守護すること。まもること。

迫促　せめうながすこと。

殃咎　つみとが。

火鑊　火の燃えさかる釜。

天道　業の道理、因果の道理のこと。

蹉跌することを得ず　ここでは業の道理に少しもくい違いがないという意。

徙倚懈惰　心が落ち着かず、おこたりなまけること。

87 へて善《ぜん》をなし身《み》を治《おさ》め業《ごう》を修《しゅ》せずして、家室眷属《けしつけんぞく》、飢寒困苦《きかんこんく》す。父母《ぶも》、教誨《きょうけ》すれば、目《まなこ》を瞋《いか》らし怒《いか》りて譍《こた》ふ。言令和《ごんりょうやわ》らかならず。違戾《いらい》し反逆《ほんぎゃく》すること、たとへば怨家《おんげ》のごとし。子《こ》なきにしかず。取与《しゅよ》に*節《せつ》なくして、衆《しゅう》ともに患《うれ》へ厭《いと》ふ。恩《おん》に負《そむ》き義《ぎ》に違《い》して*報償《ほうしょう》の心《しん》あることなし。貧窮困乏《びんぐこんぼう》にしてまた得《う》ることあたはず。*辜較縦奪《こかくじゅうだつ》してほしいままに*遊散《ゆさん》す。しばしばいたづらに得《う》るに*串《なら》ひて、もつてみづから*賑給《しんきゅう》す。酒《さけ》に耽《ふけ》り、美《うま》きを嗜《たしな》みて、飲食《おんじき》、*度《ど》なし。心《こころ》をほしいままに蕩逸《とういつ》して*魯扈抵突《ろこたいとつ》す。人《ひと》の情《こころ》を識《し》らず、しひて抑制《おくせい》せんと欲《おも》ふ。人《ひと》の善《ぜん》あるを見《み》て、憎嫉《ぞうしつ》してこれを悪《にく》む。義《ぎ》なく礼《らい》なくして〔わが身《み》を〕顧《かえり》み難《はばか》るところなし。みづからもつて*職当《しきとう》して*諫暁《かんぎょう》すべからず。六親眷属《ろくしんけんぞく》の*所資《しょし》の有無《うむ》、憂念《うねん》することあたはず。父母《ぶも》の恩《おん》を惟《おも》はず、師友《しう》の義《ぎ》を存《そん》せず。

88 心《こころ》につねに悪《あく》を念《おも》ひ、口《くち》につねに悪《あく》をいひ、身《み》につねに悪《あく》を行《ぎょう》じて、かつて一《いち》善《ぜん》もなし。先聖《せんしょう》・諸仏《しょぶつ》の経法《きょうぼう》を信《しん》ぜず、道《どう》を行《ぎょう》じて度世《どせ》を得《う》べきことを信《しん》ぜず、死《し》して後《のち》に*神明《じんみょう》さらに生《しょう》ずることを信《しん》ぜず。善《ぜん》をなせば善《ぜん》を得《え》、悪《あく》をなせば悪《あく》を得《う》ることを信《しん》ぜず。*真人《しんにん》を殺《ころ》し、*衆僧《しゅそう》を闘乱《とうらん》せんと欲《おも》ひ、父母兄弟《ぶもきょうだい》眷属《けんぞく》を害《がい》せんと欲《おも》ふ。六親《ろくしん》、憎悪《ぞうお》してそれをして死《し》せしめんと願《ねが》ふ。かくのご

節　節度。

報償の心　恩をかえそうとする心。恩義に報いる心。

辜較縦奪　利益を独占し、ほしいままに他人のものを奪うこと。

遊散　散財すること。

串ひて　慣れて。習慣となって。

賑給　口腹を満たし養うこと。すなわち、ぜいたくな生活をすること。

度　節度。

魯扈抵突　自己の愚かさを顧みず、人と衝突すること。

職当　うぬぼれて自己をあくまでも主張すること。

諫暁　いさめ、さとすこと。

所資　生活の資。衣食などの資財。

神明　神識《じんしき》。たましい。

真人　真理をさとった聖《しょう》者《じゃ》。阿羅漢《あらかん》のこと。

衆僧を闘乱せん　僧伽《そうぎゃ》（仏

六九

89

ときの世人《せにん》、心意《しんい》ともにしかなり。愚痴《ぐち》*矇昧《もうまい》にしてみづから智慧《ちえ》ありと以《おも》うて、生《しょう》の従来《じゅうらい》するところ、死《し》の趣向《しゅこう》するところを知《し》らず。*仁《にん》ならず、順《じゅん》ならず、天地《てんち》に悪逆《あくぎゃく》してそのなかにおいて*僥倖《きょうぎょう》を悕望《けもう》し、長生《じょうしょう》を求《もと》めんと欲《ほっ》すれども、かならずまさに死《し》に帰《き》すべし。慈心《じしん》をもつて教誨《きょうけ》して、それをして善《ぜん》を念《ねん》ぜしめ、*生死《しょうじ》・善悪《ぜんあく》の趣《しゅ》、自然《じねん》にこれあることを開示《かいじ》すれども、しかもあへてこれを信《しん》ぜず。心《こころ》を苦《くだ》きてともに語《かた》れども、その人《ひと》に益《やく》なし。心中閉塞《しんちゅうへいそく》して意開解《こころかいげ》せず。大命《だいみょう》まさに終《おわ》らんとするに、*悔懼《けく》こもごも至《いた》る。あらかじめ善《ぜん》を修《しゅ》せずして、窮《きわ》まるに臨《のぞ》んでまさに悔《く》ゆ。これを後《のち》に悔《く》ゆともまさになんぞ及《およ》ばんや。天地《てんち》のあひだに五道《ごどう》〔の輪廻《りんね》の道理《どうり》〕、分明《ぶんみょう》なり。*恢廓窈窕《かいかくようちょう》として*浩々茫々《こうこうもうもう》たり。善悪報応《ぜんあくほうおう》し、禍福《かふく》あひ承《う》けて、身《み》みづからこれに当《あた》る。たれも代《かわ》るものなし。*数《ことわり》の自然《じねん》なり。その所行《しょぎょう》に応《おう》じて、殃咎《おうぐ》、命《みょう》を追《お》うて、縦捨《じゅうしゃ》を得《う》ることなし。善人《ぜんにん》は善《ぜん》を行《ぎょう》じて、楽《らく》より楽《らく》に入《い》り、明《みょう》より明《みょう》に入《い》る。悪人《あくにん》は悪《あく》を行《ぎょう》じて、苦《く》より苦《く》に入《い》り、*冥《みょう》より冥《みょう》に入《い》る。たれかよく知《し》るものぞ、独《ひと》り仏《ぶつ》の知《し》りたまふのみ。教語開示《きょうごかいじ》すれども、信用《しんよう》するものは少《すく》なし。生《しょう》死《じ》休《や》まず、悪道《あくどう》絶《た》えず。かくのごときの世人《せにん》、つぶさに〔述《の》べ〕尽《つく》すべきこと

教教団）の和を乱すという意。

矇昧　心がくらく道理をわきまえないこと。

仁ならず順ならず　他人に対して思いやりがなく従順でない。

僥倖　得られるはずもない幸福。

生死善悪の趣　生死輪廻《りんね》や善悪因果の道理。

悔懼こもごも至る　後悔と恐怖が入り混っておこる。

恢廓窈窕　広大で、奥深いさま。

浩々茫々　広々として果てしのないさま。

数　道理。ここでは善悪因果の道理のこと。

冥　暗闇の世界。

難《かた》し。ゆゑに自然《じねん》の三塗《さんず》の無量《むりょう》の苦悩《くのう》あり。そのなかに展転《てんでん》して世々《せせ》に劫《こう》を累《かさ》ねて出《い》づる期《ご》あることなく、解脱《げだつ》を得《え》がたし。痛《いた》みいふべからず。これを五《いつ》つの大悪《だいあく》・五《いつ》つの痛《つう》・五《いつ》つの焼《しょう》とす。勤苦《ごんく》かくのごとし。たとへば大火《だいか》の人身《にんじん》を焚焼《ぼんじょう》するがごとし。人《ひと》よくなかにおいて一心《いっしん》に意《こころ》を制《せい》し、身《み》を端《ただ》しくし念《おもい》を正《ただ》しくして、言行《ごんぎょう》あひ副《かな》ひ、なすところ誠《まこと》を至《いた》し、語《かた》るところ語《ことば》のごとく、心口《しんく》転《てん》ぜずして、独《ひと》りもろもろの善《ぜん》をなして衆悪《しゅあく》をなさざれば、身《み》独《ひと》り度脱《どだつ》して、その福徳《ふくとく》・度世《どせ》・上天《じょうてん》・泥洹《ないおん》の道《どう》を獲《え》ん。これを五《いつ》つの大善《だいぜん》とす」と。

【四〇】仏《ぶつ》、弥勒《みろく》に告《つ》げたまはく、「われなんぢらに語《かた》りしごとく、この世《よ》の五《ご》悪《あく》、勤苦《ごんく》かくのごとし。五痛《ごつう》・五焼《ごしょう》、展転《てんでん》してあひ生《しょう》ず。ただ衆悪《しゅあく》をなして善《ぜん》本《ぼん》を修《しゅ》せざれば、みなことごとく自然《じねん》にもろもろの悪趣《あくしゅ》に入《い》る。あるいはそれ今世《こんぜ》にまづ*殃病《おうびょう》を被《こうぶ》りて、死《し》を求《もと》むるに得《え》ず。生《しょう》を求《もと》むるに得《え》ず。罪悪《ざいあく》の招《まね》くところ衆《しゅう》に示《しめ》してこれを見《み》せしむ。身死《みし》して行《ぎょう》に随《したご》うて三悪道《さんまくどう》に入《い》りて、苦《く》毒《どく》無量《むりょう》にしてみづからあひ*燋燃《しょうねん》す。その久《ひさ》しくして後《のち》に至《いた》りて〔再《ふた》び人間界《にんげんかい》に生《しょう》じ〕ともに怨結《おんけつ》をなし、*小微《しょうみ》より起《おこ》りてつひに大悪《だいあく》となる。みな財色《ざいしき》に貪《とん》着《じゃく》して施恵《せえ》することあたはざるによりてなり。*痴欲《ちよく》に迫《せ》められて心《こころ》に随《したご》うて思《し》

殃病 治療の困難な病気。

燋燃 焼き焦がすこと。

小微 ささいなこと、微少の意。

痴欲 愚かな欲心。

想《そう》す。煩悩結縛《ぼんのうけつばく》して解《と》けやむことあることなし。おのれを厚《あつ》くし利《り》を諍《あらそ》ひて*省録《しょうろく》するところなし。富貴《ふき》・栄華《えいが》、時《とき》に当《あた》りて意《こころよ》を快くして忍辱《にんにく》することあたはず。つとめて善《ぜん》を修《しゅ》せざれば、威勢《いせい》いくばくもなくして、随《したが》ひてもつて磨《ま》滅《めつ》す。身坐《しんとど》まりて労苦《ろうく》す。久《ひさ》しくして後大《のちおお》きに劇《はげ》し。*天道《てんどう》、施張《しちょう》して自然《じねん》に*糺《く》挙《こ》し、*綱紀《こうき》の羅網《らもう》、上下《じょうげ》相応《そうおう》す。*煢々忪々《けいげいしゅじゅ》として、まさにそのなかに入《い》るべ

91

し。古今《ここん》にこれあり。痛《いた》ましきかな、傷《いた》むべし」と。仏《ぶつ》、弥勒《みろく》に語《かた》りたまはく、「世間《せけん》かくのごとし。仏《ぶつ》みなこれを哀《あわ》れみたまひて、威神力《いじんりき》をもつて衆悪《しゅあく》を摧滅《さいめつ》してことごとく善《ぜん》に就《つ》かしめたまふ。*所思《しょし》を棄捐《きえん》し、*経戒《きょうかい》を奉持《ぶじ》し、道法《どうほう》を受行《じゅぎょう》して違失《いしつ》するところなくは、つひに度世《どせ》・泥洹《ないおん》の道《どう》を得《え》ん」と。仏《ぶつ》のたまはく、「なんぢいまの諸天《しょてん》・人民《にんみん》、および後世《ごせ》の人《ひと》、仏《ぶつ》の経語《きょうご》を得《え》て、まさにつらつらこれを思《おも》ひて、よくそのなかにおいて心《こころ》を端《ただ》しくし行《おこな》ひを正《ただ》しくすべし。*主上善《しゅじょうぜん》をなして、その下《しも》を*率化《そっけ》して*うたたあひ勅令《ちょくりょう》し、おのおのみづから端《ただ》しく守《まも》り、聖《しょう》〔者《じゃ》〕を尊《とうと》び、善《ぜん》〔人《にん》〕を敬《うやま》ひ、仁慈博愛《にんじはくあい》にして、仏語《ぶつご》の教誨《きょうけ》あへて*虧負《きぶ》することなかれ。まさに度世《どせ》を求《もと》めて生死衆悪《しょうじしゅあく》の本《もと》を抜断《ばつだん》すべし。まさに三塗《さんず》の無量《むりょう》の憂畏苦痛《ういくつう》の道《どう》を離《はな》るべし。なんぢらここにおいて広

省録　悪事を反省し、善事を進んで行うこと。

天道施張して　五道の因果の道理が網の目のように天地の間に張りめぐらされているという意。

糺挙　罪を一々数えあげてただすこと。

綱紀の羅網上下相応す　大綱小綱からなる業道の網が八方上下に張りめぐらされ、それからのがれることができないという意。

煢々忪々　孤独で頼るものがなく、心がおののきみだれること。

所思を棄捐し　五悪をなそうとする思いを捨て去るという意。

経戒　仏の戒め。ここでは五善の教え。

主上　国王。

率化　率いて感化すること。

うたたあひ勅令し　国王よ

く*徳本《とくほん》を植《う》ゑて、恩《おん》を布《し》き恵《え》を施《ほどこ》して、道禁《どうきん》を犯《おか》すことなかれ。忍辱《にんにく》・精進《しょうじん》・一心《いっしん》・智慧《ちえ》をもつてうたたあひ教化《きょうけ》し、徳《とく》をなし善《ぜん》を立《た》てよ。心《こころ》を正《ただ》しくし意《い》を正《ただ》しくして、斎戒清《さいかいしょう》浄《じょう》なること一日一夜《いちにちいちや》すれば、無量寿国《むりょうじゅこく》にありて善《ぜん》をなすこと百歳《ひゃくさい》せんに勝《すぐ》れたり。ゆゑはいかん。かの仏国土《ぶっこくど》は無為自然《むいじねん》にして、
92
みな衆善《しゅぜん》を積《つ》んで*毛髪《もうほつ》の悪《あく》もなければなり。*ここにして善《ぜん》を修《しゅ》すること十日《じゅうにち》十夜《じゅうや》すれば、他方《たほう》の諸仏国土《しょぶっこくど》にして善《ぜん》をなすこと千歳《せんざい》するに勝《すぐ》れたり。ゆゑはいかん。他方《たほう》の仏国《ぶっこく》は、善《ぜん》をなすものは多《おお》く悪《あく》をなすものは少《すく》なし。福徳自《ふくとくじ》然《ねん》にして造悪《ぞうあく》の地《ところ》なければなり。ただ*このあひだのみ悪多《あくおお》くして、自然《じねん》なることあることなし。勤苦《ごんく》して欲《よく》を求《もと》め、うたたあひ*欺紿《ごだい》し、*心労《しんろう》し形困《かたちくる》しみて、苦《く》を飲《の》み毒《どく》を食《く》らふ。かくのごとく悤務《そうむ》して、いまだかつて*寧息《にょうそく》せず。われなんぢら天《てん》・人《にん》の類《るい》を哀《あわ》れみて、ねんごろに誨喩《けゆ》し、教《おし》へて善《ぜん》を修《しゅ》せしむ。*器《うつわ》に随《したが》ひて開導《かいどう》し、経法《きょうぼう》を授与《じゅよ》するに承用《じょうよう》せざることなし。意《こころ》の所願《しょがん》にありてみな道《どう》を得《え》しむ。仏《ぶつ》の*遊履《ゆり》したまふところの*国邑《こくおう》・*丘聚《くじゅ》、化《け》を蒙《こうぶ》らざるはなし。天下《てんげ》和順《わじゅん》し日月清《にちがつしょう》明《みょう》なり。風雨《ふうう》時《とき》をもつてし、*災厲起《さいれいおこ》らず、国豊《くにゆた》かに民《たみ》安《やす》くして、*兵戈用《ひょうがもち》ゐることなし。〔人民《にんみん》〕徳《とく》を崇《あが》め仁《にん》を興《おこ》し、つとめて*礼譲《らいじょう》を修《しゅ》

り人々へ次々と戒めを伝えていくという意。

虧負　やぶり背くこと。

徳本　功徳《くどく》の本である六波羅蜜（六度）のこと。次下の「恩を布き恵を施す」は布施《ふせ》、「道禁を犯すことなかれ」は持戒《じかい》、「一心」は禅定《ぜんじょう》にあたる。↓六波羅《ろっぱら》蜜《みつ》

毛髪の悪　毛すじほどの少しの悪。

ここ　娑婆《しゃば》世界。

このあひだ　娑婆世界。

欺紿　いつわりあざむくこと。

心労し形困しみて　身心ともに疲労して。

寧息　安らかに休むこと。

器　器量。機根。人それぞれの性質。

遊履　遊行すること。各地をめぐり歩くこと。

七三

す」と。仏《ぶつ》のたまはく、「われなんぢら諸天《しょてん》・人民《にんみん》を哀愍《あいみん》すること、父母《ぶも》の子《こ》を
念《おも》ふよりもはなはだし。いまわれこの世間《せけん》において仏《ぶつ》となり、五悪《ごあく》を降化《ごうけ》し、
93 五痛《ごつう》を消除《しょうじょ》し、五焼《ごしょう》を絶滅《ぜつめつ》して、善《ぜん》をもつて悪《あく》を攻《せ》め、生死《しょうじ》の苦《く》を抜《ぬ》いて*五《ご》
徳《とく》を獲《え》しめ、*無《む》為《い》の安《やす》きに昇《のぼ》らしむ。われ世《よ》を去《さ》りて後《のち》、*経道《きょうどう》やうやく滅し、
人民《にんみん》*諂偽《てんぎ》にしてまた衆悪《しゅあく》をなし、五痛《ごつう》・五焼《ごしょう》還《かえ》りて前《さき》の法《ほう》のごとく、久《ひさ》しく
して後《のち》にうたた劇《はげ》しからんこと、ことごとく説《と》くべからず。われただなんぢが
ために略《りゃく》してこれをいふのみ」と。仏《ぶつ》、弥勒《みろく》に語《かた》りたまはく、「なんぢらおのお
のよくこれを思《おも》ひ、うたたあひ*教誡《きょうかい》し、仏《ぶつ》の経法《きょうぼう》のごとくして犯《おか》すこと得《う》る
ことなかれ」と。ここにおいて弥勒菩薩《みろくぼさつ》、合掌《がっしょう》してまうさく、「仏《ぶつ》の所説《しょせつ》、は
なはだねんごろなり。世人《せにん》まことにしかなり。如来《にょらい》あまねく慈《いつく》しみて哀愍《あいみん》し、
ことごとく度脱《どだつ》せしめたまふ。仏《ぶつ》の重誨《じゅうけ》を受《う》けてあへて違失《いしつ》せじ」と。
94 【四二】仏《ぶつ》、阿難《あなん》に告《つ》げたまはく、「なんぢ起《た》ちてさらに衣服《えぶく》を整《ととの》へ、合掌《がっしょう》し恭《く》
敬《ぎょう》して無量寿仏《むりょうじゅぶつ》を礼《らい》したてまつれ。十方国土《じっぽうこくど》の諸仏如来《しょぶつにょらい》は、つねにともにか
の仏《ぶつ》の*無着《むじゃく》・無礙《むげ》なるを称揚《しょうよう》し讃歎《さんだん》したまへばなり」と。ここにおいて阿難《あなん》起《た》
ちて衣服《えぶく》を整《ととの》へ、身《み》を正《ただ》しくし面《おもて》を西《にし》にして、恭敬《くぎょう》し合掌《がっしょう》して、五体《ごたい》を地《じ》に

国邑　国および地方の町や村。

丘聚　多くの人が住む集落。

災厲　天災や疫病。

兵戈　ほこ（長柄の武器）。転じて戦争の意。

礼譲　礼儀と謙譲。

五徳　五善を修めて得た五の功徳《くどく》。

無為の安き　無為涅槃《ねはん》の安楽。

経道やうやく滅し　仏の教法が次第に消滅し。

諂偽　へつらい、いつわること。

教誡　教え、誡めること。

無着無礙　まことの道理にめざめて執着を離れ、何ものにもさまたげられないこと。

投《な》げて、無量寿仏《むりょうじゅぶつ》を礼《らい》したてまつりてまうさく、「世尊《せそん》、願《ねが》はくはかの仏《ぶつ》・安《あん》楽国土《らくこくど》、およびもろもろの菩薩《ぼさつ》・声聞《しょうもん》の大衆《だいしゅ》を見《み》たてまつらん」と。この語《ご》を説《と》きをはるに、即時《そくじ》に無量寿仏《むりょうじゅぶつ》は、大光明《だいこうみょう》を放《はな》ちてあまねく一切諸仏《いっさいしょぶつ》の世界《せかい》を照《て》らしたまふ。*金剛囲山《こんごういせん》、須弥山王《しゅみせんのう》、大小《だいしょう》の諸山《しょせん》、一切《いっさい》のあらゆるものみな同《おな》じく一色《いっしき》なり。たとへば*劫水《こうすい》の世界《せかい》に*弥満《みまん》するに、そのなかの万物《まんもつ》、沈没《ちんもつ》して現《あらわ》れず、*滉瀁浩汗《こうようこうかん》としてただ大水《だいすい》をのみ見《み》るがごとし。かの仏《ぶつ》の光明《こうみょう》もまたまたかくのごとし。声聞《しょうもん》・菩薩《ぼさつ》の一切《いっさい》の光明《こうみょう》、みなことごとく隠蔽《おんぺい》して、ただ仏光《ぶっこう》の*明曜顕赫《みょうようけんかく》なるを見《み》たてまつる。その時《とき》阿難《あなん》、すなはち無量寿仏《むりょうじゅぶつ》を見《み》たてまつるに、威徳《いとく》*巍々《ぎぎ》として、須弥山王《しゅみせんのう》の、高《たか》くして一切《いっさい》のもろもろの世界《せかい》の上《うえ》に出《い》づるがごとし。相好《そうごう》〔より放《はな》つ〕光明《こうみょう》の照曜《しょうよう》せざることなし。*この会《え》の四衆《ししゅ》、一時《いちじ》にことごとく見《み》たてまつる。*かしこにしてこの土《ど》を見《み》ること、またまたかくのごとし。

【四二】 その時仏《ときぶつ》、阿難《あなん》および慈氏菩薩《じしぼさつ》（弥勒）に告《つ》げたまはく、「なんぢかの国《くに》を見《み》るに、地《じ》より以上《いじょう》浄居天《じょうごてん》に至《いた》るまで、そのなかのあらゆる微妙厳浄《みみょうごんじょう》なる自然《じねん》の物《もの》、ことごとく見《み》るとせんやいなや」と。阿難対《あなんこた》へてまうさく、「*や

金剛囲山　鉄囲山《てっちせん》のこと。→須弥山《しゅみせん》

劫水　水災劫の時に起る大洪水のこと。世界の終末（劫末）には、火災劫・水災劫・風災劫の三時があるといい、水災劫の時には、大雨が降り地も水を涌出して、世界が水びたしになるという。

弥満　満ちみちること。

滉瀁浩汗　水が満ち広がっているさま。

明曜顕赫　光り輝き鮮明にあらわれているさま。

巍々　気高くすぐれているさま。

この会　霊山（霊鷲山《りょうじゅせん》、耆闍崛山《ぎしゃくっせん》）での説法の会座《えざ》。

かしこ　阿弥陀仏の浄土を指す。

ややしかなり　相手に恭《きょう》順《じゅん》の意を示しつつ応諾する語。「はい、そうです」と

七五

や、しかなり。すでに見《み》たてまつれり」と。「なんぢむしろまた無量寿仏《むりょうじゅぶつ》の大《だい》音《おん》、一切世界《いっさいせかい》に宣布《せんぷ》して、衆生《しゅじょう》を化《け》したまふを聞《き》くやいなや」と。阿難対《あなんこた》へてまうさく、「やや、しかなり。すでに聞《き》きたてまつれり」と。「かの国《くに》の人《にん》民《みん》、百千由旬《ひゃくせんゆじゅん》の七宝《しっぽう》の宮殿《くでん》に乗《じょう》じて障礙《しょうげ》あることなく、あまねく十方《じっぽう》に至《いた》りて諸仏《しょぶつ》を供養《くよう》するを、なんぢまた見《み》るやいなや」と。対《こた》へてまうさく、「すでに見《み》たてまつれり」と。「かの国《くに》の人民《にんみん》に胎生《たいしょう》のものあり。なんぢまた見《み》るやいなや」と。対《こた》へてまうさく、「すでに見《み》たてまつれり」と。「その胎生《たいしょう》のものの処《しょ》するところの宮殿《くでん》は、あるいは百由旬《ひゃくゆじゅん》、あるいは五百由旬《ごひゃくゆじゅん》なり。おのおののそのなかにして、もろもろの快楽《けらく》を受《う》くること忉利天上《とうりてんじょう》のごとくにして、またみな自然《じねん》なり」と。

【四三】その時《とき》に、慈氏菩薩《じしぼさつ》（弥勒）、仏《ぶつ》にまうしてまうさく、「世尊《せそん》、なんの因《いん》なんの縁《えん》ありてか、かの国《くに》の人民《にんみん》、胎生《たいしょう》・化生《けしょう》なる」と。仏《ぶつ》、慈氏《じし》に告《つ》げたまはく、「もし衆生《しゅじょう》ありて、疑惑《ぎわく》の心《しん》をもつてもろもろの功徳《くどく》を修《しゅ》して、かの国《くに》に生《うま》れんと願《ねが》はん。*仏智《ぶっち》・不思議智《ふしぎち》・不可称智《ふかしょうち》・大乗広智《だいじょうこうち》・無等無倫最上勝《むとうむりんさいじょうしょう》智《ち》を了《さと》らずして、この諸智《しょち》において疑惑《ぎわく》して信《しん》ぜず。しかるになほ罪福《ざいふく》を信《しん》

七六
仏の聖旨《しょうし》に随順するという意。

仏智… 阿弥陀仏の五智。
↓諸智《しょち》

97 じ、善本《ぜんぽん》を修習《しゅじゅう》して、その国《くに》に生《うま》れんと願《ねが》ふ。このもろもろの衆生《しゅじょう》、かの宮《く》殿《でん》に生《うま》れて、寿五百歳《いのちごひゃくさい》、つねに仏《ぶつ》を見《み》たてまつらず、経法《きょうぼう》を聞《き》かず、菩薩《ぼさつ》・声聞《しょうもん》の聖衆《しょうじゅ》を見《み》ず。このゆゑに、かの国土《こくど》においてこれを胎生《たいしょう》といふ。もし衆生《しゅじょう》ありて、あきらかに仏智乃至勝智《ぶっちないししょうち》を信《しん》じ、もろもろの功徳《くどく》をなして信心《しんじん》回向《えこう》すれば、このもろもろの衆生《しゅじょう》、七宝《しっぽう》の華《はな》のなかにおいて自然《じねん》に化生《けしょう》し、*跏趺《かふ》して坐《ざ》し、須臾《しゅゆ》のあひだに身相《しんそう》・光明《こうみょう》・智慧《ちえ》・功徳《くどく》、もろもろの菩薩《ぼさつ》のごとく具足《ぐそく》し成就《じょうじゅ》せん。

【四】また次《つぎ》に慈氏《じし》（弥勒）、他方仏国《たほうぶっこく》の諸大菩薩《しょだいぼさつ》、発心《ほっしん》して無量寿仏《むりょうじゅぶつ》を見《み》たてまつり、〔無量寿仏《むりょうじゅぶつ》〕およびもろもろの菩薩《ぼさつ》・声聞《しょうもん》の衆《しゅう》を恭敬《くぎょう》し供養《くよう》せんと欲《おも》はん。かの菩薩等《ぼさつとう》、命終《いのちおわ》りて無量寿国《むりょうじゅこく》に生《しょう》ずることを得《え》て、七宝《しっぽう》の華《はな》のなかにおいて自然《じねん》に化生《けしょう》せん。弥勒《みろく》まさに知《し》るべし、かの化生《けしょう》のものは智慧勝《ちえすぐ》れたるがゆゑなり。その胎生《たいしょう》のものはみな智慧《ちえ》なし。五百歳《ごひゃくさい》のなかにおいてつねに仏《ぶつ》を見《み》たてまつらず、経法《きょうぼう》を聞《き》かず、菩薩《ぼさつ》・もろもろの声聞《しょうもん》の衆《しゅう》を見《み》ず、仏《ぶつ》を供養《くよう》するに由《よし》なし。*菩薩《ぼさつ》の法式《ほっしき》を知《し》らず、*功徳《くどく》を修習《しゅじゅう》することを得《え》ず。
98 まさに知《し》るべし、この人《ひと》は宿世《しゅくせ》の時《とき》、智慧《ちえ》あることなくして疑惑《ぎわく》せしが致《いた》すと

跏趺して坐し　結跏趺坐《けっかふざ》のこと。足の甲を左右のももの上に置く坐法。

菩薩の法式　菩薩のなすべき自利利他の行法、すなわちみずから菩提を求め衆《しゅ》生《じょう》を化益《けやく》すること。

功徳　大乗の菩薩の修すべき六波羅蜜《ろっぱらみつ》（六度）のこと。

七八

ころなり」と。

【四五】 仏《ぶつ》、弥勒《みろく》に告《つ》げたまはく、「たとへば転輪聖王《てんりんじょうおう》のごとき、別《べつ》に七宝《しっぽう》の*宮《く》室《しつ》ありて、種々《しゅじゅ》に荘厳《しょうごん》し*床帳《じょうちょう》を張設《ちょうせつ》し、もろもろの*繒幡《ぞうばん》を懸《か》く。もしもろもろの小王子《しょうおうじ》ありて罪《つみ》を王《おう》に得《う》れば、すなはちかの宮中《くちゅう》に内《い》れて、繋《つな》ぐに金鎖《こんさ》をもつてす。飲食《おんじき》・衣服《えぶく》・*床褥《じょうのく》・華香《けこう》・妓楽《ぎがく》を供給《くきゅう》せんこと、転輪王《てんりんのう》のごとくして乏少《ぼうしょう》するところなけん。意《こころ》においていかん。このもろもろの王子《おうじ》、むしろかの処《ところ》を楽《ねが》ふやいなや」と。対《こた》へてまうさく、「いななり。ただ種々《しゅじゅ》に方便《ほうべん》して、もろもろの大力《だいりき》〔ある人《ひと》〕を求《もと》めてみづから免《まぬか》れ出《い》でんことを欲《おも》ふ」と。仏《ぶつ》、弥勒《みろく》に告《つ》げたまはく、「このもろもろの衆生《しゅじょう》も、またまたかくのごとし。仏智《ぶっち》を疑惑《ぎわく》せしをもつてのゆゑに、かの〔胎生《たいしょう》の〕宮殿《くでん》に生《しょう》じて、刑罰《ぎょうばつ》乃至一念《ないしいちねん》の悪事《あくじ》もあることなし。ただ五百歳《ごひゃくさい》のうちにおいて三宝《さんぼう》を見《み》たてまつらず、〔諸仏《しょぶつ》を〕供養《くよう》してもろもろの善本《ぜんぽん》を修《しゅ》することを得《え》ず。これをもつて苦《く》とす。余《よ》の楽《らく》ありといへども、なほかの処《ところ》を楽《ねが》はず。もしこの衆生《しゅじょう》、その*本《もと》の罪《つみ》を識《し》りて、深《ふか》くみづから*悔責《けしゃく》して、かの処《ところ》を離《はな》れんことを求《もと》めば、す
99 なはち意《こころ》のごとく、無量寿仏《むりょうじゅぶつ》の所《みもと》に往詣《おうげい》して恭敬《くぎょう》し供養《くよう》したてまつることを

宮室　宮殿。宋《そう》版大蔵経等には「牢獄」とある。

床帳を張設し　坐臥する床を設け、その上に幕（帳）を張りめぐらして。

繒幡　うす絹でつくられたはたぼこ。

床褥　寝床と寝具。

本の罪　仏智を疑惑した罪。

悔責　くいせめること。

100

得《え》、またあまねく無量無数《むりょうむしゅ》の諸余《しょよ》の仏《ぶつ》の所《みもと》に至《いた》りて、もろもろの功徳《くどく》を修《しゅ》することを得《え》ん。弥勒《みろく》まさに知《し》るべし、それ菩薩《ぼさつ》ありて疑惑《ぎわく》を生《しょう》ずるものは、大利《だいり》を失《しっ》すとす。このゆゑに、まさにあきらかに*諸仏無上《しょぶつむじょう》の智慧《ちえ》を信《しん》ずべし」と。

【四六】　弥勒菩薩《みろくぼさつ》、仏《ぶつ》にまうしてまうさく、「世尊《せそん》、この世界《せかい》において、いくばくの*不退《ふたい》の菩薩《ぼさつ》ありてか、かの仏国《ぶっこく》に生《しょう》ぜん」と。仏《ぶつ》、弥勒《みろく》に告《つ》げたまはく、「この世界《せかい》において六十七億《ろくじゅうしちおく》の不退《ふたい》の菩薩《ぼさつ》ありて、かの国《くに》に往生《おうじょう》せん。一々《いちいち》の菩薩《ぼさつ》は、すでにかつて無数《むしゅ》の諸仏《しょぶつ》を供養《くよう》したてまつること、*次《つ》いで弥勒《みろく》のごときものなり。もろもろの*小行《しょうぎょう》の菩薩《ぼさつ》および少功徳《しょうくどく》を修習《しゅじゅう》せんもの、称計《しょうげ》すべからず。みなまさに往生《おうじょう》すべし」と。仏《ぶつ》、弥勒《みろく》に告《つ》げたまはく、「ただわが刹《くに》のもろもろの菩薩等《ぼさつとう》のみかの国《くに》に往生《おうじょう》するにあらず、他方《たほう》の仏土《ぶつど》〔の菩薩《ぼさつ》等《とう》〕も、またまたかくのごとし。その第一《だいいち》の仏《ぶつ》を名《な》づけて遠照《おんしょう》といふ。かしこに百八十億《ひゃくはちじゅうおく》の菩薩《ぼさつ》あり、みなまさに往生《おうじょう》すべし。その第二《だいに》の仏《ぶつ》を名《な》づけて宝蔵《ほうぞう》といふ。かしこに九十億《くじゅうおく》の菩薩《ぼさつ》あり、みなまさに往生《おうじょう》すべし。その第三《だいさん》の仏《ぶつ》を名《な》づけて無量音《むりょうおん》といふ。かしこに二百二十億《にひゃくにじゅうおく》の菩薩《ぼさつ》あり、みなまさに往生《おうじょう》すべし。その第四《だいし》の仏《ぶつ》を名《な》づけて甘露味《かんろみ》といふ。かしこに二百五十億《にひゃくごじゅうおく》の

諸仏無上の智慧　先に説く阿弥陀仏の五智を略して諸仏無上の智慧という。すなわち、阿弥陀仏のすぐれた智慧のこと。阿弥陀仏は、すべての仏を仏たらしめる諸仏の本源であるから、阿弥陀仏の智慧を諸仏の智慧ともいう。

不退の菩薩　不退転の位を得た菩薩。親鸞聖人は真実信心の行者とする。

次いで弥勒…　「次なること弥勒のごときもの」とも読む。↓次如弥勒《しにょみろく》

小行の菩薩および少功徳を修習せんもの　行の劣った菩薩たちや、わずかな功徳を修めた人々。親鸞聖人は自力の行者とする。

七九

101

菩薩《ぼさつ》あり、みなまさに往生《おうじょう》すべし。その第五《だいご》の仏《ぶつ》を名《な》づけて龍勝《りゅうしょう》といふ。かしこに十四億《じゅうしおく》の菩薩《ぼさつ》あり、みなまさに往生《おうじょう》すべし。その第六《だいろく》の仏《ぶつ》を名《な》づけて勝力《しょうりき》といふ。かしこに万四千《まんしせん》の菩薩《ぼさつ》あり、みなまさに往生《おうじょう》すべし。その第七《だいしち》の仏《ぶつ》を名《な》づけて師子《しし》といふ。かしこに五百億《ごひゃくおく》の菩薩《ぼさつ》あり、みなまさに往生《おうじょう》すべし。その第八《だいはち》の仏《ぶつ》を名《な》づけて離垢光《りくこう》といふ。かしこに八十億《はちじゅうおく》の菩薩《ぼさつ》あり、みなまさに往生《おうじょう》すべし。その第九《だいく》の仏《ぶつ》を名《な》づけて徳首《とくしゅ》といふ。かしこに六十億《ろくじゅうおく》の菩薩《ぼさつ》あり、みなまさに往生《おうじょう》すべし。その第十《だいじゅう》の仏《ぶつ》を名《な》づけて妙徳山《みょうとくせん》といふ。かしこに六十億《ろくじゅうおく》の菩薩《ぼさつ》あり、みなまさに往生《おうじょう》すべし。その第十一《だいじゅういち》の仏《ぶつ》を名《な》づけて人王《にんのう》といふ。かしこに十億《じゅうおく》の菩薩《ぼさつ》あり、みなまさに往生《おうじょう》すべし。その第十二《だいじゅうに》の仏《ぶつ》を名《な》づけて無上華《むじょうけ》といふ。かしこに無数不可称計《むしゅふかしょうげ》のもろもろの菩薩衆《ぼさつしゅ》あり、みな不退転《ふたいてん》にして智慧勇猛《ちえゆうみょう》なり。すでにかつて無量《むりょう》の諸仏《しょぶつ》を供養《くよう》したてまつりて、七日《しちにち》のうちにおいてすなはちよく百千億劫《ひゃくせんおくこう》に大士《だいじ》の修《しゅ》するところの*堅固《けんご》の法《ほう》を摂取《せっしゅ》す。これらの菩薩《ぼさつ》みなまさに往生《おうじょう》すべし。その第十三《だいじゅうさん》の仏《ぶつ》を名《な》づけて無畏《むい》といふ。かしこに七百九十億《しちひゃくくじゅうおく》の大菩薩衆《だいぼさつしゅ》、もろもろの*小菩薩《しょうぼさつ》および*比丘等《びくとう》の称計《しょうげ》すべからざるあり、みなまさに往生《おうじょう》すべし」

堅固の法　菩薩が勇猛精進《ゆうみょうしょうじん》して修する利他大悲の尊い行。

小菩薩　小行の菩薩。行の劣った菩薩。

比丘　ここでは少功徳を修習する者をいう。

と。仏《ぶつ》、弥勒《みろく》に語《かた》りたまはく、「ただこの十四仏国《じゅうしぶっこく》のなかのもろもろの菩薩等《ぼさつとう》のみまさに往生《おうじょう》すべきにあらざるなり。十方世界《じっぽうせかい》無量《むりょう》の仏国《ぶっこく》より、その往生《おうじょう》するものまたまたかくのごとし、はなはだ多《おお》くして無数《むしゅ》なり。われただ十方諸《じっぽうしょ》仏《ぶつ》の名号《みょうごう》と、および〔それらの仏国《ぶっこく》の〕菩薩《ぼさつ》・比丘《びく》のかの国《くに》に生《しょう》ずるものを説《と》かんに、昼夜《ちゅうや》一劫《いっこう》すともなほいまだ竟《おわ》ることあたはじ。われいまなんぢがために略《りゃく》してこれを説《と》くのみ」と。

【四七】仏《ぶつ》、弥勒《みろく》に語《かた》りたまはく、「それかの仏《ぶつ》の名号《みょうごう》を聞《き》くことを得《え》て、歓喜《かんぎ》踊躍《ゆやく》して乃至《ないし》一念《いちねん》せんことあらん。まさに知《し》るべし、この人《ひと》は大利《だいり》を得《う》とす。すなはちこれ無上《むじょう》の功徳《くどく》を具足《ぐそく》するなりと。このゆゑに弥勒《みろく》、たとひ大火《だいか》ありて三千大千世界《さんぜんだいせんせかい》に充満《じゅうまん》すとも、かならずまさにこれを過《す》ぎて、この経法《きょうぼう》を聞《き》きて歓喜信楽《かんぎしんぎょう》し、受持読誦《じゅじどくじゅ》して説《せつ》のごとく修行《しゅぎょう》すべし。ゆゑはいかん。多《おお》く菩薩《ぼさつ》ありてこの経《きょう》を聞《き》かんと欲《ほっ》すれども、得《う》ることあたはざればなり。もし衆《しゅ》生《じょう》ありて、この経《きょう》を聞《き》くものは、無上道《むじょうどう》においてつひに退転《たいてん》せず。このゆゑにまさに専心《せんしん》に信受《しんじゅ》し、持誦《じじゅ》し、説行《せつぎょう》すべし」と。仏《ぶつ》のたまはく、「われいまもろもろの衆生《しゅじょう》のためにこの経法《きょうぼう》を説《と》きて、無量寿仏《むりょうじゅぶつ》およびその国土《こくど》の一切《いっさい》

八一

の所有《しょう》を見《み》せしむ。まさになす*べきところのものは、みなこれを〔尋《たず》ね〕求《もと》む
べし。わが滅度《めつど》の後《のち》をもつて、また疑惑《ぎわく》を生《しょう》ずることを得《う》ることなかれ。*当来《とうらい》
103
の世《よ》に*経道滅尽《きょうどうめつじん》せんに、われ慈悲《じひ》をもつて哀愍《あいみん》して、特《こと》に此《こ》の経《きょう》を留《とど》めて止《し》
住《じゅう》すること*百歳《ひゃくさい》せん。それ衆生《しゅじょう》ありて、この経《きょう》に値《もうあ》ふものは、意《こころ》の所願《しょがん》に随《したが》
ひてみな*得度《とくど》すべし」と。仏《ぶつ》、弥勒《みろく》に語《かた》りたまはく、「如来《にょらい》の*興世《こうせ》に値《もうあ》ひがた
く、見《み》たてまつること難《かた》し。諸仏《しょぶつ》の経道《きょうどう》、得《え》がたく聞《き》きがたし。菩薩《ぼさつ》の勝法《しょうぼう》、
諸波羅蜜《しょはらみつ》、聞《き》くことを得《う》ることまた難《かた》し。善知識《ぜんぢしき》に遇《あ》ひ、法《ほう》を聞《き》き、よく行《ぎょう》ず
ること、これまた難《かた》しとす。もしこの経《きょう》を聞《き》きて信楽受持《しんぎょうじゅじ》することは、難《なん》の
なかの難《なん》、これに過《す》ぎたる難《なん》はなけん。このゆゑにわが法《ほう》はかくのごとくな
し、かくのごとく説《と》き、かくのごとく教《おし》ふ。まさに信順《しんじゅん》して法《ほう》のごとく修行《しゅぎょう》
すべし」と。

【四八】その時《とき》に、世尊《せそん》、この経法《きょうぼう》を説《と》きたまふに、無量《むりょう》の衆生《しゅじょう》、みな*無上《むじょう》
正覚《しょうがく》の心《しん》を発《おこ》しき。万二千那由他《まんにせんなゆた》の人《ひと》、*清浄法眼《しょうじょうほうげん》を得《え》、二十二億《にじゅうにおく》の諸天《しょてん》・人《にん》
104
民《みん》、*阿那含果《あなごんか》を得《え》、八十万《はちじゅうまん》の比丘《びく》、*漏尽意解《ろじんいげ》し、四十億《しじゅうおく》の菩薩《ぼさつ》、不退転《ふたいてん》を
得《え》、*弘誓《ぐぜい》の功徳《くどく》をもつてみづから荘厳《しょうごん》し、将来《しょうらい》の世《よ》においてまさに正覚《しょうがく》を成《な》

なすべきところのもの　釈尊が説いた経法についての疑念、不審におもう事柄についての質疑。

当来　将来。

経道　諸経に教示された解脱《げだつ》の道。

百歳　満数の意。いつまでもということ。

得度　迷いの世界を渡り、さとりの世界に到ること。

興世　世に現れること。

無上正覚の心　菩提心のこと。→菩提心《ぼだいしん》

清浄法眼　声聞《しょうもん》の修道《しゅどう》階位である四果の最下位、須陀洹果《しゅだおんか》（預流果《よるか》）に入って得る四諦《したい》の理をさとる智慧《ちえ》の眼。

阿那含果　→阿那含《あなごん》

漏尽意解し　煩悩《ぼんのう》を滅し尽して智慧を得、声聞の修道階位である四果の最高位、阿羅漢果《あらかんか》に達するという意。

るべし。その時《とき》に、三千大千世界《さんぜんだいせんせかい》、*六種《ろくしゅ》に震動《しんどう》し、大光《だいこう》あまねく十方国土《じっぽうこくど》を照《て》らす。百千《ひゃくせん》の音楽《おんがく》、自然《じねん》にしてなし、無量《むりょう》の妙華《みょうけ》、*紛々《ふんぷん》として降《くだ》る。仏《ぶつ》、経《きょう》を説《と》きたまふこと已《おわ》りて、弥勒菩薩《みろくぼさつ》および十方《じっぽう》より来《きた》れるもろもろの菩薩衆《ぼさつしゅ》、長老《ちょうろう》阿難《あなん》、もろもろの大声聞《だいしょうもん》、一切《いっさい》の大衆《だいしゅ》、仏《ぶつ》の所説《しょせつ》を聞《き》きたてまつりて、歓喜《かんぎ》せざるはなし。

仏説《ぶっせつ》無量寿経《むりょうじゅきょう》　巻下《かんげ》

弘誓の功徳　衆生済度《しゅじょうさいど》の誓願《せいがん》を立て、その誓いに応じて修行し、種々の善根《ぜんごん》功徳を積むこと。

六種に震動し　如来の出現や説法を讃えて、動・起《き》・涌《ゆう》（形の震動）と震《しん》・吼《く》・覚《かく》（音の震動）の六種の瑞相（めでたいしるし）があらわれることをいう。

紛々　乱れ散るさま。

八三

仏《ぶつ》説《せつ》観《かん》無《む》量《りよう》寿《じゆ》経《きよう》

『無量寿仏観経《むりょうじゅぶつかんぎょう》』ともいい、略して『観経《かんぎょう》』とも称される。この経は釈尊在世当時、王舎城《おうしゃじょう》におこった事件を契機として説かれたもので、その事情は序分《じょぶん》に示されている。悪友《あくう》の提婆達多《だいばだった》にそそのかされた阿闍《あじゃ》世太子《せたいし》が、父頻婆娑羅王《びんばしゃらおう》を幽閉し、その王のために食物を運んだ母の韋提希夫人《いだいけぶにん》をも宮殿の奥に閉じこめた。夫人は遥かに耆闍崛山《ぎしゃくっせん》におられる釈尊を心に念じ、仏弟子を遣わして説法してくださるよう求め、これに応じて釈尊みずから王宮の夫人の前に現れたもうた。そこで夫人は、この濁悪《じょくあく》の世を厭《いと》い、苦悩なき世界を求め、とくに阿弥陀仏の極楽浄土を選んで、そこに往生するための観法《かんぼう》を説かれるよう請うた。

こうして、正宗分《しょうしゅうぶん》にはまず定善観法十三観《じょうぜんかんぼうじゅうさんがん》を説かれる。定善観法というのは精神を統一して浄土と仏・聖衆《しょうじゅ》を観想することである。これらのうち第七の華座観《けざかん》（阿弥陀仏の蓮華台の座を観ずること）を説かれる前に、「苦悩を除く法を説こう」という釈尊の声に応じて阿弥陀仏が空中に住立《じゅうりゅう》される。この定善観の中心は第九の真身観《しんしんかん》（阿弥陀仏の相好《そうごう》を観ずること）である。

さらに、釈尊はみずから精神を統一しない散心のままで修する善である散善三福《さんぜんさんぷく》を、九品《くぼん》に分けて説かれる。三福とは世《せ》・戒《かい》・行《ぎょう》の三であり、上品《じょうぼん》には行福《ぎょうふく》（大乗の善）、中品《ちゅうぼん》の上生《じょうしょう》と中生《ちゅうしょう》には戒福《かいふく》（小乗の善）、中品下生《ちゅうぼんげしょう》には世福《せふく》（世間の善）を説き、下品《げぼん》には三福を修し得ない悪人のために念仏の法を説かれるのである。

ところが、流通分《るずうぶん》にいたって、念仏一行を阿難《あなん》に付属されたので、釈尊の本意は上来説かれてきた定散《じょうさん》二善《にぜん》の法を廃して、他力念仏の一行を勧められているとして、親鸞聖人《しんらんしょうにん》はこの経には隠顕《おんけん》があるとみられた。

仏《ぶっ》説《せつ》観《かん》無《む》量《りょう》寿《じゅ》経《きょう》

*宋元《そうのげん》嘉中《かちゅうに》　畺良耶舎《きょうりょうやしゃ》訳《やくす》

【一】　かくのごとく、われ聞《き》きたてまつりき。ひと時《とき》、仏《ぶつ》、王舎城耆闍崛山《おうしゃじょうぎしゃくっせん》のうちにましまして、大比丘《だいびく》の衆《しゅう》、千二百五十人《せんにひゃくごじゅうにん》と倶《とも》なりき。菩薩三万二千《ぼさつさんまんにせん》ありき。文殊師利《もんじゅしり》*法王子《ほうおうじ》を*上首《じょうしゅ》とせり。

【二】　その時《とき》、王舎大城《おうしゃだいじょう》にひとりの太子《たいし》あり、阿闍世《あじゃせ》と名《な》づく。調達《じょうだつ》（提婆達多）悪友《あくう》の教《おしえ》に随順《ずいじゅん》して、父《ちち》の王頻婆娑羅《おうびんばしゃら》を収執《しゅうしゅう》し、幽閉《ゆうへい》して七重《しちじゅう》の室内《しつない》に置《お》き、もろもろの群臣《ぐんしん》を制《せい》して、ひとりも往《ゆ》くことを得《え》ざらしむ。国《くに》の大夫人《だいぶにん》あり、韋提希《いだいけ》と名《な》づく。大王《だいおう》を恭敬《くぎょう》し、*澡浴清浄《そうよくしょうじょう》にして、*酥蜜《そみつ》をもつて*麨《しょう》に和《わ》してもつてその身《み》に塗《ぬ》り、もろもろの瓔珞《ようらく》のなかに蒲桃《ぶどう》の*漿《しょう》を盛《い》れて、ひそ
4
かにもつて王《おう》にたてまつる。その時《とき》に、大王《だいおう》、麨《しょう》を食《じき》し漿《しょう》を飲《の》んで、水《みず》を求《もと》めて口《くち》を漱《すす》ぐ。口《くち》を漱《すす》ぎをはりて合掌恭敬《がっしょうくぎょう》し、耆闍崛山《ぎしゃくっせん》に向《む》かひ、はるかに世尊《せそん》を礼《らい》してこの言《ごん》をなさく、「大目犍連《だいもくけんれん》はこれわが親友《しんぬ》なり。願《ねが》はくは慈悲《じひ》を

宋元嘉　四二四―四五三。劉宋《りゅうそう》の三代、文帝《ぶんてい》の年代。

法王子　法王（仏）の子の意で、仏の教化をたすける最上首の菩薩を指していう。

上首　教団の最上位にあるものをいう。

澡浴　身体を洗うこと。

酥蜜　牛乳を精製してつくった乳酥に蜂蜜を加えたもの。

麨　炒った麦をひいた粉。むぎこがし。

漿　汁。

興《おこ》して、われに*八戒《はっかい》を授《さず》けたまへ」と。時《とき》に目犍連《もくけんれん》、鷹《たか》・隼《はやぶさ》の飛《と》ぶがごとくして、疾《と》く王《おう》の所《ところ》に至《いた》る。日々《にちにち》にかくのごとくして、王《おう》に八戒《はっかい》を授《さず》く。世尊《せそん》また、尊者富楼那《そんじゃふるな》を遣《つか》はして王《おう》のために法《ほう》を説《と》かしめたまふ。かくのごときの時《とき》のあひだに三七日《さんしちにち》を経《へ》たり。王《おう》、麨蜜《しょうみつ》を食《じき》し法《ほう》を聞《き》くことを得《う》るがゆゑに顔《げん》色和悦《しきわえつ》なり。

【三】時《とき》に阿闍世《あじゃせ》、守門《しゅもん》のものに問《と》はく、「父《ちち》の王《おう》、いまになほ存在《ぞんざい》せりや」と。時《とき》に守門《しゅもん》の人《ひと》まうさく、「大王《だいおう》、国《くに》の大夫人《だいぶにん》、身《み》に麨蜜《しょうみつ》を塗《ぬ》り、瓔珞《ようらく》に漿《しょう》を盛《い》れて、もつて王《おう》にたてまつる。沙門目連《しゃもんもくれん》および富楼那《ふるな》、空《そら》より来《きた》りて王《おう》のために法《ほう》を説《と》く。禁制《きんぜい》すべからず」と。時《とき》に阿闍世《あじゃせ》、この語《ご》を聞《き》きをはりて、その母《はは》を怒《いか》りていはく、「わが母《はは》はこれ賊《ぞく》なり。賊《ぞく》と伴《とも》なればなり。沙門《しゃもん》は悪《あく》人《にん》なり。*幻惑《げんわく》の呪術《しゅじゅつ》をもつて、この悪王《あくおう》をして多日《たにち》死《し》せざらしむ」と。すなはち利剣《りけん》を執《と》りて、その母《はは》を害《がい》せんと欲《ほっ》す。時《とき》にひとりの臣《しん》あり。名《な》を月光《がっこう》といふ。聡明《そうみょう》にして多智《たち》なり。および耆婆《ぎば》と王《おう》のために礼《らい》をなしてまうさく、「大王《だいおう》、*臣聞《しんき》く、〈*毘陀論経《びだろんきょう》〉に説《と》かく、〈*劫初《こうしょ》よりこのかたもろもろの悪王《あくおう》ありて、国位《こくい》を貪《むさぼ》るがゆゑにその父《ちち》を殺害《せつがい》せること一万八千《いちまんはっせん》なり〉と。いまだか

八戒　八戒斎のこと。→八《はっ》戒斎《かいさい》

幻惑の呪術　呪文などをとなえて、人をまどわす魔術。

臣聞く　わたくしどもの聞くところでは。

毘陀論経　毘陀は梵語ヴェーダ（Veda）の音写。吠《べい》陀《だ》、韋陀《いだ》とも音写する。古代インドの宗教的聖典でバラモン教の根本聖典の総称。讃歌、呪文、祭詞などを集めたもので、インドの宗教、哲学、文学の根源をなす書である。これに四種があり、最古のリグ（Ṛg）、それに次ぐヤジュル（Yajur）、サーマ（Sāma）、および異系統のアタルヴァ（Atharva）を四ヴェーダという。

劫初　成住壊空《じょうじゅうえくう》の四劫の中の成劫（世界の成立期）のはじめ。世界の成立当初。

つて無道《むどう》に母《はは》を害《がい》することあるを聞《き》かず。王《おう》いまこの殺逆《せつぎゃく》の事《じ》をなさば、*刹《せつ》利種《りしゅ》を汚《けが》さん。臣聞《しんき》くに忍《しの》びず。これ*栴陀羅《せんだら》なり。よろしくここに住《じゅう》すべからず」と。時《とき》にふたりの大臣《だいじん》、この語《ご》を説《と》きをはりて、手《て》をもつて剣《けん》を按《おさ》へて*却行《きゃくぎょう》して退《しりぞ》く。時《とき》に阿闍世《あじゃせ》、驚怖《きょうふ》し*惶懼《おうく》して耆婆《ぎば》に告《つ》げていはく、「なんぢわがためにせざるや」と。耆婆《ぎば》まうさく、「大王《だいおう》、つつしんで母《はは》を害《がい》することなかれ」と。王《おう》、この語《ご》を聞《き》き、懺悔《さんげ》して救《たす》けんことを求《もと》む。すなはち剣《けん》を捨《す》て、止《とど》まりて母《はは》を害《がい》せず。*内官《ないかん》に勅語《ちょくご》し深宮《じんぐ》に閉置《へいち》して、また出《いだ》さしめず。

6 【四】時《とき》に韋提希《いだいけ》、幽閉《ゆうへい》せられをはりて愁憂《しゅうう》*憔悴《しょうすい》す。はるかに耆闍崛山《ぎしゃくっせん》に向《む》かひて、仏《ぶつ》のために礼《らい》をなしてこの言《ごん》をなさく、「如来世尊《にょらいせそん》、在昔《むかし》の時《とき》、つねに阿難《あなん》を遣《つか》はし来《きた》らしめて、われを慰問《いもん》したまひき。われいま愁憂《しゅうう》す。世尊《せそん》は*威重《いじゅう》にして、見《み》たてまつることを得《う》るに由《よし》なし。願《ねが》はくは目連《もくれん》と尊者阿難《そんじゃあなん》を遣《つか》はして、われとあひ見《まみ》えしめたまへ」と。この語《ご》をなしをはりて悲泣雨涙《ひきゅううるい》して、はるかに仏《ぶつ》に向《む》かひて礼《らい》したてまつる。いまだ頭《こうべ》を挙《あ》げざるあひだに、その時世尊《ときせそん》、耆闍崛山《ぎしゃくっせん》にましまして、韋提希《いだいけ》の心《こころ》の所念《しょねん》を知《し》ろしめして、すなはち大目犍連《だいもくけんれん》および阿難《あなん》に勅《ちょく》して、空《そら》より来《きた》らしめ、仏《ぶつ》、耆闍崛山《ぎしゃくっせん》より没《もっ》して王《おう》

刹利種　刹利は梵語クシャトリヤ（kṣatriya）の音写。種は家柄のこと。古代インドの四姓制度の第二階級。婆羅門につぐもので、王侯・貴族・武士の階級。

栴陀羅　→補註9

却行　あとずさりすること。

惶懼　おそれおののくこと。

内官　宮中に奉仕する役人。

憔悴　やつれること。

威重　威徳が高く、重々しいこと。

宮《ぐ》に出《い》でたまふ。時《とき》に韋提希《いだいけ》、礼《らい》しをはりて頭《こうべ》を挙《あ》げ、世尊釈迦牟尼仏《せそんしゃかむにぶつ》を見《み》たてまつる。身《しん》は*紫金色《しこんじき》にして百宝《ひゃっぽう》の蓮華《れんげ》に坐《ざ》したまへり。目連《もくれん》は左《ひだり》に侍《はべ》り、阿難《あなん》は右《みぎ》にあり。*釈《しゃく》・梵《ぼん》・護世《ごせ》の諸天《しょてん》、虚空《こくう》のなかにありて、あまねく天華《てんげ》を
7 雨《あめふ》らしてもつて供養《くよう》したてまつる。時《とき》に韋提希《いだいけ》、仏世尊《ぶつせそん》を見《み》たてまつりて、みづから瓔珞《ようらく》を絶《た》ち、身《み》を挙《あ》げて地《じ》に投《な》げ、号泣《ごうきゅう》して仏《ぶつ》に向《む》かひてまうさく、「世尊《せそん》、われ宿《むかし》、なんの罪《つみ》ありてか、この悪子《あくし》を生《しょう》ずる。世尊《せそん》また、なんらの因縁《いんねん》ましましてか、提婆達多《だいばだった》とともに眷属《けんぞく》たる。

【五】*やや、願《ねが》はくは世尊《せそん》、わがために広《ひろ》く憂悩《うのう》なき処《ところ》を説《と》きたまへ。われまさに往生《おうじょう》すべし。閻浮提《えんぶだい》の濁悪《じょくあく》の世《よ》をば楽《ねが》はざるなり。この濁悪《じょくあく》の処《ところ》は*地《じ》獄《ごく》・餓鬼《がき》・畜生盈満《ちくしょうようまん》し、不善《ふぜん》の聚《ともがらおお》多し。願《ねが》はくは、われ未来《みらい》に悪《あく》の声《こえ》を聞《き》かじ、悪人《あくにん》を見《み》じ。いま世尊《せそん》に向《む》かひて、*五体《ごたい》を地《じ》に投《な》げ、哀《あわ》れみを求《もと》めて懺悔《さんげ》す。やや、願《ねが》はくは*仏日《ぶつにち》、われに教《おし》へて*清浄業処《しょうじょうごっしょ》を観《かん》ぜしめたまへ」と。その時世尊《ときせそん》、眉間《みけん》の光《ひかり》を放《はな》ちたまふ。その光金色《ひかりこんじき》なり。あまねく十方無量《じっぽうむりょう》の世《せ》界《かい》を照《て》らし、還《かえ》りて仏《ぶつ》の頂《いただき》に住《とど》まりて化《け》して金《こがね》の台《うてな》となる。〔その形《かたち》は〕須弥《しゅみ》
8 山《せん》のごとし。十方諸仏《じっぽうしょぶつ》の浄妙《じょうみょう》の国土《こくど》、みななかにおいて現《げん》ず。あるいは国土《こくど》

紫金色　紫金は紫磨黄金《しまおうごん》の略。閻浮檀金のこと。→閻《えん》浮檀金《ぶだんごん》

釈梵護世の諸天　釈は帝釈天、梵は梵天、護世の諸天は四天王のこと。→帝釈《たいしゃく》天《てん》、梵天王《ぼんてんのう》、四天王《してんのう》

やや　相手に恭順《きょうじゅん》の意を示しつつ応諾する語。「はい」とか「どうぞ」にあたる。

地獄餓鬼畜生　これらを三悪趣（三悪道《さんまくどう》）という。→三悪趣《さんまくしゅ》

五体を地に投げ　両ひざ・両ひじ・額の五体を地につけて礼拝《らいはい》するという意。

仏日　釈尊を太陽に喩えた語。

清浄業処　清浄の業因《ごういん》によって報い現れた世界、すなわち浄土のこと。

あり、七宝合成《しっぽうごうじょう》せり。また国土《こくど》あり、もつぱらこれ蓮華《れんげ》なり。また国土《こくど》あり、*自在天宮《じざいてんぐ》のごとし。また国土《こくど》あり、*玻瓈鏡《はりきょう》のごとし。十方《じっぽう》の国土《こくど》、みななかにおいて現《げん》ず。かくのごときらの無量《むりょう》の諸仏《しょぶつ》の国土《こくど》あり。*厳顕《ごんけん》にして観《み》つべし。韋提希《いだいけ》をして見《み》せしめたまふ。時《とき》に韋提希《いだいけ》、仏《ぶつ》にまうしてまうさく、「世尊《せそん》、このもろもろの仏土《ぶつど》、また清浄《しょうじょう》にしてみな光明《こうみょう》ありといへども、われいま極楽世界《ごくらくせかい》の阿弥陀仏《あみだぶつ》の所《みもと》に生《しょう》ぜんことを楽《ねが》ふ。やや、願《ねが》はくは世尊《せそん》、われに*思惟《しゆい》を教《おし》へたまへ、われに*正受《しょうじゅ》を教《おし》へたまへ」と。

【六】 その時世尊《ときせそん》、すなはち微笑《みしょう》したまふに、五色《ごしき》の光《ひかり》ありて仏《ぶつ》の口《くち》より出《い》づ。一々《いちいち》の光《ひかり》、頻婆娑羅《びんばしゃら》の頂《いただき》を照《て》らす。その時大王《ときだいおう》、幽閉《ゆうへい》にありといへども心眼《しんげん》障《さわり》なく、はるかに世尊《せそん》を見《み》たてまつりて頭面《ずめん》をもつて礼《らい》をなし、〔王《おう》の心《こころ》は〕自然《じねん》に増進《ぞうしん》して阿那含《あなごん》と成《な》る。

【七】 その時世尊《ときせそん》、韋提希《いだいけ》に告《つ》げたまはく、「なんぢいま、知《し》れりやいなや。阿《あ》
9 弥陀仏《みだぶつ》、此《ここ》を去《さ》ること遠《とお》からず。なんぢまさに*繋念《けねん》して、あきらかに*かの国《くに》の浄業成《じょうごうじょう》じたまへるひとを観《かん》ずべし。われいまなんぢがために広《ひろ》く*もろもろの譬《たと》へを説《と》き、また未来世《みらいせ》の一切凡夫《いっさいぼんぶ》の、浄業《じょうごう》を修《しゅ》せんと欲《おも》はんものをして西《さい》

自在天宮　欲界《よくかい》の天の最高処である他化自在天《たけじざいてん》の宮殿。この天に生れた者は、他の者がつくりだした欲望の対象を自在に受け用いて、自分の楽とすることができるという。

玻瓈鏡　水晶でできた鏡。

厳顕　おごそかなありさまがはっきりと顕れていること。

思惟　精神統一して浄土のすがたを想い浮べること。正受の前段階。

正受　思惟が完成して、浄土のすがたが行者の心と一つになること。これが観の成就である。

繋念　心を一つの対象に集中すること。

かの国の…　「浄業成じたまへるひと」は、きよらかな行を完成して仏になった阿弥陀仏のこと。底本延書

方極楽国土《ほうごくらくこくど》に生《しょう》ずることを得《え》しめん。

かの国《くに》に生《しょう》ぜんと欲《おも》はんものは、まさに三福《さんぷく》を修《しゅ》すべし。一《ひと》つには父母《ぶも》に孝《きょう》養《よう》し、師長《しちょう》に奉事《ぶじ》し、慈心《じしん》にして殺《ころ》さず、*十善業《じゅうぜんごう》を修《しゅ》す。二《ふた》つには*三帰《さんき》を受《じゅ》持《じ》し、*衆戒《しゅかい》を具足《ぐそく》し、*威儀《いぎ》を犯《おか》さず。三《み》つには菩提心《ぼだいしん》を発《おこ》し、深《ふか》く*因果《いんが》を信《しん》じ、*大乗《だいじょう》を読誦《どくじゅ》し、行者《ぎょうじゃ》を*勧進《かんじん》す。かくのごときの三事《さんじ》を名《な》づけて浄業《じょうごう》とす」と。仏《ぶつ》、韋提希《いだいけ》に告《つ》げたまはく、「なんぢいま、知《し》れりやいなや。この三《さん》種《しゅ》の業《ごう》は、過去《かこ》・未来《みらい》・現在《げんざい》、三世《さんぜ》の諸仏《しょぶつ》の*浄業《じょうごう》の正因《しょういん》なり」と。

10
【八】仏《ぶつ》、阿難《あなん》および韋提希《いだいけ》に告《つ》げたまはく、「あきらかに聴《き》け、あきらかに聴《き》け、よくこれを思念《しねん》せよ。如来《にょらい》、いま未来世《みらいせ》の一切衆生《いっさいしゅじょう》の、煩悩《ぼんのう》の賊《ぞく》のために害《がい》せらるるもののために、清浄《しょうじょう》の業《ごう》を説《と》かん。善《よ》いかな韋提希《いだいけ》、快《こころよ》くこの事《じ》を問《と》へり。阿難《あなん》、なんぢまさに受持《じゅじ》して、広《ひろ》く多衆《たしゅ》のために仏語《ぶつご》を宣説《せんぜつ》すべし。如来《にょらい》、いま韋提希《いだいけ》および未来世《みらいせ》の一切衆生《いっさいしゅじょう》を教《おし》へて西方極楽世界《さいほうごくらくせかい》を観《かん》ぜしむ。仏力《ぶつりき》をもつてのゆゑに、まさにかの清浄《しょうじょう》の国土《こくど》を見《み》ること、明鏡《みょうきょう》を執《と》りてみづから面像《めんぞう》を見《み》るがごとくなるを得《う》べし。かの国土《こくど》の極妙《ごくみょう》の楽事《らくじ》を見《み》て、心歓喜《しんかんぎ》するがゆゑに、時《とき》に応《おう》じてすなはち無生法忍《むしょうぼうにん》を得《え》ん」と。仏《ぶつ》、韋《い》

には「かの国を観ずべし。浄業成ずるものなり」とある。この場合は浄土を観ずることによって往生の業因《ごういん》が成就するという意味になる。

もろもろの譬へ　以下に明かす定善《じょうぜん》十三観をいう。

十善業　十善のこと。→十善《じゅうぜん》

三帰　三帰依ともいう。→三帰依《さんきえ》

衆戒　もろもろの戒め。五戒、八戒斎《はっかいさい》、十戒、具足戒《ぐそくかい》など。

威儀　規則にかなった正しい行い。

因果を信じ　煩悩悪業《ぼんのうあくごう》の因によって迷いの苦果を生じ、善業《ぜんごう》の因によってさとりの果を得ると信じるという意。

大乗　大乗経典のこと。

勧進　人を勧めて仏道に入

提希《だいけ》に告《つ》げたまはく、「なんぢはこれ凡夫《ぼんぶ》なり。*心想羸劣《しんそうるいれつ》にしていまだ*天眼《てんげん》を得《え》ざれば、遠《とお》く観《み》ることあたはず。諸仏如来《しょぶつにょらい》に*異《い》の方便《ほうべん》ましまして、なんぢをして見《み》ることを得《え》しむ」と。時《とき》に韋提希《いだいけ》、仏《ぶつ》にまうしてまうさく、「世尊《せそん》、わがごときは、いま仏力《ぶつりき》をもつてのゆゑにかの国土《こくど》を見《み》る。もし仏滅後《ぶつめつご》のもろもろの衆生等《しゅじょうとう》、濁悪不善《じょくあくふぜん》にして五苦《ごく》に逼《せ》められん。いかんしてか、まさに阿弥《あみ》陀仏《だぶつ》の極楽世界《ごくらくせかい》を見《み》たてまつるべき」と。

【九】仏《ぶつ》、韋提希《いだいけ》に告《つ》げたまはく、「なんぢおよび衆生《しゅじょう》、まさに心《こころ》をもつぱらにし念《おもい》を一処《いっしょ》に繋《か》けて、西方《さいほう》を想《おも》ふべし。いかんが想《そう》をなす。おほよそ想《そう》をなすといふは、一切衆生《いっさいしゅじょう》、*生盲《しょうもう》にあらざるよりは、有目《うもく》の徒《ともがら》、みな日没《にちもつ》を見《み》よ。まさに想念《そうねん》を起《おこ》し、正坐《しょうざ》し西向《さいこう》し、あきらかに日《ひ》を観《かん》じ、心《こころ》をして*堅住《けんじゅう》ならしめ、専想《せんそう》して移《うつ》らざれば、日《ひ》の没《もつ》せんと欲《ほっ》して、状《かたち》、鼓《つづみ》を懸《か》けたるがごとくなるを見《み》るべし。すでに日《ひ》を見《み》ること已《おわ》らば、閉目開目《へいもくかいもく》に、みな明了《みょうりょう》ならしめよ。これを日想《にっそう》とし、名《な》づけて初《はじ》めの観《かん》といふ。

【一〇】次《つぎ》に水想《すいそう》をなせ。水《みず》の澄清《ちょうしょう》なるを見《み》て、また明了《みょうりょう》にして分散《ぶんさん》の意《こころ》なからしめよ。すでに水《みず》を見《み》をはりなば、まさに氷想《ひょうそう》を起《おこ》すべし。氷《こおり》の*映徹《ようてつ》せる

らしめること。

浄業の正因　三世の諸仏が、仏となるために修行したきよらかな行いを浄業といい、それがさとりを得るための正《まさ》しき種であることを正因という。

心想羸劣　心が弱く劣っていること。

天眼　六神通の一、天眼通のこと。→六神通《ろくじんずう》

異の方便　特別な方法手段。定善《じょうぜん》十三観のこと。

生盲　→補註14

堅住　かたくとどまって、動揺しないこと。

映徹　すきとおっていること。

を見《み》て*瑠璃《るり》の想《そう》をなせ。この想成《そうじょう》じをはりて、瑠璃地《るりじ》の内外《ないげ》に映徹《ようてつ》せるを見《み》
ん。下《した》に金剛七宝《こんごうしっぽう》の金《こがね》の幢《はたぼこ》ありて瑠璃地《るりじ》を擎《ささ》ぐ。その幢《はたぼこ》、*八方《はっぽう》にして八楞《はちりょう》を
12 具足《ぐそく》せり。一々《いちいち》の方面《ほうめん》は百宝《ひゃっぽう》の所成《しょじょう》なり。一々《いちいち》の宝珠《ほうしゅ》に千《せん》の光明《こうみょう》あり。一々《いちいち》
の光明《こうみょう》、八万四千色《はちまんしせんしき》なり。瑠璃地《るりじ》に映《よう》ずること億千《おくせん》の日《ひ》のごとし。つぶさに
見《み》るべからず。瑠璃地《るりじ》の上《うえ》に黄金《おうごん》の*縄《なわ》をもつて*雑廁間錯《ぞうしけんざく》し、七宝《しっぽう》をもつて界《さか》ひ
て*分斉分明《ぶんざいぶんみょう》なり。一々《いちいち》の宝《たから》のうちに五百色《ごひゃくしき》の光《ひかり》あり。その光《ひかり》、華《はな》のごとし。
また星月《しょうがつ》に似《に》たり。虚空《こくう》に懸処《けんしょ》して光明《こうみょう》の台《うてな》となる。楼閣千万《ろうかくせんまん》にして百宝合《ひゃっぽうごう》
成《じょう》す。台《うてな》の両辺《りょうへん》においておのおの百億《ひゃくおく》の*華幢《けどう》あり。無量《むりょう》の楽器《がっき》をもつて荘《しょう》
厳《ごん》とす。*八種《はっしゅ》の清風《しょうふう》、光明《こうみょう》より出《い》でてこの楽器《がっき》を鼓《う》つに、苦《く》・空《くう》・無常《むじょう》・無《む》
我《が》の音《こえ》を演説《えんぜつ》す。これを水想《すいそう》とし、第二《だいに》の観《かん》と名《な》づく。
【二】　この想成《そうじょう》ずる時《とき》、一々《いちいち》にこれを観《かん》じて、きはめて了々《りょうりょう》ならしめよ。閉《へい》
目開目《もくかいもく》に散失《さんしつ》せしめざれ。ただ睡時《すいじ》を除《のぞ》きて、つねにこの事《じ》を憶《おも》へ。かくのご
とく想《おも》ふものを、名《な》づけてほぼ極楽国地《ごくらくこくじ》を見《み》るとす。もし三昧《さんまい》を得《え》ば、かの国《こく》
13 地《じ》を見《み》ること了々分明《りょうりょうぶんみょう》なり。つぶさに説《と》くべからず。これを地想《じそう》とし、第三《だいさん》
の観《かん》と名《な》づく」と。仏《ぶつ》、阿難《あなん》に告《つ》げたまはく、「なんぢ仏語《ぶつご》を持《たも》ちて、未来世《みらいせ》

一〇

瑠璃　青色の宝石。→七宝《しっぽう》

[1] **八方…**　方は側面、楞は角の意。幢が八角柱の形をしているということ。

縄　道をまっすぐにひかれた縄に喩える。

雑廁間錯　縦横に交わり合っていること。

分斉　分際。区域。

華幢　華で飾られた幢幡《どうばん》(はたぼこ)。

八種の清風　四方四隅から吹きよせる清涼な風。また八種の特性をもったきよらかな風。

14

の一切《いっさい》大衆《だいしゅ》の、苦《く》を脱《まぬか》れんと欲《おも》はんもののために、この観地《かんじ》の法《ほう》を説《と》け。もしこの地《じ》を観《かん》ずるものは、八十億劫《はちじゅうおくこう》の生死《しょうじ》の罪《つみ》を除《のぞ》き、身《み》を捨《す》てて他世《たせ》にかならず浄国《じょうこく》に生《しょう》ぜん。心《こころ》に疑《うたがい》なきことを得《え》よ。この観《かん》をなすをば、名《な》づけて正《しょう》観《かん》とす。もし他観《たかん》するをば、名《な》づけて邪観《じゃかん》とす」と。

【一三】 仏《ぶつ》、阿難《あなん》および韋提希《いだいけ》に告《つ》げたまはく、「地想《じそう》成《じょう》じをはりなば、次《つぎ》に宝《ほう》樹《じゅ》を観《かん》ぜよ。宝樹《ほうじゅ》を観《かん》ずとは、一々《いちいち》にこれを観《かん》じて七重《しちじゅう》*行樹《ごうじゅ》の想《そう》をなせ。一々《いちいち》の樹《き》の高《たか》さ八千由旬《はっせんゆじゅん》なり。そのもろもろの宝樹《ほうじゅ》、七宝《しっぽう》の華葉《けよう》具足《ぐそく》せざることなし。一々《いちいち》の華葉《けよう》、異《こと》なれる宝色《ほうしき》をなす。瑠璃色《るりしき》のなかより金色《こんじき》の光《ひかり》を出《いだ》し、玻瓈色《はりしき》のなかより紅色《ぐしき》の光《ひかり》を出《いだ》し、碼碯色《めのうしき》のなかより硨磲《しゃこ》の光《ひかり》を出《いだ》し、硨《しゃ》磲色《こしき》のなかより緑真珠《ろくしんじゅ》の光《ひかり》を出《いだ》す。珊瑚《さんご》・琥珀《こはく》、一切《いっさい》の衆宝《しゅぼう》をもつて映飾《ようじき》とす。妙真珠網《みょうしんじゅもう》は、樹上《じゅじょう》に*弥覆《みふ》せり。一々《いちいち》の樹上《じゅじょう》に七重《しちじゅう》の網《あみ》あり。一々《いちいち》の網《あみ》のあひだに五百億《ごひゃくおく》の妙華《みょうけ》の宮殿《くでん》あり。*梵王宮《ぼんのうぐ》のごとし。諸天《しょてん》の童子《どうじ》、自然《じねん》になかにあり。一々《いちいち》の童子《どうじ》、五百億《ごひゃくおく》の*釈迦毘楞伽摩尼宝《しゃかびりょうがまにほう》をもつて瓔珞《ようらく》とす。その摩尼《まに》の光《ひかり》、百由旬《ひゃくゆじゅん》を照《て》らす。なほ百億《ひゃくおく》の日月《にちがつ》を和合《わごう》せるがごとし。つぶさに名《な》づくべからず。*衆宝間錯《しゅぼうけんざく》して、色《いろ》のなかに上《すぐ》れたるものなり。このもろも

行樹　並木。

弥覆　あまねく覆っていること。

梵王宮　色界《しきかい》の初禅天《しょぜんてん》の王である大梵天の住む宮殿。

釈迦毘楞伽摩尼宝　釈迦毘楞伽摩尼は梵語シャクラービラグナ・マニ（śakrābhi-lagna-maṇi）の音写。能種種現如意珠と漢訳する。種々のものを変現する如意宝珠のこと。

衆宝間錯　種々の宝の飾りが互いに入りまじっていること。

15

ろの宝樹《ほうじゅ》、行々《ごうごう》あひ当《あた》り、葉々《ようよう》あひ次《ちか》し。もろもろの葉《は》のあひだにおいて、もろもろの妙華《みょうけ》を生《しょう》ず。華《はな》の上《うえ》に自然《じねん》に七宝《しっぽう》の果《このみ》あり。一々《いちいち》の樹葉《じゅよう》、*縦広正等《じゅうこうしょうとう》にして二十五由旬《にじゅうごゆじゅん》なり。その葉《は》、千色《せんじき》にして百種《ひゃくしゅ》の画《え》あり。天《てん》の瓔珞《ようらく》のごとし。もろもろの妙華《みょうけ》あり。閻浮檀金色《えんぶだんごんじき》をなし、*旋火輪《せんかりん》のごとく葉《は》のあひだに*婉転《えんでん》す。もろもろの果《このみ》を涌生《ゆしょう》すること、*帝釈《たいしゃく》の瓶《かめ》のごとし。大光明《だいこうみょう》あり、化《け》して*幢幡《どうばん》・無量《むりょう》の*宝蓋《ほうがい》となる。この宝蓋《ほうがい》のなかに三千大千世界《さんぜんだいせんせかい》の一切《いっさい》の*仏事《ぶつじ》を映現《ようげん》す。十方《じっぽう》の仏国《ぶっこく》もまたなかにおいて現《げん》ず。この樹《き》を見《み》をはりて、またまさに次第《しだい》に一々《いちいち》にこれを観《かん》ずべし。樹茎《じゅきょう》・枝葉《しよう》・華果《けか》を観見《かんけん》して、みな分明《ぶんみょう》ならしめよ。これを樹想《じゅそう》とし、第四《だいし》の観《かん》と名《な》づく。

【三】次《つぎ》にまさに水《みず》を想《おも》ふべし。水《みず》を想《おも》ふとは、極楽国土《ごくらくこくど》に八《や》つの池水《ちすい》あり。一々《いちいち》の池水《ちすい》は七宝《しっぽう》の所成《しょじょう》なり。その宝《たから》柔軟《にゅうなん》なり。*如意珠王《にょいしゅおう》より生《しょう》じ、分《わか》れて十四支《じゅうしし》となる。一々《いちいち》の支《し》、七宝《しっぽう》の色《いろ》をなす。黄金《おうごん》を渠《みぞ》とし、渠《みぞ》の下《した》にみな雑色《ざっしき》の金剛《こんごう》をもつて、もつて底《そこ》の沙《いさご》とす。一々《いちいち》の水《みず》のなかに六十億《ろくじゅうおく》の七宝《しっぽう》の蓮華《れんげ》あり。一々《いちいち》の蓮華《れんげ》、*団円正等《だんえんしょうとう》にして十二由旬《じゅうにゆじゅん》なり。その*摩尼水《まにすい》、華《はな》のあひだに流《なが》れ注《そそ》ぎ、樹《き》を尋《めぐ》りて上下《じょうげ》す。その声《こえ》微妙《みみょう》にして、苦《く》・空《くう》・無常《むじょう》・無我《むが》・

縦広正等　長さ広さがすべて等しいこと。

旋火輪　火を空中ではやく振りまわす時にみえる火の輪。

婉転　美しくしなやかにめぐっていること。

帝釈の瓶　帝釈天の所持する容器で、求めるものを意のままに出すという。

幢幡　はたぼこ。のぼりの一種。

宝蓋　宝でできた天蓋（かさ）。

仏事　衆生《しゅじょう》救済の仕事。

如意珠王　如意珠は梵語チンターマニ（cintā-maṇi）の漢訳。如意宝珠、無価宝珠、摩尼宝珠ともいい、意のままに宝や衣服、食物を出す徳をもつ宝珠のこと。あらゆる宝石の王である如意珠。

団円正等　完全な円形で大

16 諸波羅蜜《しょはらみつ》を演説《えんぜつ》す。また諸仏《しょぶつ》の相好《そうごう》を讃歎《さんだん》するものあり。如意珠王《にょいしゅおう》より金色微《こんじきみ》妙《みょう》の光明《こうみょう》を涌出《ゆすい》す。その光《ひかり》、化《け》して百宝色《ひゃっぽうしき》の鳥《とり》となる。〔その声《こえ》〕和鳴哀雅《わみょうあいげ》にして、つねに仏《ぶつ》を念《ねん》じ、法《ほう》を念《ねん》じ、僧《そう》を念《ねん》ずることを讃《たた》ふ。これを八功徳水想《はっくどくすいそう》とし、第五《だいご》の観《かん》と名《な》づく。

【一四】衆宝国土《しゅぼうこくど》の一々《いちいち》の*界上《かいじょう》に五百億《ごひゃくおく》の宝楼閣《ほうろうかく》あり。その楼閣《ろうかく》のうちに、無《む》量《りょう》の諸天《しょてん》ありて天《てん》の伎楽《ぎがく》をなす。また楽器《がっき》ありて虚空《こくう》に懸処《けんしょ》し、*天《てん》の宝幢《ほうどう》のごとく、鼓《う》たざるにおのづから鳴《な》る。この衆音《しゅおん》のなかに、みな仏《ぶつ》を念《ねん》じ、法《ほう》を念《ねん》じ、比丘僧《びくそう》を念《ねん》ずることを説《と》く。この想成《そうじょう》じをはるを、名《な》づけてほぼ極楽世《ごくらくせ》界《かい》の宝樹《ほうじゅ》・宝地《ほうじ》・宝池《ほうち》を見《み》るとす。これを*総観想《そうかんそう》とし、第六《だいろく》の観《かん》と名《な》づく。もしこれを見《み》るものは、無量億劫《むりょうおくこう》の極重《ごくじゅう》の悪業《あくごう》を除《のぞ》き、命終《みょうじゅう》の後《のち》にかならずかの国《くに》に生《しょう》ず。この観《かん》をなすをば、名《な》づけて正観《しょうかん》とす。もし他観《たかん》するをば、名《な》づけて邪観《じゃかん》とす」と。

【一五】仏《ぶつ》、阿難《あなん》および韋提希《いだいけ》に告《つ》げたまはく、「あきらかに聴《き》け、あきらかに聴《き》け、よくこれを思念《しねん》せよ。仏《ぶつ》、まさになんぢがために苦悩《くのう》を除《のぞ》く法《ほう》を分別《ふんべつ》し
17 解説《げせつ》すべし。なんぢら*憶持《おくじ》して、広《ひろ》く大衆《だいしゅ》のために分別《ふんべつ》し解説《げせつ》すべし」と。こ

きさが等しいこと。

摩尼水　如意宝珠から流れ出る水。

界上　境界《きょうがい》。地域。

天の宝幢　兜率天の宝幢大神の楽器。

総観想　浄土のすべてを見る観想の意。宝楼観《ほうろうかん》を成就する時、宝樹・宝地・宝池がおのずから一時にみられるので、宝楼観を総観想という。

憶持　心に思いたもつこと。心にとどめて忘れないこと。

の語《ご》を説《と》きたまふ時《とき》、無量寿仏《むりょうじゅぶつ》、空中《くうちゅう》に住立《じゅうりゅう》したまふ。観世音《かんぜおん》・大勢至《だいせいし》、この二*大士《にだいじ》は左右《さう》に侍立《じりゅう》したまふ。光明《こうみょう》は熾盛《しじょう》にしてつぶさに見《み》るべからず。百千《ひゃくせん》の閻浮檀金色《えんぶだんごんじき》も比《ひ》とすることを得《え》ず。時《とき》に韋提希《いだいけ》、無量寿仏《むりょうじゅぶつ》を見《み》たてまつりをはりて、*接足作礼《せっそくさらい》して仏《ぶつ》にまうしてまうさく、「世尊《せそん》、われいま仏力《ぶつりき》によるがゆゑに、無量寿仏《むりょうじゅぶつ》および二菩薩《にぼさつ》を見《み》たてまつることを得《え》たり。未来《みらい》の衆生《しゅじょう》まさにいかんしてか、無量寿仏《むりょうじゅぶつ》および二菩薩《にぼさつ》を観《み》たてまつるべき」と。仏《ぶつ》、韋提希《いだいけ》に告《つ》げたまはく、「かの仏《ぶつ》を観《み》たてまつらんと欲《おも》はんものは、まさに想念《そうねん》を起《おこ》すべし。七宝《しっぽう》の地上《じじょう》において蓮華《れんげ》の想《そう》をなせ。その蓮華《れんげ》の一々《いちいち》の葉《はなびら》をして百宝《ひゃっぽう》の色《いろ》〔ありとの想《そう》〕をなさしめよ。〔その葉《はなびら》に〕八万四千《はちまんしせん》の脈《すじ》あり、なほ天《てん》の画《え》のごとし。脈《すじ》に八万四千《はちまんしせん》の光《ひかり》あり、了々分明《りょうりょうぶんみょう》に、みな見《み》ることを得《え》しめよ。華葉《はなびら》の小《ち》さきは、縦広二百五十由旬《じゅうこうにひゃくごじゅうゆじゅん》なり。かくのごときの蓮《れん》
18 華《げ》に八万四千《はちまんしせん》の葉《はなびら》あり。一々《いちいち》の葉《はなびら》のあひだにおのおの百億《ひゃくおく》の*摩尼珠王《まにしゅおう》ありて、もつて映飾《ようじき》とす。一々《いちいち》の摩尼《まに》、千《せん》の光明《こうみょう》を放《はな》つ。その光《ひかり》〔天《てん》〕蓋《がい》のごとく七宝合成《しっぽうごうじょう》せり。あまねく地上《じじょう》を覆《おお》へり。*釈迦毘楞伽宝《しゃかびりょうがほう》をもってその台《うてな》とす。この蓮華《れんげ》の台《うてな》は、八万《はちまん》の金剛《こんごう》・*甄叔迦宝《けんしゅくかほう》・*梵摩尼宝《ぼんまにほう》・妙真珠網《みょうしんじゅもう》をもつて交飾《きょうじき》と

大士　菩薩のこと。→菩薩《ぼさつ》

接足作礼　ひざまずいて両手で相手の足の甲に触れ、それを自分の頭におしいただく礼拝《らいはい》法。

摩尼珠王　前出の如意珠王のこと。

釈迦毘楞伽宝　前出の釈迦毘楞伽摩尼宝のこと。

甄叔迦宝　甄叔迦は梵語キンシュカ（kiṃśuka）の音写。甄叔迦という木の花の色に似た赤色の宝石。

梵摩尼宝　梵は清浄《しょうじょう》の意。きよらかな摩尼宝珠（如意珠王）のこと。

19

す。その台《うてな》の上《うえ》において自然《じねん》にして四柱《しちゆう》の宝幢《ほうどう》あり。一々《いちいち》の宝幢《ほうどう》は百千万億《ひやくせんまんおく》の須弥山《しゆみせん》のごとし。幢上《どうじよう》の*宝幔《ほうまん》は、*夜摩天宮《やまてんぐ》のごとし。†また五百億《ごひやくおく》の微妙《みみよう》の宝珠《ほうしゆ》ありて、もつて映飾《ようじき》とす。一々《いちいち》の宝珠《ほうしゆ》に八万四千《はちまんしせん》の光《ひかり》あり。一々《いちいち》の光《ひかり》、八《はち》万四千《まんしせん》の異種《いしゆ》の金色《こんじき》をなす。一々《いちいち》の金色《こんじき》、その宝土《ほうど》に遍《へん》し、処々《しよしよ》に変化《へんげ》して、おのおの異相《いそう》をなす。あるいは金剛《こんごう》の台《うてな》となり、あるいは真珠網《しんじゆもう》となり、あるいは*雑華雲《ざつけうん》となる。十方面《じつぽうめん》において、意《こころ》に随《したが》ひて変現《へんげん》して仏事《ぶつじ》を施作《せさ》す。これを華座《けざ》の想《そう》とす、第七《だいしち》の観《かん》と名《な》づく」と。仏《ぶつ》、阿難《あなん》に告《つ》げたまはく、「かくのごときの妙華《みようけ》は、これもと法蔵比丘《ほうぞうびく》の願力《がんりき》の所成《しよじよう》なり。もしかの仏《ぶつ》を念《ねん》ぜんと欲《おも》はんものは、まさにまづこの華座《けざ》の想《そう》をなすべし。この想《そう》をなさん時《とき》、*雑《ざつ》観《かん》することを得《え》ざれ。みな一々《いちいち》にこれを観《かん》ずべし。一々《いちいち》の葉《はなびら》・一々《いちいち》の珠《たま》・一々《いちいち》の光《ひかり》・一々《いちいち》の台《うてな》・一々《いちいち》の幢《はたぼこ》、みな分明《ぶんみよう》ならしめて、鏡《かがみ》のなかにおいてみづから面像《めんぞう》を見《み》るがごとくせよ。この想成《そうじよう》ずるものは、五万劫《ごまんごう》の生死《しようじ》の罪《つみ》を滅除《めつじよ》し、必定《ひつじよう》してまさに極楽世界《ごくらくせかい》に生《しよう》ずべし。この観《かん》をなすをば、名《な》づけて正観《しようかん》とす。もし他観《たかん》するをば、名《な》づけて邪観《じやかん》とす」と。

【一六】仏《ぶつ》、阿難《あなん》および韋提希《いだいけ》に告《つ》げたまはく、「この事《じ》を見《み》をはらば、次《つぎ》にま

宝幔　宝でできた幔幕《まんまく》のこと。

夜摩天宮　夜摩天にある宮殿。→夜摩天《やまてん》

雑華雲　種々の色をした花で飾られた雲。

雑観　観察《かんざつ》の次第順序を乱して観ずること。

20

さに仏《ぶつ》を想《おも》ふべし。ゆゑはいかん。諸仏如来《しょぶつにょらい》はこれ法界身《ほうかいしん》なり。一切衆生《いっさいしゅじょう》の心想《しんそう》のうちに入《い》りたまふ。このゆゑになんぢら心《しん》に仏《ぶつ》を想《おも》ふ時《とき》、この心《しん》すなはちこれ〔仏《ぶつ》の〕三十二相《さんじゅうにそう》・八十随形好《はちじゅうずいぎょうこう》なれば、この心作仏《しんさぶつ》す、この心《しん》これ仏《ぶつ》なり。*諸仏正遍知海《しょぶつしょうへんちかい》は心想《しんそう》より生《しょう》ず。このゆゑにまさに一心《いっしん》に繫念《けねん》して、あきらかにかの仏《ぶつ》、*多陀阿伽度《ただあかど》・*阿羅訶《あらか》・*三藐三仏陀《さんみゃくさんぶっだ》を観《かん》ずべし。かの仏《ぶつ》を想《おも》はんものは、まづまさに像《ぞう》を想《おも》ふべし。閉目開目《へいもくかいもく》に一《ひと》つの宝像《ほうぞう》の閻浮檀金色《えんぶだんごんじき》のごとくにして、かの華上《けじょう》に坐《ざ》せるを見《み》よ。像《ぞう》の坐《ざ》せるを見《み》をはらば、心眼開《しんげんひら》くることを得《え》て、了々分明《りょうりょうぶんみょう》に極楽国《ごくらくこく》の七宝荘厳《しっぽうしょうごん》の宝地《ほうじ》・宝池《ほうち》・宝樹行列《ほうじゅごうれつ》し、諸《しょ》天《てん》の宝幔《ほうまん》その上《うえ》に弥覆《みふ》し、衆宝《しゅぼう》の*羅網《らもう》、虚空《こくう》のなかに満《み》てるを見《み》ん。かくのごときの事《じ》を見《み》ること、きはめて明了《みょうりょう》にして、掌《たなごころ》のうちを観《み》るがごとくならしめよ。この事《じ》を見《み》をはらば、またまさにさらに一《ひと》つの大蓮華《だいれんげ》をなして仏《ぶつ》の左辺《さへん》に在《お》くべし。前《さき》の蓮華《れんげ》のごとくして等《ひと》しくして異《い》あることなし。また一《ひと》つの大《だい》蓮華《れんげ》をなして仏《ぶつ》の右辺《うへん》に在《お》け。一《ひと》つの観世音菩薩《かんぜおんぼさつ》の像《ぞう》、左《ひだり》の華座《けざ》に坐《ざ》すと想《おも》へ。また金光《こんこう》を放《はな》つこと、前《さき》の〔仏《ぶつ》の〕ごとくして異《い》なし。一《ひと》つの大勢至菩薩《だいせいしぼさつ》の像《ぞう》、右《みぎ》の華座《けざ》に坐《ざ》すと想《おも》へ。この想成《そうじょう》ずる時《とき》、仏《ぶつ》・菩薩《ぼさつ》の像《ぞう》はみな光明《こうみょう》を放《はな》

諸仏正遍知海　正遍知は梵語サムヤック・サンブッダ（samyak-saṃbuddha）の漢訳で、如来十号の一。等《とう》正覚《しょうがく》ともいう。仏の智慧《ちえ》が広大であることを海に喩えていう。正しく完全に真理をさとったあらゆる仏の意。

多陀阿伽度　梵語タターガタ（tathāgata）の音写。如来と漢訳する。↓如来《にょらい》

阿羅訶　梵語アルハット（arhat）の音写。応供《おうぐ》・阿《あ》羅漢《らかん》ともいう。如来十号の一。↓如来《にょらい》

三藐三仏陀　梵語サムヤック・サンブッダ（samyak-saṃbuddha）の音写。等正覚、正遍知と漢訳する。正しいさとりを得た者。最高至上の仏。如来十号の一。↓如来《にょらい》

羅網　宝珠をつらねた飾り

つ。その光金色《ひかりこんじき》にしてもろもろの宝樹《ほうじゅ》を照《て》らす。一々《いちいち》の樹下《じゅげ》にまた三《み》つの蓮《れん》
21 華《げ》あり。もろもろの蓮華《れんげ》の上《うえ》におのおの一仏二菩薩《いちぶつにぼさつ》の像《ぞう》ましまして、かの国《くに》に
遍満《へんまん》す。この想成《そうじょう》ずる時《とき》、行者《ぎょうじゃ》まさに水流《すいる》・光明《こうみょう》およびもろもろの宝樹《ほうじゅ》・
*鳧《ふ》・雁《がん》・*鴛鴦《えんおう》のみな妙法《みょうほう》を説《と》くを聞《き》くべし。*出定《しゅつじょう》・*入定《にゅうじょう》につねに妙法《みょうほう》を聞《き》
く。行者《ぎょうじゃ》の〔入定中《にゅうじょうちゅう》に〕聞《き》きしところのもの、出定《しゅつじょう》の時憶持《ときおくじ》して捨《す》てず、
*修多羅《しゅたら》と合《がっ》せしめよ。もし合《がっ》せざるをば、名《な》づけて妄想《もうぞう》とす。もし合《がっ》すること
あるをば、名《な》づけて粗想《そそう》に極楽世界《ごくらくせかい》を見《み》るとす。これを像想《ぞうそう》とし、第八《だいはち》の観《かん》と
名《な》づく。この観《かん》をなすものは、無量億劫《むりょうおくこう》の生死《しょうじ》の罪《つみ》を除《のぞ》き、現身《げんしん》のなかにお
いて念仏三昧《ねんぶつざんまい》を得《え》ん」と。

【一七】 仏《ぶつ》、阿難《あなん》および韋提希《いだいけ》に告《つ》げたまはく、「この想成《そうじょう》じをはらば、次《つぎ》にま
さにさらに無量寿仏《むりょうじゅぶつ》の身相《しんそう》と光明《こうみょう》とを観《かん》ずべし。阿難《あなん》まさに知《し》るべし、無量《むりょう》
寿仏《じゅぶつ》の身《しん》は百千万億《ひゃくせんまんおく》の夜摩天《やまてん》の閻浮檀金色《えんぶだんごんじき》のごとし。仏身《ぶっしん》の高《たか》さ六十万億那《ろくじゅうまんおくな》
22 由他恒河沙由旬《ゆたごうがしゃゆじゅん》なり。眉間《みけん》の*白毫《びゃくごう》は、右《みぎ》に旋《めぐ》りて婉転《えんでん》して、〔大《おお》きさ〕五《いつ》つの
須弥山《しゅみせん》のごとし。仏眼《ぶつげん》は*四大海水《しだいかいすい》のごとし。*青白分明《しょうびゃくぶんみょう》なり。身《しん》のもろもろの
毛孔《もうく》より光明《こうみょう》を演出《えんすい》す。〔大《おお》きさ〕須弥山《しゅみせん》のごとし。かの仏《ぶつ》の*円光《えんこう》は、〔広《ひろ》さ〕

網。

鳧雁 かもとかり。

鴛鴦 おしどり。鴛は雄、鴦は雌を指す。

出定 禅定《ぜんじょう》より出ること。

入定 禅定に入ること。

修多羅と合せしめよ 修多羅は梵語スートラ（sūtra）の音写。経と漢訳する。経説に違わぬようにせよ。

白毫 白毫相のこと。仏の眉間にある白色の旋毛。右にまわっていて、光明《こうみょう》を放つという。三十二相の一。→三十二相《さんじゅうにそう》

四大海水 須弥山《しゅみせん》の四方にある大海のこと。

青白分明 青い瞳と白い部分とがくっきりとわかれているという意。

円光 頭部から放たれる円形の光明。全身から放たれる挙身光（身光）に対して、

百億《ひゃくおく》の三千大千世界《さんぜんだいせんせかい》のごとし。円光《えんこう》のなかにおいて、百万億那由他恒河沙《ひゃくまんおくなゆたごうがしゃ》の
化仏《けぶつ》まします。一々《いちいち》の化仏《けぶつ》にまた衆多無数《しゅたむしゅ》の化菩薩《けぼさつ》ありて、もつて侍者《じしゃ》たり。
無量寿仏《むりょうじゅぶつ》に八万四千《はちまんしせん》の相《そう》まします。一々《いちいち》の相《そう》におのおの八万四千《はちまんしせん》の随形好《ずいぎょうこう》あ
り。一々《いちいち》の好《こう》にまた八万四千《はちまんしせん》の光明《こうみょう》あり。一々《いちいち》の光明《こうみょう》は、あまねく十方世界《じっぽうせかい》
を照《て》らし、念仏《ねんぶつ》の衆生《しゅじょう》を*摂取《せっしゅ》して捨《す》てたまはず。その光明《こうみょう》と相好《そうごう》と、および
化仏《けぶつ》とは、つぶさに説《と》くべからず。ただまさに*憶想《おくそう》して、心眼《しんげん》をして見《み》たてま
つらしむべし。この事《じ》を見《み》るものは、すなはち十方《じっぽう》の一切《いっさい》の諸仏《しょぶつ》を見《み》たてまつ
る。諸仏《しょぶつ》を見《み》たてまつるをもつてのゆゑに念仏三昧《ねんぶつざんまい》と名《な》づく。この観《かん》をなすを
ば、一切《いっさい》の仏身《ぶつしん》を観《かん》ずと名《な》づく。仏身《ぶつしん》を観《かん》ずるをもつてのゆゑにまた仏心《ぶつしん》を見《み》
23 たてまつる。仏心《ぶつしん》とは大慈悲《だいじひ》これなり。*無縁《むえん》の慈《じ》をもつてもろもろの衆生《しゅじょう》を
摂《せっ》したまふ。この観《かん》をなすものは、身《み》を捨《す》てて他世《たせ》に諸仏《しょぶつ》の前《みまえ》に生《しょう》じて無生《むしょう》
忍《にん》を得《え》ん。このゆゑに智者《ちしゃ》まさに心《こころ》を繋《か》けて、あきらかに無量寿仏《むりょうじゅぶつ》を観《かん》ずべ
し。

　無量寿仏《むりょうじゅぶつ》を観《かん》ぜんものは、〔仏《ぶつ》の〕一《ひと》つの相好《そうごう》より入《い》れ。ただ眉間《みけん》の白毫《びゃくごう》を
観《かん》じて、きはめて明了《みょうりょう》ならしめよ。眉間《みけん》の白毫《びゃくごう》を見《み》たてまつれば、八万四千《はちまんしせん》

頭光ともいう。

摂取して捨てたまはず　→摂取不捨《せっしゅふしゃ》

憶想　心に思いうかべること。

無縁の慈　平等にして無差別な仏の大慈悲。→三縁《さんえん》[2]

の相好《そうごう》、自然《じねん》にまさに現《げん》ずべし。無量寿仏《むりょうじゅぶつ》を見《み》たてまつれば、すなはち十方《じっぽう》無量《むりょう》の諸仏《しょぶつ》を見《み》たてまつる。無量《むりょう》の諸仏《しょぶつ》を見《み》たてまつることを得《う》るがゆゑに、諸仏《しょぶつ》は現前《げんぜん》に授記《じゅき》したまふ。これをあまねく*一切《いっさい》の色身《しきしん》を観《かん》ずる想《そう》とし、第九《だいく》の観《かん》と名《な》づく。この観《かん》をなすをば、名《な》づけて正観《しょうかん》とす。もし他観《たかん》するをば、名《な》づけて邪観《じゃかん》とす」と。

【一八】仏《ぶつ》、阿難《あなん》および韋提希《いだいけ》に告《つ》げたまはく、「無量寿仏《むりょうじゅぶつ》を見《み》たてまつること、了々分明《りょうりょうぶんみょう》なること已《おわ》りて、次《つぎ》にまたまさに観世音菩薩《かんぜおんぼさつ》を観《かん》ずべし。この菩薩《ぼさつ》、身《み》の長《たけ》八十万億那由他由旬《はちじゅうまんおくなゆたゆじゅん》なり。身《しん》は紫金色《しこんじき》なり。頂《いただき》に*肉髻《にくけい》あり。項《うなじ》に円光《えんこう》あり。*面《おもて》おのおの百千由旬《ひゃくせんゆじゅん》なり。その円光《えんこう》のなかに五百《ごひゃく》の化仏《けぶつ》ましまして、釈迦牟尼仏《しゃかむにぶつ》のごとし。一々《いちいち》の化仏《けぶつ》に五百《ごひゃく》の化菩薩《けぼさつ》と無量《むりょう》の諸天《しょてん》ありて、もつて侍者《じしゃ》たり。*挙身《こしん》の光《ひかり》のなかに五道《ごどう》の衆生《しゅじょう》の一切《いっさい》の色相《しきそう》、みななかにおいて現《げん》ず。頂上《ちょうじょう》に*毘楞伽摩尼宝《びりょうがまにほう》あり、もつて*天冠《てんがん》とす。その天冠《てんがん》のなかに、ひとりの*立化仏《りゅうけぶつ》まします。高《たか》さ二十五由旬《にじゅうごゆじゅん》なり。観世音菩薩《かんぜおんぼさつ》の面《おもて》は、閻浮檀金《えんぶだんごん》色《じき》のごとし。眉間《みけん》の*毫相《ごうそう》に七宝《しっぽう》の色《いろ》を備《そな》へ、八万四千種《はちまんしせんしゅ》の光明《こうみょう》を流出《るすい》す。一々《いちいち》の光明《こうみょう》に、無量無数百千《むりょうむしゅひゃくせん》の化仏《けぶつ》まします。一々《いちいち》の化仏《けぶつ》は、無数《むしゅ》の化菩薩《けぼさつ》

一切の色身　阿弥陀仏が具《そな》えている一切の色身とする説と、一切諸仏の色身とする説とがある。

肉髻　髻《もとどり》の形のような頭頂の隆起。三十二相の一。→三十二相《さんじゅうにそう》

面　ここでは円光の縦横。本頁一三行の「面」は顔の意。

挙身の光　全身をあげて輝いている光。頭部から放たれる円光（身光）に対する。

毘楞伽摩尼宝　前出の釈迦毘楞伽摩尼宝のこと。

天冠　瓔珞《ようらく》の飾りをつけた宝冠。

立化仏　阿弥陀仏の化身《けしん》。

毫相　前出の白毫《びゃくごう》のこと。

25

をもって侍者《じしゃ》とす。変現自在《へんげんじざい》にして十方世界《じっぽうせかい》に満《み》てり。たとへば紅蓮華色《ぐれんげしき》のごとし。八十億《はちじゅうおく》の光明《こうみょう》ありて、もって瓔珞《ようらく》とす。その瓔珞《ようらく》のなかに、あまねく一切《いっさい》のもろもろの荘厳《しょうごん》の事《じ》を現《げん》ず。手掌《しゅしょう》に五百億《ごひゃくおく》の雑蓮華色《ぞうれんげしき》をなす。手《て》の十《じっ》指《し》の端《はし》、一々《いちいち》の指《ゆび》の端《はし》に八万四千《はちまんしせん》の画《え》あり。なほ＊印文《いんもん》のごとし。一々《いちいち》の画《え》に八《はち》万四千色《まんしせんしき》あり。一々《いちいち》の色《いろ》に八万四千《はちまんしせん》の光《ひかり》あり。その光《ひかり》柔軟《にゅうなん》にしてあまねく一切《いっさい》を照《て》らし、この宝手《ほうしゅ》をもって衆生《しゅじょう》を＊接引《しょういん》したまふ。足《あし》を挙《あ》げたまふ時《とき》、足《あし》の下《した》に＊千輻輪《せんぷくりん》の相《そう》あり、自然《じねん》に化《け》して五百億《ごひゃくおく》の光明《こうみょう》の台《うてな》となる。足《あし》を下《お》ろしたまふ時《とき》、＊金剛摩尼《こんごうまに》の華《はな》あり、一切《いっさい》に布散《ふさん》して＊弥満《みまん》せずといふことなし。その余《よ》の身相《しんそう》・＊衆好《しゅこう》、具足《ぐそく》せること仏《ぶつ》のごとくして異《い》なし。ただ頂上《ちょうじょう》の肉髻《にくけい》および＊無見頂《むけんちょう》の相《そう》、世尊《せそん》に及《およ》ばず。これを観世音菩薩《かんぜおんぼさつ》の真実色身《しんじつしきしん》を観《かん》ずる想《そう》とし、第十《だいじゅう》の観《かん》と名《な》づく」と。仏《ぶつ》、阿難《あなん》に告《つ》げたまはく、「もし観世音菩薩《かんぜおんぼさつ》を観《かん》ぜんと欲《ほっ》することあらんものは、まさにこの観《かん》をなすべし。この観《かん》をなすものはもろもろの禍《か》に遇《あ》はず、＊業障《ごっしょう》を浄除《じょうじょ》し、無数劫《むしゅこう》の生死《しょうじ》の罪《つみ》を除《のぞ》く。かくのごときの菩薩《ぼさつ》は、ただその名《な》を聞《き》くだに無量《むりょう》の福《ふく》を獲《う》。いかにいはんやあきらかに観《かん》ぜんをや。もし観世音菩薩《かんぜおんぼさつ》を観《かん》ぜんと欲《ほっ》することあらんものは、まづ頂上《ちょうじょう》

印文　印判で押した文様。

接引　衆生《しゅじょう》を浄土に導き迎えとること。

千輻輪の相　足の裏にある輪宝の模様。千の放射状の輻《や》（車輪の輻）があることからいう。三十二相の一。→三十二相《さんじゅうにそう》

金剛摩尼の華　無漏《むろ》（煩悩《ぼんのう》のない状態）堅固なる摩尼宝珠の花。

弥満　ゆきわたり、満ちること。

衆好　随形好《ずいぎょうこう》のこと。仏や菩薩の身体に具《そな》わっているすぐれた容貌形相のうち、顕著なものを相といい、微細なものを随形好という。

無見頂の相　肉髻《にくけい》の頂点はだれもみることができないので、この称がある。

業障　悪業《あくごう》による障り。

26 の肉髻《にくけい》を観《かん》じ、次《つぎ》に天冠《てんがん》を観《かん》ぜよ。その余《よ》の衆相《しゅそう》、また次第《しだい》にこれを観《かん》じて、また明了《みょうりょう》なること、掌《たなごころ》のうちを観《み》るがごとくならしめよ。この観《かん》をなすをば、名《な》づけて正観《しょうかん》とす。もし他観《たかん》するをば、名《な》づけて邪観《じゃかん》とす。

【一九】　次《つぎ》にまた大勢至菩薩《だいせいしぼさつ》を観《かん》ずべし。この菩薩《ぼさつ》の身量《しんりょう》の大小《だいしょう》は、また観世音《かんぜおん》のごとし。円光《えんこう》の*面《おもて》は、おのおの百二十五由旬《ひゃくにじゅうごゆじゅん》なり。二百五十由旬《にひゃくごじゅうゆじゅん》を照《て》らす。挙身《こしん》の光明《こうみょう》は十方国《じっぽうこく》を照《て》らし、紫金色《しこんじき》をなす。有縁《うえん》の衆生《しゅじょう》は、みなことごとく見《み》ることを得《う》。ただこの菩薩《ぼさつ》の一毛孔《いちもうく》の光《ひかり》を見《み》れば、すなはち十方無量《じっぽうむりょう》の諸仏《しょぶつ》の浄妙《じょうみょう》の光明《こうみょう》を見《み》る。このゆゑにこの菩薩《ぼさつ》を号《なづ》けて*無辺光《むへんこう》と名《な》づく。智慧《ちえ》の光《ひかり》をもつてあまねく一切《いっさい》を照《て》らして、三塗《さんず》を離《はな》れしむるに無上力《むじょうりき》を得《え》たまへり。このゆゑにこの菩薩《ぼさつ》を号《なづ》けて大勢至《だいせいし》と名《な》づく。この菩薩《ぼさつ》の天冠《てんがん》
27 に五百《ごひゃく》の宝華《ほうけ》あり。一々《いちいち》の宝華《ほうけ》に五百《ごひゃく》の宝台《ほうだい》あり。一々《いちいち》の台《うてな》のうちに十方諸仏《じっぽうしょぶつ》の浄妙《じょうみょう》の国土《こくど》の*広長《こうじょう》の相《そう》、みななかにおいて現《げん》ず。頂上《ちょうじょう》の肉髻《にくけい》は*鉢頭摩華《はずまけ》のごとし。肉髻《にくけい》の上《うえ》において一《ひと》つの宝瓶《ほうびょう》あり。もろもろの光明《こうみょう》を盛《い》れて、あまねく仏事《ぶつじ》を現《げん》ず。余《よ》のもろもろの身相《しんそう》は、観世音《かんぜおん》のごとく、等《ひと》しくして異《い》あることなし。この菩薩《ぼさつ》行《ゆ》きたまふ時《とき》、十方世界《じっぽうせかい》は一切震動《いっさいしんどう》す。地《じ》の動《うご》く処《ところ》に当《あた》

面　ここでは円光の縦横。

無辺光　阿弥陀仏の十二光の一に無辺光がある。勢至は阿弥陀仏の徳をあらわす菩薩だから、この称がある。

広長の相　広大無辺なすがた。

鉢頭摩華　鉢頭摩は梵語パドマ（padma）の音写。紅《ぐ》蓮《れん》華《げ》のこと。

りて五百億《ごひゃくおく》の宝華《ほうけ》あり。一々《いちいち》の宝華《ほうけ》の荘厳《しょうごん》、*高《たか》く顕《あらわ》れて極楽世界《ごくらくせかい》のごとし。この菩薩《ぼさつ》、坐《ざ》したまふ時《とき》、七宝《しっぽう》の国土《こくど》一時《いちじ》に動揺《どうよう》し、下方《げほう》の金光仏《こんこうぶつ》の*刹《せつ》より乃《ない》至上方《しじょうほう》の光明王仏《こうみょうおうぶつ》の刹《せつ》まで〔及《およ》び〕、その*中間《ちゅうげん》において無量《むりょう》*塵数《じんじゅ》の分身《ぶんしん》の無《む》量寿仏《りょうじゅぶつ》、分身《ぶんしん》の観世音《かんぜおん》・大勢至《だいせいし》、みなことごとく極楽国土《ごくらくこくど》に雲集《うんじゅう》したまふ。空中《くうちゅう》に*側塞《しきそく》して蓮華座《れんげざ》に坐《ざ》し、妙法《みょうほう》を演説《えんぜつ》して苦《く》の衆生《しゅじょう》を度《ど》したまふ。この観《かん》をなすをば、名《な》づけて正観《しょうかん》とす。もし他観《たかん》するをば、名《な》づけて邪観《じゃかん》とす。大勢至菩薩《だいせいしぼさつ》を見《み》たてまつる。これを大勢至《だいせいし》の色身《しきしん》を観《かん》ずる想《そう》とし、第十一《だいじゅういち》の観《かん》と名《な》づく。この菩薩《ぼさつ》を観《かん》ずるものは、無数劫阿僧祇《むしゅこうあそうぎ》の生死《しょうじ》の罪《つみ》を除《のぞ》く。この
28 観《かん》をなすものは*胞胎《ほうたい》に処《しょ》せず、つねに諸仏《しょぶつ》の浄妙《じょうみょう》の国土《こくど》に遊《あそ》ぶ。この観成《かんじょう》じをはるをば、名《な》づけて*具足《ぐそく》して観世音《かんぜおん》・大勢至《だいせいし》を観《かん》ずとす。

【三〇】　この事《じ》を見《み》る時《とき》、まさに*自心《じしん》を起《おこ》して西方極楽世界《さいほうごくらくせかい》に生《しょう》じて、蓮華《れんげ》のなかにして*結跏趺坐《けっかふざ》し、蓮華《れんげ》の合《がっ》する想《そう》をなし、蓮華《れんげ》の開《ひら》くる想《そう》をなすべし。蓮《れん》華《げ》の開《ひら》くる時《とき》、五百色《ごひゃくしき》の光《ひかり》あり。来《きた》りて身《み》を照《て》らし、〔心《こころ》の〕眼目《げんもく》開《ひら》くと想《おも》へ。仏《ぶつ》・菩薩《ぼさつ》の虚空《こくう》のなかに満《み》てるを見《み》ると想《おも》へ。水《すい》・鳥《ちょう》・樹林《じゅりん》、および諸仏《しょぶつ》の所出《しょすい》の音声《おんじょう》、みな妙法《みょうほう》を演《の》ぶ〔と想《おも》へ〕。十二部経《じゅうにぶきょう》と合《がっ》して、出定《しゅつじょう》の時《とき》

高く顕れて　気高く、すぐれているという意。
刹　梵語クシェートラ(kṣe-tra)の音写。国土・世界の意。
中間　上方から下方に至るすべての国土。
塵数　塵《ちり》の数ほどあるという意で、無数をあらわす。
側塞　満ちみちているということ。
胞胎に処せず　胞胎は母胎内で胎児をつつんでいる膜(えな)をいい、胎生《たいしょう》のこと。輪廻《りんね》の迷いの生存をくりかえす胎生をとらないという意。
具足して　ここではあますところなく、のこらずの意。
自心　みずからが往生する想い。
結跏趺坐　足の甲を左右のももの上に置く坐法。

〔想《おもい》を〕憶持《おくじ》して失《うしな》はざれ。この事《じ》を見《み》るを無量寿仏《むりょうじゅぶつ》の極楽世界《ごくらくせかい》を見《み》ると名《な》づく。これを普観想《ふかんそう》とし、第十二《だいじゅうに》の観《かん》と名《な》づく。無量寿仏《むりょうじゅぶつ》の化身《けしん》無数《むしゅ》にして、観世音《かんぜおん》・大勢至《だいせいし》とともに、つねにこの行人《ぎょうにん》の所《ところ》に来至《らいし》したまふ」と。

29

【三】仏《ぶつ》、阿難《あなん》および韋提希《いだいけ》に告《つ》げたまはく、「もし心《こころ》を至《いた》して西方《さいほう》に生《しょう》ぜんと欲《ほっ》せんものは、まづまさに一《ひと》つの*丈六《じょうろく》の像《ぞう》、池水《ちすい》の上《うえ》にましますを観《かん》ずべし。先《さき》の所説《しょせつ》のごとき、無量寿仏《むりょうじゅぶつ》の身量《しんりょう》は無辺《むへん》にして、これ凡夫《ぼんぶ》の心力《しんりき》の及《およ》ぶところにあらず。しかるを、かの如来《にょらい》の*宿願力《しゅくがんりき》のゆゑに憶想《おくそう》することあらば、かならず成就《じょうじゅ》することを得《う》。ただ仏像《ぶつぞう》を想《おも》ふに無量《むりょう》の福《ふく》を得《う》。いかにいはんや仏《ぶつ》の具足《ぐそく》せる身相《しんそう》を観《かん》ぜんをや。阿弥陀仏《あみだぶつ》は*神通如意《じんずうにょい》にして、十方《じっぽう》の国《くに》において変現自在《へんげんじざい》なり。あるいは大身《だいしん》を現《げん》じて虚空《こくう》のなかに満《み》ち、あるいは小《しょう》身《しん》を現《げん》じて丈六《じょうろく》、八尺《はっしゃく》なり。所現《しょげん》の形《かたち》は、みな真金色《しんこんじき》なり。円光《えんこう》の化仏《けぶつ》および宝蓮華《ほうれんげ》は、上《かみ》の所説《しょせつ》のごとし。観世音菩薩《かんぜおんぼさつ》および大勢至《だいせいし》、一切処《いっさいしょ》において身《しん》同《おな》じ。衆生《しゅじょう》ただ*首相《しゅそう》を観《み》て、これ観世音《かんぜおん》なりと知《し》り、これ大勢至《だいせいし》なりと知《し》る。この二菩薩《にぼさつ》、阿弥陀仏《あみだぶつ》を助《たす》けてあまねく一切《いっさい》を化《け》したまふ。これを雑想観《ざっそうかん》とし、第十三《だいじゅうさん》の観《かん》と名《な》づく」と。

丈六の像　一丈六尺の阿弥陀仏の像。

宿願力　阿弥陀仏が法蔵《ほうぞう》菩薩といわれた因位《いんに》の時に衆《しゅ》生《じょう》救済のためにおこした本願の力。

神通如意　思うがままに、何事もできる不思議なはたらき。

首相　頭首のすがた、特徴。観音の天冠には立化仏《りゅうけぶつ》があり、勢至の肉髻《にくけい》には宝瓶《ほうびょう》がある。

【三】仏《ぶつ》、阿難《あなん》および韋提希《いだいけ》に告《つ》げたまはく、「上品上生《じょうぼんじょうしょう》といふは、もし衆《しゅ》
30 生《じょう》ありて、かの国《くに》に生《しょう》ぜんと願《がん》ずるものは、三種《さんしゅ》の心《しん》を発《おこ》して*即便往生《すなわちおうじょう》す。なんらをか三《み》つとする。一《ひと》つには至誠心《しじょうしん》、二《ふた》つには深心《じんしん》、三《み》つには回向発願《えこうほつがん》心《しん》なり。三心《さんしん》を具《ぐ》するものは、かならずかの国《くに》に生《しょう》ず。また三種《さんしゅ》の衆生《しゅじょう》ありて、まさに往生《おうじょう》を得《う》べし。なんらをか三《み》つとする。一《ひと》つには慈心《じしん》にして殺《ころ》さず、もろもろの*戒行《かいぎょう》を具《ぐ》す。二《ふた》つには大乗方等経典《だいじょうほうどうきょうてん》を読誦《どくじゅ》す。三《み》つには六《ろく》念《ねん》を修行《しゅぎょう》す。回向発願《えこうほつがん》してかの国《くに》に生《しょう》ぜんと願《がん》ず。この功徳《くどく》を具《ぐ》すること、一日乃至七日《いちにちないししちにち》してすなはち往生《おうじょう》を得《う》。かの国《くに》に生《しょう》ずる時《とき》、この人《ひと》、精進勇猛《しょうじんゆうみょう》なるがゆゑに、阿弥陀如来《あみだにょらい》は、観世音《かんぜおん》・大勢至《だいせいし》・無数《むしゅ》の化仏《けぶつ》・百千《ひゃくせん》の比丘《びく》・声《しょう》聞《もん》の大衆《だいしゅ》・無数《むしゅ》の諸天《しょてん》・七宝《しっぽう》の宮殿《くでん》とともに〔現前《げんぜん》す〕。観世音菩薩《かんぜおんぼさつ》は金剛《こんごう》の台《うてな》を執《と》りて、大勢至菩薩《だいせいしぼさつ》とともに行者《ぎょうじゃ》の前《まえ》に至《いた》りたまふ。阿弥陀仏《あみだぶつ》は、大光《だいこう》明《みょう》を放《はな》ちて行者《ぎょうじゃ》の身《み》を照《て》らし、もろもろの菩薩《ぼさつ》とともに手《みて》を授《さず》けて*迎接《こうしょう》したまふ。観世音《かんぜおん》・大勢至《だいせいし》は、無数《むしゅ》の菩薩《ぼさつ》とともに行者《ぎょうじゃ》を讃歎《さんだん》して、その心《こころ》を勧《かん》
31 進《じん》したまふ。行者見《ぎょうじゃみ》をはりて歓喜踊躍《かんぎゆやく》し、みづからその身《み》を見《み》れば、金剛《こんごう》の台《うてな》に乗《じょう》ぜり。仏《ぶつ》の後《しりえ》に随従《ずいじゅう》して、*弾指《だんし》のあひだのごとくに、かの国《くに》に往生《おうじょう》す。

即便往生　経文の上でいえば即と便は分けず「すなはち」と読むが、親鸞聖人は「即便」という文字によって、他力の往生を即往生、自力による往生を便往生とした。

戒行　戒を持つこと。

迎接　来迎引接《らいこういんじょう》。迎えとって浄土に導き入れること。

弾指のあひだ　指をはじくほどの短い時間。

32

かの国《くに》に生《しょう》じをはりて、仏《ぶつ》の色身《しきしん》の衆相具足《しゅそうぐそく》せるを見《み》、もろもろの菩薩《ぼさつ》の色相《しきそう》具足《ぐそく》せるを見《み》る。光明《こうみょう》の宝林《ほうりん》、妙法《みょうほう》を演説《えんぜつ》す。聞《き》きをはりてすなはち無生法《むしょうぼう》忍《にん》を悟《さと》る。須臾《しゅゆ》のあひだを経《へ》て諸仏《しょぶつ》に*歴事《りゃくじ》し、十方界《じっぽうかい》に遍《へん》して、諸仏《しょぶつ》の前《みまえ》において次第《しだい》に授記《じゅき》せらる。本国《ほんごく》に還《かえ》り到《いた》りて無量百千《むりょうひゃくせん》の*陀羅尼門《だらにもん》を得《う》。これを上品上生《じょうぼんじょうしょう》のものと名《な》づく。

【三】上品中生《じょうぼんちゅうしょう》といふは、かならずしも方等経典《ほうどうきょうてん》を受持《じゅじ》し読誦《どくじゅ》せざれども、よく義趣《ぎしゅ》を解《さと》り、第一義《だいいちぎ》において心驚動《しんきょうどう》せず。深《ふか》く因果《いんが》を信《しん》じて大乗《だいじょう》を謗《そし》らず。この功徳《くどく》をもつて回向《えこう》して極楽国《ごくらくこく》に生《しょう》ぜんと願求《がんぐ》す。この行《ぎょう》を行《ぎょう》ずるもの、命終《いのちおわ》らんとする時《とき》、阿弥陀仏《あみだぶつ》は、観世音《かんぜおん》・大勢至《だいせいし》・無量《むりょう》の大衆《だいしゅ》とともに眷属《けんぞく》に*囲繞《いにょう》せられて、紫金《しこん》の台《うてな》を持《も》たしめて、行者《ぎょうじゃ》の前《まえ》に至《いた》りたまひ、讃《ほ》めてのたまはく、〈*法子《ほうし》、なんぢ大乗《だいじょう》を行《ぎょう》じ第一義《だいいちぎ》を解《さと》る。このゆゑに、われいま来《きた》りてなんぢを迎接《こうしょう》す〉と。千《せん》の化仏《けぶつ》とともに一時《いちじ》に手《みて》を授《さず》けたまふ。行者《ぎょうじゃ》みづから見《み》れば紫金《しこん》の台《うてな》に坐《ざ》せり。合掌《がっしょう》*叉手《しゃしゅ》して諸仏《しょぶつ》を讃歎《さんだん》したてまつる。*一念《いちねん》のあひだのごとくに、すなはちかの国《くに》の七宝《しっぽう》の池《いけ》のなかに生《しょう》ず。この紫金《しこん》の台《うてな》は大宝華《だいほうけ》のごとし。*宿《しゅく》を経《へ》てすなはち開《ひら》く。行者《ぎょうじゃ》の身《み》は紫磨金色《しまこんじき》になれ

歴事　あまねく十方に至って諸仏につかえ、供養《くよう》すること。

陀羅尼門　陀羅尼は梵語ダーラニー（dhāraṇī）の音写。総持《そうじ》、能持《のうじ》と漢訳する。種々の善法《ぜんぽう》を保持し、悪法を起させない力のこと。門は法門、教えのこと。

囲繞　とりかこむこと。

法子　仏法の導きによって生れた子という意味で、仏弟子のこと。

叉手　両手の指をくみあわせること。

一念のあひだ　→一念《いちねん》①

宿　一夜。

り。足《あし》の下《した》にまた七宝《しっぽう》の蓮華《れんげ》あり。仏《ぶつ》および菩薩《ぼさつ》、*倶時《くじ》に光明《こうみょう》を放《はな》ちて行者《ぎょうじゃ》の身《み》を照《て》らしたまふに、目《め》すなはち開《ひら》けてあきらかなり。*前《さき》の宿習《しゅくじゅう》によりて、あまねく〔浄土《じょうど》の〕もろもろの声《こえ》を聞《き》くに、もつぱら甚深《じんじん》の第一義諦《だいいちぎたい》を説《と》く。すなはち金台《こんだい》より下《お》りて、仏《ぶつ》を礼《らい》し合掌《がっしょう》して世尊《せそん》を讃歎《さんだん》したてまつる。七日《しちにち》を経《へ》て、時《とき》に応《おう》じてすなはち阿耨多羅三藐三菩提《あのくたらさんみゃくさんぼだい》において不退転《ふたいてん》を得《う》。時《とき》に応《おう》じてすなはちよく飛行《ひぎょう》して、あまねく十方《じっぽう》に至《いた》り諸仏《しょぶつ》に歴事《りゃくじ》す。諸仏《しょぶつ》の所《みもと》にしてもろもろの三昧《さんまい》を修《しゅ》す。一小劫《いっしょうこう》を経《へ》て無生忍《むしょうにん》を得《え》、現前《げんぜん》に授記《じゅき》せらる。これを上品中生《じょうぼんちゅうしょう》のものと名《な》づく。

33 【三四】 上品下生《じょうぼんげしょう》といふは、また因果《いんが》を信《しん》じ大乗《だいじょう》を謗《そ》らず。ただ*無上道心《むじょうどうしん》を発《おこ》す。この功徳《くどく》をもつて回向《えこう》して極楽国《ごくらくこく》に生《しょう》ぜんと願求《がんぐ》す。行者命終《ぎょうじゃいのちおわ》らんとする時《とき》に、阿弥陀仏《あみだぶつ》、および観世音《かんぜおん》・大勢至《だいせいし》、もろもろの眷属《けんぞく》とともに金蓮華《こんれんげ》を持《も》たしめて、五百《ごひゃく》の化仏《けぶつ》を化作《けさ》してこの人《ひと》を来迎《らいこう》したまふ。五百《ごひゃく》の化仏《けぶつ》は、一《いち》時《じ》に手《みて》を授《さず》けて讃《ほ》めてのたまはく、〈法子《ほうし》、なんぢいま清浄《しょうじょう》にして無上道心《むじょうどうしん》を発《おこ》せり。われ来《きた》りてなんぢを迎《むか》ふ〉と。この事《じ》を見《み》る時《とき》、すなはちみづから身《み》を見《み》れば金蓮華《こんれんげ》に坐《ざ》す。坐《ざ》しをはれば華合《はながっ》す。世尊《せそん》の後《しりえ》に随《したが》ひて、すなはち

倶時に　同時に。

前の宿習　前世において習い身につけたもの。ここでは生前に第一義諦を解したことをいう。

無上道心　この上ないさとりを求める心。菩提心のこと。→菩提心《ぼだいしん》

七宝《しっぽう》の池《いけ》のなかに往生《おうじょう》することを得《う》。一日一夜《いちにちいちや》にして蓮華《れんげ》すなはち開《ひら》け、七《しち》日《にち》のうちにすなはち仏《ぶつ》を見《み》たてまつることを得《う》。仏身《ぶっしん》を見《み》たてまつるといへども、もろもろの相好《そうごう》において心明了《しんみょうりょう》ならず。三七日《さんしちにち》の後《のち》において、すなはち了々《りょうりょう》に見《み》たてまつる。もろもろの音声《おんじょう》を聞《き》くにみな妙法《みょうほう》を演《の》ぶ。十方《じっぽう》に遊歴《ゆりゃく》して諸仏《しょぶつ》を供養《くよう》す。諸仏《しょぶつ》の前《みまえ》にして甚深《じんじん》の法《ほう》を聞《き》く。三小劫《さんしょうこう》を経《へ》て*百法明門《ひゃっぽうみょうもん》を得《え》、歓喜地《かんぎじ》に住《じゅう》す。これを上品下生《じょうぼんげしょう》のものと名《な》づく。これを上輩生想《じょうはいしょうそう》と名《な》づけ、第十四《だいじゅうし》の観《かん》と名《な》づく」と。

【三五】仏《ぶつ》、阿難《あなん》および韋提希《いだいけ》に告《つ》げたまはく、「中品上生《ちゅうぼんじょうしょう》といふは、もし衆生《しゅじょう》ありて、五戒《ごかい》を受持《じゅじ》し、八戒斎《はっかいさい》を持《たも》ち、諸戒《しょかい》を修行《しゅぎょう》して、五逆《ごぎゃく》を造《つく》らず、もろもろの*過患《かげん》なからん。この善根《ぜんごん》をもつて回向《えこう》して西方極楽世界《さいほうごくらくせかい》に生《しょう》ぜんと願求《がんぐ》す。命終《いのちおわ》る時《とき》に臨《のぞ》みて、阿弥陀仏《あみだぶつ》は、もろもろの比丘《びく》とともに眷属《けんぞく》に囲繞《いにょう》せられて、金色《こんじき》の光《ひかり》を放《はな》ちて、その人《ひと》の所《ところ》に至《いた》る。苦《く》・空《くう》・無常《むじょう》・無我《むが》を演説《えんぜつ》し、出家《しゅっけ》の衆苦《しゅく》を離《はな》るることを得《う》ることを讃歎《さんだん》したまふ。行者《ぎょうじゃ》、見《み》をはりて心大《しんおお》きに歓喜《かんぎ》す。みづから己身《こしん》を見《み》れば蓮華《れんげ》の台《うてな》に坐《ざ》せり。*長跪合掌《じょうきがっしょう》して仏《ぶつ》のために礼《らい》をなす。いまだ頭《こうべ》を挙《あ》げざるあひだに、すなはち極楽世界《ごくらくせかい》に往《おう》

百法明門　菩薩が初地《しょじ》の位において得る法門のことで、あらゆる法門に通達した智《ち》慧《え》の意。

過患　つみとが。あやまち。

長跪　両膝を地につけ、両足指を地に立てて礼すること。

生《じょう》ずることを得《え》て、蓮華《れんげ》すなはち開《ひら》く。華《はな》の敷《ひら》くる時《とき》に当《あた》りて、もろもろの音《おん》声《じょう》を聞《き》くに四諦《したい》を讃歎《さんだん》す。時《とき》に応《おう》じてすなはち阿羅漢道《あらかんどう》を得《う》。*三明六通《さんみょうろくつう》ありて八解脱《はちげだつ》を具《ぐ》す。これを中品上生《ちゅうぼんじょうしょう》のものと名《な》づく。

35
【三六】中品中生《ちゅうぼんちゅうしょう》といふは、もし衆生《しゅじょう》ありて、もしは一日一夜《いちにちいちや》に八戒斎《はっかいさい》を受《じゅ》持《じ》し、もしは一日一夜《いちにちいちや》に沙弥戒《しゃみかい》を持《たも》ち、もしは一日一夜《いちにちいちや》に具足戒《ぐそくかい》を持《たも》ちて、威《い》儀《ぎ》欠《か》くることなし。この功徳《くどく》をもつて回向《えこう》して極楽国《ごくらくこく》に生《しょう》ぜんと願求《がんぐ》す。*戒香《かいこう》の熏修《くんじゅ》せる、かくのごときの行者《ぎょうじゃ》は、命終《いのちおわ》らんとする時《とき》、阿弥陀仏《あみだぶつ》の、もろもろの眷属《けんぞく》とともに金色《こんじき》の光《ひかり》を放《はな》ち、七宝《しっぽう》の蓮華《れんげ》を持《も》たしめて、行者《ぎょうじゃ》の前《まえ》に至《いた》りたまふを見《み》る。行者《ぎょうじゃ》みづから聞《き》けば、空中《くうちゅう》に声《こえ》ありて讃《ほ》めてのたまはく、〈善男子《ぜんなんし》、なんぢがごときは善人《ぜんにん》なり。三世《さんぜ》の諸仏《しょぶつ》の教《きょう》に随順《ずいじゅん》するがゆゑに、われ来《きた》りてなんぢを迎《むか》ふ〉と。行者《ぎょうじゃ》みづから見《み》れば、蓮華《れんげ》の上《うえ》に坐《ざ》せり。蓮《れん》華《げ》すなはち合《がっ》し、西方極楽世界《さいほうごくらくせかい》に生《しょう》じて宝池《ほうち》のなかにあり。七日《しちにち》を経《へ》て蓮華《れんげ》すなはち敷《ひら》く。華《はな》すでに敷《ひら》けをはりて目《め》を開《ひら》き、合掌《がっしょう》して世尊《せそん》を讃歎《さんだん》したてまつり、法《ほう》を聞《き》きて歓喜《かんぎ》し、須陀洹《しゅだおん》を得《え》、半劫《はんこう》を経《へ》をはりて阿羅漢《あらかん》と成《な》る。これ
36
を中品中生《ちゅうぼんちゅうしょう》のものと名《な》づく。

三明六通　もろもろの神通《じんずう》力《りき》の総称。→三明《さんみょう》、六神通《ろくじんずう》

戒香の熏修せる　持戒《じかい》の徳が香のように身にそなわっているという意。

【二七】 中品下生《ちゅうぼんげしょう》といふは、もし善男子《ぜんなんし》・善女人《ぜんにょにん》ありて、父母《ぶも》に孝養《きょうよう》し、世《よ》の仁慈《にんじ》を行《ぎょう》ぜん。この人命終《ひといのちおわ》らんとする時《とき》、善知識《ぜんぢしき》の、それがために広《ひろ》く阿弥陀仏《あみだぶつ》の国土《こくど》の楽事《らくじ》を説《と》き、また法蔵比丘《ほうぞうびく》の四十八願《しじゅうはちがん》を説《と》くに遇《あ》はん。この事《じ》を聞《き》きをはりて、すなはち命終《いのちおわ》る。たとへば*壮士《しょうじ》の臂《ひじ》を屈伸《くっしん》するあひだのごとくに、すなはち西方極楽世界《さいほうごくらくせかい》に生《しょう》ず。生《しょう》じて七日《しちにち》を経《へ》て、観世音《かんぜおん》および大勢至《だいせいし》に遇《あ》ひて法《ほう》を聞《き》きて歓喜《かんぎ》し、一小劫《いっしょうこう》を経《へ》て阿羅漢《あらかん》と成《な》る。これを中品下生《ちゅうぼんげしょう》のものと名《な》づく。これを中輩生想《ちゅうはいしょうそう》と名《な》づけ、第十五《だいじゅうご》の観《かん》と名《な》づく」と。

【二八】 仏《ぶつ》、阿難《あなん》および韋提希《いだいけ》に告《つ》げたまはく、「下品上生《げぼんじょうしょう》といふは、あるいは衆生《しゅじょう》ありて、もろもろの悪業《あくごう》を作《つく》らん。方等経典《ほうどうきょうてん》を*誹謗《ひほう》せずといへども、かくのごときの愚人《ぐにん》、多《おお》く衆悪《しゅあく》を造《つく》りて慚愧《ざんぎ》あることなけん。命終《いのちおわ》らんとす
37 る時《とき》、善知識《ぜんぢしき》の、ために大乗十二部経《だいじょうじゅうにぶきょう》の*首題名字《しゅだいみょうじ》を讃《さん》ずるに遇《あ》はん。かくのごときの諸経《しょきょう》の名《な》を聞《き》くをもつてのゆゑに、千劫《せんごう》の極重《ごくじゅう》の悪業《あくごう》を除却《じょきゃく》す。*智者《ちしゃ》また教《おし》へて、合掌叉手《がっしょうしゃしゅ》して南無阿弥陀仏《なもあみだぶつ》と称《しょう》せしむ。仏名《ぶつみょう》を称《しょう》するがゆゑに、五十億劫《ごじゅうおくこう》の生死《しょうじ》の罪《つみ》を除《のぞ》く。その時《とき》かの仏《ぶつ》、すなはち化仏《けぶつ》・化観世音《けかんぜおん》・化大勢至《けだいせいし》を遣《つか》はして行者《ぎょうじゃ》の前《まえ》に至《いた》らしめ、〔化仏等《けぶつとう》の〕讃《ほ》めてのたまはく、

壮士の臂… 力のある若者が臂をまげのばしする間にという意で、きわめてはやいことの喩え。

誹謗 そしること。

首題名字 経典の題名。

智者 ここでは善知識《ぜんぢしき》をいう。

〈善男子《ぜんなんし》、なんぢ仏名《ぶつみよう》を称《しよう》するがゆゑにもろもろの罪消滅《つみしようめつ》す。われ来《きた》りてなんぢを迎《むか》ふ〉と。この語《ご》をなしをはりて、行者《ぎようじや》すなはち化仏《けぶつ》の光明《こうみよう》の、その室《しつ》に遍満《へんまん》せるを見《み》たてまつる。見《み》をはりて歓喜《かんぎ》してすなはち命終《いのちおわ》る。宝蓮華《ほうれんげ》に乗《じよう》じ、化仏《けぶつ》の後《しりえ》に随《したが》ひて宝池《ほうち》のなかに生《しよう》ず。七七日《しちしちにち》を経《へ》て蓮華《れんげ》すなはち敷《ひら》く。華《はな》の敷《ひら》くる時《とき》に当《あた》りて、大悲観世音菩薩《だいひかんぜおんぼさつ》および大勢至《だいせいし》、大光明《だいこうみよう》を放《はな》ちてその人《ひと》の前《まえ》に住《じゆう》して、ために甚深《じんじん》の十二部経《じゆうにぶきよう》を説《と》きたまふ。聞《き》きをはりて信解《しんげ》して、無上道心《むじようどうしん》を発《おこ》す。十小劫《じつしようこう》を経《へ》て百法明門《ひやつぽうみようもん》を具《ぐ》し、*初地《しよじ》に入《い》ることを得《う》。これを下品上生《げぼんじようしよう》のものと名《な》づく。仏名《ぶつみよう》・法名《ほうみよう》を聞《き》き、および僧名《そうみよう》を聞《き》くことを得《う》。三宝《さんぼう》の名《みな》を聞《き》きて、すなはち往生《おうじよう》を得《う》」と。

【三九】仏《ぶつ》、阿難《あなん》および韋提希《いだいけ》に告《つ》げたまはく、「下品中生《げぼんちゆうしよう》といふは、あるいは衆生《しゆじよう》ありて、五戒《ごかい》・八戒《はつかい》および具足戒《ぐそくかい》を毀犯《きぼん》せん。かくのごときの愚人《ぐにん》、*僧祇物《そうぎもつ》を偸《ぬす》み、現前僧物《げんぜんそうもつ》を盗《ぬす》み、*不浄説法《ふじようせつぽう》して、慚愧《ざんぎ》あることなく、もろもろの悪業《あくごう》をもつてみづから荘厳《しようごん》す。かくのごときの罪人《ざいにん》、悪業《あくごう》をもつてのゆゑに地獄《じごく》に堕《だ》すべし。命終《いのちおわ》らんとする時《とき》、地獄《じごく》の*衆火《しゆか》、一時《いちじ》にともに至《いた》る。善《ぜん》知識《ぢしき》の、大慈悲《だいじひ》をもつて、ために阿弥陀仏《あみだぶつ》の十力威徳《じゆうりきいとく》を説《と》き、広《ひろ》くかの仏《ぶつ》の

初地　菩薩の階位五十二位のうち十地《じゆうじ》の第一をいう。歓喜地に同じ。→歓喜地《かんぎじ》

僧祇物　梵語サーンギカ(sāṃghika)の音写、僧祇に「物」を加えた合成語。僧伽物《そうぎやもつ》、僧物《そうもつ》ともいう。出家教団に属する財物・物資。大別すると四方僧物（四方のどこから来た比丘《びく》でも受用できる教団の共有物。寺塔・田地などの不動産）と、現前僧物（同一の結界《けつかい》内の比丘・比丘尼に施された衣食などの生活資具）の二種僧物がある。また細分して四種僧物とする。次下の文に「現前僧物」とあるから、ここでは四方僧物を指す。

不浄説法　自己の名誉や利益のために教法を説くこと。

衆火　もろもろの猛火。

光明神力《こうみょうじんりき》を説《と》き、また*戒《かい》・定《じょう》・慧《え》・解脱《げだつ》・解脱知見《げだつちけん》を讃《さん》ずるに遇《あ》はん。この人《ひと》、聞《き》きをはりて八十億劫《はちじゅうおくこう》の生死《しょうじ》の罪《つみ》を除《のぞ》く。地獄《じごく》の猛火《みょうか》、化《け》して清涼《しょうりょう》の風《かぜ》となり、もろもろの天華《てんげ》を吹《ふ》く。華《はな》の上《うえ》にみな化仏《けぶつ》・菩薩《ぼさつ》ましまして、この人《ひと》を迎接《こうしょう》したまふ。一念《いちねん》のあひだのごとくに、すなはち往生《おうじょう》を得《う》。七宝《しっぽう》の池《いけ》のなかの蓮華《れんげ》のうちにして六劫《ろっこう》を経《へ》て蓮華《れんげ》すなはち敷《ひら》けん。華《はな》の敷《ひら》くる時《とき》に当《あた》りて、観世音《かんぜおん》・大勢至《だいせいし》、*梵音声《ぼんのんじょう》をもつてかの人《ひと》を安慰《あんに》し、ために大乗甚深《だいじょうじんじん》の経《きょう》典《てん》を説《と》きたまふ。この法《ほう》を聞《き》きをはりて、時《とき》に応《おう》じてすなはち無上道心《むじょうどうしん》を発《おこ》す。これを下品中生《げぼんちゅうしょう》のものと名《な》づく」と。

【三〇】仏《ぶつ》、阿難《あなん》および韋提希《いだいけ》に告《つ》げたまはく、「下品下生《げぼんげしょう》といふは、あるいは衆生《しゅじょう》ありて、不善業《ふぜんごう》たる五逆《ごぎゃく》・十悪《じゅうあく》を作《つく》り、もろもろの不善《ふぜん》を具《ぐ》せん。かくのごときの愚人《ぐにん》、悪業《あくごう》をもつてのゆゑに悪道《あくどう》に堕《だ》し、多劫《たこう》を*経歴《きょうりゃく》して苦《く》を受《う》くること窮《きわ》まりなかるべし。かくのごときの愚人《ぐにん》、命終《いのちお》らんとする時《とき》に臨《のぞ》みて、善知識《ぜんぢしき》の、種々《しゅじゅ》に安慰《あんに》して、ために妙法《みょうほう》を説《と》き、教《おし》へて念仏《ねんぶつ》せしむるに遇《あ》はん。この人《ひと》、苦《く》に逼《せ》められて念仏《ねんぶつ》するに遑《いとま》あらず。善友《ぜんぬ》、告《つ》げていはく、〈なんぢもし念《ねん》ずるあたはずは、まさに無量寿仏《むりょうじゅぶつ》〔の名《みな》〕を称《しょう》すべし〉と。か

戒定慧解脱解脱知見　最高のさとりの境地に至ったものが具備する五の功徳《くどく》のこと。すなわち、戒律を持ち、禅定《ぜんじょう》に入り、智慧《ちえ》を磨き、あらゆる煩悩《ぼんのう》から解放されて、心の安らかさを自覚するという五の功徳。その功徳を具備するものを五分法身という。

梵音声　きよらかな声。

経歴　ここでは流転《るてん》を繰り返すこと。

くのごとく心《こころ》を至《いた》して、声《こえ》をして絶《た》えざらしめて、十念《じゅうねん》を具足《ぐそく》して南無阿弥《なもあみ》
陀《だ》仏《ぶつ》と称《しょう》せしむ。仏名《ぶつみょう》を称《しょう》するがゆゑに、念々《ねんねん》のなかにおいて八十億劫《はちじゅうおくこう》の生《しょう》
40 死《じ》の罪《つみ》を除《のぞ》く。命終《いのちおわ》る時《とき》、金蓮華《こんれんげ》を見《み》るに、なほ日輪《にちりん》のごとくしてその人《ひと》の
前《まえ》に住《じゅう》せん。一念《いちねん》のあひだのごとくに、すなはち極楽世界《ごくらくせかい》に往生《おうじょう》することを
得《う》。蓮華《れんげ》のなかにして十二大劫《じゅうにだいこう》を満《み》てて、蓮華《れんげ》まさに開《ひら》く。観世音《かんぜおん》・大勢至《だいせいし》、
大悲《だいひ》の音声《おんじょう》をもつて、それがために広《ひろ》く*諸法実相《しょほうじっそう》・罪《つみ》を除滅《じょめつ》するの法《ほう》を説《と》きた
まふ。聞《き》きをはりて歓喜《かんぎ》し、時《とき》に応《おう》じてすなはち菩提《ぼだい》の心《しん》を発《おこ》さん。これを下《げ》
品下生《ぼんげしょう》のものと名《な》づく。これを下輩生想《げはいしょうそう》と名《な》づけ、第十六《だいじゅうろく》の観《かん》と名《な》づく」と。
【三二】　この語《ご》を説《と》きたまふ時《とき》、韋提希《いだいけ》、五百《ごひゃく》の侍女《じにょ》とともに仏《ぶつ》の所説《しょせつ》を聞《き》き、
時《とき》に応《おう》じてすなはち極楽世界《ごくらくせかい》の広長《こうじょう》の相《そう》を見《み》たてまつる。*仏身《ぶっしん》および二菩薩《にぼさつ》
を見《み》たてまつることを得《え》て、心《しん》に歓喜《かんぎ》を生《しょう》じて未曾有《みぞう》なりと歎《たん》ず。*廓然《かくねん》として
大悟《だいご》して無生忍《むしょうにん》を得《え》たり。五百《ごひゃく》の侍女《じにょ》、阿耨多羅三藐三菩提心《あのくたらさんみゃくさんぼだいしん》を発《おこ》して、か
の国《くに》に生《しょう》ぜんと願《がん》ず。世尊《せそん》、ことごとく、「みなまさに往生《おうじょう》すべし。かの国《くに》に
生《しょう》じをはりて、*諸仏現前三昧《しょぶつげんぜんざんまい》を得《え》ん」と記《き》したまへり。無量《むりょう》の諸天《しょてん》、無上道《むじょうどう》
41 心《しん》を発《おこ》せり。

諸法実相　一切の存在の真実のすがたをいう。

仏身および二菩薩　阿弥陀仏の仏身と観音・勢至の二菩薩。

廓然　明るくひらけるさま。からりと迷いがはれたことをいう。

諸仏現前三昧　般舟《はんじゅ》三昧・仏立《ぶつりゅう》三昧ともいう。諸仏が眼前に現れるという禅《ぜん》定《じょう》。

42

【三二】その時《とき》阿難《あなん》、すなはち座《ざ》より起《た》ち、前《すす》みて仏《ぶつ》にまうしてまうさく、「世《せ》尊《そん》、まさにいかんがこの経《きょう》を名《な》づくべき。この法《ほう》の要《よう》をば、まさにいかんが受《じゅ》持《じ》すべき」と。仏《ぶつ》、阿難《あなん》に告《つ》げたまはく、「この経《きょう》をば〈極楽国土《ごくらくこくど》・無量寿《むりょうじゅ》仏《ぶつ》・観世音菩薩《かんぜおんぼさつ》・大勢至菩薩《だいせいしぼさつ》を観《かん》ず〉と名《な》づく。また〈業障《ごっしょう》を浄除《じょうじょ》し諸仏《しょぶつ》の前《みまえ》に生《しょう》ず〉と名《な》づく。なんぢまさに受持《じゅじ》すべし。忘失《もうしつ》せしむることなかれ。この三昧《さんまい》を行《ぎょう》ずるものは、現身《げんしん》に無量寿仏《むりょうじゅぶつ》および*二大士《にだいじ》を見《み》ることを得《う》。もし善男子《ぜんなんし》・善女人《ぜんにょにん》、ただ仏名《ぶつみょう》・二菩薩《にぼさつ》名《みょう》を聞《き》くだに、無量劫《むりょうこう》の生死《しょうじ》の罪《つみ》を除《のぞ》く。いかにいはんや憶念《おくねん》せんをや。もし念仏《ねんぶつ》するものは、まさに知《し》るべし、この人《ひと》はこれ人中《にんちゅう》の分陀利華《ふんだりけ》なり。観世音菩薩《かんぜおんぼさつ》・大勢至菩薩《だいせいしぼさつ》、その勝友《しょうう》となる。まさに道場《どうじょう》に坐《ざ》し*諸仏《しょぶつ》の家《いえ》に生《しょう》ずべし」と。仏《ぶつ》、阿難《あなん》に告《つ》げたまはく、「*なんぢよくこの語《ご》を持《たも》て。この語《ご》を持《たも》てといふは、すなはちこれ無量寿仏《むりょうじゅぶつ》の名《みな》を持《たも》てとなり」と。仏《ぶつ》、この語《ご》を説《と》きたまふ時《とき》、尊者目犍連《そんじゃもくけんれん》・阿難《あなん》および韋提希《いだいけ》等《とう》、仏《ぶつ》の所説《しょせつ》を聞《き》きたてまつりて、みな大《おお》きに歓喜《かんぎ》す。

【三三】その時《とき》に、世尊《せそん》、足虚空《みあしこくう》を歩《あゆ》みて耆闍崛山《ぎしゃくっせん》に還《かえ》りたまふ。その時《とき》に、阿《あ》難《なん》、広《ひろ》く大衆《だいしゅ》のために、上《かみ》のごときの事《じ》を説《と》くに、無量《むりょう》の*諸天《しょてん》および竜《りゅう》・夜《や》

二大士　観音・勢至の二菩薩。

諸仏の家　極楽浄土のこと。阿弥陀仏の浄土は諸仏のさとりの本源であるから、このようにいう。

なんぢ…　「この語を持て」とは、阿弥陀仏の名《みょう》号《ごう》を常に心にとどめよということで、阿弥陀仏の名《みな》を信じ、称えよということである。

諸天および竜夜叉　仏教を護持する八部衆のうち、代表的なものをあげる。↓八《はち》部《ぶ》

叉《しゃ》、仏《ぶつ》の所説《しょせつ》を聞《き》きたてまつりて、みな大《おお》きに歓喜《かんぎ》し、仏《ぶつ》を礼《らい》して退《しりぞ》きぬ。

仏《ぶっ》説《せつ》観《かん》無《む》量《りょう》寿《じゅ》経《きょう》

仏《ぶつ》説《せつ》阿《あ》弥《み》陀《だ》経《きよう》

略して『小経《しょうきょう》』とも称される。この経は舎衛国《しゃえこく》の祇園精舎《ぎおんしょうじゃ》において説かれたもので、無問自説《むもんじせつ》の経（問いをまたずにみずから説かれた経）、また一代結経《いちだいけつきょう》（釈尊一代の説法の結びの経）といわれる。

正宗分《しょうしゅうぶん》は大きく三段に分けて見ることができる。初めの一段には、極楽浄土のうるわしい荘厳相《しょうごんそう》と仏・聖衆《しょうじゅ》の尊い徳を示される。次に、この浄土には自力の善根《ぜんごん》では往生できないのであって、一心に念仏することによってのみ往生ができると説かれ、終りに、東南西北、下方上方の六方の諸仏が、この念仏往生の法が真実であることを証誠《しょうじょう》し護念《ごねん》されている旨を説き述べられるのである。

『大経《だいきょう》』には阿弥陀仏の本願が説かれ、『観経《かんぎょう》』にはあらゆる善根功徳《くどく》（定散二善《じょうさんにぜん》）と弥陀念仏の法とを説いて、最後に他力念仏の一法を勧められるが、この経にはもっぱら念仏一法のみを説いて結ばれるのである。

なお、浄土三部経については、親鸞聖人《しんらんしょうにん》は一致と差別と両様の見方を示されている。それは『観経』『小経』には顕説《けんぜつ》と隠彰《おんしょう》の両義があるからである。『観経』は顕説からいえば定散二善の法を説くもので、第十九《じゅうく》願諸行往生の法を開説したもの、『小経』も顕説からいえば多善根多福徳の自力念仏の法を説くもので、第二十願の法を開説したものと見られる。このように見る場合は三経差別である。

しかし、『観経』もその本意は定散二善の法を廃して他力念仏を説き、『小経』もその本意は他力念仏の法を説く。それが隠彰の義であって、『大経』と同じ本願の法を説く。これが三経一致である。その一致のなかで、『大経』は法の真実、『観経』は機の真実、『小経』は機法合説《きほうがっせつ》証誠というふうに、それぞれあらわされるのである。

仏《ぶっ》説《せつ》阿《あ》弥《み》陀《だ》経《きょう》

＊姚秦《ようしんの》　＊三蔵法師《さんぞうほっし》鳩摩羅什《くまらじゅう》奉　詔　訳《しょうをうけたまわりてやくす》

【一】　かくのごとく、われ聞《き》きたてまつりき。ひと時《とき》、仏《ぶつ》、舎衛国《しゃえこく》の＊祇樹給孤独園《ぎじゅきっこどくおん》にましまして、＊大比丘《だいびく》の衆《しゅう》、千二百五十人《せんにひゃくごじゅうにん》と倶《とも》なりき。みなこれ大阿羅漢《だいあらかん》なり。衆《しゅう》に知識《ちしき》せらる。＊長老舎利弗《ちょうろうしゃりほつ》・摩訶目犍連《まかもくけんれん》・摩訶迦葉《まかかしょう》・摩訶迦旃延《まかかせんえん》・摩訶倶絺羅《まかくちら》・離婆多《りはた》・周利槃陀伽《しゅりはんだが》・難陀《なんだ》・阿難陀《あなんだ》・羅睺羅《らごら》・憍梵波提《きょうぼんはだい》・賓頭盧《びんずる》頗羅堕《はらだ》・迦留陀夷《かるだい》・摩訶劫賓那《まかこうひんな》・薄拘羅《はくら》・阿㝹楼駄《あぬるだ》、かくのごときらのもろもろの大弟子《だいでし》、ならびにもろもろの菩薩《ぼさつ》＊摩訶薩《まかさつ》、文殊師利法王子《もんじゅしりほうおうじ》・阿逸多菩薩《あいったぼさつ》
4
（弥勒）・乾陀訶提菩薩《けんだかだいぼさつ》・常精進菩薩《じょうしょうじんぼさつ》、かくのごときらのもろもろの大菩薩《だいぼさつ》、および＊釈提桓因《しゃくだいかんいんとう》等の無量《むりょう》の諸天大衆《しょてんだいしゅ》と倶《とも》なりき。

【二】　その時《とき》、仏《ぶつ》、長老舎利弗《ちょうろうしゃりほつ》に告《つ》げたまはく、「＊これより西方《さいほう》に、十万億《じゅうまんおく》の仏土《ぶつど》を過《す》ぎて世界《せかい》あり、名《な》づけて極楽《ごくらく》といふ。その土《ど》に仏《ぶつ》まします、阿弥陀《あみだ》と号《ごう》す。いま現《げん》にましまして法《ほう》を説《と》きたまふ。

姚秦　後秦《こうしん》（三八四―四一七）のこと。王室の姓をとって姚秦と呼ぶ。

三蔵法師　→三蔵《さんぞう》[2]

祇樹給孤独園　舎衛城《しゃえじょう》（コーサラ国の首都。現在のマヘート遺跡に比定される）の西南にあった精舎《しょうじゃ》。舎衛国の祇陀《ぎだ》太子が所有する土地を須達《しゅだつ》長者（常に孤独の者に施したので給孤独と称される）が譲り受けて釈尊に献上したのでこの名がある。

大比丘の衆　大いなる比丘の集まり。後に列挙する菩薩衆に対すれば声聞衆《しょうもんしゅ》である。

長老　年長の比丘、また智徳ある比丘に対する尊称。

摩訶薩　梵語マハー・サットヴァ（mahā-sattva）の音写で、偉大な志をもつ者

5

【三】舎利弗《しゃりほつ》、かの土《ど》をなんがゆゑぞ名《な》づけて極楽《ごくらく》とする。その国《くに》の衆生《しゅじょう》、もろもろの苦《く》あることなく、ただもろもろの楽《らく》を受《う》く。ゆゑに極楽《ごくらく》と名《な》づく。

また舎利弗《しゃりほつ》、極楽国土《ごくらくこくど》には七重《しちじゅう》の*欄楯《らんじゅん》・七重《しちじゅう》の*羅網《らもう》・七重《しちじゅう》の*行樹《ごうじゅ》あり。みなこれ*四宝《しほう》*周帀《しゅうそう》し囲繞《いにょう》せり。このゆゑにかの国《くに》を名《な》づけて極楽《ごくらく》といふ。

また舎利弗《しゃりほつ》、極楽国土《ごくらくこくど》には七宝《しっぽう》の池《いけ》あり。八功徳水《はっくどくすい》そのなかに充満《じゅうまん》せり。池《いけ》の底《そこ》にはもつぱら金《こがね》の沙《いさご》をもつて地《じ》に布《し》けり。四辺《しへん》の*階道《かいどう》は、金《こん》・銀《ごん》・瑠《る》璃《り》・玻璃《はり》合成《ごうじょう》せり。上《うえ》に*楼閣《ろうかく》あり。また金《こん》・銀《ごん》・瑠璃《るり》・玻璃《はり》・硨磲《しゃこ》・赤珠《しゃくしゅ》・碼《め》碯《のう》をもつて、これを厳飾《ごんじき》す。池《いけ》のなかの蓮華《れんげ》は、*大《おお》きさ車輪《しゃりん》のごとし。青色《しょうしき》には青光《しょうこう》、黄色《おうしき》には黄光《おうこう》、赤色《しゃくしき》には赤光《しゃくこう》、白色《びゃくしき》には白光《びゃくこう》ありて、微妙香潔《みみょうこうけつ》なり。舎利弗《しゃりほつ》、極楽国土《ごくらくこくど》には、かくのごときの功徳荘厳《くどくしょうごん》を成就《じょうじゅ》せり。また舎《しゃ》利弗《りほつ》、かの仏国土《ぶっこくど》には、つねに*天《てん》の楽《がく》をなす。黄金《おうごん》を地《じ》とし、*昼夜六時《ちゅうやろくじ》に天《てん》†の*曼陀羅華《まんだらけ》を雨《あめふ》らす。その国《くに》の衆生《しゅじょう》、つねに*清旦《しょうたん》をもつて、おのおの*衣裓《えこく》をもつて、もろもろの妙華《みょうけ》を盛《い》れて、他方《たほう》の十万億《じゅうまんおく》の仏《ぶつ》を供養《くよう》したてまつる。すなはち*食時《じきじ》をもつて本国《ほんごく》に還《かえ》り到《いた》りて、飯食《ぼんじき》し*経行《きょうぎょう》す。舎利弗《しゃりほつ》、極楽国土《ごくらくこくど》には、かくのごときの功徳荘厳《くどくしょうごん》を成就《じょうじゅ》せり。

の意。菩薩に同じ。→菩薩《ぼさつ》

釈提桓因 梵語シャクラ・デーヴァーナーム・インドラ(Śakra-devānām-indra)の音写。帝釈天のこと。→帝釈天《たいしゃくてん》

これ 娑婆《しゃば》世界。

欄楯 装飾をほどこした垣。

羅網 宝珠をつらねた飾り網。梵本では鈴のついた網。

行樹 並木。

四宝 金・銀・瑠璃・玻璃のこと。

周帀し囲繞せり あまねくめぐりかこんでいる。

階道 階段状になった道。

楼閣 重層の建物。高殿。

大きさ車輪のごとし 「大」の字を「形」の意とし「かたち車輪のごとし」と読む場合もある。梵本では「大きさ」の意。

天の楽 天上界の音楽。す

6

また次《つぎ》に舎利弗《しゃりほつ》、かの国《くに》にはつねに種々《しゅじゅ》奇妙《きみょう》なる雑色《ざっしき》の鳥《とり》あり。*白鵠《びゃくこう》・孔《く》雀《じゃく》・鸚鵡《おうむ》・*舎利《しゃり》・*迦陵頻伽《かりょうびんが》・*共命《ぐみょう》の鳥《とり》なり。このもろもろの鳥《とり》、昼夜六時《ちゅうやろくじ》に和《わ》雅《げ》の音《こえ》を出《いだ》す。その音《こえ》、五根《ごこん》・五力《ごりき》・七菩提分《しちぼだいぶん》・*八聖道分《はっしょうどうぶん》、かくのごときらの法《ほう》を*演暢《えんちょう》す。その土《ど》の衆生《しゅじょう》、この音《こえ》を聞《き》きをはりて、みなことごとく仏《ぶつ》を念《ねん》じ、法《ほう》を念《ねん》じ、僧《そう》を念《ねん》ず。舎利弗《しゃりほつ》、なんぢこの鳥《とり》は実《じつ》にこれ罪報《ざいほう》の所生《しょしょう》なりと謂《おも》ふことなかれ。ゆゑはいかん。かの仏国土《ぶっこくど》には三悪趣《さんまくしゅ》なければなり。舎《しゃ》利弗《りほつ》、その仏国土《ぶっこくど》にはなほ三悪道《さんまくどう》の名《な》すらなし。いかにいはんや実《じつ》あらんや。このもろもろの鳥《とり》は、みなこれ阿弥陀仏《あみだぶつ》、法音《ほうおん》を*宣流《せんる》せしめんと欲《おぼ》して、*変化《へんげ》してなしたまふところなり。舎利弗《しゃりほつ》、かの仏国土《ぶっこくど》には、微風《みふう》吹《ふ》きて、もろもろの宝行樹《ほうごうじゅ》および宝羅網《ほうらもう》を動《うご》かすに、微妙《みみょう》の音《こえ》を出《いだ》す。たとへば百千種《ひゃくせんじゅ》の楽《がく》を同時《どうじ》にともになすがごとし。この音《こえ》を聞《き》くもの、みな自然《じねん》に仏《ぶつ》を念《ねん》じ、法《ほう》を念《ねん》じ、僧《そう》を念《ねん》ずるの心《しん》を生《しょう》ず。舎利弗《しゃりほつ》、その仏国土《ぶっこくど》には、かくのごときの功徳《くどく》荘厳《しょうごん》を成就《じょうじゅ》せり。

【四】舎利弗《しゃりほつ》、なんぢが意《こころ》においていかん。かの仏《ぶつ》をなんがゆゑぞ阿弥陀《あみだ》と号《ごう》する。舎利弗《しゃりほつ》、かの仏《ぶつ》の光明無量《こうみょうむりょう》にして、十方《じっぽう》の国《くに》を照《て》らすに障礙《しょうげ》するとこ

ぐれた音楽。

昼夜六時　一昼夜を晨朝《じんじょう》・日中《にっちゅう》・日没《にちもつ》の昼三時、初《しょ》夜《や》・中夜《ちゅうや》・後夜《ごや》の夜三時に分けていう。

曼陀羅華　曼陀羅は梵語マーンダーラヴァ(māndārava)の音写。天妙華・適意《じゃくい》華《げ》・悦意華などと漢訳する。色美しく、みる者の心をよろこばせるという天上界の華。

清旦　夜明け。

衣裓　華をもる器。

食時　一食をたべ終るわずかな時間。一説では昼前の時間を指すという。

経行　一定の場所を往復して歩くこと。身心を整えるためにこれを行う。

白鵠　白鳥または天鵞《てんが》ともいわれる水鳥。

舎利　梵語シャーリ(śāri)

7 ろなし。このゆゑに号《ごう》して阿弥陀《あみだ》とす。また舎利弗《しゃりほつ》、かの仏《ぶつ》の寿命《じゅみょう》およびその人民《にんみん》〔の寿命《じゅみょう》〕も無量無辺阿僧祇劫《むりょうむへんあそうぎこう》なり。ゆゑに阿弥陀《あみだ》と名《な》づく。舎利弗《しゃりほつ》、阿弥陀仏《あみだぶつ》は、成仏《じょうぶつ》よりこのかたいまに十劫《じっこう》なり。また舎利弗《しゃりほつ》、かの仏《ぶつ》に無量《むりょう》無辺《むへん》の声聞《しょうもん》の弟子《でし》あり、みな阿羅漢《あらかん》なり。これ算数《さんじゅ》のよく知《し》るところにあらず。もろもろの菩薩衆《ぼさつしゅ》、またまたかくのごとし。舎利弗《しゃりほつ》、かの仏国土《ぶっこくど》には、かくのごときの功徳荘厳《くどくしょうごん》を成就《じょうじゅ》せり。

【五】　また舎利弗《しゃりほつ》、極楽国土《ごくらくこくど》には、衆生《しゅじょう》生《しょう》ずるものはみなこれ阿鞞跋致《あびばっち》なり。そのなかに多《おお》く一生補処《いっしょうふしょ》〔の菩薩《ぼさつ》〕あり。その数《かず》はなはだ多《おお》し。これ算数《さんじゅ》のよくこれを知《し》るところにあらず。ただ無量無辺阿僧祇劫《むりょうむへんあそうぎこう》をもつて説《と》くべし。舎利《しゃり》弗《ほつ》、衆生《しゅじょう》聞《*き》かんもの、まさに発願《ほつがん》してかの国《くに》に生《しょう》ぜんと願《ねが》ふべし。ゆゑはいかん。かくのごときの諸上善人《*しょじょうぜんにん》とともに一処《*いっしょ》に会《え》することを得《う》ればなり。舎《しゃ》利弗《りほつ》、少善根福徳《*しょうぜんごんふくとく》の因縁《いんねん》をもつてかの国《くに》に生《しょう》ずることを得《う》べからず。

8 舎利弗《しゃりほつ》、もし善男子《ぜんなんし》・善女人《ぜんにょにん》ありて、阿弥陀仏《あみだぶつ》を説《と》くを聞《き》きて、名号《みょうごう》を執持《*しゅうじ》することもしは一日《いちにち》、もしは二日《ににち》、もしは三日《さんにち》、もしは四日《しにち》、もしは五日《ごにち》、もしは六日《ろくにち》、もしは七日《しちにち》、一心《いっしん》にして乱《みだ》れざれば、その人《ひと》、命終《みょうじゅう》の時《とき》に臨《のぞ》み

またはシャーリカ（sārika）の音写。鶖鷺《しゅうろ》・鸜鵒《くよく》などと漢訳する。黒色で人間の言葉を暗誦するという。

迦陵頻伽　梵語カラヴィンカ（kalaviṅka）の音写。好声・妙声・美声・妙音鳥などと漢訳する。殻の中にいる時、すでによく鳴き、きわめて美しい声を出すという。

共命の鳥　命命鳥ともいう。雉あるいは鷓鴣《しゃこ》の一種。また人面禽形《にんめんきんぎょう》で一身に両頭を有する鳥であるともいう。

八聖道分　分は因の意。八聖道はさとりに至る因であるから八聖道分という。↓八聖道《はっしょうどう》

演暢　広く説きのべること。

宣流　述べひろめること。

変化　姿を変えて現すこと。

聞かんもの　極楽浄土およ

て、阿弥陀仏《あみだぶつ》、もろもろの聖衆《しょうじゅ》と現《げん》じてその前《まえ》にましまさん。この人終《ひとおわ》らん
時《とき》、心顛倒《しんてんどう》せずして、すなはち阿弥陀仏《あみだぶつ》の極楽国土《ごくらくこくど》に往生《おうじょう》することを得《う》。舎《しゃ》
利弗《りほつ》、われこの利《り》を見《み》るがゆゑに、この言《ごん》を説《と》く。もし衆生《しゅじょう》ありて、この説《せつ》
を聞《き》かんものは、まさに発願《ほつがん》してかの国土《こくど》に生《うま》るべし。

【六】舎利弗《しゃりほつ》、われいま阿弥陀仏《あみだぶつ》の不可思議《ふかしぎ》の功徳《くどく》を讃歎《さんだん》するがごとく、東方《とうぼう》にまた、阿閦鞞仏《あしゅくびぶつ》・須弥相仏《しゅみそうぶつ》・大須弥仏《だいしゅみぶつ》・須弥光仏《しゅみこうぶつ》・妙音仏《みょうおんぶつ》、かくのごときらの恒河沙数《ごうがしゃしゅ》の諸仏《しょぶつ》ましまして、おのおのその国《くに》において、*広長《こうじょう》の舌相《ぜっそう》を出《いだ》し、あまねく三千大千世界《さんぜんだいせんせかい》に覆《おお》ひて、誠実《じょうじつ》の言《ごん》を説《と》きたまはく、〈なんぢら衆生《しゅじょう》、
9
まさにこの不可思議《ふかしぎ》の功徳《くどく》を称讃《しょうさん》したまふ一切諸仏《いっさいしょぶつ》に護念《ごねん》せらるる経《きょう》を信《しん》ずべし〉と。

【七】舎利弗《しゃりほつ》、南方《なんぽう》の世界《せかい》に、日月灯仏《にちがつとうぶつ》・名聞光仏《みょうもんこうぶつ》・大焔肩仏《だいえんけんぶつ》・須弥灯仏《しゅみとうぶつ》・無量《むりょう》精進仏《しょうじんぶつ》、かくのごときらの恒河沙数《ごうがしゃしゅ》の諸仏《しょぶつ》ましまして、おのおのその国《くに》において、広長《こうじょう》の舌相《ぜっそう》を出《いだ》し、あまねく三千大千世界《さんぜんだいせんせかい》に覆《おお》ひて、誠実《じょうじつ》の言《ごん》を説《と》きたまはく、〈なんぢら衆生《しゅじょう》、まさにこの不可思議《ふかしぎ》の功徳《くどく》を称讃《しょうさん》したまふ一切諸《いっさいしょ》仏《ぶつ》に護念《ごねん》せらるる経《きょう》を信《しん》ずべし〉と。

び阿弥陀仏と聖者《しょうじゃ》のことを聞くものは。

諸上善人　もろもろのすぐれた聖者。

一処　極楽浄土を指す。

少善根福徳　自力を励まして行うわずかな善根功徳《くどく》。大善大功徳である念仏以外のすべての行。

執持　しっかりととりたもつこと。親鸞聖人は阿弥陀仏の名号《みょうごう》を信じ称えることと解釈した。

広長の舌相を出し　広長の舌相は仏の三十二相の一。仏の舌は広く長くてその顔面をおおうといわれる。ここでは三千大千世界をおおうとされている。仏が舌を出すのは教説が真実であることを証明する意味を持つ。

10

【八】舎利弗《しゃりほつ》、西方《さいほう》の世界《せかい》に、無量寿仏《むりょうじゅぶつ》・無量相仏《むりょうそうぶつ》・無量幢仏《むりょうどうぶつ》・大光仏《だいこうぶつ》・大明《だいみょう》仏《ぶつ》・宝相仏《ほうそうぶつ》・浄光仏《じょうこうぶつ》、かくのごときらの恒河沙数《ごうがしゃしゅ》の諸仏《しょぶつ》ましまして、おのおのその国《くに》において、広長《こうじょう》の舌相《ぜっそう》を出《いだ》し、あまねく三千大千世界《さんぜんだいせんせかい》に覆《おお》ひて、誠実《じょうじつ》の言《ごん》を説《と》きたまはく、〈なんぢら衆生《しゅじょう》、まさにこの不可思議《ふかしぎ》の功徳《くどく》を称讃《しょうさん》したまふ一切諸仏《いっさいしょぶつ》に護念《ごねん》せらるる経《きょう》を信《しん》ずべし〉と。

【九】舎利弗《しゃりほつ》、北方《ほっぽう》の世界《せかい》に、焰肩仏《えんけんぶつ》・最勝音仏《さいしょうおんぶつ》・難沮仏《なんしょぶつ》・日生仏《にっしょうぶつ》・網明仏《もうみょうぶつ》、かくのごときらの恒河沙数《ごうがしゃしゅ》の諸仏《しょぶつ》ましまして、おのおのその国《くに》において、広《こう》長《じょう》の舌相《ぜっそう》を出《いだ》し、あまねく三千大千世界《さんぜんだいせんせかい》に覆《おお》ひて、誠実《じょうじつ》の言《ごん》を説《と》きたまはく、〈なんぢら衆生《しゅじょう》、まさにこの不可思議《ふかしぎ》の功徳《くどく》を称讃《しょうさん》したまふ一切諸仏《いっさいしょぶつ》に護念《ごねん》せらるる経《きょう》を信《しん》ずべし〉と。

【一〇】舎利弗《しゃりほつ》、下方《げほう》の世界《せかい》に、師子仏《ししぶつ》・名聞仏《みょうもんぶつ》・名光仏《みょうこうぶつ》・達摩仏《だつまぶつ》・法幢仏《ほうどうぶつ》・持《じ》法仏《ほうぶつ》、かくのごときらの恒河沙数《ごうがしゃしゅ》の諸仏《しょぶつ》ましまして、おのおのその国《くに》において、広長《こうじょう》の舌相《ぜっそう》を出《いだ》し、あまねく三千大千世界《さんぜんだいせんせかい》に覆《おお》ひて、誠実《じょうじつ》の言《ごん》を説《と》きたまはく、〈なんぢら衆生《しゅじょう》、まさにこの不可思議《ふかしぎ》の功徳《くどく》を称讃《しょうさん》したまふ一切諸仏《いっさいしょぶつ》に護念《ごねん》せらるる経《きょう》を信《しん》ずべし〉と。

11 【一一】舎利弗《しゃりほつ》、上方《じょうほう》の世界《せかい》に、梵音仏《ぼんのんぶつ》・宿王仏《しゅくおうぶつ》・香上仏《こうじょうぶつ》・香光仏《こうこうぶつ》・大焔肩《だいえんけん》
仏《ぶつ》・雑色宝華厳身仏《ざっしきほうけごんしんぶつ》・娑羅樹王仏《しゃらじゅおうぶつ》・宝華徳仏《ほうけとくぶつ》・見一切義仏《けんいっさいぎぶつ》・如須弥山仏《にょしゅみせんぶつ》、かく
のごときらの恒河沙数《ごうがしゃしゅ》の諸仏《しょぶつ》ましまして、おのおのその国《くに》において、広長《こうじょう》の
舌相《ぜっそう》を出《いだ》し、あまねく三千大千世界《さんぜんだいせんせかい》に覆《おお》ひて、誠実《じょうじつ》の言《ごん》を説《と》きたまはく、
〈なんぢら衆生《しゅじょう》、まさにこの不可思議《ふかしぎ》の功徳《くどく》を称讃《しょうさん》したまふ一切諸仏《いっさいしょぶつ》に護念《ごねん》せ
らるる経《きょう》を信《しん》ずべし〉と。

【一二】舎利弗《しゃりほつ》、なんぢが意《こころ》においていかん。なんがゆゑぞ名《な》づけて一切諸仏《いっさいしょぶつ》に
護念《ごねん》せらるる経《きょう》とするや。舎利弗《しゃりほつ》、もし善男子《ぜんなんし》・善女人《ぜんにょにん》ありて、この諸仏《しょぶつ》の所《しょ》
説《せつ》の*名《みな》および経《きょう》の名《な》を聞《き》かんもの、このもろもろの善男子《ぜんなんし》・善女人《ぜんにょにん》、みな一切《いっさい》
諸仏《しょぶつ》のためにともに護念《ごねん》せられて、みな阿耨多羅三藐三菩提《あのくたらさんみゃくさんぼだい》を退転《たいてん》せざるこ
とを得《え》ん。このゆゑに舎利弗《しゃりほつ》、なんぢらみなまさにわが語《ことば》および諸仏《しょぶつ》の所説《しょせつ》を
信受《しんじゅ》すべし。舎利弗《しゃりほつ》、もし人《ひと》ありて、すでに発願《ほつがん》し、いま発願《ほつがん》し、*まさに発願《ほつがん》
12 して、阿弥陀仏国《あみだぶつこく》に生《しょう》ぜんと欲《おも》はんものは、このもろもろの人等《ひとら》、みな阿耨多《あのくた》
羅三藐三菩提《らさんみゃくさんぼだい》を退転《たいてん》せざることを得《え》て、かの国土《こくど》において、もしはすでに生《うま》
れ、もしはいま生《うま》れ、もしはまさに生《うま》れん。このゆゑに舎利弗《しゃりほつ》、もろもろの善《ぜん》

名　阿弥陀仏の名《みな》。

まさに　将来に。

男子《なんし》・善女人《ぜんにょにん》、もし信《しん》あらんものは、まさに発願《ほつがん》してかの国土《こくど》に生《うま》るべし。

【一三】舎利弗《しゃりほつ》、われいま諸仏《しょぶつ》の不可思議《ふかしぎ》の功徳《くどく》を称讃《しょうさん》するがごとく、かの諸《しょ》仏等《ぶつら》もまた、わが不可思議《ふかしぎ》の功徳《くどく》を称説《しょうせつ》してこの言《ごん》をなしたまはく、〈釈迦牟《しゃかむ》尼仏《にぶつ》、よく*甚難希有《じんなんけう》の事《じ》をなして、よく娑婆国土《しゃばこくど》の五濁悪世《ごじょくあくせ》、劫濁《こうじょく》・見濁《けんじょく》・煩悩濁《ぼんのうじょく》・衆生濁《しゅじょうじょく》・命濁《みょうじょく》のなかにおいて、阿耨多羅三藐三菩提《あのくたらさんみゃくさんぼだい》を得《え》て、もろもろの衆生《しゅじょう》のために、この一切世間《いっさいせけん》*難信《なんしん》の法《ほう》を説《と》きたまふ〉と。舎利弗《しゃりほつ》まさに知《し》るべし、われ五濁悪世《ごじょくあくせ》においてこの難事《なんじ》を行《ぎょう》じて、阿耨多羅三藐三菩提《あのくたらさんみゃくさんぼだい》
13 を得《え》て、一切世間《いっさいせけん》のために、この難信《なんしん》の法《ほう》を説《と》く。これを甚難《じんなん》とす」と。

【一四】仏《ぶつ》、この経《きょう》を説《と》きたまふこと已《おわ》りて、舎利弗《しゃりほつ》およびもろもろの比丘《びく》、一《いっ》切世間《さいせけん》の天《てん》・人《にん》・阿修羅等《あしゅらとう》、仏《ぶつ》の所説《しょせつ》を聞《き》きたてまつりて、歓喜《かんぎ》し信受《しんじゅ》して、礼《らい》をなして去《さ》りにき。

仏《ぶつ》説《せつ》阿《あ》弥《み》陀《だ》経《きょう》

甚難希有の事　非常に難しく、世にまれなこと。

難信の法　自力の心では決して信じることができない法門の意で、この経に説かれた念仏往生の教えを指す。この教えは、世間の常識的な道理を超越しているから、自力にとらわれている心でははなはだ信じ難い法であるということ。そのことはまたこの法の尊高をあらわしている。

顕《けん》浄《じょう》土《ど》真《しん》実《じつ》教《きょう》行《ぎょう》証《しょう》文《もん》類《るい》

本書は親鸞聖人《しんらんしょうにん》の主著で、『教行信証《きょうぎょうしんしょう》』『教行証文類《きょうぎょうしょうもんるい》』『広文類《こうもんるい》』『本典《ほんでん》』などとも称され、浄土真宗の教義体系が示されている。すなわち本願力回向《ほんがんりきえこう》を往相《おうそう》・還相《げんそう》の二回向に分け、その往相の法義を教・行・信・証の四法として明かされたもので、立教開宗の根本聖典である。初めに総序があり、続いて教・行・信・証・真仏土・化身土《けしんど》と六巻に分けて詳細に宗義が明かされ、終りに後序がある。そのなか、最初に、真実の教とは、釈尊の説かれた『大経《だいきょう》』であって、本願を宗とし、名号《みょうごう》を体とする釈尊出世《しゅっせ》の本懐《ほんがい》の教である。この経に説かれた法義が、次の行信証の因果である。第二の行とは、本願の名号であって、破闇満願《はあんまんがん》の力用《りきゆう》をもち衆生《しゅじょう》を往生成仏させる行法である。第三の信とは、この行法を領受した三心即一の無疑の信心をいう。この信の体は名号であり、また仏の大智大悲心であるからよく真実報土《しんじっほうど》に到って涅槃《ねはん》のさとりを開く因となる。これを信心正因という。第四の証というのは験現《けんげん》という意味で、如来回向の行信の因が、果としてあらわれることをいう。この証果《しょうか》は弥陀同体のさとりであり、涅槃とも滅度《めつど》ともいう。またこの証果の悲用《ひゆう》として、衆生救済の還相が展開するという。このような証の現れる境界《きょうがい》が第五の真仏真土であって、光明無量《こうみょうむりょう》・寿命無量《じゅみょうむりょう》の大涅槃の境界である。それは同時に往還二回向のおこる本源でもある。以上五巻で顕真実の法義は終るが、第六化身土巻において、権仮《ごんけ》の教と邪偽《じゃぎ》の教とを区分し明かされる。権仮の教とは、聖道門《しょうどうもん》と浄土門内の方便教である要門《ようもん》、真門《しんもん》のことである。また邪偽の教とは、仏教以外の外道《げどう》のことをいう。このように「仮」と「偽」を簡《えら》ぶことによって、いよいよ真実を明らかにされるのである。

顕《けん》浄《じょう》土《ど》真《しん》実《じつ》教《きょう》行《ぎょう》証《しょう》文《もん》類《るい》　序《じょ》

*ひそかにおもんみれば、*難思《なんじ》の弘誓《ぐぜい》は*難度海《なんどかい》を度《ど》する大船《だいせん》、無碍《むげ》の光《こう》明《みょう》は無明《むみょう》の闇《あん》を破《は》する*恵日《えにち》なり。しかればすなはち、*浄邦縁熟《じょうほうえんじゅく》して、調《じょう》達《だつ》（提婆達多）、闍世《じゃせ》（阿闍世）をして逆害《ぎゃくがい》を興《こう》ぜしむ。*浄業機彰《じょうごうきあらわ》†れて、釈迦《しゃか》、韋提《いだい》をして安養《あんにょう》を選《えら》ばしめたまへり。これすなはち権化《ごんけ》の仁《にん》斉《ひと》しく苦悩《くのう》の群萠《ぐんもう》を救済《くさい》し、*世雄《せおう》の悲《ひ》まさしく逆謗闡提《ぎゃくほうせんだい》を恵《めぐ》まんと欲《おぼ》す。ゆゑに知《し》んぬ、*円融至徳《えんにゅうしとく》の嘉号《かごう》は悪《あく》を転《てん》じて徳《とく》を成《な》す正智《しょうち》、*難信金剛《なんしんこんごう》の信《しん》楽《ぎょう》は疑《うたがい》を除《のぞ》き証《さとり》を獲《え》しむる真理《しんり》なりと。

しかれば、*凡小修《ぼんしょうしゅ》し易《やす》き真教《しんきょう》、愚鈍《ぐどん》往《ゆ》き易《やす》き*捷径《せっけい》なり。*大聖一代《だいしょういちだい》の教《きょう》、この徳海《とくかい》にしく*なし。穢《え》を捨《す》て浄《じょう》を欣《ねが》ひ、行《ぎょう》に迷《まど》ひ信《しん》に惑《まど》ひ、心昏《こころくら》く識寡《さとりすく》なく、悪重《あくおも》く障《さわり》多《おお》きもの、ことに如来《にょらい》（釈尊）の*発遣《はっけん》を仰《あお》ぎ、かならず最勝《さいしょう》の直道《じきどう》に帰《き》して、もつぱらこの行《ぎょう》に奉《つか》へ、ただこの信《しん》を崇《あが》め

ひそかにおもんみれば　仏意に対して、へりくだる意をあらわす。

難思の弘誓　思いはかることのできない広大な誓願《せいがん》。

難度海　渡ることが難しい迷いの海。

恵日　智恵（智慧）の輝きを太陽に喩えた語。

浄邦縁熟して　釈尊が浄土の教えを説き明かす機縁が熟して。

浄業機彰れて　浄土往生の行業（念仏）を修するにふさわしい機類があらわれて。

世雄　仏の尊称の一。煩悩《ぼんのう》を断じ魔を征服する世の雄者の意。

円融至徳の嘉号　万物一如《いちにょ》という完全にして最高の徳を具《そな》えた阿弥陀仏の名号《みょうごう》。

難信金剛の信楽　自力の心では得ることのできない堅固な信心。

よ。ああ、弘誓《ぐぜい》の強縁《ごうえん》、*多生《たしょう》にも値《もうあ》ひがたく、真実《しんじつ》の浄信《じょうしん》、*億劫《おくこう》にも獲《え》がたし。たまたま行信《ぎょうしん》を獲《え》ば、遠《とお》く宿縁《しゅくえん》を慶《よろこ》べ。もしまたこのたび*疑網《ぎもう》に覆蔽《ふへい》せられば、かへつてまた曠劫《こうごう》を*経歴《きょうりゃく》せん。誠《まこと》なるかな、摂取不捨《せっしゅふしゃ》の真言《しんごん》、超世希有《ちょうせけう》の正法《しょうぼう》、*聞思《もんし》して遅慮《ちりょ》することなかれ。

ここに愚禿釈《ぐとくしゃく》の親鸞《しんらん》、慶《よろこ》ばしいかな、*西蕃《せいばん》・月支《げっし》の聖典《しょうてん》、東夏《とうか》（中国）・日域《じちいき》（日本）の師釈《ししゃく》に、遇《あ》ひがたくしていま遇《あ》ふことを得《え》たり、聞《き》きがたくしてすでに聞《き》くことを得《え》たり。真宗《しんしゅう》の教行証《きょうぎょうしょう》を敬信《きょうしん》して、ことに如来《にょらい》の恩徳《おんどく》の深《ふか》きことを知《し》んぬ。ここをもつて聞《き》くところを慶《よろこ》び、獲《う》るところを嘆《たん》ずるなりと。

四

凡小　愚かな凡夫。→凡夫《ぼんぶ》

捷径　近道。

大聖一代の教　釈尊が一生の間に説いた教法。

しくなし　及ぶものはない。

発遣　浄土に往生せよとすすめること。

多生にも値ひがたく　いくたび生を重ねても容易にあえるものではなく。

億劫　限りなく長い時間。→劫《こう》

疑網に覆蔽せられば　疑いの網におおわれたなら。

経歴　ここでは流転《るてん》を繰り返すこと。

聞思して…　本願のいわれを聞きひらき、疑いためらってはならない。

西蕃月支　月支（月氏）は中央アジアの民族名であるが、ここでは西蕃も月支もともにインドを指す。

6

大《だい》無量寿経《むりょうじゅきょう》　*真実《しんじつ》の教《きょう》
浄土真宗《じょうどしんしゅう》

真実の教　↓補註8

7

顕《けん》浄《じょう》土《ど》真《しん》実《じつ》教《きょう》文《もん》類《るい》　一

愚《ぐ》禿《とく》釈《しゃく》親《しん》鸞《らん》集《しゅう》

【一】 つつしんで浄土《じょうど》真宗《しんしゅう》を案《あん》ずるに、二種《にしゅ》の*回向《えこう》あり。一《ひと》つには往相《おうそう》、二《ふた》つには還相《げんそう》なり。往相《おうそう》の回向《えこう》について真実《しんじつ》の教行信証《きょうぎょうしんしょう》あり。

【二】 それ真実《しんじつ》の教《きょう》を顕《あらわ》さば、すなはち『大無量寿経《だいむりょうじゅきょう》』これなり。この経《きょう》の大意《たいい》は、弥陀《みだ》、誓《ちかい》を超発《ちょうほっ》して、広《ひろ》く*法蔵《ほうぞう》を開《ひら》きて、凡小《ぼんしょう》を哀《あわ》れんで選《えら》んで*功徳《くどく》の宝《ほう》を施《せ》することを致《いた》す。釈迦《しゃか》、世《よ》に出興《しゅっこう》して、*道教《どうきょう》を*光闡《こうせん》して、群萠《ぐんもう》を拯《すく》ひ恵《めぐ》むに*真実《しんじつ》の利《り》をもつてせんと欲《おぼ》すなり。ここをもつて如《にょ》来《らい》の本願《ほんがん》を説《と》きて経《きょう》の*宗致《しゅうち》とす、すなはち仏《ぶつ》の名号《みょうごう》をもつて経《きょう》の*体《たい》とするなり。

なにをもつてか*出世《しゅっせ》の大事《だいじ》なりと知《し》ることを得《う》るとならば、

8

【三】 『大無量寿経《だいむりょうじゅきょう》』（上）にのたまはく、「〈今日世尊《こんにちせそん》、*諸根悦予《しょこんえつよ》し姿色清浄《ししきしょうじょう》にして、*光顔巍々《こうげんぎぎ》とましますこと、あきらかなる鏡《かがみ》の浄《きよ》き影《かげ》、表裏《ひょうり》に暢《とお》るがご

回向　→補註12

法蔵　法門の蔵。真理をおさめた蔵。

功徳の宝　阿弥陀仏の名《みょう》号《ごう》のこと。

道教　釈尊一代の教説のこと。

光闡　広く説きのべること。

真実の利　真実の利益《りやく》。阿弥陀仏の本願名号によって得る利益をいう。

宗致　経典に説かれた法義の最も肝要なことがら。

体　本質。本体。

出世の大事　釈尊がこの世に出現した本意、真の目的。

諸根悦予　諸根は眼・耳・鼻・舌・身の五根（五種の感覚器官）、悦予はよろこぶこと。全身によろこびがあふれている相をあらわした言葉。

光顔巍々　光り輝く顔が気高くすぐれているさま。

とし。*威容顕曜《いようけんよう》にして超絶《ちょうぜつ》したまへること無量《むりょう》なり。いまだかつて*瞻覩《せんと》せず、殊妙《しゅみょう》なること今《きょう》のごとくましますをば。*やや、しかなり。大聖《だいしょう》、わが心《こころ》に念言《ねんごん》すらく、今日世尊《こんにちせそん》、奇特《きどく》の法《ほう》に住《じゅう》したまへり。今日*世雄《こんにちせおう》、仏《ぶつ》の所住《しょじゅう》に住《じゅう》したまへり。今日*世眼《こんにちせげん》、導師《どうし》の行《ぎょう》に住《じゅう》したまへり。今日*世英《こんにちせよう》、最勝《さいしょう》の道《どう》に住《じゅう》したまへり。今日*天尊《こんにちてんそん》、如来《にょらい》の徳《とく》を行《ぎょう》じたまへり。*去来現《こらいげん》の仏《ぶつ》、仏《ぶつ》と仏《ぶつ》とあひ念《ねん》じたまへり。いまの仏《ぶつ》も諸仏《しょぶつ》を念《ねん》じたまふことなきことを得《え》んや。なんがゆゑぞ威神《いじん》の光《ひかり》、光《ひかり》いましましかる〉と。ここに世尊《せそん》、阿難《あなん》に告《つ》げてのたまはく、〈諸天《しょてん》のなんぢを教《おし》へて来《きた》して仏《ぶつ》に問《と》はしむるや、みづから慧見《えけん》をもつて威顔《いげん》を問《と》へるや〉と。阿難《あなん》、仏《ぶつ》にまうさく、〈諸天《しょてん》の来《きた》りてわれを教《おし》ふるものあることなけん。みづから所見《しょけん》をもつてこの義《ぎ》を問《と》ひたてまつるならくのみ〉と。

9 仏《ぶつ》ののたまはく、〈善《よ》いかな阿難《あなん》、問《と》へるところはなはだ快《こころよ》し。深《ふか》き智慧《ちえ》、*真妙《しんみょう》の弁才《べんざい》を発《おこ》して、衆生《しゅじょう》を愍念《みんねん》せんとして、この*慧義《えぎ》を問《と》へり。如来《にょらい》*無蓋《むがい》の大悲《だいひ》をもつて三界《さんがい》を*矜哀《こうあい》したまふ。世《よ》に出興《しゅっこう》するゆゑは、道教《どうきょう》を光闡《こうせん》して、群萌《ぐんもう》を拯《すく》ひ恵《めぐ》むに真実《しんじつ》の利《り》をもつてせんと欲《おぼ》してなり。無量億劫《むりょうおっこう》に値《もうあ》ひがたく見《み》たてまつりがたきこと、なほし*霊瑞華《れいずいけ》の時《とき》ありて時《とき》にいまし出《い》づるがごと

威容顕曜　姿がおごそかで、光り輝いていること。

瞻覩　仰ぎみること。

ややしかなり　相手に恭順《きょうじゅん》の意を示しつつ応諾する語。「はい、そうです」と仏の聖旨《しょうし》に随順するという意。

世雄　仏の尊称の一。煩悩《ぼんのう》を断じ魔を征服する世の雄者の意。

世眼　仏の尊称の一。迷いの世界を照らす智慧《ちえ》の眼をもつ者の意。

世英　仏の尊称の一。世の人々に超えすぐれた智慧のある者の意。

天尊　仏の尊称の一。天の中で最も尊い者の意。

去来現　過去・未来・現在。

真妙の弁才　真実で巧妙な弁説の才能。

慧義　智慧によってのみ知ることができる意義。すな

し。いま問《と》へるところは*饒益《にょうやく》するところ多《おお》し、一切《いっさい》の諸天《しょてん》・人民《にんみん》を開化《かいけ》す。阿《あ》難《なん》まさに知《し》るべし、如来《にょらい》の正覚《しょうがく》は、その智《ち》量《はか》りがたくして、導御《どうご》したまふところ多《おお》し。*慧見無礙《えけんむげ》にしてよく*遏絶《あつぜつ》することなし〉」と。以上

10

【四】『無量寿如来会《むりょうじゅにょらいえ》』（上）にのたまはく、「阿難《あなん》、仏《ぶつ》にまうしてまうさく、〈世尊《せそん》、われ如来《にょらい》の*光瑞希有《こうずいけう》なるを見《み》たてまつるがゆゑにこの念《ねん》を発《おこ》せり。天《てん》等《とう》によるにあらず〉と。仏《ぶつ》、阿難《あなん》に告《つ》げたまはく、〈善《よ》いかな善《よ》いかな、なんぢいま快《こころよ》く問《と》へり。よく微妙《みみょう》の弁才《べんざい》を観察《かんざつ》して、よく如来《にょらい》に如是《にょぜ》の義《ぎ》を問《と》ひたてまつれり。なんぢ一切如来《いっさいにょらい》・*応《おう》・*正等覚《しょうとうがく》および大悲《だいひ》に安住《あんじゅう》して群生《ぐんじょう》を利益《りやく》せんがために、優曇華《うどんげ》の希有《けう》なるがごとくして*大士世間《だいじせけん》に出現《しゅつげん》したまへり。ゆゑにこの義《ぎ》を問《と》ひたてまつる。またもろもろの有情《うじょう》を哀愍《あいみん》し*利楽《りらく》せんがためのゆゑに、よく如来《にょらい》に如是《にょぜ》の義《ぎ》を問《と》ひたてまつれり〉」と。以上

【五】『平等覚経《びょうどうがくきょう》』（一）にのたまはく、「仏《ぶつ》、阿難《あなん》に告《つ》げたまはく、〈世間《せけん》に*優《う》曇鉢樹《どんばじゅ》あり、ただ実《み》ありて華《はな》あることなし。天下《てんげ》に仏《ぶつ》まします、いまし華《はな》の出《い》づるがごとくならくのみ。世間《せけん》に仏《ぶつ》ましませども、はなはだ値《もうあ》ふことを得《う》ること難《かた》し。いまわれ仏《ぶつ》になりて天下《てんげ》に出《い》でたり。*†なんぢ大徳《だいとく》ありて、聡明善心《そうみょうぜんしん》

わち、仏の五徳瑞現の理由。

無蓋の大悲　いかなるものにもおおい隠されることのない大慈悲心。この上ない大慈悲心。

矜哀　深くあわれむこと。

霊瑞華　優曇華《うどんげ》のこと。↓優曇華

饒益　他を利益《りやく》すること。

慧見無礙　仏の智慧《ちえ》が自在であること。

遏絶　さえぎりとどめること。

光瑞　光り輝く奇瑞《きずい》の相（めでたいすがた）。

応　応供《おうぐ》のこと。如来十号の一。↓如来《にょらい》

正等覚　等正覚に同じ。↓等正覚《とうしょうがく》②

大士　一般には菩薩のこと。ここでは釈尊を指す。

利楽　利益し安楽にさせること。

にして、あらかじめ仏意《ぶつい》を知《し》る。なんぢ忘《わす》れずして仏辺《ぶっぺん》にありて仏《ぶつ》に侍《つか》へたてまつるなり。なんぢいま問《と》へるところ、よく聴《き》き、あきらかに聴《き》け〉」と。以上

11

【六】憬興師《きょうごうし》のいはく（述文賛）、「〈今日世尊《こんにちせそん》住奇特法《じゅうきどくほう》〉といふは、*神通輪《じんずうりん》によりて現《げん》じたまふところの相《そう》なり。ただつねに異《こと》なるのみにあらず。また等《ひと》しきものなきがゆゑに。〈今日世雄《こんにちせおう》住仏所住《じゅうぶつしょじゅう》〉といふは、*普等三昧《ふとうざんまい》に住《じゅう》して、*よく衆魔雄《しゅまおう》健天《ごんてん》を制《せい》するがゆゑに。〈今日世眼《こんにちせげん》住導師行《じゅうどうしぎょう》〉といふは、五眼《ごげん》を導師《どうし》の行《ぎょう》と名《な》づく。衆生《しゅじょう》を引導《いんどう》するに過上《かじょう》なきがゆゑに。〈今日世英《こんにちせよう》住最勝道《じゅうさいしょうどう》〉といふは、仏《ぶつ》、四智《しち》に住《じゅう》したまふ。独《ひと》り秀《ひい》でたまへること、匹《ひと》しきことなきがゆゑに。〈今日天尊《こんにちてんそん》行如来徳《ぎょうにょらいとく》〉といふは、すなはち*第一義天《だいいちぎてん》なり。*仏性不空《ぶっしょうふくう》の義《ぎ》をもつてのゆゑに。〈阿難当知如来正覚《あなんとうちにょらいしょうがく》〉といふは、すなはち奇特《きどく》の法《ほう》なり。〈慧見無礙《えけんむげ》〉といふは、最勝《さいしょう》の道《どう》を述《じゅっ》するなり。〈無能遏絶《むのうあつぜつ》〉といふは、すなはち如来《にょらい》の徳《とく》なり」と。以上

【七】しかればすなはち、これ真実《しんじつ》の教《きょう》を顕《あらわ》す明証《みょうしょう》なり。まことにこれ、如来興世《にょらいこうせ》の正説《しょうせつ》、奇特最勝《きどくさいしょう》の妙典《みょうでん》、*一乗究竟《いちじょうくきょう》の極説《ごくせつ》、速疾円融《そくしつえんにゅう》の金言《きんげん》、十方称讃《じっぽうしょうさん》の誠言《じょうごん》、時機純熟《じきじゅんじゅく》の真教《しんきょう》なりと、知《し》るべしと。

優曇鉢樹　優曇華のこと。→優曇華《うどんげ》

なんぢ…聴け　底本には「もし大徳ありて、聡明善心にして、仏意を知るによつて、もし忘れずは、仏辺にありて仏に侍へたまふなり。もしいま問へるところ、あまねく聴き、あきらかに聴け」とある。

神通輪　三輪の一。→三輪《さんりん》

普等三昧　一切の諸仏をあまねく同時にみることのできる禅定《ぜんじょう》（深い精神統一）の境地。

よく衆魔雄健天を制するがゆゑに　雄健天を天魔（第六天の魔王）と解するものか。通常は「よく衆魔を制す。雄健天（世雄。仏のこと）なるがゆゑに」と読む。

第一義天　仏のこと。五天、すなわち世天（世間の人

顕《けん》浄《じょう》土《ど》真《しん》実《じつ》教《きょう》文《もん》類《るい》　一

王)、生天(天界の神々)、浄天(声聞《しょうもん》・縁覚《えんがく》)、義天(菩薩)、第一義天(仏)の一。仏が第一義(真如仏《しんにょぶっ》性《しょう》)をさとるゆえにいう。

仏性不空　仏性は無量の徳用をもち常住《じょうじゅう》であることをいう。

一乗究竟の極説　一切衆《しゅ》生《じょう》をことごとく仏のさとりに至らせる一乗教の究極を説きあらわした最高の教え。

12

諸仏称名の願《しょぶつしょうみょうのがん》

*浄土真実の行《じょうどしんじつのぎょう》
選択本願の行《せんじゃくほんがんのぎょう》

浄土真実の行…　諸仏讃嘆の名号《みょうごう》が往生浄土の真実の行であり、その名号が選《せん》択《じゃく》本願（第十八願）の「乃至十念」の称名となってあらわれているということを示す。→補註10

顕浄土真実行文類《けんじょうどしんじつぎょうもんるい》　二

愚禿釈親鸞集《ぐとくしゃくしんらんしゅう》

13
【一】　つつしんで往相《おうそう》の*回向《えこう》を案《あん》ずるに、大行《だいぎょう》あり、大信《だいしん》あり。大行《だいぎょう》とはすなはち無碍光如来《むげこうにょらい》の名《みな》を称《しょう》するなり。この行《ぎょう》はすなはちこれ*もろもろの善法《ぜんぼう》を摂《せっ》し、もろもろの徳本《とくほん》を具《ぐ》せり。*極速円満《ごくそくえんまん》す、*真如一実《しんにょいちじつ》の功徳宝海《くどくほうかい》なり。ゆゑに大行《だいぎょう》と名《な》づく。しかるにこの行《ぎょう》は大悲《だいひ》の願《がん》（第十七願）より出《い》でたり。すなはちこれ諸仏《しょぶつ》*称揚《しょうよう》の願《がん》と名《な》づく、また諸仏称名《しょぶつしょうみょう》の願《がん》と名《な》づく、また諸仏《しょぶつ》*咨嗟《ししゃ》の願《がん》と名《な》づく、また往相回向《おうそうえこう》の願《がん》と名《な》づくべし、また選択称名《せんじゃくしょうみょう》の願《がん》と名《な》づくべきなり。

【二】　諸仏称名《しょぶつしょうみょう》の願《がん》、『大経《だいきょう》』（上）にのたまはく、「たとひわれ仏《ぶつ》を得《え》たらんに、十方世界《じっぽうせかい》の無量《むりょう》の諸仏《しょぶつ》、ことごとく咨嗟《ししゃ》して、わが名《な》を*称《しょう》せずは、正覚《しょうがく》を取《と》らじ」と。以上

14
【三】　またのたまはく（同・上）、「われ仏道《ぶつどう》を成《な》らんに至《いた》りて、*名声《みょうしょう》十方《じっぽう》に超《こ》

回向　↓補註12

もろもろの善法を…　名《みょう》号《ごう》大行にはあらゆる善根《ぜんごん》功《く》徳《どく》がおさまっているということを示す。

極速円満す　きわめて速やかに往生の因が満足する。名号大行のはたらきがすぐれていることを示す。

真如一実の…　名号大行は真如にかなった法であることを示す。

称揚・咨嗟　讃嘆の意で、ほめたたえること。

称　称揚の意で、名号をほめたたえること。

名声　阿弥陀仏の名号のこと。

えん。究竟《くきょう》して*聞《きこ》ゆるところなくは、誓《ちか》ふ、正覚《しょうがく》を成《な》らじと。衆《しゅう》のために宝《ほう》蔵《ぞう》を開《ひら》きて、広《ひろ》く*功徳《くどく》の宝《ほう》を施《せ》せん。つねに大衆《だいしゅ》のなかにして、説法《せっぽう》*獅子吼《ししく》せん」と。抄要

【四】願《がん》（第十七願）成就《じょうじゅ》の文《もん》、『経《きょう》』（大経・下）にのたまはく、「十方恒沙《じっぽうごうじゃ》の諸《しょ》仏如来《ぶつにょらい》、みなともに無量寿仏《むりょうじゅぶつ》の威神功徳不可思議《いじんくどくふかしぎ》なるを讃嘆《さんだん》したまふ」と。以上

【五】またのたまはく（同・下）、「無量寿仏《むりょうじゅぶつ》の威神極《いじんきわ》まりなし。十方世界無量《じっぽうせかいむりょう》無辺不可思議《むへんふかしぎ》の諸仏如来《しょぶつにょらい》、かれを称嘆《しょうたん》せざるはなし」と。以上

【六】またのたまはく（同・下）、「その仏《ぶつ》の本願力《ほんがんりき》、名《みな》を聞《き》きて往生《おうじょう》せんと欲《おも》へば、みなことごとくかの国《くに》に到《いた》りて、おのづから不退転《ふたいてん》に致《いた》る」と。以上

15

【七】『無量寿如来会《むりょうじゅにょらいえ》』（上）にのたまはく、「いま如来《にょらい》に対《たい》して弘誓《ぐぜい》を発《おこ》せり。*まさに無上菩提《むじょうぼだい》の因《いん》を証《しょう》（証《しょう》の字《じ》、験《げん》なり）すべし。もしもろもろの*上願《じょうがん》を満足《まんぞく》せずは、*十力無等尊《じゅうりきむとうそん》を取《と》らじと。*心《こころ》、あるいは*常行《じょうぎょう》†に堪《た》へざらんものに施《せ》せん。広《ひろ》く貧窮《びんぐ》を済《すく》ひてもろもろの苦《く》を免《まぬか》れしめ、世間《せけん》を利益《りやく》して安楽《あんらく》ならしめんと。乃至

*最勝丈夫《さいしょうじょうぶ》修行《しゅぎょう》しをはりて、かの貧窮《びんぐ》において*伏蔵《ぶくぞう》とならん。善法《ぜんぽう》を円満《えんまん》し

一四

聞ゆるところなくは　聞えないところがあるならという意。

功徳の宝　阿弥陀仏の名《みょう》号《ごう》のこと。

獅子吼　仏の説法を獅子のほえる声に喩えた語。獅子のほえる声が百獣を畏伏させるように、仏の説法はすべての衆生《しゅじょう》を信順させるという意をあらわす。

まさに無上菩提の因を証すべし　「この誓願《せいがん》が私（法《ほう》蔵《ぞう》菩薩）の無上菩提の因となることを証明したまえ」あるいは「衆生を無上菩提に至らせるための因を成就するであろう」という意か。ただし経の原文では「無上菩提を証する日に当りて」と読む。

上願　すぐれた願。四十八願のこと。

十力無等尊　仏のこと。十

て*等倫《とうりん》なけん。大衆《だいしゅ》のなかにして獅子吼《ししく》せん」と。以上抄出

【八】 またのたまはく（如来会・下）、「阿難《あなん》、この*義利《ぎり》をもつてのゆゑに、無《む》量《りょう》無数《むしゅ》不可思議《ふかしぎ》無有等等《むうとうどう》無辺世界《むへんせかい》の諸仏如来《しょぶつにょらい》、みなともに無量寿仏《むりょうじゅぶつ》の所有《しょう》の功徳《くどく》を称讃《しょうさん》したまふ」と。以上

【九】『仏説《ぶつせつ》*諸仏《しょぶつ》阿弥陀《あみだ》三耶三仏《さんやさんぶつ》薩楼仏檀《さるぶつだん》過度人道経《かどにんどうきょう》』（上）『大阿弥陀経《だいあみだきょう》』と
16 いふ、『二十四願経《にじゅうしがんきょう》』といふ にのたまはく、「第四《だいし》に願《がん》ずらく、〈某《それがし》作仏《さぶつ》せしめん時《とき》、わが名字《みょうじ》をもつてみな、八方上下《はっぽうじょうげ》*無央数《むおうしゅ》の仏国《ぶっこく》に聞《き》かしめん。みな諸《しょ》仏《ぶつ》おのおの比丘僧大衆《びくそうだいしゅ》のなかにして、わが功徳《くどく》・国土《こくど》の善《ぜん》を説《と》かしめん。諸《しょ》天《てん》・人民《にんみん》、*蜎飛蠕動《けんぴねんどう》の類《たぐい》、わが名字《みょうじ》を聞《き》きて慈心《じしん》せざるはなけん。歓喜踊躍《かんぎゆやく》せんもの、みなわが国《くに》に来生《らいしょう》せしめ、この願《がん》を得《え》ていまし作仏《さぶつ》せん。この願《がん》を得《え》ずは、つひに作仏《さぶつ》せじ〉」と。以上

【一〇】『無量清浄平等覚経《むりょうしょうじょうびょうどうがくきょう》』の巻上《かんじょう》にのたまはく、「〈われ作仏《さぶつ》せん時《とき》、わが名《な》をして八方上下《はっぽうじょうげ》無数《むしゅ》の仏国《ぶっこく》に聞《き》かしめん。諸仏《しょぶつ》おのおの弟子衆《でししゅ》のなかにして、わが功徳《くどく》・国土《こくど》の善《ぜん》を嘆《たん》ぜん。諸天《しょてん》・人民《にんみん》、蠕動《ねんどう》の類《たぐい》、わが名字《みょうじ》を聞《き》きてみなことごとく踊躍《ゆやく》せんもの、わが国《くに》に来生《らいしょう》せしめん。しからずはわれ作《さ》

種の力をそなえたこの上なく尊い者の意。→十力《じゅうりき》

心…安楽ならしめんと 通常は「心あるいはつねに施を行じ、広く貧窮を済《すく》ひ、もろもろの苦を免れしめ、世間を利益し、安楽ならしむるに堪へずは…」と読む。

常行…施せん 行を修めることができないものに（真実の功徳《くどく》を）回施《えせ》しようという意。底本の訓点では「常行の施に堪へざらんものに」と読む。

最勝丈夫 最もすぐれた勇気ある者。

伏蔵 地中に隠された宝の蔵。

等倫 等しい者。

義利 利益《りやく》。

諸仏 『開元録《かいげんろく》』巻三に示された経名にはこの二字がある。『浄土和讃』（六〇）

仏《ぶつ》せじ〉と。〈われ作仏《さぶつ》せん時《とき》、他方仏国《たほうぶっこく》の人民《にんみん》、前世《ぜんせ》に*悪《あく》のためにわが名字《みょうじ》を聞《き》き、およびまさしく道《どう》のためにわが国《くに》に来生《らいしょう》せんと欲《おも》はん。寿《いのち》終《お》へてみなまた三悪道《さんまくどう》に更《かえ》らざらしめて、すなはちわが国《くに》に生《うま》れんこと、心《こころ》の所願《しょがん》にあ

17 らん。しからずはわれ作仏《さぶつ》せじ〉と。*阿闍世王太子《あじゃせおうたいし》および五百《ごひゃく》の長者子《ちょうじゃし》、*無量清浄仏《むりょうしょうじょうぶつ》の二十四願《にじゅうしがん》を聞《き》きて、みな大《おお》きに歓喜《かんぎ》し踊躍《ゆやく》して、心中《しんちゅう》にともに願《がん》じていはまく、〈われらまた作仏《さぶつ》せん時《とき》、みな無量清浄仏《むりょうしょうじょうぶつ》のごとくならしめん〉と。仏《ぶつ》すなはちこれを知《し》ろしめして、もろもろの比丘僧《びくそう》に告《つ》げたまはく、〈この阿闍世王太子《あじゃせおうたいし》および五百《ごひゃく》の長者子《ちょうじゃし》、後無央数劫《のちむおうしゅこう》を却《さ》りて、みなまさに作仏《さぶつ》して無量清浄仏《むりょうしょうじょうぶつ》のごとくなるべし〉と。仏《ぶつ》ののたまはく、〈この阿闍《あじゃ》世王太子《せおうたいし》・五百《ごひゃく》の長者子《ちょうじゃし》、菩薩《ぼさつ》の道《どう》をなしてこのかた無央数劫《むおうしゅこう》に、みなおのおの四百億仏《しひゃくおくぶつ》を供養《くよう》しをはりて、いままた来《きた》りてわれを供養《くよう》せり。この阿闍《あじゃ》世王太子《せおうたいし》および五百人等《ごひゃくにんとう》、みな前世《ぜんせ》に迦葉仏《かしょうぶつ》の時《とき》、わがために弟子《でし》となれりき。いまみなまた会《え》してこれともにあひ値《あ》へるなり〉と。すなはちもろもろの比丘僧《びくそう》、仏《ぶつ》の言《みこと》を聞《き》きて、みな心踊躍《こころゆやく》して歓喜《かんぎ》せざるものなけんと。乃至〈か

18 くのごときの人《ひと》、仏《ぶつ》の名《みな》を聞《き》きて、快《こころよ》く安穏《あんのん》にして大利《だいり》を得《え》ん。われらが類《たぐい》こ

の異本左訓には、『諸仏阿弥陀…』の経名を釈して「弥陀を諸仏とまうす。過度人道(経)のこころなり」とある。

無央数　阿僧祇に同じ。↓阿僧祇《あそうぎ》

蜎飛蠕動　蜎飛は飛びまわる小虫、蠕動は地にうごめくうじ虫。

悪のために…　仏教をそしるためや名聞利養《みょうもんりよう》のために名号《みょうごう》の法を聞くという意か。あるいは「悪をなして」と読み、悪をなしたことが縁となって名号を聞くという説もある。

阿闍世王太子　阿闍世王の太子、和休《わく》とする説と、阿闍世王自身のこととする説とがある。

無量清浄仏　阿弥陀仏のこと。

の徳《とく》を得《え》ん。もろもろのこの*刹《くに》に好《よ》きところを獲《え》ん。*無量覚《むりょうかく》その*決《けつ》を授《さず》けん。《われ前世《ぜんせ》に本願《ほんがん》あり。一切《いっさい》の人《ひと》、法《ほう》を説《と》くを聞《き》かば、みなことごとくわが国《くに》に来生《らいしょう》せん。わが願《がん》ずるところみな具足《ぐそく》せん。もろもろの国《くに》より来生《らいしょう》せんもの、みなことごとくこの間《けん》に来到《らいとう》して、一生《いっしょう》に不退転《ふたいてん》を得《え》ん》と。すみやかに疾《と》く超《こ》えて、すなはち安楽国《あんらくこく》の世界《せかい》に到《いた》るべし。無量光明土《むりょうこうみょうど》に至《いた》りて、無《む》数《しゅ》の仏《ぶつ》を供養《くよう》せん。この功徳《くどく》あるにあらざる人《ひと》は、この経《きょう》の名《な》を聞《き》くことを得《え》
19 ず。ただ清浄《しょうじょう》に戒《かい》を有《たも》てるもの、いまし還《かえ》りてこの正法《しょうぼう》を聞《き》く。悪《あく》と憍慢《きょうまん》と*蔽《へい》と懈怠《けだい》のものは、もつてこの*法《ほう》を信《しん》ずること難《かた》し。*宿世《しゅくせ》の時仏《ときぶつ》を見《み》たてまつれるもの、楽《この》んで世尊《せそん》の教《きょう》を*聴聞《ちょうもん》せん。人《ひと》の命《いのち》希《まれ》に得《う》べし。仏《ぶつ》、世《よ》にましませどもはなはだ値《もうあ》ひがたし。*信慧《しんね》ありて致《いた》るべからず。もし聞見《もんけん》せば*精進《しょうじん》して求《もと》めよ。この法《ほう》を聞《き》きて忘《わす》れず、すなはち*見《み》て敬《うやま》ひ得《え》て大《おお》きに慶《よろこ》ばば、すなはちわが善《よ》き*親厚《しんこう》なり。これをもつてのゆゑに*道意《どうい》を発《ほっ》せよ。たとひ世界《せかい》に満《み》
20 てらん火《ひ》にも、このなかを過《す》ぎて法《ほう》を聞《き》くことを得《え》ば、かならずまさに世尊《せそん》となりて、まさに一切生老死《いっさいしょうろうし》を度《ど》せんとすべし》」と。以上

【二】『悲華経《ひけきょう》』の「*大施品《だいせぼん》」の二巻《にかん》にのたまはく、曇無讖三蔵《どんむしんさんぞう》の訳《やく》「願《ねが》はく

刹 刹（せつ）は梵語クシェートラ（kṣetra）の音写。国土・世界の意。
無量覚 阿弥陀仏のこと。
決 未来に必ず仏となることを予言すること。記に同じ。→記《き》
蔽 邪見のこと。
この法 阿弥陀仏の本願を指す。
宿世 前の世。過去世。
聴聞 「ゆるされてきく、信じてきく」（左訓）
信慧… 信心の智慧《ちえ》を得ることはむずかしい。
精進 「このみすすむなり」（左訓）
見て…慶ばば 見は聞見のこと。名号《みょうごう》のいわれを聞きひらき、信を得て法を敬い深く心によろこべば。
親厚 親しい友人。
道意 菩提心のこと。→菩《ぼ》提心《だいしん》

は、われ阿耨多羅三藐三菩提《あのくたらさんみやくさんぼだい》を成《な》りをはらんに、無量無辺阿僧祇《むりようむへんあそうぎ》の余仏《よぶつ》の世《せ》界《かい》の所有《しよう》の衆生《しゆじよう》、わが名《な》を聞《き》かんもの、もろもろの善本《ぜんぼん》を修《しゆ》してわが界《かい》に生《しよう》ぜんと欲《おも》はん。願《ねが》はくは、それ命《いのち》を捨《す》てての後《のち》†、必定《ひつじよう》して生《しよう》を得《え》しめん。ただ五逆《ごぎやく》と聖人《しようにん》を*誹謗《ひほう》せんと、正法《しようぼう》を廃壊《はいえ》せんとを除《のぞ》かん」と。以上

【二】しかれば、名《みな》を称《しよう》するに、よく衆生《しゆじよう》の一切《いつさい》の無明《むみよう》を破《は》し、よく衆《しゆ》生《じよう》の*一切《いつさい》の志願《しがん》を*満《み》てたまふ。称名《しようみよう》はすなはちこれ最勝真妙《さいしようしんみよう》の正業《しようごう》なり。正業《しようごう》はすなはちこれ念仏《ねんぶつ》なり。念仏《ねんぶつ》はすなはちこれ南無阿弥陀仏《なもあみだぶつ》なり。南無阿弥陀仏《なもあみだぶつ》はすなはちこれ正念《しようねん》なりと、知《し》るべしと。

21
【三】『十住毘婆沙論《じゆうじゆうびばしやろん》』（入初地品）にいはく、「ある人《ひと》のいはく、*般舟三昧《はんじゆざんまい》および大悲《だいひ》を諸仏《しよぶつ》の家《いえ》と名《な》づく。この二法《にほう》よりもろもろの如来《によらい》を生《しよう》ず。このなかに般舟三昧《はんじゆざんまい》を父《ちち》とす、また大悲《だいひ》を母《はは》とす。また次《つぎ》に般舟三昧《はんじゆざんまい》はこれ父《ちち》なり、無《む》生法忍《しようぼうにん》はこれ母《はは》なり。『助菩提《じよぼだい》』のなかに説《と》くがごとし。〈般舟三昧《はんじゆざんまい》の父《ちち》、大《だい》悲無生《ひむしよう》の母《はは》、一切《いつさい》のもろもろの如来《によらい》、この二法《にほう》より生《しよう》ず〉と。家《いえ》に過咎《かぐ》なければ家清浄《いえしようじよう》なり。ゆゑに清浄《しようじよう》とは六波羅蜜《ろつぱらみつ》・四功徳処《しくどくしよ》なり。方便《ほうべん》・般若波羅蜜《はんにやはらみつ》は善慧《ぜんえ》なり。般舟三昧《はんじゆざんまい》・大悲《だいひ》・諸忍《しよにん》、この諸法清浄《しよほうしようじよう》にして過《とが》あることなし。

大施品　引用の文は「大施品」になく「諸菩薩本授記《しよぼさつほんじゆき》品《ぼん》」にある。

誹謗　そしること。

一切の志願　往生成仏の願を根本とする一切の願。

満てたまふ　「たまふ」は尊敬の意。無明を破し、志願を満たすのは、阿弥陀仏の力によることをあらわす。

般舟三昧　梵語プラティウトパンナ・サマーディ（pratyutpanna-samādhi）の音写。諸仏現前三昧・仏立《ぶつりゆう》三昧ともいう。この三昧を得れば、十方の諸仏をまのあたりにみることができるという。

22

ゆゑに家清浄《いえしょうじょう》と名《な》づく。この菩薩《ぼさつ》、この諸法《しょほう》をもつて家《いえ》とするがゆゑに、過《か》咎《ぐ》あることなし。世間道《せけんどう》を転《てん》じて出世上道《しゅっせじょうどう》に入《い》るものなり。世間道《せけんどう》をすなはちこれ凡夫所行《ぼんぶしょぎょう》の道《どう》と名《な》づく。*転《てん》じて休息《くそく》と名《な》づく。凡夫道《ぼんぶどう》は究竟《くきょう》して涅槃《ねはん》に至《いた》ることあたはず、つねに生死《しょうじ》に往来《おうらい》す。これを凡夫道《ぼんぶどう》と名《な》づく。出世間《しゅっせけん》は、この道《どう》によりて三界《さんがい》を出《い》づることを得《う》るがゆゑに、出世間道《しゅっせけんどう》と名《な》づく。上《じょう》は妙《みょう》なるがゆゑに名《な》づけて上《じょう》とす。入《にゅう》はまさしく道《どう》を行《ぎょう》ずるがゆゑに名《な》づけて入《にゅう》とす。この心《こころ》をもつて初地《しょじ》に入《い》るを歓喜地《かんぎじ》と名《な》づくと。

問《と》うていはく、初地《しょじ》なんがゆゑぞ名《な》づけて歓喜《かんぎ》とするやと。

答《こた》へていはく、〈*初果《しょか》の究竟《くきょう》して涅槃《ねはん》に至《いた》ることを得《う》るがごとし。菩薩《ぼさつ》この地《じ》を得《う》れば、心《こころ》つねに歓喜多《かんぎおお》し。自然《じねん》に諸仏如来《しょぶつにょらい》の種《しゅ》を増長《ぞうじょう》することを得《う》。このゆゑにかくのごときの人《ひと》を、賢善者《けんぜんしゃ》と名《な》づくることを得《う》〉と。〈初果《しょか》を得《う》るがごとし〉といふは、人《ひと》の須陀洹道《しゅだおんどう》を得《う》るがごとし。よく三悪道《さんまくどう》の門《もん》を閉《と》づ。法《ほう》を見《み》て法《ほう》に入《い》り、法《ほう》を得《え》て堅牢《けんろう》の法《ほう》に住《じゅう》して傾動《きょうどう》すべからず、究竟《くきょう》して涅槃《ねはん》に至《いた》る。*見諦所断《けんたいしょだん》の法《ほう》を断《だん》ずるがゆゑに、心大《こころおお》いに歓喜《かんぎ》す。たとひ睡《すい》眠《めん》し*懶堕《らんだ》なれども二十九有《にじゅうくう》に至《いた》らず。一毛《いちもう》をもつて百分《ひゃくぶん》となして、*一分《いちぶん》の毛《もう》

転じて休息と名づく 通常は「転とは休息に名づく」と読む。

初果 声聞《しょうもん》の修道《しゅどう》階位、四果の初位。須陀洹果（預《よ》流《る》果《か》）のこと。→須陀洹《しゅだおん》

見諦所断の法 無漏智《むろち》をもって四諦《したい》の道理をみる時に断ちきられる煩悩《ぼんのう》。

懶堕 おこたりなまけること。

一分…歓喜せん 通常は「一分の毛をもつて大海の水の二三渧のごときを分ち取るがごとし。苦のすでに滅するは大海の水のごとし。余のいまだ滅せざるものは二三渧のごときなれば心大いに歓喜す」と読む。「渧」はしずくの意。親鸞聖人は「信心の行者は煩悩《ぼんのう》具足の身であって、滅した苦しみは、大海の水の二三滴ほどでしかないが、それでもな

23　をもって大海《だいかい》の水《みず》を分《わか》ち取《と》るがごときは、二三諦《にさんたい》の苦《く》すでに滅《めつ》せんがごとし。大海《だいかい》の水《みず》は余《よ》のいまだ滅《めっ》せざるもののごとし。二三諦《にさんたい》のごとき心《こころ》、大《おお》きに歓喜《かんぎ》せん。菩薩《ぼさつ》もかくのごとし、初地《しょじ》を得《え》をはるを如来《にょらい》の家《いえ》に生《しょう》ずと名《な》づく。一切《いっさい》*天《てん》・竜《りゅう》・夜叉《やしゃ》・乾闥婆《けんだつば》、乃至声聞《しょうもん》・辟支《びゃくし》等《とう》、ともに供養《くよう》し*恭敬《くぎょう》するところなり。なにをもってのゆゑに、この家過咎《いえかぐ》あることなし。ゆゑに世間道《せけんどう》を転《てん》じて出世間道《しゅっせけんどう》に入《い》る。ただ仏《ぶつ》を*楽敬《ぎょうきょう》すれば、四功徳処《しくどくしょ》を得《え》、六波羅蜜《ろっぱらみつ》の果報《かほう》を得《え》ん。滋味《じみ》もろもろの*仏種《ぶっしゅ》を断《た》たざるがゆゑに、心《こころ》大《おお》きに歓喜《かんぎ》す。*この菩薩所有《ぼさつしょう》の余《よ》の苦《く》は二三《にさん》の水渧《すいたい》のごとし。百千億劫《ひゃくせんおくこう》に阿耨多羅三藐三菩提《あのくたらさんみゃくさんぼだい》を得《う》といへども、*無始生死《むししょうじ》の苦《く》においては二三《にさん》の水渧《すいたい》のごとし。滅《めっ》すべきところの苦《く》は大海《だいかい》の水《みず》のごとし。このゆゑにこの地《じ》を名《な》づけて歓喜《かんぎ》とす」と。

24　（地相品）「問《と》うていはく、初歓喜地《しょかんぎじ》の菩薩《ぼさつ》、この地《じ》のなかにありて多歓喜《たかんぎ》と名《な》づく。もろもろの功徳《くどく》を得《う》ることをなすがゆゑに歓喜《かんぎ》を地《じ》とす。法《ほう》を歓喜《かんぎ》すべし。なにをもって歓喜《かんぎ》するやと。

答《こた》へていはく、〈*つねに諸仏《しょぶつ》および諸仏《しょぶつ》の大法《だいほう》を念《ねん》ずれば、必定《ひつじょう》して希有《けう》の行《ぎょう》なり。このゆゑに歓喜多《かんぎおお》し〉と。かくのごときらの歓喜《かんぎ》の因縁《いんねん》のゆゑに、菩《ぼ》

お歓喜する」という意に転じ、原文を読み改めた。

天竜…　八部鬼神《きじん》のうちの四種。→八部《はちぶ》

恭敬　つつしみ敬うこと。

楽敬　よろこび敬うこと。

仏種　仏となる因種（たね）。

この菩薩所有の…　信心の行者のもつ滅すべき罪苦は、大海の水のごとくであるが、本願力によって転ぜられるのであるから、行者にとっては二三の水渧に等しいという意であろう。

無始　永遠の昔（以来の）。

つねに諸仏…行なり　通常は「つねに諸仏および諸仏の大法と、必定と希有の行とを念ず」と読む。

薩《さつ》、初地《しょじ》のなかにありて心《こころ》に歓喜《かんぎ》多《おお》し。〈諸仏《しょぶつ》を念《ねん》ず〉といふは、*燃灯《ねんとう》等の過《か》去《こ》の諸仏《しょぶつ》、阿弥陀《あみだ》等《とう》の現在《げんざい》の諸仏《しょぶつ》、弥勒《みろく》等《とう》の将来《しょうらい》の諸仏《しょぶつ》を念《ねん》ずるなり。つねにかくのごときの諸仏世尊《しょぶつせそん》を念《ねん》ずれば、現《げん》に前《まえ》にましますがごとし。三界第一《さんがいだいいち》にしてよく勝《すぐ》れたるひとましまさず。このゆゑに歓喜《かんぎ》多《おお》し。〈諸仏《しょぶつ》の大法《だいほう》を念《ねん》ぜば〉、略《りゃく》して諸仏《しょぶつ》の*四十不共法《しじゅうふぐほう》を説《と》かんと。一《ひと》つには自在《じざい》の飛行《ひぎょう》意《こころ》に随《したが》ふ、二《ふた》つには自在《じざい》の変化《へんげ》辺《ほとり》なし、三《み》つには自在《じざい》の所聞《しょもん》無礙《むげ》なり、四《よ》つには自在《じざい》に無《む》量《りょう》種門《しゅもん》をもつて一切衆生《いっさいしゅじょう》の心《しん》を知《し》ろしめすと。乃至 〈*念必定《ねんひつじょう》のもろもろの菩《ぼ》薩《さつ》〉は、もし菩薩《ぼさつ》、阿耨多羅三藐三菩提《あのくたらさんみゃくさんぼだい》の記《き》を得《え》つれば、*法位《ほうい》に入《い》り無生忍《むしょうにん》を得《う》るなり。千万億数《せんまんおくしゅ》の魔《ま》の軍衆《ぐんしゅ》、壊乱《えらん》することあたはず。大悲心《だいひしん》を得《え》て*大人《だいにん》法《ぼう》を成《じょう》ず。乃至 これを念必定《ねんひつじょう》の菩薩《ぼさつ》と名《な》づく。〈希有《けう》の行《ぎょう》を念《ねん》ず〉といふは、必定《ひつじょう》の菩薩《ぼさつ》、*第一希有《だいいちけう》の行《ぎょう》を念《ねん》ずるなり。心《こころ》に歓喜《かんぎ》せしむ。一切凡夫《いっさいぼんぶ》の及《およ》ぶことあたはざるところなり。一切《いっさい》の声聞《しょうもん》・辟支仏《びゃくしぶつ》の行《ぎょう》ずることあたはざるところなり。仏法《ぶっぽう》*無礙解脱《むげげだつ》および*薩婆若智《さはにゃち》を開示《かいじ》す。また十地《じゅうじ》のもろもろの所行《しょぎょう》の法《ほう》を念《ねん》ずれば、名《な》づけて心多歓喜《しんたかんぎ》とす。このゆゑに菩薩初地《ぼさつしょじ》に入《い》ることを得《う》れば、名《な》づけて歓喜《かんぎ》とすと。

燃灯　燃灯仏のこと。燃灯は梵語ディーパンカラ(Dīpaṃkara)の漢訳。過去仏の一。錠光《じょうこう》如来ともいう。『大経』では五十三仏の第一。『阿含経《あごんぎょう》』等では釈迦菩薩（釈尊の前生）に記を授けた仏である。

四十不共法　仏のみに具《そな》わっている四十種のすぐれた特質。

念必定のもろもろの菩薩　他力信心の行者のこと。通常は「必定のもろもろの菩薩を念ず」と読む。

法位　不退転の位。

大人法　菩薩の自利利他の法、あるいは仏のさとりの法の意か。

第一希有の行　十地《じゅうじ》の菩薩が修める十波《じっぱ》羅蜜《らみつ》の行。ここでは本願の大行を指す。

無礙解脱　無礙道（無間道）と解脱道。前者は煩悩《ぼんのう》を断

26

問《と》うていはく、凡夫人《ぼんぶにん》のいまだ*無上道心《むじょうどうしん》を発《ほっ》せざるあり、あるいは発心《ほっしん》するものあり、いまだ歓喜地《かんぎじ》を得《え》ざらん、この人《ひと》、諸仏《しょぶつ》および諸仏《しょぶつ》の大法《だいほう》を念《ねん》ぜんと、必定《ひつじょう》の菩薩《ぼさつ》および希有《けう》の行《ぎょう》を念《ねん》じて、また歓喜《かんぎ》を得《え》んと。初地《しょじ》を得《え》ん菩薩《ぼさつ》の歓喜《かんぎ》とこの人《ひと》と、なんの差別《しゃべつ》かあるやと。

答《こた》へていはく、〈菩薩初地《ぼさつしょじ》を得《え》ば、その心《こころ》歓喜多《かんぎおお》し。諸仏無量《しょぶつむりょう》の徳《とく》、われまたさだめてまさに得《う》べし〉と。初地《しょじ》を得《え》ん必定《ひつじょう》の菩薩《ぼさつ》は、諸仏《しょぶつ》を念《ねん》ずるに無《む》量《りょう》の功徳《くどく》います。われまさにかならずかくのごときの事《じ》を得《う》べし。なにをもつてのゆゑに。われすでにこの初地《しょじ》を得《え》、必定《ひつじょう》のなかに入《い》れり。余《よ》はこの心《こころ》あることなけん。このゆゑに初地《しょじ》の菩薩多《ぼさつおお》く歓喜《かんぎ》を生《しょう》ず。余《よ》はしからず。なにをもつてのゆゑに。余《よ》は諸仏《しょぶつ》を念《ねん》ずといへども、この念《ねん》をなすことあたはず、われかならずまさに作仏《さぶつ》すべしと。たとへば転輪聖子《てんりんじょうじ》の、転輪王《てんりんのう》の家《いえ》に生《うま》れて、転輪王《てんりんのう》の相《そう》を成就《じょうじゅ》して、過去《かこ》の転輪王《てんりんのう》の功徳尊貴《くどくそんき》を念《ねん》じて、この念《ねん》をなさん。われいままたこの相《そう》あり。またまさにこの豪富尊貴《ごうふそんき》を得《う》べし。心大《こころおお》きに歓喜《かんぎ》せん。もし転輪王《てんりんのう》の相《そう》なければ、かくのごときの喜《よろこ》びなからんがごとし。必《ひっ》定《じょう》の菩薩《ぼさつ》、もし諸仏《しょぶつ》および諸仏《しょぶつ》の大功徳《だいくどく》・威儀《いぎ》・尊貴《そんき》を念《ねん》ずれば、われこの相《そう》

二二

ずる位、後者は煩悩を断じ終って無為《むい》を得る位。

薩婆若智　薩婆若は梵語サルヴァ・ジュニャ（sarva-jña）の音写。一切智と漢訳する。仏の智慧《ちえ》のこと。

無上道心　この上ないさとりを求める心。菩提心のこと。→菩提心《ぼだいしん》

27

あり。かならずまさに作仏《さぶつ》すべし、すなはち大《おお》きに歓喜《かんぎ》せん。余《よ》はこの事《じ》あることなけん。定心《じょうしん》は深《ふか》く仏法《ぶっぽう》に入《い》りて心動《しんどう》ずべからず」と。

【一四】 *またいはく（浄地品）、「〈信力増上《しんりきぞうじょう》〉はいかん。*聞見《もんけん》するところありて、かならず受《う》けて疑《うたがい》なければ増上《ぞうじょう》と名《な》づく、殊勝《しゅしょう》と名《な》づくと。

問《と》うていはく、二種《にしゅ》の増上《ぞうじょう》あり。一《ひと》つには多《た》、二《ふた》つには勝《しょう》なり。いまの説《せつ》なにものぞやと。

答《こた》へていはく、このなかの二事《にじ》ともに説《と》かん。菩薩初地《ぼさつしょじ》に入《い》ればもろもろの功徳《くどく》の味《あじ》はひを得《う》るがゆゑに、信力転増《しんりきてんぞう》す。この信力《しんりき》をもつて諸仏《しょぶつ》の功徳無量深妙《くどくむりょうじんみょう》なるを*籌量《ちゅうりょう》してよく信受《しんじゅ》す。このゆゑにこの心《しん》また多《た》なり、また勝《しょう》なり。〈深《ふか》く大悲《だいひ》を行《ぎょう》じ〉とは、衆生《しゅじょう》を*愍念《みんねん》すること*骨体《こったい》に徹入《てつにゅう》するがゆゑに名《な》づけて深《じん》とす。一切衆生《いっさいしゅじょう》のために仏道《ぶつどう》を求《もと》むるがゆゑに名《な》づけて大《だい》とす。*慈心《じしん》はつねに*利事《りじ》を求《もと》めて衆生《しゅじょう》を安穏《あんのん》す。*慈《じ》に三種《さんしゅ》あり」と。乃至

28

【一五】 またいはく（易行品 五）、「仏法《ぶっぽう》に無量《むりょう》の門《もん》あり。世間《せけん》の道《どう》に難《なん》あり、易《い》あり。*陸道《ろくどう》の歩行《ぶぎょう》はすなはち苦《くる》しく、*水道《すいどう》の乗船《じょうせん》はすなはち楽《たの》しきがごとし。菩薩《ぼさつ》の道《どう》もまたかくのごとし。あるいは*勤行精進《ごんぎょうしょうじん》のものあり、あるいは

またいはく…　【一四】の文は、『十住毘婆沙論《じゅうじゅうびばしゃろん》』（浄地品）の原文では「信力はうたた増上し、深く大悲を行じ、衆生《しゅじょう》の類を慈愍し、善を修めて心に倦むことなし」という偈頌《げじゅ》を註解したものである。

聞見…殊勝と名づく　通常は「聞見するところありてかならず受けて疑なきに名づく。増上とは殊勝に名づく」と読む。

籌量　思いはかること。

愍念　あわれむこと。

骨体に徹入する　骨身にまでしみとおる。

利事　衆生を利益《りやく》すること。

慈に三種あり　衆生縁・法縁・無縁の三種の慈悲を指す。→三縁《さんえん》2

陸道の歩行　陸路を徒歩で行くこと。難行道を喩えていう。→難行道《なんぎょうどう》

*信方便《しんほうべん》の易行《いぎょう》をもつて疾《と》く阿惟越致《あゆいおっち》に至《いた》るものあり。乃至〈もし人《ひと》疾《と》く不退転《ふたいてん》地《じ》に至《いた》らんと欲《おも》はば、*恭敬《くぎょう》の心《しん》をもつて*執持《しゅうじ》して名号《みょうごう》を称《しょう》すべし〉。もし菩《ぼ》薩《さつ》、この身《み》において阿惟越致地《あゆいおっちじ》に至《いた》ることを得《え》、阿耨多羅三藐三菩提《あのくたらさんみゃくさんぼだい》を成《な》らんと欲《おも》はば、まさにこの*十方諸仏《じっぽうしょぶつ》を念《ねん》ずべし。名号《みょうごう》を称《しょう》すること『宝月童子《ほうがつどうじ》所問経《しょもんぎょう》』の〈阿惟越致品《あゆいおっちぼん》〉のなかに説《と》くがごとしと。乃至〈西方《さいほう》に善世界《ぜんせかい》の仏《ぶつ》を無量明《むりょうみょう》と号《ごう》す。身光智慧《しんこうちえ》あきらかにして、照《て》らすところ辺際《へんざい》なし。それ名《みな》を聞《き》くことあるものは、すなはち不退転《ふたいてん》を得《う》と。乃至過去無数劫《かこむしゅこう》に仏《ぶつ》ましま す。*海徳《かいとく》と号《ごう》す。このもろもろの現在《げんざい》の仏《ぶつ》、みなかれに従《したが》つて願《がん》を発《おこ》せり。寿《じゅ》
29 命量《みょうはか》りあることなし。光明照《こうみょうて》らして極《きわ》まりなし。国土《こくど》はなはだ清浄《しょうじょう》なり。名《みな》を聞《き》きてさだめて仏《ぶつ》にならん〉と。乃至

問《と》うていはく、ただこの十仏《じゅうぶつ》の名号《みょうごう》を聞《き》きて執持《しゅうじ》して心《こころ》に在《お》けば、すなはち阿耨多羅三藐三菩提《あのくたらさんみゃくさんぼだい》を退《たい》せざることを得《う》。また余仏《よぶつ》・余菩薩《よぼさつ》の名《みな》ましまして、阿惟越致《あゆいおっち》に至《いた》ることを得《う》とやせんと。

答《こた》へていはく、〈阿弥陀等《あみだとう》の仏《ぶつ》および諸大菩薩《しょだいぼさつ》、名《みな》を称《しょう》し一心《いっしん》に念《ねん》ずれば、また不退転《ふたいてん》を得《う》ることかくのごとし〉と。阿弥陀等《あみだとう》の諸仏《しょぶつ》、また恭敬礼拝《くぎょうらいはい》し、

水道の乗船　水路を船に乗って渡ること。易行道を喩えていう。→易行道《いぎょうどう》

勤行精進　仏道修行につとめ、はげむこと。

信方便の易行　信心を方便（方途・道筋）とする易行。あるいは「方便の易行を信じて」とも読める。

恭敬の心　つつしみ敬う心。ここでは他力の信心のこと。

執持　しっかりととりたもつこと。

十方諸仏　「易行品」の原文では、東方無憂世界の善徳仏をはじめとする十方十仏。親鸞聖人はそのうち西方善世界の無量明仏のみをここに示している。

海徳　「易行品」では、十方十仏の師仏として出る。

その名号《みょうごう》を称《しょう》すべし。*いままさにつぶさに無量寿仏《むりょうじゅぶつ》を説《と》くべし。世自在王仏《せじざいおうぶつ》乃至《ないし》その余《よ》の仏《ぶつ》まします　この諸仏世尊《しょぶつせそん》、現在十方《げんざいじっぽう》の清浄世界《しょうじょうせかい》に、みな名《みな》を称《しょう》し阿弥陀仏《あみだぶつ》の本願《ほんがん》を憶念《おくねん》することかくのごとし。〈もし人《ひと》われを念《ねん》じ名《な》を称《しょう》しておのづから帰《き》すれば、すなはち*必定《ひつじょう》に入《い》りて阿耨多羅三藐三菩提《あのくたらさんみゃくさんぼだい》を得《う》、こ
30 のゆゑにつねに憶念《おくねん》すべし〉と。*偈《げ》をもって称讃《しょうさん》せん。〈*無量光明慧《むりょうこうみょうえ》、身《み》は*真金《しんこん》の山《やま》のごとし。われいま身口意《しんくい》をして、合掌《がっしょう》し稽首《けいしゅ》し礼《らい》したてまつると。乃至　人《ひと》よくこの仏《ぶつ》の無量力功徳《むりょうりきくどく》を念《ねん》ずれば、即《そく》の時《とき》に必定《ひつじょう》に入《い》る。このゆゑにわれつねに念《ねん》じたてまつる。乃至　もし人仏《ひとぶつ》にならんと願《がん》じて、心《こころ》に阿弥陀《あみだ》を念《ねん》じたてまつれば、時《とき》に応《おう》じてために身《み》を現《げん》じたまはん。このゆゑにわれ、かの仏《ぶつ》の本願力《ほんがんりき》を帰命《きみょう》す。十方《じっぽう》のもろもろの菩薩《ぼさつ》も、来《きた》りて供養《くよう》し法《ほう》を聴《き》く。このゆゑにわれ稽首《けいしゅ》したてまつると。乃至　もし人善根《ひとぜんごん》を種《う》ゑて疑《うたが》へば、すなはち華開《はなひら》けず。信心清浄《しんじんしょうじょう》なるものは、華開《はなひら》けてすなはち仏《ぶつ》を見《み》たてまつる。十方《じっぽう》現在《げんざい》の仏《ぶつ》、種々《しゅじゅ》の因縁《いんねん》をもって、かの仏《ぶつ》の功徳《くどく》を嘆《たん》じたまふ。われいま帰命《きみょう》し礼《らい》したてまつると。乃至　かの*八道《はちどう》の船《ふね》に乗《じょう》じて、よく*難度海《なんどかい》を度《ど》す。みづから
31 度《ど》し、またかれを度《ど》せん。われ自在人《じざいにん》を礼《らい》したてまつる。諸仏無量劫《しょぶつむりょうこう》にその

いま…かくのごとし　通常は「いままさにつぶさに説くべし。無量寿仏・世自在王仏…この諸仏世尊、現に十方の清浄世界にまします。みな名を称し憶念すべし。阿弥陀仏の本願はかくのごとし」と読む。親鸞聖人は「諸仏はすべて阿弥陀仏の名号《みょうごう》を称揚讃嘆する」という意に転じ、原文を読み改めた。

必定　必ず仏になると定まった位。

偈　梵語ガーター（gāthā）の音写。頌《じゅ》と漢訳する。韻文で書かれた詩句のこと。

無量光明慧　はかりしれない智慧《ちえ》の光明。

真金の山　須弥山のこと。→須弥山《しゅみせん》

八道の船　八聖道の行は迷いの海を渡して涅槃《ねはん》に至らせるからこれを船に喩える。

功徳《くどく》を讃揚《さんよう》せんに、なほ尽《つ》くすことあたはじ。清浄人《しょうじょうにん》を帰命《きみょう》したてまつる。われいままたかくのごとし。無量《むりょう》の徳《とく》を称讃《しょうさん》す。この福《ふく》の因縁《いんねん》をもつて、願《ねが》はくは仏《ぶつ》、つねにわれを念《ねん》じたまへ〉」と。出抄

【一六】『浄土論《じょうどろん》』（二九）にいはく、「われ*修多羅《しゅたら》真実《しんじつ》功徳相《くどくそう》によりて、*願偈総《がんげそう》持《じ》を説《と》きて仏教《ぶっきょう》と相応《そうおう》せりと。仏《ぶつ》の本願力《ほんがんりき》を*観《かん》ずるに、*遇《もう》うて空《むな》しく過《す》ぐるものなし。よくすみやかに功徳《くどく》の大宝海《だいほうかい》を満足《まんぞく》せしむ」と。

【一七】またいはく（同　四二）、「菩薩《ぼさつ》は*四種《ししゅ》の門《もん》に入《い》りて自利《じり》の行 成就《ぎょうじょうじゅ》したま*へりと、知《し》るべし。菩薩《ぼさつ》は*第五門《だいごもん》に出《い》でて*回向利益他《えこうりやくた》の行 成就《ぎょうじょうじゅ》したまへりと、知《し》るべし。菩薩《ぼさつ》はかくのごとく五門《ごもん》の行《ぎょう》を修《しゅ》して自利利他《じりりた》してすみやかに阿耨多羅三藐三菩提《あのくたらさんみゃくさんぼだい》を成就《じょうじゅ》することを得《え》たまへるがゆゑに」と。出抄

【一八】『論《ろん》の註《ちゅう》』（上　四七）にいはく、「つつしんで龍樹菩薩《りゅうじゅぼさつ》の『十住毘婆沙《じゅうじゅうびばしゃ》』を案《あん》ずるにいはく、〈菩薩《ぼさつ》、阿毘跋致《あびばっち》を求《もと》むるに二種《にしゅ》の道《どう》あり。一《ひと》つには難行道《なんぎょうどう》、二《ふた》つには易行道《いぎょうどう》なり。難行道《なんぎょうどう》とは、いはく、五濁《ごじょく》の世《よ》、無仏《むぶつ》の時《とき》において、阿毘跋致《あびばっち》を求《もと》むるを難《なん》とす。この難《なん》にいまし多《おお》くの途《みち》あり。ほぼ*五《ご》三《さん》をいひてもつて義《ぎ》の意《こころ》を示《しめ》さん。一《ひと》つには外道《げどう》の*相善《しょうぜん》は菩薩《ぼさつ》の法《ほう》を乱《みだ》る。

→八聖道《はっしょうどう》

難度海　渡ることが難しい迷いの海。

修多羅　親鸞聖人は『銘文』で浄土三部経のこととする。

願偈総持を説きて　願偈は『浄土論』の「願生偈」のこと。総持は親鸞聖人の解釈では「無礙光《むげこう》の智慧《ちえ》」（『銘文』）の意。阿弥陀仏の智慧を「願生偈」として説くということ。

観ずる　『一多文意』に「観は願力をこころにうかべみると申す。またしるといふこころなり」とある。

遇うて　あいたてまつりて。「遇ふ」について『一多文意』に「まうあふと申すは、本願力を信ずるなり」とある。

四種の門　五念門の中の礼《らい》

33

二《ふた》つには声聞《しょうもん》は自利《じり》にして大慈悲《だいじひ》を障《さ》ふ。三《み》つには無顧《むこ》の悪人《あくにん》、他《た》の勝徳《しょうとく》を破《は》す。四《よ》つには顛倒《てんどう》の善果《ぜんか》よく*梵行《ぼんぎょう》を壊《え》す。五《いつ》つにはただこれ自力《じりき》にして他《た》力《りき》の持《たも》つなし。これらのごときの事《じ》、目《め》に触《ふ》るるにみなこれなり。たとへば陸《ろく》路《ろ》の歩行《ぶぎょう》はすなはち苦《くる》しきがごとし。易行道《いぎょうどう》とは、いはく、ただ*信仏《しんぶつ》の因縁《いんねん》をもつて浄土《じょうど》に生《しょう》ぜんと願《がん》ず。仏願力《ぶつがんりき》に乗《じょう》じてすなはちかの清浄《しょうじょう》の土《ど》に往生《おうじょう》を得《え》しむ。仏力住持《ぶつりきじゅうじ》してすなはち大乗正定《だいじょうしょうじょう》の聚《じゅ》に入《い》る。正定《しょうじょう》はすなはちこれ阿毘跋致《あびばっち》なり。たとへば水路《すいろ》に船《ふね》に乗《じょう》じてすなはち楽《たの》しきがごとし〉と。この『無量寿経優婆提舎《むりょうじゅきょううばだいしゃ》』は、けだし*上衍《じょうえん》の極致《ごくち》、*不退《ふたい》の風航《ふうこう》なるものなり。〈無量寿《むりょうじゅ》〉はこれ安楽浄土《あんらくじょうど》の如来《にょらい》の別号《べつごう》なり。釈迦牟尼仏《しゃかむにぶつ》、王舎城《おうしゃじょう》および舎《しゃ》衛国《えこく》にましまして、大衆《だいしゅ》のなかにして無量寿仏《むりょうじゅぶつ》の荘厳功徳《しょうごんくどく》を説《と》きたまふ。すなはち仏《ぶつ》の名号《みょうごう》をもつて経《きょう》の*体《たい》とす。後《のち》の聖者婆藪槃頭菩薩《しょうじゃばそばんずぼさつ》（天親）、如来大《にょらいだい》悲《ひ》の教《きょう》を*服膺《ぶくよう》して、経《きょう》に傍《そ》へて願生《がんしょう》の偈《げ》を作《つく》れり」と。以上

【一九】 またいはく（論註・上 五二）、「また所願軽《しょがんかろ》からず。もし如来威神《にょらいいじん》を加《か》せずは、まさになにをもつてか達《たつ》せん。神力《じんりき》を乞加《こつか》す。このゆゑに仰《あお》いで告《つ》げたまへり。〈我一心《がいっしん》〉とは天親菩薩《てんじんぼさつ》の*自督《じとく》（督《とく》の字《じ》、勧《かん》なり、率《そつ》なり、正《しょう》なり）の

拝《はい》・讃嘆《さんだん》・作願《さがん》・観察《かんざつ》の前四門。↓五念門《ごねんもん》

たまへり 『浄土論』の当分は願生行者の自利利他行の成就であるが、親鸞聖人は法蔵《ほうぞう》菩薩の自利利他行の成就に転意し、「たまへり」と敬語を付した。

第五門 五念門の第五、回《え》向門《こうもん》のこと。↓五念門《ごねんもん》

回向利益他 衆生《しゅじょう》に功徳《くどく》を施して利益を与えること。

五三 少しばかりの意。

相善 相似の善（菩薩の行にすがたが似ている善）、あるいは有相の善（差別の相にとらわれた善）の義といわれる。

梵行 梵は清浄《しょうじょう》の意。清浄な行。

信仏の因縁 仏を信じるという因縁、あるいは仏の因縁を信じること。

34

詞《ことば》なり。いふこころは無礙《むげ》光如来《こうにょらい》を念《ねん》じて安楽《あんらく》に生《しょう》ぜんと願《がん》ず。*心々相続《しんしんそうぞく》して他想間雑《たそうけんぞう》することなし。乃至〈帰命尽十方無礙光如来《きみょうじんじっぽうむげこうにょらい》〉とは、〈帰命《きみょう》〉はすなはちこれ*礼拝門《らいはいもん》なり、〈尽十方無礙光如来《じんじっぽうむげこうにょらい》〉はすなはちこれ*讃嘆門《さんだんもん》なり。なにをもつてか知《し》らん、帰命《きみょう》はこれ礼拝《らいはい》なりとは。龍樹菩薩《りゅうじゅぼさつ》、阿弥陀如来《あみだにょらい》の讃《さん》を造《つく》れるなかに、あるいは〈稽首礼《けいしゅらい》〉といひ、あるいは〈我帰命《がきみょう》〉といひ、あるいは〈帰命礼《きみょうらい》〉といへり。この『論《ろん》』（浄土論）の*長行《じょうごう》のなかにまた〈五念門《ごねんもん》を修《しゅ》す〉といへり。五念門《ごねんもん》のなかに礼拝《らいはい》はこれ一《ひと》つなり。天親菩薩《てんじんぼさつ》すでに往《おう》生《じょう》を願《がん》ず、あに礼《らい》せざるべけんや。ゆゑに知《し》んぬ、帰命《きみょう》はすなはちこれ礼拝《らいはい》なりと。しかるに礼拝《らいはい》はただこれ恭敬《くぎょう》にして、かならずしも帰命《きみょう》ならず。帰命《きみょう》はこれ礼拝《らいはい》なり。もしこれをもつて推《すい》するに、帰命《きみょう》は重《じゅう》とす。偈《げ》は*己心《こしん》を申《の》ぶ、よろしく帰命《きみょう》（命《みょう》の字《じ》、使《し》なり、教《きょう》なり、道《どう》なり、信《しん》なり、計《けい》なり、召《しょう》なり）といふべし。『論《ろん》』に偈義《げぎ》を解《げ》するに、汎《ひろ》く礼拝《らいはい》を談《だん》ず。*彼此《ひし》あひ成《じょう》ず、義《ぎ》においていよいよ顕《あらわ》れたり。なにをもつてか知《し》らん、〈尽十方無礙光如来《じんじっぽうむげこうにょらい》〉はこれ讃嘆門《さんだんもん》なりとは。下《しも》の長行《じょうごう》のなかにいはく、〈いかんが讃嘆《さんだん》する。いはく、かの如来《にょらい》の名《みな》を称《しょう》（称《しょう》の字《じ》、軽重《きょうじゅう》を知《し》るなり。『*説文《せつもん》』にいはく、銓《せん》なり、是《ぜ》なり、

上衍　すぐれた乗り物。大乗のこと。衍は梵語ヤーナ(yāna)の音写で乗り物の意。→大乗《だいじょう》

不退の風航　不退の位に向かって順風を得た船。

体　本質。本体。

服膺　受けいれ持つこと。

自督　自己の領解《りょうげ》。みずからをすすめ（勧）、ひきい（率）、正してゆく（正）ようなはたらきをもつ信心のこと。

心々相続して…　一心帰命の信が持続して他の思い（自力疑心）がまじらないという意。

礼拝門　五念門の一。→五念門《ごねんもん》

讃嘆門　五念門の一。→五念門《ごねんもん》

長行　散文。偈頌《げじゅ》の対。『浄土論』は偈頌（願生偈）と

35

等《とう》なり、俗《ぞく》に秤《はかり》に作《つく》る、斤両《きんりょう》を正《ただ》すをいふなり）す。かの如来《にょらい》の光明智相《こうみょうちそう》*のごとく、かの*名義《みょうぎ》のごとく、実《じつ》のごとく修行《しゅぎょう》し相応《そうおう》せんと欲《おも》ふがゆゑに〉と。乃至

天親《てんじん》、いま〈尽十方無礙光如来《じんじっぽうむげこうにょらい》〉とのたまへり。すなはちこれかの如来《にょらい》の名《みな》によりて、かの如来《にょらい》の光明智相《こうみょうちそう》のごとく讃嘆《さんだん》するがゆゑに、知《し》んぬ、この句《く》はこれ讃嘆門《さんだんもん》なりとは。〈願生安楽国《がんしょうあんらくこく》〉とは、この一句《いっく》はこれ*作願門《さがんもん》なり、天親《てんじん》菩薩《ぼさつ》帰命《きみょう》の意《こころ》なり。乃至

問《と》うていはく、大乗経論《だいじょうきょうろん》のなかに、処々《しょしょ》に〈衆生《しゅじょう》*畢竟無生《ひっきょうむしょう》にして虚空《こくう》のごとし〉と説《と》きたまへり。いかんぞ天親菩薩《てんじんぼさつ》〈願生《がんしょう》〉とのたまふやと。

答《こた》へていはく、〈衆生無生《しゅじょうむしょう》にして虚空《こくう》のごとし〉と説《と》くに二種《にしゅ》あり。一《ひと》つには、凡夫《ぼんぶ》の実《じつ》の衆生《しゅじょう》と謂《おも》ふところのごとく、凡夫《ぼんぶ》の所見《しょけん》の実《じつ》の生死《しょうじ》のごとし。この所見《しょけん》の事《じ》、畢竟《ひっきょう》じて*所有《あらゆること》なけん、*亀毛《きもう》のごとし、虚空《こくう》のごとしと。二《ふた》つには、いはく、*諸法《しょほう》は因縁生《いんねんしょう》のゆゑに、すなはちこれ不生《ふしょう》にして、所有《あらゆること》なきこと虚空《こくう》のごとしと。天親菩薩《てんじんぼさつ》、願生《がんしょう》するところはこれ因縁《いんねん》の義《ぎ》なり。因縁《いんねん》の義《ぎ》なるがゆゑに仮《かり》に生《しょう》と名《な》づく。凡夫《ぼんぶ》の実《じつ》の衆生《しゅじょう》、実《じつ》の生死《しょうじ》ありと謂《おも》ふがごときにはあらざるなりと。

長行とよりなる。

己心　自己の領解《りょうげ》。みずからの信心。

彼此…顕れたり　偈頌《げじゅ》で「帰命」といい、長行《じょうごう》で「礼拝」ということによって、帰命には礼拝の意が含まれ、如実の礼拝は帰命からあらわれるという信心と礼拝の関係がいよいよ明らかとなる。

説文　『説文解字《せつもんかいじ》』のこと。後漢《ごかん》の許慎《きょしん》の撰。中国最古の部首別字書。

のごとく　「…にかなって」「…のままに」の意味。

名義　名号《みょうごう》の実義、いわれ。

作願門　五念門の一。→五《ご》念門《ねんもん》

畢竟無生　究極において無生であるということ。→無《む》生《しょう》①

問《と》うていはく、なんの義《ぎ》によりて往生《おうじょう》と説《と》くぞやと。

36 答《こた》へていはく、この間《けん》の*仮名《けみょう》の人《にん》のなかにおいて五念門《ごねんもん》を修《しゅ》せしむ。*前念《ぜんねん》と後念《ごねん》と因《いん》となる。穢土《えど》の仮名《けみょう》の人《にん》、浄土《じょうど》の仮名《けみょう》の人《にん》、決定《けつじょう》して一《いち》を得《え》ず、決定《けつじょう》して異《い》を得《え》ず。前心《ぜんしん》・後心《ごしん》またかくのごとし。なにをもつてのゆゑに。もし一《いち》ならばすなはち因果《いんが》なけん、もし異《い》ならばすなはち相続《そうぞく》にあらず。この義《ぎ》*一異《いちい》を観《かん》ずる門《もん》なり、論《ろん》のなかに*委曲《いきょく》なり。第一行《だいいちぎょう》の三念門《さんねんもん》を釈《しゃく》しをはんぬと。乃至

〈*我依修多羅《がえしゅたら》　真実功徳相《しんじつくどくそう》　説願偈総持《せつがんげそうじ》　与仏教相応《よぶつきょうそうおう》〉とのたまへりと。乃至

いづれのところにか依《よ》る、なんのゆゑにか依《よ》る、いかんが依《よ》ると。いづれのところにか依《よ》るとならば、修多羅《しゅたら》に依《よ》るなり。なんのゆゑにか依《よ》るとならば、如《にょ》来《らい》すなはち真実功徳《しんじつくどく》の相《そう》なるをもつてのゆゑに。いかんが依《よ》るとならば、五念《ごねん》門《もん》を修《しゅ》して相応《そうおう》せるがゆゑにと。乃至

37 〈修多羅《しゅたら》〉は十二部経《じゅうにぶきょう》のなかの直説《じきせつ》のものを修多羅《しゅたら》と名《な》づく。いはく、四阿含《しあごん》・三蔵等《さんぞうとう》のほかの大乗《だいじょう》の諸経《しょきょう》をまた修《しゅ》多羅《たら》と名《な》づく。このなかに〈依修多羅《えしゅたら》〉といふは、これ三蔵《さんぞう》のほかの大乗修《だいじょうしゅ》多羅《たら》なり、阿含等《あごんとう》の経《きょう》にはあらざるなり。〈真実功徳相《しんじつくどくそう》〉とは、二種《にしゅ》の功徳《くどく》あり。一《ひと》つには有漏《うろ》の心《しん》より生《しょう》じて法性《ほっしょう》に順《じゅん》ぜず。いはゆる凡夫《ぼんぶ》、人天《にんでん》の諸善《しょぜん》、

所有なけん　通常は「所有《しょう》なきこと」と読む。

亀毛　亀の身についた藻を毛と誤認するように、本来ないものを実在するかのように思ってとらわれること。

諸法は…虚空のごとし　すべての現象は固有の実体を持つ事物の集合としてあるのではなく、関係によって仮に生じたものにほかならないから、不生であり、虚《こ》空《くう》のようなものである。↓五蘊《ごうん》

仮名の人　仮名とは実体のないものに仮につけた名という意で、人といっても五蘊（五陰）が因縁《いんねん》によって仮に和合したものであるから、仮名人という。

前念と後念と因となる　通常は「前念は後念のために因となる」と読む。

人天《にんでん》の果報《かほう》、もしは因《いん》、もしは果《か》、みなこれ顛倒《てんどう》す、みなこれ虚偽《こぎ》なり。このゆゑに不実《ふじつ》の功徳《くどく》と名《な》づく。二《ふた》つには菩薩《ぼさつ》の智慧清浄《ちえしょうじょう》の業《ごう》より起《おこ》りて*仏事《ぶつじ》を荘厳《しょうごん》す。法性《ほっしょう》によりて清浄《しょうじょう》の相《そう》に入《い》れり。この法顛倒《ほうてんどう》せず、虚偽《こぎ》ならず、真実《しんじつ》の功徳《くどく》と名《な》づく。いかんが顛倒《てんどう》せざる。法性《ほっしょう》により*二諦《にたい》に順《じゅん》ずるがゆゑに。いかんが虚偽《こぎ》ならざる。衆生《しゅじょう》を摂《せっ》して*畢竟浄《ひっきょうじょう》に入《い》るがゆゑなり。〈説《せつ》願偈総持与仏教相応《がんげそうじよぶっきょうそうおう》〉とは、〈持《じ》〉は不散不失《ふさんふしつ》に名《な》づく、〈総《そう》〉は少《しょう》をもつて多《た》を摂《せっ》するに名《な》づく。乃至〈願《がん》〉は欲楽往生《よくぎょうおうじょう》に名《な》づく。乃至〈与仏教相応《よぶっきょうそうおう》〉とは、たとへば*函蓋相称《かんがいそうしょう》するがごとしと。乃至

（論註・下 一〇七）〈いかんが回向《えこう》する。一切苦悩《いっさいくのう》の衆生《しゅじょう》を捨《す》てずして、心《こころ》につねに*作願《さがん》すらく、回向《えこう》を*首《しゅ》として大悲心《だいひしん》を成就《じょうじゅ》することを*得《え》たまへるがゆ
38 ゑに〉とのたまへり。回向《えこう》に二種《にしゅ》の相《そう》あり。一《ひと》つには往相《おうそう》、二《ふた》つには還相《げんそう》なり。往相《おうそう》とは、おのれが功徳《くどく》をもつて一切衆生《いっさいしゅじょう》に*回施《えせ》して、*作願《さがん》してともに阿弥陀如来《あみだにょらい》の安楽浄土《あんらくじょうど》に往生《おうじょう》せしめたまへるなり」と。抄出

【三〇】『安楽集《あんらくしゅう》』（上 一八九）にいはく、「『観仏三昧経《かんぶつざんまいきょう》』にいはく、〈*父《ちち》の王《おう》を勧《すす》めて念仏三昧《ねんぶつざんまい》を行《ぎょう》ぜしめたまふ。父《ちち》の王《おう》、仏《ぶつ》にまうさく、《*仏地《ぶつじ》の果徳《かとく》、

一異を…論のなかに 通常は「一異の門を観ずる論のなかに」と読む。「一異の門を観ずる論」とは、龍樹《りゅうじゅ》菩薩の『中論』、あるいは『因縁心論《いんねんしんろん》』の異訳『十二《じゅうに》因縁論《いんねんろん》』を指すか。

委曲 詳しいこと。

我依修多羅… 「われ修多羅真実功徳相によりて、願偈総持を説きて仏教と相応せり」（行巻訓）

仏事 衆生《しゅじょう》救済の仕事。

二諦 真諦《しんたい》と俗諦《ぞくたい》。ここでは浄土の種々の荘厳相《しょうごんそう》が有色有形のものであることを俗諦といい、しかもその荘厳相が真如法性《しんにょほっしょう》の理にかなって無相であることを真諦という。

畢竟浄 完全に煩悩《ぼんのう》を浄化した究極のさとりの境地。

函蓋相称 はこ（函）とふ

真如実相《しんにょじっそう》*第一義空《だいいちぎくう》、なにによりてか弟子《でし》をしてこれを行《ぎょう》ぜしめざる》と。仏《ぶつ》、父《ちち》の王《おう》に告《つ》げたまはく、《諸仏《しょぶつ》の果徳《かとく》、無量深妙《むりょうじんみょう》の境界《きょうがい》、神通解脱《じんずうげだつ》まします。これ凡夫《ぼんぶ》の所行《しょぎょう》の境界《きょうがい》にあらざるがゆゑに、父《ちち》の王《おう》を勧《すす》めて念仏三昧《ねんぶつざんまい》を行《ぎょう》ぜしめたてまつる》と。父《ちち》の王《おう》、仏《ぶつ》にまうさく、《念仏《ねんぶつ》の功《こう》、その状《かたち》いかんぞ》と。仏《ぶつ》、父《ちち》の王《おう》に告《つ》げたまはく、《*伊蘭林《いらんりん》の方《ほう》四十由旬《しじゅうゆじゅん》ならんに、一科《いっか》の*牛頭《ごず》栴檀《せんだん》あり。根芽《こんげ》ありといへどもなほいまだ土《つち》を出《い》でざるに、その伊蘭林《いらんりん》ただ臭《くさ》くして香《こう》ばしきことなし。もしその華菓《けか》を*啖《だん》することあらば、狂《きょう》を発《ほっ》して死《し》せ39ん。後《のち》の時《とき》に栴檀《せんだん》の根芽《こんげ》やうやく生長《しょうちょう》して、わづかに樹《き》にならんとす。香気《こうけ》昌盛《しょうじょう》にして、つひによくこの林《はやし》を改変《かいへん》してあまねくみな香美《こうみ》ならしむ。衆《しゅ》生見《じょうみ》るものみな希有《けう》の心《しん》を生《しょう》ぜんがごとし》と。仏《ぶつ》、父《ちち》の王《おう》に告《つ》げたまはく、《一切衆生《いっさいしゅじょう》、生死《しょうじ》のなかにありて念仏《ねんぶつ》の心《しん》もまたかくのごとし。ただよく念《ねん》を繫《か》けて止《や》まざれば、さだめて仏前《ぶつぜん》に生《しょう》ぜん。一《ひと》たび往生《おうじょう》を得《う》れば、すなはちよく一切《いっさい》の諸悪《しょあく》を改変《かいへん》して大慈悲《だいじひ》を成《じょう》ぜんこと、かの香樹《こうじゅ》の伊蘭林《いらんりん》を改《あらた》むるがごとし》と。いふところの〈伊蘭林《いらんりん》〉とは、衆生《しゅじょう》の身《み》のうちの三毒《さんどく》・三障《さんしょう》、無辺《むへん》の重罪《じゅうざい》に喩《たと》ふ。〈栴檀《せんだん》〉といふは、衆生《しゅじょう》の念仏《ねんぶつ》の心《しん》に喩《たと》ふ。〈わづかに樹《き》

た（蓋）とがぴたりと合うように、浄土三部経の所説と願生偈の意が合致していることをいう。

作願　衆生《しゅじょう》救済を願うこと。

首として　第一にして。中心にして。

得たまへるがゆゑに　通常は「得んとするがゆゑに」と読む。ここでは阿弥陀仏の回向《えこう》に転意している。

回施　回向に同じ。↓回向《えこう》

[1]

作願して…たまへるなり　通常は「ともにかの阿弥陀如来の安楽浄土に往生せんと作願するなり」と読む。

父の王　釈尊の父、浄飯《じょうぼん》王《のう》。

仏地の果徳　仏のさとりにそなわる功徳《くどく》。

第一義空　究極の真理であ

とならんとす〉といふは、いはく、一切衆生《いっさいしゅじょう》ただよく念《ねん》を積《つ》みて断《た》えざれば*業道成弁《ごうどうじょうべん》するなり。

問《と》うていはく、一衆生《いちしゅじょう》の念仏《ねんぶつ》の功《こう》を計《はか》りてまた一切《いっさい》を知《し》るべし。なにによりてか一念《いちねん》の功力《くりき》よく一切《いっさい》の諸障《しょしょう》を断《だん》ずること、一《ひと》つの香樹《こうじゅ》の、四十由旬《しじゅうゆじゅん》の伊蘭林《いらんりん》を改《あらた》めて、ことごとく香美《こうみ》ならしむるがごとくならんやと。

答《こた》へていはく、*諸部《しょぶ》の大乗《だいじょう》によりて念仏三昧《ねんぶつざんまい》の功能《くのう》の不可思議《ふかしぎ》なるを顕《あらわ》さんとなり。いかんとならば『華厳経《けごんぎょう》』にいふがごとし。〈たとへば人《ひと》ありて、獅子《しし》の筋《すじ》を用《もち》ゐて、もつて琴《こと》の絃《お》とせんに、音声《おんじょう》一《ひと》たび奏《そう》するに一切《いっさい》の余《よ》の絃《お》ことごとくみな断壊《だんえ》するがごとし。もし人《ひと》菩提心《ぼだいしん》のなかに念仏三昧《ねんぶつざんまい》を行《ぎょう》ずれば、一切《いっさい》の煩悩《ぼんのう》、一切《いっさい》の諸障《しょしょう》、ことごとくみな断滅《だんめつ》すと。また人《ひと》ありて、牛《ご》・羊《よう》・驢馬《ろめ》一切《いっさい》のもろもろの乳《ちち》を*搆《しぼ》り取《と》りて一器《いっき》のなかに置《お》かんに、もし獅《し》子《し》の乳《ちち》*一渧《いったい》をもつてこれを投《な》ぐるに、ただちに過《す》ぎて難《はばかり》なし、一切《いっさい》の諸乳《しょにゅう》ことごとくみな破壊《はえ》して変《へん》じて清水《しょうすい》となるがごとし。もし人《ひと》ただよく菩提心《ぼだいしん》のなかに念仏三昧《ねんぶつざんまい》を行《ぎょう》ずれば、一切《いっさい》の悪魔《あくま》諸障《しょしょう》ただちに過《す》ぐるに難《はばかり》なし〉と。

またかの『経《きょう》』（華厳経）にいはく、〈たとへば人《ひと》ありて、*翳身薬《えいしんやく》を持《も》つて処々《しょしょ》

る空。虚妄《こもう》なる凡夫《ぼんぶ》の認識を離れた絶対的境地。

伊蘭林　伊蘭は梵語エーランダ (eraṇḍa) の音写。インドの植物の一種。強い悪臭があり、芳香を放つ栴《せん》檀《だん》と対照される。

牛頭栴檀　梵語ゴーシールシャ・チャンダナ (gośīrṣa-candana) の音写。インドの摩羅耶《まらや》山（牛頭山）に産するという香木の一種。色は赤銅色で、栴檀の中で最も香気が高い。

噉する　口にする。食べる。

業道成弁　業事成弁に同じ。→業事成弁《ごうじじょうべん》

諸部の大乗　諸種の大乗経典。

搆り　底本には「搆し」とある。

一渧　一滴。ひとしずく。

翳身薬　身体をみえなくす

に遊行《ゆぎょう》するに、一切《いっさい》の余行《よぎょう》この人《ひと》を見《み》ざるがごとし。もしよく菩提心《ぼだいしん》のなかに念仏三昧《ねんぶつざんまい》を行《ぎょう》ずれば、一切《いっさい》の悪神《あくじん》、一切《いっさい》の諸障《しょしょう》、この人《ひと》を見《み》ず、もろもろの処々《しょしょ》に随《したが》ひてよく*遮障《しゃしょう》することなきなり。なんがゆゑぞとならば、よくこの

41 念仏三昧《ねんぶつざんまい》を念《ねん》ずるは、すなはちこれ一切三昧《いっさいさんまい》のなかの王《おう》なるがゆゑなり〉」と。

【二】またいはく（安楽集・下 二五六）、「『*摩訶衍《まかえん》』のなかに説《と》きていふがごとし。〈諸余《しょよ》の三昧《さんまい》は三昧《さんまい》ならざるにはあらず。なにをもつてのゆゑに、あるいは三昧《さんまい》あり、ただよく*貪《とん》を除《のぞ》いて*瞋痴《しんち》を除《のぞ》くことあたはず。あるいは三昧《さんまい》あり、ただよく瞋《しん》を除《のぞ》いて痴貪《ちとん》を除《のぞ》くことあたはず。あるいは三昧《さんまい》あり、ただよく痴《ち》を除《のぞ》いて瞋《しん》を除《のぞ》くことあたはず。あるいは三昧《さんまい》あり、ただよく現在《げんざい》の障《さわり》を除《のぞ》いて過去《かこ》・未来《みらい》の一切諸障《いっさいしょしょう》を除《のぞ》くことあたはず。もしよくつねに念仏三昧《ねんぶつざんまい》を修《しゅ》すれば、現在《げんざい》・過去《かこ》・未来《みらい》の一切諸障《いっさいしょしょう》を問《と》ふことなくみな除《のぞ》くなり〉」と。

【三】またいはく（同・下 二六一）、「『大経《だいきょう》の讃《さん》』（讃弥陀偈）にいはく、〈もし

42 阿弥陀《あみだ》の*徳号《とくごう》を聞《き》きて歓喜讃仰《かんぎさんごう》し、心帰依《しんきえ》すれば、下一念《しもいちねん》に至《いた》るまで大利《だいり》を得《う》。すなはち功徳《くどく》の宝《ほう》を具足《ぐそく》すとす。たとひ*大千世界《だいせんせかい》に満《み》てらん火《ひ》をも、またただちに過《す》ぎて仏《ぶつ》の名《みな》を聞《き》くべし。阿弥陀《あみだ》を聞《き》かばまた*退《たい》せず。このゆゑに心《しん》

ることができる薬。

遮障　さまたげること。

摩訶衍　龍樹《りゅうじゅ》菩薩の『大智度《だいちど》論《ろん》』のこと。→大智度論

貪　貪欲《とんよく》のこと。→三毒《さんどく》

瞋痴　瞋恚《しんに》と愚痴《ぐち》のこと。→三毒《さんどく》

徳号　功徳《くどく》のみ名。

大千世界　三千大千世界の《さんぜんだいせんせかい》こと。→三千大千世界《さんぜんだいせんせかい》

退せず　不退転の位に入ることをいう。→不退転《ふたいてん》

を至《いた》して稽首《けいしゅ》し礼《らい》したてまつる〉」と。

【三三】 またいはく（安楽集・上 二四四）、「また『目連所問経《もくれんしょもんぎょう》』のごとし。〈仏《ぶつ》、目連《もくれん》に告《つ》げたまはく、《たとへば万川長流《ばんせんちょうりゅう》に草木《そうもく》ありて、前《まえ》は後《うし》ろを顧《かえり》みず、後《うし》ろは前《まえ》を顧《かえり》みず、すべて大海《だいかい》に会《え》するがごとし。世間《せけん》もまたしかなり。豪貴《ごうき》富楽自在《ふらくじざい》なることありといへども、ことごとく生老病死《しょうろうびょうし》を勉《まぬか》るることを得《え》ず。ただ仏経《ぶつきょう》を信《しん》ぜざるによりて、後世《ごせ》に人《ひと》となつて、さらにはなはだ*困劇《こんぎゃく》して*千仏《せんぶつ》の国土《こくど》に生《しょう》ずることを得《う》ることあたはず。このゆゑにわれ説《と》かく、〃無量《むりょう》寿仏国《じゅぶつこく》は往《ゆ》き易《やす》く取《と》り易《やす》くして、人《ひと》、修行《しゅぎょう》して往生《おうじょう》することあたはず、かへつて*九十五種《くじゅうごしゅ》の邪道《じゃどう》に事《つか》ふ〃と。われこの人《ひと》を説《と》きて*眼《まなこ》なき人《ひと》と名《な》づく、耳《みみ》な
43
き人《ひと》と名《な》づく》〉と。経教《きょうきょう》すでにしかなり。なんぞ難《なん》を捨《す》てて易行道《いぎょうどう》によらざらん」と。以上

【三四】 光明寺《こうみょうじ》の和尚《かしょう》（善導）のいはく（礼讃 六五七）、「また『文殊般若《もんじゅはんにゃ》』にいふがごとし。〈*一行三昧《いちぎょうざんまい》を明《あ》かさんと欲《おも》ふ。ただ勧《すす》めて、独《ひと》り*空閑《くうげん》に処《しょ》してもろもろの乱意《らんい》を捨《す》てて、心《こころ》を一仏《いちぶつ》に係《か》けて相貌《そうみょう》を観《かん》ぜず、もつぱら名字《みょうじ》を称《しょう》すれば、すなはち念《ねん》のなかにおいて、かの阿弥陀仏《あみだぶつ》および一切《いっさい》の仏等《ぶっとう》を見《み》る

困劇 悩み苦しむこと。
千仏の国土 数多くの仏が出現する国土。
九十五種の邪道 九十五種の外道に同じ。→九十五種《くじゅうごしゅ》の外道《げどう》
眼なき人… →補註14
一行三昧 『文殊般若経《もんじゅはんにゃきょう》』では、真如法界《しんにょほうかい》の平等一相を観ずることを一行三味といい、この三昧に入るためにはもっぱら念仏せよとある。善導大師《ぜんどうだいし》はこの意をうけてただ念仏の一行を修することを一行三昧とした。
空閑 静かなところ。

ことを得《う》〉といへり。

問《と》うていはく、なんがゆゑぞ観《かん》をなさしめずして、ただちにもつぱら名字《みょうじ》を称《しょう》せしむるは、なんの意《こころ》かあるやと。

答《こた》へていはく、いまし衆生《しゅじょう》障《さわり》重《おも》くして、*境《きょう》は細《さい》なり、心《しん》は粗《そ》なり。識颺《しきあが》り、神飛《じんと》びて、観成就《かんじょうじゅ》しがたきによりてなり。ここをもつて大聖《だいしょう》（釈尊）悲憐《ひれん》して、ただちに勧《すす》めてもつぱら名字《みょうじ》を称《しょう》せしむ。まさしく称名易《しょうみょうやす》きに由《よ》（由《ゆ》の字《じ》、行《ぎょう》なり、経《きょう》なり、従《じゅう》なり、用《ゆう》なり）るがゆゑに、相続《そうぞく》してすなはち生《しょう》ずと。

44
問《と》うていはく、すでにもつぱら一仏《いちぶつ》を称《しょう》せしむるに、なんがゆゑぞ*境現《きょうげん》ずることすなはち多《おお》き。これあに*邪正《じゃしょう》あひ交《まじ》はり、*一多雑現《いったぞうげん》するにあらずやと。

答《こた》へていはく、仏《ぶつ》と仏《ぶつ》と斉《ひと》しく証《しょう》して形二《かたちに》の別《べつ》なし。たとひ一《いち》を念《ねん》じて多《た》を見《み》ること、なんの大道理《だいどうり》にか乖《そむ》かんや。また『観経《かんぎょう》』にいふがごとし。勧《すす》めて坐《ざ》観礼念等《かんらいねんとう》を行《ぎょう》ぜしむ。みなすべからく面《おもて》を西方《さいほう》に向《む》かふは最勝《さいしょう》なるべし。樹《き》の先《さき》より傾《かたぶ》けるが倒《たお》るるに、かならず曲《まが》れるに随《したが》ふがごとし。ゆゑにかならず事《こと》の礙《さわり》ありて西方《さいほう》に向《む》かふに及《およ》ばずは、ただ西《にし》に向《む》かふ想《おもい》をなす、また得《え》たりと。

問《と》うていはく、一切諸仏《いっさいしょぶつ》、三身同《さんしんおな》じく証《しょう》し、*悲智果円《ひちかえん》にしてまた無二《むに》なるべ

境は細なり心は粗なり　観念の対象は細やかであるのに、観念する心の方は粗雑である。

境現ずること…　一行三昧によって諸仏が現前することを指す。

邪正あひ交はり　よこしまな観法と正しい観法とがまじり合うという意。

一多雑現　一仏と多仏とが入りまじって現れるという意。

悲智果円にして　慈悲と智《ち》慧《え》よりなる仏果（仏のさとり）の徳が欠けるところなくそなわっていて。

45

し。方《ほう》に随《したが》ひて一仏《いちぶつ》を礼念《らいねん》し課称《かしょう》せんに、また生《しょう》ずることを得《う》べし。なんがゆゑぞひとへに西方《さいほう》を嘆《たん》じてもつぱら礼念等《らいねんとう》を勧《すす》むる、なんの義《ぎ》かあるやと。

答《こた》へていはく、諸仏《しょぶつ》の所証《しょしょう》は平等《びょうどう》にしてこれ一《いち》なれども、もし願行《がんぎょう》をもつて来《きた》し取《おさ》むるに因縁《いんねん》なきにあらず。しかるに弥陀世尊《みだせそん》、もと深重《じんじゅう》の誓願《せいがん》を発《おこ》して、光明《こうみょう》・名号《みょうごう》をもつて十方《じっぽう》を*摂化《せっけ》したまふ。ただ信心《しんじん》をして求念《ぐねん》せしむれば、上《かみ》*一形《いちぎょう》を尽《つく》し、下十声一声等《しもじっしょういっしょうとう》に至《いた》るまで、仏願力《ぶつがんりき》をもつて往生《おうじょう》を得易《えやす》し。このゆゑに釈迦《しゃか》および諸仏《しょぶつ》、勧《すす》めて西方《さいほう》に向《む》かふるを*別異《べつい》とすならくのみ。またこれ余仏《よぶつ》を称念《しょうねん》して障《さわり》を除《のぞ》き、罪《つみ》を滅《めつ》することあたはざるにはあらざるなりと、知《し》るべし。もしよく上《かみ》のごとく念々相続《ねんねんそうぞく》して、*畢命《ひつみょう》を期《ご》とするものは、*十即十生《じっそくじっしょう》、百即百生《ひゃくそくひゃくしょう》なり。なにをもつてのゆゑに、*外《げ》の雑縁《ぞうえん》なし、*正念《しょうねん》を得《え》たるがゆゑに、仏《ぶつ》の本願《ほんがん》と相応《そうおう》することを得《う》るがゆゑに、教《きょう》に違《い》せざるがゆゑに、仏語《ぶつご》に随順《ずいじゅん》するがゆゑなり」と。以上

【三五】またいはく（礼讃 六六二）、「ただ念仏《ねんぶつ》の衆生《しゅじょう》を観《み》そなはして、*摂取《せっしゅ》して捨《す》てざるがゆゑに、阿弥陀《あみだ》と名《な》づく」と。以上

【三六】またいはく（同 六七二）、「弥陀《みだ》の*智《ち》願海《がんかい》は、深広《じんこう》にして涯底《がいたい》なし。名《みな》

摂化　摂取化益《せっしゅけやく》。衆生《しゅじょう》を救いとって、教化し利益《りやく》を与えること。

一形　一生涯。

別異　相違。

畢命　命が終ること。

十即十生百即百生　十人は十人ながら、百人は百人ながらみな往生するという意。

外の雑縁　外からのさまざまなさまたげ。

正念　ここでは信心のこと。

摂取して捨てざる　→摂取《せっしゅ》不捨《ふしゃ》

智願海　阿弥陀仏の智慧《ちえ》から起った本願（智願）の広大で深遠な徳を海に喩えていう。

46 を聞《き》きて往生《おうじょう》せんと欲《おも》へば、みなことごとくかの国《くに》に到《いた》る。たとひ*大千《だいせん》に満《み》てらん火《ひ》にも、ただちに過《す》ぎて仏《ぶつ》の名《みな》を聞《き》け。名《みな》を聞《き》きて歓喜《かんぎ》し讃《さん》ずれば、みなまさにかしこに生《しょう》ずることを得《う》べし。*万年《まんねん》に三宝滅《さんぼうめつ》せんに、*この経《きょう》住《じゅう》すること百年《ひゃくねん》せん。その時《とき》聞《き》きて一念《いちねん》せん。みなまさにかしこに生《しょう》ずることを得《う》べし」と。抄要

【三七】　またいはく（礼讃　七〇九）、「現《げん》にこれ生死《しょうじ》の凡夫《ぼんぶ》、罪障深重《ざいしょうじんじゅう》にして六《ろく》道《どう》に輪廻《りんね》せり。苦《くる》しみいふべからず。いま善知識《ぜんぢしき》に遇《あ》ひて弥陀本願《みだほんがん》の名号《みょうごう》を聞《き》くことを得《え》たり。一心《いっしん》に称念《しょうねん》して往生《おうじょう》を求願《ぐがん》せよ。願《ねが》はくは仏《ぶつ》の慈悲《じひ》、本《ほん》弘誓願《ぐぜいがん》を捨《す》てたまはざれば、弟子《でし》を*摂受《しょうじゅ》したまへり」と。以上

【三八】　またいはく（同　七一〇）、「問《と》うていはく、阿弥陀仏《あみだぶつ》を称念《しょうねん》し礼観《らいかん》して、現世《げんぜ》にいかなる功徳利益《くどくりやく》かあるやと。

47 答《こた》へていはく、もし阿弥陀仏《あみだぶつ》を称《しょう》すること一声《いっしょう》するに、すなはちよく*八十《はちじゅう》億劫《おくこう》の生死《しょうじ》の重罪《じゅうざい》を除滅《じょめつ》す。礼念以下《らいねんいげ》もまたかくのごとし。『十往生経《じゅうおうじょうきょう》』にいはく、〈もし衆生《しゅじょう》ありて、阿弥陀仏《あみだぶつ》を念《ねん》じて往生《おうじょう》を願《がん》ずれば、かの仏《ぶつ》すなはち二十五菩薩《にじゅうごぼさつ》を遣《つか》はして、行者《ぎょうじゃ》を擁護《ようご》して、もしは行《ぎょう》もしは坐《ざ》、もしは住《じゅう》も

大千　三千大千世界のこと。→三千大千世界《さんぜんだいせんせかい》

万年に…　末法《まっぽう》の時代（教のみがあって行・証のない時代）が一万年続いた後は、仏法僧の三宝《さんぼう》が滅する法滅の時代に入るという。

この経…　法滅（三宝滅尽《めつじん》）の時代になっても、『大経』に説かれた念仏の教えだけは、この世にいつまでもとどまりのこる。「百年」は満数の意、いつまでもということ。

摂受したまへり　大谷派本願寺蔵本（坂東本）では「摂受したまはんと」とあったのを「摂受したまふべし」と改めている。

八十億劫…除滅す　『観経』下下品に説かれているところにもとづく。

48

しは臥《が》、もしは昼《ちゅう》もしは夜《や》、一切時《いっさいじ》・一切処《いっさいしょ》に、悪鬼《あくき》・悪神《あくじん》をしてその便《たよ》りを得《え》しめざるなり〉と。また『観経《かんぎょう》』にいふがごとし。〈もし阿弥陀仏《あみだぶつ》を称《しょう》し礼《らい》念《ねん》してかの国《くに》に往生《おうじょう》せんと願《ねが》へば、かの仏《ぶつ》すなはち無数《むしゅ》の化仏《けぶつ》、無数《むしゅ》の化観《けかん》音《のん》・勢至菩薩《せいしぼさつ》を遣《つか》はして、行者《ぎょうじゃ》を護念《ごねん》したまふ。また前《さき》の二十五菩薩等《にじゅうごぼさつとう》と百《ひゃく》重千重《じゅうせんじゅう》行者《ぎょうじゃ》を*囲繞《いにょう》して、行住坐臥《ぎょうじゅうざが》、一切時処《いっさいじしょ》、もしは昼《ちゅう》もしは夜《や》を問《と》はず、つねに行者《ぎょうじゃ》を離《はな》れたまはず〉と。いますでにこの*勝益《しょうやく》まします。憑《たの》むべし。願《ねが》はくはもろもろの行者《ぎょうじゃ》、おのおの*至心《ししん》を須《もち》ゐて往《ゆ》くことを求《もと》めよ。また『無量寿経《むりょうじゅきょう》』にいふがごとし。〈もしわれ成仏《じょうぶつ》せんに、十方《じっぽう》の衆生《しゅじょう》、わが名号《みょうごう》を称《しょう》せん。下十声《しもじっしょう》に至《いた》るまで、もし生《うま》れずは、正覚《しょうがく》を取《と》らじ〉と。かの仏《ぶつ》いま現《げん》にましまして成仏《じょうぶつ》したまへり。まさに知《し》るべし、本誓重願虚《ほんぜいじゅうがんむな》しからず、衆生称念《しゅじょうしょうねん》すればかならず往生《おうじょう》を得《う》と。また『弥陀経《みだきょう》』にいふがごとし。〈《もし衆生《しゅじょう》ありて、阿弥陀仏《あみだぶつ》を説《と》くを聞《き》きて、すなはち名号《みょうごう》を執持《しゅうじ》すべし。もしは一日《いちにち》、もしは二日《ににち》、乃至七日《ないししちにち》、一心《いっしん》に仏《ぶつ》を称《しょう》して乱《みだ》れざれ。命終《いのちおわ》らんとする時《とき》、阿弥陀仏《あみだぶつ》、もろもろの聖衆《しょうじゅ》と現《げん》じてその前《まえ》にましまさん。この人《ひと》終《おわ》らん時《とき》、心顛倒《しんてんどう》せず、すなはちかの国《くに》に往生《おうじょう》することを得《え》ん》と。仏《ぶつ》、舎《しゃ》

囲繞　とりかこむこと。

勝益　すぐれた利益《りやく》。

至心…求めよ　「阿弥陀仏の真実をもちいて」を意味する読み方。通常は「すべからく心を至して往くことを求むべし」と読む。

利弗《りほっ》に告《つ》げたまはく、《われこの利《り》を見《み》るがゆゑにこの言《ごん》を説《と》く。もし衆生《しゅじょう》ありて、この説《せっ》を聞《き》かんものは、まさに願《がん》を発《おこ》し、かの国《くに》に生《しょう》ぜんと願《がん》ずべし》と。次下《つぎしも》に説《と》きていはく、〈東方《とうぼう》の如恒河沙等《にょごうがしゃとう》の諸仏《しょぶつ》、南西北方《なんざいほっぽう》および上下《じょうげ》一々《いちいち》の方《ほう》に恒河沙等《ごうがしゃとう》の諸仏《しょぶつ》のごとき、おのおの本国《ほんごく》にしてその＊舌相《ぜっそう》を出《いだ》して、あまねく三千大千世界《さんぜんだいせんせかい》に覆《おお》ひて誠実《じょうじつ》の言《ごん》を説《と》きたまはく、《なんだち衆生《しゅじょう》、みなこの一切諸仏《いっさいしょぶつ》の護念《ごねん》したまふところの経《きょう》を信《しん》ずべし》と。いかんが《護念《ごねん》》と名《な》づくると。もし衆生《しゅじょう》ありて、阿弥陀仏《あみだぶつ》を称念《しょうねん》せんこと、もしは七日《しちにち》、一《いち》

49

日《にち》、下至一声《げしいっしょう》、乃至十声一念等《ないしじっしょういちねんとう》に及《およ》ぶまで、かならず往生《おうじょう》を得《う》と。この事《じ》を＊証誠《しょうじょう》せるがゆゑに護念経《ごねんぎょう》と名《な》づく〉と。次下《つぎしも》の文《もん》にいはく、〈もし仏《ぶつ》を称《しょう》して往生《おうじょう》するものは、つねに六方恒河沙等《ろっぽうごうがしゃとう》の諸仏《しょぶつ》のために護念《ごねん》せらる。ゆゑに護念経《ごねんぎょう》と名《な》づく〉と。いますでにこの増上《ぞうじょう》の誓願《せいがん》います、憑《たの》むべし。もろもろの仏子等《ぶっしとう》、なんぞ意《こころ》を励《はげ》まして去《ゆ》かざらんや」と。智昇法師《ちしょうほっし》の『集諸経礼《しゅうしょきょうらい》懺儀《さんぎ》』の下巻《げかん》は善導和尚《ぜんどうかしょう》の『礼讃《らいさん》』なり。これによる。

【三九】　またいはく（玄義分　三〇一）、「弘願《ぐがん》といふは『大経《だいきょう》』の説《せつ》のごとし。一切善悪《いっさいぜんあく》の凡夫《ぼんぶ》、生《しょう》ずることを得《う》るは、みな阿弥陀仏《あみだぶつ》の大願業力《だいがんごうりき》に乗《じょう》（乗《じょう》の

舌相を出して　仏の舌は広く長いので広長《こうじょう》舌相（三十二相の一）といわれる。仏が舌を出すのは教説が真実であることを証明するという意味を持つ。

証誠　真実であることを証明すること。

字《じ》、駕《が》なり、勝《しょう》なり、登《とう》なり、守《しゅ》なり、覆《ふく》なり）じて増上縁《ぞうじょうえん》とせざるはなし」と。

50 【三〇】 またいはく（玄義分 三二五）、「南無《なも》といふは、すなはちこれ帰命《きみょう》なり、またこれ発願回向《ほつがんえこう》の義《ぎ》なり。阿弥陀仏《あみだぶつ》といふは、すなはちこれその行《ぎょう》なり。この義《ぎ》をもつてのゆゑにかならず往生《おうじょう》を得《う》」と。

【三一】 またいはく（観念法門 六三〇）、「*摂生増上縁《せっしょうぞうじょうえん》といふは、『無量寿経《むりょうじゅきょう》』の四十八願《しじゅうはちがん》のなかに説《と》くがごとし。〈仏《ぶつ》ののたまはく、《もしわれ成仏《じょうぶつ》せんに、十方《じっぽう》の衆生《しゅじょう》、わが国《くに》に生《しょう》ぜんと願《がん》じて、わが名字《みょうじ》を称《しょう》すること、下十声《しもじっしょう》に至《いた》るまで、わが願力《がんりき》に乗《じょう》じて、もし生《うま》れずは、正覚《しょうがく》を取《と》らじ》〉と。これすなはちこれ往生《おうじょう》を願《がん》ずる行人《ぎょうにん》、命終《いのちおわ》らんとする時《とき》、願力摂《がんりきせつ》して往生《おうじょう》を得《え》しむ。ゆゑに摂生増上縁《せっしょうぞうじょうえん》と名《な》づく」と。

51 【三二】 またいはく（同 六三五）、「善悪《ぜんあく》の凡夫《ぼんぶ》、回心《えしん》し起行《きぎょう》して、ことごとく往生《おうじょう》を得《え》しめんと欲《ほっ》す。これまたこれ*証生増上縁《しょうしょうぞうじょうえん》なり」と。以上

【三三】 またいはく（般舟讃 七二一）、「門々不同《もんもんふどう》にして*八万四《はちまんし》なり。無明《むみょう》と*果《か》と*業因《ごういん》とを滅《めっ》せんための利剣《りけん》は、すなはちこれ弥陀《みだ》の号《みな》なり。一声称念《いっしょうしょうねん》するに罪《つみ》みな除《のぞ》こると。*微塵《みじん》の故業《こごう》と*随智《ずいち》と滅《めっ》す。覚《おし》へざるに真如《しんにょ》の門《もん》に転入《てんにゅう》す。

摂生増上縁 念仏の行者をおさめとって浄土に往生させるすぐれたはたらき。『観念法門《かんねんぼうもん》』に念仏の行者の得る利益《りやく》として五種増上縁（滅罪・護念・見仏・摂生・証生）を挙げる中の一。

証生増上縁 五種増上縁の一。諸仏が念仏の行者の往生を保証し証明することをいう。

八万四 八万四千（多数の意）の法門。仏の説いた教法全体のことであるが、親鸞聖人は本願（第十八願）の法以外の自力方便の教えの意とする。「化身土巻」三九四頁六行以下参照。

果 生死《しょうじ》の苦果。

業因 生死の苦果をまねく因となる行為。

微塵の故業 無数の古い業。無始《むし》（永遠の昔）以来の悪《あく》業《ごう》。

52

娑婆長劫《しゃばじょうごう》の難《なん》を免《まぬか》るることを得《う》ることは、ことに知識釈迦《ちしきしゃか》の恩《おん》を蒙《かぶ》れり。種々《しゅじゅ》の*思量巧方便《しりょうぎょうほうべん》をもつて、選《えら》びて弥陀弘誓《みだぐぜい》の門《もん》を得《え》しめたまへり」と。以上抄要

【三四】しかれば、「南無《なも》」の言《ごん》は帰命《きみょう》なり。「帰《き》」の言《ごん》は、至《し》なり、また*帰説《きえつ》なり、説《せつ》の字《じ》は、悦《えつ》の音《こえ》なり。また*帰説《きさい》なり、説《せつ》の字《じ》は、税《さい》の音《こえ》なり。悦税《えつさい》二《ふた》つの音《こえ》は告《つぐる》なり、述《のぶる》なり、人《ひと》の意《こころ》を宣述《せんじゅつ》するなり。「命《みょう》」の言《ごん》は、業《ごう》なり、招引《しょういん》なり、使《し》なり、教《きょう》なり、道《どう》なり、信《しん》なり、計《はからう》なり、召《めす》なり。ここをもつて「帰命《きみょう》」は*本願招喚《ほんがんしょうかん》の勅命《ちょくめい》なり。「発願回向《ほつがんえこう》」といふは、如《にょ》来《らい》すでに発願《ほつがん》して衆生《しゅじょう》の行《ぎょう》を回施《えせ》したまふの心《しん》なり。「即是其行《そくぜごぎょう》」といふは、すなはち*選択本願《せんじゃくほんがん》これなり。「必得往生《ひっとくおうじょう》」といふは、不退《ふたい》の位《くらい》に至《いた》ることを獲《う》ることを彰《あらわ》すなり。『経《きょう》』（大経・下）には「*即得《そくとく》」といへり、釈《しゃく》（易行品　一五）には「必定《ひつじょう》」といへり。「即《そく》」の言《ごん》は願力《がんりき》を聞《き》くによりて報土《ほうど》の真因決定《しんいんけつじょう》する*時剋《じこく》の極促《ごくそく》を*光闡《こうせん》するなり。「必《ひつ》」の言《ごん》は審《つまびらか》なり、然《しからしむる》なり、分極《わかちきわむる》なり、金剛心成就《こんごうしんじょうじゅ》の貌《かおばせ》なり。

【三五】『浄土五会念仏略法事儀讃《じょうどごえねんぶつりゃくほうじぎさん》』にいはく、「それ如来《にょらい》、教《きょう》を設《もう》けたまふに、*広略《こうりゃく》、根《こん》に随《したが》ふ。つひに実相《じっそう》に帰《き》せしめんとなり。真《しん》の無生《むしょう》を得《え》んもの

随智と滅す　随智は自力の智慧《ちえ》の意か。通常は「智に随《したが》ひて滅す」と読む。

思量巧方便　思慮たくみなてだて。

帰説　「たよりのむといふ」（右訓）「よりたのむなり」（左訓）

帰説　「よりかかるなり」（左訓）

本願招喚の勅命　衆生《しゅじょう》に帰せよと命じる如来のよび声。

選択本願　選択本願（第十八願）の行。名号《みょうごう》が「乃至十念」の称名となってあらわれているということを示す。

即得　第十八願成就文の「即得往生住不退転（すなはち往生を得、不退転に住せん）」を指す。

時剋の極促　時間のきわま

には、たれかよくこれを与《あた》へんや。しかるに念仏三昧《ねんぶつざんまい》は、これ真《しん》の無上深妙《むじょうじんみょう》の門《もん》なり。弥陀法王四十八願《みだほうおうしじゅうはちがん》の名号《みょうごう》をもつて、*焉《ここ》に仏《ほとけ》、願力《がんりき》を事《こと》として衆生《しゅじょう》を度《ど》したまふ。乃至 如来《にょらい》つねに三昧海《さんまいかい》のなかにして、*†網綿《もうめん》の手《て》を挙《あ》げたまひて、*父《ちち》の王《おう》にいうてのたまはく、〈王《おう》いま坐禅《ざぜん》してただまさに念仏《ねんぶつ》すべし。*あに離念《りねん》に同《どう》じて*無念《むねん》を求《もと》めんや。生《しょう》を離《はな》れて無生《むしょう》を求《もと》めんや。相好《そうごう》を離《はな》れて法《ほっ》身《しん》を求《もと》めんや。文《もん》を離《はな》れて解脱《げだつ》を求《もと》めんや〉と。乃至 それ大《おお》いなるかな、至理《しり》の真法《しんぼう》、一如《いちにょ》にして物《もの》を化《け》し、人《ひと》を利《り》す。弘誓各別《ぐぜいかくべつ》なるがゆゑに、わが釈迦《しゃか》、*濁世《じょくせ》に応生《おうしょう》し、阿弥陀《あみだ》、浄土《じょうど》に出現《しゅつげん》したまふ。方《ほう》は穢浄両殊《えじょうりょうしゅ》なりといへども利益斉一《りやくさいいち》なり。もし修《しゅ》し易《やす》く証《しょう》し易《やす》きは、まことにただ浄土《じょうど》の教門《きょうもん》なり。しかるにかの西方《さいほう》は殊妙《しゅみょう》にしてその国土《こくど》に比《なら》びがたし。また厳《かざ》るに百宝《ひゃっぽう》の蓮《はちす》をもつてす。九品《くぼん》に敷《ひら》いてもつて人《ひと》を収《おさ》むること、それ仏《ぶつ》の名号《みょうごう》なりと。乃至

『称讃浄土経《しょうさんじょうどきょう》』による。釈法照《しゃくほっしょう》 〈如来《にょらい》の尊号《そんごう》は、はなはだ分明《ぶんみょう》なり。十《じっ》方世界《ぽうせかい》にあまねく流行《るぎょう》せしむ。ただ名《みな》を称《しょう》するのみありて、みな往《ゆ》くことを得《う》。観音《かんのん》・勢至《せいし》おのづから来《きた》り迎《むか》へたまふ。弥陀《みだ》の本願《ほんがん》ことに超殊《ちょうしゅ》せり。慈悲《じひ》方便《ほうべん》して凡夫《ぼんぶ》を引《ひ》く。一切衆生《いっさいしゅじょう》みな*度脱《どだつ》す。名《みな》を称《しょう》すれば、すなはち罪消除《つみしょうじょ》

り。聞信の一念に往生浄土の因が定まることをいう。

光闡 明らかにあらわすこと。

広略根に随ふ 広く詳しく説くか簡略に説くかは、教えを受ける者の素質能力にしたがう。

焉に…事として 『五会法《ごえほう》事讃《じさん》』の原文には「仏事を為し、願力、衆生を度す」とある。

網綿 仏の三十二相の一、手足網縵相《しゅそくもうまんそう》（指のあいだに水かきがある）のこと。

父の王 釈尊の父、浄飯《じょうぼん》王《のう》。

あに離念に… 念を離れて無念を求めることがどうしてできるであろうか。

無念 →無念《むねん》①

濁世 五濁悪世の意。→五《ご》濁《じょく》

54 することを得《う》。凡夫《ぼんぶ》もし西方《さいほう》に到《いた》ることを得《う》れば、曠劫塵沙《こうごうじんじゃ》の罪《つみ》消亡《しょうもう》す。六《ろく》神通《じんずう》を具《ぐ》し自在《じざい》を得《う》。永《なが》く老病《ろうびょう》を除《のぞ》き無常《むじょう》を離《はな》る〉。

『仏本行経《ぶつほんぎょうきょう》』による。法照《ほっしょう》〈なにものをかこれを名《な》づけて正法《しょうぼう》とする。もし道理《どうり》によらばこれ真宗《しんしゅう》なり。好悪今《こうあくいま》の時《とき》すべからく*決択《けっちゃく》すべし。一々《いちいち》に子細《しさい》*朦朧《もうりょう》することなかれ。正法《しょうぼう》よく世間《せけん》を超出《ちょうしゅつ》す。持戒《じかい》・坐禅《ざぜん》を正法《しょうぼう》と名《な》づく。念仏成仏《ねんぶつじょうぶつ》はこれ真宗《しんしゅう》なり。仏言《ぶつごん》を取《と》らざるをば外道《げどう》と名《な》づく。因果《いんが》を*撥無《はつむ》する見《けん》を*空《くう》とす。正法《しょうぼう》よく世間《せけん》を超出《ちょうしゅつ》す。禅《ぜん》・律《りつ》いかんぞこれ正法《しょうぼう》ならん。念仏三昧《ねんぶつざんまい》これ真宗《しんしゅう》なり。性《しょう》を見《み》、心《しん》を了《さと》るはすなはちこれ仏《ぶつ》なり。いかんが道理相応《どうりそうおう》せざらん〉。抄略

55 『阿弥陀経《あみだきょう》』による。〈西方《さいほう》は道《どう》に進《すす》むこと娑婆《しゃば》に勝《すぐ》れたり。五欲《ごよく》および邪魔《じゃま》なきによつてなり。成仏《じょうぶつ》にもろもろの善業《ぜんごう》を*労《いたわ》しくせず。華台《けだい》に端坐《たんざ》して弥《み》陀《だ》を念《ねん》じたてまつる。五濁《ごじょく》の修行《しゅぎょう》は多《おお》く退転《たいてん》す。念仏《ねんぶつ》して西方《さいほう》に往《ゆ》くにはしかず。かしこに到《いた》れば自然《じねん》に正覚《しょうがく》を成《な》る。苦界《くかい》に還来《かえ》りて*津梁《しんりょう》とならん。万《まん》行《ぎょう》のなかに急要《きゅうよう》とす。迅速《じんそく》なること浄土門《じょうどもん》に過《す》ぎたるはなし。ただ*本師金口《ほんしこんく》の説《せつ》のみにあらず。十方諸仏《じっぽうしょぶつ》ともに伝《つた》へ証《しょう》したまふ。この界《かい》に一人《いちにん》、仏《ぶつ》の名《みな》を

度脱　解脱《げだつ》に同じ。迷いの世界をわたり、そこから脱すること。

決択　明らかに決め定めること。

朦朧　曖昧《あいまい》なこと。はっきりしないこと。

撥無　払いのけて用いないこと。否定すること。

空　空見。善悪因果の道理を空無とする邪見。

労しくせず　つとめる必要がない。

津梁　津は渡し場、梁は橋。

本師金口の説　釈尊の口から出た教説。

56 念《ねん》ずれば、西方《さいほう》にすなはち一《ひと》つの蓮《はちす》ありて生《しょう》ず。ただ一生《いっしょう》つねにして不退《ふたい》ならしむれば、一《ひと》つの華《はな》この間《けん》に還《かえ》り到《いた》つて迎《むか》へたまふ〉と。抄略

『般舟三昧経《はんじゅざんまいきょう》』による。*慈愍和尚《じみんかしょう》〈今日道場《こんにちどうじょう》の諸衆等《しょしゅとう》、恒沙曠劫《ごうじゃこうごう》よりすべて経来《へかえ》れり。この人身《にんじん》を度《はか》るに値遇《ちぐう》しがたし。たとへば優曇華《うどんげ》のはじめて開《ひら》くがごとし。まさしく希《まれ》に浄土《じょうど》の教《きょう》を聞《き》くに値《もうあ》へり。まさしく念仏《ねんぶつ》の法門《ほうもん》の開《ひら》けるに値《もうあ》へり。まさしく弥陀《みだ》の弘誓《ぐぜい》の*喚《よ》ばひたまふに値《もうあ》へり。まさしく大衆《だいしゅ》の信心《しんじん》ありて回《え》するに値《もうあ》へり。まさしく今日経《こんにちきょう》によりて讃《さん》ずるに値《もうあ》へり。まさしく契《ちぎり》を*上華台《じょうけだい》に結《むす》ぶに値《もうあ》へり。まさしく道場《どうじょう》に魔事《まじ》なきに値《もうあ》へり。まさしく無病《むびょう》にしてすべてよく来《かえ》れるに値《もうあ》へり。まさしく七日《しちにち》の功成就《こうじょうじゅ》するに値《もうあ》へり。四十八願《しじゅうはちがん》かならずあひ携《たずさ》ふ。あまねく道場《どうじょう》の同行《どうぎょう》のひとを勧《すす》む。*ゆめゆめ回心《えしん》して

57 *帰去来《いざいなん》。借問《と》ふ。*家郷《かきょう》はいづれの処《ところ》にかある。極楽《ごくらく》の池《いけ》のうち七宝《しっぽう》の台《うてな》なり。かの仏《ぶつ》の因中《いんちゅう》に弘誓《ぐぜい》を立《た》てたまへり。名《みな》を聞《き》きてわれを念《ねん》ぜばすべて迎《むか》へ来《かえ》らしめん。貧窮《びんぐ》と富貴《ふき》とを簡《えら》ばず、下智《げち》と高才《こうざい》とを簡《えら》ばず、多聞《たもん》と浄戒《じょうかい》を持《たも》てるとを簡《えら》ばず、破戒《はかい》と罪根《ざいこん》の深《ふか》きとを簡《えら》ばず。ただ回心《えしん》して多《おお》く念仏《ねんぶつ》せしむれば、よく瓦礫《がりやく》をして変《へん》じて金《こがね》と成《な》さんがごとくせしむ。語《ことば》を現前《げんぜん》の大衆《だいしゅ》

慈愍和尚　慈愍三蔵のこと。→慈愍三蔵《じみんさんぞう》

喚ばひ　「よばふ」は呼びつづけるの意。

上華台　すぐれた蓮華《れんげ》の台座（うてな）。

ゆめゆめ　努めて。

帰去来　さあ帰ろう。陶淵明《とうえんめい》（三六五―四二七）の「帰去来辞《ききょらいのじ》」の中の言葉。故郷に帰る決意を述べたものであるが、ここでは浄土に生れたいという意をあらわす。

家郷　ふるさと。

等《とう》に寄《よ》す。同縁去《どうえんさ》らんひとはやくあひ尋《たず》ねん。借問《と》ふ。いづれの処《ところ》をあひ尋《たず》ねてか去《ゆ》かんと。報《こた》へていはく、弥陀浄土《みだじょうど》のうちへ。借問《と》ふ。なにによりてか
58 しこに生《しょう》ずることを得《え》ん。報《こた》へていはく、念仏《ねんぶつ》おのづから功《こう》を成《じょう》ず。借問《と》ふ。今生《こんじょう》の罪障《ざいしょう》多《おお》し、いかんぞ浄土《じょうど》にあへてあひ容《い》らんや。報《こた》へていはく、名《みな》を称《しょう》すれば罪《つみ》消滅《しょうめつ》す、たとへば明灯《みょうとう》の闇中《あんちゅう》に入《い》るがごとし。借問《と》ふ。凡夫生《ぼんぶしょう》ずることを得《う》やいなや、いかんぞ一念《いちねん》に闇中《あんちゅう》あきらかならんや。報《こた》へていはく、疑《うたがい》を除《のぞ》きて多《おお》く念仏《ねんぶつ》すれば、弥陀決定《みだけつじょう》しておのづから親近《しんごん》したまふ〉と。抄要

*『新無量寿観経《しんむりょうじゅかんぎょう》』による。法照《ほっしょう》〈十悪《じゅうあく》・五逆《ごぎゃく》至《いた》れる愚人《ぐにん》、永劫《ようごう》に沈淪《ちんりん》して*久塵《くじん》にあり。一念弥陀《いちねんみだ》の号《みな》を称得《しょうとく》して、かしこに至《いた》れば、還《かえ》りて法性身《ほっしょうしん》に同《どう》ず〉」と。以上

【三六】憬興師《きょうごうし》のいはく（述文賛）、*「如来《にょらい》の広説《こうせつ》に二《ふた》つあり。初《はじ》めには広《ひろ》く如来《にょらい》浄土《じょうど》の†因果《いんが》、すなはち*所行《しょぎょう》・所成《しょじょう》を説《と》きたまへり。後《のち》には広《ひろ》く衆生往生《しゅじょうおうじょう》の
59 因果《いんが》、すなはち*所摂《しょしょう》・所益《しょやく》を顕《あらわ》したまへるなり」と。

【三七】*またいはく、「『悲華経《ひけきょう》』の〈諸菩薩本授記品《しょぼさつほんじゅきほん》〉にいはく、〈その時《とき》に、*宝蔵如来《ほうぞうにょらい》、*転輪王《てんりんのう》を讃《ほ》めていはく、《善《よ》いかな善《よ》いかな、乃至 大王《だいおう》、なんぢ西《さい》

新無量寿観経　『五会法事讃《ごえほうじさん》』の原文には「新無量観経讃」とある。

久塵にあり　ながく煩悩《ぼんのう》の塵にまみれていること。

如来の広説…　『大経』の大綱を示す。

所行所成　法蔵《ほうぞう》菩薩の願行とその成就のありさま。

所摂所益　阿弥陀仏が衆生《しゅじょう》を救いとり、利益《りやく》するありさま。

またいはく…　以下の『悲華経《ひけきょう》』と『如来会《にょらいえ》』の文は『述文賛《じゅつもんさん》』にはない。おそらく『述文賛』の引文の助顕としてあげられたのであろう。

宝蔵如来　無諍念王《むじょうねんおう》（阿弥陀仏の因位《いんに》）という転輪聖王《てんりんじょうおう》が世を治めていた時、臣下の宝海梵志《ほうかいぼんじ》（釈尊の因位）の子が成仏して宝蔵如来と号した。無諍念王・宝

方《ほう》を見《み》るに百千万億《ひゃくせんまんおく》の仏土《ぶつど》を過《す》ぎて世界《せかい》あり、尊善無垢《そんぜんむく》と名《な》づく。かの界《かい》に仏《ぶつ》まします、尊音王如来《そんのんおうにょらい》と名《な》づく。乃至 いま現在《げんざい》にもろもろの菩薩《ぼさつ》のために正《しょう》法《ぼう》を説《と》く。乃至 純一大乗《じゅんいつだいじょう》清浄《しょうじょう》にして雑《まじ》はることなし。そのなかの衆生《しゅじょう》、等《とう》一《いっ》に化生《けしょう》す。また女人《にょにん》およびその名字《みょうじ》なし。かの仏世界《ぶつせかい》の所有《しょう》の功徳《くどく》、清浄《しょうじょう》の荘厳《しょうごん》なり。ことごとく大王《だいおう》の所願《しょがん》のごとくして異《い》なけん。乃至 いまなんぢが字《あざな》を改《あらた》めて無量清浄《むりょうしょうじょう》とす》と。以上

『無量寿如来会《むりょうじゅにょらいえ》』（上）にいはく、〈広《ひろ》くかくのごとき大弘誓願《だいぐぜいがん》を発《おこ》して、みなすでに成就《じょうじゅ》したまへり。世間《せけん》に希有《けう》なり。この願《がん》を発《おこ》しをはりて、実《じつ》のごとく安住《あんじゅう》して種々《しゅじゅ》の功徳《くどく》具足《ぐそく》して、威徳広大清浄《いとくこうだいしょうじょう》の仏土《ぶつど》を荘厳《しょうごん》したまへり〉」と。以上

60 【三八】 またいはく（述文賛）、「*福智《ふくち》の二厳成就《にごんじょうじゅ》したまへるがゆゑに、*つぶさに等《ひと》しく衆生《しゅじょう》に行《ぎょう》を施《ほどこ》したまへるなり。おのれが所修《しょしゅ》をもつて、衆生《しゅじょう》を利《り》したまふがゆゑに、功徳成《くどくじょう》ぜしめたまへり」と。

【三九】 またいはく（同）、「久遠《くおん》の因《いん》によりて、仏《ぶつ》に値《もうあ》ひ、法《ほう》を聞《き》きて慶喜《きょうき》すべきがゆゑに」と。

海梵志はともにこの宝蔵如来のもとで発願《ほつがん》して、成仏の記を授けられた。

転輪王 阿弥陀仏の因位《いんに》の無諍念王のこと。

福智の二厳 福方便と智方便。『述文賛《じゅつもんさん》』の原文では、『大経』法蔵《ほうぞう》修行の「三宝《さんぼう》を恭敬《くぎょう》す」を福方便、「師長に奉事す」を智方便とする。

つぶさに…たまへるなり 通常は「施等のもろもろの聖行を備ふ」（『述文賛』の原文では、「生」は「聖」の字）と読む。ここでは如来回向《えこう》の意をあらわすために読み改めた。

【四〇】　またいはく（述文賛）、「人聖《にんしょう》に、国妙《くにたえ》なり。たれか力《ちから》を尽《つく》さざらん。善《ぜん》をなして生《しょう》を願《がん》ぜよ、*善《ぜん》によりてすでに成《じょう》じたまへる、おのづから果《か》を獲《え》ざらんや。ゆゑに自然《じねん》といふ。貴賤《きせん》を簡《えら》ばず、みな往生《おうじょう》を得《え》しむ。ゆゑに〈*著無《ちょむ》上下《じょうげ》〉といふ」と。

【四一】　またいはく（同）、「〈*易往而無人《いおうにむにん》　其国不逆違《ごこくふぎゃくい》　自然之所牽《じねんししょけん》〉と。因《いん》を修《しゅ》して来生《らいしょう》するに、つひに違逆《いぎゃく》せず。すなはち易往《いおう》なり。修《しゅ》すればすなはち往《ゆ》く、修《しゅ》することなければ生《しょう》ずること尠《すく》なし。因《いん》を修《しゅ》して来《らい》生《しょう》するに、つひに違逆《いぎゃく》せず。すなはち易往《いおう》なり」と。

61

【四二】　またいはく（同）、「〈*本願力故《ほんがんりきこ》〉といふは、すなはち*往《ゆ》くこと誓願《せいがん》の力《ちから》なり。〈満足願故《まんぞくがんこ》〉といふは、願《がん》として欠《か》くることなきがゆゑに。〈明了願故《みょうりょうがんこ》〉といふは、これを求《もと》むるに虚《むな》しからざるがゆゑに。〈堅固願故《けんごがんこ》〉といふは、縁《えん》として壊《やぶ》ることあたはざるがゆゑに。〈究竟願故《くきょうがんこ》〉といふは、かならず果《はた》し遂《と》ぐるがゆゑに」と。

【四三】　またいはく（同）、「総《そう》じてこれをいはば、*凡小《ぼんしょう》をして欲往生《よくおうじょう》の意《こころ》を増《ま》さしめんと欲《おも》ふがゆゑに、すべからくかの土《ど》の勝《すぐ》れたることを顕《あらわ》すべし」と。

【四四】　またいはく（同）、「すでに〈*この土《ど》にして菩薩《ぼさつ》の行《ぎょう》を修《しゅ》す〉とのたまへり。すなはち知《し》んぬ、*無諍王《むじょうおう》この方《ほう》にましますことを。*宝海《ほうかい》もまたしかなり」と。

善によりて…たまへる　通常は「因の善すでに成ずれば」と読む。ここでは如来の徳をあらわすために読み改めた。

著無上下　「上下なきことを著す」『大経』（下）取意の文。

易往而無人…　「往き易くして人なし。その国逆違せず、自然の牽《ひ》くところなり」『大経』（下）の文。「易往而無人」は、阿弥陀仏の本願力によるから浄土に往生することは容易であるが、自力の心を捨てて真実信心を得る人は少ないから、浄土に往生する人は稀《まれ》であるという意。

本願力故…　〈　〉内の五句は『大経』（上）の文。

往くこと…　原文の「往誓願」は通常「往《むかし》の誓願」と読む。ここでは往生は本

【四五】またいはく（述文賛）、「仏《ぶつ》の威徳広大《いとくこうだい》を聞《き》くがゆゑに、不退転《ふたいてん》を得《う》るなり」と。以上

【四六】『楽邦文類《らくほうもんるい》』にいはく、「総管《そうかん》の*張掄《ちょうりん》いはく、〈仏号《ぶつごう》ははなはだ持《たも》ち易《やす》し、浄土《じょうど》ははなはだ往《ゆ》き易《やす》し。*八万四千《はちまんしせん》の法門《ほうもん》、この*捷径《せっけい》にしくなし。ただよく*清晨俛仰《じんめんごう》の暇《いとま》を輟《や》めて、つひに永劫不壊《ようごうふえ》の資《たすけ》をなすべし。これすなはち力《ちから》を用《もち》ゐることは、はなはだ微《び》にして、功《こう》を収《おさ》むることいまし尽《つ》くることあることなけん。衆生《しゅじょう》またなんの苦《くる》しみあればか、みづから棄《す》ててせざらんや。ああ、夢《む》幻《げん》にして真《しん》にあらず。*寿夭《じゅよう》にして保《たも》ちがたし。呼吸《こきゅう》のあひだにすなはちこれ来《らい》生《しょう》なり。一《ひと》たび人身《にんじん》を失《うしな》ひつれば万劫《まんごう》にも復《ふく》せず。この時悟《ときさと》らずは、仏《ぶつ》もし衆《しゅ》生《じょう》をいかがしたまはん。願《ねが》はくは、深《ふか》く無常《むじょう》を念《ねん》じて、いたづらに後悔《こうかい》を貽《のこ》すことなかれと。浄楽《じょうらく》の居士《こじ》張掄縁《ちょうりんえん》を勧《すす》む〉」と。以上

【四七】*台教《たいきょう》（天台）の祖師《そし》、山陰《さんいん》慶文法師《けいぶんほっし》のいはく、「まことに仏名《ぶつみょう》は*真応《おう》の身《しん》よりして建立《こんりゅう》せるがゆゑに、慈悲海《じひかい》よりして建立《こんりゅう》せるがゆゑに、誓願《せいがん》海《かい》よりして建立《こんりゅう》せるがゆゑに、智慧海《ちえかい》よりして建立《こんりゅう》せるがゆゑに、法門海《ほうもんかい》よりして建立《こんりゅう》せるによるがゆゑに、もしただもつぱら一仏《いちぶつ》の名号《みょうごう》を称《しょう》するは、

願力によることをあらわす。

凡小　愚かな凡夫。↓凡夫《ぼんぶ》

この土…　『大経』（下）の文。「この土」は娑婆《しゃば》世界を指す。

無諍王　無諍念王。『悲華経《ひけ》』に出る阿弥陀仏の因位《いんに》の名。

宝海　宝海梵志《ほうかいぼんじ》。『悲華経』に出る釈尊の因位の名。

張掄　南宋《なんそう》代の人。浄楽と号す。高宗の頃、総管（軍事をつかさどる官名）となった。厚く念仏を尊び、晩年、自宅に道場を設け、慧遠《えおん》の白蓮社《びゃくれんしゃ》にならい、妻子とともに日課念仏を修した。

八万四千の法門　八万四千は多数の意。仏の説いた教法全体のことであるが、親鸞聖人は本願（第十八願）の法以外の自力方便の教えの意とする。「化身土巻」

すなはちこれつぶさに諸仏《しょぶつ》の名号《みょうごう》を称《しょう》するなり。功徳《くどく》無量《むりょう》なればよく罪障《ざいしょう》を滅《めっ》す。よく浄土《じょうど》に生《しょう》ず。なんぞかならず疑《うたがい》を生《しょう》ぜんや」と。以上

63
【四八】律宗《りっしゅう》の祖師《そし》、元照《がんじょう》のいはく（観経義疏）、「いはんやわが仏大慈《ほとけだいじ》、浄土《じょうど》を開示《かいじ》して慇懃《おんごん》にあまねく*諸大乗《しょだいじょう》を勧嘱《かんぞく》したまへり。目《め》に見《み》、耳《みみ》に聞《き》きてことに疑謗《ぎほう》を生《しょう》じて、みづから甘《あま》く沈溺《ちんにゃく》して*超昇《ちょうしょう》を慕《ねが》はず。如来説《にょらいと》きて*憐愍《れんびん》すべきもののためにしたまへり。まことにこの法《ほう》の特《ひと》り*常途《じょうず》に異《こと》なることを知《し》らざるによりてなり。賢愚《けんぐ》を択《えら》ばず、*緇素《しそ》を簡《えら》ばず、修行《しゅぎょう》の久近《くごん》を論《ろん》ぜず、造罪《ぞうざい》の重軽《じゅうきょう》を問《と》はず、ただ決定《けつじょう》の信心《しんじん》すなはちこれ往生《おうじょう》の因種《いんしゅ》ならしむ」と。以上

【四九】またいはく（同）、「いま浄土《じょうど》の諸経《しょきょう》にならびに魔《ま》をいはず。すなはち知《し》んぬ、この法《ほう》に魔《ま》なきこと明《あき》らけしと。山陰《さんいん》の慶文法師《けいぶんほっし》の〈正信法門《しょうしんほうもん》〉にこれを弁《べん》ずること、はなはだ詳《つまび》らかなり。いまためにつぶさにかの問《とい》を引《ひ》きていはく、〈あるいは人《ひと》ありていはく、《臨終《りんじゅう》に仏《ぶつ》・菩薩《ぼさつ》の光《ひかり》を放《はな》ち、台《うてな》を持《じ》したまへるを見《み》たてまつり、天楽異香《てんがくいきょう》来迎往生《らいこうおうじょう》す。ならびにこれ魔事《まじ》なり》と。この説《せつ》いかんぞや。答《こた》へていはく、『*首楞厳《しゅりょうごん》』によりて三昧《さんまい》を修習《しゅじゅう》することあり。あるいは*陰魔《おんま》を発動《ほつどう》す。『*摩訶衍論《まかえんろん》』によりて三昧《さんまい》を修習《しゅじゅう》することあ

三九四頁六行以下参照。

捷径　近道。

清晨俛仰の暇を輟めて　明け方のわずかの時間をさいて。

寿夭　命がはかなくもろいこと。

台教の祖師山陰のいはく…　引用の出典不明。山陰は会《かい》稽山《けいざん》の北（現在の中国浙江《せっこう》省紹興《しょうこう》）の地域。ここでは慶文法師《けいぶんほっし》の称。

真応の身　報身《ほうじん》のこと。真を法・報の二身、応を応身とする説もある。

諸大乗　いろいろな大乗経典。

超昇　迷いを超えてさとりに至ること。

憐愍すべき…したまへり　通常は「憐愍すべきものとなす」と読む。

常途　通常。一般。

り、あるいは*外魔《げま》（天魔《てんま》をいふなり）を発動《ほつどう》す。『止観論《しかんろん》』によりて三昧《さんまい》を修《しゅ》
64
習《じゅう》することあり、あるいは*時魅《じみ》を発動《ほつどう》す。これらならびにこれ禅定《ぜんじょう》を修《しゅ》する人《ひと》、その自力《じりき》に約《やく》してまづ魔種《ましゅ》あり、さだめて撃発《ぎゃくほつ》を被《かぶ》るがゆゑにこの事《じ》を現《げん》ず。もしよくあきらかに識《し》りておのおの対治《たいじ》を用《もち》ゐれば、すなはちよく除遣《じょけん》せしむ。もし*聖《しょう》の解《さとり》をなせば、みな魔障《ましょう》を被《かぶ》るなりと。上《かみ》にこの方《ほう》の入道《にゅうどう》を明《あ》かす、すなはち魔事《まじ》を発《ほっ》す。　いま所修《しょしゅ》の念仏三昧《ねんぶつざんまい》に約《やく》するに、いまし仏力《ぶつりき》を憑《たの》む。帝王《たいおう》に近《ちか》づけばあへて干犯《おかん》すものなきがごとし。けだし阿弥陀仏《あみだぶつ》、大慈悲《だいじひ》力《りき》・大誓願力《だいせいがんりき》・大智慧力《だいちえりき》・大三昧力《だいさんまいりき》・大威神力《だいいじんりき》・*大摧邪力《だいさいじゃりき》・*大降魔力《だいごうまりき》・*天眼遠《てんげんおん》見力《けんりき》・*天耳遥聞力《てんにようもんりき》・*他心徹鑑力《たしんてつかんりき》・光明遍照摂取衆生力《こうみょうへんじょうせっしゅしゅじょうりき》ましますによりてなり。かくのごときらの不可思議功徳《ふかしぎくどく》の力《ちから》まします。あに念仏《ねんぶつ》の人《ひと》を護持《ごじ》して、臨終《りんじゅう》の時《とき》に至《いた》るまで障礙《しょうげ》なからしむることあたはざらんや。もし護持《ごじ》をなさずは、すなはち慈悲力《じひりき》なんぞましまさん。もし魔障《ましょう》を除《のぞ》くことあたはずは、智《ち》慧力《えりき》・三昧力《さんまいりき》・威神力《いじんりき》・摧邪力《さいじゃりき》・降魔力《ごうまりき》、またなんぞましまさんや。もし鑑察《かんざつ》
65
することあたはずして、魔《ま》、障《さわり》をなすことを被《かぶ》らば、天眼遠見力《てんげんおんけんりき》・天耳遥聞《てんにようもん》力《りき》・他心徹鑑力《たしんてつかんりき》、またなんぞましまさんや。『経《きょう》』（観経）にいはく、《阿弥陀《あみだ》

緇素　僧侶と俗人。緇は黒色で、黒衣を着る人（僧侶）、素は白色で、白衣を着る人（俗人）を示す。

首楞厳　『首楞厳経』のこと。→首楞厳経《しゅりょうごんぎょう》 ②

陰魔　五陰魔のこと。人間存在を構成している色《しき》・受《じゅ》・想《そう》・行《ぎょう》・識《しき》の五陰（五蘊）は、仏道修行のさまたげとなるから五陰魔という。四魔の一。→五蘊《ごうん》、四種《ししゅ》の魔《ま》

摩訶衍論　『大乗起信論』のこと。→起信論《きしんろん》

外魔　仏道修行者を悩ませるために外部からくる悪魔。四魔の中の天魔のこと。→四種《ししゅ》の魔《ま》

時魅　時魅鬼（時媚鬼）のこと。昼夜十二時（一日の十二区分）の各時間帯によって種々にあらわれる鬼。

仏《ぶつ》の相好《そうごう》の光明《こうみょう》あまねく十方世界《じっぽうせかい》を照《て》らす。念仏《ねんぶつ》の衆生《しゅじょう》をば摂取《せっしゅ》して捨《す》てたまはず》と。もし念仏《ねんぶつ》して臨終《りんじゅう》に魔障《ましょう》を被《かぶ》るといはば、光明遍照摂取衆生《こうみょうへんじょうせっしゅしゅじょう》力《りき》、またなんぞましまさんや。いはんや念仏《ねんぶつ》の人《ひと》の臨終《りんじゅう》の感相《かんそう》、衆経《しゅきょう》より出《い》でたり。みなこれ仏《ぶつ》の言《みこと》なり。なんぞ貶《へん》して魔境《まきょう》とすることを得《え》んや。いまために邪疑《じゃぎ》を決破《けっぱ》す。まさに正信《しょうしん》を生《しょう》ずべし〉」と。以上彼文

【五〇】 また元照律師《がんじょうりっし》の『弥陀経義《みだきょうぎ》』の文《もん》 いはく、「*一乗《いちじょう》の極唱《ごくしょう》、*終帰《しゅうき》をことごとく*楽邦《らくほう》を指《さ》す。万行《まんぎょう》の円修《えんしゅ》、最勝《さいしょう》を独《ひと》り*果号《かごう》に推《ゆず》る。まことにもつて因《いん》より願《がん》を建《た》つ。志《こころざし》を乗《と》り行《ぎょう》を窮《きわ》め、*塵点劫《じんでんごう》を歴《へ》て*済衆《さいしゅ》の仁《にん》を懐《いだ》けり。*芥子《けし》の地《じ》も*捨身《しゃしん》の処《ところ》にあらざることなし。*悲智六度《ひちろくど》摂化《せっけ》してもつて遺《のこ》すことなし。*内外《ないげ》の両財《りょうざい》、求《もと》むるに随《したご》うてかならず応《おう》ず。機《き》と縁《えん》と熟《じゅく》し、行満《ぎょうまん》じ功《こう》なり、一時《いちじ》に円《まど》かに三身《さんしん》を証《しょう》す。万徳《まんどく》すべて*四字《しじ》に彰《あらわ》る」と。以上

【五一】 またいはく（同）、「いはんやわが弥陀《みだ》は名《な》をもつて*物《もの》を接《せっ》したまふ。ここをもつて耳《みみ》に聞《き》き口《くち》に誦《じゅ》するに、無辺《むへん》の聖徳《しょうとく》、*識心《しきしん》に*攬入《らんにゅう》す。永《なが》く仏種《ぶっしゅ》となりて頓《とん》に億劫《おくこう》の重罪《じゅうざい》を除《のぞ》き、無上菩提《むじょうぼだい》を獲証《ぎゃくしょう》す。まことに知《し》んぬ、少善根《しょうぜんごん》にあらず、これ多功徳《たくどく》なり」と。以上

老少、男女、禽獣などの姿となって、修行者を魅惑し悩ませるという。

聖の解 みずから聖者《しょうじゃ》になったと思うこと。

大摧邪力 邪悪を打ちくだく大いなる力。

大降魔力 魔を降伏《ごうぶく》させる大いなる力。

天眼遠見力 遠くをみとおす天眼通の力。→六神通《ろくじんずう》

天耳遥聞力 遠くの声を聞きわける天耳通の力。→六《ろく》神通《じんずう》

他心徹鑑力 すべての者の心を知りぬく他心通の力。→六神通《ろくじんずう》

一乗の極唱 一乗教の至極の説法。

終帰 究極的なよりどころ。

楽邦 阿弥陀仏の浄土のこと。

果号 阿弥陀仏の名号《みょうごう》の

【五二】 またいはく（阿弥陀経義疏）、「正念《しょうねん》のなかに、凡人《ぼんにん》の臨終《りんじゅう》は*識神主《しきじんあるじ》なし。善悪《ぜんあく》の業種発現《ごうしゅほつげん》せざることなし。あるいは悪念《あくねん》を起《おこ》し、あるいは邪見《じゃけん》を起《おこ》し、あるいは*繋恋《けれん》を生《しょう》じ、あるいは猖狂悪相《しょうきょうあくそう》を発《ほっ》せん。もつぱらみな顚倒《てんどう》の因《いん》と名《な》づくるにあらずや。前《さき》に仏《ぶつ》を誦《じゅ》して罪滅《つみめつ》し、障除《さわりのぞ》こり、浄業内《じょうごううち》に薫《くん》じ、慈光外《じこうほか》に摂《せっ》して、苦《く》を脱《まぬか》れ楽《らく》を得《う》ること一刹那《いっせつな》のあひだなり。*下《しも》の文《もん》に生《しょう》を勧《すす》む、その利《り》ここにあり」と。以上

67 【五三】 （元照観経義疏）「慈雲法師《じうんほっし》 天竺寺《てんじくじ》の遵式《じゅんしき》 のいはく、〈ただ安養《あんにょう》の浄《じょう》業《ごう》*捷真《せっしん》なり、修《しゅ》すべし。もし四衆《ししゅ》ありて、またすみやかに無明《むみょう》を破《は》し、永《なが》く五逆《ごぎゃく》・十悪重軽等《じゅうあくじゅうきょうとう》の罪《つみ》を滅《めっ》せんと欲《おも》はば、まさにこの法《ほう》を修《しゅ》すべし。*大小《だいしょう》の戒体《かいたい》、遠《とお》くまた清浄《しょうじょう》なることを得《え》しめ、念仏三昧《ねんぶつざんまい》を得《え》しめ、菩薩《ぼさつ》の諸波羅《しょはら》蜜《みつ》を成就《じょうじゅ》せんと欲《おも》はば、まさにこの法《ほう》を学《がく》すべし。†臨終《りんじゅう》にもろもろの怖畏《ふい》を離《はな》れしめ、身心安快《しんしんあんけ》にして衆聖現前《しゅしょうげんぜん》し、授手接引《じゅしゅしょういん》せらるることを得《え》、はじめて*塵労《じんろう》を離《はな》れてすなはち不退《ふたい》に至《いた》り、長劫《じょうごう》を歴《へ》ず、すなはち無生《むしょう》を得《え》んと欲《おも》はば、まさにこの法等《ほうとう》を学《がく》すべし〉と。*古賢《こけん》の法語《ほうご》によく従《したが》ふことなからんや。以上五門《いじょうごもん》、綱要《こうよう》を略標《りゃくひょう》す。自余《じよ》は尽《つく》さず、くはしく釈文《しゃくもん》にあり。『開元《かいげん》

こと。

塵点劫 はかりしれない長い時間。

済衆の仁 衆生《しゅじょう》を救済しようとする慈悲の心。

芥子の地 けしの粒ほどの小さな場所。

捨身 衆生救済のためにみずから身を捨てること。

悲智六度 布施《ふせ》・持戒《じかい》・忍辱《にんにく》・精進《しょうじん》・禅定《ぜんじょう》・智慧《ちえ》の六度（六波羅蜜）の中、前五は慈悲の行、後一は智慧の行で、六度は悲智に統摂《とうしょう》される。↓六波羅蜜《ろっぱらみつ》

内外の両財 布施をする財宝を内財と外財に分けたもの。内財とはみずからの身心をいい、外財とは物質的な財宝をいう。

四字 阿弥陀仏の四字。

物 衆生のこと。

識心 衆生の心。

攬入 入り満ちること。

68

五四

の蔵録《ぞうろく》』を案《あん》ずるに、この『経《きょう》』におほよそ両訳《りょうやく》あり。前本《ぜんぽん》はすでに亡《もう》じぬ。いまの本《ほん》はすなはち畺良耶舎《きょうりょうやしゃ》の訳《やく》なり。『僧伝《そうでん》』にいはく、〈畺良耶舎《きょうりょうやしゃ》はここには時称《じしょう》といふ。*宋《そう》の元嘉《げんか》の初《はじ》めに、*京邑《きょうおう》に建《はじ》めたり。文帝《ぶんてい》のとき〉」と。

【五四】 *慈雲《じうん》 遵式《じゅんしき》なり　の讃《さん》にいはく、「*了義《りょうぎ》のなかの了義《りょうぎ》なり。*円頓《えんどん》のなかの円頓《えんどん》なり」と。以上

【五五】 大智《だいち》 元照律師《がんじょうりっし》なり　唱《とな》へていはく（元照観経義疏）、「円頓一乗《えんどんいちじょう》なり。純一《じゅんいっ》にして雑《ぞう》なし」と。以上

【五六】 律宗《りっしゅう》の戒度《かいど》 元照《がんじょう》の弟子《でし》なり　のいはく（正観記）、「仏名《ぶつみょう》はすなはちこれ劫《こう》を積《つ》んで*薫修《くんじゅ》し、その万徳《まんどく》を攬《と》る、すべて四字《しじ》に彰《あらわ》る。このゆゑにこれを称《しょう》するに益《やく》を獲《う》ること、浅《あさ》きにあらず」と。以上

【五七】 *律宗《りっしゅう》の用欽《ようきん》 †元照《がんじょう》の弟子《でし》なり　のいはく、「いまもしわが心口《しんく》をもつて一仏《いちぶつ》の嘉号《かごう》を称念《しょうねん》すれば、すなはち因《いん》より果《か》に至《いた》るまで、無量《むりょう》の功徳《くどく》具足《ぐそく》せざることなし」と。以上

【五八】 またいはく、「一切諸仏《いっさいしょぶつ》、*微塵劫《みじんごう》を歴《へ》て実相《じっそう》を了悟《りょうご》して、*一切《いっさい》を得《え》ざるがゆゑに、*無相《むそう》の大願《だいがん》を発《おこ》して、*修《しゅ》するに妙行《みょうぎょう》に住《じゅう》することなし。証《しょう》するに

識神　心。

繋恋　愛着の情。

下の文　『小経』の「われこの利を見るがゆゑに、この言を説く。もし衆生《しゅじょう》ありて、この説を聞かんものは、まさに発願《ほつがん》してかの国土に生るべし」という文を指す。

捷真　真実の近道。

大小の戒体　大乗戒や小乗戒の戒体。戒体とは、受戒によって得られる防悪のはたらきで、それを戒の本体とみる。

塵労　心を疲れさせるものの意。煩悩《ぼんのう》の異名。

古賢の法語　古賢は慈雲《じうん》を指す。以下は元照《がんじょう》の語。

宋の元嘉　四二四―四五三。劉宋《りゅうそう》の三代、文帝《ぶんてい》の年代。

京邑に建めたり　元照の

69
菩提《ぼだい》を得《う》ることなし。住《じゅう》するに国土《こくど》を荘厳《しょうごん》するにあらず。現《げん》ずるに神通《じんずう》の神《じん》通《ずう》なきがゆゑに、*舌相《ぜつそう》を大千《だいせん》にあまねくして無説《むせつ》の説《せつ》を示《しめ》す。ゆゑにこの経《きょう》を勧信《かんしん》せしむ。あに心《こころ》に思《おも》ひ、口《くち》に議《はか》るべけんや。わたくしにいはく、諸仏《しょぶつ》の不《ふ》思議《しぎ》の功徳《くどく》、須臾《しゅゆ》に弥陀《みだ》の*二報荘厳《にほうしょうごん》に収《おさ》む。*持名《じみょう》の行法《ぎょうほう》はかの諸仏《しょぶつ》のなかに、またすべからく弥陀《みだ》を収《おさ》むべきなり」と。以上

【五九】三論《さんろん》の祖師《そし》、嘉祥《かじょう》のいはく（観経義疏）、「問《と》ふ。念仏三昧《ねんぶつざんまい》はなにによりてか、よくかくのごとき多罪《たざい》を滅《めっ》することを得《う》るやと。解《げ》していはく、仏《ぶつ》に無《む》量《りょう》の功徳《くどく》います。仏《ぶつ》の無量《むりょう》の功徳《くどく》を念《ねん》ずるがゆゑに、無量《むりょう》の罪《つみ》を滅《めっ》することを得《え》しむ」と。以上

【六〇】法相《ほっそう》の祖師《そし》、法位《ほうい》のいはく（大経義疏）、「諸仏《しょぶつ》はみな徳《とく》を名《な》に施《ほどこ》す。名《な》を称《しょう》するはすなはち徳《とく》を称《しょう》するなり。徳《とく》よく罪《つみ》を滅《めっ》し福《ふく》を生《しょう》ず。名《な》もまたかくのごとし。もし仏名《ぶつみょう》を信《しん》ずれば、よく善《ぜん》を生《しょう》じ悪《あく》を滅《めっ》すること決定《けつじょう》して疑《うたがい》なし。称名往生《しょうみょうおうじょう》これなんの惑《まど》ひかあらんや」と。以上

【六一】禅宗《ぜんしゅう》の飛錫《ひしゃく》のいはく（念仏三昧宝王論）、「念仏三昧《ねんぶつざんまい》の善《ぜん》、これ最上《さいじょう》な
70
り。万行《まんぎょう》の元首《げんしゅ》なるがゆゑに、三昧王《さんまいおう》といふ」と。以上

『観経義疏《かんぎょうぎしょ》』の原文では「建」は「達」となっている。都《みやこ》に来たという意。

慈雲の讃にいはく…　引用は『楽邦文類《らくほうもんるい》』巻四所収の慈雲「往生浄土決疑門」、元照《がんじょう》『観経義疏』所引の慈雲同書の文等によるか。

了義　真実の義理のすべてを明らかに説いた教法のこと。

円頓　完全なさとりの境地にすみやかに到達することのできる教法のこと。

薫修　薫習《くんじゅう》に同じ。ものに香りが移りしみこむように、功徳《くどく》がわが身に移りつくこと。

律宗の用欽のいはく…　【五七】【五八】の引用は用欽の『阿弥陀経《あみだきょう》疏超玄記《しょちょうげんき》』の文ともいわれるが、同書は現存しない。

微塵劫　はかりしれないほ

【六二】『往生要集《おうじょうようしゅう》』（下 一〇九八）にいはく、「『双巻経《そうかんぎょう》』（大経・下）の三輩《さんぱい》の業《ごう》、浅深《せんじん》ありといへども、しかるに通《つう》じてみな〈*一向専念無量寿仏《いっこうせんねんむりょうじゅぶつ》〉といへり。三《み》つに四十八願《しじゅうはちがん》のなかに、念仏門《ねんぶつもん》において別《べつ》して一《ひと》つの願《がん》を発《おこ》してのたまはく、〈*乃至十念《ないしじゅうねん》　若不生者《にゃくふしょうじゃ》　不取正覚《ふしゅしょうがく》〉と。四《よ》つに『観経《かんぎょう》』には〈極《ごく》重《じゅう》の悪人《あくにん》他《た》の方便《ほうべん》なし。ただ弥陀《みだ》を称《しょう》して極楽《ごくらく》に生《しょう》ずることを得《う》〉」と。以上

【六三】　またいはく（往生要集・上 八九八）、「『心地観経《しんじかんぎょう》』の六種《ろくしゅ》の功徳《くどく》によるべし。一《ひと》つには無上大功徳田《むじょうだいくどくでん》、二《ふた》つには無上大恩徳《むじょうだいおんどく》、三《み》つには無足《むそく》・二足《にそく》および多足衆生《たそくしゅじょう》のなかの尊《そん》なり。四《よ》つにはきはめて値遇《ちぐう》しがたきこと、優曇華《うどんげ》のごとし。五《いつ》つには独《ひと》り*三千大千界《さんぜんだいせんかい》に出《い》でたまふ。六《む》つには*世《せ》・出世間《しゅつせけん》の*功徳円《くどくえん》満《まん》せり。義《ぎ》つぶさにかくのごときらの六種《ろくしゅ》の功徳《くどく》による。つねによく一切衆《いっさいしゅ》生《じょう》を利益《りやく》したまふ」と。以上

71 【六四】　この六種《ろくしゅ》の功徳《くどく》によりて信和尚《しんかしょう》（源信）のいはく（同・上）、「一《ひと》つには念《ねん》ずべし、*一称南無《いっしょうなも》仏皆《ぶつかい》已成仏道《いじょうぶつどう》のゆゑに、われ無上功徳田《むじょうくどくでん》を帰命《きみょう》し礼《らい》したてまつる。二《ふた》つには念《ねん》ずべし、慈眼《じげん》をもつて衆生《しゅじょう》を視《み》そなはすこと、平等《びょうどう》にして一子《いっし》のごとし。ゆゑにわれ極大慈悲母《ごくだいじひも》を帰命《きみょう》し礼《らい》したてまつる。三《み》つには

ど長い時間。

一切を得ざるがゆゑに　一切を固定的な実体として認識しないがために。あらゆる執着を離れた立場であることを示す。

無相の大願　実体的なすがたはないということをさとって発された願。

修するに…神通なき　通常は「無住の妙行を修し、無得の菩提を証し、非荘厳の国土に住し、無神通の神通を現ず」と読む。

舌相を大千にあまねくして　諸仏が舌を出して、三千大千世界をおおい、あまねく念仏の教えが真実であることを証明したことをいう。『小経』の説。

二報荘厳　正報《しょうほう》（仏身《ぶっしん》）と依報《えほう》（仏国土）の荘厳。→依正二報《えしょうにほう》

念《ねん》ずべし、十方《じっぽう》の諸大士《しょだいじ》、弥陀尊《みだそん》を恭敬《くぎょう》したてまつるがゆゑに、われ*無上両《むじょうりょう》足尊《ぞくそん》を帰命《きみょう》し礼《らい》したてまつる。四《よ》つには念《ねん》ずべし、一《ひと》たび仏名《ぶつみょう》を聞《き》くことを得《う》ること、優曇華《うどんげ》よりも過《す》ぎたり。ゆゑにわれ*極難値遇者《ごくなんちぐうしゃ》を帰命《きみょう》し礼《らい》したてまつる。五《いっ》つには念《ねん》ずべし、*一百倶胝界《いっぴゃくくていかい》には二尊《にそん》並《なら》んで出《い》でたまはず。ゆゑにわれ希有大法王《けうだいほうおう》を帰命《きみょう》し礼《らい》したてまつる。六《む》つには念《ねん》ずべし、仏法衆徳海《ぶっぽうしゅとくかい》は三《さん》世《ぜ》同《おな》じく一体《いったい》なり。ゆゑにわれ*円融万徳尊《えんにゅうまんどくそん》を帰命《きみょう》し礼《らい》したてまつる」と。以上

【六五】またいはく（往生要集・上 九二二）、「*波利質多樹《はりしったじゅ》の華《はな》、一日《いちにち》衣《ころも》に薫《くん》ずるに、*瞻蔔華《せんぷくげ》・*波師迦華《はしかげ》、千歳薫《せんざいくん》ずといへども、及《およ》ぶことあたはざるところなり」と。以上

【六六】またいはく（同・下 一一四三）、「一斤《いっこん》の*石汁《せきじゅう》、よく千斤《せんこん》の銅《あかがね》を変《へん》じて金《こがね》となす。雪山《せっせん》に草《くさ》あり、名《な》づけて忍辱《にんにく》とす。牛《うし》もし食《じき》すればすなはち*醍醐《だいご》を得《う》。*尸利沙《しりしゃ》、*昴星《ぼうせい》を見《み》ればすなはち菓実《かじつ》を出《いだ》すがごとし」と。以上

【六七】『選択本願念仏集《せんじゃくほんがんねんぶつしゅう》』（一一八三）源空《げんくうの》集《しゅう》にいはく、「南無阿弥陀仏《なもあみだぶつ》　往生《おうじょう》の業《ごう》は念仏《ねんぶつ》を本《ほん》とす」と。

【六八】またいはく（同 一一八五）、「それすみやかに生死《しょうじ》を離《はな》れんと欲《おも》はば、二《に》

持名の行法　名号《みょうごう》をたもつ行業《ぎょうごう》。称名のこと。

一向専念…　「一向にもっぱら無量寿仏を念ず」

乃至十念…　「乃至十念せん。もし生れずは、正覚を取らじ」（行巻訓）

三千大千界　三千大千世界のこと。→三千大千世界《さんぜんだいせんせかい》

世出世間の功徳　世間の功徳（世俗の倫理的な善）と出世間の功徳（さとりの世界の功徳）。

功徳…による　『往生要集《おうじょうようしゅう》』の現行本は「功徳円満して、一切の義の依たり。かくのごとき等の六種功徳を具して」となっている。

一称南無仏…　「一《ひと》たび南無仏と称するに、みなすでに仏道を成ぜり」『法華経《ほけきょう》』「方便品」の文。

種《しゅ》の勝法《しょうぼう》のなかに、しばらく聖道門《しょうどうもん》を閣《さしお》きて、選《えら》んで浄土門《じょうどもん》に入《い》れ。浄土門《じょうどもん》に入《い》らんと欲《おも》はば、正雑二行《しょうぞうにぎょう》のなかに、しばらくもろもろの雑行《ぞうぎょう》を抛《なげう》ちて、選《えら》んで正行《しょうぎょう》に帰《き》すべし。正行《しょうぎょう》を修《しゅ》せんと欲《おも》はば、正助二業《しょうじょにごう》のなかに、なほ助業《じょごう》を傍《かたわ》らにして、選《えら》んで正定《しょうじょう》をもつぱらにすべし。*正定《しょうじょう》の業《ごう》とはすなはちこれ仏《ぶつ》の名《みな》を称《しょう》するなり。称名《しょうみょう》はかならず生《しょう》ずることを得《う》。仏《ぶつ》の本願《ほんがん》によるがゆゑに」と。以上

【六九】　あきらかに知《し》んぬ、これ*凡聖自力《ぼんしょうじりき》の行《ぎょう》にあらず。ゆゑに不回向《ふえこう》の行《ぎょう》と名《な》づくるなり。*大小《だいしょう》の聖人《しょうにん》・重軽《じゅうきょう》の悪人《あくにん》、みな同《おな》じく斉《ひと》しく選択《せんじゃく》の大宝海《だいほうかい》に帰《き》して念仏成仏《ねんぶつじょうぶつ》すべし。

【七〇】　ここをもつて『論《ろん》の註《ちゅう》』（下　一二〇）にいはく、「かの安楽国土《あんらくこくど》は、阿《あ》弥陀如来《みだにょらい》の*正覚浄華《しょうがくじょうけ》の化生《けしょう》するところにあらざることなし。同一《どういつ》に念仏《ねんぶつ》して別《べつ》の道《みち》なきがゆゑに」とのたまへり。以上

【七一】　しかれば、真実《しんじつ》の行信《ぎょうしん》を獲《う》れば、心《こころ》に歓喜《かんぎ》多《おお》きがゆゑに、これを歓喜地《かんぎじ》と名《な》づく。これを初果《しょか》に喩《たと》ふることは、初果《しょか》の聖者《しょうじゃ》、なほ睡眠《すいめん》し懶堕《らんだ》なれども二十九有《にじゅうくう》に至《いた》らず。いかにいはんや十方群生海《じっぽうぐんじょうかい》、この行信《ぎょうしん》

無上両足尊　人の中にあってこの上なく尊い方の意。阿弥陀仏のこと。

極難値遇者　遇うことがきわめてむずかしい方の意。阿弥陀仏のこと。

一百倶胝界　三千大千世界に同じ。→三千大千世界《さんぜんだいせんせかい》、倶胝《くてい》

円融万徳尊　完全自在であらゆる徳を具《そな》えた尊い方の意。阿弥陀仏のこと。

波利質多樹　波利質多は梵語パーリジャータカ（pārijātaka）の音写。香遍樹と漢訳する。忉利天《とうりてん》にあるという香木の名。

瞻蔔華　瞻蔔は梵語チャンパカ（campaka）の音写。金色華と漢訳する。強い香気があるという。

波師迦華　波師迦は梵語ヴァールシカ（vārṣika）の音写。雨時華と漢訳する。

に帰命《きみよう》すれば摂取《せつしゆ》して捨《す》てたまはず。ゆゑに阿弥陀仏《あみだぶつ》と名《な》づけたてまつると。これを他力《たりき》といふ。ここをもつて龍樹大士《りゆうじゆだいじ》は「*即時入必定《そくじにゆうひつじよう》」（易行品一六）といへり。曇鸞大師《どんらんだいし》は「*入正定聚之数《にゆうしようじようじゆしじゆ》」（論註・上意）といへり。仰《あお》いでこれを憑《たの》むべし。もつぱらこれを行《ぎよう》ずべきなり。

【七二】 まことに知《し》んぬ、徳号《とくごう》の慈父《じぶ》ましまさずは*能生《のうしよう》の因闕《いんか》けなん。光《こう》明《みよう》の悲母《ひも》ましまさずは*所生《しよしよう》の縁乖《えんそむ》きなん。能所《のうじよ》の因縁和合《いんねんわごう》すべしといへども、信心《しんじん》の*業識《ごつしき》にあらずは光明土《こうみようど》に到《いた》ることなし。真実信《しんじつしん》の業識《ごつしき》、これすなはち内因《ないいん》とす。光明《こうみよう》・名《みよう》の父母《ぶも》、これすなはち外縁《げえん》とす。内外《ないげ》の因縁和合《いんねんわごう》して報土《ほうど》の真身《しんしん》を得証《とくしよう》す。ゆゑに宗師《しゆうし》（善導）は、「光明《こうみよう》・名号《みようごう》をもつて十方《じつぽう》を摂化《せつけ》したまふ、ただ信心《しんじん》をして求念《ぐねん》せしむ」（礼讃　六五九）とのたまへり。また「念仏成仏《ねんぶつじようぶつ》これ真宗《しんしゆう》」（五会法事讃）といへり。また「真宗遇《しんしゆうあ》ひがたし」（散善義　五〇二）といへるをや、知《し》るべしと。

【七三】 おほよそ往相回向《おうそうえこう》の行信《ぎようしん》について、行《ぎよう》にすなはち一念《いちねん》あり、また信《しん》に一念《いちねん》あり。行《ぎよう》の一念《いちねん》といふは、いはく、称名《しようみよう》の遍数《へんじゆ》について選択易行《せんじやくいぎよう》の至極《しごく》を顕開《けんかい》す。

雨期に咲く香気の高い花。

石汁　錬金術に用いる薬の名。

醍醐　牛乳を精製して作ったもの。また、その味。最高の美味であり、最上の薬とされる。『涅槃経《ねはんぎよう》』にいう五味《ごみ》（乳味・酪味・生蘇味・熟蘇味・醍醐味）の第五。

尸利沙　梵語シリーシャ（śirīṣa）の音写。ねむの木。

昴星　スバルのこと。

正定の業　正定業のこと。↓正定業《しようじようごう》

凡聖　凡夫と聖者《しようじや》。↓凡夫《ぼんぶ》

大小の聖人　大乗の聖者と小乗の聖者。

正覚浄華の化生　阿弥陀仏と同体のさとりをひらくこと。浄華とは仏の座のことで、如来正覚の仏座に化生するという意。

【七四】ゆゑに『大本《だいほん》』（大経・下）にのたまはく、「仏《ぶつ》、弥勒《みろく》に語《かた》りたまはく、〈それかの仏《ぶつ》の名号《みょうごう》を聞《き》くことを得《え》て、歓喜踊躍《かんぎゆやく》して乃至一念《ないしいちねん》せんことあらん。まさに知《し》るべし、この人《ひと》は大利《だいり》を得《う》とす。すなはちこれ無上《むじょう》の功徳《くどく》を具足《ぐそく》するなり〉」と。以上

75

【七五】光明寺《こうみょうじ》の和尚《かしょう》（善導）は「下至一念《げしいちねん》」（散善義・意）といへり。また「一声一念《いっしょういちねん》」（礼讃）といへり。また「専心専念《せんしんせんねん》」（散善義・意）といへり。以上

【七六】智昇師《ちしょうし》の『集諸経礼懺儀《しゅうしょきょうらいさんぎ》』の下巻《げかん》にいはく、「深心《じんしん》はすなはちこれ真実《しんじつ》の信心《しんじん》なり。自身《じしん》はこれ煩悩《ぼんのう》を具足《ぐそく》せる凡夫《ぼんぶ》、善根薄少《ぜんごんはくしょう》にして三界《さんがい》に流転《るてん》して火宅《かたく》を出《い》でずと信知《しんち》す。いま弥陀《みだ》の本弘誓願《ほんぐぜいがん》は、名号《みょうごう》を称《しょう》すること*下至《げし》十声聞等《じっしょうもんとう》に及《およ》ぶまで、さだめて往生《おうじょう》を得《え》しむと信知《しんち》して、一念《いちねん》に至《いた》るに及《およ》ぶまで疑心《ぎしん》あることなし。ゆゑに深心《じんしん》と名《な》づく」と。以上

【七七】『経《きょう》』（大経）に「乃至《ないし》」といひ、釈《しゃく》（散善義）に「下至《げし》」といへり。乃下《ないげ》その言《ことば》異《こと》なりといへども、その意《こころ》これ一《ひと》つなり。また乃至《ないし》とは*一多包容《いったほうよう》の言《ことば》なり。「大利《だいり》」といふは小利《しょうり》に対《たい》せるの言《ことば》なり。「無上《むじょう》」といふは有上《うじょう》に対《たい》せるの言《ことば》なり。まことに知《し》んぬ、大利無上《だいりむじょう》は一乗真実《いちじょうしんじつ》の利《り》

即時入必定　「即の時に必定に入る」信心を獲得《ぎゃくとく》すると同時に、必ず仏になることに定まった位に入ること。

入正定聚之数　「正定聚の数に入る」『論註』の原文には「入大乗正定之聚」とある。

能生の因・所生の縁　父母を能生と所生に分けたのは、父は生ませる側（子種を下す下種）、母は生ませられる側（子種をたもち育てる持種）であるという俗説によっている。また因と縁に分けたのは、名号《みょうごう》は正定《しょうじょう》の業因《ごういん》となり、光明《こうみょう》は摂取《せっしゅ》の外縁となるからである。ただし光明と名号は別なものではなく、しばらく因と縁に配当しただけである。

業識　父母の和合によって

76
益《やく》なり。小利《しょうり》有上《うじょう》はすなはちこれ八万《はちまん》四千《しせん》の仮門《けもん》なり。釈《しゃく》（散善義）に「専心《せんしん》」といへるはすなはち一心《いっしん》なり、二心《にしん》なきことを形《あらわ》すなり。「専念《せんねん》」といへるはすなはち一行《いちぎょう》なり、二行《にぎょう》なきことを形《あらわ》すなり。いま＊弥勒付嘱《みろくふぞく》の「一念《いちねん》」はすなはちこれ一声《いっしょう》なり。一声《いっしょう》すなはちこれ一念《いちねん》なり。一念《いちねん》すなはちこれ一行《いちぎょう》なり。一行《いちぎょう》すなはちこれ正行《しょうぎょう》なり。正行《しょうぎょう》すなはちこれ正業《しょうごう》なり。正業《しょうごう》すなはちこれ正念《しょうねん》なり。正念《しょうねん》すなはちこれ念仏《ねんぶつ》なり。すなはちこれ南無阿弥陀仏《なもあみだぶつ》なり。

【七八】しかれば、大悲《だいひ》の願船《がんせん》に乗《じょう》じて光明《こうみょう》の広海《こうかい》に浮《うか》びぬれば、至徳《しとく》の風《かぜ》静《しず》かに衆禍《しゅか》の波《なみ》転《てん》ず。すなはち無明《むみょう》の闇《あん》を破《は》し、すみやかに無量光明《むりょうこうみょう》土《ど》に到《いた》りて大般涅槃《だいはつねはん》を証《しょう》す、普賢《ふげん》の徳《とく》に遵《したが》ふなり、知《し》るべしと。

【七九】『安楽集《あんらくしゅう》』（上 二二五）にいはく、「十念相続《じゅうねんそうぞく》とは、これ＊聖者《しょうじゃ》の一《ひと》つの数《かず》の名《な》ならくのみ。すなはちよく念《ねん》を積《つ》み、思《おもい》を凝《こ》らして他事《たじ》を縁《えん》ぜざれば、業道成弁《ごうどうじょうべん》せしめてすなはち罷《や》みぬ。また＊労《いたわ》しくこれが＊頭数《ずしゅ》を記《き》せざれと。またいはく、もし久行《くぎょう》の人《ひと》の念《ねん》は、多《おお》くこれによるべし。もし始行《しぎょう》の人《ひと》の念《ねん》は、
77
数《かず》を記《き》する、また好《よ》し。これまた聖教《しょうぎょう》によるなり」と。以上

母胎に宿る個人（子）の主体である識別作用。ここでは信心を業識に喩える。

下至十声聞等　高田派専修寺蔵宗祖加点『礼讃《らいさん》』には「下至十声一声等」とある。親鸞聖人は「聞」の語を示すために『礼讃』を直接引用せず、『礼懺儀《らいさんぎ》』を引用したのであろう。

一多包容の言　一念も多念も包みいれるという意味をあらわす言葉。

弥勒付嘱の一念　『大経』流通分《るずうぶん》の弥勒付属の文に「乃至一念」とあるのを指す。仏が弥勒に付属した一声の称名のこと。

聖者　仏のこと。

労しく　わずらわしく。

頭数　回数の意。

【八〇】　これすなはち真実《しんじつ》の行《ぎょう》を顕《あらわ》す明証《みょうしょう》なり。まことに知《し》んぬ、選択摂取《せんじゃくせっしゅ》の本願《ほんがん》、超世希有《ちょうせけう》の勝行《しょうぎょう》、*円融真妙《えんにゅうしんみょう》の正法《しょうぼう》、至極無礙《しごくむげ》の大行《だいぎょう》なり、知《し》るべしと。

【八一】　他力《たりき》といふは如来《にょらい》の本願力《ほんがんりき》なり。

【八二】　『論《ろん》』（論註・下　一五三）にいはく、「〈本願力《ほんがんりき》〉といふは、*大菩薩《だいぼさつ》、法身《ほっしん》のなかにして、つねに三昧《さんまい》にましまして、種々《しゅじゅ》の身《しん》、種々《しゅじゅ》の神通《じんずう》、種々《しゅじゅ》の説法《せっぽう》を現《げん》じたまふことを示《しめ》す。みな本願力《ほんがんりき》より起《おこ》るをもつてなり。たとへば*阿修羅《あしゅら》の琴《きん》の鼓《こ》するものなしといへども、しかも音曲自然《いんぎょくじねん》なるがごとし。これを*教化地《きょうけじ》の*第五《だいご》の功徳相《くどくそう》と名《な》づく。乃至

〈菩薩《ぼさつ》は*四種《ししゅ》の門《もん》に入《い》りて、自利《じり》の行《ぎょう》成就《じょうじゅ》したまへりと、知《し》るべし〉と。

〈成就《じょうじゅ》〉とは、いはく自利満足《じりまんぞく》せるなり。〈応知《おうち》〉といふは、いはく自利《じり》によるがゆゑにすなはちよく利他《りた》す。これ自利《じり》にあたはずしてよく利他《りた》するにはあらざるなりと知《し》るべし。

〈菩薩《ぼさつ》は*第五門《だいごもん》に出《い》でて回向利益他《えこうりやくた》の行《ぎょう》成就《じょうじゅ》したまへりと、知《し》るべし〉と。

〈成就《じょうじゅ》〉とは、いはく回向《えこう》の因《いん》をもつて教化地《きょうけじ》の果《か》を証《しょう》す。もしは因《いん》、もしは

円融真妙の正法　万物一如《いちにょ》という完全にして最高の真理にかなった行法。

大菩薩　『論註』の当分は、浄土に往生した菩薩のことであるが、親鸞聖人は法蔵《ほうぞう》菩薩のこととみなすから、以下の引文は「現じたまふ」「成就したまへり」等と、敬語を付している。

阿修羅の琴　阿修羅のもっている琴。その福徳《ふくとく》によって、聞こうと思えば弾かなくても自然《じねん》に意にしたがって妙《たえ》なる音を出すといわれる。

教化地　自在に衆生《しゅじょう》を教化し利益《りやく》し救済する地位。八地以上の菩薩の境地のこと。

第五の功徳相　五功徳門の第五、園林遊戯地門《おんりんゆげじもん》のこと。→五種《ごしゅ》の功徳

四種の門　五念門の中の礼《らい》

果《か》、一事《いちじ》として利他《りた》にあたはざることあることなきなり。〈応知《おうち》〉といふは、いはく利他《りた》によるがゆゑにすなはちよく自利《じり》す、これ利他《りた》にあたはずしてよく自利《じり》するにはあらざるなりと知《し》るべし。

〈菩薩《ぼさつ》はかくのごとき五門《ごもん》の行《ぎょう》を修《しゅ》して、自利利他《じりりた》して、速《すみ》やかに阿耨多羅《あのくたら》三藐三菩提《さんみやくさんぼだい》を成就《じょうじゅ》することを得《え》たまへるがゆゑに〉と。仏《ぶつ》の所得《しょとく》の法《ほう》を、名《な》づけて阿耨多羅三藐三菩提《あのくたらさんみやくさんぼだい》とす。この菩提《ぼだい》を得《え》たまへるをもつてのゆゑに、名《な》づけて仏《ぶつ》とす。いま〈速得阿耨多羅三藐三菩提《そくとくあのくたらさんみやくさんぼだい》〉といへるは、これはやく仏《ぶつ》になることを得《え》たまへるなり。〈阿《あ》〉をば無《む》に名《な》づく、〈耨多羅《のくたら》〉をば上《じょう》に名《な》づく、〈三藐《さんみやく》〉をば正《しょう》に名《な》づく、〈三《さん》〉をば遍《へん》に名《な》づく、〈菩提《ぼだい》〉をば道《どう》に名《な》づく、統《か》ねてこれを訳《やく》して、名《な》づけて〈無上正遍道《むじょうしょうへんどう》〉とす。〈無上《むじょう》〉は、いふ
79 こころは、この道《どう》、*理《り》を窮《きわ》め、性《しょう》を尽《つく》すこと、さらに過《す》ぎたるひとなけん。なにをもつてかこれをいはば、〈正《しょう》〉をもつてのゆゑに。〈正《しょう》〉は聖智《しょうち》なり。*法《ほっ》相《そう》のごとくして知《し》るがゆゑに、称《しょう》して正智《しょうち》とす。法性《ほっしょう》は相《そう》なきゆゑに聖智《しょうち》無《む》知《ち》なり。〈遍《へん》〉に二種《にしゅ》あり。一《ひと》つには*聖心《しょうしん》、あまねく一切《いっさい》の法《ほう》を知《し》ろしめす。二《ふた》つには法身《ほっしん》、あまねく法界《ほうかい》に満《み》てり。もしは身《み》、もしは心《こころ》、遍《へん》せざることな

拝《はい》・讃嘆《さんだん》・作願《さがん》・観察《かんざつ》の前四門。→五念門《ごねんもん》

第五門 五念門の第五、回《え》向門《こうもん》のこと。→五念門《ごねんもん》

理を窮め性を尽す 自然の理法や人間の本性を知り尽すこと。もと『易経《えききょう》』の説卦《せっか》に出る。ここでは真如《しんにょ》法性《ほっしょう》の理をきわめ尽すという意。

法相のごとく 存在のありのままのすがたにかなって。

聖心 仏のさとりの心。

きなり。〈道《どう》〉は無碍道《むげどう》なり。『経《きょう》』（華厳経）にいはく、〈十方《じっぽう》の*無碍人《むげにん》、一道《いちどう》より生死《しょうじ》を出《い》でたまへり〉と。〈一道《いちどう》〉は一無碍道《いちむげどう》なり。〈無碍《むげ》〉は、いはく、生死《しょうじ》すなはちこれ涅槃《ねはん》なりと知《し》るなり。かくのごときらの*入不二《にゅうふに》の法門《ほうもん》は無碍《むげ》の相《そう》なり。

問《と》うていはく、なんの因縁《いんねん》ありてか〈速得成就阿耨多羅三藐三菩提《そくとくじょうじゅあのくたらさんみゃくさんぼだい》〉といへるやと。

答《こた》へていはく、『論《ろん》』（浄土論）に〈五門《ごもん》の行《ぎょう》を修《しゅ》してもつて自利利他成就《じりりたじょうじゅ》したまへるがゆゑに〉といへり。しかるに*覈《まこと》に其《そ》の本《もと》を求《もと》むれば、阿弥陀如来《あみだにょらい》を増上縁《ぞうじょうえん》とするなり。*†他利《たり》と利他《りた》と、談《だん》ずるに左右《さう》あり。もし仏《ぶつ》よりしていはば、よろしく利他《りた》といふべし。衆生《しゅじょう》よりしていはば、よろしく他利《たり》といふべし。いままさに仏力《ぶつりき》を談《だん》ぜんとす、このゆゑに利他《りた》をもつてこれをいふ。まさに知《し》るべし、この意《こころ》なり。おほよそこれかの浄土《じょうど》に生《しょう》ずると、およびかの菩薩《ぼさつ》・人《にん》・天《てん》の起《おこ》すところの諸行《しょぎょう》は、みな阿弥陀如来《あみだにょらい》の本願力《ほんがんりき》によるがゆゑに。なにをもつてこれをいはば、もし仏力《ぶつりき》にあらずは、四十八願《しじゅうはちがん》すなはちこれいたづらに設《もう》けたまへらん。*いま的《ひと》しく三願《さんがん》を取《と》りて、もつて義《ぎ》の意《こころ》を証《しょう》せん。

無碍人　生死即涅槃《しょうじそくねはん》、煩悩《ぼんのう》即菩提《そくぼだい》という無碍の智を得た諸仏のこと。

入不二の法門　生死即涅槃、煩悩即菩提という諸法不二をさとる法門。

覈に…　以下は古来、「覈《かく》求其本釈《ぐごほんじゃく》」と呼ばれ、他力の本義を示すものとして重要視される。

他利と利他　仏の救済を衆生《しゅじょう》からいえば他（仏）が利すといい、仏からいえば他（衆生）を利すという。ここでは仏の方から語るので利他というと釈したのである。

いま的しく…　「三願的証《さんがんてきしょう》の文」といわれる。第十八・十一・二十二願をあげて、衆生の往生成仏の因も果も他力によるものであることを示す。

願《がん》（第十八願）にのたまはく、〈たとひわれ仏《ぶつ》を得《え》たらんに、十方《じっぽう》の衆生《しゅじょう》、心《こころ》を至《いた》し信楽《しんぎょう》してわが国《くに》に生《しょう》ぜんと欲《おも》うて、乃《ない》至十念《しじゅうねん》せん。もし生《うま》れずは、正《しょう》覚《がく》を取《と》らじと。ただ五逆《ごぎゃく》と*誹謗正法《ひほうしょうぼう》とをば除《のぞ》く〉と。仏願力《ぶつがんりき》によるがゆゑに十《じゅう》念念仏《ねんねんぶつ》してすなはち往生《おうじょう》を得《う》。往生《おうじょう》を得《う》るがゆゑに、すなはち三界《さんがい》*輪転《りんでん》の事《じ》
81 を勉《まぬか》る。輪転《りんでん》なきがゆゑに、このゆゑに速《すみ》やかなることを得《う》る一《ひと》つの証《しょう》なり。

願《がん》（第十一願）にのたまはく、〈たとひわれ仏《ぶつ》を得《え》たらんに、国《くに》のうちの人天《にんでん》、定聚《じょうじゅ》に住《じゅう》し、かならず滅度《めつど》に至《いた》らずは、正覚《しょうがく》を取《と》らじ〉と。仏願力《ぶつがんりき》によるがゆゑに正定聚《しょうじょうじゅ》に住《じゅう》せん。正定聚《しょうじょうじゅ》に住《じゅう》せるがゆゑにかならず滅度《めつど》に至《いた》らん。もろもろの*回伏《えぶく》の難《なん》なし、このゆゑに速《すみ》やかなることを得《う》る二《ふた》つの証《しょう》なり。

願《がん》（第二十二願）にのたまはく、〈たとひわれ仏《ぶつ》を得《え》たらんに、他方仏土《たほうぶつど》のもろもろの菩薩衆《ぼさつしゅ》、わが国《くに》に来生《らいしょう》して、究竟《くきょう》してかならず一生補処《いっしょうふしょ》に至《いた》らしめん。その本願《ほんがん》の自在《じざい》の所化《しょけ》、衆生《しゅじょう》のためのゆゑに、*弘誓《ぐぜい》の鎧《よろい》を被《き》て、徳本《とくほん》を積累《しゃくるい》し、一切《いっさい》を度脱《どだつ》して、諸仏《しょぶつ》の国《くに》に遊《あそ》び、菩薩《ぼさつ》の行《ぎょう》を修《しゅ》して、十方《じっぽう》の諸《しょ》仏如来《ぶつにょらい》を供養《くよう》し、恒沙無量《ごうじゃむりょう》の衆生《しゅじょう》を開化《かいけ》して無上正真《むじょうしょうしん》の道《どう》を立《りゅう》せしめんをば
82 除《のぞ》く。*常倫《じょうりん》に超出《ちょうしゅつ》し、*諸地《しょじ》の行《ぎょう》現前《げんぜん》し、普賢《ふげん》の徳《とく》を修習《しゅじゅう》せん。もししから

誹謗正法　仏の正しい教法をそしり、その真実性を否定すること。

輪転　生死《しょうじ》を繰り返すこと。輪廻《りんね》に同じ。

回伏の難　迷いの世界を輪廻する難のこと。また回復と同じで、迷いの世界にあともどりする難のこと。

弘誓の鎧　衆生済度《しゅじょうさいど》の誓《せい》願《がん》が堅固なことを鎧《よろい》に喩える。

常倫に…現前し　通常は「常倫諸地の行を超出し、現前に」と読む。常倫はつねなみ、普通一般の意。

諸地の行　十地《じゅうじ》の菩薩が行う自利利他の修行。

ずは、正覚《しょうがく》を取《と》らじ〉と。仏願力《ぶつがんりき》によるがゆゑに、常倫《じょうりん》に超出《ちょうしゅつ》し、諸地《しょじ》の行《ぎょう》現前《げんぜん》し、普賢《ふげん》の徳《とく》を修習《しゅじゅう》せん。常倫《じょうりん》に超出《ちょうしゅつ》し、諸地《しょじ》の行現前《ぎょうげんぜん》するをもつてのゆゑに、このゆゑに速《すみ》やかなることを得《う》る三《み》つの証《しょう》なり。これをもつて他力《たりき》を推《すい》するに増上縁《ぞうじょうえん》とす。しからざることを得《え》んやと。

　まさにまた例《れい》を引《ひ》きて自力《じりき》・他力《たりき》の相《そう》を示《しめ》すべし。人《ひと》、三塗《さんず》を畏《おそ》るるがゆゑに*禁戒《きんかい》を受持《じゅじ》す。禁戒《きんかい》を受持《じゅじ》するがゆゑによく禅定《ぜんじょう》を修《しゅ》す。禅定《ぜんじょう》を修《しゅ》するをもつてのゆゑに神通《じんずう》を修習《しゅじゅう》す。神通《じんずう》をもつてのゆゑによく四天下《してんげ》に遊《あそ》ぶがごとし。かくのごときらを名《な》づけて自力《じりき》とす。また劣夫《れっぷ》の*驢《ろ》に跨《また》つて上《のぼ》らざれども、転輪王《てんりんのう》の行《ゆ》くに従《したが》へば、すなはち虚空《こくう》に乗《じょう》じて四天下《してんげ》に遊《あそ》ぶに障礙《しょうげ》するところなきがごとし。かくのごときらを名《な》づけて他力《たりき》とす。*愚《おろ》かなるかな後《のち》の学者《がくしゃ》、他力《たりき》の乗《じょう》ずべきを聞《き》きてまさに信心《しんじん》を生《しょう》ずべし。みづから*局分《きょくぶん》（局《きょく》の字《じ》、せばし、ちかし、かぎる）することなかれ」と。以上

83
【(三)】元照律師《がんじょうりっし》のいはく（観経義疏）、「あるいは*この方《ほう》にして惑《わく》を破《は》し真《しん》を証《しょう》すれば、すなはち自力《じりき》を運《はこ》ぶがゆゑに、*大小《だいしょう》の諸経《しょきょう》に談《だん》ず。あるいは他方《たほう》に往《ゆ》きて法《ほう》を聞《き》き道《どう》を悟《さと》るは、すべからく他力《たりき》を憑《たの》むべきがゆゑに、往生浄《おうじょうじょう》

禁戒を受持す　五戒・十善戒などを持って、悪を止《とど》め善を修すること。

驢　ろば。

愚かなるかな　現行の『論註』には「愚」の字が「遇」となっているものもある。この場合は「あへるかな」「さいはひなるかな」と読む。

局分　分を局《かぎ》ること。はからうこと。

この方　娑婆《しゃば》世界。

大小　大乗と小乗のこと。↓大乗《だいじょう》、小乗《しょうじょう》

土《ど》を説《と》く。彼此《ひし》異《こと》なりといへども方便《ほうべん》にあらざることなし。自心《じしん》を悟《さと》らしめんとなり」と。以上

【八四】「一乗海《いちじょうかい》」といふは、「一乗《いちじょう》」は大乗《だいじょう》なり。大乗《だいじょう》は*仏乗《ぶつじょう》なり。一《いち》乗《じょう》を得《う》るは阿耨多羅三藐三菩提《あのくたらさんみゃくさんぼだい》を得《う》るなり。阿耨菩提《あのくぼだい》はすなはちこれ涅《ね》槃界《はんがい》なり。涅槃界《ねはんがい》はすなはちこれ*究竟法身《くきょうほっしん》なり。究竟法身《くきょうほっしん》を得《う》るはすなはち一乗《いちじょう》を究竟《くきょう》するなり。異《い》の如来《にょらい》ましまさず、異《い》の法身《ほっしん》ましまさず。如来《にょらい》はすなはち法身《ほっしん》なり。一乗《いちじょう》を究竟《くきょう》するはすなはちこれ*無辺不断《むへんふだん》なり。大乗《だいじょう》は二乗《にじょう》・三乗《さんじょう》あることなし。二乗《にじょう》・三乗《さんじょう》は一乗《いちじょう》に入《い》らしめんとなり。一乗《いちじょう》はすなはち第一義乗《だいいちぎじょう》なり。ただこれ*誓願一仏乗《せいがんいちぶつじょう》なり。

84

【八五】『涅槃経《ねはんぎょう》』（聖行品）にのたまはく、「善男子《ぜんなんし》、*実諦《じったい》は名《な》づけて大乗《だいじょう》といふ。大乗《だいじょう》にあらざるは実諦《じったい》と名《な》づけず。善男子《ぜんなんし》、実諦《じったい》はこれ仏《ぶつ》の所説《しょせつ》なり。魔《ま》の所説《しょせつ》にあらず。もしこれ魔説《ませつ》は仏説《ぶっせつ》にあらざれば、実諦《じったい》と名《な》づけず。善男《ぜんなん》子《し》、実諦《じったい》は一道清浄《いちどうしょうじょう》にして二《ふた》つあることなし」と。以上

【八六】またのたまはく（同・徳王品）、「いかんが菩薩《ぼさつ》、一実《いちじつ》に信順《しんじゅん》する。菩薩《ぼさつ》は一切衆生《いっさいしゅじょう》をしてみな一道《いちどう》に帰《き》せしむと了知《りょうち》するなり。一道《いちどう》はいはく大乗《だいじょう》な

仏乗　声聞《しょうもん》乗、縁覚《えんがく》乗、菩薩乗の三乗を超えて、万人を仏たらしめる教法。

究竟法身　無色《むしき》無形《むぎょう》の法性《ほっしょう》 真如《しんにょ》そのもの。法性法《ほっ》身のこと。→補註1

無辺不断　空間と時間を超越すること。

誓願一仏乗　阿弥陀仏の誓願によって成就された南無阿弥陀仏は、生きとし生けるものを平等に成仏せしめる絶対唯一の教法であるという意。

実諦　究極的な真実。真如実相《じっそう》のこと。

り。諸仏《しょぶつ》・菩薩《ぼさつ》、衆生《しゅじょう》のためのゆゑに、これを分《わか》ちて三《み》つとす。このゆゑに菩薩《ぼさつ》、*不逆《ふぎゃく》に信順《しんじゅん》す」と。以上

【八七】またのたまはく（涅槃経・師子吼品）、「善男子《ぜんなんし》、畢竟《ひっきょう》に二種《にしゅ》あり。一《ひと》つには*荘厳畢竟《しょうごんひっきょう》、二《ふた》つには*究竟畢竟《くきょうひっきょう》なり。一《ひと》つには*世間畢竟《せけんひっきょう》、二《ふた》つには*出世畢竟《しゅっせひっきょう》なり。荘厳畢竟《しょうごんひっきょう》は六波羅蜜《ろっぱらみつ》なり。究竟畢竟《くきょうひっきょう》は一切衆生《いっさいしゅじょう》得《う》るところの一乗《いちじょう》なり。一乗《いちじょう》は名《な》づけて仏性《ぶっしょう》とす。この義《ぎ》をもつてのゆゑに、われ一切衆生《いっさいしゅじょう》悉有仏性《しつうぶっしょう》と説《と》くなり。一切衆生《いっさいしゅじょう》ことごとく一乗《いちじょう》あり。無明覆《むみょうおお》へるをもつてのゆゑに、見《み》ることを得《う》ることあたはず」と。以上

【八八】またのたまはく（同・師子吼品）、「いかんが一《いち》とする。一切衆生《いっさいしゅじょう》ことごとく一乗《いちじょう》なるがゆゑに。いかんが非一《ひいち》なる。三乗《さんじょう》を説《と》くがゆゑに。いかんが非一《ひいち》・非非一《ひひいち》なる。*無数《むしゅ》の法《ほう》なるがゆゑなり」と。以上

【八九】『華厳経《けごんぎょう》』（明難品・晋訳）にのたまはく、「*文殊《もんじゅ》の法《ほう》はつねにしかなり。*法王《ほうおう》はただ一法《いっぽう》なり。一切《いっさい》の無礙人《むげにん》、一道《いちどう》より生死《しょうじ》を出《い》でたまへり。一切諸仏《いっさいしょぶつ》の身《しん》、ただこれ一法身《いちほっしん》なり。一心一智慧《いっしんいちちえ》なり。*力《りき》・無畏《むい》もまたしかなり」と。以上

【九〇】しかれば、これらの覚悟《かくご》は、みなもつて安養《あんにょう》*浄刹《じょうせつ》の大利《だいり》、仏願《ぶつがん》

不逆に信順す　通常の訓点では「信順して逆はず」と読む。親鸞聖人の訓点によると「不逆」は「一実」の意。

荘厳畢竟　仏果（仏のさとり）を得るための因行である六波羅蜜のこと。↓六波《ろっぱ》羅蜜《らみつ》

究竟畢竟　因果を超えた究極的な真理そのものである仏性《ぶっしょう》をいう。

世間畢竟・出世畢竟　世間畢竟は荘厳畢竟、出世畢竟は究竟畢竟を指すという説、また世間畢竟・出世畢竟は荘厳畢竟を二種に開いたものとする説がある。

無数の法　一とか三といった数であらわせない絶対の法門のことで、一乗の本質をいう。

文殊の法はつねにしかなり　文殊の法は念仏の教えを指

難思《なんじ》の至徳《しとく》なり。

86
【九一】「海《かい》」といふは、久遠《くおん》よりこのかた、凡聖《ぼんしょう》所修《しょしゅ》の*雑修雑善《ざっしゅぞうぜん》の川水《せんすい》を転《てん》じ、逆謗闡提《ぎゃくほうせんだい》恒沙《ごうじゃ》無明《むみょう》の海水《かいすい》を転《てん》じて、本願《ほんがん》大悲《だいひ》智慧《ちえ》真実《しんじつ》恒沙《ごうじゃ》万徳《まんどく》の大宝海水《だいほうかいすい》となる。これを海《うみ》のごときに喩《たと》ふるなり。まことに知《し》んぬ、*経《きょう》に説《と》きて「煩悩《ぼんのう》の氷《こおり》解《と》けて功徳《くどく》の水《みず》となる」とのたまへるがごとし。以上

願海《がんかい》は二乗《にじょう》雑善《ぞうぜん》の*中下《ちゅうげ》の屍骸《しがい》を宿《やど》さず。いかにいはんや人天《にんでん》の虚仮邪《こけじゃ》偽《ぎ》の善業《ぜんごう》、雑毒雑心《ぞうどくぞうしん》の屍骸《しがい》を宿《やど》さんや。

【九二】ゆゑに『大本《だいほん》』（大経・下）にのたまはく、「声聞《しょうもん》あるいは菩薩《ぼさつ》、よく聖《しょう》心《しん》を究《きわ》むることなし。*たとへば生《うま》れてより盲《めし》ひたるものの、行《ゆ》いて人《ひと》を開導《かいどう》せんと欲《おも》はんがごとし。如来《にょらい》の智慧海《ちえかい》は、深広《じんこう》にして涯底《がいたい》なし。二乗《にじょう》の測《はか》るところにあらず。ただ仏《ぶつ》のみ独《ひと》りあきらかに了《さと》りたまへり」と。以上

87
【九三】『浄土論《じょうどろん》』（論註・下 一三〇）にいはく、「〈なにものか*荘厳《しょうごん》不虚作住持《ふこさじゅうじ》功徳成就《くどくじょうじゅ》、偈《げ》に、《仏《ぶつ》の本願力《ほんがんりき》を観《かん》ずるに、遇《もうお》うて空《むな》しく過《す》ぐるものなし。よくすみやかに功徳《くどく》の大宝海《だいほうかい》を満足《まんぞく》せしむ》といへるがゆゑに〉とのたまへり。〈不虚作住持《ふこさじゅうじ》功徳成就《くどくじょうじゅ》〉とは、けだしこれ阿弥陀如来《あみだにょらい》の本願力《ほんがんりき》なり。いまま

す。念仏は智慧《ちえ》の法であるから、智慧を象徴する菩薩である文殊の法としたものか。通常は「文殊よ、法はつねにしかなり」と読む。

法王　仏のこと。

力無畏　十力と四無所畏のこと。→十力《じゅうりき》、四無所畏《しむしょい》

浄刹　浄土のこと。刹は梵語クシェートラ（kṣetra）の音写。国土・世界の意。

雑修雑善　自力心で修するさまざまな善。

経　経名不明。『往生要集《おうじょうようしゅう》』の文（註釈版聖典七祖篇一〇一八頁三行）によるものか。

中下の屍骸　中は縁覚《えんがく》乗、下は声聞《しょうもん》乗。縁覚・声聞は利他の心を持たない小乗の根性（性質）だからこれを屍骸に喩える。ただし次の引文では声聞と菩薩を二乗

さに略《りゃく》して虚作《こさ》の相《そう》の住持《じゅうじ》にあたはざるを示《しめ》して、もつてかの不虚作住持《ふこさじゅうじ》の義《ぎ》を顕《あらわ》す。乃至 いふところの不虚作住持《ふこさじゅうじ》は、本法蔵菩薩《もとほうぞうぼさつ》の四十八願《しじゅうはちがん》と、今日《こんにち》阿弥陀如来《あみだにょらい》の自在神力《じざいじんりき》とによる。願《がん》もつて力《りき》を成《じょう》ず、力《りき》もつて願《がん》に就《つ》く。願《がん》*徒然《とねん》ならず、力《りき》*虚設《こせつ》ならず。力願《りきがん》あひ符《かの》うて、畢竟《ひっきょう》じて差《たが》はず。ゆゑに成就《じょうじゅ》といふ」と。

88

【九四】 またいはく（論註・上 八四）、「〈海《かい》〉とは、いふこころは、仏《ぶつ》の*一切種《いっさいしゅ》智深広《ちじんこう》にして涯《きし》なし、二乗雑善《にじょうぞうぜん》の中下《ちゅうげ》の屍骸《しがい》を宿《やど》さず、これを海《うみ》のごとしと喩《たと》ふ。このゆゑに、〈*天人不動衆《てんにんふどうしゅ》 清浄智海生《しょうじょうちかいしょう》〉（浄土論）といへり。〈不動《ふどう》〉とは、いふこころは、かの天《てん》・人《にん》、*大乗根《だいじょうこん》を成就《じょうじゅ》して傾動《きょうどう》すべからざるなり」と。以上

【九五】 光明師《こうみょうし》（善導）のいはく（玄義分 二九八）、「われ菩薩蔵頓教《ぼさつぞうとんぎょう》と一乗海《いちじょうかい》とによる」と。

【九六】 またいはく（般舟讃 七一八）、「『瓔珞経《ようらくきょう》』のなかには漸教《ぜんぎょう》を説《と》けり。万《まん》劫《ごう》に功《こう》を修《しゅ》して不退《ふたい》を証《しょう》す。『観経《かんぎょう》』・『弥陀経《みだきょう》』等《とう》の説《せつ》は、すなはちこれ頓教《とんぎょう》なり、*菩提蔵《ぼだいぞう》なり」と。以上

とする。この場合は果仏に対する因人を指す。

たとへば… →補註14

荘厳不虚作住持功徳成就 仏荘厳八種の第八荘厳。阿弥陀仏の願力は虚妄《こもう》なものではなく、衆生《しゅじょう》を完全に救いとげるものであるということを示す。

徒然 いたずらであること。むだであること。

虚設 むなしくもうけること。空転すること。

一切種智 完全なさとりの智慧《ちえ》。一切の存在について平等と差別、空《くう》と有を不二一体にさとり尽す仏の智慧。

天人不動… 「天人不動の衆、清浄の智海より生ず」

大乗根 大乗の根性。大乗にふさわしい素質。

菩提蔵 仏のさとりに至る道を説く教え。菩薩蔵に同

【九七】『楽邦文類《らくほうもんるい》』にいはく、「宗暁禅師《しゅうぎょうぜんじ》のいはく、〈*還丹《かんたん》の一粒《いちりゅう》は鉄《くろがね》を変《へん》じ
て金《こがね》と成《な》す。真理《しんり》の一言《いちごん》は悪業《あくごう》を転《てん》じて善業《ぜんごう》と成《な》す〉」と。以上
【九八】しかるに教《きょう》について念仏諸善《ねんぶつしょぜん》比校《ひきょう》対論《たいろん》するに、難易対《なんいたい》、頓漸対《とんぜんたい》、
横竪対《おうじゅたい》、*超渉対《ちょうしょうたい》、順逆対《じゅんぎゃくたい》、大小対《だいしょうたい》、多少対《たしょうたい》、勝劣対《しょうれつたい》、親疎対《しんそたい》、近遠《ごんおん》
89 対《たい》、深浅対《じんせんたい》、強弱対《ごうにゃくたい》、重軽対《じゅうきょうたい》、広狭対《こうきょうたい》、純雑対《じゅんぞうたい》、*径迂対《きょううたい》、*捷遅対《しょうちたい》、通《つう》
別対《べったい》、不退退対《ふたいたいたい》、*直弁因明対《じきべんいんみょうたい》、名号定散対《みょうごうじょうさんたい》、*理尽非理尽対《りじんひりじんたい》、*勧無勧対《かんむかんたい》、
無間間対《むけんけんたい》、断不断対《だんふだんたい》、相続不続対《そうぞくふぞくたい》、無上有上対《むじょううじょうたい》、上上下下対《じょうじょうげげたい》、思不思議《しふしぎ》
対《たい》、*因行果徳対《いんぎょうかとくたい》、*自説他説対《じせつたせつたい》、*回不回向対《えふえこうたい》、護不護対《ごふごたい》、証不証対《しょうふしょうたい》、讃不《さんふ》
讃対《さんたい》、付嘱不嘱対《ふぞくふぞくたい》、了不了教対《りょうふりょうきょうたい》、*機堪不堪対《きかんふかんたい》、選不選対《せんふせんたい》、真仮対《しんけたい》、仏滅《ぶつめつ》
不滅対《ふめつたい》、*法滅利不利対《ほうめつりふりたい》、自力他力対《じりきたりきたい》、有願無願対《うがんむがんたい》、摂不摂対《しょうふしょうたい》、入定聚不《にゅうじょうじゅふ》
入対《にゅうたい》、*報化対《ほうけたい》あり。この義《ぎ》かくのごとし。しかるに本願一乗海《ほんがんいちじょうかい》を案《あん》ずる
に、円融満足極速無碍《えんにゅうまんぞくごくそくむげ》*絶対不二《ぜったいふに》の教《きょう》なり。
【九九】また機《き》について対論《たいろん》するに、信疑対《しんぎたい》、善悪対《ぜんあくたい》、正邪対《しょうじゃたい》、是非対《ぜひたい》、
90 実虚対《じっこたい》、真偽対《しんぎたい》、浄穢対《じょうえたい》、利鈍対《りどんたい》、*奢促対《しゃそくたい》、豪賤対《ごうせんたい》、明闇対《みょうあんたい》あり。この
義《ぎ》かくのごとし。しかるに一乗海《いちじょうかい》の機《き》を案《あん》ずるに、金剛《こんごう》の信心《しんじん》は絶対不《ぜったいふ》

じ。→菩薩蔵《ぼさつぞう》

還丹　錬金術に用いる薬の名。

超渉対　念仏は迷いをとびこえる（超）が、諸善は歩いて渡る（渉）ようなものである。

径迂対　念仏はさとりを得る近道（径）であるが、諸善はまわり道（迂）である。

捷遅対　念仏ははやく成仏できる法であるが、諸善はおそい法である。

直弁因明対　念仏は往生の要行として直ちに説かれたものであるが、諸善は自力の機に応じて因みに明かされた法である。

理尽非理尽対　念仏は道理を尽すが、諸善は道理を尽さない。

勧無勧対　念仏は諸仏が勧めるが、諸善は勧めない。

二《に》の機《き》なり、知《し》るべし。

【一〇〇】敬《うやま》つて一切往生人等《いっさいおうじょうにんとう》にまうさく、弘誓一乗海《ぐぜいいちじょうかい》は、無礙無辺最勝《むげむへんさいしょう》深妙不可説不可称不可思議《じんみょうふかせつふかしょうふかしぎ》の至徳《しとく》を成就《じょうじゅ》したまへり。なにをもつてのゆゑに、誓願不可思議《せいがんふかしぎ》なるがゆゑに。悲願《ひがん》はたとへば太虚空《たいこくう》のごとし、もろもろの妙功徳広無辺《みょうくどくこうむへん》なるがゆゑに。なほ大車《だいしゃ》のごとし、あまねくよくもろもろの凡聖《ぼんしょう》を運載《うんさい》するがゆゑに。なほ妙蓮華《みょうれんげ》のごとし、一切世間《いっさいせけん》の法《ほう》に染《ぜん》せられざるがゆゑに。*善見薬王《ぜんけんやくおう》のごとし、よく一切煩悩《いっさいぼんのう》の病《やまい》を破《は》するがゆゑに。なほ利剣《りけん》のごとし、よく一切憍慢《いっさいきょうまん》の鎧《よろい》を断《た》つがゆゑに。*勇将幢《ゆうしょうどう》のごとし、よく一切《いっさい》のもろもろの魔軍《まぐん》を伏《ぶく》するがゆゑに。なほ利鋸《りこ》のごとし、よく一切無明《いっさいむみょう》の樹《き》を截《き》るがゆゑに。なほ利斧《りふ》のごとし、よく一切諸苦《いっさいしょく》の枝《えだ》を伐《き》るがゆゑに。善知識《ぜんぢしき》のごとし、一切生死《いっさいしょうじ》の縛《ばく》を解《と》くがゆゑに。なほ導師《どうし》のごとし、よく凡夫《ぼんぶ》*出要《しゅつよう》の道《どう》を知《し》らしむるがゆゑに。なほ涌泉《ゆせん》のごとし、智慧《ちえ》の水《みず》を出《いだ》して窮尽《ぐじん》することなきがゆゑに。なほ蓮華《れんげ》のごとし、一切《いっさい》のもろもろの罪垢《ざいく》に染《ぜん》せられざるがゆゑに。なほ疾風《しっぷう》のごとし、よく一切諸障《いっさいしょしょう》の霧《きり》を散《さん》ずるがゆゑに。なほ好蜜《こうみつ》のごとし、一切功徳《いっさいくどく》の味《あじ》

因行果徳対　念仏は阿弥陀仏の果上の徳がおさまる果分の行であるが、諸善は仏になるために積む因分の行である。

自説他説対　念仏は阿弥陀仏がみずから往生行として説いたものであるが、諸善はそうでない。『愚禿鈔』(五〇八頁一四行)では「自説不説対」として出る。

回不回向対　念仏は衆生《しゅじょう》から回向する行ではないが(不回向)、諸善は衆生から回向する行である(回向)。

機堪不堪対　念仏は衆生の根機《こんき》(素質能力)に適するが、諸善は適しない。

法滅利不利対　念仏は法滅(三宝滅尽《さんぼうめつじん》)の時代にも利益《りやく》があるが、諸善は利益がない。『愚禿鈔』(五〇九頁)と対応して法滅不滅対(念仏は滅しないが、諸善

はひを円満《えんまん》せるがゆゑに。なほ正道《しょうどう》のごとし、もろもろの群生《ぐんじょう》をして智《ち》城《じょう》に入《い》らしむるがゆゑに。なほ磁石《じしゃく》のごとし、本願《ほんがん》の因《いん》を吸《す》ふがゆゑに。閻浮檀金《えんぶだんごん》のごとし、一切有為《いっさいうい》の善《ぜん》を映奪《ようだつ》するがゆゑに。なほ伏蔵《ぶくぞう》のごとし、よく一切諸仏《いっさいしょぶつ》の法《ほう》を摂《せつ》するがゆゑに。なほ大地《だいじ》のごとし、三世十方一切如来出生《さんぜじっぽういっさいにょらいしゅっしょう》するがゆゑに。日輪《にちりん》の光《ひかり》のごとし、一切凡愚《いっさいぼんぐ》の痴闇《ちあん》を破《は》して信楽《しんぎょう》を出生《しゅっしょう》するがゆゑに。なほ君王《くんのう》のごとし、一切上乗人《いっさいじょうじょうにん》に勝出《しょうしゅつ》せるがゆゑに。なほ厳父《げんぷ》のごとし、一切《いっさい》もろもろの凡聖《ぼんしょう》を訓導《くんどう》するがゆゑに。なほ悲母《ひも》のごとし、一切凡聖《いっさいぼんしょう》の報土真実《ほうどしんじつ》の因《いん》を長生《じょうしょう》するがゆゑに。なほ乳母《にゅうも》のごとし、一切善悪《いっさいぜんあく》の往生人《おうじょうにん》を養育《よういく》し守護《しゅご》したまふがゆゑに。なほ大地《だいじ》のごとし、よく一切《いっさい》の往生《おうじょう》を持《たも》つがゆゑに。なほ大水《だいすい》のごとし、よく一切煩悩《いっさいぼんのう》の垢《あか》を滌《すす》ぐがゆゑに。なほ大火《だいか》のごとし、よく一切諸見《いっさいしょけん》の薪《たきぎ》を焼《や》くがゆゑに。なほ大風《だいふう》のごとし、あまねく世間《せけん》に行《ぎょう》ぜしめて礙《さ》ふるところなきがゆゑに。よく三有繋縛《さんぬけばく》の城《しろ》を出《いだ》して、よく二十五有《にじゅうごう》の門《もん》を閉《と》づ。よく真実報土《しんじつほうど》を得《え》しめ、よく邪正《じゃしょう》の道路《どうろ》を弁《べん》ず。よく愚痴海《ぐちかい》を竭《かわ》かして、よく願海《がんかい》に流入《るにゅう》せしむ。一切智船《いっさいちせん》に乗《じょう》ぜしめて、もろもろの群生《ぐんじょう》

は滅する）、利不利対（念仏は利益があるが、諸善は利益がない）の二対のこととする説もある。

報化対　念仏は真実報土《ほうど》に往生する法であるが、諸善は方便化土《けど》に往生する法である。

絶対不二　絶対は比較すべきものがないという意。不二は唯一無二の意。

奢促対　念仏の行者はすみやかに（促）さとりに至るが、諸善の行者はおそい（奢）。

善見薬王　雪山《せっせん》（ヒマラヤ）に産するという薬樹の名。眼にみれば眼が清浄《しょうじょう》となり、耳に聞けば耳が清浄となるといい、この樹が生えている地の土を取れば無量の病を滅するという。

勇将幢　帝釈天《たいしゃくてん》が魔と戦

海《かい》に浮《うか》ぶ。福智蔵《ふくちぞう》を円満《えんまん》し、*方便蔵《ほうべんぞう》を開顕《かいけん》せしむ。まことに奉持《ぶじ》すべし、ことに頂戴《ちょうだい》すべきなり。

【一〇二】　おほよそ誓願《せいがん》について真実《しんじつ》の行信《ぎょうしん》あり、また方便《ほうべん》の行信《ぎょうしん》あり。その真実《しんじつ》の行《ぎょう》の願《がん》は、諸仏称名《しょぶつしょうみょう》の願《がん》（第十七願）なり。その真実《しんじつ》の信《しん》の願《がん》は、至心信楽《ししんしんぎょう》の願《がん》（第十八願）なり。これすなはち選択本願《せんじゃくほんがん》の行信《ぎょうしん》なり。その機《き》はすなはち一切善悪大小凡愚《いっさいぜんあくだいしょうぼんぐ》なり。往生《おうじょう》はすなはち難思議往《なんじぎおう》生《じょう》なり。仏土《ぶつど》はすなはち報仏《ほうぶつ》・報土《ほうど》なり。これすなはち誓願不可思議一実《せいがんふかしぎいちじつ》真如海《しんにょかい》なり。『大無量寿経《だいむりょうじゅきょう》』の*宗致《しゅうち》、他力真宗《たりきしんしゅう》の正意《しょうい》なり。

ここをもつて知恩報徳《ちおんほうとく》のために宗師《しゅうし》（曇鸞）の釈《しゃく》（論註・上五一）を披《ひら》きたるにのたまはく、「それ菩薩《ぼさつ》は仏《ぶつ》に帰《き》す。孝子《こうし》の父母《ぶも》に帰《き》し、忠臣《ちゅうしん》の君后《くんこう》に帰《き》して、*動静《どうじょう》おのれにあらず、*出没《しゅつもつ》かならず由《ゆえ》あるがごとし。恩《おん》を知《し》りて徳《とく》を報《ほう》ず、理《り》よろしくまづ*啓《けい》すべし。また所願軽《しょがんかろ》からず、もし如《によ》来《らい》、威神《いじん》を加《か》したまはずは、まさになにをもつてか達《たつ》せんとする。神力《じんりき》を乞加《こつか》す、このゆゑに仰《あお》いで告《つ》ぐ」とのたまへり。以上

しかれば、大聖《だいしょう》（釈尊）の*真言《しんごん》に帰《き》し、*大祖《たいそ》の解釈《げしゃく》に閲《えつ》して、仏恩《ぶっとん》の

う時の幢《はたぼこ》。
出要の道　生死《しょうじ》を出離《しゅつり》するためのかなめの道。

方便蔵　真実の法門である福智蔵に入らせるために、仮にてだてとして説かれた教え。第十九《じゅうく》願の福徳蔵、第二十願の功徳蔵を指す。→福徳蔵《ふくとくぞう》、功徳蔵《くどくぞう》

宗致　経典に説かれた法義の最も肝要なことがら。

動静おのれにあらず　身勝手な立居振舞をしない。
出没　出入り。
啓す　申し上げる。
真言　真実の教え。
大祖の解釈　七高僧の論釈。前の文をうけ、曇鸞大師《どんらんだいし》の『論註』を指すという説もある。

深遠《じんのん》なるを信知《しんち》して、「正信念仏偈《しょうしんねんぶつげ》」を作《つく》りていはく、

【一〇三】　無量寿如来《むりょうじゅにょらい》に帰命《きみょう》し、不可思議光《ふかしぎこう》に南無《なも》したてまつる。

法蔵菩薩《ほうぞうぼさつ》の因位《いんに》の時《とき》、世自在王仏《せじざいおうぶつ》の所《みもと》にましまして、

諸仏《しょぶつ》の浄土《じょうど》の因《いん》、国土人天《こくどにんでん》の善悪《ぜんあく》を*覩見《とけん》して、

*無上殊勝《むじょうしゅしょう》の願《がん》を建立《こんりゅう》し、希有《けう》の大弘誓《だいぐぜい》を超発《ちょうほつ》せり。

五劫《ごこう》これを思惟《しゆい》して*摂受《しょうじゅ》す。重《かさ》ねて誓《ちか》ふらくは、名声《みょうしょう》十方《じっぽう》に聞《きこ》えんと。

あまねく*無量《むりょう》・無辺光《むへんこう》、無礙《むげ》・無対《むたい》・光炎王《こうえんのう》、

清浄《しょうじょう》・歓喜《かんぎ》・智慧光《ちえこう》、不断《ふだん》・難思《なんじ》・無称光《むしょうこう》、

超日月光《ちょうにちがっこう》を放《はな》ちて*塵刹《じんせつ》を照《て》らす。一切《いっさい》の群生《ぐんじょう》、光照《こうしょう》を蒙《かぶ》る。

本願《ほんがん》の名号《みょうごう》は正定《しょうじょう》の業《ごう》なり。至心信楽《ししんしんぎょう》の願《がん》（第十八願）を因《いん》とす。

等覚《とうがく》を成《な》り大涅槃《だいねはん》を証《しょう》することは、必至滅度《ひっしめつど》の願《がん》（第十一願）成就《じょうじゅ》なり。

如来《にょらい》、世《よ》に興出《こうしゅつ》したまふゆゑは、ただ弥陀《みだ》の本願海《ほんがんかい》を説《と》かんとなり。

五濁悪時《ごじょくあくじ》の群生海《ぐんじょうかい》、如来如実《にょらいにょじつ》の言《みこと》を信《しん》ずべし。

よく*一念喜愛《いちねんきあい》の心《しん》を発《ほっ》すれば、煩悩《ぼんのう》を断《だん》ぜずして涅槃《ねはん》を得《う》るなり。

凡聖《ぼんしょう》・逆謗《ぎゃくほう》斉《ひと》しく*回入《えにゅう》すれば、衆水海《しゅすいうみ》に入《い》りて一味《いちみ》なるがごとし。

覩見　みること。

無上殊勝の願　この上なくすぐれた本願。↓補註17

摂受　おさめ取り、受け入れること。

無量…超日月光　阿弥陀仏の光明《こうみょう》の十二種の徳。↓十二光《じゅうにこう》

塵刹　塵は無数の意。刹は梵語クシェートラ（kṣetra）の音写。国土・世界の意。

一念喜愛の心　一念の信心の内容をあらわす。すなわち阿弥陀仏の救済を喜び愛《め》でる心。

回入　自力をひるがえして、本願に帰入すること。

摂取《せっしゅ》の心光《しんこう》、つねに照護《しょうご》したまふ。すでによく無明《むみょう》の闇《あん》を破《は》すといへども、
貪愛《とんない》・*瞋憎《しんぞう》の雲霧《うんむ》、つねに真実信心《しんじつしんじん》の天《てん》に覆《おお》へり。
たとへば日光《にっこう》の雲霧《うんむ》に覆《おお》はるれども、雲霧《うんむ》の下《した》あきらかにして闇《やみ》なきがごとし。
信《しん》を獲《え》て見《み》て敬《うやま》ひ大《おお》きに慶喜《きょうき》すれば、すなはち横《おう》に五悪趣《ごあくしゅ》を超截《ちょうぜつ》す。
一切善悪《いっさいぜんあく》の凡夫人《ぼんぶにん》、如来《にょらい》の弘誓願《ぐぜいがん》を聞信《もんしん》すれば、
仏《ぶつ》、*広大勝解《こうだいしょうげ》のひととのたまへり。この人《ひと》を分陀利華《ふんだりけ》と名《な》づく。
弥陀仏《みだぶつ》の本願念仏《ほんがんねんぶつ》は、邪見《じゃけん》・憍慢《きょうまん》の悪衆生《あくしゅじょう》、
信楽受持《しんぎょうじゅじ》すること、はなはだもつて難《かた》し。難《なん》のなかの難《なん》これに過《す》ぎたるはなし。
印度西天《いんどさいてん》の論家《ろんげ》、中夏《ちゅうか》（中国）・日域《じちいき》（日本）の高僧《こうそう》、
大聖《だいしょう》（釈尊）*興世《こうせ》の正意《しょうい》を顕《あらわ》し、如来《にょらい》の本誓《ほんぜい》、機《き》に応《おう》ぜることを明《あ》かす。
釈迦如来《しゃかにょらい》、*楞伽山《りょうがせん》にして、衆《しゅう》のために告命《ごうみょう》したまはく、
南天竺《なんてんじく》（南印度）に龍樹大士《りゅうじゅだいじ》世《よ》に出《い》でて、ことごとくよく*有無《うむ》の見《けん》を*摧破《さいは》

瞋憎　いかり憎むこと。

広大勝解のひと　広大なすぐれた法をよく領解《りょうげ》した智慧《ちえ》の人の意で、他力信心の行者をいう。

興世　世に現れること。

楞伽山　楞伽は梵語ランカー（Laṅkā）の音写。釈尊が『楞伽経《りょうがきょう》』を説いた場所。

有無の見　有見と無見。→有無《うむ》[2]

摧破　うちやぶること。

せん。
大乗無上《だいじょうむじょう》の法《ほう》を宣説《せんぜつ》し、歓喜地《かんぎじ》を証《しょう》して安楽《あんらく》に生《しょう》ぜんと。
難行《なんぎょう》の陸路《ろくろ》、苦《くる》しきことを顕示《けんじ》して、易行《いぎょう》の水道《すいどう》、楽《たの》しきことを信楽《しんぎょう》せしむ。
弥陀仏《みだぶつ》の本願《ほんがん》を憶念《おくねん》すれば、自然《じねん》に即《そく》の時《とき》必定《ひつじょう》に入《い》る。
ただよくつねに如来《にょらい》の号《みな》を称《しょう》して、大悲弘誓《だいひぐぜい》の恩《おん》を報《ほう》ずべしといへり。
天親菩薩《てんじんぼさつ》、『論《ろん》』（浄土論）を造《つく》りて説《と》かく、無礙光如来《むげこうにょらい》に帰命《きみょう》したてまつる。
修多羅《しゅたら》によりて真実《しんじつ》を顕《あらわ》して、横超《おうちょう》の大誓願《だいせいがん》を光闡《こうせん》す。
広《ひろ》く本願力《ほんがんりき》の回向《えこう》によりて、群生《ぐんじょう》を度《ど》せんがために一心《いっしん》を彰《あらわ》す。
功徳大宝海《くどくだいほうかい》に帰入《きにゅう》すれば、かならず*大会衆《だいえしゅ》の数《かず》に入《い》ることを獲《う》。
蓮華蔵世界《れんげぞうせかい》に至《いた》ることを得《う》れば、すなはち真如法性《しんにょほっしょう》の身《しん》を証《しょう》せしむと。
煩悩《ぼんのう》の林《はやし》に遊《あそ》んで神通《じんずう》を現《げん》じ、生死《しょうじ》の園《その》に入《い》りて応化《おうげ》を示《しめ》すといへり。
*本師曇鸞《ほんしどんらん》は、*梁《りょう》の天子《てんし》、つねに鸞《らん》（曇鸞）の処《ところ》に向《む》かひて菩薩《ぼさつ》と礼《らい》したてまつる。
*三蔵流支《さんぞうるし》、*浄教《じょうきょう》を授《さず》けしかば、*仙経《せんぎょう》を焚焼《ぼんじょう》して楽邦《らくほう》に帰《き》したまひき。

大会衆の数に…　浄土で阿弥陀仏が説法する時の集会を広大会と名づけ、それに参列し聞法《もんぼう》する大衆《だいしゅ》を大会衆という。ここでは信心の行者が、現生において正《しょう》定聚《じょうじゅ》に入り、阿弥陀仏の眷属《けんぞく》となることをいう。

本師　本宗の祖師。

梁の天子　南朝梁の武帝（四六四―五四九）のこと。名は蕭衍《しょうえん》。仏教を深く信奉した。

三蔵流支　→菩提流支《ぼだいるし》

浄教を…　『続高僧伝《ぞくこうそうでん》』巻六では『観経』を授けたとするが、諸説があって定かではない。

仙経　長生不死の神仙術を説く道教の書。曇鸞大師《どんらんだいし》は江南《こうなん》の道士、陶弘景《とうこうけい》（一〇三二頁「陶隠居」の脚註参照）から仙経十巻を授けられたといわれる。

98 天親菩薩《てんじんぼさつ》の『論《ろん》』（浄土論）を註解《ちゆうげ》して、報土《ほうど》の因果《いんが》誓願《せいがん》に顕《あらわ》す。
*往還《おうげん》の回向《えこう》は他力《たりき》による。正定《しようじよう》の因《いん》はただ信心《しんじん》なり。
*惑染《わくぜん》の凡夫《ぼんぶ》、信心発《しんじんほつ》すれば、生死《しようじ》すなはち涅槃《ねはん》なりと証知《しようち》せしむ。
かならず無量光明土《むりようこうみようど》に至《いた》れば、*諸有《しよう》の衆生《しゆじよう》みなあまねく化《け》すといへり。
道綽《どうしやく》、*聖道《しようどう》の証《しよう》しがたきことを決《けつ》して、ただ*浄土《じようど》の通入《つうにゆう》すべきことを明《あ》かす。
万善《まんぜん》の自力《じりき》、勤修《ごんしゆ》を貶《へん》す。円満《えんまん》の徳号《とくごう》、専称《せんしよう》を勧《すす》む。
三不三信《さんぷさんしん》の誨《おしえ》慇懃《おんごん》にして、*像末《ぞうまつ》・法滅《ほうめつ》同《おな》じく悲引《ひいん》す。
一生悪《いつしようあく》を造《つく》れども、弘誓《ぐぜい》に値《もうあ》ひぬれば、安養界《あんにようかい》に至《いた》りて*妙果《みようか》を証《しよう》せしむ
といへり。
善導独《ぜんどうひと》り仏《ぶつ》の正意《しようい》をあきらかにせり。定散《じようさん》と逆悪《ぎやくあく》とを*矜哀《こうあい》して、
*光明《こうみよう》・名号因縁《みようごういんねん》を顕《あらわ》す。本願《ほんがん》の大智海《だいちかい》に開入《かいにゆう》すれば、
行者《ぎようじや》まさしく金剛心《こんごうしん》を受《う》けしめ、慶喜《きようき》の一念相応《いちねんそうおう》して後《のち》、
韋提《いだい》と等《ひと》しく三忍《さんにん》を獲《え》、すなはち法性《ほつしよう》の常楽《じようらく》を証《しよう》せしむといへり。

99 源信広《げんしんひろ》く一代《いちだい》の教《きよう》を開《ひら》きて、ひとへに安養《あんによう》に帰《き》して一切《いつさい》を勧《すす》む。

往還の回向　↓往相《おうそう》回向《えこう》、還相《げんそう》回向《えこう》

惑染　煩悩《ぼんのう》（惑）によってけがされていること。

諸有　四七八頁の脚註参照。

聖道・浄土　↓聖道門《しようどうもん》、浄土門《じようどもん》

像末法滅…　像法《ぞうぼう》・末法《まつぼう》・法滅（三宝滅尽《さんぼうめつじん》）の時代を通じて、本願の名号《みようごう》は人々を救いつづけるという意。

妙果　仏のさとりのこと。

矜哀　深くあわれむこと。

光明名号…　名号は衆生《しゆじよう》に与えられて信心の因となり、光明はこの人を照らしまもる縁となるという救済のありさまをいう。

100

*専雑《せんぞう》の執心《しゅうしん》、浅深《せんじん》を判《はん》じて、報化《ほうけ》二土《にど》まさしく弁立《べんりゅう》せり。

極重《ごくじゅう》の悪人《あくにん》はただ仏《ぶつ》を称《しょう》すべし。われまたかの摂取《せっしゅ》のなかにあれども、

煩悩《ぼんのう》、眼《まなこ》を*障《さ》へて見《み》たてまつらずといへども、大悲《だいひ》、*倦《ものう》きことなくしてつねにわれを照《て》らしたまふといへり。

本師源空《ほんしげんくう》は、仏教《ぶっきょう》にあきらかにして、善悪《ぜんあく》の凡夫人《ぼんぶにん》を憐愍《れんみん》せしむ。

真宗《しんしゅう》の教証《きょうしょう》、*片州《へんしゅう》に興《おこ》す。選択本願《せんじゃくほんがん》、悪世《あくせ》に弘《ひろ》む。

生死輪転《しょうじりんでん》の家《いえ》に還来《かえ》ることは、決《けっ》するに*疑情《ぎじょう》をもつて*所止《しょし》とす。

すみやかに寂静無為《じゃくじょうむい》の楽《みやこ》に入《い》ることは、かならず信心《しんじん》をもつて*能入《のうにゅう》とすといへり。

弘経《ぐきょう》の*大士《だいじ》・*宗師《しゅうし》等《とう》、無辺《むへん》の極濁悪《ごくじょくあく》を*拯済《じょうさい》したまふ。

道俗《どうぞく》*時衆《じしゅ》ともに同心《どうしん》に、ただこの高僧《こうそう》の説《せつ》を信《しん》ずべしと。

六十行《ろくじゅうぎょう》すでに畢《おわ》りぬ。　一百二十句《いっぴゃくにじっく》なり。

専雑の…　専修の者は本願を執《と》りたもつ信心が深く決定《けつじょう》しているから報土《ほうど》に往生するが、雑修の者は信心が浅く不決定であるから化土《けど》にしか往生できないと弁立（説き明かすこと）されたという意。→専修《せんじゅ》、雑修《ざっしゅ》

障へて　さえぎって。

倦きことなく　飽きることなく。ここでは見捨てることなくという意。

片州　日本のこと。

疑情　阿弥陀仏の本願を疑いはからう心。

所止　迷いの世界に止《とど》まるところの理由（所以）。

能入　よく浄土に入ることのできる因のこと。

大士　龍樹《りゅうじゅ》菩薩・天親《てんじん》菩薩を指す。

宗師　曇鸞大師《どんらんだいし》・道綽禅《どうしゃくぜん》師《じ》・善導《ぜんどう》大師・源信和尚《げんしんかしょう》・法然《ほうねん》聖人を指す。

顕《けん》浄《じょう》土《ど》真《しん》実《じつ》行《ぎょう》文《もん》類《るい》　二

拯済　救いたすけること。
時衆　現在、道場に参集している人々。また広く今の世の人々。

顕《けん》浄《じょう》土《ど》真《しん》実《じつ》信《しん》文《もん》類《るい》　序《じょ》

愚禿釈親鸞集《ぐとくしゃくしんらんしゅう》

それおもんみれば、信楽《しんぎょう》を獲得《ぎゃくとく》することは、*如来選択《にょらいせんじゃく》の願心《がんしん》より発起《ほっき》す。真心《しんしん》を*開闡《かいせん》することは、大聖《だいしょう》（釈尊）*矜哀《こうあい》の善巧《ぜんぎょう》より顕彰《けんしょう》せり。

しかるに*末代《まつだい》の道俗《どうぞく》、近世《こんせ》の宗師《しゅうし》、*自性唯心《じしょうゆいしん》に沈《しず》みて浄土《じょうど》の真証《しんしょう》を貶《へん》す、定散《じょうさん》の*自心《じしん》に迷《まど》ひて*金剛《こんごう》の真信《しんしん》に昏《くら》し。

ここに愚禿釈《ぐとくしゃく》の親鸞《しんらん》、諸仏如来《しょぶつにょらい》の真説《しんせつ》に信順《しんじゅん》して、*論家《ろんげ》・*釈家《しゃくけ》の宗義《しゅうぎ》を披閲《ひえつ》す。広《ひろ》く*三経《さんぎょう》の光沢《こうたく》を蒙《かぶ》りて、ことに*一心《いっしん》の華文《かもん》を開《ひら》く。*しばらく疑問《ぎもん》を至《いた》してつひに明証《みょうしょう》を出《いだ》す。まことに仏恩《ぶっとん》の深重《じんじゅう》なるを念《ねん》じて、*人倫《じんりん》の哢言《ろうげん》を恥《は》ぢず。*浄邦《じょうほう》を欣《ねが》ふ徒衆《としゅ》、*穢域《えいき》を厭《いと》ふ庶類《しょるい》、取捨《しゅしゃ》を加《くわ》ふと

いへども*毀謗《きほう》を生《しょう》ずることなかれとなり。

如来選択の願心　阿弥陀仏が因位《いんに》において一切の自力の行信を選び捨て、他力の行信を選び取り、万人を平等に救おうと誓願《せいがん》した大慈大悲心のこと。

開闡　ひらきあらわすこと。

矜哀の善巧　深いあわれみの心による善巧方便。→方《ほう》便《べん》

末代の道俗　末法の時代の出家と在家の者。→末法《まっぽう》

自性唯心　万有はその本性についていえば、ただ心の変現にほかならないもので、自己の心以外に何ものもないとする聖道門《しょうどうもん》の考え。この立場より自己の心性を指してただちに弥陀といい、この心を浄土であると主張する。

自心　自力の心。

金剛の真信　如来回向《えこう》の信心のこと。→金剛心《こんごうしん》

至心信楽《ししんしんぎょう》の願《がん》　正定聚《しょうじょうじゅ》の機《き》

論家　龍樹《りゅうじゅ》菩薩・天親《てんじん》菩薩を指す。
釈家　曇鸞大師《どんらんだいし》・道綽《どうしゃく》禅《ぜん》師《じ》・善導《ぜんどう》大師・源信和尚《げんしんかしょう》・法然《ほうねん》聖人を指す。
三経の光沢　『大経』『観経』『小経』の輝かしい恩恵。
一心の華文　一心の信心を説いた名文。天親菩薩の『浄土論』を指す。
しばらく疑問を…　下に三一問答（二二九頁一一行以下）を設けたことをいう。
人倫の哢言　人々のあざけり。
浄邦　阿弥陀仏の浄土のこと。
穢域　穢土のこと。→穢土《えど》
毀謗　そしること。

顕《けん》浄《じょう》土《ど》真《しん》実《じつ》信《しん》文《もん》類《るい》　三

愚禿《ぐとく》釈《しゃく》親鸞《しんらん》集《しゅう》

【一】つつしんで往相《おうそう》の回向《えこう》を案《あん》ずるに、大信《だいしん》あり。大信心《だいしんじん》は、すなはちこれ*長生不死《ちょうせいふし》の神方《しんぼう》、*欣浄厭穢《ごんじょうえんね》の妙術《みょうじゅつ》、*選択回向《せんじゃくえこう》の直心《じきしん》、*利他深広《りたじんこう》の信楽《しんぎょう》、*金剛不壊《こんごうふえ》の真心《しんしん》、易往無人《いおうむにん》の浄信《じょうしん》、心光摂護《しんこうしょうご》の一心《いっしん》、希有最勝《けうさいしょう》の大信《だいしん》、世間難信《せけんなんしん》の*捷径《せっけい》、*証大涅槃《しょうだいねはん》の真因《しんいん》、極速円融《ごくそくえんにゅう》の*白道《びゃくどう》、真如一実《しんにょいちじつ》の信海《しんかい》なり。この心《しん》すなはちこれ念仏往生《ねんぶつおうじょう》の願《がん》（第十八願）より出《い》でたり。この大願《だいがん》を選択本願《せんじゃくほんがん》と名《な》づく、また本願三心《ほんがんさんしん》の願《がん》と名《な》づく、また至心信楽《ししんしんぎょう》の願《がん》と名《な》づく、また往相信心《おうそうしんじん》の願《がん》と名《な》づくべきなり。しかるに*常没《じょうもつ》の凡愚《ぼんぐ》、流転《るてん》の群生《ぐんじょう》、*無上妙果《むじょうみょうか》の成《じょう》じがたきにあらず、真実《しんじつ》の信楽《しんぎょう》まことに獲《う》ること難《かた》し。なにをもつてのゆゑに、いまし如来《にょらい》の*加威力《かいりき》によるがゆゑなり、博《ひろ》く*大悲広慧《だいひこうえ》の力《ちから》によるがゆゑなり。たまたま浄信《じょうしん》を獲《え》ば、この心顛倒《しんてんどう》せず、この心虚偽《しんこぎ》ならず。ここをもつて極悪深重《ごくあくじんじゅう》の衆生《しゅじょう》、大慶《だいきょう》

長生不死の神方　生死《しょうじ》を超えた不生不滅《ふしょうふめつ》の命を得る不可思議な方法。

欣浄厭穢の妙術　浄土をねがい穢土《えど》を厭う道理にかなうすぐれた方法。

選択回向の直心　阿弥陀仏が選び取り回向した真如《しんにょ》にかなった心。

利他　↓利他《りた》[2]（二三一頁一五行、二三五頁二行の「利他」も同じ）

金剛不壊の真心　金剛のように堅く、破壊されることのない信心。

捷径　近道。

証大涅槃の真因　この上ないさとりを開く真実の因種（たね）。

白道　「散善義」の二河譬にもとづく語。↓二河《にが》の譬喩《ひゆ》

常没の凡愚　つねに迷いの世界に沈んでいる凡夫《ぼんぶ》。

喜心《きしん》を得《え》、*もろもろの聖尊《しょうそん》の重愛《じゅうあい》を獲《う》るなり。

【二】至心信楽《ししんしんぎょう》の本願《ほんがん》（第十八願）の文《もん》、『大経《だいきょう》』（上）にのたまはく、「たとひわれ仏《ぶつ》を得《え》たらんに、十方《じっぽう》の衆生《しゅじょう》、心《こころ》を至《いた》し信楽《しんぎょう》してわが国《くに》に生《うま》れんと欲《おも》ひて、乃至十念《ないしじゅうねん》せん。もし生《うま》れざれば、正覚《しょうがく》を取《と》らじと。ただ五逆《ごぎゃく》と*誹謗正法《ひほうしょうぼう》を除《のぞ》く」と。以上

【三】『無量寿如来会《むりょうじゅにょらいえ》』（上）にのたまはく、「もしわれ*無上覚《むじょうかく》を証得《しょうとく》せん時《とき》、余仏《よぶつ》の*刹《せつ》のうちのもろもろの有情類《うじょうるい》、わが名《な》を聞《き》き、おのれが所有《しょう》の善根《ぜんごん》、心々《しんしん》に回向《えこう》せしむ。わが国《くに》に生《しょう》ぜんと願《がん》じて、乃至十念《ないしじゅうねん》せん。もし生《しょう》ぜずは、菩提《ぼだい》を取《と》らじと。ただ*無間《むけん》の悪業《あくごう》を造《つく》り、正法《しょうぼう》およびもろもろの聖人《しょうにん》を誹謗《ひほう》せんをば除《のぞ》く」と。以上

【四】本願成就《ほんがんじょうじゅ》の文《もん》、『経《きょう》』（大経・下）にのたまはく、「あらゆる衆生《しゅじょう》、その名号《みょうごう》を聞《き》きて信心歓喜《しんじんかんぎ》せんこと、乃至*一念《ないしいちねん》せん。*至心《ししん》に回向《えこう》せしめたまへり。かの国《くに》に生《しょう》ぜんと願《がん》ぜば、すなはち往生《おうじょう》を得《え》、不退転《ふたいてん》に住《じゅう》せん。ただ五《ご》逆《ぎゃく》と誹謗正法《ひほうしょうぼう》とをば除《のぞ》く」と。以上

【五】『無量寿如来会《むりょうじゅにょらいえ》』（下）にのたまはく、菩提流志訳《ぼだいるしやく》「他方《たほう》の仏国《ぶっこく》の所有《しょう》の

無上妙果　この上なくすぐれた証果。仏のさとりのこと。

加威力　仏が衆生《しゅじょう》に加える不可思議な救済力。

大悲広慧の力　広大な慈悲と智慧《ちえ》の力。

〰〰〰

もろもろの聖尊　ここでは諸仏のこと。

誹謗正法　仏の正しい教法をそしり、その真実性を否定すること。

無上覚　この上ない仏のさとり。

刹　梵語クシェートラ(kṣe-tra）の音写。国土・世界の意。

無間の悪業　無間地獄（阿鼻地獄）に堕《お》ちる悪しき業で、五逆罪をいう。→五《ご》逆《ぎゃく》

一念　→一念《いちねん》②

至心に回向せしめたまへり

有情《うじょう》、無量寿如来《むりょうじゅにょらい》の名号《みょうごう》を聞《き》きてよく一念《いちねん》の浄信《じょうしん》を発《おこ》して*歓喜《かんぎ》せしめ、所有《しょう》の善根《ぜんごん》回向《えこう》したまへるを愛楽《あいぎょう》して無量寿国《むりょうじゅこく》に生《しょう》ぜんと願《がん》ぜば、願《がん》に随《したが》ひてみな生《うま》れ、不退転乃至《ふたいてんないし》*無上正等菩提《むじょうしょうとうぼだい》を得《え》んと。五無間《ごむけん》、正法《しょうぼう》を誹謗《ひほう》し、および聖者《しょうじゃ》を謗《そし》らんをば除《のぞ》く」と。以上

【六】またのたまはく（大経・下）、「法《ほう》を聞《き》きてよく忘《わす》れず、*見《み》て敬《うやま》ひ得《え》て大《おお》きに慶《よろこ》ばば、すなはちわが善《よ》き親友《しんぬ》なり。このゆゑにまさに意《こころ》を発《おこ》すべし」と。以上

106 【七】またのたまはく（如来会・下）、「かくのごときらの類《るい》は*大威徳《だいいとく》のひとなり。よく*広大仏法《こうだいぶっぽう》の異門《いもん》に生《しょう》ぜん」と。以上

【八】またのたまはく（同・下）、「如来《にょらい》の功徳《くどく》は仏《ぶつ》のみみづから知《し》ろしめせり。ただ世尊《せそん》ましましてよく開示《かいじ》したまふ。*天《てん》・竜《りゅう》・夜叉《やしゃ》及《およ》ばざるところなり。二乗《にじょう》おのづから名言《みょうごん》を絶《た》つ。もしもろもろの有情《うじょう》まさに作仏《さぶつ》して、行《ぎょう》、普賢《ふげん》に超《こ》え、彼岸《ひがん》に登《のぼ》つて、一仏《いちぶつ》の功徳《くどく》を*敷演《ふえん》せん。時《とき》、多劫《たこう》の不思議《ふしぎ》を逾《こ》えん。この中間《ちゅうげん》において身《み》は滅度《めつど》すとも、仏《ぶつ》の勝慧《しょうえ》はよく量《はか》ることなけん。このゆゑに信《しん》・聞《もん》およびもろもろの*善友《ぜんぬ》の摂受《しょうじゅ》を具足《ぐそく》して、かくのごときの深妙《じんみょう》の法《ほう》
107 を聞《き》くことを得《え》ば、まさにもろもろの聖尊《しょうそん》に重愛《じゅうあい》せらるることを獲《う》べし。*如《にょ》

通常は「至心に回向して」と読む。親鸞聖人は如来回向の義をあらわすために、このように読みかえた。

歓喜…愛楽して　通常は「歓喜愛楽し、所有の善根回向して」と読む。親鸞聖人は如来回向の義をあらわすために、このように読みかえた。

無上正等菩提　阿耨多羅三藐三菩提のこと。↓阿耨多《あのくた》羅三藐三菩提《らさんみゃくさんぼだい》

見て…慶ばば　見は聞見のこと。名号《みょうごう》のいわれを聞きひらき、信を得て法を敬い深く心によろこべば。

大威徳のひと　仏のすぐれた徳を与えられている人。

広大仏法の異門　広大無辺な仏法の徳を実現し、比類のない特異な法門を成就したところ。安楽浄土のこと。

来《らい》の勝智《しょうち》、*遍虚空《へんこくう》の所説《しょせつ》の義言《ぎごん》は、ただ仏《ぶつ》のみ悟《さと》りたまへり。このゆゑに博《ひろ》く*諸智土《しょちど》を聞《き》きて、わが教《きょう》、如実《にょじつ》の言《ごん》を信《しん》ずべし。*人趣《にんしゅ》の身得《しんう》ることはなはだ難《かた》し。如来《にょらい》の出世遇《しゅっせもうあ》ふこともまた難《かた》し。*信慧《しんね》多《おお》き時《とき》まさにいまし獲《え》ん。このゆゑに修《しゅ》せんもの精進《しょうじん》すべし。かくのごときの妙法《みょうほう》すでに聴聞《ちょうもん》せば、つねに諸仏《しょぶつ》をして喜《よろこ》びを生《しょう》ぜしめたてまつるなり」と。出抄

【九】『論《ろん》の註《ちゅう》』（下 一〇三）にいはく、「〈かの如来《にょらい》の名《みな》を称《しょう》し、かの如来《にょらい》の*光《こう》明智相《みょうちそう》のごとく、かの*名義《みょうぎ》のごとく、実《じつ》のごとく修行《しゅぎょう》し相応《そうおう》せんと欲《おも》ふがゆゑに〉（浄土論）といへり。〈称彼如来名《しょうひにょらいみょう》〉といふは、いはく無礙光如来《むげこうにょらい》の名《みな》を称《しょう》するなり。〈如彼如来光明智相《にょひにょらいこうみょうちそう》〉といふは、仏《ぶつ》の光明《こうみょう》はこれ智慧《ちえ》の相《そう》なり。この光明《こうみょう》、十方世界《じっぽうせかい》を照《て》らすに障礙《しょうげ》あることなし。よく十方衆生《じっぽうしゅじょう》の無明《むみょう》の*黒闇《こくあん》を除《のぞ》く。*日《にち》・月《がつ》・珠光《しゅこう》のただ室穴《しっけつ》のうちの闇《あん》を破《は》するがごときにはあらざるなり。〈如彼名義欲如実修行相応《にょひみょうぎよくにょじつしゅぎょうそうおう》〉といふは、かの無礙光如来《むげこうにょらい》の名号《みょうごう》は、よく衆生《しゅじょう》の一切《いっさい》の無明《むみょう》を破《は》す、よく衆生《しゅじょう》の*一切《いっさい》の志願《しがん》を満《み》てたまふ。しかるに称名憶念《しょうみょうおくねん》することあれども、無明《むみょう》なほ存《そん》して所願《しょがん》を満《み》てざるはいかんとならば、実《じつ》のごとく修行《しゅぎょう》せざると、名義《みょうぎ》と相応《そうおう》せざるによるがゆゑなり。いか

天竜夜叉　八部衆のうちの代表的なもの。↓八部《はちぶ》

敷演　広く説きのべること。

善友の摂受　善知識の教導。↓善知識《ぜんぢしき》

如来の…義言は　通常は「如来の勝智は、虚空に遍《あまね》し、所説の義言は…」と読む。

遍虚空　虚空にあまねく行きわたっていること。

諸智土　阿弥陀仏の真実報《ほう》土《ど》。高麗《こうらい》版大蔵経等は「諸智士」となっている。この場合は諸菩薩を意味する。

人趣　人間世界のこと。

信慧　信心の智慧《ちえ》。

光明智相　光明の本質は智慧であり、智慧のすがたは光明であることをいったもの。智慧を本質とする光明が、十方を照らして衆生《しゅじょう》の迷いを除く。

んが不如実修行《ふにょじつしゅぎょう》と名義《みょうぎ》と相応《そうおう》せざるとする。いはく、如来《にょらい》はこれ*実相《じっそう》の身《しん》なり、これ*物《もの》のための身《しん》なりと知《し》らざるなり。また三種《さんしゅ》の不相応《ふそうおう》あり。一《ひと》つには信心淳《しんじんあつ》（淳《じゅん》の字《じ》、音純《おんじゅん》なり、また厚朴《こうぼく》なり。朴《ぼく》の字《じ》、音卜《おんぼく》なり。薬《くすり》の名《な》なり。諄《じゅん》の字《じ》、至《し》なり。誠懇《じょうこん》の貌《かおばせ》なり。上《かみ》の字《じ》に同《おな》じ）からず、*存《そん》せるがごとし、亡《もう》ぜるがごときのゆゑに。二《ふた》つには信心一《しんじんいち》ならず、決定《けつじょう》なきがゆゑに。三《み》つには信心《しんじん》相続《そうぞく》せず、*余念間《よねんへだ》つるがゆゑに。この三句《さんく》展転《てんでん》してあひ成《じょう》ず。信心淳《しんじんあつ》からざるをもつてのゆゑに決定《けつじょう》なし、決定《けつじょう》なきがゆゑに念相続《ねんそうぞく》せず。また念相続《ねんそうぞく》せざるがゆゑに決定《けつじょう》の信《しん》を得《え》ず、決定《けつじょう》の信《しん》を得《え》ざるがゆゑに心淳《しんあつ》からざるべし。これと相違《そうい》せるを〈如実修行相応《にょじつしゅぎょうそうおう》〉と名《な》づく。このゆゑに論主《ろんじゅ》（天親）、建《はじ》めに〈我一心《がいっしん》〉とのたまへり」と。以上

【一〇】『讃阿弥陀仏偈《さんあみだぶつげ》』（一六七）にいはく、曇鸞和尚《どんらんかしょう》の造《ぞう》なり「あらゆるもの、阿弥陀《あみだ》の徳号《とくごう》を聞《き》きて、*信心歓喜《しんじんかんぎ》して聞《き》くところを慶《よろこ》ばんこと、いまし一《いち》念《ねん》に曁《およ》ぶまでせん。至心《ししん》のひと回向《えこう》したまへり。生《しょう》ぜんと願《がん》ずればみな往《ゆ》くことを得《え》しむ。ただ五逆《ごぎゃく》と謗正法《ほうしょうぼう》とをば除《のぞ》く。ゆゑにわれ頂礼《ちょうらい》して往生《おうじょう》を願《がん》ず」と。以上

名義　名号《みょうごう》の実義、いわれ。

黒闇　迷いの闇。無明にねざす迷いの状態をくらやみに喩える。

日月珠光　日光、月光、珠《たま》の光のこと。

一切の志願　往生成仏の願を根本とする一切の願。

実相の身　真如《しんにょ》実相をさとった仏の自利円満の徳をいう。

物のための身　為物身《いもつしん》。物とは衆生《しゅじょう》の意で、衆生を救済する仏の利他円満の徳をいう。

存せるがごとし…　『高僧和讃』（四八）の左訓には、「若存若亡」を釈して「あるときはさもとおもふ、あるときはかなふまじとおもふなり」（文明本）「あるときには往生してんずとおも

【一】光明寺《こうみょうじ》（善導）の『観経義《かんぎょうぎ》』（定善義 四四八）にいはく、「〈如意《にょい》〉といふは二種《にしゅ》あり。一《ひと》つには衆生《しゅじょう》の意《こころ》のごとし、かの心念《しんねん》に随《したが》ひてみなこれを*度《ど》すべし。二《ふた》つには弥陀《みだ》の意《おんこころ》のごとし、五眼円《ごげんまど》かに照《て》らし*六通《ろくつう》自在《じざい》にして、機《き》の度《ど》すべきものを観《み》そなはして、一念《いちねん》のうちに前《ぜん》なく後《ご》なく身心等《しんしんひと》しく赴《おもむ》き、三輪開悟《さんりんかいご》しておのおの益《やく》すること同《おな》じからざるなり」と。以上

【二】またいはく（序分義 三九三）、「この五濁《ごじょく》・五苦《ごく》等《とう》は六道《ろくどう》に通《つう》じて受《う》けて、いまだなきものはあらず。つねにこれに*逼悩《ひつのう》す。もしこの苦《く》を受《う》けざるものは、すなはち*凡数《ぼんじゅ》の摂《しょう》にあらざるなり」と。抄出

【三】またいはく（散善義 四五四）、「〈何等為三《がとういさん》〉より下《しも》〈必生彼国《ひっしょうひこく》〉に至《いた》るまでこのかたは、まさしく*三心《さんしん》を弁定《べんじょう》して、もつて正因《しょういん》とすることを明《あ》かす。すなはちそれ二《ふた》つあり。一《ひと》つには世尊《せそん》、機《き》に随《したが》ひて益《やく》を顕《あらわ》すこと意密《いみつ》にして知《し》りがたし、仏《ぶつ》みづから問《と》うてみづから徴《ちょう》したまふにあらずは、解《さとり》を得《う》るに由《よし》なきを明《あ》かす。二《ふた》つに如来還《にょらいかえ》りてみづから前《さき》の三心《さんしん》の数《かず》を答《こた》へたまふことを明《あ》かす。『経《きょう》』（観経）にのたまはく、〈一者至誠心《いっしゃしじょうしん》〉。〈至《し》〉とは真《しん》なり、〈誠《じょう》〉とは実《じつ》なり。一切衆生《いっさいしゅじょう》の身口意業《しんくいごう》の所修《しょしゅ》の*解行《げぎょう》、かならず*真実心《しんじつしん》のうちになした

ひ、あるときには往生えせじとおもふ」（異本）とある。

余念間つる… 疑いがまじって信心が断絶するという意。

信心歓喜して…願ずれば 通常は「信心歓喜して聞くところを慶び、すなはち一念に曁ぶまで心を至すもの、回向して生ぜんと願ずれば」と読む。親鸞聖人は如来回向の義をあらわすために、原文の「至心者」を阿弥陀仏とし、このように読みかえた。

度す 済度《さいど》する。迷いの世界（此岸）の衆生《しゅじょう》をさとりの世界（彼岸）にわたすこと。

六通 六神通のこと。→六《ろく》神通《じんずう》

逼悩 逼められ悩むこと。

まへるを須《もち》ゐんことを明《あ》かさんと欲《おも》ふ。外《ほか》に賢善精進《けんぜんしょうじん》の相《そう》を現《げん》ずることを得《え》ざれ、内《うち》に虚仮《こけ》を懐《いだ》いて、*貪瞋《とんじん》・邪偽《じゃぎ》・奸詐百端《かんさひゃくたん》にして悪性侵《あくしょうや》めがたし、事《こと》、
111
*蛇蝎《じゃかつ》に同《おな》じ。三業《さんごう》を起《おこ》すといへども、名《な》づけて雑毒《ぞうどく》の善《ぜん》とす、また虚仮《こけ》の行《ぎょう》と名《な》づく、真実《しんじつ》の業《ごう》と名《な》づけざるなり。もしかくのごとき安心《あんじん》・起行《きぎょう》をなすは、たとひ身心《しんしん》を苦励《くれい》して日夜十二時《にちやじゅうにじ》に急《きゅう》に走《もと》め急《きゅう》になして*頭燃《ずねん》を灸《はら》ふがごとくするものは、すべて雑毒《ぞうどく》の善《ぜん》と名《な》づく。この雑毒《ぞうどく》の行《ぎょう》を回《え》してかの仏《ぶつ》の浄土《じょうど》に求《ぐ》生《しょう》せんと欲《ほっ》するは、これかならず不可《ふか》なり。なにをもつてのゆゑに、まさしくかの阿弥陀仏《あみだぶつ》、*因中《いんちゅう》に菩薩《ぼさつ》の行《ぎょう》を行《ぎょう》じたまひし時《とき》、乃至一念一刹那《ないしいちねんいっせつな》も、三業《さんごう》の所修《しょしゅ》みなこれ真実心《しんじつしん》のうちに*なしたまひしに由《よ》（由《ゆ》の字《じ》、経《きょう》なり、行《ぎょう》なり、従《じゅう》なり、用《ゆう》なり）つてなり。おほよそ施《ほどこ》したまふところ趣求《しゅぐ》をなす、またみな真《しん》実《じつ》なり。また真実《しんじつ》に二種《にしゅ》あり。一《ひと》つには*自利真実《じりしんじつ》、二《ふた》つには*利他真実《りたしんじつ》なり。乃至*不善《ふぜん》の三業《さんごう》はかならず真実心《しんじつしん》のうちに捨《す》てたまへるを須《もち》ゐよ。またもし善《ぜん》の三《さん》業《ごう》を起《おこ》さば、かならず真実心《しんじつしん》のうちになしたまひしを須《もち》ゐて、*内外明闇《ないげみょうあん》を簡《えら》ばず、みな真実《しんじつ》を須《もち》ゐるがゆゑに至誠心《しじょうしん》と名《な》づく。

112
〈二者深心《にしゃじんしん》〉。〈深心《じんしん》〉といふは、すなはちこれ深信《じんしん》の心《しん》なり。また二種《にしゅ》あり。

凡数の摂 凡夫《ぼんぶ》の仲間。

三心 →三心《さんしん》[2]

解行 知解と修行。宗義を領解《りょうげ》し行を実践すること。

かならず…懐いて 通常は「かならずすべからく真実心のうちになすべきことを明かさんと欲す。外に賢善精進の相を現じ、内に虚仮を懐くことを得ざれ」と読む。

貪瞋邪偽奸詐百端 むさぼり、いかり、よこしまな心、いつわりの心、人をあざむく心が数限りなく起ること。

蛇蝎 へび、さそり。

頭燃を灸ふ 頭の上についた火を払い消す。

因中 因位の時。法蔵《ほうぞう》菩薩であった時。→因位《いんに》

なしたまひ…みな真実なり 通常は「なしたまひ、おほよそ施為・趣求したまふと

一《ひと》つには、決定《けつじょう》して深《ふか》く、*自身《じしん》は現《げん》にこれ罪悪《ざいあく》生死《しょうじ》の凡夫《ぼんぶ》、曠劫《こうごう》よりこのかたつねに没《もっ》し、つねに流転《るてん》して、*出離《しゅつり》の縁《えん》あることなしと信《しん》ず。二《ふた》つには、決《けっ》定《じょう》して深《ふか》く、かの阿弥陀仏《あみだぶつ》の四十八願《しじゅうはちがん》は衆生《しゅじょう》を*摂受《しょうじゅ》して、疑《うたが》いなく慮《おもんぱか》りなく、かの願力《がんりき》に乗《じょう》じて、さだめて往生《おうじょう》を得《う》と信《しん》ず。また決定《けつじょう》して深《ふか》く、釈迦仏《しゃかぶつ》この『観経《かんぎょう》』に三福九品《さんぷくくぼん》・定散二善《じょうさんにぜん》を説《と》きて、かの仏《ぶつ》の依正二報《えしょうにほう》を証讃《しょうさん》して、人《ひと》をして*欣慕《ごんぼ》せしむと信《しん》ず。また決定《けつじょう》して、『弥陀経《みだきょう》』のなかに、十方恒沙《じっぽうごうじゃ》の諸仏《しょぶつ》、一切凡夫《いっさいぼんぶ》を証勧《しょうかん》して決定《けつじょう》して生《しょう》ずることを得《う》と深信《じんしん》するなり。また深《じん》信《しん》するもの、仰《あお》ぎ願《ねが》はくは一切《いっさい》の行者等《ぎょうじゃとう》、一心《いっしん》にただ仏語《ぶつご》を信《しん》じて身命《しんみょう》を顧《かえり》みず、決定《けつじょう》して行《ぎょう》によりて、仏《ぶつ》の捨《す》てしめたまふをばすなはち捨《す》て、仏《ぶつ》の行《ぎょう》ぜしめたまふをばすなはち行《ぎょう》ず。仏《ぶつ》の去《さ》らしめたまふ処《ところ》をばすなはち去《す》つ。これを仏教《ぶっきょう》に随順《ずいじゅん》し、仏意《ぶつい》に随順《ずいじゅん》すと名《な》づく。これを仏願《ぶつがん》に随順《ずいじゅん》すと名《な》づく。これを真《しん》の仏弟子《ぶつでし》と名《な》づく。また一切《いっさい》の行者《ぎょうじゃ》、ただよくこの『経《きょう》』（観経）によりて行《ぎょう》を深信《じんしん》するは、かならず衆生《しゅじょう》を誤《あやま》らざるなり。なにをもつてのゆゑに、仏《ぶつ》はこれ満足大悲《まんぞくだいひ》の人《にん》なるがゆゑに、*実語《じつご》なるがゆゑに。仏《ぶつ》を除《のぞ》きて以還《いげん》は、*智行《ちぎょう》いまだ満《み》たず。それ*学地《がくじ》にありて、*正習《しょうじゅう》の二障《にしょう》ありていまだ除《のぞ》こら

ころ、またみな真実なるによりてなり」と読む。「施為」は利他、「趣求」は自利の意。親鸞聖人は、如来回向《えこう》の真実をもちい（領受し）て、浄土を趣求（願生）するという意に転じた。

自利真実・利他真実　通常は真実心をもって自利利他することであるが、親鸞聖人は自利を自力、利他を他力の意味に転じた。

不善の三業は…名づく　通常は「不善の三業は、かならずすべからく真実心のうちに捨つべし。またもし善の三業を起さば、かならずすべからく真実心のうちになすべし。内外明闇を簡ばず、みなすべからく真実なるべし。ゆゑに至誠心と名づく」と読む。親鸞聖人は如来回向の義をあらわすために「須」の字を「もち

ざるによつて、*果願《かがん》いまだ円《まど》かならず。これらの*凡聖《ぼんしょう》は、たとひ諸仏《しょぶつ》の教意《きょうい》を測量《しきりょう》すれども、いまだ*決了《けつりょう》することあたはず。*平章《びょうしょう》することありといへども、かならずすべからく仏証《ぶっしょう》を請《こ》うて定《じょう》とすべきなり。もし仏意《ぶつい》に称《かな》へば、すなはち*印可《いんか》して〈如是如是《にょぜにょぜ》〉とのたまふ。もし仏意《ぶつい》に可《かな》はざれば、すなはち〈なんだちが所説《しょせつ》、この義不如是《ぎふにょぜ》〉とのたまふ。印《いん》せざるは、すなはち*無記《むき》・無利《むり》・無益《むやく》の語《ご》に同《おな》じ。仏《ぶつ》の印可《いんか》したまふは、すなはち仏《ぶつ》の正教《しょうきょう》に随順《ずいじゅん》す。もし仏《ぶつ》の所有《しょう》の言説《ごんせつ》は、すなはちこれ正教《しょうきょう》・正義《しょうぎ》・正行《しょうぎょう》・正解《しょうげ》・正業《しょうごう》・正智《しょうち》なり。もしは多《た》もしは少《しょう》、すべて菩薩《ぼさつ》・人《にん》・天等《てんとう》を問《と》はず、その是非《ぜひ》を定《さだ》めんや。もし仏《ぶつ》の所説《しょせつ》は、すなはちこれ*了教《りょうきょう》なり。菩薩等《ぼさつとう》の説《せつ》は、ことごとく不《ふ》了教《りょうきょう》と名《な》づくるなり、知《し》るべし。このゆゑに今《いま》の時《とき》、仰《あお》いで一切有縁《いっさいうえん》の往《おう》生人等《じょうにんとう》を勧《すす》む。ただ仏語《ぶつご》を深信《じんしん》して専注奉行《せんちゅうぶぎょう》すべし。菩薩等《ぼさつとう》の不相応《ふそうおう》の教《きょう》を信用《しんよう》して、もつて疑礙《ぎげ》をなし、惑《まど》ひを抱《いだ》いて、みづから迷《まど》ひて往生《おうじょう》の大益《だいやく》を廃失《はいしつ》すべからざれと。乃至 釈迦一切《しゃかいっさい》の凡夫《ぼんぶ》を指勧《しかん》して、この一身《いっしん》を尽《つく》して専念《せんねん》専修《せんじゅ》して、捨命以後《しゃみょういご》さだめてかの国《くに》に生《うま》るれば、すなはち十方諸仏《じっぽうしょぶつ》ことごとくみな同《おな》じく讃《ほ》め、同《おな》じく勧《すす》め、同《おな》じく証《しょう》したまふ。なにをもつてのゆゑに、

ゐ」と読んだ。

内外明闇　「散善義」の当分は内心と外相、智明と愚闇。親鸞聖人は内・明は出世（聖者《しょうじゃ》）、外・闇は世間（凡夫《ぼんぶ》）、また明は智明（智者）、闇は無明（愚者）の意とする。

自身は…　→補註3

出離の縁　迷いの世界を離れ出る手がかり。

摂受　慈悲心をもっておさめ取ること。

欣慕　ねがいしたうこと。

実語　真実の言葉。

智行　智慧《ちえ》（六波羅蜜《ろっぱらみつ》の第六）と行（六波羅蜜の前五）。

学地　まだ学ぶべきことの残っている修行中の地位。これに対し、さとりに至って学ぶべきもののない地位を無学地という。

115

*同体《どうたい》の大悲《だいひ》なるがゆゑに。一仏《いちぶつ》の所化《しょけ》は、すなはちこれ一切仏《いっさいぶつ》の化《け》なり。一切《いっさい》仏《ぶつ》の化《け》は、すなはちこれ一仏《いちぶつ》の所化《しょけ》なり。すなはち『弥陀経《みだきょう》』のなかに説《と》かく、〈釈迦《しゃか》、極楽《ごくらく》の種々《しゅじゅ》の荘厳《しょうごん》を讃嘆《さんだん》したまふ。また一切《いっさい》の凡夫《ぼんぶ》を勧《すす》めて、一《いち》日七日《にちしちにち》、一心《いっしん》に弥陀《みだ》の名号《みょうごう》を専念《せんねん》せしめて、さだめて往生《おうじょう》を得《え》しめたまふ〉と。次下《つぎしも》の文《もん》にのたまはく、〈十方《じっぽう》におのおの恒河沙等《ごうがしゃとう》の諸仏《しょぶつ》ましまして、同《おな》じく釈迦《しゃか》よく五濁《ごじょく》悪時《あくじ》・悪世界《あくせかい》・悪衆生《あくしゅじょう》・悪見《あくけん》・悪煩悩《あくぼんのう》・悪邪無信《あくじゃむしん》の盛《さか》りなる時《とき》において、弥陀《みだ》の名号《みょうごう》を指讃《しさん》して衆生《しゅじょう》を勧励《かんれい》せしめて、称念《しょうねん》すればかならず往生《おうじょう》を得《う》と讃《さん》じたまふ〉と、すなはちその証《しょう》なり。また十方《じっぽう》の仏等《ぶつとう》、衆生《しゅじょう》の釈迦一仏《しゃかいちぶつ》の所説《しょせつ》を信《しん》ぜざらんを恐畏《おそ》れて、すなはちともに同心同時《どうしんどうじ》におのおの*舌相《ぜっそう》を出《いだ》して、あまねく*三千世界《さんぜんせかい》に覆《おお》ひて誠実《じょうじつ》の言《ごん》を説《と》きたまはく、〈なんだち衆生《しゅじょう》、みなこの釈迦《しゃか》の所説《しょせつ》・所讃《しょさん》・所証《しょしょう》を信《しん》ずべし。一切《いっさい》の凡夫《ぼんぶ》、罪福《ざいふく》の多少《たしょう》、*時節《じせつ》の久近《くごん》を問《と》はず、ただよく上百年《かみひゃくねん》を尽《つく》し、下一日七日《しもいちにちしちにち》に至《いた》るまで、一心《いっしん》に弥陀《みだ》の名号《みょうごう》を専念《せんねん》して、さだめて往生《おうじょう》を得《う》ること、かならず疑《うたがい》なきなり〉と。このゆゑに一仏《いちぶつ》の所説《しょせつ》をば、すなはち一切仏同《いっさいぶつおな》じくその事《じ》を*証誠《しょうじょう》したまふなり。これを*人《にん》に就《つ》いて信《しん》を立《た》つと名《な》づくるなり。乃至　またこ

正習の二障　正使《しょうじ》と習気《じっけ》の二つの障り。正使は煩悩《ぼんのう》の体のこと。習気は煩悩の体が断ぜられてもなお習慣となって残る煩悩のはたらきのこと。

果願　仏果（仏のさとり）を求める願。

凡聖　凡夫と聖者《しょうじゃ》。↓凡夫《ぼんぶ》

決了　真実をはっきりと了解して不確かなことが少しもないこと。

平章　道理を正しく明らかにすること。

印可　認可、認容すること。印とは仏の言葉をもって間違いないと定められていて改易できないことをいい、可とは仏の心にかなったことをいう。

無記　↓無記《むき》①

了教　了義教のこと。真実を完全に説きあらわした教

の*正《しょう》のなかについてまた二種《にしゅ》あり。一《ひと》つには、一心《いっしん》に弥陀《みだ》の名号《みょうごう》を専念《せんねん》して、
行住坐臥《ぎょうじゅうざが》、時節《じせつ》の久近《くごん》を問《と》はず、念々《ねんねん》に捨《す》てざるをば、これを*正定《しょうじょう》の業《ごう》と
名《な》づく、*かの仏願《ぶつがん》に順《じゅん》ずるがゆゑに。もし*礼誦等《らいじゅとう》によらば、すなはち名《な》づけて
助業《じょごう》とす。この正助二行《しょうじょにぎょう》を除《のぞ》きて以外《いげ》の自余《じよ》の諸善《しょぜん》は、ことごとく雑行《ぞうぎょう》と名《な》
づく。乃至　すべて*疎雑《そぞう》の行《ぎょう》と名《な》づくるなり。ゆゑに深心《じんしん》と名《な》づく。
116 〈三者回向発願心《さんじゃえこうほつがんしん》〉。乃至　また回向発願《えこうほつがん》して生《しょう》ずるものは、*かならず決定《けつじょう》し
て真実心《しんじつしん》のうちに回向《えこう》したまへる願《がん》を須《もち》ゐて*得生《とくしょう》の想《おもい》をなせ。この心深信《しんじんしん》せ
ること金剛《こんごう》のごとくなるによりて、一切《いっさい》の*異見《いけん》・異学《いがく》・*別解《べつげ》・別行《べつぎょう》の人等《にんら》のた
めに動乱破壊《どうらんはえ》せられず。ただこれ決定《けつじょう》して一心《いっしん》に捉《と》つて正直《しょうじき》に進《すす》んで、かの
人《ひと》の語《ご》を聞《き》くことを得《え》ざれ。すなはち進退《しんたい》の心《しん》ありて*怯弱《こうにゃく》を生《しょう》じて*回顧《えこ》すれ
ば、*道《どう》に落《お》ちてすなはち往生《おうじょう》の大益《だいやく》を失《しつ》するなり。
問《と》うていはく、もし解行不同《げぎょうふどう》の邪雑《じゃぞう》の人等《ひとら》ありて、来《きた》りてあひ惑乱《わくらん》して、あ
117 るいは種々《しゅじゅ》の疑難《ぎなん》を説《と》きて〈往生《おうじょう》を得《え》じ〉といひ、あるいはいはん、〈なんだ
ち衆生《しゅじょう》、曠劫《こうごう》よりこのかた、および今生《こんじょう》の身口意業《しんくいごう》に、一切凡聖《いっさいぼんしょう》の身《み》の上《うえ》に
おいて、つぶさに十悪《じゅうあく》・五逆《ごぎゃく》・*四重《しじゅう》・謗法《ほうぼう》・闡提《せんだい》・破戒《はかい》・*破見等《はけんとう》の罪《つみ》を造《つく》りて、

え。

同体の大悲　同じ真如《しんにょ》のさとりからおこった大悲ということ。

舌相を出して　仏の舌は広く長いので広長《こうじょう》舌相（三十二相の一）といわれる。仏が舌を出すのは教説が真実であることを証明するという意味を持つ。

三千世界　三千大千世界のこと。→三千大千世界《さんぜんだいせんせかい》

時節の久近　時間の長短。

証誠　真実であることを証明すること。

人　釈迦・諸仏を指す。一説には四重の破人（念仏の教えを否定する四種の人。『愚禿鈔』五二六頁「四信」の細註参照）を指すという。

2 **正**　正行のこと。→正行《しょうぎょう》

いまだ除尽《じょじん》することあたはず。しかるにこれらの罪《つみ》は三界悪道《さんがいあくどう》に*繋属《けぞく》す。いかんぞ一生《いっしょう》の修福念仏《しゅふくねんぶつ》をして、すなはちかの無漏無生《むろむしょう》の国《くに》に入《い》りて、永《なが》く不退《ふたい》の位《くらい》を証悟《しょうご》することを得《え》んや〉と。

答《こた》へていはく、諸仏《しょぶつ》の教行数《きょうぎょうかず》*塵沙《じんじゃ》に越《こ》えたり。識《さとり》を稟《う》くる機縁《きえん》、情《こころ》に随《したが》ひて一《ひと》つにあらず。たとへば世間《せけん》の人《ひと》、眼《まなこ》に見《み》るべく信《しん》ずべきがごときは、明《みょう》のよく闇《あん》を破《は》し、空《くう》のよく有《う》を含《ふく》み、地《じ》のよく*載養《さいよう》し、水《みず》のよく*生潤《しょうにん》し、火《ひ》のよく*成壊《じょうえ》するがごとし。これらのごときの事《じ》、ことごとく*待対《たいたい》の法《ほう》と名《な》づく。すなはち目《め》に見《み》つべし、千差万別《せんじゃまんべつ》なり。いかにいはんや仏法不思議《ぶっぽうふしぎ》の力《ちから》、あに種々《しゅじゅ》の益《やく》なからんや。*随《したが》ひて一門《いちもん》を出《い》づるは、すなはち一煩悩《いちぼんのう》の門《もん》を出《い》づるなり。随《したが》ひて一門《いちもん》に入《い》るは、すなはち一解脱智慧《いちげだつちえ》の門《もん》に入《い》るなり。ここを為《も》って（為《い》の字《じ》、定《じょう》なり、用《ゆう》なり、彼《ひ》なり、作《さ》なり、是《ぜ》なり、相《そう》なり）縁《えん》に随《したが》ひて行《ぎょう》を起《おこ》して、おのおの解脱《げだつ》を求《もと》めよ。なんぢなにをもつてか、いまし有縁《うえん》の要《よう》行《ぎょう》にあらざるをもつて、われを障惑《しょうわく》する。しかるにわが*所愛《しょあい》はすなはちこれわが有縁《うえん》の行《ぎょう》なり、すなはちなんぢが所求《しょぐ》にあらず。なんぢが所愛《しょあい》はすなはちこれなんぢが有縁《うえん》の行《ぎょう》なり、またわれの所求《しょぐ》にあらず。このゆゑにおのおの*所《しょ》

正定の業　正定業のこと。↓正定業《しょうじょうごう》

かの仏願　第十八願のこと。

礼誦等　五正行のうちの称名以外の行業《ぎょうごう》。読誦《どくじゅ》・観《かん》察《ざっ》・礼拝《らいはい》・讃嘆《さんだん》供養《くよう》の四をいう。

疎雑の行　阿弥陀仏と疎遠な自力をまじえた行。

かならず…想をなせ　通常は「かならずすべからく決定真実心のうちに回向し願じて、得生の想をなすべし」と読む。

得生の想　必ず浄土に往生できるという想い。

異見異学　異なった見解を持ち、異なった教えを学ぶこと。『一多文意』に「異学」の語についての釈（六八八頁四行以下）がある。

別解別行　別の見解を持ち、別の行法を修めること。『一多文意』に「別解」の

楽《ぎょう》に随《したが》ひてその行《ぎょう》を修《しゅ》するは、かならず疾《と》く解脱《げだつ》を得《う》るなり。行者《ぎょうじゃ》まさに知《し》るべし、もし*解《げ》を学《まな》ばんと欲《おも》はば、*凡《ぼん》より*聖《しょう》に至《いた》るまで、乃至《ないし》*仏果《ぶっか》まで、一《いっ》切《さい》礙《さわり》なし、みな学《まな》ぶことを得《え》よ。もし*行《ぎょう》を学《まな》ばんと欲《おも》はば、かならず有縁《うえん》の法《ほう》によれ。少《すこ》しき功労《くろう》を用《もち》ゐるに、多《おお》く益《やく》を得《う》ればなりと。

また一切往生人等《いっさいおうじょうにんとう》にまうさく、いまさらに行者《ぎょうじゃ》のために一《ひと》つの譬喩《ひゆ》（喩《ゆ》の字《じ》、さとす）を説《と》きて、信心《しんじん》を守護《しゅご》して、もつて外邪異見《げじゃいけん》の難《なん》を防《ふせ》がん。なにものかこれや。たとへば人《ひと》ありて、西《にし》に向《む》かひて行《ゆ》かんとするに百千《ひゃくせん》の里《り》ならん。忽然《こつねん》として*中路《ちゅうろ》に見《み》れば二《ふた》つの河《かわ》あり。一《ひと》つにはこれ火《ひ》の河《かわ》、南《みなみ》にあり。二《ふた》つにはこれ水《みず》の河《かわ》、北《きた》にあり。二河《にが》おのおの闊《ひろ》さ百歩《ひゃくぶ》、おのおの深《ふか》くして底《そこ》なし、南北《なんぼく》辺《ほとり》なし。まさしく水火《すいか》の中間《ちゅうげん》に一《ひと》つの白道《びゃくどう》あり、闊《ひろ》さ四五寸《しごすん》ばかりなるべし。この道《みち》、東《ひがし》の岸《きし》より西《にし》の岸《きし》に至《いた》るに、また長《なが》さ百歩《ひゃくぶ》、その水《みず》の波浪《はろう》交《まじ》はり過《す》ぎて道《みち》を湿《うるお》す。その火焔《かえん》（焔《ほのお》†、けむりあるなり、炎《ほのお》、けむりなきほのほなり）また来《きた》りて道《みち》を焼《や》く。水火《すいか》あひ交《まじ》はりて、つねにして休息《くそく》することなけん。この人《ひと》すでに*空曠《くうこう》のはるかなる処《ところ》に至《いた》るに、さらに人物《にんもつ》なし。多《おお》く群賊《ぐんぞく》・悪獣《あくじゅう》ありて、この人《ひと》の単独《たんどく》なるを見《み》て、*競《きお》ひ来《きた》りてこの人《ひと》を殺《ころ》さんと

語についての釈（六八八頁七行以下）がある。

怯弱　臆病な心。ひるみためらう心。

回顧　ふりかえること。

道に落ちて　悪道に落ちること。ただし「道より落ちて」と読めば、白道より退転することをあらわす。

四重　四重禁のこと。↓四《し》重禁《じゅうきん》

破見　邪悪な見解をいだき仏教の正見を破壊すること。

繋属　つなぎとめること。

塵沙　塵や沙のように数多いこと。無数の意。

載養　草木などを載せて育成すること。

生潤　うるおし育てること。

成壊　ものを熟成させたり、ほろぼしたりすること。

待対　相対。対応。

随ひて…　それぞれの縁に

す。死《し》を怖《おそ》れてただちに走《はし》りて西《にし》に向《む》かふに、忽然《こつねん》としてこの大河《たいが》を見《み》て、すなはちみづから念言《ねんごん》すらく、〈この河《かわ》、南北《なんぼく》に*辺畔《へんぱん》を見《み》ず、中間《ちゅうげん》に一《ひと》つの白道《びゃくどう》を見《み》る、きはめてこれ狭少《きょうしょう》なり。二《ふた》つの岸《きし》あひ去《さ》ること近《ちか》しといへども、なにによりてか行《ゆ》くべき。今日《きょう》さだめて死《し》せんこと疑《うたが》はず。まさしく到《いた》り回《かえ》らんと欲《おも》へば、群賊《ぐんぞく》・悪獣《あくじゅう》、*漸々《ぜんぜん》に来《きた》り逼《せ》む。まさしく南北《なんぼく》に避《さ》り走《はし》らんとすれば、悪獣《あくじゅう》・毒虫《どくちゅう》、競《きお》ひ来《きた》りてわれに向《む》かふ。まさしく西《にし》に向《む》かひて道《みち》を尋《たず》ねて去《ゆ》かんとすれば、またおそらくはこの水火《すいか》の二河《にが》に堕《だ》せんことを〉と。時《とき》に当《あた》りて*惶怖《こうふ》することまたいふべからず。すなはちみづから思念《しねん》すらく、〈われいま回《かえ》らばまた死《し》せん、住《とど》まらばまた死《し》せん、去《ゆ》かばまた死《し》せん。一種《いっしゅ》として死《し》を勉《まぬか》れざれば、われ*寧《やす》くこの道《みち》を尋《たず》ねて前《さき》に向《む》かひて去《ゆ》かん。すでにこの道《みち》あり、かならず可度《かど》すべし〉と。この念《ねん》をなす時《とき》、東《ひがし》の岸《きし》にたちまちに人《ひと》の勧《すす》むる声《こえ》を聞《き》く、〈きみただ決定《けつじょう》してこの道《みち》を尋《たず》ねて行《ゆ》け、かならず死《し》の難《なん》なけん。もし住《とど》まらばすなはち死《し》せん〉と。また西《にし》の岸《きし》の上《うえ》に、人《ひと》ありて*喚《よ》ばひていはく、〈なんぢ*一心《いっしん》に正念《しょうねん》にしてただちに来《きた》れ、われよくなんぢを護《まも》らん。すべて水火《すいか》の難《なん》に堕《だ》せんことを畏《おそ》れざれ〉と。この人《ひと》、すでにここに遣《つか》はし、

したがい、どれか一つの法門によって出るのは一つの迷いの門を出ることであり、どれか一つの法門によって入るのは一つのさとりに入る門であるという意。

所愛・所楽　好むところ。ねがうところ。

解を学ばん　仏教を学問的に研究する。

凡・聖　凡夫、聖者《しょうじゃ》。↓凡夫《ぼんぶ》

仏果　仏の証果。仏のさとり。

行を学ばん　行を修めて迷いの世界を出離《しゅつり》する。

中路　途中。

空曠のはるかなる処　果てしない広野。

競ひ　「きほふ」は勢い込んでわれ先にする意。

辺畔　ほとり。際限。

かしこに喚《よ》ばふを聞《き》きて、すなはちみづからまさしく身心《しんしん》に当《あた》りて、決定《けつじょう》して道《みち》を尋《たず》ねてただちに進《すす》んで、*疑怯退心《ぎこうたいしん》を生《しょう》ぜずして、あるいは行《ゆ》くこと一分《いちぶん》二分《にぶん》するに、東《ひがし》の岸《きし》の群賊《ぐんぞく》等《ら》喚《よ》ばひていはく、〈きみ回《かえ》り来《きた》れ、この道嶮悪《みちけんあく》なり、過《す》ぐることを得《え》じ。かならず死《し》せんこと疑《うたが》はず。われらすべて悪心《あくしん》あつてあひ向《む》かふことなし〉と。この人《ひと》、喚《よ》ばふ声《こえ》を聞《き》くといへども、また回顧《かえり》みず、一心《いっしん》にただちに進《すす》んで道《みち》を念《ねん》じて行《ゆ》けば、須臾《しゅゆ》にすなはち西《にし》の岸《きし》に到《いた》りて、永《なが》くもろもろの難《なん》を離《はな》る。善友《ぜんぬ》あひ見《み》て慶楽《きょうらく》すること已《や》むことなからんがごとし。これはこれ、喩《たと》（喩《ゆ》の字《じ》、をしへなり）へなり。

121
次《つぎ》に喩《たと》へを合《がっ》せば、〈東《ひがし》の岸《きし》〉といふは、すなはちこの娑婆《しゃば》の火宅《かたく》に喩《たと》ふ。〈西《にし》の岸《きし》〉といふは、すなはち極楽宝国《ごくらくほうこく》に喩《たと》ふ。〈群賊《ぐんぞく》・悪獣《あくじゅう》詐《いつわ》り親《した》しむ〉といふは、すなはち衆生《しゅじょう》の六根《ろっこん》・六識《ろくしき》・六塵《ろくじん》・五陰《ごおん》・四大《しだい》に喩《たと》ふ。〈無人《むにん》*空迥《くうきょう》
122
の沢《さわ》〉といふは、すなはちつねに悪友《あくう》に随《したが》ひて真《しん》の善知識《ぜんぢしき》に値《あ》はざるに喩《たと》ふ。〈水火《すいか》の二河《にが》〉といふは、すなはち衆生《しゅじょう》の*貪愛《とんない》は水《みず》のごとし、*瞋憎《しんぞう》は火《ひ》のごとしと喩《たと》ふ。〈中間《ちゅうげん》の白道《びゃくどう》四五寸《しごすん》〉といふは、すなはち衆生《しゅじょう》の貪瞋煩悩《とんじんぼんのう》のなかに、よく*清浄願往生《しょうじょうがんおうじょう》の心《しん》を生《しょう》ぜしむるに喩《たと》ふ。いまし貪瞋《とんじん》強《こわ》きによるがゆゑ

漸々に　次第に。
惶怖　恐れおののくこと。
寧く　通常は「むしろ」と読む。
喚ばひ　「よばふ」は呼びつづけるの意。
一心に正念にして　『文類聚鈔』四九四頁三行以下、および『愚禿鈔』五三八頁一二行以下の本文参照。

疑怯退心　疑ったり、恐れたり、しりごみしたりする心。
空迥の沢　広々とした野原。
貪愛　むさぼり愛着すること。
瞋憎　いかり憎むこと。
清浄願往生の心　如来回向《えこう》の信心のこと。

に、すなはち水火《すいか》のごとしと喩《たと》ふ。善心《ぜんしん》、微《み》なるがゆゑに、白道《びゃくどう》のごとしと喩《たと》ふ。また〈水波《すいは》つねに道《みち》を湿《うるお》す〉とは、すなはち*愛心《あいしん》つねに起《おこ》りてよく善心《ぜんしん》を染汚《ぜんわ》するに喩《たと》ふ。また〈火焔《かえん》つねに道《みち》を焼《や》く〉とは、すなはち*瞋嫌《しんけん》の心《しん》よく功徳《くどく》の法財《ほうざい》を焼《や》くに喩《たと》ふ。〈人《ひと》、道《みち》の上《うえ》を行《ゆ》いて、ただちに西《にし》に向《む》かふ〉といふは、すなはちもろもろの行業《ぎょうごう》を*回《え》してただちに西方《さいほう》に向《む》かふに喩《たと》ふ。〈東《ひがし》の岸《きし》に人《ひと》の声《こえ》の勧《すす》め遣《つか》はすを聞《き》きて、道《みち》を尋《たず》ねてただちに西《にし》に進《すす》む〉といふは、すなはち釈迦《しゃか》すでに滅《めっ》したまひて、後《のち》の人見《ひとみ》たてまつらず、なほ教法《きょうぼう》ありて尋《たず》ぬべきに喩《たと》ふ、すなはちこれを声《こえ》のごとしと喩《たと》ふるなり。〈あるいは行《ゆ》くこと一分二分《いちぶんにぶん》するに群賊等《ぐんぞくら》喚《よ》び回《かえ》す〉といふは、すなはち別解《べつげ》・別行《べつぎょう》・悪見《あくけん》の人《ひと》等《ら》、*みだりに*見解《けんげ》をもつてたがひにあひ惑乱《わくらん》し、およびみづから罪《つみ》を造《つく》りて退《たい》失《しつ》すと説《と》くに喩《たと》ふるなり。〈西《にし》の岸《きし》の上《うえ》に人《ひと》ありて喚《よ》ばふ〉といふは、すなはち弥陀《みだ》の願意《がんい》に喩《たと》ふ。〈須臾《しゅゆ》に西《にし》の岸《きし》に到《いた》りて善友《ぜんぬ》あひ見《み》て喜《よろこ》ぶ〉といふは、すなはち衆生久《しゅじょうひさ》しく生死《しょうじ》に沈《しず》みて、曠劫《こうごう》より輪廻《りんね》し、迷倒《めいとう》して*みづから纏《まと》ひて、解脱《げだつ》するに由《よし》なし。仰《あお》いで釈迦《しゃか》*発遣《はっけん》して、指《おし》へて西方《さいほう》に向《む》かへたまふことを蒙《かぶ》り、また弥陀《みだ》の*悲心招喚《ひしんしょうかん》したまふによつて、いま二尊《にそん》の意《おんこころ》に信順《しんじゅん》し

愛心　貪愛《とんない》の心。むさぼり愛着する心。

瞋嫌の心　いかり嫌う心。

回して　ここでの「回」は回転、回捨の意。ひるがえし捨てて。

みだりに…喩ふるなり　通常は「みだりに見解を説きてたがひに惑乱し、およびみづから罪を造りて退失するに喩ふ」と読む。

見解　自説。

みづから纏ひて　みずからの業に縛りつけられて。

発遣　浄土に往生せよとすすめること。

悲心招喚　大悲心をもって浄土へ来れと招きよぶこと。

て、水火《すいか》の二河《にが》を顧《かえり》みず、念々《ねんねん》に遺《わす》るることなく、かの願力《がんりき》の道《どう》に乗《じょう》じて、捨《しゃ》命以後《みょういご》かの国《くに》に生《しょう》ずることを得《え》て、仏《ぶつ》とあひ見《み》て慶喜《きょうき》すること、なんぞ極《きわ》まらんと喩《たと》ふるなり。

また一切《いっさい》の行者《ぎょうじゃ》、行住坐臥《ぎょうじゅうざが》に三業《さんごう》の所修《しょしゅ》、昼夜時節《ちゅうやじせつ》を問《と》ふことなく、つねにこの解《げ》をなし、つねにこの想《そう》をなすがゆゑに、回向発願心《えこうほつがんしん》と名《な》づく。また回《え》向《こう》といふは、かの国《くに》に生《しょう》じをはりて、還《かえ》りて大悲《だいひ》を起《おこ》して、生死《しょうじ》に回入《えにゅう》して衆《しゅ》生《じょう》を教化《きょうけ》する、また回向《えこう》と名《な》づくるなり。

三心《さんしん》すでに具《ぐ》すれば、行《ぎょう》として成《じょう》ぜざるなし。願行《がんぎょう》すでに成《じょう》じて、もし生《しょう》ぜずは、この処《ことわり》あることなしとなり。またこの三心《さんしん》、また*定善《じょうぜん》の義《ぎ》を通摂《つうしょう》すと、知《し》るべし」と。以上

【一四】またいはく（般舟讃 七一五）、「敬《うやま》ひて*一切往生《いっさいおうじょう》の知識等《ちしきとう》にまうさく、大《おお》きにすべからく慚愧《ざんぎ》すべし。釈迦如来《しゃかにょらい》はまことにこれ慈悲《じひ》の父母《ぶも》なり。種々《しゅじゅ》の方便《ほうべん》をして、われらが無上《むじょう》の信心《しんじん》を発起《ほっき》せしめたまへり」と。以上

【一五】『貞元《ていげん》の新定《しんじょう》釈教《しゃっきょう》の目録《もくろく》』巻第十一《かんだいじゅういち》にいはく、「『集諸経礼懺儀《しゅうしょきょうらいさんぎ》』上下《じょうげ》 大唐西崇福寺《だいとうさいしゅうふくじ》の沙門智昇《しゃもんちしょう》の撰《せん》なり。*貞元十五年十月二十三日《ていげんじゅうごねんじゅうがつにじゅうさんにち》の†勅《ちょく》に

定善の義を通摂す この三心はもともと散善《さんぜん》のところで説かれたものであるが、定善の機にも通じるという意。↓定善《じょうぜん》

一切往生の知識等 往生を願うすべての同行たち。ここでの知識は同行、法友の意。

貞元… 『集諸経礼懺儀《しゅうしょきょうらいさんぎ》』は『開元録《かいげんろく》』に入っているが、どちらも智昇《ちしょう》自撰のため公に蔵経目録に入れられていない。そこで『貞《じょう》元録《げんろく》』において公式に入れられたことを示す。

125 准《じゅん》じて編入《へんにゅう》す」と云々《うんぬん》。『懺儀《さんぎ》』の上巻《じょうかん》は、智昇《ちしょう》、諸経《しょきょう》によりて『懺儀《さんぎ》』を造《つく》るなかに、『観経《かんぎょう》』によりて善導《ぜんどう》の『礼懺《らいさん》』（礼讃）の日中《にっちゅう》の時《とき》の礼《らい》を引《ひ》けり。下巻《げかん》は「比丘善導《びくぜんどう》の集記《しゅうき》」と云々《うんぬん》。かの『懺儀《さんぎ》』によりて要文《ようもん》を鈔《しょう》していはく、「二《ふた》つには深心《じんしん》、すなはちこれ真実《しんじつ》の信心《しんじん》なり。自身《じしん》はこれ煩悩《ぼんのう》を具足《ぐそく》せる凡夫《ぼんぶ》、善根薄少《ぜんごんはくしょう》にして三界《さんがい》に流転《るてん》して火宅《かたく》を出《い》でずと信知《しんち》す。いま弥陀《みだ》の本弘誓願《ほんぐぜいがん》は、名号《みょうごう》を称《しょう》すること*下至十声聞等《げしじっしょうもんとう》に及《およ》ぶまで、さだめて往生《おうじょう》を得《え》しむと信知《しんち》して、*一念《いちねん》に至《いた》るに及《およ》ぶまで疑心《ぎしん》あることなし。ゆゑに深心《じんしん》と名《な》づくと。乃至

〈それかの弥陀仏《みだぶつ》の名号《みょうごう》を聞《き》くことを得《う》ることありて、歓喜《かんぎ》して一心《いっしん》を至《いた》せば、みなまさにかしこに生《しょう》ずることを得《う》べし〉」と。抄出

【一六】『往生要集《おうじょうようしゅう》』（上 九二二）にいはく、「〈入法界品《にゅうほっかいぼん》〉にのたまはく、〈たとへば人《ひと》ありて*不可壊《ふかえ》の薬《くすり》を得《う》れば、一切《いっさい》の怨敵《おんてき》その*便《たよ》りを得《え》ざるがごとし。菩薩*摩訶薩《ぼさつまかさつ》もまたまたかくのごとし。菩提心不可壊《ぼだいしんふかえ》の法薬《ほうやく》を得《う》れば、一切《いっさい》の煩悩《ぼんのう》、諸魔怨敵《しょまおんてき》、壊《え》することあたはざるところなり。たとへば人《ひと》ありて*住水《じゅうすい》

126 宝珠《ほうしゅ》を得《え》て、その身《み》に瓔珞《ようらく》とすれば、深《ふか》き水中《すいちゅう》に入《い》りて没溺《もつにゃく》せざるがごとし。

下至十声聞等　高田派専修寺蔵宗祖加点『礼讃《らいさん》』には「下至十声一声等」とある。親鸞聖人は「聞」の語を示すために『礼讃』を直接引用せず、『礼懺儀《らいさんぎ》』を引用したのであろう。

一念に至るに及ぶまで　高田派専修寺蔵宗祖加点『礼讃』には「乃至一念」とある。

不可壊の薬　無勝《むしょう》薬ともいう。この薬を所持する者はいかなる敵にも害されることがないという。

便り　（害を加える）手がかり。

摩訶薩　梵語マハー・サットヴァ（mahā-sattva）の音写で、偉大な志をもつ者の意。菩薩に同じ。→菩薩《ぼさつ》

住水宝珠　如意珠の異名。意のままに宝や衣服、食物を出す徳をもつ宝珠のこと。

菩提心《ぼだいしん》の住水宝珠《じゅうすいほうじゅ》を得《う》れば、*生死海《しょうじかい》に入《い》りて沈没《ちんもつ》せず。たとへば金剛《こんごう》は百千《ひゃくせん》劫《ごう》において水中《すいちゅう》に処《しょ》して*爛壊《らんえ》し、また異変《いへん》なきがごとし。菩提《ぼだい》の心《しん》もまたまたかくのごとし。無量劫《むりょうこう》において生死《しょうじ》のなか、もろもろの煩悩《ぼんのう》の業《ごう》に処《しょ》するに、断滅《だんめつ》することあたはず、また‡損減《そんげん》なし〉」と。以上

【一七】またいはく（往生要集・中 九五六）、「われまたかの摂取《せっしゅ》のなかにあれども、煩悩《ぼんのう》、眼《まなこ》を障《さ》へて見《み》たてまつるにあたはずといへども、大悲《だいひ》、*倦《ものう》きことなくして、つねにわが身《み》を照《て》らしたまふ」と。以上

【一八】しかれば、もしは行《ぎょう》、もしは信《しん》、一事《いちじ》として阿弥陀如来《あみだにょらい》の清浄願《しょうじょうがん》心《しん》の*回向成就《えこうじょうじゅ》したまふところにあらざることあることなし。*因《いん》なくして他《た》の因《いん》のあるにはあらざるなりと、知《し》るべし。

【一九】*問《と》ふ。如来《にょらい》の本願《ほんがん》（第十八願）、すでに至心《ししん》・信楽《しんぎょう》・欲生《よくしょう》の誓《ちかい》を発《おこ》したまへり。なにをもつてのゆゑに論主《ろんじゅ》（天親）「一心《いっしん》」といふや。

答《こた》ふ。愚鈍《ぐどん》の衆生《しゅじょう》、解了《げりょう》易《やす》からしめんがために、弥陀如来《みだにょらい》、三心《さんしん》を発《おこ》したまふといへども、涅槃《ねはん》の真因《しんいん》はただ信心《しんじん》をもつてす。このゆゑに論《ろん》主《じゅ》、三《さん》を合《がっ》して一《いち》とせるか。

生死海　生死輪廻《りんね》が窮まりなく続く迷いの世界を辺際のない大海に喩えていう。

爛壊　くずれて、こわれること。

倦きことなく　飽きることなく。ここでは見捨てることなくという意。

回向成就し…　行も信も如来が成就して与えたものであるという意。

因なくして…　如来回向《えこう》の行信が往生の因となるのであるから、因がなくて往生するのではなく、また、その行信の他に別の因があるのでもないという意。

問ふ…　→補註11

【三〇】わたくしに三心《さんしん》の字訓《じくん》を闚《うかが》ふに、三《さん》すなはち一《いち》なるべし。その意《こころ》いかんとなれば、「至心《ししん》」といふは、「至《し》」とはすなはちこれ真《しん》なり、実《じつ》なり、誠《じょう》なり。「心《しん》」とはすなはちこれ種《しゅ》なり、実《じつ》なり。「信楽《しんぎょう》」といふは、「信《しん》」とはすなはちこれ真《しん》なり、実《じつ》なり、誠《じょう》なり、満《まん》なり、極《ごく》なり、成《じょう》なり、用《ゆう》なり、重《じゅう》なり、審《しん》なり、験《げん》なり、宣《せん》なり、忠《ちゅう》なり。「楽《ぎょう》」とはすなはちこれ欲《よく》なり、願《がん》なり、愛《あい》なり、悦《えつ》なり、歓《かん》なり、喜《き》なり、賀《が》なり、慶《きょう》なり。「欲生《よくしょう》」といふは、「欲《よく》」とはすなはちこれ願《がん》なり、楽《ぎょう》なり、覚《かく》なり、知《ち》なり。「生《しょう》」とはすなはちこれ成《じょう》なり、作《さ》（作《さ》の字《じ》、為《い》なり、起《き》なり、行《ぎょう》なり、役《えき》なり、始《し》なり、生《しょう》なり）なり、為《い》なり、興《こう》なり。あきらかに知《し》んぬ、「至心《ししん》」は、すなはちこれ*真実誠種《しんじつじょうしゅ》の心《しん》なるがゆゑに、*疑蓋雑《ぎがいまじ》はることなきなり。「信楽《しんぎょう》」は、すなはちこれ*真実誠満《しんじつじょうまん》の心《しん》なり、*極成用《ごくじょうゆう》重《じゅう》の心《しん》なり、*審験宣忠《しんげんせんちゅう》の心《しん》なり、*欲願愛悦《よくがんあいえつ》の心《しん》なり、*歓喜賀慶《かんぎがきょう》の心《しん》なるがゆゑに、疑蓋雑《ぎがいまじ》はることなきなり。「欲生《よくしょう》」は、すなはちこれ*願楽覚《がんぎょうかく》知《ち》の心《しん》なり、*成作為興《じょうさいこう》の心《しん》なり。*大悲回向《だいひえこう》の心《しん》なるがゆゑに、疑蓋雑《ぎがいまじ》はることなきなり。いま三心《さんしん》の字訓《じくん》を案《あん》ずるに、真実《しんじつ》の心《しん》にして虚仮雑《こけまじ》はるこ

真実誠種の心　往生成仏の因種（たね）となる真実にして誠なる心。

疑蓋　蓋はおおうの意。疑いは真実をおおいかくすので疑蓋という。

真実誠満の心　仏の真実が満入している心。

極成用重の心　完成（至極成就）された本願のはたらき（用）を敬い、尊重する心。

審験宣忠の心　つまびらかに明言（審験）された如来の仰せ（宣）を偽りなく（忠）信じる心。

欲願愛悦の心　浄土往生の願いを満たされて愛《め》で悦ぶ心。

歓喜賀慶の心　往生の決定《けつじょう》したことをよろこび、聞き得た法をよろこぶ心。

願楽覚知の心　往生できると知って、よろこび願う心。

となし、正直《しょうじき》の心《しん》にして邪《じゃ》偽《ぎ》雑《まじ》はることなし。まことに知《し》んぬ、疑蓋《ぎがい》間《けん》雑《ぞう》なきがゆゑに、これを信楽《しんぎょう》と名《な》づく。信楽《しんぎょう》すなはちこれ一心《いっしん》なり、一《いっ》心《しん》すなはちこれ真実信心《しんじつしんじん》なり。このゆゑに論主《ろんじゅ》（天親）、建《はじ》めに「一心《いっしん》」といへるなりと、知《し》るべし。

【三一】 また問《と》ふ。字訓《じくん》のごとき、論主《ろんじゅ》の意《こころ》、三《さん》をもつて一《いち》とせる義《ぎ》、その理《り》しかるべしといへども、愚悪《ぐあく》の衆生《しゅじょう》のために阿弥陀如来《あみだにょらい》すでに三心《さんしん》の願《がん》を発《おこ》したまへり。いかんが思念《しねん》せんや。

答《こた》ふ。仏意《ぶつい》測《はか》りがたし。しかりといへども、ひそかにこの心《しん》を推《すい》するに、一切《いっさい》の群生海《ぐんじょうかい》、*無始《むし》よりこのかた乃至今日今時《ないしこんにちこんじ》に至《いた》るまで、*穢悪汚《えあくわ》染《ぜん》にして清浄《しょうじょう》の心《しん》なし、*虚仮諂偽《こけてんぎ》にして真実《しんじつ》の心《しん》なし。ここをもつて如《にょ》来《らい》、一切苦悩《いっさいくのう》の衆生海《しゅじょうかい》を悲憫《ひびん》して、不可思議兆載永劫《ふかしぎちょうさいようごう》において、菩薩《ぼさつ》の行《ぎょう》を行《ぎょう》じたまひし時《とき》、三業《さんごう》の所修《しょしゅ》、一念一刹那《いちねんいっせつな》も清浄《しょうじょう》ならざることなし、真心《しんしん》ならざることなし。如来《にょらい》、清浄《しょうじょう》の真心《しんしん》をもつて、*円融無礙《えんにゆうむげ》*不可思議《ふかしぎ》不可称不可説《ふかしょうふかせつ》の至徳《しとく》を成就《じょうじゅ》したまへり。如来《にょらい》の至心《ししん》をもつて、諸有《しょう》の一《いっ》切煩悩悪業邪智《さいぼんのうあくごうじゃち》の群生海《ぐんじょうかい》に*回施《えせ》したまへり。すなはちこれ利他《りた》の真心《しんしん》を

成作為興の心 仏に成り大悲を興して、衆生《しゅじょう》救済の活動をなさしめられることを期する心。

大悲回向の心 字訓にはないが、欲生の体が如来の大悲回向心であることをあらわすとともに三心全体が如来回向の心であることを示す。

無始 永遠の昔。

穢悪汚染 煩悩《ぼんのう》罪悪にけがされていること。

虚仮諂偽 いつわり、へつらい。

円融無礙 煩悩と菩提、生《しょう》死《じ》と涅槃《ねはん》が完全に一つにとけあって、へだてのなくなったさとりの徳をいう。

不可思議… 思いはかることも、たたえ尽すことも、説き尽すこともできない。

回施 →回向《えこう》[1]

彰《あらわ》す。ゆゑに疑蓋雑《ぎがいまじ》はることなし。この至心《ししん》はすなはちこれ*至徳《しとく》の尊号《そんごう》をその体《たい》とせるなり。

【三】　ここをもつて『大経《だいきょう》』（上）にのたまはく、「*欲覚《よくかく》・瞋覚《しんかく》・害覚《がいかく》を生《しょう》ぜず。*欲想《よくそう》・瞋想《しんそう》・害想《がいそう》を起《おこ》さず。*色《しき》・声《しょう》・香《こう》・味《み》の法《ほう》に着《じゃく》せず。忍力成就《にんりきじょうじゅ》して衆苦《しゅく》を計《はか》らず。少欲知足《しょうよくちそく》にして*染《ぜん》・恚《い》・痴《ち》なし。三昧常寂《さんまいじょうじゃく》にして智慧無礙《ちえむげ》なり。*虚偽諂曲《こぎてんごく》の心《しん》あることなし。*和顔愛語《わげんあいご》にして、*意《こころ》を先《さき》にして承問《じょうもん》す。勇猛精進《ゆうみょうしょうじん》にして志願倦《しがんもの》きことなし。もつぱら*清白《しょうびゃく》の法《ほう》を求《もと》めて、もつて群生《ぐんじょう》を恵利《えり》しき。三宝《さんぼう》を恭敬《くぎょう》し、師長《しちょう》に奉事《ぶじ》しき。*大荘厳《だいしょうごん》をもつて衆行《しゅぎょう》を具足《ぐそく》して、もろもろの衆生《しゅじょう》をして功徳成就《くどくじょうじゅ》せしむ」とのたまへりと。以上

【三】　『無量寿如来会《むりょうじゅにょらいえ》』（上）にのたまはく、「仏《ぶつ》、阿難《あなん》に告《つ》げたまはく、へかの法処比丘《ほうしょびく》（法蔵菩薩）、世間自在王如来《せけんじざいおうにょらい》（世自在王仏）および諸天《しょてん》・人《にん》・魔《ま》・*梵《ぼん》・沙門《しゃもん》・婆羅門等《ばらもんとう》の前《まえ》にして、広《ひろ》くかくのごとき大弘誓《だいぐぜい》を発《おこ》しき。みなすでに成就《じょうじゅ》したまへり。世間《せけん》に希有《けう》にしてこの願《がん》を発《おこ》し、すでに実《じつ》のごとく安住《あんじゅう》す。種々《しゅじゅ》の功徳具足《くどくぐそく》して、威徳広大清浄仏土《いとくこうだいしょうじょうぶつど》を荘厳《しょうごん》せり。かくのごとき菩《ぼ》薩《さつ》の行《ぎょう》を修習《しゅじゅう》せること、時《とき》、無量無数不可思議無有等等億那由他百千劫《むりょうむしゅふかしぎむうとうどうおくなゆたひゃくせんごう》を経《ふ》

至徳の尊号　無上の功徳《くどく》である南無阿弥陀仏の名号《みょうごう》。

欲覚瞋覚害覚　むさぼり、いかり、害を加えようとする分別作用。

欲想瞋想害想　想は外界の対象を知覚表象するはたらきで、欲覚・瞋覚・害覚を生ぜしめる原因となる。

色声香味の法　感覚のはたらく対象。経の原文には「色・声・香・味・触・法」とある。

染恚痴　三毒のこと。→三毒《さんどく》

虚偽諂曲の心　うそいつわりの心、相手にこびへつらう心。

和顔愛語　おだやかな顔とやさしい言葉。

意を先にして承問す　相手の意志を先んじて知り、よく受け入れて教え導くこと。

清白の法　清浄《しょうじょう》潔白な無《む》

る。うちにはじめていまだかつて＊貪瞋《とんじん》および痴《ち》、＊欲《よく》・害《がい》・恚《い》の想《おもい》を起《おこ》さず、色《しき》・声《しょう》・香《こう》・味《み》・触《そく》の想《おもい》を起《おこ》さず、もろもろの衆生《しゅじょう》において、つねに愛敬《あいきょう》を楽《ねが》ふことなほ親属《しんぞく》のごとし。乃至 その性《しょう》、調順《じょうじゅん》にして暴悪《ぼうあく》あることなし。もろもろの有情《うじょう》において、つねに慈忍《じにん》の心《こころ》を懐《いだ》いて＊詐諂《さてん》せず、また懈怠《けだい》なし。＊善言《ぜんごん》策進《しゃくしん》して、もろもろの＊白法《びゃくほう》を求《もと》めしめ、あまねく群生《ぐんじょう》のために勇猛《ゆうみょう》にして退《たい》することなく、世間《せけん》を利益《りやく》せしめ、大願円満《だいがんえんまん》したまへり〉」と。略出

【三四】 光明寺《こうみょうじ》の和尚《かしょう》（善導）のいはく（散善義 四五五）、「＊この雑毒《ぞうどく》の行《ぎょう》を回《え》して、かの仏《ぶつ》の浄土《じょうど》に求生《ぐしょう》せんと欲《おも》ふは、これかならず不可《ふか》なり。なにをもつてのゆゑに、まさしくかの阿弥陀仏《あみだぶつ》、因中《いんちゅう》に菩薩《ぼさつ》の行《ぎょう》を行《ぎょう》ぜし時《とき》、乃至《ないし》一念《いちねん》一刹那《いっせつな》も、三業《さんごう》の所修《しょしゅ》みなこれ真実心《しんじつしん》のなかになしたまへるによりてなり。おほよそ施《ほどこ》したまふところ趣求《しゅぐ》をなす、またみな真実《しんじつ》なり。また真実《しんじつ》に二種《にしゅ》あり。一《ひと》つには自利真実《じりしんじつ》、二《ふた》つには利他真実《りたしんじつ》なりと。乃至 不善《ふぜん》の三業《さんごう》をば、かならず真実心《しんじつしん》のうちに捨《す》てたまへるを須《もち》ゐるよ。またもし善《ぜん》の三業《さんごう》を起《おこ》さば、かならず真実心《しんじつしん》のうちになしたまへるを須《もち》ゐて、内外明闇《ないげみょうあん》を簡《えら》ばず、みな真実《しんじつ》を須《もち》ゐるがゆゑに、至誠心《しじょうしん》と名《な》づく」と。要抄

漏《ろ》（煩悩《ぼんのう》のない状態）の善《ぜん》法《ぼう》。

大荘厳 三宝《さんぼう》を恭敬《くぎょう》し、師長を奉事することによって得られた福徳《ふくとく》と智慧《ちえ》の二つの荘厳。また、誓願《せいがん》を指すという説もある。

梵 梵天のこと。→梵天王《ぼんてんのう》

貪瞋および痴 三毒のこと。→三毒《さんどく》

欲害恚の想 欲想、害想、瞋想のこと。

詐諂 いつわり、へつらい。

善言策進 善を行うよう勧めること。

白法 二三二頁七行の「清白の法」に同じ。

この雑毒の… この「散善義」の文は「信巻」【三】（二一七頁六行以下）にも引用されている。

132 【三五】　しかれば、大聖《だいしょう》（釈尊）の真言《しんごん》、宗師《しゅうし》（善導）の釈義《しゃくぎ》、まことに知《し》んぬ、この心《しん》すなはちこれ不可思議不可称不可説《ふかしぎふかしょうふかせつ》＊一乗大智願海《いちじょうだいちがんかい》、＊回向利益他《えこうりやくた》の真実心《しんじつしん》なり。これを至心《ししん》と名《な》づく。

【三六】　すでに「真実《しんじつ》」といへり。真実《しんじつ》といふは、『涅槃経《ねはんぎょう》』（聖行品）にのたまはく、「＊実諦《じったい》は一道清浄《いちどうしょうじょう》にして二《に》あることなきなり。真実《しんじつ》といふはすなはちこれ如来《にょらい》なり。如来《にょらい》はすなはちこれ真実《しんじつ》なり。真実《しんじつ》はすなはちこれ虚空《こくう》なり。虚空《こくう》はすなはちこれ真実《しんじつ》なり。真実《しんじつ》はすなはちこれ仏性《ぶっしょう》なり。仏性《ぶっしょう》はすなはちこれ真実《しんじつ》なり」と。以上

【三七】　釈《しゃく》（散善義　四五七）に「＊不簡内外明闇《ふけんないげみょうあん》」といへり。「内外《ないげ》」とは、「内《ない》」はすなはちこれ＊出世《しゅっせ》なり、「外《げ》」はすなはちこれ＊世間《せけん》なり。「明闇《みょうあん》」とは、「明《みょう》」はすなはちこれ出世《しゅっせ》なり、「闇《あん》」はすなはちこれ世間《せけん》なり。また「明《みょう》」はすなはち＊智明《ちみょう》なり、「闇《あん》」はすなはち＊無明《むみょう》なり。

133 『涅槃経《ねはんぎょう》』（迦葉菩薩品）にのたまはく、「闇《あん》はすなはち世間《せけん》なり、明《みょう》はすなはち出世《しゅっせ》なり。闇《あん》はすなはち無明《むみょう》なり、明《みょう》はすなはち智明《ちみょう》なり」と。以上

【三八】　次《つぎ》に信楽《しんぎょう》といふは、すなはちこれ如来《にょらい》の＊満足大悲円融無礙《まんぞくだいひえんにゆうむげ》の信心《しんじん》

一乗大智願海　一切衆生《しゅじょう》をことごとく仏のさとりに至らせる、この上なくすぐれた阿弥陀仏の智慧《ちえ》の誓願《せいがん》のこと。

回向利益他の真実心　仏よりふりむけられ、与えられた真実の心。

実諦　究極的な真実。真如《しんにょ》実相《じっそう》のこと。

不簡内外明闇　「内外明闇を簡ばず」

出世　聖者《しょうじゃ》のこと。

世間　凡夫《ぼんぶ》のこと。

智明　智者のこと。

無明　愚者のこと。

満足大悲…　満足大悲は慈悲の徳が完全に成就していることをいい、円融無礙《えんにゆうむげ》は万徳一如《いちにょ》とさとる智慧の徳をいう。

海《かい》なり。このゆゑに疑蓋間雑《ぎがいけんぞう》あることなし。ゆゑに信楽《しんぎょう》と名《な》づく。すなはち利他回向《りたえこう》の至心《ししん》をもつて信楽《しんぎょう》の体《たい》とするなり。しかるに無始《むし》よりこのかた、一切群生海《いっさいぐんじょうかい》、無明海《むみょうかい》に流転《るてん》し、*諸有輪《しょうりん》に沈迷《ちんめい》し、*衆苦輪《しゅくりん》に繋縛《けばく》せられて、清浄《しょうじょう》の信楽《しんぎょう》なし、*法爾《ほうに》として真実《しんじつ》の信楽《しんぎょう》なし。ここをもつて無上《むじょう》の功徳《くどく》値遇《ちぐう》しがたく、最勝《さいしょう》の浄信獲得《じょうしんぎゃくとく》しがたし。一切《いっさい》*凡小《ぼんしょう》、一切《いっさい》時《じ》のうちに、貪愛《とんない》の心《しん》つねによく善心《ぜんしん》を汚《けが》し、瞋憎《しんぞう》の心《しん》つねによく法財《ほうざい》を焼《や》く。急作急修《きゅうさきゅうしゅ》して頭燃《ずねん》を灸《はら》ふがごとくすれども、すべて雑毒雑修《ぞうどくざっしゅ》の善《ぜん》と名《な》づく。また虚仮諂偽《こけてんぎ》の行《ぎょう》と名《な》づく。真実《しんじつ》の業《ごう》と名《な》づけざるなり。この虚仮雑毒《こけぞうどく》の善《ぜん》をもつて無量光明土《むりょうこうみょうど》に生《しょう》ぜんと欲《ほっ》する、これかならず不可《ふか》なり。なにをもつてのゆゑに、まさしく如来《にょらい》、菩薩《ぼさつ》の行《ぎょう》を行《ぎょう》じたまひし時《とき》、三業《さんごう》の所修《しょしゅ》、乃至一念一刹那《ないしいちねんいっせつな》も、疑蓋《ぎがい》雑《まじ》はることなきによりてなり。この心《しん》はすなはち如来《にょらい》の大悲心《だいひしん》なるがゆゑに、かならず報土《ほうど》の正定《しょうじょう》の因《いん》となる。如来《にょらい》、苦悩《くのう》の群生海《ぐんじょうかい》を悲憐《ひれん》して、無礙広大《むげこうだい》の浄信《じょうしん》をもつて*諸有《しょう》海《かい》に回施《えせ》したまへり。これを利他真実《りたしんじつ》の信心《しんじん》と名《な》づく。

【三九】本願信心《ほんがんしんじん》の願《がん》（第十八願）成就《じょうじゅ》の文《もん》、『経《きょう》』（大経・下）にのたまはく、

諸有輪　諸有は二十五有（迷いの世界の総称）のこと。一切衆生《しゅじょう》は車輪が回転し続けるように迷いの世界を果てしなく輪廻《りんね》するので、諸有輪という。↓二十五有《にじゅうごう》

衆苦輪　数多くの苦しみ。衆生の苦しみは車輪が回転し続けるように果てしなく続くので、衆苦輪という。

法爾として　本来。

凡小　愚かな凡夫。↓凡夫《ぼんぶ》

諸有海　迷いの世界（諸有）の数限りない衆生を海に喩えていう。

「諸有《しょう》の衆生《しゅじょう》、その名号《みょうごう》を聞《き》きて信心歓喜《しんじんかんぎ》せんこと、乃至《ないし》*一念《いちねん》せん」と。以上

【三〇】　またのたまはく（如来会・下）、「他方仏国《たほうぶっこく》の所有《しょう》の衆生《しゅじょう》、無量寿如来《むりょうじゅにょらい》の名号《みょうごう》を聞《き》きてよく一念《いちねん》の浄信《じょうしん》を発《おこ》して歓喜《かんぎ》せん」と。以上

【三一】　『涅槃経《ねはんぎょう》』（師子吼品）にのたまはく、「善男子《ぜんなんし》、*大慈大悲《だいじだいひ》を名《な》づけて仏性《ぶっしょう》とす。なにをもつてのゆゑに、大慈大悲《だいじだいひ》はつねに菩薩《ぼさつ》に随《したが》ふこと、影《かげ》の形《かたち》に随《したが》ふがごとし。一切衆生《いっさいしゅじょう》、つひにさだめてまさに大慈大悲《だいじだいひ》を得《う》べし。このゆゑに説《と》きて一切衆生悉有仏性《いっさいしゅじょうしつうぶっしょう》といふなり。大慈大悲《だいじだいひ》は名《な》づけて仏性《ぶっしょう》とす。仏性《ぶっしょう》は名《な》づけて如来《にょらい》とす。*大喜大捨《だいきだいしゃ》を名《な》づけて仏性《ぶっしょう》とす。なにをもつてのゆゑに、菩薩摩訶薩《ぼさつまかさつ》は、もし二十五有《にじゅうごう》を捨《す》†つるにあたはず、すなはち阿耨多羅三藐三菩提《あのくたらさんみゃくさんぼだい》を得《う》ることあたはず。もろもろの衆生《しゅじょう》、つひにまさに得《う》べきをもつてのゆゑなり。このゆゑに説《と》きて一切衆生悉有仏性《いっさいしゅじょうしつうぶっしょう》といへるなり。大喜大捨《だいきだいしゃ》はすなはちこれ仏性《ぶっしょう》なり、仏性《ぶっしょう》はすなはちこれ如来《にょらい》なり。仏性《ぶっしょう》は大信心《だいしんじん》と名《な》づく。なにをもつてのゆゑに、信心《しんじん》をもつてのゆゑに菩薩摩訶薩《ぼさつまかさつ》はすなはちよく*檀波羅蜜乃至般若波羅蜜《だんばらみつないしはんにゃはらみつ》を具足《ぐそく》せり。一切衆生《いっさいしゅじょう》は、つひにさだめてまさに大信心《だいしんじん》を得《う》べきをもつてのゆゑに、このゆゑに説《と》きて一切衆生悉有仏性《いっさいしゅじょうしつうぶっしょう》といふな

一念　→一念《いちねん》[2]

大慈大悲・大喜大捨　四無量心のこと。無量の衆生《しゅじょう》に対しておこす四種の広大な心。大慈は衆生に楽を与えること。大悲は衆生の苦を抜くこと。大喜は衆生が喜び楽しむのをみて自分も同じく喜ぶこと。大捨は愛憎の心を捨てて平等の心に住すること。

檀波羅蜜乃至般若波羅蜜　六波羅蜜のこと。檀波羅蜜は六波羅蜜の第一（布施《ふせ》）。般若波羅蜜は六波羅蜜の第六（智慧《ちえ》）。→六波羅蜜《ろっぱらみつ》

り。大信心《だいしんじん》はすなはちこれ仏性《ぶっしょう》なり、仏性《ぶっしょう》はすなはちこれ如来《にょらい》なり。仏性《ぶっしょう》は
一子地《いっしじ》と名《な》づく。なにをもつてのゆゑに、一子地《いっしじ》の因縁《いんねん》をもつてのゆゑに菩薩《ぼさつ》
はすなはち一切衆生《いっさいしゅじょう》において平等心《びょうどうしん》を得《え》たり。一切衆生《いっさいしゅじょう》は、つひにさだめて
136 まさに一子地《いっしじ》を得《う》べきがゆゑに、このゆゑに説《と》きて一切衆生悉有仏性《いっさいしゅじょうしつうぶっしょう》といふ
なり。一子地《いっしじ》はすなはちこれ仏性《ぶっしょう》なり、仏性《ぶっしょう》はすなはちこれ如来《にょらい》なり」と。以上
【三二】またのたまはく（涅槃経・迦葉品）、「あるいは阿耨多羅三藐三菩提《あのくたらさんみゃくさんぼだい》を説《と》
くに、信心《しんじん》を因《いん》とす。これ菩提《ぼだい》の因《いん》、また無量《むりょう》なりといへども、もし信心《しんじん》を説《と》
けば、すなはちすでに*摂尽《しょうじん》しぬ」と。以上
【三三】またのたまはく（同・迦葉品）、「信《しん》にまた二種《にしゅ》あり。一《ひと》つには*聞《もん》より生《しょう》
ず、二《ふた》つには*思《し》より生《しょう》ず。この人《ひと》の信心《しんじん》、聞《もん》よりして生《しょう》じて、思《し》より生《しょう》ぜず。
このゆゑに名《な》づけて*信不具足《しんふぐそく》とす。また二種《にしゅ》あり。一《ひと》つには*道《どう》ありと信《しん》ず、二《ふた》
つには*得者《とくしゃ》を信《しん》ず。この人《ひと》の信心《しんじん》、ただ道《どう》ありと信《しん》じて、すべて得道《とくどう》の人《ひと》あり
と信《しん》ぜざらん。これを名《な》づけて信不具足《しんふぐそく》とす」と。以上抄出
【三四】『華厳経《けごんぎょう》』（入法界品・晋訳）にのたまはく、「*この法《ほう》を聞《き》きて信心《しんじん》を歓喜《かんぎ》
137 して、疑《うたがい》なきものは、すみやかに*無上道《むじょうどう》を成《な》らん。もろもろの如来《にょらい》と等《ひと》し」

摂尽 おさめ尽すこと。

聞 教法の言葉を聞くだけで、そのいわれを知らないこと。

思 教法のいわれを十分聞きわけて、如実に思い知ること。

信不具足 完全な信心ではないこと。不如実の信心のこと。

道 さとりへの道。また、さとりのこと。

得者 さとりを得た人。

この法…等し 通常は「この法を聞きて歓喜し、心に信じて疑なければ、すみやかに無上道を成じ、もろもろの如来と等しからん」と読む。

無上道 この上ない仏のさとり。

となり。

【三五】 またのたまはく（華厳経・入法界品・唐訳）、「如来《にょらい》、よく永《なが》く一切衆生《いっさいしゅじょう》の疑《うたがい》を断《た》たしむ。その心《こころ》の*所楽《しょぎょう》に随《したが》ひて、あまねくみな満足《まんぞく》せしむ」となり。

【三六】 またのたまはく（同・賢首品・唐訳）、「信《しん》は*道《どう》の元《もと》とす、功徳《くどく》の母《はは》なり。一切《いっさい》のもろもろの善法《ぜんぼう》を*長養《ちょうよう》す。疑網《ぎもう》を断除《だんじょ》して*愛流《あいる》を出《い》で、涅槃無上道《ねはんむじょうどう》を開示《かいじ》せしむ。信《しん》は‡垢濁《くじょく》の心《こころ》なし。清浄《しょうじょう》にして憍慢《きょうまん》を滅除《めつじょ》す。恭敬《くぎょう》の本《もと》なり。また*法蔵第一《ほうぞうだいいち》の財《たから》とす。清浄《しょうじょう》の手《て》として衆行《しゅぎょう》を受《う》く。信《しん》はよく恵施《えせ》して心《こころ》に悋《お》しむことなし。信《しん》はよく歓喜《かんぎ》して仏法《ぶっぽう》に入《い》る。信《しん》はよく*智功徳《ちくどく》を増長《ぞうじょう》す。信《しん》はよくかならず*如来地《にょらいじ》に到《いた》る。信《しん》は*諸根《しょこん》をして浄明利《じょうみょうり》ならしむ。信力堅固《しんりきけんご》なればよく壊《え》することなし。信《しん》はよく永《なが》く煩悩《ぼんのう》の本《もと》を滅《めっ》す。信《しん》はよくもつぱら仏《ぶつ》の功徳《くどく》に向《む》かへしむ。信《しん》は境界《きょうがい》において所着《しょじゃく》なし。諸難《しょなん》を遠離《おんり》して無難《むなん》を得《え》しむ。信《しん》はよく衆魔《しゅま》の路《みち》を超出《ちょうしゅつ》し、*無上解脱道《むじょうげだつどう》を示現《じげん》せしむ。信《しん》は功徳《くどく》のために種《たね》を壊《やぶ》らず。信《しん》はよく菩提《ぼだい》の樹《じゅ》を生長《しょうちょう》す。信《しん》はよく*最勝智《さいしょうち》を増益《ぞうやく》す。信《しん》はよく一切仏《いっさいぶつ》を示現《じげん》せしむ。このゆゑに行《ぎょう》によりて次第《しだい》を説《と》く。信楽《しんぎょう》、最《さい》勝《しょう》にしてはなはだ得《う》ること難《かた》し。乃至 もしつねに諸仏《しょぶつ》に信奉《しんぶ》すれば、すなはち

所楽　ねがうところ。

道の元　仏のさとりを得る因。

長養　養い育てること。

愛流　愛欲《あいよく》（貪愛《とんない》）の煩悩《ぼんのう》のこと。

法蔵第一の財　法蔵は功徳《くどく》の蔵の意。多くの功徳の中での第一の財宝。

智功徳　智慧《ちえ》荘厳と福徳《ふくとく》荘厳。六波羅蜜（六度）の中の第六が智慧荘厳、前五が福徳荘厳である。↓六波羅《ろっぱら》蜜《みつ》

如来地　仏地、仏果に同じ。一切の智慧と慈悲を完全に成就した仏のさとり。

諸根　六根のこと。↓六根《ろっこん》

無上解脱道　完全に煩悩業《ごっ》垢《く》から解放され、離脱したさとりのこと。

最勝智　この上なくすぐれた智慧。

139

よく大供養《だいくよう》を興集《こうじゅう》す。もしよく大供養《だいくよう》を興集《こうじゅう》すれば、かの人《ひと》、仏《ぶつ》の不思議《ふしぎ》を信《しん》ず。もしつねに尊法《そんぼう》に信奉《しんぶ》すれば、すなはち仏法《ぶっぽう》を聞《き》くに*厭足《えんそく》なし。もし仏法《ぼう》を聞《き》くに厭足《えんそく》なければ、かの人《ひと》、法《ほう》の不思議《ふしぎ》を信《しん》ず。もしつねに清浄僧《しょうじょうそう》に信奉《しんぶ》すれば、すなはち信心退転《しんじんたいてん》せざることを得《う》。もし信心不退転《しんじんふたいてん》を得《う》れば、かの人《ひと》の信力《しんりき》よく動《うご》くことなし。もし信力《しんりき》を得《え》てよく動《うご》くことなければ、すなはち諸根浄明利《しょこんじょうみょうり》を得《え》ん。もし諸根浄明利《しょこんじょうみょうり》を得《う》れば、すなはち善知識《ぜんぢしき》に親近《しんごん》することを得《う》。すなはち善知識《ぜんぢしき》に親近《しんごん》することを得《う》れば、すなはちよく広大《こうだい》の善《ぜん》を修集《しゅじゅう》す。もしよく広大《こうだい》の善《ぜん》を修集《しゅじゅう》すれば、かの人《ひと》、*大因力《だいいんりき》を成就《じょうじゅ》す。もし人大因力《ひとだいいんりき》を成就《じょうじゅ》すれば、すなはち*殊勝決定《しゅしょうけつじょう》の解《げ》を得《う》。もし殊勝決定《しゅしょうけつじょう》の解《げ》を得《う》れば、すなはち諸仏《しょぶつ》の為《ため》に護念《ごねん》せらる。もし諸仏《しょぶつ》の為《ため》に護念《ごねん》せらるれば、すなはちよく菩提心《ぼだいしん》を発起《ほっき》す。もしよく菩提心《ぼだいしん》を発起《ほっき》すれば、すなはちよく仏《ぶつ》の

140

功徳《くどく》を勤修《ごんしゅ》せしむ。もしよく仏《ぶつ》の功徳《くどく》を勤修《ごんしゅ》すれば、すなはちよく生《うま》れて如来《にょらい》の家《いえ》にあらん。もし生《うま》れて如来《にょらい》の家《いえ》にあることを得《う》れば、すなはち*善《ぜん》をして*巧《ぎょう》方便《ほうべん》を修行《しゅぎょう》せん。もし善《ぜん》をして巧方便《ぎょうほうべん》を修行《しゅぎょう》すれば、すなはち信楽《しんぎょう》の心《しん》、清《しょう》浄《じょう》なることを得《う》。もし信楽《しんぎょう》の心《しん》、清浄《しょうじょう》なることを得《う》れば、すなはち*増上《ぞうじょう》の最《さい》

厭足 あき足りること。

大因力 仏のさとりを得る因となる力。

殊勝決定の解 成仏することに間違いないというすぐれた領解《りょうげ》。

善をして巧方便を修行せん 通常は「善《よ》く巧方便を修行せん」と読む。

巧方便 善巧《ぜんぎょう》方便のこと。↓方便《ほうべん》

増上の最勝心 すぐれたはたらきをもったこの上ない心。

勝心《しょうしん》を得《う》。もし増上《ぞうじょう》の最勝心《さいしょうしん》を得《う》れば、すなはちつねに波羅蜜《はらみつ》を修習《しゅじゅう》せん。
もしつねに波羅蜜《はらみつ》を修習《しゅじゅう》すれば、すなはちよく*摩訶衍《まかえん》を具足《ぐそく》せん。もしよく
摩訶衍《まかえん》を具足《ぐそく》すれば、すなはちよく法《ほう》のごとく仏《ぶつ》を供養《くよう》せん。もしよく法《ほう》のご
141 とく仏《ぶつ》を供養《くよう》すれば、すなはちよく念仏《ねんぶつ》の心《しん》、動《どう》ぜず。もしよく念仏《ねんぶつ》の心《しん》、動《どう》
ぜざれば、すなはちつねに無量仏《むりょうぶつ》を*観見《とけん》せん。もしつねに無量仏《むりょうぶつ》を観見《とけん》すれ
ば、すなはち如来《にょらい》の体《たい》、常住《じょうじゅう》を見《み》ん。もし如来《にょらい》の体《たい》、常住《じょうじゅう》を見《み》れば、すなは
ちよく法《ほう》の永《なが》く不滅《ふめつ》なることを知《し》らん。もしよく法《ほう》の永《なが》く不滅《ふめつ》なるを知《し》れば、
*弁才《べんざい》を得《え》、無障礙《むしょうげ》を得《え》ん。もし弁才無障礙《べんざいむしょうげ》を得《う》れば、すなはちよく無辺《むへん》の法《ほう》を
開演《かいえん》せん。もしよく無辺《むへん》の法《ほう》を開演《かいえん》せば、すなはちよく*慈愍《じみん》して衆生《しゅじょう》を度《ど》せ
ん。もしよく衆生《しゅじょう》を慈愍《じみん》し度《ど》すれば、すなはち堅固《けんご》の大悲心《だいひしん》を得《え》ん。もし堅《けん》
142 固《ご》の大悲心《だいひしん》を得《う》れば、すなはちよく甚深《じんじん》の法《ほう》を愛楽《あいぎょう》せん。もしよく甚深《じんじん》の法《ほう》
を愛楽《あいぎょう》すれば、すなはちよく*有為《うい》の過《とが》を捨離《しゃり》せん。もしよく有為《うい》の過《とが》を捨離《しゃり》
すれば、すなはち憍慢《きょうまん》および*放逸《ほういつ》を離《はな》る。もし憍慢《きょうまん》および放逸《ほういつ》を離《はな》るれば、
すなはちよく一切衆《いっさいしゅ》を*兼利《けんり》せん。もしよく一切衆《いっさいしゅ》を兼利《けんり》すれば、すなはち生死《しょうじ》
に処《しょ》して*疲厭《ひえん》なけん」となり。抄略

摩訶衍　梵語マハーヤーナ（mahāyāna）の音写。大乗と漢訳する。ここでは大乗の行を指す。

観見　みること。

弁才…得ん　高麗《こうらい》版大蔵経等には「すなはち弁才、障礙なきを得ん」とある。弁才とは事柄の道理を明らかに分別する才能をいう。

慈愍　いつくしみあわれむこと。

有為の過　迷いのあやまち。

放逸　ほしいままの心。勝手気ままにふるまって仏道に背くこと。

兼利　一人残らず利益《りやく》すること。

疲厭　うみ疲れ厭いきらうこと。

【三七】『論《ろん》の註《ちゅう》』（下 一〇四）にいはく、「〈如実修行相応《にょじつしゅぎょうそうおう》〉と名《な》づく。このゆゑに論主《ろんじゅ》（天親）、建《はじ》めに〈我一心《がいっしん》〉とのたまへり」と。以上

【三八】またいはく（同・下 一五七）、「経《きょう》の始《はじ》めに〈*如是《にょぜ》〉と称《しょう》することは、信《しん》を彰《あらわ》して能入《のうにゅう》とす」と。以上

【三九】次《つぎ》に欲生《よくしょう》といふは、すなはちこれ如来《にょらい》、諸有《しょう》の群生《ぐんじょう》を*招喚《しょうかん》したまふの勅命《ちょくめい》なり。すなはち真実《しんじつ》の信楽《しんぎょう》をもつて欲生《よくしょう》の体《たい》とするなり。まことにこれ*大小《だいしょう》・凡聖《ぼんしょう》、定散自力《じょうさんじりき》の回向《えこう》にあらず。ゆゑに不回向《ふえこう》と名《な》づくるなり。しかるに*微塵界《みじんかい》の有情《うじょう》、煩悩海《ぼんのうかい》に流転《るてん》し、生死海《しょうじかい》に*漂没《ひょうもつ》して、真実《しんじつ》の回向心《えこうしん》なし、清浄《しょうじょう》の回向心《えこうしん》なし。このゆゑに如来《にょらい》、一切苦悩《いっさいくのう》の群生海《ぐんじょうかい》を*矜哀《こうあい》して、菩薩《ぼさつ》の行《ぎょう》を行《ぎょう》じたまひし時《とき》、三業《さんごう》の所修《しょしゅ》、乃至一念一刹那《ないしいちねんいっせつな》も、回向心《えこうしん》を*首《しゅ》として大悲心《だいひしん》を成就《じょうじゅ》することを得《え》たまへるがゆゑに、利他真実《りたしんじつ》の欲生心《よくしょうしん》をもつて諸有海《しょうかい》に回施《えせ》したまへり。欲生《よくしょう》すなはちこれ回向心《えこうしん》なり。これすなはち大悲心《だいひしん》なるがゆゑに、疑蓋雑《ぎがいまじ》はることなし。

【四〇】ここをもつて本願《ほんがん》の欲生心成就《よくしょうしんじょうじゅ》の文《もん》、『経《きょう》』（大経・下）にのたまはく、「*至心回向《ししんえこう》したまへり。かの国《くに》に生《しょう》ぜんと願《がん》ずれば、すなはち往生《おうじょう》を得《え》、

如是　経の冒頭の「如是我聞（かくのごとく、われ聞きたてまつりき）」、「我聞如是（われ聞きたてまつりき、かくのごとく）」の「如是」。

招喚したまふの勅命　衆生《しゅじょう》に帰せよと命じる如来のよび声。

大小凡聖　大乗の教えに帰依《きえ》する凡夫《ぼんぶ》・聖者《しょうじゃ》、小乗の教えに帰依する凡夫・聖者。

微塵界　数限りない世界。

漂没　水に揺られながら沈むこと。

矜哀　深くあわれむこと。

首として　第一にして。中心にして。

至心回向したまへり　通常は「至心に回向して」と読む。親鸞聖人は如来回向の義をあらわすために、このように読みかえた。

不退転《ふたいてん》に住《じゅう》すと。ただ五逆《ごぎゃく》と誹謗正法《ひほうしょうぼう》とをば除《のぞ》く」と。以上

【四一】 またのたまはく（如来会・下）、「*所有《しょう》の善根《ぜんごん》回向《えこう》したまへるを愛楽《あいぎょう》して無量寿国《むりょうじゅこく》に生《しょう》ぜんと願《がん》ずれば、願《がん》に随《したが》ひてみな生《しょう》ぜしめ、不退転乃至無上正等菩提《ふたいてんないしむじょうしょうとうぼだい》を得《え》んと。‡五無間《ごむけん》・誹謗正法《ひほうしょうぼう》および謗聖者《ほうしょうじゃ》を除《のぞ》く」と。以上

【四二】『浄土論《じょうどろん》』（論註・下 一〇七）にいはく、「〈*いかんが回向《えこう》したまへる。一切苦悩《いっさいくのう》の衆生《しゅじょう》を捨《す》てずして、心《こころ》につねに*作願《さがん》すらく、回向《えこう》を首《しゅ》として大悲心《だいひしん》を成就《じょうじゅ》することを得《え》たまへるがゆゑに〉（浄土論）とのたまへり。回向《えこう》に二種《にしゅ》の相《そう》あり。一《ひと》つには往相《おうそう》、二《ふた》つには還相《げんそう》なり。往相《おうそう》とは、おのれが功徳《くどく》をもつて一切衆生《いっさいしゅじょう》に回施《えせ》したまひて、作願《さがん》してともにかの阿弥陀如来《あみだにょらい》の安楽浄土《あんらくじょうど》に往生《おうじょう》せしめたまふなり。還相《げんそう》とは、かの土《ど》に生《しょう》じをはりて、奢摩他《しゃまた》・毘婆舎那《びばしゃな》・*方便力成就《ほうべんりきじょうじゅ》することを得《え》て、*生死《しょうじ》の稠林《ちゅうりん》に回入《えにゅう》して、一切衆生《いっさいしゅじょう》を教化《きょうけ》して、ともに仏道《ぶつどう》に向《かえ》らしめたまふなり。もしは往《おう》、もしは還《げん》、みな衆生《しゅじょう》を抜《ぬ》いて生死海《しょうじかい》を渡《ど》せんがためにしたまへり。このゆゑに〈*回向為首得成就大悲心故《えこういしゅとくじょうじゅだいひしんこ》〉とのたまへり」と。以上

【四三】 またいはく（同・下 一三八）、「*浄入願心《じょうにゅうがんしん》とは、『論《ろん》』（浄土論）にいは

所有の…愛楽して 通常は「愛楽し、所有の善根回向して」と読む。親鸞聖人は如来回向の義をあらわすために、このように読みかえた。

いかんが回向…ゆゑに 『浄土論』『論註』の当分はすべて、願生行者の利他回向の行相を明かすから、「いかんが回向する。…大悲心を成就することを得んとするがゆゑに」等と読む。親鸞聖人は如来の回向に転意しているから、すべて仏の側におさめた読み方になっている。

作願 衆生救済を願うこと。

方便力 奢摩他《しゃまた》（止《し》）、毘《び》婆舎那《ばしゃな》（観《かん》）によって生ずる利他教化のはたらき。

生死の稠林 迷いの世界を密林に喩えていう。

回向為首… 「回向を首と

145 く、〈また向《さき》に観察《かんざつ》荘厳仏土功徳成就《しょうごんぶつどくどくじょうじゅ》・荘厳仏功徳成就《しょうごんぶつくどくじょうじゅ》・荘厳菩薩功徳成就《しょうごんぼさつくどくじょうじゅ》を説《と》きつ。この三種《さんしゅ》の成就《じょうじゅ》は願心《がんしん》の荘厳《しょうごん》したまへるなりと知《し》るべし〉といへりと。〈知《し》るべし〉とは、この三種《さんしゅ》の荘厳成就《しょうごんじょうじゅ》はもと四十八願等《しじゅうはちがんとう》の清浄《しょうじょう》の願心《がんしん》の荘厳《しょうごん》したまふところなるによりて、因浄《いんじょう》なるがゆゑに果浄《かじょう》なり、因《いん》なくして他《た》の因《いん》のあるにはあらざるなりと知《し》るべしとなり」と。以上

【四四】 また『論《ろん》』（浄土論 四二）にいはく、「出《しゅっ》第五門《だいごもん》とは、大慈悲《だいじひ》をもつて一切苦悩《いっさいくのう》の衆生《しゅじょう》を観察《かんざつ》して、応化《おうげ》の身《しん》を示《しめ》して、生死《しょうじ》の園《その》、煩悩《ぼんのう》の林《はやし》のなかに回入《えにゅう》して、神通《じんずう》に遊戯《ゆげ》し教化地《きょうけじ》に至《いた》る。本願力《ほんがんりき》の回向《えこう》をもつてのゆゑに。これを出第五門《しゅつだいごもん》と名《な》づくとのたまへり」と。以上

【四五】 光明寺《こうみょうじ》の和尚《かしょう》（善導）のいはく（散善義 四六四）、「また回向発願《えこうほつがん》して生《うま》るるものは、かならず決定真実心《けつじょうしんじつしん》のなかに回向《えこう》したまへる願《がん》を須《もち》ゐて得生《とくしょう》の想《おもい》をなせ。この心深《しんふか》く信《しん》ずること金剛《こんごう》のごとくなるによつて、一切《いっさい》の異見《いけん》・異《い》146 学《がく》・別解《べつげ》・別行《べつぎょう》の人等《にんら》のために動乱破壊《どうらんはえ》せられず。ただこれ決定《けつじょう》して一心《いっしん》に捉《と》つて正直《しょうじき》に進《すす》んで、かの人《ひと》の語《ことば》を聞《き》くことを得《え》ざれ。すなはち進退《しんたい》の心《しん》ありて怯弱《こうにゃく》を生《しょう》じ回顧《えこ》すれば、道《どう》に落《お》ちてすなはち往生《おうじょう》の大益《だいやく》を失《しっ》するなり」と。以上

して大悲心を成就すること を得たまへるがゆゑに」

浄入願心　浄土の荘厳のすべてが法蔵《ほうぞう》菩薩の清浄《しょうじょう》願心におさまることを示す。

向に　『浄土論』の観察体相章を指す。

因なくして…あらざるなり　通常は「無因と他因の有にはあらざるなり」と読む。

出第五門　出は利他教化に出ること。第五門は五功徳門の中の園林遊戯地門《おんりんゆげじもん》のこと。さとりの世界より迷いの世界にたちかえって、自由自在に衆生を救済するのを楽しみとすることを出第五門という。↓五種《ごしゅ》の功徳《くどく》

応化の身　応化身のこと。↓応化身《おうげしん》

教化地　自在に衆生を教化し利益《りやく》し救済する地位。八地以上の菩薩の境地のこと。

【四六】　まことに知《し》んぬ、二河《にが》の譬喩《ひゆ》のなかに「白道四五寸《びゃくどうしごすん》」といふは、「白道《びゃくどう》」とは、「白《びゃく》」の言《ごん》は黒《こく》に対《たい》するなり。「白《びゃく》」はすなはちこれ*選択《せんじゃく》摂取《せっしゅ》の白業《びゃくごう》、*往相回向《おうそうえこう》の浄業《じょうごう》なり。「黒《こく》」はすなはちこれ無明煩悩《むみょうぼんのう》の黒《こく》業《ごう》、二乗《にじょう》・人《にん》・天《てん》の雑善《ぞうぜん》なり。「道《どう》」の言《ごん》は路《ろ》に対《たい》せるなり。「道《どう》」はすなはちこれ本願一実《ほんがんいちじつ》の直道《じきどう》、大般涅槃《だいはつねはん》、無上《むじょう》の大道《だいどう》なり。「路《ろ》」はすなはちこれ二乗《にじょう》・三乗《さんじょう》、万善諸行《まんぜんしょぎょう》の小路《しょうろ》なり。「四五寸《しごすん》」といふは衆生《しゅじょう》の四大《しだい》五《ご》陰《おん》に喩《たと》ふるなり。「*能生清浄願心《のうしょうしょうじょうがんしん》」といふは、金剛《こんごう》の真心《しんしん》を獲得《ぎゃくとく》するなり。本願力《ほんがんりき》の回向《えこう》の大信心海《だいしんじんかい》なるがゆゑに、破壊《はえ》すべからず。これを金《こん》剛《ごう》のごとしと喩《たと》ふるなり。

147

【四七】『観経義《かんぎょうぎ》』（玄義分　二九七）に、「道俗《どうぞく》*時衆等《じしゅとう》、おのおの*無上《むじょう》の心《しん》を発《おこ》せども、生死《しょうじ》はなはだ厭《いと》ひがたく、仏法《ぶっぽう》また欣《ねが》ひがたし。ともに金剛《こんごう》の志《こころざし》を発《おこ》して、横《おう》に*四流《しる》を超断《ちょうだん》せよ。まさしく金剛心《こんごうしん》を受《う》けて、*一念《いちねん》に相応《そうおう》して後《のち》、*果《か》、涅槃《ねはん》を得《え》んひと」といへり。要抄

【四八】　またいはく（序分義　三七四）、「真心徹到《しんしんてっとう》して苦《く》の娑婆《しゃば》を厭《いと》ひ、楽《らく》の無為《むい》を欣《ねが》ひて、永《なが》く常楽《じょうらく》に帰《き》すべし。ただし*無為《むい》の境《さかい》、*軽爾《きょうに》としてすなはち階《かな》ふ

選択摂取の白業　阿弥陀仏因位《いんに》の法蔵《ほうぞう》菩薩の時に、あらゆる行業《ぎょうごう》の中から選び取られ成就された善業《ぜんごう》。南無阿弥陀仏の名号《みょうごう》のこと。

往相回向の浄業　浄土に生れゆくために、仏より回向された清浄《しょうじょう》な行業。南無阿弥陀仏の名号のこと。

能生清浄願心　「よく清浄の願心を生ず」

時衆　現在、道場に参集している人々。また広く今の世の人々。

無上の心を発せども　通常は「無上心を発せ」と読む。親鸞聖人は「無上心」を自力の菩提心の意とみて、このように読みかえた。→菩提心《ぼだいしん》

四流　四暴流のこと。親鸞聖人は生老病死の意ともする。→四暴流《しぼる》

一念に相応して　本願に相

べからず、苦悩《くのう》の娑婆《しゃば》、*輒然《ちょうねん》として離《はな》るることを得《う》るに由《よし》なし。金剛《こんごう》の志《こころざし》を発《おこ》すにあらずよりは、永《なが》く生死《しょうじ》の元《もと》を絶《た》たんや。もし親《まのあた》り*慈尊《じそん》に従《したが》ひたてまつらずは、なんぞよくこの長《なが》き歎《なげ》きを勉《まぬか》れん」と。

【四九】 またいはく（定善義 四一九）、「金剛《こんごう》といふは、すなはちこれ無漏《むろ》の体《たい》なり」と。以上

【五〇】 まことに知《し》んぬ、至心《ししん》・信楽《しんぎょう》・欲生《よくしょう》、その言《ことば》異《こと》なりといへども、その意《こころ》これ一《ひと》つなり。なにをもつてのゆゑに、三心《さんしん》すでに疑蓋《ぎがい》雑《まじ》はることなし、ゆゑに真実《しんじつ》の一心《いっしん》なり。これを金剛《こんごう》の真心《しんしん》と名《な》づく。金剛《こんごう》の真心《しんしん》、これを真実《しんじつ》の信心《しんじん》と名《な》づく。真実《しんじつ》の信心《しんじん》はかならず*名号《みょうごう》を具《ぐ》す。名号《みょうごう》はかならずしも願力《がんりき》の信心《しんじん》を具《ぐ》せざるなり。このゆゑに論主《ろんじゅ》（天親）、建《はじ》めに「我一心《がいっしん》」（浄土論 二九）とのたまへり。また「*如彼名義欲如実修行相応《にょひみょうぎよくにょじつしゅぎょうそうおう》故《こ》」（同 三三）とのたまへり。

【五一】 おほよそ大信海《だいしんかい》を案《あん》ずれば、貴賤《きせん》*緇素《しそ》を簡《えら》ばず、男女老少《なんにょろうしょう》をいはず、造罪《ぞうざい》の多少《たしょう》を問《と》はず、修行《しゅぎょう》の久近《くごん》を論《ろん》ぜず、行《ぎょう》にあらず善《ぜん》にあらず、*頓《とん》にあらず*漸《ぜん》にあらず、定《じょう》にあらず散《さん》にあらず、*正観《しょうかん》にあらず*邪観《じゃかん》にあ

応する一念の信を得るという意。

果涅槃を得んひと　高田派専修寺蔵宗祖加点『観経疏』には「果徳涅槃者」とある。

無為の境　阿弥陀仏の浄土（真実報土《ほうど》）のこと。

軽爾として　かるがるしく。

輒然として　たやすく。たちまち。

慈尊　慈悲ある世尊。「序分義」の当分では釈尊を指す。引用の意では釈尊・阿弥陀仏の二尊を指すか。

名号　ここでは称名の意。

如彼名義…　「かの名義のごとく、実のごとく修行し相応せんと欲《おも》ふがゆゑに」

緇素　僧侶と俗人。緇は黒色で、黒衣を着る人（僧侶）、素は白色で、白衣を着る人（俗人）を示す。

らず、有念《うねん》にあらず無念《むねん》にあらず、尋常《じんじょう》にあらず臨終《りんじゅう》にあらず、多念《たねん》にあらず一念《いちねん》にあらず、ただこれ不可思議不可称不可説《ふかしぎふかしょうふかせつ》の信楽《しんぎょう》なり。たとへば*阿伽陀薬《あかだやく》のよく一切《いっさい》の毒《どく》を滅《めっ》するがごとし。如来誓願《にょらいせいがん》の薬《くすり》はよく*智愚《ちぐ》の毒《どく》を滅《めっ》するなり。

【五二】 しかるに菩提心《ぼだいしん》について二種《にしゅ》あり。一《ひと》つには竪《しゅ》、二《ふた》つには横《おう》なり。また竪《しゅ》についてまた二種《にしゅ》あり。一《ひと》つには竪超《しゅちょう》、二《ふた》つには竪出《しゅしゅつ》なり。竪超《しゅちょう》・竪出《しゅしゅつ》は*権実《ごんじつ》・*顕密《けんみつ》・*大小《だいしょう》の教《きょう》に明《あ》かせり。*歴劫迂回《りゃくこううえ》の菩提心《ぼだいしん》、自力《じりき》の金剛心《こんごうしん》、菩薩《ぼさつ》の大心《だいしん》なり。また横《おう》についてまた二種《にしゅ》あり。一《ひと》つには横超《おうちょう》、二《ふた》つには横出《おうしゅつ》なり。横出《おうしゅつ》とは、正雑《しょうぞう》・定散《じょうさん》、他力《たりき》のなかの自力《じりき》の菩提心《ぼだいしん》なり。横超《おうちょう》とは、これすなはち願力回向《がんりきえこう》の信楽《しんぎょう》、これを願作仏心《がんさぶっしん》といふ。願作仏心《がんさぶっしん》すなはちこれ横《おう》の大菩提心《だいぼだいしん》なり。これを*横超《おうちょう》の金剛心《こんごうしん》と名《な》づくるなり。横竪《おうじゅ》の菩提心《ぼだいしん》、その言《ことば》一《ひと》つにしてその心《こころ》異《こと》なりといへども、入真《にゅうしん》を正要《しょうよう》とす、真心《しんしん》を根本《こんぽん》とす、邪雑《じゃぞう》を錯《しゃく》とす、*疑情《ぎじょう》を失《しつ》とするなり。欣求《ごんぐ》*浄刹《じょうせつ》の道俗《どうぞく》、深《ふか》く信不具足《しんふぐそく》の金言《きんげん》を了知《りょうち》し、永《なが》く*聞不具足《もんふぐそく》の邪心《じゃしん》を離《はな》るべきなり。

頓・漸 頓はただちにさとりを開くこと、漸は順序をへて次第にさとりに進むこと。→頓教《とんぎょう》、漸教《ぜんぎょう》

正観・邪観 正観は仏の教説と合致する観法、邪観は仏の教説と合致しない観法。

阿伽陀薬 阿伽陀は梵語アガダ（agada）の音写。不死の薬。この薬を服すれば病がなくなるという。

智愚の毒 自力のさかしい智慧《ちえ》の毒や愚痴《ぐち》（無明）の毒。

権実 権教と実教のこと。→権教《ごんきょう》、実教《じっきょう》

顕密 顕教と密教のこと。→顕教《けんぎょう》、密教《みっきょう》

大小 大乗と小乗のこと。→大乗《だいじょう》、小乗《しょうじょう》

歴劫迂回の菩提心 自力聖道の菩提心のこと。長い時間をかけて修行を積んで証《さとり》

150
【五三】『論《ろん》の註《ちゅう》』（下 一四四）にいはく、「王舎城所説《おうしゃじょうしょせつ》の『無量寿経《むりょうじゅきょう》』を案《あん》ずるに、三輩生《さんぱいしょう》のなかに行《ぎょう》に優劣《うれつ》ありといへども、みな*無上菩提《むじょうぼだい》の心《しん》を発《ほっ》せざるはなし。この無上菩提心《むじょうぼだいしん》は、すなはちこれ願作仏心《がんさぶっしん》なり。願作仏心《がんさぶっしん》は、すなはちこれ度衆生心《どしゅじょうしん》なり。度衆生心《どしゅじょうしん》は、すなはちこれ衆生《しゅじょう》を摂取《せっしゅ》して有仏《うぶつ》の国土《こくど》に生《しょう》ぜしむる心《しん》なり。このゆゑにかの安楽浄土《あんらくじょうど》に生《しょう》ぜんと願《がん》ずるものは、かならず無上菩提心《むじょうぼだいしん》を発《ほっ》するなり。もし人《ひと》無上菩提心《むじょうぼだいしん》を発《ほっ》せずして、ただかの国土《こくど》の受楽間《じゅらくひま》なきを聞《き》きて、楽《らく》のためのゆゑに生《しょう》ぜんと願《がん》ぜん、またまさに往《おう》生《じょう》を得《え》ざるべきなり。このゆゑにいふこころは、〈自身住持《じしんじゅうじ》の楽《らく》を求《もと》めず、一《いっ》切衆生《さいしゅじょう》の苦《く》を抜《ぬ》かんと欲《おも》ふがゆゑに〉（浄土論）と。〈住持楽《じゅうじらく》〉とは、いはく、かの安楽浄土《あんらくじょうど》は阿弥陀如来《あみだにょらい》の本願力《ほんがんりき》のために住持《じゅうじ》せられて受楽間《じゅらくひま》なきなり。おほよそ〈回向《えこう》〉の名義《みょうぎ》を釈《しゃく》せば、いはく、おのれが所集《しょしゅう》の一切《いっさい》の功徳《くどく》をもつて一切衆生《いっさいしゅじょう》に*施与《せよ》したまひて、ともに仏道《ぶつどう》に向《む》かへしめたまふなり」と。抄出

151
【五四】元照律師《がんじょうりっし》のいはく（阿弥陀経義疏）、「他《た》のなすことあたはざるがゆゑに甚難《じんなん》なり。世挙《よこぞ》つていまだ見《み》たてまつらざるがゆゑに希有《けう》なり」と。

【五五】またいはく（同）、「念仏法門《ねんぶつほうもん》は愚智《ぐち》・豪賤《ごうせん》を簡《えら》ばず、久近《くごん》・善悪《ぜんあく》を論《ろん》ぜ

に至るからこのようにいう。

横超の金剛心　他力の真実信心のこと。↓横超《おうちょう》

疑情　阿弥陀仏の本願を疑いはからう心。

浄刹　浄土のこと。刹は梵語クシェートラ（kṣetra）の音写。国土・世界の意。

聞不具足　如来の教法の半ばを聞いているが、全体を聞いていないもの、すなわち如来の教法を如実に聞信していないことをいう。また名利《みょうり》のためにのみ経典を読誦《どくじゅ》することをいう。

無上菩提の心　この上ないさとりを求める心。↓菩提《ぼだい》心《しん》

施与…たまふなり　通常は「施与して、ともに仏道に向かふなり」と読む。親鸞聖人は如来回向《えこう》の義をあらわすために、このように読

ず、ただ*決誓猛信《けつせいみようしん》を取《と》れば、臨終悪相《りんじゆうあくそう》なれども、十念《じゆうねん》に往生《おうじよう》す。これすなはち*具縛《ぐばく》の凡愚《ぼんぐ》、屠沽《とこ》の下類《げるい》、刹那《せつな》に超越《ちようおつ》する成仏《じようぶつ》の法《ほう》なり。*世間甚難信《せけんじんなんしん》といふべきなり」と。

【五六】またいはく（阿弥陀経義疏）、「この悪世《あくせ》にして修行《しゆぎよう》成仏《じようぶつ》するを難《なん》とするなり。もろもろの衆生《しゆじよう》のために、この法門《ほうもん》を説《と》くを二《ふた》つの難《なん》とするなり。前《さき》の二難《になん》を承《う》けて、すなはち諸仏所讃《しよぶつしよさん》の虚《むな》しからざる意《こころ》を彰《あらわ》す。衆生聞《しゆじようき》きて信受《しんじゆ》せしめよとなり」と。以上

【五七】*律宗《りつしゆう》の用欽《ようきん》のいはく、「法《ほう》の難《なん》を説《と》くなかに、まことにこの法《ほう》をもつて凡《ぼん》を転《てん》じて聖《しよう》となすこと、なほし掌《たなごころ》を反《かえ》すがごとくなるをや。大《おお》きにこれ易《やす》かるべきがゆゑに、おほよそ浅《あさ》き衆生《しゆじよう》は多《おお》く疑惑《ぎわく》を生《しよう》ぜん。すなはち『大本《だいほん》』（大経・下）に〈*易往而無人《いおうにむにん》〉といへり。ゆゑに知《し》んぬ、難信《なんしん》なり」と。

【五八】『聞持記《もんじき》』にいはく、「〈愚智《ぐち》を簡《えら》ばず〉といふは、性《しよう》に利鈍《りどん》あり。〈豪賤《ごうせん》を択《えら》ばず〉といふは、*報《ほう》に強弱《ごうにやく》あり。〈久近《くごん》を論《ろん》ぜず〉といふは、*功《こう》に浅深《せんじん》あり。〈善悪《ぜんあく》を選《えら》ばず〉といふは、行《ぎよう》に好醜《こうしゆ》あり。〈決誓猛信《けつせいみようしん》を取《と》れば、臨終悪《りんじゆうあく》相《そう》なれども〉といふは、すなはち『観経《かんぎよう》』の下品中生《げぼんちゆうしよう》に〈地獄《じごく》の衆火《しゆか》、一時《いちじ》にと

二四八

みかえた。

決誓猛信　確固とした決《けつ》定《じよう》の信心。

具縛の凡愚屠沽の下類　→補註4

世間甚難信　自力の心では決して信じることができないという意。本願救済の法は、世間の常識的な道理を超越しているから、自力にとらわれた心では信じ難い法であるということ。そのことはまたこの法の尊高をあらわしている。

律宗の用欽のいはく…　引用は用欽の『阿弥陀経疏《あみだきようしよ》超玄記《ちようげんき》』の文ともいわれるが、同書は現存しない。

易往而無人　「往き易くして人なし」

報　果報《かほう》。

功　修行の功。

もに至《いた》‡る〉と等《ら》いへり。〈具縛《ぐばく》の凡愚《ぼんぐ》〉といふは、二惑《にわく》まつたくあるがゆゑに。〈屠沽《とこ》の下類《げるい》、刹那《せつな》に超越《ちょうおつ》する成仏《じょうぶつ》の法《ほう》なり。一切世間甚難信《いっさいせけんじんなんしん》といふべきなり〉といふは、屠《と》はいはく、殺《せつ》を宰《つかさど》る。沽《こ》はすなはち*醞売《うんばい》。かくのごとき悪人《あくにん》、ただ十念《じゅうねん》によりてすなはち*超往《ちょうおう》を得《う》、あに難信《なんしん》にあらずや。*阿弥陀如来《あみだにょらい》は*真実明《しんじつみょう》・平等覚《びょうどうかく》・難思議《なんじぎ》・畢竟依《ひっきょうえ》・大応供《だいおうぐ》・大安慰《だいあんに》・無等等《むとうどう》・不可思議光《ふかしぎこう》と号《ごう》したてまつるなり」と。以上

153【五九】『楽邦文類《らくほうもんるい》』の*後序《ごじょ》にいはく、「浄土《じょうど》を修《しゅ》するものつねに多《おお》けれども、その門《もん》を得《え》てただちに造《いた》るものいくばくもなし。浄土《じょうど》を論《ろん》ずるものつねに多《おお》けれども、その要《よう》を得《え》てただちに指《おし》ふるものあるいは寡《すく》なし。かつていまだ聞《き》かず、*自障自蔽《じしょうじへい》をもつて説《せつ》をなすことあるもの。得《う》るによりてもつてこれをいふ。それ自障《じしょう》は*愛《あい》にしくなし、自蔽《じへい》は疑《ぎ》にしくなし。ただ疑《ぎ》・愛《あい》の二心《にしん》つひに障礙《しょうげ》なからしむるは、すなはち浄土《じょうど》の一門《いちもん》なり。いまだはじめて*間隔《けんきゃく》せず。弥陀《みだ》の*洪願《こうがん》つねにおのづから摂持《しょうじ》したまふ。*必然《ひつねん》の理《り》なり」と。以上

醞売　酒を醸造して売ること。
超往　迷いの世界を超えて浄土に往生すること。
阿弥陀如来…　現存の『聞持記《もんじき》』にはこの文はない。
真実明…不可思議光　曇鸞《どんらん》大師《だいし》の『讃弥陀偈』から阿弥陀仏の徳号を取り上げたもの。
後序　『楽邦文類《らくほうもんるい》』（宗暁《しゅうぎょう》編）の後序は南宋《なんそう》代、天竺寺の学僧であった光遠《こうおん》（諱《いみな》は善月、一一四九―一二四一）が書いた。
自障自蔽　みずからさとりの道をさえぎり、みずから正しい道を蔽《おお》いかくすこと。
愛　むさぼり愛着すること。
間隔　へだてること。
洪願　広大な本願。
必然　本願の法則として必ず浄土に往生せしめられること。

154

【六〇】　それ真実《しんじつ》の信楽《しんぎょう》を案《あん》ずるに、*信楽《しんぎょう》に一念《いちねん》あり。一念《いちねん》とはこれ*信楽《しんぎょう》開発《かいほつ》の時剋《じこく》の極促《ごくそく》を顕《あらわ》し、*広大難思《こうだいなんじ》の慶心《きょうしん》を彰《あらわ》すなり。

【六一】　ここをもつて『大経《だいきょう》』（下）にのたまはく、「あらゆる衆生《しゅじょう》、その名号《みょうごう》を聞《き》きて信心歓喜《しんじんかんぎ》せんこと、乃至一念《ないしいちねん》せん。*至心《ししん》に回向《えこう》したまへり。かの国《くに》に生《しょう》ぜんと願《がん》ずれば、すなはち往生《おうじょう》を得《え》、不退転《ふたいてん》に住《じゅう》せん」と。

【六二】　また（如来会・下）、「他方仏国《たほうぶつこく》の所有《しょう》の衆生《しゅじょう》、無量寿如来《むりょうじゅにょらい》の名号《みょうごう》を聞《き》きてよく一念《いちねん》の浄信《じょうしん》を発《おこ》して歓喜《かんぎ》せん」とのたまへり。

　また（大経・下）、「その仏《ぶつ》の本願《ほんがん》の力《ちから》、名《みな》を聞《き》きて往生《おうじょう》せんと欲《おも》はん」とのたまへり。

155

　また（如来会・下）、「仏《ぶつ》の聖徳《しょうとく》の名《みな》を聞《き》く」とのたまへり。以上

【六三】　『涅槃経《ねはんぎょう》』（迦葉品）にのたまはく、「いかなるをか名《な》づけて聞不具足《もんふぐそく》とする。如来《にょらい》の所説《しょせつ》は十二部経《じゅうにぶきょう》なり。ただ六部《ろくぶ》を信《しん》じていまだ六部《ろくぶ》を信《しん》ぜず、このゆゑに名《な》づけて聞不具足《もんふぐそく》とす。またこの六部《ろくぶ》の経《きょう》を受持《じゅじ》すといへども、*読誦《どくじゅ》にあたはずして他《た》のために解説《げせつ》すれば利益《りやく》するところなけん。このゆゑに名《な》づけて聞不具足《もんふぐそく》とす。またこの六部《ろくぶ》の経《きょう》を受《う》けをはりて、論議《ろんぎ》のためのゆゑに、

信楽に一念　→補註7

信楽開発の時剋の極促　信心が開けおこる最初の時。

広大難思の慶心　広大で思いはかることのできない法をいただいたよろこびの心。

至心に回向したまへり　通常は「至心に回向して」と読む。親鸞聖人は如来回向の義をあらわすために、このように読みかえた。

読誦に…なけん　通常は「読誦し、他のために解説することあたはずは、利益するところなけん」と読む。

*勝他《しょうた》のためのゆゑに、*利養《りよう》のためのゆゑに、*諸有《しょう》のためのゆゑに、*持読誦説《じどくじゅせつ》せん。このゆゑに名《な》づけて聞不具足《もんふぐそく》とす」とのたまへり。以上

【六四】光明寺《こうみょうじ》の和尚《かしょう》（善導）は「*一心専念《いっしんせんねん》」（散善義）といひ、また「専心専《せんしんせん》念《ねん》」（同・意）といへり。以上

【六五】しかるに『経《きょう》』（大経・下）に「*聞《もん》」といふは、衆生《しゅじょう》、*仏願《ぶつがん》の生起《しょうき》本末《ほんまつ》を聞《き》きて疑心《ぎしん》あることなし、これを聞《もん》といふなり。「信心《しんじん》」といふは、すなはち本願力回向《ほんがんりきえこう》の信心《しんじん》なり。「歓喜《かんぎ》」といふは、身心《しんしん》の悦予《えつよ》を形《あらわ》すの貌《かおばせ》なり。「乃至《ないし》」といふは、†多少《たしょう》を摂《せつ》するの言《ことば》なり。「一念《いちねん》」といふは、信心二心《しんじんにしん》なきがゆゑに一念《いちねん》といふ。これを一心《いっしん》と名《な》づく。一心《いっしん》はすなはち清浄報土《しょうじょうほうど》の真因《しんいん》なり。金剛《こんごう》の真心《しんしん》を獲得《ぎゃくとく》すれば、横《おう》に五趣八難《ごしゅはちなん》の道《どう》を超《こ》え、かならず現生《げんしょう》に十種《じっしゅ》の益《やく》を獲《う》。なにものか十《じゅう》とする。一《ひと》つには*冥《みょう》衆護持《しゅごじ》の益《やく》、二《ふた》つには*至徳具足《しとくぐそく》の益《やく》、三《み》つには転悪成善《てんあくじょうぜん》の益《やく》、四《よ》つには諸仏護念《しょぶつごねん》の益《やく》、五《いつ》つには諸仏称讃《しょぶつしょうさん》の益《やく》、六《む》つには心光常護《しんこうじょうご》の益《やく》、七《なな》つには心多歓喜《しんたかんぎ》の益《やく》、八《や》つには知恩報徳《ちおんほうとく》の益《やく》、九《ここの》つには常行大悲《じょうぎょうだいひ》の益《やく》、十《とお》には正定聚《しょうじょうじゅ》に入《い》る益《やく》なり。

勝他　他人に勝《まさ》ろうとする思い。

利養　自己の利益。

諸有のため　人天等の果報《かほう》を得るため。

持読誦説　経典を受持《じゅじ》し、理解して読み、記憶して唱え、他人のために解説すること。

一心専念　阿弥陀仏の本願を信じてもっぱら称名念仏すること。

聞といふは…　以下は第十八願成就文の「その名号《みょうごう》を聞きて信心歓喜せんこと、乃至一念せん」等の意についての解釈。はじめに「聞」が「信」であることを釈する。

仏願の生起本末　仏が衆生《しゅじょう》救済の願をおこした由来と、その願を成就して現に我々を救済しつつあること。

【六六】 宗師《しゅうし》（善導）の「専念《せんねん》」（散善義）といへるは、すなはちこれ一行《いちぎょう》なり。「専心《せんしん》」（同）といへるは、すなはちこれ一心《いっしん》なり。しかれば、願成就《がんじょうじゅ》（第十八願成就文）の「一念《いちねん》」はすなはちこれ専心《せんしん》なり。専心《せんしん》はすなはちこれ深心《じんしん》なり。深心《じんしん》はすなはちこれ深信《じんしん》なり。深信《じんしん》はすなはちこれ堅固深信《けんごじんしん》なり。堅固深信《けんごじんしん》はすなはちこれ決定心《けつじょうしん》なり。決定心《けつじょうしん》はすなはちこれ*無上《むじょう》上心《じょうしん》なり。無上上心《むじょうじょうしん》はすなはちこれ真心《しんしん》なり。真心《しんしん》はすなはちこれ相続心《そうぞくしん》なり。相続心《そうぞくしん》はすなはちこれ淳心《じゅんしん》なり。淳心《じゅんしん》はすなはちこれ憶念《おくねん》なり。憶念《おくねん》はすなはちこれ真実《しんじつ》の一心《いっしん》なり。真実《しんじつ》の一心《いっしん》はすなはちこれ大慶喜《だいきょうき》心《しん》なり。大慶喜心《だいきょうきしん》はすなはちこれ真実信心《しんじつしんじん》なり。真実信心《しんじつしんじん》はすなはちこれ金剛心《こんごうしん》なり。金剛心《こんごうしん》はすなはちこれ願作仏心《がんさぶっしん》なり。願作仏心《がんさぶっしん》はすなはちこれ度衆生心《どしゅじょうしん》なり。度衆生心《どしゅじょうしん》はすなはちこれ衆生《しゅじょう》を摂取《せっしゅ》して安楽浄土《あんらくじょうど》に生《しょう》ぜしむる心《しん》なり。この心《しん》すなはちこれ大菩提心《だいぼだいしん》なり。この心《しん》すなはちこれ大慈悲心《だいじひしん》なり。この心《しん》すなはちこれ*無量光明慧《むりょうこうみょうえ》によりて生《しょう》ずるがゆゑに。*願海平等《がんかいびょうどう》なるがゆゑに*発心等《ほっしんひと》し、発心等《ほっしんひと》しきがゆゑに*道等《どうひと》し、道《どう》等《ひと》しきがゆゑに大慈悲等《だいじひひと》し、大慈悲《だいじひ》はこれ*仏道《ぶつどう》の正因《しょういん》なるがゆゑに。

冥衆護持 諸菩薩や諸天善神につねにまもられること。

至徳具足 名号《みょうごう》にこめられたこの上ない尊い徳が行者の身にそなわること。

無上上心 この上なくすぐれた心。

無量光明慧 はかりしれない阿弥陀仏の智慧《ちえ》。

願海 阿弥陀仏の本願を海に喩えたもの。

発心 阿弥陀仏より回向《えこう》された信心。

道 智慧のこと。

仏道の正因 仏果（仏のさとり）を得る決定的な因。

【六七】『論《ろん》の註《ちゅう》』（下 一四四）にいはく、「かの安楽浄土《あんらくじょうど》に生《うま》れんと願《がん》ずるものは、かならず無上菩提心《むじょうぼだいしん》を発《ほっ》するなり」とのたまへり。

【六八】またいはく（同・上 八二）、「*〈是心作仏《ぜしんさぶつ》〉（観経）とは、いふこころは、心《しん》よく作仏《さぶつ》するなり。〈是心是仏《ぜしんぜぶつ》〉（同）とは、心《しん》のほかに仏《ぶつ》ましまさずとなり。たとへば火《ひ》、木《き》より出《い》でて、火《ひ》、木《き》を離《はな》るることを得《え》ざるなり。木《き》を離《はな》れざるをもつてのゆゑに、すなはちよく木《き》を焼《や》く。木《き》、火《ひ》のために焼《や》かれて、木《き》すなはち火《ひ》となるがごときなり」とのたまへり。

【六九】光明《こうみょう》（善導）のいはく（定善義・意 四三二）、「この心作仏《しんさぶつ》す、*この心《しん》これ仏《ぶつ》なり、この心《しん》のほかに異仏《いぶつ》ましまさず」とのたまへり。以上

【七〇】ゆゑに知《し》んぬ、一心《いっしん》これを如実修行相応《にょじつしゅぎょうそうおう》と名《な》づく。すなはちこれ*正教《しょうきょう》なり、これ正義《しょうぎ》なり、これ正行《しょうぎょう》なり、これ正解《しょうげ》なり、これ正業《しょうごう》なり、これ正智《しょうち》なり。

【七一】三心《さんしん》すなはち一心《いっしん》なり、一心《いっしん》すなはち金剛真心《こんごうしんしん》の義《ぎ》、答《こた》へをはんぬ、知《し》るべしと。

【七二】*『止観《しかん》』の一《いち》にいはく、「〈菩提《ぼだい》〉とは天竺《てんじく》（印度）の語《ことば》、ここには道《どう》と

是心作仏　『観経』の当分は、観仏の心に仏が顕現することを「心が仏を作《つく》る」といったのであるが、親鸞聖人は、如来回向《えこう》の信心は仏道の正因であるから、仏に作《な》るという意に転じた。

この心これ仏なり　如来回向の信心の本質は仏心であることをいう。

これ正教なり…　「散善義」の引用（二一九頁七行）に類似の文がみられる。

止観　『摩訶止観《まかしかん》』のこと。→摩訶《まか》止観《しかん》

159 称《しょう》す。*〈質多《しった》〉とは天竺《てんじく》の音《こえ》なり、この方《ほう》には心《しん》といふ。心《しん》とはすなはち*慮知《りょち》なり」と。以上

【七三】「横超断四流《おうちょうだんしる》」（玄義分 二九七）といふは、横超《おうちょう》とは、横《おう》は竪超《しゅちょう》・竪出《しゅしゅつ》に対《たい》す、超《ちょう》は*迂《う》に対《たい》し*回《え》に対《たい》するの言《ことば》なり。竪超《しゅちょう》とは大乗真実《だいじょうしんじつ》の教《きょう》なり。竪出《しゅしゅつ》とは大乗《だいじょう》*権方便《ごんほうべん》の教《きょう》、二乗《にじょう》・三乗迂回《さんじょううえ》の教《きょう》なり。横超《おうちょう》とはすなはち*願成就一実円満《がんじょうじゅいちじつえんまん》の真教《しんきょう》、真宗《しんしゅう》これなり。また横出《おうしゅつ》あり、すなはち三輩《さんぱい》・九品《くぼん》、定散《じょうさん》の教《きょう》、化土《けど》・*懈慢《けまん》、迂回《うえ》の善《ぜん》なり。大願清浄《だいがんしょうじょう》の報《ほう》土《ど》には品位階次《ほんいかいじ》をいはず、*一念須臾《いちねんしゅゆ》のあひだに、すみやかに疾《と》く*無上正《むじょうしょう》真道《しんどう》を超証《ちょうしょう》す、ゆゑに横超《おうちょう》といふなり。

【七四】『大本《だいほん》』（大経・上）にのたまはく、「無上殊勝《むじょうしゅしょう》の願《がん》を超発《ちょうほつ》す」と。

【七五】またのたまはく（同・上）、「われ超世《ちょうせ》の願《がん》を建《た》つ。かならず無上道《むじょうどう》に至《いた》らんと。*名声《みょうしょう》十方《じっぽう》に超《こ》えて、究竟《くきょう》して*聞《きこ》ゆるところなくは、誓《ちか》ふ、正覚《しょうがく》を成《な》らじ」と。

【七六】またのたまはく（同・下）、「かならず*超絶《ちょうぜつ》して去《す》つることを得《え》て、安養《あんにょう》160 国《こく》に往生《おうじょう》して、横《おう》に五悪趣《ごあくしゅ》を截《き》り、悪趣自然《あくしゅじねん》に閉《と》ぢん。*道《どう》に昇《のぼ》るに窮極《ぐうごく》なし。

質多　梵語チッタ（citta）の音写。心の意。
慮知　思慮分別する心。
迂　遠まわりすること。
回　まわり道すること。
権方便　権仮《ごんけ》方便のこと。↓方便《ほうべん》
願成就一実円満の真教　本願成就文に示されているように、本願が成就して万人を平等に成仏せしめる絶対唯一の真実円満の教え。
懈慢　懈慢界のこと。↓懈《け》慢界《まんがい》
一念須臾のあひだに　きわめて短い時間に。往生すると同時に。
無上正真道　阿耨多羅三藐三菩提のこと。↓阿耨多羅《あのくたら》三藐三菩提《さんみゃくさんぼだい》
名声　阿弥陀仏の名号《みょうごう》のこと。
聞ゆるところなくは　聞えないところがあるならとい

往*《ゆ》き易《やす》くして人《ひと》なし。その国《くに》逆違《ぎゃくい》せず、自然《じねん》の牽《ひ》くところなり」と。以上

【七七】『大阿弥陀経《だいあみだきょう》』（下）支謙三蔵《しけんさんぞう》の訳《やく》にのたまはく、「超絶《ちょうぜつ》して去《す》つることを得《う》べし。阿弥陀仏国《あみだぶっこく》に往生《おうじょう》すれば、横《おう》に五悪道《ごあくどう》を截《き》りて自然《じねん》に閉塞《へいそく》す。道《どう》に昇《のぼ》るにこれ極《きわ》まりなし。往《ゆ》き易《やす》くして人《ひと》あることなし。その国《こく》土逆違《ぎゃくい》せず、自然《じねん》の牽《ひ》くところなり」と。以上

【七八】断《だん》といふは、*往相《おうそう》の一心《いっしん》を発起《ほっき》するがゆゑに、*生《しょう》としてまさに受《う》†くべき生《しょう》なし。*趣《しゅ》としてまた到《いた》るべき趣《しゅ》なし。すでに六趣《ろくしゅ》・四生《ししょう》、因亡《いんもう》じ果《か》滅《めつ》す。ゆゑにすなはち頓《とん》に三有《さんぬ》の生死《しょうじ》を断絶《だんぜつ》す。ゆゑに断《だん》といふなり。四《し》流《る》とはすなはち四暴流《しぼる》なり。また生老病死《しょうろうびょうし》なり。

【七九】『大本《だいほん》』（大経・下）にのたまはく、「かならずまさに仏道《ぶつどう》を成《な》りて、広《ひろ》く生死《しょうじ》の流《ながれ》を度《ど》すべし」と。

【八〇】またのたまはく（平等覚経・二）、「かならずまさに世尊《せそん》となりて、まさに一切生老死《いっさいしょうろうし》を度《ど》せんとすべし」と。以上

【八一】『涅槃経《ねはんぎょう》』（師子吼品）にのたまはく、「また涅槃《ねはん》は名《な》づけて*洲渚《しゅうしょ》とす。なにをもつてのゆゑに、*四大《しだい》の暴河《ぼが》に漂《ただよ》ふことあたはざるがゆゑに。なんらを

う意。

超絶して　（迷いの世界を）超え離れて。

道　仏果。仏のさとり。

往き易くして人なし　阿弥陀仏の本願力によるから浄土に往生することは容易であるが、自力の心を捨てて真実信心を得る人は少ないから、浄土に往生する人は稀《まれ》であるという意。

往相の一心　他力信心。阿弥陀仏よりたまわった信心のこと。

生　四生のこと。→四生《ししょう》

趣　六趣（六道）のこと。→六道《ろくどう》

洲渚　島のこと。

四大の暴河　四暴流のこと。→四暴流《しぼる》

か四《よ》つとする。一《ひと》つには欲暴《よくぼ》、二《ふた》つには有暴《うぼ》、三《み》つには見暴《けんぼ》、四《よ》つには無明暴《むみようぼ》なり。このゆゑに涅槃《ねはん》を名《な》づけて洲渚《しゆうしよ》とす」と。以上

【八二】　光明寺《こうみようじ》の和尚《かしよう》（善導）のいはく（般舟讃　七九二）、「もろもろの行者《ぎようじや》にまうさく、*凡夫《ぼんぶ》の生死《しようじ》貪《とん》じて厭《いと》はざるべからず。弥陀《みだ》の浄土《じようど》軽《かる》めて欣《ねが》はざるべからず。厭《いと》へばすなはち娑婆《しやば》永《なが》く隔《へだ》つ、欣《ねが》へばすなはち浄土《じようど》につねに居《こ》せり。隔《へだ》つればすなはち六道《ろくどう》の因亡《いんもう》じ、輪廻《りんね》の果《か》おのづから滅《めつ》す。因果《いんが》すでに亡《もう》じてすなはち*形《かたち》と名《な》と頓《とん》に絶《た》えぬるをや」と。

【八三】　またいはく（礼讃　六六〇）、「仰《あお》ぎ願《ねが》はくは一切往生人等《いつさいおうじようにんとう》、*よくみづからおのれが能《のう》を思量《しりよう》せよ。今身《こんじん》にかの国《くに》に生《しよう》ぜんと願《ねが》はんものは、行住坐臥《ぎようじゆうざが》にかならずすべからく心《こころ》を励《はげ》しおのれに剋《こく》して、昼夜《ちゆうや》に廃《はい》することなかるべし。*畢命《ひつみよう》を期《ご》として、上《かみ》*一形《いちぎよう》にあるは、少《すこ》しき苦《くる》しきに似如《に》たれども、前念《ぜんねん》に命《みようじゆう》終して後念《ごねん》にすなはちかの国《くに》に生《しよう》じて、長時永劫《じようじようごう》につねに*無為《むい》の法楽《ほうらく》を受《う》く。乃至成仏《ないしじようぶつ》までに生死《しようじ》を経《へ》ず。あに快《たの》しみにあらずや、知《し》るべし」と。以上

【八四】　「*真《しん》の仏弟子《ぶつでし》」（散善義　四五七）といふは、真《しん》の言《ごん》は偽《ぎ》に対《たい》し仮《け》に対《たい》するなり。弟子《でし》とは釈迦《しやか》・諸仏《しよぶつ》の弟子《でし》なり、金剛心《こんごうしん》の行人《ぎようにん》なり。この信《しん》

凡夫の…欣はざるべからず　通常は「凡夫の生死は貪るべからざれども厭はず。弥陀の浄土は軽んずべからざれども欣はず」と読む。

形と名　六道《ろくどう》に輪廻《りんね》する身体と六道輪廻の名。

よく…願はんものは　通常は「よくみづから思量せよ。すでによく今身にかの国に生ぜんと願ずるものは」と読む。

畢命を期として　この世の命が終るまで。

一形　一生涯。

無為の法楽　無為涅槃《ねはん》のさとりの楽しみ。↓無為《むい》

真の仏弟子　↓補註6

行《ぎょう》によりてかならず大涅槃《だいねはん》を超証《ちょうしょう》すべきがゆゑに、真《しん》の仏弟子《ぶつでし》といふ。

【八五】『大本《だいほん》』（大経・上）にのたまはく、「*たとひわれ仏《ぶつ》を得《え》たらんに、十方《じっぽう》無《む》量不《りょうふ》可思議《かしぎ》の諸仏世界《しょぶつせかい》の衆生《しゅじょう》の類《るい》、わが光明《こうみょう》を蒙《かぶ》りてその身《み》に触《ふ》るるもの、*身心柔軟《しんしんにゅうなん》にして人天《にんでん》に超過《ちょうか》せん。もししからずは、正覚《しょうがく》を取《と》らじと。

163 *たとひわれ仏《ぶつ》を得《え》たらんに、十方《じっぽう》無量不《むりょうふ》可思議《かしぎ》の諸仏世界《しょぶつせかい》の衆生《しゅじょう》の類《るい》、わが名字《みょうじ》を聞《き》きて、菩薩《ぼさつ》の無生法忍《むしょうぼうにん》、もろもろの*深総持《じんそうじ》を得《え》ずは、正覚《しょうがく》を取《と》らじ」と。以上

【八六】『無量寿如来会《むりょうじゅにょらいえ》』（上）にのたまはく、「もしわれ成仏《じょうぶつ》せんに、周遍十《しゅうへんじっ》方《ぽう》無量無辺不可思議無等界《むりょうむへんふかしぎむとうかい》の有情《うじょう》の輩《ともがら》、仏《ぶつ》の威光《いこう》を蒙《かぶ》りて照触《しょうそく》せらるるもの、身心安楽《しんしんあんらく》にして人天《にんでん》に超過《ちょうか》せん。もししからずは、菩提《ぼだい》を取《と》らじ」と。以上

【八七】また（大経・下）、「法《ほう》を聞《き》きてよく忘《わす》れず、*見《み》て敬《うやま》ひ得《え》て大《おお》きに慶《よろこ》ばば、すなはちわが善《よ》き親友《しんぬ》なり」とのたまへり。

【八八】またのたまはく（同・下）、「それ至心《ししん》ありて安楽国《あんらくこく》に生《しょう》ぜんと願《がん》ずれば、智慧《ちえ》あきらかに達《たっ》し、功徳殊勝《くどくしゅしょう》なることを得《う》べし」と。

164 【八九】また（如来会・下）、「*広大勝解者《こうだいしょうげしゃ》」とのたまへり。

たとひわれ…　第三十三願。触光柔軟《そくこうにゅうなん》の願。

身心柔軟　摂取《せっしゅ》の光明《こうみょう》につつまれた者は、貪《とん》・瞋《しん》・痴《ち》の三毒の煩悩《ぼんのう》が消えて、身も心もやわらぐこと。我《が》執《しゅう》がなくなること。

たとひわれ…　第三十四願。聞名得忍《もんみょうとくにん》の願。

深総持　深妙な総持。→総《そう》持《じ》

見て…慶ばば　見は聞見のこと。名号《みょうごう》のいわれを聞きひらき、信を得て法を敬い深く心によろこべば。

広大勝解者　広大なすぐれた法をよく領解《りょうげ》した智慧《ちえ》の人の意で、他力信心の行者をいう。

165

【九〇】 また（如来会・下）、「かくのごときらの類《るい》、*大威徳《だいいとく》のひと、よく*広大異《こうだいい》門《もん》に生《うま》る」とのたまへり。

【九一】 またのたまはく（観経）、「もし念仏《ねんぶつ》するひとは、まさに知《し》るべし、この人《ひと》はこれ人中《にんちゅう》の分陀利華《ふんだりけ》なり」と。以上

【九二】 『安楽集《あんらくしゅう》』（上　一八五）にいはく、「*諸部《しょぶ》の大乗《だいじょう》によりて*説聴《せっちょう》の方軌《ほうき》を明《あ》かさば、『大集経《だいじっきょう》』にのたまはく、〈説法《せっぽう》のひとにおいては、医王《いおう》の想《おもい》をなせ、抜苦《ばっく》の想《おもい》をなせ。所説《しょせつ》の法《ほう》をば甘露《かんろ》の想《おもい》をなせ、*醍醐《だいご》の想《おもい》をなせ。それ聴《ちょう》法《ほう》のひとは、*増長勝解《ぞうじょうしょうげ》の想《おもい》をなせ、愈病《ゆびょう》の想《おもい》をなせ。もしよくかくのごとき説者《せっしゃ》・聴者《ちょうしゃ》は、みな仏法《ぶっぽう》を紹隆《しょうりゅう》するに堪《た》へたり。つねに仏前《ぶつぜん》に生《しょう》ぜん〉と。乃至（安楽集・下　二五〇）『涅槃経《ねはんぎょう》』によるに、〈仏《ぶつ》ののたまはく、《もし人《ひと》ただよく心《こころ》を至《いた》して、つねに念仏三昧《ねんぶつざんまい》を修《しゅ》すれば、十方諸仏《じっぽうしょぶつ》つねにこの人《ひと》を見《み》そなはすこと、現《げん》に前《まえ》にましますがごとし》〉と。このゆゑに『涅槃経《ねはんぎょう》』にのたまはく、〈仏《ぶつ》、*迦葉菩薩《かしょうぼさつ》に告《つ》げたまはく、《もし善男子《ぜんなんし》・善女人《ぜんにょにん》ありて、つねによく心《こころ》を至《いた》し、もつぱら念仏《ねんぶつ》するひとは、もしは山林《せんりん》にもあれ、もしは*聚落《じゅらく》にもあれ、もしは昼《ひる》もしは夜《よる》、もしは坐《ざ》もしは臥《が》に、諸仏世尊《しょぶつせそん》つねにこの人《ひと》を見《み》そ

大威徳のひと　仏のすぐれた徳を与えられている人。

広大異門　広大無辺な仏法の徳を実現し、比類のない特異な法門を成就したところ。安楽浄土のこと。

諸部の大乗　諸種の大乗経典。

説聴の方軌　教えを説く者、教えを聞く者の心得。

醍醐　牛乳を精製して作ったもの。また、その味。最高の美味であり、最上の薬とされる。『涅槃経《ねはんぎょう》』にいう五味《ごみ》（乳味・酪味・生蘇味・熟蘇味・醍醐味）の第五。

増長勝解の想　仏法を領解《りょうげ》し、味わうすぐれた心が成長してゆくこと。

迦葉菩薩　『涅槃経』に対告衆（仏の説法の相手）として出る菩薩。多羅聚落の婆羅門に生れた優婆塞《うばそく》（在

なはすこと目《め》の前《まえ》に現《げん》ぜるがごとし。つねにこの人《ひと》のためにして受施《じゅせ》をなさん》と。乃至『大智度論《だいちどろん》』によるに、三番《さんばん》の解釈《げしゃく》あり。〈第一《だいいち》には、仏《ぶつ》はこれ無上法王《むじょうほうおう》なり、菩薩《ぼさつ》は法臣《ほうしん》とす。尊《とうと》ぶところ重《おも》くするところ、ただ仏世尊《ぶっせそん》なり。このゆゑに、まさにつねに念仏《ねんぶつ》すべきなり。第二《だいに》に、もろもろの菩薩《ぼさつ》ありてみづからいはく、《われ曠劫《こうごう》よりこのかた、世尊《せそん》われらが法身《ほっしん》・*智身《ちしん》・*大慈《だいじ》悲身《ひしん》を長養《ちょうよう》したまふことを蒙《かぶ》ることを得《え》たりき。禅定《ぜんじょう》・智慧《ちえ》、無量《むりょう》の*行願《ぎょうがん》、仏《ぶつ》によりて成《じょう》ずることを得《え》たり。報恩《ほうおん》のためのゆゑに、つねに仏《ぶつ》に近《ちか》づかんことを願《がん》ず。また大臣《だいじん》の、王《おう》の恩寵《おんちょう》を蒙《かぶ》りてつねにその王《おう》を念《おも》ふがごとし》と。第三《だいさん》に、もろもろの菩薩《ぼさつ》ありて、またこの言《ごん》をなさく、《われ*因地《いんじ》にして*悪知《あくち》識《しき》に遇《あ》ひて、*波若《はにゃ》を*誹謗《ひほう》して悪道《あくどう》に堕《だ》しき。無量劫《むりょうこう》を経《へ》て余行《よぎょう》を修《しゅ》すといへども、いまだ出《い》づることあたはず。後《のち》に*一時《いちじ》において善知識《ぜんぢしき》の辺《ほとり》によりしに、われを教《おし》へて念仏三昧《ねんぶつざんまい》を行《ぎょう》ぜしむ。その時《とき》に、すなはちよくしかしながらもろもろの障《さわり》、まさに解脱《げだつ》することを得《え》しめたり。この大益《だいやく》あるがゆゑに、願《がん》じて仏《ぶつ》を離《はな》れず》と。乃至（安楽集・上 二〇二）『大経《だいきょう》』（下）にのたまはく、〈おほよそ浄土《じょうど》に往生《おうじょう》せんと欲《おも》はば、かならず発菩提心《ほつぼだいしん》を須《もち》ゐるを源《みなもと》とす。いかん

家信者）であったという。

聚落 集落。

智身 智慧《ちえ》を体得した身。報身《ほうじん》のこと。

大慈悲身 大慈悲を行ずる身。応身のこと。

行願 自利利他の完成を願うこと（四弘誓願《しぐぜいがん》・十大願等）とその実践修行（四摂《ししょう》・六度等）をいう。

因地 ここでは凡夫《ぼんぶ》の地位の意。

悪知識 善知識《ぜんぢしき》に対する語。悪い教えを説いて人を誤った道に導く者。

波若 梵語プラジュニャー（prajñā）の音写。般若に同じ。→般若《はんにゃ》

誹謗 そしること。

一時 ある時。

167 となれば、菩提《ぼだい》はすなはちこれ*無上仏道《むじょうぶつどう》の名《な》なり。もし発心作仏《ほっしんさぶつ》せんと欲《おも》はば、この心広大《しんこうだい》にして法界《ほうかい》に周遍《しゅうへん》せん、この心長遠《しんじょうおん》にして未来際《みらいさい》を尽《つく》す。この心《しん》あまねくつぶさに二乗《にじょう》の障《さわり》を離《はな》る。もしよく一《ひと》たび発心《ほっしん》すれば、*無始生死《むししょうじ》の有輪《うりん》を傾《かたぶ》く〉と。乃至（安楽集・下　二六四）『大悲経《だいひきょう》』にのたまはく、〈いかんが名《な》づけて大悲《だいひ》とする。もしもつぱら念仏相続《ねんぶつそうぞく》して断《た》えざれば、その命終《みょうじゅう》に随《したが》ひてさだめて安楽《あんらく》に生《しょう》ぜん。もしよく*展転《てんでん》してあひ勧《すす》めて念仏《ねんぶつ》を行《ぎょう》ぜしむるは、これらをことごとく大悲《だいひ》を行《ぎょう》ずる人《ひと》と名《な》づく〉」と。以上抄出

【九三】　光明師《こうみょうし》（善導）のいはく（般舟讃　七三二）、「ただ恨《うら》むらくは、衆生《しゅじょう》の疑《うたが》ふまじきを疑《うたが》ふことを。浄土対面《じょうどたいめん》してあひ*忤《たが》はず。*弥陀《みだ》の摂《しょう》と不摂《ふしょう》とを論《ろん》ずることなかれ。意《こころ》専心《せんしん》にして*回《え》すると回《え》せざるとにあり。乃至 あるいはいはく、今《きょう》より*仏果《ぶっか》に至《いた》るまで、長劫《じょうごう》に仏《ぶつ》を讃《ほ》めて慈恩《じおん》を報《ほう》ぜん。弥陀《みだ》の弘誓《ぐぜい》の 168 力《ちから》を蒙《かぶ》らずは、いづれの時《とき》いづれの劫《こう》にか娑婆《しゃば》を出《い》でんと。乃至 いかんが今日《こんにち》*宝国《ほうこく》に至《いた》ることを期《ご》せん。まことにこれ*娑婆本師《しゃばほんし》の力《ちから》なり。もし*本師知識《ほんしちしき》の勧《すす》めにあらずは、弥陀《みだ》の浄土《じょうど》いかんしてか入《い》らん」と。

【九四】　またいはく（礼讃　六七六）、「*仏世《ぶっせ》はなはだ値《もうあ》ひがたし。人《ひと》、*信慧《しんね》あるこ

無上仏道　この上ない仏のさとり。

無始生死…　有輪は迷いの世界である三有《さんぬ》（三界《さんがい》）に輪廻《りんね》することを回転する車輪に喩えたもの。無始《むし》（永遠の昔）以来繰り返して来た生死輪廻を断ち切るという意。

展転して　次々にの意。

忤はず　「忤」はさからう、拒むの意。

弥陀の摂と不摂　阿弥陀仏が救ってくださるか否か。

回する　自力の心を捨てて、他力に帰すること。

仏果　仏の証果。仏のさとり。

宝国　阿弥陀仏の浄土のこと。

娑婆本師・本師知識　釈尊のこと。

仏世　仏が出現している時。

信慧　信心の智慧《ちえ》。

と難《かた》し。たまたま希有《けう》の法《ほう》を聞《き》くこと、これまたもつとも難《かた》しとす。*みづから信《しん》じ、人《ひと》を教《おし》へて信《しん》ぜしむること、難《かた》きがなかにうたたまた難《かた》し。大悲弘《だいひひろ》くあまねく化《け》する、まことに仏恩《ぶっとん》を報《ほう》ずるになる」と。

【九五】またいはく（礼讃 七〇二）、「弥陀《みだ》の身色《しんじき》は金山《こんぜん》のごとし。相好《そうごう》の光明《こうみょう》は十方《じっぽう》を照《て》らす。ただ念仏《ねんぶつ》するもののみありて光摂《こうしょう》を蒙《かぶ》る。まさに知《し》るべし、本《ほん》願《がん》もつとも強《こわ》しとす。十方《じっぽう》の如来《にょらい》、*舌《みした》を舒《の》べて証《しょう》したまふ。もつぱら名号《みょうごう》を称《しょう》して西方《さいほう》に至《いた》る。かの*華台《けだい》に到《いた》つて妙法《みょうほう》を聞《き》く。*十地《じゅうじ》の願行《がんぎょう》、自然《じねん》に彰《あらわ》る」と。

【九六】またいはく（観念法門 六一八）、「ただ阿弥陀仏《あみだぶつ》を専念《せんねん》する衆生《しゅじょう》のみありて、かの仏心《ぶっしん》の光《ひかり》、つねにこの人《ひと》を照《て》らして摂護《しょうご》して捨《す》てたまはず。すべて余《よ》の雑業《ぞうごう》の行者《ぎょうじゃ》を照《て》らし摂《おさ》むと論《ろん》ぜず。これまたこれ*現生護念増上縁《げんしょうごねんぞうじょうえん》なり」と。以上

【九七】またいはく（序分義 三九〇）、「〈*心歓喜得忍《しんかんぎとくにん》〉といふは、これは阿弥陀《あみだ》仏国《ぶっこく》の清浄《しょうじょう》の光明《こうみょう》、たちまちに眼《まなこ》の前《まえ》に現《げん》ぜん、なんぞ踊躍《ゆやく》に勝《た》へん。この喜《よろこ》びによるがゆゑに、すなはち*無生《むしょう》の忍《にん》を得《う》ることを明《あ》かす。また*喜忍《きにん》と名《な》づく、また*悟忍《ごにん》と名《な》づく、また*信忍《しんにん》と名《な》づく。これすなはちはるかに談《だん》ずるに、

みづから信じ…　↓自信《じしん》教人信《きょうにんしん》

舌を舒べて　仏の舌は広く長いので広長《こうじょう》舌相（三十二相の一）といわれる。仏が舌を出すのは教説が真実であることを証明するという意味を持つ。

華台　蓮華《れんげ》の台座（うてな）。

十地の願行　十地（菩薩の階位の第四十一位から五十位まで）の菩薩が修めなければならない願と行。↓菩薩《ぼさつ》

現生護念増上縁　『観念法門《かんねんぼうもん》』にあらわされる五種の増上縁の一。阿弥陀仏が現世で信心の行者を護念するすぐれたはたらきをいう。

心歓喜得忍　『観経』定善示観縁に「見彼国土極妙《けんぴこくどごくみょう》楽事心歓喜故応時即得無生法忍《らくじしんかんぎこおうじそくとくむしょうぼうにん》」（かの国土の極妙

170

いまだ*得処《とくしょ》を標《あらわ》さず、夫人《ぶにん》をして等《ひと》しく心《こころ》にこの益《やく》を悕《ねが》はしめんと欲《おも》ふ。勇《ゆう》猛専精《みょうせんしょう》にして心《こころ》に見《み》んと想《おも》ふ時《とき》に、まさに忍《にん》を悟《さと》るべし。これ多《おお》くこれ*十信《じっしん》のなかの忍《にん》なり、解行以上《げぎょういじょう》の忍《にん》にはあらざるなり」と。

【九八】　またいはく（散善義　四九九）、「〈若念仏者《にゃくねんぶっしゃ》〉より下《しも》〈生諸仏家《しょうしょぶっけ》〉に至《いた》るまでこのかたは、まさしく念仏三昧《ねんぶつざんまい》の功能超絶《くのうちょうぜつ》して、まことに雑善《ぞうぜん》をして比類《ひるい》とすることを得《う》るにあらざることを顕《あらわ》す。すなはちそれに五《いつ》つあり。一《ひと》つには、弥陀仏《みだぶつ》の名《みな》を専念《せんねん》することを明《あ》かす。二《ふた》つには、能念《のうねん》の人《ひと》を指讃《しさん》することを明《あ》かす。三《み》つには、もしよく相続《そうぞく》して念仏《ねんぶつ》するひと、この人《ひと》ははなはだ希有《けう》なりとす、さらに物《もの》としてもつてこれを方《たくら》ぶべきことなきことを明《あ》かす。ゆゑに*分陀利《ふんだり》を引《ひ》きて喩《たと》へとす。分陀利《ふんだり》といふは、人中《にんちゅう》の好華《こうけ》と名《な》づく、また希《け》有華《うけ》と名《な》づく、また人中《にんちゅう》の上上華《じょうじょうけ》と名《な》づく、また人中《にんちゅう》の妙好華《みょうこうけ》と名《な》づく。この華《はな》あひ伝《つた》へて*蔡華《さいけ》と名《な》づくるこれなり。もし念仏《ねんぶつ》のひとはすなはちこれ人《にん》中《ちゅう》の好人《こうにん》なり、人中《にんちゅう》の妙好人《みょうこうにん》なり、人中《にんちゅう》の上上人《じょうじょうにん》なり、人中《にんちゅう》の希有人《けうにん》なり、人中《にんちゅう》の最勝人《さいしょうにん》なり。四《よ》つには、弥陀《みだ》の名《みな》を専念《せんねん》すれば、すなはち観音《かんのん》・勢至《せいし》つねに随《したが》ひて*影護《ようご》したまふこと、また親友知識《しんぬちしき》のごとくなることを明《あ》か

の楽事を見て、心歓喜するがゆゑに、時に応じてすなはち無生法忍を得ん）」とあるのを略したもの。

無生の忍　無生法忍《むしょうぼうにん》のこと。↓無生法忍

喜忍・悟忍・信忍　三忍のこと。↓三忍《さんにん》

得処　無生法忍を得るところ。『観経』華座観《けざかん》のはじめに住立空中尊《じゅうりゅうくうちゅうそん》があらわれるところで韋提希《いだいけ》は得忍したといわれる。

十信のなかの…　菩薩の階位のうち、凡夫《ぼんぶ》が仏法を深く信じるに至る段階を十種に分けたものが十信《じっしん》である。さらに進むと、十住、十行に至るが、これらを解行位《げぎょうい》という。ここでは十信位の凡夫が得る無生法忍であって、解行位以上の高位の菩薩が得る忍ではないと説く。

す。五《いつ》つには、今生《こんじょう》にすでにこの益《やく》を蒙《かぶ》れり、命《いのち》を捨《す》ててすなはち諸仏《しょぶつ》の家《いえ》に入《い》†らん、すなはち浄土《じょうど》これなり。かしこに到《いた》りて長時《じょうじ》に法《ほう》を聞《き》き、*歴事供養《りゃくじくよう》せん。因円《いんまど》かに果満《かまん》ず、道場《どうじょう》の座《ざ》あにはるかならんやといふことを明《あ》かす」と。以上

171 【九九】*王日休《おうにっきゅう》がいはく（龍舒浄土文）、「われ『無量寿経《むりょうじゅきょう》』を聞《き》くに、〈衆生《しゅじょう》、この仏名《ぶつみょう》を聞《き》きて信心歓喜《しんじんかんぎ》せんこと乃至一念《ないしいちねん》せんもの、かの国《くに》に生《しょう》ぜんと願《がん》ずれば、すなはち往生《おうじょう》を得《え》、不退転《ふたいてん》に住《じゅう》す〉と。不退転《ふたいてん》は梵語《ぼんご》にはこれを阿《あ》惟越致《ゆいおっち》といふ。『法華経《ほけきょう》』†にはいはく、〈弥勒菩薩《みろくぼさつ》の所得《しょとく》の*報地《ほうじ》なり〉と。一念《いちねん》往生《おうじょう》、*便《すなわ》ち弥勒《みろく》に同《おな》じ。仏語虚《ぶつごむな》しからず、この『経《きょう》』はまことに往生《おうじょう》の*径《けい》術《じゅつ》、脱苦《だっく》の*神方《しんぽう》なり。みな信受《しんじゅ》すべし」と。以上

【一〇〇】『大経《だいきょう》』（下）にのたまはく、「仏《ぶつ》、弥勒《みろく》に告《つ》げたまはく、〈この世界《せかい》より六十七億《ろくじゅうしちおく》の不退《ふたい》の菩薩《ぼさつ》ありて、かの国《くに》に往生《おうじょう》せん。一々《いちいち》の菩薩《ぼさつ》は、すでに曾《むかし》無数《むしゅ》の諸仏《しょぶつ》を供養《くよう》せりき、*次《つ》いで弥勒《みろく》のごとし〉」と。

172 【一〇一】またのたまはく（如来会・下）、「仏《ぶつ》、弥勒《みろく》に告《つ》げたまはく、〈この仏土《ぶつど》のなかに七十二億《しちじゅうにおく》の菩薩《ぼさつ》あり。かれは無量億那由他百千《むりょうおくなゆたひゃくせん》の仏《ぶつ》の所《みもと》にして、も

↓菩薩《ぼさつ》

分陀利　分陀利華のこと。↓分陀利華《ふんだりけ》

蔡華　千葉《せんよう》の白蓮華《びゃくれんげ》のこと。蔡は白亀の意で、聖人が世に出現する時、白亀が千葉の白蓮華にのって現れるという言い伝えがある。

影護　影が形につきしたがうように、念仏者の身を離れずまもること。

歴事供養　あまねく十方に至りて諸仏につかえ、供養すること。

王日休がいはく…　引用は『龍舒浄土文《りゅうじょじょうどもん》』の後跋の一節で、唯心居士荊渓《ゆいしんこじけいけい》周葵《しゅうき》の文。

報地　因位《いんに》の修行が報いあらわれた地位。

便ち弥勒に同じ　↓便同弥勒《べんどうみろく》

径術　近道。

ろもろの善根《ぜんごん》を種《う》ゑて不退転《ふたいてん》を成《じょう》ぜるなり。まさにかの国《くに》に生《しょう》ずべし〉」と。抄出

【一〇二】 *律宗《りっしゅう》の用欽師《ようきんし》のいはく、「至《いた》れること、『華厳《けごん》』の極唱《ごくしょう》、『法華《ほっけ》』の妙《みょう》談《だん》にしかんや。かつはいまだ*普授《ふじゅ》あることを見《み》ず。衆生《しゅじょう》一生《いっしょう》にみな阿耨多羅《あのくたら》三藐三菩提《さんみゃくさんぼだい》の記《き》を得《う》ることは、まことにいふところの不可思議功徳《ふかしぎくどく》の利《り》なり」と。以上

【一〇三】 まことに知《し》んぬ、弥勒大士《みろくだいじ》は等覚《とうがく》の金剛心《こんごうしん》を窮《きわ》むるがゆゑに、*竜《りゅう》華三会《げさんね》の暁《あかつき》、まさに無上覚位《むじょうかくい》を極《きわ》むべし。念仏《ねんぶつ》の衆生《しゅじょう》は横超《おうちょう》の金剛心《こんごうしん》を窮《きわ》むるがゆゑに、*臨終一念《りんじゅういちねん》の夕《ゆうべ》、大般涅槃《だいはつねはん》を超証《ちょうしょう》す。ゆゑに*便同《べんどう》といふなり。しかのみならず金剛心《こんごうしん》を獲《う》るものは、すなはち韋提《いだい》と等《ひと》しく、すなはち*喜《き》・悟《ご》・信《しん》の忍《にん》を獲得《ぎゃくとく》すべし。これすなはち往相回向《おうそうえこう》の真心徹到《しんしんてっとう》するがゆゑに、不可思議《ふかしぎ》の本誓《ほんぜい》によるがゆゑなり。

173

【一〇四】 禅宗《ぜんしゅう》の智覚《ちかく》、念仏《ねんぶつ》の行者《ぎょうじゃ》を讃《ほ》めていはく（楽邦文類）、「奇《まれ》なるかな、仏力難思《ぶつりきなんじ》なれば、古今《ここん》もいまだあらず」と。

【一〇五】 律宗《りっしゅう》の元照師《がんじょうし》のいはく（同）、「ああ、*教観《きょうかん》にあきらかなること、たれか智者《ちしゃ》（智顗）にしかんや。終《おわ》りに臨《のぞ》んで『観経《かんぎょう》』を挙《きょ》し、浄土《じょうど》を讃《さん》じて長《なが》

神方　不可思議な方法。

次いで弥勒のごとし　→次《し》如《にょ》弥《み》勒《ろく》

律宗の用欽師のいはく…　引用は用欽の『阿弥陀経《あみだきょう》疏超玄記《しょちょうげんき》』の文ともいわれるが、同書は現存しない。

普授　授は授記のこと。未来において最高のさとりを得るであろうことを仏が予言することをいう。普授とは一切衆生《しゅじょう》に授記することをいう。

竜華三会　釈尊が入滅《にゅうめつ》してから五十六億七千万年を経た時、弥勒《みろく》菩薩が兜率天《とそってん》からこの世に下生《げしょう》して、竜華樹の下で成道《じょうどう》し、大衆《だいしゅ》のために開くという三回の説法の会座《えざ》。

臨終…　→補註2

便同　「便同弥勒」→便同《べんどう》弥勒《みろく》

174

く逝《ゆ》きき。法界《ほうかい》に達《たっ》せること、たれか杜順《とじゅん》にしかんや。四衆《ししゅ》を勧《すす》め仏陀《ぶつだ》を念《ねん》じて、勝相《しょうそう》を感《かん》じて西《にし》に邁《ゆ》きき。禅《ぜん》に参《まじ》はり性《しょう》を見《み》ること、たれか*高玉《こうぎょく》・智覚《ちかく》にしかんや。みな社《しゃ》を結《むす》び、仏《ぶつ》を念《ねん》じて、ともに上品《じょうぼん》に登《のぼ》りき。*業儒《ごうじゅ》、才《さい》ある、たれか*劉《りゅう》・*雷《らい》・*柳子厚《りゅうしこう》・*白楽天《はくらくてん》にしかんや。しかるにみな筆《ふで》を秉《と》りて、誠《まこと》を書《しょ》して、かの土《ど》に生《しょう》ぜんと願《がん》じき」と。以上

【一〇六】仮《け》といふは、すなはちこれ聖道《しょうどう》の諸機《しょき》、浄土《じょうど》の定散《じょうさん》の機《き》なり。

【一〇七】ゆゑに光明師《こうみょうし》（善導）のいはく（般舟讃 七二二）、「仏教多門《ぶっきょうたもん》にして*八《はち》万四《まんし》なり。まさしく衆生《しゅじょう》の機《き》、不同《ふどう》なるがためなり」と。

【一〇八】またいはく（法事讃・下 五四七）、「方便《ほうべん》の仮門《けもん》、等《ひと》しくして殊《こと》なることなし」と。

【一〇九】またいはく（般舟讃 七二二）、「門々不同《もんもんふどう》なるを漸教《ぜんぎょう》と名《な》づく。万劫苦《まんごうく》行《ぎょう》して無生《むしょう》を証《しょう》す」と。以上

【一一〇】偽《ぎ》といふは、すなはち*六十二見《ろくじゅうにけん》・九十五種《くじゅうごしゅ》の邪道《じゃどう》これなり。

【一一一】『涅槃経《ねはんぎょう》』（大衆所問品）にのたまはく、「世尊《せそん》つねに説《と》きたまはく、〈一切《いっさい》の外《げ》は九十五種《くじゅうごしゅ》を学《なら》ひて、みな悪道《あくどう》に趣《おもむ》く〉」と。以上

喜悟信の忍　三忍のこと。→三忍《さんにん》

教観　教相と観法。教相とは教義を明らかにすること。観法とは法を心に観ずること。すなわち教義と実践のこと。

高玉　（―七四二）姓は高、名は懐玉《かいぎょく》。日課念仏五万遍、生涯に『阿弥陀経』を誦《じゅ》すること三十万巻に及んだという。

業儒　儒学を業《なりわい》とする人。儒学者のこと。

劉　劉程之《りゅうていし》（三五二―四一〇）のこと。晋《しん》の彭城《ほうじょう》（現在の江蘇《こうそ》省銅山《どうざん》県）の人。劉遺民と称される。老荘に精通し、広く諸子百家を学んだ。

雷　雷次宗《らいじそう》（三八六―四四八）のこと。南昌《なんしょう》（現在の江西《こうせい》省南昌）の人。劉程之

【一二】光明師《こうみょうし》（善導）のいはく（法事讃・下　五七五）、「九十五種《くじゅうごしゅ》みな世《よ》を汚《けが》す。ただ仏《ぶつ》の一道《いちどう》のみ独《ひと》り清閑《しょうげん》なり」と。以上

【一三】まことに知《し》んぬ、悲《かな》しきかな愚禿鸞《ぐとくらん》、*愛欲《あいよく》の広海《こうかい》に沈没《ちんもつ》し、*名利《みょうり》の太山《たいせん》に迷惑《めいわく》して、*定聚《じょうじゅ》の数《かず》に入《い》ることを喜《よろこ》ばず、*真証《しんしょう》の証《さとり》に近《ちか》づくことを快《たの》しまざることを、恥《は》づべし傷《いた》むべしと。

【一四】それ*仏《ぶつ》、難治《なんち》の機《き》を説《と》きて、『涅槃経《ねはんぎょう》』（現病品）にのたまはく、「迦《か》葉《しょう》、世《よ》に三人《さんにん》あり、その病治《やまいち》しがたし。一《ひと》つには謗大乗《ほうだいじょう》、二《ふた》つには五逆罪《ごぎゃくざい》、三《み》つには一闡提《いっせんだい》なり。かくのごときの三病《さんびょう》、世《よ》のなかに極重《ごくじゅう》なり。ことごとく声聞《しょうもん》・縁覚《えんがく》・菩薩《ぼさつ》のよく治《ち》するところにあらず。善男子《ぜんなんし》、*たとへば病《やまい》あればかならず死《し》するに治《ち》することなからんに、もし*瞻病《せんびょう》*随意《ずいい》の医薬《いやく》あらんがごとし。もし瞻病《せんびょう》随意《ずいい》の医薬《いやく》なからん、かくのごときの病《やまい》、さだめて治《ち》すべからず。まさに知《し》るべし、この人《ひと》かならず死《し》せんこと疑《うたが》はずと。善男子《ぜんなんし》、この三《さん》種《しゅ》の人《ひと》またかくのごとし。*仏《ぶつ》・菩薩《ぼさつ》に従《したが》ひて聞治《もんち》を得《え》をはりて、すなはちよく阿耨多羅三藐三菩提心《あのくたらさんみゃくさんぼだいしん》を発《ほっ》せん。もし声聞《しょうもん》・縁覚《えんがく》・菩薩《ぼさつ》ありて、あるいは法《ほう》を説《と》き、あるいは法《ほう》を説《と》かざるあらん、それをして阿耨多羅三藐三菩提《あのくたらさんみゃくさんぼだい》

と共に念仏結社である白《びゃく》蓮社《れんしゃ》に入って念仏三昧《ねんぶつざんまい》に専念した。

柳子厚　柳宗元《りゅうそうげん》（七七三－八一九）のこと。子厚は字《あざな》。最後の任地にちなみ柳州ともいう。唐《とう》代の文人官僚で、古文復興でも知られる。仏教信者であった。

白楽天　白居易《はくきょい》（七七二－八四六）のこと。唐代の代表的な詩人。楽天は字。『白氏文集《はくしもんじゅう》』で知られる。

八万四　八万四千（多数の意）の法門。仏の説いた教法全体のことであるが、親鸞聖人は本願（第十八願）の法以外の自力方便の教えの意とする。「化身土巻」三九四頁六行以下参照。

六十二見　釈尊当時の異教徒の思想を六十二種類に分類したもの。

176 心《しん》を発《ほっ》せしむることあたはず」と。以上

【一五】またのたまはく（涅槃経・梵行品）、「その時《とき》に、*王舎大城《おうしゃだいじょう》に阿闍世王《あじゃせおう》あり。その性《しょう》、弊悪《へいあく》にしてよく殺戮《せつろく》を行《ぎょう》ず。*口《く》の四悪《しあく》、*貪《とん》・恚《い》・愚痴《ぐち》を具してその心《こころ》熾盛《しじょう》なり。乃至 しかるに眷属《けんぞく》のために現世《げんぜ》の五欲《ごよく》の楽《らく》に貪着《とんじゃく》するがゆゑに、*父《ちち》の王辜《おうつみ》なきに、*横《よこさま》に逆害《ぎゃくがい》を加《か》す。父《ちち》を害《がい》するによりて、おのれが心《こころ》に*悔熱《けねつ》を生《しょう》ず。乃至 心悔熱《こころけねつ》するがゆゑに、遍体《へんたい》に瘡《かさ》を生《しょう》ず。その瘡《かさ》臭穢《しゅうえ》にして附近《ふごん》すべからず。すなはちみづから念言《ねんごん》すらく、〈われいまこの身《み》にすでに*華報《けほう》を受《う》けたり、地獄《じごく》の果報《かほう》まさに近《ちか》づきて、遠《とお》からずとす〉と。その時《とき》に、その母韋提希后《ははいだいけこう》、種々《しゅじゅ》の薬《くすり》をもつてためにこれを塗《ぬ》る。その瘡《かさ》つひに増《ぞう》すれども降損《ごうそん》あることなし。王《おう》すなはち母《はは》にまうさく、〈かくのごときの瘡《かさ》は心《こころ》よりして生《しょう》ぜり。四大《しだい》より起《おこ》れるにあらず。もし衆生《しゅじょう》よく治《ち》することありといはば、この処《ことわり》あることなけん〉と。

時《とき》に大臣《だいじん》あり、†名《な》づけて月称《がっしょう》といふ。王《おう》の所《ところ》に往至《おうし》して、一面《いちめん》にありて立《た》
177 ちてまうしてまうさく、〈大王《だいおう》なんがゆゑぞ愁悴《しゅうすい》して顔容《げんよう》悦《よろこ》ばざる。身痛《みいた》むとやせん、心痛《こころいた》むとやせん〉と。王《おう》、臣《しん》に答《こた》へていはまく、〈われいま身心《しんしん》あに

愛欲の広海 愛執・恩愛が深いことを海に喩えていう。

名利の太山 名誉心や、物質的欲望が大きいことを山に喩えていう。

定聚 正定聚のこと。→正《しょう》定聚《じょうじゅ》

真証の証 真実の証果。この上ない仏のさとりの果。

それ仏… 以下、難化の三機（五逆・謗法・一闡提）をあげて所被の機（仏の救いをうける機類）を明かす。

たとへば…治すべからず 通常は「たとへば病あり、必死にして治することなきがごとし。もしは瞻病随意の医薬あるも、もしは瞻病随意の医薬なきも、かくのごとき病はさだめて治すべからず」と読む。

瞻病 看病人。

随意の医薬 適切な医者と薬。仏の本意である随自意

痛《いた》まざることを得《え》んや。わが父辜《ちちつみ》なきに横《よこさま》に逆害《ぎやくがい》を加《か》す。われ智者《ちしや》に従《したが》ひて、かつてこの義《ぎ》を聞《き》きき。《世《よ》に五人《ごにん》あり、地獄《じごく》を脱《まぬか》れずと。いはく五逆罪《ごぎやくざい》なり》と。われいますでに*無量無辺阿僧祇《むりようむへんあそうぎ》の罪《つみ》あり。いかんぞ身心《しんしん》をして痛《いた》まざることを得《え》ん。また良医《りようい》のわが身心《しんしん》を治《ち》せんものなけん〉と。臣《しん》、大王《だいおう》にまうさく、〈大《おお》きに愁苦《しゆうく》することなかれと。すなはち*偈《げ》を説《と》きていはく、《もしつねに愁苦《しゆうく》せば、愁《うれ》へつひに増長《ぞうじよう》せん。人眠《ひとねむ》りを喜《この》めば、眠《ねむ》りすなはち滋《しげ》く多《おお》きがごとし。婬《いん》を貪《とん》じ酒《さけ》を嗜《たしな》むも、またまたかくのごとし》と。王《おう》のたまふところのごとし、《世《よ》に五人《ごにん》あり、地獄《じごく》を脱《まぬか》れず》とは、たれか往《ゆ》きてこれを見《み》て、来《きた》りて王《おう》に語《かた》るや。地獄《じごく》といふは、ただちにこれ世間《せけん》に多《おお》く智者《ちしや》説《と》かく、王《おう》ののたまふところのごとし、《世《よ》に良医《りようい》の身心《しんしん》を治《ち》するものなけん》と。いま大医《だいい》あり、富蘭那《ふらんな》と名《な》づく。*一切知見《いつさいちけん》して自在《じざい》を得《え》て、さだめて畢竟《ひつきよう》じて清浄《しようじよう》*梵行《ぼんぎよう》を修習《しゆじゆう》して、つねに無量無辺《むりようむへん》の衆生《しゆじよう》のために、無上涅槃《むじようねはん》の道《どう》を演説《えんぜつ》す。もろもろの弟子《でし》のために、かくのごときの法《ほう》を説《と》けり。《*黒業《こくごう》あることなければ、黒業《こくごう》の報《ほう》なし。*白業《びやくごう》あることなければ、白業《びやくごう》の報《ほう》なし。黒白業《こくびやくごう》なければ、黒白《こくびやく》の*業報《ごうほう》なし。*上業《じようごう》および*下業《げごう》のあることなし》と。この師《し》い

の法に喩える。

仏菩薩に…発せん　この文は『涅槃経《ねはんぎよう》』の原文では、次の「もし声聞《しようもん》・縁覚《えんがく》・菩薩ありて…発せしむることあたはず」から三十四字（原漢文の字数）をへだてた後にある。

王舎大城　王舎城のこと。↓王舎城《おうしやじよう》

口の四悪　十悪のうちの口業による悪。妄語《もうご》・綺語《きご》・悪口《あつく》・両舌《りようぜつ》のこと。↓十悪《じゆうあく》

貪恚愚痴　三毒のこと。↓三毒《さんどく》

父の王　頻婆娑羅王のこと。↓頻婆娑《びんばしや》（沙）羅《ら》

横に　道理に背いて。非道にも。

悔熱　後悔の念にさいなまれて熱がでること。

華報　当来の果報《かほう》にさきが

ま王舎城《おうしやじよう》のうちにいます。やや、願《ねが》はくは大王《だいおう》、*屈駕《くつが》してかしこに往《ゆ》け。この師《し》をして身心《しんしん》を療治《りようじ》せしむべし〉と。時《とき》に王答《おうこた》へていはまく、〈あきらかによくかくのごときわが罪《つみ》を滅除《めつじよ》せば、われまさに帰依《きえ》すべし〉と。

またひとりの臣《しん》あり、名《な》づけて蔵徳《ぞうとく》といふ。また王《おう》の所《ところ》に往《ゆ》きてこの言《ごん》をなさく、〈大王《だいおう》、なんがゆゑぞ面貌《めんみよう》憔悴《しようすい》して、脣口《しんく》乾燥《かんそう》し、音声《おんじよう》微細《みさい》なるや。乃至 なんの苦《くる》しむところあつてか、身痛《みいた》むとやせん、心痛《こころいた》むとやせん〉と。王《おう》すなはち答《こた》へていはく、〈われいま身心《しんしん》いかんぞ痛《いた》まざらん。われ痴盲《ちもう》にして*慧目《えもく》あることなし。もろもろの悪友《あくう》に近《ちか》づきて、これよく提婆達多《だいばだつた》悪人《あくにん》の言《ことば》に随《したが》ひて、*正法《しようぼう》の王《おう》に横《よこさま》に逆害《ぎやくがい》を加《か》す。われ昔《むかし》かつて智人《ちにん》の偈《げ》説《せつ》せしを聞《き》きき。《もし父母《ぶも》、仏《ぶつ》および弟子《でし》において、不善《ふぜん》の心《しん》を生《しよう》じ、悪業《あくごう》を起《おこ》さん。かくのごときの果報《かほう》、*阿鼻獄《あびごく》にあり》と。この事《じ》をもつてのゆゑに、われ心怖《しんぷ》して大苦悩《だいくのう》を生《しよう》ぜしむ。また良医《りようい》の救療《くりよう》を見《み》ることなけん〉と。大臣《だいじん》またいはく、〈やや、願《ねが》はくは大王《だいおう》、しばらく愁怖《しゆうふ》することなかれ。法《ほう》に二種《にしゆ》あり。一《ひと》つには出家《しゆつけ》、二《ふた》つには王法《おうぼう》なり。王法《おうぼう》といふは、いはく、その父《ちち》を害《がい》して、す‡なはち国土《こくど》に王《おう》たるなり。これ逆《ぎやく》なりといふといへども、実《じつ》に罪《つみ》あることなけ

けて、現世においてあらわれる報い。

無量無辺阿僧祇の罪　はかりしれないたくさんの罪。

偈　梵語ガーター(gāthā)の音写。頌《じゆ》と漢訳する。韻文で書かれた詩句のこと。

一切知見して…修習して　一切知見は一切を知り尽すこと。通常は「一切知見、自在定を得て、畢竟じて清浄梵行を修習して」と読む。

梵行　梵は清浄の意。清浄な行。

黒業　悪い行為。

白業　善い行為。

業報　行為の結果としての報い。

上業　すぐれた行為。

下業　劣った行為。

屈駕　わざわざ訪問すること。

ん。*迦羅羅虫《かららちゅう》のかならず母《はは》の腹《はら》を壊《やぶ》りて、しかして後《のち》、いまし生《しょう》ずるがごとし。*生《しょう》の法《ほう》かくのごとし。母《はは》の身《み》を破《やぶ》るといへども実《じつ》にまた罪《つみ》なし。*騾腹《らふく》の
180 懐妊等《かいにんとう》またまたかくのごとし。治国《ちこく》の法《ほう》、法《ほう》としてかくのごとくなるべし。父《ぶ》兄《きょう》を殺《ころ》すといへども、実《じつ》に罪《つみ》あることなけん。出家《しゅっけ》の法《ほう》は、乃至《ないし》蚊蟻《もんぎ》を殺《ころ》す、また罪《つみ》あり。乃至　王《おう》ののたまふところのごとし、《世《よ》に良医《りょうい》の身心《しんしん》を治《ち》するものなけん》と。いま大師《だいし》あり、末伽梨拘賒梨子《まかりくしゃりし》と名《な》づく。一切知見《いっさいちけん》して衆生《しゅじょう》を憐愍《れんみん》すること、赤子《しゃくし》のごとし。すでに煩悩《ぼんのう》を離《はな》れて、よく衆生三毒《しゅじょうさんどく》の*利箭《りせん》を抜《ぬ》く。乃至　この師《し》いま王舎大城《おうしゃだいじょう》にいます。やや、願《ねが》はくは大王《だいおう》、その所《ところ》に往至《おうし》して、王《おう》もし見《み》ば衆罪消滅《しゅざいしょうめつ》せん〉と。時《とき》に王答《おうこた》へていはく、〈あきらかによくかくのごときわが罪《つみ》を滅除《めつじょ》せば、われまさに帰依《きえ》すべし〉と。

　またひとりの臣《しん》あり、名《な》づけて実徳《じっとく》といふ。また王《おう》の所《ところ》に到《いた》りて、すなはち
181 偈《げ》を説《と》きていはく、〈大王《だいおう》、なんがゆゑぞ身《み》の瓔珞《ようらく》を脱《ぬ》ぎ、首《こうべ》の髪蓬乱《かみほうらん》せる。乃至《ないし》かくのごときなるや。乃至　これ心痛《こころいた》むとやせん、身痛《みいた》むとやせん〉と。王《おう》すなはち答《こた》へていはく、〈われいま身心《しんしん》あに痛《いた》まざることを得《え》んや。わが父《ちち》先王《せんおう》、慈愛《じあい》*仁惻《にんしき》して、ことに見《み》て*矜念《こうねん》せり。実《じつ》に*過咎《かぐ》なきに、往《ゆ》きて*相師《そうし》に

慧目　智慧《ちえ》の目。

正法の王　正しく国を治めた王。頻婆娑羅王《びんばしゃらおう》のこと。

阿鼻獄　阿鼻地獄のこと。→阿鼻地獄《あびじごく》

迦羅羅虫　黒虫と呼ばれる虫の名。

生の法　生れかた。

騾腹の懐妊　『涅槃経《ねはんぎょう》』（北本巻十二）等には、騾馬は子を妊《はら》んで死す、とある。

利箭　するどい矢。

仁惻　あわれみいたむこと。

矜念　あわれむこと。

過咎　つみとが。

相師　人相を占う者。

問《と》ふ。相師答《そうしこた》へてまうさく、《この児生《こうま》れをはりて、さだめてまさに父《ちち》を害《がい》すべし》と。この語《ご》を聞《き》くといへども、なほ見《み》て*瞻養《せんよう》す。曾智者《むかしちしゃ》の、かくのごときの言《ごん》をなししを聞《き》き。《もし人母《ひとはは》‡と通《つう》じ、および比丘尼《びくに》を汚《けが》し、*僧祇物《そうぎもつ》を偸《ぬす》み、無上菩提心《むじょうぼだいしん》を発《おこ》せる人《ひと》を殺《ころ》し、およびその父《ちち》を殺《ころ》さん。かくのごときの人《ひと》は必定《ひつじょう》してまさに阿鼻地獄《あびじごく》に堕《だ》すべし》と。われいま身心《しんしん》あに痛《いた》まざることを得《え》んや〉と。大臣《だいじん》またいはく、〈やや、願《ねが》はくは大王《だいおう》、また愁苦《しゅうく》することなかれ。乃至　一切衆生《いっさいしゅじょう》みな*余業《よごう》あり。業縁《ごうえん》をもつてのゆゑにしばしば生死《しょうじ》を
182
受《う》く。もし先王《せんおう》に余業《よごう》あらしめば、王《おう》いまこれを殺《ころ》さんに、つひになんの罪《つみ》かあらん。やや、願《ねが》はくは大王《だいおう》、意《こころ》を寛《ゆた》かにして愁《うれ》ふることなかれ。なにをもつてのゆゑに、《もしつねに愁苦《しゅうく》すれば、愁《うれ》へつひに増長《ぞうじょう》す。人眠《ひとねむ》りを喜《この》めば、眠《ねむ》りすなはち滋《しげ》く多《おお》きがごとし。婬《いん》を貪《とん》じ酒《さけ》を嗜《たしな》むも、またまたかくのごとし》と。乃至　刪闍耶毘羅胝子《さんじゃやびらていし》〉。

　またひとりの臣《しん》あり、悉知義《しっちぎ》と名《な》づく。すなはち王《おう》の所《ところ》に至《いた》りて、かくのごときの言《ごん》をなさく。乃至　王《おう》すなはち答《こた》へていはまく、〈われいま身心《しんしん》あに痛《いた》みなきことを得《え》んや。乃至　先王辜《せんおうつみ》なきに、横《よこさま》に逆害《ぎゃくがい》を興《こう》ず。われまた曾智者《むかしちしゃ》の

瞻養　大事に育てること。

僧祇物　梵語サーンギカ（sāṃghika）の音写、僧祇に「物」を加えた合成語。僧伽物《そうぎゃもつ》、僧物《そうもつ》ともいう。出家教団に属する財物・物資。大別すると四方僧物（四方のどこから来た比丘《びく》でも受用できる教団の共有物。寺塔・田地などの不動産）と、現前僧物（同一の結界《けっかい》内の比丘・比丘尼に施された衣食などの生活資具）の二種僧物がある。また細分して四種僧物とする。

余業　過去の業の残り。

説《と》きていひしを聞《き》きき。《もし父《ちち》を害《がい》することあれば、まさに無量阿僧祇劫《むりょうあそうぎこう》にして大苦悩《だいくのう》を受《う》くべし》と。われいま久《ひさ》しからずしてかならず地獄《じごく》に堕《だ》せん。また良医《りょうい》のわが罪《つみ》を救療《くりょう》することなけん〉と。大臣《だいじん》すなはちまうさく、〈やや、願《ねが》はくは大王《だいおう》、愁苦《しゅうく》を放捨《ほうしゃ》せよ。王聞《おうき》かずや、昔者王《むかしおう》ありき、名《な》づけて羅摩《らま》と
183 いひき。その父《ちち》を害《がい》しをはりて王位《おうい》を紹《つ》ぐことを得《え》たりき。跋提大王《ばつだいだいおう》・毘楼真《びるしん》王《おう》・那睺沙王《なごしゃおう》・迦帝迦王《かていかおう》・毘舎佉王《びしゃきゃおう》・月光明王《がっこうみょうおう》・日光明王《にっこうみょうおう》・愛王《あいおう》・持多人王《じたにんおう》、かくのごときらの王《おう》、みなその父《ちち》を害《がい》して王位《おうい》を紹《つ》ぐことを得《え》たりき。しかるにひとりとして王《おう》の地獄《じごく》に入《い》るものなし。いま現在《げんざい》に毘瑠璃王《びるりおう》・優陀邪王《うだやおう》・悪性王《あくしょうおう》・鼠王《そおう》・蓮華王《れんげおう》、かくのごときらの王《おう》、みなその父《ちち》を害《がい》せりき。ことごとくひとりとして王《おう》の愁悩《しゅうのう》を生《しょう》ずるものなし。地獄《じごく》・餓鬼《がき》・*天中《てんちゅう》といふといへども、たれか見《み》るものあるや。大王《だいおう》、ただ二《ふた》つの有《う》あり。一《ひと》つには人道《にんどう》、二《ふた》つには畜生《ちくしょう》なり。この二《ふた》つありといへども、因縁生《いんねんしょう》にあらず、因縁死《いんねんし》にあらず。もし因縁《いんねん》にあらずは、なにものか善悪《ぜんあく》あらん。やや、願《ねが》はくは大王《だいおう》、愁怖《しゅうふ》を懐《いだ》くことなかれ。なにをもつてのゆゑに、《もしつねに愁苦《しゅうく》すれば、愁《うれ》へつ
184 ひに増長《ぞうじょう》す。人眠《ひとねむ》りを喜《この》めば、眠《ねむ》りすなはち滋《しげ》く多《おお》きがごとし。婬《いん》を貪《とん》じ酒《さけ》

天中　神々の世界。天上界のこと。

を嗜《たしな》むも、またまたかくのごとし》と。乃至 阿耆多翅舎欽婆羅《あぎたししゃきんばら》〉。乃至
また大臣《だいじん》あり、名《な》づけて吉徳《きっとく》といふ。乃至〈地獄《じごく》といふは、なんの義《ぎ》ありとかせん。臣《しん》まさにこれを説《と》くべし。地《じ》は地《ち》に名《な》づく、獄《ごく》は破《は》に名《な》づく。地獄《じごく》を破《は》せん、罪報《ざいほう》あることなけん。これを地獄《じごく》と名《な》づく。また地《じ》は人《にん》に名《な》づく、獄《ごく》は天《てん》に名《な》づく。その父《ちち》を害《がい》するをもつてのゆゑに人天《にんでん》に到《いた》らん。この義《ぎ》をもつてのゆゑに、婆蘇仙人《ばそせんにん》唱《とな》へていはく、《羊《ひつじ》を殺《ころ》して人天《にんでん》の楽《らく》を得《う》》と。これを地獄《じごく》と名《な》づく。また地《じ》は命《みょう》に名《な》づく、獄《ごく》は長《ちょう》に名《な》づく。*†殺生《せっしょう》をもつてのゆゑに寿命《じゅみょう》の長《なが》きを得《う》。ゆゑに地獄《じごく》と名《な》づく。大王《だいおう》このゆゑにまさに知《し》るべし、実《じつ》に地獄《じごく》なけんと。大王《だいおう》、麦《むぎ》を種《う》ゑて麦《むぎ》を得《え》、稲《いね》を種《う》ゑて稲《いね》を得《う》るがごとし。地獄《じごく》を殺《ころ》しては、還《かえ》りて地獄《じごく》を得《え》ん。人《にん》を殺害《せつがい》しては、還《かえ》りて人《にん》を得《う》べし。大《だい》王《おう》いままさに臣《しん》（吉徳）の所説《しょせつ》を聴《き》くに、実《じつ》に殺害《せつがい》なかるべし。もし有我《うが》ならば実《じつ》にまた害《がい》なし。もし無我《むが》ならばまた害《がい》するところなけん。なにをもつてのゆゑに。もし有我《うが》ならばつねに変易《へんやく》なし、常住《じょうじゅう》をもつてのゆゑに殺害《せつがい》すべからず。不破不壊《ふはふえ》、不繋不縛《ふけふばく》、不瞋不喜《ふしんふき》はなほ虚空《こくう》のごとし。いかんぞまさに殺《せっ》害《がい》の罪《つみ》あるべき。もし無我《むが》ならば諸法無常《しょほうむじょう》なり。無常《むじょう》をもつてのゆゑに念々《ねんねん》に

殺生を…長きを得　大谷派本願寺蔵本（坂東本）には「彼の寿命の長を殺すをもつてのゆゑに」とある。また底本には「寿命を殺すをもつての彼のゆゑに」とある。ここでは高麗《こうらい》版大蔵経による。

壊《え》滅《めつ》す。念々《ねんねん》に滅《めつ》するがゆゑに殺者《せつしゃ》・死者《ししゃ》みな念々《ねんねん》に滅《めつ》す。もし念々《ねんねん》に滅《めつ》せば、たれかまさに罪《つみ》あるべきや。大王《だいおう》、火《ひ》、木《き》を焼《や》くに、火《ひ》すなはち罪《つみ》なきがごとし。斧《おの》、樹《き》を斫《き》るに、斧《おの》また罪《つみ》なきがごとし。鎌《かま》、草《くさ》を刈《か》るに、鎌《かま》、実《じつ》に罪《つみ》なきがごとし。刀《かたな》、人《ひと》を殺《ころ》すに、刀《かたな》、実《じつ》に人《ひと》にあらず、刀《かたな》すでに罪《つみ》なきがごとし。人《ひと》いかんぞ罪《つみ》あらんや。毒《どく》、人《ひと》を殺《ころ》すに、毒《どく》、実《じつ》に人《ひと》にあらず、*毒薬《どくやく》、罪人《ざいにん》にあらざるがごとし。いかんぞ罪《つみ》あらんや。一切万物《いっさいまんもつ》みなまたかくのごとし。実《じつ》に殺害《せつがい》なけん。いかんぞ罪《つみ》あらんや。やや、願《ねが》はくは大王《だいおう》、愁苦《しゅうく》を生《しょう》ずることなかれ。なにをもつてのゆゑに、《もしつねに愁苦《しゅうく》せば、愁《うれ》へつひに増《ぞう》長《じょう》せん。人眠《ひとねむ》りを喜《この》めば、眠《ねむ》りすなはち滋《しげ》く多《おお》きがごとし。婬《いん》を貪《とん》じ酒《さけ》を嗜《たしな》むも、またまたかくのごとし》と。いま大師《だいし》あり、迦羅鳩駄迦旃延《からくだかせんえん》と名《な》づく〉と。

またひとりの臣《しん》あり、無所畏《むしょい》と名《な》づく。〈いま大師《だいし》あり、尼乾陀若提子《にけんだにゃだいし》と名《な》づく〉と。乃至

その時《とき》に、大医《だいい》あり、名《な》づけて耆婆《ぎば》といふ。王《おう》の所《ところ》に往至《おうし》してまうしてまうさく、〈大王《だいおう》、*いづくんぞ眠《ねむ》ることを得《え》んやいなや〉と。王《おう》、偈《げ》をもつて答《こた》へ

毒薬…あらんや　通常は「毒薬、罪にあらず、人いかんぞ罪あらん」と読む。

いづくんぞ…いなや　通常は「安眠を得《う》やいなや」と読む。

ていはまく、乃至〈耆婆《ぎば》、われいま病重《やまいおも》し。正法《しょうぼう》の王《おう》において悪逆害《あくぎゃくがい》を興《おこ》す。一切《いっさい》の良医《りょうい》・妙薬《みょうやく》・呪術《しゅじゅつ》・*善巧瞻病《ぜんぎょうせんびょう》の治《ち》することあたはざるところなり。なにをもつてのゆゑに、わが父法王《ちちほうおう》、法《ほう》のごとく国《くに》を治《おさ》む、実《じつ》に辜咎《つみとが》なし。横《よこさま》に逆害《ぎゃくがい》を加《か》す、魚《うお》の陸《くが》に処《しょ》するがごとし。乃至 われ昔《むかし》かつて智者《ちしゃ》の説《と》きていひしことを聞《き》き。《身口意業《しんくいごう》もし清浄《しょうじょう》ならずは、まさに知《し》るべし、この人《ひと》かならず地獄《じごく》に堕《だ》せん》と。われまたかくのごとし。いかんぞまさに安穏《あんのん》に眠《ねむ》ることを得《う》べきや。いまわれまた無上《むじょう》の大医《だいい》なし、法薬《ほうやく》を演説《えんぜつ》せんに、わが病苦《びょうく》を除《のぞ》きてんや〉と。耆婆《ぎば》答《こた》へていはく、〈善《よ》いかな善《よ》いかな、王罪《おうつみ》をなすといへども、心《こころ》に*重悔《じゅうけ》を生《しょう》じて慚愧《ざんぎ》を懐《いだ》けり。大王《だいおう》、諸仏世尊《しょぶつせそん》つねにこの言《ごん》を説《と》きたまはく、二《ふた》つの*白法《びゃくほう》あり、よく衆生《しゅじょう》を救《たす》く。一《ひと》つには慚《ざん》、二《ふた》つには愧《き》なり。慚《ざん》はみづから罪《つみ》を作《つく》らず、愧《き》は他《た》を教《おし》へてなさしめず。慚《ざん》はうちにみづから羞《しゅう》恥《ち》す、愧《き》は発露《ほつろ》して人《ひと》に向《む》かふ。慚《ざん》は人《にん》に羞《は》づ、愧《き》は天《てん》に羞《は》づ。これを慚愧《ざんぎ》と名《な》づく。無慚愧《むざんぎ》は名《な》づけて人《にん》とせず、名《な》づけて畜生《ちくしょう》とす。慚愧《ざんぎ》あるがゆゑに、すなはちよく父母《ぶも》・師長《しちょう》を*恭敬《くぎょう》す。慚愧《ざんぎ》あるがゆゑに、父母《ぶも》・兄弟《きょうだい》・姉妹《しまい》あることを説《と》く。善《よ》きかな大王《だいおう》、つぶさに慚愧《ざんぎ》あり。乃至 王《おう》ののたまふところのご

善巧瞻病　たくみな看病。

重悔　深い後悔。

白法　清浄《しょうじょう》な善法《ぜんぽう》。

恭敬　つつしみ敬うこと。

188

とし、《よく治《ち》するものなけん》と。大王《だいおう》まさに知《し》るべし、迦《か》毘《び》羅城《らじよう》に浄飯王《じようぼんのう》の子《こ》、姓《しよう》は*瞿曇氏《くどんし》、*悉達多《しつだつた》と字《なづ》く。師《し》なくして自然《じねん》に覚悟《かくご》して阿耨多羅三藐《あのくたらさんみやく》三菩提《さんぼだい》を得《え》たまへり。乃至 これ仏世尊《ぶつせそん》なり。*金剛智《こんごうち》ましまして、よく衆生《しゆじよう》の一切悪罪《いつさいあくざい》を破《は》せしむること、もしあたはずといはば、この処《ことわり》あることなけん。乃至 大王《だいおう》、如来《によらい》に*弟提婆達多《ていだいばだつた》あり。*衆僧《しゆそう》を破壊《はえ》し、仏身《ぶつしん》より血《ち》を出《いだ》し、*蓮華比《れんげび》丘尼《くに》を害《がい》す。三逆罪《さんぎやくざい》を作《つく》れり。如来《によらい》、ために種々《しゆじゆ》の法要《ほうよう》を説《と》きたまふに、その重罪《じゆうざい》をしてすなはち微薄《みはく》なることを得《え》しめたまふ。このゆゑに如来《によらい》を大良《だいりよう》医《い》とす。六師《ろくし》にはあらざるなり〉と。乃至 〈*大王《だいおう》、一逆《いちぎやく》を作《つく》れば、すなはちつぶさにかくのごときの一罪《いちざい》を受《う》く。もし二逆罪《にぎやくざい》を造《つく》らば、すなはち二倍《にばい》ならん。五逆《ごぎやく》つぶさならば、罪《つみ》もまた五倍《ごばい》ならん。大王《だいおう》いまさだめて知《し》んぬ、王《おう》の悪業《あくごう》かならず勉《まぬか》るることを得《え》じ。やや、願《ねが》はくは大王《だいおう》、すみやかに仏《ぶつ》の所《みもと》に往《もう》づべし。仏世尊《ぶつせそん》を除《のぞ》きて余《よ》は、よく救《たす》くることなけん。われいまなんぢを愍《あわ》れむがゆゑに、あひ勧《すす》めて導《みちび》くなり〉と。その時《とき》に、大王《だいおう》、この語《ご》を聞《き》きをはりて、心《こころ》に*怖懼《ふく》を懐《いだ》けり。身《み》を挙《あ》げて戦慄《せんりつ》す。五体掉動《ごたいじようどう》して芭蕉樹《ばしようじゆ》のごとし。仰《あお》ぎて答《こた》へていはく、〈天《てん》これたれとかせん、*色像《しきぞう》を現《げん》ぜずしてただ声《こえ》のみあ

瞿曇・悉達多　瞿曇は梵語ガウタマ（Gautama）の音写。悉達多は梵語シッダールタ（Siddhārtha）の音写。釈尊のこと。

金剛智　煩悩《ぼんのう》罪障を破る力をもつ仏の智慧《ちえ》を一切を打ち砕く金剛に喩えていう。↓金剛《こんごう》

弟提婆達多　提婆達多が弟となっているが、実際は従弟。↓提婆達多《だいばだつた》

衆僧を破壊し…　以下、五逆罪のうちの破和合僧《はわごうそう》、出仏身血《しゆつぶつしんけつ》、殺阿羅漢《せつあらかん》にあたる。↓五逆《ごぎやく》

蓮華比丘尼　蓮華色比丘尼ともいう。阿羅漢を証し、神通《じんずう》第一といわれたが、提婆達多のあやまちを誡めて殺害されたという。

大王一逆を…　ここからは殺害された父、頻婆娑羅《びんばしやら》の空中の声。

ることは〉と。〈大王《だいおう》、われはこれなんぢが父《ちち》頻婆沙羅《びんばしゃら》なり。なんぢいままさに耆婆《ぎば》の所説《しょせつ》に随《したが》ふべし。邪見六臣《じゃけんろくしん》の言《ことば》に随《したが》ふことなかれ〉と。時《とき》に聞《き》きをはりて*悶絶躄地《もんぜつびゃくじ》す。身《み》の瘡《かさ》、増劇《ぞうぎゃく》して臭穢《しゅうえ》なること、前《さき》よりも倍《まさ》れり。もつて冷薬《れいやく》をして塗《ぬ》り、瘡《かさ》を治療《ちりょう》すといへども、瘡蒸《かさあつか》はし。毒熱《どくねつ》ただ増《ま》せども損《そん》ずることなし」と。以上略出

189　190

一*大臣《だいじん》、名《な》づけて月称《がっしょう》といふ　　一富蘭那《ふらんな》と名《な》づく

二蔵徳《ぞうとく》　　二末伽梨拘賒梨子《まかりくしゃりし》と名《な》づく

三一《ひとり》の臣《しん》あり、名《な》づけて実徳《じっとく》といふ　　三刪闍耶毘羅胝子《さんじゃやびらていし》と名《な》づく

四一《ひとり》の臣《しん》あり、悉知義《しっちぎ》と名《な》づく　　四阿耆多翅舎欽婆羅《あぎたししゃきんばら》と名《な》づく

五大臣《だいじん》、名《な》づけて吉徳《きっとく》といふ　　五迦羅鳩駄迦旃延《からくだかせんえん》

六無所畏《むしょい》　　六尼乾陀若提子《にけんだにゃだいし》と名《な》づく

【二六】　またのたまはく（涅槃経・梵行品）、「〈善男子《ぜんなんし》、わがいふところのごとし、阿闍世王《あじゃせおう》の為《ため》に涅槃《ねはん》に入《い》らず。かくのごときの*密義《みつぎ》、なんぢいまだ解《と》くことあたはず。なにをもつてのゆゑに、われ《為《ため》》といふは一切凡夫《いっさいぼんぶ》、《阿闍世王《あじゃせおう》》とはあまねくおよび一切五逆《いっさいごぎゃく》を造《つく》るものなり。また《為《ため》》とはすなはちこれ*一《いっ》

怖懼　恐れ。

色像　すがたかたち。

悶絶躄地　もだえ苦しんで気絶し地面に倒れること。

大臣…　底本に出された大臣と六師の名のうち、日月称、那闡邪毘羅胘子、阿嗜多翅金欽波羅、婆蘇仙、加羅鳩駄迦旃延、尼乹陀若犍子は高麗《こうらい》版大蔵経等によって上記のように改めた。

密義　奥深い意味。

一切有為の衆生　無常なる迷える衆生。

191

切有為《さいうい》の衆生《しゅじょう》なり。われつひに*無為《むい》の衆生《しゅじょう》のためにして世《よ》に住《じゅう》せず。なにをもつてのゆゑに、それ無為《むい》は衆生《しゅじょう》にあらざるなり。《阿闍世《あじゃせ》》とはすなはちこれ煩悩等《ぼんのうとう》を具足《ぐそく》せるものなり。また《為《ため》》とはすなはちこれ仏性《ぶっしょう》を見《み》ざる衆生《しゅじょう》なり。もし仏性《ぶっしょう》を見《み》んものには、われつひにために久《ひさ》しく世《よ》に住《じゅう》せず。なにをもつてのゆゑに、仏性《ぶっしょう》を見《み》るものは衆生《しゅじょう》にあらざるなり。《阿闍世《あじゃせ》》とはすなはちこれ一切《いっさい》いまだ阿耨多羅三藐三菩提心《あのくたらさんみゃくさんぼだいしん》を発《ほっ》せざるものなり。乃至また《為《ため》》とは名《な》づけて仏性《ぶっしょう》とす。《阿闍《あじゃ》》は名《な》づけて不生《ふしょう》とす、《世《せ》》は怨《おん》に名《な》づく。仏性《ぶっしょう》を生《しょう》ぜざるをもつてのゆゑに、すなはち煩悩《ぼんのう》の怨生《あだしょう》ず。煩悩《ぼんのう》の怨《あだ》生《しょう》ずるがゆゑに、仏性《ぶっしょう》を見《み》ざるなり。煩悩《ぼんのう》を生《しょう》ぜざるをもつてのゆゑに、すなはち仏性《ぶっしょう》を見《み》る。仏性《ぶっしょう》を見《み》るをもつてのゆゑに、すなはち大般涅槃《だいはつねはん》に安住《あんじゅう》することを得《う》。これを不生《ふしょう》と名《な》づく。このゆゑに名《な》づけて阿闍世《あじゃせ》とす。善男子《ぜんなんし》、《阿闍《あじゃ》》は不生《ふしょう》に名《な》づく、不生《ふしょう》は涅槃《ねはん》と名《な》づく。《世《せ》》は世法《せほう》に名《な》づく。《為《ため》》とは不汚《ふわ》に名《な》づく。*世《せ》の八法《はっぽう》をもつて汚《けが》さざるところなるがゆゑに、無量無辺阿《むりょうむへんあ》僧祇劫《そうぎこう》に涅槃《ねはん》に入《い》らず。このゆゑにわれ《阿闍世《あじゃせ》の為《ため》に無量億劫《むりょうおっこう》に涅槃《ねはん》に入《い》らず》とのたまへり。善男子《ぜんなんし》、如来《にょらい》の密語《みつご》不可思議《ふかしぎ》なり。仏法衆僧《ぶっぽうしゅそう》また不可思《ふかし》

無為の衆生　常住不変《じょうじゅうふへん》の真理をさとった者。

世の八法　利（利得）・衰（損失）・毀（かげでそしること）・誉（かげでほめること）・称（面前でほめること）・譏（面前でそしること）・苦・楽。

192
議《ぎ》なり。菩薩摩訶薩《ぼさつまかさつ》また不可思議《ふかしぎ》なり。『大涅槃経《だいねはんぎょう》』また不可思議《ふかしぎ》なり〉と。

その時《とき》に、世尊大悲導師《せそんだいひどうし》、阿闍世王《あじゃせおう》のために*月愛三昧《がつあいざんまい》に入《い》れり。三昧《さんまい》に入《い》りをはりて大光明《だいこうみょう》を放《はな》つ。その光《ひかり》清涼《しょうりょう》にして、往《ゆ》きて王《おう》の身《み》を照《て》らしたまふに、身《み》の瘡《かさ》すなはち愈《い》えぬ。乃至 王《おう》†、耆婆《ぎば》にいはまく、〈かれは*天中《てんちゅう》の天《てん》なり。なんの因縁《いんねん》をもつてこの光明《こうみょう》を放《はな》ちたまふぞや〉と。〈大王《だいおう》、いまこの*瑞《ずい》相《そう》は、および王《おう》のためにするにあひ似《に》たり。まづいはまく、世《よ》に良医《りょうい》の身心《しんしん》を療治《りょうじ》するもののなきがゆゑに、この光《ひかり》を放《はな》ちてまづ王《おう》の身《み》を治《ち》す。しかうして後《のち》に心《こころ》に及《およ》ぶ〉と。王《おう》の耆婆《ぎば》にいはまく、〈如来世尊《にょらいせそん》また見《み》たてまつらんと念《おも》ふをや〉と。耆婆答《ぎばこた》へていはく、〈たとへば一人《いちにん》にして七子《しちし》あらん。この七子《しちし》のなかに一《いっ》†子病《しやまい》に遇《あ》へば、父母《ぶも》の心《こころ》平等《びょうどう》ならざるにあらざれども、しかるに病子《びょうし》において心《こころ》すなはちひとへに重《おも》きがごとし。大王《だいおう》、如来《にょらい》もまたしかなり。もろもろの衆生《しゅじょう》において平等《びょうどう》ならざるにあらざれども、しかるに罪者《ざいしゃ》においては心《こころ》すなはちひとへに重《おも》し。放逸《ほういつ》のものにおいて仏《ぶつ》すなはち慈念《じねん》したまふ。不《ふ》放逸《ほういつ》のものは心《こころ》すなはち放捨《ほうしゃ》す。なんらをか名《な》づけて不放逸《ふほういつ》のものとすると。大王《だいおう》、諸仏世尊《しょぶつせそん》、もろもろの衆生《しゅじょう》において、*種《しゅ》姓《しょう》……

月愛三昧　釈尊が阿闍世王《あじゃせおう》の身心の苦悩を除くために入った三昧の名。きよらかな月の光が青蓮華《しょうれんげ》を開花させ、また夜道を行く人を照らし歓喜を与えるように、仏がこの三昧に入れば、衆《しゅ》生《じょう》の煩悩《ぼんのう》を除いて善心を増長させ、迷いの世界にあって、さとりの道を求める行者に歓喜を与えるという。

天中の天　五天すなわち世天（天界の神々）、生天（世間の人王）、浄天（声聞《しょうもん》・縁覚《えんがく》）、義天（菩薩）、第一義天（仏）の中の第一義天である釈尊を指す。

瑞相　めでたい相。

六住　十地《じゅうじ》のうちの初地《しょじ》から六地を指すという説、十住のうちの初住から六住を指すという説とがある。

種姓　氏族。家柄。

193 姓《しょう》・老少《ろうしょう》中年《ちゅうねん》・貧富《ひんぷ》・*時節《じせつ》・日月星宿《にちがつしょうしゅく》・*工巧《くぎょう》・下賤《げせん》・*僮僕《どうぼく》・婢使《ひし》を観《み》そなはさず、ただ衆生《しゅじょう》の善心《ぜんしん》あるものを観《み》そなはす。もし善心《ぜんしん》あればすなはち慈《じ》念《ねん》したまふ。大王《だいおう》まさに知《し》るべし、かくのごときの瑞相《ずいそう》は、すなはちこれ如《にょ》来《らい》、月愛三昧《がつあいざんまい》に入《い》りて放《はな》つところの光明《こうみょう》なり〉と。王《おう》すなはち問《と》うていはまく、〈なんらをか名《な》づけて月愛三昧《がつあいざんまい》とする〉と。耆婆答《ぎばこた》へていはまく、〈たとへば月《つき》の光《ひかり》よく一切《いっさい》の*優鉢羅華《うはらけ》をして開敷《かいふ》し鮮明《せんみょう》ならしむるがごとし。月愛三《がつあいざん》昧《まい》もまたかくのごとし。よく衆生《しゅじょう》をして善心開敷《ぜんしんかいふ》せしむ。このゆゑに名《な》づけて月愛三昧《がつあいざんまい》とす。大王《だいおう》、たとへば月《つき》の光《ひかり》よく一切《いっさい》、路《みち》を行《ゆ》く人《ひと》の心《こころ》に歓喜《かんぎ》を生《しょう》ぜしむるがごとし。月愛三昧《がつあいざんまい》もまたかくのごとし。よく涅槃道《ねはんどう》を修《しゅ》習《じゅう》せんものの心《こころ》に歓喜《かんぎ》を生《しょう》ぜしむ。このゆゑにまた月愛三昧《がつあいざんまい》と名《な》づく。乃至　諸《しょ》善《ぜん》のなかの王《おう》なり。甘露味《かんろみ》とす。一切衆生《いっさいしゅじょう》の愛楽《あいぎょう》するところなり。このゆゑにまた月愛三昧《がつあいざんまい》と名《な》づく〉と。乃至

194 その時《とき》に、仏《ぶつ》、もろもろの大衆《だいしゅ》に告《つ》げてのたまはく、〈一切衆生《いっさいしゅじょう》、阿耨多羅《あのくたら》三藐三菩提《さんみゃくさんぼだい》に近《ちか》づく因縁《いんねん》のためには、*善友《ぜんぬ》を先《さき》とするにはしかず。なにをもつてのゆゑに、阿闍世王《あじゃせおう》、もし耆婆《ぎば》の語《ことば》に随順《ずいじゅん》せずは、来月《らいげつ》の七日《なぬか》に必定《ひつじょう》し

時節日月星宿　日のよしあし、星回りのよしあしなどのこと。

工巧　手仕事をする人。

僮僕婢使　召使の男女。

優鉢羅華　優鉢羅は梵語ウトパラ（utpala）の音写。青蓮華《しょうれんげ》のこと。

善友　善知識に同じ。→善《ぜん》知識《ぢしき》

195

て命終《みょうじゅう》して阿鼻獄《あびごく》に堕《だ》せん。*このゆゑに日《ひ》に近《ちか》づきにたり、善友《ぜんぬ》にしくことなし〉と。阿闍世王《あじゃせおう》また*前路《ぜんろ》において聞《き》く、〈*舎婆提《しゃばだい》に*毘瑠璃王《びるりおう》、船《ふね》に乗《じょう》じて海辺《かいへん》に入《い》りて火《ひ》に遇《あ》ふ、しかうして死《し》ぬ。*瞿伽離比丘《くかりびく》、生身《しょうじん》に地《じ》に入《い》りて阿《あ》鼻獄《びごく》に至《いた》れり。*須那刹多《しゅなせった》は種々《しゅじゅ》の悪《あく》を作《つく》りしかども、仏所《ぶっしょ》に到《いた》りて衆罪消滅《しゅざいしょうめつ》しぬ〉と。この語《ことば》を聞《き》きをはりて、耆婆《ぎば》に語《かた》りていはまく、〈われいまかくのごときの*二《ふた》つの語《ことば》を聞《き》くといへども、なほいまだあきらかならず。さだめてなんぢ来《きた》れり、耆婆《ぎば》、われなんぢと同《おな》じく一象《いちぞう》に載《の》らんと欲《おも》ふ。たとひわれまさに阿鼻地獄《あびじごく》に入《い》るべくとも、冀《ねが》はくは、なんぢ捉持《そくじ》してわれをして堕《おと》さしめざれ。なにをもつてのゆゑに、われ昔《むかし》かつて聞《き》き、《得道《とくどう》の人《ひと》は地獄《じごく》に入《い》らず》と。乃至 〈いかんぞ説《と》きてさだめて地獄《じごく》に入《い》らんといはん。大王《だいおう》、一切衆《いっさいしゅ》生《じょう》の所作《しょさ》の罪業《ざいごう》におほよそ二種《にしゅ》あり。一《ひと》つには軽《きょう》、二《ふた》つには重《じゅう》なり。もし心《こころ》と口《くち》とに作《つく》るはすなはち名《な》づけて軽《きょう》とす。身《み》と口《くち》と心《こころ》とに作《つく》るはすなはち名《な》づけて重《じゅう》とす。大王《だいおう》、心《こころ》に念《おも》ひ口《くち》に説《と》きて身《み》になさざれば、得《う》るところの報《ほう》、軽《きょう》なり。大王《だいおう》、昔日口《むかしくち》に殺《ころ》せと勅《ちょく》せず、ただ足《あし》を削《けず》れといへりき。大王《だいおう》、もし侍臣《じしん》に勅《ちょく》せましかば、たちどころに王《おう》の首《こうべ》を斬《き》らまし。坐《ざ》の時《とき》にすなはち斬《き》ると

このゆゑに…しくことなし 高麗《こうらい》版大蔵経では「日」は「因」となっている。この場合は「このゆゑに近因は善友にしくはなし」と読む。

前路 釈尊のもとへ向かう途中。

舎婆提 舎衛国のこと。↓舎衛国《しゃえこく》

毘瑠璃王 パーリ語ヴィドゥーダバ（Viḍūḍabha）の音写。コーサラ国の波斯匿《はしのく》王《おう》の子。王位を奪い、旧怨のゆえにカピラヴァストゥの釈迦族を滅ぼした。

瞿伽離比丘 梵語コーカーリカ（Kokālika）の音写。居迦離、倶迦梨などとも音写する。提婆達多《だいばだった》の弟子とも、舎利弗《しゃりほつ》、目連《もくれん》の弟子ともいわれる。舎利弗、目連を誹謗した罪によって、生身のまま阿鼻地獄に堕《お》ちたという。

も、なほ罪《つみ》を得《え》じ。いはんや王勅《おうちょく》せず、いかんぞ罪《つみ》を得《え》ん。王《おう》もし罪《つみ》を得《え》ば、諸仏世尊《しょぶつせそん》もまた罪《つみ》を得《え》たまふべし。なにをもつてのゆゑに。なんぢが父《ちち》、先王《せんおう》頻婆沙羅《びんばしゃら》、つねに諸仏《しょぶつ》においてもろもろの善根《ぜんごん》を種《う》ゑたりき。このゆゑに今日《こんにち》王位《おうい》に居《こ》することを得《え》たり。諸仏《しょぶつ》もしその供養《くよう》を受《う》けたまはざらましかば、すなはち王《おう》たらざらまし。もし王《おう》たらざらましかば、なんぢすなはち国《くに》のために害《がい》を生《しょう》ずることを得《え》ざらまし。もしなんぢ父《ちち》を殺《ころ》してまさに罪《つみ》あるべくは、われら諸仏《しょぶつ》また罪《つみ》ましますべし。もし諸仏世尊《しょぶつせそん》、罪《つみ》を得《え》たまふことなくは、なんぢ独《ひと》りいかんぞ罪《つみ》を得《え》んや。

大王《だいおう》、頻婆沙羅《びんばしゃら》往《むかし》悪心《あくしん》ありて、*毘富羅山《びふらせん》にして遊行《ゆぎょう》し、鹿《しし》を射猟《しゃりょう》して曠野《こうや》に周遍《しゅうへん》しき。ことごとく得《う》るところなし。ただひとりの*仙《せん》の五通具足《ごつうぐそく》せるを見《み》る。見《み》をはりてすなはち瞋恚悪心《しんにあくしん》を生《しょう》じき。《われいま遊猟《ゆりょう》す。*‡得《え》ざるゆゑは、まさしくこの人《ひと》の駆逐《くちく》して去《さ》らしむるに坐《よ》る》と。すなはち左右《さう》に勅《ちょく》してこれを殺《ころ》さしむ。その人《ひと》終《おわ》りに臨《のぞ》んで瞋《しん》を生《しょう》ぜず。悪心《あくしん》あつて神通《じんずう》を退失《たいしつ》して誓《せい》言《ごん》をなさく、《われ実《じつ》に辜《つみ》なし。なんぢ心口《しんく》をもつて横《よこさま》に*戮害《ろくがい》を加《か》す。われ来《らい》世《せ》においてまたまさにかくのごとく還《かえ》つて心口《しんく》をもつてして、なんぢを害《がい》す

須那刹多　梵語スナクシャトラ（Sunakṣatra）の音写か。好星と漢訳する。釈尊種々の悪をなしたが、釈尊をみることによって、地獄に堕《お》ちることを免れ、色天に生じたという。

二つの語　悪をなして回心《えしん》せず、地獄に堕ちた例（毘瑠璃王・瞿伽離比丘《びく》）と、悪をなして回心し、地獄に堕ちることを免れた例（須那刹多）。

毘富羅山　毘富羅は梵語ヴィプラ（Vipula）の音写。広博脇山と漢訳する。インドのマガダ国にある山の名。

仙　仙人のこと。

得ざる…坐る　底本には「このゆゑにまさしく坐を得ず、この人駆りて遂に去らしむ」とある。ここでは寂如上人校訂本を参照して

197 べし》と。時《とき》に王《おう》、聞《き》きをはりて、すなはち悔心《けしん》を生《しょう》じて死屍《しし》を供養《くよう》しき。先《せん》王《おう》かくのごとくなほ軽《かる》く受《う》くることを得《え》て、地獄《じごく》に堕《お》ちず。いはんや王《おう》しからずして、まさに地獄《じごく》の果報《かほう》を受《う》くべけんや。先王《せんおう》みづから作《つく》りて、還《かえ》つてみづからこれを受《う》く。いかんぞ王《おう》をして殺罪《せつざい》を得《え》しめん。王《おう》のいふところのごとし。父《ちち》の王辜《おうつみ》なくは、*大王《だいおう》いかんぞ、失《とが》なきに罪《つみ》ありといはば、すなはち罪報《ざいほう》あらん。悪業《あくごう》なくはすなはち罪報《ざいほう》なけん。なんぢが父先王《ちちせんおう》、もし辜罪《こざい》なくは、いかんぞ報《ほう》あらん。頻婆沙羅《びんばしゃら》、現世《げんぜ》のなかにおいて、また善果《ぜんか》および悪果《あくか》を得《え》たり。このゆゑに先王《せんおう》また不定《ふじょう》なり。不定《ふじょう》なるをもつてのゆゑに殺《せつ》もまた不定《ふじょう》なり。殺《せつ》不定《ふじょう》ならば、いかんしてかさだめて地獄《じごく》に入《い》らんといはん。

198 大王《だいおう》、衆生《しゅじょう》の狂惑《きょうわく》におほよそ四種《ししゅ》あり。一《ひと》つには*貪狂《とんきょう》、二《ふた》つには薬狂《やくきょう》、三《み》つには*呪狂《しゅきょう》、四《よ》つには*本業縁狂《ほんごうえんきょう》なり。大王《だいおう》、わが弟子《でし》のなかに、この四狂《しきょう》あり。多《おお》く悪《あく》を作《つく》るといへども、われつひにこの人《ひと》、戒《かい》を犯《ぼん》せりと記《き》せず。この人《ひと》の所作《しょさ》*三悪《さんまく》に至《いた》らず。もし還《かえ》つて心《しん》を得《え》ば、また犯《ぼん》といはず。王《おう》もと国《くに》を貪《とん》じてこの父《ちち》の王《おう》を逆害《ぎゃくがい》す。貪狂《とんきょう》の心《こころ》をもつてためになせり。いかんぞ罪《つみ》を得《え》ん。大王《だいおう》、人《ひと》の*耽酔《たんすい》してその母《はは》を逆害《ぎゃくがい》せん、すでに*醒悟《しょうご》しをはりて心《こころ》に悔《け》

訓読した。

戮害　殺害。

大王…罪報あらん　通常は「大王いかんがなしといふ、それ罪あるものはすなはち罪報あり」と読む。

貪狂　貪欲《とんよく》による錯乱。

呪狂　他人の呪詛による錯乱。

本業縁狂　過去の業因《ごういん》による錯乱。

三悪　三悪趣のこと。↓三《さん》悪趣《まくしゅ》

耽酔　酔いしれること。

醒悟　酔いがさめること。

恨《こん》を生《しょう》ぜんがごとし。まさに知《し》るべし、この業《ごう》また報《ほう》を得《え》じ。王《おう》いま貪酔《とんすい》せり。本心《ほんしん》のなせるにあらず。もし本心《ほんしん》にあらずは、いかんぞ罪《つみ》を得《え》んや。

大王《だいおう》、たとへば*幻師《げんし》の*四衢道《しくどう》の頭《ほとり》にして、種々《しゅじゅ》の男女《なんにょ》・象《ぞう》・馬《め》・瓔珞《ようらく》・衣服《えぶく》を幻作《げんさ》するがごとし。愚痴《ぐち》の人《ひと》は謂《おも》うて真実《しんじつ》とす。有智《うち》の人《ひと》は真《しん》にあらずと知《し》れり。殺《せつ》もまたかくのごとし。凡夫《ぼんぶ》は実《じつ》と謂《おも》へり、諸仏世尊《しょぶつせそん》はそれ真《しん》にあらずと知《し》ろしめせり。大王《だいおう》、たとへば*山谷《せんこく》の響《ひび》きの声《こえ》のごとし。愚痴《ぐち》の人《ひと》はこれを実《じつ》の声《こえ》と謂《おも》へり、有智《うち》の人《ひと》はそれ真《しん》にあらずと知《し》れり。殺《せつ》もまたかくのごとし。凡夫《ぼんぶ》は実《じつ》と謂《おも》へり、諸仏世尊《しょぶつせそん》はそれ真《しん》にあらずと知《し》ろしめせり。大王《だいおう》、人《ひと》の怨《あだ》あるが、詐《いつわ》り来《きた》りて親附《しんぷ》するがごとし。愚痴《ぐち》の人《ひと》は謂《おも》うてまことに親《した》しむとす、智者《ちしゃ》は*了達《りょうだつ》してすなはちそれ虚《むな》しく詐《いつわ》れりと知《し》らん。殺《せつ》もまたかくのごとし。凡夫《ぼんぶ》は実《じつ》と謂《おも》ふ、諸仏世尊《しょぶつせそん》はそれ真《しん》にあらずと知《し》ろしめせり。大王《だいおう》、人鏡《ひとかがみ》を執《と》りてみづから面像《めんぞう》を見《み》るがごとし。愚痴《ぐち》の人《ひと》は謂《おも》うて真《しん》の面《おもて》とす、智者《ちしゃ》は了達《りょうだつ》してそれ真《しん》にあらずと知《し》れり。殺《せつ》もまたかくのごとし。凡夫《ぼんぶ》は実《じつ》と謂《おも》ふ、諸仏世尊《しょぶつせそん》はそれ真《しん》にあらずと知《し》ろしめせり。大王《だいおう》、*熱《ねつ》の時《とき》の炎《ほのお》のごとし。愚痴《ぐち》の人《ひと》はこれはこれ水《みず》と謂《おも》はん、智者《ちしゃ》は了達《りょうだつ》してそれ水《みず》にあらずと知《し》

幻師　幻術者。

四衢道　街の四つ角。

山谷の響きの声　やまびこ。

了達　はっきりとさとること。

熱の時の炎　かげろう。

らん。殺《せつ》もまたかくのごとし。凡夫《ぼんぶ》は実《じつ》と謂《おも》はん、諸仏世尊《しょぶつせそん》はそれ真《しん》にあらずと知《し》ろしめせり。大王《だいおう》、*乾闥婆城《けんだつばじょう》のごとし。愚痴《ぐち》の人《ひと》は謂《おも》うて真実《しんじつ》とす、智者《ちしゃ》は了達《りょうだつ》してそれ真《しん》にあらずと知《し》れり。殺《せつ》もまたかくのごとし。凡夫《ぼんぶ》は実《じつ》と謂《おも》へり、諸仏世尊《しょぶつせそん》はそれ真《しん》にあらずと了知《りょうち》したまへり。大王《だいおう》、人《ひと》の夢《ゆめ》のうちに五《ご》欲《よく》の楽《らく》を受《う》くるがごとし。愚痴《ぐち》の人《ひと》はこれを謂《おも》うて実《じつ》とす、智者《ちしゃ》は了達《りょうだつ》してそれ真《しん》にあらずと知《し》れり。殺《せつ》もまたかくのごとし。凡夫《ぼんぶ》は実《じつ》と謂《おも》へり、諸仏世尊《しょぶつせそん》はそれ真《しん》にあらずと知《し》ろしめせり。大王《だいおう》、*殺法《せっぽう》・殺業《せつごう》・殺者《せっしゃ》・殺果《せっか》および解《げ》脱《だつ》、われみなこれを了《さと》れり、すなはち罪《つみ》あることなけん。王《おう》、殺《せつ》を知《し》るといへども、いかんぞ罪《つみ》あらんや。大王《だいおう》、たとへば人主《にんしゅ》ありて酒《さけ》を典《つかさど》れりと知《し》れども、もしそれ飲《の》まざればすなはちまた酔《よ》はざるがごとし。また火《ひ》と知《し》るといへども焼燃《しょうねん》せず。王《おう》もまたかくのごとし。また殺《せつ》を知《し》るといへども、いかんぞ罪《つみ》あらんや。大王《だいおう》、もろもろの衆生《しゅじょう》ありて、日《ひ》の出《い》づる時《とき》において種々《しゅじゅ》の罪《つみ》を作《つく》る、月《つき》の出《い》づる時《とき》においてまた劫盗《こうとう》を行《ぎょう》ぜん。日月出《にちがつい》でざるにすなはち罪《つみ》を作《つく》らず。日月《にちがつ》によりて、それ罪《つみ》を作《つく》らしむといへども、しかるにこの日月実《にちがつじつ》に罪《つみ》を得《え》ず。殺《せつ》もまたかくのごとし。乃至

乾闥婆城　空中に出現する幻の城郭。おそらくは蜃気楼のこと。乾闥婆神（伎楽をつかさどる神）が常に空中に止住することからいう。

殺法殺業殺者殺果　殺害の仕方、殺害という行為、殺害する人、殺害によるその結果。

201 大王《だいおう》、たとへば涅槃《ねはん》は有《う》にあらず無《む》にあらずして、またこれ有《う》なるがごとし。殺《せつ》もまたかくのごとし。非有《ひう》・非無《ひむ》にしてまたこれ有《う》なりといへども、慚愧《ざんぎ》の人《ひと》はすなはち有《う》にあらずとす。無慚愧《むざんぎ》のものはすなはち無《む》にあらずとす。果報《かほう》を受《う》くるもの、これを名《な》づけて有《う》とす。*空見《くうけん》の人《ひと》はすなはち有《う》にあらずとす。*有見《うけん》の人《ひと》はすなはち無《む》‡にあらずとす。*有有見《ううけん》のものはまた名《な》づけて有《う》とす。なにをもつてのゆゑに、有有見《ううけん》のものは果報《かほう》を得《う》るがゆゑに。*無有見《むうけん》のものはすなはち果報《かほう》なし。*常見《じょうけん》の人《ひと》はすなはち非有《ひう》とす。*無常見《むじょうけん》のものはすなはち非無《ひむ》とす。*常常見《じょうじょうけん》のものは無《む》とすることを得《え》ず。なにをもつてのゆゑに、常常見《じょうじょうけん》のものは悪業《あくごう》の果《か》あるがゆゑに、このゆゑに常常見《じょうじょうけん》のものは無《む》とすることを得《え》ず。この義《ぎ》をもつてのゆゑに、非《ひ》‡有《う》・非無《ひむ》なりといへども、しかもまたこれ有《う》なり。大王《だいおう》、それ衆生《しゅじょう》は出入《しゅつにゅう》の息《いき》に名《な》づく。出入《しゅつにゅう》の息《いき》を断《た》つ、ゆゑに名《な》づけて殺《せつ》とす。諸仏《しょぶつ》、俗《ぞく》に随《したが》ひて、また説《と》きて殺《せつ》とす〉。乃至

202 〈世尊《せそん》、われ世間《せけん》を見《み》るに、*伊蘭子《いらんし》より伊蘭樹《いらんじゅ》を生《しょう》ず、伊蘭《いらん》より*栴檀樹《せんだんじゅ》を生《しょう》ずるをば見《み》ず。われいまはじめて伊蘭子《いらんし》より栴檀樹《せんだんじゅ》を生《しょう》ずるを見《み》る。伊蘭子《いらんし》はわが身《み》これなり。栴檀樹《せんだんじゅ》はすなはちこれわが心《こころ》、*無根《むこん》の信《しん》なり。無根《むこん》とは、わ

空見の人　あらゆるものの体はもともと実体があるのではなく、空《くう》であると知った人。

有見の人　あらゆるものに固定した実体があると考える人。

有有見のもの　有見にさらに執着する人。

無有見のもの　有見を否定した人。

常見の人　涅槃《ねはん》の常住《じょうじゅう》をさとっている人。

無常見のもの　涅槃の常住をさとらない人。

常常見のもの　常を常と執ずる偏見の人。

伊蘭子　伊蘭の種子。伊蘭は梵語エーランダ(eraṇḍa)の音写。インドの植物の一種で、紅く美しい花をつけるが悪臭を放つ。

栴檀樹　栴檀は梵語チャンダナ（candana）の音写。

れはじめて如来《にょらい》を恭敬《くぎょう》せんことを知《し》らず、法《ほう》・僧《そう》を信《しん》ぜず、これを無根《むこん》と名《な》づく。世尊《せそん》、われもし如来世尊《にょらいせそん》に遇《もうあ》はずは、まさに無量阿僧祇劫《むりょうあそうぎこう》において、大地《だいじ》獄《ごく》にありて無量《むりょう》の苦《く》を受《う》くべし。われいま仏《ぶつ》を見《み》たてまつる。ここをもつて仏《ぶつ》の得《え》たまふところの功徳《くどく》を見《み》たてまつり、衆生《しゅじょう》の煩悩悪心《ぼんのうあくしん》を破壊《はえ》せしむ〉と。仏《ぶつ》ののたまはく、〈大王《だいおう》、善《よ》いかな善《よ》いかな、われいまなんぢかならずよく衆《しゅ》生《じょう》の悪心《あくしん》を破壊《はえ》することを知《し》れり〉と。〈世尊《せそん》、もしわれあきらかによく衆生《しゅじょう》のもろもろの悪心《あくしん》を破壊《はえ》せば、われつねに阿鼻地獄《あびじごく》にありて、無量劫《むりょうこう》のうちにもろもろの衆生《しゅじょう》のために苦悩《くのう》を受《う》けしむとも、もつて苦《く》とせず〉と。その時《とき》に、摩伽陀国《まかだこく》の無量《むりょう》の人民《にんみん》、ことごとく阿耨多羅三藐三菩提心《あのくたらさんみゃくさんぼだいしん》を発《おこ》しき。かくのごときらの無量《むりょう》の人民《にんみん》、大心《だいしん》を発《ほっ》するをもつてのゆゑに、阿闍世王所有《あじゃせおうしょう》の重罪《じゅうざい》すなはち微薄《みはく》なることを得《え》しむ。王《おう》および夫人《ぶにん》、*後宮婇女《こうきゅうさいにょ》ことごとくみな同《おな》じく阿耨多羅三藐三菩提心《あのくたらさんみゃくさんぼだいしん》を発《おこ》しき。その時《とき》に、阿闍世王《あじゃせおう》、耆婆《ぎば》に語《かた》りていはまく、〈耆婆《ぎば》、われいまだ死《し》せずしてすでに*天身《てんしん》を得《え》たり。命《いのち》短《みじか》きを捨《す》てて長命《じょうみょう》を得《え》、無常《むじょう》の身《しん》を捨《す》てて常身《じょうしん》を得《え》たり。もろもろの衆生《しゅじょう》をして阿耨多羅三藐三菩提心《あのくたらさんみゃくさんぼだいしん》を発《ほっ》せしむ〉と。乃至 *諸仏《しょぶつ》の弟子《でし》、この語《ことば》を説《と》き

香木の一種で、赤・白・紫などの諸種があるという。

無根の信　煩悩《ぼんのう》心より生じた信でないこと。すなわち他力回向《えこう》の信心をいう。

後宮婇女　後宮（王妃の宮殿）に仕える女官たち。

天身　浄天身のこと、すなわち聖者《しょうじゃ》の身。

諸仏の弟子　ここでは真の仏弟子となった阿闍世《あじゃせ》のことを指していう。

をはりて、すなはち種々《しゅじゅ》の*宝幢《ほうどう》をもつて、乃至　また*偈頌《げじゅ》をもつて、しかうして
讃嘆《さんだん》してまうさく、〈*実語《じつご》ははなはだ微妙《みみょう》なり。*善巧《ぜんぎょう》、句義《くぎ》において、*甚深秘密《じんじんひみつ》
の蔵《ぞう》なり。衆《しゅう》のためのゆゑに、*所有広博《しょうこうはく》の言《ごん》を顕示《けんじ》す。衆《しゅう》のためのゆゑに略《りゃく》し
204 て説《と》かく、かくのごときの語《ご》を具足《ぐそく》して、よく衆生《しゅじょう》を療《りょう》す。もしもろもろの
衆生《しゅじょう》ありて、この語《ご》を聞《き》くことを得《う》るものは、もしは信《しん》および不信《ふしん》、さだめ
てこの仏説《ぶっせつ》を知《し》らん。諸仏《しょぶつ》つねに*軟語《なんご》をもつて、衆《しゅう》のためのゆゑに*粗《そ》を説《と》きた
まふ。粗語《そご》および軟語《なんご》、みな第一義《だいいちぎ》に帰《き》せん。このゆゑにわれいま、世尊《せそん》に帰《き》
依《え》したてまつる。如来《にょらい》の語《みこと》は一味《いちみ》なること、なほ大海《だいかい》の水《みず》のごとし。これを*第《だい》
一諦《いちたい》と名《な》づく。ゆゑに*無無義《むむぎ》の語《みこと》にして、如来《にょらい》いま説《と》きたまふところの、種々《しゅじゅ》
無量《むりょう》の法《ほう》、男女大小《なんにょだいしょう》聞《き》きて、同《おな》じく第一義《だいいちぎ》を獲《え》しめん。*無因《むいん》また無果《むか》なり。
*無生《むしょう》また無滅《むめつ》なり。これを大涅槃《だいねはん》と名《な》づく。聞《き》くもの*諸結《しょけつ》を破《は》す。如来一切《にょらいいっさい》の
ために、つねに慈父母《じぶも》となりたまへり。まさに知《し》るべし、もろもろの衆生《しゅじょう》は、
みなこれ如来《にょらい》の子《こ》なり。世尊大慈悲《せそんだいじひ》は、衆《しゅう》のために苦行《くぎょう》を修《しゅ》したまふこと、人《ひと》
205 の*鬼魅《きみ》に着《くる》はされて、狂乱《きょうらん》して所為《しょい》多《おお》きがごとし。われいま仏《ぶつ》を見《み》たてまつ
ることを得《え》たり。得《う》るところの三業《さんごう》の善《ぜん》、願《ねが》はくはこの功徳《くどく》をもつて、無上《むじょう》

宝幢　いろいろな宝で飾ったはたぼこ。

偈頌　偈は梵語ガーター（gāthā）の音写。韻文で書かれた詩句のこと。頌も詩句の意。

実語　仏の語る真実の言葉。

善巧句義において　仏の説法は言葉も意味も巧みであるという意。

甚深秘密の蔵　はかりしれない深いいわれが蔵されているという意。

所有広博の言を顕示す　仏が所有する広大な義理を博く説くこと。

軟語　やさしい言葉。

粗　粗語。きびしい言葉。

第一諦　第一義諦のこと。→第一義諦《だいいちぎたい》

無無義の語　無義でない語のことで、仏の言葉には何一つ無意味なところはないということ。

道《どう》に回向《えこう》せん。われいま供養《くよう》するところの、仏《ぶつ》・法《ほう》および衆僧《しゅそう》、願《ねが》はくはこの功徳《くどく》をもつて、三宝《さんぼう》つねに世《よ》にましまさん。われいままさに獲《う》べきところの、種々《しゅじゅ》のもろもろの功徳《くどく》、願《ねが》はくはこれをもつて、衆生《しゅじょう》の四種《ししゅ》の魔《ま》を破壊《はえ》せん。われ悪知識《あくちしき》に遇《お》うて、三世《さんぜ》の罪《つみ》を造作《ぞうさ》せり。いま仏前《ぶつぜん》にして悔《く》ゆ。願《ねが》はくは後《のち》にまた造《つく》ることなからん。願《ねが》はくはもろもろの衆生《しゅじょう》、等《ひと》しくことごとく菩提《ぼだい》心《しん》を発《ほっ》せしめん。心《こころ》を繋《か》けてつねに、十方一切仏《じっぽういっさいぶつ》を思念《しねん》せん。また願《ねが》はくはもろもろの衆生《しゅじょう》、永《なが》くもろもろの煩悩《ぼんのう》を破《は》し、了々《りょうりょう》に仏性《ぶっしょう》を見《み》ること、なほ*妙徳《みょうとく》のごとくして等《ひと》しからん〉と。

その時《とき》に、世尊《せそん》、阿闍世王《あじゃせおう》を讃《ほ》めたまはく、〈善《よ》いかな善《よ》いかな、もし人《ひと》ありてよく菩提心《ぼだいしん》を発《ほっ》せん。まさに知《し》るべし、この人《ひと》はすなはち諸仏大衆《しょぶつだいしゅ》を荘厳《しょうごん》すとす。大王《だいおう》、なんぢ昔《むかし》すでに*毘婆尸仏《びばしぶつ》のみもとにして、はじめて阿耨多羅《あのくたら》三藐三菩提心《さんみゃくさんぼだいしん》を発《ほっ》しき。これよりこのかた、わが出世《しゅっせ》に至《いた》るまで、その中間《ちゅうげん》においていまだかつてまた地獄《じごく》に堕《だ》して苦《く》を受《う》けず。大王《だいおう》まさに知《し》るべし、菩提《ぼだい》の心《しん》、いましかくのごとき無量《むりょう》の果報《かほう》あり。大王今《だいおうきょう》より以往《いおう》に、つねにまさにねんごろに菩提《ぼだい》の心《しん》を修《しゅ》すべし。なにをもつてのゆゑに、この因縁《いんねん》に従《したが》つ

無因また無果なり　涅槃《ねはん》の境地が因果の束縛を離れていることをいう。

無生また無滅なり　涅槃の境地が生滅《しょうめつ》を離れていることをいう。

諸結　煩悩《ぼんのう》の束縛。

鬼魅に着はされて　魔ものにとりつかれて錯乱するという意。

妙徳　文殊師利《もんじゅしり》菩薩のこと。→文殊師利

毘婆尸仏　毘婆尸は梵語ヴィパシュイン（Vipaśyin）の音写。勝観と漢訳する。過去七仏の第一。人寿八万歳の時、般頭婆提城に生れ、波波羅樹下に成道《じょうどう》したという。

てまさに無量《むりょう》の悪《あく》を消滅《しょうめつ》することを得《う》べきがゆゑなり〉と。その時《とき》に、阿闍《あじゃ》世王《せおう》および摩伽陀国《まかだこく》の人民挙《にんみんこぞ》つて座《ざ》よりして起《た》ちて、仏《ぶつ》を繞《めぐ》ること*三帀《さんぞう》して、辞退《じたい》して宮《みや》に還《かえ》りにき」と。以上抄出

【一七】またのたまはく（涅槃経・迦葉品）、「善男子《ぜんなんし》、*羅閲祇《らえつぎ》の王頻婆沙羅《おうびんばしゃら》、その王《おう》の太子《たいし》、名《な》づけて善見《ぜんけん》（阿闍世）といふ。*業因縁《ごういんねん》のゆゑに悪逆《あくぎゃく》の心《こころ》を生《しょう》じて、その父《ちち》を害《がい》せんとするに、しかるに便《たよ》りを得《え》ず。その時《とき》に、悪人提婆達《あくにんだいばだっ》多《た》、また過去《かこ》の業因縁《ごういんねん》によるがゆゑに、またわが所《ところ》において不善《ふぜん》の心《こころ》を生《しょう》じて、われを害《がい》せんとす。すなはち五通《ごつう》を修《しゅ》して、久《ひさ》しからずして善見太子《ぜんけんたいし》とともに*親厚《しんこう》たることを獲得《ぎゃくとく》せり。

太子《たいし》のためのゆゑに、種々《しゅじゅ》の神通《じんずう》の事《じ》を現作《げんさ》す。門《もん》にあらざるより出《い》でて門《もん》よりして入《い》りて、門《もん》よりして出《い》でて門《もん》にあらざるよりして入《い》る。ある時《とき》は象《ぞう》・馬《め》・牛《ご》・羊《よう》・男《なん》・女《にょ》の身《しん》を示現《じげん》す。善見太子《ぜんけんたいし》見《み》をはりて、すなはち愛心《あいしん》・喜《き》心《しん》・敬信《きょうしん》の心《こころ》を生《しょう》ず。これを本《ほん》とするがゆゑに、種々《しゅじゅ》の供養《くよう》の具《ぐ》を厳設《ごんせつ》†しこれを供養《くよう》す。またまうしてまうさく、*〈大師聖人《だいししょうにん》、われいま*曼陀羅華《まんだらけ》を見《み》んと欲《おも》ふ〉と。時《とき》に提婆達多《だいばだった》、すなはち往《ゆ》†きて*三十三天《さんじゅうさんてん》に至《いた》りて、かの天人《てんにん》に従《したが》

三帀　右回りに三周すること。仏を敬礼《きょうらい》する作法。

羅閲祇　梵語ラージャグリハ（Rājagrha）の音写。王舎城のこと。→王舎城《おうしゃじょう》

業因縁　悪業《あくごう》をつくらねばならないような因縁。

親厚　親しい友人。

大師聖人　ここでは阿闍世《あじゃせ》が提婆達多《だいばだった》に敬意を表していったもの。

曼陀羅華　曼陀羅は梵語マーンダーラヴァ（māndārava）の音写。天妙華・適意華《じゃくいげ》・悦意華などと漢訳する。色美しく、みる者の心をよろこばせるという天上界の華。

三十三天　忉利天のこと。→忉利天《とうりてん》

ひてこれを求索《ぐしゃく》するに、その福尽《ふくつ》くるがゆゑにすべて与《あた》ふるものなし。すでに華《はな》を得《え》ず。この思惟《しゆい》をなさく、〈曼陀羅樹《まんだらじゅ》は*我《が》・我所《がしょ》なし、もしみづから取《と》らんにまさになんの罪《つみ》かあるべき〉と。すなはち前《すす》んで取《と》らんとするに、すなはち神通《じんずう》を失《うしな》へり。還《かえ》りて己身《こしん》を見《み》れば、王舎城《おうしゃじょう》にあり。心《こころ》に慚愧《ざんぎ》を生《しょう》じ、また‡善見太子《ぜんけんたいし》（阿闍世）を見《み》ることあたはず。またこの念《ねん》をなさく、〈われいままさに如来《にょらい》の所《みもと》に往至《おうし》して大衆《だいしゅ》を求索《ぐしゃく》すべし。仏《ぶつ》もし聴《ゆる》さば、われまさに意《こころ》に随《したが》ひて教《おし》へて、すなはち舎利弗《しゃりほっ》等《とう》に*詔勅《しょうちょく》すべし〉と。その時《とき》に、提婆達多《だいばだった》、すなはちわが所《ところ》に来《きた》りてかくのごときの言《ごん》をなさく、〈やや、願《ねが》はくは如来《にょらい》、この大衆《だいしゅ》をもつてわれに*付嘱《ふぞく》せよ。われまさに種々《しゅじゅ》に法《ほう》を説《と》きて教化《きょうけ》して、それをして*調伏《じょうぶく》せしむべし〉と。われ*痴人《ちにん》にいはく、〈舎利弗《しゃりほっ》等《とう》、*大智《だいち》を聴聞《ちょうもん》して世《よ》に信伏《しんぶく》するところなり。われなほ大衆《だいしゅ》をもつて付嘱《ふぞく》せじ。いはんやなんぢ痴人《ちにん》、唾《つばき》を食《く》らふものをや〉と。時《とき》に提婆達多《だいばだった》、またわが所《ところ》においてますます悪心《あくしん》を生《しょう》じて、かくのごときの言《ごん》をなさく、〈瞿曇《くどん》、なんぢいままた大衆《だいしゅ》を調伏《じょうぶく》すといへども、勢《いきお》ひまた久《ひさ》しからじ。まさに見《み》るに磨滅《まめつ》すべし〉と。この語《ご》をなしをはるに、大地即時《だいじそくじ》に六反震動《ろっぺんしんどう》す。提婆達多《だいばだった》、すなはちの時《とき》に地《じ》に躄《たお》れ

我我所　我は我見で、自己に対するとらわれ。我所は我所見で、自己に属するものに対するとらわれ。

詔勅　教詔し勅使することで、命令し、使役すること。

付嘱　ここではまかせるということの意。

調伏　教え導いて信服させること。

痴人　愚か者。ここでは提《だい》婆達多《ばだった》のこと。

大智を聴聞して　高麗《こうらい》版大蔵経では「聴聞」は「聡明」となっている。この場合は「聡明大智にして」と読む。

て、その身《み》の辺《へん》より大暴風《だいぼうふう》を出《いだ》して、もろもろの塵土《じんど》を吹《ふ》きてこれを*汚坌《わふん》す。提婆達多《だいばだつた》、悪相《あくそう》を見《み》をはりて、またこの言《ごん》をなさく、〈もしわれこの身《み》、現世《げんぜ》にかならず阿鼻地獄《あびじごく》に入《い》らば、*わが悪《あく》まさにかくのごときの大悪《だいあく》を報《むく》ふべし〉と。時《とき》に提婆達多《だいばだつた》、すなはち起《た》ちて善見太子《ぜんけんたいし》（阿闍世）の所《ところ》に往至《おうし》す。善見《ぜんけん》見《み》をはりてすなはち聖人《しょうにん》（提婆達多）に問《と》はく、〈なんがゆゑぞ顔容憔悴《げんようしょうすい》して憂《うれ》への色《いろ》あるや〉と。提婆達多《だいばだつた》いはく、〈われつねにかくのごとし。なんぢ知《し》らずや〉と。善見答《ぜんけんこた》へていはく、〈願《ねが》‡はくはその意《こころ》を説《と》くべし、なんの因縁《いんねん》あつてか、しかる〉と。提婆達《だいばだつ》のいはく、〈われいまなんぢがために、きはめて親《しん》愛《あい》をなす。*外人《がいじん》なんぢを*罵《の》りて、もつて非理《ひり》とす。われこの事《じ》を聞《き》くに、あに憂《うれ》へざることを得《え》んや〉と。善見太子《ぜんけんたいし》またこの言《ごん》をなさく、〈国《くに》の人《ひと》いかんぞわれを罵辱《めにく》する〉と。提婆達《だいばだつ》のいはく、〈国《くに》の人《ひと》なんぢを罵《の》りて未生怨《みしようおん》とす〉と。善見《ぜんけん》またいはく、〈なんがゆゑぞわれを名《な》づけて未生怨《みしようおん》とする。たれかこの名《な》をなす〉と。提婆達《だいばだつ》のいはく、〈なんぢいまだ生《うま》れざりし時《とき》、一切《いっさい》の相師《そうし》みなこの言《ごん》をなさく、《この児生《こうま》れをはりて、まさにその父《ちち》を殺《ころ》すべし》と。このゆゑに外人《がいじん》みなことごとくなんぢを号《ごう》して未生怨《みしようおん》とす。一切《いっさい》*内《ない》の人《ひと》、な

汚坌　よごすこと。

わが悪…報ふべし　高麗《こうらい》版大蔵経では「悪」は「要」となっている。この場合は「われ要《かなら》ず、まさにかくのごときの大怨を報ふべし」と読む。

外人　宮廷外の人々。

罵りて　ののしって。

内の人　宮廷内の人々。

んぢが心《こころ》を護《まも》るがゆゑに、いうて善見《ぜんけん》とす。毘提夫人《びだいぶにん》（韋提希）この語《ご》を聞《き》きをはりて、すでになんぢを生《う》まんとして、身《み》を高楼《こうろう》の上《うえ》よりこれを地《じ》に棄《す》てしに、なんぢが一《ひと》つの指《ゆび》を壊《やぶ》れり。この因縁《いんねん》をもつて、人《ひと》またなんぢを号《ごう》して*婆《ば》羅留枝《らるし》とす。われこれを聞《き》きをはりて心《こころ》に愁憤《しゅうふん》を生《しょう》じて、またなんぢに向《む》かひてこれを説《と》くことあたはず〉と。提婆達多《だいばだつた》、かくのごときらの種々《しゅじゅ》の悪事《あくじ》をもつて、教《おし》へて父《ちち》を殺《ころ》さしむ。〈もしなんぢが父死《ちちし》せば、われまたよく瞿曇沙《くどんしゃ》門《もん》を殺《ころ》さん〉と。善見太子《ぜんけんたいし》（阿闍世）、ひとりの大臣《だいじん》に問《と》はく、名《な》づけて雨行《うぎょう》といふ。〈大王《だいおう》、なんがゆゑぞわが字《あざな》を立《た》てんとするに、未生怨《みしょうおん》と作《つく》るや〉と。大臣《だいじん》すなはちためにその本末《ほんまつ》を説《と》く、提婆達《だいばだつ》の所説《しょせつ》のごとくして異《い》なけん。善見《ぜんけん》聞《き》きをはりて、すなはち大臣《だいじん》とともにその父《ちち》の王《おう》を収《と》つて、これを城《しろ》の外《ほか》に閉《と》ぢ、*四種《ししゅ》の兵《つわもの》をもつて、しかうしてこれを守衛《しゅえ》せしむ。毘提夫人《びだいぶにん》この事《じ》を聞《き》きをはりて、すなはち王《おう》の所《ところ》に至《いた》る。時《とき》に王《おう》を守《まも》りて、人《ひと》をして遮《さえぎ》りて入《い》ることを聴《ゆる》さず。その時《とき》に、夫人《ぶにん》、瞋恚《しんに》の心《こころ》を生《しょう》じてすなはちこれを*呵罵《かめ》す。時《とき》にもろもろの守人《しゅにん》、すなはち太子《たいし》に告《つ》ぐらく、〈大王《だいおう》の夫人《ぶにん》、父《ちち》の王《おう》を見《み》んと欲《おも》ふをば、いぶかし、聴《ゆる》してんやいなや〉と。善見《ぜんけん》聞《き》きをはりてまた*瞋《しん》

婆羅留枝　指が折れた者という意。

四種の兵　象兵・馬兵・車兵・歩兵。

呵罵　叱りののしること。

瞋嫌　いかり嫌うこと。

嫌《けん》を生《しょう》じて、すなはち母《はは》の所《ところ》に往《ゆ》きて、前《すす》んで母《はは》の髪《かみ》を牽《ひ》きて、刀《かたな》を抜《ぬ》きて斫《き》らんとす。その時《とき》に、耆婆《ぎば》まうして大王《だいおう》にいはく、〈国《くに》を有《たも》つてよりこのかた、罪《つみ》きはめて重《おも》しといへども、女人《にょにん》に及《およ》ばず。いはんや所生《しょしょう》の母《はは》をや〉と。善見太子《ぜんけんたいし》（阿闍世）この語《ご》を聞《き》きをはりて、耆婆《ぎば》のためのゆゑにすなはち放捨《ほうしゃ》して、遮《さえぎ》りて大王《だいおう》の衣服《えぶく》・臥具《がぐ》・飲食《おんじき》・湯薬《とうやく》を断《た》つ。七日《なぬか》を過《す》ぎをはるに、王《おう》の

211 命《いのち》すなはち終《おわ》りぬと。善見太子《ぜんけんたいし》、父《ちち》の喪《そう》を見《み》をはりて、まさに悔心《けしん》を生《しょう》ず。雨《う》行大臣《ぎょうだいじん》、また種々《しゅじゅ》の悪邪《あくじゃ》の法《ほう》をもつて、しかうしてためにこれを説《と》く。〈大《だい》王《おう》、一切《いっさい》の業行《ごうぎょう》すべて罪《つみ》あることなし。なんがゆゑぞいま悔心《けしん》を生《しょう》ずるや〉と。耆婆《ぎば》またいはく、〈大王《だいおう》まさに知《し》るべし、かくのごときの業《ごう》は罪業《ざいごう》二重《にじゅう》なり。一《ひと》つには父《ちち》の王《おう》を殺《ころ》さん、二《ふた》つには*須陀洹《しゅだおん》を殺《ころ》せり。かくのごときの罪《つみ》は、仏《ぶつ》を除《のぞ》きてさらによく除滅《じょめつ》したまふひとましまさず〉と。善見王《ぜんけんおう》いはく、〈如来《にょらい》は清浄《しょうじょう》にして穢濁《えじょく》ましますことなし。われら罪人《ざいにん》いかんしてか、見《み》たてまつることを得《え》ん〉と。

212 善男子《ぜんなんし》、われ*この事《じ》を知《し》らんと。阿難《あなん》に告《つ》げたまはく、〈三月《みつき》を過《す》ぎをはりて、われまさに涅槃《ねはん》すべきがゆゑに〉と。善見《ぜんけん》聞《き》きをはりて、すなはちわが所《ところ》

須陀洹　頻婆娑羅王《びんばしゃらおう》は須陀洹を成じていたという（『観経』では、幽閉中に阿那含《あなごん》を成じたという）。

この事…告げたまはく　高麗《こうらい》版大蔵経は「知是事故告阿難」となっている。この場合は「この事を知るがゆゑに阿難に告ぐ」と読む。

に来《きた》れり。われために法《ほう》を説《と》きて、重罪《じゅうざい》をして薄《うす》きことを得《え》しめき、無根《むこん》の信《しん》を獲《え》しむ。

善男子《ぜんなんし》、わがもろもろの弟子《でし》、この説《せつ》を聞《き》きをはりて、わが意《こころ》を解《さと》らざるがゆゑに、この言《ごん》をなさく、〈如来《にょらい》さだめて畢竟涅槃《ひっきょうねはん》を説《と》きたまへり〉と。善男《ぜんなん》子《し》、菩薩《ぼさつ》に二種《にしゅ》あり。一《ひと》つには*実義《じつぎ》、二《ふた》つには*仮名《けみょう》なり。仮名《けみょう》の菩薩《ぼさつ》、われ三《み》月《つき》あつてまさに涅槃《ねはん》に入《い》るべしと聞《き》きて、みな退心《たいしん》を生《しょう》じてこの言《ごん》をなさく、〈もしそれ如来《にょらい》、無常《むじょう》にして住《じゅう》したまはずは、われらいかがせん。この事《じ》のためのゆゑに、無量世《むりょうせ》のうちに大苦悩《だいくのう》を受《う》けき。如来世尊《にょらいせそん》は無量《むりょう》の功徳《くどく》を成就《じょうじゅ》し具足《ぐそく》したまひて、なほ壊《え》することあたはず。かくのごときの死魔《しま》をや。いはんやわれらが輩《ともがら》、まさによく壊《え》すべけんや〉と。善男子《ぜんなんし》、このゆゑに、われかくのごときの菩薩《ぼさつ》のためにして、この言《ごん》をなさく、〈如来《にょらい》は常住《じょうじゅう》にして変易《へんやく》あることなし〉と。わがもろもろの弟子《でし》、この説《せつ》を聞《き》きをはりて、わが意《こころ》を解《さと》らざれば、さだめていはく、〈如来《にょらい》はつひに畢竟《ひっきょう》じて涅槃《ねはん》に入《い》りたまはず〉」と。

以上抄出

【二八】ここをもつていま大聖《だいしょう》（釈尊）の真説《しんせつ》によるに、*難化《なんげ》の三機《さんき》、*難《なん》

実義　大乗の実義を体得した本当の意味の菩薩。

仮名　大乗の実義を体得していない名前だけの菩薩。

難化の三機　救われ難い三種の機類。五逆、謗法、一《いっ》闡提《せんだい》をいう。

難治の三病　治療し難い重病人。難化の三機に同じ。

治《ち》の三病《さんびょう》は、大悲《だいひ》の弘誓《ぐぜい》を憑《たの》み、*利他《りた》の信海《しんかい》に帰《き》すれば、これを*矜哀《こうあい》して治《ち》す、これを憐愍《れんびん》して療《りょう》したまふ。たとへば醍醐《だいご》の妙薬《みょうやく》の、一切《いっさい》の病《やまい》を療《りょう》するがごとし。*濁世《じょくせ》の庶類《しょるい》、穢悪《えあく》の群生《ぐんじょう》、*金剛不壊《こんごうふえ》の真心《しんしん》を求念《ぐねん》すべし。本願醍醐《ほんがんだいご》の妙薬《みょうやく》を執持《しゅうじ》すべきなりと、知《し》るべし。

【一一九】　それ諸大乗《しょだいじょう》によるに、難化《なんげ》の機《き》を説《と》けり。いま『大経《だいきょう》』には「*唯《ゆい》除五逆《じょごぎゃく》*誹謗正法《ひほうしょうぼう》」といひ、あるいは「*唯除造《ゆいじょぞう》*無間悪業《むけんあくごう》誹謗正法《ひほうしょうぼう》及諸《ぎゅうしょ》聖人《しょうにん》」（如来会・上）とのたまへり。『観経《かんぎょう》』には五逆《ごぎゃく》の往生《おうじょう》を明《あ》かして謗法《ほうぼう》を説《と》かず。『涅槃経《ねはんぎょう》』には難治《なんち》の機《き》と病《やまい》とを説《と》けり。これらの真教《しんきょう》、いかんが思量《しりょう》せんや。

【一二〇】　報《こた》へていはく、『論《ろん》の註《ちゅう》』（上 九四）にいはく、「問《と》うていはく、『無量寿経《むりょうじゅきょう》』（下）にのたまはく、〈往生《おうじょう》を願《がん》ぜんもの、みな往生《おうじょう》を得《え》しむ。ただ五逆《ごぎゃく》と誹謗正法《ひほうしょうぼう》とを除《のぞ》く〉と。『観無量寿経《かんむりょうじゅきょう》』に、〈五逆《ごぎゃく》・十悪《じゅうあく》もろもろの不善《ふぜん》を具《ぐ》せるもの、また往生《おうじょう》を得《う》〉といへり。この二経《にきょう》、いかんが*会《え》せんやと。

答《こた》へていはく、一経《いっきょう》（大経）には二種《にしゅ》の重罪《じゅうざい》を具《ぐ》するをもつてなり。一《ひと》つには五逆《ごぎゃく》、二《ふた》つには誹謗正法《ひほうしょうぼう》なり。この二種《にしゅ》の罪《つみ》をもつてのゆゑに、このゆ

利他の信海　他力回向《えこう》の信心のこと。
矜哀　深くあわれむこと。
濁世の庶類　五濁の世の人々。→五濁《ごじょく》
金剛不壊の真心　金剛のように堅く、破壊されることのない信心。
唯除五逆…　「ただ五逆と誹謗正法を除く」
誹謗正法　仏の正しい教法をそしり、その真実性を否定すること。
唯除造無間…　「ただ無間の悪業を造り、正法およびもろもろの聖人を誹謗せんをば除く」
無間悪業　無間地獄（阿鼻地獄）に堕《お》ちる悪しき業で、五逆罪をいう。→五逆《ごぎゃく》
会せん　会通《えつう》すること。一見矛盾したようにみえる記述を道理に照らし合せて趣意の一貫したものとして説

ゑに往生《おうじょう》を得《え》ず。一経《いっきょう》（観経）にはただ十悪《じゅうあく》・五逆等《ごぎゃくとう》の罪《つみ》を作《つく》るというて、このゆゑに生《しょう》を
正法《しょうぼう》を誹謗《ひほう》すといはず。正法《しょうぼう》を謗《ほう》ぜざるをもつてのゆゑに、このゆゑに生《しょう》を
得《え》しむと。

問《と》うていはく、たとひ一人《いちにん》は五逆罪《ごぎゃくざい》を具《ぐ》して正法《しょうぼう》を誹謗《ひほう》せざれば、『経《きょう》』
（観経）に得生《とくしょう》を許《ゆる》す。また一人《いちにん》ありてただ正法《しょうぼう》を誹謗《ひほう》して、五逆《ごぎゃく》もろもろの
罪《つみ》なきもの往生《おうじょう》を願《がん》ぜば、生《しょう》を得《う》るやいなやと。

答《こた》へていはく、ただ正法《しょうぼう》を誹謗《ひほう》せしめて、さらに余《よ》の罪《つみ》なしといへども、
かならず生《しょう》ずることを得《え》じ。なにをもつてこれをいふとならば、『経《きょう》』（大品般
若経）にいはく、〈五逆《ごぎゃく》の罪人《ざいにん》、阿鼻大地獄《あびだいじごく》のなかに堕《だ》して、つぶさに一劫《いっこう》の
216 重罪《じゅうざい》を受《う》く。誹謗正法《ひほうしょうぼう》の人《ひと》は阿鼻大地獄《あびだいじごく》のなかに堕《だ》して、この劫《こう》もし尽《つ》くれ
ば、また転《てん》じて他方《たほう》の阿鼻大地獄《あびだいじごく》のなかに至《いた》る。かくのごとく展転《てんでん》して百千《ひゃくせん》
の阿鼻大地獄《あびだいじごく》を経《ふ》〉と。仏《ぶつ》、出《い》づることを得《う》る時節《じせつ》を記《き》したまはず。誹謗正《ひほうしょう》
法《ぼう》の罪《つみ》、極重《ごくじゅう》なるをもつてのゆゑなり。また正法《しょうぼう》はすなはちこれ仏法《ぶっぽう》なり。
この愚痴《ぐち》の人《ひと》、すでに誹謗《ひほう》を生《しょう》ず、いづくんぞ仏土《ぶつど》に願生《がんしょう》するの理《ことわり》あらんや。
たとひただかの安楽《あんらく》に生《しょう》ぜんことを貪《とん》じて生《しょう》を願《がん》ぜんは、また水《みず》にあらざるの

明すること。

氷《こおり》、煙《けむり》なきの火《ひ》を求《もと》めんがごとし。あに得《う》る理《ことわり》あらんやと。

問《と》うていはく、なんらの相《そう》か、これ誹謗正法《ひほうしょうぼう》なるやと。

答《こた》へていはく、もし無仏《むぶつ》・無仏法《むぶっぽう》・無菩薩《むぼさつ》・無菩薩法《むぼさつほう》といはん。かくのごときらの見《けん》をもつて、もしは心《こころ》にみづから解《さと》り、もしは他《た》に従《したが》ひてその心《こころ》を受《う》けて決定《けつじょう》するを、みな誹謗正法《ひほうしょうぼう》と名《な》づくと。

問《と》うていはく、かくのごときらの計《け》はただこれおのれが事《じ》なり。衆生《しゅじょう》においてなんの苦悩《くのう》あればか、五逆《ごぎゃく》の重罪《じゅうざい》に踰《こ》えんやと。

答《こた》へていはく、もし諸仏《しょぶつ》・菩薩《ぼさつ》、世間《せけん》・出世間《しゅっせけん》の善道《ぜんどう》を説《と》きて衆生《しゅじょう》を教化《きょうけ》するひとましまさずは、あに*仁《じん》・義《ぎ》・礼《れい》・智《ち》・信《しん》あることを知《し》らんや。かくのご
217
とき世間《せけん》の一切善法《いっさいぜんぼう》みな断《だん》じ、出世間《しゅっせけん》の一切《いっさい》*賢聖《げんじょう》みな滅《めつ》しなん。なんぢただ五逆罪《ごぎゃくざい》の重《じゅう》たることを知《し》りて、五逆罪《ごぎゃくざい》の正法《しょうぼう》なきより生《しょう》ずることを知《し》らず。このゆゑに謗正法《ほうしょうぼう》の人《ひと》はその罪最重《つみさいじゅう》なりと。

問《と》うていはく、*業道経《ごうどうきょう》にいはく、〈*業道《ごうどう》は秤《はかり》のごとし、重《おも》きものまづ牽《ひ》く〉と。『観無量寿経《かんむりょうじゅきょう》』にいふがごとし。〈人《ひと》ありて五逆《ごぎゃく》・十悪《じゅうあく》を造《つく》り、もろもろの不善《ふぜん》を具《ぐ》せらん。悪道《あくどう》に堕《だ》して多劫《たこう》を*経歴《きょうりゃく》して無量《むりょう》の苦《く》を受《う》くべし。命《みょう》

仁義礼智信　儒教に説く五種の倫理徳目。人の行うべきことを五の徳として表したもの。

賢聖　賢人と聖人。仏・菩薩のこと。

業道経　業道因果の道理を説いた経典の総称の意。業道経という名称の経典があるのではない。

業道　善悪の業によって苦楽の果報《かほう》を得るという道理。→補註5

経歴　ここでは流転《るてん》を繰り返すこと。

終《じゅう》の時《とき》に臨《のぞ》んで、善知識《ぜんぢしき》の、教《おし》へて南無無量寿仏《なもむりょうじゅぶつ》を称《しょう》せしむるに遇《あ》はん。かくのごとき心《こころ》を至《いた》して、声《こえ》をして絶《た》えざらしめて十念《じゅうねん》を具足《ぐそく》すれば、すなはち安楽浄土《あんらくじょうど》に往生《おうじょう》することを得《え》て、すなはち大乗《だいじょう》*正定《しょうじょう》の聚《じゅ》に入《い》りて、畢竟《ひっきょう》じて不退《ふたい》ならん。三塗《さんず》のもろもろの苦《く》と永《なが》く隔《へだ》つ〉と。*まづ牽《ひ》くの義《ぎ》、理《り》においていかんぞ。また曠劫《こうごう》よりこのかたつぶさにもろもろの行《ぎょう》を造《つく》れり、有漏《うろ》の法《ほう》は三界《さんがい》に繋属《けぞく》せり。ただ十念《じゅうねん》をもつて阿弥陀仏《あみだぶつ》を念《ねん》じてすなはち三界《さんがい》を出《い》でば、*繋業《けごう》の義《ぎ》またいかんがせんとするやと。

答《こた》へていはく、なんぢ五逆《ごぎゃく》・十悪繋業等《じゅうあくけごうとう》を重《じゅう》とし、*下下品《げげぼん》の人《ひと》の十念《じゅうねん》をもつて軽《きょう》として、罪《つみ》のために牽《ひ》かれてまづ地獄《じごく》に堕《だ》して三界《さんがい》に繋在《けざい》すべしといはば、いままさに義《ぎ》をもつて軽重《きょうじゅう》の義《ぎ》を*校量《きょうりょう》すべし。心《しん》に在《あ》り、縁《えん》に在《あ》り、決定《けつじょう》に在《あ》り、時節《じせつ》の久近《くごん》・多少《たしょう》に在《あ》るにはあらざるなり。いかんが心《しん》に在《あ》ると。かの罪《つみ》を造《つく》る人《ひと》は、みづから*虚妄顛倒《こもうてんどう》の見《けん》に依止《えじ》して生《しょう》ず。この十念《じゅうねん》は、善知識《ぜんぢしき》の、*方便安慰《ほうべんあんに》して*実相《じっそう》の法《ほう》を聞《き》かしむるによりて生《しょう》ず。一《ひと》つは実《じつ》、一《ひと》つは虚《こ》なり。あにあひ比《たくら》ぶることを得《え》んや。たとへば千歳《せんざい》の闇室《あんしつ》に、光《ひかり》もししばらく至《いた》れば、すなはち明朗《みょうろう》なるがごとし。闇《やみ》、あに室《しつ》にあること千歳《せんざい》にして去《さ》

正定の聚　正定聚のこと。→正定聚《しょうじょうじゅ》

まづ牽くの義　業は重い方が先に報いがあらわれるという道理。

繋業の義　有漏《うろ》（煩悩《ぼんのう》のある状態）の業は衆生《しゅじょう》を迷いの世界につなぎとめるという道理。

下下品　九品のうちの最下。→九品《くぼん》

校量　比較すること。

虚妄顛倒の見に依止して　真実に背いた誤った見解をよりどころとして。

方便安慰　いろいろてだてをして教え、心を安らかにすること。

実相の法　名号《みょうごう》には仏のさとった諸法実相の徳が含まれているので、仏の名号のことを実相の法という。

らじといふことを得《え》んや。これを*在心《ざいしん》と名《な》づく。いかんが縁《えん》に在《あ》ると。かの罪《つみ》を造《つく》る人《ひと》は、みづから妄想《もうぞう》の心《しん》に依止《えじ》し、煩悩虚妄《ぼんのうこもう》の果報《かほう》の衆生《しゅじょう》によりて生《しょう》ず。この十念《じゅうねん》は無上《むじょう》の信心《しんじん》に依止《えじ》し、阿弥陀如来《あみだにょらい》の方便荘厳真実清浄無量《ほうべんしょうごんしんじつしょうじょうむりょう》功徳《くどく》の名号《みょうごう》によりて生《しょう》ず。たとへば人《ひと》ありて毒《どく》の箭《や》を被《かぶ》りて、中《あた》るところ筋《すじ》を截《き》り、骨《ほね》を破《やぶ》るに、滅除薬《めつじょやく》の鼓《つづみ》を聞《き》けば、すなはち箭《や》出《ぬ》け、毒除《どくのぞ》こるがごとし。『*首楞厳経《しゅりょうごんぎょう》』にいはく、〈たとへば薬《くすり》あり、名《な》づけて滅除《めつじょ》といふ。もし闘戦《とうせん》の時《とき》にもつて鼓《つづみ》に塗《ぬ》るに、鼓《つづみ》の声《こえ》を聞《き》くもの、箭《や》出《ぬ》け、毒除《どくのぞ》こるがごとし。菩薩摩訶薩《ぼさつまかさつ》もまたまたかくのごとし。*首楞厳三昧《しゅりょうごんざんまい》に住《じゅう》してその名《な》を聞《き》くもの、三毒《さんどく》の箭《や》、自然《じねん》に抜出《ばつしゅつ》す〉と。あにかの箭《や》深《ふか》く、毒厲《どくはげ》しからんと、鼓《つづみ》の音声《おんじょう》聞《き》くとも、箭《や》を抜《ぬ》き毒《どく》を去《さ》ることあたはじといふことを得《う》べけんや。これを*在縁《ざいえん》と名《な》づく。いかんが決定《けつじょう》に在《あ》ると。かの罪《つみ》を造《つく》る人《ひと》は*有後心《うごしん》・*有間心《うけんしん》に依止《えじ》して生《しょう》ず。この十念《じゅうねん》は無後心《むごしん》・無間心《むけんしん》に依止《えじ》して生《しょう》ず。これを決定《けつじょう》と名《な》づく。三《み》つの義《ぎ》を校量《きょうりょう》するに、十念《じゅうねん》は重《じゅう》なり。重《おも》きものまづ牽《ひ》きて、よく三有《さんぬ》を出《い》づ。*両経《りょうきょう》一義《いちぎ》なるならくのみと。

問《と》うていはく、いくばくの時《とき》をか名《な》づけて一念《いちねん》とするやと。

在心　軽重の義は心にあるということ。

首楞厳経　→首楞厳経《しゅりょうごんぎょう》 1

首楞厳三昧　首楞厳は梵語シューランガマ(śūraṃgama)の音写。健相《ごんそう》、健行《ごんぎょう》などと漢訳する。煩悩《ぼんのう》のけがれを破る勇猛《ゆうみょう》な三昧のこと。

在縁　軽重の義は縁にあるということ。

有後心　まだ後があると思うゆっくりした心。

有間心　他のさまざまな想いがまじって、専一でない心。

両経　『観経』と業を説く経典のこと。

答《こた》へていはく、百一《ひゃくいち》の生滅《しょうめつ》を一刹那《いっせつな》と名《な》づく。六十《ろくじゅう》の刹那《せつな》を名《な》づけて一念《いちねん》とす。このなかに念《ねん》といふは、この時節《じせつ》を取《と》らざるなり。ただ阿弥陀仏《あみだぶつ》を憶念《おくねん》して、もしは*総相《そうそう》もしは*別相《べっそう》、所観《しょかん》の縁《えん》に随《したが》ひて心《こころ》に他想《たそう》なくして十念相続《じゅうねんそうぞく》するを名《な》づけて十念《じゅうねん》とすといふなり。ただ名号《みょうごう》を称《しょう》することもまたまたかくのごとしと。

問《と》うていはく、心《こころ》もし他縁《たえん》せば、これを摂《せっ》して還《かえ》らしめて念《ねん》の多少《たしょう》を知《し》るべし。ただし多少《たしょう》を知《し》らば、また間《ひま》なきにあらず。もし心《こころ》を凝《こ》らし想《おもい》を注《とど》めば、またなにによりてか念《ねん》の多少《たしょう》を記《き》することを得《う》べきやと。

答《こた》へていはく、『経《きょう》』（観経）に十念《じゅうねん》といふは、業事成弁《ごうじじょうべん》を明《あ》かすならくのみ。かならずしも、すべからく*頭数《ずしゅ》を知《し》るべからざるなり。〈*蟪蛄春秋《けいこしゅんじゅう》を識《し》らず、*伊虫《いちゅう》あに*朱陽《しゅよう》の節《せつ》を知《し》らんや〉といふがごとし。知《し》るものこれをいふならくのみ。*十念業成《じゅうねんごうじょう》とは、これまた*神《じん》に通《つう》ずるものこれをいふならくのみ。ただ念《ねん》を積《つ》み相続《そうぞく》して他事《たじ》を縁《えん》ぜざれば、すなはち罷《や》みぬ。またなんぞ仮《かり》に念《ねん》の頭数《ずしゅ》を知《し》ることを須《もち》ゐんや。もしかならず知《し》ることを須《もち》ゐば、また方便《ほうべん》あり。かならず*口授《くじゅ》を須《もち》ゐよ、これを*筆点《ひってん》に題《だい》することを得《え》ざれ」と。以上

総相　仏身《ぶっしん》の全体のすがた。
別相　仏身の一部分のすがた。
頭数　回数の意。
蟪蛄　なつ蝉。
伊虫　この虫という意。
朱陽の節　夏のこと。
十念業成　十念仏により往生の業因《ごういん》ができあがること。
神に通ずるもの　神通力《じんずうりき》のある仏のこと。
口授　口づてに伝授すること。
筆点に題する　筆に書き記す。

221 【一三】　光明寺《こうみょうじ》の和尚《かしょう》（善導）いはく（散善義 四九四）、「問《と》うていはく、四十八願《しじゅうはちがん》のなかのごときは、ただ五逆《ごぎゃく》と誹謗正法《ひほうしょうぼう》とを除《のぞ》きて、往生《おうじょう》を得《え》しめず。いまこの『観経《かんぎょう》』の下品下生《げぼんげしょう》のなかには、誹謗《ひほう》を簡《きら》ひて五逆《ごぎゃく》を摂《せっ》せるは、なんの意《こころ》かあるやと。

答《こた》へていはく、この義《ぎ》、仰《あお》いで抑止門《おくしもん》のなかについて解《げ》す。四十八願《しじゅうはちがん》のなかのごとき、謗法《ほうぼう》・五逆《ごぎゃく》を除《のぞ》くことは、しかるにこの二業《にごう》、その障極重《さわりごくじゅう》なり。衆生《しゅじょう》もし造《つく》れば、ただちに*阿鼻《あび》に入《い》りて*歴劫周章《りゃくこうしゅうしょう》して出《い》づべきに由《よし》なし。ただ如来《にょらい》、それこの二《ふた》つの過《とが》を造《つく》らんを恐《おそ》れて、方便《ほうべん》して止《とど》めて〈往生《おうじょう》を得《え》ず〉とのたまへり。またこれ摂《せっ》せざるにはあらざるなり。また下品下生《げぼんげしょう》のなかに五逆《ごぎゃく》を取《と》りて謗法《ほうぼう》を除《のぞ》くとは、それ五逆《ごぎゃく》はすでに作《つく》れり、捨《す》てて流転《るてん》せしむべからず。還《かえ》りて大悲《だいひ》を発《おこ》して摂取《せっしゅ》して往生《おうじょう》せしむ。しかるに謗法《ほうぼう》の罪《つみ》は、いまだ為《つく》らざれば、また止《とど》めて〈もし謗法《ほうぼう》を起《おこ》さば、すなはち生《しょう》ずることを得《え》じ〉とのたまふ。これは未造業《みぞうごう》について解《げ》するなり。もし造《つく》らば、還《かえ》りて摂《せっ》して生《しょう》ずることを得《え》しめん。かしこに生《しょう》ずることを得《う》といへども、*華合《はながっ》して多劫《たこう》を経《へ》ん。これらの罪人《ざいにん》、華《はな》のうちにある時三種《ときさんしゅ》の障《さわり》あり。一《ひと》つには仏《ぶつ》およびも

阿鼻　阿鼻地獄のこと。→阿鼻地獄《あびじごく》

歴劫周章　長い時間にわたって苦しみうろたえること。

華合して…　蓮華《れんげ》の華の中に包まれて、非常に長い間そのなかから出ることができないことをいう。

222

ろもろの聖衆《しょうじゅ》を見《み》ることを得《え》じ、二《ふた》つには正法《しょうぼう》を聴聞《ちょうもん》することを得《え》じ、三《み》つには歴事《りゃくじ》供養《くよう》を得《え》じ。これを除《のぞ》きて以外《いげ》は、さらにもろもろの苦《く》なけん。*経《きょう》にいはく、〈なほ比丘《びく》の三禅《さんぜん》の楽《らく》に入《い》るがごときなり〉と、知《し》るべし。華《はな》のなかにありて多劫《たこう》開《ひら》けずといふとも、阿鼻《あび》地獄《じごく》のなかにして長時《じょうじ》永劫《ようごう》にもろもろの苦痛《くつう》を受《う》けんに勝《すぐ》れざるべけんや。この義《ぎ》、抑止門《おくしもん》につきて解《げ》しをはりぬ」と。以上

223

【一二】またいはく（法事讃・上 五一八）、「永《なが》く*譏嫌《きげん》を絶《た》ち、等《ひと》しくして憂悩《うのう》なし。人天《にんでん》善悪《ぜんあく》みな往《ゆ》くことを得《う》。かしこに到《いた》りて殊《こと》なることなし、*斉同《さいどう》不退《ふたい》なり。なにの意《こころ》かしかるとならば、いまし弥陀《みだ》の*因地《いんじ》にして*世饒王仏《せにょうおうぶつ》の所《みもと》にして、位《くらい》を捨《す》てて家《いえ》を出《い》づ、すなはち悲智《ひち》の心《しん》を起《おこ》して広《ひろ》く四十八願《しじゅうはちがん》を弘《ひろ》めたまふによりてなり。仏願力《ぶつがんりき》をもつて、五逆《ごぎゃく》と十悪《じゅうあく》と罪滅《つみめつ》し生《しょう》ずることを得《え》しむ。謗法《ほうぼう》・闡提《せんだい》、回心《えしん》すればみな往《ゆ》く」と。抄出

【一三】五逆《ごぎゃく》といふは（往生十因）、「もし*淄州《ししゅう》によるに五逆《ごぎゃく》に二《ふた》つあり。一《ひと》つには三乗《さんじょう》の五逆《ごぎゃく》なり。いはく、一《ひと》つにはことさらに思《おも》うて父《ちち》を殺《ころ》す、二《ふた》つにはことさらに思《おも》うて母《はは》を殺《ころ》す、三《み》つにはことさらに思《おも》うて羅漢《らかん》を殺《ころ》す、四《よ》つに

経にいはく… 引用の意は『悲華経《ひけきょう》』巻二、北本『涅槃経《ねはんぎょう》』巻二十一等にみえる。三禅の楽は、色界《しきかい》第三禅天の快楽のことで、行捨・正念・正慧・受楽・定の五があるという。この快楽は三界《さんがい》の中で最もすぐれているので、浄土の楽を示す喩えとされる。

譏嫌 そしりきらうこと。

斉同不退 浄土に往生すれば、みな一味平等のさとりをひらいて、再び迷界に退転しないことをいう。

因地 因位の時。法蔵《ほうぞう》菩薩であった時。→因位《いんに》

世饒王仏 世自在王仏のこと。→世自在王仏《せじざいおうぶつ》

淄州 中国法相宗《ほっそうしゅう》の第二祖慧沼《えしょう》（六四九―七一四）のこと。淄州（現在の山東《さんとう》省淄県）の人。玄奘《げんじょう》・窺基《きき》に学んだ。

は倒見《とうけん》して*和合僧《わごうそう》を破《は》す、五《いつ》つには悪心《あくしん》をもつて仏身《ぶつしん》より血《ち》を出《いだ》す。*恩田《おんでん》に背《そむ》き*福田《ふくでん》に違《い》するをもつてのゆゑに、これを名《な》づけて逆《ぎやく》とす。この逆《ぎやく》を執《しゆう》するものは、身《み》壊《やぶ》れ命《いのち》終《お》へて、必定《ひつじよう》して無間《むけん》地獄《じごく》に堕《だ》して、一大劫《いちだいこう》のうちに無間《むけん》の苦《く》を受《う》けん、無間業《むけんごう》と名《な》づく。また『倶舎論《くしやろん》』のなかに、五無間《ごむけん》の同類《どうるい》の業《ごう》あり。かの頌《じゆ》にいはく、〈母《はは》・*無学《むがく》の尼《に》を汚《けが》す、母《はは》を殺《ころ》す罪《つみ》の同類《どうるい》。*住定《じゆうじよう》の菩薩《ぼさつ》、父《ちち》を殺《ころ》す罪《つみ》の同類《どうるい》。および*有学《うがく》・無学《むがく》を殺《ころ》す、羅漢《らかん》を殺《ころ》す同類《どうるい》。僧《そう》の*和合縁《わごうえん》を奪《うば》ふ、僧《そう》を破《は》する罪《つみ》の同類《どうるい》。*卒都波《そとば》を破壊《はえ》する、仏身《ぶつしん》より血《ち》を出《いだ》す〉と。

二《ふた》つには大乗《だいじよう》の五逆《ごぎやく》なり。『薩遮尼乾子経《さつしやにけんじきよう》』に説《と》くがごとし。〈一《ひと》つには塔《とう》を破壊《はえ》し経蔵《きようぞう》を焚焼《ぼんじよう》する、および三宝《さんぼう》の財物《ざいもつ》を盗用《とうよう》する。二《ふた》つには三乗《さんじよう》の法《ほう》を謗《そし》りて聖教《しようぎよう》にあらずというて、*障破留難《しようはるなん》し*隠蔽覆蔵《おんぺいふぞう》する。三《み》つには一切《いつさい》出家《しゆつけ》の人《ひと》、もしは戒《かい》・無戒《むかい》・破戒《はかい》のものを打罵《ちようめ》し呵責《かしやく》して、過《とが》を説《と》き禁閉《きんぺい》し*還俗《げんぞく》せしめ、*駆使債調《くしさいちよう》し断命《だんみよう》せしむる。四《よ》つには父《ちち》を殺《ころ》し、母《はは》を害《がい》し、仏身《ぶつしん》より血《ち》を出《いだ》し、和合僧《わごうそう》を破《は》し、阿羅漢《あらかん》を殺《ころ》す。五《いつ》つには*謗《ほう》じて因果《いんが》なく、長夜《じようや》につねに十不善業《じゆうふぜんごう》を行《ぎよう》ずるなり〉と。以上　かの『経《きよう》』（十輪経）にいはく、〈一《ひと》つには不善心《ふぜんしん》を起《おこ》して*独覚《どくかく》を殺害《せつがい》する、これ殺生《せつしよう》なり。二《ふた》つには羅漢《らかん》の尼《に》を婬《いん》す

和合僧　和合し協調している集団。僧伽《そうぎや》（仏教教団）のこと。

恩田　恩を施してくれた両親をいう。

福田　福徳《ふくとく》を増上してくれる仏・法・僧の三宝《さんぼう》をいう。

無学　煩悩《ぼんのう》を断じ尽して阿羅漢のさとりをひらいたもの。

住定の菩薩　無漏《むろ》定に住している最高位の菩薩。

有学　阿羅漢果まで至っていない聖者《しようじや》のこと。

和合縁　教団を構成する縁となるもの。僧院、生活用具など。

卒都波　梵語ストゥーパ（stūpa）の音写で塔の意。

障破留難　仏法の流布をさまたげ攻撃し危害を加えること。

隠蔽覆蔵　仏法の光を覆い隠して、広まらないように

る、これを邪行《じゃぎょう》といふなり。三《み》つには所施《しょせ》の三宝物《さんぼうもつ》を侵損《しんそん》する、これ*不与取《ふよしゅ》なり。四《よ》つには倒見《とうけん》して和合僧衆《わごうそうしゅ》を破《は》する、これ*虚誑語《こおうご》なり〉」と。略出

顕浄土真実信文類《けんじょうどしんじつしんもんるい》 三

すること。

還俗　僧侶が元の俗人にかえること。

駆使債調　労役に従事させ、債務や税を負担させること。

謗じて因果なく　通常は「因果を謗無し」と読む。

独覚　縁覚ともいう。→縁《えん》覚《がく》

不与取　与えられないものを盗ること。偸盗《ちゅうとう》のこと。

虚誑語　うそ、いつわりの言葉。

必至滅度《ひっしめつど》の願《がん》

難思議往生《なんじぎおうじょう》

顕《けん》浄《じょう》土《ど》真《しん》実《じつ》証《しょう》文《もん》類《るい》 四

愚禿釈親鸞《ぐとくしゃくしんらん》集《しゅう》

【一】つつしんで*真実《しんじつ》の証《しょう》を顕《あらわ》さば、すなはちこれ*利他円満《りたえんまん》の妙位《みょうい》、*無上《むじょう》涅槃《ねはん》の極果《ごくか》なり。すなはちこれ必至滅度《ひっしめつど》の願《がん》（第十一願）より出《い》でたり。また証大涅槃《しょうだいねはん》の願《がん》と名《な》づくるなり。しかるに*煩悩成就《ぼんのうじょうじゅ》の凡夫《ぼんぶ》、生死罪《しょうじざい》濁《じょく》の群萌《ぐんもう》、*往相回向《おうそうえこう》の心行《しんぎょう》を獲《う》れば、即《そく》の時《とき》に大乗正定聚《だいじょうしょうじょうじゅ》の数《かず》に入《い》るなり。正定聚《しょうじょうじゅ》に住《じゅう》するがゆゑに、かならず滅度《めつど》に至《いた》る。かならず滅度《めつど》に至《いた》るはすなはちこれ*常楽《じょうらく》なり。常楽《じょうらく》はすなはちこれ*畢竟寂滅《ひっきょうじゃくめつ》なり。寂《じゃく》滅《めつ》はすなはちこれ無上涅槃《むじょうねはん》なり。無上涅槃《むじょうねはん》はすなはちこれ無為法身《むいほっしん》なり。無為法身《むいほっしん》はすなはちこれ実相《じっそう》なり。実相《じっそう》はすなはちこれ法性《ほっしょう》なり。法性《ほっしょう》はすなはちこれ真如《しんにょ》なり。真如《しんにょ》はすなはちこれ一如《いちにょ》なり。しかれば、弥陀《みだ》如来《にょらい》は*如《にょ》より来生《らいしょう》して、*報《ほう》・応《おう》・化《け》、種々《しゅじゅ》の身《しん》を示《しめ》し現《げん》じたまふなり。

【二】必至滅度《ひっしめつど》の願文《がんもん》、『大経《だいきょう》』（上）にのたまはく、「たとひわれ仏《ぶつ》を得《え》たら

真実の証　↓補註2

利他円満の妙位　他力より与えられた功徳《くどく》の欠けめのないすぐれた仏の位。

無上涅槃の極果　この上ない仏のさとりの果。

煩悩成就　あらゆる煩悩を欠くことなくそなえていること。

往相回向の心行　仏より回向された信心と称名のこと。

常楽　常楽我浄のこと。常《じょう》住《じゅう》にして移り変りなく、安らかで楽しみが充ち足り、自在で他に縛られず、煩悩《ぼんのう》のけがれがないこと。涅槃《ねはん》にそなわる四種の徳《とく》。↓四《し》徳

畢竟寂滅　煩悩を滅した究極的なさとりの境地。

如　一如《いちにょ》のこと。

報応化　報身・応身・化身のこと。↓報身《ほうじん》、応身《おうじん》、化《け》身《しん》1

んに、国《くに》のうちの*人天《にんでん》、*定聚《じょうじゅ》に住《じゅう》し、かならず滅度《めつど》に至《いた》らずは、正覚《しょうがく》を取《と》らじ」と。以上

【三】『無量寿如来会《むりょうじゅにょらいえ》』（上）にのたまはく、「もしわれ成仏《じょうぶつ》せんに、国《くに》のうちの有情《うじょう》、もし決定《けつじょう》して*等正覚《とうしょうがく》を成《な》り大涅槃《だいねはん》を証《しょう》せずは、菩提《ぼだい》を取《と》らじ」と。以上

【四】願《がん》（第十一願）成就《じょうじゅ》の文《もん》、『経《きょう》』（大経・下）にのたまはく、「それ衆生《しゅじょう》ありて、かの国《くに》に生《うま》るれば、みなことごとく正定《しょうじょう》の聚《じゅ》に住《じゅう》す。ゆゑはいかん。かの仏国《ぶっこく》のうちにはもろもろの*邪聚《じゃじゅ》および不定聚《ふじょうじゅ》なければなり」と。

【五】またのたまはく（同・上）、「かの仏国土《ぶっこくど》は、清浄安穏《しょうじょうあんのん》にして微妙快楽《みみょうけらく》なり。無為《むい》*泥洹《ないおん》の道《どう》に次《ちか》し。それもろもろの声聞《しょうもん》・菩薩《ぼさつ》・天《てん》・人《にん》、智慧高明《ちえこうみょう》にして、神通《じんずう》*洞達《どうだつ》せり。ことごとく同《おな》じく一類《いちるい》にして、形異状《かたちいじょう》なし。*ただ余方《よほう》に因順《いんじゅん》するがゆゑに、人天《にんでん》の名《な》あり。顔貌端正《げんみょうたんじょう》にして世《よ》に超《こ》えて希有《けう》なり。容色微妙《ようしきみみょう》にして、天《てん》にあらず人《にん》にあらず。みな*自然虚無《じねんこむ》の身《しん》、無極《むごく》の体《たい》を受《う》けたるなり」と。

【六】またのたまはく（如来会・下）、「かの国《くに》の衆生《しゅじょう》、もしまさに生《うま》れんもの、みなことごとく無上菩提《むじょうぼだい》を究竟《くきょう》し、涅槃《ねはん》の処《ところ》に到《いた》らしめん。なにをもつてのゆ

人天　人間と天人。ここでは浄土の往生人のこと。

定聚　正定聚のこと。→正定聚《しょうじょうじゅ》

等正覚　→等正覚《とうしょうがく》[4]

邪聚　邪定聚のこと。→邪《じゃ》定聚《じょうじゅ》

泥洹　涅槃のこと。→涅槃《ねはん》

洞達　深く熟達していること。

ただ余方に…　浄土の聖《しょう》者《じゃ》を他方世界に順じて天とか人と呼ぶのみで実の天でも人でもないという意。

自然虚無の身無極の体　自然・虚無・無極は涅槃の異名。浄土における身体は、涅槃のさとりにかない、一切の限定を超えた絶対の自由をもつものであるという意。

ゑに。もし邪定聚《じゃじょうじゅ》および不定聚《ふじょうじゅ》は、*かの因《いん》を建立《こんりゅう》せることを了知《りょうち》することあたはざるがゆゑなり」と。以上抄要

【七】『浄土論《じょうどろん》』（論註・下 一一九）にいはく、「〈*荘厳妙声功徳成就《しょうごんみょうしょうくどくじょうじゅ》とは、偈《げ》に、《*梵声悟深遠《ぼんしょうごじんのん》微妙聞十方《みみょうもんじっぽう》》といへるがゆゑに〉（浄土論）と。これいかんぞ不思議《ふしぎ》なるや。経《きょう》にのたまはく、〈もし人《ひと》ただかの国土《こくど》の清浄安楽《しょうじょうあんらく》なるを聞《き》きて、*剋念《こくねん》して生《しょう》ぜんと願《がん》ぜんものと、また往生《おうじょう》を得《う》るものとは、すなはち正定聚《しょうじょうじゅ》に入《い》る〉と。これはこれ、*国土《こくど》の名字《みょうじ》、仏事《ぶつじ》をなす。いづくんぞ思議《しぎ》すべきやと。

〈*荘厳主功徳成就《しょうごんしゅくどくじょうじゅ》とは、偈《げ》に、《*正覚阿弥陀《しょうがくあみだ》法王善住持《ほうおうぜんじゅうじ》》といへるがゆゑに〉（浄土論）と。これいかんが不思議《ふしぎ》なるや。正覚《しょうがく》の阿弥陀《あみだ》、不可思議《ふかしぎ》にまします。かの安楽浄土《あんらくじょうど》は正覚阿弥陀《しょうがくあみだ》の善力《ぜんりき》のために住持《じゅうじ》せられたり。いかんが思議《しぎ》することを得《う》べきや。〈住《じゅう》〉は不異不滅《ふいふめつ》に名《な》づく、〈持《じ》〉は不散不失《ふさんふしつ》に名《な》づく。*不朽薬《ふきゅうやく》をもつて種子《しゅし》に塗《ぬ》りて、水《みず》に在《お》くに瀾《みだ》れず、火《ひ》に在《お》くに燋《こが》れず、因縁《いんねん》を得《え》てすなはち生《しょう》ずるがごとし。なにをもつてのゆゑに。不朽薬《ふきゅうやく》の力《ちから》なるがゆゑなり。もし人一《ひとひと》たび安楽浄土《あんらくじょうど》に生《しょう》ずれば、後《のち》の時《とき》に意《こころ》に三界《さんがい》

かの因を…　阿弥陀仏が浄土往生の因をたてたことを明らかに信知することができないからという意。

荘厳妙声功徳成就　国土荘厳十七種の第十一荘厳。

梵声悟深…　「梵声の悟深遠にして微妙なり。十方に聞ゆ」梵声は清浄《しょうじょう》な仏の声のこと。

剋念して…入る　『論註』の当分では「剋念して生ぜんと願ずれば、また往生を得て、すなはち正定聚に入る」と読む。剋念願生する者が浄土に往生して正定聚に入る義であるが、親鸞聖人は原文を読みかえて、剋念願生する者（此土）と浄土に往生した者（彼土）との二類の正定聚があることを示した。剋念は心を専注して一心になること。ここでは信心の異名。

231 に生《うま》れて衆生《しゅじょう》を教化《きょうけ》せんと願《がん》じて、浄土《じょうど》の命《いのち》を捨《す》てて願《がん》に随《したが》ひて生《しょう》を得《え》て、三界《さんがい》*雑生《ざっしょう》の火《ひ》のなかに生《うま》るといへども、無上菩提《むじょうぼだい》の種子《しゅし》、畢竟《ひっきょう》じて朽《く》ちず。なにをもつてのゆゑに。正覚阿弥陀《しょうがくあみだ》のよく住持《じゅうじ》を経《ふ》るをもつてのゆゑにと。*〈荘厳眷属功徳成就《しょうごんけんぞくくどくじょうじゅ》とは、偈《げ》に、《*如来浄華衆《にょらいじょうけしゅ》　正覚華化生《しょうがくけけしょう》》といへるがゆゑに〉（浄土論）と。これいかんぞ不思議《ふしぎ》なるや。おほよそこれ雑生《ざっしょう》の世界《せかい》には、もしは胎《たい》もしは卵《らん》もしは湿《しつ》もしは化《け》、眷属《けんぞく》*そこばくなり。*苦楽万品《くらくまんぼん》なり。雑業《ぞうごう》をもつてのゆゑに。かの安楽国土《あんらくこくど》はこれ阿弥陀如来《あみだにょらい》*正覚浄華《しょうがくじょうけ》の化《け》生《しょう》するところにあらざることなし。同一《どういつ》に念仏《ねんぶつ》して別《べつ》の道《みち》なきがゆゑに。遠《とお》く通《つう》ずるに、それ*四海《しかい》のうちみな兄弟《きょうだい》とするなり。眷属無量《けんぞくむりょう》なり。いづくんぞ思議《しぎ》すべきや」と。

【八】またいはく（論註・下 一二二）、「往生《おうじょう》を願《ねが》ふもの、本《もと》はすなはち三三《さんざん》の品《ほん》なれども、いまは一二《いちに》の殊《しゅ》なし。また*淄澠《しじょう》の一味《いちみ》なるがごとし。いづくんぞ思議《しぎ》すべきや」と。

【九】また『論《ろん》』（同・下 一一二）にいはく、「*〈荘厳清浄功徳成就《しょうごんしょうじょうくどくじょうじゅ》とは、偈《げ》
232 に、《*観彼世界相《かんぴせかいそう》　勝過三界道《しょうがさんがいどう》》といへるがゆゑに〉（浄土論）と。これいかん

国土の名字…　浄土の名が衆生化益《しゅじょうけやく》のはたらきをするということ。

荘厳主功徳成就　国土荘厳十七種の第十二荘厳。

正覚阿弥…　「正覚の阿弥陀法王、よく住持したまへり」住持はとどめたもち、ささえること。

不朽薬　朽《く》ちることをなくするはたらきをもつ薬。

雑生　有漏《うろ》の善悪の雑業により胎・卵・湿・化の四生を受けること。迷いの境《きょう》界《がい》に生れること。↓四生《ししょう》

荘厳眷属功徳成就　国土荘厳十七種の第十三荘厳。

如来浄華…　「如来浄華の衆は、正覚の華より化生す」

そこばく　相当の数量。

苦楽万品　苦も楽も千差万別であること。

ぞ不思議《ふしぎ》なるや。凡夫人《ぼんぶにん》の煩悩成就《ぼんのうじょうじゅ》せるありて、またかの浄土《じょうど》に生《しょう》ずることを得《う》れば、三界《さんがい》の*繋業畢竟《けごうひっきょう》じて牽《ひ》かず。すなはちこれ煩悩《ぼんのう》を断《だん》ぜずして*涅槃《ねはん》分《ぶん》を得《う》。いづくんぞ思議《しぎ》すべきや」と。以上抄要

【一〇】『安楽集《あんらくしゅう》』（下　二七七）にいはく、「しかるに*二仏《にぶつ》の神力《じんりき》また斉等《さいとう》なるべし。ただし釈迦如来《しゃかにょらい》おのれが能《のう》を申《の》べずして、ことさらにかの長《ちょう》ぜるを顕《あらわ》したまふことは、一切衆生《いっさいしゅじょう》をして斉《ひと》しく帰《き》せざることなからしめんと欲《おぼ》してなり。このゆゑに釈迦《しゃか》、処々《しょしょ》に嘆帰《たんき》せしめたまへり。すべからくこの意《こころ》を知《し》るべしとなり。このゆゑに曇鸞法師《どんらんほっし》の正意《しょうい》、西《にし》に帰《き》するがゆゑに、『大経《だいきょう》』に傍《そ》へて奉《ぶ》讃《さん》していはく（讃弥陀偈）、〈安楽《あんらく》の声聞《しょうもん》・菩薩衆《ぼさつしゅ》、人天《にんでん》、智慧《ちえ》ことごとく洞達《どうだつ》せり。身相荘厳殊異《しんそうしょうごんしゅい》なし。ただ他方《たほう》に順《じゅん》ずるがゆゑに名《な》を列《つら》ぬ。顔容端正《げんようたんじょう》にして比《たくら》ぶべきなし。*精微妙軀《しょうみみょうく》にして人天《にんでん》にあらず。虚無《こむ》の身《しん》、無極《むごく》の体《たい》なり。このゆゑに*平等力《びょうどうりき》を頂礼《ちょうらい》したてまつる〉」と。以上

233 【一一】光明寺《こうみょうじ》（善導）の『疏《しょ》』（玄義分　三〇一）にいはく、「弘願《ぐがん》といふは、『大経《だいきょう》』の説《せつ》のごとし。一切善悪《いっさいぜんあく》の凡夫《ぼんぶ》、生《しょう》ずることを得《う》るは、みな阿弥陀仏《あみだぶつ》の大願業力《だいがんごうりき》に乗《じょう》じて増上縁《ぞうじょうえん》とせざることなしとなり。また仏《ぶつ》の密意《みつい》弘深《ぐじん》なれ

正覚浄華の化生　阿弥陀仏と同体のさとりをひらくこと。浄華とは仏の座のことで、如来正覚の仏座に化生するという意。

四海　須弥山《しゅみせん》をとりまく四方の海。全世界をいう。転じて世界の人々を指す。

淄澠の一味なるがごとし　斉《せい》の国（現在の中国山東《さんとう》省）にあった淄水《しすい》と澠水《じょうすい》という二河の名。二河の水の味は異なるが海に入れば同じ塩からい水になるように、往生の機に九品《くぼん》の別があっても、同じ念仏の一道によって往生すれば平等の果を得るという意。

荘厳清浄功徳成就　国土荘厳十七種の第一荘厳。

観彼世界…　「かの世界の相を観ずるに、三界の道に勝過せり」

ば、教門《きようもん》をして暁《さと》りがたし。三賢《さんげん》・十聖《じつしよう》測《はか》りて闚《うかが》ふところにあらず。いはんやわれ*信外《しんげ》の軽毛《きようもう》なり。あへて旨趣《ししゆ》を知《し》らんや。仰《あお》いでおもんみれば、釈迦《しやか》はこの方《ほう》より発遣《はつけん》し、弥陀《みだ》はすなはちかの国《くに》より来迎《らいこう》す。かしこに喚《よ》びここに遣《つか》はす、あに去《ゆ》かざるべけんや。ただねんごろに法《ほう》に奉《つか》へて、畢命《ひつみよう》を期《ご》として、この*穢身《えしん》を捨《す》てて、すなはちかの法性《ほつしよう》の常楽《じようらく》を証《しよう》すべし」と。

【一二】　またいはく（定善義 四〇五）、「西方《さいほう》*寂静無為《じやくじようむい》の楽《みやこ》には、畢竟《ひつきよう》*逍遥《しようよう》して有無《うむ》を離《はな》れたり。大悲《だいひ》、心《こころ》に熏《くん》じて法界《ほうかい》に遊《あそ》ぶ。*分身《ぶんしん》して*物《もの》を利《り》すること等《ひと》しくして殊《こと》なることなし。あるいは神通《じんずう》を現《げん》じて法《ほう》を説《と》き、あるいは相好《そうごう》を現《げん》じて*無余《むよ》に入《い》る。変現《へんげん》の荘厳《しようごん》、意《こころ》に随《したが》ひて出《い》づ。群生見《ぐんじようみ》るもの罪《つみ》みな除《のぞ》こると。また讃《さん》じていはく、*帰去来《いざいなん》、*魔郷《まきよう》には停《とど》まるべからず。曠劫《こうごう》よりこのかた六道《ろくどう》に流転《るてん》して、ことごとくみな経《へ》たり。到《いた》る処《ところ》に余《よ》の楽《たの》しみなし。ただ愁《しゆう》†歎《たん》の声《こえ》を聞《き》く。この*生平《しようびよう》を畢《お》へて後《のち》、かの涅槃《ねはん》の城《みやこ》に入《い》らん」と。以上

【一三】　それ真宗《しんしゆう》の教行信証《きようぎようしんしよう》を案《あん》ずれば、如来《によらい》の大悲回向《だいひえこう》の利益《りやく》なり。ゆゑに、もしは因《いん》、もしは果《か》、一事《いちじ》として阿弥陀如来《あみだによらい》の清浄願心《しようじようがんしん》の回向《えこう》成就《じようじゆ》したまへるところにあらざることあることなし。因浄《いんじよう》なるがゆゑ

繫業　衆生《しゆじよう》を迷いの世界につなぎとめる煩悩《ぼんのう》のまじった行為。

涅槃分　涅槃の分斉《ぶんざい》。涅槃のさとりそのもの。

二仏　釈尊と阿弥陀仏。

精微妙軀　不可思議ですぐれた身体。

平等力　阿弥陀仏の三十七号（『讃弥陀偈』に示される三十七種の徳号）の一。往生人に平等のさとりを得させる力のある仏という意。

信外の軽毛　信は十信位《じつしんい》のこと。十信の位にも入ることのできない、風に吹かれて飛ぶ軽い毛のような凡夫《ぼんぶ》をいう。→菩薩《ぼさつ》

穢身　煩悩や罪悪によごれ、けがれた身体・肉体。

寂静無為の楽　煩悩を滅し尽した生滅《しようめつ》変化のない絶対のさとりの世界。浄土の

235 に、果《か》また浄《じょう》なり、知《し》るべしとなり。

【一四】 二《ふた》つに*還相《げんそう》の回向《えこう》といふは、すなはちこれ*利《り》他教化地《たきょうけじ》の益《やく》なり。すなはちこれ必至補処《ひっしふしょ》の願《がん》（第二十二願）より出《い》でたり。また一生補処《いっしょうふしょ》の願《がん》と名《な》づく。また還相回向《げんそうえこう》の願《がん》と名《な》づくべきなり。『註論《ちゅうろん》』（論註）に顕《あらわ》れたり。ゆゑに願文《がんもん》を出《いだ》さず。『論《ろん》の註《ちゅう》』を披《ひら》くべし。

【一五】 『浄土論《じょうどろん》』（四二）にいはく、「*出第五門《しゅつだいごもん》とは、大慈悲《だいじひ》をもつて一切苦悩《いっさいくのう》の衆生《しゅじょう》を観察《かんざつ》して、応化《おうげ》の身《しん》を示《しめ》す。生死《しょうじ》の園《その》、煩悩《ぼんのう》の林《はやし》のなかに回入《えにゅう》して、神通《じんずう》に遊戯《ゆげ》して教化地《きょうけじ》に至《いた》る。本願力《ほんがんりき》の回向《えこう》をもつてのゆゑに。これを出第《しゅつだい》五門《ごもん》と名《な》づく」と。以上

【一六】 『論註《ろんちゅう》』（下 一〇七）にいはく、「還相《げんそう》とは、かの土《ど》に生《しょう》じをはりて、奢《しゃ》摩他《また》・毘婆舎那《びばしゃな》・方便力成就《ほうべんりきじょうじゅ》することを得《え》て、*生死《しょうじ》の稠林《ちゅうりん》に回入《えにゅう》して、一切《いっさい》衆生《しゅじょう》を教化《きょうけ》して、ともに仏道《ぶつどう》に*向《む》かへしむるなり。もしは往《おう》、もしは還《げん》、みな衆生《しゅじょう》を抜《ぬ》いて生死海《しょうじかい》を渡《ど》せんがためなり。このゆゑに、〈回向《えこう》を首《しゅ》として大《だい》悲心《ひしん》を成就《じょうじゅ》することを*得《え》たまへるがゆゑに〉（浄土論）とのたまへり」と。

236 【一七】 またいはく（論註・下 一三二）、「〈すなはちかの仏《ぶつ》を見《み》たてまつれば、*未証《みしょう》

こと。→浄土《じょうど》

逍遥 何ものにもとらわれず、あるがままにあること。

分身して 仮に身を分ちすがたを変えて。

物 衆生《しゅじょう》のこと。

無余 煩悩《ぼんのう》業苦を完全に滅し尽した涅槃《ねはん》のさとりのこと。

帰去来 さあ帰ろう。陶淵《とうえん》明《めい》（三六五—四二七）の「帰去来辞《ききょらいのじ》」の中の言葉。故郷に帰る決意を述べたものであるが、ここでは浄土に生れたいという意をあらわす。

魔郷 生死《しょうじ》の迷いの世界。

生平 生涯。

還相の回向 →還相回向《げんそうえこう》

利他教化地の益 他の衆生を救済するはたらき。

出第五門 出は利他教化に出ること。第五門は五功徳

浄心《じょうしん》の菩薩《ぼさつ》、畢竟《ひっきょう》じて*平等法身《びょうどうほっしん》を得証《とくしょう》す。*浄心《じょうしん》の菩薩《ぼさつ》と、*上地《じょうじ》のもろもろの菩薩《ぼさつ》と、畢竟《ひっきょう》じて同《おな》じく寂滅平等《じゃくめつびょうどう》を得《う》るがゆゑに〉（浄土論）とのたまへり。〈平等法身《びょうどうほっしん》〉とは、八地以上《はちじいじょう》*法性生身《ほっしょうしょうじん》の菩薩《ぼさつ》なり。〈†寂滅平等《じゃくめつびょうどう》〉とは、すなはちこの法身《ほっしん》の菩薩《ぼさつ》の所証《しょしょう》の寂滅平等《じゃくめつびょうどう》の法《ほう》なり。この寂滅平等《じゃくめつびょうどう》の法《ほう》を得《う》るをもつてのゆゑに、名《な》づけて平等法身《びょうどうほっしん》とす。平等法身《びょうどうほっしん》の菩薩《ぼさつ》の所得《しょとく》なるをもつてのゆゑに、名《な》づけて寂滅平等《じゃくめつびょうどう》の法《ほう》とするなり。この菩薩《ぼさつ》は*報生三《ほうしょうざん》昧《まい》を得《う》。三昧神力《さんまいじんりき》をもつて、よく一処《いっしょ》・一念《いちねん》・一時《いちじ》に、十方世界《じっぽうせかい》に遍《へん》して、種々《しゅじゅ》に一切諸仏《いっさいしょぶつ》および諸仏大会衆海《しょぶつだいえしゅかい》を供養《くよう》す。よく無量世界《むりょうせかい》に仏法僧《ぶっぽうそう》ましまさぬ処《ところ》にして、種々《しゅじゅ》に示現《じげん》し、種々《しゅじゅ》に一切衆生《いっさいしゅじょう》を教化《きょうけ》し度脱《どだつ》して、つねに*仏事《ぶつじ》をなす。*初《はじ》めに往来《おうらい》の*想《おもい》、供養《くよう》の想《おもい》、度脱《どだつ》の想《おもい》なし。このゆゑにこの身《しん》を名《な》づけて平等法身《びょうどうほっしん》とす。この法《ほう》を名《な》づけて寂滅平等《じゃくめつびょうどう》の法《ほう》とす。〈未証浄心《みしょうじょうしん》の菩薩《ぼさつ》〉とは、初地以上七地以還《しょじいじょうしちじいげん》のもろもろの菩薩《ぼさつ》なり。この菩薩《ぼさつ》、またよく身《み》を現《げん》ずること、もしは百《ひゃく》もしは千《せん》、もしは万《まん》もしは億《おく》、もしは百千万億《ひゃくせんまんおく》、無仏《むぶつ》の国土《こくど》にして仏事《ぶつじ》を施作《せさ》す。かならず心《こころ》をなして三昧《さんまい》に入《い》りて、いましよく*作心《さしん》せざるにあらず。作心《さしん》をもつてのゆゑに、名《な》づけて未証浄心《みしょうじょうしん》とす。この菩薩《ぼさつ》、安《あん》

門の中の園林遊戯地門《おんりんゆげじもん》のこと。さとりの世界より迷いの世界にたちかえって、自由自在に衆生《しゅじょう》を救済するのを楽しみとすることを出第五門という。↓五種《ごしゅ》の功徳《くどく》

生死の稠林　迷いの世界を密林に喩えていう。

向かへしむる・得たまへる　通常は「向かふ」「得んとする」と読む。

未証浄心の菩薩　十地のうちの初地《しょじ》から七地までの菩薩のこと。この位の菩薩は、まだ自他へのとらわれが残っているので、自利利他するのに作心《さしん》（強い意志力）を必要とする。しかし八地以上の菩薩は、一切のとらわれを離れ、作心をもちいず自在無礙《むげ》のはたらきをするから浄心の菩薩という。↓十地《じゅうじ》

楽浄土《らくじょうど》に生《しょう》じてすなはち阿弥陀仏《あみだぶつ》を見《み》んと願《がん》ず。阿弥陀仏《あみだぶつ》を見《み》る時《とき》、*上地《じょうじ》のもろもろの菩薩《ぼさつ》と、畢竟《ひっきょう》じて身等《しんひと》しく法等《ほうひと》しと。龍樹菩薩《りゅうじゅぼさつ》・婆藪槃頭菩薩《ばそばんずぼさつ》（天親）の輩《ともがら》、かしこに生《しょう》ぜんと願《がん》ずるは、まさにこのためなるべしならくのみと。

問《と》うていはく、『十地経《じゅうじきょう》』を案《あん》ずるに、菩薩《ぼさつ》の*進趣階級《しんしゅかいきゅう》、やうやく無量《むりょう》の功勲《くくん》あり。多《おお》くの劫数《こうしゅ》を経《ふ》。しかうして後《のち》、いましこれを得《う》。いかんぞ阿弥陀仏《あみだぶつ》を見《み》たてまつる時《とき》、畢竟《ひっきょう》じて上地《じょうじ》のもろもろの菩薩《ぼさつ》と、身等《しんひと》しく法等《ほうひと》しきやと。

答《こた》へていはく、〈*畢竟《ひっきょう》〉はいまだすなはち等《ひと》しといふにはあらずとなりと。畢竟《ひっきょう》じてこの等《ひと》しきことを失《しっ》せざるがゆゑに、〈等《ひと》し〉といふならくのみと。

問《と》うていはく、もしすなはち等《ひと》しからずは、またなんぞ菩薩《ぼさつ》といふことを得《え》ん。ただ初地《しょじ》に登《のぼ》れば、もつてやうやく増進《ぞうしん》して、自然《じねん》にまさに仏《ぶつ》と等《ひと》しかるべし。なんぞ仮《かり》に上地《じょうじ》の菩薩《ぼさつ》と等《ひと》しといふやと。

答《こた》へていはく、*菩薩《ぼさつ》、七地《しちじ》のなかにして*大寂滅《だいじゃくめつ》を得《う》れば、上《かみ》に諸仏《しょぶつ》の求《もと》むべきを見《み》ず、下《しも》に衆生《しゅじょう》の度《ど》すべきを見《み》ず。仏道《ぶつどう》を捨《す》てて*実際《じっさい》を証《しょう》せんと欲《ほっ》す。その時《とき》に、もし十方諸仏《じっぽうしょぶつ》の*神力加勧《じんりきかかん》を得《え》ずは、すなはち滅度《めつど》して二乗《にじょう》と異《い》なけん。菩薩《ぼさつ》もし安楽《あんらく》に往生《おうじょう》して阿弥陀仏《あみだぶつ》を見《み》たてまつるに、すなはちこの*難《なん》な

平等法身　諸法の寂滅《じゃくめつ》平等をさとった八地以上の菩薩の身。

浄心の菩薩　八地の菩薩。→十地《じゅうじ》

上地のもろもろの菩薩　九地・十地の菩薩。→十地《じゅうじ》

法性生身の菩薩　法性真如《しんにょ》から生じた身をもっている菩薩。

報生三昧　八地以上の菩薩が果報《かほう》として自然《じねん》に得る寂《じゃく》静《じょう》の境地。この三昧を得れば、意志をはたらかさなくてもおのずから種々の身を示現して衆生《しゅじょう》を救済し、仏を供養《くよう》することができるという。

仏事　衆生救済の仕事。

初めに　通常は「初めより」と読む。

想　とらわれ心。

作心　心（意志力）をはた

けん。このゆゑにすべからく〈畢竟平等《ひっきょうびょうどう》〉といふべし。また次《つぎ》に『無量寿経《むりょうじゅきょう》』(上)のなかに、阿弥陀如来《あみだにょらい》の本願《ほんがん》(第二十二願)にのたまはく、〈たとひわれ仏《ぶつ》を得《え》たらんに、他方仏土《たほうぶつど》のもろもろの菩薩衆《ぼさつしゅ》、わが国《くに》に来生《らいしょう》して、究竟《くきょう》してかならず一生補処《いっしょうふしょ》に至《いた》らん。その本願《ほんがん》の自在《じざい》の所化《しょけ》、衆生《しゅじょう》のためのゆゑに、*弘《ぐ》誓《ぜい》の鎧《よろい》を被《き》て、徳本《とくほん》を積累《しゃくるい》し、一切《いっさい》を度脱《どだつ》せしめ、諸仏《しょぶつ》の国《くに》に遊《あそ》びて、菩薩《ぼさつ》の行《ぎょう》を修《しゅ》し、十方《じっぽう》の諸仏如来《しょぶつにょらい》を供養《くよう》し、恒沙無量《ごうじゃむりょう》の衆生《しゅじょう》を開化《かいけ》して*無上正真《むじょうしょうしん》の道《どう》を立《りゅう》せしめんをば除《のぞ》く。*常倫《じょうりん》に超出《ちょうしゅつ》し、*諸地《しょじ》の行現前《ぎょうげんぜん》し、普賢《ふげん》の徳《とく》を修《しゅ》習《じゅう》せん。もししからずは、正覚《しょうがく》を取《と》らじ〉と。この『経《きょう》』を案《あん》じて、かの国《くに》の菩薩《ぼさつ》を推《すい》するに、あるいは一地《いちじ》より一地《いちじ》に至《いた》らざるべし。十地《じゅうじ》の階次《かいじ》といふは、これ釈迦如来《しゃかにょらい》、閻浮提《えんぶだい》にして一《ひと》つの*応化道《おうげどう》ならくのみと。他方《たほう》の浄土《じょうど》は、なんぞかならずしもかくのごとくせん。五種《ごしゅ》の不思議《ふしぎ》のなかに、仏法《ぶっぽう》もつとも不可思議《ふかしぎ》なり。もし菩薩《ぼさつ》かならず一地《いちじ》より一地《いちじ》に至《いた》りて、超越《ちょうおつ》の理《り》なしといはば、いまだあへて詳《つまび》らかならざるなり。たとへば樹《き》あり、名《な》づけて*好堅《こうけん》といふ。この樹《き》、*地《じ》より生《しょう》じて百歳《ひゃくさい》ならん。いましつぶさに一日《いちにち》に長高《たけたか》くなること百丈《ひゃくじょう》なるがごとし。日々《にちにち》にかくのごとし。百歳《ひゃくさい》の長《たけ》を計《はか》るに、あに*修松《しゅしょう》

らかして努力すること。

上地　ここでは八地以上の菩薩のこと。↓十地《じゅうじ》

進趣階級　菩薩の階位が進むこと。

畢竟　ここではついには、最終的にはの意。

菩薩七地…　菩薩の陥る七《しち》地沈空《じちんくう》の難をいう。

大寂滅　一切の法は本来空《くう》寂《じゃく》であるという空理。

実際　真実の際限の意で涅《ね》槃《はん》の異名。ここでは身心ともに完全に無に帰する小乗の無余《むよ》涅槃のこと。

神力加勧　諸仏が不可思議な力を加えて菩薩をすすめはげますこと。

難　七地沈空の難のこと。

弘誓の鎧　衆生済度《しゅじょうさいど》の誓《せい》願《がん》が堅固なことを鎧《よろい》に喩える。

に類《るい》せんや。松《まつ》の生長《しょうちょう》するを見《み》るに、日《ひ》に寸《すん》を過《す》ぎず。かの好堅《こうけん》を聞《き》きて、*無《む》なんぞよく即日《そくじつ》を疑《うたが》はざらん。人《ひと》ありて、釈迦如来《しゃかにょらい》、*羅漢《らかん》を一聴《いっちょう》に証《しょう》し、生《しょう》を終朝《しゅうちょう》に制《せい》すとのたまへるを聞《き》きて、これ*接誘《しょうゆう》の言《みこと》にして*称実《しょうじつ》の説《せつ》にあらずと謂《おも》へり。この論事《ろんじ》を聞《き》きて、またまさに信《しん》ぜざるべし。それ*非常《ひじょう》の言《ことば》は、常人《じょうにん》の耳《みみ》に入《い》らず。これをしからずと謂《おも》へり。またそれ宜《よろ》しかるべきなりと。

〈略《りゃく》して*八句《はっく》を説《と》きて、如来《にょらい》の自利利他《じりりた》の功徳荘厳《くどくしょうごん》、次第《しだい》に成就《じょうじゅ》したまへるを示現《じげん》したまへるなりと、知《し》るべし〉（浄土論）と。これはいかんが次第《しだい》なるとならば、前《さき》の十七句《じゅうしちく》は、これ荘厳国土《しょうごんこくど》の功徳成就《くどくじょうじゅ》なり。すでに国土《こくど》の相《そう》を知《し》んぬ、*国土《こくど》の主《しゅ》を知《し》るべし。このゆゑに次《つぎ》に仏荘厳功徳《ぶつしょうごんくどく》を観《かん》ず。かの仏《ぶつ》もし荘厳《しょうごん》をなして、いづれの処《ところ》にしてか坐《ざ》すると。このゆゑにまづ座《ざ》を観《かん》ずべし。すでに座《ざ》を知《し》んぬ、すでによろしく座主《ざしゅ》を知《し》るべし。このゆゑに次《つぎ》に仏《ぶつ》の身業《しんごう》を荘厳《しょうごん》したまへるを観《かん》ず。すでに身業《しんごう》を知《し》んぬ、いかなる声名《しょうみょう》かましますと知《し》るべし。このゆゑに次《つぎ》に仏《ぶつ》の口業《くごう》を荘厳《しょうごん》したまへるを観《かん》ず。すでに*名聞《みょうもん》を知《し》んぬ、よろしく得名《とくみょう》のゆゑを知《し》るべし。このゆゑに次《つぎ》に仏《ぶつ》の心業《しんごう》を荘厳《しょうごん》したまへるを観《かん》ず。すでに三業具足《さんごうぐそく》したまへるを知《し》んぬ、人天《にんでん》の大師《だいし》と

無上正真の道　阿耨多羅三藐三菩提のこと。→阿耨多《あのくた》羅三藐三菩提《らさんみゃくさんぼだい》

常倫に…現前し　通常は「常倫諸地の行を超出し、現前に」と読む。常倫はつねなみ、普通一般の意。

諸地の行　十地《じゅうじ》の菩薩が行う自利利他の修行。

応化道　説法の対象に適応した教え方。

好堅　一日に百丈ずつ成長するという樹の名。『大智《だいち》度論《どろん》』巻十に出る。

地より…高くなること　通常は「地に生ずるに百歳（百囲）すなはち具せり。一日に長ずること高さ」と読む。

修松　高い松の木。

羅漢を…　一度の説法でたちまち阿羅漢《あらかん》の果を得させたことをいう。『大智度論《だいちどろん》』

なつて化《け》を受《う》くるに堪《た》へたるひとは、これたれぞと知《し》るべし。このゆゑに次《つぎ》に
241 大衆《だいしゅ》の功徳《くどく》を観《かん》ず。すでに大衆無量《だいしゅむりょう》の功徳《くどく》いますことを知《し》んぬ、よろしく上《じょう》首《しゅ》はたれぞと知《し》るべし。このゆゑに次《つぎ》に上首《じょうしゅ》を観《かん》ず。上首《じょうしゅ》はこれ仏《ぶつ》なり。すでに‡上首《じょうしゅ》を知《し》んぬ、*おそらくは長幼《ちょうよう》に同《おな》じことを。このゆゑに次《つぎ》に主《しゅ》を観《かん》ず。すでにこの主《しゅ》を知《し》んぬ、主《しゅ》いかなる増上《ぞうじょう》かましますと。このゆゑに次《つぎ》に荘厳《しょうごん》不虚作住持《ふこさじゅうじ》を観《かん》ず。八句《はっく》の次第成《しだいじょう》ぜるなり。

菩薩《ぼさつ》を観《かん》ぜば、〈いかんが菩薩《ぼさつ》の荘厳功徳成就《しょうごんくどくじょうじゅ》を観察《かんざつ》する。菩薩《ぼさつ》の荘厳功《しょうごんく》徳成就《どくじょうじゅ》を観察《かんざつ》せば、かの菩薩《ぼさつ》を観《かん》ずるに、四種《ししゅ》の正修行功徳成就《しょうしゅぎょうくどくじょうじゅ》したまへることありと、知《し》るべし〉（浄土論）と。真如《しんにょ》はこれ諸法《しょほう》の正体《しょうたい》なり。*体《たい》、如《にょ》にして行《ぎょう》ずればすなはちこれ*不行《ふぎょう》なり。不行《ふぎょう》にして行《ぎょう》ずるを、如実修行《にょじつしゅぎょう》と名《な》づく。体《たい》はただ一如《いちにょ》にして義《ぎ》をして分《わか》ちて四《よ》つとす。このゆゑに四行《しぎょう》、*一《いち》をもつてまさしくこれを統《か》ぬ。

242 〈なにものをか四《よ》つとする。一《ひと》つには、一仏土《いちぶつど》において身《み》、動揺《どうよう》せずして十《じっ》方《ぽう》に遍《へん》す、種々《しゅじゅ》に応化《おうげ》して実《じつ》のごとく修行《しゅぎょう》してつねに仏事《ぶつじ》をなす。偈《げ》に、《安《あん》楽国《らっこく》は清浄《しょうじょう》にして、つねに*無垢輪《むくりん》を転《てん》ず、化仏《けぶつ》・菩薩《ぼさつ》は、日《ひ》の須弥《しゅみ》に住持《じゅうじ》する

巻八十八に出る。

無生を…　終朝は夜明けから朝食までの時間のこと。朝食前のひとときに無生法忍に至らせる。

接誘の言　誘引の言葉、すなわち方便説。

称実の説　実際の話。

非常の言　つねなみを離れた言葉。普通でない言葉。

八句　『浄土論』に浄土の荘厳功徳《くどく》について、三厳二《さんごんに》十九種《じゅうくしゅ》荘厳を説く中の仏八種荘厳のこと。→荘厳《しょうごん》

国土の主　浄土の主人、阿弥陀仏のこと。

名聞　名号《みょうごう》のいわれがあらゆるところに聞えること。

おそらくは長幼に…　仏を上首としただけでは、仏と大衆《だいしゅ》の関係が長幼の序（年長者と年少者の順序）と混同される恐れがあるので、

がごとし》といへるがゆゑに。もろもろの衆生《しゅじょう》の*淤泥華《おでいけ》を開《ひら》くがゆゑに〉（浄土論）とのたまへり。八地《はちじ》以上《いじょう》の菩薩《ぼさつ》は、つねに三昧《さんまい》にありて、三昧力《さんまいりき》をもつて身本処《みほんじょ》を動《どう》ぜずして、よくあまねく十方《じっぽう》に至《いた》りて、諸仏《しょぶつ》を供養《くよう》し、衆生《しゅじょう》を教化《きょうけ》す。〈無垢輪《むくりん》〉は仏地《ぶつじ》の功徳《くどく》なり。仏地《ぶつじ》の功徳《くどく》は*習気《じっけ》・煩悩《ぼんのう》の垢《あか》ましまさず。仏《ぶつ》、もろもろの菩薩《ぼさつ》のためにつねにこの法輪《ほうりん》を転《てん》ず。もろもろの大菩薩《だいぼさつ》、またよくこの法輪《ほうりん》をもつて、一切《いっさい》を開導《かいどう》して暫時《ざんじ》も休息《くそく》なけん。ゆゑに〈常《じょう》転《てん》〉といふ。法身《ほっしん》は日《ひ》のごとくして、応化身《おうげしん》の光《ひかり》もろもろの世界《せかい》に遍《へん》するなり。〈日《ひ》〉といはばいまだもつて不動《ふどう》を明《あ》かすに足《た》らざれば、また〈如須弥住《にょしゅみじゅう》持《じ》〉といふなり。〈淤泥華《おでいけ》〉とは、『経《きょう》』（維摩経）にのたまはく、〈高原《こうげん》の陸地《ろくじ》には蓮華《れんげ》を生《しょう》ぜず。*卑湿《ひしゅう》の淤泥《おでい》にいまし蓮華《れんげ》を生《しょう》ず〉と。これは凡夫《ぼんぶ》、煩悩《ぼんのう》の泥《どろ》のなかにありて、菩薩《ぼさつ》のために開導《かいどう》せられて、よく仏《ぶつ》の正覚《しょうがく》の華《はな》を生《しょう》ずるに喩《たと》ふ。まことにそれ三宝《さんぼう》を紹隆《しょうりゅう》して、つねに絶《た》えざらしむと。

〈二《ふた》つには、かの応化身《おうげしん》、一切《いっさい》の時《とき》、前《ぜん》ならず後《ご》ならず、一心一念《いっしんいちねん》に大光明《だいこうみょう》を放《はな》ちて、ことごとくよくあまねく十方世界《じっぽうせかい》に至《いた》りて、衆生《しゅじょう》を教化《きょうけ》す。種々《しゅじゅ》に方便《ほうべん》し、修行所作《しゅぎょうしょさ》して、一切衆生《いっさいしゅじょう》の苦《く》を滅除《めつじょ》するがゆゑに。偈《げ》に、《無垢《むく》

次に主功徳《くどく》をあらわして仏が主、大衆が伴（付き従う者）であることを示す。

体如にして　通常は「如を体して」と読む。

不行　とらわれを離れた修行。

一を…統ぬ　通常は「一の正をもつてこれを統《す》ぶ」と読む。

無垢輪を転ず　「法輪を転ず」に同じ。無垢輪は煩悩《ぼんのう》のけがれのない仏の教法のこと。仏の教法は衆生《しゅじょう》の煩悩を打ち砕き、次々と広まってゆくので、車輪に喩える。

淤泥華　泥の中に咲く花。蓮の花のこと。→蓮華《れんげ》

習気　煩悩の体が断ぜられてもなお習慣となって残る煩悩のはたらきのこと。

卑湿の淤泥…　湿地の泥沼

荘厳《しょうごん》の光《ひかり》、一念《いちねん》および一時《いちじ》に、あまねく諸仏《しょぶつ》の*会《え》を照《て》らして、もろもろの群《ぐん》生《じょう》を利益《りやく》す》といへるがゆゑに〉（浄土論）と。上《かみ》に〈*不動《ふどう》にして至《いた》る〉といへり。あるいは至《いた》るに前後《ぜんご》あるべし。このゆゑに、また〈一念一時《いちねんいちじ》無前無後《むぜんむご》〉
244 とのたまへるなり。

〈三《み》つには、かれ一切《いっさい》の世界《せかい》において、余《よ》なくもろもろの仏会《ぶつえ》を照《て》らす。大《だい》衆余《しゅよ》なく広大無量《こうだいむりょう》にして、諸仏如来《しょぶつにょらい》の功徳《くどく》を供養《くよう》し*恭敬《くぎょう》し讃嘆《さんだん》す。偈《げ》に、《天《てん》の楽《がく》・華《け》・衣《え》・妙香《みょうこう》等《とう》を雨《あめふ》りて、諸仏《しょぶつ》の功徳《くどく》を供養《くよう》し讃《さん》ずるに、*分別《ふんべつ》の心《しん》あることなし》といへるがゆゑに〉（浄土論）と。〈余《よ》なく〉とは、あまねく一切《いっさい》世界《せかい》、一切諸仏《いっさいしょぶつ》の大会《だいえ》に至《いた》りて、一世界《いちせかい》・一仏会《いちぶつえ》として至《いた》らざることあることなきことを明《あ》かすなり。肇公《じょうこう》のいはく、〈*法身《ほっしん》は像《かたち》なくして形《かたち》を殊《こと》にす。ならびに*至韻《しいん》に応《おう》ず。言《ことば》なくして*玄籍《げんせき》いよいよ布《し》き、*冥権《みょうごん》　謀《はかりごと》なくして動《どう》じて事《じ》と会《え》す〉と。けだしこの意《こころ》なり。

245 〈四《よ》つには、かれ十方一切《じっぽういっさい》の世界《せかい》に三宝《さんぼう》ましまさぬ処《ところ》において、仏法僧宝《ぶっぽうそうぼう》功《く》徳大海《どくだいかい》を住持《じゅうじ》し荘厳《しょうごん》して、あまねく示《しめ》して如実《にょじつ》の修行《しゅぎょう》を解《さと》らしむ。偈《げ》に、《なんらの世界《せかい》にか、仏法功徳宝《ぶっぽうくどくほう》ましまさざらん。われ願《ねが》はくはみな往生《おうじょう》し

に蓮の花が咲くように衆《しゅ》生《じょう》の煩悩《ぼんのう》の泥の中に如来回《え》向《こう》の信心が生ずることを喩えたもの。

会　説法の会座《えざ》。

不動にして至る　身体を動かさないまま、十方世界にあらわれること。

恭敬　つつしみ敬うこと。

分別の心　わけへだてをする心。

法身は…布き　通常は「法身は像なくして殊形並《しゅぎょう》び応じ、至韻は言なくして玄籍弥《ひろ》く布けり」と読む。

至韻　至極の韻《ひびき》。説法の声。

玄籍　深遠な意義をもつ典籍。仏典を指す。

冥権　はかりしることのできない衆生済度《さいど》のはたらき。

て、仏法《ぶっぽう》を示《しめ》して仏《ぶつ》のごとくせん》といへるがゆゑに〉（浄土論）と。上《かみ》の三《さん》句《く》は、あまねく至《いた》るといふといへども、みなこれ有仏《うぶつ》の国土《こくど》なり。もしこの句《く》なくは、すなはちこれ法身《ほっしん》、所《ところ》として法《ほう》ならざることあらん。上善《じょうぜん》、所《ところ》として善《ぜん》ならざることあらん。*観行《かんぎょう》の体相《たいそう》は竟《おわ》りぬ。

以下《いげ》はこれ、解義《げぎ》のなかの第四重《だいしじゅう》なり。名《な》づけて*浄入願心《じょうにゅうがんしん》とす。浄入願心《じょうにゅうがんしん》とは、〈また向《さき》に観察荘厳仏土功徳成就《かんざつしょうごんぶつどくどくじょうじゅ》と荘厳仏功徳成就《しょうごんぶつくどくじょうじゅ》と荘厳菩薩功徳成就《しょうごんぼさつくどくじょうじゅ》とを説《と》きつ。この三種《さんしゅ》の成就《じょうじゅ》は願心《がんしん》の荘厳《しょうごん》したまへるなりと、知《し》るべし〉（浄土論）といへり。〈応知《おうち》〉とは、この三種《さんしゅ》の荘厳成就《しょうごんじょうじゅ》は、もと四十八《しじゅうはち》願等《がんとう》の清浄《しょうじょう》の願心《がんしん》の荘厳《しょうごん》せるところなるによりて、因浄《いんじょう》なるがゆゑに果浄《かじょう》なり。*因《いん》なくして他《た》の因《いん》のあるにはあらずと知《し》るべしとなり。

〈略《りゃく》して*入一法句《にゅういっぽっく》を説《と》くがゆゑに〉（浄土論）とのたまへり。上《かみ》の国土《こくど》の荘厳十七句《しょうごんじゅうしちく》と、如来《にょらい》の荘厳八句《しょうごんはっく》と、菩薩《ぼさつ》の荘厳四句《しょうごんしく》とを広《こう》とす。入一法句《にゅういっぽっく》は略《りゃく》とす。なんがゆゑぞ*広略相入《こうりゃくそうにゅう》を示現《じげん》するとならば、諸仏《しょぶつ》・菩薩《ぼさつ》に二種《にしゅ》の法身《ほっしん》あり。一《ひと》つには法性法身《ほっしょうほっしん》、二《ふた》つには方便法身《ほうべんほっしん》なり。法性法身《ほっしょうほっしん》によりて方便法身《ほうべんほっしん》を生《しょう》ず。方便法身《ほうべんほっしん》によりて法性法身《ほっしょうほっしん》を出《いだ》す。この二《に》の法身《ほっしん》は、異《い》にして

観行の体相　観察《かんざつ》の対象となる国土・仏・菩薩の荘厳《しょうごん》相《そう》を明かす。

浄入願心　浄土の荘厳のすべてが法蔵《ほうぞう》菩薩の清浄《しょうじょう》願心におさまることを示す。

因なくして…知るべしとなり　通常は「無因と他因の有にはあらざるを知るべしとなり」と読む。

入一法句　真如法性《しんにょほっしょう》におさまり入ること。

広略相入　広は浄土の二十九種荘厳、略は一法句を指す。真如法性の略から浄土荘厳の広が生じ、浄土荘厳の広により一法句の徳をあらわす。広略が相互に摂《しょう》入《にゅう》するありさまを広略相入という。

分《わか》つべからず、一《いっ》にして同《おな》じかるべからず。このゆゑに広略相入《こうりゃくそうにゅう》して、統《か》ぬるに法《ほう》の名《な》をもつてす。菩薩《ぼさつ》、もし広略相入《こうりゃくそうにゅう》を知《し》らざれば、すなはち自利《じり》利他《た》するにあたはず。

〈一法句《いっぽっく》とは、いはく清浄句《しょうじょうく》なり。清浄句《しょうじょうく》とは、いはく真実《しんじつ》の智慧《ちえ》無為法《むいほっ》身《しん》なるがゆゑに〉（浄土論）とのたまへり。この三句《さんく》は展転《てんでん》してあひ入《い》る。なんの義《ぎ》によりてかこれを名《な》づけて法《ほう》とする、清浄《しょうじょう》をもつてのゆゑに。なんの義《ぎ》によりてか名《な》づけて清浄《しょうじょう》とする、真実《しんじつ》の智慧無為法身《ちえむいほっしん》をもつてのゆゑなり。真実《しんじつ》の智慧《ちえ》は実相《じっそう》の智慧《ちえ》なり。実相《じっそう》は無相《むそう》なるがゆゑに、*真智《しんち》は無知《むち》なり。無《む》為法身《いほっしん》は法性身《ほっしょうしん》なり。法性寂滅《ほっしょうじゃくめつ》なるがゆゑに法身《ほっしん》は無相《むそう》なり。無相《むそう》のゆゑによく相《そう》ならざることなし。このゆゑに*相好荘厳《そうごうしょうごん》すなはち法身《ほっしん》なり。無知《むち》のゆゑによく知《し》らざることなし。このゆゑに*一切種智《いっさいしゅち》すなはち真実《しんじつ》の智慧《ちえ》なり。真実《しんじつ》をもつてして智慧《ちえ》に目《な》づくることは、智慧《ちえ》は作《さ》にあらず非作《ひさ》にあらざることを明《あ》かすなり。無為《むい》をもつてして法身《ほっしん》を樹《た》つることは、法身《ほっしん》は色《しき》にあらず非《ひ》色《しき》にあらざることを明《あ》かすなり。*非《ひ》にあらざれば、あに非《ひ》のよく是《ぜ》なるにあらざらんや。けだし非《ひ》なき、これを是《ぜ》といふなり。おのづから是《ぜ》にして、また是《ぜ》

真智は無知なり　真智は実《じっ》智《ち》、如実智ともいい、無分《むふん》別《べっ》智《ち》のこと。ものの本質のありのままが平等で不二であることをさとる智。無知とはすべて因縁《いんねん》によって生じたものは実体がなく空《くう》であるから、対象的に知るということもないという意。

相好荘厳…　仏のすがたも実体的にあるのではなく、それがそのまま色も形もない絶対の真理そのものになっているという意。

一切種智　完全なさとりの智慧《ちえ》。一切の存在について平等と差別、空と有を不二一体にさとり尽す仏の智慧。

非にあらざれば…待つことなきなり　『論註』の原文は「非を非するは、あに非のよく是ならんや。けだし非を無《な》みする、これを是といふ。みづから是に

にあらざることを待《ま》つことなきなり。是《ぜ》にあらず非《ひ》にあらず、*百非《ひゃっぴ》の喩《たと》へざるところなり。このゆゑに清浄句《しょうじょうく》といへり。清浄句《しょうじょうく》とは、いはく真実《しんじつ》の智慧《ちえ》無《む》為法身《いほっしん》なり。

〈この清浄《しょうじょう》に二種《にしゅ》あり、知《し》るべし〉(浄土論)といへり。上《かみ》の転入句《てんにゅうく》のなかに、一法《いっぽう》に通《つう》じて清浄《しょうじょう》に入《い》る、清浄《しょうじょう》に通《つう》じて法身《ほっしん》に入《い》る。いままさに清浄《しょうじょう》を別《わか》ちて二種《にしゅ》を出《いだ》すがゆゑなり。ゆゑに〈知《し》るべし〉といへり。

〈なんらか二種《にしゅ》。一《ひと》つには*器世間清浄《きせけんしょうじょう》、二《ふた》つには*衆生世間清浄《しゅじょうせけんしょうじょう》なり。器《き》世間清浄《せけんしょうじょう》とは、向《さき》に説《と》くがごときの十七種《じゅうしちしゅ》の荘厳仏土《しょうごんぶつど》功徳成就《くどくじょうじゅ》、これを器《き》世間清浄《せけんしょうじょう》と名《な》づく。衆生世間清浄《しゅじょうせけんしょうじょう》とは、向《さき》に説《と》くがごときの八種《はっしゅ》の荘厳仏《しょうごんぶつ》功徳成就《くどくじょうじゅ》と、四種《ししゅ》の荘厳菩薩功徳成就《しょうごんぼさつくどくじょうじゅ》と、これを衆生世間清浄《しゅじょうせけんしょうじょう》と名《な》づく。かくのごときの一法句《いっぽっく》に二種《にしゅ》の清浄《しょうじょう》の義《ぎ》を摂《せっ》すと、知《し》るべし〉(浄土論)とのたまへり。それ衆生《しゅじょう》は*別報《べっぽう》の体《たい》とす、国土《こくど》は*共報《ぐうほう》の用《ゆう》とす。体用一《たいゆういっ》ならず。このゆゑに〈知《し》るべし〉。しかるに*諸法《しょほう》は心《しん》をして無余《むよ》の境界《きょうがい》を成《じょう》ず。衆生《しゅじょう》および器《き》、また異《い》にして一《いっ》ならざることを得《え》ず。すなはち義《ぎ》をして分《わか》つに異《い》ならず、同《おな》じく清浄《しょうじょう》なり。器《き》は用《ゆう》なり。いはくかの浄土《じょうど》は、これかの清浄《しょうじょう》の衆《しゅ》

して待《たい》することなきも、また是にあらず」とも読める。

百非　固執した見解をうちやぶるために、論理的に否定をどこまでも重ねていくこと。

器世間　→器《き》

衆生世間　器世間に住している生きとし生けるもののこと。

別報の体　衆生《しゅじょう》の各別の業からあらわれる各別の果《か》報《ほう》。すなわち衆生の身心を指して別報の体という。

共報の用　衆生の共通の業からあらわれるもの。山河大地などは衆生の等しく受用する果報であるから共報の用という。

諸法は…成ず　通常は「諸法は心をもつて成ず。余の境界なし」と読む。

249
生《じょう》の受用《じゅゆう》するところなるがゆゑに、名《な》づけて器《き》とす。浄食《じょうじき》に不浄《ふじょう》の器《き》を用《もち》ゐれば、器《き》不浄《ふじょう》なるをもつてのゆゑに、食《じき》また不浄《ふじょう》なり。不浄《ふじょう》の食《じき》に浄器《じょうき》を用《もち》ゐれば、食《じき》不浄《ふじょう》なるがゆゑに、器《き》また不浄《ふじょう》なるがごとし。かならず二《ふた》つともに潔《いさぎよ》くして、いまし浄《じょう》と称《しょう》することを得《え》しむ。ここをもつて一《ひと》つの清浄《しょうじょう》の名《な》、かならず二種《にしゅ》を摂《せっ》す。

問《と》うていはく、衆生清浄《しゅじょうしょうじょう》といへるは、すなはちこれ仏《ぶつ》と菩薩《ぼさつ》となり。かのもろもろの人天《にんでん》、この清浄《しょうじょう》の数《かず》に入《い》ることを得《え》んやいなやと。

答《こた》へていはく、清浄《しょうじょう》と名《な》づくることを得《う》るは、実《じつ》の清浄《しょうじょう》にあらず。たとへば出家《しゅっけ》の聖人《しょうにん》は、煩悩《ぼんのう》の賊《ぞく》を殺《ころ》すをもつてのゆゑに名《な》づけて比丘《びく》とす、凡夫《ぼんぶ》の出家《しゅっけ》のものをまた比丘《びく》と名《な》づくるがごとし。また＊灌頂王子初生《かんじょうおうじしょしょう》の時《とき》、三《さん》十二相《じゅうにそう》を具《ぐ》して、すなはち＊七宝《しっぽう》のために属《ぞく》せらる。いまだ転輪王《てんりんのう》の事《じ》をなすことあたはずといへども、また転輪王《てんりんのう》と名《な》づくるがごとし。それかならず転輪《てんりん》王《のう》たるべきをもつてのゆゑに。かのもろもろの人天《にんでん》もまたまたかくのごとし。みな大乗正定《だいじょうしょうじょう》の聚《じゅ》に入《い》りて、畢竟《ひっきょう》じてまさに清浄法身《しょうじょうほっしん》を得《う》べし。まさに得《う》べきをもつてのゆゑに、清浄《しょうじょう》と名《な》づくることを得《う》るなりと。

灌頂王子　転輪王《てんりんのう》の王子。王子はやがて灌頂の式（頭に水を灌ぎかける即位の儀式）を受けて、転輪王の位に昇ることに定まっているから、この称がある。

七宝のために属せらる　通常は「七宝の属するところとなる」と読む。→七宝《しっぽう》②

250
*善巧摂化《ぜんぎょうせっけ》とは、〈*かくのごときの菩薩《ぼさつ》は、奢摩他《しゃまた》・毘婆舎那《びばしゃな》、広略修行《こうりゃくしゅぎょう》成就《じょうじゅ》して*柔軟心《にゅうなんしん》なり〉（浄土論）とのたまへり。〈柔軟心《にゅうなんしん》〉とは、いはく広《こう》略《りゃく》の止観《しかん》、相順《そうじゅん》し修行《しゅぎょう》して、*不二《ふに》の心《しん》を成《じょう》ぜるなり。たとへば水《みず》をもつて影《かげ》を取《と》るに、清《しょう》と静《じょう》とあひ資《たす》けて成就《じょうじゅ》するがごとしとなり。〈実《じつ》のごとく広略《こうりゃく》の諸法《しょほう》を知《し》る〉（浄土論）とのたまへり。〈如実知《にょじっち》〉といふは、実相《じっそう》のごとくして知《し》るなり。広《こう》のなかの二十九句《にじゅうくく》、略《りゃく》のなかの一句《いっく》、実相《じっそう》にあらざることなきなり。

〈かくのごとき*巧方便回向《ぎょうほうべんえこう》を成就《じょうじゅ》したまへり〉（浄土論）とのたまへり。〈かくのごとき〉といふは、前後《ぜんご》の広略《こうりゃく》みな実相《じっそう》なるがごときなり。実相《じっそう》を知《し》るをもつてのゆゑに、すなはち三界《さんがい》の衆生《しゅじょう》の虚妄《こもう》の相《そう》を知《し》るなり。衆生《しゅじょう》の虚《こ》妄《もう》を知《し》れば、すなはち真実《しんじつ》の慈悲《じひ》を生《しょう》ずるなり。真実《しんじつ》の法身《ほっしん》を知《し》るは、すなはち真実《しんじつ》の帰依《きえ》を起《おこ》すなり。慈悲《じひ》と帰依《きえ》と巧方便《ぎょうほうべん》とは、下《しも》にあり。

251
〈なにものか菩薩《ぼさつ》の巧方便回向《ぎょうほうべんえこう》。菩薩《ぼさつ》の巧方便回向《ぎょうほうべんえこう》とは、いはく、*礼拝等《らいはいとう》の五種《ごしゅ》の修行《しゅぎょう》を説《と》く、所集《しょしゅう》の一切《いっさい》の功徳善根《くどくぜんごん》は、自身住持《じしんじゅうじ》の楽《らく》を求《もと》めず、一切《いっさい》衆生《しゅじょう》の苦《く》を抜《ぬ》かんと欲《おぼ》すがゆゑに、*作願《さがん》して一切衆生《いっさいしゅじょう》を摂取《せっしゅ》して、ともに同《おな》

善巧摂化　菩薩の巧みな利他の救済活動をあらわす。

かくのごときの菩薩　『論註』の当分では、願生行者のことであるが、親鸞聖人は還相（従果還因の相状）の菩薩のこととし、その根源に法蔵《ほうぞう》菩薩の修行成就があることを示唆する。↓還《げん》相《そう》

柔軟心　柔順に調和する心。

不二の心　観ぜられる対象（境）の徳すなわち実相《じっそう》（絶対の真理）と、観ずる心とが境智不二となった心をいう。

巧方便回向　巧みな手だてをもって衆生《しゅじょう》を救済すること。↓方便《ほうべん》

礼拝等の五種の修行　五念門のこと。↓五念門《ごねんもん》

作願して…生ぜしむ　通常は「一切衆生を摂取して、ともに同じくかの安楽仏国

じくかの安楽仏国《あんらくぶっこく》に生《しょう》ぜしむ。これを菩薩《ぼさつ》の巧方便回向成就《ぎょうほうべんえこうじょうじゅ》と名《な》づく〉（浄土論）とのたまへり。王舎城所説《おうしゃじょうしょせつ》の『無量寿経《むりょうじゅきょう》』を案《あん》ずるに、三輩生《さんぱいしょう》のなかに、行《ぎょう》に優劣《うれつ》ありといへども、みな*無上菩提《むじょうぼだい》の心《しん》を発《ほっ》せざるはなけん。この無上菩提心《むじょうぼだいしん》は、すなはちこれ願作仏心《がんさぶっしん》なり。願作仏心《がんさぶっしん》は、すなはちこれ度衆《どしゅ》生心《じょうしん》なり。度衆生心《どしゅじょうしん》は、すなはちこれ衆生《しゅじょう》を摂取《せっしゅ》して有仏《うぶつ》の国土《こくど》に生《しょう》ぜしむる心《しん》なり。このゆゑに、かの安楽浄土《あんらくじょうど》に生《しょう》ぜんと願《がん》ずるものは、かならず無上菩提心《むじょうぼだいしん》を発《ほっ》するなり。もし人《ひと》無上菩提心《むじょうぼだいしん》を発《ほっ》せずして、ただかの国土《こくど》の受《じゅ》楽無間《らくむけん》なるを聞《き》きて、楽《らく》のためのゆゑに生《しょう》ぜんと願《がん》ずるは、またまさに往生《おうじょう》を得《え》ざるべきなり。このゆゑに、〈自身住持《じしんじゅうじ》の楽《らく》を求《もと》めず、一切衆生《いっさいしゅじょう》の苦《く》を抜《ぬ》かんと欲《おぼ》すがゆゑに〉とのたまへり。〈住持楽《じゅうじらく》〉とは、いはく、かの安楽浄土《あんらくじょうど》は、阿弥陀如来《あみだにょらい》の本願力《ほんがんりき》のために住持《じゅうじ》せられて、楽《らく》を受《う》くること間《ひま》なきなり。おほよそ〈回向《えこう》〉の名義《みょうぎ》を釈《しゃく》せば、いはく、おのれが所集《しょしゅう》の一切《いっさい》の功徳《くどく》をもつて、一切衆生《いっさいしゅじょう》に施与《せよ》して、ともに仏道《ぶつどう》に*向《む》かへしめたまふなりと。〈巧方《ぎょうほう》便《べん》〉とは、いはく、菩薩願《ぼさつがん》ずらく、おのれが智慧《ちえ》の火《ひ》をもつて一切衆生《いっさいしゅじょう》の煩《ぼん》悩《のう》の草木《そうもく》を焼《や》かんと、もし一衆生《いちしゅじょう》として成仏《じょうぶつ》せざることあらば、われ仏《ぶつ》にな

に生ぜんと作願するなり」と読む。三二七頁五行も同じ。

無上菩提の心　この上ないさとりを求める心。→菩提心《ぼだいしん》

向かへしめたまふなり　通常は「向かふなり」と読む。

らじと。しかるに衆生《しゅじょう》いまだことごとく成仏《じょうぶつ》せざるに、菩薩《ぼさつ》すでにみづから成仏《じょうぶつ》せんは、たとへば*火㮇《かてん》して、一切《いっさい》の草木《そうもく》を擿《つ》（擿《ちゃく》†の字《じ》、排《はら》ひ除《のぞ》くなり）んで焼《や》きて尽《つく》さしめんと欲《ほっ》するに、草木《そうもく》いまだ尽《つ》きざるに、火㮇《かてん》すでに尽《つ》きんがごとし。その身《み》を後《のち》にして身《み》を先《さき》にするをもつてのゆゑに、巧方便《ぎょうほうべん》†と名《な》づく。このなかに〈方便《ほうべん》〉といふは、いはく作願《さがん》して一切衆生《いっさいしゅじょう》を摂取《せっしゅ》して、ともに同《おな》じくかの安楽仏国《あんらくぶっこく》に生《しょう》ぜしむ。かの仏国《ぶっこく》はすなはちこれ畢竟成仏《ひっきょうじょうぶつ》の道路《どうろ》、無上《むじょう》の方便《ほうべん》なり。

*障菩提門《しょうぼだいもん》とは、〈菩薩《ぼさつ》かくのごとくよく*回向成就《えこうじょうじゅ》したまへるを知《し》れば、すなはちよく三種《さんしゅ》の菩提門相違《ぼだいもんそうい》の法《ほう》を遠離《おんり》するなり。なんらか三種《さんしゅ》。一《ひと》つには智慧《ちえ》門《もん》によりて、自楽《じらく》を求《もと》めず、わが心自身《こころじしん》に*貪着《とんじゃく》するを遠離《おんり》せるがゆゑに〉（浄土論）とのたまへり。*進《すす》むを知《し》りて退《しりぞ》くを守《まも》るを〈智《ち》〉といふ。空無我《くうむが》を知《し》るを〈慧《え》〉といふ。智《ち》によるがゆゑに自楽《じらく》を求《もと》めず、慧《え》によるがゆゑにわが心自《こころじ》身《しん》に貪着《とんじゃく》するを遠離《おんり》せり。

〈二《ふた》つには慈悲門《じひもん》によれり。一切衆生《いっさいしゅじょう》の苦《く》を抜《ぬ》いて、*無安衆生心《むあんしゅじょうしん》を遠離《おんり》せるがゆゑに〉（浄土論）とのたまへり。苦《く》を抜《ぬ》くを〈慈《じ》〉といふ。楽《らく》を与《あた》ふる

火㮇　木の火ばし。

障菩提門　三種の菩提の障害を除く心を説く。

回向…知れば　通常は「回向を知りて成就すれば」と読む。

貪着　むさぼり求めること。愛着すること。

進む…守る　進んで衆生《しゅじょう》を済度《さいど》することを知り、小乗の自利主義に退かないように身を守るという意。

無安衆生心　衆生を安らかにすることのない心。

を〈悲《ひ》〉といふ。慈《じ》によるがゆゑに一切衆生《いっさいしゅじょう》の苦《く》を抜《ぬ》く。悲《ひ》によるがゆゑに無安衆生心《むあんしゅじょうしん》を遠離《おんり》せり。

〈三《み》つには方便門《ほうべんもん》によれり。一切衆生《いっさいしゅじょう》を*憐愍《れんみん》したまふ心《こころ》なり。自身《じしん》を供養《くよう》し恭敬《くぎょう》する心《こころ》を遠離《おんり》せるがゆゑに〉（浄土論）とのたまへり。*正直《しょうじき》を〈方《ほう》〉といふ。*おのれを外《ほか》にするを〈便《べん》〉といふ。正直《しょうじき》によるがゆゑに一切衆生《いっさいしゅじょう》を憐愍《れんみん》する心《こころ》を生《しょう》ず。おのれを外《ほか》にするによるがゆゑに自身《じしん》を供養《くよう》し恭敬《くぎょう》する心《こころ》を遠《おん》離《り》せり。〈これを三種《さんしゅ》の菩提門相違《ぼだいもんそうい》の法《ほう》を遠離《おんり》すと名《な》づく〉（浄土論）と。

*順菩提門《じゅんぼだいもん》とは、〈菩薩《ぼさつ》はかくのごとき三種《さんしゅ》の菩提門相違《ぼだいもんそうい》の法《ほう》を遠離《おんり》して、*三《さん》種《しゅ》の随順菩提門《ずいじゅんぼだいもん》の法《ほう》、満足《まんぞく》することを得《え》たまへるがゆゑに。なんらか三種《さんしゅ》。一《ひと》つには*無染清浄心《むぜんしょうじょうしん》。自身《じしん》のためにもろもろの楽《らく》を求《もと》めざるをもつてのゆゑに〉（浄土論）とのたまへり。菩提《ぼだい》はこれ無染清浄《むぜんしょうじょう》の処《ところ》なり。もし身《み》のために楽《らく》を求《もと》めば、すなはち菩提《ぼだい》に違《い》しなん。このゆゑに無染清浄心《むぜんしょうじょうしん》は、これ菩提《ぼだい》門《もん》に順《じゅん》ずるなり。

〈二《ふた》つには安清浄心《あんしょうじょうしん》。一切衆生《いっさいしゅじょう》の苦《く》を抜《ぬ》くをもつてのゆゑに〉（浄土論）とのたまへり。菩提《ぼだい》はこれ一切衆生《いっさいしゅじょう》を安穏《あんのん》する清浄《しょうじょう》の処《ところ》なり。もし作心《さしん》して一《いっ》

憐愍したまふ心なり　通常は「憐愍する心なり」と読む。

正直　かたよりなく平等なこと。

おのれを外にする　自己を捨てて、相手の立場にたつこと。

順菩提門　三種の菩提の門に随順する心を説く。

三種の…ゆゑに　通常は「三種の菩提門に随順する法の満足を得るがゆゑなり」と読む。

無染清浄心　煩悩《ぼんのう》のけがれを離れた清浄心。

切衆生《さいしゅじょう》を抜《ぬ》きて生死《しょうじ》の苦《く》を離《はな》れしめずは、すなはち菩提《ぼだい》に違《い》しなん。このゆゑに一切衆生《いっさいしゅじょう》の苦《く》を抜《ぬ》くは、これ菩提門《ぼだいもん》に順《じゅん》ずるなりと。〈三《み》つには楽清浄心《らくしょうじょうしん》。一切衆生《いっさいしゅじょう》をして大菩提《だいぼだい》を得《え》しむるをもってのゆゑに、衆生《しゅじょう》を摂取《せっしゅ》してかの国土《こくど》に生《しょう》ぜしむるをもってのゆゑに〉（浄土論）とのたまへり。菩提《ぼだい》はこれ*畢竟常楽《ひっきょうじょうらく》の処《ところ》なり。もし一切衆生《いっさいしゅじょう》をして畢竟常楽《ひっきょうじょうらく》を得《え》しめずは、すなはち菩提《ぼだい》に違《い》しなん。この畢竟常楽《ひっきょうじょうらく》はなにによりてか得《う》る、大乗門《だいじょうもん》によるなり。大乗門《だいじょうもん》とは、いはくかの安楽仏国土《あんらくぶっこくど》これなり。このゆゑにまた〈衆生《しゅじょう》を摂取《せっしゅ》してかの国土《こくど》に生《しょう》ぜしむるをもってのゆゑに〉とのたまへり。〈これを三種《さんしゅ》の随順菩提門《ずいじゅんぼだいもん》の法《ほう》、満足《まんぞく》せりと名《な》づくと、知《し》るべし〉（浄土論）と。

*名義摂対《みょうぎせったい》とは、〈向《さき》に智慧《ちえ》・慈悲《じひ》・方便《ほうべん》の三種《さんしゅ》の門《もん》は般若《はんにゃ》を摂取《せっしゅ》す。般若《はんにゃ》、方便《ほうべん》を摂取《せっしゅ》すと説《と》きつ、知《し》るべし〉（浄土論）とのたまへり。〈般若《はんにゃ》〉とは*如《にょ》に達《たつ》するの慧《え》の名《な》なり。〈方便《ほうべん》〉とは*権《ごん》に通《つう》ずるの智《ち》の称《しょう》なり。如《にょ》に達《たつ》すればすなはち*心行《しんぎょう》寂滅《じゃくめつ》なり。権《ごん》に通《つう》ずれば、すなはちつぶさに*衆機《しゅき》に省《はぶ》く。*†機《き》に省《はぶ》くの智《ち》、つぶさに応《おう》じて*無知《むち》なり。寂滅《じゃくめつ》の慧《え》、また無知《むち》にしてつぶさに省《はぶ》く。

畢竟常楽　究極的な常住《じょうじゅう》安楽の境地。

名義摂対　名は名称、義は名によってあらわされる意味。障菩提門《しょうぼだいもん》に説いた智《ち》慧《え》・慈悲・方便の名を般《はん》若《にゃ》・方便の二義に摂め、三種の遠離心《おんりしん》を無障心《むしょうしん》に摂め、順菩提門の三清浄心《さんしょうじょうしん》を妙楽勝真心《みょうらくしょうしんしん》に摂めることを説く。

如　一如、真如のこと。↓一如《いちにょ》、真如《しんにょ》

権　差別の事相。現象。

心行　心のはたらき。

衆機に省く・機に省く　衆機はすべての衆生《しゅじょう》、省くは分かち与えるの意。通常は「衆機を省みる」「機を省みる」と読む。省みるは省察する、知るの意。

無知　思慮分別を離れた無《む》分別智《ふんべつち》のこと。

256 しかればすなはち、智慧《ちえ》と方便《ほうべん》と、あひ縁《えん》じて動《どう》じ、あひ縁《えん》じて静《じょう》なり。動《どう》、静《じょう》を失《しっ》せざることは智慧《ちえ》の功《こう》なり。静《じょう》、動《どう》を廃《はい》せざることは方便《ほうべん》の力《ちから》なり。このゆゑに智慧《ちえ》と慈悲《じひ》と方便《ほうべん》と、般若《はんにゃ》を摂取《せっしゅ》す。般若《はんにゃ》、方便《ほうべん》を摂取《せっしゅ》す。〈応知《おうち》〉とは、いはく、智慧《ちえ》と方便《ほうべん》はこれ菩薩《ぼさつ》の父母《ぶも》なり、もし智慧《ちえ》と方便《ほうべん》とによらずは、菩薩《ぼさつ》の*法則成就《ほうそくじょうじゅ》せざることを知《し》るべし。なにをもつてのゆゑに。もし智《ち》慧《え》なくして衆生《しゅじょう》のためにする時《とき》には、すなはち顛倒《てんどう》に堕《だ》せん。もし方便《ほうべん》なくして法性《ほっしょう》を観《かん》ずる時《とき》には、すなはち実際《じっさい》を証《しょう》せん。このゆゑに〈知《し》るべし〉と。

〈向《さき》に遠離《おんり》我心貪着自身《がしんとんじやくじしん》・遠離《おんり》無安衆生心《むあんしゅじょうしん》・遠離《おんり》供養恭敬自身心《くようくぎょうじしんしん》を説《と》きつ。この三種《さんしゅ》の法《ほう》は、障菩提心《しょうぼだいしん》を遠離《おんり》するなりと、知《し》るべし〉（浄土論）とのたまへり。諸法《しょほう》におのおの障礙《しょうげ》の相《そう》あり。風《かぜ》はよく静《じょう》を障《さ》ふ。土《つち》はよく水《みず》を障《さ》ふ。湿《しつ》はよく火《ひ》を障《さ》ふ。*五黒《ごこく》・十悪《じゅうあく》は人天《にんでん》を障《さ》ふ。四顛倒《してんどう》は声聞《しょうもん》の果《か》を障《さ》ふるがごとし。このなかの*三種《さんしゅ》は菩提《ぼだい》を障《さ》ふる心《しん》を遠離《おんり》せずと。〈応知《おうち》〉とは、もし無障《むしょう》を得《え》んと欲《おも》はば、まさにこの三種《さんしゅ》の障礙《しょうげ》を遠離《おんり》すべきなり。

257 〈向《さき》に無染清浄心《むぜんしょうじょうしん》・安清浄心《あんしょうじょうしん》・楽清浄心《らくしょうじょうしん》を説《と》きつ。この三種《さんしゅ》の心《しん》は略《りやく》して一処《いっしょ》にして、*妙楽勝真心《みょうらくしょうしんしん》を*成就《じょうじゅ》したまへりと、知《し》るべし〉（浄土論）と

法則　「法すなはち」とも読む。

五黒　五悪のこと。↓五悪《ごあく》

三種は…遠離せずと　通常は「三種の不遠離は、菩提を障ふる心なり」と読む。

妙楽勝真心　行者が五念門を行じて得る自利利他円満の真実心で、浄土の最勝の真実の徳（妙楽勝真）にかなう菩提心《ぼだいしん》のこと。親鸞聖人はこれを法蔵《ほうぞう》菩薩によって成就された心とみなし、他力信心の徳をあらわす名とする。

成就したまへり　通常は「成就す」と読む。

のたまへり。楽《らく》に三種《さんしゅ》あり。一《ひと》つには*外楽《げらく》、いはく五識所生《ごしきしょしょう》の楽《らく》なり。二《ふた》つには*内楽《ないらく》、いはく*初禅《しょぜん》・二禅《にぜん》・三禅《さんぜん》の*意識所生《いしきしょしょう》の楽《らく》なり。三《み》つには*法楽楽《ほうがくらく》、いはく智慧所生《ちえしょしょう》の楽《らく》なり。この智慧所生《ちえしょしょう》の楽《らく》は、仏《ぶつ》の功徳《くどく》を愛《あい》するより起《おこ》れり。これは遠離我心《おんりがしん》と遠離無安衆生心《おんりむあんしゅじょうしん》と遠離自供養心《おんりじくようしん》と、この三種《さんしゅ》の心《しん》、清浄《しょうじょう》に増進《ぞうしん》して、略《りゃく》して妙楽勝真心《みょうらくしょうしんしん》とす。妙《みょう》の言《ごん》はそれ好《こう》なり。この楽《らく》は仏《ぶつ》を縁《えん》じて生《しょう》ずるをもつてのゆゑに。勝《しょう》の言《ごん》は三界《さんがい》のうちの楽《らく》に勝出《しょうしゅつ》せり。真《しん》の言《ごん》は虚偽《こぎ》ならず、顛倒《てんどう》せざるなり。

*願事成就《がんじじょうじゅ》とは、〈かくのごとき菩薩《ぼさつ》は智慧心《ちえしん》・方便心《ほうべんしん》・無障心《むしょうしん》・勝真心《しょうしんしん》をもつて、よく清浄仏国土《しょうじょうぶっこくど》に*生《しょう》ぜしめたまへりと、知《し》るべし〉（浄土論）とのたまへり。〈応知《おうち》〉とは、いはく、この四種《ししゅ》の清浄《しょうじょう》の功徳《くどく》、よくかの清浄仏国土《しょうじょうぶっこくど》に生《しょう》ずることを得《え》しむ、これ他縁《たえん》をして生《しょう》ずるにはあらずと知《し》るべしとなり。〈これを菩薩摩*訶薩《ぼさつまかさつ》、五種《ごしゅ》の法門《ほうもん》に随順《ずいじゅん》して、所作意《しょさこころ》に随《したが》ひて自在《じざい》に*成就《じょうじゅ》したまへりと名《な》づく。向《さき》の所説《しょせつ》のごとき身業《しんごう》・口業《くごう》・意業《いごう》・智業《ちごう》・方便智業《ほうべんちごう》、法門《ほうもん》に随順《ずいじゅん》せるがゆゑに〉（浄土論）とのたまへり。〈随意自在《ずいいじざい》〉とは、いふこころは、この五種《ごしゅ》の功徳力《くどくりき》、よく清浄仏土《しょうじょうぶつど》に*生《しょう》ぜしめて、*出没自在《しゅつもつじざい》なるな

外楽　色声香味触の外境によって起る楽。
内楽　内なる意識によって起る楽。
初禅二禅…　色界《しきかい》の四禅天のうちはじめの三には楽があるが、第四禅天になると不苦不楽であるという。→四禅《しぜん》
意識　六識の一。→六識《ろくしき》
法楽楽　無漏《むろ》（煩悩《ぼんのう》のない状態）の智慧《ちえ》より生ずる楽で、法音（説法等の音声《おんじょう》）を聞く楽しみである。
願事成就　『論註』の当分では、浄土願生の事業の成就を明かすものであるが、親鸞聖人は還相（従果還因の相状）の菩薩の衆生済《しゅじょうさい》度《ど》の願事の成就を明かすものとし、その根源に法蔵《ほうぞう》菩薩の願事の成就があることを示唆する。→還相《げんそう》
生ぜしめたまへり　通常は

り。〈身業《しんごう》〉とは礼拝《らいはい》なり。〈口業《くごう》〉とは讃嘆《さんだん》なり。〈意業《いごう》〉とは作願《さがん》なり。〈智《ち》業《ごう》〉とは観察《かんざつ》なり。〈方便智業《ほうべんちごう》〉とは回向《えこう》なり。この五種《ごしゅ》の業和合《ごうわごう》せり、すなはちこれ往生浄土《おうじょうじょうど》の法門《ほうもん》に随順《ずいじゅん》して、自在《じざい》の業成就《ごうじょうじゅ》したまへりとのたまへりと。

*利行満足《りぎょうまんぞく》とは、〈また五種《ごしゅ》の門《もん》ありて、漸次《ぜんじ》に五種《ごしゅ》の功徳《くどく》を成就《じょうじゅ》したまへりと、知《し》るべし。なにものか五門《ごもん》。一《ひと》つには近門《ごんもん》、二《ふた》つには大会衆門《だいえしゅもん》、三《み》つには宅門《たくもん》、四《よ》つには屋門《おくもん》、五《いつ》つには園林遊戯地門《おんりんゆげじもん》なり〉（浄土論）とのたまへり。この五種《ごしゅ》は、*入出《にゅうしゅつ》の次第《しだい》の相《そう》を*示現《じげん》せしむ。入相《にゅうそう》のなかに、初《はじ》めに浄土《じょうど》に至《いた》るは、これ近相《ごんそう》なり。いはく大乗正定聚《だいじょうしょうじょうじゅ》に入《い》るは、阿耨多羅三藐三菩提《あのくたらさんみゃくさんぼだい》に近《ちか》づくなり。浄土《じょうど》に入《い》りをはるは、すなはち如来《にょらい》の*大会衆《だいえしゅ》の数《かず》に入《い》るなり。衆《しゅう》の数《かず》に入《い》りをはりぬれば、まさに修行安心《しゅぎょうあんじん》の宅《たく》に至《いた》るべし。宅《たく》に入《い》りをはれば、まさに修行所居《しゅぎょうしょご》の屋宇《おくう》に至《いた》るべし。修行成就《しゅぎょうじょうじゅ》しをはりぬれば、まさに*教化地《きょうけじ》に至《いた》るべし。教化地《きょうけじ》はすなはちこれ菩薩《ぼさつ》の*自娯楽《じごらく》の地《じ》なり。このゆゑに出門《しゅつもん》を園林遊戯地門《おんりんゆげじもん》と称《しょう》すと。

〈この五種《ごしゅ》の門《もん》は、初《はじ》めの四種《ししゅ》の門《もん》は入《にゅう》の功徳《くどく》を成就《じょうじゅ》したまへり、第五門《だいごもん》は

「生ず」と読む。

摩訶薩　梵語マハー・サットヴァ（mahā-sattva）の音写で、偉大な志をもつ者の意。菩薩に同じ。→菩薩《ぼさつ》

成就したまへり　通常は「成就す」と読む。以下に出る場合も同じ。

生ぜしめて　通常は「生ずれば」と読む。

出没自在　衆生《しゅじょう》を救うために、自由自在に十方世界へあらわれることができるということ。また自利利他が自在であるということ。

利行満足　自利利他の二利の行が満足する菩薩行の完成を明かす。

入出　入とは浄土に入ること。出とは衆生を救うために他方世界に出ること。入は自利、出は利他にあたる。入

示現せしむ　通常は「示現す」と読む。

出《しゅっ》の功徳《くどく》を成就《じょうじゅ》したまへり〉（浄土論）とのたまへり。この入出《にゅうしゅつ》の功徳《くどく》は、なにものかこれや。

釈《しゃく》すらく、〈入第一門《にゅうだいいちもん》といふは、阿弥陀仏《あみだぶつ》を礼拝《らいはい》してかの国《くに》に*生《しょう》ぜしめんがためにするをもつてのゆゑに、安楽世界《あんらくせかい》に生《しょう》ずることを*得《え》しむ。これを入第《にゅうだい》†一門《いちもん》と名《な》づく〉（浄土論）と。仏《ぶつ》を礼《らい》して仏国《ぶっこく》に生《しょう》ぜんと願《がん》ずるは、これ初《はじ》めの功徳《くどく》の相《そう》なりと。

〈入第二門《にゅうだいにもん》とは、阿弥陀仏《あみだぶつ》を讃嘆《さんだん》し、*名義《みょうぎ》に随順《ずいじゅん》して如来《にょらい》の名《みな》を*称《しょう》せしめ、如来《にょらい》の*光明智相《こうみょうちそう》によりて修行《しゅぎょう》せるをもつてのゆゑに、大会衆《だいえしゅ》の数《かず》に入《い》ることを得《え》しむ。これを入第二門《にゅうだいにもん》と名《な》づく〉（浄土論）とのたまへり。如来《にょらい》の名義《みょうぎ》によりて讃嘆《さんだん》する、これ第二《だいに》の功徳《くどく》の相《そう》なりと。

〈入第三門《にゅうだいさんもん》とは、一心《いっしん》に専念《せんねん》し作願《さがん》して、かしこに生《しょう》じて奢摩他寂静三昧《しゃまたじゃくじょうざんまい》の行《ぎょう》を修《しゅ》するをもつてのゆゑに、蓮華蔵世界《れんげぞうせかい》に入《い》ることを得《え》しむ。これを入《にゅう》第三門《だいさんもん》と名《な》づく〉（浄土論）。寂静止《じゃくじょうし》を修《しゅ》せんためのゆゑに、一心《いっしん》にかの国《くに》に生《しょう》ぜんと願《がん》ずる、これ第三《だいさん》の功徳《くどく》の相《そう》なりと。

〈入第四門《にゅうだいしもん》とは、かの妙荘厳《みょうしょうごん》を専念《せんねん》し観察《かんざつ》して、毘婆舎那《びばしゃな》を修《しゅ》せしむるを

大会衆　浄土で阿弥陀仏が説法するときの集会（広大会）に参列し聞法《もんぼう》する大衆《だいしゅ》。

教化地　自在に衆生を教化し利益《りやく》し救済する地位。八地以上の菩薩の境地のこと。

自娯楽の地　衆生《しゅじょう》の教化をみずからの楽しみとする地位。

生ぜしめんがためにする　通常は「生ぜんとなすを」と読む。

得しむ　通常は「得《う》」と読む。

名義　名号の実義、いわれ。

称せしめ　通常は「称し」と読む。

光明智相　光明の本質は智《ち》慧《え》であり、智慧のすがたは光明であることをいったもの。智慧を本質とする光明が、十方を照らして衆生の迷いを除く。

もつてのゆゑに、かの所《ところ》に到《いた》ることを得《え》て、種々《しゅじゅ》の法味《ほうみ》の楽《らく》を受用《じゅゆう》せしむ。こ
れを入第四門《にゅうだいしもん》と名《な》づく〉（浄土論）とのたまへり。〈種々《しゅじゅ》の法味《ほうみ》の楽《らく》〉とは、毘婆《びば》
261 舎那《しゃな》のなかに、*観仏国土《かんぶつこくど》清浄味《しょうじょうみ》・*摂受衆生大乗味《しょうじゅしゅじょうだいじょうみ》・*畢竟住持《ひっきょうじゅうじ》不虚作味《ふこさみ》・
*類事《るいじ》起行願取仏土《きぎょうがんしゅぶつど》味《み》あり。かくのごときらの無量《むりょう》の荘厳仏道《しょうごんぶつどう》の味《み》あるがゆゑ
に、〈種々《しゅじゅ》〉とのたまへり。これ第四《だいし》の功徳《くどく》の相《そう》なりと。
〈出第五門《しゅつだいごもん》とは、大慈悲《だいじひ》をもつて一切苦悩《いっさいくのう》の衆生《しゅじょう》を観察《かんざつ》して、応化身《おうげしん》を示《しめ》
して、生死《しょうじ》の園《その》、煩悩《ぼんのう》の林《はやし》のなかに回入《えにゅう》して、神通《じんずう》に遊戯《ゆげ》し、教化地《きょうけじ》に至《いた》る。
本願力《ほんがんりき》の回向《えこう》をもつてのゆゑに。これを出第五門《しゅつだいごもん》と名《な》づく〉（浄土論）とのた
まへり。〈応化身《おうげしん》を示《しめ》す〉といふは、『法華経《ほけきょう》』の*普門示現《ふもんじげん》の類《るい》のごときなり。
〈遊戯《ゆげ》〉に二《ふた》つの義《ぎ》あり。一《ひと》つには自在《じざい》の義《ぎ》。菩薩衆生《ぼさつしゅじょう》を度《ど》す。たとへば獅子《しし》
の鹿《しか》を搏《う》つに、所為難《しょいはばか》らざるがごときは、遊戯《ゆげ》するがごとし。二《ふた》つには*度無所《どむしょ》
度《ど》の義《ぎ》なり。菩薩衆生《ぼさつしゅじょう》を観《かん》ずるに、畢竟《ひっきょう》じて*所有《あらゆるところ》なし。無量《むりょう》の衆生《しゅじょう》を度《ど》す
といへども、実《じつ》に一衆生《いちしゅじょう》として滅度《めつど》を得《う》るものなし。衆生《しゅじょう》を度《ど》すと示《しめ》すこと
遊戯《ゆげ》するがごとし。〈本願力《ほんがんりき》〉といふは、大菩薩《だいぼさつ》、法身《ほっしん》のなかにおいて、つね
262 に三昧《さんまい》にましまして、種々《しゅじゅ》の身《しん》、種々《しゅじゅ》の神通《じんずう》、種々《しゅじゅ》の説法《せっぽう》を現《げん》ずることを示《しめ》す

観仏国土清浄味　法性《ほっしょう》にかなった浄土の清浄な徳（清浄功徳）を観ずる法味。

摂受衆生大乗味　衆生《しゅじょう》をおさめ取って大乗のさとりを得させる徳（大義門功徳）を観ずる法味。

畢竟住持不虚作味　浄土に生れた者が仏の虚妄《こもう》ならざる力用《りきゆう》によって安らかに保持されている徳（不虚作住持功徳）を観ずる法味。

類事起行願取仏土味　諸仏を供養《くよう》し、衆生を教化し、無仏の世界に三宝《さんぼう》をひろめる菩薩の徳（菩薩四種功徳）を観ずる法味。

普門示現『法華経《ほけきょう》』「観世《かんぜ》音菩薩普門品《おんぼさつふもんぽん》」の教説。観世音菩薩が三十三身をあらわして、衆生の諸難を救い、諸願を満たすことをいう。

度無所度　大菩薩は、衆生が本来空《くう》であることをさと

こと、みな本願力《ほんがんりき》より起《おこ》るをもつてなり。たとへば*阿修羅《あしゅら》の琴《きん》の鼓《こ》するものなしといへども、しかも音曲自然《いんぎょくじねん》なるがごとし。これを教化地《きょうけじ》の第五《だいご》の功徳《くどく》の相《そう》と名《な》づくとのたまへり」と。以上抄出

【一八】しかれば、*大聖《だいしょう》の真言《しんごん》、まことに知《し》んぬ、大涅槃《だいねはん》を証《しょう》することは願力《がんりき》の回向《えこう》によりてなり。還相《げんそう》の利益《りやく》は利他《りた》の正意《しょうい》を顕《あらわ》すなり。ここをもつて論主《ろんじゅ》（天親）は広大無礙《こうだいむげ》の一心《いっしん》を宣布《せんぷ》して、あまねく*雑染堪忍《ぞうぜんかんにん》の群萌《ぐんもう》を開化《かいけ》す。宗師《しゅうし》（曇鸞）は大悲《だいひ》*往還《おうげん》の回向《えこう》を顕示《けんじ》して、ねんごろに*他利利《たりり》他《た》の深義《じんぎ》を弘宣《ぐせん》したまへり。仰《あお》いで奉持《ぶじ》すべし、ことに頂戴《ちょうだい》すべしと。

顕《けん》浄《じょう》土《ど》真《しん》実《じつ》証《しょう》文《もん》類《るい》　四

るから、済度《さいど》しても済度しているというとらわれの思いが全くないということ。

所有なし　通常は「所有《しょう》なし」と読む。

阿修羅の琴　阿修羅のもっている琴。その福徳《ふくとく》によって、聞こうと思えば弾かなくても自然《じねん》に意にしたがって妙《たえ》なる音を出すといわれる。

大聖の真言　上に引かれた『大経』『如来会《にょらいえ》』の教説（三〇七頁一三行以下）を指す。

雑染堪忍　雑染は煩悩《ぼんのう》によってけがされていること。堪忍は娑婆《しゃば》世界のこと。

往還の回向　→往相回向《おうそうえこう》、還相回向《げんそうえこう》

他利利他の深義　「行巻」一九二頁九行以下の本文および同頁の脚註参照。

*光明無量《こうみょうむりょう》の願《がん》

寿命無量《じゅみょうむりょう》の願《がん》

光明無量の願……　→補註1

265

顕《けん》浄《じょう》土《ど》真《しん》仏《ぶつ》土《ど》文《もん》類《るい》　五

愚禿釈親鸞集《ぐとくしゃくしんらんしゅう》

【一】つつしんで真仏土《しんぶつど》を案《あん》ずれば、仏《ぶつ》はすなはちこれ不可思議光如来《ふかしぎこうにょらい》なり、土《ど》はまたこれ無量光明土《むりょうこうみょうど》なり。しかればすなはち、大悲《だいひ》の誓願《せいがん》に*酬《しゅう》報《ほう》するがゆゑに、真《しん》の報仏土《ほうぶつど》といふなり。すでにして願《がん》います、すなはち光明《こうみょう》・寿命《じゅみょう》の願《がん》（第十二・十三願）これなり。

【二】『大経《だいきょう》』（上）にのたまはく、「たとひわれ仏《ぶつ》を得《え》たらんに、光明《こうみょう》よく限《げん》量《りょう》ありて、下百千億那由他《しもひゃくせんおくなゆた》の諸仏《しょぶつ》の国《くに》を照《て》らさざるに至《いた》らば、正覚《しょうがく》を取《と》らじ」と。

【三】また願《がん》（第十三願）にのたまはく（同・上）、「たとひわれ仏《ぶつ》を得《え》たらんに、寿命《じゅみょう》よく限量《げんりょう》ありて、下百千億那由他《しもひゃくせんおくなゆた》の劫《こう》に至《いた》らば、正覚《しょうがく》を取《と》らじ」と。

266

【四】願《がん》（第十二・十三願）成就《じょうじゅ》の文《もん》にのたまはく（同・上）、「仏《ぶつ》、阿難《あなん》に告《つ》げたまはく、〈無量寿仏《むりょうじゅぶつ》の威神光明《いじんこうみょう》、最尊第一《さいそんだいいち》にして、諸仏《しょぶつ》の光明《こうみょう》の及《およ》ぶこと

酬報　因にむくいること。

あたはざるところなり。乃至 このゆゑに無量寿仏《むりょうじゅぶつ》をば*無量光仏《むりょうこうぶつ》・無辺光仏《むへんこうぶつ》・無《む》礙光仏《げこうぶつ》・無対光仏《むたいこうぶつ》・炎王光仏《えんのうこうぶつ》・清浄光仏《しょうじょうこうぶつ》・歓喜光仏《かんぎこうぶつ》・智慧光仏《ちえこうぶつ》・不断光仏《ふだんこうぶつ》・難《なん》思光仏《じこうぶつ》・無称光仏《むしょうこうぶつ》・超日月光仏《ちょうにちがっこうぶつ》と号《ごう》す。それ衆生《しゅじょう》ありて、この光《ひかり》に遇《もうあ》ふものは、三垢消滅《さんくしょうめつ》し、身意《しんい》*柔軟《にゅうなん》なり。歓喜踊躍《かんぎゆやく》し善心《ぜんしん》生《しょう》ず。もし三塗勤苦《さんずごんく》の処《ところ》にありて、この光明《こうみょう》を見《み》れば、みな休息《くそく》を得《え》てまた苦悩《くのう》なけん。寿終《いのちお》へての後《のち》、みな解脱《げだつ》を蒙《かぶ》る。無量寿仏《むりょうじゅぶつ》の光明《こうみょう》*顕赫《けんかく》にして、十方諸仏《じっぽうしょぶつ》の国土《こくど》を*照曜《しょうよう》して*聞《きこ》えざることなし。ただわれいまその光明《こうみょう》を称《しょう》するのみにあらず、一切《いっさい》の諸仏《しょぶつ》・声聞《しょうもん》・縁覚《えんがく》・もろもろの菩薩衆《ぼさつしゅ》、ことごとくともに嘆誉《たんよ》すること、またまたかくのごとし。もし衆生《しゅじょう》ありて、その光明《こうみょう》の威神功徳《いじんくどく》を聞《き》きて、日夜《にちや》に称説《しょうせつ》し、心《こころ》を至《いた》して断《た》えざれば、意《こころ》の所願《しょがん》に随《したが》ひて、その国《くに》に生《しょう》ずることを得《え》て、もろもろの菩薩《ぼさつ》・声聞大衆《しょうもんだいしゅ》のために、ともにその功徳《くどく》を嘆誉《たんよ》し称《しょう》せられん。それしかうして後《のち》、仏道《ぶつどう》を得《う》る時《とき》に至《いた》りて、あまねく十方《じっぽう》の諸仏《しょぶつ》・菩薩《ぼさつ》のために、その光明《こうみょう》を嘆《たん》ぜられんこと、またいまのごときならん〉と。仏《ぶつ》ののたまはく、〈われ無量寿仏《むりょうじゅぶつ》の光明威神《こうみょういじん》、*巍々殊妙《ぎぎしゅみょう》なるを説《と》かんに、昼夜一《ちゅうやいっ》劫《こう》すともなほいまだ尽《つ》くすことあたはじ〉と。

無量光仏…超日月光仏　阿弥陀仏の十二種の異名。→十二光《じゅうにこう》

柔軟　やわらかでおだやかなこと。

顕赫　盛んに輝くさま。

照曜　照り輝くこと。

聞え　聞は光明《こうみょう》の利益《りやく》がそのまま名号《みょうごう》の功徳《くどく》であることを示す。

巍々殊妙　気高くすぐれていること。

仏《ぶつ》、阿難《あなん》に語《かた》りたまはく、〈無量寿仏《むりょうじゅぶつ》は、寿命長久《じゅみょうじょうく》にして*勝計《しょうげ》すべからず。なんぢむしろ知《し》らんや。たとひ十方世界《じっぽうせかい》の無量《むりょう》の衆生《しゅじょう》、みな人身《にんじん》を得《え》て、ことごとく声聞《しょうもん》・縁覚《えんがく》を成就《じょうじゅ》せしめて、すべてともに集会《しゅうえ》して、思《おもい》をもつぱらにし心《こころ》を一《ひと》つにして、その智力《ちりき》を竭《つく》して、百千万劫《ひゃくせんまんごう》においてことごとくともに推算《すいさん》して、その寿命《じゅみょう》の長遠《じょうおん》の数《かず》を計《かぞ》へんに、窮尽《ぐじん》してその限極《げんごく》を知《し》ることあたはじ〉」と。抄出

【五】『無量寿如来会《むりょうじゅにょらいえ》』（上）にのたまはく、「阿難《あなん》、この義《ぎ》をもつてのゆゑに、無量寿仏《むりょうじゅぶつ》にまた異名《いみょう》まします。いはく、*無量光《むりょうこう》・無辺光《むへんこう》・無着光《むじゃくこう》・無礙光《むげこう》・光照王《こうしょうおう》・端厳光《たんごんこう》・愛光《あいこう》・喜光《きこう》・可観光《かかんこう》・不可思議光《ふかしぎこう》・無等光《むとうこう》†・不可称量光《ふかしょうりょうこう》・*映蔽日光《えいへいにっこう》・映蔽月光《えいへいがっこう》・*掩奪日月光《あんだつにちがっこう》なり。かの光明清浄広大《こうみょうしょうじょうこうだい》にして、あまねく衆生《しゅじょう》をして身心悦楽《しんしんえつらく》せしむ。また一切余《いっさいよ》の*仏刹《ぶっせつ》のうちの*天《てん》・竜《りゅう》・夜叉《やしゃ》・阿修羅等《あしゅらとう》みな歓悦《かんえつ》を得《え》しむ」と。以上

【六】『無量清浄平等覚経《むりょうしょうじょうびょうどうがくきょう》』（二）帛延《はくえん》の訳《やく》 にのたまはく、「速疾《そくしつ》に超《こ》えて、すなはち安楽国《あんらくこく》の世界《せかい》に到《いた》るべし。無量光明土《むりょうこうみょうど》に至《いた》りて、無数《むしゅ》の仏《ぶつ》を供養《くよう》す」と。以上

勝計　数え尽すこと。

無量光…掩奪日月光　阿弥陀仏の異名である十五光。『大経』に説かれる十二光に対応している。

映蔽日光・映蔽月光　日光・月光を照らしておおいかくすという意。

掩奪日月光　日月の光をおおいかくしてうばうという意。

仏刹　仏国土のこと。刹は梵語クシェートラ(kṣetra)の音写。国土・世界の意。

天竜夜叉阿修羅等　仏教を護持する八部衆のうち、代表的なものをあげる。→八部《はちぶ》

【七】『仏説《ぶっせつ》*諸仏《しょぶつ》阿弥陀《あみだ》三耶三仏《さんやさんぶつ》薩楼仏檀《さるぶつだん》過度《かど》人道経《にんどうきょう》』（上）支謙《しけん》の訳《やく》にのたまはく、「仏《ぶつ》ののたまはく、〈阿弥陀仏《あみだぶつ》の光明《こうみょう》は最尊第一《さいそんだいいち》にして比《なら》びなし。諸仏《しょぶつ》の光明《こうみょう》みな及《およ》ばざるところなり。八方上下《はっぽうじょうげ》*無央数《むおうしゅ》の諸仏《しょぶつ》のなかに、仏《ぶつ》の頂中《ちょうちゅう》の光明《こうみょう》、七丈《しちじょう》を照《て》らすあり。仏《ぶつ》の頂中《ちょうちゅう》の光明《こうみょう》、一里《いちり》を照《て》らすあり。乃至 仏《ぶつ》の頂中《ちょうちゅう》の光明《こうみょう》、二百万仏国《にひゃくまんぶつこく》を照《て》らすあり〉と。仏《ぶつ》ののたまはく、〈もろもろの八方上下《はっぽうじょうげ》無央数《むおうしゅ》の仏《ぶつ》の頂中《ちょうちゅう》の光明《こうみょう》の炎照《えんしょう》するところ、みなかくのごとくなり。阿弥陀仏《あみだぶつ》の頂中《ちょうちゅう》の光明《こうみょう》の炎照《えんしょう》するところ、千万仏国《せんまんぶつこく》なり。諸仏《しょぶつ》の光明《こうみょう》の照《て》らすところに近遠《ごんおん》あるゆゑはいかんとなれば、もとそれ*前世《ぜんせ》の宿命《しゅくみょう》に、*道《どう》を求《もと》めて菩薩《ぼさつ》†たりし時《とき》、所願功徳《しょがんくどく》おのおのおのおのづから大小《だいしょう》あり。それしかうして後《のち》、仏《ぶつ》になる時《とき》に至《いた》りて、おのおのみづからこれを得《え》たり。このゆゑに光明《こうみょう》うたた同等《どうとう》ならざらしむ。諸仏《しょぶつ》の威神同等《いじんどうとう》なるならくのみと。*自在《じざい》の意《こころ》の所《しょ》欲《よく》、作為《さい》してあらかじめ計《はか》らず。阿弥陀仏《あみだぶつ》の光明《こうみょう》の照《て》らすところ最大《さいだい》なり。諸《しょ》仏《ぶつ》の光明《こうみょう》みな及《およ》ぶことあたはざるところなり〉と。仏《ぶつ》、阿弥陀仏《あみだぶつ》の光明《こうみょう》の極《ごく》善《ぜん》なることを*称誉《しょうよ》したまふ。〈阿弥陀仏《あみだぶつ》の光明《こうみょう》は極善《ごくぜん》にして、善《ぜん》のなかの明好《みょうこう》なり。それ快《こころよ》きこと比《なら》びなし、*絶殊無極《ぜつしゅむごく》なり。阿弥陀仏《あみだぶつ》の光明《こうみょう》は清潔《しょうけつ》にして

諸仏　『開元録《かいげんろく》』巻三に示された経名にはこの二字がある。『浄土和讃』（六〇）の異本左訓には、『諸仏阿弥陀…』の経名を釈して「弥陀を諸仏とまうす。過度人道（経）のこころなり」とある。

無央数　阿僧祇に同じ。→阿僧祇《あそうぎ》

前世の宿命　過去世の境涯。

道　仏果。仏のさとり。

自在の意の所欲　諸仏それぞれの心のままの願。

称誉　ほめたたえること。

絶殊無極　すぐれて極まりないこと。

＊瑕穢《かえ》なく欠減《けつげん》なきなり。阿弥陀仏《あみだぶつ》の光明《こうみょう》は殊好《しゅこう》なること、日月《にちがつ》の明《みょう》よりも勝《すぐ》れたること百千億万倍《ひゃくせんおくまんばい》なり。諸仏《しょぶつ》の光明《こうみょう》のなかの極明《ごくみょう》なり、光明《こうみょう》のなかの極好《ごくこう》なり、光明《こうみょう》のなかの極雄傑《ごくおうけつ》なり、光明《こうみょう》のなかの快善《けぜん》なり、諸仏《しょぶつ》のなかの王《おう》なり、光明《こうみょう》のなかの極尊《ごくそん》なり、光明《こうみょう》のなかの最明無極《さいみょうむごく》なり。もろもろの無数天《むしゅてん》下《げ》の＊幽冥《ゆうみょう》の処《ところ》を炎照《えんしょう》するに、みなつねに大明《だいみょう》なり。諸有《しょう》の人民《にんみん》、＊蜎飛蠕動《けんぴねんどう》の類《たぐい》、阿弥陀仏《あみだぶつ》の光明《こうみょう》を見《み》ざることなきなり。見《み》たてまつるもの、慈心歓喜《じしんかんぎ》せざるものなけん。世間諸有《せけんしょう》の＊婬泆《いんいつ》・＊瞋怒《しんぬ》・愚痴《ぐち》のもの、阿弥陀仏《あみだぶつ》の光明《こうみょう》を見《み》たてまつりて、善《ぜん》をなさざるはなきなり。もろもろの＊泥梨《ないり》・＊禽狩《きんしゅ》・＊辟荔《へきれい》、＊考掠勤苦《こうりょうごんく》の処《ところ》にありて、阿弥陀仏《あみだぶつ》の光明《こうみょう》を見《み》たてまつれば、至《いた》りてみな休止《くし》して、また治《ち》することを得《え》ざれども、死《し》して後《のち》、憂苦《うく》を解脱《げだつ》することを得《え》ざるものはなきなり。阿弥陀仏《あみだぶつ》の光明《こうみょう》と名《みな》とは、八方上下《はっぽうじょうげ》無窮無極無央数《むぐうむごくむおうしゅ》の諸仏《しょぶつ》の国《くに》に聞《き》かしめたまふ。諸天《しょてん》・人民《にんみん》、聞知《もんち》せざることなし。聞知《もんち》せんもの、＊度脱《どだつ》せざるはなきなり〉と。仏《ぶつ》ののたまはく、〈独《ひと》りわれ、阿弥陀仏《あみだぶつ》の光明《こうみょう》を称誉《しょうよ》†するのみにあらざるなり。八方上下無央数《はっぽうじょうげむおうしゅ》の仏《ぶつ》・＊辟支仏《びゃくしぶつ》・菩薩《ぼさつ》・阿羅漢《あらかん》、称誉《しょうよ》するところみなかくのごとし〉と。仏《ぶつ》ののたまはく、〈それ人民《にんみん》、善男子《ぜんなんし》・善女人《ぜんにょにん》ありて

瑕穢　きずとけがれ。

幽冥の処　暗い世界、すなわち地獄・餓鬼《がき》・畜生《ちくしょう》の三塗（三悪道《さんまくどう》）のこと。

蜎飛蠕動　蜎飛は飛びまわる小虫、蠕動は地にうごめくうじ虫。

婬泆　みだらな欲望。貪欲のこと。→貪欲《とんよく》

瞋怒　瞋恚のこと。→瞋恚《しんに》

泥梨　梵語ニラヤ(niraya)の音写。地獄のこと。→地獄《じごく》

禽狩　獣のこと。→畜生《ちくしょう》

辟荔　梵語プレータ(preta)の音写。餓鬼のこと。→餓鬼《がき》

考掠　打ち奪いとること。

度脱　解脱《げだつ》に同じ。迷いの世界をわたり、そこから脱すること。

辟支仏　縁覚に同じ。→縁覚《えんがく》

阿弥陀仏《あみだぶつ》の声《みな》を聞《き》きて、光明《こうみょう》を称誉《しょうよ》して、朝暮《ちょうぼ》につねにその*光好《こうごう》を称誉《しょうよ》して、271 心《こころ》を至《いた》して断絶《だんぜつ》せざれば、心《こころ》の所願《しょがん》にありて、阿弥陀仏国《あみだぶっこく》に往生《おうじょう》す〉」と。以上

【八】『不空羂索神変真言経《ふくうけんじゃくじんぺんしんごんぎょう》』にのたまはく、「なんぢ*当生《とうしょう》の処《ところ》は、これ阿弥陀仏《あみだぶつ》の清浄報土《しょうじょうほうど》なり。蓮華《れんげ》より化生《けしょう》して、つねに諸仏《しょぶつ》を見《み》たてまつる。もろもろの*法忍《ほうにん》を証《しょう》せん。寿命無量百千劫数《じゅみょうむりょうひゃくせんこうしゅ》ならん。ただちに阿耨多羅三藐三《あのくたらさんみゃくさん》菩提《ぼだい》に至《いた》る、また退転《たいてん》せず。われつねに*祐護《ゆうご》す」と。以上

【九】『涅槃経《ねはんぎょう》』（四相品）にのたまはく、「〈また解脱《げだつ》は名《な》づけて*虚無《こむ》といふ。虚無《こむ》はすなはちこれ解脱《げだつ》なり、解脱《げだつ》はすなはちこれ如来《にょらい》なり、如来《にょらい》はすなはちこれ虚無《こむ》なり、*非作《ひさ》の所作《しょさ》なり。乃至　真解脱《しんげだつ》は不生不滅《ふしょうふめつ》なり、このゆゑに解脱《げだつ》はすなはちこれ如来《にょらい》なり。如来《にょらい》またしかなり。不生不滅《ふしょうふめつ》、不老不死《ふろうふし》、不破不壊《ふはふえ》にして*有為《うい》の法《ほう》にあらず。この義《ぎ》をもつてのゆゑに、名《な》づけて如来入大涅槃《にょらいにゅうだいねはん》といふ。乃至　また解脱《げだつ》は*無上上《むじょうじょう》と名《な》づく。乃至　無上上《むじょうじょう》はすなはち真解脱《しんげだつ》な272 り、真解脱《しんげだつ》はすなはちこれ如来《にょらい》なり。乃至　もし阿耨多羅三藐三菩提《あのくたらさんみゃくさんぼだい》を成《じょう》ずることを得《え》をはりて、*無愛無疑《むあいむぎ》なり。無愛無疑《むあいむぎ》はすなはち真解脱《しんげだつ》なり、真解脱《しんげだつ》はすなはちこれ如来《にょらい》なり。乃至　如来《にょらい》はすなはちこれ涅槃《ねはん》なり、涅槃《ねはん》はすなはちこ

光好　光明《こうみょう》のすばらしさ。

当生の処　未来に生れるべきところ。

法忍　忍は認可決定《けつじょう》の意で、真理をはっきりと確かめて受け入れること。

祐護　たすけまもること。

虚無　涅槃《ねはん》の異名。とらわれるべき実体のない無のこと。絶対平等無差別のさとりの境地。

非作の所作　人間の分別を離れ、あるがままにおのずとなされたはたらき。

有為の法　因と縁とによって生じた諸現象。

無上上　涅槃の異名。この上もなくすぐれているという意。

無愛無疑　愛着、疑念の煩悩《ぼんのう》がないこと。

れ無尽《むじん》なり、無尽《むじん》はすなはちこれ仏性《ぶっしょう》なり、仏性《ぶっしょう》はすなはちこれ*決定《けつじょう》なり、決定《けつじょう》はすなはちこれ阿耨多羅三藐三菩提《あのくたらさんみゃくさんぼだい》なり〉と。

*迦葉菩薩《かしょうぼさつ》、仏《ぶつ》にまうしてまうさく、〈世尊《せそん》、もし涅槃《ねはん》と仏性《ぶっしょう》と決定《けつじょう》と如来《にょらい》と、これ*一義名《いちぎみょう》ならば、いかんぞ説《と》きて三帰依《さんきえ》ありとのたまへるや〉と。仏《ぶつ》、迦葉《かしょう》に告《つ》げたまはく、〈善男子《ぜんなんし》、一切衆生《いっさいしゅじょう》、生死《しょうじ》を*怖畏《ふい》するがゆゑに三帰《さんき》を求《もと》む。三帰《さんき》をもつてのゆゑに、すなはち仏性《ぶっしょう》と決定《けつじょう》と涅槃《ねはん》とを知《し》るなり。善男子《ぜんなんし》、法《ほう》の*名一義異《みょういちぎい》なるあり、法《ほう》の*名義倶異《みょうぎぐい》なるあり。名一義異《みょういちぎい》とは、*仏《ぶつ》‡の常《じょう》、*法《ほう》の常《じょう》、*比丘僧《びくそう》の常《じょう》なり。涅槃《ねはん》・虚空《こくう》みなまたこれ常《じょう》なり。これを名一義異《みょういちぎい》と名《な》づく。名義倶異《みょうぎぐい》とは、仏《ぶつ》を名《な》づけて*覚《かく》とす、法《ほう》を*不覚《ふかく》と名《な》づく、僧《そう》を和合《わごう》と名《な》づく、涅槃《ねはん》を解脱《げだつ》と名《な》づく、虚空《こくう》を*非善《ひぜん》と名《な》づく、また無礙《むげ》と名《な》づく。これを名義倶異《みょうぎぐい》とす。善男子《ぜんなんし》、三帰依《さんきえ》とはまたまたかくのごとし〉」と。略出

【一〇】またのたまはく(涅槃経・四依品)、「光明《こうみょう》は*不羸劣《ふるいれつ》に名《な》づく。不羸劣《ふるいれつ》とは名《な》づけて如来《にょらい》といふ。また光明《こうみょう》は名《な》づけて智慧《ちえ》とす」と。以上

【一一】またのたまはく(同・聖行品)、「善男子《ぜんなんし》、一切有為《いっさいうい》はみなこれ無常《むじょう》なり。虚空《こくう》は無為《むい》なり、このゆゑに常《じょう》とす。仏性《ぶっしょう》は無為《むい》なり、このゆゑに常《じょう》とす。虚《こ》

決定　絶対究極の安定。

迦葉菩薩　『涅槃経《ねはんぎょう》』に対告衆(仏の説法の相手)として出る菩薩。多羅聚落の婆羅門に生れた優婆塞《うばそく》(在家信者)であったという。

一義名　同じ意味をあらわす言葉。

怖畏　おそれること。

名一義異　言葉は同じであっても、その意味が異なること。

名義倶異　言葉もその意味もともに異なること。

仏の常　仏は常住《じょうじゅう》で、生《しょう》滅《めつ》変化しないという意。

法の常　真理は永遠であるという意。

比丘僧の常　教団が永続するという意。

覚　覚者の意。

不覚　真理はさとるものではなく、さとられるものであるので不覚という。

空《くう》はすなはちこれ仏性《ぶっしょう》なり、仏性《ぶっしょう》はすなはちこれ如来《にょらい》なり、如来《にょらい》はすなはちこれ無為《むい》なり、無為《むい》はすなはちこれ常《じょう》なり、常《じょう》はすなはちこれ法《ほう》なり、法《ほう》はすなはちこれ僧《そう》なり、僧《そう》はすなはち無為《むい》なり、無為《むい》はすなはちこれ常《じょう》なり」と。乃至

「善男子《ぜんなんし》、たとへば牛《うし》より*乳《にゅう》を出《いだ》す、乳《にゅう》より*酪《らく》を出《いだ》す、酪《らく》より*生蘇《しょうそ》を出《いだ》す、生蘇《しょうそ》より*熟蘇《じゅくそ》を出《いだ》す、熟蘇《じゅくそ》より*醍醐《だいご》を出《いだ》す。醍醐最上《だいごさいじょう》なり。もし服《ぶく》することあるものは、衆病《しゅびょう》みな除《のぞ》こる。所有《しょう》のもろもろの薬《くすり》、ことごとくそのなかに入《い》るがごとし。善男子《ぜんなんし》、仏《ぶつ》もまたかくのごとし。仏《ぶつ》より十二《じゅうに》部経《ぶきょう》を出《いだ》す、十二《じゅうに》部経《ぶきょう》より修多羅《しゅたら》を出《いだ》す、修多羅《しゅたら》より*方等経《ほうどうきょう》を出《いだ》す、方等経《ほうどうきょう》より般若波羅蜜《はんにゃはらみつ》を出《いだ》す、般若波羅蜜《はんにゃはらみつ》より大涅槃《だいねはん》を出《いだ》す。なほし醍醐《だいご》のごとし。醍醐《だいご》といふは仏性《ぶっしょう》に喩《たと》ふ、仏性《ぶっしょう》はすなはちこれ如来《にょらい》なり。善男子《ぜんなんし》、かくのごときの義《ぎ》のゆゑに、説《と》きて〈如来所有《にょらいしょう》の功徳《くどく》、無量無辺*不可称計《むりょうむへんふかしょうけ》〉とのたまへり」と。抄出

【三】またのたまはく（涅槃経・梵行品）、「善男子《ぜんなんし》、道《どう》に二種《にしゅ》あり。一《ひと》つには常《じょう》、二《ふた》つには無常《むじょう》なり。菩提《ぼだい》の相《そう》にまた二種《にしゅ》あり。一《ひと》つには常《じょう》、二《ふた》つには無《む》常《じょう》なり。涅槃《ねはん》もまたしかなり。外道《げどう》の道《どう》を名《な》づけて無常《むじょう》とす、*内道《ないどう》の道《どう》はこれを名《な》づけて常《じょう》とす。声聞《しょうもん》・縁覚所有《えんがくしょう》の菩提《ぼだい》を名《な》づけて無常《むじょう》とす、菩薩《ぼさつ》・諸仏《しょぶつ》の

非善　善悪という相対的なものを超えているという意。

不羸劣　疲れず衰えないという意で、阿弥陀仏の徳をあらわす。

乳・酪・生蘇・熟蘇・醍醐　五味《ごみ》のこと。牛乳より最上の美味である醍醐をつくる精製の順序。『涅槃経《ねはんぎょう》』では醍醐味は涅槃に比定される。天台宗《てんだいしゅう》では五味を順に五時に配当し、教判として用いる。

方等経　方等経典のこと。→方等経典《ほうどうきょうてん》

不可称計　思いはかることができないという意。

内道　仏教のこと。

所有《しょう》の菩提《ぼだい》、これを名《な》づけて常《じょう》とす。外《げ》の解脱《げだつ》は名《な》づけて無常《むじょう》とす、内《ない》の解脱《げだつ》はこれを名《な》づけて常《じょう》とすと。善男子《ぜんなんし》、道《どう》と菩提《ぼだい》および涅槃《ねはん》と、ことごとく名《な》づけて常《じょう》とす。一切衆生《いっさいしゅじょう》は、つねに無量《むりょう》の煩悩《ぼんのう》のために覆《おお》はれて*慧眼《えげん》なきがゆゑに、見《み》ることを得《う》ることあたはず。しかしてもろもろの衆生《しゅじょう》、‡見《み》んと欲《おも》ふがために*戒《かい》・定《じょう》・慧《え》を修《しゅ》す。修行《しゅぎょう》をもつてのゆゑに、道《どう》と菩提《ぼだい》および涅槃《ねはん》とを見《み》る。これを*菩薩《ぼさつ》の得道菩提涅槃《とくどうぼだいねはん》と名《な》づく。道《どう》の*性相《しょうそう》、実《じつ》に不生滅《ふしょうめつ》なり。この義《ぎ》をもつてのゆゑに捉持《そくじ》すべからず。乃至 *道《どう》は*色像《しきぞう》なしといへども見《み》つべし、*称量《しょうりょう》して知《し》んぬべし、しかるに実《じつ》に*用《ゆう》ありと。乃至 衆生《しゅじょう》の心《しん》のごときは、これ色《しき》にあらず、長《ちょう》にあらず短《たん》にあらず、粗《そ》にあらず細《さい》にあらず、縛《ばく》にあらず解《げ》にあらず、見《けん》にあらずといへども、法《ほう》としてまたこれ有《う》なり」と。抄出

【三】 またのたまはく（涅槃経・徳王品）、「善男子《ぜんなんし》、*大楽《だいらく》あるがゆゑに大涅槃《だいねはん》と名《な》づく。涅槃《ねはん》は*無楽《むらく》なり。*四楽《しらく》をもつてのゆゑに大涅槃《だいねはん》と名《な》づく。なんらか四《よ》つとする。一《ひと》つには*諸楽《しょらく》を断《だん》ずるがゆゑに。楽《らく》を断《だん》ぜざるは、すなはち名《な》づけて苦《く》とす。もし苦《く》あらば大楽《だいらく》と名《な》づけず。楽《らく》を断《だん》ずるをもつてのゆゑに、すなはち苦《く》あることなけん。無苦無楽《むくむらく》をいまし大楽《だいらく》と名《な》づく。涅槃《ねはん》の性《しょう》は無苦《むく》

慧眼 智慧《ちえ》の眼。

戒定慧 三学（仏道修行者が修めるべき三種の基本的な修学）のこと。戒を持つ戒学、禅定《ぜんじょう》を修める定学、真理をみきわめる慧学。

菩薩の得道菩提涅槃と名づく 菩薩が道と菩提と涅槃とを得るという意。

性相 性は本質、本性、相は形相（すがたかたち）。

道は色像…知んぬべし 通常は「道は色像の見るべく、称量して知るべきなしといへども」と読む。

色像 すがたかたち。

称量 思いはかること。

用 はたらき。

大楽 普遍絶対なる大安楽。

無楽 凡夫《ぼんぶ》の苦楽を超えた無苦無楽の境地。

四楽 断受楽、寂静《じゃくじょう》楽、覚知楽、不壊楽の四をいう。

諸楽 世間のさまざまな楽。

無楽《むらく》なり。このゆゑに涅槃《ねはん》を名《な》づけて大楽《だいらく》とす。この義《ぎ》をもつてのゆゑに、大《だい》涅槃《ねはん》と名《な》づく。また次《つぎ》に善男子《ぜんなんし》、楽《らく》に二種《にしゅ》あり、一《ひと》つには凡夫《ぼんぶ》、二《ふた》つには諸仏《しょぶつ》なり。凡夫《ぼんぶ》の楽《らく》は*無常敗壊《むじょうはいえ》なり、このゆゑに無楽《むらく》なり。諸仏《しょぶつ》は常楽《じょうらく》なり、*変《へん》易《やく》あることなきがゆゑに大楽《だいらく》と名《な》づく。また次《つぎ》に善男子《ぜんなんし》、三種《さんしゅ》の*受《じゅ》あり。一《ひと》つには苦受《くじゅ》、二《ふた》つには楽受《らくじゅ》、三《み》つには不苦不楽受《ふくふらくじゅ》なり。不苦不楽《ふくふらく》これまた苦《く》とす。涅槃《ねはん》も不苦不楽《ふくふらく》に同《おな》じといへども、しかるに大楽《だいらく》と名《な》づく。大楽《だいらく》をもつてのゆゑに大涅槃《だいねはん》と名《な》づく。二《ふた》つには*大寂静《だいじゃくじょう》のゆゑに名《な》づけて大楽《だいらく》とす。涅槃《ねはん》の性《しょう》これ大寂静《だいじゃくじょう》なり。なにをもつてのゆゑに、一切《いっさい》*憒閙《かいにょう》の法《ほう》を遠離《おんり》せるゆゑに。大寂《だいじゃく》をもつてのゆゑに大涅槃《だいねはん》と名《な》づく。三《み》つには*一切智《いっさいち》のゆゑに名《な》づけて大楽《だいらく》とす。一切智《いっさいち》にあらざるをば大楽《だいらく》と名《な》づけず。諸仏如来《しょぶつにょらい》は、一切智《いっさいち》のゆゑに名《な》づけて大楽《だいらく》とす。大楽《だいらく》をもつてのゆゑに大涅槃《だいねはん》と名《な》づく。四《よ》つには身《しん》不壊《ふえ》のゆゑに名《な》づけて大楽《だいらく》とす。身《しん》もし壊《え》すべきは、すなはち楽《らく》と名《な》づけず。如来《にょらい》の身《しん》は金剛《こんごう》にして壊《え》なし。煩悩《ぼんのう》の身《しん》、無常《むじょう》の身《しん》にあらざるがゆゑに大楽《だいらく》と名《な》づく。大楽《だいらく》をもつてのゆゑに大涅槃《だいねはん》と名《な》づく」と。以上

【一四】またのたまはく（涅槃経・徳王品）、「不可称量不可思議《ふかしょうりょうふかしぎ》なるがゆゑに、

無常敗壊　常住《じょうじゅう》でなく、こわれるもの。

変易　変化すること。

受　五蘊の一。↓五蘊《ごうん》

大寂静　煩悩《ぼんのう》を消滅して得られる絶対の平安の境地。

憒閙の法　身心を乱し、悩ませ、苦しませる悪しきもの。煩悩のさわぎ。

一切智　すべてのことがらの真実を知る智慧《ちえ》。

名《な》づけて大般涅槃《だいはつねはん》とすることを得《う》。純浄《じゅんじょう》をもつてのゆゑに大涅槃《だいねはん》と名《な》づく。いかんが純浄《じゅんじょう》なる。浄《じょう》に四種《ししゅ》あり。なんらをか四《よ》つとする。一《ひと》つには二十五有《にじゅうごう》を名《な》づけて不浄《ふじょう》とす。よく永《なが》く断《だん》ずるがゆゑに、名《な》づけて浄《じょう》とすることを得《う》。浄《じょう》はすなはち涅槃《ねはん》なり。*かくのごときの涅槃《ねはん》、また有《う》にしてこれ涅槃《ねはん》と名《な》づくることを得《う》。実《じつ》にこれ有《う》にあらず。諸仏如来《しょぶつにょらい》、世俗《せぞく》に随《したが》ふがゆゑに涅槃有《ねはんう》なりと説《と》きたまへり。たとへば世人《せにん》の、父《ちち》にあらざるを父《ちち》といひ、母《はは》にあらざるを母《はは》といふ、実《じつ》に父母《ぶも》にあらずして父母《ぶも》といふがごとし。涅槃《ねはん》もまたしかなり。世俗《せぞく》に随《したが》ふがゆゑに、*説《と》きて諸仏《しょぶつ》有《う》にして大涅槃《だいねはん》なりとのたまへり。二《ふた》つには*業清浄《ごうしょうじょう》のゆゑに。一切凡夫《いっさいぼんぶ》の業《ごう》は、不清浄《ふしょうじょう》のゆゑに涅槃《ねはん》なし。諸仏如来《しょぶつにょらい》は業清浄《ごうしょうじょう》のゆゑに、ゆゑに大浄《だいじょう》と名《な》づく。大浄《だいじょう》をもつてのゆゑに大涅槃《だいねはん》と名《な》づく。三《み》つには身清浄《しんしょうじょう》のゆゑに。身《しん》もし無常《むじょう》なるをすなはち不浄《ふじょう》と名《な》づく。如来《にょらい》の身《しん》は常《じょう》なるがゆゑに大浄《だいじょう》と名《な》づく。大浄《だいじょう》をもつてのゆゑに大涅槃《だいねはん》と名《な》づく。四《よ》つには心清浄《しんしょうじょう》のゆゑに。心《しん》もし有漏《うろ》なるを名《な》づけて不浄《ふじょう》といふ。仏心《ぶっしん》は無漏《むろ》なるがゆゑに大浄《だいじょう》と名《な》づく。大浄《だいじょう》をもつてのゆゑに大涅槃《だいねはん》と名《な》づく。善男子《ぜんなんし》、*これを善男子《ぜんなんし》・善女人《ぜんにょにん》と名《な》づく」と。出抄

かくのごときの涅槃…有にあらず　通常は「かくのごとく涅槃もまた有と名づくることを得れども、しかもこの涅槃は実にこれ有にあらず」と読む。

説きて諸仏…とのたまへり　通常は「説きて諸仏に大涅槃有りといふ」と読む。

業清浄　仏のはたらきには少しも煩悩《ぼんのう》がまじらないから清浄であること。

これを善男子…　『涅槃経《ねはんぎょう》』の原文には「これを善男子善女人かくのごとく大涅槃経を修行して初分の功徳《くどく》を具足し成就すと名づく」とあるが、語を省略することによって、大涅槃を得るものを善男子、善女人と名づくというように転意したのである。

【一五】またのたまはく（涅槃経・徳王品）、「善男子《ぜんなんし》、諸仏如来《しょぶつにょらい》は煩悩《ぼんのう》起《おこ》らず、これを涅槃《ねはん》と名《な》づく。所有《しょう》の智慧《ちえ》、法《ほう》において無礙《むげ》なり、これを如来《にょらい》とす。如来《にょらい》はこれ凡夫《ぼんぶ》・声聞《しょうもん》・縁覚《えんがく》・菩薩《ぼさつ》にあらず、これを仏性《ぶっしょう》と名《な》づく。如来《にょらい》は身心《しんしん》智慧《ちえ》、無量無辺阿僧祇《むりょうむへんあそうぎ》の土《ど》に遍満《へんまん》したまふに、障礙《しょうげ》するところなし、これを虚空《こくう》と名《な》づく。如来《にょらい》は常住《じょうじゅう》にして変易《へんやく》あることなければ、名《な》づけて実相《じっそう》といふ。この義《ぎ》をもつてのゆゑに、如来《にょらい》は実《じつ》に*畢竟涅槃《ひっきょうねはん》にあらざる、*これを菩薩《ぼさつ》と名《な》づく」と。以上

【一六】またのたまはく（同・迦葉品）、「迦葉菩薩《かしょうぼさつ》まうさく、〈世尊《せそん》、仏性《ぶっしょう》は常《じょう》なり、なほ虚空《こくう》のごとし、なんがゆゑぞ如来《にょらい》説《と》きて未来《みらい》とのたまふやと。如来《にょらい》、もし一闡提《いっせんだい》の輩《ともがら》善法《ぜんぼう》なしとのたまはば、一闡提《いっせんだい》の輩《ともがら》、それ同学《どうがく》・同師《どうし》・父母《ぶも》・親族《しんぞく》・妻子《さいし》において、あにまさに*愛念《あいねん》の心《しん》を生《しょう》ぜざるべきや。もしそれ生《しょう》ぜば、これ善《ぜん》にあらずや〉と。仏《ぶつ》ののたまはく、〈善《よ》いかな善《よ》いかな、善男子《ぜんなんし》、快《こころよ》くこの問《とい》を発《ほっ》せり。仏性《ぶっしょう》はなほ虚空《こくう》のごとし、過去《かこ》にあらず、未来《みらい》にあらず、現在《げんざい》にあらず。一切衆生《いっさいしゅじょう》に三種《さんしゅ》の身《しん》あり、いはゆる過去《かこ》・未来《みらい》・現在《げんざい》なり。衆生《しゅじょう》、未来《みらい》に荘厳清浄《しょうごんしょうじょう》の身《しん》を具足《ぐそく》して、仏性《ぶっしょう》を見《み》ることを得《え》ん。

畢竟涅槃にあらざる　如来は絶えず生死《しょうじ》の迷いの世界で活動するから、涅槃にとどまらないという意。

これを菩薩と名づく　『涅槃経《ねはんぎょう》』の原文には「これを菩薩、大涅槃微妙の経典を修して、第七功徳《くどく》を具足し成就すと名づく」とあるが、語を省略することによって、従果還因の還相の徳をあらわそうとしたのであろう。→還相《げんそう》

愛念の心　愛する心。

このゆゑにわれ仏性《ぶっしょう》未来《みらい》といへり。善男子《ぜんなんし》、あるいは衆生《しゅじょう》のために、ある時《とき》は因《いん》を説《と》きて果《か》とす、ある時《とき》は果《か》を説《と》きて因《いん》とす。このゆゑに経《きょう》のなかに*命《みょう》を説《と》きて食《じき》とす、*色《しき》を見《み》て触《そく》と名《な》づく。未来《みらい》の身浄《しんじょう》なるがゆゑに仏性《ぶっしょう》と説《と》く〉と。〈世尊《せそん》、仏《ぶつ》の所説《しょせつ》の義《ぎ》のごとし。かくのごときのもの、なんがゆゑぞ説《と》きて一切衆生悉有仏性《いっさいしゅじょうしつうぶっしょう》とのたまへるや〉と。〈善男子《ぜんなんし》、衆生《しゅじょう》の仏性《ぶっしょう》は現在《げんざい》に無《む》なりといへども、無《む》といふべからず。虚空《こくう》のごとし。性《しょう》は無《む》なりといへども、現在《げんざい》に無《む》といふことを得《え》ず。一切衆生《いっさいしゅじょう》また無常《むじょう》なりといへども、しかもこれ仏性《ぶっしょう》は常住《じょうじゅう》にして変《へん》なし。このゆゑにわれこの経《きょう》のなかにおいて、《*衆生《しゅじょう》の仏性《ぶっしょう》は非内非外《ひないひげ》にして、なほ虚空《こくう》のごとし》と説《と》く。非内非外《ひないひげ》にして、それ虚空《こくう》のごとくして有《う》なり。内外《ないげ》は虚空《こくう》なれども、名《な》づけて一《いち》とし、常《じょう》とせず。また一切処有《いっさいしょう》といふことを得《え》ず。虚空《こくう》はまた非内非外《ひないひげ》なりといへども、しかれどももろもろの衆生《しゅじょう》ことごとくみなこれあり。衆生《しゅじょう》の仏性《ぶっしょう》もまたかくのごとし。なんぢいふところの一闡提《いっせんだい》の輩《ともがら》のごとし、もし身業《しんごう》・口業《くごう》・意業《いごう》・*取業《しゅごう》・*求業《ぐごう》・*施業《せごう》・*解業《げごう》、かくのごときらの業《ごう》あれども、ことごとくこれ邪業《じゃごう》なり。なにをもつてのゆゑに、因果《いんが》を求《もと》めざるがゆゑなり。善男子《ぜんなんし》、*訶梨勒《かりろく》の

命を説きて食とす　食することによって生命を維持するから、食が因、生命は果であるが、「食物が生命」と語るように果の生命を因の食といいあらわす。

色を見て触と名づく　色（物質）は触（根・境・識の三者の接触によって感覚や知覚の認識作用が生ずること）によって存在を認められるから、触が因で色が果であるが、物質を「触れるもの」と語るように果の色を因の触といいあらわす。

衆生の仏性…常とせず　通常は「衆生の仏性は非内非外にして、なほし虚空の非内非外なるがごとしと説く。もしそれ虚空に内外あらば、虚空を名づけて一とし、常とせず」と読む。

取業　執着する心のはたらき。欲のこと。

果《か》、根《こん》・茎《きょう》・枝《し》・葉《よう》・華《け》・実《じつ》、ことごとく苦《にが》きがごとし。一闡提《いっせんだい》の業《ごう》もまたまたかくのごとし〉」と。以上

281
【一七】 またのたまはく（涅槃経・迦葉品）、「〈善男子《ぜんなんし》、如来《にょらい》は*知諸根力《ちしょこんりき》を具足《ぐそく》したまへり。このゆゑによく衆生《しゅじょう》の上《じょう》・中《ちゅう》・下《げ》の根《こん》を解《さと》り分別《ふんべつ》して、よくこの人《ひと》を知《し》ろしめして下《げ》を転《てん》じて中《ちゅう》となす、よくこの人《ひと》を知《し》ろしめして中《ちゅう》を転《てん》じて上《じょう》となす、よくこの人《ひと》を知《し》ろしめして上《じょう》を転《てん》じて中《ちゅう》となす、よくこの人《ひと》を知《し》ろしめして中《ちゅう》を転《てん》じて下《げ》となす。このゆゑにまさに知《し》るべし、衆生《しゅじょう》の*根性《こんじょう》に決定《けつじょう》あることなし。定《じょう》なきをもつてのゆゑに、あるいは善根《ぜんごん》を断《だん》ず、断《だん》じをはりて還《かえ》りて生《しょう》ず。もしもろもろの衆生《しゅじょう》の根性《こんじょう》定《じょう》ならば、つひに先《さき》に断《だん》じて、断《だん》じをはりてまた生《しょう》ぜざらん。また一闡提《いっせんだい》の輩《ともがら》、地獄《じごく》に堕《だ》して寿命《じゅみょう》一劫《いっこう》なりと説《と》くべからず。善男子《ぜんなんし》、このゆゑに如来《にょらい》、一切《いっさい》の法《ほう》は*定相《じょうそう》あることなしと説《と》きたまへり〉と。迦葉菩薩《かしょうぼさつ》、仏《ぶつ》にまうしてまうさく、〈世尊《せそん》、如来《にょらい》は知諸根力《ちしょこんりき》を具足《ぐそく》して、さだめて善星《ぜんしょう》まさに善根《ぜんごん》を断《だん》ずべしと知《し》ろしめさん。なんの因縁《いんねん》をもつてその出家《しゅっけ》を聴《ゆる》†したまふ〉と。仏《ぶつ》ののたまはく、〈善男子《ぜんなんし》、われ往昔《おうじゃく》の初《そのかみ》において出家《しゅっけ》の時《とき》、わが弟《おとうと》難陀《なんだ》、‡従弟《いとこ》阿難《あなん》・提婆達多《だいばだった》、子羅睺羅《こらごら》、かくの

求業　求める心のはたらき。願望のこと。

施業　ほどこそうとする心のはたらき。

解業　ことがらを了解しようとする心のはたらき。

訶梨勒　梵語ハリータキー(harītakī)の音写。インド・インドシナ地方に産する果樹の名。果実は卵形で酢苦味で薬用とされる。

知諸根力　衆生《しゅじょう》の能力や性質の優劣を知る力。根《こん》上下《じょうげ》智力《ちりき》ともいう。十力の一。→十力《じゅうりき》

根性　教えを受けるものの性質、資質。

定相　常住不変《じょうじゅうふへん》の相。

282
ごときらの輩《ともがら》、みなことごとくわれに随《したが》ひて家《いえ》を出《い》で道《どう》を修《しゅ》しき。われもし善《ぜん》星《しょう》が出家《しゅっけ》を聴《ゆる》さずは、その人次《ひとつぎ》にまさに王位《おうい》を紹《つ》ぐことを得《う》べし。その力自在《ちからじざい》にして、まさに仏法《ぶっぽう》を壊《え》すべし。この因縁《いんねん》をもつて、われすなはちその出家《しゅっけ》修《しゅ》道《どう》を聴《ゆる》す。善男子《ぜんなんし》、善星比丘《ぜんしょうびく》もし出家《しゅっけ》せずは、また善根《ぜんごん》を断《だん》ぜん。無量世《むりょうせ》においてすべて利益《りやく》なけん。いま出家《しゅっけ》しをはりて善根《ぜんごん》を断《だん》ずといへども、よく戒《かい》を受持《じゅじ》して*耆旧《ぎきゅう》・長宿《ちょうしゅく》・有徳《うとく》の人《ひと》を供養《くよう》し*恭敬《くぎょう》せん、初禅乃至四禅《しょぜんないししぜん》を修習《しゅじゅう》せん。これを善因《ぜんいん》と名《な》づく。かくのごときの善因《ぜんいん》、よく善法《ぜんぼう》を生《う》む。善法《ぜんぼう》すでに生《しょう》ぜば、よく道《どう》を修習《しゅじゅう》せん。すでに道《どう》を修習《しゅじゅう》せば、まさに阿耨多羅三藐三菩提《あのくたらさんみゃくさんぼだい》を得《う》べし。このゆゑにわれ善星《ぜんしょう》が出家《しゅっけ》を聴《ゆる》せり。善男子《ぜんなんし》、もしわれ善星比丘《ぜんしょうびく》が出家《しゅっけ》を聴《ゆる》†し戒《かい》を受《う》けしめずは、すなはちわれを称《しょう》して如来具足十力《にょらいぐそくじゅうりき》とすることを得《え》ざらんと。乃至 善男子《ぜんなんし》、如来《にょらい》よく衆生《しゅじょう》のかくのごとき上《じょう》・中《ちゅう》・下《げ》の
283
根《こん》と知《し》ろしめす。このゆゑに仏《ぶつ》は具知根力《ぐちこんりき》と称《しょう》せしむ〉と。迦葉菩薩《かしょうぼさつ》、仏《ぶつ》にまうしてまうさく、〈世尊《せそん》、如来《にょらい》はこの知根力《ちこんりき》を具足《ぐそく》したまへり。このゆゑによく一切衆生《いっさいしゅじょう》上《じょう》・中《ちゅう》・下《げ》の根《こん》、利鈍《りどん》の差別《しゃべつ》を知《し》ろしめして、*人《ひと》に随《したが》ひ、意《こころ》に随《したが》ひ、時《とき》に随《したが》ふがゆゑに、如来知諸根力《にょらいちしょこんりき》と名《な》づけたてまつると。乃至 あるいは説《と》

耆旧長宿 経験を積み、徳望の高い先輩、長老。

恭敬 つつしみ敬うこと。

人に随ひ…たてまつると この文は『涅槃経《ねはんぎょう》』の原文では、【一七】の末尾の「世諦の法を説きて第一義諦とす」から百三十七字（原漢文の字数）をへだてた後にある。

きて犯《ぼん》四重《しじゅう》禁《きん》、作《さ》五逆罪《ごぎゃくざい》、一闡提《いっせんだい》等《とう》、みな仏性《ぶっしょう》ありといふことあり〉と。乃至
〈如来《にょらい》世尊《せそん》、国土《こくど》のためのゆゑに、時節《じせつ》のためのゆゑに、*他語《たご》のためのゆゑに、人《ひと》のためのゆゑに、*衆根《しゅこん》のためのゆゑに、一法《いっぽう》のなかにおいて二種《にしゅ》の説《せつ》をなす。一名《いちみょう》の法《ほう》において無量《むりょう》の名《な》を説《と》く、一義《いちぎ》のなかにおいて無量《むりょう》の名《な》を説《と》く、無量《むりょう》の義《ぎ》において無量《むりょう》の名《な》を説《と》く。いかんが一名《いちみょう》に無量《むりょう》の名《な》を説《と》くや。なほし涅槃《ねはん》のごとし。また涅槃《ねはん》と名《な》づく、また無生《むしょう》と名《な》づく、また*無出《むしゅつ》と名《な》づく、また*無作《むさ》と名《な》づく、また無為《むい》と名《な》づく、また帰依《きえ》と名《な》づく、また*窟宅《くったく》と名《な》づく、また解脱《げだつ》と名《な》づく、また光明《こうみょう》と名《な》づく、また灯明《とうみょう》と名《な》づく、また彼岸《ひがん》と名《な》づく、また無畏《むい》と名《な》づく、また*無退《むたい》と名《な》づく、また安処《あんしょ》と名《な》づく、また寂《じゃく》静《じょう》と名《な》づく、また無相《むそう》と名《な》づく、また無二《むに》と名《な》づく、また*一行《いちぎょう》と名《な》づく、また清涼《しょうりょう》と名《な》づく、また無闇《むあん》と名《な》づく、また無礙《むげ》と名《な》づく、また無諍《むじょう》と名《な》づく、また無濁《むじょく》と名《な》づく、また広大《こうだい》と名《な》づく、また甘露《かんろ》と名《な》づく、また吉祥《きっしょう》と名《な》づく。これを一名《いちみょう》に無量《むりょう》の名《な》を作《つく》ると名《な》づく。いかんが一義《いちぎ》に無量《むりょう》の名《な》を説《と》くや。なほし帝釈《たいしゃく》のごとし。乃至　いかんが無量《むりょう》の義《ぎ》において無量《むりょう》の名《な》を説《と》くやと。仏《ぶつ》・如来《にょらい》の名《みな》のごとし。如来《にょらい》の義異名異《ぎいみょうい》とす、また*阿羅呵《あらか》と名《な》づく、義異《ぎい》

他語のため　教えを受ける人の使用している言葉に応じるため。
衆根のため　教えを受ける人々各自の性質や能力に応じるため。
無出　再び迷いの世界に出ることがない。
無作　造作を離れ、はからいなしにおのずからはたらく。
窟宅　岩をくりぬいて造った堅固な家。
無退　再び迷いの世界に退転しない。
一行　唯一絶対のはたらき。
阿羅呵　梵語アルハット(arhat)の音写。応共《おうぐ》・阿《あ》羅漢《らかん》ともいう。如来十号の一。→如来。

名《みょう》異《い》なり。また*三藐三仏陀《さんみゃくさんぶっだ》と名《な》づく、義《ぎ》異《い》名《みょう》異《い》なり。また船師《せんし》と名《な》づく、また導師《どうし》と名《な》づく、また正覚《しょうがく》と名《な》づく、また*明行足《みょうぎょうそく》と名《な》づく、また*大師子王《だいししおう》と名《な》づく、また沙門《しゃもん》と名《な》づく、また婆羅門《ばらもん》と名《な》づく、また寂静《じゃくじょう》と名《な》づく、また施主《せしゅ》と名《な》づく、また到彼岸《とうひがん》と名《な》づく、また*大医王《だいいおう》と名《な》づく、また*大象王《だいぞうおう》と名《な》づく、また*大竜王《だいりゅうおう》と名《な》づく、また*施眼《せげん》と名《な》づく、また*大力士《だいりきし》と名《な》づく、また大《だい》無畏《むい》と名《な》づく、また*宝聚《ほうじゅ》と名《な》づく、また*商主《しょうしゅ》と名《な》づく、また得解脱《とくげだつ》と名《な》づく、また大丈夫《だいじょうぶ》と名《な》づく、また*天人師《てんにんし》と名《な》づく、また*大分陀利《だいふんだり》と名《な》づく、また*独《どく》無等侶《むとうりょ》と名《な》づく、また大福田《だいふくでん》と名《な》づく、また大智海《だいちかい》と名《な》づく、また無相《むそう》と名《な》づく、また*具足八智《ぐそくはっち》と名《な》づく。かくのごとき一切《いっさい》、義《ぎ》異《い》名《みょう》異《い》なり。善男子《ぜんなんし》、これを無量義《むりょうぎ》のなかに無量《むりょう》の名《な》を説《と》くと名《な》づく。また一義《いちぎ》に無量《むりょう》の名《な》を説《と》くことあり。いはゆる*陰《おん》のごとし。また名《な》づけて陰《おん》とす、また顛倒《てんどう》と名《な》づく、また名《な》づけて*諦《たい》とす、また名《な》づけて四念処《しねんじょ》とす、また四食《しじき》と名《な》づく、また四識住処《ししきじゅうしょ》と名《な》づく、また名《な》づけて有《う》とす、また名《な》づけて道《どう》とす、また名《な》づけて*時《じ》とす、また名《な》づけて*衆生《しゅじょう》とす、また名《な》づけて*世《せ》とす、また第一義《だいいちぎ》と名《な》づく、また三修《さんしゅ》と名《な》づく、いはく身《しん》・戒《かい》・心《しん》なり。また因果《いんが》と名《な》づく、また煩悩《ぼんのう》と名《な》づく、ま

三藐三仏陀　梵語サムヤック・サンブッダ（samyak-sambuddha）の音写。等《とう》正覚《しょうがく》、正遍知《しょうへんち》と漢訳する。正しいさとりを得た者。如来十号の一。→如来《にょらい》

明行足　如来十号の一。→如来《にょらい》

大師子王　百獣を畏伏させる獅子のような方。

大医王　すべての煩悩《ぼんのう》の病をなおす医師のような方。

大象王　群獣を圧する威力をもつ象のような方。

大竜王　神変不思議の威徳をもつ竜のような方。

施眼　衆生《しゅじょう》に智慧《ちえ》の眼を施す方。

大力士　すぐれた力をもつ力士のような方。

宝聚　功徳《くどく》の宝を集めた方。

商主　人々を安穏に目的地に導く隊商の長のような方。

天人師　如来十号の一。→

た解脱《げだつ》と名《な》づく、また十二因縁《じゅうにいんねん》と名《な》づく、また*声聞《しょうもん》・辟支仏《びゃくしぶつ》と名《な》づく、仏《ぶつ》をまた地獄《じごく》・餓鬼《がき》・畜生《ちくしょう》・人《にん》・天《てん》と名《な》づく、また過去《かこ》・現在《げんざい》・未来《みらい》と名《な》づく。これを一義《いちぎ》に無量《むりょう》の名《な》を説《と》くと名《な》づく。善男子《ぜんなんし》、如来世尊《にょらいせそん》、衆生《しゅじょう》のためのゆゑに、広《こう》のなかに略《りゃく》を説《と》く、略《りゃく》のなかに広《こう》を説《と》く。第一義諦《だいいちぎたい》を説《と》きて*世諦《せたい》とす、世諦《せたい》の法《ほう》を説《と》きて第一義諦《だいいちぎたい》とす〉」と。略出

286
【一八】　またのたまはく（涅槃経・梵行品）、「迦葉《かしょう》またまうさく、〈世尊《せそん》、第一義《だいいちぎ》諦《たい》をまた名《な》づけて道《どう》とす、また菩提《ぼだい》と名《な》づく、また涅槃《ねはん》と名《な》づく〉」と。乃至

【一九】　またのたまはく（同・迦葉品）、「善男子《ぜんなんし》、†われ経《きょう》のなかに如来《にょらい》の身《しん》を説《と》くに、おほよそ二種《にしゅ》あり。一《ひと》つには生身《しょうじん》、二《ふた》つには法身《ほっしん》なり。生身《しょうじん》といふは、すなはちこれ方便応化《ほうべんおうげ》の身《しん》なり。かくのごときの身《しん》は、これ生老病死《しょうろうびょうし》、長短《ちょうたん》黒白《こくびゃく》、是此是彼《ぜしぜひ》、*是学無学《ぜがくむがく》といふことを得《う》べし。わがもろもろの弟子《でし》、この
287
説《せつ》を聞《き》きをはりて、わが意《こころ》を解《さと》らざれば、唱《とな》へていはく、〈如来《にょらい》さだめて仏身《ぶっしん》はこれ有為《うい》の法《ほう》なりと説《と》かん〉と。法身《ほっしん》はすなはちこれ*常楽我浄《じょうらくがじょう》なり。永《なが》く*一切生老病死《いっさいしょうろうびょうし》、非白非黒《ひびゃくひこく》、非長非短《ひちょうひたん》、非此非彼《ひしひひ》、非学非無学《ひがくひむがく》を離《はな》れたまへれば、もし仏《ぶつ》の出世《しゅっせ》および不出世《ふしゅっせ》に、つねに動《どう》ぜずして変易《へんやく》あることなけん。善《ぜん》

如来《にょらい》

大分陀利　大いなる白蓮《びゃくれん》華《げ》のような方。↓分陀利華《ふんだりけ》

独無等侶　世に並ぶものがないほど尊い方。

具足八智　八智《はっち》をそなえている方。↓八智

陰　五陰のこと。新訳では五蘊という。↓五蘊《ごうん》

諦　有漏《うろ》（煩悩《ぼんのう》のある状態）の五陰は苦諦・集諦に関わり、無漏《むろ》（煩悩のない状態）の五陰は道諦に関わることよりいう。↓四諦《したい》

時　五陰には時間的変化があることよりいう。

衆生　衆生は五陰が仮に和合したものであることよりいう。

世　現象のすがたはすべて五陰が仮に和合したものであることよりいう。

声聞辟支仏と名づく仏をま

男子《なんし》、わがもろもろの弟子《でし》、この説《せつ》を聞《き》きをはりて、わが意《こころ》を解《さと》らざれば、唱《とな》へていはく、〈如来《にょらい》さだめて仏身《ぶっしん》はこれ無為《むい》の法《ほう》なりと説《と》きたまへり〉」と。

【三〇】 またのたまはく（涅槃経・迦葉品）、「わが所説《しょせつ》の十二部経《じゅうにぶきょう》のごとし、あるいは*随自意説《ずいじいせつ》、あるいは*随他意説《ずいたいせつ》、あるいは*随自他意説《ずいじたいせつ》なり。乃至 善男子《ぜんなんし》、わが所説《しょせつ》のごとき、*十住《じゅうじゅう》の菩薩《ぼさつ》少《すこ》しき仏性《ぶっしょう》を見《み》る、これを随他意説《ずいたいせつ》と名《な》づく。なにをもつてのゆゑに*少見《しょうけん》と名《な》づくるや。十住《じゅうじゅう》の菩薩《ぼさつ》は*首楞厳等《しゅりょうごんとう》の三昧《さんまい》、*三千《さんぜん》の法門《ほうもん》を得《え》たり。このゆゑに了々《りょうりょう》†としてみづから阿‡耨多羅三藐三菩提《あのくたらさんみゃくさんぼだい》を得《え》んことを見《み》ず。このゆゑにわれ十住《じゅうじゅう》の菩薩《ぼさつ》、少分仏性《しょうぶんぶっしょう》を見《み》ると説《と》くなり。善男子《ぜんなんし》、つねに一切衆生悉有仏性《いっさいしゅじょうしつうぶっしょう》と宣説《せんぜつ》する、これを随自意説《ずいじいせつ》と名《な》づく。一切衆生不断不滅《いっさいしゅじょうふだんふめつ》にして、乃至阿耨多羅三藐三菩提《ないしあのくたらさんみゃくさんぼだい》を得《う》る、これを随自意説《ずいじいせつ》と名《な》づく。一切衆生《いっさいしゅじょう》はことごとく仏性《ぶっしょう》あれども、煩悩《ぼんのう》覆《おお》へるがゆゑに見《み》ることを得《う》ることあたはずと。わが説《せつ》かくのごとし、なんぢが説《せつ》またしかなりと。これを随自他意説《ずいじたいせつ》と名《な》づく。善男子《ぜんなんし》、如来《にょらい》ある時《とき》は一法《いっぽう》のためのゆゑに無量《むりょう》の法《ほう》を説《と》く」と。抄出

【三一】 またのたまはく（同・師子吼品）、「〈一切覚者《いっさいかくしゃ》を名《な》づけて仏性《ぶっしょう》とす。十《じゅう》

た 通常は「声聞・辟支仏・仏と名づく、また」と読む。迷悟不二・悉有仏性《しつうぶっしょう》の意を強調するために、本文のように読み改めたのであろう。

世諦 世俗諦《せぞくたい》、俗諦のこと。第一義諦、真諦《しんたい》の対。

是学無学 まだ学ぶべき余地を残す有学と、もはや学ぶべきことのない無学。

常楽我浄 涅槃《ねはん》にそなわる四種の徳。↓四徳《しとく》

一切生老病死…離れたまへれば 通常は「一切生老病死を離れ、非白非黒…」と読む。

随自意説 仏がみずからの本意に随って説いた教え。

随他意説 仏が相手の意向や素質能力などに応じて説いた教え。

随自他意説 仏がみずから

住《じゅう》の菩薩《ぼさつ》は名《な》づけて一切覚《いっさいかく》とすることを得《え》ざるがゆゑに、このゆゑに見《み》るといへども明了《みょうりょう》ならず。善男子《ぜんなんし》、見《けん》に二種《にしゅ》あり。一《ひと》つには眼見《げんけん》、二《ふた》つには聞見《もんけん》なり。諸仏世尊《しょぶつせそん》は眼《まなこ》に仏性《ぶっしょう》を見《み》そなはす、掌《たなごころ》のうちにおいて*阿摩勒菓《あまろくか》を観《かん》ずるがごとし。十住《じゅうじゅう》の菩薩《ぼさつ》、仏性《ぶっしょう》を聞見《もんけん》すれども、ことさらに了々《りょうりょう》ならず。十《じゅう》住《じゅう》の菩薩《ぼさつ》、ただよくみづからさだめて阿耨多羅三藐三菩提《あのくたらさんみゃくさんぼだい》を得《う》ることを知《し》りて、一切衆生《いっさいしゅじょう》はことごとく仏性《ぶっしょう》ありと知《し》ることあたはず。善男子《ぜんなんし》、また眼見《げんけん》あり。*諸仏如来《しょぶつにょらい》なり。十住《じゅうじゅう》の菩薩《ぼさつ》は、仏性《ぶっしょう》を眼見《げんけん》し、また聞見《もんけん》することあり。一切衆生《いっさいしゅじょう》、乃至《ないし》*九地《くじ》までに、仏性《ぶっしょう》を聞見《もんけん》す。菩薩《ぼさつ》、もし一切衆生《いっさいしゅじょう》ことごとく仏性《ぶっしょう》ありと聞《き》けども、心《こころ》に信《しん》を生《しょう》ぜざれば、聞見《もんけん》と名《な》づけず〉と。乃至 *師子吼菩薩摩訶薩《ししくぼさつまかさつ》まうさく、〈世尊《せそん》、一切衆生《いっさいしゅじょう》は如来《にょらい》の心相《しんそう》を知《し》ることを得《う》ることあたはず。まさにいかんが観《かん》じて知《し》ることを得《う》べきや〉と。〈善男子《ぜんなんし》、一切衆生《いっさいしゅじょう》は実《じつ》に如来《にょらい》の心相《しんそう》を知《し》ることあたはず。もし観察《かんざつ》して知《し》ることを得《え》んと欲《おも》はば、二《ふた》つの因縁《いんねん》あり。一《ひと》つには眼見《げんけん》、二《ふた》つには聞見《もんけん》なり。もし如来所有《にょらいしょう》の身業《しんごう》を見《み》たてまつらんは、まさに知《し》るべし、これすなはち如来《にょらい》とするなり。これを眼見《げんけん》と名《な》づく。もし如来所有《にょらいしょう》の口業《くごう》を観《かん》ぜん、まさに知《し》るべし、これす

の意に半ば随い、相手の意向や素質能力などに半ば随いながら説いた教え。

十住の菩薩　第十地《じゅうじ》（法雲地）の菩薩のこと。『涅槃《ねはん》経《ぎょう》』では菩薩の修行の階位を五十位に分け、第四十一位より五十位までを十住とする。この十住は『瓔珞《ようらく》経《きょう》』五十二位説の十地にあたる。→菩薩《ぼさつ》

少見　実際にみたところが少ないこと。

首楞厳等の三昧　首楞厳は梵語シューランガマ（śūraṃgama）の音写で、健《ごん》相《そう》・健行《ごんぎょう》などと漢訳する。勇猛《ゆうみょう》で堅固な三昧（深い精神統一の境地）の名。

三千の法門　一切の法門という意。

阿摩勒菓　阿摩勒は梵語アーマラカ（āmalaka）の音

なはち如来《にょらい》とするなり。これを聞見《もんけん》と名《な》づく。もし*色貌《しきみょう》を見《み》たてまつること、一切衆生《いっさいしゅじょう》のともに等《ひと》しきものなけん、まさに知《し》るべし、これすなはち如来《にょらい》とするなり。これを眼見《げんけん》と名《な》づく。もし音声微妙最勝《おんじょうみみょうさいしょう》なるを聞《き》かん、衆生所《しゅじょうしょ》有《う》の音声《おんじょう》には同《おな》じからじ、まさに知《し》るべし、これすなはち如来《にょらい》とするなり。290 これを聞見《もんけん》と名《な》づく。もし如来所作《にょらいしょさ》の神通《じんずう》を見《み》たてまつらんに、衆生《しゅじょう》のためとやせん、*利養《りよう》のためとやせん。もし衆生《しゅじょう》のためにして利養《りよう》のためにせず、まさに知《し》るべし、これすなはち如来《にょらい》とするなり。これを眼見《げんけん》と名《な》づく。もし如来《にょらい》を観《かん》ずるに、*他心智《たしんち》をもつて衆生《しゅじょう》を観《み》そなはす時《とき》、利養《りよう》のために説《と》き、衆生《しゅじょう》のために説《と》かん。もし衆生《しゅじょう》のためにして利養《りよう》のためにせざらん、まさに知《し》るべし、これすなはち如来《にょらい》とするなり。これを聞見《もんけん》と名《な》づく〉」と。略出

【二】『浄土論《じょうどろん》』(二九)にいはく、「世尊《せそん》、われ一心《いっしん》に尽十方《じんじっぽう》の無碍光如来《むげこうにょらい》に帰《き》命《みょう》したてまつりて、安楽国《あんらくこく》に生《しょう》ぜんと願《がん》ず。かの世界《せかい》の相《そう》を観《かん》ずるに、三界《さんがい》の道《どう》に勝過《しょうが》せり。究竟《くきょう》して虚空《こくう》のごとし、広大《こうだい》にして辺際《へんざい》なし」とのたまへり。以上

291 【三】『註論《ちゅうろん》』(論註・下 一一二)にいはく、「〈*荘厳清浄功徳成就《しょうごんしょうじょうくどくじょうじゅ》とは、偈《げ》に、《*観彼世界相《かんぴせかいそう》 勝過三界道《しょうがさんがいどう》》といへるがゆゑに〉(浄土論)と。これいか

写。胡桃に似た形で、味は苦く渋味があるが、液汁は美味で薬用になる。

諸仏如来なり…聞見することあり　通常は「諸仏如来と十住の菩薩は仏性を眼見す。また聞見あり」と読む。

九地　十地《じゅうじ》(十住)の中の第九地(善慧地《ぜんえじ》)のことであろう。→菩薩《ぼさつ》

師子吼菩薩摩訶薩　『涅槃経《ねはんぎょう》』に対告衆(仏の説法の相手)として出る菩薩。仏性《ぶっしょう》、中道の問題などについて仏と問答を重ねる。

色貌　すがたかたち。

利養　自己の利益。

他心智　六神通の一、他心通のこと。→六神通《ろくじんずう》

荘厳清浄功徳成就　国土荘厳十七種の第一荘厳。浄土は三界《さんがい》を超越した清浄の世界であり、煩悩《ぼんのう》の寂滅《じゃくめつ》し

んが不思議《ふしぎ》なるや。凡夫人《ぼんぶにん》、煩悩成就《ぼんのうじょうじゅ》せるありて、またかの浄土《じょうど》に生《しょう》ずることを得《う》るに、三界《さんがい》の繋業畢竟《けごうひっきょう》じて牽《ひ》かず。すなはちこれ煩悩《ぼんのう》を断《だん》ぜずして*涅槃分《ねはんぶん》を得《う》。いづくんぞ思議《しぎ》すべきや」と。

【三四】またいはく（論註・上 六〇）、「〈*正道《しょうどう》の大慈悲《だいじひ》は、出世《しゅっせ》の善根《ぜんごん》より生《しょう》ず〉（浄土論）とのたまへり。この二句《にく》は、*荘厳性功徳成就《しょうごんしょうくどくじょうじゅ》と名《な》づく。乃至 性《しょう》はこれ本《ほん》の義《ぎ》なり。いふこころは、これ浄土《じょうど》は法性《ほっしょう》に随順《ずいじゅん》して*法本《ほうほん》に乖《そむ》かず。事《こと》、『華厳経《けごんぎょう》』の*宝王如来《ほうおうにょらい》の性起《しょうき》の義《ぎ》に同《おな》じ。またいふこころは、積習《しゃくじゅう》して性《しょう》を成《じょう》ず。*法蔵菩薩《ほうぞうぼさつ》を指《さ》す、もろもろの波羅蜜《はらみつ》を集《あつ》めて積習《しゃくじゅう》して成《じょう》ずるところなり。また性《しょう》といふは、これ*聖種性《しょうしゅしょう》なり。序《はじ》めに法蔵菩薩《ほうぞうぼさつ》、世自在王仏《せじざいおうぶつ》の所《みもと》にして無生忍《むしょうにん》を悟《さと》る。その時《とき》の位《くらい》を聖種性《しょうしゅしょう》と名《な》づく。この性《しょう》のなかにおいて四十八《しじゅうはち》の大願《だいがん》を発《おこ》して、この土《ど》を修起《しゅき》したまへり。すなはち安楽浄土《あんらくじょうど》といふ。これかの因《いん》の所得《しょとく》なり。果《か》のなかに因《いん》を説《と》く、ゆゑに名《な》づけて性《しょう》とす。また性《しょう》といふは、これ*必然《ひつねん》の義《ぎ》なり、*不改《ふがい》の義《ぎ》なり。海《うみ》の性《しょう》、一味《いちみ》にして衆流《しゅりゅう》入《い》るものかならず一味《いちみ》となつて、海《うみ》の味《あじ》はひ、かれに随《したが》ひて改《あらた》まらざるがごとしとなり。また人身《にんじん》の性不浄《しょうふじょう》なるがゆゑに、種々《しゅじゅ》の妙好色《みょうこうしき》・香《こう》・美味《みみ》、身《み》に

た涅槃《ねはん》の世界であって、そこに往生すれば自然《じねん》にさとりの智慧《ちえ》が得られることを示す。二十九種荘厳のすべてに通じる功徳とされる。

観彼世界…　「かの世界の相を観ずるに、三界の道に勝過せり」

涅槃分　涅槃の分斉《ぶんざい》。涅槃のさとりそのもの。

正道…生ず　通常は「（浄土は）正道の大慈悲、出世の善根より生ず」と読む。正道は平等の大道、一如《いちにょ》平等のさとりのこと。

荘厳性功徳成就　国土荘厳十七種の第三荘厳。浄土は法性《ほっしょう》の徳があらわれた世界であるということを示す。

法本　法性の異名。一切法の本体であるということ。→法性《ほっしょう》

宝王如来の性起の義　『華《け》

入《い》りぬれば、みな不浄《ふじょう》となるがごとし。安楽浄土《あんらくじょうど》はもろもろの往生《おうじょう》のひと、不浄《ふじょう》の色《しき》なし、不浄《ふじょう》の心《しん》なし、畢竟《ひっきょう》じてみな*清浄平等無為法身《しょうじょうびょうどうむいほっしん》を得《え》しむ。安楽国土清浄《あんらくこくどしょうじょう》の性《しょう》、成就《じょうじゅ》したまへるをもつてのゆゑなり。〈正道《しょうどう》の大慈悲《だいじひ》†は、出世《しゅっせ》の善根《ぜんごん》より生《しょう》ず〉といふは、平等《びょうどう》の大道《だいどう》なり。平等《びょうどう》の道《どう》を名《な》づけて正道《しょうどう》とするゆゑは、平等《びょうどう》はこれ諸法《しょほう》の*体相《たいそう》なり。諸法平等《しょほうびょうどう》なるをもつてのゆゑに*発心等《ほっしんひと》し、発心等《ほっしんひと》しきがゆゑに*道等《どうひと》し、道等《どうひと》しきがゆゑに大慈悲等《だいじひひと》し。大慈悲《だいじひ》はこれ*仏道《ぶつどう》の正因《しょういん》なるがゆゑに、〈正道大慈悲《しょうどうだいじひ》〉とのたまへり。慈悲《じひ》に三縁《さんえん》あり。一《ひと》つには衆生縁《しゅじょうえん》、これ小悲《しょうひ》なり。二《ふた》つには法縁《ほうえん》、これ中悲《ちゅうひ》なり。三《み》つには無縁《むえん》、これ大悲《だいひ》なり。大悲《だいひ》はすなはちこれ出世《しゅっせ》の善《ぜん》なり。安楽浄土《あんらくじょうど》はこの大悲《だいひ》より生《しょう》ぜるがゆゑなればなり。ゆゑにこの大悲《だいひ》をいひて浄土《じょうど》の根《こん》とす。ゆゑに〈出世善根生《しゅっせぜんごんしょう》〉といふなり」と。

【三五】またいはく（論註・上 七六）、「問《と》うていはく、法蔵菩薩《ほうぞうぼさつ》の本願《ほんがん》（第十四願）、および龍樹菩薩《りゅうじゅぼさつ》の所讃《しょさん》（易行品）を尋《たず》ぬるに、みなかの国《くに》に声聞衆多《しょうもんしゅた》なるをもつて*奇《き》とするに似《に》たり。これなんの義《ぎ》かあるやと。答《こた》へていはく、声聞《しょうもん》は*実際《じっさい》をもつて証《しょう》とす。計《はか》るにさらによく仏道《ぶつどう》の根芽《こんげ》を生《しょう》ずべからず。しか

厳経《ごんぎょう》』「宝王如来性起品」（晋訳巻三十四）に、如来の身口意《しんくい》のはたらきはすべて法性《ほっしょう》の顕現にほかならないと説いていること。性起とは法性現起の意で、仏果の万徳は法性そのままのあらわれであるという意。

法蔵菩薩…ところなり 通常は「法蔵菩薩、諸波羅蜜を集めて積習して成ぜるところを指す」と読む。

聖種性 六種性の第四。仏果を生ずる因種（たね）を成就している位。菩薩五十二位の修道《しゅどう》階位のうちの十《じゅう》地《じ》をいう。→菩薩《ぼさつ》

必然の義 必ずそうあること。ここでは他をして必ず自身に同化させるいわれ。

不改の義 自身の本質は変らないという意味。

清浄平等無為法身 煩悩《ぼんのう》の

るを仏《ぶつ》、本願《ほんがん》の不可思議《ふかしぎ》の神力《じんりき》をもつて、摂《せつ》してかしこに生《しょう》ぜしむるに、かならずまさにまた神力《じんりき》をもつて、それをして*無上道心《むじょうどうしん》を生《しょう》ぜしむべし。たとへば*鴆鳥《ちんちょう》、水《みず》に入《い》れば*魚蚌《ぎょぼう》ことごとく死《し》す、犀牛《さいぎゅう》これに触《ふ》るれば死《し》するものみな活《よみがえ》るがごとし。かくのごとき生《しょう》ずべからずして生《しょう》ぜしむ、このゆゑに奇《き》とすべし。しかるに五不思議《ごふしぎ》のなかに、仏法《ぶっぽう》もつとも不可思議《ふかしぎ》なり。仏《ぶつ》よく声聞《しょうもん》をしてまた無上道心《むじょうどうしん》を生《しょう》ぜしめたまふ。まことに不可思議《ふかしぎ》の至《いた》りなり」と。

【三六】またいはく（論註・下 一〇八）、「〈不可思議力《ふかしぎりき》〉とは、すべてかの仏国土《ぶっこくど》の*十七種荘厳功徳力不可得思議《じゅうしちしゅしょうごんくどくりきふかとくしぎ》なることを指《さ》すなり。諸経《しょきょう》に説《と》きてのたまはく、*五種《ごしゅ》の不可思議《ふかしぎ》あり。一《ひと》つには衆生多少不可思議《しゅじょうたしょうふかしぎ》、二《ふた》つには業力不可思議《ごうりきふかしぎ》、三《み》つには竜力不可思議《りゅうりきふかしぎ》、四《よ》つには禅定力不可思議《ぜんじょうりきふかしぎ》、五《いつ》つには仏法力不可思議《ぶっぽうりきふかしぎ》なり。このなかに仏土不可思議《ぶつどふかしぎ》に二種《にしゅ》の力《ちから》あり。一《ひと》つには業力《ごうりき》、いはく法蔵菩薩《ほうぞうぼさつ》の出世《しゅっせ》の善根《ぜんごん》と大願業力《だいがんごうりき》の所成《しょじょう》なり。二《ふた》つには正覚《しょうがく》の阿弥陀法王《あみだほうおう》のよく*住持力《じゅうじりき》をして摂《せつ》したまふところなり」と。

【三七】またいはく（同・下 一二二）、「自利利他《じりりた》を示現《じげん》すといふは、〈略《りゃく》してかの阿弥陀仏《あみだぶつ》の国土《こくど》の十七種《じゅうしちしゅ》の荘厳功徳成就《しょうごんくどくじょうじゅ》を説《と》きつ、如来《にょらい》の自身利益大功徳《じしんりやくだいくどく》

けがれがなく完全に清浄で、無差別平等の不生不滅《ふしょうふめつ》の真理そのものである仏身《ぶっしん》。

体相　本体。本質的なすがた。

発心　法蔵《ほうぞう》菩薩のおこした願心。

道　行の意。

仏道の正因　仏果（仏のさとり）を得る決定的な因。

奇　不思議であること。

実際　真実の際限の意で涅《ね》槃《はん》の異名。ここでは身心ともに完全に無《む》に帰する小乗の無余《むよ》涅槃のこと。

無上道心　この上ないさとりを求める心。↓菩提心《ぼだいしん》

鴆鳥　蛇を食べる毒鳥。緑色の羽に毒があって、この羽を酒に浸すと毒酒となるという。

魚蚌　魚貝類。蚌は、どぶ貝、またはまぐり。

力成就《りきじょうじゅ》と利益他功徳成就《りやくたくどくじょうじゅ》とを示現《じげん》したまへるがゆゑに〉（浄土論）とのたまへり。〈略《りゃく》〉といふは、かの浄土《じょうど》の功徳無量《くどくむりょう》にして、ただ十七種《じゅうしちしゅ》のみにあらざることを彰《あらわ》すなり。‡それ須弥《しゅみ》を芥子《けし》に入《い》れ、毛孔《もうく》に大海《だいかい》を納《おさ》む、あに山海《さんかい》の神《じん》ならんや、毛芥《もうけ》の力《ちから》ならんや、*能神《のうじん》のひとの*神《じん》ならくのみ」と。

【三八】　またいはく（論註・下　一三〇）、「〈なにものか*荘厳不虚作住持功徳成就《しょうごんふこさじゅうじくどくじょうじゅ》、偈《げ》に、《仏《ぶつ》の本願力《ほんがんりき》を観《かん》ずるに、遇《もうお》うて空《むな》しく過《す》ぐるものなし。よくすみやかに功徳大宝海《くどくだいほうかい》を満足《まんぞく》せしむ》といへるがゆゑに〉（浄土論）と。〈不虚作住《ふこさじゅう》持功徳成就《じくどくじょうじゅ》〉とは、けだしこれ阿弥陀如来《あみだにょらい》の本願力《ほんがんりき》なり。乃至　いふところの〈不虚作住持《ふこさじゅうじ》〉は、本法蔵菩薩《もとほうぞうぼさつ》の四十八願《しじゅうはちがん》と、今日《こんにち》の阿弥陀如来《あみだにょらい》の自在神力《じざいじんりき》とによりてなり。*願《がん》もつて力《りき》を成《じょう》ず、力《りき》もつて願《がん》に就《つ》く。願《がん》*徒然《とねん》ならず、力《りき》*虚設《こせつ》ならず。力願《りきがん》あひ符《かの》うて、畢竟《ひっきょう》じて差《たが》はず。ゆゑに成就《じょうじゅ》といふ」と。抄出

【三九】　『讃阿弥陀仏偈《さんあみだぶつげ》』（一六一）にいはく、曇鸞和尚《どんらんかしょう》の造《ぞう》「南無阿弥陀仏《なもあみだぶつ》　*釈《しゃく》して『無量寿傍経《むりょうじゅぼうきょう》』と名《な》づく、讃《ほ》めたてまつりてまた安養《あんにょう》といふ。　成仏《じょうぶつ》よりこのかた十劫《じっこう》を歴《へ》たまへり。寿命《じゅみょう》まさに量《はか》りあることなけん。法身《ほっしん》の光輪《こうりん》、法界《ほうかい》に遍《へん》して、*世《せ》の盲冥《もうみょう》を照《て》らす、ゆゑに頂礼《ちょうらい》したてまつる。智慧《ちえ》の光明量《こうみょうはか》る

十七種荘厳　三厳二十九種《さんごんにじゅうくしゅ》荘厳のうちの国土十七種荘厳。→三種《さんしゅ》の荘厳《しょうごん》

五種の不可思議　五不思議のこと。→五不思議《ごふしぎ》

住持力　よく支えたもつ力。大願業力が因力であるのに対して、阿弥陀仏の果力のことをいう。

能神のひと　神通力《じんずうりき》をもつ人。阿弥陀仏のこと。

神　不可思議なはたらき。

荘厳不虚作住持功徳成就　阿弥陀仏荘厳八種の第八荘厳。阿弥陀仏の願力は虚妄《こもう》なものではなく、衆生《しゅじょう》を完全に救いとげるものであるということを示す。

願もつて…　因位《いんに》の願は果上の力を成就し、かつ果上の力は因位の願のままにはたらくという意。

徒然　いたずらであること。

べからず、ゆゑに仏《ぶつ》をまた無量光《むりょうこう》と号《ごう》す。*有量《うりょう》の諸相《しょそう》*光暁《こうきょう》を蒙《かぶ》る、このゆゑに*真実明《しんじつみょう》を稽首《けいしゅ》したてまつる。解脱《げだつ》の光輪限斉《こうりんげんさい》なし、ゆゑに仏《ぶつ》をまた無辺光《むへんこう》と号《ごう》す。*光触《こうそく》を蒙《かぶ》るもの*有無《うむ》を離《はな》る、このゆゑに*平等覚《びょうどうかく》を稽首《けいしゅ》したてまつる。
297
光《ひかり》、雲《くも》のごとくにして無碍《むげ》なること虚空《こくう》のごとし、ゆゑに仏《ぶつ》をまた無碍光《むげこう》と号《ごう》す。一切《いっさい》の有碍《うげ》*光沢《こうたく》を蒙《かぶ》る、このゆゑに*難思議《なんじぎ》を頂礼《ちょうらい》したてまつる。清浄《しょうじょう》の光明対《こうみょうたい》あることなし、ゆゑに仏《ぶつ》をまた無対光《むたいこう》と号《ごう》す。この光《ひかり》に遇《もうあ》ふものは*業《ごう》繋《け》除《のぞ》こる、このゆゑに*畢竟依《ひっきょうえ》を稽首《けいしゅ》したてまつる。仏光照耀《ぶっこうしょうよう》して最第一《さいだいいち》なり、ゆゑに仏《ぶつ》をまた光炎王《こうえんのう》と号《ごう》す。三塗《さんず》の黒闇《こくあん》*光啓《こうけい》を蒙《かぶ》る、このゆゑに*大応《だいおう》供《ぐ》を頂礼《ちょうらい》したてまつる。*道光明朗《どうこうみょうろう》にして、色超絶《しきちょうぜつ》したまへり。ゆゑに仏《ぶつ》をまた清浄光《しょうじょうこう》と号《ごう》す。一《ひと》たび光照《こうしょう》を蒙《かぶ》るに罪垢《ざいく》除《のぞ》こり、みな解脱《げだつ》を得《え》しむ、ゆ
298
ゑに頂礼《ちょうらい》したてまつる。慈光《じこう》はるかに被《かぶ》らしめ安楽《あんらく》を施《ほどこ》す、ゆゑに仏《ぶつ》をまた歓喜光《かんぎこう》と号《ごう》す。光《ひかり》の至《いた》るところの処《ところ》に法喜《ほうき》を得《え》しむ、*大安慰《だいあんに》を稽首《けいしゅ》し頂礼《ちょうらい》したてまつる。仏光《ぶっこう》よく無明《むみょう》の闇《あん》を破《は》す、ゆゑに仏《ぶつ》をまた智慧光《ちえこう》と号《ごう》す。一切諸《いっさいしょ》仏《ぶつ》・三乗衆《さんじょうしゅ》ことごとくともに嘆誉《たんよ》す、ゆゑに稽首《けいしゅ》したてまつる。光明一切《こうみょういっさい》の時《とき》にあまねく照《て》らす、ゆゑに仏《ぶつ》をまた不断光《ふだんこう》と号《ごう》す。*聞光力《もんこうりき》のゆゑに、心断《しんた》え

むだであること。

虚設　むなしくもうけること。空転すること。

釈して…安養といふ　通常は「釈して無量寿と名づく。経に傍《そ》へて奉讃す。また安養ともいふ」と読む。『讃弥陀偈』を経典と同等とみて、本文のように読み改めたのであろう。

世の盲冥　無明煩悩《むみょうぼんのう》の衆《しゅ》生《じょう》を指す。

有量の諸相　有限なるもろもろのすがた。有量とは事物が量的に限られていること。無量に対する語。

光暁　智慧《ちえ》の光明《こうみょう》が無明の闇を破るのを暁に喩える。

真実明　阿弥陀仏の三十七号（『讃弥陀偈』に示される三十七種の徳号）の一。真実の明とは智慧のこと、真実の智慧で十方世界を照らす仏

299
ずしてみな往生《おうじょう》を得《え》しむ、ゆゑに頂礼《ちょうらい》したてまつる。その光《ひかり》、仏《ぶつ》を除《のぞ》きてはよく測《はか》ることなけん、ゆゑに仏《ぶつ》をまた難思光《なんじこう》と号《ごう》す。十方諸仏往生《じっぽうしょぶつおうじょう》を嘆《たん》じ、その功徳《くどく》を称《しょう》せしむ、ゆゑに稽首《けいしゅ》したてまつる。神光《じんこう》は*相《そう》を離《はな》れたること名《な》づくべからず、ゆゑに仏《ぶつ》をまた無称光《むしょうこう》と号《ごう》す。光《ひかり》によりて成仏《じょうぶつ》したまふ、光《ひかり》*赫然《かくねん》たり、諸仏《しょぶつ》の嘆《たん》じたまふところなり、ゆゑに頂礼《ちょうらい》したてまつる。光明《こうみょう》照曜《しょうよう》して日月《にちがつ》に過《す》ぎたり、ゆゑに仏《ぶつ》を超日月光《ちょうにちがっこう》と号《ごう》す。釈迦仏嘆《しゃかぶつたん》じたまふこ
300
となほ尽《つ》きず、ゆゑにわれ*無等等《むとうどう》を稽首《けいしゅ》したてまつると。乃至

*本師龍樹摩訶薩《ほんしりゅうじゅまかさつ》、*形《かたち》‡を像始《ぞうし》に誕《たん》じて、*頽綱《たいこう》（頽《たい》†の字《じ》、崩《たおるる》なり、破《は》なり、落《おつる》なり、纏《まつわる》なり）を理《ことわ》る。*邪扇《じゃせん》を関閉《かんぺい》して正轍《しょうてつ》（轍《てつ》†の字《じ》、通《かよう》なり、車《くるま》なり、跡《あと》なり）を開《ひら》く。これ閻浮提《えんぶだい》の一切《いっさい》の眼《まなこ》なり。*尊語《そんご》を伏承《ぶくしょう》して歓喜地《かんぎじ》にして、阿弥陀《あみだ》に帰《き》して安楽《あんらく》に生《しょう》ぜしむ。われ*無始《むし》より三界《さんがい》に循《めぐ》りて、*虚妄輪《こもうりん》のために回転《えてん》せらる。一念一時《いちねんいちじ》に造《つく》るところの業《ごう》、足六道《あしろくどう》に繋《つな》がれ三塗《さんず》に滞《とど》まる。やや、願《ねが》はくは慈光《じこう》、われを護念《ごねん》して、われをして菩提心《ぼだいしん》を失《しっ》せざらしめたまへ。われ仏恵功徳《ぶってくどく》の音《こえ》を讃《さん》ず。願《ねが》はくは十方《じっぽう》のもろもろの有縁《うえん》に聞《き》かしめて、安楽《あんらく》に往生《おうじょう》を得《え》んと欲《おも》はんもの、あまねくみな意《こころ》のごとくして障礙《しょうげ》なからしめん。あら

という意。

光触を蒙るもの 光明《こうみょう》に照らされ、その光益を受けた者。

有無 →有無《うむ》2

平等覚 阿弥陀仏の三十七号の一。諸法平等の理をさとった仏という意。

光沢 あらゆる者に法の潤いを与え、信心を生ぜしめる光のはたらき。

難思議 阿弥陀仏の三十七号の一。凡夫《ぼんぶ》等の思議を超絶した仏という意。

業繫 迷いの世界につなぎとめる業のはたらき。

畢竟依 阿弥陀仏の三十七号の一。衆生《しゅじょう》の究極のよりどころとなる仏という意。

光啓 三塗の黒闇をひらく光明のはたらき。

大応供 阿弥陀仏の三十七号の一。衆生の供養《くよう》をうけるにふさわしい仏という意。

ゆる功徳《くどく》、もしは大小一切《だいしょういっさい》に回施《えせ》して、ともに往生《おうじょう》せしめん。不可思議光《ふかしぎこう》に南無《なも》し、一心《いっしん》に帰命《きみょう》し稽首《けいしゅ》し礼《らい》したてまつる。十方三世《じっぽうさんぜ》の無量慧《むりょうえ》、同《おな》じく一如《いちにょ》に乗《じょう》じて正覚《しょうがく》と号《ごう》す。*二智円満《にちえんまん》して*道平等《どうびょうどう》なり。摂化《せっけ》すること縁《えん》に随《したが》ふ、まことに*そこばくならん。われ阿弥陀《あみだ》の浄土《じょうど》に帰《き》するは、すなはちこれ諸仏《しょぶつ》の国《くに》に帰命《きみょう》するなり。われ一心《いっしん》をもつて一仏《いちぶつ》を讃《さん》ず、願《ねが》はくは十方《じっぽう》*無礙人《むげにん》に遍《へん》せん。かくのごとき十方無量仏《じっぽうむりょうぶつ》、ことごとくおのおの心《こころ》を至《いた》して頭面《ずめん》に礼《らい》したてまつるなり」と。以上抄出

【三〇】光明寺《こうみょうじ》の和尚《かしょう》（善導）いはく（玄義分　三二六）、「問《と》うていはく、弥陀《みだ》の浄国《じょうこく》は、はたこれ*報《ほう》なりや、これ*化《け》なりとやせんと。答《こた》へていはく、これ報《ほう》にして化《け》にあらず。いかんが知《し》ることを得《う》る。『大乗同性経《だいじょうどうしょうきょう》』に説《と》くがごとし。〈西方《さいほう》の安楽阿弥陀仏《あんらくあみだぶつ》は、これ報仏《ほうぶつ》・報土《ほうど》なり〉と。また『無量寿経《むりょうじゅきょう》』（上）にのたまはく、〈法蔵比丘《ほうぞうびく》、世饒王仏《せにょうおうぶつ》の所《みもと》にましまして、菩薩《ぼさつ》の道《どう》を行《ぎょう》じたまひし時《とき》、四十八願《しじゅうはちがん》を発《おこ》して、一々《いちいち》の願《がん》にのたまはく、《もしわれ仏《ぶつ》を得《え》たらんに、十方《じっぽう》の衆生《しゅじょう》、わが名号《みょうごう》を称《しょう》して、わが国《くに》に生《しょう》ぜんと願《がん》ぜん。下十《しもじゅう》念《ねん》に至《いた》るまで、もし生《しょう》ぜずは、正覚《しょうがく》を取《と》らじ》〉と。いますでに成仏《じょうぶつ》したまへ

道光　さとりの智慧《ちえ》（道）から放たれる光明《こうみょう》。

大安慰　阿弥陀仏の三十七号の一。衆生《しゅじょう》に大いなる安らぎとなぐさめを与える仏という意。

聞光力　仏の智慧の光明のはたらきを聞信すること。

相を離れたる　仏の光明は分別的な差別の相を絶していること。

赫然　盛んに輝くさま。

無等等　阿弥陀仏の三十七号の一。くらべもののない絶対平等のさとりを得た仏という意。

本師　本宗の祖師。

形を像始に誕じて　像法《ぞうぼう》の始めに生れて。

頽綱を理る　頽はくずれる、おとろえる。綱は綱要。理はおさめる、ただす。すなわち、おとろえた仏法の綱

り、すなはちこれ*酬因《しゅういん》の身《しん》なり。また『観経《かんぎょう》』のなかに、*上輩《じょうはい》の三人《さんにん》、命《みょう》終《じゅう》の時《とき》に臨《のぞ》んで、みな〈阿弥陀仏《あみだぶつ》および化仏《けぶつ》と与《とも》に、この人《ひと》を来迎《らいこう》す〉とのたまへり。しかるに報身《ほうじん》、化《け》を兼《か》ねてともに来《きた》りて手《みて》を授《さず》くと。ゆゑに名《な》づけて〈与《よ》〉とす。この文証《もんしょう》をもつてのゆゑに、知《し》んぬ、これ報《ほう》なりと。

302 しかるに報応二身《ほうおうにしん》とは、*眼目《げんもく》の異名《いみょう》なり。*前《さき》には報《ほう》を翻《ほん》じて応《おう》となす、後《のち》には応《おう》を翻《ほん》じて報《ほう》となす。おほよそ報《ほう》といふは、*因行虚《いんぎょうむな》しからず、さだめて来《らい》果《か》を招《まね》く、果《か》をもつて因《いん》に応《おう》ず、ゆゑに名《な》づけて報《ほう》とす。また*三大僧祇《さんだいそうぎ》の所修《しょしゅ》の万行《まんぎょう》、必定《ひつじょう》して菩提《ぼだい》を得《う》べし。いますでに道《どう》、成《じょう》ぜり、すなはちこれ応身《おうじん》なり。これすなはち*過現《かげん》の諸仏《しょぶつ》、三身《さんしん》を弁立《べんりゅう》す。これを除《のぞ》きて以外《いげ》はさらに別《べっ》の体《たい》ましまさず。たとひ*無窮《むぐう》の八相《はっそう》、名号《みょうごう》*塵沙《じんじゃ》なりとも、体《たい》に剋《こく》して論《ろん》ぜば、すべて化《け》に帰《き》して摂《せっ》す。いまかの弥陀《みだ》、現《げん》にこれ報《ほう》なりと。

303 問《と》うていはく、すでに報《ほう》といふは、報身常住《ほうじんじょうじゅう》にして永《なが》く生滅《しょうめつ》なし。なんがゆゑぞ『観音授記経《かんのんじゅききょう》』に説《と》かく、〈阿弥陀仏《あみだぶつ》また入涅槃《にゅうねはん》の時《とき》あり〉と。この一《いち》義《ぎ》いかんが通釈《つうしゃく》せんやと。

答《こた》へていはく、入《にゅう》・不入《ふにゅう》の義《ぎ》は、ただこれ諸仏《しょぶつ》の境界《きょうがい》なり。なほ三乗浅智《さんじょうせんち》

要をただしたという意。

邪扇を関閉して正轍を開く よこしまな教えを閉ざして、正しい仏法の道を明らかにしたという意。

尊語を伏承して 釈尊のお言葉をうけたまわって。

無始 永遠の昔。

虚妄輪 煩悩虚妄《ぼんのうこもう》の業を果てしなく回転する車輪に喩える。

二智 諸法の空理をさとる実智《じっち》と、差別の事相を知る権智《ごんち》のこと。

道平等 諸仏のさとりが平等で同一であること。道はさとり、菩提の意。

そこばく 相当の数量。

無礙人 諸仏のこと。

報 報土のこと。→報土《ほうど》

化 化土のこと。→化土《けど》

酬因の身 四十八願を総《そう》

の闚《うかが》ふところにあらず。あにいはんや、*小凡《しょうぼん》たやすくよく知《し》らんや。しかりといへども、かならず知《し》らんと欲《おも》はば、あへて仏経《ぶっきょう》を引《ひ》きてもつて明証《みょうしょう》とせん。いかんとならば『大品経《だいぼんぎょう》』の〈*涅槃非化品《ねはんひけぼん》〉のなかに説《と》きていふがごとし。〈仏《ぶつ》、須菩提《しゅぼだい》に告《つ》げたまはく、《なんぢが意《こころ》においていかん。もし*化人《けにん》ありて化人《けにん》をなす、この化《け》すこぶる実事《じつじ》ありやいなや、空《むな》しきものなりやいなや》と。須菩提《しゅぼだい》のまうさく、《いななり、世尊《せそん》》と。仏《ぶつ》、須菩提《しゅぼだい》に告《つ》げたまはく、《*色《しき》すなはちこれ化《け》なり、*受《じゅ》・想《そう》・行《ぎょう》・識《しき》すなはちこれ化《け》なり、乃至《ないし》*一切種智《いっさいしゅち》すなはちこれ化《け》なり》と。須菩提《しゅぼだい》、仏《ぶつ》にまうしてまうさく、《世尊《せそん》、もし世間《せけん》の法《ほう》これ化《け》なりや、出世間《しゅっせけん》の法《ほう》またこれ化《け》なりや。いはゆる四念処《しねんじょ》・四正勤《ししょうごん》・四如意足《しにょいそく》・*五根《ごこん》・五力《ごりき》・*七覚分《しちかくぶん》・*八聖道分《はっしょうどうぶん》・三解脱門《さんげだつもん》、仏《ぶつ》の十力《じゅうりき》・四無所畏《しむしょい》・四無礙智《しむげち》・十八不共法《じゅうはちふぐほう》、ならびに諸法《しょほう》の果《か》および*賢聖人《げんじょうにん》、いはゆる須陀洹《しゅだおん》・斯《し》陀含《だごん》・阿那含《あなごん》・阿羅漢《あらかん》・辟支仏《びゃくしぶつ》・菩薩《ぼさつ》*摩訶薩《まかさつ》・諸仏世尊《しょぶつせそん》、この法《ほう》またこれ化《け》なりやいなや》と。仏《ぶつ》、須菩提《しゅぼだい》に告《つ》げたまはく、《一切《いっさい》の法《ほう》はみなこれ化《け》なり。この法《ほう》のなかにおいて、声聞《しょうもん》の法《ほう》の変化《へんげ》あり、辟支仏《びゃくしぶつ》の法《ほう》の変化《へんげ》あり、菩薩《ぼさつ》の法《ほう》の変化《へんげ》あり、諸仏《しょぶつ》の法《ほう》の変化《へんげ》あり、煩悩《ぼんのう》の法《ほう》の変化《へんげ》あり、業因縁《ごういんねん》の法《ほう》の変《へん》

摂《しょう》した第十八願にむくいてあらわれた仏身《ぶっしん》。

上輩の三人　九品のうちの上品上生・上品中生・上品下生のこと。↓九品《くぼん》

眼目の異名　同一物の異なった名称の意。

前には…　『摂大乗論《しょうだいじょうろん》』の真諦《しんだい》訳（前訳）で三身中第二身を応身と訳しているのを、達摩笈多《だつまぎゅうた》訳（後訳）では報身《ほうじん》と訳したことを指すものか。

因行　仏果（仏のさとり）を得るための因となる行。

三大僧祇　三大阿僧祇劫の略。↓阿僧祇《あそうぎ》、劫《こう》

過現　過去・現在。

無窮の八相　十方世界にくまなく八相成道のすがたを示現するという意。↓八相《はっそう》

塵沙　無数の意。

小凡　愚かな凡夫。↓凡夫《ぼんぶ》

化《げ》あり。この因縁《いんねん》をもつてのゆゑに、須菩提《しゅぼだい》、一切《いっさい》の法《ほう》みなこれ化《け》なり》とのたまへり。須菩提《しゅぼだい》、仏《ぶつ》にまうしてまうさく、《世尊《せそん》、このもろもろの*煩悩断《ぼんのうだん》は、いはゆる須陀洹果《しゅだおんか》・斯陀含果《しだごんか》・阿那含果《あなごんか》・阿羅漢果《あらかんか》・辟支仏道《びゃくしぶつどう》は、もろもろの煩悩《ぼんのう》の*習《じゅう》を断《だん》ず。みなこれ変化《へんげ》なりやいなや》と。仏《ぶつ》、須菩提《しゅぼだい》に告《つ》げたまはく、《もし法《ほう》の生滅《しょうめつ》の相《そう》あるは、みなこれ変化《へんげ》なり》とのたまへり。須菩提《しゅぼだい》まうさく、《世尊《せそん》、なんらの法《ほう》か変化《へんげ》にあらざる》と。仏《ぶつ》ののたまはく、《もし法《ほう》の無生無滅《むしょうむめつ》なる、これ変化《へんげ》にあらず》と。須菩提《しゅぼだい》まうさく、《なんらかこれ不《ふ》生不滅《しょうふめつ》にして変化《へんげ》にあらざる》と。仏《ぶつ》ののたまはく、《*誑相《おうそう》なき涅槃《ねはん》、この法《ほう》変化《へんげ》にあらず》と。《世尊《せそん》、仏《ぶつ》みづから説《と》きたまふがごとき、諸法平等《しょほうびょうどう》にして声聞《しょうもん》の作《さ》にあらず、辟支仏《びゃくしぶつ》の作《さ》にあらず、もろもろの菩薩摩訶薩《ぼさつまかさつ》の作《さ》にあらず、諸仏《しょぶつ》の作《さ》にあらず。有仏《うぶつ》・無仏《むぶつ》、諸法《しょほう》の*性《しょう》つねに空《くう》なり。性空《しょうくう》なる、すなはちこれ涅槃《ねはん》なり。*いかなるか涅槃《ねはん》の一法《いっぽう》、化《け》のごとくにあらざる》と。仏《ぶつ》、須菩提《しゅぼだい》に告《つ》げたまはく、《かくのごとし、かくのごとし。諸法《しょほう》は平等《びょうどう》にして声聞《しょうもん》の所作《しょさ》にあらず、乃至性空《ないししょうくう》なればすなはちこれ涅槃《ねはん》なり。もし*新発意《しんぽっち》の菩薩《ぼさつ》、この一切《いっさい》の法《ほう》みな畢竟《ひっきょう》じて性空《しょうくう》なり、乃至涅槃《ないしねはん》もまたみな化《け》のごと

涅槃非化品　現行の『大品般若経《だいぼんはんにゃきょう》』には「如化品」とある。

化人　まぼろしの人。

色・受想行識　五蘊のこと。↓五蘊《ごうん》

一切種智　完全なさとりの智慧《ちえ》。一切の存在について平等と差別、空《くう》と有を不二一体にさとり尽す仏の智慧。

五根　↓五根《ごこん》②

七覚分　↓七菩提分《しちぼだいぶん》

八聖道分　分は因の意。八聖道はさとりに至る因であるから八聖道分という。↓八聖道《はっしょうどう》

賢聖人　聖はすでに無漏智《むろち》（煩悩《ぼんのう》のけがれのない智慧）を得て見道《けんどう》以上に達した人。賢は未だ無漏智を得ず、見道には至らないがすでに悪を離れた人のことをいう。

摩訶薩　梵語マハー・サットヴァ（mahā-sattva）の

しと聞《き》かば、心《こころ》すなはち驚怖《きょうふ》しなん。この新発意《しんぽっち》の菩薩《ぼさつ》のために、ことさらに生滅《しょうめつ》のものは化《け》のごとし、不生不滅《ふしょうふめつ》のものは化《け》のごときにあらざるを分別《ふんべつ》するをや》と。いますでにこの聖教《しょうぎょう》をもつて、あきらかに知《し》んぬ、弥陀《みだ》はさだめてこれ報《ほう》なり。たとひ後《のち》に涅槃《ねはん》に入《い》らん、その義妨《ぎさまた》げなけん。もろもろの*有《う》智《ち》のもの、知《し》るべしと。

問《と》うていはく、かの仏《ぶつ》および土《ど》、すでに報《ほう》といはば、*報法高妙《ほうほうこうみょう》にして*小聖《しょうしょう》階《かな》ひがたし。*垢障《くしょう》の凡夫《ぼんぶ》、いかんが入《い》ることを得《え》んやと。答《こた》へていはく、もし衆生《しゅじょう》の垢障《くしょう》を論《ろん》ぜば、実《じつ》に*欣趣《ごんしゅ》しがたし。まさしく仏願《ぶつがん》に託《たく》するによりて、もつて強縁《ごうえん》となりて、五乗斉《ごじょうひと》しく入《い》らしむることを致《いた》す」と。

【三一】またいはく（序分義 三七七）、「〈我今楽生弥陀《がこんぎょうしょうみだ》〉より以下《いげ》は、まさしく夫人《ぶにん》（韋提希）*別《べつ》して所求《しょぐ》を選《えら》ぶことを明《あ》かす。これは弥陀《みだ》の本国《ほんごく》、四十八願《はちがん》なることを明《あ》かす。願々《がんがん》みな*増上《ぞうじょう》の勝因《しょういん》を発《ほっ》せり、因《いん》によりて*勝行《しょうぎょう》を起《おこ》せり、行《ぎょう》によりて*勝果《しょうか》を感《かん》ず、果《か》によりて*勝報《しょうほう》を感成《かんじょう》せり、報《ほう》によりて極楽《ごくらく》を感成《かんじょう》せり、楽《らく》によりて*悲化《ひけ》を顕通《けんつう》す、悲化《ひけ》によりて智慧《ちえ》の門《もん》を顕開《けんかい》せり。しかるに悲心無尽《ひしんむじん》にして、智《ち》また無窮《むぐう》なり。悲智双《ひちなら》べ行《ぎょう》じて、すなはち広《ひろ》く甘《かん》

音写で、偉大な志をもつ者の意。菩薩に同じ。→菩薩《ぼさつ》

煩悩断　煩悩を断ずること。

習　習気《じっけ》のこと。煩悩の体が断ぜられても習慣性となって残る煩悩の気分のこと。

誑相　いつわりのすがた。

性　本質。本性。

いかなるか…あらざる　通常は「いかんが涅槃の一法のみ化のごとくにあらざる」と読む。

新発意の菩薩　新たに菩提《ぼだい》心《しん》を発した大乗の修道《しゅどう》者。十信位《じっしんい》の菩薩のこと。→菩薩《ぼさつ》

有智のもの　領解《りょうげ》する智慧《ちえ》をもったもの。

報法高妙　報身《ほうじん》・報土《ほうど》のものがらは、非常に高くすぐれている。

小聖　地前三賢《さんげん》位の菩薩

307

露《ろ》を開《ひら》けり。これによりて*法潤《ほうにん》あまねく群生《ぐんじょう》を摂《せっ》したまふなり。諸余《しょよ》の経典《きょうてん》に勧《すす》むるところ弥《ひろ》く多《おお》し。*衆聖《しゅしょう》、心《こころ》を斉《ひと》しくして、みな同《おな》じく指讃《しさん》したまふ。この因縁《いんねん》ありて、如来《にょらい》ひそかに夫人《ぶにん》（韋提希）を遣《つか》はして、別《べつ》して選《えら》ばしめたまふことを致《いた》すなり」と。

【三二】またいはく（定善義 四〇五）、「西方《さいほう》*寂静無為《じゃくじょうむい》の楽《みやこ》は、畢竟《ひっきょう》*逍遥《しょうよう》して有無《うむ》を離《はな》れたり。大悲《だいひ》、心《こころ》に薫《くん》じて法界《ほうかい》に遊《あそ》ぶ。*分身《ぶんしん》して物《もの》を利《り》すること等《ひと》しくして殊《こと》なることなし。帰去来《いざいなん》、*魔郷《まきょう》には停《とど》まるべからず。曠劫《こうごう》よりこのかた六道《ろくどう》に流転《るてん》して、ことごとくみな経《へ》たり。到《いた》る処《ところ》に余《よ》の楽《たの》しみなし。ただ愁《しゅう》†歎《たん》の声《こえ》を聞《き》く。この*生平《しょうびょう》を畢《お》へて後《のち》、かの涅槃《ねはん》の城《みやこ》に入《い》らん」と。

【三三】またいはく（法事讃・下 五六四）、「極楽《ごくらく》は無為涅槃《むいねはん》の界《かい》なり。*随縁《ずいえん》の雑《ぞう》善《ぜん》おそらくは生《しょう》じがたし。ゆゑに如来《にょらい》（釈尊）*要法《ようぼう》を選《えら》びて、教《おし》へて弥陀《みだ》を念《ねん》ぜしめてもつぱらにしてまたもつぱらならしめたまへり」と。

308

【三四】またいはく（同・下 五五七）、「仏《ぶつ》に従《したが》ひて逍遥《しょうよう》して自然《じねん》に帰《き》す。自然《じねん》はすなはちこれ弥陀《みだ》の国《くに》なり。無漏無生《むろむしょう》還《かえ》りてすなはち真《しん》なり。行来進止《ぎょうらいしんし》につねに仏《ぶつ》に随《したが》ひて、*無為法性身《むいほっしょうしん》を証得《しょうとく》す」と。

（十信《じっしん》・十行・十回向《えこう》）および小乗のさとりを得た聖《しょう》者《じゃ》。→菩薩《ぼさつ》

垢障の凡夫 煩悩悪業《ぼんのうあくごう》の障りをもった凡夫《ぼんぶ》。

欣趣 欣求趣入。浄土を願い往生すること。

別して所求を選ぶ 多くの仏土のなかからとくに阿弥陀仏の浄土を選び、そこへ生れたいと願ったこと。

増上の勝因 この上なくすぐれた原因。

勝行 すぐれた修行。

勝果 すぐれた結果。

勝報 因位《いんに》の願に報いた、すぐれた涅槃《ねはん》の徳相。

悲化 大悲の利他教化のはたらき。

法潤 仏法による潤い。

衆聖 数多くの聖者たち。ここでは諸仏のこと。

寂静無為の楽 煩悩を滅し

【三五】またいはく（法事讃・下 五九〇）、「弥陀《みだ》の*妙果《みょうか》をば、号《ごう》して無上涅槃《むじょうねはん》といふ」と。以上抄出

【三六】憬興師《きょうごうし》のいはく（述文賛）、「無量光仏《むりょうこうぶつ》　算数《さんじゅ》にあらざるがゆゑに。無辺光《むへんこう》仏《ぶつ》　縁《えん》として照《て》らさざることなきがゆゑに。無碍光仏《むげこうぶつ》　*人法《にんぼう》としてよく障《さ》ふることあることなきがゆゑに。無対光仏《むたいこうぶつ》　もろもろの菩薩《ぼさつ》の及《およ》ぶところにあらざるがゆゑに。光炎王仏《こうえんのうぶつ》　光明自在《こうみょうじざい》にしてさらに上《じょう》となすことなきがゆゑに。清浄光仏《しょうじょうこうぶつ》　無《む》貪《とん》の善根《ぜんごん》よりして現《げん》ずるがゆゑに、また衆生《しゅじょう》の貪濁《とんじょく》の心《こころ》を除《のぞ》くなり。貪濁《とんじょく》の心《こころ》なきがゆゑに清浄《しょうじょう》といふ。歓喜光仏《かんぎこうぶつ》　無瞋《むしん》の善根《ぜんごん》よりして生《しょう》ずるがゆゑに、よく衆生《しゅじょう》の瞋恚盛心《しんにじょうしん》を除《のぞ》くがゆゑに。智慧光仏《ちえこうぶつ》　無痴《むち》の善根《ぜんごん》の心《しん》より起《おこ》れり。また衆生《しゅじょう》の*無《む》明品心《みょうほんしん》を除《のぞ》くがゆゑに。不断光仏《ふだんこうぶつ》　仏《ぶつ》の常光《じょうこう》つねに照益《しょうやく》をなすがゆゑに。難思光《なんじこう》仏《ぶつ》　もろもろの二乗《にじょう》の*測度《しきたく》するところにあらざるがゆゑに。無称光仏《むしょうこうぶつ》　また*余乗《よじょう》等《とう》説《と》くこと堪《た》ふるところにあらざるがゆゑに。超日月光仏《ちょうにちがつこうぶつ》　*日応《ひおう》じてつねに照《て》らすこと周《あまね》からず、娑婆一耀《しゃばいちよう》の光《ひかり》なるがゆゑに。みなこれ光触《こうそく》を身《み》に蒙《かぶ》るものは*身《しん》心柔軟《しんにゅうなん》の願《がん》（第三十三願）の致《いた》すところなり」と。以上抄要

【三七】しかれば、如来《にょらい》の真説《しんせつ》、宗師《しゅうし》の釈義《しゃくぎ》、あきらかに知《し》んぬ、安養《あんにょう》

尽した生滅《しょうめつ》変化のない絶対のさとりの世界。浄土のこと。→浄土《じょうど》

逍遥　何ものにもとらわれず、あるがままにあること。

分身して　仮に身を分ちすがたを変えて。

魔郷　生死《しょうじ》の迷いの世界。

生平　生涯。

随縁の雑善　衆生《しゅじょう》がおのおのの縁にしたがって修める自力のさまざまな善根《ぜんごん》。

要法　本願の名号《みょうごう》。

無為法性身　→無為法身《むいほっしん》

妙果　仏のさとりのこと。

人法　人は有情《うじょう》（感情や意識を有するもの。衆生）、法は非情（感情や意識のないもの。草木・山河・大地など）を指す。

無明品心　一切衆生の愚痴《ぐち》無明《むみょう》の品類に属する心。

測度　はかりしること。

*浄剎《じょうせつ》は真《しん》の報土《ほうど》なることを顕《あらわ》す。*惑染《わくぜん》の衆生《しゅじょう》、ここにして*性《しょう》を見《み》ることあたはず、煩悩《ぼんのう》に覆《おお》はるるがゆゑに。『経《きょう》』（涅槃経・迦葉品）には、「われ十住《じゅうじゅう》の菩薩《ぼさつ》、少分仏性《しょうぶんぶっしょう》を見《み》ると説《と》く」とのたまへり。ゆゑに知《し》んぬ、安楽仏国《あんらくぶっこく》に到《いた》れば、すなはちかならず仏性《ぶっしょう》を顕《あらわ》す。本願力《ほんがんりき》の回向《えこう》によるがゆゑに。また『経《きょう》』（同・迦葉品）には「衆生未来《しゅじょうみらい》に清浄《しょうじょう》の身《しん》を具足《ぐそく》し荘厳《しょうごん》して、仏性《ぶっしょう》を見《み》ることを得《う》」とのたまへり。

【三八】『*起信論《きしんろん》』にいはく、「〈もし説《と》くといへども、*能説《のうせつ》のありて説《と》くべきもなく、また能念《のうねん》の念《ねん》ずべきもなしと知《し》るを、名《な》づけて随順《ずいじゅん》とす。もし念《ねん》を離《はな》るるを名《な》づけて得入《とくにゅう》とす〉と。得入《とくにゅう》とは*真如三昧《しんにょざんまい》なり。いかにいはんや、無《む》念《ねん》の位《くらい》は妙覚《みょうがく》にあり、*けだしもつて了心《りょうしん》は初生《しょしょう》の相《そう》なり。しかも初相《しょそう》を知《し》るといふは、いはゆる無念《むねん》は菩薩十地《ぼさつじゅうじ》の知《し》るところにあらず。しかるに今《いま》の人《ひと》、なほいまだ十信《じっしん》に階《かな》はず、すなはち馬鳴大士《めみょうだいじ》によらざらんや。〈説《せつ》より無説《むせつ》に入《い》り、念《ねん》より無念《むねん》に入《い》る〉とのたまへり」と。抄略

【三九】それ報《ほう》を案《あん》ずれば、如来《にょらい》の願海《がんかい》によりて果成《かじょう》の土《ど》を酬報《しゅうほう》せり。ゆゑに報《ほう》といふなり。しかるに願海《がんかい》について真《しん》あり仮《け》あり。ここをもつてま

余乗　仏以外のもの。

日応じて…ゆゑに　『述文賛《じゅつもんさん》』の原文は「日夜恒に照らすこと、娑婆二曜の輝きに同じからざるがゆゑに」となっている。二曜とは太陽と月のこと。

身心柔軟の願　触光柔軟《そくこうにゅうなん》の願ともいう。阿弥陀仏の光明《こうみょう》に遇うものの身心をおだやかにやわらかくすることを誓った願。

浄剎　浄土のこと。剎は梵語クシェートラ（kṣetra）の音写。国土・世界の意。

惑染　煩悩《ぼんのう》（惑）によってけがされていること。

性　仏性のこと。→仏性《ぶっしょう》

起信論にいはく…　飛錫《ひしゃく》の『念仏三昧宝王論《ねんぶつざんまいほうおうろん》』よりの引用。「もし…得入とす」が『起信論』の文で、「得入とは…」以下は、その文

た仏土《ぶつど》について真《しん》あり仮《け》あり。

選択本願《せんじゃくほんがん》の正因《しょういん》によりて、真仏土《しんぶつど》を成就《じょうじゅ》せり。真仏《しんぶつ》といふは、『大《だい》経《きょう》』（上）には「無辺光仏《むへんこうぶつ》・無礙光仏《むげこうぶつ》」とのたまへり、また「諸仏中《しょぶつちゅう》の王《おう》なり、光明中《こうみょうちゅう》の極尊《ごくそん》なり」（大阿弥陀経・上）とのたまへり。以上『論《ろん》』（浄土論　二九）には「帰命尽十方無礙光如来《きみょうじんじっぽうむげこうにょらい》」といへり。真土《しんど》といふは、『大《だい》経《きょう》』には「無量光明土《むりょうこうみょうど》」（平等覚経・二）とのたまへり、あるいは「*諸智《しょち》土《ど》」（如来会・下）とのたまへり。以上『論《ろん》』（浄土論　二九）には「究竟《くきょう》して虚空《こくう》のごとし、広大《こうだい》にして辺際《へんざい》なし」といふなり。往生《おうじょう》といふは、『大《だい》経《きょう》』（上）には「*皆受自然虚無之身無極之体《かいじゅじねんこむししんむごくしたい》」とのたまへり。以上『論《ろん》』（浄土論）には「*如来浄華衆《にょらいじょうけしゅ》　正覚華化生《しょうがくけけしょう》」といへり。また「*同一念仏無別《どういつねんぶつむべつ》道故《どうこ》」（論註・下　一二〇）といへり。以上　また「難思議往生《なんじぎおうじょう》」（法事讃・上）といへるこれなり。

仮《け》の仏土《ぶつど》とは、*下《しも》にありて知《し》るべし。すでにもつて真仮《しんけ》みなこれ大悲《だいひ》の願海《がんかい》に酬報《しゅうほう》せり。ゆゑに知《し》んぬ、報仏土《ほうぶつど》なりといふことを。まことに仮《け》の仏土《ぶつど》の業因千差《ごういんせんじゃ》なれば、土《ど》もまた千差《せんじゃ》なるべし。これを方便化身《ほうべんけしん》・化土《けど》

に対する飛錫の解説。

能説の…知るを　原文には「亦」（また）の上に「雖念」（念ずといへども）の字があり、「能説可説あることなく、念ずといへども、また能念可念なしと知るを」と読む。

真如三昧　虚妄分別《こもうふんべつ》を離れ、ありのままの真実のすがたをさとった境地。

けだし…無念は　通常は「けだし心の初生の相を了するをもつてなり。しかも初相を知るといふは、いはゆる無念なり」と読む。初生の相は、無始無明《むしむみょう》の初起、忽然《こつねん》として無明が起り、真如《しんにょ》が妄想へ初めて動きだした相をいう。無念は、虚妄分別を離れ、真如になりきることをいう。

諸智土　阿弥陀仏の真実報《ほう》

と名《な》づく。真仮《しんけ》を知《し》らざるによりて、如来広大《にょらいこうだい》の恩徳《おんどく》を迷失《めいしつ》す。これによりて、いま真仏《しんぶつ》・真土《しんど》を顕《あらわ》す。これすなはち真宗《しんしゅう》の正意《しょうい》なり。*経家《きょうけ》・論《ろん》家《げ》の正説《しょうせつ》、浄土宗師《じょうどしゅうし》の解義《げぎ》、仰《あお》いで敬信《きょうしん》すべし、ことに奉持《ぶじ》すべきなり。知《し》るべしとなり。

顕《けん》浄《じょう》土《ど》真《しん》仏《ぶつ》土《ど》文《もん》類《るい》　五

土《ど》。高麗《こうらい》版大蔵経等は「諸智士」となっている。この場合は諸菩薩を意味する。

皆受自然…　「みな自然虚無の身、無極の体を受けたるなり」自然・虚無・無極は涅槃《ねはん》の異名。浄土における身体は涅槃の徳にかない、あらゆる限定を超えているという意。分別的な限定を超えた無為《むい》自然の浄土に生れたものは、色もなく形もない絶対無限のさとりの身となることをいう。

如来浄華…　「如来浄華の衆は、正覚の華より化生す」

同一念仏…　「同一に念仏して別の道なきがゆゑに」(行巻訓)

下　次の「化身土巻」のこと。

経家　経を説く釈尊のこと。

無量《むりょう》寿仏《じゅぶつ》観経《かんぎょう》の意《こころ》なり

至《し》心《しん》発願《ほつがん》の願《がん》

邪定聚《じゃじょうじゅ》の機《き》

双樹林《そうじゅりん》下《げ》往生《おうじょう》

阿弥陀経《あみだきょう》の意《こころ》なり

至《し》心《しん》回向《えこう》の願《がん》

不定聚《ふじょうじゅ》の機《き》

難思《なんじ》往生《おうじょう》

313

顕《けん》浄《じょう》土《ど》方《ほう》便《べん》化《け》身《しん》土《ど》文《もん》類《るい》 六

愚《ぐ》禿《とく》釈《しゃく》親鸞《しんらん》集《しゅう》

【一】 つつしんで化身土《けしんど》を顕《あらわ》さば、仏《ぶつ》は『無量寿仏観経《むりょうじゅぶつかんぎょう》』の説《せつ》のごとし、*真身観《しんしんかん》の仏《ぶつ》これなり。土《ど》は『*観経《かんぎょう》』の浄土《じょうど》これなり。また『菩薩処胎経《ぼさつしょたいきょう》』等《とう》の説《せつ》のごとし、すなはち懈慢界《けまんがい》これなり。また『大無量寿経《だいむりょうじゅきょう》』の説《せつ》のごとし、すなはち疑城胎宮《ぎじょうたいぐ》これなり。

【二】 しかるに*濁世《じょくせ》の群萌《ぐんもう》、*穢悪《えあく》の含識《がんしき》、いまし*九十五種《くじゅうごしゅ》の邪道《じゃどう》を出《い》でて、*半満《はんまん》・権実《ごんじつ》の法門《ほうもん》に入《い》るといへども、真《しん》なるものははなはだもつて難《かた》く、実《じつ》なるものははなはだもつて希《まれ》なり。偽《ぎ》なるものははなはだもつて多《おお》く、虚《こ》なるものははなはだもつて滋《しげ》し。ここをもつて釈迦牟尼仏《しゃかむにぶつ》、福徳蔵《ふくとくぞう》を顕《けん》説《ぜつ》して群生海《ぐんじょうかい》を誘引《ゆういん》し、阿弥陀如来《あみだにょらい》、本誓願《もとせいがん》を発《おこ》してあまねく*諸有海《しょうかい》を化《け》したまふ。すでにして悲願《ひがん》います。修諸功徳《しゅしょくどく》の願《がん》（第十九願）と名《な》づく、また臨終現前《りんじゅうげんぜん》の願《がん》と名《な》づく、また現前導生《げんぜんどうしょう》の願《がん》と名《な》づく、また来迎《らいこう》

314

真身観　『観経』に説く定《じょう》善《ぜん》十三観の第九観。阿弥陀仏の身相と光明《こうみょう》を観ずる法。

観経の浄土　『観経』の定善十三観および九品《くぼん》往生の文に説かれる浄土。

濁世　五濁悪世の意。↓五《ご》濁《じょく》

穢悪の含識　煩悩《ぼんのう》・悪業《あくごう》に染まったもの。含識は心識をもつものの意。有情《うじょう》に同じ。

九十五種の邪道　九十五種の外道に同じ。↓九十五種《くじゅうごしゅ》の外道《げどう》

半満権実　半満は半字教（小乗）と満字教（大乗）、権実は権教（方便の教え）と実教（真実の教え）を指す。

諸有海　諸有は二十五有（迷いの世界の総称）のこと。迷いの世界の数限りな

引接《いんじょう》の願《がん》と名《な》づく、また至心発願《ししんほつがん》の願《がん》と名《な》づくべきなり。

【三】 ここをもつて『大経《だいきょう》』(上)の願《がん》(第十九願)にのたまはく、「たとひわれ仏《ぶつ》を得《え》たらんに、十方《じっぽう》の衆生《しゅじょう》、菩提心《ぼだいしん》を発《おこ》し、*もろもろの功徳《くどく》を修《しゅ》し、心《こころ》を至《いた》し発願《ほつがん》してわが国《くに》に生《しょう》ぜんと欲《おも》はん。寿終《じゅじゅう》の時《とき》に臨《のぞ》んで、たとひ大衆《だいしゅ》と*囲繞《いにょう》してその人《ひと》の前《まえ》に現《げん》ぜずは、正覚《しょうがく》を取《と》らじ」と。

【四】『悲華経《ひけきょう》』の「*大施品《だいせぼん》」にのたまはく、「願《ねが》はくは、われ阿耨多羅三藐三《あのくたらさんみゃくさん》菩提《ぼだい》を成《な》りをはらんに、その余《よ》の無量無辺阿僧祇《むりょうむへんあそうぎ》の諸仏世界《しょぶつせかい》の所有《しょう》の衆生《しゅじょう》、もし阿耨多羅三藐三菩提心《あのくたらさんみゃくさんぼだいしん》を発《おこ》し、もろもろの善根《ぜんごん》を修《しゅ》して、わが界《かい》に生《しょう》ぜんと欲《おも》はんもの、臨終《りんじゅう》の時《とき》、われまさに大衆《だいしゅ》と囲繞《いにょう》して、その人《ひと》の前《まえ》に現《げん》ずべし。その人《ひと》、われを見《み》て、すなはちわが前《まえ》にして心《こころ》に歓喜《かんぎ》を得《え》ん。われを見《み》るをもつてのゆゑに、もろもろの障礙《しょうげ》を離《はな》れてすなはち身《み》を捨《す》ててわが界《かい》に来《らい》生《しょう》せしめん」と。以上

【五】 この願《がん》(第十九願)成就《じょうじゅ》の文《もん》は、すなはち三輩《さんぱい》の文《もん》これなり、『観《かん》経《ぎょう》』の定散九品《じょうさんくぼん》の文《もん》これなり。

【六】 また『大経《だいきょう》』(上)にのたまはく、「また無量寿仏《むりょうじゅぶつ》のその道場樹《どうじょうじゅ》は、高《たか》さ

い衆生《しゅじょう》を海に喩えていう。↓二十五有《にじゅうごう》

もろもろの功徳 定散の諸善のこと。↓定善《じょうぜん》、散善《さんぜん》

囲繞 とりかこむこと。

大施品 引用の文は「大施品」になく「諸菩薩本授記品《しょぼさつほんじゅきぼん》」にある。

四百万里《しひゃくまんり》なり、その本周囲《もとしゅうい》五十由旬《ごじゅうゆじゅん》なり、枝葉《しようよう》四に布《し》きて二十万里《にじゅうまんり》なり。一切《いっさい》の衆宝《しゅぼう》自然《じねん》に合成《ごうじょう》せり。*月光摩尼《がっこうまに》・*持海輪宝《じかいりんぼう》の衆宝《しゅぼう》の王《おう》たるをもつて、これを荘厳《しょうごん》せり。乃至 阿難《あなん》、もしかの国《くに》の人天《にんでん》、この樹《き》を見《み》るものは三法忍《さんぼうにん》を得《え》ん。一《ひと》つには音響忍《おんこうにん》、二《ふた》つには柔順忍《にゅうじゅんにん》、三《み》つには無生法忍《むしょうぼうにん》なり。これみな無量寿《むりょうじゅ》仏《ぶつ》の威神力《いじんりき》のゆゑに、本願力《ほんがんりき》のゆゑに、満足願《まんぞくがん》のゆゑに、明了願《みょうりょうがん》のゆゑに、堅《けん》固願《ごがん》のゆゑに、究竟願《くきょうがん》のゆゑなりと。乃至 また*講堂《こうどう》・*精舎《しょうじゃ》・宮殿《くでん》・楼観《ろうかん》、みな七宝《しっぽう》をもつて荘厳《しょうごん》し、自然《じねん》に化成《けじょう》せり。また真珠《しんじゅ》・*明月摩尼《みょうがつまに》衆宝《しゅぼう》をもつて、もつて*交露《きょうろ》とす、その上《うえ》に覆蓋《ふがい》せり。内外左右《ないげさう》にもろもろの浴池《よくち》あり。十由旬《じゅうゆじゅん》、あるいは二十《にじゅう》・三十《さんじゅう》、乃至百千由旬《ないしひゃくせんゆじゅん》なり。*縦広深浅《じゅうこうじんせん》、おのおのみな*一等《いっとう》なり。八功徳水《はっくどくすい》、*湛然《たんねん》として盈満《ようまん》せり、清浄香潔《しょうじょうこうけつ》にして味《あじ》はひ甘露《かんろ》のごとし」と。

【七】 またのたまはく（大経・下）、「〈それ胎生《たいしょう》のものは、処《しょ》するところの宮殿《くでん》、あるいは百由旬《ひゃくゆじゅん》、あるいは五百由旬《ごひゃくゆじゅん》なり。おのおのそのなかにして、もろもろの快楽《けらく》を受《う》くること忉利天上《とうりてんじょう》のごとし。またみな自然《じねん》なり〉と。その時《とき》に、慈氏《じし》菩薩《ぼさつ》（弥勒）、仏《ぶつ》にまうしてまうさく、〈世尊《せそん》、なんの因《いん》なんの縁《えん》あつてか、かの国《くに》の人民《にんみん》、*胎生《たいしょう》・化生《けしょう》なる〉と。仏《ぶつ》、慈氏《じし》に告《つ》げたまはく、〈もし衆生《しゅじょう》ありて、

月光摩尼 摩尼は梵語マニ(maṇi)の音写。宝珠と漢訳する。月光のようにすぐれた輝きをもつ宝珠。

持海輪宝 極楽を飾る摩尼宝珠の別名。海のように広大な徳を有する宝珠。一説には、須弥山《しゅみせん》の頂上にある威華という名の如意宝珠のことで、大海の水をよくたもつからこの名があるという。

講堂 教法を講説する堂舎。

精舎 仏道修行に精進《しょうじん》する者の住む坊舎。

明月摩尼 月光摩尼に同じ。

交露 宝玉をつらねた幔幕《まんまく》。玉の光が露の光を交えたようになるから交露という。

縦広深浅 たてよこと、ふかさ。

一等 平等。ひとしいこと。

湛然として盈満せり なみなみとたたえられ、みちあ

疑惑《ぎわく》の心《しん》をもつてもろもろの功徳《くどく》を修《しゅ》して、かの国《くに》に生《しょう》ぜんと願《がん》ぜん。*仏智《ぶっち》・不思議智《ふしぎち》・不可称智《ふかしょうち》・大乗広智《だいじょうこうち》・無等無倫最上勝智《むとうむりんさいじょうしょうち》を了《さと》らずして、この諸智《しょち》において疑惑《ぎわく》して信《しん》ぜず。しかも、なほ罪福《ざいふく》を信《しん》じて、善本《ぜんぽん》を修習《しゅじゅう》して、その国《くに》に生《しょう》ぜんと願《がん》ぜん。このもろもろの衆生《しゅじょう》、かの宮殿《くでん》に生《しょう》じて、寿《いのち》五百歳《ごひゃくさい》、つねに仏《ぶつ》を見《み》たてまつらず、経法《きょうぼう》を聞《き》かず、菩薩《ぼさつ》・声聞聖衆《しょうもんしょうじゅ》を見《み》ず。このゆゑにかの国土《こくど》にはこれを胎生《たいしょう》といふ。乃至　弥勒《みろく》まさに知《し》るべし、かの化生《けしょう》のものは智慧《ちえ》勝《すぐ》れたるがゆゑに。その胎生《たいしょう》のものはみな智慧《ちえ》なきなり〉と。乃至　仏《ぶつ》、弥勒《みろく》に告《つ》げたまはく、〈たとへば転輪聖王《てんりんじょうおう》のごとし。七宝《しっぽう》の牢獄《ろうごく》あり。種々《しゅじゅ》に荘厳《しょうごん》し*床帳《じょうちょう》を張設《ちょうせつ》し、もろもろの*繒幡《ぞうばん》を懸《か》けたらん。もしもろもろの小王子《しょうおうじ》、罪《つみ》を王《おう》に得《え》たらん、すなはちかの獄《ごく》のうちに内《い》れて、繋《つな》ぐに*金鎖《こんさ》をもつてせん〉と。乃至　仏《ぶつ》、弥勒《みろく》に告《つ》げたまはく、〈このもろもろの衆生《しゅじょう》、またまたかくのごとし。仏智《ぶっち》を疑惑《ぎわく》するをもつてのゆゑに、かの胎宮《たいぐ》に生《うま》れん。乃至　もしこの衆生《しゅじょう》、その*本《もと》の罪《つみ》を識《し》りて、深《ふか》くみづから*悔責《けしゃく》してかの処《ところ》を離《はな》るることを求《もと》めん。乃至　弥勒《みろく》まさに知《し》るべし、それ菩薩《ぼさつ》ありて疑惑《ぎわく》を生《しょう》ぜば、大利《だいり》を失《しっ》すとす〉」と。以上抄出

【八】『如来会《にょらいえ》』(下)にのたまはく、「仏《ぶつ》、弥勒《みろく》に告《つ》げたまはく、〈もし衆生《しゅじょう》あり

ふれている。

胎生化生　→胎生《たいしょう》[2]、化生《けしょう》[2]

仏智…　阿弥陀仏の五智。→諸智《しょち》

床帳を張設し　坐臥する床を設け、その上に幕（帳）を張りめぐらして。

繒幡　うす絹でつくられたはたぼこ。

金鎖　黄金のくさり。

本の罪　仏智を疑惑した罪。

悔責　くいせめること。

318 て、疑悔《ぎけ》に随《したが》ひて善根《ぜんごん》を積集《しゃくじゅう》して、仏智《ぶっち》・*普遍智《ふへんち》・不思議智《ふしぎち》・*無等智《むとうち》・*威徳智《いとくち》・*広大智《こうだいち》を希求《けぐ》せん。みづからの善根《ぜんごん》において信《しん》を生《しょう》ずることあたはず。この因縁《いんねん》をもつて、五百歳《ごひゃくさい》において宮殿《くでん》のうちに住《じゅう》せん。乃至 阿逸多《あいった》（弥勒）、なんぢ*殊勝智《しゅしょうち》のものを観《かん》ずるに、かれは広慧《こうえ》の力《ちから》によるがゆゑに、*かの蓮華《れんげ》のなかに化生《けしょう》することを受《う》けて*結跏趺坐《けっかふざ》せん。なんぢ*下劣《げれつ》の輩《ともがら》を観《かん》ずるに、乃至 もろもろの功徳《くどく》を修習《しゅじゅう》することあたはず。ゆゑに*因《いん》なくして無量寿仏《むりょうじゅぶつ》に奉事《ぶじ》せん。このもろもろの人等《ひとら》は、みな昔《むかし》の縁《えん》、疑悔《ぎけ》をなして致《いた》すところなればなり〉と。乃至 仏《ぶつ》、弥勒《みろく》に告《つ》げたまはく、〈かくのごとし、かくのごとし。もし疑悔《ぎけ》に随《したが》ひて、もろもろの善根《ぜんごん》を種《う》ゑて、仏智乃至広大智《ぶっちないしこうだいち》を希求《けぐ》することあらん。みづからの善根《ぜんごん》において信《しん》を生《しょう》ずることあたはず。仏《ぶつ》の名《みな》を聞《き》くによりて*信心《しんじん》を起《おこ》すがゆゑに、かの国《くに》に生《しょう》ずといへども、蓮華《れんげ》のうちにして出現《しゅつげん》することを得《え》ず。かれらの衆生《しゅじょう》、*華胎《けたい》のうちに処《しょ》すること、なほ園苑宮殿《おんえんくでん》の想《おもい》のごとし〉」と。要抄

319 【九】『大経《だいきょう》』（下）にのたまはく、「もろもろの*小行《しょうぎょう》の菩薩《ぼさつ》、および*少功徳《しょうくどく》を修習《しゅじゅう》するもの、*称計《しょうげ》すべからず。みなまさに往生《おうじょう》すべし」と。

【一〇】またのたまはく（如来会・下）、「いはんや、余《よ》の菩薩《ぼさつ》、少善根《しょうぜんごん》により

普遍智　一切にあまねく満ちわたる智慧《ちえ》。

無等智　並びなくすぐれた智慧。

威徳智　人間の思いをはるかに超えた、すぐれた徳をそなえた智慧。

広大智　広く一切を知る智慧。

殊勝智のもの　化生の人は仏の諸智を得るから殊勝智（ことにすぐれた智慧）の者という。→化生《けしょう》②

かの蓮華…趺坐せん　『浄土三経往生文類』（広本）では「かの化生を受く。蓮華のなかにおいて結跏趺坐す」と読んでいる。

結跏趺坐　禅定《ぜんじょう》を修める時の姿勢で、足の甲を左右のももの上に置く坐法の一種。

下劣の輩　胎生の人を指す。→胎生《たいしょう》②

て、かの国《くに》に生《しょう》ずるもの、称計《しょうげ》すべからず」と。以上

【二】光明寺《こうみょうじ》（善導）の釈《しゃく》（定善義　四一二）にいはく、「華《はな》に含《ふく》みていまだ出《い》でず。あるいは*辺界《へんがい》に生《しょう》じ、あるいは*宮胎《くたい》に堕《だ》せん」と。以上

【三】憬興師《きょうごうし》のいはく（述文賛）、「仏智《ぶっち》を疑《うたが》ふによりて、かの国《くに》に生《うま》れて、辺地《へんじ》にありといへども、*聖化《しょうけ》の事《じ》を被《かぶ》らず。もし胎生《たいしょう》せば、よろしくこれを重《おも》く捨《す》つべし」と。以上

【三】首楞厳院《しゅりょうごんいん》（源信）の『要集《ようしゅう》』（下　一一二六）に、感禅師《かんぜんじ》（懐感）の釈《しゃく》（群疑論）を引《ひ》きていはく、「問《と》ふ。『菩薩処胎経《ぼさつしょたいきょう》』の*第二《だいに》に説《と》かく、〈西方《さいほう》この閻浮提《えんぶだい》を去《さ》ること十二億那由他《じゅうにおくなゆた》に懈慢界《けまんがい》あり。乃至　意《こころ》を発《おこ》せる衆生《しゅじょう》、阿弥陀《あみだ》仏国《ぶっこく》に生《しょう》ぜんと欲《おも》ふもの、みな深《ふか》く懈慢国土《けまんこくど》に着《じゃく》して、前進《すす》んで阿弥陀仏国《あみだぶっこく》に生《しょう》ずることあたはず。億千万《おくせんまん》の衆《しゅう》、時《とき》に一人《いちにん》ありて、よく阿弥陀仏国《あみだぶっこく》に生《しょう》ず〉と云々《うんぬん》。この『経《きょう》』をもつて*准難《じゅんなん》するに、生《しょう》ずることを得《う》べしやと。答《こた》ふ。『群疑論《ぐんぎろん》』に善導和尚《ぜんどうかしょう》の*前《さき》の文《もん》を引《ひ》きて、この難《なん》を釈《しゃく》して、またみづから*助《じょ》成《じょう》していはく、〈この『経《きょう》』の下《しも》の文《もん》にいはく、《なにをもつてのゆゑに、みな懈慢《けまん》によりて*執心牢固《しゅうしんろうこ》ならず》と。ここに知《し》んぬ、雑修《ざっしゅ》のものは執心不牢《しゅうしんふろう》

因なくして…奉事せん　明信仏智（明らかに仏智の不思議を信じて疑いのないこと）の正因のないまま無量寿仏にお仕えすることになろう。通常は「因《よ》つて無量寿仏に奉事したてまつることなし」と読む。

信心　ここでは自力の信のこと。

華胎　蓮華《れんげ》の胎内。

小行の菩薩・少功徳を修習するもの　ともに自力の行者を指す。

称計　数えはかること。

辺界　辺地のこと。→辺地《へんじ》

宮胎　胎宮のこと。→疑《ぎ》城胎宮《じょうたいぐ》

聖化の事を被らず　阿弥陀仏の教化、導きを受けることがない。

第二　「西方…生ず」の文は現行の『菩薩処胎経《ぼさつしょたいきょう》』

の人《ひと》とす。ゆゑに懈慢国《けまんこく》に生《しょう》ず。もし雑修《ざっしゅ》せずして、もつぱらこの業《ごう》を行《ぎょう》ぜば、これすなはち執心牢固《しゅうしんろうこ》にして、さだめて極楽国《ごくらくこく》に生《しょう》ぜん。乃至 また＊報《ほう》の浄土《じょうど》に生《しょう》ずるものはきはめて少《すく》なし。＊化《け》の浄土《じょうど》のなかに生《しょう》ずるものは少《すく》なからず。ゆゑに経《きょう》の別説《べっせつ》、実《じつ》に相違《そうい》せざるなり〉」と。以上略抄

【一四】しかれば、それ楞厳《りょうごん》の和尚《かしょう》（源信）の解義《げぎ》を案《あん》ずるに、＊念仏証拠《ねんぶつしょうこ》門《もん》（往生要集・下）のなかに、第十八《だいじゅうはち》の願《がん》は別願《べつがん》のなかの別願《べつがん》なりと顕開《けんかい》したまへり。『観経《かんぎょう》』の定散《じょうさん》の諸機《しょき》は、極重悪人《ごくじゅうあくにん》、ただ弥陀《みだ》を称《しょう》せよと勧励《かんれい》したまへるなり。濁世《じょくせ》の道俗《どうぞく》、よくみづからおのれが＊能《のう》を思量《しりょう》せよとなり、知《し》るべし。

【一五】問《と》ふ。『大本《だいほん》』（大経）の三心《さんしん》と『観経《かんぎょう》』の三心《さんしん》と一異《いちい》いかんぞや。答《こた》ふ。釈家《しゃくけ》（善導）の意《い》によりて『無量寿仏観経《むりょうじゅぶつかんぎょう》』を案《あん》ずれば、＊顕彰隠《けんしょうおん》密《みつ》の義《ぎ》あり。顕《けん》といふは、すなはち定散諸善《じょうさんしょぜん》を顕《あらわ》し、三輩《さんぱい》・三心《さんしん》を開《ひら》く。しかるに＊二善《にぜん》・三福《さんぷく》は報土《ほうど》の真因《しんいん》にあらず。諸機《しょき》の三心《さんしん》は、＊自利各別《じりかくべつ》にして＊利他《りた》の一心《いっしん》にあらず。＊如来《にょらい》の異《い》の方便《ほうべん》、＊欣慕浄土《ごんぼじょうど》の善根《ぜんごん》なり。これはこの『経《きょう》』（観経）の意《い》なり。すなはちこれ顕《けん》の義《ぎ》なり。彰《しょう》といふは、如来《にょらい》の

では第三（巻三）にある。

准難　なぞらえて論難すること。

前の文　『群疑論《ぐんぎろん》』巻四の「雑修《ざっしゅ》のものは万に一も生ぜず、専修《せんじゅ》の人は千に一も失することなし」という『礼讃《らいさん》』取意の文を指す。

助成　補足して義を成立させること。

執心牢固　本願をとりたもつ心（信心）がひとすじで強固であること。

報の浄土　真実報土のこと。↓真実報土《しんじつほうど》

化《け》の浄土　方便化土のこと。↓化土《けど》

念仏証拠門のなかに…　念仏を往生の業とする証拠として十文を挙げる中の第三、第四の文（註釈版聖典七祖篇一〇九八頁五行以下）によっていう。

弘願《ぐがん》を彰《あらわ》し、利他通入《りたつうにゅう》の一心《いっしん》を*演暢《えんちょう》す。達多《だった》(提婆達多)・闍世《じゃせ》(阿闍世)の悪逆《あくぎゃく》によりて、*釈迦微笑《しゃかみしょう》の素懐《そかい》を彰《あらわ》す。*韋提別選《いだいべっせん》の正意《しょうい》によりて、弥《み》陀大悲《だだいひ》の本願《ほんがん》を開闡《かいせん》す。これすなはちこの『経《きょう》』(観経)の隠彰《おんしょう》の義《ぎ》なり。

ここをもつて『経《きょう》』(同)には、「*教我観於清浄業処《きょうがかんおしょうじょうごっしょ》」といへり。「清浄業処《しょうじょうごっしょ》」といふは、すなはちこれ本願成就《ほんがんじょうじゅ》の報土《ほうど》なり。「*教我思惟《きょうがしゆい》」といふは、すなはち方便《ほうべん》なり。「*教我正受《きょうがしょうじゅ》」といふは、すなはち金剛《こんごう》の真《しん》心《しん》なり。「*諦観彼国浄業成者《たいかんひこくじょうごうじょうじゃ》」といへり、本願成就《ほんがんじょうじゅ》の尽十方無礙光如来《じんじっぽうむげこうにょらい》を観知《かんち》すべしとなり。「*広説衆譬《こうせつしゅび》」といへり、すなはち十三観《じゅうさんがん》これなり。「*汝是凡夫心想羸劣《にょぜぼんぶしんそうるいれつ》」といへり、すなはちこれ悪人往生《あくにんおうじょう》の機《き》たることを彰《あらわ》すなり。「*諸仏如来有異方便《しょぶつにょらいういほうべん》」といへり、すなはちこれ定散諸善《じょうさんしょぜん》は方便《ほうべん》の教《きょう》たることを顕《あらわ》すなり。「*以仏力故見彼国土《いぶつりきこけんひこくど》」といへり、これすなはち他《た》力《りき》の意《い》を顕《あらわ》すなり。「*若仏滅後諸衆生等《にゃくぶつめつごしょしゅじょうとう》」といへり、すなはちこれ未来《みらい》の衆生《しゅじょう》、往生《おうじょう》の正機《しょうき》たることを顕《あらわ》すなり。「*若有合者名為粗想《にゃくうがっしゃみょういそそう》」といへり、これ定観成《じょうかんじょう》じがたきことを顕《あらわ》すなり。「*於現身中得念仏三昧《おげんしんちゅうとくねんぶつざんまい》」といへり、すなはちこれ定観成就《じょうかんじょうじゅ》の益《やく》は、念仏三昧《ねんぶつざんまい》を獲《う》るをもつて観《かん》の益《やく》と

能　能力。
顕彰隠密　→補註15
二善　定善、散善のこと。→定善《じょうぜん》、散善《さんぜん》
自利・利他　→自利《じり》②、利《り》他《た》②
如来の異の方便　釈尊が弘《ぐ》願《がん》とは異なる方便の法として説いたもの。
欣慕浄土の善根　浄土をねがい慕わせるための善根。

演暢　広く説きのべること。
釈迦微笑の素懐　韋提希《いだいけ》夫人の別選を聞いて釈尊が微笑したのは、それに応じて説かれるこの経説が釈尊の本意をあらわすものであることを示す。
韋提別選の正意　韋提希夫人がとくに阿弥陀仏の浄土を選んだ真意。
教我観於…　「われに教へて清浄業処を観ぜしめたま

することを顕《あらわ》す。すなはち観門《かんもん》をもつて方便《ほうべん》の教《きょう》とせるなり。「*発三種心《ほっさんしゅしん》
323
即便往生《そくべんおうじょう》」といへり。また「*復有三種衆生当得往生《ぶうさんしゅしゅじょうとうとくおうじょう》」といへり。これらの文《もん》によるに、三輩《さんぱい》について、*三種《さんしゅ》の三心《さんしん》あり、また*二種《にしゅ》の往生《おうじょう》あり。

まことに知《し》んぬ、これいましこの『経《きょう》』（観経）に顕彰隠密《けんしょうおんみつ》の義《ぎ》あることを。二経《にきょう》（大経・観経）の三心《さんしん》、まさに一異《いちい》を談《だん》ぜんとす、よく思量《しりょう》すべきなり。『大経《だいきょう》』・『観経《かんぎょう》』、顕《けん》の義《ぎ》によれば異《い》なり、彰《しょう》の義《ぎ》によれば一《いち》なり、知《し》るべし。

【一六】 しかれば、光明寺《こうみょうじ》の和尚《かしょう》（善導）のいはく（玄義分 三〇〇）、「しかるに娑婆《しゃば》の化主《けしゅ》（釈尊）、その請《しょう》によるがゆゑに、すなはち広《ひろ》く浄土《じょうど》の要門《ようもん》を開《ひら》く。安楽《あんらく》の能人《のうにん》（阿弥陀仏）は別意《べっち》の弘願《ぐがん》を顕彰《けんしょう》す。その要門《ようもん》とはすなはちこの『観経《かんぎょう》』の定散二門《じょうさんにもん》これなり。定《じょう》はすなはち*慮《おもんぱか》りを息《や》めてもつて心《こころ》を凝《こ》らす。散《さん》はすなはち悪《あく》を廃《はい》してもつて善《ぜん》を修《しゅ》す。この二行《にぎょう》を回《え》して往生《おうじょう》を求《ぐ》願《がん》せよとなり。弘願《ぐがん》といふは『大経《だいきょう》』の説《せつ》のごとし」といへり。

【一七】 またいはく（同 三〇五）、「いまこの『観経《かんぎょう》』はすなはち観仏三昧《かんぶつざんまい》をも
324
つて宗《しゅう》とす、また念仏三昧《ねんぶつざんまい》をもつて宗《しゅう》とす。一心《いっしん》に*回願《えがん》して浄土《じょうど》に往生《おうじょう》する

へ」

教我思惟 「われに思惟を教へたまへ」

教我正受 「われに正受を教へたまへ」

諦観彼国… 「あきらかにかの国の浄業成じたまへるひとを観ずべし」

広説衆譬 「広くもろもろの譬へを説く」

汝是凡夫… 「なんぢはこれ凡夫なり、心想羸劣なり」

諸仏如来… 「諸仏如来に異の方便まします」

以仏力故… 「仏力をもってのゆゑにかの国土を見る」

若仏滅後… 「もし仏滅後のもろもろの衆生等」

若有合者… 「もし合することあらば、名づけて粗想とす」

於現身中… 「現身のなか

を体《たい》とす。教《きょう》の*大小《だいしょう》といふは、問《と》うていはく、この『経《きょう》』は二蔵《にぞう》のなかには、いづれの蔵《ぞう》にか摂《せつ》する、*二教《にきょう》のなかには、いづれの教《きょう》にか収《おさ》むるやと。答《こた》へていはく、いまこの『観経《かんぎょう》』は菩薩蔵《ぼさつぞう》に収《おさ》む。頓教《とんぎょう》の摂《しょう》なり」と。

【一八】　またいはく（序分義　三三六）、「また〈*如是《にょぜ》〉といふは、すなはちこれは法《ほう》を指《さ》す、*定散両門《じょうさんりょうもん》なり。〈是《ぜ》〉はすなはち定《さだ》むる辞《ことば》なり。機《き》、行《ぎょう》ずればかならず益《やく》す。これは如来《にょらい》の所説《しょせつ》の言《みこと》、*錯謬《しゃくみょう》なきことを明《あ》かす。ゆゑに如是《にょぜ》と名《な》づく。また〈如《にょ》〉といふは衆生《しゅじょう》の意《い》のごとしとなり。心《こころ》の*所楽《しょぎょう》に随《したが》ひて仏《ぶつ》すなはちこれを度《ど》したまふ。*機教相応《ききょうそうおう》せるをまた称《しょう》して〈是《ぜ》〉とす。ゆゑに如是《にょぜ》といふ。また〈如是《にょぜ》〉といふは、如来《にょらい》の所説《しょせつ》を明《あ》かさんと欲《ほっ》す。*漸《ぜん》を説《と》くことは漸《ぜん》のごとし、*頓《とん》を説《と》くことは頓《とん》のごとし。相《そう》を説《と》くことは相《そう》のごとし、空《くう》を説《と》くことは空《くう》のごとし。*人法《にんぽう》を説《と》くこと人法《にんぽう》のごとし、*天法《てんぽう》を説《と》くこと天《てん》法《ぼう》のごとし。*小《しょう》を説《と》くこと小《しょう》のごとし、*大《だい》を説《と》くこと大《だい》のごとし。凡《ぼん》を説《と》くこと凡《ぼん》のごとし、聖《しょう》を説《と》くこと聖《しょう》のごとし。因《いん》を説《と》くこと因《いん》のごとし、果《か》を説《と》くこと果《か》のごとし。苦《く》を説《と》くこと苦《く》のごとし、楽《らく》を説《と》くこと楽《らく》のごとし。遠《おん》を説《と》くこと遠《おん》のごとし、近《ごん》を説《と》くこと近《ごん》のごとし。同《どう》を説《と》くこと同《どう》のごとし、別《べつ》を

において念仏三昧を得」

発三種心…　「三種の心を発して即便《すなわち》往生す」

復有三種…　「また三種の衆生ありて、まさに往生を得べし」

三種の三心　定の三心（自力）、散の三心（自力）、弘願《ぐがん》の三心（他力）。

二種の往生　即往生（真実報土《ほうど》の往生）と便往生（方便化土《けど》の往生）。

慮りを…　思いをとどめて心を一つに集中する。

回願　回向発願《えこうほつがん》。浄土に往生することを願うこと。

大小　大乗と小乗のこと。↓大乗《だいじょう》、小乗《しょうじょう》

二教　漸教、頓教のこと。↓漸教《ぜんぎょう》、頓教《とんぎょう》

如是　経の冒頭の「如是我聞（かくのごとくわれ聞き

325 説《と》くこと別《べつ》のごとし。浄《じょう》を説《と》くこと浄《じょう》のごとし、穢《え》を説《と》くこと穢《え》のごとし。一切《いっさい》の法《ほう》を説《と》くこと千差万別《せんじゃまんべつ》なり。如来《にょらい》の観知《かんち》、*歴々了然《れきれきりょうねん》として、心《こころ》に随《したが》ひて行《ぎょう》を起《おこ》して、おのおの益《やく》すること同《おな》じからず。*業果法然《ごうかほうねん》としてすべて錯失《しゃくしつ》なし、また称《しょう》して〈是《ぜ》〉とす。ゆゑに如是《にょぜ》といふ」と。

【一九】 またいはく（序分義 三八一）、「〈欲生彼国者《よくしょうひこくしゃ》〉より下《しも》〈名為浄業《みょういじょうごう》〉に至《いた》るまでこのかたは、まさしく三福《さんぷく》の行《ぎょう》を勧修《かんしゅ》することを明《あ》かす。これは一切《いっさい》衆生《しゅじょう》の機《き》に二種《にしゅ》あることを明《あ》かす。一《ひと》つには定《じょう》、二《ふた》つには散《さん》なり。もし定行《じょうぎょう》によれば、すなはち生《しょう》を摂《せっ》するに尽《つ》きず。これをもつて如来方便《にょらいほうべん》して三福《さんぷく》を顕《けん》開《かい》して、もつて散動《さんどう》の根機《こんき》に応《おう》じたまへり」と。

326 【二〇】 またいはく（散善義 四五六）、「また真実《しんじつ》に二種《にしゅ》あり。一《ひと》つには自利真実《じりしんじつ》、二《ふた》つには利他真実《りたしんじつ》なり。自利真実《じりしんじつ》といふは、また二種《にしゅ》あり。一《ひと》つには、真実心《しんじつしん》のうちに自他《じた》の諸悪《しょあく》および穢国等《えこくとう》を制捨《せいしゃ》‡して、行《ぎょう》 住坐臥《じゅうざが》に、一切菩薩《いっさいぼさつ》の諸悪《しょあく》を制捨《せいしゃ》するに同《おな》じく、われもまたかくのごとくせんと想《おも》ふ。二《ふた》つには、真実心《しんじつしん》のうちに自他《じた》*凡聖等《ぼんしょうとう》の善《ぜん》を勤修《ごんしゅ》す。真実心《しんじつしん》のうちの口業《くごう》に、かの阿弥陀仏《あみだぶつ》および依正二報《えしょうにほう》を讃嘆《さんだん》す。また真実心《しんじつしん》のうちの口業《くごう》に、三界六道等《さんがいろくどうとう》の自他《じた》の依《え》

たてまつりき）」の「如是」。

定散両門 定善と散善の法門。→定善《じょうぜん》、散善《さんぜん》

錯謬 誤り。

所楽 ねがうところ。

機教相応 衆生《しゅじょう》の機根（素質能力）と仏の教えとが合致すること。

漸 漸教のこと。→漸教《ぜんぎょう》

頓 頓教のこと。→頓教《とんぎょう》

人法 人間界に生れる教え。

天法 天上界に生れる教え。

小 小乗のこと。→小乗《しょうじょう》

大 大乗のこと。→大乗《だいじょう》

歴々了然 きわめて明らかであること。

業果法然… 如来のなす利他の行為とその結果は、すべて法の道理にかなっていて誤りがない。

凡聖 凡夫と聖者《しょうじゃ》。→凡《ぼん》夫《ぶ》

正二報《しょうにほう》の苦悪《くあく》の事《じ》を毀厭《きえん》す。また一切衆生《いっさいしゅじょう》の三業所為《さんごうしょい》の善《ぜん》を讃嘆《さんだん》す。もし善《ぜん》業《ごう》にあらずは、つつしんでこれを遠《とお》ざかれ、また*随喜《ずいき》せざれとなり。また真実《しんじつ》心《しん》のうちの身業《しんごう》に、合掌《がっしょう》し礼敬《らいきょう》し、四事等《しじとう》をもつてかの阿弥陀仏《あみだぶつ》および依正《えしょう》二報《にほう》を供養《くよう》す。また真実心《しんじつしん》のうちの身業《しんごう》に、この生死三界等《しょうじさんがいとう》の自他《じた》の依正二報《えしょうにほう》を軽慢《きょうまん》し厭捨《えんしゃ》す。また真実心《しんじつしん》のうちの意業《いごう》に、かの阿弥陀仏《あみだぶつ》および依正二報《えしょうにほう》を思想《しそう》し観察《かんざつ》し憶念《おくねん》して、目《め》の前《まえ》に現《げん》ぜるがごとくす。また真実心《しんじつしん》のうちの意《い》業《ごう》に、この生死三界等《しょうじさんがいとう》の自他《じた》の依正二報《えしょうにほう》を軽賤《きょうせん》し厭捨《えんしゃ》すと。乃至

また決定《けつじょう》して、釈迦仏《しゃかぶつ》、この『観経《かんぎょう》』に三福九品《さんぷくくぼん》・定散二善《じょうさんにぜん》を説《と》きて、かの仏《ぶつ》の依正二報《えしょうにほう》を証讃《しょうさん》して人《ひと》をして欣慕《ごんぼ》せしむと深信《じんしん》すと。乃至　*また深心《じんしん》の深信《じんしん》とは、決定《けつじょう》して*自心《じしん》を建立《こんりゅう》して、教《きょう》に順《じゅん》じて修行《しゅぎょう》し、永《なが》く*疑錯《ぎしゃく》を除《のぞ》きて、一《いっ》切《さい》の*別解《べつげ》・別行《べつぎょう》・*異学《いがく》・異見《いけん》・異執《いしゅう》のために*退失傾動《たいしつきょうどう》せられざるなりと。乃至

次《つぎ》に行《ぎょう》に就《つ》いて信《しん》を立《た》てば、しかるに行《ぎょう》に二種《にしゅ》あり。一《ひと》つには正行《しょうぎょう》、二《ふた》つには雑行《ぞうぎょう》なり。正行《しょうぎょう》といふは、もつぱら往生経《おうじょうきょう》の行《ぎょう》によりて行《ぎょう》ずるものは、これを正行《しょうぎょう》と名《な》づく。なにものかこれや。一心《いっしん》にもつぱらこの『観経《かんぎょう》』・『弥《み》陀経《だきょう》』・『無量寿経《むりょうじゅきょう》』等《とう》を読誦《どくじゅ》する。一心《いっしん》にかの国《くに》の*二報荘厳《にほうしょうごん》を専注《せんちゅう》し思想《しそう》し

随喜　他の人がなした善《ぜん》行《ぎょう》をよろこぶこと。

また深心の深信とは　高田派専修寺蔵宗祖加点「散善義」では「また深心は深き信なりといふは」と読んでいる。

自心を建立して　自分の心をしっかりと定め不動のものにして。ここでは自力の信を確立すること。

疑錯　疑いまどう心。

別解別行　別の見解を持ち、別の行法を修めること。『一多文意』に「別解」の語についての釈（六八八頁七行以下）がある。

異学異見異執　異なった教えを学び、異なった見解を持ち、正しい理に異なる思想・見解に執着すること。『一多文意』に「異学」の語についての釈（六八八頁四行以下）がある。

観察《かんざつ》し憶念《おくねん》する。もし礼《らい》せばすなはち一心《いっしん》にもつぱらかの仏《ぶつ》を礼《らい》する。もし口《くち》に称《しょう》せばすなはち一心《いっしん》にもつぱらかの仏《ぶつ》を称《しょう》せよ。もし讃嘆供養《さんだんくよう》せばすなはち
328 一心《いっしん》にもつぱら讃嘆供養《さんだんくよう》する。これを名《な》づけて正《しょう》とす。またこの正《しょう》のなかについて、また二種《にしゅ》あり。一《ひと》つには、一心《いっしん》に弥陀《みだ》の名号《みょうごう》を専念《せんねん》して、行住坐臥《ぎょうじゅうざが》に時節《じせつ》の久近《くごん》を問《と》はず、念々《ねんねん》に捨《す》てざるものは、これを*正定《しょうじょう》の業《ごう》と名《な》づく、かの仏願《ぶつがん》に順《じゅん》ずるがゆゑに。もし礼誦《らいじゅ》等《とう》によるは、すなはち名《な》づけて助業《じょごう》とす。この正助《しょうじょ》二行《にぎょう》を除《のぞ》きて以外《いげ》の自余《じょ》の諸善《しょぜん》は、ことごとく雑行《ぞうぎょう》と名《な》づく。もし前《さき》の正助《しょうじょ》二行《にぎょう》を修《しゅ》するは、心《こころ》つねに親近《しんごん》し、憶念《おくねん》断《た》えず、名《な》づけて無間《むけん》とす。もし後《のち》の雑行《ぞうぎょう》を行《ぎょう》ずるは、すなはち心《こころ》つねに間断《けんだん》す。回向《えこう》して生《しょう》ずることを得《う》べしといへども、すべて*疎雑《そぞう》の行《ぎょう》と名《な》づくるなり。ゆゑに深心《じんしん》と名《な》づく。

三《み》つには回向発願心《えこうほつがんしん》。回向発願心《えこうほつがんしん》といふは、過去《かこ》および今生《こんじょう》の身口意業《しんくいごう》に修《しゅ》するところの*世《せ》・出世《しゅつせ》の善根《ぜんごん》、および他《た》の一切《いっさい》の凡聖《ぼんしょう》の身口意業《しんくいごう》に修《しゅ》するところの世《せ》・出世《しゅつせ》の善根《ぜんごん》を随喜《ずいき》して、この自他所修《じたしょしゅ》の善根《ぜんごん》をもつて、ことごとく
329 みな真実《しんじつ》の深信《じんしん》の心《しん》のうちに回向《えこう》して、かの国《くに》に生《しょう》ぜんと願《がん》ず。ゆゑに回向発《えこうほっ》願心《がんしん》と名《な》づくるなり」と。

退失傾動　しりぞき動揺すること。

二報荘厳　依正二報の荘《しょう》厳相《ごんそう》。→依正二報《えしょうにほう》

正定の業　正定業のこと。→正定業《しょうじょうごう》

疎雑の行　阿弥陀仏と疎遠な自力をまじえた行。

世出世の善根　世間の善根と出世間の善根。前者は三福のうちの世福《せふく》、後者は戒《かい》福《ふく》、行福《ぎょうふく》にあたる。→三福《さんぷく》

【三一】またいはく（序分義　三三八）、「*定善《じょうぜん》は*観《かん》を示《しめ》す縁《えん》なり」と。

【三二】またいはく（同）、「*散善《さんぜん》は*行《ぎょう》を顕《あらわ》す縁《えん》なり」と。

【三三】またいはく（散善義　五〇二）、「浄土《じょうど》の要逢《ようあ》ひがたし」と。文抄出

【三四】またいはく（礼讃　六五四）、「『観経《かんぎょう》』の説《せつ》のごとし。まづ三心《さんしん》を具《ぐ》してかならず往生《おうじょう》を得《う》。なんらをか三《み》つとする。一《ひと》つには至誠心《しじょうしん》。いはゆる身業《しんごう》にかの仏《ぶつ》を礼拝《らいはい》す、口業《くごう》にかの仏《ぶつ》を讃嘆《さんだん》し*称揚《しょうよう》す、意業《いごう》にかの仏《ぶつ》を専念《せんねん》し観《かん》察《ざつ》す。おほよそ三業《さんごう》を起《おこ》すに、かならず真実《しんじつ》を須《もち》ゐるがゆゑに至誠心《しじょうしん》と名《な》づく。乃至　三《み》つには回向発願心《えこうほつがんしん》。所作《しょさ》の一切《いっさい》の善根《ぜんごん》、ことごとくみな回《え》して往《おう》生《じょう》を願《がん》ず、ゆゑに回向発願心《えこうほつがんしん》と名《な》づく。この三心《さんしん》を具《ぐ》してかならず生《しょう》ずることを得《う》るなり。もし一心《いっしん》少《か》けぬればすなはち生《しょう》ずることを得《え》ず。『観経《かんぎょう》』につぶさに説《と》くがごとし、知《し》るべしと。乃至

　また菩薩《ぼさつ》はすでに生死《しょうじ》を勉《まぬか》れて、所作《しょさ》の善法回《ぜんぼうえ》して*仏果《ぶっか》を求《もと》む、すなはちこれ自利《じり》なり。衆生《しゅじょう》を教化《きょうけ》して*未来際《みらいさい》を尽《つく》す、すなはちこれ利他《りた》なり。しかるに今《いま》の時《とき》の衆生《しゅじょう》、ことごとく煩悩《ぼんのう》のために*繋縛《けばく》せられて、いまだ悪道生死《あくどうしょうじ》等《とう》の苦《く》を勉《まぬか》れず。縁《えん》に随《したが》ひて行《ぎょう》を起《おこ》して、一切《いっさい》の善根《ぜんごん》つぶさにすみやかに回《え》し

定善は…縁なり　「定善示観縁」は元来「定善観を示す序文」の意。親鸞聖人は訓点を施して「定善は他力の信心を示す縁」と転意している。

観　ここでは本願力を観知する他力信心の意。『一多文意』には「観」の字を解釈して「観は願力をこころにうかべみると申す、またしるといふこころなり」とある。

散善は…縁なり　「散善顕行縁」は元来「散善行を顕す序文」の意。親鸞聖人は訓点を施して「自力の散善は、他力念仏を顕す縁」と転意している。

行　他力の念仏のこと。

称揚　ほめたたえること。

仏果　仏の証果。仏のさとり。

未来際　未来の果て。

て、阿弥陀仏国《あみだぶっこく》に往生《おうじょう》せんと願《がん》ぜん。かの国《くに》に到《いた》りをはりて、さらに畏《おそ》るるところなけん。上《かみ》のごときの四修《ししゅ》、*自然任運《じねんにんうん》にして、自利利他具足《じりりたぐそく》せざることなしと、知《し》るべし」と。

【三五】またいはく（礼讃 六五九）、「もし*専《せん》を捨《す》てて*雑業《ぞうごう》を修《しゅ》せんとするものは、百《ひゃく》は時《とき》に希《まれ》に一二《いちに》を得《え》、千《せん》は時《とき》に希《まれ》に五三《ごさん》を得《う》。なにをもつてのゆゑに、いまし*雑縁乱動《ぞうえんらんどう》す、正念《しょうねん》を失《しっ》するによるがゆゑに、仏《ぶつ》の本願《ほんがん》と相応《そうおう》せざるがゆゑに、教《きょう》と相違《そうい》せるがゆゑに、仏語《ぶつご》に順《じゅん》ぜざるがゆゑに、*係念相続《けねんそうぞく》せざるがゆゑに、*憶想間断《おくそうけんだん》するがゆゑに、回願慇重真実《えがんいんじゅうしんじつ》ならざるがゆゑに、*貪《とん》・瞋《しん》・諸見《しょけん》の煩悩来《ぼんのうきた》り間断《けんだん》するがゆゑに、慚愧《ざんぎ》・懺悔《さんげ》の心《こころ》あることなきがゆゑに。懺《さん》悔《げ》に三品《さんぼん》あり。乃至

上《じょう》・中《ちゅう》・下《げ》なり。上品《じょうぼん》の懺悔《さんげ》とは、身《み》の毛孔《もうく》のうちより血《ち》を流《なが》し、眼《まなこ》のうちより血出《ちいだ》すをば上品《じょうぼん》の懺悔《さんげ》と名《な》づく。中品《ちゅうぼん》の懺悔《さんげ》とは、*遍身《へんしん》に熱《あつ》き汗毛孔《あせもうく》より出《い》づ、眼《まなこ》のうちより血《ち》の流《なが》るるをば中品《ちゅうぼん》の懺悔《さんげ》と名《な》づく。下品《げぼん》の懺悔《さんげ》とは、遍身徹《へんしんとお》り熱《あつ》く、眼《まなこ》のうちより涙出《なみだい》づるをば下品《げぼん》の懺悔《さんげ》と名《な》づく。これらの三《さん》品《ぼん》、差別《しゃべつ》ありといへども、これ久《ひさ》しく*解脱分《げだつぶん》の善根《ぜんごん》を種《う》ゑたる人《ひと》なり。今生《こんじょう》

繋縛 つなぎしばること。

自然任運 おのずから。ひとりでに。

専 念仏を専修《せんじゅ》すること。

雑業 専修念仏以外の雑多な行業《ぎょうごう》。自力の雑行。→雑行《ぞうぎょう》

雑縁 外からのさまざまなさまたげ。

係念 浄土に思いをかけること。

憶想 阿弥陀仏を思う心。

貪瞋諸見 貪欲、瞋恚、邪見のこと。→貪欲《とんよく》、瞋恚《しんに》、邪見《じゃけん》

遍身 全身。

解脱分 順解脱分のこと。解脱（さとり）へと方向づけられた階位。

に法《ほう》を敬《うやま》ひ、人《ひと》を重《おも》くし、身命《しんみょう》を惜《お》しまず、乃至小罪《ないししょうざい》ももし懺《さん》すれば、すなはちよく心髄《しんずい》に徹《とお》りて、よくかくのごとく懺《さん》すれば、久近《くごん》を問《と》はず、所有《しょう》の重《じゅう》障《しょう》みなたちまちに滅尽《めつじん》せしむることを致《いた》す。もしかくのごとくせざれば、たとひ日夜十二時《にちやじゅうにじ》、急《きゅう》に走《もと》むれども、つひにこれ益《やく》なし。*差《たご》うてなさざるものは知《し》んぬべし。流涙《るるい》・流血《るけつ》等《とう》にあたはずといへども、ただよく*真心徹到《しんしんてっとう》するものは、すなはち上《かみ》と同《おな》じ」と。以上

332
【三六】　またいはく（観念法門　六一八）、「すべて*余《よ》の雑業《ぞうごう》の行者《ぎょうじゃ》を照摂《しょうしょう》すと論《ろん》ぜず」と。

【三七】　またいはく（法事讃・下　五七五）、「如来五濁《にょらいごじょく》に出現《しゅつげん》して、宜《よろ》しきに随《したが》ひて方便《ほうべん》して群萌《ぐんもう》を化《け》したまふ。あるいは*多聞《たもん》にして*得度《とくど》すと説《と》き、あるいは少《すこ》し解《さと》りて三明《さんみょう》を証《しょう》すと説《と》く。あるいは*福慧《ふくえ》ならべて障《さわり》を除《のぞ》くと教《おし》へ、あるいは*禅念《ぜんねん》して坐《ざ》して思量《しりょう》せよと教《おし》ふ。種々《しゅじゅ》の法門《ほうもん》みな解脱《げだつ》す」と。

333
【三八】　またいはく（般舟讃　七一九）、「万劫功《まんごうこう》を修《しゅ》せんことまことに続《つづ》きがたし。一時《いちじ》に煩悩百《ぼんのうもも》たび千《ち》たび間《まじ》はる。もし娑婆《しゃば》にして*法忍《ほうにん》を証《しょう》せんことを待《ま》たば、六道《ろくどう》にして恒沙《ごうじゃ》の劫《こう》にもいまだ期《ご》あらじ。門々不同《もんもんふどう》なるを漸教《ぜんぎょう》と名《な》づく。

差うて…知んぬべし　高田派専修寺蔵宗祖加点『礼讃《らいさん》』では「若《も》しなさざるものは知るべし」と読んでいる。この文は通常「なさざるもののごとし。知るべし」と読む。

真心徹到　真実の信心がたしかに定まること。ここでは如来回向《えこう》の真実心が衆生《しゅじょう》のうえに至りとどいたこと。

余の雑業　念仏以外のあらゆる行業《ぎょうごう》。→雑行《ぞうぎょう》

多聞　仏の教説を数多く聞くこと。

得度　迷いの世界を渡り、さとりの世界に到ること。

福慧　福徳《ふくとく》と智慧《ちえ》。福徳とは六波羅蜜の中、布施《ふせ》・持戒《じかい》・忍辱《にんにく》・精進《しょうじん》・禅定《ぜんじょう》の五をいい、智慧とは般若波羅蜜《はんにゃはらみつ》をいう。→六波羅蜜《ろっぱらみつ》

禅念　禅定と観念。

万劫《まんごう》苦行《くぎょう》して無生《むしょう》を証《しょう》す。*畢命《ひつみょう》を期《ご》としてもつぱら念仏《ねんぶつ》すべし。須臾《しゅゆ》に命《いのち》断ゆれば、仏《ほとけ》迎《むか》へ将《い》てまします。*一食《いちじき》の時《とき》なほ間《ひま》あり、いかんが万劫貪瞋《まんごうとんじん》せざらん。貪瞋《とんじん》は人天《にんでん》を受《う》くる路《みち》を障《さ》ふ。*三悪《さんまく》・四趣《ししゅ》のうちに身《み》を安《やす》んず」と。抄要

【三九】またいはく（般舟讃 七九二）、「定散《じょうさん》ともに回《え》して宝国《ほうこく》に入《い》れ。すなはちこれ如来《にょらい》の異《い》の方便《ほうべん》なり。韋提《いだい》はすなはちこれ女人《にょにん》の相《そう》、貪瞋具足《とんじんぐそく》の凡夫《ぼんぶ》の位《くらい》なり」と。以上

【三〇】『論《ろん》の註《ちゅう》』（上 五六）にいはく、「二種《にしゅ》の功徳相《くどくそう》あり。一《ひと》つには有漏《うろ》の心《しん》より生《しょう》じて法性《ほっしょう》に順《じゅん》ぜず。いはゆる凡夫《ぼんぶ》、人天《にんでん》の諸善《しょぜん》、人天《にんでん》の果報《かほう》、もしは因《いん》、もしは果《か》、みなこれ顛倒《てんどう》す、みなこれ虚偽《こぎ》なり。ゆゑに不実《ふじつ》の功徳《くどく》と名《な》づく」と。以上

【三一】『安楽集《あんらくしゅう》』（上 二四一）にいはく、「『大集経《だいじっきょう》』の〈月蔵分《がつぞうぶん》〉を引《ひ》きていはく、〈わが末法《まっぽう》の時《とき》のなかに、億々《おくおく》の衆生《しゅじょう》、行《ぎょう》を起《おこ》し道《どう》を修《しゅ》せんに、いまだ一人《いちにん》も得《う》るものあらじ〉と。当今《とうこん》は末法《まっぽう》なり。この五濁悪世《ごじょくあくせ》には、ただ浄土《じょうど》の一門《いちもん》ありて、通入《つうにゅう》すべき路《みち》なり」と。

【三二】またいはく（同・下 二七四）、「いまだ一万劫《いちまんごう》を満《み》たざるこのかたは、つ

法忍 無生法忍のこと。↓無生法忍《むしょうぼうにん》

畢命を期として この世の命が終るまで。

一食の… 一《ひと》たび食事をする間にもなお貪瞋《とんじん》がまじる。

三悪四趣 三悪は地獄・餓《が》鬼《き》・畜生《ちくしょう》の三悪趣、四趣はこれに阿修羅《あしゅら》を加えた四悪趣のこと。↓悪趣《あくしゅ》

ねにいまだ火宅《かたく》を勉《まぬか》れず、顚倒墜堕《てんどうついだ》するがゆゑに。おのおの功《こう》‡を用《もち》ゐることは至《いた》りて重《おも》く、獲《う》る報《ほう》は偽《ぎ》なり」と。以上

【三】　しかるにいま『大本《だいほん》』（大経）によるに、真実《しんじつ》・方便《ほうべん》の願《がん》を超発《ちょうほつ》す。また『観経《かんぎょう》』には、方便《ほうべん》・真実《しんじつ》の教《きょう》を顕彰《けんしょう》す。『小本《しょうほん》』（小経）には、ただ真門《しんもん》を開《ひら》きて方便《ほうべん》の善《ぜん》なし。ここをもつて三経《さんぎょう》の真実《しんじつ》は、選択本願《せんじゃくほんがん》を宗《しゅう》とするなり。また三経《さんぎょう》の方便《ほうべん》は、すなはちこれもろもろの善根《ぜんごん》を修《しゅ》するを要《よう》とするなり。

　これによりて方便《ほうべん》の願《がん》（第十九願）を案《あん》ずるに、仮《け》あり真《しん》あり、また行《ぎょう》あり信《しん》あり。願《がん》とはすなはちこれ臨終現前《りんじゅうげんぜん》の願《がん》なり。行《ぎょう》とはすなはちこれ修諸功徳《しゅしょくどく》の善《ぜん》なり。信《しん》とはすなはちこれ至心《ししん》・発願《ほつがん》・欲生《よくしょう》の心《しん》なり。この願《がん》の行信《ぎょうしん》によりて、浄土《じょうど》の要門《ようもん》、方便権仮《ほうべんごんけ》を顕開《けんかい》す。この要門《ようもん》より*正《しょう》・助《じょ》・雑《ぞう》の三行《さんぎょう》を出《いだ》せり。この正助《しょうじょ》のなかについて、専修《せんじゅ》あり雑修《ざっしゅ》あり。機《き》について二種《にしゅ》あり。一《ひと》つには*定機《じょうき》、二《ふた》つには*散機《さんき》なり。また二種《にしゅ》の三心《さんしん》あり。また二種《にしゅ》の往生《おうじょう》あり。二種《にしゅ》の三心《さんしん》とは、一《ひと》つには定《じょう》の三心《さんしん》、二《ふた》つには散《さん》の三心《さんしん》なり。定散《じょうさん》の心《しん》はすなはち自利各別《じりかくべつ》の心《しん》なり。二種《にしゅ》の

正助雑の三行　ここでの正について、五正行とする説と、正定業《しょうじょうごう》（称名）とする説とがある。助は助業《じょごう》、雑は雑行《ぞうぎょう》（五正行以外のあらゆる行業《ぎょうごう》）を指す。

定機　定善《じょうぜん》を修する機類。→定善

散機　散善を修する機類。→散善《さんぜん》

往生《おうじょう》とは、一《ひと》つには*即往生《そくおうじょう》、二《ふた》つには*便往生《べんおうじょう》なり。便往生《べんおうじょう》とはすなはちこれ胎生辺地《たいしょうへんじ》、双樹林下《そうじゅりんげ》の往生《おうじょう》なり。即往生《そくおうじょう》とはすなはちこれ報土化《ほうどけ》生《しょう》なり。またこの『経《きょう》』（観経）に真実《しんじつ》あり。これすなはち金剛《こんごう》の真心《しんしん》を開《ひら》きて、摂取不捨《せっしゅふしゃ》を顕《あらわ》さんと欲《ほっ》す。しかれば、濁世《じょくせ》*能化《のうけ》の釈迦《しゃか》*善逝《ぜんぜい》、至《し》心信楽《しんしんぎょう》の願心《がんしん》を宣説《せんぜつ》したまふ。報土《ほうど》の真因《しんいん》は信楽《しんぎょう》を正《しょう》とするがゆゑなり。ここをもつて『大経《だいきょう》』には「信楽《しんぎょう》」とのたまへり、如来《にょらい》の誓願《せいがん》、疑蓋雑《ぎがいまじ》はることなきがゆゑに信《しん》とのたまへるなり。『観経《かんぎょう》』には「深心《じんしん》」と説《と》けり、諸機《しょき》の浅信《せんしん》に対《たい》せるがゆゑに深《じん》とのたまへるなり。『小本《しょうほん》』（小経）には「一心《いっしん》」とのたまへり、二行雑《にぎょうまじ》はることなきがゆゑに一《いち》とのたまへるなり。また一心《いっしん》について深《じん》あり浅《せん》あり。深《じん》とは利他真実《りたしんじつ》の心《しん》これなり、浅《せん》とは定散自利《じょうさんじり》の心《しん》これなり。

【三四】 宗師《しゅうし》（善導）の意《い》によるに、「心《こころ》によりて勝行《しょうぎょう》を起《おこ》せり。門八万四《もんはちまんし》千《せん》に余《あま》れり。漸頓《ぜんとん》すなはちおのおの所宜《しょぎ》に称《かな》へり。縁《えん》に随《したが》ふものすなはちみな解脱《げだつ》を蒙《かぶ》る」（玄義分 三〇〇）といへり。しかるに常没《じょうもつ》の凡愚《ぼんぐ》、定心《じょうしん》修《しゅ》しがたし、*息慮凝心《そくりょぎょうしん》のゆゑに。散心行《さんしんぎょう》じがたし、*廃悪修善《はいあくしゅぜん》のゆゑに。

即往生 信の一念の時、即時に正定聚《しょうじょうじゅ》の位につき定まり、真実報土《ほうど》の往生をとげる第十八願の他力の往生をいう。即の字に速疾（時をへだてない）の意味と正定聚の位につくという意味とがある。↓即得往生《そくとくおうじょう》

便往生 化土《けど》に生ずる自力行者の往生をいう。往生即成仏の究竟の往生でないことを示す。

能化 一切衆生《しゅじょう》をよく教化する者の意。

善逝 梵語スガタ(sugata)の漢訳。如来十号の一。↓如来《にょらい》

息慮凝心 思いをとどめて心を一つに集中すること。

廃悪修善 悪を廃して善を修すること。

337 ここをもつて*立相住心《りつそうじゅうしん》なほ成《じょう》じがたきがゆゑに、「たとひ千年《せんねん》の寿《じゅ》を尽《つ》すとも、*法眼《ほうげん》いまだかつて開《ひら》けず」(定善義 四二七)といへり。いかにいはんや、*無相離念《むそうりねん》まことに獲《え》がたし。ゆゑに、「如来《にょらい》はるかに末代罪濁《まつだいざいじょく》の凡《ぼん》夫《ぶ》を知《し》ろしめして、相《そう》を立《た》て心《しん》を住《じゅう》すとも、なほ得《う》ることあたはじと。いかにいはんや、相《そう》を離《はな》れて事《じ》を求《もと》めば、*術通《じゅつつう》なき人《ひと》の空《くう》に居《い》て舎《しゃ》を立《た》てんがごときなり」(同 四三三)といへり。「*門余《もんよ》」といふは、「門《もん》」はすなはち八万四千《はちまんしせん》の仮門《けもん》なり、「余《よ》」はすなはち本願一乗海《ほんがんいちじょうかい》なり。

【三五】 おほよそ*一代《いちだい》の教《きょう》について、この界《かい》のうちにして*入聖得果《にっしょうとくか》するを聖道門《しょうどうもん》と名《な》づく、難行道《なんぎょうどう》といへり。この門《もん》のなかについて、大《だい》・小《しょう》、漸《ぜん》・頓《とん》、一乗《いちじょう》・二乗《にじょう》・三乗《さんじょう》、*権《ごん》・実《じつ》、*顕《けん》・密《みつ》、竪出《しゅしゅつ》・竪超《しゅちょう》あり。すなはちこれ自力《じりき》、*利他教化地《りたきょうけじ》、方便権門《ほうべんごんもん》の道路《どうろ》なり。安養《あんにょう》*浄刹《じょうせつ》にして*入聖《にっしょう》証果《しょうか》するを浄土門《じょうどもん》と名《な》づく、易行道《いぎょうどう》といへり。この門《もん》のなかについて、横出《おうしゅつ》・横超《おうちょう》、仮《け》・真《しん》、漸《ぜん》・頓《とん》、助正《じょしょう》・雑行《ぞうぎょう》、雑修《ざっしゅ》・専修《せんじゅ》あるなり。正《しょう》とは五種《ごしゅ》の正行《しょうぎょう》なり。助《じょ》とは名号《みょうごう》を除《のぞ》きて以外《いげ》の*五種《ごしゅ》これなり。雑行《ぞうぎょう》とは、338 正助《しょうじょ》を除《のぞ》きて以外《いげ》をことごとく雑行《ぞうぎょう》と名《な》づく。これすなはち横出《おうしゅつ》・

立相住心　仏の相好《そうごう》や浄土の事相を観じて、心を一つに集中すること。

法眼　真実をみる智慧《ちえ》のまなこ。

無相離念　色もなく形もない真如法性《しんにょほっしょう》の理を観じて、真理と一体になること。

術通　神通力《じんずうりき》。

門余　三九三頁一二行の「門八万四千に余れり」という文をうける。

一代の教　釈尊が一生の間に説いた教法。

入聖得果　聖者《しょうじゃ》の位に入って証果(さとり)を得ること。

権実　権教と実教のこと。↓権教《ごんきょう》、実教《じっきょう》

顕密　顕教と密教のこと。↓顕教《けんぎょう》、密教《みっきょう》

利他教化地…　利他教化地という還相《げんそう》の位相にある菩薩が、衆生《しゅじょう》を真実に導く

漸教《ぜんぎょう》、定散《じょうさん》・三福《さんぷく》、三輩《さんぱい》・九品《くぼん》、自力仮門《じりきけもん》なり。横超《おうちょう》とは、本願《ほんがん》を憶念《おくねん》して自力《じりき》の心《しん》を離《はな》る、これを横超他力《おうちょうたりき》と名《な》づくるなり。これすなはち専《せん》のなかの専《せん》、頓《とん》のなかの頓《とん》、真《しん》のなかの真《しん》、乗《じょう》のなかの一乗《いちじょう》なり。これすなはち真宗《しんしゅう》なり。すでに真実行《しんじつぎょう》のなかに顕《あらわ》しをはんぬ。

【三六】 それ雑行雑修《ぞうぎょうざっしゅ》、その言《ことば》一《ひと》つにして、その意《こころ》これ異《こと》なり。雑《ぞう》の言《ごん》において万行《まんぎょう》を摂入《しょうにゅう》す。五正行《ごしょうぎょう》に対《たい》して五種《ごしゅ》の雑行《ぞうぎょう》あり。雑《ぞう》の言《ごん》は、人《にん》・天《てん》・菩薩《ぼさつ》等《とう》の*解行《げぎょう》、雑《ぞう》せるがゆゑに雑《ぞう》といへり。もとより往生《おうじょう》の因種《いんしゅ》にあらず、*回心回向《えしんえこう》の善《ぜん》なり。ゆゑに浄土《じょうど》の雑行《ぞうぎょう》といふなり。また雑行《ぞうぎょう》について、専行《せんぎょう》あり専心《せんしん》あり、また雑行《ぞうぎょう》あり雑心《ざっしん》あり。専行《せんぎょう》とはもつぱら一善《いちぜん》を修《しゅ》す、ゆゑに専行《せんぎょう》といふ。専心《せんしん》とは回向《えこう》をもつぱらにするがゆゑに専心《せんしん》といへり。雑行雑心《ぞうぎょうざっしん》とは、諸善兼行《しょぜんけんぎょう》するがゆゑに雑行《ぞうぎょう》といふ、*定散心雑《じょうさんしんぞう》するがゆゑに雑心《ざっしん》といふなり。また正《しょう》・助《じょ》について専修《せんじゅ》あり雑修《ざっしゅ》あり。この雑修《ざっしゅ》について専心《せんしん》あり雑心《ざっしん》あり。専修《せんじゅ》について二種《にしゅ》あり。一《ひと》つにはただ仏名《ぶつみょう》を称《しょう》す、二《ふた》つには五専《ごせん》あり。この行業《ぎょうごう》について専心《せんしん》あり雑心《ざっしん》あり。五専《ごせん》とは、一《ひと》つには専礼《せんらい》、二《ふた》つには専読《せんどく》、三《み》つには専観《せんかん》、四《よ》つには専称《せんしょう》、

ために仮に用いるのが聖《しょう》道門《どうもん》の法であるということ。「証巻」三一三頁一行参照。

浄刹 浄土のこと。刹は梵語クシェートラ（kṣetra）の音写。国土・世界の意。

入聖証果 （浄土で）さとりを開くこと。

五種 五正行の中、第五の讃嘆供養《さんだんくよう》を開いて二種とし、称名を除いて五種とすると解釈する説、他力の称名を除いたほかの、自力心をもって行ずる五正行を五種とすると解釈する説などがある。

解行 知解と修行。宗義を領解《りょうげ》し行を実践すること。

回心回向の善 雑行《ぞうぎょう》は元来、此土入聖《しどにっしょう》（この世で聖者《しょうじゃ》の位に入る）の行で往生行ではないから、浄土願生の心をおこし、往生行

五《いつ》つには専讃嘆《せんさんだん》なり。これを五専修《ごせんじゅ》と名《な》づく。専修《せんじゅ》、その言一《ことばひと》つにして、その意《こころ》これ異《こと》なり。すなはちこれ定専修《じょうせんじゅ》なり、また散専修《さんせんじゅ》なり。専心《せんしん》とは、五正行《ごしょうぎょう》をもつぱらにして、二心《にしん》なきがゆゑに専心《せんしん》といふ。すなはちこれ定専心《じょうせんしん》なり、またこれ散専心《さんせんしん》なり。雑修《ざっしゅ》とは、助正兼行《じょしょうけんぎょう》するがゆゑに雑修《ざっしゅ》といふ。雑心《ざっしん》とは、定散《じょうさん》の心雑《しんぞう》するがゆゑに雑心《ざっしん》といふなり、知《し》るべし。

おほよそ浄土《じょうど》の一切諸行《いっさいしょぎょう》において、綽和尚《しゃくかしょう》（道綽）は「万行《まんぎょう》」（安楽集・下）といひ、導和尚《どうかしょう》（善導）は「雑行《ぞうぎょう》」（散善義）と称《しょう》す。感禅師《かんぜんじ》（懐感）は「諸行《しょぎょう》」（群疑論）といへり。信和尚《しんかしょう》（源信）は感師《かんし》により、空聖人《くうしょうにん》（源空）は導和尚《どうかしょう》によりたまふ。*経家《きょうけ》によりて師釈《ししゃく》を披《ひら》くに、雑行《ぞうぎょう》のなかの雑行雑心《ぞうぎょうざっしん》・雑行専心《ぞうぎょうせんしん》・専行雑心《せんぎょうざっしん》あり。また正行《しょうぎょう》のなかの専修専心《せんじゅせんしん》・専修雑心《せんじゅざっしん》・雑修雑心《ざっしゅざっしん》は、これみな辺地《へんじ》・胎宮《たいぐ》・懈慢界《けまんがい》の業因《ごういん》なり。ゆゑに極楽《ごくらく》に生《しょう》ずといへども三宝《さんぼう》を見《み》たてまつらず。仏心《ぶっしん》の光明《こうみょう》、余《よ》の雑業《ぞうごう》の行者《ぎょうじゃ》を照摂《しょうしょう》せざるなり。仮令《けりょう》の誓願《せいがん》（第十九願）まことに由《ゆえ》あるかな。*仮門《けもん》の教《きょう》、*欣慕《ごんぼ》の釈《しゃく》、これいよいよあきらかなり。二経《にきょう》の三心《さんしん》、顕《けん》の義《ぎ》によれば異《い》なり、彰《しょう》の義《ぎ》によれば一《いち》なり。三心一異《さんしんいちい》

となるようにと回向《えこう》しなければならない善である。

定散心　定善《じょうぜん》や散善《さんぜん》を修して往生を願い求める心。転じて自力心のことをいう。

経家　釈尊の教説。次頁一〇行目の経家は、経を説く釈尊のこと。

仮門の教　『観経』の教説を指していう。

欣慕の釈　浄土を欣い慕わせるのが『観経』の定散二善であると解説した善導大《ぜんどうだい》師《し》の釈義（「散善義」第三深信）をいう。

の義《ぎ》、答《こた》へをはんぬ。

【三七】 また問《と》ふ。『大本《だいほん》』（大経）と『観経《かんぎょう》』の三心《さんしん》と、『小本《しょうほん》』（小経）の一心《いっしん》と、一異《いちい》いかんぞや。

答《こた》ふ。いま方便真門《ほうべんしんもん》の誓願《せいがん》について、行《ぎょう》あり信《しん》あり。また真実《しんじつ》あり方便《ほうべん》あり。願《がん》とはすなはち植諸徳本《じきしょとくほん》の願《がん》これなり。行《ぎょう》とはこれに二種《にしゅ》あり。一《ひと》つには善本《ぜんぽん》、二《ふた》つには徳本《とくほん》なり。信《しん》とはすなはち至心《ししん》・回向《えこう》・欲生《よくしょう》の心《しん》これなり。二十願《にじゅうがん》なり 機《き》について定《じょう》あり散《さん》あり。往生《おうじょう》とはこれ難思往生《なんじおうじょう》これなり。仏《ぶつ》とはすなはち化身《けしん》なり。土《ど》とはすなはち疑城胎宮《ぎじょうたいぐ》これなり。

『観経《かんぎょう》』に*准知《じゅんち》するに、この『経《きょう》』（小経）にまた顕彰隠密《けんしょうおんみつ》の義《ぎ》あるべし。顕《けん》といふは、経家《きょうけ》は一切諸行《いっさいしょぎょう》の少善《しょうぜん》を*嫌貶《けんぺん》して、善本徳本《ぜんぽんとくほん》の真門《しんもん》を開示《かいじ》し、自利《じり》の一心《いっしん》を励《はげ》まして難思《なんじ》の往生《おうじょう》を勧《すす》む。ここをもつて『経《きょう》』（同）には「*多善根《たぜんごん》・多功徳《たくどく》・多福徳因縁《たふくとくいんねん》」と説《と》き、釈《しゃく》（法事讃・下 五六三）には「九品《くぼん》ともに回《え》して不退《ふたい》を得《え》よ」といへり。あるいは「*無過念仏往西方三念五念仏来迎《むかねんぶつおうさいほうさんねんごねんぶつらいこう》」（同・意 五七五）といへり。これはこれ、この『経《きょう》』（小経）の顕《けん》の義《ぎ》を示《しめ》すなり。これすなはち真門《しんもん》のなかの方便《ほうべん》なり。彰《しょう》といふは、

准知 なぞらえて知ること。

嫌貶 嫌いおとしめること。

多善根… 襄陽《じょうよう》（現在の中国湖北《こほく》省襄陽）の石碑に刻まれた異本の『小経』にこの語がある。

無過念仏… 「念仏して西方に往くに過ぎたるはなし。三念・五念まで仏来迎したまふ」

真実難信《しんじつなんしん》の法《ほう》を彰《あらわ》す。これすなはち不可思議《ふかしぎ》の願海《がんかい》を*光闡《こうせん》して、無碍《むげ》の大《だい》信心海《しんじんかい》に帰《き》せしめんと欲《おぼ》す。まことに勧《すす》め、すでに恒沙《ごうじゃ》の勧《すす》めなれば、信《しん》もまた*恒沙《ごうじゃ》の信《しん》なり。ゆゑに甚難《じんなん》といへるなり。釈《しゃく》（法事讃・下　五七五）に、「ただちに弥陀《みだ》の弘誓重《ぐぜいかさ》なれるをもつて、凡夫念《ぼんぶねん》ずればすなはち生《しょう》ぜしむることを致《いた》す」といへり。これはこれ、*隠彰《おんしょう》の義《ぎ》を開《ひら》くなり。『経《きょう》』（小経）に「執持《しゅうじ》」とのたまへり。また「一心《いっしん》」とのたまへり。「執《しゅう》」の言《ごん》は心《しん》*堅牢《けんろう》にして移転《いてん》せざることを彰《あらわ》すなり。「持《じ》」の言《ごん》は不散不失《ふさんふしつ》に名《な》づくるなり。「一《いち》」の言《ごん》は無二《むに》に名《な》づくるの言《みこと》なり。「心《しん》」の言《ごん》は真実《しんじつ》に名《な》づくるなり。この『経《きょう》』（同）は大乗修多羅《だいじょうしゅたら》のなかの*無問自説経《むもんじせつきょう》なり。しかれば如来《にょらい》、世《よ》に興出《こうしゅつ》したまふゆゑは、恒沙《ごうじゃ》の諸仏《しょぶつ》の証護《しょうご》の正意《しょうい》、ただこれにあるなり。ここをもつて*四依弘経《しえぐきょう》の大士《だいじ》、*三朝浄土《さんちょうじょうど》の宗師《しゅうし》、真宗念仏《しんしゅうねんぶつ》を開《ひら》きて、濁世《じょくせ》の邪偽《じゃぎ》を導《みちび》く。三経《さんぎょう》の大綱《たいこう》、顕彰隠密《けんしょうおんみつ》の義《ぎ》ありといへども、信心《しんじん》を彰《あらわ》して能入《のうにゅう》とす。ゆゑに経《きょう》の始《はじ》めに「如是《にょぜ》」と称《しょう》す。「如是《にょぜ》」の義《ぎ》はすなはちよく信《しん》ずる相《そう》なり。いま三経《さんぎょう》を案《あん》ずるに、みなもつて金剛《こんごう》の真心《しんしん》を最要《さいよう》とせり。真心《しんしん》はすなはちこれ大信心《だいしんじん》なり。大信心《だいしんじん》は希有《けう》・最《さい》

光闡　明らかにあらわすこと。

恒沙の信　ガンジス河の砂ほどの多い諸仏の勧めによってめぐまれた信心。

隠彰の義　隠微にあらわされている真実義。→顕彰《けんしょう》隠密《おんみつ》

堅牢　かたく定まっていること。

無問自説経　問う者がいないのに、仏がみずからすすんで説いた経典。仏の本意の教説が示される。

四依弘経の大士　衆生《しゅじょう》がよりどころとすべき四種の菩薩。ここでは浄土真宗を顕彰した祖師たちを指すとみられる。→四依《しえ》[1]

三朝浄土の宗師　インド・中国・日本にあらわれて浄土真宗を伝えた祖師たち。七高僧のこと。→七高僧《しちこうそう》

勝《しょう》・真妙《しんみょう》・清 浄《しょうじょう》なり。なにをもつてのゆゑに、大信心海《だいしんじんかい》ははなはだもつて
343 入《い》りがたし、仏力《ぶつりき》より発起《ほっき》するがゆゑに。真実《しんじつ》の*楽邦《らくほう》ははなはだもつて往《ゆ》き
易《やす》し、願力《がんりき》によりてすなはち生《しょう》ずるがゆゑなり。いままさに一心一異《いっしんいちい》の義《ぎ》
を談《だん》ぜんとす、まさにこの意《い》なるべしと。三経一心《さんぎょういっしん》の義《ぎ》、答《こた》へをはんぬ。
【三八】 それ濁世《じょくせ》の道俗《どうぞく》、すみやかに円修至徳《えんしゅしとく》の真門《しんもん》に入《い》りて、難思往 生《なんじおうじょう》
を願《ねが》ふべし。真門《しんもん》の方便《ほうべん》につきて、善本《ぜんぽん》あり徳本《とくほん》あり。また定 専心《じょうせんしん》あり、
また散専心《さんせんしん》あり、また定 散雑心《じょうさんざっしん》あり。雑心《ざっしん》とは、大小《だいしょう》・凡聖《ぼんしょう》・一切善《いっさいぜん》
悪《あく》、おのおの*助正間雑《じょしょうけんぞう》の心《しん》をもつて名号《みょうごう》を称念《しょうねん》す。まことに*教《きょう》は頓《とん》にし
て根《こん》は漸機《ぜんき》なり。行《ぎょう》は専《せん》にして心《しん》は間雑《けんぞう》す。ゆゑに雑心《ざっしん》といふなり。定《じょう》
散《さん》の専心《せんしん》とは、罪福《ざいふく》を信《しん》ずる心《しん》をもつて本願力《ほんがんりき》を願求《がんぐ》す、これを自力《じりき》の専《せん》
心《しん》と名《な》づくるなり。善本《ぜんぽん》とは如来《にょらい》の嘉名《かみょう》なり。この嘉名《かみょう》は万善円備《まんぜんえんび》せり、
344 一切善法《いっさいぜんぽう》の本《もと》なり。ゆゑに善本《ぜんぽん》といふなり。徳本《とくほん》とは如来《にょらい》の徳号《とくごう》なり。こ
の徳号《とくごう》は一声 称念《いっしょうしょうねん》するに、至徳 成 満《しとくじょうまん》し衆禍《しゅか》みな転《てん》ず、十方三世《じっぽうさんぜ》の徳号《とくごう》
の本《もと》なり。ゆゑに徳本《とくほん》といふなり。しかればすなはち、釈迦牟尼仏《しゃかむにぶつ》は、功《く》
徳蔵《どくぞう》を開演《かいえん》して、十方 濁世《じっぽうじょくせ》を勧化《かんけ》したまふ。阿弥陀如来《あみだにょらい》はもと*果遂《かすい》の誓《ちかい》

楽邦 阿弥陀仏の浄土のこと。

助正間雑の心 正定業と助業のいわれがわからず、念仏だけでは往生できないと疑い、助業をはげむ心。自力疑心のこと。↓正 定業《しょうじょうごう》、助業《じょごう》

教は頓… 与えられた名《みょう》号《ごう》は、ただちに成仏しうる他力真実の法であるが、受けとる機が自力疑心をまじえるために、自力念仏という漸次成仏の方便法になる。

果遂の誓 ついには必ず弘《ぐ》願《がん》に転入させるという誓い。

この果遂《かすい》の願《がん》とは二十願《にじゅうがん》なり　を発《おこ》して、諸有《しょう》の群生海《ぐんじょうかい》を悲引《ひいん》したまへり。すでにして悲願《ひがん》います。植諸徳本《じきしょとくほん》の願《がん》と名《な》づく、また係念定生《けねんじょうしょう》の願《がん》と名《な》づく、また不果遂者《ふかすいしゃ》の願《がん》と名《な》づく、また至心回向《ししんえこう》の願《がん》と名《な》づくべきなり。

【三九】ここをもつて『大経《だいきょう》』(上)の願《がん》(第二十願)にのたまはく、「たとひわれ仏《ぶつ》を得《え》たらんに、十方《じっぽう》の衆生《しゅじょう》、わが名号《みょうごう》を聞《き》きて、念《ねん》をわが国《くに》に係《か》けて、*もろもろの徳本《とくほん》を植《う》ゑて、心《こころ》を至《いた》し回向《えこう》してわが国《くに》に生《しょう》ぜんと欲《おも》はん。果遂《かすい》せずは正覚《しょうがく》を取《と》らじ」と。

【四〇】またのたまはく(同・下)、「この諸智《しょち》において疑惑《ぎわく》して信《しん》ぜず、しかるになほ罪福《ざいふく》を信《しん》じて、善本《ぜんぽん》を修習《しゅじゅう》して、その国《くに》に生《しょう》ぜんと願《がん》ぜん。このもろもろの衆生《しゅじょう》、かの宮殿《くでん》に生《しょう》ぜず」と。

【四一】またのたまはく(同・下)、「もし人《ひと》善本《ぜんぽん》なければ、この経《きょう》を聞《き》くことを得《え》ず。清浄《しょうじょう》に戒《かい》を有《たも》てるもの、いまし正法《しょうぼう》を聞《き》くことを獲《え》ん」と。以上

【四二】『無量寿如来会《むりょうじゅにょらいえ》』(上)にのたまはく、「もしわれ成仏《じょうぶつ》せんに、無量国《むりょうこく》のなかの所有《しょう》の衆生《しゅじょう》、わが名《な》を説《と》かんを聞《き》きて、もつておのれが善根《ぜんごん》として極楽《ごくらく》に回向《えこう》せん。もし生《うま》れずは、菩提《ぼだい》を取《と》らじ」と。以上

もろもろの徳本を植ゑて　名号《みょうごう》を称えるという意。

【四三】『平等覚経《びょうどうがくきょう》』（二）にのたまはく、「この功徳《くどく》あるにあらざる人《ひと》は、この経《きょう》の名《な》を聞《き》くことを得《え》ず。ただ清浄《しょうじょう》に戒《かい》を有《たも》てるもの、いまし還《かえ》りてこの正法《しょうぼう》を聞《き》く。悪《あく》と憍慢《きょうまん》と*蔽《へい》と懈怠《けだい》とは、もつて*この法《ほう》を信《しん》ずること難《かた》し。*宿世《しゅくせ》の時《とき》に仏《ぶつ》を見《み》たてまつれるもの、楽《この》みて世尊《せそん》の教《おしえ》を*聴聞《ちょうもん》せん。人《ひと》の命《いのち》希《まれ》に得《う》べし。仏《ぶつ》は世《よ》にましませどもはなはだ値《もうあ》ひがたし。*信慧《しんね》ありて致《いた》るべからず。もし聞見《もんけん》せば精進《しょうじん》して求《もと》めよ」と。以上

【四四】『観経《かんぎょう》』にのたまはく、「仏《ぶつ》、阿難《あなん》に告《つ》げたまはく、〈*なんぢよくこの語《ことば》を持《たも》て。この語《ことば》を持《たも》てといふは、すなはちこれ無量寿仏《むりょうじゅぶつ》の名《みな》を持《たも》てとなり〉」と。以上

【四五】『阿弥陀経《あみだきょう》』にのたまはく、「*少善根福徳《しょうぜんごんふくとく》の因縁《いんねん》をもつて、かの国《くに》に生《しょう》ずることを得《う》べからず。阿弥陀仏《あみだぶつ》を説《と》くを聞《き》きて名号《みょうごう》を*執持《しゅうじ》せよ」と。以上

【四六】光明寺《こうみょうじ》の和尚《かしょう》（善導）のいはく（定善義　四三七）、「自余《じょ》の衆行《しゅぎょう》、これ善《ぜん》と名《な》づくといへども、もし念仏《ねんぶつ》に比《くら》ぶれば、まつたく*比校《ひきょう》にあらざるなり。このゆゑに、諸経《しょきょう》のなかに処々《しょしょ》に広《ひろ》く念仏《ねんぶつ》の功能《くのう》を讃《ほ》めたり。『無量寿経《むりょうじゅきょう》』の四十八願《しじゅうはちがん》のなかのごとき、ただ弥陀《みだ》の名号《みょうごう》を専念《せんねん》して生《しょう》ずることを得《う》と明《あ》かす。また『弥陀経《みだきょう》』のなかのごとし、一日七日《いちにちしちにち》弥陀《みだ》の名号《みょうごう》を専念《せんねん》して生《しょう》ず

蔽　邪見のこと。

この法　阿弥陀仏の本願を指す。

宿世　前の世。過去世。

聴聞　「ゆりてきく」（左訓）「ゆりて」は「許されて」の意。

信慧…　信心の智慧《ちえ》を得ることはむずかしい。

なんぢ…　「この語を持て」とは、阿弥陀仏の名号《みょうごう》を常に心にとどめよということで、阿弥陀仏の名《みな》を信じ、称えよということである。

少善根福徳　自力を励まして行うわずかな善根功徳《くどく》。大善大功徳である念仏以外のすべての行。

執持　しっかりととりたもつこと。

比校　比較すること。

ることを得《う》と。また十方恒沙《じっぽうごうじゃ》の諸仏《しょぶつ》の証誠《＊しょうじょう》虚《むな》しからざるなり。またこの『経《きょう》』（観経）の定散《じょうさん》の文《もん》のなかに、ただ名号《みょうごう》を専念《せんねん》して生《しょう》ずることを得《う》と標《あらわ》す。この例一《れいひと》つにあらざるなり。広《ひろ》く念仏三昧《ねんぶつざんまい》を顕《あらわ》しをはんぬ」と。

【四七】 またいはく（散善義 四五七）、「また決定《けつじょう》して、『弥陀経《みだきょう》』のなかに、十方恒沙《じっぽうごうじゃ》の諸仏《しょぶつ》、一切凡夫《いっさいぼんぶ》を証勧《しょうかん》して、決定《けつじょう》して生《しょう》ずることを得《う》と深信《じんしん》せよと。乃至 諸仏《しょぶつ》は言行《ごんぎょう》あひ違失《いしつ》したまはず。たとひ釈迦《しゃか》一切凡夫《いっさいぼんぶ》を指勧《しかん》して、この一身《いっしん》を尽《つく》して専念専修《せんねんせんじゅ》して、捨命以後《しゃみょういご》さだめてかの国《くに》に生《うま》るるといふは、すなはち十方《じっぽう》の諸仏《しょぶつ》ことごとくみな同《おな》じく讃《ほ》め、同《おな》じく勧《すす》め、同《おな》じく証《しょう》したまふ。なにをもつてのゆゑに、同体《＊どうたい》の大悲《だいひ》のゆゑに。一仏《いちぶつ》の所化《しょけ》はすなはちこれ一切仏《いっさいぶつ》の化《け》なり、一切仏《いっさいぶつ》の化《け》はすなはちこれ一仏《いちぶつ》の所化《しょけ》なり。すなはち『弥陀《みだ》経《きょう》』のなかに説《と》かく、乃至 〈また一切凡夫《いっさいぼんぶ》を勧《すす》めて、一日七日《いちにちしちにち》、一心《いっしん》にして弥陀《みだ》の名号《みょうごう》を専念《せんねん》すれば、さだめて往生《おうじょう》を得《え》ん〉と。次下《つぎしも》の文《もん》にいはく、〈十方《じっぽう》におのおの恒河沙等《ごうがしゃとう》の諸仏《しょぶつ》ましまして、同《おな》じく釈迦《しゃか》を讃《ほ》めたまはく、よく五濁《ごじょく》悪時《あくじ》・悪世界《あくせかい》・悪衆生《＊あくしゅじょう》・悪煩悩《あくぼんのう》・悪邪無信《あくじゃむしん》の盛《さか》んなる時《とき》において、弥陀《みだ》の名《みょう》号《ごう》を指讃《しさん》して衆生《しゅじょう》を勧励《かんれい》して称念《しょうねん》せしむれば、かならず往生《おうじょう》を得《う》〉と。すな

証誠 真実であることを証明すること。

同体の大悲 同じ真如《しんにょ》のさとりからおこった大悲ということ。

悪衆生 高田派専修寺蔵宗祖加点「散善義」にはこの語の後に「悪見」の語がある。

はちその証《しょう》なり。また十方仏等《じっぽうぶっとう》、衆生《しゅじょう》の釈迦《しゃか》一仏《いちぶつ》の所説《しょせつ》を信《しん》ぜざらんことを恐畏《おそ》れて、すなはちともに同心同時《どうしんどうじ》におのおの舌相《ぜっそう》*を出《いだ》して、あまねく三千世《さんぜんせ》界《かい》に覆《おお》ひて誠実《じょうじつ》の言《ごん》を説《と》きたまはく、〈なんだち衆生《しゅじょう》、みなこの釈迦《しゃか》の所説《しょせつ》・所讃《しょさん》・所証《しょしょう》を信《しん》ずべし。一切《いっさい》の凡夫《ぼんぶ》、罪福《ざいふく》の多少《たしょう》、時節《じせつ》の久近《くごん》を問《と》はず、ただよく上百年《かみひゃくねん》を尽《つく》し、下一日七日《しもいちにちしちにち》に至《いた》るまで、一心《いっしん》に弥陀《みだ》の名号《みょうごう》を専念《せんねん》すれば、さだめて往生《おうじょう》を得《う》ること、かならず疑《うたがい》なきなり〉と。このゆゑに一仏《いちぶつ》の所説《しょせつ》は、一切仏同《いっさいぶつおな》じくその事《じ》を証誠《しょうじょう》したまふなり。これを人《にん》*に就《つ》いて信《しん》を立《た》つと名《な》づくるなり」と。要抄

349

【四八】　またいはく（散善義　四九〇）、「しかるに仏願《ぶつがん》の意《い》を望《のぞ》むには、ただ正《しょう》念《ねん》を勧《すす》め、名《みな》を称《しょう》せしむ。往生《おうじょう》の義疾《ぎと》きことは、雑散《ぞうさん》*の業《ごう》には同《おな》じからず。この経《きょう》および諸部《しょぶ》のなかに処々《しょしょ》に広《ひろ》く嘆《たん》ずるがごときは、勧《すす》めて名《みな》を称《しょう》せしむるを、まさに要益《ようやく》*とせんとするなり、知《し》るべし」と。

【四九】　またいはく（同　五〇〇）、「〈仏告阿難汝好持是語《ぶつごうあなんにょこうじぜご》*〉より以下《いげ》は、まさしく弥陀《みだ》の名号《みょうごう》を付嘱《ふぞく》して、遐代《かだい》*に流通《るずう》することを明《あ》かす。上《かみ》よりこのかた定《じょう》散両門《さんりょうもん》の益《やく》を説《と》くといへども、仏《ぶつ》の本願《ほんがん》の意《い》を望《のぞ》まんには、衆生《しゅじょう》をして一向《いっこう》

舌相を出し　仏の舌は広く長いので広長《こうじょう》舌相（三十二相の一）といわれる。仏が舌を出すのは教説が真実であることを証明するという意味を持つ。

人　釈迦・諸仏を指す。一説には四重の破人（念仏の教えを否定する四種の人。『愚禿鈔』五二六頁「四信」の細註参照）を指すという。

雑散の業　雑行のこと。↓雑行《ぞうぎょう》

要益　肝要な利益《りやく》。

仏告阿難…　「仏、阿難に告げたまはく、なんぢよくこの語を持て」

遐代　はるか後の世。

にもつぱら弥陀仏《みだぶつ》の名《みな》を称《しょう》するにあり」と。

【五〇】　またいはく(法事讃・下　五六四)、「極楽《ごくらく》は無為涅槃《むいねはん》の界《かい》なり。*随縁《ずいえん》の雑《ぞう》善《ぜん》おそらくは生《しょう》じがたし。ゆゑに如来《にょらい》(釈尊)*要法《ようぼう》を選《えら》びて、教《おし》へて弥陀《みだ》を念《ねん》ぜしめてもつぱらにしてまたもつぱらならしめたまへり」と。

350 【五一】　またいはく(同・下　五八四)、「*劫《こう》尽《つ》きなんと欲《ほっ》する時《とき》、五濁《ごじょく》盛《さか》んなり。衆《しゅ》生《じょう》邪見《じゃけん》にしてはなはだ信《しん》じがたし。もつぱらにしてもつぱらなれと指授《しじゅ》して*西《さい》路《ろ》に帰《き》せしめしに、他《た》のために破壊《はえ》せられて還《かえ》りて故《もと》のごとし。曠劫《こうごう》よりこのかたつねにかくのごとし。これ今生《こんじょう》にはじめてみづから悟《さと》るにあらず。まさしくよき強縁《ごうえん》に遇《あ》はざるによりて、輪廻《りんね》して得度《とくど》しがたからしむることを致《いた》す」と。

【五二】　またいはく(同・下　五七五)、「種々《しゅじゅ》の法門《ほうもん》みな解脱《げだつ》すれども、念仏《ねんぶつ》して西方《さいほう》に往《ゆ》くに過《す》ぎたるはなし。上《かみ》*一形《いちぎょう》を尽《つく》し、十念《じゅうねん》・三念《さんねん》・五念《ごねん》に至《いた》るまで、仏来迎《ぶつらいこう》したまふ。ただちに弥陀《みだ》の弘誓《ぐぜい》重《かさ》なれるをもつて、凡夫念《ぼんぶねん》ずればすなはち生《しょう》ぜしむることを致《いた》す」と。

351 【五三】　またいはく(般舟讃　七二二)、「一切如来方便《いっさいにょらいほうべん》を設《もう》けたまふこと、また今日《こんにち》の釈迦尊《しゃかそん》に同《おな》じ。機《き》に随《したが》ひて法《ほう》を説《と》くにみな益《やく》を蒙《かぶ》る。おのおの悟解《ごげ》を得《え》て真《しん》

随縁の雑善　衆生《しゅじょう》がおのおのの縁にしたがって修める自力のさまざまな善根《ぜんごん》。

要法　本願の名号《みょうごう》。

劫尽きなん…　ここでの劫は減劫の意。減劫は人間の寿命が次第に減じていく期間。したがって、減劫が終りに近づくにしたがって、五濁の世の相はますますはげしくなっていくという。

西路　西方浄土への往生を勧める教え。

一形　一生涯。

門《もん》に入《い》れと。乃至 仏教多門《ぶつきょうたもん》にして*八万四《はちまんし》なり。まさしく衆生《しゅじょう》の機不同《きふどう》なるがためなり。安身常住《あんしんじょうじゅう》の処《ところ》を覓《もと》めんと欲《おも》はば、まづ要行《ようぎょう》を求《もと》めて真門《しんもん》に入《い》れ」と。

【五四】 またいはく（六六〇）、光明寺《こうみょうじ》（善導）の『礼讃《らいさん》』なり 智昇師《ちしょうし》の『*礼懺儀《らいさんぎ》』の文《もん》にいはく、「それこのごろ、みづから諸方《しょほう》の道俗《どうぞく》を見聞《けんもん》するに、解行不同《げぎょうふどう》にして*専雑《せんぞう》、異《い》あり。ただ意《こころ》をもつぱらにしてなさしむれば、十《じゅう》はすなはち十《じゅう》ながら生《しょう》ず。雑《ぞう》を修《しゅ》するは至心《ししん》ならざれば、千《せん》がなかに一《ひとり》もなし」と。以上

【五五】 元照律師《がんじょうりっし》の『弥陀経《みだきょう》の義疏《ぎしょ》』にいはく、「如来《にょらい》、持名《じみょう》の功勝《こうすぐ》れたることを明《あ》かさんと欲《ほっ》す。まづ余善《よぜん》を貶《へん》して少善根《しょうぜんごん》とす。いはゆる布施《ふせ》・持戒《じかい》・立《りゅう》寺《じ》・造像《ぞうぞう》・*礼誦《らいじゅ》・坐禅《ざぜん》・*懺念《さんねん》・苦行《くぎょう》、一切福業《いっさいふくごう》、もし正信《しょうしん》なければ、回向願求《えこうがんぐ》するにみな少善《しょうぜん》とす。往生《おうじょう》の因《いん》にあらず。もしこの経《きょう》によりて名号《みょうごう》を執持《しゅうじ》せば、決定《けつじょう》して往生《おうじょう》せん。すなはち知《し》んぬ、称名《しょうみょう》はこれ多善根《たぜんごん》・多福徳《たふくとく》なりと。昔《むかし》この解《げ》をなしし、人《ひと》なほ遅疑《ちぎ》しき。近《ちか》く*襄陽《じょうよう》の石碑《せきひ》の経《きょう》の本文《ほんもん》を得《え》て、理《り》冥符《みょうふ》せり。はじめて深信《じんしん》を懐《いだ》く。かれにいはく、〈善男子《ぜんなんし》・善女人《ぜんにょにん》、阿弥陀仏《あみだぶつ》を説《と》くを聞《き》きて、一心《いっしん》にして乱《みだ》れず、名号《みょうごう》を専称《せんしょう》せよ。称名《しょうみょう》をもつてのゆゑに、諸罪消滅《しょざいしょうめつ》す。すなはちこれ多功徳《たくどく》・多善根《たぜんごん》・多福徳因縁《たふくとくいんねん》なり〉」と。以上

八万四 八万四千（多数の意）の法門。仏の説いた教法全体のことであるが、親鸞聖人は本願（第十八願）の法以外の自力方便の教えの意とする。「化身土巻」三九四頁六行以下参照。

礼懺儀 『集諸経礼懺儀』のこと。→集諸経礼懺儀《しゅうしょきょうらいさんぎ》

専雑 専修、雑修のこと。→専修《せんじゅ》、雑修《ざっしゅ》

礼誦 礼拝、読誦のこと。→礼拝《らいはい》、読誦《どくじゅ》

懺念 懺悔《さんげ》の思い。

襄陽の石碑の経 『龍舒《りゅうじょ》浄土文《じょうどもん》』巻一によると、隋《ずい》の陳仁稜《ちんじんりょう》の書になる『小経』を石碑に刻み、襄陽（現在の中国湖北《こほく》省襄陽）に建てたという。この『小経』には「一心不乱」の語の次に「専持名号以称名故諸罪消滅即是多善根福徳因縁（もつぱら名号《みょうごう》を

【五六】 *孤山《こざん》の『疏《しょ》』(阿弥陀経義疏)にいはく、「〈執持名号《しゅうじみょうごう》〉とは、〈執《しゅう》〉はいはく執受《しゅうじゅ》なり、〈持《じ》〉はいはく住持《じゅうじ》なり。信力《しんりき》のゆゑに執受心《しゅうじゅこころ》にあり、念《ねん》力《りき》のゆゑに住持《じゅうじ》して忘《わす》れず」と。以上

【五七】 『大本《だいほん》』(大経・下)にのたまはく、「如来《にょらい》の*興世《こうせ》、値《もうあ》ひがたく見《み》たてまつりがたし。諸仏《しょぶつ》の*経道《きょうどう》、得《え》がたく聞《き》きがたし。菩薩《ぼさつ》の勝法《しょうぼう》、諸波羅蜜《しょはらみつ》、聞《き》くことを得《う》ることまた難《かた》し。善知識《ぜんぢしき》に遇《あ》ひ、法《ほう》を聞《き》きよく行《ぎょう》ずること、これまた難《かた》しとす。もしこの経《きょう》を聞《き》きて信楽受持《しんぎょうじゅじ》すること、難《なん》のなかの難《なん》、これに過《す》ぎて難《かた》きはなけん。このゆゑにわが法《ほう》かくのごとくなしき、かくのごとく説《と》く、かくのごとく教《おし》ふ。まさに信順《しんじゅん》して法《ほう》のごとく修行《しゅぎょう》すべし」と。以上

【五八】 『涅槃経《ねはんぎょう》』(迦葉品)にのたまはく、「経《きょう》のなかに説《と》くがごとし。一切《いっさい》の*梵行《ぼんぎょう》の因《いん》は善知識《ぜんぢしき》なり。一切梵行《いっさいぼんぎょう》の因《いん》無量《むりょう》なりといへども、善知識《ぜんぢしき》を説《と》けばすなはちすでに*摂尽《しょうじん》しぬ。わが所説《しょせつ》のごとし、一切《いっさい》の悪行《あくぎょう》は邪見《じゃけん》なり。一切《いっさい》悪行《あくぎょう》の因《いん》無量《むりょう》なりといへども、もし邪見《じゃけん》を説《と》けばすなはちすでに摂尽《しょうじん》しぬ。あるいは説《と》かく、阿耨多羅三藐三菩提《あのくたらさんみゃくさんぼだい》は信心《しんじん》を因《いん》とす。これ菩提《ぼだい》の因《いん》また無《む》量《りょう》なりといへども、もし信心《しんじん》を説《と》けばすなはちすでに摂尽《しょうじん》しぬ」と。

持つ。名を称するをもつてのゆゑに諸罪消滅す。すなはちこれ多善根福徳の因縁なり)」の二十一字が加わっている。

孤山　智円《ちえん》(九七六―一〇二二)のこと。杭州《こうしゅう》銭塘《せんとう》(現在の浙江省《せっこう》杭州府銭塘県)の人。天台宗山外派《てんだいしゅうさんがいは》に属する学匠で、西湖の孤山に住した。

興世　世に現れること。

経道　諸経に教示された解《げ》脱《だつ》の道。

梵行　梵は清浄《しょうじょう》の意。清浄な行。ここでは念仏の意。

摂尽　おさめ尽すこと。

【五九】 またのたまはく（涅槃経・迦葉品）、「善男子《ぜんなんし》、信《しん》に二種《にしゅ》あり。一《ひと》つには*信《しん》、二《ふた》つには*求《ぐ》なり。かくのごときの人《ひと》、また信《しん》ありといへども、推求《すいぐ》にあたはざる、このゆゑに名《な》づけて信不具足《しんふぐそく》とす。信《しん》にまた二種《にしゅ》あり。一《ひと》つには*聞《もん》より生《しょう》ず、二《ふた》つには*思《し》より生《しょう》ず。この人《ひと》の信心《しんじん》、聞《もん》よりして生《しょう》じて思《し》より生《しょう》ぜざる、このゆゑに名《な》づけて信不具足《しんふぐそく》とす。また二種《にしゅ》あり。一《ひと》つには*道《どう》あることを信《しん》ず、二《ふた》つには*得者《とくしゃ》を信《しん》ず。この人《ひと》の信心《しんじん》、ただ道《どう》あることを信《しん》じて、すべて得《とく》道《どう》の人《ひと》あることを信《しん》ぜず、これを名《な》づけて信不具足《しんふぐそく》とす。また二種《にしゅ》あり。一《ひと》つには信正《しんしょう》、二《ふた》つには信邪《しんじゃ》なり。因果《いんが》あり、仏法僧《ぶっぽうそう》ありといはん、これを信正《しんしょう》と名《な》づく。‡因果《いんが》なく、*三宝《さんぼう》の性《しょう》異《こと》なりといひて、もろもろの邪語《じゃご》、富蘭那《ふらんな》等《とう》を信《しん》ずる、これを信邪《しんじゃ》と名《な》づく。この人《ひと》、仏法僧宝《ぶっぽうそうぼう》を信《しん》ずといへども、*三宝同《さんぼうどう》一《いっ》の性相《しょうそう》を信《しん》ぜず。因果《いんが》を信《しん》ずといへども得者《とくしゃ》を信《しん》ぜず。このゆゑに名《な》づけて信不具足《しんふぐそく》とす。この人《ひと》、不具足信《ふぐそくしん》を成就《じょうじゅ》すと。乃至 善男子《ぜんなんし》、四《よ》つの善事《ぜんじ》あり、悪果《あくか》を獲得《ぎゃくとく》せん。なんらをか四《よ》つとする。一《ひと》つには*勝他《しょうた》のためのゆゑに経典《きょうてん》を読誦《どくじゅ》す。二《ふた》つには*利養《りよう》のためのゆゑに禁戒《きんかい》を受持《じゅじ》せん。三《み》つには*他属《たぞく》のためのゆゑにして布施《ふせ》を行《ぎょう》ぜん。四《よ》つには非想非非想処《ひそうひひそうしょ》のためのゆゑに*繫念《けねん》

信 教法を信受し理解すること。
求 教法のめざすところを一途に求めること。
聞 教法の言葉を聞くだけで、そのいわれを知らないこと。
思 教法のいわれを十分聞きわけて、如実に思い知ること。
道 さとりへの道。また、さとりのこと。
得者 さとりを得た人。
三宝の性異なり 仏法僧の三宝は一体ではなく、それぞれの本質が異なっている。
三宝同一の性相 仏法僧の三宝はその本質が異ならず、一体であるということ。
勝他 他人に勝《まさ》ろうとする思い。
利養 自己の利益。
他属 他人を自己の支配下におこうとすること。

355 思惟《しゆい》せん。この四《よ》つの善事《ぜんじ》、悪果報《あくかほう》を得《え》ん。もし人《ひと》かくのごときの四事《しじ》を修習《しゅじゅう》せん、これを、没《もつ》して没《もつ》しをはりて還《かへ》りて出《い》づ、出《い》でをはりて還《かへ》りて没《もつ》すと名《な》づく。なんがゆゑぞ没《もつ》と名《な》づくる、三有《さんぬ》を楽《ねが》ふがゆゑに。なんがゆゑぞ出《しゅつ》と名《な》づくる、*明《みょう》を見《み》るをもつてのゆゑに。明《みょう》はすなはちこれ*戒《かい》・施《せ》・定《じょう》を聞《き》くなり。なにをもつてのゆゑに還《かへ》りて出没《しゅつもつ》するや、邪見《じゃけん》を増長《ぞうじょう》し憍慢《きょうまん》を生《しょう》ずるがゆゑに。このゆゑに、われ経《きょう》のなかにおいて偈《げ》を説《と》かく、〈もし衆生《しゅじょう》ありて、諸有《しょう》を楽《この》んで、有《う》のために善悪《ぜんあく》の業《ごう》を造作《ぞうさ》する。この人《ひと》は涅槃道《ねはんどう》を迷失《めいしつ》するなり。これを*暫出還復没《ざんしゅつげんぶもつ》と名《な》づく。黒闇生死海《こくあんしょうじかい》を行《ぎょう》じて、解脱《げだつ》を得《う》といへども、煩悩《ぼんのう》を雑《ぞう》するは、この人還《ひとかえ》りて悪果報《あくかほう》を受《う》く。これを暫出還復没《ざんしゅつげんぶもつ》と名《な》づく〉と。

356 如来《にょらい》にすなはち二種《にしゅ》の涅槃《ねはん》あり。一《ひと》つには有為《うい》、二《ふた》つには無為《むい》なり。†有為涅槃《ういねはん》は*常楽我浄《じょうらくがじょう》なし、無為涅槃《むいねはん》は常楽我浄《じょうらくがじょう》あり。この人深《ひとふか》くこの*二種《にしゅ》の戒《かい》ともに善果《ぜんか》ありと信《しん》ず。このゆゑに名《な》づけて戒不具足《かいふぐそく》となす。この人《ひと》は信《しん》・戒《かい》の二事《にじ》を具《ぐ》せず、所楽《しょぎょう》の多聞《たもん》もまた不具足《ふぐそく》なり。いかなるをか名《な》づけて聞不具足《もんふぐそく》とする。如来《にょらい》の所説《しょせつ》は十二部経《じゅうにぶきょう》なり、ただ六部《ろくぶ》を信《しん》じていまだ六部《ろくぶ》を信《しん》ぜず。このゆゑに名《な》づけて聞不具足《もんふぐそく》とす。またこの六部《ろくぶ》の経《きょう》を受持《じゅじ》すといへども、*読誦《どくじゅ》

繋念思惟　思いをとどめて心を一つに集中すること。禅定《ぜんじょう》に同じ。

明　ここでは仏道のこと。

戒施定　持戒《じかい》、布施《ふせ》、禅定のこと。→六波羅蜜《ろくぱらみつ》

暫出還復没　しばらく生死《しょうじ》界を出たとしても結局は生死のなかに沈むことになること。

常楽我浄　常住《じょうじゅう》にして移り変りなく、安らかで楽しみが充ち足り、自在で他に縛られず、煩悩《ぼんのう》のけがれがないこと。涅槃《ねはん》にそなわる四種の徳。→四徳《しとく》

二種の戒　仏教の正しい戒と仏教以外のよこしまな戒。

読誦に…なけん　通常は「読誦し、他のために解説することあたはずは、利益するところなけん」と読む。

にあたはずして他《た》のために解説《げせつ》するは、利益《りやく》するところなけん。このゆゑに名《な》づけて聞不具足《もんふぐそく》とす。またこの六部《ろくぶ》の経《きょう》を受《う》けをはりて、論議《ろんぎ》のためのゆゑに、勝他《しょうた》のためのゆゑに、利養《りよう》のためのゆゑに、*諸有《しょう》のためのゆゑに、*持読誦《じどくじゅ》説《せつ》せん。このゆゑに名《な》づけて聞不具足《もんふぐそく》とす」と。抄略

【六〇】またのたまはく（涅槃経・徳王品）、「善男子《ぜんなんし》、第一真実《だいいちしんじつ》の善知識《ぜんぢしき》は、いはゆる菩薩《ぼさつ》・諸仏《しょぶつ》なり。世尊《せそん》、なにをもつてのゆゑに、つねに三種《さんしゅ》の*善調御《ぜんじょうご》をもつてのゆゑなり。なんらをか三《み》つとする。一《ひと》つには*畢竟軟語《ひっきょうなんご》、二《ふた》つには*畢竟呵責《ひっきょうかしゃく》、三《み》つには*軟語呵責《なんごかしゃく》なり。この義《ぎ》をもつてのゆゑに、菩薩《ぼさつ》・諸仏《しょぶつ》はすなはちこれ真実《しんじつ》の善知識《ぜんぢしき》なり。また次《つぎ》に善男子《ぜんなんし》、仏《ぶつ》および菩薩《ぼさつ》を大医《だいい》とするがゆゑに、善知識《ぜんぢしき》と名《な》づく。なにをもつてのゆゑに、病《やまい》を知《し》りて薬《くすり》を知《し》る、病《やまい》に応《おう》じて薬《くすり》を授《さず》くるがゆゑに。たとへば良医《りょうい》の善《よ》き*八種《はっしゅ》の術《じゅつ》のごとし。まづ病《びょう》相《そう》を観《かん》ず。相《そう》に三種《さんしゅ》あり。なんらをか三《み》つとする。いはく風《ふう》・熱《ねつ》・水《すい》なり。*風《ふう》病《びょう》の人《ひと》にはこれに*蘇油《そゆ》を授《さず》く。*熱病《ねつびょう》の人《ひと》にはこれに*石蜜《しゃくみつ》を授《さず》く。*水病《すいびょう》の人《ひと》にはこれに*薑湯《きょうとう》を授《さず》く。病根《びょうこん》を知《し》るをもつて薬《くすり》を授《さず》くるに、差《い》ゆることを得《う》。ゆゑに良医《りょうい》と名《な》づく。仏《ぶつ》および菩薩《ぼさつ》もまたまたかくのごとし。もろもろの凡夫《ぼんぶ》

諸有のため　人天等の果報《かほう》を得るため。

持読誦説　経典を受持《じゅじ》し、理解して読み、記憶して唱え、他人のために解説すること。

善調御　衆生《しゅじょう》の心をよくととのえる指導方法。

畢竟軟語　この上なくやさしい言葉。

畢竟呵責　この上なくきびしい誡め。

軟語呵責　やさしい言葉ときびしい誡めとを合せ用いること。

八種の術　治身・治眼・治胎・治小児・治瘡・治毒（中毒や毒虫にさされたのを治す）・治邪（邪気鬼病を治す）・知星（治療に当って星のうごきを知る）の八をいう。

風病・熱病・水病　人体を構成する地水火風の四大の

の病《やまい》を知《し》るに三種《さんしゅ》あり。一《ひと》つには貪欲《とんよく》、二《ふた》つには瞋恚《しんに》、三《み》つには愚痴《ぐち》なり。貪《とん》欲《よく》の病《やまい》には教《おし》へて*骨相《こつそう》を観《かん》ぜしむ。瞋恚《しんに》の病《やまい》には慈悲《じひ》の相《そう》を観《かん》ぜしむ。愚痴《ぐち》の病《やまい》には*十二縁相《じゅうにえんそう》を観《かん》ぜしむ。この義《ぎ》をもつてのゆゑに諸仏《しょぶつ》・菩薩《ぼさつ》を善知識《ぜんぢしき》と名《な》づく。善男子《ぜんなんし》、たとへば船師《せんし》のよく人《ひと》を度《ど》するがゆゑに大船師《だいせんし》と名《な》づくるがごとし。諸仏《しょぶつ》・菩薩《ぼさつ》もまたまたかくのごとし。もろもろの衆生《しゅじょう》をして生死《しょうじ》の大《だい》358 海《かい》を度《ど》す。この義《ぎ》をもつてのゆゑに善知識《ぜんぢしき》と名《な》づく」と。抄出

【六一】『華厳経《けごんぎょう》』(入法界品・唐訳)にのたまはく、「なんぢ善知識《ぜんぢしき》を念《ねん》ずるに、われを生《う》める、父母《ぶも》のごとし。われを養《やしな》ふ、乳母《にゅうも》のごとし。*菩提分《ぼだいぶん》を増長《ぞうじょう》す、衆《しゅう》の疾《しつ》を医療《いりょう》するがごとし。天《てん》の甘露《かんろ》を灑《そそ》ぐがごとし。日《ひ》の正道《しょうどう》を示《しめ》すがごとし。月《つき》の浄輪《じょうりん》を転《てん》ずるがごとし」と。

【六二】またのたまはく(同・入法界品・唐訳)、「如来大慈悲《にょらいだいじひ》、世間《せけん》に出現《しゅつげん》して、あまねくもろもろの衆生《しゅじょう》のために、*無上法輪《むじょうほうりん》を転《てん》じたまふ。如来《にょらい》無数劫《むしゅこう》に勤《ごん》苦《く》せしことは衆生《しゅじょう》のためなり。いかんぞもろもろの世間《せけん》、よく大師《だいし》の恩《おん》を報《ほう》ぜん」と。以上

359 【六三】光明寺《こうみょうじ》の和尚《かしょう》(善導)のいはく(般舟讃 七三三)、「ただ恨《うら》むらくは、

うち、風大の不調によって熱病、火大の不調によって水病がおこるという。

蘇油 牛酪からつくった油。食用、あるいは塗身に用いる。また、蘇摩那の花汁でつくった香油。

石蜜 氷砂糖。

薑湯 しょうが湯。

骨相を観ぜしむ 身体は白骨を連ねたものにすぎないと観ずる修行法。

十二縁相 十二因縁のこと。↓十二因縁《じゅうにいんねん》

菩提分 菩提(さとり)にかかわるすべての功徳《くどく》。

無上法輪 この上ない教えの輪。仏の教法は衆生《しゅじょう》の煩悩《ぼんのう》を打ちくだき、次々と広まってゆくので、車輪に喩える。

衆生《しゅじょう》の疑《うたが》ふまじきを疑《うたが》ふことを。浄土《じょうど》対面《たいめん》してあひ忤《たが》はず。弥陀《みだ》の摂《しょう》と不摂《ふしょう》とを論《ろん》ずることなかれ。意専心《こころせんしん》にして回《え》すると回《え》せざるとにあり。あるいはいはく、今《きょう》より仏果《ぶつか》に至《いた》るまで、長劫《じょうごう》に仏《ぶつ》を讃《ほ》めて慈恩《じおん》を報《ほう》ぜん。弥陀《みだ》の弘《ぐ》誓《ぜい》の力《ちから》を蒙《かぶ》らずは、いづれの時《とき》いづれの劫《こう》にか娑婆《しゃば》を出《い》でん、いかんしてか今《こん》日《にち》*宝国《ほうこく》に至《いた》ることを期《ご》せん。まことにこれ*娑婆本師《しゃばほんし》の力《ちから》なり。もし*本師知識《ほんしちしき》の勧《すす》めにあらずは、弥陀《みだ》の浄土《じょうど》いかんしてか入《い》らん。浄土《じょうど》に生《しょう》ずることを得《え》て慈恩《じおん》を報《ほう》ぜよ」と。

【六四】またいはく（礼讃　六七六）、「仏《ぶつ》の世《よ》にはなはだ値《もうあ》ひがたし。人信慧《ひとしんね》あること難《かた》し。たまたま希有《けう》の法《ほう》を聞《き》くこと、これまたもつとも難《かた》しとす。*みづから信《しん》じ、人《ひと》を教《おし》へて信《しん》ぜしむること、難《かた》きなかにうたたまた難《かた》し。大悲弘《だいひひろ》く弘《ぐ》の字、智昇法師《ちしょうほっし》の『*懺儀《さんぎ》』の文《もん》なり　あまねく化《け》するは、まことに仏恩《ぶっとん》を報《ほう》ずるになる」と。

【六五】またいはく（法事讃・下　五八五）、「*帰去来《いざいなん》、*他郷《たきょう》には停《とど》まるべからず。仏《ぶつ》に従《したが》ひて*本家《ほんけ》に帰《き》せよ。*本国《ほんごく》に還《かえ》りぬれば、一切《いっさい》の*行願《ぎょうがん》自然《じねん》に成《じょう》ず。悲喜《ひき》交《まじ》はり流《なが》る。深《ふか》くみづから度《はか》るに、釈迦仏《しゃかぶつ》の開悟《かいご》によらずは、弥陀《みだ》の*名願《みょうがん》い

宝国　阿弥陀仏の浄土のこと。

娑婆本師・本師知識　釈尊のこと。

みづから…　→自信教人《じしんきょうにん》信《しん》

懺儀　『集諸経礼懺儀《しゅうしょきょうらいさんぎ》』のこと。→集諸経礼懺儀

帰去来　さあ帰ろう。陶淵《とうえん》明《めい》（三六五―四二七）の「帰去来辞《ききょらいのじ》」の中の言葉。故郷に帰る決意を述べたものであるが、ここでは浄土に生れたいという意をあらわす。

他郷　娑婆《しゃば》世界のこと。衆《しゅ》生《じょう》にとって真実の故郷というべきは阿弥陀仏の浄土であるから、娑婆を他郷という。

本家・本国　阿弥陀仏の浄土を指す。

行願　自利利他の完成を願うこと（四弘誓願《しぐぜいがん》・十大願

づれの時《とき》にか聞《き》かん。仏《ぶつ》の慈恩《じおん》を荷《に》なひても、実《じっ》に報《ほう》じがたし」と。

【六六】　またいはく（法事讃・下　五九二）、「十方六道《じっぽうろくどう》、同《おな》じくこれ輪廻《りんね》して際《きわ》なし、*循々《じゅんじゅん》として*愛波《あいは》に沈《しず》みて苦海《くかい》に沈《しず》む。仏道人身《ぶつどうにんじん》得《え》がたくしていますでに得《え》たり。浄土《じょうど》聞《き》きがたくしていますでに聞《き》けり。信心《しんじん》発《おこ》しがたくしていますでに発《おこ》せり」と。以上

【六七】　まことに知《し》んぬ、専修《せんじゅ》にして雑心《ざっしん》なるものは大慶喜心《だいきょうきしん》を獲《え》ず。ゆゑに宗師《しゅうし》（善導）は、「かの仏恩《ぶっとん》を念報《ねんぽう》することなし。*業行《ごうぎょう》をなすといへども心《こころ》に*軽慢《きょうまん》を生《しょう》ず。つねに*名利《みょうり》と相応《そうおう》するがゆゑに、*人我《にんが》おのづから覆《おお》ひて同行《どうぎょう》・善知識《ぜんぢしき》に親近《しんごん》せざるがゆゑに、楽《この》みて雑縁《ぞうえん》に近《ちか》づきて往生《おうじょう》の正行《しょうぎょう》を*自障障他《じしょうしょうた》するがゆゑに」（礼讃　六六〇）といへり。

悲《かな》しきかな、*垢障《くしょう》の凡愚《ぼんぐ》、*無際《むさい》よりこのかた助正間雑《じょしょうけんぞう》し、定散心雑《じょうさんしんぞう》するがゆゑに、出離《しゅつり》その期《ご》なし。みづから流転輪廻《るてんりんね》を度《はか》るに、*微塵劫《みじんごう》を超過《ちょうか》すれども、仏願力《ぶつがんりき》に帰《き》しがたく、大信海《だいしんかい》に入《い》りがたし。まことに*傷嗟《しょうさ》すべし、深《ふか》く悲歎《ひたん》すべし。おほよそ大小聖人《だいしょうしょうにん》・一切善人《いっさいぜんにん》、本願《ほんがん》の嘉号《かごう》をもつておのれが善根《ぜんごん》とするがゆゑに、信《しん》を生《しょう》ずることあたはず、仏智《ぶっち》を了《さと》ら

等）とその実践修行（四《し》摂《しょう》・六度等）をいう。

名願　名号《みょうごう》願力。名号にこめられた本願の救済力。

循々として　めぐりめぐって。

愛波　愛執・恩愛の心を波に喩える。

業行　仏道修行。

軽慢　みずから思いあがって、他人をみくだしあなどること。

名利　名聞利養《みょうもんりよう》。名誉や利益。

人我　我執《がしゅう》。自己にとらわれること。

自障障他　みずからさまたげ、他人をもさまたげること。

垢障の凡愚　煩悩悪業《ぼんのうあくごう》の障りをもった愚かな凡夫《ぼんぶ》。

無際　無始《むし》。永遠の昔。

微塵劫　はかりしれないほ

ず。*かの因《いん》を建立《こんりゅう》せることを了知《りょうち》することあたはざるゆゑに、報土《ほうど》に入《い》ることなきなり。

【六八】 ここをもつて愚禿釈《ぐとくしゃく》の鸞《らん》、*論主《ろんじゅ》の解義《げぎ》を仰《あお》ぎ、*宗師《しゅうし》の勧化《かんけ》によりて、久《ひさ》しく*万行諸善《まんぎょうしょぜん》の仮門《けもん》を出《い》でて、永《なが》く双樹林下《そうじゅりんげ》の往生《おうじょう》を離《はな》る。*善本《ぜんぽん》徳本《とくほん》の真門《しんもん》に回入《えにゅう》して、ひとへに難思往生《なんじおうじょう》の心《しん》を発《おこ》しき。しかるにいまことに方便《ほうべん》の真門《しんもん》を出《い》でて、*選択《せんじゃく》の願海《がんかい》に*転入《てんにゅう》せり。すみやかに難思往《なんじおう》生《じょう》の心《しん》を離《はな》れて、難思議往生《なんじぎおうじょう》を遂《と》げんと欲《ほっ》す。果遂《かすい》の誓《ちかい》(第二十願)、まことに由《ゆえ》あるかな。ここに久《ひさ》しく願海《がんかい》に入《い》りて、深《ふか》く仏恩《ぶっとん》を知《し》れり。至徳《しとく》を報謝《ほうしゃ》せんがために、真宗《しんしゅう》の簡要《かんよう》を摭《ひろ》うて、恒常《ごうじょう》に不可思議《ふかしぎ》の徳海《とくかい》を称《しょう》念《ねん》す。いよいよこれを喜愛《きあい》し、ことにこれを頂戴《ちょうだい》するなり。

【六九】 まことに知《し》んぬ、聖道《しょうどう》の諸教《しょきょう》は、*在世《ざいせ》・正法《しょうぼう》のためにして、まったく*像末《ぞうまつ》・*法滅《ほうめつ》の時機《じき》にあらず。すでに時《とき》を失《しっ》し機《き》に乖《そむ》けるなり。浄土真《じょうどしん》宗《しゅう》は、在世《ざいせ》・正法《しょうぼう》、像末《ぞうまつ》・法滅《ほうめつ》、濁悪《じょくあく》の群萌《ぐんもう》、斉《ひと》しく悲引《ひいん》したまふをや。

【七〇】 ここをもつて経家《きょうけ》によりて師釈《ししゃく》を披《ひら》きたるに、「説人《せつにん》の差別《しゃべつ》を弁《べん》ぜば、おほよそ諸経《しょきょう》の起説《きせつ》、五種《ごしゅ》に過《す》ぎず。一《ひと》つには仏説《ぶっせつ》、二《ふた》つには*聖弟《しょうで》

ど長い時間。

傷嗟 いたみなげくこと。

かの因を… 阿弥陀仏が浄土往生の因をたてたことを明らかに信知することができないからという意。

論主・宗師 論主は龍樹《りゅうじゅ》・天親《てんじん》の二菩薩、宗師は曇鸞《どんらん》大師《だいし》以下の五祖を指す。

万行諸善の仮門 第十九《じゅうく》願の法門のこと。→要門《ようもん》

善本徳本の真門 第二十願の法門のこと。→真門《しんもん》

選択の願海 第十八願のところ。

転入 転捨帰入《てんしゃきにゅう》のこと。自力の行と信を捨てて、本願他力の世界にはいること。

在世正法のためにして 釈尊がこの世にいる時と、滅後五百年(千年)間だけ、解脱《げだつ》の道として有効であるという意。

子説《しせつ》、三《み》つには*天仙説《てんせんせつ》、四《よ》つには鬼神説《きじんせつ》、五《いつ》つには*変化説《へんげせつ》なり」(玄義分三〇五)と。しかれば、四種《ししゅ》の所説《しょせつ》は信用《しんよう》に足《た》らず。この三経《さんぎょう》はすなはち大聖《だいしょう》(釈尊)の自説《じせつ》なり。

【七二】『大論《だいろん》』(大智度論)に四依《しえ》を釈《しゃく》していはく、「*涅槃《ねはん》に入《い》りなんとせし時《とき》、もろもろの比丘《びく》に語《かた》りたまはく、〈今日《こんにち》より*法《ほう》に依《よ》りて*人《にん》に依《よ》らざるべし、*義《ぎ》に依《よ》りて*語《ご》に依《よ》らざるべし、*智《ち》に依《よ》りて*識《しき》に依《よ》らざるべし、*了義経《りょうぎきょう》に依《よ》りて*不《ふ》了義《りょうぎ》に依《よ》らざるべし。法《ほう》に依《よ》るとは、法《ほう》に*十二部《じゅうにぶ》あり、この法《ほう》に随《したが》ふべし、人《にん》に随《したが》ふべからず。義《ぎ》に依《よ》るとは、義《ぎ》のなかに好悪《こうあく》・罪福《ざいふく》・虚実《こじつ》を諍《あらそ》ふことなし、ゆゑに語《ご》はすでに義《ぎ》を得《え》たり、義《ぎ》は語《ご》にあらざるなり。人《ひと》*指《ゆび》をもつて*月《つき》を指《おし》ふ、もつてわれを示教《じきょう》す、指《ゆび》を看視《かんし》して月《つき》を視《み》ざるがごとし。人語《ひとかた》りていはん、《われ指《ゆび》をもつて月《つき》を指《おし》ふ、なんぢをしてこれを知《し》らしむ、なんぢなんぞ指《ゆび》を看《み》て、しかうして月《つき》を視《み》ざるや》と。これまたかくのごとし。語《ご》は義《ぎ》の指《ゆび》とす、語《ご》は義《ぎ》にあらざるなり。これをもつてのゆゑに、語《ご》に依《よ》るべからず。†智《ち》に依《よ》るとは、智《ち》はよく善悪《ぜんあく》を*籌量《ちゅうりょう》し分別《ふんべつ》す。識《しき》はつねに楽《らく》を求《もと》む、*正要《しょうよう》に入《い》らず。このゆゑに識《しき》‡に依《よ》るべからずといへり。‡了義経《りょうぎきょう》に依《よ》るとは、一切智人《いっさいちにん》

像末　像法、末法のこと。→像法《ぞうぼう》、末法《まっぽう》

法滅　正像末の三時が終って、仏法がこの世界から滅《めつ》尽《じん》すること。

聖弟子　舎利弗《しゃりほつ》等の仏弟子。

天仙　梵天《ぼんてん》・帝釈天《たいしゃくてん》等の護法の善神や仏法に帰依《きえ》した仙人。

変化　変化身のこと。仏・菩薩がすがたを変えて仮に現れたもの。

涅槃に…　(釈尊が)この世から去ろうとする時。

法　教法。

人　教法を説く人。

義　教法の本質的意味内容。

語　教法の言説表現。

智　真実の智慧《ちえ》。

識　虚妄分別《こもうふんべつ》のこころ。

了義経　仏の真意が完全に説き示されている経典。

不了義　仏の真意が十分に

います、仏第一《ぶつだいいち》なり。一切諸経書《いっさいしょきょうしょ》のなかに仏法第一《ぶっぽうだいいち》なり。一切衆《いっさいしゅ》のなかに*比《び》丘僧第一《くそうだいいち》なり〉と。無仏世《むぶっせ》の衆生《しゅじょう》を、仏《ぶつ》これを重罪《じゅうざい》としたまへり、見仏《けんぶつ》の善《ぜん》根《ごん》を種《う》ゑざる人《ひと》なり」と。以上

【七二】 しかれば、*末代《まつだい》の道俗《どうぞく》、よく四依《しえ》を知《し》りて法《ほう》を修《しゅ》すべきなりと。

【七三】 しかるに正真《しょうしん》の教意《きょうい》によって*古徳《ことく》の伝説《でんせつ》を披《ひら》く。聖道《しょうどう》・浄土《じょうど》の真《しん》仮《け》を顕開《けんかい》して、邪偽*異執《じゃぎいしゅう》の外教《げきょう》を教誡《きょうかい》す。如来涅槃《にょらいねはん》の時代《じだい》を*勘決《かんけつ》して正《しょう》像末法《ぞうまっぽう》の*旨際《しさい》を開示《かいじ》す。

【七四】 ここをもって玄中寺《げんちゅうじ》の綽和尚《しゃくかしょう》（道綽）のいはく（安楽集・下 二六〇）、「しかるに修道《しゅどう》の身《しん》、相続《そうぞく》して絶《た》えずして、一万劫《いちまんごう》を経《へ》てはじめて不退《ふたい》の位《くらい》を証《しょう》す。当今《とうこん》の凡夫《ぼんぶ》は現《げん》に*信想軽毛《しんそうきょうもう》と名《な》づく、また*仮名《けみょう》といへり、また不定聚《ふじょうじゅ》と名《な》づく、また*外《げ》の凡夫《ぼんぶ》と名《な》づく。いまだ火宅《かたく》を出《い》でず。なにをもって知《し》ることを得《え》んと、『菩薩瓔珞経《ぼさつようらくきょう》』によりて、つぶさに*入道行位《にゅうどうぎょうい》を弁《べん》ずるに、*法爾《ほうに》なるがゆゑに難行道《なんぎょうどう》と名《な》づく」と。

【七五】 またいはく（同・上 一八二）、「*教興《きょうこう》の所由《しょゆ》を明《あ》かして、時《じ》に約《やく》し機《き》に被《かぶ》らしめて浄土《じょうど》に勧帰《かんき》することあらば、もし機《き》と教《きょう》と時《じ》と乖《そむ》けば、修《しゅ》しがたく

説き示されていない、方便の教えを説いた経典。

十二部 十二部経のこと。→十二部経《じゅうにぶきょう》

指 「語」を喩えていう。

月 「義」を喩えていう。

籌量 ものごとのよしあしをはからい知ること。

正要 さとりに入るための正しい肝要な道。

比丘僧 僧伽《そうぎゃ》（仏教教団）のこと。→僧《そう》

末代の道俗 末法の時代の出家と在家の者。→末法《まっぽう》

古徳の伝説 古の高徳方が伝え説いたところ。

異執 正しい道理に異なる思想・見解に執着すること。

勘決 考え定めること。

旨際 区別。

信想軽毛 信心が薄いことは、風に吹かれて飛ぶ軽い毛のようなものであるとい

入《い》りがたし。『正法念経《しょうぼうねんぎょう》』にいはく、〈行者一心《ぎょうじゃいっしん》に道《どう》を求《もと》めん時《とき》、つねにまさに時《とき》と方便《ほうべん》とを観察《かんざつ》すべし。もし時《とき》を得《え》ざれば方便《ほうべん》なし。これを名《な》づけて失《しつ》とす、利《り》と名《な》づけず。いかんとならば、湿《うるお》へる木《き》を攅《き》りてもつて火《ひ》を求《もと》めんに、火《ひ》得《う》べからず、時《とき》にあらざるがゆゑに。もし乾《か》れたる薪《たきぎ》を折《お》りてもつて水《みず》を覓《もと》めんに、水《みず》得《う》べからず、智《ち》なきがごときのゆゑに〉と。『*大集《だいじゅう》の月蔵経《がつぞうきょう》』にのたまはく（大集経）、〈仏滅度《ぶつめつど》の後《のち》の第一《だいいち》の五百年《ごひゃくねん》には、わがもろもろの弟《で》子《し》、慧《え》を学《まな》ぶこと堅固《けんご》なることを得《え》ん。第二《だいに》の五百年《ごひゃくねん》には定《じょう》を学《まな》ぶこと堅固《けんご》なることを得《え》ん。第三《だいさん》の五百年《ごひゃくねん》には多聞《たもん》・読誦《どくじゅ》を学《まな》ぶこと堅固なることを得《え》ん。第四《だいし》の五百年《ごひゃくねん》には塔寺《とうじ》を造立《ぞうりゅう》し、福《ふく》を修《しゅ》し、懺悔《さんげ》すること堅固《けんご》なることを得《え》ん。第五《だいご》の五百年《ごひゃくねん》には*白法隠滞《びゃくほうおんたい》して多《おお》く*諍訟《じょうじゅ》あらん、微《すこ》しき善法《ぜんぽう》ありて堅固《けんご》なることを得《え》ん〉と。今《いま》の時《とき》の衆生《しゅじょう》を計《はか》るに、すなはち仏《ぶつ》、世《よ》を去《さ》りたまひて後《のち》の第四《だいし》の五百年《ごひゃくねん》に当《あた》れり。まさしくこれ懺悔《さんげ》し、福《ふく》を修《しゅ》し、仏《ぶつ》の名《みょう》号《ごう》を称《しょう》すべき時《とき》のものなり。一念阿弥陀仏《いちねんあみだぶつ》を称《しょう》するに、すなはちよく八十億《はちじゅうおく》劫《こう》の生死《しょうじ》の罪《つみ》を除却《じょきゃく》せん。一念《いちねん》すでにしかなり。いはんや常念《じょうねん》に修《しゅ》するは、すなはちこれつねに懺悔《さんげ》する人《ひと》なり」と。

う意。

仮名　名ばかりの菩薩。菩薩の位の最初、十信位《じっしんい》を指す。→菩薩《ぼさつ》

外の凡夫　少しも煩悩《ぼんのう》を断じていない者。また外凡《げぼん》の位、すなわち十信位の菩薩とする説もある。

入道行位　さとりに到達するまでの修行の階梯《かいてい》。

法爾　法のごとくあること。ここでは修行によって一段一段と菩薩の階位を経なければならないことを指す。

教興の所由　浄土教がおこったその理由。

大集の月蔵経　『大集経』の「月蔵分」のこと。→大集経《だいじっきょう》

白法隠滞　仏の教え(白法)がかくれとどこおること。

諍訟　争いごと。

住滅　この世界にとどまる

【七六】 またいはく（安楽集・下 二七二）、「経《きょう》の*住滅《じゅうめつ》を弁《べん》ぜば、いはく、釈迦《しゃか》牟尼仏一代《むにぶついちだい》、正法五百年《しょうぼうごひゃくねん》、像法一千年《ぞうぼういっせんねん》、末法一万年《まっぽういちまんねん》には、衆生減《しゅじょうげん》じ尽《つ》き、諸《しょ》経《きょう》ことごとく滅《めつ》せん。如来《にょらい》、痛焼《つうしょう》の衆生《しゅじょう》を悲哀《ひあい》して、特《こと》に此《こ》の経《きょう》を留《とど》めて止《し》住《じゅう》せんこと百年《ひゃくねん》ならん」と。

【七七】 またいはく（同・上 二四二）、「『大集経《だいじっきょう》』にのたまはく、〈わが末法《まっぽう》の時《とき》のなかの億々《おくおく》の衆生《しゅじょう》、行《ぎょう》を起《おこ》し道《どう》を修《しゅ》せんに、いまだ一人《いちにん》も得《う》るものあらじ〉と。当今《とうこん》は末法《まっぽう》にしてこれ五濁悪世《ごじょくあくせ》なり。ただ浄土《じょうど》の一門《いちもん》のみありて通入《つうにゅう》すべき路《みち》なり」と。以上

【七八】 しかれば、穢悪濁世《えあくじょくせ》の群生《ぐんじょう》、末代《まつだい》の旨際《しさい》を知《し》らず、僧尼《そうに》の威儀《いぎ》を毀《そし》る。今《いま》の時《とき》の道俗《どうぞく》、おのれが分《ぶん》を思量《しりょう》せよ。

【七九】 三時《さんじ》の教《きょう》を案《あん》ずれば、*如来般涅槃《にょらいはつねはん》の時代《じだい》を勘《かんが》ふるに、*周《しゅう》の第五《だいご》の主《しゅ》、穆王《ぼくおう》*五十三年《ごじゅうさんねん》壬申《みずのえさる》に当《あた》れり。その壬申《みずのえさる》よりわが*元仁元年《げんにんがんねん》 元仁《げんにん》とは*後堀河院《ごほりかわいん》、諱茂仁《いみなゆたひと》の聖代《せいだい》なり 甲申《きのえさる》に至《いた》るまで、*二千一百七十三歳《にせんいっぴゃくしちじゅうさんさい》なり。また『賢劫経《げんごうぎょう》』・『仁王経《にんのうぎょう》』・『涅槃《ねはん》』等《とう》の説《せつ》によるに、すでにもつて末法《まっぽう》に入《い》りて*六百七十三歳《ろっぴゃくしちじゅうさんさい》なり。

ことと滅すること。

如来般涅槃の時代 釈尊が入滅《にゅうめつ》した年代。

周の… 紀元前九四九年にあたる。

五十三年 底本に「五十一年」とあるのを改めた。

元仁元年 一二二四年。親鸞聖人五十二歳。一般にはこの年が本書の撰述年代とされる。

後堀河院 後堀河天皇（一二一二―一二三四。在位一二二一―一二三二）。

二千一百七十三歳 底本に「二千一百八十三歳」とあるのを改めた。

六百七十三歳 底本に「六百八十三歳」とあるのを改めた。

368 【八〇】『末法灯明記《まっぽうとうみょうき》』最澄《さいちょう》の製作《せいさく》を披閲《ひえつ》するにいはく、「それ*一如《いちにょ》に範衛《はんえい》してもつて化《け》を流《なが》すものは*法王《ほうおう》、*四海《しかい》に光宅《こうたく》してもつて風《ふう》を垂《た》るるものは*仁王《にんのう》なり。しかればすなはち、仁王《にんのう》・法王《ほうおう》、たがひに顕《あらわ》れて*物《もの》を開《かい》し、*真諦《しんたい》・俗諦《ぞくたい》たがひによりて教《きょう》を弘《ひろ》む。このゆゑに*玄籍《げんせき》*宇内《うだい》に盈《み》ち、*嘉猷《かゆう》天下《てんか》に溢《み》てり。ここに愚僧等率《ぐそうらそつ》して*天網《てんもう》に容《い》り、俯《ふ》して*厳科《げんか》を仰《あお》ぐ。いまだ*寧処《ねいしょ》に遑《いとま》あらず。しかるに法《ほう》に三時《さんじ》あり、人《ひと》また三品《さんぼん》なり。*化制《けせい》の旨《むね》、時《とき》によりて興替《こうたい》す。毀讃《きさん》の文《もん》、人《ひと》に逐《したが》つて取捨《しゅしゃ》す。それ*三古《さんこ》の運《うん》、*減衰同《げんすいおな》じからず。*後五《ごご》の機《き》、慧悟《えご》また異《こと》なり。あに一途《いちず》によつて済《すく》はんや、一理《いちり》について整《ただ》さんや。ゆゑに正像末《しょうぞうまつ》の旨際《しさい》を詳《つまび》らかにして、試《こころ》みに*破持僧《はじそう》の事《じ》を彰《あらわ》さん。なかにおいて三《さん》あり。初《はじ》めには正像末《しょうぞうまつ》を決《けっ》す。次《つぎ》に破持僧《はじそう》の事《じ》を定《さだ》む。後《のち》に教《きょう》を挙《あ》げて比例《ひれい》す。

初《はじ》めに正像末《しょうぞうまつ》を決《けっ》するに、諸説《しょせつ》を出《いだ》すこと同《おな》じからず。しばらく一説《いっせつ》を述《じゅつ》
369 せん。大乗基《だいじょうき》、『賢劫経《げんごうぎょう》』を引《ひ》きていはく、〈仏涅槃《ぶつねはん》の後《のち》、正法五百年《しょうぼうごひゃくねん》、像法《ぞうぼう》一千年《いっせんねん》ならん。この千五百年《せんごひゃくねん》の後《のち》、釈迦《しゃか》の法滅尽《ほうめつじん》せん〉と。末法《まっぽう》をいはず。余《よ》の所説《しょせつ》に准《なずら》ふるに、尼《に》、八敬《はっきょう》に順《したが》はずして懈怠《けだい》なるがゆゑに、法更増《ほうきょうぞう》せず。ゆゑにかれによらず。また『涅槃経《ねはんぎょう》』に、〈末法《まっぽう》のなかにおいて十二万《じゅうにまん》の

一如に…　唯一絶対の真実にもとづいて教え導く者は。
法王　法門の王。仏を讃嘆していう語。
四海に…　天下を治めて徳風を垂れる者は。
仁王　いつくしみをそなえた国王。
物を開し　人々を導き。
真諦俗諦　仏法と世俗の法（王法）。
玄籍　深遠な意義をもつ典籍。仏典を指す。
宇内　天下。世界。
嘉猷　善いはかりごと。善い道。
天網　もと『老子』の言葉。天が罪人を捕らえるために張りめぐらす網。ここでは破戒《はかい》僧を戒めるための詔。
厳科　きびしい罰のこと。
寧処に…　心安らかに落ち着いていられない。
化制　化教と制教。化教は

大菩薩衆《だいぼさつしゅ》ましまして、法《ほう》を持《たも》ちて滅《めっ》せず〉と。これは上位《じょうい》によるがゆゑにまた同《おな》じからず。

問《と》ふ。もししからば、千五百年《せんごひゃくねん》のうちの行事《ぎょうじ》いかんぞや。

答《こた》ふ。『大術経《だいじゅつきょう》』によるに、〈仏涅槃《ぶつねはん》の後《のち》の初《はじ》めの五百年《ごひゃくねん》には、*大迦葉等《だいかしょうとう》の*七賢聖僧《しちげんじょうそう》、次第《しだい》に正法《しょうぼう》を持《たも》ちて滅《めっ》せず、五百年《ごひゃくねん》の後《のち》、正法滅尽《しょうぼうめつじん》せんと。六《ろっ》百年《ぴゃくねん》に至《いた》りて後《のち》、九十五種《くじゅうごしゅ》の外道《げどう》競《きお》ひ起《おこ》らん、馬鳴《めみょう》世《よ》に出《い》でてもろもろの外《げ》道《どう》を伏《ぶく》せん。七百年《しちひゃくねん》のうちに、龍樹《りゅうじゅ》世《よ》に出《い》でて邪見《じゃけん》の幢《はたぼこ》を摧《くだ》かん。八百年《はっぴゃくねん》において、比丘《びく》*縦逸《じゅういつ》にして、わづかに一二《いちに》*道果《どうか》を得《う》るものあらん。九百年《くひゃくねん》に至《いた》りて、奴《ぬ》を比丘《びく》とし、婢《ひ》を尼《に》とせん。一千年《いっせんねん》のうちに、*不浄観《ふじょうかん》を聞《き》かん、瞋恚《しんに》して欲《ほっ》せじ。千一百年《せんいっぴゃくねん》に、*僧尼嫁娶《そうにかじゅ》せん、僧《そう》*毘尼《びに》を毀謗《きほう》せん。千二百《せんにひゃく》年《ねん》に、諸僧尼等《しょそうにとう》ともに子息《しそく》あらん。千三百年《せんさんびゃくねん》に、袈裟《けさ》変《へん》じて白《しろ》からん。千四《せんし》百年《ひゃくねん》に、*四部《しぶ》の弟子《でし》みな猟師《りょうし》のごとし、三宝物《さんぼうもつ》を売《う》らん。ここにいはく、千五《せんご》百年《ひゃくねん》に*拘睒弥国《くせんみこく》にふたりの僧《そう》ありて、たがひに是非《ぜひ》を起《おこ》してつひに殺害《せつがい》せん、よつて教法竜宮《きょうぼうりゅうぐう》に蔵《おさ》まるなり〉と。『涅槃《ねはん》』の十八《じゅうはち》および『仁王《にんのう》』等《とう》にまたこの文《もん》あり。これらの経文《きょうもん》に準《なずら》ふるに、千五百年《せんごひゃくねん》の後《のち》、戒《かい》・定《じょう》・慧《え》あることな

衆生《しゅじょう》教化のための教え（経蔵・論蔵）。制教は仏弟子の過ちを制止する戒律の教え（律蔵）。

三古の運　中国の古い時代を三期に分け、各期をその時代の聖賢で代表させたもの。上古は伏羲《ふくぎ》、中古は文王、下古は孔子とする。

減衰　現行の『末法灯明記《まっぽうとうみょうき》』には「盛衰」とある。

後五　仏滅後の二千五百年を五百年ごとに五期に分け、仏教が次第に衰えていくさまを示したもの。第一期は解脱堅固《げだつけんご》、第二期は禅定《ぜんじょう》堅固《けんご》、第三期は多聞堅固《たもんけんご》、第四期は造寺堅固《ぞうじけんご》、第五期は闘諍堅固《とうじょうけんご》といわれる。

破持僧　破戒《はかい》僧と持戒《じかい》僧のありさま。

大迦葉　摩訶迦葉《まかかしょう》のこと。→摩訶迦葉

きなり。ゆゑに『大集経《だいじっきょう》』の五十一《ごじゅういち》にいはく、〈わが滅度《めつど》の後《のち》、初《はじ》めの五百《ごひゃく》年《ねん》には、もろもろの比丘《びく》等《とう》わが正法《しょうぼう》において*解脱堅固《げだつけんご》ならん。初《はじ》めに聖果《しょうか》を得《う》るを名《な》づけて解脱《げだつ》とす。次《つぎ》の五百年《ごひゃくねん》には、*禅定堅固《ぜんじょうけんご》ならん。次《つぎ》の五百年《ごひゃくねん》には、*多聞堅固《たもんけんご》ならん。次《つぎ》の五百年《ごひゃくねん》には、*造寺堅固《ぞうじけんご》ならん。後《のち》の五百年《ごひゃくねん》には、*闘諍堅固《とうじょうけんご》ならん、*白法隠没《びゃくほうおんもつ》せん〉と云々《うんぬん》。この意《い》、初《はじ》めの三分《さんぶん》の五百年《ごひゃくねん》は、次《つ》いでのごとく戒《かい》・定《じょう》・慧《え》の三法《さんぽう》、堅固《けんご》に住《じゅう》することを得《え》ん。すなはち上《かみ》に引《ひ》くところの正法五百年《しょうぼうごひゃくねん》、像法一千《ぞうぼういっせん》の二時《にじ》これなり。造寺以後《ぞうじいご》は、ならびにこれ末法《まっぽう》なり。ゆゑに基《き》の『般若会《はんにゃえ》の釈《しゃく》』にいはく、〈正法五百年《しょうぼうごひゃくねん》、像法一千年《ぞうぼういっせんねん》、この千五百年《せんごひゃくねん》の後《のち》、正法滅尽《しょうぼうめつじん》せん〉と。ゆゑに知《し》んぬ、以後《いご》はこれ末法《まっぽう》に属《ぞく》す。

問《と》ふ。もししからば、今《いま》の世《よ》は、まさしくいづれの時《とき》にか当《あ》たれるや。

答《こた》ふ。滅後《めつご》の年代多説《ねんだいたせつ》ありといへども、しばらく両説《りょうせつ》を挙《あ》ぐ。一《ひと》つには*法上《ほうじょう》師等《しとう》、『*周異《しゅうい》』の説《せつ》によりていはく、仏《ぶつ》、第五《だいご》の主《しゅ》、*穆王満五十三年壬申《ぼくおうまんごじゅうさんねんみずのえさる》に当《あた》りて入滅《にゅうめつ》したまふと。もしこの説《せつ》によらば、その壬申《みずのえさる》よりわが*延暦二十年《えんりゃくにじゅうねん》辛巳《かのとのみ》に至《いた》るまで、一千七百五十歳《いっせんしちひゃくごじっさい》なり。二《ふた》つには*費長房等《ひちょうぼうとう》、魯《ろ》の『*春秋《しゅんじゅう》』によらば、仏《ぶつ》、周《しゅう》の第二十《だいにじゅう》の主《しゅ》、*匡王班四年壬子《きょうおうはんしねんみずのえね》に当《あた》りて入滅《にゅうめつ》したまふ。

七賢聖僧　仏滅後に大法を伝え護る七僧。摩訶迦葉《まかかしょう》・阿難《あなん》・優婆毱多《うばきくた》・尸羅難陀《しらなんだ》・青蓮花（華）眼・牛口・宝天を指す。

縦逸　ほしいままにふるまうこと。

道果　阿羅漢果のこと。→阿羅漢《あらかん》

不浄観　肉体の不浄を観じて煩悩《ぼんのう》を取り除く観法。五停心観《ごじょうしんかん》の一。

僧尼嫁娶せん　比丘《びく》は娶り、比丘尼は嫁ぐことになるであろう。

毘尼　梵語ヴィナヤ(vinaya)の音写。毘奈耶とも音写する。律のこと。

四部の弟子　四衆のこと。→四衆《ししゅ》

拘睒弥国　拘睒は梵語カウシャーンビー(Kauśāmbī)の音写。インド十六大国の一で、釈尊在世当時、優填《うてん》

もしこの説《せつ》によらば、その壬子《みずのえね》よりわが延暦《えんりゃく》二十年《にじゅうねん》辛巳《かのとのみ》に至《いた》るまで、一千《いっせん》四百十歳《しひゃくじっさい》なり。ゆゑに今《いま》の時《とき》のごときは、これ像法最末《ぞうぼうさいまつ》の時《とき》なり。かの時《とき》の行事《ぎょうじ》すでに末法《まっぽう》に同《どう》ぜり。しかればすなはち、末法《まっぽう》のなかにおいては、ただ言《ごん》教《きょう》のみありて行証《ぎょうしょう》なけん。もし戒法《かいほう》あらば破戒《はかい》あるべし。すでに戒法《かいほう》なし、いづれの戒《かい》を破《は》せんによりてか破戒《はかい》あらんや。破戒《はかい》なほなし。いかにいはんや持《じ》戒《かい》をや。ゆゑに『大集《だいじゅう》』にいはく、〈仏涅槃《ぶつねはん》の後《のち》、無戒州《むかいくに》に満《み》たん〉と云々《うんぬん》。

問《と》ふ。諸経律《しょきょうりつ》のなかに、広《ひろ》く破戒《はかい》を制《せい》して衆《しゅう》に入《い》ることを聴《ゆる》さず。破戒《はかい》なほしかなり。いかにいはんや無戒《むかい》をや。しかるにいま重《かさ》ねて末法《まっぽう》を論《ろん》ずるに、戒《かい》なし。あに瘡《きず》なくして、みづからもつて傷《いた》まんや。

答《こた》ふ。この理《り》しからず。正像末法《しょうぞうまっぽう》の所有《しょう》の行事《ぎょうじ》、広《ひろ》く諸経《しょきょう》に載《の》せたり。内《ない》外《げ》の道俗《どうぞく》たれか*披諷《ひふう》せざらん。あに自身《じしん》の*邪活《じゃかつ》を貪求《とんぐ》して、持国《じこく》の正法《しょうぼう》を隠《おん》蔽《ぺい》せんや。ただし、いま論《ろん》ずるところの末法《まっぽう》には、ただ*名字《みょうじ》の比丘《びく》のみあらん。この名字《みょうじ》を世《よ》の真宝《しんぽう》とせん。*福田《ふくでん》ならんや。たとひ末法《まっぽう》のなかに持戒《じかい》あらば、すでにこれ怪異《けい》なり、市《いち》に虎《とら》あらんがごとし。これたれか信《しん》ずべきや。

問《と》ふ。正像末《しょうぞうまつ》の事《じ》、すでに衆経《しゅきょう》に見《み》えたり。末法《まっぽう》の名字《みょうじ》を世《よ》の真宝《しんぽう》とせん

王《おう》がいて仏教を保護した。

解脱堅固 さとりを得ることが確かであること。

禅定堅固 心静かに瞑想する修行がよく行われること。

多聞堅固 仏の教えがよく聞かれ、よく理解されること。

造寺堅固 寺院の建造が盛んに行われること。

闘諍堅固 自説が他説よりもすぐれているとして、仏弟子たちの言い争いが盛んになること。

白法隠没 仏の教え（白法）がこの世から姿を消し去ること。

法上 （四九五―五八〇）朝歌《ちょうか》（現在の河南《かなん》省朝歌）の人。姓は劉氏。東魏《とうぎ》・北《ほく》斉《せい》の二代にわたって昭玄統、昭玄大統をつとめた。

周異 『周書異記《しゅうしょいき》』のこと。

ことは、聖典《しようてん》に出《い》でたりや。

答《こた》ふ。『大集《だいじゆう》』の第九《だいく》にいはく、〈たとへば真金《しんこん》を*無価《むげ》の宝《たから》とするがごとし。もし真金《しんこん》なくは、銀《しろがね》を無価《むげ》の宝《たから》とす。もし銀《しろがね》なくは、鍮石《ちゆうしやく》・偽宝《ぎほう》を無価《むげ》とす。もし偽宝《ぎほう》なくは、赤白銅《しやくびやくどう》・鉄《てつ》・白鑞《びやくろう》†・鉛《えん》・錫《しやく》を無価《むげ》とす。かくのごとき一切《いつさい》世間《せけん》の宝《たから》なれども、仏法《ぶつぽう》無価《むげ》なり。もし仏宝《ぶつぽう》ましまさずは、縁覚《えんがく》無上《むじよう》なり。もし縁覚《えんがく》なくは、羅漢《らかん》無上《むじよう》なり。もし羅漢《らかん》なくは、余《よ》の賢聖衆《げんじようしゆ》もつて無上《むじよう》なり。もし余《よ》の賢聖衆《げんじようしゆ》なくは、*得定《とくじよう》の凡夫《ぼんぶ》もつて無上《むじよう》とす。もし得定《とくじよう》の凡夫《ぼんぶ》なくは、浄持戒《じようじかい》をもつて無上《むじよう》とす。もし浄持戒《じようじかい》なくは、*漏戒《ろかい》の比丘《びく》をもつて無上《むじよう》とす。もし漏戒《ろかい》なくは、*剃除鬚髪《たいじよしゆほつ》して身《み》に袈裟《けさ》を着《き》たる名字《みようじ》の比丘《びく》を無上《むじよう》の宝《たから》とす。余《よ》の*九十五種《くじゆうごしゆ》の異道《いどう》に比《ひ》するに、もつとも第一《だいいち》とす。世《よ》の供《く》を受《う》くべし、物《もの》のための初《はじ》めの福田《ふくでん》なり。なにをもつてのゆゑに、よく身《しん》を破《やぶ》る衆生《しゆじよう》、怖《ふ》畏《い》するところなるがゆゑに。*護持養育《ごじようい く》して、この人《ひと》を安置《あんち》することあらんは、久《ひさ》しからずして*忍地《にんじ》を得《え》ん〉と。以上経文 この文《もん》のなかに八重《はちじゆう》の無価《むげ》あり。いはゆる如来《によらい》、縁覚《えんがく》・声聞《しようもん》および*前三果《ぜんさんか》、得定《とくじよう》の凡夫《ぼんぶ》、持戒《じかい》・破戒《はかい》・無戒名字《むかいみようじ》、それ次《つ》いでのごとし、名《な》づけて正像末《しようぞうまつ》の時《とき》の無価《むげ》の宝《たから》とするなり。初《はじ》めの四《よ》

正史に記載されていない周代の異聞を記した書といわれるが、現存しない。

穆王満五十三年壬申 底本に「五十一年」とあるのを改めた。紀元前九四九年。

延暦二十年辛巳 八〇一年。

費長房 (六世紀頃)成都《せいと》(現在の四川《しせん》省)の人。『歴代三宝紀《れきだいさんぼうき》』を著す。

春秋 魯《ろ》の隠公《いんこう》元年(前七二二)から哀公《あいこう》十四年(前四八一)に至る二四二年間の史実を編年体に記した書。魯の史官の記録に孔子が手を加えたとされる。

匡王班四年壬子 紀元前六〇九年。

披諷 披はひもとく、諷は諳んじる。諳んじて知っているというほどの意。

邪活 比丘《びく》にあるまじき仕事をして生活すること。

つは正法時《しょうぼうじ》、次《つぎ》の三《み》つは像法時《ぞうぼうじ》、後《のち》の一《ひと》つは末法時《まっぽうじ》なり。これによりてあきらかに知《し》んぬ、破戒《はかい》・無戒《むかい》ことごとくこれ真宝《しんぼう》なり。

問《と》ふ。伏《ふ》して前《さき》の文《もん》を観《み》るに、破戒名字《はかいみょうじ》、真宝《しんぼう》ならざることなし。なんがゆゑぞ『涅槃《ねはん》』と『大集経《だいじっきょう》』に、〈国王《こくおう》・大臣《だいじん》、破戒《はかい》の僧《そう》を供《く》すれば、国《くに》に*三《さん》災起《さいおこ》り、つひに地獄《じごく》に生《しょう》ず〉と。破戒《はかい》なほしかなり。いかにいはんや無戒《むかい》をや。しかるに如来《にょらい》、一《ひと》つの破戒《はかい》において、あるいは毀《そし》り、あるいは讃《ほ》む。あに一聖《いっしょう》の説《せつ》に*両判《りょうはん》の失《とが》あるをや。

答《こた》ふ。この理《り》しからず。『涅槃《ねはん》』等《とう》の経《きょう》に、しばらく正法《しょうぼう》の破戒《はかい》を制《せい》す、像《ぞう》・末代《まつだい》の比丘《びく》にはあらず。その名同《なおな》じといへども、時《とき》に異《い》あり。時《とき》に随《したが》ひて*制許《せいこ》す。これ大聖《だいしょう》（釈尊）の旨《むね》なり。ゆゑに世尊《せそん》において両判《りょうはん》の失《とが》ましまさず。

問《と》ふ。もししからばなにをもつてか知《し》らん、『涅槃《ねはん》』等《とう》の経《きょう》は、ただ正法《しょうぼう》所有《しょう》の破戒《はかい》を制止《せいし》して、像末《ぞうまつ》の僧《そう》にあらずとは。

答《こた》ふ。引《ひ》くところの『大集《だいじゅう》』所説《しょせつ》の*八重《はちじゅう》の真宝《しんぼう》のごとし、これその証《しょう》なり。みな時《とき》に当《あた》りて無価《むげ》となすゆゑに。ただし正法《しょうぼう》の時《とき》の破戒比丘《はかいびく》は、清浄衆《しょうじょうしゅ》を穢《けが》す。ゆゑに仏固《ぶつかた》く禁制《きんぜい》して衆《しゅう》に入《い》れず。しかるゆゑは、『涅槃《ねはん》』の第三《だいさん》にの

名字の比丘　名ばかりの出家僧侶。

福田　福徳《ふくとく》を生ずる田の意。仏や僧を敬い供養《くよう》すれば、田地に穀物が生ずるように福徳を生み出すから、仏や僧を指して福田という。

無価の宝　あたいがつけられないほど貴い宝。

得定の凡夫　有漏《うろ》（煩悩《ぼんのう》のある状態）の禅定《ぜんじょう》を修める凡夫《ぼんぶ》。

漏戒　戒を漏失して守持しないこと。

剃除鬚髪　あごひげや髪をそり落とすこと。

九十五種の異道　九十五種の外道に同じ。→九十五種《くじゅうごしゅ》の外道《げどう》

護持…あらんは　「この人」は名字の比丘を指す。通常は「護持養育して安置することあらば、この人」と読

たまはく、〈如来《にょらい》いま無上《むじょう》の正法《しょうぼう》をもつて、諸王《しょおう》・大臣《だいじん》・宰相《さいしょう》・比丘《びく》・比丘尼《びくに》に付嘱《ふぞく》したまへり。乃至 破戒《はかい》あつて正法《しょうぼう》を毀《そ》るものは、王《おう》および大臣《だいじん》、*四部《しぶ》の衆《しゅう》、まさに*苦治《くち》すべし。かくのごときの王臣等《おうしんとう》、無量《むりょう》の功徳《くどく》を得《え》ん。乃至 これわが弟子《でし》なり、真《しん》の声聞《しょうもん》なり。福《ふく》を得《う》ること無量《むりょう》ならん〉と。乃至 かくのごときの制文《せいもん》の法《ほう》、往々衆多《おうおうしゅた》なり。みなこれ正法《しょうぼう》に明《あ》かすところの制文《せいもん》なり。像末《ぞうまつ》の教《きょう》にあらず。しかるゆゑは、像季《ぞうき》・末法《まつぽう》には正法《しょうぼう》を行《ぎょう》ぜざれば、法《ほう》として毀《そ》るべきなし。なにをか毀法《きほう》と名《な》づけん。戒《かい》として破《は》すべきなし。たれをか破戒《はかい》と名《な》づけん。またその時大王《ときだいおう》、行《ぎょう》として護《まも》るべきなし。なにによりてか三災《さんさい》を出《いだ》し、および戒慧《かいえ》を失《しつ》せんや。また像末《ぞうまつ》には証果《しょうか》の人《ひと》なし。いかんぞ*二《に》聖《しょう》に聴護《ちょうご》せらるることを明《あ》かさん。ゆゑに知《し》んぬ、上《かみ》の所説《しょせつ》はみな正法《しょうぼう》の世《よ》に持戒《じかい》ある時《とき》に約《やく》して、破戒《はかい》あるがゆゑなり。

次《つぎ》に像法千年《ぞうぼうせんねん》のうちに、初《はじ》めの五百年《ごひゃくねん》には持戒《じかい》やうやく減《げん》じ、破戒《はかい》やうやく増《ぞう》せん。戒行《かいぎょう》ありといへども証果《しょうか》なし。ゆゑに『涅槃《ねはん》』の七《しち》にのたまはく、〈迦葉菩薩《かしょうぼさつ》、仏《ぶつ》にまうしてまうさく、《世尊《せそん》、仏《ぶつ》の所説《しょせつ》のごときは*四種《ししゅ》の魔《ま》あり。もし魔《ま》の所説《しょせつ》および仏《ぶつ》の所説《しょせつ》、われまさにいかんしてか分別《ふんべつ》することを得《う》

む。この場合の「この人」は名字の比丘を護持養育する人。

忍地 無生法忍の地位。ここでは単にさとりの意。

前三果 声聞《しょうもん》の修道《しゅどう》階位である預《よ》流《る》・一来《いちらい》・不還《ふげん》・阿羅漢《あらかん》の四果のうちの前三をいう。→八輩《はっぱい》

三災 穀貴（飢饉）・兵革（戦乱）・疾病（流行病）。

両判の失 矛盾する二通りの見解を説くという過失。

制許 とどめたりゆるしたりすること。

八重の真宝 如来・縁覚《えんがく》・声聞・前三果の聖者《しょうじゃ》・得定の凡夫《ぼんぶ》・持戒《じかい》の比丘・破戒《はかい》の比丘・無戒名字の比丘の八のこと。

四部の衆 →四衆《ししゅ》

苦治 罰を与えて、そのあ

377 べき。もろもろの衆生《しゅじょう》ありて魔行《まぎょう》に随逐《ずいちく》せん。また仏説《ぶっせつ》に随順《ずいじゅん》することあらば、かくのごときらの輩《ともがら》、またいかんが知《し》らん》と。仏《ぶつ》、迦葉《かしょう》に告《つ》げたまはく、《われ涅槃《ねはん》して七百歳《しちひゃくさい》の後《のち》に、これ*魔波旬《まはじゅん》やうやく起《おこ》りて、まさにしきりにわが正法《しょうぼう》を壊《え》すべし。たとへば猟師《りょうし》の身《み》に法衣《ほうえ》を服《ぶく》せんがごとし。魔波旬《まはじゅん》もまたまたかくのごとし。比丘像《びくぞう》・比丘尼像《びくにぞう》・優婆塞《うばそく》・優婆夷像《うばいぞう》とならんこと、またまたかくのごとしと。乃至　〝もろもろの比丘《びく》、奴婢《ぬひ》・僕使《ぼくし》、牛《ご》・羊《よう》・象《ぞう》・馬《め》、乃至《ないし》、銅鉄《どうてつ》釜鍑《ふふく》、大小《だいしょう》銅盤《どうばん》、所須《しょしゅ》の物《もの》を受畜《じゅちく》し、耕田《こうでん》・種植《しゅじき》、販売《はんばい》・市易《しやく》して、穀米《こくまい》を儲《もう》くることを聴《ゆる》すと。かくのごときの衆事《しゅじ》、仏《ぶつ》、大悲《だいひ》のゆゑに衆生《しゅじょう》を憐愍《れんみん》してみな畜《たくわ》ふることを聴《ゆる》さん〟と。かくのごときの経律《きょうりつ》は、ことごとくこれ魔説《ませつ》なり》と云々《うんぬん》。すでに〈七百歳《しちひゃくさい》の後《のち》に波旬《はじゅん》やうやく起《おこ》らん〉といへり。ゆゑに知《し》んぬ、かの時《とき》の比丘《びく》、やうやく*八不浄物《はちふじょうもつ》を貪畜《とんちく》せんと。この妄説《もうせつ》をなさん、すなはちこれ魔《ま》の流《ともがら》なり。これらの経《きょう》のなかにあきらかに年代《ねんだい》を指《さ》して、つぶさに行事《ぎょうじ》を説《と》けり。さらに疑《うたが》ふべからず。それ一文《いちもん》を378 挙《あ》ぐ、余《よ》みな準知《じゅんち》せよ。

次《つぎ》に像法《ぞうぼう》の後半《のちなか》ばは持戒《じかい》減少《げんしょう》し、破戒《はかい》巨多《こた》ならん。ゆゑに『涅槃《ねはん》』の六《ろく》に

やまちをねんごろに正してゆくこと。

二聖　声聞《しょうもん》の四果の階位の中の初果（預流果《よるか》）と第四果（阿羅漢果《あらかんか》）とする説と、有学（前三果）の聖《しょう》者《じゃ》と無学（阿羅漢果）の聖者とする説とがある。

四種の魔　ここでは魔が仏に似せて説いた経と律、およびその経・律を奉ずる人をいう。通常は五陰魔（五《ご》蘊《うん》魔）・死魔・煩悩《ぼんのう》魔・天魔を指して四魔という。

魔波旬　梵語マーラ・パーピーヤス（Māra-Pāpīyas）の音写。悪者・殺者と漢訳する。欲界《よくかい》の最上位、他化《たけ》自在天《じざいてん》に住する魔王のこと。人の真実を断ち、悪業《あくごう》をなさしめる悪しきものの意。

八不浄物　比丘《びく》が貯えてはならない八種のもの。四二

379

のたまはく、乃至 また『十輪《じゅうりん》』にのたまはく、〈もしわが法《ほう》によりて出家《しゅっけ》して悪行《あくぎょう》を造作《ぞうさ》せん。これ沙門《しゃもん》にあらずしてみづから沙門《しゃもん》と称《しょう》し、また*梵行《ぼんぎょう》にあらずしてみづから梵行《ぼんぎょう》と称《しょう》せん。かくのごときの比丘《びく》、よく一切天《いっさいてん》・竜《りゅう》・夜叉《やしゃ》、一切善法功徳《いっさいぜんぼうくどく》の*伏蔵《ふくぞう》を開示《かいじ》して、衆生《しゅじょう》の善知識《ぜんぢしき》とならん。少欲知足《しょうよくちそく》ならずといへども、剃除鬚髪《たいじょしゅほつ》して、法服《ほうぶく》を被着《ひじゃく》せん。この因縁《いんねん》をもってのゆゑに、よく衆生《しゅじょう》のために善根《ぜんごん》を増長《ぞうじょう》せん。もろもろの天《てん》・人《にん》において善道《ぜんどう》を開示《かいじ》せん。乃至《ないし》破戒《はかい》の比丘《びく》、これ死《し》せる人《ひと》なりといへども、しかも戒《かい》の余才《よさい》、*牛黄《ごおう》のごとし。これ死《し》するものといへども、人《ひと》ことさらにこれを取《と》る。また*麝香《じゃこう》の後《のち》に用《ゆう》あるがごとし〉と云々《うんぬん》。すでに〈*迦羅林《からりん》のなかに一《ひと》つの*鎮頭迦樹《ちんずかじゅ》あり〉といへり。これは像運《ぞううん》すでに衰《おとろ》へて、破戒濁世《はかいじょくせ》にわづかに一二《いちに》持戒《じかい》の比丘《びく》あらんに喩《たと》ふるなり。またいはく、〈破戒《はかい》の比丘《びく》、これ死《し》せる人《ひと》なりといへども、なほ麝香《じゃこう》の死《し》して用《ゆう》あるがごとし、衆生《しゅじょう》の善知識《ぜんぢしき》となる〉と。あきらかに知《し》んぬ、この時《とき》やうやく破戒《はかい》を許《ゆる》して世《よ》の福田《ふくでん》とす。前《さき》の『大集《だいじゅう》』に同《おな》じ。

次《つぎ》に像季《ぞうき》の後《のち》は、まつたくこれ戒《かい》なし。仏《ぶつ》、時運《じうん》を知《し》ろしめして、末俗《まつぞく》を済《すく》はんがために名字《みょうじ》の僧《そう》を讃《ほ》めて世《よ》の福田《ふくでん》としたまへり。また『大集《だいじゅう》』の五十《ごじゅう》

五頁六行以下に示す「奴婢…大小銅盤」を指すか。

梵行 梵は清浄《しょうじょう》の意。清浄な行。

伏蔵 地中に隠された宝の蔵。

牛黄 牛の内臓に生じる一種の結石。薬として貴重視される。

麝香 中央アジアやチベットに生息する小型の鹿。その分泌物は香料として珍重される。

迦羅林 迦羅樹の林。迦羅は梵語カーラカ(kālaka)の音写の略。鎮頭迦樹に似ているが、その果実は有毒である。

鎮頭迦樹 鎮頭迦は梵語テインドゥカ(tinduka)の音写。柿樹科の植物。果実は美味。

二《に》にのたまはく、〈もし後《のち》の末世《まっせ》に、わが法《ほう》のなかにおいて鬚髪《しゅほつ》を剃除《たいじょ》し、身《み》に袈裟《けさ》を着《き》たらん名字《みょうじ》の比丘《びく》、もし*檀越《だんおつ》ありて†捨施《しゃせ》供養《くよう》をせば、無量《むりょう》の福《ふく》を得《え》ん〉と。また『賢愚経《げんぐきょう》』にのたまはく、〈もし檀越《だんおつ》、将来末世《しょうらいまっせ》に法尽《ほうつ》きんとせんに垂《なんな》んとして、まさしく妻《つま》を蓄《たくわ》へ、子《こ》を挟《わきばさ》ましめん四人以上《しにんいじょう》の名字《みょうじ》の僧衆《そうしゅ》、まさに礼敬《らいきょう》せんこと、舎利弗《しゃりほつ》・*大目連等《だいもくれんとう》のごとくすべし〉と。*またのたまはく、〈もし破戒《はかい》を打罵《ちょうめ》し、身《み》に袈裟《けさ》を着《き》たるを知《し》ることなからん、罪《つみ》は万億《まんおく》の仏身《ぶっしん》より血《ち》を出《いだ》すに同《おな》じからん。もし衆生《しゅじょう》ありて、わが法《ほう》のために剃除鬚髪《たいじょしゅほつ》し袈裟《けさ》を被服《ひぶく》せんは、たとひ戒《かい》を持《たも》たずとも、かれらはことごとくすでに*涅槃《ねはん》の印《いん》のために印《いん》せらるるなり〉と。乃至『大悲経《だいひきょう》』にのたまはく、〈仏《ぶつ》、阿難《あなん》に告《つ》げたまはく、《将来世《しょうらいせ》において法滅尽《ほうめつじん》せんと欲《ほっ》せん時《とき》、まさに比丘《びく》・比丘尼《びくに》ありて、わが法《ほう》のなかにおいて出家《しゅっけ》を得《え》たらんもの、おのれが手《て》に児《こ》の臂《ひじ》を牽《ひ》きて、ともに遊行《ゆぎょう》してかの酒家《しゅけ》より酒家《しゅけ》に至《いた》らん。わが法《ほう》のなかにおいて*非梵行《ひぼんぎょう》をなさん。かれら酒《さけ》の因縁《いんねん》たりといへども、この*賢劫《げんごう》のなかにおいて、まさに千仏《せんぶつ》ましまして興出《こうしゅつ》したまはんに、わが弟子《でし》となるべし。次《つぎ》に後《のち》に弥勒《みろく》まさにわが処《ところ》を補《つ》ぐべし。乃至最後《ないしさいご》*盧《る》至如来《しにょらい》まで、かくのごとき次第《しだい》になんぢまさに

檀越　梵語ダーナ・パティ（dāna-pati）の音写。恵みを与える人の意。施主のこと。

大目連　→大目犍連《だいもくけんれん》

またのたまはく　引用の意は『大集経』巻五十三、五十四にみえる。

涅槃の…　さとりに入ることを約束されるという意。

非梵行　仏の制戒を破る清浄《しょうじょう》でない行為。

賢劫　現在の住劫《じゅうこう》（世界の存続期）の称。劫は非常に長い時間の単位。過去の住劫を荘厳劫《しょうごんこう》、未来の住劫を星宿劫《しょうしゅくこう》というのに対す。現在の住劫には千仏が出世するので賢劫の名がある。

盧至如来　賢劫に出世する千仏の中の最後の如来。

知《し》るべし、阿難《あなん》わが法《ほう》のなかにおいて、ただ†性《しょう》のみこれ沙門《しゃもん》にして沙門《しゃもん》の行《ぎょう》を汚《けが》し、みづから沙門《しゃもん》と称《しょう》せん、形《かたち》は沙門《しゃもん》に似《に》て尚《ひさ》しく袈裟《けさ》を被着《ひじゃく》することあらしめんは、賢劫《げんごう》において弥勒《みろく》を首《しゅ》として乃至《ないし》盧至如来《るしにょらい》まで、かのもろもろの沙《しゃ》門《もん》、かくのごときの仏《ぶつ》の所《みもと》にして、*無余涅槃《むよねはん》において次第《しだい》に涅槃《ねはん》に入《い》ることを得《え》ん。遺余《ゆいよ》あることなけん。なにをもつてのゆゑに、‡かくのごとき一切沙門《いっさいしゃもん》のなかに、乃至一《ないしひと》たび仏《ぶつ》の名《みな》を称《しょう》し、一《ひと》たび信《しん》を生《しょう》ぜんもの、所作《しょさ》の功徳《くどく》つひに虚設《こせつ》ならじ。われ仏智《ぶっち》をもつて法界《ほうかい》を測知《しきち》するがゆゑなり》と云々《うんぬん》。乃至 これらの諸経《しょきょう》に、みな年代《ねんだい》を指《さ》して将来末世《しょうらいまっせ》の名字《みょうじ》の比丘《びく》を世《よ》の尊師《そんし》とす。乃至 もし正法《しょうぼう》の時《とき》の制文《せいもん》をもつて、末法世《まっぽうせ》の名字《みょうじ》の僧《そう》を制《せい》せんは、教機《きょうき》あひ乖《そむ》き、人《にん》法合《ぼうがっ》せず。これによりて『*律《りつ》』にいはく、〈非制《ひせい》を制《せい》するは、すなはち三明《さんみょう》を断《だん》ず。記説《きせつ》するところこれ罪《つみ》あり〉と。この上《かみ》に経《きょう》を引《ひ》きて配当《はいとう》しをはんぬ。後《のち》に教《きょう》を挙《あ》げて比例《ひれい》せば、末法法爾《まっぽうほうに》として正法毀壊《しょうぼうきえ》し、三業記《さんごうしるし》なし。*四儀《しぎ》乖《そむ》くことあらん。しばらく『像法決疑経《ぞうぼうけつぎきょう》』にのたまふがごとし。乃至 また『*遺《ゆい》教経《きょうぎょう》』にのたまはく、乃至 また『*法行経《ほうぎょうきょう》』にのたまはく、乃至 『*鹿子母経《ろくしもきょう》』にのたまはく、乃至 また『仁王経《にんのうぎょう》』にのたまはく、乃至」と。以上略抄

無余涅槃　仏の完全なさとり。

律　『四分律《しぶんりつ》』のこと。後秦《こうしん》の仏陀耶舎《ぶっだやしゃ》訳。法蔵部に伝持されていた律蔵で、戒法を四部に分類するためこの名がある。

四儀　四威儀のこと。→四《し》威儀《いぎ》

遺教経　『法苑珠林《ほうおんじゅりん》』巻九十一所引の『遺教法律《ゆいきょうほうりつ》』を指すか。

法行経　法蔵《ほうぞう》撰の『梵網経菩薩戒本疏《ぼんもうきょうぼさつかいほんしょ》』巻六所引の『比丘応供法行経《びくおうぐほうぎょうきょう》』を指すか。

鹿子母経　『法苑珠林』巻五十四所引の『十誦律《じゅうじゅりつ》』を指すか。

【八一】それもろもろの修多羅《しゅたら》によつて、真偽《しんぎ》を*勘決《かんけつ》して、外教邪偽《げきょうじゃぎ》の*異執《いしゅう》を教誡《きょうかい》せば、

【八二】『涅槃経《ねはんぎょう》』（如来性品）にのたまはく、「仏《ぶつ》に帰依《きえ》せば、つひにまたその余《よ》のもろもろの天神《てんじん》に帰依《きえ》せざれ」と。略出

【八三】『般舟三昧経《はんじゅざんまいきょう》』にのたまはく、「優婆夷《うばい》、この三昧《さんまい》を聞《き》きて学《まな》ばんと欲《ほっ》せんものは、乃至 みづから仏《ぶつ》に帰命《きみょう》し、法《ほう》に帰命《きみょう》し、比丘僧《びくそう》に帰命《きみょう》せよ。余道《よどう》に事《つか》ふることを得《え》ざれ、天《てん》を拝《はい》することを得《え》ざれ、鬼神《きじん》を祠《まつ》ることを得《え》ざれ、吉良日《きちりょうにち》を視《み》ることを得《え》ざれ」となり。以上

【八四】またのたまはく（同）、「優婆夷《うばい》、三昧《さんまい》を学《まな》ばんと欲《ほっ》せば、乃至 天《てん》を拝《はい》し神《じん》を祠祀《しし》することを得《え》ざれ」となり。略出

【八五】『*大乗大方等日蔵経《だいじょうだいほうどうにちぞうきょう》』巻第八《かんだいはち》「魔王波旬星宿品《まおうはじゅんしょうしゅくぼん》」第八《だいはち》の二《に》にのたまはく（大集経）、「〈その時《とき》に、*佉盧虱吒《かるしった》、天衆《てんしゅ》に告《つ》げていはまく、《このもろもろの月等《がっとう》、おのおの*主儻《しゅとう》あり。なんぢ四種《ししゅ》の衆生《しゅじょう》を救済《くさい》すべし。なにものをか四《よ》つとする。地上《じじょう》の人《にん》・諸竜《しょりゅう》・夜叉《やしゃ》・乃至《ないし》*蝎等《かっとう》を救《たす》く。かくのごときの類《たぐい》、みなことごとくこれを救《たす》けん。われもろもろの衆生《しゅじょう》を安楽《あんらく》するをもつてのゆ

勘決 考え定めること。

異執 正しい道理に異なる思想・見解に執着すること。

大乗大方等日蔵経 『大集経《だいじっきょう》』「日蔵分」のこと。→大集経

佉盧虱吒 梵語カローシュティー（Kharoṣṭī）の音写。驢唇《ろしん》と漢訳する。仙人の名。賢劫《げんごう》のはじめ、ある国王の夫人が、王の死後、驢馬と交わって生んだ子を棄て、その子が羅刹《らせつ》の女に養育され、仙人となったのが佉盧虱吒であるという。釈尊の前身といわれる。

主儻 司るところ。役割。

蝎 さそり。

ゐに、*星宿《しょうしゅく》を布置《ふち》す。おのおの*分部《ぶんぶ》乃至《ないし》*摸呼羅《まこら》の時等《じとう》あり。またみなつぶさに説《と》かん。その国土《こくど》方面《ほうめん》の処《ところ》に随《したが》ひて、所作《しょさ》の事業《じごう》、随順《ずいじゅん》し増長《ぞうじょう》せん》と。佉盧虱吒《かるしった》、大衆《だいしゅ》の前《まえ》にして掌《たなごころ》を合《あわ》せて説《と》きていはまく、《かくのごとき日月《にちがつ》・年時《ねんじ》、大小星宿《だいしょうしょうしゅく》を安置《あんち》す。なにものをか名《な》づけて‡六時《ろくじ》ありとするや。正《しょう》月《がつ》・二月《にがつ》を暄暖時《けんだんじ》と名《な》づく。三月《さんがつ》・四月《しがつ》を種作時《しゅさじ》と名《な》づく。五月《ごがつ》・六月《ろくがつ》は求降《ぐこう》雨時《うじ》なり。七月《しちがつ》・八月《はちがつ》は物欲熟時《もつよくじゅくじ》なり。九月《くがつ》・十月《じゅうがつ》は寒涼《かんれい》の時《じ》なり。十有一《じゅうゆういち》月《がつ》、合《がっ》して十二月《じゅうにがつ》は大雪《だいせつ》の時《じ》なり。これ十二月《じゅうにがつ》を分《わか》つて六時《ろくじ》とす。また大星《だいしょう》宿《しゅく》その数《かず》八《や》つあり。いはゆる*歳星《さいしょう》・*熒惑《けいこく》・*鎮星《ちんしょう》・*太白《たいはく》・*辰星《しんしょう》・日《にち》・月《がつ》・*荷羅《から》睺星《ごしょう》なり。また*小星宿二十八《しょうしょうしゅくにじゅうはち》あり。いはゆる昴《ぼう》より胃《い》に至《いた》るまでの諸宿《しょしゅく》これなり。われかくのごとき次第安置《しだいあんち》をなす、その法《ほう》を説《と》きをはんぬ。なんだち、みなすべからくまた見《み》、また聞《き》くべし。一切大衆《いっさいだいしゅ》、意《こころ》においていかん。わが置《お》くところの法《ほう》、その事《じ》是《ぜ》‡なりやいなや。二十八宿《にじゅうはっしゅく》および*八大星《はちだいしょう》の所行《しょぎょう》の諸業《しょごう》、‡なんぢ喜楽《きらく》するやいなや。是《ぜ》とやせん、非《ひ》とやせん。よろしくおのおの宣説《せんぜつ》すべし》と。その時《とき》に、一切天人《いっさいてんにん》・仙人《せんにん》・阿修羅《あしゅら》・竜《りゅう》および*緊那羅等《きんならとう》、みなことごとく掌《たなごころ》を合《あわ》せて、ことごとくこの言《ごん》をなさく、《いま大仙《だいせん》のごときは、

星宿 星のやどり。星座。
分部 分担するところ。
摸呼羅 梵語ムフールタ(muhūrta)の音写。時間の単位。須臾《しゅゆ》と漢訳する。一昼夜の三十分の一。
歳星 木星。
熒惑 火星。
鎮星 土星。
太白 金星。
辰星 水星。
荷羅睺星 古代インドで日食・月食をおこすと考えられていた星。
小星宿二十八 古代インドの天文学では、東に昴《ぼう》・畢《ひつ》・觜《し》・参《しん》・井《せい》・鬼《き》・柳《りゅう》の七《しち》宿《しゅく》、南に星《せい》・張《ちょう》・翼《よく》・軫《しん》・角《かく》・亢《こう》・氐《てい》の七宿、西に房《ぼう》・心《しん》・尾《び》・箕《き》・斗《と》・牛《ぎゅう》・女《じょ》の七宿、北に虚《きょ》・危《き》・室《しっ》・壁《へき》・奎《けい》・婁《ろう》・胃《い》の七宿があるとする。
八大星 歳星より荷羅睺星

天人《てんにん》のあひだにおいてもつとも尊重《そんじゆう》とす。乃至《ないし》諸竜《しよりゆう》および阿修羅《あしゆら》、よく勝《すぐ》れたるものなけん。智慧《ちえ》・慈悲《じひ》もつとも第一《だいいち》とす。無量劫《むりようこう》において忘《わす》れず、一切衆生《いつさいしゆじよう》を憐愍《れんみん》するがゆゑに、福報《ふくほう》を獲《え》、誓願満《せいがんみ》ちをはりて功徳海《くどくうみ》のごとし。よく過去《かこ》・現在《げんざい》・当来《とうらい》の一切諸事《いつさいしよじ》、天人《てんにん》のあひだを知《し》るに、かくのごときの智《ち》慧《え》のものあることなし。かくのごときの*法用《ほうゆう》、日夜《にちや》・刹那《せつな》および*迦羅時《からじ》、大《だい》小星宿《しようしようしゆく》、*月半《がつはん》・*月満《がつまん》・*年満《ねんまん》の法用《ほうゆう》、さらに衆生《しゆじよう》よくこの法《ほう》をなすことなけん。みなことごとく随喜《ずいき》し‡われらを安楽《あんらく》にす。善《よ》いかな大徳《だいとく》、衆生《しゆじよう》を安穏《あんのん》す》と。この時佉盧虱吒仙人《ときかるしつたせんにん》、またこの言《ごん》をなさく、《この十二月一年始終《じゆうにがついちねんしじゆう》、かくのごとく方便《ほうべん》す。大小星等《だいしようしようとう》、刹那《せつな》の時法《じほう》、みなすでに説《と》きをはんぬ。また*四天大王《してんだいおう》を須弥山《しゆみせん》の四方面所《しほうめんしよ》に安置《あんち》す、おのおの一王《いちおう》を置《お》く。このもろもろの方所《ほうしよ》にして、おのおの衆生《しゆじよう》を領《りよう》す。北方《ほつぽう》の天王《てんのう》を*毘沙門《びしやもん》と名《な》づく。これその界《かい》のうちに多《おお》く夜叉《やしや》あり。南方《なんぽう》の天王《てんのう》を*‡毘留茶倶《びるだく》と名《な》づく。これその界《かい》のうちに多《おお》く*鳩槃茶《くはんだ》あり。西方《さいほう》の天王《てんのう》を*毘留博叉《びるはくしや》と名《な》づく。これその界《かい》のうちに多《おお》く諸竜《しよりゆう》あり。東方《とうぼう》の天王《てんのう》を*題頭隷吒《だいずらた》と名《な》づく。これその界《かい》のうちに*乾闥婆《けんだつば》多《おお》し。*四方四維《しほうしゆい》みなことごとく一切《いつさい》*洲渚《すしよ》およびもろもろの*城邑《じようおう》を擁護《ようご》す。また

の八星のこと。

緊那羅 八部衆の一。↓八《はち》部《ぶ》

法用 星宿の運行や季節等の法則とそのはたらき。

迦羅 梵語カーラ（kāla）の音写。時間の単位。千六百刹那《せつな》を一迦羅とする。

月半 朔日《ついたち》より十五日まで。

月満 十六日より晦日《みそか》まで。

年満 十二カ月。

四天大王 ↓四天王《してんのう》

毘沙門 四天王の一。↓四《し》天王《てんのう》

毘留茶倶 四天王の一。↓四天王《してんのう》

鳩槃茶 梵語クンバーンダ（kumbhāṇḍa）の音写。厭眉鬼という。四天王の眷属《けんぞく》で、人の精気を食らうという鬼。

毘留博叉 四天王の一。↓四天王《してんのう》

鬼神《きじん》を置《お》いてこれを守護《しゅご》せしむ》と。その時《とき》に、*佉盧虱吒仙人《かるしったせんにん》、諸天《しょてん》・竜《りゅう》・夜叉《やしゃ》・阿修羅《あしゅら》・緊那羅《きんなら》・*摩睺羅伽《まごらが》・人《にん》・*非人等《ひにんとう》、一切大衆《いっさいだいしゅ》において、みな《善《よ》いかな》と称《しょう》して、歓喜無量《かんぎむりょう》なることをなす。この時《とき》に、天《てん》・竜《りゅう》・夜叉《やしゃ》・阿修羅《あしゅら》等《とう》、日夜《にちや》に佉盧虱吒《かるしった》を供養《くよう》す。次《つぎ》にまた後《のち》に無量世《むりょうせ》を過《す》ぎて、また仙人《せんにん》あらん、伽力伽《かりきか》と名《な》づく。世《よ》に出現《しゅつげん》して、またさらに別《べつ》して、もろもろの星宿《しょうしゅく》、小大月《しょうだいがつ》の法《ほう》、時節要略《じせつようりゃく》を説《と》き置《お》かん〉と。その時《とき》に、諸竜《しょりゅう》、*佉羅氏山聖人《からていせんしょうにん》の住処《じゅうしょ》にありて、*光味仙人《こうみせんにん》を尊重《そんじゅう》し*恭敬《くぎょう》せん、その竜力《りゅうりき》を尽《つく》してこれを供養《くよう》せん」と。以上抄出

【八六】『日蔵経《にちぞうきょう》』巻第九《かんだいく》「念仏三昧品《ねんぶつざんまいぼん》」第十《だいじゅう》にのたまはく（大集経）、「その時《とき》に、*波旬《はじゅん》、この偈《げ》を説《と》きをはるに、かの衆《しゅう》のなかにひとりの魔女《まにょ》あり、名《な》づけて*離暗《りあん》とす。この魔女《まにょ》は、曾過去《むかしかこ》においてもろもろの徳本《とくほん》を植《う》ゑたりき。この説《せつ》をなしていはまく、〈沙門*瞿曇《しゃもんくどん》は名《な》づけて福徳《ふくとく》と称《しょう》す。もし衆生《しゅじょう》ありて、仏《ぶつ》の名《みな》を聞《き》くことを得《え》て一心《いっしん》に帰依《きえ》せん、一切《いっさい》の諸魔《しょま》、かの衆生《しゅじょう》において悪《あく》を加《くわ》ふることあたはず。いかにいはんや仏《ぶつ》を見《み》たてまつり、親《まのあた》り法《ほう》を聞《き》かん人《ひと》、種々《しゅじゅ》に方便《ほうべん》し慧解深広《えげじんこう》ならん。乃至　たとひ千万億《せんまんおく》の一切魔軍《いっさいまぐん》、つひに須臾《しゅゆ》

題頭隷吒　四天王の一。↓四天王《してんのう》

乾闥婆　八部衆の一。↓八部《はちぶ》

四方四維　東西南北および東南・東北・西南・西北。

洲渚　なぎさ。海岸。

城邑　都市。

佉盧虱吒仙人　高麗《こうらい》版大蔵経は「佉盧虱吒仙人」の後に「説法已」の三字がある。この場合は「佉盧虱吒仙人、法を説きをはりて」と読む。

摩睺羅伽　八部衆の一。↓八部《はちぶ》

非人　人間以外の天・竜・夜叉《やしゃ》・妖鬼などをいう。

佉羅氏山　須弥山《しゅみせん》の近くにある山。

光味仙人　殊致阿羅婆ともいう。雪山《せっせん》（ヒマラヤ）の辺に住んだといわれる六聖人の一人。

387 も害《がい》をなすことを得《う》ることあたはず。如来《にょらい》いま涅槃道《ねはんどう》を開《ひら》きたまへり。女《にょ》、か
しこに往《ゆ》きて仏《ぶつ》に帰依《きえ》せんと欲《ほっ》す〉と。すなはちその父《ちち》のためにして偈《げ》を説《と》き
ていはまく、乃至〈三世《さんぜ》の諸仏《しょぶつ》の法《ほう》を修学《しゅがく》して、一切《いっさい》の苦《く》の衆生《しゅじょう》を度脱《どだつ》せん。
よく諸法《しょほう》において自在《じざい》を得《え》、当来《とうらい》に願《ねが》はくはわれ還《かえ》りて仏《ぶつ》のごとくならん〉と。
その時《とき》に、離暗《りあん》、この偈《げ》を説《と》きをはるに、父《ちち》の王宮《おうぐ》のうちの五百《ごひゃく》の魔女《まにょ》、姉《し》
妹眷属《まいけんぞく》、一切《いっさい》みな菩提《ぼだい》の心《しん》を発《ほっ》せしむ。この時《とき》に、魔王《まおう》、その宮《みや》のうちの五《ご》
百《ひゃく》の諸女《しょにょ》、みな仏《ぶつ》に帰《き》して菩提心《ぼだいしん》を発《ほっ》せしむるを見《み》るに、大《おお》きに瞋忿《しんふん》・怖畏《ふい》・
憂愁《うしゅう》を益《ま》すと。乃至 この時《とき》に、五百《ごひゃく》のもろもろの魔女等《まにょとう》、また波旬《はじゅん》のためにし
て偈《げ》を説《と》きていはまく、〈もし衆生《しゅじょう》ありて、仏《ぶつ》に帰《き》すれば、かの人《ひと》、千億《せんおく》の魔《ま》
に畏《おそ》れず。いかにいはんや生死《しょうじ》の流《ながれ》を度《ど》せんと欲《おも》ふ。*無為涅槃《むいねはん》の岸《きし》に到《いた》らん。
388 もしよく一香華《いちこうげ》をもつて、三宝仏法僧《さんぼうぶっぽうそう》に持散《じさん》することありて、堅固勇猛《けんごゆうみょう》の心《しん》
を発《おこ》さん。一切《いっさい》の衆魔《しゅま》、壊《え》することあたはじ。乃至 われら過去《かこ》の無量《むりょう》の悪《あく》、一《いっ》
切《さい》また滅《めつ》して余《よ》あることなけん。至誠専心《しじょうせんしん》に仏《ぶつ》に帰《き》したてまつりをはらば、
さだめて*阿耨菩提《あのくぼだい》の果《か》を得《え》ん〉と。
その時《とき》に、魔王《まおう》、この偈《げ》を聞《き》きをはりて、大《おお》きに瞋恚《しんに》・怖畏《ふい》を倍《ま》して、心《こころ》を

恭敬 つつしみ敬うこと。
波旬 魔波旬のこと。四二五頁の脚註参照。
離暗 波旬の娘。
瞿曇 梵語ガウタマ(Gautama)の音写。釈迦種族の姓。転じて釈尊のことにも用いる。

無為涅槃 生滅《しょうめつ》変化を超えた常住《じょうじゅう》絶対のさとりの境地。
阿耨菩提 阿耨多羅三藐三菩提のこと。→阿耨多羅三《あのくたらさん》藐三菩提《みゃくさんぼだい》

煎《こ》がし、憔悴憂愁《しょうすいうしゅう》して、独《ひと》り宮《みや》のうちに坐《ざ》す。この時《とき》に、*光味菩薩摩訶薩《こうみぼさつまかさつ》、仏《ぶつ》の説法《せっぽう》を聞《き》きて、一切衆生《いっさいしゅじょう》ことごとく*攀縁《へんえん》を離《はな》れ、四梵行《しぼんぎょう》を得《え》しむと。乃至〈浄《きよ》く洗浴《せんよく》し、*鮮潔《せんけつ》の衣《ころも》を着《き》て、菜食《さいじき》*長斎《ちょうさい》して、辛《から》く臭《くさ》きものを*噉《だん》することなかるべし。寂静処《じゃくじょうしょ》にして、道場《どうじょう》を荘厳《しょうごん》して正念《しょうねん》*結跏《けっか》し、あるいは行《ぎょう》じ、あるいは坐《ざ》して、仏《ぶつ》の身相《しんそう》を念《ねん》じて乱心《らんしん》せしむることなかれ。さらに他縁《たえん》し、その余《よ》の事《じ》を念《ねん》ずることなかれ。あるいは一日夜《いちにちや》、あるいは七日夜《しちにちや》、余《よ》の業《ごう》をなさざれ。至心念仏《ししんねんぶつ》すれば、乃至仏《ないしぶつ》を見《み》たてまつる。小念《しょうねん》は小《しょう》を見《み》たてまつり、大念《だいねん》は大《だい》を見《み》たてまつる。乃至無量《ないしむりょう》の念《ねん》は仏《ぶつ》の色身無量無辺《しきしんむりょうむへん》なるを見《み》たてまつらん〉」と。抄略

【八七】『日蔵経《にちぞうきょう》』の巻第十《かんだいじゅう》「護塔品《ごとうぼん》」第十三《だいじゅうさん》にのたまはく(大集経)、「時《とき》に魔波旬《まはじゅん》、その眷属八十億衆《けんぞくはちじゅうおくしゅ》と、前後《ぜんご》に*囲繞《いにょう》して仏所《ぶつしょ》に往至《おうし》せしむ。到《いた》りをはりて、*接足《せっそく》して世尊《せそん》を頂礼《ちょうらい》したてまつる。かくのごときの偈《げ》を説《と》かく、乃至〈三世《さんぜ》の諸仏《しょぶつ》の大慈悲《だいじひ》、わが礼《らい》を受《う》けたまへ、一切《いっさい》の殃《つみ》を懺《さん》せしむ。法《ほう》・僧二《そうに》宝《ほう》もまたしかなり。至心帰依《ししんきえ》したてまつるに異《い》あることなし。願《ねが》はくは、われ今日世《こんにちよ》の導師《どうし》を供養《くよう》し恭敬《くぎょう》し尊重《そんじゅう》したてまつるところなり。もろもろの

光味菩薩摩訶薩　四三二頁に出る光味仙人のこと。
攀縁　心が対象に執着すること。煩悩《ぼんのう》の異名。
鮮潔の衣　袈裟《けさ》のこと。
長斎　午後には食事をとらないという戒めを長く持つこと。
噉する　口にする。食べる。
結跏　結跏趺坐《けっかふざ》の略。禅定《ぜんじょう》を修める時の姿勢で、足の甲を左右のもものの上に置く坐方の一種。
囲繞　とりかこむこと。
接足　仏の足にぬかずくこと。

悪《あく》は永《なが》く尽《つ》してまた生《しょう》ぜじ。寿《いのち》を尽《つ》すまで如来《にょらい》の法《ほう》に帰依《きえ》せん〉と。

時《とき》に魔《ま》波旬《はじゅん》、この偈《げ》を説《と》きをはりて、仏《ぶつ》にまうしてまうさく、〈世尊《せそん》、如来《にょらい》われおよびもろもろの衆生《しゅじょう》において、平等無二《びょうどうむに》の心《しん》にしてつねに歓喜《かんぎ》し、慈《じ》悲*含忍《ひがんにん》せん〉と。仏《ぶつ》ののたまはく、〈かくのごとし〉と。時《とき》に魔《ま》波旬《はじゅん》大《おお》きに歓《かん》喜《ぎ》を生《しょう》じて、清浄《しょうじょう》の心《しん》を発《おこ》す。重《かさ》ねて仏前《ぶつぜん》にして接足頂礼《せっそくちょうらい》し、*右《みぎ》に繞《めぐ》ること三帀《さんぞう》して恭敬合掌《くぎょうがっしょう》して、却《しりぞ》きて一面《いちめん》に住《じゅう》して、世尊《せそん》を*瞻仰《せんごう》したてまつるに、心《こころ》に*厭足《えんそく》なし」と。以上抄出

【八】『*大方等大集月蔵経《だいほうどうだいじゅうがつぞうきょう》』巻第五《かんだいご》「諸悪鬼神得敬信品《しょあくきじんとくきょうしんぼん》」第八《だいはち》の上《じょう》にのたまはく（大集経）、「もろもろの*仁者《にんしゃ》、かの邪見《じゃけん》を遠離《おんり》する因縁《いんねん》において、十種《じっしゅ》の功徳《くどく》を獲《え》ん。なんらをか十《じゅう》とする。一《ひと》つには心性《しんしょう》柔善《にゅうぜん》にして伴侶《はんりょ》賢良《けんりょう》ならん。二《ふた》つには業報《ごうほう》、乃至《ないし》奪命《だつみょう》あることを信《しん》じて、もろもろの悪《あく》を起《おこ》さず。三《み》つには三宝《さんぼう》を帰敬《ききょう》して天神《てんじん》を信《しん》ぜず。四《よ》つには正見《しょうけん》を得《え》て歳次日月《さいじにちがつ》の吉凶《きっきょう》を択《えら》ばず。五《いつ》つにはつねに人天《にんでん》に生《しょう》じてもろもろの悪道《あくどう》を離《はな》る。六《む》つには賢善《けんぜん》の心《しん》あきらかなることを得《え》、人讃誉《ひとさんよ》せしむ。七《なな》つには世俗《せぞく》を棄《す》ててつねに*聖道《しょうどう》を求《もと》めん。八《や》つには*断《だん》・常見《じょうけん》を離《はな》れて*因縁《いんねん》の法《ほう》を信《しん》ず。九《ここの》つにはつねに正《しょう》

含忍　あわれんで受け入れること。

右に繞る…　仏を敬礼《きょうらい》する作法で、右回りに仏を三度めぐること。

瞻仰　敬い仰ぎみること。

厭足　あき足りること。

大方等大集月蔵経　『大集経』「月蔵分」のこと。→大集経《だいじっきょう》

仁者　あなたがた。

聖道　聖（正）智。さとりのこと。

断常見　断見と常見。断見とは、自己と世界を断滅空無《だんめっくうむ》とみる見解。常見とは、自己と世界を常住不変《じょうじゅうふへん》とみて執着する見解。いずれも縁起《えんぎ》の正理に背く邪見としてしりぞけられる。

因縁の法　一切の法は因と縁とが和合して仮に存在する実体のないものであるという道理。縁起のこと。

信《しん》・正《しよう》行《ぎよう》・正《しよう》発《ほつ》心《しん》の人《ひと》とともにあひ会《あつ》まり遇《あ》はん。十《とお》には＊善道《ぜんどう》に生《しよう》ずることを得《え》しむ。この邪見《じやけん》を遠離《おんり》する善根《ぜんごん》をもつて、阿耨多羅三藐三菩提《あのくたらさんみやくさんぼだい》に回向《えこう》せん、この人《ひと》すみやかに六波羅蜜《ろつぱらみつ》を満《まん》ぜん、善浄仏土《ぜんじようぶつど》にして正覚《しようがく》を成《な》らん。菩《ぼ》提《だい》を得《え》をはりて、かの仏土《ぶつど》にして、功徳《くどく》・智慧《ちえ》・一切善根《いつさいぜんごん》、衆生《しゆじよう》を荘厳《しようごん》せん。その国《くに》に来生《らいしよう》して天神《てんじん》を信《しん》ぜず、悪道《あくどう》の畏《おそ》れを離《はな》れて、かしこにして命 終《みようじゆう》して還《かえ》りて善道《ぜんどう》に生《しよう》ぜん」と。抄略

【八九】『月蔵経《がつぞうきよう》』巻第六《かんだいろく》「諸悪鬼神得敬信品《しよあくきじんとくきようしんぼん》」第八《だいはち》の下《げ》にのたまはく（大集経）、「〈仏《ぶつ》の出世《しゆつせ》はなはだ難《かた》し。法《ほう》・僧《そう》もまた難《かた》し。衆生《しゆじよう》の浄信《じようしん》難《かた》し。諸《しよ》難《なん》を離《はな》るることまた難《かた》し。衆生《しゆじよう》を哀愍《あいみん》すること難《かた》し。＊知足第一《ちそくだいいち》に難《かた》し。正法《しようぼう》を聞《き》くことを得《う》ること難《かた》し。よく修《しゆ》すること第一《だいいち》に難《かた》し。難《かた》†きを知《し》ることを得《え》て平等《びようどう》なれば、世《よ》においてつねに楽《らく》を受《う》く。この＊十平等処《じゆうびようどうしよ》は、智者《ちしや》つねにすみやかに知《し》らん〉。乃至

その時《とき》に、世尊《せそん》、かのもろもろの悪鬼神衆《あくきじんしゆ》のなかにして法《ほう》を説《と》きたまふ時《とき》に、〈かのもろもろの悪鬼神衆《あくきじんしゆ》のなかにして、かの悪鬼神《あくきじん》は、昔仏法《むかしぶつぽう》において決定《けつじよう》の信《しん》をなせりしかども、かれ後《のち》の時《とき》において悪知識《あくちしき》に近《ちか》づきて心《こころ》に他《た》の

善道 善事をなすことによって得られる境界《きようがい》。天上や人間の境界をいう。

知足 心に満足すること。

十平等処 『大集経《だいじつきよう》』巻五十では、十平等処（大菩薩のもつ十種の徳）として、衆生《しゆじよう》平等・法平等・清浄《しようじよう》平等・布施《ふせ》平等・戒平等・忍平等・精進《しようじん》平等・禅平等・智平等・一切法清浄平等を挙げる。

過《とが》を見《み》る。この因縁《いんねん》をもって悪鬼神《あくきじん》に生《うま》る〉」と。出略

【九〇】『大方等大集経《だいほうどうだいじつきょう》』巻第六《かんだいろく》「月蔵分《がつぞうぶん》」のなかに「諸天王護持品《しょてんのうごじぼん》」第九《だいく》にのたまはく、「その時《とき》に、世尊《せそん》、世間《せけん》を示《しめ》すがゆゑに、娑婆世界《しゃばせかい》の主《しゅ》、大梵天王《だいぼんてんのう》に問《と》うてのたまはく、〈この四天下《してんげ》に、これたれかよく護持養育《ごじよういく》をなす〉と。

時《とき》に娑婆世界《しゃばせかい》の主《しゅ》、大梵天王《だいぼんてんのう》かくのごときの言《ごん》をなさく、〈*大徳婆伽婆《だいとくばがば》、*兜《と》率陀天王《そつだてんのう》、無量百千《むりょうひゃくせん》の兜率陀天子《とそつだてんし》とともに*北鬱単越《ほくうったんおつ》を護持《ごじ》し養育《よういく》せしむ。*他《た》化自在天王《けじざいてんのう》、無量百千《むりょうひゃくせん》の他化自在天子《たけじざいてんし》とともに*東弗婆提《とうほつばだい》を護持《ごじ》し養育《よういく》せしむ。*化楽天王《けらくてんのう》、無量百千《むりょうひゃくせん》の化楽天子《けらくてんし》とともに南閻浮提《なんえんぶだい》を護持《ごじ》し養育《よういく》せしむ。*須夜摩天王《しゅやまてんのう》、無量百千《むりょうひゃくせん》の須夜摩天子《しゅやまてんし》とともに*西瞿陀尼《さいくだに》を護持《ごじ》し養育《よういく》せしむ。

大徳婆伽婆《だいとくばがば》、*毘沙門天王《びしゃもんてんのう》、無量百千《むりょうひゃくせん》の諸夜叉衆《しょやしゃしゅ》とともに北鬱単越《ほくうったんおつ》を護持《ごじ》し養育《よういく》せしむ。*提頭頼吒天王《だいずらたてんのう》、無量百千《むりょうひゃくせん》の乾闥婆衆《けんだつばしゅ》とともに東弗婆提《とうほつばだい》を護持《ごじ》し養育《よういく》せしむ。*毘楼勒天王《びるろくてんのう》、無量百千《むりょうひゃくせん》の鳩槃茶衆《くはんだしゅ》とともに南閻浮提《なんえんぶだい》を護持《ごじ》し養《よう》育《いく》せしむ。*毘楼博叉天王《びるはくしゃてんのう》、無量百千《むりょうひゃくせん》の竜衆《りゅうしゅ》とともに西瞿陀尼《さいくだに》を護持《ごじ》し養育《よういく》せしむ。

大徳婆伽婆《だいとくばがば》、*天仙七宿《てんせんしちしゅく》・*三曜《さんよう》・*三天童女《さんてんどうにょ》、北鬱単越《ほくうったんおつ》を護持《ごじ》し養育《よういく》せしむ。

大徳婆伽婆　釈尊のこと。婆伽婆は梵語バガヴァット(bhagavat)の音写。世尊と漢訳する。↓世尊《せそん》

兜率陀天王　兜率陀天の天主。↓兜率天《とそつてん》

北鬱単越　須弥四洲の一。↓須弥山《しゅみせん》

他化自在天王　欲界《よくかい》六欲天のうちの最高天の主。↓他《た》化天《けてん》

東弗婆提　須弥四洲の一。↓須弥山《しゅみせん》

化楽天王　欲界六欲天の第五天の主。↓化楽《けらく》

須夜摩天王　欲界六欲天の第三天の主。↓須夜摩《しゅやま》

西瞿陀尼　須弥四洲の一。↓須弥山《しゅみせん》

毘沙門天王　四天王の一。↓四天王《してんのう》

提頭頼吒天王　四天王の一。↓四天王《してんのう》

毘楼勒天王　四天王の一。

394
かの天仙七宿《てんせんしちしゅく》は虚《きょ》・危《き》・室《しつ》・壁《へき》・奎《けい》・婁《ろう》・胃《い》なり。三曜《さんよう》は鎮星《ちんしょう》・歳星《さいしょう》・熒惑《けいこく》星《しょう》なり。三天童女《さんてんどうにょ》は鳩槃《くはん》・弥那《みな》・迷沙《めいしゃ》なり。大徳婆伽婆《だいとくばがば》、かの天仙七宿《てんせんしちしゅく》のなかに虚《きょ》・危《き》・室《しつ》の三宿《さんしゅく》はこれ鎮星《ちんしょう》の*土境《どきょう》なり、鳩槃《くはん》はこれ*辰《しん》なり。壁《へき》・奎《けい》の二《に》宿《しゅく》はこれ歳星《さいしょう》の土境《どきょう》なり、弥那《みな》はこれ辰《しん》なり。婁《ろう》・胃《い》の二宿《にしゅく》はこれ熒惑《けいこく》の土《ど》境《きょう》なり、迷沙《めいしゃ》はこれ辰《しん》なり。大徳婆伽婆《だいとくばがば》、かくのごとき天仙七宿《てんせんしちしゅく》・三曜《さんよう》・三天《さんてん》童女《どうにょ》、北鬱単越《ほくうつたんおつ》を護持《ごじ》し養育《よういく》せしむ。

大徳婆伽婆《だいとくばがば》、天仙七宿《てんせんしちしゅく》・三曜《さんよう》・三天童女《さんてんどうにょ》、東弗婆提《とうほつばだい》を護持《ごじ》し養育《よういく》せしむ。かの天仙七宿《てんせんしちしゅく》は昴《ぼう》・畢《ひつ》・觜《し》・参《しん》・井《せい》・鬼《き》・柳《りゅう》なり。三曜《さんよう》は太白星《たいはくしょう》・歳星《さいしょう》・月《がつ》なり。三天童女《さんてんどうにょ》は毘利沙《びりしゃ》・弥偸那《みちゆうな》・羯迦吒迦《かつかたか》なり。大徳婆伽婆《だいとくばがば》、かの天仙七宿《てんせんしちしゅく》のなかに、昴《ぼう》・畢《ひつ》の二宿《にしゅく》はこれ太白《たいはく》の土境《どきょう》なり、毘利沙《びりしゃ》はこれ辰《しん》なり。觜《し》・参《しん》・井《せい》の三宿《さんしゅく》はこれ歳星《さいしょう》の土境《どきょう》なり、弥偸那《みちゆうな》はこれ辰《しん》なり。鬼《き》・柳《りゅう》の二宿《にしゅく》はこれ月《がつ》の
395
土境《どきょう》なり、羯迦吒迦《かつかたか》はこれ辰《しん》なり。大徳婆伽婆《だいとくばがば》、かくのごとき天仙七宿《てんせんしちしゅく》・三《さん》曜《よう》・三天童女《さんてんどうにょ》、東弗婆提《とうほつばだい》を護持《ごじ》し養育《よういく》せしむ。

大徳婆伽婆《だいとくばがば》、天仙七宿《てんせんしちしゅく》・三曜《さんよう》・三天童女《さんてんどうにょ》、南閻浮提《なんえんぶだい》を護持《ごじ》し養育《よういく》せしむ。かの天仙七宿《てんせんしちしゅく》は星《せい》・張《ちょう》・翼《よく》・軫《しん》・角《かく》・亢《こう》・氐《てい》なり。三曜《さんよう》は日《にち》・辰星《しんしょう》・太白星《たいはくしょう》な

↓四天王《してんのう》

毘楼博叉天王　四天王の一。↓四天王《してんのう》

天仙七宿　天仙とは佉盧虱《かるしつ》吒《た》仙人のことで、彼がはじめて星宿辰を配置したので、天仙七宿という。七宿とは二十八宿の天体を東西南北の四方に配置すると各七宿となる。そのうち、ここでは北方の七宿のこと。

三曜　曜は大きい星のこと。四方にそれぞれ三曜を配置する。

三天童女　太陽が一年間運行する黄道を十二分して、十二の星宿宮とする。この十二宮を司る童女が、東西南北に三人ずついると考えた。

土境　分野。領域。

辰　十二の星宿宮（星のやどり）のことで十二支にあ

り。三天童女《さんてんどうにょ》は線訶《しゃくか》・迦若《かにゃ》・兜羅《とら》なり。大徳婆伽婆《だいとくばがば》、かの天仙七宿《てんせんしちしゅく》のなかに、星《せい》・張《ちょう》・翼《よく》はこれ日《にち》の土境《どきょう》なり、線訶《しゃくか》はこれ辰《しん》なり。軫《しん》・角《かく》の二宿《にしゅく》はこれ辰《しん》星《しょう》の土境《どきょう》なり、迦若《かにゃ》はこれ辰《しん》なり。亢《こう》・氐《てい》の二宿《にしゅく》はこれ太白《たいはく》の土境《どきょう》なり、兜羅《とら》はこれ辰《しん》なり。大徳婆伽婆《だいとくばがば》、かくのごとき天仙七宿《てんせんしちしゅく》・三曜《さんよう》・三天童女《さんてんどうにょ》、南閻《なんえん》浮提《ぶだい》を護持《ごじ》し養育《よういく》せしむ。

大徳婆伽婆《だいとくばがば》、かの天仙七宿《てんせんしちしゅく》・三曜《さんよう》・三天童女《さんてんどうにょ》、西瞿陀尼《さいくだに》を護持《ごじ》し養育《よういく》せしむ。かの天仙七宿《てんせんしちしゅく》は房《ぼう》・心《しん》・尾《び》・箕《き》・斗《と》・牛《ぎゅう》・女《じょ》なり。三曜《さんよう》は熒惑星《けいこくしょう》・歳星《さいしょう》・鎮《ちん》星《しょう》なり。三天童女《さんてんどうにょ》は毘離支迦《びりしか》・檀兎婆《だんとば》・摩伽羅《まから》なり。大徳婆伽婆《だいとくばがば》、かの天仙七《てんせんしち》宿《しゅく》のなかに、房《ぼう》・心《しん》の二宿《にしゅく》はこれ熒惑《けいこく》の土境《どきょう》なり、毘利支迦《びりしか》はこれ辰《しん》なり。尾《び》・箕《き》・斗《と》の三宿《さんしゅく》はこれ歳星《さいしょう》の土境《どきょう》なり、檀兎婆《だんとば》はこれ辰《しん》なり。牛《ぎゅう》・女《じょ》の二《に》宿《しゅく》はこれ鎮星《ちんしょう》の土境《どきょう》なり、摩伽羅《まから》はこれ辰《しん》なり。大徳婆伽婆《だいとくばがば》、かくのごとき天仙七宿《てんせんしちしゅく》・三曜《さんよう》・三天童女《さんてんどうにょ》、西瞿陀尼《さいくだに》を護持《ごじ》し養育《よういく》せしむ。

大徳婆伽婆《だいとくばがば》、この四天下《してんげ》に南閻浮提《なんえんぶだい》はもつとも殊勝《しゅしょう》なりとす。なにをもつてのゆゑに、閻浮提《えんぶだい》の人《ひと》は勇健聡慧《ゆうごんそうえ》にして、*梵行《ぼんぎょう》、仏《ぶつ》に相応《そうおう》す。婆伽婆《ばがば》、なかにおいて出世《しゅっせ》したまふ。このゆゑに*四大天王《しだいてんのう》、ここに倍増《ばいぞう》してこの閻浮提《えんぶだい》をたる。

梵行…婆伽婆　通常は「梵行相応す。仏、婆伽婆」と読む。梵行は清浄《しょうじょう》な行の意。

四大天王　四天王のこと。→四天王《してんのう》

護持《ごじ》し養育《よういく》せしむ。*十六《じゅうろく》の大国《だいこく》あり。いはく、鴦伽摩伽陀国《おうかまかだこく》・傍伽摩伽陀国《ぼうかまかだこく》・阿槃多国《あはんたこく》・支提国《しだいこく》なり。この四《よ》つの大国《だいこく》は、毘沙門天王《びしゃもんてんのう》、夜叉衆《やしゃしゅ》と囲繞《いにょう》して護《ご》持《じ》し養育《よういく》せしむ。迦尸国《かしこく》・都薩羅国《とさらこく》・婆蹉国《ばしゃこく》・摩羅国《まらこく》、この四《よ》つの大国《だいこく》は、提《だい》頭頼吒天王《ずらたてんのう》、乾闥婆衆《けんだつばしゅ》と囲繞《いにょう》して護持《ごじ》し養育《よういく》せしむ。鳩羅婆国《くらばこく》・毘時国《びじこく》・槃遮《はんしゃ》羅国《らこく》・疎那国《そなこく》、この四《よ》つの大国《だいこく》は、毘楼勒叉天王《びるろくしゃてんのう》、鳩槃荼衆《くはんだしゅ》と囲繞《いにょう》して護持《ごじ》し養育《よういく》せしむ。阿湿婆国《あしゅうばこく》・蘇摩国《そまこく》・蘇羅吒国《そらたこく》・甘満闍国《かんまんしゃこく》、この四《よ》つの大国《だいこく》は、毘《び》楼博叉天王《るはくしゃてんのう》、もろもろの竜衆《りゅうしゅ》と囲繞《いにょう》して護持《ごじ》し養育《よういく》せしむ。

　大徳婆伽婆《だいとくばがば》、過去《かこ》の天仙《てんせん》この四天下《してんげ》を護持《ごじ》し養育《よういく》せしがゆゑに、またみなかくのごとき分布安置《ぶんぷあんち》せしむ。後《のち》においてその国土《こくど》、城邑《じょうおう》・村落《そんらく》・塔寺《とうじ》・園林《おんりん》・樹下《じゅげ》・*塚間《ちょけん》・山谷《せんこく》・曠野《こうや》・河泉《かせん》・*陂泊《ははく》、乃至《ないし》、海中宝洲《かいちゅうほうす》・*天祠《てんし》に随《したが》ひて、かの*卵生《らんしょう》・胎生《たいしょう》・湿生《しっしょう》・化生《けしょう》において、もろもろの竜《りゅう》・夜叉《やしゃ》・羅刹《らせつ》・餓鬼《がき》・*毘《び》舎遮《しゃしゃ》・*富単那《ふたんな》・*迦吒富単那等《かたふたんなとう》、かのなかに生《しょう》じて、かの処《ところ》に還住《げんじゅう》して、繋属《けぞく》するところなし、他《た》の教《おしえ》を受《う》けず。このゆゑに願《ねが》はくは仏《ぶつ》、この閻浮提《えんぶだい》の一切《いっさい》国土《こくど》において、かのもろもろの鬼神《きじん》、分布安置《ぶんぷあんち》‡したまへ。護持《ごじ》のためのゆゑに、一切《いっさい》のもろもろの衆生《しゅじょう》を護《まも》らんがためのゆゑに。われらこの説《せつ》において

十六の大国　古代インドにあったという十六の国々。

塚間　墓地。

陂泊　港。

天祠　神をまつってあるところ。ほこらの類。

卵生…　衆生《しゅじょう》が生れる四種の形態（四生）。→四生《ししょう》

毘舎遮　梵語ピシャーチャ（piśāca）の音写。啖精鬼《たんしょうき》と漢訳する。人や五穀の精気を吸う鬼。

富単那　梵語プータナ（pūtana）の音写。臭餓鬼と漢訳する。熱病をもたらす鬼。

迦吒富単那　梵語カタ・プータナ（kaṭa-pūtana）の音写。奇臭鬼・極臭鬼などと漢訳される鬼。

随喜《ずいき》せんと欲《おも》ふ〉と。

仏《ぶつ》ののたまはく、〈かくのごとし、*大梵《だいぼん》、なんぢが所説《しょせつ》のごとし〉と。その時《とき》に、世尊《せそん》重《かさ》ねてこの義《ぎ》を明《あ》かさんと欲《おぼ》しめして、偈《げ》を説《と》きてのたまはく、〈世間《せけん》に示現《じげん》するがゆゑに、導師《どうし》、梵王《ぼんのう》に問《と》はまく、《この四天下《してんげ》において、たれか護持《ごじ》し養育《よういく》せん》と。かくのごとき*天師梵《てんしぼん》、《諸天王《しょてんのう》を首《しゅ》として、兜率《とそつ》・他化《たけ》天《てん》・化楽《けらく》・須夜摩《しゅやま》、よくかくのごとき四天下《してんげ》を、護持《ごじ》し養育《よういく》せしむ。四王《しおう》および眷属《けんぞく》、またまたよく護持《ごじ》せしむ。二十八宿等《にじゅうはっしゅくとう》、および十二辰《じゅうにしん》・十二天童女《じゅうにてんどうにょ》、四天下《してんげ》を護持《ごじ》せしむ》と。その所生《しょしょう》の処《ところ》に随《したが》ひて、竜《りゅう》・鬼《き》・羅刹等《らせつとう》、他《た》の教《おしえ》を受《う》けずは、かしこにおいて還《かえ》つて護《ご》をなさしむ。天神等差別《てんじんとうしゃべつ》して、‡願《ねが》はくは仏《ぶつ》

分布《ぶんぷ》せしめたまへ。衆生《しゅじょう》を憐愍《れんみん》せんがゆゑに、正法《しょうぼう》の灯《ともしび》を*熾然《しねん》ならしむ〉と。

その時《とき》に、仏《ぶつ》、*月蔵菩薩摩訶薩《がつぞうぼさつまかさつ》に告《つ》げてのたまはく、〈*†了知清浄士《りょうちしょうじょうし》よ、この*賢劫《げんごう》の初《はじ》め人寿四万歳《にんじゅしまんざい》の時《とき》、*鳩留孫仏《くるそんぶつ》、世《よ》に出興《しゅっこう》したまひき。かの仏《ぶつ》、無《む》量阿僧祇億那由他百千《りょうあそうぎおくなゆたひゃくせん》の衆生《しゅじょう》のために*生死《しょうじ》に回《え》して、*正法輪《しょうぼうりん》を輪転《りんでん》せしむ。追《お》うて悪道《あくどう》に回《え》して、善道《ぜんどう》および解脱《げだつ》の果《か》を安置《あんち》せしむ。かの仏《ぶつ》、この四大天《しだいてん》下《げ》をもつて、娑婆世界《しゃばせかい》の主《しゅ》、大梵天王《だいぼんてんのう》・他化自在天王《たけじざいてんのう》・化楽天王《けらくてんのう》・兜率陀天王《とそつだてんのう》・

大梵 大梵天王のこと。↓梵天王《ぼんてんのう》

天師梵 天界の師である梵天王。

熾然 盛んであること。

月蔵菩薩摩訶薩 『大集《だいじつ》経《きょう》』「月蔵分」に対告衆（仏の説法の相手）として出る菩薩。西方の月勝世界から眷属《けんぞく》を率いて来会した。

了知清浄士 「清浄を了知する士」の意で、月蔵菩薩を指す。

賢劫 現在の住劫《じゅうこう》（世界の存続期）の称。劫は非常に長い時間の単位。過去の住劫を荘厳劫《しょうごんこう》、未来の住劫を星宿劫《しょうしゅくこう》というのに対す。現在の住劫には千仏が出世するので賢劫の名がある。

鳩留孫仏 鳩留孫は梵語クラクッチャンダ(Krakucchanda)の音写。所応断已断《しょおうだんいだん》

須夜摩天王等《しゅやまてんのうとう》に付嘱《ふぞく》せしむ。護持《ごじ》のゆゑに、養育《よういく》のゆゑに、衆生《しゅじょう》を憐愍《れんみん》するがゆゑに、三宝《さんぼう》の種《しゅ》をして断絶《だんぜつ》せざらしめんがゆゑに、熾然《しねん》ならんがゆゑに、*地《じ》の精気《しょうけ》、*衆生《しゅじょう》の精気《しょうけ》、*正法《しょうぼう》の精気《しょうけ》、久《ひさ》しく住《じゅう》せしめ増長《ぞうじょう》せんがゆゑに、もろもろの衆生《しゅじょう》をして三悪道《さんまくどう》を休息《くそく》せしめんがゆゑに、三善道《さんぜんどう》に趣向《しゅこう》せんがゆゑに、四天下《してんげ》をもつて大梵《だいぼん》およびもろもろの天王《てんのう》に付嘱《ふぞく》せしむ。

かくのごとき漸次《ぜんじ》に劫尽《こうつ》き、もろもろの天人尽《てんにんつ》き、一切《いっさい》の善業《ぜんごう》*白法尽滅《びゃくほうじんめつ》して、大悪《だいあく》もろもろの煩悩溺《ぼんのうにゃく》を増長《ぞうじょう》せん。人寿三万歳《にんじゅさんまんざい》の時《とき》、*拘那含牟尼仏《くなごんむにぶつ》、世《よ》に出興《しゅっこう》したまはん。かの仏《ぶつ》、この四大天下《しだいてんげ》をもつて、娑婆世界《しゃばせかい》の主《しゅ》、大梵天王《だいぼんてんのう》・他化自在天王《たけじざいてんのう》、乃至《ないし》、四大天王《しだいてんのう》、およびもろもろの眷属《けんぞく》に付嘱《ふぞく》したまふ。護持養育《ごじよういく》のゆゑに、乃至一切衆生《ないしいっさいしゅじょう》をして三悪道《さんまくどう》を休息《くそく》して三善道《さんぜんどう》に趣向《しゅこう》せしめんがゆゑに、この四天下《してんげ》をもつて大梵《だいぼん》および諸天王《しょてんのう》に付嘱《ふぞく》したまへり。

かくのごとき次第《しだい》に劫尽《こうつ》き、もろもろの天人尽《てんにんつ》き、白法《びゃくほう》また尽《つ》きて、大悪《だいあく》もろもろの煩悩溺《ぼんのうにゃく》を増長《ぞうじょう》せん。人寿二万歳《にんじゅにまんざい》の時《とき》、*迦葉如来《かしょうにょらい》、世《よ》に出興《しゅっこう》したまふ。かの仏《ぶつ》、この四大天下《しだいてんげ》をもつて、娑婆世界《しゃばせかい》の主《しゅ》、大梵天王《だいぼんてんのう》・他化自在天《たけじざいてん》王《のう》・化楽天王《けらくてんのう》・兜率陀天王《とそつだてんのう》・須夜摩天王《しゅやまてんのう》・*憍尸迦帝釈《きょうしかたいしゃく》・四天王等《してんのうとう》、およびもろ

と漢訳する。過去七仏の第四。賢劫《げんごう》千仏の第一。人寿四万歳の時、安和城に生れ、尸利沙樹《しりしゃじゅ》下に成道《じょうどう》したという。

生死に…悪道に回して　通常は「生死輪を回して、正法輪を転じ、追うて悪道を回して」と読む。

正法輪　仏の正しい教法は止《とど》まることなくめぐって次々と広まってゆくので、車輪に喩える。

地の精気　五穀をみのらせる大地のすぐれた力。

衆生の精気　生きとし生けるものの持つ生命力。

正法の精気　仏法僧の三宝《さんぼう》の持つ功徳《くどく》力。

白法　清浄《しょうじょう》潔白な無漏《むろ》（煩悩《ぼんのう》のない状態）の教え。仏法のこと。

拘那含牟尼仏　拘那含牟尼

もろの眷属《けんぞく》に付嘱《ふぞく》したまへり。護持養育《ごじよういく》のゆゑに、乃至《ないし》一切《いっさい》衆生《しゅじょう》をして三悪《さんまく》道《どう》を休息《くそく》せしめ、三善道《さんぜんどう》に趣向《しゅこう》せしめんがゆゑに。かの迦葉仏《かしょうぶつ》、この四天下《してんげ》をもつて、大梵《だいぼん》・四天王《してんのう》等《とう》に付嘱《ふぞく》し、およびもろもろの天仙衆《てんせんしゅ》・七曜《しちよう》・十二天《じゅうにてん》
401 童女《どうにょ》・二十八宿《にじゅうはっしゅく》等《とう》に付《ふ》したまへり。護持《ごじ》のゆゑに、養育《よういく》のゆゑに。

†了知清浄士《りょうちしょうじょうし》よ、かくのごとき次第《しだい》に、いま劫濁《こうじょく》・煩悩濁《ぼんのうじょく》・衆生濁《しゅじょうじょく》・大悪《だいあく》煩悩濁《ぼんのうじょく》・闘諍悪世《とうじょうあくせ》の時《とき》、人寿百歳《にんじゅひゃくさい》に至《いた》りて、一切《いっさい》の白法《びゃくほう》尽《つ》き、一切《いっさい》の諸悪《しょあく》闇翳《あんえい》ならん。世間《せけん》はたとへば海水《かいすい》の一味《いちみ》にして*大鹹《だいかん》なるがごとし、大煩悩《だいぼんのう》の味《あじ》はひ世《よ》に遍満《へんまん》せん。集会《しゅうえ》の悪党《あくとう》、手《て》に髑髏《どくろ》を執《と》り、血《ち》をその掌《たなごころ》に塗《ぬ》らん、ともにあひ殺害《せつがい》せん。かくのごときの悪《あく》の衆生《しゅじょう》のなかに、われいま菩提樹下《ぼだいじゅげ》に出世《しゅっせ》してはじめて正覚《しょうがく》を成《な》れり。*‡提謂《だいい》・波利《はり》†のもろもろの商人《しょうにん》の食《じき》を受《う》けて、かれらがためのゆゑに、この閻浮提《えんぶだい》をもつて天《てん》・竜《りゅう》・乾闥婆《けんだつば》・鳩槃荼《くはんだ》・夜叉《やしゃ》等《とう》に分布《ぶんぷ》せしむ。護持養育《ごじよういく》のゆゑに。

これをもつて大集十方所有《だいじゅうじっぽうしょう》の仏土《ぶつど》、一切無余《いっさいむよ》の菩薩摩訶薩《ぼさつまかさつ》等《とう》、ことごとく
402 ここに来集《らいじゅう》せん。乃至《ないし》この娑婆仏土《しゃばぶつど》において、その処《ところ》の百億《ひゃくおく》の日月《にちがつ》、百億《ひゃくおく》の四天下《してんげ》、百億《ひゃくおく》の四大海《しだいかい》、百億《ひゃくおく》の*鉄囲山《てっちせん》・大鉄囲山《だいてっちせん》、百億《ひゃくおく》の須弥山《しゅみせん》、百億《ひゃくおく》の*四《し》

は梵語カナカムニ（Kanakamuni）の音写。金仙人《こんせんにん》と漢訳する。過去七仏の第五。賢劫《げんごう》千仏の第二。人寿三万歳の時、清浄城に生れ、優曇鉢羅樹《うどんばらじゅ》下に成道《じょうどう》したという。

迦葉如来 迦葉仏のこと。→迦葉仏《かしょうぶつ》

憍尸迦 梵語カウシカ（Kauśika）の音写。帝釈天《たいしゃくてん》が人間であった時の姓。

大鹹 塩からいこと。

提謂波利 提謂は梵語トラプシャ（Trapuṣa）、波利は梵語バッリカ（Bhallika）の音写。ともに商人の名。成道後の釈尊に遇い、食を供養《くよう》して法を聞いたという。在家信者の最初。

鉄囲山 須弥世界の外郭をなす鉄でできた山。また小千世界・中千世界・大千世

403

阿修羅城《あしゅらじょう》、百億《ひゃくおく》の四大天王《しだいてんのう》、百億《ひゃくおく》の＊三十三天《さんじゅうさんてん》、乃至《ないし》百億《ひゃくおく》の非想非非想処《ひそうひひそうしょ》、かくのごときの数《かず》を略《りゃく》せり。娑婆仏土《しゃばぶつど》、われこの処《ところ》にして仏事《ぶつじ》をなす。乃至《ないし》娑《しゃ》婆仏土《ばぶつど》の所有《しょう》のもろもろの梵天王《ぼんてんのう》およびもろもろの眷属《けんぞく》、魔天王《まてんのう》・他化自在天《たけじざいてん》王《のう》・化楽天王《けらくてんのう》・兜率陀天王《とそつだてんのう》・須夜摩天王《しゅやまてんのう》・帝釈天王《たいしゃくてんのう》・四大天王《しだいてんのう》・阿修羅王《あしゅらおう》・竜《りゅう》王《おう》・夜叉王《やしゃおう》・羅刹王《らせつおう》・＊乾闥婆王《けんだつばおう》・緊那羅王《きんならおう》・迦楼羅王《かるらおう》・摩睺羅伽王《まごらがおう》・鳩槃荼《くはんだ》王《おう》・餓鬼王《がきおう》・毘舎遮王《びしゃしゃおう》・富単那王《ふたんなおう》・迦吒富単那王等《かたふたんなおうとう》において、ことごとくまさに眷属《けんぞく》としてここに大集《だいじゅう》せり。法《ほう》を聞《き》かんためのゆゑに。乃至《ないし》ここに娑婆仏《しゃばぶつ》土《ど》の所有《しょう》のもろもろの菩薩摩訶薩等《ぼさつまかさつとう》およびもろもろの声聞《しょうもん》、一切余《いっさいよ》なく、ことごとくここに来集《らいじゅう》せり。聞法《もんぽう》のためのゆゑに。われいまこの所集《しょしゅう》の大衆《だいしゅ》のために甚深《じんじん》の仏法《ぶっぽう》を顕示《けんじ》せしむ。また世間《せけん》を護《まも》らんがためのゆゑに、この閻浮《えんぶ》提所集《だいしょしゅう》の鬼神《きじん》をもつて分布安置《ぶんぷあんち》す。護持養育《ごじよういく》すべし〉と。

その時《とき》に、世尊《せそん》、また娑婆世界《しゃばせかい》の主《しゅ》、大梵天王《だいぼんてんのう》に問《と》うてのたまはく、〈過去《かこ》の諸仏《しょぶつ》、この四大天下《しだいてんげ》をもつて、かつてたれに付嘱《ふぞく》して護持養育《ごじよういく》をなさしめたまふぞ〉と。時《とき》に娑婆世界《しゃばせかい》の主《しゅ》、大梵天王《だいぼんてんのう》まうさく、〈過去《かこ》の諸仏《しょぶつ》、この四天《してん》下《げ》をもつて、かつてわれおよび憍尸迦《きょうしか》に付嘱《ふぞく》したまへりき。護持《ごじ》することをな

界の各々を一つの鉄囲山がかこむという説もある。↓須弥山《しゅみせん》、三千大千世界《さんぜんだいせんせかい》

四阿修羅城　須弥山の四面の海中に四大阿修羅王の城があるという。

三十三天　忉利天のこと。↓忉利天《とうりてん》

乾闥婆王…摩睺羅伽王　八部衆に属する鬼神《きじん》。↓八部《はちぶ》

さしめたまふ。‡しかるにわれ失《とが》ありて、おのれが名《な》および帝釈《たいしゃく》の名《な》を彰《あらわ》さず、ただ諸余《しょよ》の天王《てんのう》および宿《しゅく》・曜《よう》・辰《しん》を称《しょう》せしむ、護持養育《ごじよういく》すべし〉と。その時《とき》に、娑婆世界《しゃばせかい》の主《しゅ》、大梵天王《だいぼんてんのう》および憍尸迦帝釈《きょうしかたいしゃく》、仏足《ぶっそく》を頂礼《ちょうらい》してこの言《ごん》をなさく、〈大徳婆伽婆《だいとくばがば》、*大徳修伽陀《だいとくしゅがだ》、われいま過《とが》を謝《しゃ》すべし。われ小児《しょうに》のごとくして愚痴無智《ぐちむち》にして、如来《にょらい》の前《みまえ》にしてみづから*称名《しょうみょう》せざらんや。大徳婆伽婆《だいとくばがば》、やや願《ねが》はくは*容恕《ようじょ》したまへ。大徳修伽陀《だいとくしゅがだ》、やや願《ねが》はくは容恕《ようじょ》したまへ。諸来《しょらい》の大衆《だいしゅ》、また願《ねが》はくは容恕《ようじょ》したまへ。われ境界《きょうがい》において言説教令《ごんせつきょうりょう》す。自在《じざい》の処《ところ》を得《え》て護持養育《ごじよういく》すべし。乃至《ないし》もろもろの衆生《しゅじょう》をして善道《ぜんどう》に趣《おもむ》かしめんがゆゑに。われら曾鳩留孫仏《むかしくるそんぶつ》のみもとにして、すでに教勅《きょうちょく》を受《う》けたまはりて、乃至《ないし》三宝《さんぼう》の種《しゅ》をしてすでに熾然《しねん》ならしむ。拘那含牟尼仏《くなごんむにぶつ》・迦葉仏《かしょうぶつ》の所《みもと》にして、われ教勅《きょうちょく》を受《う》けたまはりしこと、またかくのごとし。三宝《さんぼう》の種《しゅ》においてすでにねんごろにして熾然《しねん》ならしむ。地《じ》の精気《しょうけ》、衆生《しゅじょう》の精気《しょうけ》、*正法《しょうぼう》の味《あじ》はひ醍醐《だいご》の精気《しょうけ》、久《ひさ》しく住《じゅう》して増長《ぞうじょう》せしむるがゆゑに。またわがごときも、いま世尊《せそん》の所《みもと》にして、教勅《きょうちょく》を頂受《ちょうじゅ》し、おのれが境界《きょうがい》において、言説教令《ごんせつきょうりょう》す。自在《じざい》の処《ところ》を得《え》て、一切闘諍《いっさいとうじょう》・飢饉《けごん》を休息《くそく》せしめ、乃至三宝《ないしさんぼう》の種《しゅ》断絶《だんぜつ》せざらしむるがゆ

大徳修伽陀　釈尊のこと。修伽陀は梵語スガタ（su-gata）の音写。善逝《ぜんぜい》と漢訳する。如来十号の一。↓如来《にょらい》

みづから称名せざらんや　通常は「みづから名を称せず」と読み、自分から名前をいうことができないという意味。

容恕　許すこと。

正法の味はひ醍醐の精気　醍醐は牛乳を精製して作ったもの。最高の美味であり、最上の薬とされる。ここでは正法（仏法僧の三宝《さんぼう》）のもつ功徳《くどく》力を醍醐の味に喩える。

405

ゐに、三種《さんしゅ》の精気《しょうけ》久《ひさ》しく住《じゅう》して増長《ぞうじょう》せしむるがゆゑに、悪行《あくぎょう》の衆生《しゅじょう》を*遮障《しゃしょう》して行法《ぎょうほう》の衆生《しゅじょう》を護養《ごよう》するがゆゑに、衆生《しゅじょう》をして三悪道《さんまくどう》を休息《くそく》せしめ、三善《さんぜん》道《どう》に趣向《しゅこう》するがゆゑに、仏法《ぶっぽう》をして久《ひさ》しく住《じゅう》せんことを得《え》しめんがためのゆゑに、ねんごろに護持《ごじ》をなす〉と。

仏《ぶつ》ののたまはく、〈善《よ》いかな善《よ》いかな、*妙丈夫《みょうじょうぶ》、なんぢかくのごとくなるべし〉と。その時《とき》に、仏《ぶつ》、百億《ひゃくおく》の大梵天王《だいぼんてんのう》に告《つ》げてのたまはく、〈所有《しょう》の行法《ぎょうほう》、法《ほう》に住《じゅう》し法《ほう》に順《じゅん》じて悪《あく》を厭捨《えんしゃ》せんものは、いまことごとくなんだちが手《て》のうちに付嘱《ふぞく》す。なんだち*賢首《けんじゅ》、百億《ひゃくおく》の四天下《してんげ》各々《かくかく》の境界《きょうがい》において言説教令《ごんせつきょうりょう》す。自在《じざい》の処《ところ》を得《え》て、所有《しょう》の衆生《しゅじょう》、弊悪《へいあく》・*粗獷《そこう》・悩害《のうがい》、他《た》において*慈愍《じみん》あることなし。後世《ごせ》の畏《おそ》れを観《かん》ぜずして、*刹利《せつり》心《しん》および*婆羅門《ばらもん》・毘舎《びしゃ》・首陀《しゅだ》の心《こころ》を触悩《そくのう》せん、乃至《ないし》畜生《ちくしょう》の心《こころ》を触悩《そくのう》せん。かくのごとき殺生《せっしょう》をなす因縁乃至《いんねんないし》邪見《じゃけん》をなす因縁《いんねん》、その所作《しょさ》に随《したが》ひて非時《ひじ》の風雨《ふうう》あらん、乃至《ないし》地《じ》の精気《しょうけ》、衆生《しゅじょう》の精気《しょうけ》、正《しょう》法《ぼう》の精気《しょうけ》、損減《そんげん》の因縁《いんねん》をなさしめば、なんぢ*遮止《しゃし》して善法《ぜんぼう》に住《じゅう》せしむべし。もし衆生《しゅじょう》ありて、善《ぜん》を得《え》んと欲《おも》はんもの、法《ほう》を得《え》んと欲《おも》はんもの、生死《しょうじ》の彼岸《ひがん》に度《ど》せんと欲《おも》はんもの、*檀波羅蜜《だんばらみつ》を修行《しゅぎょう》することあらんところのもの、乃至《ないし》、

遮障 さえぎりとどめること。

妙丈夫 すぐれた人。ここでは梵天王《ぼんてんのう》・帝釈天《たいしゃくてん》のこと。

賢首 賢者の首たるもの。ここでは大梵天王等を指す。

粗獷 あらあらしいこと。

慈愍 いつくしみあわれむこと。

刹利・婆羅門毘舎首陀 古代インドの四姓制度。↓補註9

遮止 さえぎりとどめること。

檀波羅蜜 梵語ダーナ・パーラミター(dāna-pāramitā)の音写。完全な布施《ふせ》の行。六波羅蜜の行の第一。↓六波羅蜜《ろっぱらみつ》

406 般若《はんにゃ》波《は》羅《ら》蜜《みつ》を修行《しゅぎょう》せんもの、所有《しょう》の行法《ぎょうほう》、法《ほう》に住《じゅう》せん衆生《しゅじょう》、および行法《ぎょうほう》のために事《じ》を営《いとな》まんもの、かのもろもろの衆生《しゅじょう》、なんだちまさに護持《ごじ》養育《よういく》すべし。もし衆生《しゅじょう》ありて、受持《じゅじ》し読誦《どくじゅ》して、他《た》のために演説《えんぜつ》し、種々《しゅじゅ》に経論《きょうろん》を解説《げせつ》せん。なんだちまさに*かのもろもろの衆生《しゅじょう》と*念持方便《ねんじほうべん》して*堅固力《けんごりき》を得《う》べし。所《しょ》聞《もん》に入《い》りて忘《わす》れず、諸法《しょほう》の相《そう》を智信《ちしん》して生死《しょうじ》を離《はな》れしめ、八聖道《はっしょうどう》を修《しゅ》して*三《さん》昧《まい》の根《こん》、相応《そうおう》せん。もし衆生《しゅじょう》ありて、なんぢが境界《きょうがい》において法《ほう》に住《じゅう》せん、奢《しゃ》摩他《また》・毘婆舎那《びばしゃな》、次第方便《しだいほうべん》してもろもろの三昧《さんまい》と相応《そうおう》して、ねんごろに*三種《さんしゅ》の菩提《ぼだい》を修習《しゅじゅう》せんと求《もと》めんもの、なんだちまさに*遮護《しゃご》し摂受《しょうじゅ》して、ねんごろに*捨施《しゃせ》をなして、乏少《ぼうしょう》せしむることなかるべし。もし衆生《しゅじょう》ありて、その飲食《おんじき》・衣服《えぶく》・臥具《がぐ》を施《ほどこ》し、病患《びょうげん》の因縁《いんねん》に湯薬《とうやく》を施《せ》せんもの、なんだちまさにかの施《せ》主《しゅ》をして五利増長《ごりぞうじょう》せしむべし。なんらをか五《いつ》つとする。一《ひと》つには寿増長《じゅぞうじょう》せん、二《ふた》つには財増長《ざいぞうじょう》せん、三《み》つには楽増長《らくぞうじょう》せん、四《よ》つには善行増長《ぜんぎょうぞうじょう》せん、五《いつ》つには慧増長《えぞうじょう》するなり。なんだち長夜《じょうや》に利益安楽《りやくあんらく》を得《え》ん。この因縁《いんねん》をもつて、
407 なんだちよく六波羅蜜《ろっぱらみつ》を満《み》てん、久《ひさ》しからずして*一切種智《いっさいしゅち》を成《じょう》ずることを得《え》ん〉と。

かのもろもろの…相応せん 通常は「かのもろもろの衆生のために念持方便し、堅固力を得しめ、所聞不忘智に入りて諸法の相を信ぜしめ、…三昧の根、相応せしむべし」と読む。

念持方便 心が乱れないように思いをかけ、手だてをめぐらすこと。

堅固力 いかなるものにもさまたげられないかたい力。

三昧の根 さとりに至るはたらきのことで、信・精進・念・定・慧の五根を指す。

三種の菩提 声聞《しょうもん》・縁覚《えんがく》・菩薩のさとり。

遮護 さまざまなさわりをさえぎって修道者《しゅどうしゃ》をまもること。

捨施 とらわれのない施し。

一切種智 完全なさとりの智慧《ちえ》。一切の存在について

時《とき》に娑婆《しゃば》世界《せかい》の主《しゅ》、大梵天王《だいぼんてんのう》を首《しゅ》として、百億《ひゃくおく》のもろもろの梵天王《ぼんてんのう》とともに、ことごとくこの言《ごん》をなさく、〈かくのごとし、かくのごとし。大徳婆伽婆《だいとくばがば》、われらおのおのにおのれが境界《きょうがい》、弊悪《へいあく》・粗獷《そこう》・悩害《のうがい》において、他《た》において慈愍《じみん》の心《こころ》なく、後世《ごせ》の畏《おそ》れを観《かん》ぜざらん、乃至《ないし》われまさに遮障《しゃしょう》し、かの施主《せしゅ》のために*五事《ごじ》を増長《ぞうじょう》すべし〉と。仏《ぶつ》ののたまはく、〈善《よ》いかな善《よ》いかな、なんぢかくのごとくなるべし〉と。その時《とき》に、また一切《いっさい》の菩薩摩訶薩《ぼさつまかさつ》、一切《いっさい》の諸大声聞《しょだいしょうもん》、一切《いっさい》の天《てん》・竜《りゅう》、乃至一切《ないしいっさい》の人《にん》・非人等《ひにんとう》ありて、讃《ほ》めてまうさく、〈善《よ》いかな善《よ》いかな、*大雄猛士《だいおうみょうじ》、なんだちかくのごとき法久《ほうひさ》しく住《じゅう》することを得《え》、もろもろの衆生《しゅじょう》をして悪道《あくどう》を離《はな》るることを得《え》、すみやかに善道《ぜんどう》に趣《おもむ》かしめん〉と。

その時《とき》に、世尊《せそん》重《かさ》ねてこの義《ぎ》を明《あ》かさんと欲《おぼ》しめして、偈《げ》を説《と》きてのたまはく、〈われ、月蔵《がつぞう》に告《つ》げていはく、この賢劫《げんごう》の初《はじ》めに入《い》りて、*鳩留仏《くるぶつ》、梵等《ぼんとう》に四天下《してんげ》を付嘱《ふぞく》したまふ。諸悪《しょあく》を遮障《しゃしょう》するがゆゑに、正法《しょうぼう》の眼《まなこ》を熾然《しねん》ならしむ。もろもろの悪事《あくじ》を捨離《しゃり》し、行法《ぎょうほう》のものを護持《ごじ》し、三宝《さんぼう》の種《しゅ》を断《た》たず、*三精気《さんしょうけ》を増長《ぞうじょう》し、もろもろの悪趣《あくしゅ》を休息《くそく》し、もろもろの善道《ぜんどう》に向《む》かへしむ。拘那含《くなごん》牟尼《むに》、また大梵王《だいぼんのう》、他化《たけ》・化楽天《けらくてん》、乃至四天王《ないししてんのう》に嘱《ぞく》したまふ。次後《つぎのち》に迦葉仏《かしょうぶつ》、

平等と差別、空《くう》と有を不二一体にさとり尽す仏の智慧。

五事　四四七頁一一行以下に示す五利のこと。

大雄猛士　煩悩《ぼんのう》の敵を退治する勇猛《ゆうみょう》な人。ここでは大梵天王等を指す。

鳩留仏　鳩留孫仏のこと。四四一頁の脚註参照。

三精気　地の精気・衆生《しゅじょう》の精気・正法《しょうぼう》の精気。精気とは、もののうちにひそむすぐれた力。四四二頁の脚註参照。

409 また梵天王《ぼんてんのう》、化楽《けらく》等《とう》の四天《してん》、帝釈《たいしゃく》・*護世王《ごせおう》、過去《かこ》のもろもろの天仙《てんせん》に嘱《ぞく》したまふ。もろもろの世間《せけん》のためのゆゑに、もろもろの*曜宿《ようしゅく》を安置《あんち》して、護持《ごじ》し養育《よういく》せしめたまへり。濁悪世《じょくあくせ》に至《いた》りて、白法尽滅《びゃくほうじんめつ》せん時《とき》、われ*独覚無上《どくかくむじょう》にして、人民《にんみん》を安置《あんち》し護《まも》らん。いま大衆《だいしゅ》の前《まえ》にして、しばしばわれを悩乱《のうらん》せん。まさに説法《せっぽう》を*捨《す》つべし。われを置《たも》つて護持《ごじ》せしめよ。十方《じっぽう》のもろもろの菩薩《ぼさつ》、一切《いっさい》ことごとく来集《らいじゅう》せん。天王《てんのう》もまたこの娑婆仏国土《しゃばぶっこくど》に来《きた》らしめん。われ大梵王《だいぼんのう》に問《と》はく、《たれか昔護持《むかしごじ》せしもの》と。帝釈《たいしゃく》・大梵天《だいぼんてん》、余《よ》の天王《てんのう》を指示《しじ》す。時《とき》に釈《しゃく》・梵王《ぼんのう》、†過《とが》を導師《どうし》に謝《しゃ》していはまく、《われら王《おう》の処《ところ》を所《ところ》として、一切《いっさい》の悪《あく》を遮障《しゃしょう》し三宝《さんぼう》の種《しゅ》を熾然《しねん》ならしめ、三精気《さんしょうけ》を増長《ぞうじょう》せん。諸悪《しょあく》の朋《とも》を遮障《しゃしょう》して、善《ぜん》の朋党《ほうとう》を護持《ごじ》せしむ》》」と。以上抄出

410 【九二】『月蔵経《がつぞうきょう》』巻第七《かんだいしち》「諸魔得敬信品《しょまとくきょうしんぼん》」第十《だいじゅう》にのたまはく（大集経）、「その時《とき》に、また百億《ひゃくおく》の諸魔《しょま》あり。ともに同時《どうじ》に座《ざ》よりして起《た》ちて、合掌《がっしょう》して仏《ぶつ》に向《む》かひたてまつりて、仏足《ぶっそく》を頂礼《ちょうらい》して仏《ぶつ》にまうしてまうさく、〈世尊《せそん》、われらまたまさに大勇猛《だいゆうみょう》を発《おこ》して仏《ぶつ》の正法《しょうぼう》を護持《ごじ》し養育《よういく》して、三宝《さんぼう》の種《しゅ》を熾然《しねん》ならしめて、久《ひさ》しく世間《せけん》に住《じゅう》せしむ。いま地《じ》の精気《しょうけ》、衆生《しゅじょう》の精気《しょうけ》、法《ほう》の精気《しょうけ》、

護世王　世間を守護する四天王のこと。→四天王《してんのう》

曜宿　星。四方に配置された三曜七宿《しちしゅく》などのこと。

独覚無上　「独《ひと》り無上を覚《さと》り」

捨つ　捨は捨施の意。説法を施すこと。

みなことごとく増長《ぞうじょう》せしむべし。もし世尊《せそん》、声聞弟子《しょうもんでし》ありて、法《ほう》に住《じゅう》し法《ほう》に順《じゅん》じて三業相応《さんごうそうおう》して修行《しゅぎょう》せば、われらみなことごとく護持《ごじ》し養育《よういく》して、一切《いっさい》の*所須乏《しょしゅとぼ》しきところなからしめん〉と。乃至〈この娑婆界《しゃばかい》にして、初《はじ》め賢劫《げんごう》に入《い》りし時《とき》、*拘楼孫如来《くるそんにょらい》、すでに四天《してん》を帝《たい》釈《しゃく》・梵天王《ぼんてんのう》に嘱《ぞく》せしめて、護持《ごじ》し養育《よういく》せしむ。三宝《さんぼう》の種《しゅ》を熾然《しねん》ならしめ、三《さん》精気《しょうけ》を増長《ぞうじょう》せしめたまひき。拘那含牟尼《くなごんむに》、また四天下《してんげ》を梵《ぼん》・釈《しゃく》・諸天王《しょてんのう》に嘱《ぞく》して、護持《ごじ》し養育《よういく》せしむ。迦葉《かしょう》もまたかくのごとし、すでに四天下《してんげ》を梵《ぼん》・釈《しゃく》・護世王《ごせおう》に嘱《ぞく》して、行法《ぎょうほう》のひとを護持《ごじ》せしめき。過去《かこ》の諸仙衆《しょせんしゅ》、および諸天仙《しょてんせん》、星辰《しょうしん》もろもろの宿曜《しゅくよう》、また嘱《ぞく》し分布《ぶんぷ》せしめき。われ五濁世《ごじょくせ》に出《い》でて、もろもろの魔《ま》の怨《あだ》を降伏《ごうぶく》して、大集会《だいしゅうえ》をなして、仏《ぶつ》の正法《しょうぼう》を顕現《けんげん》せしむ。乃至一切《いっさい》の諸天衆《しょてんしゅ》、ことごとくともに仏《ぶつ》にまうしてまうさく、《われら王《おう》の処《ところ》を所《ところ》にして、みな正法《しょうぼう》を護持《ごじ》し、三宝《さんぼう》の種《しゅ》を熾然《しねん》ならしめ、三精気《さんしょうけ》を増長《ぞうじょう》せしめん。もろもろの病疫《びょうやく》、飢饉《けごん》および闘諍《とうじょう》を息《や》めしめん》〉」と。乃至略出

【九二】「提頭頼吒天王護持品《だいずらたてんのうごじぼん》」にのたまはく（大集経）、「仏《ぶつ》ののたまはく、〈*日《にっ》天子《てんし》・*月天子《がってんし》、なんぢわが法《ほう》において護持《ごじ》し養育《よういく》せば、なんぢ長寿《ちょうじゅ》にしても

所須　日常生活に必要な品。

拘楼孫如来　鳩留孫仏のこと。四四一頁の脚註参照。

日天子　太陽を神格化したもの。

月天子　月を神格化したもの。

ろもろの衰患《すいげん》なからしめん〉と。その時《とき》に、また百†億《ひゃくおく》の提頭頼吒天王《だいずらたてんのう》、百億《ひゃくおく》の毘楼勒叉天王《びるろくしゃてんのう》、百億《ひゃくおく》の毘楼博叉天王《びるはくしゃてんのう》、百億《ひゃくおく》の毘沙門天王《びしゃもんてんのう》あり。かれら同時《どうじ》に、および眷属《けんぞく》と座《ざ》よりして起《た》ちて、衣服《えぶく》を整理《しょうり》し、合掌《がっしょう》し敬礼《きょうらい》して、かくのごときの言《ごん》をなさく、〈大徳婆伽婆《だいとくばがば》、われらおのおのおのれが天下《てんげ》にして、ねんごろに仏法《ぶっぽう》を護持《ごじ》し養育《よういく》することをなさん。三宝《さんぼう》の種《しゅ》、熾然《しねん》として久《ひさ》しく住《じゅう》し、三種《さんしゅ》の精気《しょうけ》みなことごとく増長《ぞうじょう》せしめん〉と。乃至〈われいままた上《じょう》首毘沙門天王《しゅびしゃもんてんのう》と同心《どうしん》に、この閻浮提《えんぶだい》と北方《ほっぽう》との諸仏《しょぶつ》の法《ほう》を護持《ごじ》す〉」と。以上略抄

【九三】『月蔵経《がつぞうきょう》』巻第八《かんだいはち》「忍辱品《にんにくぼん》」第十六《だいじゅうろく》にのたまはく（大集経）、「仏《ぶつ》ののたまはく、〈かくのごとし、かくのごとし。なんぢがいふところのごとし。*もしおのれが苦《く》を厭《いと》ひ楽《らく》を求《もと》むるを愛《あい》することあらん、まさに諸仏《しょぶつ》の正法《しょうぼう》を護持《ごじ》すべし。これよりまさに無量《むりょう》の福報《ふくほう》を得《う》べし。もし衆生《しゅじょう》ありて、わがために出家《しゅっけ》し、鬚髪《しゅほつ》を剃除《たいじょ》して袈裟《けさ》を被服《ひぶく》せん。たとひ戒《かい》を持《たも》たざらん、かれらことごとくすでに涅槃《ねはん》の印《いん》のために印《いん》せらるるなり。もしまた出家《しゅっけ》して戒《かい》を持《たも》たざらんもの、非法《ひほう》をもつてして悩乱《のうらん》をなし、*罵辱《めにく》し*毀呰《きし》せん、*手《て》をもつて刀《とう》杖《じょう》*打縛《ちょうばく》し、*斫截《しゃくせつ》することあらん。もし衣鉢《えはつ》を奪《うば》ひ、および種々《しゅじゅ》の*資生《ししょう》の具《ぐ》

もしおのれが…愛することあらん　通常は「もしおのれを愛し、苦を厭ひ楽を求むるものあらば」と読む。

罵辱　ののしりはずかしめること。

毀呰　責めそしること。

手をもつて刀杖　通常は「手、刀杖をもつて」と読む。

打縛　打ちのめし、しばること。

斫截　切りさいなむこと。

資生の具　生活の必需品。

413 を奪《うば》はんもの、この人《ひと》すなはち三世《さんぜ》の諸仏《しょぶつ》の真実《しんじつ》の報身《ほうじん》を壊《え》するなり。すなはち一切天人《いっさいてんにん》の眼目《げんもく》を排《はら》ふなり。この人《ひと》、諸仏所有《しょぶつしょう》の正法三宝《しょうぼうさんぼう》の種《しゅ》を隠没《おんもつ》せんと欲《おも》ふがためのゆゑに、*もろもろの天人《てんにん》をして利益《りやく》を得《え》ざらしむ。地獄《じごく》に堕《だ》せんゆゑに、三悪道増長《さんまくどうぞうじょう》し盈満《ようまん》をなすなり〉」と。以上

(大集経)「その時《とき》に、また一切《いっさい》の天《てん》・竜乃至一切《りゅうないしいっさい》の迦吒富単那《かたふたんな》・人《にん》・非人等《ひにんとう》ありて、みなことごとく合掌《がっしょう》してかくのごときの言《ごん》をなさく、〈われら、仏《ぶつ》の一切声聞弟子《いっさいしょうもんでし》、乃至《ないし》もしまた禁戒《きんかい》を持《たも》たざれども、鬚髪《しゅほつ》を剃除《たいじょ》し袈裟《けさ》を片《かた》に着《き》んものにおいて、師長《しちょう》の想《おもい》をなさん。護持養育《ごじよういく》してもろもろの所須《しょしゅ》を与《あた》へて乏少《ぼうしょう》なからしめん。もし余《よ》の天《てん》・竜乃至迦吒富単那等《りゅうないしかたふたんなとう》、その悩乱《のうらん》をなし、乃至悪心《ないしあくしん》をして眼《まなこ》をもつてこれを視《み》ば、われらことごとくともに、かの天《てん》・竜《りゅう》・富単那等所有《ふたんなとうしょう》の諸相欠減《しょそうけつげん》し醜陋《しゅうる》ならしめん。かれをしてまたわれらとともに住《じゅう》し、ともに食《じき》を与《あた》ふることを得《え》ざらしめん。またまた同処《どうしょ》にして戯笑《げしょう》を得《え》じ。かくのごとく*擯罰《ひんばつ》せん〉」と。以上

414 【九四】またのたまはく(華厳経・十地品・晋訳)、「占相《せんそう》を離《はな》れて正見《しょうけん》を修習《しゅじゅう》せしめ、決定《けつじょう》して深《ふか》く罪福《ざいふく》の因縁《いんねん》を信《しん》ずべし」と。抄出

もろもろの天人…盈満をなすなり 高麗《こうらい》版大蔵経等によれば、「もろもろの天人をして利益を得ず、地獄に堕せしむるがゆゑに。三悪道増長し盈満をなすがゆゑに」と読む。

擯罰 追放し罰すること。

【九五】『*首楞厳経《しゆりようごんぎよう》』にのたまはく、「かれらの*諸魔《しよま》、かのもろもろの*鬼神《きじん》、かれらの*群邪《ぐんじや》、また徒衆《としゆ》ありて、*おのおのみづからいはん。無上道《むじようどう》を成《な》りて、わが滅度《めつど》の後《のち》、末法《まつぽう》のなかに、この魔民多《まみんおお》からん、この鬼神多《きじんおお》からん、この妖邪多《ようじやおお》からん。世間《せけん》に熾盛《しじよう》にして、善知識《ぜんぢしき》となつてもろもろの衆生《しゆじよう》をして*愛見《あいけん》の坑《あな》に落《おと》さしめん。菩提《ぼだい》の路《みち》を失《しつ》し、*詃惑無識《げんわくむしき》にして、おそらくは心《こころ》を失《しつ》せしめん。*所過《しよか》の処《ところ》に、その家耗散《いえもうさん》して、愛見《あいけん》の魔《ま》となりて如来《にようらい》の種《しゆ》を失《しつ》せん」と。以上

【九六】『灌頂経《かんじようぎよう》』にのたまはく、「三十六部《さんじゆうろくぶ》の神王《しんのう》、万億恒沙《まんおくごうじや》の鬼神《きじん》を眷属《けんぞく》として、相《そう》を陰《かく》し*番《ばん》に代《かわ》りて、三帰《さんき》を受《う》くるひとを護《まも》る」と。以上

【九七】『地蔵十輪経《じぞうじゆうりんぎよう》』にのたまはく、「つぶさにまさしく帰依《きえ》して、一切《いつさい》の妄《もう》執吉凶《しゆうきつきよう》を遠離《おんり》せんものは、つひに邪神《じやしん》・外道《げどう》に帰依《きえ》せざれ」と。以上

【九八】またのたまはく(同)、「あるいは種々《しゆじゆ》に、もしは少《しよう》もしは多《た》、吉凶《きつきよう》の相《そう》を執《しゆう》して、鬼神《きじん》を祭《まつ》りて、乃至 極重《ごくじゆう》の大罪悪業《だいざいあくごう》を生《しよう》じ、*無間罪《むけんざい》に近《ちか》づく。かくのごときの人《ひと》、もしいまだかくのごときの大罪悪業《だいざいあくごう》を懺悔《さんげ》し除滅《じよめつ》せずは、出家《しゆつけ》しておよび*具戒《ぐかい》を受《う》けしめざらんも、もしは出家《しゆつけ》してあるいは具戒《ぐかい》を受《う》けしめんも、すなはち罪《つみ》を得《え》ん」と。以上

首楞厳経 →首楞厳経《しゆりようごんぎよう》 [2]

諸魔 『首楞厳経』によれば、修道者《しゆどう》が婬欲《いんよく》を断じないまま禅定《ぜんじよう》を修すれば、すべてみな魔道におちるという。

鬼神 『首楞厳経』によれば、修道者が殺生《せつしよう》を離れずに禅定を修すれば、すべてみな鬼神になるという。

群邪 『首楞厳経』によれば、修道者が盗心を捨てずして禅定を修すれば、すべてみな邪道におちるという。

おのおの…なりて 通常は「おのおのみづから無上道をなるといはん」と読む。

愛見 愛と見の二種の煩悩《ぼんのう》。愛は情意的な煩悩、見は知にかかわる煩悩。愛着の心と誤った見解。

詃惑無識 錯乱して、識別判断ができなくなること。

所過の処 (魔・鬼神《きじん》・妖

【九九】『集一切福徳三昧経《じゅういっさいふくとくざんまいきょう》』の中《ちゅう》にのたまはく、「*余乗《よじょう》に向《む》かはざれ、余天《よてん》を礼《らい》せざれ」と。以上

【一〇〇】『本願薬師経《ほんがんやくしきょう》』にのたまはく、「もし浄信《じょうしん》の善男子《ぜんなんし》・善女人等《ぜんにょにんとう》ありて、乃至《ないし》*尽形《じんぎょう》までに余天《よてん》に事《つか》へざれ」と。

【一〇一】またのたまはく(同)、「また世間《せけん》の邪魔《じゃま》・外道《げどう》・*妖孽《ようげつ》の師《し》の妄説《もうせつ》を信《しん》じて、禍福《かふく》すなはち生《しょう》ぜん。おそらくはややもすれば心《こころ》みづから正《ただ》しからず、‡卜問《ぼくもん》して禍《わざわい》を覓《もと》め、種々《しゅじゅ》の衆生《しゅじょう》を殺《ころ》さん。神明《しんめい》に解奏《げそう》し、もろもろの*魍魎《もうりょう》を呼《よ》ばうて、福祐《ふくゆう》を請乞《しょうこつ》し、延年《えんねん》を冀《ねが》はんとするに、つひに得《う》ることあたはず。愚痴迷惑《ぐちめいわく》して邪《じゃ》を信《しん》じ、倒見《とうけん》してつひに横死《おうし》せしめ、地獄《じごく》に入《い》りて出期《しゅつご》あることなけん。乃至 八《や》つには、横《よこさま》に毒薬《どくやく》・*厭禱《えんとう》・呪咀《じゅしょ》し、*起屍鬼等《きしきとう》のために中害《ちゅうがい》せらる」と。以上抄出

【一〇二】『菩薩戒経《ぼさつかいきょう》』にのたまはく、「出家《しゅっけ》の人《ひと》の法《ほう》は、国王《こくおう》に向《む》かひて礼拝《らいはい》せず、父母《ぶも》に向《む》かひて礼拝《らいはい》せず、六親《ろくしん》に務《つか》へず、鬼神《きじん》を礼《らい》せず」と。以上

【一〇三】『仏本行集経《ぶつほんぎょうじっきょう》』闍那崛多《じゃなくった》の訳《やく》の第四十二巻《だいしじゅうにかん》「優婆斯那品《うばしなぼん》」にのたまはく、「その時《とき》に、かの三《さん》迦葉兄弟《かしょうきょうだい》にひとりの*外甥《がいせい》、*螺髻梵志《らけいぼんじ》あり。その梵《ぼん》

魔などが)通るところ。
番に代りて かわるがわる。
無間罪 無間地獄(阿鼻地獄)に堕《お》ちる罪業《ざいごう》で、五逆罪をいう。→五逆《ごぎゃく》
具戒 具足戒のこと。→具《ぐ》足戒《そくかい》

余乗 仏教以外の教え。
尽形まで 生涯を終えるまで。
妖孽の師 あやしげなことを説いて人の心を惑わすもの。
魍魎 妖鬼のこと。
厭禱 鬼神《きじん》に供物をささげて祈禱《きとう》すること。
起屍鬼 死体の中にある一種の気をよびおこして、人に害を与える鬼神。
外甥 母方の甥《おい》。
螺髻梵志 もとどりを螺(ほらがい)のように束ねている婆羅門。ここでは事《じ》

417 志《じ》を優婆斯那《うばしな》と名《な》づく。乃至 つねに二百五十《にひやくごじゆう》の螺髻梵志弟子《らけいぼんじでし》とともに仙道《せんどう》を修《しゆ》学《がく》しき。かれその*舅迦葉三人《きゆうかしようさんにん》を聞《き》くに、もろもろの弟子《でし》、かの*大沙門《だいしやもん》の辺《へん》に往詣《おうげい》して、阿舅《あきゆう》鬚髪《しゆほつ》を剃除《たいじよ》し、袈裟衣《けさえ》を着《き》ると。見《み》をはりて、舅《きゆう》に向《む》かひて偈《げ》を説《と》きていはく、〈舅等《きゆうとう》虚《むな》しく火《ひ》を祀《まつ》ること百年《ひやくねん》、またまた空《むな》しくかの苦《く》行《ぎよう》を修《しゆ》しき。今日同《こんにちおな》じくこの法《ほう》を捨《す》つること、なほ蛇《じや》の故《ふる》き皮《かわ》を脱《ぬ》ぐがごとくするをや〉と。

その時《とき》に、かの舅迦葉三人《きゆうかしようさんにん》、同《おな》じくともに偈《げ》をもつて、その外甥《がいせい》、優婆斯《うばし》那《な》に報《ほう》じてかくのごときの言《ごん》をなさく、〈われら昔《むかし》、空《むな》しく火神《かじん》を祀《まつ》りて、またまたいたづらに苦行《くぎよう》を修《しゆ》しき。われら今日《こんにち》この法《ほう》を捨《す》つること、まことに蛇《じや》の故《ふる》き皮《かわ》を脱《ぬ》ぐがごとくす〉」と。抄出

418 【一〇四】『起信論《きしんろん》』にいはく、「あるいは衆生《しゆじよう》ありて、善根力《ぜんごんりき》なければ、すなはち諸魔《しよま》・外道《げどう》・鬼神《きじん》のために*誑惑《おうわく》せらる。もしは坐中《ざちゆう》にして形《かたち》を現《げん》じて恐怖《くふ》せしむ、あるいは端正《たんじよう》の男女等《なんによとう》の相《そう》を現《げん》ず。まさに唯心《ゆいしん》の境界《きようがい》を念《ねん》ずべし、すなはち滅《めつ》してつひに悩《のう》をなさず。あるいは天像《てんぞう》・菩薩像《ぼさつぞう》を現《げん》じ、また如来像《によらいぞう》の相好具足《そうごうぐそく》せるをなして、もしは*陀羅尼《だらに》を説《と》き、もしは布施《ふせ》・持戒《じかい》・忍辱《にんにく》・精《しよう》

火外道《かげどう》（火を尊び、これに供養《くよう》して福を求める異教徒の一派。拝火外道ともいう）を指す。

舅 おじ。次の阿舅は親しみをこめたいい方。

大沙門 釈尊を指す。

誑惑 まどわすこと。たぶらかすこと。

陀羅尼 梵語ダーラニー（dhāraṇī）の音写。総持《そうじ》、能遮等と漢訳する。→総持

419

進《じん》・禅定《ぜんじょう》・智慧《ちえ》を説《と》き、あるいは平等《びょうどう》、空《くう》・無相《むそう》・無願《むがん》、無怨無親《むおんむしん》、無因無果《むいんむか》、畢竟空寂《ひっきょうくうじゃく》、これ真《しん》の涅槃《ねはん》なりと説《と》かん。あるいは人《ひと》をして宿命過去《しゅくみょうかこ》の事《じ》を知《し》らしめ、また未来《みらい》の事《じ》を知《し》る。*他心智《たしんち》を得《え》、弁才無礙《べんざいむげ》ならしむ。よく衆生《しゅじょう》をして世間《せけん》の名利《みょうり》の事《じ》に貪着《とんじゃく》せしむ。また人《ひと》をしてしばしば瞋《いか》り、しばしば喜《よろこ》ばしめ、*性無常《しょうむじょう》の准《なら》ひならしむ。あるいは多《おお》く慈愛《じあい》し、多《おお》く睡《ねむ》り、宿《やど》ること多《おお》く、多《おお》く病《やまい》す、その心懈怠《こころけだい》なり。あるいはにはかに精進《しょうじん》を起《おこ》して、後《のち》にはすなはち休廃《くはい》す。不信《ふしん》を生《しょう》じて疑《うたがい》多《おお》く、慮《おもんぱか》り多《おお》し。あるいはもとの勝行《しょうぎょう》を捨《す》てて、さらに雑業《ぞうごう》を修《しゅ》せしめ、もしは世事《せじ》に着《じゃく》せしめ、種々《しゅじゅ》に*牽纏《けんでん》せらる。またよく人《ひと》をしてもろもろの三昧《さんまい》の少分相似《しょうぶんそうじ》せるを得《え》しむ。みなこれ外道《げどう》の所得《しょとく》なり、真《しん》の三昧《さんまい》にあらず。あるいはまた人《ひと》をして、もしは一日《いちにち》、もしは二日《ににち》、もしは三日《さんにち》、乃至七日《ないししちにち》、定中《じょうちゅう》に住《じゅう》して自然《じねん》の香味飲食《こうみおんじき》を得《え》しむ。身心適悦《しんしんちゃくえつ》して、飢《う》ゑず渇《かわ》かず、人《ひと》をして愛着《あいじゃく》せしむ。あるいはまた人《ひと》をして食《じき》に*分斉《ぶんざい》なからしむ、たちまち多《おお》く、たちまち少《すく》なくして、顔色変異《げんしきへんい》す。この義《ぎ》をもつてのゆゑに、行者《ぎょうじゃ》つねに智慧《ちえ》をして観察《かんざつ》して、この心《こころ》をして邪網《じゃもう》に堕《だ》せしむることなかるべし。まさにつとめて正念《しょうねん》にして、取《と》らず着《じゃく》せずして、すな

他心智　六神通の一、他心通のこと。→六神通《ろくじんずう》

性無常の准ひならしむ　通常は「性、常準（准）なからしめ」と読む。常準は標準のこと。

牽纏　ひきずりまつわること。

分斉　節度。

はちよくこのもろもろの業障《ごっしょう》を遠離《おんり》すべし。知《し》るべし、外道《げどう》の所有《しょう》の三昧《さんまい》は、みな*見愛我慢《けんあいがまん》の心《こころ》を離《はな》れず、世間《せけん》の*名利《みょうり》恭敬《くぎょう》に貪着《とんじゃく》するがゆゑなり」と。以上

【一〇五】『弁正論《べんしょうろん》』法琳《ほうりん》の撰《せん》 にいはく、「*十喩九箴篇《じゅうゆきゅうしんへん》、答《とう》す、*李道士《りどうし》、十異《じゅうい》九迷《きゅうめい》。

*外《げ》の一異《いちい》にいはく、〈*太上老君《たいじょうろうくん》は、*神《しん》を*玄妙玉女《げんびょうぎょくじょ》に託《たく》して、左腋《さえき》を割《ひら》きて生《うま》れたり。釈迦牟尼《しゃかむに》は、胎《たい》を摩耶夫人《まやぶにん》に寄《よ》せて、右脇《うきょう》を開《ひら》きて出《い》でたり〉と。乃至

*内《ない》の一喩《いちゆ》にいはく、〈老君《ろうくん》は常《じょう》に逆《たが》ひ、牧女《ぼくじょ》に託《たく》して左《ひだり》より出《い》づ。世尊《せそん》は化《け》に順《したが》ひて、聖母《せいぼ》によりて右《みぎ》より出《い》でたまふ〉と。

*開士《かいし》のいはく、〈慮景裕《りょけいゆう》・戴詵《たいしん》・韋処玄等《いしょげんら》が*解五千文《かいごせんぶん》、および梁《りょう》の元帝《げんてい》・周《しゅう》弘政等《こうせいら》が*考義類《こうぎるい》を案《あん》ずるにいはく、太上《たいじょう》に四《よ》つあり、いはく*三皇《さんこう》および*尭《ぎょう》・舜《しゅん》これなり。いふこころは、上古《じょうこ》にこの大徳《たいとく》の君《くん》あり、万民《ばんみん》の上《かみ》に臨《のぞ》めり。ゆゑに太上《たいじょう》といふなり。*郭荘《かくそう》がいはく、《時《とき》にこれを賢《けん》とするところのものを君《くん》とす。*材《ざい》、世《よ》に称《しょう》せられざるものを臣《しん》とす》と。老子《ろうし》、帝《てい》にあらず、皇《こう》にあらず、四種《ししゅ》の限《かぎ》りにあらず。いづれの典拠《てんきょ》ありてか、たやすく太上《たいじょう》と称《しょう》するや。道家《どうか》が*『玄妙《げんびょう》』および『中台《ちゅうたい》』・『朱韜玉札《しゅとうぎょくさつ》』等《とう》の経《けい》、ならびに『出塞記《しゅっさいき》』

見愛我慢　邪見（よこしまな見解）・貪愛《とんない》（欲望にとらわれること）・我慢（みずからをたのむ慢心）。

名利恭敬　名誉・利益・尊敬。

十喩九箴篇　李仲卿《りちゅうけい》が『十《じゅう》異九迷論《いきゅうめいろん》』を著して仏教を攻撃したのに対し、法琳《ほうりん》は「十喩九箴篇」を執筆してこれに反駁した。

李道士　李仲卿。初唐《しょとう》の清虚観道士。道士は道教の修行者。

外の一異　「十異」の第一。

太上老君　老子の尊称。

神　神識《じんしき》。こころ。

玄妙玉女　神々しい妙《たえ》なる仙女。老子の母の尊称。

内の一喩　「十喩」の第一。

開士　『弁正論《べんしょうろん》』巻二に仏教側の主張者として総持《そうじ》開士の号で出る。

解五千文　『老子』の註釈書。

考義類　『老子』に関する

421 を検《かんが》ふるにいはく、老《ろう》はこれ李母《りぼ》が生《う》めるところ、玄妙玉女《げんびょうぎょくじょ》ありといはず。すでに正説《せいせつ》にあらず、もつとも仮《かり》の謬談《びゅうだん》なり。『*仙人玉録《せんにんぎょくろく》』にいはく、《仙人《せんにん》は妻《さい》なし、玉女《ぎょくじょ》は夫《ふ》なし。女形《じょけい》を受《う》けたりといへども、つひに産《さん》せず》と。もしこの瑞《ずい》あらば、まことに嘉《か》とすべしといふ。いづれぞせん、†『*史記《しき》』にも文《ぶん》なし、『*周書《しゅうしょ》』に載《の》せず。虚《きょ》を求《もと》めて実《じつ》を責《せ》めば、矯盲《きょうぼう》のものの言《ことば》を信《しん》ずるならくのみと。『*礼《らい》』にいはく、《官《かん》を退《しりぞ》きて位《くらい》なきものは左遷《させん》す》と。『論語《ろんご》』にいはく、《*左衽《さじん》は礼《れい》にあらざるなり》と。もし左《ひだり》をもつて右《みぎ》に勝《す》ぐるとせんは、道士行道《どうしこうどう》するに、なんぞ左《ひだり》に旋《めぐ》らずして右《みぎ》に還《かえ》つて転《めぐ》るや。国《くに》の詔書《しょうしょ》にみないはく、《右《みぎ》のごとし》と。ならびに天《てん》の常《じょう》に順《したが》ふなり〉と。乃至

外《げ》の四異《しい》にいはく、〈老君《ろうくん》は*文王《ぶんのう》の日《ひ》、*隆周《りゅうしゅう》の宗師《そうし》たり。釈迦《しゃか》は*荘王《そうおう》の時《とき》、*罽賓《けいひん》の教主《きょうしゅ》たり〉と。

422 内《ない》の四喩《しゅ》にいはく、〈*伯陽《はくよう》は職《しょく》、小臣《しょうしん》に処《お》り、かたじけなく*蔵吏《ぞうり》に充《あた》れり。文王《ぶんのう》の日《ひ》にあらず、また隆周《りゅうしゅう》の師《し》にあらず。牟尼《むに》は、位太子《くらいたいし》に居《こ》して、身特《みどく》尊《そん》を証《しょう》したまへり。*昭王《しょうおう》の盛年《せいねん》に当《あた》れり、閻浮《えんぶ》の教主《きょうしゅ》たり〉と。乃至

外《げ》の六異《ろくい》にいはく、〈老君《ろうくん》は世《よ》に降《こう》して、始《はじ》め*周文《しゅうぶん》の日《ひ》より*孔丘《こうきゅう》の時《とき》に訖《おわ》れ

講義類。

三皇　伏羲《ふくぎ》・神農《しんのう》・黄帝《こうてい》の三皇帝。

尭舜　中国古代の伝説上の二人の帝王。治世の模範とされる。

郭荘　郭象《かくしょう》（―三一二。字《あざな》は子玄）が著した『荘子《そうし》』の註釈書。

材　素質。才能。

玄妙および…出塞記　いずれも老子伝の一種。

仙人玉録　老子伝の一種。

史記　司馬遷《しばせん》の著。五帝から前漢《ぜんかん》の武帝に至る紀伝体の史書。百三十巻。

周書　『周書異記《しゅうしょいき》』か。

礼　『礼記《らいき》』のこと。儒者の古礼に関する諸説を整理編集した書。五経の一。

左衽　着物を左前に着ること。

文王　周《しゅう》王朝の基礎をつくった王。初代武王の父。

隆周　周王朝が栄えた頃。

り。釈迦《しやか》はじめて浄飯《じようぼん》の家《いえ》に下生《かせい》して、わが荘王《そうおう》の世《よ》に当《あた》れり〉と。

内《ない》の六喩《ろくゆ》にいはく、〈*迦葉《かしよう》は*桓王丁卯《かんのうていぼう》の歳《とし》に生《うま》れて、*景王壬午《けいおうじんご》の年《とし》に終《おわ》る。孔《こう》丘《きゆう》の時《とき》に訖《お》ふといへども、*姫昌《きしよう》の世《よ》に出《い》でず。*調御《じようご》は*昭王甲寅《しようおうこういん》の年《とし》に誕《たん》じて、*穆王壬申《ぼくおうじんしん》の歳《とし》に終《おわ》る。これ浄飯《じようぼん》の*胤《いん》たり。もと荘王《そうおう》の前《さき》に出《い》でたまへり〉と。

開士《かいし》のいはく、〈孔子《こうし》、周《しゆう》に至《いた》りて、*老耼《ろうたん》を見《み》て礼《れい》を問《と》ふ。ここに『史記《しき》』につぶさに顕《あらわ》る。文王《ぶんのう》の師《し》たること、すなはち典証《てんしよう》なし。周《しゆう》の末《すえ》に出《い》でたり、†そのこと尋《たず》ぬべし。周《しゆう》の初《はじ》めにありしごときは史文《しぶん》に載《の》せず〉と。乃至

外《げ》の七異《しちい》にいはく、〈老君《ろうくん》はじめて周《しゆう》の代《よ》に生《うま》れて、晩《のち》に*流沙《りゆうさ》に適《ゆ》く。始終《しじゆう》を測《はか》らず、方所《ほうしよ》を知《し》ることなし。釈迦《しやか》は西国《さいこく》（印度）に生《しよう》じて、かの*提河《だいが》に終《おわ》りぬ。弟子《でし》胸《むね》を搥《う》ち、*群胡《ぐんこ》大《おお》きに叫《さけ》ぶ〉と。

内《ない》の七喩《しちゆ》にいはく、〈老子《ろうし》は頼郷《らいけい》に生《うま》れて、槐里《かいり》に葬《ほうむ》らる。*秦佚《しんいつ》の弔《ちよう》に詳《つまび》らかにす。責《せ》め*遁天《とんてん》の形《けい》にあり。瞿曇《くどん》はかの王宮《おうぐ》に出《い》でて、この*鵠樹《こくじゆ》に隠《かく》れたまふ。*漢明《かんめい》の世《よ》に伝《つた》はりて、ひそかに*蘭台《らんだい》の書《しよ》にまします〉と。

開士《かいし》のいはく、〈『荘子《そうし》』の内篇《ないへん》にいはく、《老耼《ろうたん》死《し》して秦佚《しんいつ》弔《とむら》ふ。ここに三《み》たび号《さけ》んで出《い》づ。弟子《でし》怪《あや》しんで問《と》ふ。〝*夫子《ふうし》の徒《ともがら》にあらざるか〟と。秦佚《しんいつ》いは

荘王　（在位、前六九七―前六八二）周の第十五代の王。

罽賓　インド西北部の古国。ガンダーラまたはカシュミールにあたるという。

伯陽　老子の字《あざな》。↓老子《ろうし》

蔵吏　蔵書室の役人。

昭王　（在位、前一〇五二―前一〇〇二）周の第四代の王。

周文　周の文王のこと。

孔丘　孔子のこと。↓孔子《こうし》

迦葉　老子のこと。『清《しよう》浄《じよう》法《ほう》行《ぎよう》経《きよう》』『空《くう》寂《じやく》所《しよ》問《もん》経《ぎよう》』（中国撰述の経典）等に、仏弟子の迦葉が中国に生れかわって老子となったという。

桓王丁卯　前七一四年。

景王壬午　前五一九年。

姫昌　周の文王のこと。姫は姓、昌は名。

調御　釈尊のこと。仏の十号の一、調御丈夫の略。

く、〝向《さき》にわれ入《い》りて少《おさな》きものを見《み》るに、これを哭《こく》す、その父《ちち》を哭《こく》するがごとく、老者《ろうしゃ》これを哭《こく》す、その子《こ》を哭《こく》するがごとし。古《いにしえ》はこれを遁天《とんてん》の形《けい》といふ。始《はじ》めはおもへらく、その人《ひと》なりと、しかるにいま非《ひ》なり〟》と。遁《とん》は隠《いん》なり、天《てん》は免縛《べんばく》なり、形《けい》は身《しん》なり。いふこころは、始《はじ》め老子《ろうし》をもつて*免縛形《べんばくけい》の仙《せん》とす、いますなはち非《ひ》なり。ああ、その諂曲《てんごく》して人《ひと》の情《こころ》を取《と》る。ゆゑに死《し》を免《まぬか》れず。わが友《とも》にあらず〉と。乃至

内《ない》の十喩《じゅうゆ》、答《とう》す、外《げ》の十異《じゅうい》。

外《げ》は生《しょう》より左右《さう》異《こと》なる一《いち》。内《ない》は生《しょう》より勝劣《しょうれつ》あり。

内《ない》に喩《さと》していはく、〈左衽《さじん》はすなはち*戎狄《じゅてき》の尊《とうと》むところ、*右命《ゆうめい》は中華《ちゅうか》の尚《とうと》むところとす。ゆゑに『*春秋《しゅんじゅう》』にいはく、《*冢卿《ちょうけい》は命《めい》なし、*介卿《かいけい》はこれあり、ま*た左《ひだり》にあらざるや》と。『史記《しき》』にいはく、《*藺相如《りんしょうじょ》は功大《こうおお》きにして、位《くらい》*廉頗《れんぱ》が右《みぎ》にあり、〔廉頗〕これを恥《は》づ》と。またいはく、《*張儀相《ちょうぎしょう》、秦《しん》を右《みぎ》にして魏《ぎ》を左《ひだり》にす。*犀首相《さいしゅしょう》、韓《かん》を右《みぎ》にして魏《ぎ》を左《ひだり》にす》と。けだしいはく、便《たよ》りならざるなり。『礼《らい》』にいはく、《*左道乱群《さどうらんぐん》をばこれを殺《ころ》す》と。あに右《みぎ》は優《まさ》りて左《ひだり》は劣《おと》れるにあらずや。*皇甫謐《こうほひつ》が『*高士伝《こうしでん》』にいはく、《老子《ろうし》は楚《そ》の*相人《しょうじん》、渦水《かすい》

昭王甲寅　前一〇二七年。
穆王壬申　前九四九年。
胤　あとつぎ。
老明　老子のこと。
流沙　現在の中国西北部にあるタクラマカン砂漠。
提河　中インドにある河。梵語アジタヴァティー(Ajitavatī)。
群胡　外国人たち。ここでは中国人からインド人を指していう。
秦佚　秦失とも書く。荘子《そうし》が創作した人物か。
遁天の形　身体をこの世から隠す仙人の姿。
鵠樹　釈尊が入滅《にゅうめつ》した沙《さ》羅樹林《らじゅりん》のこと。
漢明　後漢《ごかん》の第二代皇帝、明帝（在位五七―七五）のこと。
蘭台　後漢の宮中の書庫。
夫子　老子を指す。

免縛形の仙　世俗のまつわりをのがれ身を隠す仙人。

の陰《みなみ》に家《いえ》とす。*常樅子《じようしようし》に師事《しじ》す。常子疾《じようしやまい》あるに及《およ》んで、*李耳《りじ》往《ゆ》きて疾《やまい》を問《と》ふ》と。ここに*嵆康《けいこう》のいはく、《李耳《りじ》、*涓子《けんし》に従《したが》つて九仙《くせん》の術《じゆつ》を学《まな》ぶ》と。*†太史公《たいしこう》等《ら》が衆書《しゆうしよ》を検《かんが》ふるに、老子《ろうし》、左腋《さえき》を剖《ひら》いて生《うま》るといはず。すでにまさしく出《い》でたることとなし、承信《しようしん》すべからざること明《あき》らけし。あきらかに知《し》んぬ、*戈《か》を揮《ふる》ひ*翰《かん》を操《あやつ》るは、けだし文武《ぶんぶ》の先《せん》、*五気《ごき》・三光《さんこう》は、まことに陰陽《いんよう》の首《はじ》めなり。ここをもつて釈門《しやくもん》には右《みぎ》に転《てん》ずること、また人用《じんよう》を扶《たす》く。*‡張陵《ちようりよう》の左道《さどう》、‡まことに天《てん》の常《じよう》に逆《たが》ふ。いかんとなれば、釈迦《しやか》、無縁《むえん》の慈《じ》を起《おこ》して、*有機《うき》の召《しよう》に応《おう》ず、その迹《あと》を語《かた》るなり。乃至

それ釈氏《しやくし》は、天上天下《てんじようてんげ》に介然《かいぜん》として、その尊《そん》に居《きよ》す。三界六道《さんがいろくどう》、*卓爾《たくじ》としてその妙《びよう》を推《お》す〉と。乃至

外論《げろん》にいはく、〈老君《ろうくん》、範《はん》となす、ただ孝《こう》ただ忠《ちゆう》、世《よ》を救《すく》ひ人《ひと》を度《ど》す、慈《じ》を極《きわ》め愛《あい》を極《きわ》む。ここをもつて声教《せいきよう》永《なが》く伝《つた》へ、百王《ひやくおう》改《あらた》まらず、*玄風《げんぷう》長《なが》く被《かぶ》らしめて万古《ばんこ》差《たが》ふことなし。このゆゑに国《くに》を治《おさ》め家《いえ》を治《おさ》むるに、常然《じようぜん》たり*楷式《かいしよく》たり。*釈教《しやくきよう》は義《ぎ》を棄《す》て親《しん》を棄《す》て、仁《じん》ならず孝《こう》ならず。闍王《じやおう》（阿闍世）父《ちち》を殺《ころ》せる、翻《ほん》じて愆《とが》なしと説《と》く。調達《じようだつ》（提婆達多）兄《あに》を射《い》て罪《つみ》†を得《う》ることを聞《き》くこと

戎狄　中国人からみた異民族。

右命　上からの命令のこと。

春秋　魯《ろ》を中心とする編年体の史書。五経の一。

冢卿　最高の臣。重臣。

介卿　次卿。第二位の官。

また左に…　左は「たがふ」の意。原文の「不亦左」は「またたがはずや」とも読む。

藺相如・廉頗　戦国時代（前三世紀頃）の趙《ちよう》の宰相と武将。藺相如は秦《しん》との交渉に功績があったので廉頗の上席に位した。廉頗はこれを怒って藺相如を恥ずかしめようとしたが、後に藺相如の徳に服して謝罪し刎頸《けい》の交わりを結んだという。

張儀相・犀首相　張儀は戦国時代、魏《ぎ》の縦横家。秦を列国に覇《は》たらしめようとして連衡《れんこう》の策を説いた。犀首は公孫衍《こうそんえん》のこと。秦王の命を受けて斉《せい》・魏を欺き、趙

426 なし。これをもつて凡《ぼん》を導《みちび》く、さらに悪《あく》を長《ま》すことをなす。これをもつて世《よ》に範《のり》とする、なんぞよく善《ぜん》を生《しょう》ぜんや。これ逆順《げきじゅん》の異《い》、十《じゅう》なり〉と。

内喩《ないゆ》にいはく、〈義《ぎ》はすなはち道徳《どうとく》の卑《いや》しうするところ、礼《れい》は忠信《ちゅうしん》の薄《うす》きより生《しょう》ず。*瑣仁《さじん》、匹婦《ひっぷ》を譏《そし》り、大孝《たいこう》は*不匱《ふき》を存《そん》す。しかうして凶《きょう》に対《むこ》うて歌《うた》ひ笑《わら》ふ、中夏《ちゅうか》の容《かたち》に乖《たが》ふ。喪《も》に臨《のぞ》んで盆《ほとぎ》を扣《たた》く、*華俗《かぞく》の訓《おしえ》にあらず。*原壌《げんじょう》、母《はは》死《し》して棺《かん》に騎《の》りて歌《うた》ふ。孔子《こうし》、祭《まつり》を助《たす》けて譏《そし》らず。子桑《しそう》死《し》するとき子貢《しこう》弔《とむら》ふ、四子《しし》あひ視《み》て笑《わら》ふ。荘子《そうし》、妻《め》死《し》す、盆《ほとぎ》を扣《たた》きて歌《うた》ふなり。ゆゑにこれを教《おし》ふるに孝《こう》をもつてす、天下《てんか》の人父《じんぷ》たるを敬《けい》するゆゑなり。これを教《おし》ふるに忠《ちゅう》をもつてす、天下《てんか》の人君《じんくん》たるを敬《けい》するなり。化《か》、万国《ばんこく》に周《あまね》し、すなはち*明辟《めいへき》の至《いた》れるなり。仁《じん》、四海《しかい》に形《あらわ》す、まことに聖王《せいおう》の巨孝《きょこう》なり。仏経《ぶっきょう》にのたまはく、《*識体六趣《しきたいろくしゅ》に輪廻《りんね》す、父母《ふぼ》にあらざるなし。生死《しょうじ》、三界《さんがい》に変易《へんやく》す、たれか怨親《おんしん》を弁《わきま》へん》と。また 427 のたまはく、《無明慧眼《むみょうえげん》を覆《おお》ふ、生死《しょうじ》のなかに来往《らいおう》す。往来《おうらい》して所作《しょさ》す、さらにたがひに父子《ふし》たり。怨親《おんしん》しばしば知識《ちしき》たり、知識《ちしき》しばしば怨親《おんしん》たり》と。ここをもつて沙門《しゃもん》、俗《ぞく》を捨《す》てて真《しん》に趣《おもむ》く。*庶類《しょるい》を*天属《てんしょく》に均《ひと》しうす。栄《えい》を遺《す》てて道《どう》に即《つ》く。*含気《がんき》を*己親《こしん》に等《ひと》しとす。あまねく正《ただ》しき心《こころ》を行《ぎょう》じて、あまねく親《した》しき

を討たせた。張儀相、犀首相の相は、大臣として、という意。

左道乱群　正しくない政治を行って民衆を困らせるもの。

皇甫謐　晋《しん》の高士。字《あざな》は士安。玄晏先生と号す。

高士伝　古の隠士の列伝。

相人　人相をみる人。

常樅子　老子の師の商容《しょうよう》のこと。殷《いん》末周《しゅう》初の賢者。

李耳　老子のこと。

嵆康　三国時代、魏《ぎ》の思想家。竹林七賢の一人。著書に『賢聖高士伝《けんせいこうしでん》』などがある。

涓子　春秋《しゅんじゅう》時代、斉《せい》の人。『列仙伝《れっせんでん》』にその名がみえる。老子との関係は不明。

太史公　司馬遷《しばせん》のこと。

戈　ほこ（長柄の武器）。

翰　筆。

五気三光　五気は太易・太初・大始・大素・大極の五。

志《こころざし》を等《ひと》しくす。　また道《どう》は*清虚《しょうこ》を尚《とうと》ぶ、†なんぢは恩愛《おんない》を重《おも》くす。法《ほう》は平等《びょうどう》を貴《とうと》ぶ、†なんぢは怨親《おんしん》を簡《えら》ぶ。あに惑《まど》ひにあらずや。*勢競親《せいけいしん》を遺《わす》る、*文史《ぶんし》†事《こと》を明《あ》かす、*斉桓《せいかん》・*楚穆《そぼく》これその流《ともがら》なり。もつて聖《せい》を呰《そし》らんと欲《おも》ふ、あに謬《あやま》れるにあらずや。†なんぢが道《どう》の劣《れつ》、十《じゅう》なり〉と。乃至

〈*二皇《じこう》統《す》べて化《け》して、『須弥四域経《しゅみしいききょう》』にいはく、《応声菩薩《おうしょうぼさつ》を伏羲《ふくぎ》とす、吉祥菩薩《きつしょうぼさつ》を女媧《じょか》とす》と。　*淳風《しゅんぷう》の初《はじ》めに居《お》り、*三聖《さんせい》、言《ことば》を立《た》てて、『空寂所問経《くうじゃくしょもんぎょう》』にいはく、《迦葉《かしょう》を老子《ろうし》とす、儒童《じゅどう》を孔子《こうし》とす、光浄《こうじょう》を*顔回《がんかい》とす》と。　*已澆《いぎょう》の末《すえ》を興《おこ》す。*玄虚沖一《げんきょちゅういち》の旨《むね》、*黄《こう》・*老《ろう》その談《だん》を盛《さか》りにす。詩書礼楽《ししょれいがく》の文《ぶん》、*周《しゅう》・*孔《こう》その教《きょう》を隆《たか》くす。謙《けん》をあきらかにし、質《しつ》を守《まも》る、すなはち聖《せい》に登《のぼ》るの階梯《かいてい》なり。*三畏《さんい》・五常《ごじょう》は人天《にんでん》の*由漸《ゆうぜん》とす。けだし冥《みょう》に仏理《ぶつり》に符《かな》ふ、*正弁極談《せいべんきょくだん》にあらずや。なほ道《どう》を*瘖聾《おんりょう》に訪《とぶら》ふに、方《ほう》を麾《おしまど》ひて*遠邇《えんじ》を窮《きわ》むることなし。*津《しん》を兎馬《とめ》に問《と》ふ。済《わた》るを知《し》りて浅深《せんじん》を測《はか》らず。これによりて談《だん》ずるに、殷《いん》・周《しゅう》の世《よ》は釈教《しゃくきょう》のよろしく行《こう》すべきところにあらざるなり。なほ炎威耀《えんいひかり》を赫《かがや》かす、童子目《どうじめ》を正《ただ》しくして視《み》ることあたはず。迅雷奮《じんらいふる》ひ撃《う》つ、*懦夫耳《だふみみ》を張《は》りて聴《き》くことあたはず。ここをもつて河池涌《かちわ》き浮《うか》ぶ、昭王《しょうおう》、*神《しん》を誕《たん》ずることを懼《おそ》る。*雲霓色《うんげいいろ》を変《へん》じ、穆后《ぼくこう》、

『易《えき》』では五気通運するのを天地のはじめとする。三光は日・月・星のこと。

張陵　後漢《ごかん》末の人。五斗米《ごとべい》道《どう》の創始者。長生の術を学び祈禱《きとう》による治病を事とした。

有機の召　人々の求め。

卓爾　超えすぐれていること。

玄風　老子の教えを指す。

楷式　正しい手本。

釈教　釈尊の教え。

瑣仁　小さなあわれみ。

不匱　富める者。

華俗の訓　中国の習俗。

原壌…　以下の細註の文は『弁正論《べんしょうろん》』の原文にしたがって書き下した。

明辟　賢明な君主。

識体　心の主体。

庶類　衆生《しゅじょう》のこと。

天属　肉親。

含気　衆生、有情《うじょう》に同じ。

己親　自分の親。

聖《せい》を亡《うしな》はんことを欣《よろこ》ぶ。『*周書異記《しゅうしょいき》』にいはく、《昭王二十四年四月八日《しょうおうにじゅうよねんしがつようか》、江河《こうか》泉水《せんすい》ことごとく泛漲《はんちょう》せり。*穆王五十三年二月十五日《ぼくおうごじゅうさんねんにがつじゅうごにち》、暴風起《ぼうふうおこ》りて樹木折《じゅもくお》れ、天陰《てんくも》り、雲黒《くもくら》し、白虹《はくこう》の怪《かい》あり》と。あによく*葱河《そうか》を越《こ》えて化《け》を稟《う》け、*雪嶺《せつれい》を踰《こ》えて誠《まこと》を効《いた》さんや。『浄名《じょうみょう》』にいはく、《これ*盲者《もうじゃ》の過《あやま》ちにして日月《じつげつ》の咎《とが》にあらず》と。たまたまその*鑿竅《さくかく》の弁《べん》を窮《きわ》めんと欲《おも》ふ、おそらくは*吾子《ごし》混沌《こんとん》の性《せい》を傷《いた》む。†なんぢの知《し》るところにあらず。その盲《もう》、一《いち》なり〉と。

内《ない》には像塔《ぞうとう》を建造《けんぞう》す、指†《し》の二《に》。

〈漢明《かんめい》より以下《いか》、斉†《せい》・梁《りょう》に訖《おわ》るまで、王《おう》・公《こう》・*守牧《しゅぼく》、*清信《しょうしん》の士女《しにょ》、および比《び》丘《く》・比丘尼等《びくにとう》、冥《みょう》に至聖《ししょう》を感《かん》じ、国《くに》に神光《じんこう》を観《み》るもの、おほよそ二百余人《にひゃくよにん》。*迹《あと》を万山《ばんざん》に見《み》、*耀《ひかり》を滬瀆《ことく》に浮《うか》べ、*清台《せいたい》の下《もと》に満月《まんげつ》の容《かたち》を覩《み》、*雍門《ようもん》の外《ほか》に相輪《そうりん》の影《かげ》を観《み》るがごときに至《いた》りては、*南平《なんぺい》は瑞像《ずいぞう》に応《よう》を獲《え》、*文宣《ぶんせん》は夢《ゆめ》を聖牙《せいが》に感《かん》ず。*蕭《そう》后《こう》一《ひと》たび鋳《い》て剋成《こくせい》し、*宋皇四《そうこうよ》たび摸《も》して就《な》らず。その例《れい》、はなはだ衆《おお》し、つぶさに陳《の》ぶべからず。あになんぢが無目《むもく》をもつてかの*有霊《うりょう》を斥《きら》はんや。しかるに徳《とく》として備《そな》はらざるものなし、これをいひて涅槃《ねはん》とす。道《どう》として通《つう》ぜざるものなし、これを名《な》づけて菩提《ぼだい》とす。智《ち》として周《あまね》からざるものなし、これを称《しょう》して

清虚　執着のないさとり。
勢競親を遺る　勢力を得ようと争って、肉親を死に至らしめてしまう。
文史　歴史の書物。
斉桓　斉《せい》の桓公。春秋《しゅんじゅう》時代の斉の君主。異母兄の糾《きゅう》を伐って斉侯《せいこう》となった。
楚穆　楚の穆王。春秋時代の楚の成王の子。父を死に至らしめて王位についた。
二皇　伏羲《ふくぎ》・女媧《じょか》。
淳風　淳朴な風俗。
三聖　老子・孔子・顔回。
顔回　孔子の弟子。
已澆の末　濁った末の世。
玄虚沖一の旨　自己を無にして無為自然《むいじねん》の道と一になるという教え。
黄　黄帝《こうてい》のこと。中国の伝説上の帝王。度量衡・音律・衣服・幣制などをはじめて確立したという。
老　老子のこと。
周　周公《しゅうこう》のこと。名は旦《たん》。

仏陀《ぶつだ》とす。この漢語《かんご》をもつてかの梵言《ぼんごん》を訳《やく》す、すなはち彼此《ひし》の仏《ぶつ》、昭然《しようねん》として信《しん》ずべきなり。なにをもつてかこれを明《あ》かすとならば、それ仏陀《ぶつだ》は漢《かん》には大《だい》覚《かく》といふ、菩提《ぼだい》をば漢《かん》には大道《だいどう》といふ、涅槃《ねはん》は漢《かん》には無為《むい》といふなり。しかるに吾子《ご》終日《ししゆうじつ》に菩提《ぼだい》の地《じ》を践《ふ》んで、‡大道《だいどう》はすなはち菩提《ぼだい》の異号《いごう》なることを知《し》らず。形《かたち》を大覚《だいかく》の境《きよう》に稟《う》けて、いまだ大覚《だいかく》は、すなはち仏陀《ぶつだ》の訳名《やくみよう》なることを閑《なら》はず。ゆゑに*荘周《そうしゆう》いはく、《また大覚《だいかく》あれば、後《のち》にその大夢《だいむ》を知《し》るなり》と。*郭《かく》が註《ちゆう》にいはく、《覚《かく》は聖人《せいじん》なり。いふこころは、患《うれ》へ懐《こころ》にあるはみな夢《ゆめ》なり》と。註《ちゆう》にいはく、《*夫子《ふうし》と*子游《しゆう》と、いまだいふことを忘《わす》れて*神解《しんげ》することあたはず、ゆゑに大覚《だいかく》にあらざるなり》と。君子《くんし》のいはく、《孔丘《こうきゆう》の談《だん》、ここにまた尽《つ》きぬ》と。涅槃寂照《ねはんじやくしよう》、識《しき》として識《さと》るべからず、智《ち》として知《し》るべからず、すなはち言語《げんご》断《た》えて*心行滅《しんぎようめつ》す。ゆゑに言《ことば》を忘《わす》るるなり。法身《ほつしん》はすなはち*三点《さんてん》・四徳《しとく》の成《じよう》ずるところ、*蕭然《しようぜん》として*無累《ぶるい》なり。ゆゑに解脱《げだつ》と称《しよう》す。これその神解《しんげ》として*患息《げんそく》するなり。夫子《ふうし》、聖《せい》なりといへども、はるかにもつて功《こう》を仏《ぶつ》に推《ゆず》れり。いかんとなれば、*劉向《りゆうきよう》が『*古旧二録《こきゆうにろく》』を案《あん》ずるにいはく、《仏《ぶつ》経《きようちゆうか》中夏に流《つた》はりて一百五十年《いつぴやくごじゆうねん》の後《のち》、老子《ろうし》まさに*五千文《ごせんぶん》を説《と》けり》と。しかる

周初の名臣。聖人《せいじん》として儒家から尊敬された。

孔 孔子のこと。

三畏 君子が畏れはばかる三のもの。天命・大人《たいじん》・聖人の言。

由漸 由来。由って進む道。

正弁極談 正しい道理を述べた究極の教説。

瘖聾 →補註14

遠邇 遠近。

津 渡し場。

懦夫 気の弱い者。

神 釈尊のこと。四六四頁一行に出る「聖」も同じ。

雲霓 雲と虹。

周書異記 正史に記載されていない周代の異聞を記した書。現存しない。

穆王五十三年 底本に「五十二年」とあるのを改めた。紀元前九四九年。

葱河 パミール高原より流れるヤルカンド・カシュガル両河。

431 に*周《しゅう》と老《ろう》と、ならびに仏経《ぶっきょう》の所説《しょせつ》を見《み》る。言教《ごんきょう》往々《おうおう》たり、験《かんが》へつべし〉と。乃至『正法念経《しょうぼうねんぎょう》』にのたまはく、〈人戒《ひとかい》を持《たも》たざれば、諸天減少《しょてんげんしょう》し、阿修羅盛《あしゅらさか》りなり。善竜《ぜんりゅう》力《ちから》なし、悪竜《あくりゅう》力《ちから》あり。悪竜《あくりゅう》力《ちから》あれば、すなはち霜雹《そうはく》を降《くだ》して非時《ひじ》の暴風疾雨《ぼうふうしつう》ありて、五穀登《ごこくみの》らず、疾疫競《しつやくきそ》ひ起《おこ》り、人民飢饉《じんみんけごん》す、たがひにあひ残害《ざんがい》す。もし人戒《ひとかい》を持《たも》てば、多《おお》く諸天威光《しょてんいこう》を増足《ぞうそく》す。修羅減少《しゅらげんしょう》し、悪竜《あくりゅう》力《ちから》なし、善竜《ぜんりゅう》力《ちから》あり。善竜《ぜんりゅう》力《ちから》あれば、風雨時《ふううとき》に順《じゅん》じ、*四気和暢《しきわちょう》なり。甘雨《かんう》降《くだ》りて稔穀豊《ねんこくゆた》かなり、人民安楽《じんみんあんらく》にして兵戈戢息《へいかしゅうそく》す。疾疫行《しつやくぎょう》ぜざるなり〉と。乃至

432 君子《くんし》いはく、〈道士《どうし》『大霄隠書《だいしょういんしょ》』・『無上真書《むじょうしんしょ》』等《とう》にいはく、《*無上大道君《むじょうだいどうくん》の治《ち》は五十五重無極大羅天《ごじゅうごちょうぶきょくたいらてん》のうち、玉京《ぎょくけい》の上《うえ》、七宝《しっぽう》の台《だい》、金床玉机《きんしょうぎょくき》にあり。仙童《せんどう》・玉女《ぎょくじょ》の侍衛《じえい》するところ、三十三天三界《さんじゅうさんてんさんがい》の外《ほか》に住《じゅう》す》と。『神泉五岳図《しんせんごがくず》』を案《あん》ずるにいはく、《*大道天尊《だいどうてんそん》は、太玄都《たいげんと》、玉光州《ぎょくこうしゅう》、金真《きんしん》の郡《ぐん》、天保《てんぽう》の県《けん》、元明《げんめい》の郷《けい》、定志《ていし》の里《り》を治《ち》す。災《わざわい》及《およ》ばざるところなり》と。『霊書経《れいしょけい》』にいはく、《大羅《たいら》はこれ五億五万五千五百五十五重天《ごおくごまんごせんごひゃくごじゅうごちょうてん》の上天《じょうてん》なり》と。『五岳図《ごがくず》』にいはく、《都《と》とは都《みやこ》なり。太上大道《たいじょうだいどう》、道《どう》のなかの道《どう》、*神明君最《しんめいくんさい》、静《せい》を守《まも》りて太玄《たいげん》の都《と》に居《お》り》と。『諸天内音《しょてんないいん》』にいはく、《天《てん》、諸仙《しょせん》と楼都《ろうと》の鼓《つづみ》を鳴《な》らす。玉京《ぎょくけい》

雪嶺　雪山（ヒマラヤ）のこと。→雪山《せっせん》

盲者の…　→補註14

鑿竅の弁を窮めん　細かく論議をつくそう。

吾子　あなた。君。

守牧　地方長官。

清信の士女　仏教の在家信者の男女。

迹を…　道安《どうあん》作の襄州《じょうしゅう》檀渓寺の金像は夜になると万山（現在の中国湖北《こほく》省襄陽《じょうよう》にある山）に赴《おもむ》き、足跡を山にのこしたという。

耀を…　西晋《せいしん》の建興元年（三一三）、滬瀆《ことく》（現在の江《こう》蘇《そ》省蘇州《そしゅう》を流れる松江）に石像二体が浮かび上ったという。

清台…　後漢《ごかん》の明帝の時代、インドの迦葉摩騰《かしょうまとう》が釈迦像を伝えたので、明帝はこれを画工に造らせて洛陽《らくよう》の南宮の清涼台に安置したという。「満月の容」とは釈迦像のこと。

に*朝晏《ちょうあん》して、もつて道君《どうくん》を楽《たの》しましむ》〉と。

道士《どうし》の上《あ》ぐるところの経《けい》の目《な》を案《あん》ずるに、みないはく、〈宋人《そうじん》*陸修静《りくしゅうせい》によりて一千二百二十八巻《いっせんにひゃくにじゅうはちかん》を列《つら》ねたり〉と。もと雑書《ざっしょ》、*諸子《しょし》の名《な》なし。しかるに道士《どうし》いま列《つら》ぬるに、すなはち二千四十巻《にせんしじっかん》あり。そのなかに多《おお》く『漢書芸文志《かんじょげいもんし》』の目《な》を取《と》りて、みだりに八百八十四巻《はっぴゃくはちじゅうしかん》を註《しる》して道《どう》の経論《けいろん》とす。乃至

陶朱《とうしゅ》を案《あん》ずれば、すなはちこれ*范蠡《はんれい》なり。親《まのあた》り越《えつ》の王《おう》*勾践《こうせん》に事《つか》へて、君臣《くんしん》ことごとく呉《ご》に囚《とら》はれて、屎《し》を嘗《な》め尿《にょう》を飲《の》んで、またもつてはなはだし。また范《はん》蠡《れい》の子《こ》は、斉《せい》に戮《ころ》さる。父《ちち》すでに変化《へんげ》の術《じゅつ》あらば、なんぞもつて変化《へんげ》してこれを免《まぬか》るることあたはざらん。『造立天地《ぞうりつてんち》の記《き》』を案《あん》ずるに称《しょう》すらく、〈老子《ろうし》*幽王《ゆうおう》の皇后《こうごう》の腹《はら》のなかに託生《たくせい》す〉と。すなはちこれ幽王《ゆうおう》の子《こ》なり。また〈身《み》、*柱史《ちゅうし》たり〉と。またこれ幽王《ゆうおう》の臣《しん》なり。『*化胡経《かこけい》』にいはく、〈老子《ろうし》漢《かん》にありては*東《とう》方朔《ぼうさく》とす〉と。もしあきらかにしからば、知《し》んぬ、幽王《ゆうおう》*犬戎《けんじゅ》のために殺《ころ》さる。あに君父《くんぷ》を愛《あい》して神符《しんぷ》を与《あた》へて、君父《くんぷ》をして死《し》せざらしめざるべけんや。乃至

陸修静《りくしゅうせい》が目録《もくろく》を指《さ》す、すでに正本《せいほん》なし。なんぞ謬《あやま》りのはなはだしきをや。しかるに修静《しゅうせい》、目《な》をなすこと、すでにこれ大偽《たいぎ》なり。いま『玄都録《げんとろく》』またこ

雍門…　後漢の明帝は雍門（洛陽の西門）の外に白馬寺を建てたという。「相輪」とは仏塔のこと。
南平…　晋《しん》の南平王は仏像を拝して感応を得たという。
文宣…　南朝、斉《せい》の文宣王は聖牙（仏の歯）の渡来を夢にみたという。
蕭后…　南朝、斉《せい》の太祖高帝（蕭道成《しょうどうせい》）は『法華経《ほけきょう》』を誦《じゅ》し、『般若経《はんにゃきょう》』を写し、仏像の鋳造に一度で成功したという。
宋皇…　劉宋《りゅうそう》の太宗明帝は仏像を鋳造しようとして四度までも失敗したという。
有霊　奇瑞《きずい》・霊験があること。

荘周　荘子《そうし》のこと。
郭が註　四五八頁「郭荘」の脚註参照。
夫子　孔子を指す。
子游　孔子の弟子。
神解　心にさとること。

れ偽中《ぎちゅう》の偽《ぎ》なり」と。乃至

【一〇六】　またいはく（弁正論）、「『大経《だいきょう》』（涅槃経）のなかに説《と》かく、〈道《どう》に九十《くじゅう》六種《ろくしゅ》あり、ただ仏《ぶつ》の一道《いちどう》これ正道《せいどう》なり、その余《よ》の九十五種《くじゅうごしゅ》においてはみなこれ外道《げどう》なり〉と。朕《ちん》、外道《げどう》を捨《す》ててもつて如来《にょらい》に事《つか》ふ。もし公卿《こうけい》ありて、よくこの誓《ちかい》に入《い》らんものは、おのおの菩提《ぼだい》の心《しん》を発《おこ》すべし。老子《ろうし》・周公《しゅうこう》・孔子《こうし》等《とう》、これ如来《にょらい》の弟子《でし》として化《け》をなすといへども、すでに邪《じゃ》なり。ただこれ世間《せけん》の善《ぜん》なり、凡《ぼん》を隔《へだ》てて聖《しょう》となすことあたはず。公卿《こうけい》・百官《ひゃくかん》、侯王《こうおう》・宗室《そうしつ》、よろしく偽《ぎ》を反《かえ》し真《しん》に就《つ》き、邪《じゃ》を捨《す》て正《しょう》に入《い》るべし。ゆゑに経教《きょうきょう》、『成実論《じょうじつろん》』に説《と》きていはく、〈もし外道《げどう》に事《つか》へて心重《しんおも》く、仏法《ぶっぽう》は心軽《しんかろ》し、すなはちこれ邪見《じゃけん》なり。*†もし心一等《しんいっとう》なる、これ*無記《むき》にして善悪《ぜんあく》に当《あた》らず〉と。仏《ぶつ》に事《つか》へて心強《しんこわ》くして老子《ろうし》に心少《しんすく》なくは、すなはちこれ清信《しょうしん》なり。清《しょう》といふは、清《しょう》はこれ表裏《ひょうり》ともに浄《きよ》く、垢穢《くえ》惑累《わくるい》みな尽《つく》す、信《しん》はこれ正《しょう》を信《しん》じて邪《じゃ》ならざるがゆゑに、清《しょう》信《しん》の仏弟子《ぶつでし》といふ。その余等《よひと》しくみな邪見《じゃけん》なり、清信《しょうしん》と称《しょう》することを得《え》ざるなり。乃至

老子《ろうし》の邪風《じゃふう》を捨《す》てて法《ほう》の真教《しんきょう》に入流《にゅうりゅう》せよとなり」と。以上抄出

心行　心のはたらき。

三点　悉曇《しったん》文字の「伊」字の三点。三の点が三角の形をなしているので、不縦不横の相即をあらわすとされ、法身《ほっしん》・般若《はんにゃ》・解脱《げだつ》の三徳に喩える。

蕭然　しずかに落ち着いているさま。

無累　わずらわされないこと。

患息　わずらいを離れること。

劉向　（前七七―前六）前漢《ぜんかん》成帝の時、都水使者《とすいししゃ》・光禄大夫《こうろくたいふ》の職にあった。

古旧二録　不詳。

五千文　『老子道徳経《ろうしどうとくきょう》』のこと。

周と老　荘周（荘子《そうし》）と老子のこと。

四気　春夏秋冬の四季。

無上大道君・大道天尊・神明君最　老子の尊称。

435 【一〇七】 光明寺《こうみょうじ》の和尚《かしょう》（善導）のいはく（法事讃・下 五七二）、「上方《じょうほう》の諸仏《しょぶつ》恒沙《ごうじゃ》のごとし。還《かえ》りて舌相《ぜっそう》を舒《の》べたまふことは、娑婆《しゃば》の十悪《じゅうあく》・五逆《ごぎゃく》多《おお》く疑謗《ぎほう》し、邪《じゃ》を信《しん》じ、鬼《き》に事《つか》へ、神魔《しんま》を*餧《あ》かしめて、みだりに想《おも》ひて恩《おん》を求《もと》めて福《ふく》あらんと謂《おも》へば、災障禍横《さいしょうかよこさま》にうたたいよいよ多《おお》し。連年《れんねん》に病《やまい》の床枕《しょうちん》に臥《ふ》す。*聾《みみし》ひ盲《めし》ひ脚折《あしお》れ、手攣《てひ》き撅《お》る、神明《しんめい》に承事《しょうじ》してこの報《ほう》を得《う》るもののためなり。いかんぞ捨《す》てて弥陀《みだ》を念《ねん》ぜざらん」と。以上

【一〇八】 天台《てんだい》の『法界次第《ほうかいしだい》』にいはく、「一《ひと》つには仏《ぶつ》に帰依《きえ》す。『経《きょう》』（涅槃経）にのたまはく、〈仏《ぶつ》に帰依《きえ》せんもの、つひにまたその余《よ》のもろもろの外天神《げてんじん》に帰依《きえ》せざれ〉と。またのたまはく、〈仏《ぶつ》に帰依《きえ》せんもの、つひに悪趣《あくしゅ》に堕《お》ちず〉といへり。二《ふた》つには法《ほう》に帰依《きえ》す。いはく、〈大聖《だいしょう》の所説《しょせつ》、もしは教《きょう》もしは理《り》、帰依《きえ》し修習《しゅじゅう》せよ〉となり。三《み》つには僧《そう》に帰依《きえ》す。いはく、〈心《こころ》、家《いえ》を出《い》でたる三乗正行《さんじょうしょうぎょう》の伴《とも》に帰《き》するがゆゑに〉と。『経《きょう》』（同）にのたまはく、〈永《なが》くまた
436
更《かえ》つて、その余《よ》のもろもろの外道《げどう》に帰依《きえ》せざるなり〉」と。以上

【一〇九】 慈雲大師《じうんだいし》のいはく（楽邦文類）、「しかるに祭祀《さいし》の法《ほう》は、天竺《てんじく》（印度）には*韋陀《いだ》、支那《しな》（中国）には祀典《してん》といへり。すでにいまだ世《よ》を逃《のが》れず、真《しん》を論《ろん》ず

朝宴 安らかに朝廷に集まること、また、朝廷で酒宴を開くことか。

陸修静 金陵《きんりょう》（現在の南京）の道士で、南北朝の宋《そう》・斉《せい》朝に重んじられたが、梁《りょう》の武帝が道教を捨てたので、門人とともに北斉に移った。僧曇顕《どんけん》と議論して負けたといわれる。

諸子 ここでは『韓非子《かんぴし》』『淮南子《えなんじ》』などを指す。

范蠡・勾践 春秋《しゅんじゅう》時代、越《えつ》王勾践は呉《ご》王夫差《ふさ》と戦って会稽《かいけい》に敗れたが、のち名臣范蠡と力を合せて呉を倒し、越を覇者たらしめた。范蠡はのちに野に下って巨万の富をなし陶朱と称した。

幽王 （在位、前七八二―前七七一）周《しゅう》の第十二代の王。西周最後の王。

柱史 柱下史の略。周の蔵書室の役人。

化胡経 『老子化胡経』（化胡経は「けこきょう」とも

437

れば俗《ぞく》を誘《こしら》ふる権方《ごんぽう》なり」と。文

【二〇】 高麗《こうらい》の観法師《かんほっし》のいはく（天台四教儀）、「餓鬼道《がきどう》、梵語《ぼんご》には闍黎多《しゃれいた》。この道《どう》また諸趣《しょしゅ》に遍《へん》す。福徳《ふくとく》あるものは山林塚廟神《せんりんちょびょうじん》となる。福徳《ふくとく》なきものは、不《ふ》浄処《じょうしょ》に居《こ》し、飲食《おんじき》を得《え》ず、つねに鞭打《べんちょう》を受《う》く。河《かわ》を塡《ふさ》ぎ海《うみ》を塞《ふさ》ぎて、苦《く》を受《う》くること無量《むりょう》なり。諂誑《てんおう》の心意《しんい》なり。下品《げぼん》の五逆《ごぎゃく》・十悪《じゅうあく》を作《つく》りて、この道《どう》の身《しん》を感《かん》ず」と。以上

【二一】 神智法師《じんちほっし》釈《しゃく》していはく（天台四教儀集解）、「餓鬼道《がきどう》はつねに飢《う》ゑたるを餓《が》といふ、鬼《き》‡とは帰《き》なり。『*尸子《しし》』にいはく、〈古《いにしえ》は死人《しにん》を名《な》づけて帰人《きにん》とす。また人神《じんしん》を鬼《き》といひ、地神《じじん》を祇《ぎ》といふ〉と。乃至 形《かたち》あるいは人《ひと》に似《に》たり、あるいは獣《けだもの》等《とう》のごとし。心《こころ》正直《しょうじき》ならざれば、名《な》づけて諂誑《てんおう》とす」と。

【二二】 *大智律師《だいちりっし》のいはく（盂蘭盆経疏新記）、「神《じん》はいはく鬼神《きじん》なり。すべて四《し》趣《しゅ》、天《てん》・修《しゅ》・鬼《き》・獄《ごく》に収《おさ》む」と。

【二三】 *度律師《どりっし》のいはく（観経扶新論）、「魔《ま》はすなはち悪道《あくどう》の所収《しょしゅう》なり」と。

【二四】 『止観《しかん》』（摩訶止観）の魔事境《まじきょう》にいはく、「二《ふた》つに魔《ま》の発相《ほっそう》を明《あ》かさば、管属《かんぞく》に通《つう》じて、みな称《しょう》して魔《ま》とす。細《くわ》しく枝異《しい》を尋《たず》ぬれば、三種《さんしゅ》を出《い》でず。一《ひと》

「かこきょう」ともいう）のこと。老子がインドで釈迦として再誕し、胡人《こじん》（インド人）を教化したと説く。

東方朔 前漢《ぜんかん》の滑稽文学者。伝説では神仙の術を行う方士として知られ、永遠に年をとらないと言われる西王《せいおう》母《ぼ》の桃を盗み食べ、長寿をほしいままにしたという。

犬戎 古代の中国人からみた西北方の異民族。西戎の一。

もし心一等… 以下の『成《じょう》実論《じつろん》』の引文は『弁正論《べんしょうろん》』の原文にしたがって書き下した。

無記 →無記《むき》[2]

餧かしめて あがめ供物をして。

聾ひ… →補註14

韋陀 梵語ヴェーダ(Veda)の音写。古代インドのバラモン教の経典の総称。

つには*慢悵鬼《まんちょうき》、二《ふた》つには*時媚鬼《じみき》、三《み》つには*魔羅鬼《まらき》なり。三種《さんしゅ》の発相《ほっそう》、各々不《かくかくふ》同《どう》なり」と。

【一二五】 源信《げんしん》、『止観《しかん》』によりていはく（往生要集・中意）、「魔《ま》は煩悩《ぼんのう》によりて菩提《ぼだい》を妨《さまた》ぐるなり。鬼《き》は病悪《びょうあく》を起《おこ》し命根《みょうこん》を奪《うば》ふ」と。以上

【一二六】 『論語《ろんご》』にいはく、「*季路《きろ》問《と》はく、〈鬼神《きじん》に事《つか》へんか〉と。子《し》のいはく、〈事《つか》ふることあたはず。人《ひと》いづくんぞよく鬼神《きじん》に事《つか》へんや〉」と。以上抄出

【一二七】 ひそかにおもんみれば、聖道《しょうどう》の諸教《しょきょう》は行証《ぎょうしょう》久《ひさ》しく廃《すた》れ、浄土《じょうど》の真宗《しんしゅう》は証道《しょうどう》いま盛《さか》んなり。しかるに諸寺《しょじ》の釈門《しゃくもん》、教《きょう》に昏《くら》くして真仮《しんけ》の門《もん》戸《こ》を知《し》らず、*洛都《らくと》の儒林《じゅりん》、行《ぎょう》に迷《まど》ひて邪正《じゃしょう》の道路《どうろ》を弁《わきま》ふることとなし。ここをもつて、*興福寺《こうぶくじ》の学徒《がくと》、*太上天皇《だじょうてんのう》 *後鳥羽院《ごとばのいん》と号《ごう》す、諱尊成《いみなたかひら》 *今上《きんじょう》 *土御門院《つちみかどのいん》と号《ごう》す、諱為仁《いみなためひと》 聖暦《せいれき》、*承元丁卯《じょうげんひのとのう》の歳《とし》、*仲春上旬《ちゅうしゅんじょうじゅん》の候《こう》に奏《そう》達《たっ》す。主上臣下《しゅじょうしんか》、法《ほう》に背《そむ》き義《ぎ》に違《い》し、忿《いか》りを成《な》し怨《うら》みを結《むす》ぶ。これによりて、真宗興隆《しんしゅうこうりゅう》の大祖源空法師《たいそげんくうほっし》ならびに門徒数輩《もんとすはい》、罪科《ざいか》を考《かんが》へず、*猥《みだ》りがはしく死罪《しざい》に坐《つみ》す。あるいは僧儀《そうぎ》を改《あらた》めて姓名《しょうみょう》を賜《たも》うて遠流《おんる》に処《しょ》す。予《よ》はその一《ひと》つなり。しかれば、すでに僧《そう》にあらず俗《ぞく》にあらず。このゆゑに

尸子 尸佼《しこう》の著。
大智律師 元照のこと。→元照《がんじょう》
度律師 戒度のこと。→戒度《かいど》

慢悵鬼 『止観《しかん》』には慥惕《ついてき》鬼《き》とある。修行者が坐っている時、頭をなでたり、身体に触れたりして、いらいらさせる鬼。
時媚鬼 昼夜十二時（一日の十二区分）の各時間帯によって種々にあらわれる鬼。老少、男女、禽獣などの姿となって、修行者を魅惑し悩ませるという。
魔羅鬼 五官をよろこばせ、正しい善を破り、悪を増長させる鬼。
季路…事へんや 通常は「季路、鬼神に事へんことを問ふ。子のいはく、いまだ人に事ふることあたはず、いづくんぞよく鬼神に事へ

439

禿《とく》の字《じ》をもつて姓《しょう》とす。空師《くうし》(源空)ならびに弟子等《でしら》、諸方《しょほう》の辺州《へんしゅう》に坐《つみ》して五年《ごねん》の*居諸《きょしょ》を経《へ》たりき。皇帝《こうてい》*佐渡院《さどのいん》、諱守成《いみなもりなり》聖代《せいだい》、*建暦辛未《けんりゃくかのとのひつじ》の歳《とし》、*子月《しげつ》の中旬第七日《ちゅうじゅんだいしちにち》に、勅免《ちょくめん》を蒙《かぶ》りて入洛《じゅらく》して以後《いご》、空《くう》(源空)、洛《らく》陽《よう》の東山《ひがしやま》の西《にし》の麓《ふもと》、鳥部野《とりべの》の北《きた》の辺《ほとり》、大谷《おおたに》に居《い》たまひき。同《おな》じき二年《にねん》壬申《みずのえさる》*寅月《いんがつ》の下旬第五日《げじゅんだいごにち》*午時《うまのとき》に入滅《にゅうめつ》したまふ。奇瑞称計《きずいしょうげ》すべからず。*別伝《べつでん》に見《み》えたり。

【二八】しかるに愚禿釈《ぐとくしゃく》の鸞《らん》、*建仁辛酉《けんにんかのとのとり》の暦《れき》、雑行《ぞうぎょう》を棄《す》てて本願《ほんがん》に帰《き》す。*元久乙丑《げんきゅうきのとのうし》の歳《とし》、*恩恕《おんじょ》を蒙《かぶ》りて『選択《せんじゃく》』(選択集)を書《しょ》しき。同《おな》じき年《とし》の*初夏中旬第四日《しょかちゅうじゅんだいしにち》に、「選択本願念仏集《せんじゃくほんがんねんぶつしゅう》」の内題《ないだい》の字《じ》、ならびに「南《な》無阿弥陀仏《もあみだぶつ》 往生之業《おうじょうしごう》 念仏為本《ねんぶついほん》」と「釈綽空《しゃくのしゃくくう》」の字《じ》と、空《くう》の真筆《しんぴつ》をもつて、これを書《か》かしめたまひき。同《おな》じき日《ひ》、空《くう》の真影申《しんねいもう》し預《あず》かりて、図《ず》画《が》したてまつる。同《おな》じき二年閏七月下旬第九日《にねんうるうしちがつげじゅんだいくにち》、真影《しんねい》の銘《めい》は、真筆《しんぴつ》をもつて「南無阿弥陀仏《なもあみだぶつ》」と「*若我成仏《にゃくがじょうぶつ》 十方衆生《じっぽうしゅじょう》 称我名号《しょうがみょうごう》 下至十声《げしじっしょう》 440 若不生者《にゃくふしょうじゃ》 不取正覚《ふしゅしょうがく》 彼仏今現在成仏《ひぶつこんげんざいじょうぶつ》 当知本誓重願不虚《とうちほんぜいじゅうがんふこ》 衆生《しゅじょう》称《しょう》念必得往生《ねんひっとくおうじょう》」(礼讃 七一二)の真文《しんもん》とを書《か》かしめたまふ。また夢《ゆめ》の告《つ》げに

んや」と読む。親鸞聖人はこれを読み改めて鬼神につかえてはならない旨を示す。なお、季路は孔子の門弟。

洛都の儒林 洛都は京都。儒林は儒学者。

興福寺の… →興福寺《こうぶくじ》

太上天皇 譲位後の天皇の呼称。

後鳥羽院 後鳥羽天皇(一一八〇—一二三九。在位一一八三—一一九八)。承久三年(一二二一)、北条《ほうじょう》氏追討の院宣《いんぜん》を下して挙兵したが失敗し、隠岐《おき》に配流された(承久の乱)。

今上 在位中の天皇の呼称。

土御門院 土御門天皇(一一九五—一二三一。在位一一九八—一二一〇)。

承元丁卯の歳 承元元年(一二〇七)。

仲春 陰暦二月の別称。

猥りがはしく 無法にも。当時の上訴文書の慣用語。

よりて、綽空《しやくくう》の字《じ》を改《あらた》めて、同《おな》じき日《ひ》、御筆《ごひつ》をもつて名《な》の字《じ》を書《か》かしめたまひをはんぬ。本師聖人《ほんししようにん》（源空）今年《こんねん》は*七旬三《しちしゆんさん》の御歳《おんとし》なり。

『選択本願念仏集《せんじやくほんがんねんぶつしゆう》』は、*禅定博陸《ぜんじようはくりく》 月輪殿兼実《つきのわどのかねざね》、法名円照《ほうみようえんしよう》 の教命《こうめい》によりて撰集《せんじゆう》せしむるところなり。真宗《しんしゆう》の簡要《かんよう》、念仏《ねんぶつ》の奥義《おうぎ》、これに摂在《しようざい》せり。見《み》るもの諭《さと》り易《やす》し。まことにこれ希有最勝《けうさいしよう》の華文《かもん》、無上甚深《むじようじんじん》の宝典《ほうでん》なり。年《とし》を渉《わた》り日《ひ》を渉《わた》りて、その教誨《きようけ》を蒙《かぶ》るの人《ひと》、千万《せんまん》なりといへども、親《しん》といひ疎《そ》といひ、この見写《けんしや》を獲《う》るの徒《ともがら》、はなはだもつて難《かた》し。しかるにすでに製作《せいさく》を書写《しよしや》し、真影《しんねい》を図画《ずが》せり。これ専念正業《せんねんしようごう》の徳《とく》なり、これ決定往生《けつじようおうじよう》の徴《しるし》なり。よりて悲喜《ひき》の涙《なみだ》を抑《おさ》へて由来《ゆらい》の縁《えん》を註《しる》す。

慶《よろこ》ばしいかな、*心《こころ》を弘誓《ぐぜい》の仏地《ぶつじ》に樹《た》て、念《おもい》を難思《なんじ》の法海《ほうかい》に流《なが》す。深《ふか》く如来《によらい》の矜哀《こうあい》を知《し》りて、まことに師教《しきよう》の恩厚《おんこう》を仰《あお》ぐ。慶喜《きようき》いよいよ至《いた》り、至孝《しこう》いよいよ重《おも》し。これによりて、真宗《しんしゆう》の詮《せん》を鈔《しよう》し、浄土《じようど》の要《よう》を摭《ひろ》ふ。ただ仏恩《ぶつとん》の深《ふか》きことを念《おも》うて、人倫《じんりん》の嘲《あざけ》りを恥《は》ぢず。もしこの書《しよ》を見聞《けんもん》せんもの、*信順《しんじゆん》を因《いん》とし、疑謗《ぎほう》を縁《えん》として、信楽《しんぎよう》を願力《がんりき》に彰《あらわ》し、妙果《みようか》を安養《あんによう》に顕《あらわ》さんと。

居諸 月日。歳月。
佐渡院 順徳《じゆんとく》天皇（一一九七—一二四二）。在位一二一〇—一二二一）。
建暦辛未の歳 建暦元年（一二一一）。
子月 陰暦十一月の別称。
寅月 陰暦正月の別称。
午時 正午頃。
別伝 不明。『西方指南抄《さいほうしなんしよう》』中末の「源空聖人私日記《げんくうしようにんしにつき》」か。
建仁辛酉の暦 建仁元年（一二〇一）。
元久乙丑の歳 元久二年（一二〇五）。
恩恕 めぐみ深いゆるし。
初夏 陰暦四月の別称。
若我成仏… 「行巻」一六七頁八行以下参照。

七旬三 旬は十年の意。
禅定博陸 九条兼実《くじようかねざね》（一一四九—一二〇七）のこと。九条家の祖。法然《ほうねん》聖人に深く帰依《きえ》した。禅定は仏門に

【一二九】『安楽集《あんらくしゅう》』(上　一八四)にいはく、「真言《しんごん》を採《と》り集《あつ》めて、往益《おうやく》を助修《じょしゅ》せしむ。いかんとなれば、前《さき》に生《うま》れんものは後《のち》を導《みちび》き、後《のち》に生《うま》れんひとは前《さき》を訪《とぶら》へ、連続無窮《れんぞくむぐう》にして、願《ねが》はくは休止《くし》せざらしめんと欲《ほっ》す。無辺《むへん》の生死海《しょうじかい》を尽《つ》さんがためのゆゑなり」と。以上

【一三〇】しかれば、*末代《まつだい》の道俗《どうぞく》、仰《あお》いで信敬《しんきょう》すべきなり、知《し》るべし。

【一三一】『華厳経《けごんぎょう》』(入法界品・唐訳)の偈《げ》にのたまふがごとし。「もし菩薩《ぼさつ》、種々《しゅじゅ》の行《ぎょう》を修行《しゅぎょう》するを見《み》て、善《ぜん》・不善《ふぜん》の心《しん》を起《おこ》すことありとも、菩薩《ぼさつ》みな摂取《せっしゅ》せん」と。以上

442

顕浄土方便化身土文類《けんじょうどほうべんけしんどもんるい》　六

入った人。博陸は関白の唐《とう》名。本文には「法名円照」とあるが、円証の音通表記であろう。

心を…　『大唐西域記《だいとうさいいき》』巻三の「心を仏地に樹て、情を法海に流す」という文による。弘誓の仏地は仏の本願を大地に喩えたもの。

信順を…　『唯信鈔』末尾の「信謗ともに因として、みなまさに浄土に生るべし」という文に対応する。

末代の道俗　末法の時代の出家と在家の者。→末法《まっぽう》

浄《じょう》土《ど》文《もん》類《るい》聚《じゅ》鈔《しょう》

『教行信証《きょうぎょうしんしょう》』（広文類《こうもんるい》）が、仏典だけでなく、他の典籍までも引用して、広い視野のもとに浄土の教相を明らかにしようとしているのに対して、本書は、浄土三部経と龍樹菩薩《りゅうじゅぼさつ》・天親菩薩《てんじん》・曇鸞大師《どんらんだいし》・善導大師《ぜんどう》の四師の論釈を引くのみで簡略化されているところから『略文類《りゃくもんるい》』（略典《りゃくでん》）ともいわれる。しかし内容は、教・行・証の三法を中心にその基本的な意味を明らかにし、また往相《おうそう》・還相《げんそう》についても要点を説き、さらに三心一心を論じて、『大経《だいきょう》』『観経《かんぎょう》』『小経《しょうきょう》』の三経が一致して浄土往生の真因は本願力回向《ほんがんりきえこう》の信心であることを述べて、いわば『教行信証』の肝要《かんよう》が記されている。

製作年代は明らかでなく、とくに『教行信証』との前後関係について、広前略後、略前広後の両説があって、容易に決しがたいが、おそらく『教行信証』の推敲《すいこう》が重ねられるなかで、その大綱を別な観点から構成して作られたのではないかと考えられる。

「真仏土巻《しんぶつどかん》」「化身土巻《けしんどかん》」に対応する内容を省いているのは、『教行信証』を前提としているからであろう。とくに大行《だいぎょう》を釈《しゃく》するなかに、大行・浄信を併記して行から信を開き、また『大経』の第十七願・第十八願成就文《じょうじゅもん》を一連に引き、あるいは行一念《ぎょういちねん》の釈に続いて、成就文の信一念を釈するなどは、行信不離《ぎょうしんふり》を明らかにするものであろう。いわゆる行信論の核心が、ここに示されていると見ることもできる。

『教行信証』が、親鸞聖人《しんらんしょうにん》の教えをあらわす根本聖典であることは言うまでもないが、本書は『教行信証』の構成や内容の重点を知り、その理解を助けるものとして極めて大きな意義を持つ著作である。

浄《じょう》土《ど》文《もん》類《るい》聚《じゅ》鈔《しょう》

愚《ぐ》禿《とく》釈《しゃく》親鸞《しんらん》集《しゅう》

【一】それ*無礙難思《むげなんじ》の光耀《こうよう》は、苦《く》を滅《めつ》し楽《らく》を証《しょう》す。*万行円備《まんぎょうえんび》の嘉号《かごう》は、障《さわり》を消《け》し疑《うたがい》を除《のぞ》く。*末代《まつだい》の教行《きょうぎょう》、もつぱらこれを修《しゅ》すべし。*濁世《じょくせ》の目足《もくそく》、かならずこれを勤《つと》むべし。しかれば、最勝《さいしょう》の弘誓《ぐぜい》を受行《じゅぎょう》して、穢《え》を捨《す》て浄《じょう》を欣《ねが》へ。如《にょ》来《らい》の教勅《きょうちょく》を奉持《ぶじ》して、恩《おん》を報《ほう》じ徳《とく》を謝《しゃ》せよ。ここに*片州《へんしゅう》の愚禿《ぐとく》（親鸞）、印《いん》度《ど》・*西蕃《せいばん》の論説《ろんせつ》に帰《き》し、華漢《かかん》（中国）・日域《じちいき》（日本）の師釈《ししゃく》を仰《あお》いで、真宗《しんしゅう》の教《きょう》行証《ぎょうしょう》を敬信《きょうしん》す。ことに知《し》んぬ、仏恩窮尽《ぶっとんぐじん》しがたければ、あきらかに浄土文類《じょうどもんるい》聚《じゅ》を用《もち》ゐるなり。

4

【二】しかるに*教《きょう》といふは、すなはち『大無量寿経《だいむりょうじゅきょう》』なり。この経《きょう》の大意《たいい》は、弥陀《みだ》、誓《ちかい》を超発《ちょうほつ》し、広《ひろ》く*法蔵《ほうぞう》を開《ひら》きて、*凡小《ぼんしょう》を哀《あわ》れんで選《えら》んで*功徳《くどく》の宝《ほう》を施《せ》することを致《いた》す。釈迦《しゃか》、世《よ》に出興《しゅっこう》して、*道教《どうきょう》を*光闡《こうせん》し、群萌《ぐんもう》を拯《すく》ひ恵《めぐ》むに*真《しん》実《じつ》の利《り》をもつてせんと欲《おぼ》してなり。まことにこれ、如来興世《にょらいこうせ》の真説《しんせつ》、奇特最《きどくさい》

無礙難思の光耀　何ものにもさまたげられない、凡夫《ぼんぶ》の思慮を超えた阿弥陀仏の智慧《ちえ》の光明《こうみょう》。

万行円備の嘉号　すべての行、すべての徳をかけめなくまどかにそなえた阿弥陀仏の名号《みょうごう》。

末代の教行　光明・名号は、末法を救う教となり、行となって、行者の上に実現するので、このようにいう。↓末法《まっぽう》

濁世の目足　教と行は、五濁悪世の行者の目となり足となるので、このようにいう。↓五濁《ごじょく》

片州　日本のこと。

西蕃　インドを指す。

教　↓補註8

法蔵　法門の蔵。真理をおさめた蔵。

凡小　愚かな凡夫。↓凡夫《ぼんぶ》

功徳の宝　阿弥陀仏の名号

勝《しょう》の妙典《みょうでん》、*一乗究竟《いちじょうくきょう》の極説《ごくせつ》、十方称讃《じっぽうしょうさん》の正教《しょうきょう》なり。如来《にょらい》の本願《ほんがん》を説《と》くを経《きょう》の*宗致《しゅうち》とす、すなはち仏《ぶつ》の名号《みょうごう》をもつて経《きょう》の*体《たい》とするなり。

【三】行《ぎょう》といふは、すなはち*利他円満《りたえんまん》の大行《だいぎょう》なり。すなはちこれ、諸仏《しょぶつ》*咨嗟《ししゃ》の願《がん》（第十七願）より出《い》でたり。また諸仏称名《しょぶつしょうみょう》の願《がん》と名《な》づけ、また往相正業《おうそうしょうごう》の願《がん》と名《な》づくべし。しかるに*本願力《ほんがんりき》の回向《えこう》に二種《にしゅ》の相《そう》あり。一《ひと》つには往相《おうそう》、二《ふた》つには還相《げんそう》なり。往相《おうそう》について大行《だいぎょう》あり、また*浄信《じょうしん》あり。大行《だいぎょう》といふは、すなはち無礙光如来《むげこうにょらい》の名《みな》を称《しょう》するなり。この行《ぎょう》はあまねく一切《いっさい》の行《ぎょう》を摂《せっ》し、*極速円満《ごくそくえんまん》す。ゆゑに大行《だいぎょう》と名《な》づく。このゆゑに称名《しょうみょう》は、よく衆生《しゅじょう》の一切《いっさい》の無明《むみょう》を破《は》し、よく衆生《しゅじょう》の*一切《いっさい》の志願《しがん》を*満《み》てたまふ。称名《しょうみょう》はすなはち憶念《おくねん》なり。憶念《おくねん》はすなはち念仏《ねんぶつ》なり。念仏《ねんぶつ》はすなはちこれ南無阿弥陀仏《なもあみだぶつ》なり。

5 【四】願《がん》（第十七・十八願）成就《じょうじゅ》の文《もん》、『経《きょう》』（大経・下）にのたまはく、「十方恒沙《じっぽうごうじゃ》の諸仏如来《しょぶつにょらい》、みなともに無量寿仏《むりょうじゅぶつ》の威神功徳不可思議《いじんくどくふかしぎ》にましますことを讃嘆《さんだん》したまふ。*諸有《しょう》の衆生《しゅじょう》、その名号《みょうごう》を聞《き》きて信心歓喜《しんじんかんぎ》し、乃至一念《ないしいちねん》せん。*至心《ししん》に回向《えこう》したまへり。かの国《くに》に生《しょう》ぜんと願《がん》ずれば、すなはち往生《おうじょう》を得《え》、不退転《ふたいてん》に住《じゅう》す」と。またのたまはく（同・下）、「仏《ぶつ》、弥勒《みろく》に語《かた》りたまはく、〈それか

のこと。

道教　釈尊一代の教説のこと。

光闡　広く説きのべること。

真実の利　真実の利益《りやく》。阿弥陀仏の本願名号《みょうごう》によって得る利益をいう。

一乗究竟の極説　一切衆《しゅ》生《じょう》をことごとく仏のさとりに至らせる一乗教の究極を説きあらわした最高の教え。

宗致　経典に説かれた法義の最も肝要なことがら。

体　本質。本体。

利他　→利他《りた》[2]（四八〇頁五行、四八一頁八行の「利他」も同じ）

咨嗟　讃嘆の意で、ほめたたえること。

本願力の回向　→補註12

浄信　→補註11

極速円満す　きわめて速やかに往生の因が満足する。

の仏《ぶつ》の名号《みょうごう》を聞《き》くことを得《う》ることありて、歓喜踊躍《かんぎゆやく》し乃至《ないし》一念《いちねん》せん。まさに知《し》るべし、この人《ひと》は大利《だいり》を得《う》とす。すなはちこれ無上《むじょう》の功徳《くどく》を具足《ぐそく》す〉」と。以上

龍樹菩薩《りゅうじゅぼさつ》、『十住毘婆沙論《じゅうじゅうびばしゃろん》』（易行品 六）にいはく、「もし人《ひと》疾《と》く不退転地《ふたいてんじ》を得《え》んと欲《おも》はば、*恭敬《くぎょう》の心《しん》をもつて、*執持《しゅうじ》して名号《みょうごう》を称《しょう》すべし。もし人《ひと》善根《ぜんごん》を種《う》ゑて、疑《うたが》へばすなはち華開《はなひら》けず。信心清浄《しんじんしょうじょう》なるものは、華開《はなひら》けてすなはち仏《ぶつ》を見《み》たてまつる」と。

天親菩薩《てんじんぼさつ》、『浄土論《じょうどろん》』（二九）にいはく、「世尊《せそん》、われ一心《いっしん》に尽十方無礙光如来《じんじっぽうむげこうにょらい》に帰命《きみょう》したてまつりて、安楽国《あんらくこく》に生《しょう》ぜんと願《がん》ず。われ*修多羅真実功徳相《しゅたらしんじつくどくそう》によりて、*願偈総持《がんげそうじ》を説《と》きて仏教《ぶっきょう》と相応《そうおう》せり。仏《ぶつ》の本願力《ほんがんりき》を観《み》そなはすに、遇《もうお》うて空《むな》しく過《す》ぐるものなし。よくすみやかに功徳大宝海《くどくだいほうかい》を満足《まんぞく》せしむ」と。以上

6

【五】聖言《しょうごん》・論説《ろんせつ》、ことに用《もち》ゐて知《し》んぬ、凡夫回向《ぼんぶえこう》の行《ぎょう》にあらず、これ大悲回向《だいひえこう》の行《ぎょう》なるがゆゑに不回向《ふえこう》と名《な》づく。まことにこれ、選択摂取《せんじゃくせっしゅ》の本願《ほんがん》、無上《むじょう》超世《ちょうせ》の弘誓《ぐぜい》、一乗真妙《いちじょうしんみょう》の正法《しょうぼう》、万善円修《まんぜんえんしゅ》の勝行《しょうぎょう》なり。

【六】『経《きょう》』（大経）に「乃至《ないし》」といふは、上下《じょうげ》を兼《か》ねて中《ちゅう》を略《りゃく》するの言《ことば》なり。「一念《いちねん》」といふはすなはちこれ専念《せんねん》なり。専念《せんねん》はすなはちこれ一声《いっしょう》なり。一《いっ》

一切の志願　往生成仏の願を根本とする一切の願。

満てたまふ　「たまふ」は尊敬の意。無明を破し、志願を満たすのは、阿弥陀仏の力によることをあらわす。

諸有　「信巻」大信釈所引の第十八願成就文などでは、この語を「あらゆる」と読んでいる。また、『浄土和讃』（二五）の異本左訓には、この語を釈して「諸有は二十五有の衆生《しゅじょう》といふ」とある。二十五有は迷いの世界の総称。→二十五有《にじゅうごう》

至心に回向したまへり　通常は「至心に回向して」と読む。親鸞聖人は如来回向の義をあらわすために、このように読みかえた。

恭敬の心　つつしみ敬う心。ここでは他力の信心のこと。

執持　しっかりととりたも

声《しょう》はすなはちこれ称名《しょうみょう》なり。称名《しょうみょう》はすなはちこれ憶念《おくねん》なり。憶念《おくねん》はすなはちこれ正念《しょうねん》なり。正念《しょうねん》はすなはちこれ正業《しょうごう》なり。また「乃至一念《ないしいちねん》」といふは、これさらに観想《かんそう》・功徳《くどく》・遍数等《へんじゅとう》の一念《いちねん》をいふにはあらず。往生《おうじょう》の心行《しんぎょう》を獲得《ぎゃくとく》する*時節《じせつ》の延促《えんそく》について、乃至一念《ないしいちねん》といふなり、知《し》るべし。

7

【七】　浄信《じょうしん》といふは、すなはち利他深広《りたじんこう》の信心《しんじん》なり。すなはちこれ念仏往生《ねんぶつおうじょう》の願《がん》（第十八願）より出《い》でたり。また至心信楽《ししんしんぎょう》の願《がん》と名《な》づけ、また往相信心《おうそうしんじん》の願《がん》と名《な》づくべし。しかるに*薄地《はくじ》の凡夫《ぼんぶ》、底下《ていげ》の群生《ぐんじょう》、浄信獲《じょうしんえ》がたく、極果証《ごくかしょう》しがたし。なにをもつてのゆゑに、往相《おうそう》の回向《えこう》によらざるがゆゑに、疑網《ぎもう》に*纏縛《てんばく》せらるるによるがゆゑに。いまし如来《にょらい》の*加威力《かいりき》によるがゆゑに、博《ひろ》く*大悲広慧《だいひこうえ》の力《ちから》によるがゆゑに、清浄真実《しょうじょうしんじつ》の信心《しんじん》を獲《う》。この心顚倒《しんてんどう》せず、この心虚偽《しんこぎ》ならず。まことに知《し》んぬ、*無上妙果《むじょうみょうか》の成《じょう》じがたきにはあらず、真実《しんじつ》の浄信《じょうしん》まことに得《う》ること難《かた》し。真実《しんじつ》の浄信《じょうしん》を獲《う》れば、大慶喜心《だいきょうきしん》を得《う》るなり。「大慶喜心《だいきょうきしん》を得《う》」といふは、『経《きょう》』（大経・下）にのたまはく、「それ至心《ししん》に安楽国《あんらくこく》に生《しょう》ぜんと願《がん》ずることあるものは、智慧《ちえ》あきらかに達《たつ》し、功徳殊勝《くどくしゅしょう》なることを得《う》べし」と。要取

つこと。

修多羅　親鸞聖人は『銘文』で浄土三部経のこととする。

願偈総持を説きて　願偈は『浄土論』の「願生偈」のこと。総持は親鸞聖人の解釈では「無礙光《むげこう》の智慧《ちえ》」（『銘文』）の意。阿弥陀仏の智慧を「願生偈」として説くということ。

時節の延促　時間の長短。ここでは延長（相続）に対する極促（初際《しょさい》）の意味で、南無（心）阿弥陀仏（行）を領受した最初、すなわち信の一念をいう。↓一念《いちねん》[2]

薄地の凡夫　聖者《しょうじゃ》の域に達しない下劣な者。凡夫を三種に分け、三賢《さんげん》（十住・十行・十回向《えこう》）を内凡《ないぼん》、十《じっ》信《しん》を外凡《げぼん》、それ以下を薄地とする。

纏縛　まとわりつかれ、し

また『経《きょう》』（如来会・下意）にのたまはく、「この人《ひと》はすなはちこれ*大威徳《だいいとく》のひとなり」と。また「*広大勝解《こうだいしょうげ》のひとなり」と説《と》けり。以上

【八】　まことにこれ、除疑獲徳《じょぎぎゃくとく》の*神方《しんぼう》、極速円融《ごくそくえんにゅう》の真詮《しんせん》、*長生不死《ちょうせいふし》の妙術《みょうじゅつ》、威徳広大《いとくこうだい》の浄信《じょうしん》なり。

8

【九】　しかれば、もしは行《ぎょう》、もしは信《しん》、一事《いちじ》として阿弥陀如来《あみだにょらい》の清浄願心《しょうじょうがんしん》の*回向成就《えこうじょうじゅ》したまふところにあらざることあることなし。*因《いん》なくして他《た》の因《いん》のあるにはあらざるなりと、知《し》るべし。

【一〇】　*証《しょう》といふは、すなはち利他円満《りたえんまん》の妙果《みょうか》なり。すなはちこれ必至滅度《ひっしめつど》の願《がん》（第十一願）より出《い》でたり。また証大涅槃《しょうだいねはん》の願《がん》と名《な》づけ、また往相証果《おうそうしょうか》の願《がん》と名《な》づくべし。すなはちこれ清浄真実《しょうじょうしんじつ》・至極畢竟無生《しごくひっきょうむしょう》なり。

【一一】　無上涅槃《むじょうねはん》の願《がん》（第十一願）成就《じょうじゅ》の文《もん》、『経《きょう》』（大経・下）にのたまはく、「それ衆生《しゅじょう》ありて、かの国《くに》に生《しょう》ずるものは、みなことごとく*正定《しょうじょう》の聚《じゅ》に住《じゅう》す。ゆゑはいかん。かの仏国中《ぶっこくちゅう》にはもろもろの*邪聚《じゃじゅ》および不定聚《ふじょうじゅ》なければなり」と。

またのたまはく（同・上）、「ただ*余方《よほう》に因順《いんじゅん》するがゆゑに、人天《にんでん》の名《な》あり。顔貌端正《げんみょうたんじょう》にして超世希有《ちょうせけう》なり。容色微妙《ようしきみみょう》にして、天《てん》にあらず人《にん》にあらず。み

ばられること。

加威力　仏が衆生《しゅじょう》に加えるる不可思議な救済力。

大悲広慧の力　広大な慈悲と智慧《ちえ》の力。

無上妙果　この上なくすぐれた証果。仏のさとりのこと。

大威徳のひと・広大勝解のひと　仏のすぐれた徳を与えられている人。広大なすぐれた法をよく領解《りょうげ》した智慧の人。ともに他力信心の人をいう。

神方　不可思議な方法。

長生不死の妙術　生死《しょうじ》を超えた不生不滅《ふしょうふめつ》の命を得る不可思議な方法。

回向成就し…　行も信も如来が成就して与えたものであるという意。

因なくして…　如来回向の行信が往生の因となるので

な*自然虚無《じねんこむ》の身《しん》、無極《むごく》の体《たい》を受《う》けたり」と。

　またのたまはく（大経・下）、「かならず*超絶《ちょうぜつ》して去《す》つることを得《え》て、安養《あんにょう》国《こく》に往生《おうじょう》せよ。*横《おう》に五悪趣《ごあくしゅ》を截《き》り、悪趣自然《あくしゅじねん》に閉《と》づ。*道《どう》に昇《のぼ》るに窮極《ぐうごく》なし。
9 往《ゆ》*き易《やす》くして人《ひと》なし。その国逆違《くにぎゃくい》せず、自然《じねん》の牽《ひ》くところなり」と。以上

【二】聖言《しょうごん》、あきらかに知《し》んぬ、煩悩成就《ぼんのうじょうじゅ》の凡夫《ぼんぶ》、生死罪濁《しょうじざいじょく》の群萌《ぐんもう》、*往相《おうそう》の心行《しんぎょう》を獲《う》ればすなはち大乗正定《だいじょうしょうじょう》の聚《じゅ》に住《じゅう》す。正定聚《しょうじょうじゅ》に住《じゅう》すればかならず滅度《めつど》に至《いた》る。かならず滅度《めつど》に至《いた》るはすなはちこれ*常楽《じょうらく》なり。常楽《じょうらく》はすなはちこれ大涅槃《だいねはん》なり。†大涅槃《だいねはん》はすなはちこれ*利他教化地《りたきょうけじ》の果《か》なり。この身《しん》はすなはちこれ無為法身《むいほっしん》なり。無為法身《むいほっしん》はすなはちこれ畢竟平等身《ひっきょうびょうどうしん》なり。畢竟平等《ひっきょうびょうどう》身《しん》はすなはちこれ寂滅《じゃくめつ》なり。寂滅《じゃくめつ》はすなはちこれ実相《じっそう》なり。実相《じっそう》はすなはちこれ法性《ほっしょう》なり。法性《ほっしょう》はすなはちこれ真如《しんにょ》なり。真如《しんにょ》はすなはちこれ一如《いちにょ》なり。

【三】しかれば、もしは因《いん》、もしは果《か》、一事《いちじ》として阿弥陀如来《あみだにょらい》の清浄願心《しょうじょうがんしん》の回向成就《えこうじょうじゅ》したまふところにあらざることあることなし。因浄《いんじょう》なるがゆゑに、果《か》また浄《じょう》なり、知《し》るべし。

【四】二《ふた》つに還相回向《げんそうえこう》といふは、すなはち利他教化地《りたきょうけじ》の益《やく》なり。すなはちこれ

あるから、因がなくて往生するのではなく、また、その行信の他に別の因があるのでもないという意。

証　↓補註2

正定の聚《しょうじょうじゅ》　正定聚のこと。↓正定聚

邪聚《じゃじゅ》　邪定聚のこと。↓邪定聚《じゃじょうじゅ》

ただ余方に…　浄土の聖《しょう》者《じゃ》を他方世界に順じて天とか人と呼ぶのみで実の天でも人でもないという意。

自然虚無の身…　自然・虚無・無極は涅槃《ねはん》の異名。浄土における身体は、涅槃のさとりにかない、一切の限定を超えた絶対の自由をもつものであるという意。

超絶して　（迷いの世界を）超え離れて。

横　↓横《おう》③

道　仏果。仏のさとり。

必至補処《ひっしふしょ》の願《がん》（第二十二願）より出《い》でたり。また一生補処《いっしょうふしょ》の願《がん》と名《な》づけ、また還相回向《げんそうえこう》の願《がん》と名《な》づくべし。

【一五】　願《がん》（第二十二願）成就《じょうじゅ》の文《もん》、『経《きょう》』（大経・下）にのたまはく、「かの国《くに》の
10 菩薩《ぼさつ》、みなまさに一生補処《いっしょうふしょ》を究竟《くきょう》すべし。その本願《ほんがん》、衆生《しゅじょう》のためのゆゑに、弘誓《ぐぜい》の功徳《くどく》をもつてみづから荘厳《しょうごん》し、あまねく一切衆生《いっさいしゅじょう》を*度脱《どだつ》せんと欲《ほっ》せんをば除《のぞ》く」と。以上

【一六】　聖言《しょうごん》、あきらかに知《し》んぬ、大慈大悲《だいじだいひ》の弘誓《ぐぜい》、広大難思《こうだいなんじ》の利益《りやく》、いまし*煩悩《ぼんのう》の稠林《ちゅうりん》に入《い》りて諸有《しょう》を開導《かいどう》し、すなはち普賢《ふげん》の徳《とく》に遵《したが》ひて群生《ぐんじょう》を悲引《ひいん》す。

【一七】　しかれば、もしは往《おう》、もしは還《げん》、一事《いちじ》として如来《にょらい》の清浄願心《しょうじょうがんしん》の回向《えこう》成就《じょうじゅ》したまふところにあらざることあることなし、知《し》るべし。

【一八】　ここをもつて浄土《じょうど》の縁熟《えんじゅく》して、調達《じょうだつ》（提婆達多）、闍王《じゃおう》（阿闍世）をして逆害《ぎゃくがい》を興《こう》ぜしめ、*濁世《じょくせ》の機《き》を憫《あわ》れんで、釈迦《しゃか》、韋提《いだい》をして安養《あんにょう》を選《えら》ばしめたまへり。つらつらかれを思《おも》ひ、静《しず》かにこれを念《ねん》ずるに、達多《だった》・闍世《じゃせ》、博《ひろ》く*仁慈《にんじ》を施《ほどこ》し、弥陀《みだ》・釈迦《しゃか》、深《ふか》く*素懐《そかい》を顕《あらわ》せり。これによりて、論主《ろんじゅ》（天親）は広大《こうだい》無碍《むげ》の浄信《じょうしん》を宣布《せんぷ》し、あまねく*雑染堪忍《ぞうぜんかんにん》の群生《ぐんじょう》を開化《かいけ》す。宗師《しゅうし》（曇鸞）は*往《おう》

往き易くして人なし　阿弥陀仏の本願力によるから浄土に往生することは容易であるが、自力の心を捨てて真実信心を得る人は少ないから、浄土に往生する人は稀《まれ》であるという意。

往相の心行　阿弥陀仏より回向《えこう》された信心と念仏。

常楽　常楽我浄のこと。常《じょう》住《じゅう》にして移り変りなく、安らかで楽しみが充ち足り、自在で他に縛られず、煩悩《ぼんのう》のけがれがないこと。涅槃《ねはん》にそなわる四種の徳。→四《し》徳《とく》

利他教化地の果　他の衆《しゅ》生《じょう》を救済する位。

度脱　済度《さいど》に同じ。迷いの世界からさとりの世界へ導き入れること。

煩悩の稠林　煩悩が多くあることを密林に喩えていう。

還大悲《げんだいひ》の回向《えこう》を顕示《けんじ》して、ねんごろに*他利利他《たりりた》の深義《じんぎ》を弘宣《ぐせん》せり。*聖権《しょうごん》の化《け》益《やく》、あまねく一切凡愚《いっさいぼんぐ》を利《り》せんがため、*広大《こうだい》の心行《しんぎょう》、ただ逆悪闡提《ぎゃくあくせんだい》を引《いん》せんと欲《おぼ》してなり。

11 †いま庶《ねが》はくは道俗等《どうぞくとう》、大悲《だいひ》の願船《がんせん》には清浄《しょうじょう》の信心《しんじん》を順風《じゅんぷう》とし、無明《むみょう》の闇夜《あんや》には*功徳《くどく》の宝珠《ほうしゅ》を大炬《だいこ》とす。心昏《こころくら》く識寡《さとりすく》なきもの、敬《うやま》ひてこの道《どう》を勉《つと》めよ。悪重《あくおも》く障《さわ》り多《おお》きもの、深《ふか》くこの信《しん》を崇《あが》めよ。ああ、弘誓《ぐぜい》の強縁《ごうえん》、*多生《たしょう》にも値《もうあ》ひがたく、真実《しんじつ》の浄信《じょうしん》、*億劫《おくこう》にも獲《え》がたし。たまたま信心《しんじん》を獲《え》ば、遠《とお》く宿縁《しゅくえん》を慶《よろこ》べ。もしまたこのたび疑網《ぎもう》に覆蔽《ふへい》せられば、かへってかならず曠劫多生《こうごうたしょう》を*経歴《きょうりゃく》せん。摂取不捨《せっしゅふしゃ》の真理《しんり》、超捷易往《ちょうせついおう》の教勅《きょうちょく》、*聞思《もんし》して遅慮《ちりょ》することなかれ。慶《よろこ》ばしきかな、愚禿《ぐとく》、仰《あお》いでおもんみれば、*心《しん》を弘誓《ぐぜい》の仏地《ぶつじ》に樹《た》て、情《こころ》を難思《なんじ》の法海《ほうかい》に流《なが》す。聞《き》くところを嘆《たん》じ、獲《う》るところを慶《よろこ》びて、*真言《しんごん》を採集《さいしゅう》し、師釈《ししゃく》を鈔出《しょうしゅつ》して、もっぱら無上尊《むじょうそん》を念《ねん》じて、ことに広大《こうだい》の恩《おん》を報《ほう》ず。

12 【一九】　これによりて曇鸞菩薩《どんらんぼさつ》の『註論《ちゅうろん》』（論註・上 五一）を披閲《ひえつ》するにのたまはく、「それ菩薩《ぼさつ》は仏《ぶつ》に帰《き》す。孝子《こうし》の父母《ぶも》に帰《き》し、忠臣《ちゅうしん》の君后《くんこう》に帰《き》して、*動《どう》静《じょう》おのれにあらず、*出没《しゅつもつ》かならず由《ゆえ》あるがごとし。恩《おん》を知《し》りて徳《とく》を報《ほう》ず、理《り》

濁世　五濁悪世の意。↓五濁《ごじょく》

仁慈　いつくしみ恵むこと。

素懐　本意。本懐。

雑染堪忍　雑染は煩悩《ぼんのう》によってけがされていること。堪忍は娑婆《しゃば》世界のこと。

往還大悲の回向　往相回向《おうそうえこう》と還相回向のこと。↓往相《おうそう》回向《えこう》、還相回向《げんそうえこう》

他利利他の深義　「行巻」一九二頁九行以下の本文および脚註参照。

聖権　聖は仏、権は衆生《しゅじょう》を導くために仮に人間のすがたをとってあらわれた提《だい》婆達多《ばだった》、阿闍世《あじゃせ》、韋提希《いだいけ》等を指す。

広大の心行　無辺の徳をもつ他力回向の信心と念仏。

功徳の宝珠　阿弥陀仏の名号《みょうごう》のこと。

多生にも値ひがたく　いく

よろしくまづ*啓《けい》すべし」と。取要 仏恩《ぶつとん》の深重《じんじゅう》なることを信知《しんち》して、「念仏正《ねんぶつしょう》信偈《しんげ》」を作《つく》りていはく、

【三〇】*西方不可思議尊《さいほうふかしぎそん》、法蔵菩薩因位《ほうぞうぼさついんに》のうちに、
殊勝《しゅしょう》の本弘誓《ほんぐぜい》を超発《ちょうほつ》して、*無上大悲《むじょうだいひ》の願《がん》を建立《こんりゅう》したまふ。
思惟摂取《しゆいせっしゅ》するに五劫《ごこう》を経《へ》たり。菩提《ぼだい》の妙果《みょうか》、上願《じょうがん》に酬《むく》ひたり。
本誓《ほんぜい》を満足《まんぞく》するに十劫《じっこう》を歴《へ》たり。寿命延長《じゅみょうえんちょう》にして、よく量《はか》ることなし。
慈悲深遠《じひじんのん》にして虚空《こくう》のごとし、智慧円満《ちええんまん》して巨海《きょかい》のごとし。
*清浄微妙無辺《しょうじょうみみょうむへん》の刹《せつ》、広大荘厳《こうだいしょうごん》*等具足《とうぐそく》せり。
種々《しゅじゅ》の功徳《くどく》ことごとく成満《じょうまん》す。十方諸仏《じっぽうしょぶつ》の国《くに》に超逾《ちょうゆ》せり。
あまねく難思《なんじ》・無礙光《むげこう》を放《はな》ちて、よく無明大夜《むみょうだいや》の闇《あん》を破《は》したまふ。
13 智光明朗《ちこうみょうろう》にして慧眼《えげん》を開《ひら》く。*名声《みょうしょう》、十方《じっぽう》に聞《きこ》えずといふことなし。
如来《にょらい》の功徳《くどく》はただ仏《ぶつ》のみ知《し》りたまへり。仏法蔵《ぶっぽうぞう》を集《あつ》めて凡愚《ぼんぐ》に施《せ》す。
弥陀仏《みだぶつ》の日《ひ》、あまねく照耀《しょうよう》す。すでによく無明《むみょう》の闇《あん》を破《は》すといへども、
貪愛《とんない》・*瞋嫌《しんけん》の雲霧《うんむ》、つねに清浄信心《しょうじょうしんじん》の天《てん》に覆《おお》へり。
たとへばなほ日月星宿《にちがっしょうしゅく》の、煙霞《えんか》・雲霧等《うんむとう》に覆《おお》はるといへども、

たび生を重ねても容易にあえるものではなく。
億劫 限りなく長い時間。→劫《こう》
経歴 ここでは流転《るてん》を繰り返すこと。
聞思して… 本願のいわれを聞きひらき、疑いためらってはならない。
心を… 『大唐西域記《だいとうさいいき》』巻三の「心を仏地に樹て、情を法海に流す」という文による。弘誓の仏地は仏の本願を大地に喩えたもの。
真言 真実の言教のことで、阿弥陀仏の救いを説く教え。
動静おのれにあらず 身勝手な立居振舞をしない。
出没 出入り。

啓す 申し上げる。
西方不可思議尊 阿弥陀仏のこと。
無上大悲の願 →補註17

その雲霧《うんむ》の下《した》あきらかにして闇《やみ》なきがごとし。信知《しんち》するに日月《にちがつ》の光益《こうやく》に超《こ》えたり。

かならず無上《むじょう》浄信《じょうしん》の暁《あかつき》に至《いた》れば、三有《さんぬ》生死《しょうじ》の雲《くも》晴《は》る、

清浄無礙《しょうじょうむげ》の光耀朗《こうようほが》らかにして、一如法界《いちにょほうかい》の真身《しんしん》顕《あらわ》る。

信《しん》を発《おこ》して称名《しょうみょう》すれば、光摂護《ひかりしょうご》したまふ、また現生無量《げんしょうむりょう》の徳《とく》を獲《う》。

14 無辺《むへん》・難思《なんじ》の光不断《ひかりふだん》にして、さらに時処諸縁《じしょしょえん》を隔《へだ》つることなし。

諸仏《しょぶつ》の護念《ごねん》まことに疑《うたが》なし、十方同《じっぽうおな》じく称讃《しょうさん》し*悦可《えつか》す。

惑染《わくぜん》・逆悪斉《ぎゃくあくひと》しくみな生《しょう》じ、謗法《ほうぼう》・闡提《せんだい》回《え》すればみな往《ゆ》く。

*当来《とうらい》の世《よ》、経道滅《きょうどうめつ》せんに、*特《こと》に此《こ》の経《きょう》を留《とど》めて住《じゅう》すること百歳《ひゃくさい》せん。

いかんぞこの大願《だいがん》を疑惑《ぎわく》せん、ただ釈迦如実《しゃかにょじつ》の言《みこと》を信《しん》ぜよ。

印度西天《いんどさいてん》の論家《ろんげ》、中夏《ちゅうか》（中国）・日域《じちいき》（日本）の高僧《こうそう》、

大聖世雄《だいしょうせおう》（釈尊）の正意《しょうい》を開《ひら》き、如来《にょらい》の本誓《ほんぜい》、機《き》に応《おう》ずることを明《あ》かす。

釈迦如来《しゃかにょらい》、*楞伽山《りょうがせん》にして、衆《しゅう》のために告命《ごうみょう》したまふ。

15 南天竺《なんてんじく》（南印度）に、龍樹菩薩《りゅうじゅぼさつ》世《よ》に興出《こうしゅつ》して、ことごとくよく*有無《うむ》の見《けん》を摧破《さいは》せん。

清浄微妙無辺の刹　刹は梵語クシェートラ（kṣetra）の音写。国土・世界の意。煩悩《ぼんのう》のけがれを離れた実相《じっそう》の境界《きょうがい》で、一切の限定を超えた阿弥陀仏の浄土のこと。

等　「等しく」とも読む。

名声　阿弥陀仏の名号《みょうごう》のこと。

瞋嫌　いかり嫌うこと。

悦可　よろこび、認可すること。

当来の世…　末法《まっぽう》の時代（教のみがあって行・証のない時代）が一万年続いた後、自力成仏の道を説いた聖道門《しょうどうもん》の経典がすべてこの世界から消え失せることをいう。

特に…　法滅（三宝滅尽《さんぼうめつじん》）の時代になっても、『大経』に説かれた念仏の教えだけ

大乗無上《だいじようむじよう》の法《ほう》を宣説《せんぜつ》し、歓喜地《かんぎじ》を証《しよう》して安楽《あんらく》に生《しよう》ぜんと。
『十住毘婆沙論《じゆうじゆうびばしやろん》』を造《つく》りて、難行《なんぎよう》の嶮路《けんろ》、ことに悲憐《ひれん》せん、
易往《いおう》の大道広《だいどうひろ》く開示《かいじ》す。恭敬《くぎよう》の心《しん》をもつて執持《しゆうじ》して、
名号《みようごう》を称《しよう》し疾《と》く不退《ふたい》を得《う》べし。信心清浄《しんじんしようじよう》なればすなはち仏《ぶつ》を見《み》たてまつる
と。
天親菩薩《てんじんぼさつ》、『論《ろん》』（浄土論）を作《つく》りて説《と》かく、修多羅《しゆたら》によりて真実《しんじつ》を顕《あらわ》す。
横超《おうちよう》の本弘誓《ほんぐぜい》を光闡《こうせん》し、不可思議《ふかしぎ》の願《がん》を*演暢《えんちよう》したまへり。
本願力《ほんがんりき》の回向《えこう》によるがゆゑに、具縛《ぐばく》を度《ど》せんがために一心《いつしん》を彰《あらわ》す。
功徳《くどく》の大宝海《だいほうかい》に帰入《きにゆう》すれば、かならず*大会衆《だいえしゆ》の数《かず》に入《い》ることを獲《う》。
16 蓮華蔵世界《れんげぞうせかい》に至《いた》ることを得《う》れば、すなはち*寂滅平等身《じやくめつびようどうしん》を証《しよう》せしむ。
煩悩《ぼんのう》の林《はやし》に遊《あそ》びて神通《じんずう》を現《げん》じ、生死《しようじ》の園《その》に入《い》りて応化《おうげ》を示《しめ》すと。
曇鸞大師《どんらんだいし》をば、梁《りよう》の*蕭王《そうおう》、つねに鸞《らん》（曇鸞）の方《かた》に向《む》かひて菩薩《ぼさつ》と礼《らい》す。
*三蔵流支《さんぞうるし》、*浄教《じようきよう》を授《さず》けしかば、*仙経《せんぎよう》を梵焼《ぼんじよう》して楽邦《らくほう》に帰《き》す。
天親菩薩《てんじんぼさつ》の『論《ろん》』（同）を註解《ちゆうげ》して、如来《によらい》の本願《ほんがん》、称名《しようみよう》に顕《あらわ》す。
往還《おうげん》の回向《えこう》は本誓《ほんぜい》による。煩悩成就《ぼんのうじようじゆ》の凡夫人《ぼんぶにん》、

は、この世にいつまでもとどまりのこる。「百歳」は満数の意、いつまでもということ。

楞伽山　楞伽は梵語ランカー（Laṅkā）の音写。釈尊が『楞伽経《りようがきよう》』を説いた場所。

有無の見　有見と無見。→有無《うむ》②

演暢　広く説きのべること。

大会衆の数に…　浄土で阿弥陀仏が説法する時の集会を広大会と名づけ、それに参列し聞法《もんぼう》する大衆《だいしゆ》を大会衆という。ここでは信心の行者が、現生（この世）において正定聚《しようじようじゆ》に入り、阿弥陀仏の眷属《けんぞく》となることをいう。

寂滅平等身　煩悩が完全に滅して、一如《いちによ》平等の真実をさとったもの。ここでは仏

信心《しんじん》開発《かいほつ》すればすなはち*忍《にん》を獲《う》、生死《しょうじ》すなはち涅槃《ねはん》なりと証知《しょうち》す。
かならず無量光明土《むりょうこうみょうど》に到《いた》りて、諸有《しょう》の衆生《しゅじょう》みなあまねく化《け》すと。
道綽《どうしゃく》、聖道《しょうどう》の証《しょう》しがたきことを決《けつ》して、ただ浄土《じょうど》の通入《つうにゅう》すべきことを明《あ》かせり。
17 万善《まんぜん》は自力《じりき》なれば勤修《ごんしゅ》を貶《へん》す、円満《えんまん》の徳号《とくごう》、専称《せんしょう》を勧《すす》む。
三不三信《さんぷさんしん》の誨《おしえ》殷懃《おんごん》にして、*像末《ぞうまつ》・†法滅《ほうめつ》同《おな》じく悲引《ひいん》す。
一生悪《いっしょうあく》を造《つく》れども、弘誓《ぐぜい》に遇《もうあ》へば、安養界《あんにょうかい》に至《いた》りて*妙果《みょうか》を証《しょう》すと。
善導独《ぜんどうひと》り仏《ぶつ》の正意《しょうい》にあきらかにして、深《ふか》く本願《ほんがん》によりて真宗《しんしゅう》を興《おこ》したまふ。
定散《じょうさん》と逆悪《ぎゃくあく》とを矜哀《こうあい》して、*光明《こうみょう》・名号因縁《みょうごういんねん》を示《しめ》す。
涅槃《ねはん》の門《もん》に入《い》りて、真心《しんしん》に値《もうあ》へば、かならず*信《しん》・喜《き》・悟《ご》の忍《にん》を獲《う》。
難思議往生《なんじぎおうじょう》を得《う》る人《ひと》、すなはち法性《ほっしょう》の常楽《じょうらく》を証《しょう》すと。
源信広《げんしんひろ》く一代《いちだい》の教《きょう》を開《ひら》きて、ひとへに安養《あんにょう》に帰《き》して一切《いっさい》を勧《すす》む。
諸経論《しょきょうろん》によりて教行《きょうぎょう》を撰《えら》びたまふ。まことにこれ濁世《じょくせ》の目足《もくそく》たり。
18 得失《とくしつ》を*専雑《せんぞう》に決判《けっぱん》して、念仏《ねんぶつ》の真実門《しんじつもん》に*回入《えにゅう》せしむ。
*ただ浅深《せんじん》を執心《しゅうしん》に定《さだ》めて、報化二土《ほうけにど》まさしく弁立《べんりゅう》せりと。

のこと。

蕭王　南朝梁《りょう》の武帝（四六四―五四九）のこと。名は蕭衍《しょうえん》。五〇二年、南斉《なんせい》の和帝の禅譲によって帝位につき、梁を興した。仏教を深く信奉。侯景《こうけい》の乱によって憂死した。通常は「しょうおう」と読むが、当派依用音によって「そうおう」と振る。

三蔵流支　菩提流支のこと。→菩提流支《ぼだいるし》

浄教を…　『続高僧伝《ぞくこうそうでん》』巻六では『観経』を授けたとするが、諸説があって定かではない。

仙経　長生不死の神仙術を説く道教の書。曇鸞大師《どんらんだいし》は江南《こうなん》の道士、陶弘景《とうこうけい》（陶隠《とういん》居《きょ》）から仙経十巻を授けられたといわれる。

忍　三忍のこと。ここでは

源空《げんくう》もろもろの聖典《しょうてん》を*暁了《ぎょうりょう》して、善悪《ぜんあく》の凡夫人《ぼんぶにん》を憐愍《れんみん》せしむ。
真宗《しんしゅう》の教証《きょうしょう》、片州《へんしゅう》に興《おこ》す。選択本願《せんじゃくほんがん》、濁世《じょくせ》に施《ほどこ》す。
生死流転《しょうじるてん》の家《いえ》に還来《げんらい》すること、決《けつ》するに*疑情《ぎじょう》をもつて*所止《しょし》とす。
すみやかに寂静無為《じゃくじょうむい》の楽《みやこ》に入《い》ること、かならず信心《しんじん》をもつて*能入《のうにゅう》とすと。
論説《ろんせつ》・師釈《ししゃく》ともに同心《どうしん》に、無辺《むへん》の極濁悪《ごくじょくあく》を*拯済《じょうさい》す。
道俗《どうぞく》*時衆《じしゅ》みなことごとくともに、ただこの高僧《こうそう》の説《せつ》を信《しん》ずべし。

六十行一百二十句《ろくじゅうぎょういっぴゃくにじっく》の偈頌《げじゅ》、すでに畢《おわ》りぬ。

【二】問《と》ふ。念仏往生《ねんぶつおうじょう》の願《がん》（第十八願）、すでに三心《さんしん》を発《おこ》したまへり。論主《ろんじゅ》
19 （天親）、なにをもつてのゆゑに「一心《いっしん》」といふや。

答《こた》ふ。愚鈍《ぐどん》の衆生《しゅじょう》をして覚知易《かくちやす》からしめんがためのゆゑに、論主《ろんじゅ》、三《さん》を合《がっ》して一《いち》としたまふか。三心《さんしん》といふは、一《ひと》つには至心《ししん》、二《ふた》つには信楽《しんぎょう》、三《み》つには欲生《よくしょう》なり。

【三】わたくしに字訓《じくん》をもつて『論《ろん》』（浄土論）の意《こころ》を闚《うかが》ふに、三《さん》を合《がっ》して一《いち》とすべし。その意《こころ》いかんとならば、一《ひと》つには至心《ししん》。「至《し》」といふは真《しん》なり、誠《じょう》なり。「心《しん》」といふは種《しゅ》なり、実《じつ》なり。二《ふた》つには信楽《しんぎょう》。「信《しん》」といふは真《しん》なり、

正定聚不退の位のこと。

像末法滅…　像法《ぞうぼう》・末法《まっぽう》・法滅（三宝滅尽《さんぼうめつじん》）の時代を通じて、本願の名号《みょうごう》は人々を救いつづけるという意。

妙果　すぐれた証果。仏のさとりのこと。

光明名号…　名号は衆生《しゅじょう》に与えられて信心の因となり、光明はこの人を照らしまもる縁となるという救済のありさまをいう。

信喜悟の忍　三忍《さんにん》のこと。→三忍

専雑　専修《せんじゅ》、雑修《ざっしゅ》のこと。→専修、雑修

回入　自力をひるがえして、本願に帰入すること。

ただ浅深を…　専修の者は、本願を執《と》りたもつ信心が深く決定《けつじょう》しているから報土《ほうど》に往生するが、雑修の者は、信心が浅く不決定であるから化土《けど》にしか往生できない

実《じつ》なり、誠《じょう》なり、満《まん》なり、極《ごく》なり、成《じょう》なり、用《ゆう》なり、重《じゅう》なり、審《しん》なり、験《げん》なり。「楽《ぎょう》」といふは欲《よく》なり、願《がん》なり、慶《きょう》なり、喜《き》なり、楽《らく》なり。三《み》つには欲《よく》生《しょう》。「欲《よく》」といふは、願《がん》なり、楽《ぎょう》なり、覚《かく》なり、知《ち》なり。「生《しょう》」といふは、成《じょう》なり、興《こう》なり。しかれば、「至心《ししん》」はすなはちこれ*誠種真実《じょうしゅしんじつ》の心《しん》なるがゆゑに、疑心《ぎしん》あることなし。「信楽《しんぎょう》」はすなはちこれ*真実誠満《しんじつじょうまん》の心《しん》なり、*極成用《ごくじょうゆう》重《じゅう》の心《しん》なり、*欲願審験《よくがんしんげん》の心《しん》なり、*慶喜楽《きょうきらく》の心《しん》なり、ゆゑに疑心《ぎしん》あることなし。「欲生《よくしょう》」はすなはちこれ*願楽《がんぎょう》の心《しん》なり、*覚知成興《かくちじょうこう》の心《しん》なり、ゆゑに三心《さんしん》みなともに真実《しんじつ》にして疑心《ぎしん》なし。†疑心《ぎしん》なきがゆゑに三心《さんしん》すなはち一心《いっしん》なり。字訓《じくん》かくのごとし、これを思択《しちゃく》すべし。

20
【三】　また三心《さんしん》といふは、一《ひと》つには至心《ししん》、この心《しん》すなはちこれ、如来《にょらい》の至徳円《しとくえん》修満足真実《しゅまんぞくしんじつ》の心《しん》なり。阿弥陀如来《あみだにょらい》、真実《しんじつ》の功徳《くどく》をもつて一切《いっさい》に*回施《えせ》したまへり。すなはち名号《みょうごう》をもつて至心《ししん》の体《たい》とす。しかるに十方衆生《じっぽうしゅじょう》、穢悪汚染《えあくわぜん》にして清浄《しょうじょう》の心《しん》なし、虚仮雑毒《こけぞうどく》にして真実《しんじつ》の心《しん》なし。ここをもつて如来《にょらい》、*因中《いんちゅう》に菩薩《ぼさつ》の行《ぎょう》を行《ぎょう》じたまひし時《とき》、三業《さんごう》の所修《しょしゅ》、乃至一念一刹那《ないしいちねんいっせつな》も、清浄真実《しょうじょうしんじつ》の心《しん》にあらざることあることなし。如来《にょらい》、清浄《しょうじょう》の真心《しんしん》をもつて、諸有《しょう》の衆生《しゅじょう》に回《え》

と弁立（説き明かすこと）したという意。

暁了　明らかに理解すること。

疑情　阿弥陀仏の本願を疑いはからう心。

所止　迷いの世界に止《とど》まるところの理由（所以）。

能入　よく浄土に入ることのできる因のこと。

拯済　救いたすけること。

時衆　現在、道場に参集している人々。また広く今の世の人々。

誠種真実の心　往生成仏の因種（たね）となる真実にして誠なる心。

真実誠満の心　仏の真実が満入している心。

極成用重の心　完成（至極成就）された本願のはたらき（用）を敬い、尊重する

向《こう》したまへり。

【三四】『経』（大経・上）にのたまはく、「*欲覚《よくかく》・瞋覚《しんかく》・害覚《がいかく》を生《しょう》ぜず。*欲想《よくそう》・瞋想《しんそう》・害想《がいそう》を起《おこ》さず。*色《しき》・声《しょう》・香《こう》・味《み》の法《ほう》に着《じゃく》せず。忍力成就《にんりきじょうじゅ》して衆苦《しゅく》を計《はか》らず。少欲知足《しょうよくちそく》にして*染《ぜん》・恚《い》・痴《ち》なし。三昧常寂《さんまいじょうじゃく》にして智慧無礙《ちえむげ》なり。*虚偽諂曲《こぎてんごく》の心《しん》あることなし。*和顔愛語《わげんあいご》にして、*意《こころ》を先《さき》にして承問《じょうもん》す。勇猛精進《ゆうみょうしょうじん》にして志願《しがん》倦《う》むことなし。もつぱら*清白《しょうびゃく》の法《ほう》を求《もと》めて、もつて群生《ぐんじょう》を恵利《えり》す。三宝《さんぼう》を恭敬《くぎょう》し、師長《しちょう》に奉事《ぶじ》す。*大荘厳《だいしょうごん》をもつて衆行《しゅぎょう》を具足《ぐそく》し、もろもろの衆生《しゅじょう》をして功徳成就《くどくじょうじゅ》せしめたまふ」と。出抄

【三五】聖言《しょうごん》、あきらかに知《し》んぬ、いまこの心《しん》は、これ如来《にょらい》の清浄広大《しょうじょうこうだい》の至心《ししん》なり、これを真実心《しんじつしん》と名《な》づく。至心《ししん》はすなはちこれ大悲心《だいひしん》なるがゆゑに、疑心《ぎしん》あることなし。

【三六】二《ふた》つには信楽《しんぎょう》、すなはちこれ、真実心《しんじつしん》をもつて信楽《しんぎょう》の体《たい》とす。しかるに具縛《ぐばく》の群萌《ぐんもう》、穢濁《えじょく》の凡愚《ぼんぐ》、清浄《しょうじょう》の信心《しんじん》なし、真実《しんじつ》の信心《しんじん》なし。このゆゑに真実《しんじつ》の功徳値《くどくもうあ》ひがたく、清浄《しょうじょう》の信楽獲得《しんぎょうぎゃくとく》しがたし。これによりて釈《しゃく》（散善義）の意《こころ》を闚《うかが》ふに、愛心《あいしん》つねに起《おこ》りてよく善心《ぜんしん》を汚《けが》し、瞋嫌《しんけん》の心《しん》よく法財《ほうざい》を焼《や》く。身《しん》

心。

欲願審験の心　仏の慈悲を明らかにあじわい、浄土をこのもしくまちもうける心。

慶喜楽の心　救いの法を聞いてよろこぶ心。

願楽の心　必ず往生せしめられると浄土をまちもうける心。

覚知成興の心　仏と成り大悲を興して、衆生《しゅじょう》救済の活動をなさしめられることを明らかに知る心。

回施　回向に同じ。→回向《えこう》

1 **因中**　因位の時。法蔵《ほうぞう》菩薩であった時。→因位《いんに》

欲覚瞋覚害覚　むさぼり、いかり、害を加えようとする分別作用。

欲想瞋想害想　想は外界の対象を知覚表象するはたらきで、欲覚・瞋覚・害覚を

22

心《しん》を苦励《くれい》して日夜十二時《にちやじゅうにじ》に急《きゅう》に走《もと》め急《きゅう》になして*頭燃《ずねん》を灸《はら》ふがごとくすれども、すべて雑毒《ぞうどく》の善《ぜん》と名《な》づく、また虚仮《こけ》の行《ぎょう》と名《な》づく、真実《しんじつ》の業《ごう》と名《な》づけざるなり。この雑毒《ぞうどく》の善《ぜん》をもつてかの浄土《じょうど》に回向《えこう》する、これかならず不可《ふか》なり。なにをもつてのゆゑに、まさしくかの如来《にょらい》、菩薩《ぼさつ》の行《ぎょう》を行《ぎょう》じたまひし時《とき》、乃至一念一刹那《ないしいちねんいっせつな》も、三業《さんごう》の所修《しょしゅ》みなこれ真実心中《しんじつしんちゅう》になしたまひしによるがゆゑに、*疑蓋雑《ぎがいまじ》はることなし。如来《にょらい》、清浄真実《しょうじょうしんじつ》の信楽《しんぎょう》をもつて、諸有《しょう》の衆生《しゅじょう》に回向《えこう》したまへり。

【三七】本願《ほんがん》（第十八願）成就《じょうじゅ》の文《もん》、『経《きょう》』（大経・下）にのたまはく、「諸有《しょう》の衆生《しゅじょう》、その名号《みょうごう》を聞《き》きて信心歓喜《しんじんかんぎ》せん」と。抄出

【三八】聖言《しょうごん》、あきらかに知《し》んぬ、いまこの心《しん》はすなはちこれ本願円満清浄《ほんがんえんまんしょうじょう》真実《しんじつ》の信楽《しんぎょう》なり、これを信心《しんじん》と名《な》づく。信心《しんじん》はすなはちこれ大悲心《だいひしん》なるがゆゑに、疑蓋《ぎがい》あることなし。

【三九】三《み》つには欲生《よくしょう》、すなはち清浄真実《しょうじょうしんじつ》の信心《しんじん》をもつて欲生《よくしょう》の体《たい》とす。しかるに流転輪廻《るてんりんね》の凡夫《ぼんぶ》、曠劫多生《こうごうたしょう》の群生《ぐんじょう》、清浄《しょうじょう》の回向《えこう》の心《しん》なし、また真実《しんじつ》の回向《えこう》の心《しん》なし。ここをもつて如来《にょらい》、因中《いんちゅう》に菩薩《ぼさつ》の行《ぎょう》を行《ぎょう》じたまひし時《とき》、三業《さんごう》の所修《しょしゅ》、乃至一念一刹那《ないしいちねんいっせつな》も、回向《えこう》を*首《しゅ》として大悲心《だいひしん》を成就《じょうじゅ》することを得《え》たま

生ぜしめる原因となる。

色声香味の法　感覚のはたらく対象。経の原文には「色・声・香・味・触・法」とある。

染恚痴　三毒のこと。↓三《さん》毒《どく》

虚偽諂曲の心　うそいつわりの心、相手にこびへつらう心。

和顔愛語　おだやかな顔とやさしい言葉。

意を先にして承問す　相手の意志を先んじて知り、よく受け入れて教え導くこと。

清白の法　清浄《しょうじょう》潔白な無《む》漏《ろ》（煩悩《ぼんのう》のない状態）の善《ぜん》法《ぼう》。

大荘厳　三宝《さんぼう》を恭敬《くぎょう》し、師長を奉事することによって得られた福徳《ふくとく》と智慧《ちえ》の二つの荘厳。また、誓願《せいがん》を指すという説もある。

ふにあらざることあることなし。ゆゑに如来《にょらい》、清浄真実《しょうじょうしんじつ》の欲生心《よくしょうしん》をもつて、諸有《しょう》の衆生《しゅじょう》に回向《えこう》したまへり。

23

【三〇】本願《ほんがん》（第十八願）成就《じょうじゅ》の文《もん》、『経《きょう》』（大経・下）にのたまはく、「*至心《ししん》に回向《えこう》したまへり。かの国《くに》に生《しょう》ぜんと願《がん》ずれば、すなはち往生《おうじょう》を得《え》、不退転《ふたいてん》に住《じゅう》せん」と。要取

【三一】聖言《しょうごん》、あきらかに知《し》んぬ、いまこの心《しん》は、これ如来《にょらい》の大悲《だいひ》、諸有《しょう》の衆《しゅ》生《じょう》を招喚《しょうかん》したまふの教勅《きょうちょく》なり。すなはち大悲《だいひ》の欲生心《よくしょうしん》をもつて、これを回《え》向《こう》と名《な》づく。

【三二】三心《さんしん》みなこれ大悲回向心《だいひえこうしん》なるがゆゑに、清浄真実《しょうじょうしんじつ》にして疑蓋雑《ぎがいまじ》はることなし。ゆゑに一心《いっしん》なり。

【三三】これによりて師釈《ししゃく》を披《ひら》きたるにいはく、「*西《にし》の岸《きし》の上《うえ》に人《ひと》ありて喚《よ》ばひていはく、〈なんぢ*一心《いっしん》に正念《しょうねん》にしてただちに来《きた》れ、われよくなんぢを護《まも》らん。すべて水火《すいか》の難《なん》に堕《だ》せんことを畏《おそ》れざれ〉」（散善義 四六七）と。また「〈中間《ちゅうげん》の白道《びゃくどう》〉といふは、すなはち*貪瞋煩悩《とんじんぼんのう》のなかに、よく清浄願往生《しょうじょうがんおうじょう》の心《しん》を生《しょう》ぜしむるに喩《たと》ふ。仰《あお》いで釈迦《しゃか》の*発遣《はっけん》を蒙《かぶ》り、また弥陀《みだ》の*招喚《しょうかん》したまふ

頭燃を灸ふ　頭の上についた火を払い消す。

疑蓋　蓋はおおうの意。疑いは真実をおおいかくすので疑蓋という。

首として　第一にして。中心にして。

至心に回向したまへり　通常は「至心に回向して」と読む。親鸞聖人は如来回向の義をあらわすために、このように読みかえた。

西の岸の上に…　二河の譬喩《ひゆ》についていう。↓二河《にが》の譬喩

一心に正念　第十八願文の三心十念のこと。一心とは他力の信心のこと、正念とはここでは称名念仏のこと。

貪瞋　貪欲と瞋恚。↓貪欲《とんよく》、瞋恚《しんに》

発遣　浄土に往生せよとすすめること。

によりて、水火二河《すいかにが》を顧《かえり》みず、かの願力《がんりき》の道《どう》に乗《じょう》ず」（散善義 四六八）と。略出

【三四】ここに知《し》んぬ、「*能生清浄願心《のうしょうしょうじょうがんしん》」は、これ凡夫自力《ぼんぶじりき》の心《しん》にあらず、大《だい》悲回向《ひえこう》の心《しん》なるがゆゑに清浄願心《しょうじょうがんしん》とのたまへり。しかれば、「一心正念《いっしんしょうねん》」といふは、正念《しょうねん》はすなはちこれ称名《しょうみょう》なり。称名《しょうみょう》はすなはちこれ念仏《ねんぶつ》なり。一《いっ》心《しん》はすなはちこれ深心《じんしん》なり。深心《じんしん》はすなはちこれ堅固深信《けんごじんしん》なり。堅固深信《けんごじんしん》はすなはちこれ真心《しんしん》なり。真心《しんしん》はすなはちこれ金剛心《こんごうしん》なり。金剛心《こんごうしん》はすなはちこれ無上心《むじょうしん》なり。無上心《むじょうしん》はすなはちこれ淳一相続心《じゅんいっそうぞくしん》なり。淳一相続心《じゅんいっそうぞくしん》はすなはちこれ大慶喜心《だいきょうきしん》なり。大慶喜心《だいきょうきしん》を獲《う》れば、この心《しん》*三不《さんぷ》に違《い》す、この心三信《しんさんしん》に順《じゅん》ず。この心《しん》はすなはちこれ大菩提心《だいぼだいしん》なり。大菩提心《だいぼだいしん》はすなはちこれ真実信心《しんじつしんじん》なり。真実信心《しんじつしんじん》はすなはちこれ願作仏心《がんさぶつしん》なり。願作仏心《がんさぶつしん》はすなはちこれ度衆《どしゅ》生心《じょうしん》なり。度衆生心《どしゅじょうしん》はすなはちこれ衆生《しゅじょう》を摂取《せっしゅ》して、安楽浄土《あんらくじょうど》に生《しょう》ぜしむる心《しん》なり。この心《しん》はすなはちこれ畢竟平等心《ひっきょうびょうどうしん》なり。この心《しん》はすなはちこれ大《だい》悲心《ひしん》なり。*この心作仏《しんさぶつ》す。*この心《しん》これ仏《ぶつ》なり。これを「如実修行相応《にょじつしゅぎょうそうおう》」（浄土論 三三）と名《な》づくるなり、知《し》るべし。三心《さんしん》すなはち一心《いっしん》の義《ぎ》、答《こた》へをはりぬ。

【三五】また問《と》ふ。『大経《だいきょう》』（第十八願）の三心《さんしん》と『観経《かんぎょう》』の三心《さんしん》と、一異《いちい》いかん。

招喚　浄土へ来れと招きよぶこと。

能生清浄願心　「よく清浄の願心を生ず」

三不　三不信のこと。→三《さん》不三信《ぷさんしん》

この心作仏す　如来回向《えこう》の信心は仏道の正因であるから、仏に作《な》るという意。

この心これ仏なり　如来回向の信心の本質は仏心であることをいう。

25

答《こた》ふ。両経《りょうきょう》の三心《さんしん》すなはちこれ一《いち》なり。なにをもつてか知《し》ることを得《う》るとならば、宗師《しゅうし》（善導）の釈《しゃく》にいはく、至誠心《しじょうしん》のなかにいはく、「〈至《し》〉といふは真《しん》なり、〈誠《じょう》〉といふは実《じつ》なり」（散善義 四五五）と。人《にん》に就《つ》き、行《ぎょう》に就《つ》いて信《しん》を立《た》つるなかにいはく、「一心《いっしん》に弥陀《みだ》の名号《みょうごう》を専念《せんねん》する、これを*正定《しょうじょう》の業《ごう》と名《な》づく」（同・意 四六三）と。またいはく、「深心《じんしん》すなはちこれ真実信心《しんじつしんじん》なり」（礼讃 六五四）と。回向発願心《えこうほつがんしん》のなかにいはく、「この心深信《しんじんしん》せることなほ金剛《こんごう》のごとし」（散善義 四六四）と。あきらかに知《し》んぬ、一心《いっしん》はこれ信心《しんじん》なり、専念《せんねん》はすなはち正業《しょうごう》なり。一心《いっしん》のなかに至誠《しじょう》・回向《えこう》の二心《にしん》を摂在《しょうざい》せり。向《さき》の問《もん》のなかに答《こた》へをはりぬ。

【三六】また問《と》ふ。以前《いぜん》二経《にきょう》（大経・観経）の三心《さんしん》と『小経《しょうきょう》』の執持《しゅうじ》と、一異《いちい》いかん。

答《こた》ふ。『経《きょう》』（小経）にのたまはく、「名号《みょうごう》を執持《しゅうじ》す」と。「執《しゅう》」といふは心《しん》堅牢《けんろう》にして移《うつ》らず、「持《じ》」といふは不散不失《ふさんふしつ》に名《な》づく。ゆゑに「不乱《ふらん》」といへり。執持《しゅうじ》はすなはち一心《いっしん》なり。一心《いっしん》はすなはち信心《しんじん》なり。しかればすなはち、「執持名号《しゅうじみょうごう》」の真説《しんせつ》、「一心不乱《いっしんふらん》」の誠言《じょうごん》、かならずこれに帰《き》すべし、ことに

正定の業《しょうじょうごう》　正定業のこと。↓正定業

これを仰《あお》ぐべし。

26

【三七】 *論家《ろんげ》・宗師《しゅうし》、浄土真宗《じょうどしんしゅう》を開《ひら》きて、濁世《じょくせ》、邪偽《じゃぎ》を導《みちび》かんとなり。三経《さんぎょう》の大綱《たいこう》、隠顕《おんけん》ありといへども、一心《いっしん》を能入《のうにゅう》とす。ゆゑに経《きょう》の始《はじ》めに、「*如是《にょぜ》」と称《しょう》す。論主《ろんじゅ》（天親）建《はじ》めに「一心《いっしん》」（浄土論 二九）とのたまへり。すなはちこれ「如是《にょぜ》」の義《ぎ》を彰《あらわ》すなり。

いま宗師《しゅうし》（善導）の解《げ》（定善義 四四八）を披《ひら》きたるにいはく、「〈如意《にょい》〉といふは二種《にしゅ》あり。一《ひと》つには衆生《しゅじょう》の意《こころ》のごとし、かの心念《しんねん》に随《したが》ひてみな応《おう》じてこれを*度《ど》す。二《ふた》つには弥陀《みだ》の意《おんこころ》のごとし、五眼円《ごげんまど》かに照《て》らし*六通自在《ろくつうじざい》にして、機《き》の度《ど》すべきものを観《み》そなはして、一念《いちねん》のうちに前《ぜん》なく後《ご》なく身心等《しんしんひと》しく赴《おもむ》く。三輪《さんりん》をもつて開悟《かいご》せしめて、おのおの益《やく》すること不同《ふどう》なり」と。

またいはく（般舟讃 七一五）、「敬《うやま》つてまうす、*一切往生《いっさいおうじょう》の知識等《ちしきとう》、大《おお》きにすべからく慚愧《ざんぎ》すべし。釈迦如来《しゃかにょらい》はまことにこれ慈悲《じひ》の父母《ぶも》なり。種々《しゅじゅ》の方便《ほうべん》をもつて、われらが無上《むじょう》の信心《しんじん》を発起《ほっき》せしめたまふ」と。以上

【三八】 あきらかに知《し》んぬ、二尊《にそん》の大悲《だいひ》によりて、一心《いっしん》の*仏因《ぶついん》を獲《え》たり。まさに知《し》るべし、この人《ひと》は希有人《けうにん》なり、最勝人《さいしょうにん》なりと。しかるに流転《るてん》の愚夫《ぐふ》、輪廻《りんね》

論家宗師　総じて七祖を指す。

如是　経の冒頭の「如是我聞（かくのごとく、われ聞きたてまつりき）」、「我聞如是（われ聞きたてまつりき、かくのごとく）」の「如是」。信をあらわす語。

度す　済度《さいど》する。迷いの世界（此岸）の衆生《しゅじょう》をさとりの世界（彼岸）にわたすこと。

六通　六神通《じんずう》のこと。→六《ろく》神通

一切往生の知識等　往生を願うすべての同行たち。ここでの知識は同行、法友の意。

仏因　仏果（仏のさとり）を得る因。

の群生《ぐんじょう》、信心起《しんじんおこ》ることなし、真心起《しんしんおこ》ることなし。

ここをもつて『経《きょう》』（大経・下）にのたまはく、「もしこの経《きょう》を聞《き》きて、信《しん》楽受持《ぎょうじゅじ》すること、難《なん》のなかの難《なん》、これに過《す》ぎたる難《なん》なし」と。また「＊一切世《いっさいせ》間極難信法《けんごくなんしんぽう》」（称讃浄土経）と説《と》きたまへり。

【三九】まことに知《し》んぬ、大聖世尊《だいしょうせそん》（釈尊）、世《よ》に出興《しゅっこう》したまふ＊大事《だいじ》の因縁《いんねん》、＊悲《ひ》願《がん》の真利《しんり》を顕《あらわ》して、如来《にょらい》の直説《じきせつ》としたまへり。凡夫《ぼんぶ》の＊即生《そくしょう》を示《しめ》すを、大悲《だいひ》の宗致《しゅうち》とすとなり。これによりて諸仏《しょぶつ》の教意《きょうい》を闚《うかが》ふに、三世《さんぜ》のもろもろの如来《にょらい》、出世《しゅっせ》のまさしき本意《ほんい》、ただ阿弥陀《あみだ》の不可思議《ふかしぎ》の願《がん》を説《と》かんとなり。＊常没《じょうもつ》の凡《ぼん》夫人《ぶにん》、願力《がんりき》の回向《えこう》によりて真実《しんじつ》の功徳《くどく》を聞《き》き、無上《むじょう》の信心《しんじん》を獲《う》れば、すなはち大慶喜《だいきょうき》を得《え》、不退転地《ふたいてんじ》を獲《う》。煩悩《ぼんのう》を断《だん》ぜしめずして、すみやかに大涅槃《だいねはん》を証《しょう》すとなり。

浄《じょう》土《ど》文《もん》類《るい》聚《じゅ》鈔《しょう》

一切世間極難信法　自力の心では決して信じることができないという意。本願救済の法は、世間の常識的な道理を超越しているから、自力にとらわれた心では信じ難い法であるということ。そのことはまたこの法の尊高をあらわしている。

大事の因縁　最も大切ないわれ。ここでは如来出現の本意、本懐のこと。

悲願の真利　真利は真実の利益《りやく》、めぐみ。大悲の本願によって救われること。

即生　信心を獲得《ぎゃくとく》すると同時に、正定聚《しょうじょうじゅ》の位に入って往生が決定《けつじょう》すること。

常没　つねに迷いの世界に沈んでいること。

愚《ぐ》禿《とく》鈔《しょう》

本書は上下二巻に分れているところから、『二巻鈔《にかんじょう》』とも称される。上巻は、仏教全体のなかでの浄土真実の教えの意義を、親鸞聖人《しんらんしょうにん》独自の教相判釈《きょうそうはんじゃく》によって示し、下巻は、とくに善導大師《ぜんどうだいし》の『観経疏《かんぎょうしょ》』の「三心釈」について、その内容が整理されている。

本書の成立は、古写本の奥書によって、一応親鸞聖人晩年の撰述と考えられるが、その内容から、法然聖《ほうねん》人門下での研鑽期における覚書《おぼえがき》を後に整理されたものとする説もあり、確定しがたい。親鸞聖人ご自身の解釈や説明は少なく、ほとんど項目だけが列挙されているようにみえるが、構想そのものには、親鸞聖人の独自の発揮《はっき》がある。

上巻の教判《きょうはん》は「二双四重《にそうしじゅう》」と呼ばれ、仏教を大乗・小乗、頓教《とんぎょう》・漸教《ぜんぎょう》、難行《なんぎょう》・易行《いぎょう》、聖道《しょうどう》・浄土、権《ごん》教《きょう》・実教等と分類した従来の説をうけながら、竪超《しゅちょう》・横超《おうちょう》、竪出《しゅしゅつ》・横出《おうしゅつ》という二双四重の対立概念で区分し、本願他力の教えこそ、「横超の一乗真実の教」である旨を示されるのである。また上巻の前半では教法が、後半ではその教法を受ける機が分類されている。

下巻では、善導大師の「三心釈」を引いて、三心の真仮と、行業《ぎょうごう》の真仮分別等が詳細に示されている。また「二河《にが》の譬喩《ひゆ》」をめぐって、詳細な解釈が施されている。

愚《ぐ》禿《とく》鈔《しょう》上《じょう》

【一】 *賢者《けんじゃ》の信《しん》を聞《き》きて、愚禿《ぐとく》が心《しん》を顕《あらわ》す。
賢者《けんじゃ》の信《しん》は、内《うち》は賢《けん》にして外《ほか》は愚《ぐ》なり。
愚禿《ぐとく》が心《しん》は、内《うち》は愚《ぐ》にして外《ほか》は賢《けん》なり。

【二】 *聖道《しょうどう》・浄土《じょうど》の教《きょう》について、二教《にきょう》あり。
一には大乗《だいじょう》の教《きょう》、二には小乗《しょうじょう》の教《きょう》なり。

【三】 大乗教《だいじょうきょう》について、二教《にきょう》あり。
一には頓教《とんぎょう》、二には漸教《ぜんぎょう》なり。

【四】 頓教《とんぎょう》について、また二教《にきょう》・二超《にちょう》あり。
二教《にきょう》とは、
一には難行《なんぎょう》聖道《しょうどう》の実教《じっきょう》なり。いはゆる*仏心《ぶっしん》・*真言《しんごん》・*法華《ほっけ》・*華厳《けごん》等《とう》の教《きょう》なり。

賢者 よきひと。総じては七高僧に通じ、別しては法《ほう》然《ねん》聖人を指す。

聖道浄土の教 仏教全体を指す。

仏心 禅宗のこと。→禅《ぜん》宗《しゅう》

真言 真言宗のこと。→真《しん》言宗《ごんしゅう》

法華 天台《てんだい》法華宗のこと。→法華宗《ほっけしゅう》

華厳 華厳宗のこと。→華《け》厳宗《ごんしゅう》

4
二には易行《いぎょう》浄土本願真実《じょうどほんがんしんじつ》の教《きょう》、『大無量寿経《だいむりょうじゅきょう》』等《とう》なり。
二超《にちょう》とは、
一には竪超《しゅちょう》　*即身是仏《そくしんぜぶつ》・*即身成仏《そくしんじょうぶつ》等《とう》の証果《しょうか》なり。
二には横超《おうちょう》　選択本願《せんじゃくほんがん》・真実報土《しんじつほうど》・即得往生《そくとくおうじょう》なり。

【五】
漸教《ぜんぎょう》について、また二教《にきょう》・二出《にしゅつ》あり。
二教《にきょう》とは、
一には難行道聖道権教《なんぎょうどうしょうどうごんきょう》、*法相等《ほっそうとう》、*歴劫修行《りゃくこうしゅぎょう》の教《きょう》なり。
二には易行道浄土《いぎょうどうじょうど》の要門《ようもん》、『無量寿仏観経《むりょうじゅぶつかんぎょう》』の意《こころ》、定散《じょうさん》・三福九《さんぷくく》品《ぼん》の教《きょう》なり。
二出《にしゅつ》とは、
一には竪出《しゅしゅつ》　聖道《しょうどう》、歴劫修行《りゃくこうしゅぎょう》の証《しょう》なり。
二には横出《おうしゅつ》　浄土《じょうど》、胎宮《たいぐ》・辺地《へんじ》・懈慢《けまん》の往生《おうじょう》なり。

5
【六】
小乗教《しょうじょうきょう》について、二教《にきょう》あり。
一には縁覚教《えんがくきょう》　一に*麟喩独覚《りんゆどくかく》、二に*部行独覚《ぶぎょうどくかく》。
二には声聞教《しょうもんぎょう》なり。　*初果《しょか》・預流向《よるこう》、第二果《だいにか》・一来向《いちらいこう》、第三果《だいさんか》・不還《ふげん》

四

即身是仏　この身そのままが仏であること。
即身成仏　この世でこの身のままで仏になること。
法相　法相宗のこと。↓法《ほっ》相宗《そうしゅう》
歴劫修行　はかりしれない長時にわたる修行。
麟喩独覚　仲間をもたず一人だけで修行する独覚。麒《き》麟《りん》（元来は犀《さい》。漢訳者が麒麟と同定）の角が一つであることに喩えていう。
部行独覚　仲間を組んで修行する独覚。
初果預流向…　以下は声《しょう》聞《もん》の修道《しゅどう》階位を示したもの。果に向かって修行している段階（向）と、到達した境地（果）とをそれぞれ四種に分けたもので、四向四果（八輩）という。

向《こう》、第四果《だいしか》・阿羅漢向《あらかんこう》、八輩《はっぱい》なり。

【七】ただ阿弥陀如来《あみだにょらい》の選択本願《せんじゃくほんがん》を除《のぞ》きて以外《いげ》の、大小《だいしょう》・権実《ごんじつ》・顕密《けんみつ》の諸教《しょきょう》は、みなこれ難行道《なんぎょうどう》、聖道門《しょうどうもん》なり。また易行道《いぎょうどう》、浄土門《じょうどもん》の教《きょう》は、これを＊浄土《じょうど》回向発願自力方便《えこうほつがんじりきほうべん》の仮門《けもん》といふなりと、知《し》るべし。

【八】『大経《だいきょう》』に、選択《せんじゃく》に三種《さんしゅ》あり。

一 法蔵菩薩《ほうぞうぼさつ》
　選択本願《せんじゃくほんがん》　選択浄土《せんじゃくじょうど》
　選択摂生《せんじゃくせっしょう》　選択証果《せんじゃくしょうか》
二 ＊世饒王仏《せにょうおうぶつ》
　選択本願《せんじゃくほんがん》　選択浄土《せんじゃくじょうど》
　選択讃嘆《せんじゃくさんだん》　選択《せんじゃく》＊証成《しょうじょう》
三 釈迦如来《しゃかにょらい》
　選択弥勒付属《せんじゃくみろくふぞく》

6

【九】『観経《かんぎょう》』に、選択《せんじゃく》に二種《にしゅ》あり。

一 釈迦如来《しゃかにょらい》

浄土回向発願自力方便の仮門　本願他力をただちに受けいれることのできない者のために、自力の諸善を積んで往生を願えば仮の浄土に往生させると誓った仮の法門。

世饒王仏　世自在王仏のこと。→世自在王仏《せじざいおうぶつ》

証成　所説の法に誤りのないことを証明し、成立させること。親鸞聖人の他の聖教にはすべて「証誠」とあるので、「成」は「誠」の音通表記かもしれない。

選択功徳《せんじゃくくどく》　選択摂取《せんじゃくせっしゅ》
選択讃嘆《せんじゃくさんだん》　選択護念《せんじゃくごねん》
選択阿難付属《せんじゃくあなんふぞく》
二 韋提夫人《いだいぶにん》
選択浄土《せんじゃくじょうど》　選択浄土《せんじゃくじょうど》の機《き》

7
【一〇】『小経《しょうきょう》』に、勧信《かんしん》に二、証成《しょうじょう》に二、護念《ごねん》に二、讃嘆《さんだん》に二、難易《なんい》に二あり。
勧信《かんしん》に二とは、
一には釈迦《しゃか》の勧信《かんしん》なり、*釈迦《しゃか》に二あり。
二には諸仏《しょぶつ》の勧信《かんしん》なり、*諸仏《しょぶつ》に二あり。
証成《しょうじょう》に二とは、
一には功徳証成《くどくしょうじょう》、　二には往生証成《おうじょうしょうじょう》なり。
*護念《ごねん》に二とは、
一には執持護念《しゅうじごねん》、　釈迦《しゃか》の護念《ごねん》なり。
二には発願護念《ほつがんごねん》、　諸仏《しょぶつ》の護念《ごねん》なり。
讃嘆《さんだん》に二とは、

釈迦に二あり・諸仏に二あり　異本では本頁一一行の「功徳証成」の語の下にある。

護念　心にかけてまもること。

一には釈迦讃嘆《しゃかさんだん》に二あり。　二には諸仏讃嘆《しょぶつさんだん》に二あり。

難易《なんい》に二とは、

一には難《なん》は*疑情《ぎじょう》なり。　二には易《い》は信心《しんじん》なり。

*執持《しゅうじ》に三あり。*已今当《いこんとう》なり。　*発願《ほつがん》に三あり。已今当《いこんとう》なり。

【二】『法事讃《ほうじさん》』に三往生《さんおうじょう》あり。

一には、難思議往生《なんじぎおうじょう》は、『大経《だいきょう》』の*宗《しゅう》なり。

二には、双樹林下往生《そうじゅりんげおうじょう》は、『観経《かんぎょう》』の宗《しゅう》なり。

三には、難思往生《なんじおうじょう》は、『弥陀経《みだきょう》』の宗《しゅう》なり。

【三】『大経《だいきょう》』（意）にのたまはく、「本願《ほんがん》を証成《しょうじょう》したまふに、三身《さんしん》まします」と。

8

法身《ほっしん》の証成《しょうじょう》　『経《きょう》』（大経・上）にのたまはく、「空中《くうちゅう》にして讃《さん》じてのたまはく、〈決定《けつじょう》してかならず無上正覚《むじょうしょうがく》を成《じょう》じたまふべし〉」と。文

報身《ほうじん》の証成《しょうじょう》　十方如来《じっぽうにょらい》なり。

*化身《けしん》の証成《しょうじょう》　世饒王仏《せにょうおうぶつ》なり。

【三】仏土《ぶつど》について二種《にしゅ》あり。

疑情　阿弥陀仏の本願を疑いはからう心。

執持　本願の名号《みょうごう》をしっかりとりたもつこと。

已今当　過去・現在・未来。

発願　浄土に生れたいという願いをおこすこと。

宗　経典に説かれた法義の最も肝要なことがら。

化身　応身仏のこと。→応《おう》身《じん》、化身《けしん》[2]

一には仏《ぶつ》、　二には土《ど》なり。

【一四】仏《ぶつ》について四種《ししゅ》あり。
一には法身《ほっしん》、　二には報身《ほうじん》、
三には応身《おうじん》、　四には*化身《けしん》なり。

【一五】*法身《ほっしん》について二種《にしゅ》あり。
一には法性法身《ほっしょうほっしん》、　二には方便法身《ほうべんほっしん》なり。

【一六】報身《ほうじん》について三種《さんしゅ》あり。
一には弥陀《みだ》、　二には釈迦《しゃか》、
三には十方《じっぽう》なり。

【一七】応《おう》・化《け》について三種《さんしゅ》あり。
一には弥陀《みだ》、　二には釈迦《しゃか》、
三には十方《じっぽう》なり。

9

【一八】土《ど》について四種《ししゅ》あり。
一には法身《ほっしん》の土《ど》、　二には報身《ほうじん》の土《ど》、
三には応身《おうじん》の土《ど》、　四には化身《けしん》の土《ど》なり。

化身　→化身《けしん》[1]
法身…　→補註1

10

【一九】報土《ほうど》について三種《さんしゅ》あり。
一には弥陀《みだ》、　二には釈迦《しゃか》、
三には十方《じっぽう》なり。

【二〇】弥陀《みだ》の化土《けど》について二種《にしゅ》あり。
一には疑城胎宮《ぎじょうたいぐ》、　二には懈慢辺地《けまんへんじ》なり。

【二一】本願一乗《ほんがんいちじょう》は、*頓極《とんごく》・*頓速《とんそく》・円融《えんにゅう》・円満《えんまん》の教《きょう》なれば、*絶対不二《ぜったいふに》の教《きょう》、一《いち》実真如《じっしんにょ》の道《どう》なりと、知《し》るべし。専《せん》がなかの専《せん》なり、頓《とん》がなかの頓《とん》なり、真《しん》のなかの真《しん》なり、円《えん》のなかの円《えん》なり。一乗一実《いちじょういちじつ》は大誓願海《だいせいがんかい》なり。*第一希有《だいいちけう》の行《ぎょう》なり。

【二二】金剛《こんごう》の真心《しんしん》は、無碍《むげ》の信海《しんかい》なりと、知《し》るべし。

【二三】『疏《しょ》』（玄義分　二九八）にいはく、「われ菩薩蔵頓教《ぼさつぞうとんぎょう》と一乗海《いちじょうかい》とによる」と。

【二四】『讃《さん》』（般舟讃　七一八）にいはく、「『瓔珞経《ようらくきょう》』のなかには漸教《ぜんぎょう》を説《と》く。万劫《まんごう》、功《こう》を修《しゅ》して不退《ふたい》を証《しょう》す。『観経《かんぎょう》』・『弥陀経《みだきょう》』等《とう》の説《せつ》は、すなはちこれ頓《とん》教《ぎょう》菩提蔵《ぼだいぞう》となり」と。文

【二五】円頓《えんどん》とは、円《えん》は円融《えんにゅう》・円満《えんまん》に名《な》づく。頓《とん》は頓極《とんごく》・頓速《とんそく》に名《な》づく。

【二六】二教対《にきょうたい》

頓極　本願一乗の法は、他の頓教も及ぶことができない法であるから頓極という。

頓速　底下の凡愚《ぼんぐ》を速やかに疾く仏のさとりに至らせるので頓速という。

絶対不二　絶対は比較すべきものがないという意。不二は唯一無二の意。

第一希有の行　十地《じゅうじ》の菩薩が修める十波羅蜜《じっぱらみつ》の行。ここでは本願の大行を指す。

本願一乗海《ほんがんいちじょうかい》は、頓極《とんごく》・頓速《とんそく》・円融《えんにゅう》・円満《えんまん》の教《きょう》なりと、知《し》るべし。

浄土《じょうど》の要門《ようもん》は、定散二善《じょうさんにぜん》・方便仮門《ほうべんけもん》・三福九品《さんぷくくぼん》の教《きょう》なりと、知《し》るべし。

難易対《なんいたい》　横竪対《おうじゅたい》

頓漸対《とんぜんたい》　*超渉対《ちょうしょうたい》

真仮対《しんけたい》　順逆対《じゅんぎゃくたい》　純雑対《じゅんぞうたい》

邪正対《じゃしょうたい》　勝劣対《しょうれつたい》

親疎対《しんそたい》　大小対《だいしょうたい》

多少対《たしょうたい》　重軽対《じゅうきょうたい》

*通別対《つうべつたい》　*径迂対《きょううたい》

*捷遅対《しょうちたい》　広狭対《こうきょうたい》

近遠対《ごんおんたい》　*了不了教対《りょうふりょうきょうたい》

大利小利対《だいりしょうりたい》　*無上有上対《むじょううじょうたい》

*不回回向対《ふええこうたい》　自説不説対《じせつふせつたい》

*有願無願対《うがんむがんたい》　有誓無誓対《うせいむせいたい》

超渉対　念仏は迷いをとびこえる（超）が、諸善は歩いて渡る（渉）ようなものである。

通別対　念仏は特別のすぐれた法であるが、諸善は通常の法である。

径迂対　念仏はさとりを得る近道（径）であるが、諸善はまわり道（迂）である。

捷遅対　念仏ははやく成仏できる法であるが、諸善はおそい法である。

了不了教対　念仏は完全な教えであるが、諸善は不十分な教えである。

無上有上対　念仏の利益《りやく》はこの上ないが、諸善の利益は限りがある。

不回回向対　念仏は衆生《しゅじょう》から回向する行ではないが（不回向）、諸善は衆生から回向する行である（回向）。

有願無願対　念仏は本願の

選《せん》不《ふ》選《せん》対《たい》　讃《さん》不《ふ》讃《さん》対《たい》
証《しょう》不《ふ》証《しょう》対《たい》　護《ご》不《ふ》護《ご》対《たい》
*因《いん》明《みょう》直《じき》弁《べん》対《たい》　理《り》尽《じん》非《ひ》理《り》尽《じん》対《たい》
無《む》間《けん》有《う》間《けん》対《たい》　相《そう》続《ぞく》不《ふ》続《ぞく》対《たい》
退《たい》不《ふ》退《たい》対《たい》　断《だん》不《ふ》断《だん》対《たい》
*因《いん》行《ぎょう》果《か》徳《とく》対《たい》　法《ほう》滅《めつ》不《ふ》滅《めつ》対《たい》
自《じ》力《りき》他《た》力《りき》対《たい》　摂《せっ》取《しゅ》不《ふ》摂《せっ》対《たい》
*入《にゅう》定《じょう》聚《じゅ》不《ふ》入《にゅう》対《たい》　*思《し》不《ふ》思《し》議《ぎ》対《たい》
*報《ほう》化《け》二《に》土《ど》対《たい》

以上《いじょう》四十二《しじゅうに》対《たい》　教法《きょうぼう》に就《つ》くと、知《し》るべし。

【三七】真実浄信心《しんじつじょうしんじん》は、内因《ないいん》なり。摂取不捨《せっしゅふしゃ》は、外縁《げえん》なり。

【三八】本願《ほんがん》を信受《しんじゅ》するは、*前念命終《ぜんねんみょうじゅう》なり。「すなはち正定聚《しょうじょうじゅ》の数《かず》に入《い》る」（論註・上意）と。文

即得往生《そくとくおうじょう》は、*後念即生《ごねんそくしょう》なり。「即《そく》の時必定《ときひつじょう》に入《い》る」（易行品　一六）と。文

また「*必定《ひつじょう》の菩薩《ぼさつ》と名《な》づくるなり」（地相品・意）と。文

行であるが、諸善は本願の行ではない。

因明直弁対　念仏は往生の要行として直ちに説かれたものであるが、諸善は自力の機に応じて因みに明かされた法である。

因行果徳対　念仏は阿弥陀仏の果上の徳がおさまる果分の行であるが、諸善は仏になるために積む因分の行である。

入定聚不入対　念仏はこの世で正定聚《しょうじょうじゅ》の位に入る法であるが、諸善はそうではない。

思不思議対　念仏は衆生《しゅじょう》の思議がおよばない尊い法であるが、諸善は思いはかることのできる法である。

報化二土対　念仏は真実報《ほう》土《ど》に往生する法であるが、諸善は方便化土《けど》に往生する

13

【二九】他力金剛心《たりきこんごうしん》なりと、知《し》るべし。すなはち弥勒菩薩《みろくぼさつ》に同《おな》じ。*自力金剛心《じりきこんごうしん》なりと、知《し》るべし。
『大経《だいきょう》』（下）には「次如弥勒《しにょみろく》」とのたまへり。文

【三〇】二機対《にきたい》

一乗円満《いちじょうえんまん》の機《き》は、他力《たりき》なり。
*漸教回心《ぜんぎょうえしん》の機《き》は、自力《じりき》なり。

信疑対《しんぎたい》　賢愚対《けんぐたい》
*善悪対《ぜんあくたい》　正邪対《しょうじゃたい》
是非対《ぜひたい》　実虚対《じっこたい》
真偽対《しんぎたい》　浄穢対《じょうえたい》
好醜対《こうしゅたい》　妙粗対《みょうそたい》
利鈍対《りどんたい》　*奢促対《しゃそくたい》
*希常対《けじょうたい》　強弱対《ごうにゃくたい》
上上下《じょうじょうげ》下《げ》対《たい》　勝劣対《しょうれったい》
*直入回心対《じきにゅうえしんたい》　*明闇対《みょうあんたい》

法である。

前念命終・後念即生　善導《ぜんどう》大師《だいし》の『礼讃《らいさん》』に出る語。念仏行者は前念に命が終れば、後念にただちに浄土に往生するという意であるが、親鸞聖人は、現世において信心を獲得《ぎゃくとく》すると同時に、正定聚の位に入る意とした。

必定の菩薩　必ず仏になると定まった菩薩。元来は初地《しょじ》以上の菩薩のことであるが、親鸞聖人は第十八願の行者のこととする。

自力金剛心　第十八願の行者は、他力の金剛心（真実信心）であるが、弥勒《みろく》菩薩は自力の金剛心であることをいう。

漸教回心　「漸頓回向」とする異本がある。

善悪対　念仏の行者は本願を信じるから善であるが、

以上《いじょう》十八対《じゅうはちたい》 二機《にき》に就《つ》くと、知《し》るべし。

【三一】また二種《にしゅ》の機《き》について、また二種《にしゅ》の性《しょう》あり。

二機《にき》とは、

一には善機《ぜんき》、　二には悪機《あくき》なり。

二性《にしょう》とは、

一には善性《ぜんしょう》、　二には悪性《あくしょう》なり。

【三二】また善機《ぜんき》について二種《にしゅ》あり。また*傍正《ぼうしょう》あり。

一には*定機《じょうき》、二には*散機《さんき》なり。『疏《しょ》』(序分義 三八一)に「一切衆生《いっさいしゅじょう》の機《き》に二《に》種《しゅ》あり、一には定《じょう》、二には散《さん》なり」といへり。文

【三三】また傍正《ぼうしょう》ありとは、

一には菩薩《ぼさつ》、*大小《だいしょう》　二には縁覚《えんがく》、

三には声聞《しょうもん》・*辟支《びゃくし》等《とう》、浄土《じょうど》の傍機《ぼうき》なり。

四には天《てん》、　五には人等《にんとう》なり。浄土《じょうど》の正機《しょうき》なり。

【三四】また善性《ぜんしょう》について五種《ごしゅ》あり。

一には善性《ぜんしょう》、　二には正性《しょうしょう》、

諸善の人はこれを疑うから悪である。

奢促対 念仏の行者はすみやかに(促)さとりに至るが、諸善の行者はおそい(奢)。

希常対 念仏の行者は希有人(きわめてまれな人)であるが、諸善の行者は常有人(ありふれた人)である。

直入回心対 念仏の行者は直ちに真実報土《ほうど》に入るが、諸善の行者は自力の心をひるがえしてから入る。

明闇対 念仏の行者は智明であるが、諸善の行者は無明の闇である。

傍正 仏の救いの正《まさ》しきめあてと、かたわらのもの、すなわち主たる対機(正機)と、従たる対機(傍機)をいう。

定機 定善を修する機類。

三には実性《じっしょう》、　四には是性《ぜしょう》、

五には真性《しんしょう》なり。

【三五】また悪機《あくき》について七種《しちしゅ》あり。

一には十悪《じゅうあく》、　二には*四重《しじゅう》、

三には*破見《はけん》、　四には破戒《はかい》、

五には五逆《ごぎゃく》、　六には謗法《ほうぼう》、

七には闡提《せんだい》なり。

【三六】また悪性《あくしょう》について五種《ごしゅ》あり。

一には悪性《あくしょう》、　二には邪性《じゃしょう》、

三には虚性《こしょう》、　四には非性《ひしょう》、

五には偽性《ぎしょう》なり。

【三七】光明寺《こうみょうじ》の和尚《かしょう》（善導）のいはく（玄義分 二九七）、「道俗《どうぞく》*時衆《じしゅう》等、おのおの無上《むじょう》の心《しん》を発《おこ》せども、生死《しょうじ》はなはだ厭《いと》ひがたく、仏法《ぶっぽう》また欣《ねが》ひがたし。ともに金剛《こんごう》の志《こころざし》を発《おこ》して、横《おう》に*四流《しる》を超断《ちょうだん》せよ。弥陀界《みだかい》に*観入《かんにゅう》して、帰依《きえ》し合掌《がっしょう》し礼《らい》したてまつれ*。*相応一念《そうおういちねん》の後《のち》、果《か》、涅槃《ねはん》を得《え》んひ

↓定善《じょうぜん》

散機　散善を修する機類。↓散善《さんぜん》

大小　↓大乗《だいじょう》、小乗《しょうじょう》

辟支　辟支仏のこと。縁覚に同じ。↓縁覚《えんがく》

四重　↓四重禁《しじゅうきん》

破見　邪悪な見解をいだき仏教の正見を破壊すること。

時衆　現在、道場に参集している人々。また広く今の世の人々。

四流　四暴流のこと。親鸞聖人は生老病死の意ともする。↓四暴流《しぼる》

観　「観の字、東大寺の覚寿僧都の観経義にこれあり。世に流布するは願の字なり」と註記がある。高田派専修寺蔵宗祖加点『観経疏』や本山蔵宗祖真蹟『観《かん》経《ぎょう》集註《しっちゅう》』では「願」の字を用いている。

16

と」といへり。文

【三八】『浄土論《じょうどろん》』（二九）にいはく、

「世尊《せそん》、われ一心《いっしん》に、尽十方無礙光如来《じんじっぽうむげこうにょらい》に帰命《きみょう》したてまつりて、安楽国《あんらくこく》に生《しょう》ぜんと願《がん》ず。われ*修多羅《しゅたら》の真実功徳相《しんじつくどくそう》によりて、*願偈総持《がんげそうじ》を説《と》きて、仏教《ぶっきょう》と相応《そうおう》せり」と。文

【三九】『仏説無量寿経《ぶっせつむりょうじゅきょう》』（下）にのたまはく、康僧鎧三蔵訳《こうそうがいさんぞうやく》

「〈わが滅度《めつど》の後《のち》をもつて、また疑惑《ぎわく》を生《しょう》ずることを得《う》ることなかれ。*当来《とうらい》の世《よ》に経道滅尽《きょうどうめつじん》せんに、われ慈悲哀愍《じひあいみん》をもつて、*特《こと》に此《こ》の経《きょう》を留《とど》めて止住《しじゅう》すること百歳《ひゃくさい》せん。それ衆生《しゅじょう》ありて、この経《きょう》に値《もうあ》ふもの、意《こころ》の所願《しょがん》に随《したが》ひてみな得度《とくど》すべし〉と。仏《ぶつ》、弥勒《みろく》に語《かた》りたまはく、〈如来《にょらい》の興世《こうせ》、値《もうあ》ひがたく見《み》たてまつりがたし。諸仏《しょぶつ》の経道《きょうどう》、得《え》がたく聞《き》きがたし。菩薩《ぼさつ》の勝法《しょうぼう》、諸波羅蜜《しょはらみつ》、聞《き》くを得《う》ることもまた難《かた》し。善知識《ぜんぢしき》に遇《あ》ひ、法《ほう》を聞《き》き、よく行《ぎょう》ずること、これまた難《かた》しとす。もしこの経《きょう》を聞《き》きて信楽《しんぎょう》し受持《じゅじ》すること、難《なん》のなかの難《なん》、この難《なん》に過《す》ぎたるはなけん。このゆゑにわが法《ほう》かくのごとくなしき、かくのごとく説《と》き、かくのごとく教《おし》ふ。まさに信順《しんじゅん》して法《ほう》のごとく修行《しゅぎょう》すべし〉」と。文

れ　異本には続けて「まさしく金剛心を受く」とある。

相応一念　仏智に相応する信の一念。

修多羅　親鸞聖人は『銘文』で浄土三部経のこととする。

願偈総持を説きて　願偈は『浄土論』の「願生偈」のこと。総持は親鸞聖人の解釈では「無礙《むげ》光《こう》の智慧《ちえ》」（『銘文』）の意。阿弥陀仏の智慧を「願生偈」として説くということ。

当来の世に…　末法《まっぽう》の時代が一万年続いた後、自力成仏を説いた聖道門《しょうどうもん》の経典がすべてこの世界から消え失せることをいう。

特に…　法滅の時代になっても、『大経』に説かれた念仏の教えだけは、この世にいつまでもとどまりのこ

【四〇】『無量寿如来会《むりょうじゅにょらいえ》』（下）にのたまはく、菩提流志三蔵訳《ぼだいるしさんぞうやく》

「*如来《にょらい》の勝智《しょうち》、遍虚空《へんこくう》の所説《しょせつ》の義言《ぎごん》は、ただ仏《ぶつ》のみの悟《さとり》なり。このゆゑに博《ひろ》く*諸智士《しょちど》を聞《き》きて、わが教《きょう》、如実《にょじつ》の言《ごん》を信《しん》ずべし」と。文

【四一】『無量清浄平等覚経《むりょうしょうじょうびょうどうがくきょう》』（二）にのたまはく、帛延三蔵訳《はくえんさんぞうやく》

17 「速疾《そくしつ》に超《こ》えてすなはち、安楽国《あんらくこく》の世界《せかい》に到《いた》るべし。無量光明土《むりょうこうみょうど》に至《いた》りて、無《む》数《しゅ》の仏《ぶつ》に供養《くよう》したてまつれ」と。文

【四二】『*諸仏阿弥陀三耶三仏薩楼仏檀過度人道経《しょぶつあみださんやさんぶつさるぶつだんかどにんどうきょう》』（下）にのたまはく、支謙三蔵訳《しけんさんぞうやく》

「われ*般泥洹《はつないおん》して去《ゆ》きて後《のち》、経道留止《きょうどうるし》せんこと千歳《せんざい》せん。千歳《せんざい》の後《のち》、経道断絶《きょうどうだんぜつ》せん。われみな慈哀《じあい》して、ことにこの経法《きょうぼう》を留《とど》めて止住《しじゅう》せんこと百歳《ひゃくさい》せん。百歳《ひゃくさい》のうちに竟《おわ》らん。いまし休止《くし》し断絶《だんぜつ》せん。心《こころ》の所願《しょがん》にありてみな道《どう》を得《う》べし」と。略出

【四三】元照律師《がんじょうりつし》『阿弥陀経《あみだきょう》の義疏《ぎしょ》』にいはく、大智律師《だいちりっし》なり

「〈*勢至章《せいししょう》〉にいはく、〈十方《じっぽう》の如来《にょらい》、衆生《しゅじょう》を憐念《れんねん》したまふこと、母《はは》の子《こ》を憶《おも》ふがごとし〉と。『大論《だいろん》』（大智度論）にいはく、〈たとへば魚母《ぎょも》のもし子《こ》を念《おも》は

る。「百歳」は満数の意、いつまでもということ。

得度　迷いの世界を渡り、さとりの世界に到ること。

如来の勝智…悟なり　通常は「如来の勝智は、虚空に遍《あまね》し、所説の義言はただ仏のみ悟りたまへり」と読む。

諸智士　阿弥陀仏の真実報《ほう》土《ど》。高麗《こうらい》版大蔵経等は「諸智士」となっている。この場合は諸菩薩を意味する。

諸仏　『開元録《かいげんろく》』巻三に示された経名にはこの二字がある。『浄土和讃』（六〇）の異本左訓には、『諸仏阿弥陀…』の経名を釈して「弥陀を諸仏とまうす。過度人道（経）のこころなり」とある。

般泥洹　仏が入滅《にゅうめつ》すること。

勢至章　『首楞厳経』巻五

18

ざれば、子《こ》すなはち壊爛《えらん》する等《とう》のごとし〉と。阿耨多羅《あのくたら》、ここには無上《むじょう》と翻《ほん》ず、三藐《さんみゃく》は正等《しょうとう》といふ、三菩提《さんぼだい》は正覚《しょうがく》といふ。すなはち*仏果《ぶっか》の号《ごう》なり。*薄地《はくじ》の凡夫《ぼんぶ》、業惑《ごうわく》に*纏縛《てんばく》せられて五道《ごどう》に流転《るてん》せること百千万劫《ひゃくせんまんごう》なり。たちまちに浄土《じょうど》を聞《き》きて、志願《しがん》して生《しょう》を求《もと》む。一日《いちにち》名《みな》を称《しょう》すればすなはちかの国《くに》に超《こ》ゆ。諸仏護念《しょぶつごねん》してただちに菩提《ぼだい》に趣《おもむ》かしむ。謂《おも》ふべし、万劫《まんごう》にも逢《もうあ》ひがたし。千《せん》生《しょう》に一《ひと》たび誓《ちかい》に遇《もうあ》へり。今日《こんにち》より未来《みらい》を終尽《しゅうじん》すとも、在処《ざいしょ》にして讃揚《さんよう》し、多《た》方《ほう》にして勧誘《かんゆう》せん。所感《しょかん》の身土《しんど》・所化《しょけ》の機縁《きえん》、阿弥陀《あみだ》と等《ひと》しくして異《い》あることなけん。この心極《しんきわ》まりなし、ただ仏《ぶつ》、証知《しょうち》したまへ。このゆゑに下《しも》に三《み》たび信《しん》を勧《すす》む。わが語《ことば》を信《しん》ずるものは、教《おしえ》を信《しん》ずといふなり。*わが十方諸仏《じっぽうしょぶつ》を信《しん》ぜざるがごとしと、あに虚妄《こもう》なるをや」と。出略

*本《ほん》にいはく

*建長七年《けんちょうしちねん》乙卯《きのとのう》八月《はちがつ》二十七日《にじゅうしちにち》これを書《か》く。

愚禿親鸞八十三歳《ぐとくしんらんはちじゅうさんさい》

の「勢至念仏円通章」を指す。↓首楞厳経《しゅりょうごんぎょう》[2]

仏果　仏のさとり。

薄地の凡夫　聖者《しょうじゃ》の域に達しない下劣な者。凡夫を三種に分け、三賢《さんげん》（十住・十行・十回向《えこう》）を内凡《ないぼん》、十《じっ》信《しん》を外凡《げぼん》、それ以下を薄地とする。

纏縛　まとわりつかれ、しばられること。

わが十方…　通常は「もしわれを信ぜざらんには、十方諸仏、あに虚妄ならんや」と読む。

本にいはく　「本」とは書写原本のこと。原本にあった奥書をそのまま転写したことを示す。

建長七年　一二五五年。

19

愚《ぐ》禿《とく》鈔《しょう》　下《げ》

【四四】　*賢者《けんじゃ》の信《しん》を聞《き》きて、　愚禿《ぐとく》が心《しん》を顕《あらわ》す。
賢者《けんじゃ》の信《しん》は、　内《うち》は賢《けん》にして外《ほか》は愚《ぐ》なり。
愚禿《ぐとく》が心《しん》は、　内《うち》は愚《ぐ》にして外《ほか》は賢《けん》なり。

【四五】　*唐朝《とうちょう》の光明寺《こうみょうじ》の和尚《かしょう》（善導）の『観経義《かんぎょうぎ》』（散善義）にいはく、「まづ*上品上生《じょうぼんじょうしょう》の位《くらい》のなかについて、乃至　一には〈仏告阿難《ぶつごうあなん》〉より以下《いげ》は、すなはちならべて二《に》の意《い》を標《ひょう》す。一には告命《ごうみょう》を明《あ》かす。二にはその位《くらい》を弁定《べんじょう》することを明《あ》かす。これすなはち大乗《だいじょう》の上善《じょうぜん》を修学《しゅがく》する凡夫人《ぼんぶにん》なり。三には〈若有衆生《にゃくうしゅじょう》〉より下《しも》〈即便往生《そくべんおうじょう》〉に至《いた》るまでこのかたは、まさしく総《そう》じて*有《う》生《しょう》の類《るい》を挙《あ》ぐることを明《あ》かす。すなはちそれに四《し》あり。一には*能信《のうしん》の人《にん》を明《あ》かす。二には往生《おうじょう》を求願《ぐがん》することを明《あ》かす。三には*発心《ほっしん》の多少《たしょう》を明《あ》かす。四には
20
*得生《とくしょう》の益《やく》を明《あ》かす。四には〈何等為三《がとういさん》〉より下《しも》〈必生彼国《ひっしょうひこく》〉に至《いた》るまでこ

賢者　よきひと。総じては七高僧に通じ、別しては法然《ほうねん》聖人を指す。
唐朝の…　以下、本書下巻では「散善義」の文（註釈版聖典七祖篇四五四頁九行以下）について釈す。
上品上生　九品のうちの最上。↓九品《くぼん》
有生の類　往生を得る機類。
能信の人　よく教えを信じるもの。
発心　至誠心《しじょうしん》・深心《じんしん》・回向《えこう》発願心《ほつがんしん》の三心をおこすこと。
得生の益　『観経』の即便往生のこと。親鸞聖人はこれを即往生と便往生の二種往生の益とみた。

のかたは、まさしく三心《さんしん》を弁定《べんじょう》してもつて正因《しょういん》となすことを明《あ》かす。すなはち二《に》あり。一には世尊《せそん》、機《き》に随《したが》ひて益《やく》を顕《あらわ》すこと、*意密《いみつ》にして知《し》りがたし。仏《ぶつ》みづから問《と》ひてみづから徴《あらわ》したまふにあらざれば、解《げ》を得《う》るに由《よし》なきことを明《あ》かす。二には如来《にょらい》、還《かえ》りてみづから前《さき》の三心《さんしん》の数《かず》を答《こた》へたまふことを明《あ》かす。『経《きょう》』（観経）にのたまはく、〈一には至誠心《しじょうしん》〉。至《し》とは真《しん》なり、誠《じょう》とは実《じつ》なり。一切衆生《いっさいしゅじょう》、身口意業《しんくいごう》に修《しゅ》するところの*解行《げぎょう》、*かならず真実心《しんじつしん》のうちになしたまへるを須《もち》ゐんことを明《あ》かさんと欲《おも》ふ。外《ほか》に賢善精進《けんぜんしょうじん》の相《そう》を現《げん》ずることを得《え》ざれ、内《うち》に虚仮《こけ》を懐《いだ》ければなり。*貪瞋《とんじん》・邪偽《じゃぎ》・奸詐百端《かんさひゃくたん》にして悪性侵《あくしょうや》めがたし、事《こと》、*蛇蝎《じゃかつ》に同《おな》じ。三業《さんごう》を起《おこ》すといへども、名《な》づけて雑毒《ぞうどく》の善《ぜん》となす、また虚仮《こけ》の行《ぎょう》と名《な》づく、真実《しんじつ》の業《ごう》と名《な》づけざるなり。もしかくのごとき安心《あんじん》・起行《きぎょう》をなすは、たとひ身心《しんしん》を苦励《くれい》して日夜十二時《にちやじゅうにじ》、急《きゅう》に走《もと》め急《きゅう》になすこと、*頭《ず》燃《ねん》を灸《はら》ふがごとくするは、すべて雑毒《ぞうどく》の善《ぜん》と名《な》づく。この雑毒《ぞうどく》の行《ぎょう》を回《え》してかの仏《ぶつ》の浄土《じょうど》に求生《ぐしょう》せんと欲《おも》ふは、これかならず不可《ふか》なり。なにをもつてのゆゑに、まさしくかの阿弥陀仏《あみだぶつ》、*因中《いんちゅう》に菩薩《ぼさつ》の行《ぎょう》を行《ぎょう》じたまひし時《とき》、乃至一念一《ないしいちねんいっ》刹那《せつな》も、三業《さんごう》の所修《しょしゅ》みなこれ真実心《しんじつしん》のなかに*なしたまひしによりてなり。おほ

意密　仏の意が奥深いこと。

解行　知解と修行。宗義を領解《りょうげ》し行を実践すること。

かならず…懐ければなり　通常は「かならずすべからく真実心のうちになすべきことを明かさんと欲す。外に賢善精進の相を現じ、内に虚仮を懐くことを得ざれ」と読む。

貪瞋邪偽奸詐百端　むさぼり、いかり、よこしまな心、いつわりの心、人をあざむく心が数限りなく起ること。

蛇蝎　へび、さそり。

頭燃を灸ふ　頭の上についた火を払い消す。

因中　因位の時。法蔵《ほうぞう》菩薩であった時。→因位《いんに》

なしたまひ…真実なりと　通常は「なしたまひ、おほよそ施為・趣求したまふところ、またみな真実なるによりてなり」と読む。「施

よそ施《ほどこ》したまふところ趣求《しゅぐ》をなす、またみな真実《しんじつ》なりと。また真実《しんじつ》に二種《にしゅ》あり。一には*自利真実《じりしんじつ》、二には*利他真実《りたしんじつ》なり」と。文

【四六】利他真実《りたしんじつ》について、また二種《にしゅ》あり。

一には、「おほよそ施《ほどこ》したまふところ趣求《しゅぐ》をなすは、またみな真実《しんじつ》なり」と。

二には、「*不善《ふぜん》の三業《さんごう》は、かならず真実心《しんじつしん》のなかに捨《す》てたまひしを須《もち》ゐよ。またもし善《ぜん》の三業《さんごう》を起《おこ》さば、かならず真実心《しんじつしん》のなかになしたまひしを須《もち》ゐて、*内外明闇《ないげみょうあん》を簡《えら》ばず、みな真実《しんじつ》を須《もち》ゐるがゆゑに至誠心《しじょうしん》と名《な》づく」と。文

22

【四七】「自利真実《じりしんじつ》といふは、また二種《にしゅ》あり。一には、真実心《しんじつしん》のなかに自他《じた》の諸《しょ》悪《あく》および*穢国等《えこくとう》を*制捨《せいしゃ》して、行住坐臥《ぎょうじゅうざが》に〈一切菩薩《いっさいぼさつ》の諸悪《しょあく》を制捨《せいしゃ》するに同《おな》じく、われもまたかくのごとくせん〉と想《おも》へとなり。二には、真実心《しんじつしん》のなかに自《じ》*他凡聖等《たぼんしょうとう》の善《ぜん》を勤修《ごんしゅ》すべしと。真実心《しんじつしん》のなかの口業《くごう》に、かの阿弥陀仏《あみだぶつ》および依正二報《えしょうにほう》を讃嘆《さんだん》すべし。また真実心《しんじつしん》のなかの口業《くごう》に、三界六道等《さんがいろくどうとう》の自他《じた》の依《え》正二報《しょうにほう》、苦悪《くあく》の事《じ》を*毀厭《きえん》し、また一切衆生三業所為《いっさいしゅじょうさんごうしょい》の善《ぜん》を讃嘆《さんだん》すべし。もし善業《ぜんごう》にあらずは、敬《つつし》みてこれを遠《とお》ざかれ、また*随喜《ずいき》せざれとなり。また真実心《しんじつしん》

為」は利他、「趣求」は自利の意。親鸞聖人は、如来回向《えこう》の真実をもちい（領受し）て、浄土を趣求（願生）するという意に転じた。

自利真実・利他真実　通常は真実心をもって自利利他することであるが、親鸞聖人は自利を自力、利他を他力の意味に転じた。

不善の三業は…名づく　通常は「不善の三業は、かならずすべからく真実心のうちに捨つべし。またもし善の三業を起さば、かならずすべからく真実心のうちになすべし。内外明闇を簡ばず、みなすべからく真実なるべし。ゆゑに至誠心と名づく」と読む。親鸞聖人は如来回向の義をあらわすために「須」の字を「もちゐる」と読んだ。

のなかの身業《しんごう》に、合掌《がっしょう》し礼敬《らいきょう》して、四事等《しじとう》をもつてかの阿弥陀仏《あみだぶつ》および依正《えしょう》二報《にほう》を供養《くよう》したてまつれ。また真実心《しんじつしん》のなかの身業《しんごう》に、この生死三界等《しょうじさんがいとう》の自他《じた》の依正二報《えしょうにほう》を軽慢《きょうまん》し厭捨《えんしゃ》すべし。また真実心《しんじつしん》のなかの意業《いごう》に、かの阿弥陀仏《あみだぶつ》および依正二報《えしょうにほう》を思想《しそう》し観察《かんざつ》し憶念《おくねん》して、目《め》の前《まえ》に現《げん》ぜるがごとくすべし。また真実心《しんじつしん》のなかの意業《いごう》に、この生死三界等《しょうじさんがいとう》の自他《じた》の依正二報《えしょうにほう》を軽賤《きょうせん》し厭捨《えんしゃ》すべし」となり。文

23
【四八】「一には至誠心《しじょうしん》」といふは、至《し》とは真《しん》なり、誠《じょう》とは実《じつ》なり。すなはち真《しん》実《じつ》なり。真実《しんじつ》に二種《にしゅ》あり。

一には自利真実《じりしんじつ》なり。

難行道《なんぎょうどう》　聖道門《しょうどうもん》

竪超《しゅちょう》　*即身是仏《そくしんぜぶつ》・*即身成仏《そくしんじょうぶつ》、自力《じりき》なり。

竪出《しゅしゅつ》　自力《じりき》のなかの漸教《ぜんぎょう》、*歴劫修行《りゃくこうしゅぎょう》なり。

二には利他真実《りたしんじつ》なり。

易行道《いぎょうどう》　浄土門《じょうどもん》

横超《おうちょう》　如来《にょらい》の誓願他力《せいがんたりき》なり。

横出《おうしゅつ》　他力《たりき》のなかの自力《じりき》なり。

内外明闇　「散善義」の当分は内心と外相、智明と愚闇。親鸞聖人は内・明は出世（聖者《しょうじゃ》）、外・闇は世間（凡夫《ぼんぶ》）、また明は智明（智者）、闇は無明（愚者）の意とする。

穢国　穢土のこと。→穢土《えど》

制捨　とどめ捨て去ること。

凡聖　凡夫と聖者。→凡夫《ぼんぶ》

毀厭　厭いきらうこと。

随喜　他の人がなした善《ぜん》行《ぎょう》をよろこぶこと。

即身是仏　この身そのままが仏であること。

即身成仏　この世でこの身のままで仏になること。

歴劫修行　はかりしれない長時にわたる修行。

定散諸行《じょうさんしょぎょう》なり。

【四九】自利真実《じりしんじつ》について、また二種《にしゅ》あり。

一には*厭離真実《えんりしんじつ》なり。

聖道門《しょうどうもん》　難行道《なんぎょうどう》

竪出《しゅしゅつ》　自力《じりき》

竪出《しゅしゅつ》とは難行道《なんぎょうどう》の教《きょう》なり、厭離《えんり》をもつて本《ほん》とす、自力《じりき》の心《しん》なるがゆゑなり。

二には*欣求真実《ごんぐしんじつ》なり。

浄土門《じょうどもん》　易行道《いぎょうどう》

横出《おうしゅつ》　他力《たりき》

横出《おうしゅつ》とは易行道《いぎょうどう》の教《きょう》なり、欣求《ごんぐ》をもつて本《ほん》とす、なにをもつてのゆゑに、願力《がんりき》によりて生死《しょうじ》を厭捨《えんしゃ》せしむるがゆゑなりと。

【五〇】また横出《おうしゅつ》の真実《しんじつ》について、また三種《さんしゅ》あり。

一には口業《くごう》に欣求真実《ごんぐしんじつ》、

口業《くごう》に厭離真実《えんりしんじつ》なり。

厭離真実　厭離を本として修する真実。聖道門《しょうどうもん》竪出《しゅしゅつ》の法は、まずこの迷いの世界を厭い離れようとする心を起して、次にさとりをねがうので、このようにいう。

欣求真実　欣求を本として修する真実。浄土門横出《おうしゅつ》の法は、まず浄土の願うべきことを知らされることによって、この迷いの世界の厭うべきことに気づかされるので、このようにいう。

二には身業《しんごう》に欣求《ごんぐ》真実《しんじつ》、
身業《しんごう》に厭離《えんり》真実《しんじつ》なり。
三には意業《いごう》に欣求《ごんぐ》真実《しんじつ》、
意業《いごう》に厭離《えんり》真実《しんじつ》なり。

【五一】宗師《しゅうし》（善導）の釈文《しゃくもん》を案《あん》ずるに、「一者真実心中《いっしゃしんじつしんちゅう》」以下《いげ》より、「自他凡聖等善《じたぼんしょうとうぜん》」に至《いた》るまでは、厭離《えんり》を先《さき》とし欣求《ごんぐ》を後《のち》とす。すなはちこれ難行道《なんぎょうどう》、自力竪出《じりきしゅしゅつ》の義《ぎ》なり。「真実心中口業《しんじつしんちゅうくごう》」以下《いげ》より、「自他依正二報《じたえしょうにほう》」に至《いた》るまでは、すなはちこれ易行道《いぎょうどう》、他力横出《たりきおうしゅつ》の義《ぎ》なり。

【五二】「二には深心《じんしん》。深心《じんしん》といふは、すなはちこれ深信《じんしん》の心《しん》なり。また二種《にしゅ》あり。一には、決定《けつじょう》して〈*自身《じしん》は現《げん》にこれ罪悪生死《ざいあくしょうじ》の凡夫《ぼんぶ》、曠劫《こうごう》よりこのかたつねに没《もっ》し、つねに流転《るてん》して、*出離《しゅつり》の縁《えん》あることなし〉と深信《じんしん》す。二には、決定《けつじょう》して〈かの阿弥陀仏《あみだぶつ》、四十八願《しじゅうはちがん》をもつて衆生《しゅじょう》を*摂受《しょうじゅ》したまふ、疑《うたがい》なく慮《おもんぱか》りなく、彼《か》の願力《がんりき》に乗《じょう》ずれば、さだめて往生《おうじょう》を得《う》〉と深信《じんしん》せよ」となり。文

いまこの深信《じんしん》は他力至極《たりきしごく》の金剛心《こんごうしん》、一乗無上《いちじょうむじょう》の真実信海《しんじつしんかい》なり。

【五三】文《もん》の意《こころ》を案《あん》ずるに、深信《じんしん》について*七深信《しちじんしん》あり、六決定《ろくけつじょう》あり。

自身は…　→補註3

出離の縁　迷いの世界を離れ出る手がかり。

摂受　慈悲心をもっておさめ取ること。

七深信　「散善義」深心釈によって、深信の相を七種に分けて示す。

七深信《しちじんしん》とは、

第一《だいいち》の深信《じんしん》は、「決定《けつじょう》して自身《じしん》を深信《じんしん》する」と、すなはちこれ*自利《じり》の信心《しんじん》なり。

第二《だいに》の深信《じんしん》は、「決定《けつじょう》して乗彼願力《じょうひがんりき》を深信《じんしん》する」と、すなはちこれ利他《りた》の信海《しんかい》なり。

第三《だいさん》には、「決定《けつじょう》して『観経《かんぎょう》』を深信《じんしん》す」と。

第四《だいし》には、「決定《けつじょう》して『弥陀経《みだきょう》』を深信《じんしん》す」と。

第五《だいご》には、「唯仏語《ただぶつご》を信《しん》じ決定《けつじょう》して行《ぎょう》による」と。

第六《だいろく》には、「この『経《きょう》』（観経）によりて深信《じんしん》す」と。

第七《だいしち》には、「また深心《じんしん》の深信《じんしん》は決定《けつじょう》して自*心《じしん》を建立《こんりゅう》せよ」となり。

*六決定《ろくけつじょう》とは、以上《いじょう》*次《つ》いでのごとし、知《し》るべし。

【五四】*第五《だいご》の「唯信仏語《ゆいしんぶつご》」について、三遣《さんけん》・三随順《さんずいじゅん》・三是名《さんぜみょう》あり。

*三遣《さんけん》とは、

一には、「仏《ぶつ》の捨《す》て遣《し》めたまふをば、すなはち捨《す》つ」と。

二には、「仏《ぶつ》の行《ぎょう》ぜ遣《し》めたまふをば、すなはち行《ぎょう》ず」と。

自利の信心　自力の信心の意。ここでは第二の深信と一具でない第一の深信（みずからの罪業《ざいごう》を嘆きおそれている心）を指して自力の信心としたのであろう。

心　「力」とする異本がある。

六決定　七深信の中、第六深信以外の深信に決定の語が出ているのを数えて六決定という。決定は明了に決択するという意で、深信の相を示す語。

次いでのごとし　順次に示されている。

第五　右傍に「利他信心」と註記がある。「七深信」の第五を指す。

三遣　雑行雑修《ぞうぎょうざっしゅ》を捨てて、正行（念仏）を行じ、異学異解雑縁乱動のところを去れ、という仏の仰せ。

三には、「仏《ぶつ》の去《さ》ら遣《し》めたまふ処《ところ》をば、すなはち去《さ》る」となり。

*三随順《さんずいじゅん》とは、
一には、「是《これ》を仏教《ぶつきょう》に随順《ずいじゅん》すと名《な》づく」と。

二には、「仏意《ぶつい》に随順《ずいじゅん》す」と。

三には、「是《これ》を仏願《ぶつがん》に随順《ずいじゅん》すと名《な》づく」となり。

*三是名《さんぜみょう》とは、
一には、「是《これ》を*真仏弟子《しんぶつでし》と名《な》づく」となり。

上《かみ》の是名《ぜみょう》とこれと合《がっ》して三是名《さんぜみょう》なり。

【五五】 *第六《だいろく》に「この『経《きょう》』（観経）によりて深信《じんしん》する」について、六即《ろくそく》・三《さん》印《いん》・三無《さんむ》・六正《ろくしょう》・二了《にりょう》あり。

*六即《ろくそく》とは、
一には、「もし仏意《ぶつい》に称《かな》へば、即《すなわ》ち*印可《いんか》して〈如是如是《にょぜにょぜ》〉とのたまふ」と。

二には、「もし仏意《ぶつい》に可《かな》はざれば、即《すなわ》ち〈なんぢらが説《と》くところ、この義不如是《ぎふにょぜ》〉とのたまふ」と。

三随順　釈尊の教え（仏教）・諸仏の意（仏意）・阿弥陀仏の願（仏願）にしたがうこと。
三是名　真実信心の人を称讃する語。次々行の「上の是名」は三随順の一と三を指す。
真仏弟子　→補註6
第六　右傍に「観経に依る」と註記がある。「七深信」の第六を指す。
六即　六の文を列ねて、仏の所説を信ずべきことを示す。文中に即の字が六回出るので六即という。
印可　認可、認容すること。印とは仏の言葉をもって間違いないと定められていて改易できないことをいい、可とは仏の心にかなったことをいう。

三には、「印《いん》せざるは、即《すなわ》ち*無記《むき》・無利《むり》・無益《むやく》の語《ご》に同《おな》じ」と。
四には、「仏《ぶつ》の印可《いんか》したまふは、即《すなわ》ち仏《ぶつ》の正教《しょうきょう》に随順《ずいじゅん》するなり」と。
五には、「もし仏《ぶつ》の所有《しょう》の言説《ごんせつ》は、即《すなわ》ちこれ正教《しょうきょう》なり」と。
六には、「もし仏《ぶつ》の所説《しょせつ》は、即《すなわ》ちこれ了教《りょうきょう》なり」となり。

三印《さんいん》とは、
一には即印可《そくいんか》、　二には不印《ふいん》、
三には仏印可《ぶついんか》なり。三印《さんいん》は上《かみ》の六即《ろくそく》の文《もん》のなかにあり。

三無《さんむ》とは、
一には無記《むき》、　二には無利《むり》、
三には無益《むやく》なり。三無《さんむ》は六即《ろくそく》の文《もん》のなかにあり。

*六正《ろくしょう》とは、
一には正教《しょうきょう》、　二には正義《しょうぎ》、
三には正行《しょうぎょう》、　四には正解《しょうげ》、
五には正業《しょうごう》、　六には正智《しょうち》なり。

無記　→無記《むき》[1]

六正　仏の言説に具《そな》わる六種の徳を示す。「散善義」深心釈の文（註釈版聖典七祖篇四五八頁一〇行以下）参照。

*二了《にりよう》とは、

一には、「もし仏《ぶつ》の所説《しよせつ》は、即《すなわ》ちこれ了教《りようきよう》なり」と。

二には、「菩薩等《ぼさつとう》の説《せつ》は、ことごとく不了教《ふりようきよう》と名《な》づくるなり」と、知《し》るべし。

【五六】*第七《だいしち》の「また深心《じんしん》の深信《じんしん》」については、決定《けつじよう》して自心《じしん》を建立《こんりゆう》するに、二別《にべつ》・三異《さんい》・一問答《いちもんどう》あり。

*二別《にべつ》とは、

一には別解《べつげ》、　二には別行《べつぎよう》なり。

*三異《さんい》とは、

一には異学《いがく》、　二には異見《いけん》、

三には異執《いしゆう》なり。

【五七】*一問答《いちもんどう》のなかに、四別《しべつ》・四信《ししん》あり。

*四別《しべつ》とは、

一には処別《しよべつ》、　二には時別《じべつ》、

三には対機別《たいきべつ》、　四には利益別《りやくべつ》なり。

二了　仏説が了教（真理の全相が明らかに説き示された教え）であるのに対し、菩薩等の説がすべて不了教（真理がまだ十分に説き示されていない教え）であることを示す。

第七　右傍に「自利信心」と註記がある。「七深信」の第七を指す。

二別　別の見解を持ち、別の行法を修めること。『一多文意』に「別解」の語についての釈（六八八頁七行以下）がある。

三異　異なった見解を持ち、異なった教えを学び、異なった思想・見解に執着すること。『一多文意』に「異学」の語についての釈（六八八頁四行以下）がある。

一問答　「散善義」深心釈の「問ひていはく、凡夫《ぼんぶ》は智浅く」（註釈版聖典七祖

*四信《ししん》とは、

一には往生《おうじょう》の信心《しんじん》、凡夫《ぼんぶ》の*疑難《ぎなん》なり。

二には清浄《しょうじょう》の信心《しんじん》、*地前《じぜん》の菩薩《ぼさつ》・羅漢《らかん》・*辟支仏《びゃくしぶつ》等《とう》の疑難《ぎなん》なり。

三には上上《じょうじょう》の信心《しんじん》なり、初地《しょじ》以上《いじょう》十地《じゅうじ》このかたの疑難《ぎなん》なり。

四には畢竟《ひっきょう》じて一念《いちねん》疑退《ぎたい》の心《しん》を起《おこ》さざるなり。報仏《ほうぶつ》・化仏《けぶつ》の疑難《ぎなん》なり。

【五八】上上《じょうじょう》の信心《しんじん》について、五実《ごじつ》・二異《にい》あり。

*五実《ごじつ》とは、

一には真実決了《しんじつけつりょう》の義《ぎ》なり、　二には実知《じっち》、

三には実解《じつげ》、　四には実見《じっけん》、

五には実証《じっしょう》なり。

二異《にい》とは、

一には異見《いけん》、　二には異解《いげ》なり。

【五九】報化《ほうけ》二仏《にぶつ》の疑難《ぎなん》について、『弥陀経《みだきょう》』を引《ひ》いて信《しん》を勧《すす》むるに、二専《にせん》・四《し》同《どう》・二所《にしょ》化《け》・六悪《ろくあく》・二同《にどう》・三所《さんしょ》あり。

*二専《にせん》とは、

篇四五九頁五行）以下の問答を指す。

四別　聖道の諸経と浄土の経とは、その説かれた場所、時、教えの対象、利益《りやく》が別であることを示す。

四信　四重の破人（念仏の教えを否定する四種の人。次行以下に細註で示されている）の疑難に対して、四種の語で決定《けつじょう》の信相を示す。

疑難　念仏往生の教えを疑い非難すること。凡夫《ぼんぶ》の疑難は実難（実際にある難）であるが、後の三難は仮設の難（仮に設定した難）である。

地前の菩薩　十地《じゅうじ》以前（十住・十行・十回向《えこう》）の菩薩。→菩薩《ぼさつ》

辟支仏　縁覚に同じ。→縁《えん》覚《がく》

31

一には専念《せんねん》、　二には専修《せんじゅ》なり。*五種《ごしゅ》なり。

*四同《しどう》とは、

一には同讃《どうさん》、　二には同勧《どうかん》、

三には同証《どうしょう》、　四には同体《どうたい》なり。

二《に》*所化《しょけ》とは、

一には、「一仏《いちぶつ》の所化《しょけ》はすなはちこれ一切仏《いっさいぶつ》の化《け》なり」と、

二には、「一切仏《いっさいぶつ》の所化《しょけ》はすなはちこれ一仏《いちぶつ》の化《け》なり」となり。

*六悪《ろくあく》とは、

一には悪時《あくじ》、　二には悪世界《あくせかい》、

三には悪衆生《あくしゅじょう》、　四には悪見《あくけん》、

五には悪煩悩《あくぼんのう》、　六には*悪邪無信盛時《あくじゃむしんじょうじ》なり。

32

*二同《にどう》とは、

一には十方仏等同心《じっぽうぶつとうどうしん》なり、　二には同時《どうじ》におのおの*舌相《ぜっそう》を出《いだ》す。

*三所《さんしょ》とは、

一には所説《しょせつ》、　二には所讃《しょさん》、

五実　信の対象が真実であることを五種の語で示す。初めの一は仏の説く教え、後の四は教えを説く仏についていう。「散善義」深心釈の文（註釈版聖典七祖篇四六一頁一行以下）参照。

二専　釈尊が専念・専修《せんじゅ》を勧めることを示す。「散善義」深心釈の文（註釈版聖典七祖篇四六二頁三行以下）参照。

五種　読誦《どくじゅ》・観察《かんざつ》・礼拝《らいはい》・称名・讃嘆《さんだん》供養《くよう》の五正行を指す。→五正行《ごしょうぎょう》

四同　諸仏が釈尊と同じく説くことを示す。初めの三はその言説が同一であることを示し、後の一は同体の大悲（同じ真如《しんにょ》のさとりからおこった大悲）であることを示す。「散善義」深心釈の文（註釈版聖典七祖篇

33

三には所証《しょしょう》なり。

【六〇】「一仏《いちぶつ》の所説《しょせつ》は、すなはち一切仏《いっさいぶつ》同《おな》じくその事《じ》を*証成《しょうじょう》したまふなり。これを人《にん》に就《つ》いて信《しん》を立《た》つと名《な》づくるなり」と、知《し》るべし。

【六一】「次《つぎ》に行《ぎょう》に就《つ》いて信《しん》を立《た》つとは、しかるに行《ぎょう》に二種《にしゅ》あり。

一には正行《しょうぎょう》、　二には雑行《ぞうぎょう》なり」と。

【六二】正行《しょうぎょう》について、五正行《ごしょうぎょう》・六一心《ろくいっしん》・六専修《ろくせんじゅ》あり。

*五正行《ごしょうぎょう》とは、

一には一心《いっしん》に専読誦《せんどくじゅ》、　二には一心《いっしん》に専観察《せんかんざつ》、

三には一心《いっしん》に専礼仏《せんらいぶつ》、　四には一心《いっしん》に専称仏名《せんしょうぶつみょう》、

五には一心《いっしん》に専讃嘆供養《せんさんだんくよう》なり。

またこの正《しょう》のなかについて、また二種《にしゅ》あり。

一には、「一心《いっしん》に弥陀《みだ》の名号《みょうごう》を専念《せんねん》する、これを*正定《しょうじょう》の業《ごう》と名《な》づく」と。

二には、「もし礼誦等《らいじゅとう》によるはすなはち名《な》づけて助業《じょごう》となす」となり。

四六二頁四行以下）参照。

所化　教化されるところの法。

六悪　釈尊の濁世における教化を諸仏が讃嘆することを示す。また教化の対象を示す。「散善義」深心釈の文（註釈版聖典七祖篇四六二頁一〇行以下）参照。

悪邪無信盛時　五濁が盛んになり、仏法を聞いても疑いそしるばかりで信じないものが多くなる時代のことをいう。→五濁《ごじょく》

二同　諸仏の証誠《しょうじょう》（証成）の相を示す。「散善義」深心釈の文（註釈版聖典七祖篇四六二頁一三行以下）参照。

舌相を出す　仏の舌は広く長いので広長《こうじょう》舌相（三十二相の一）といわれる。仏が舌を出すのは教説が真実であることを証明するとい

*六一心《ろくいっしん》とは、次《つ》いでのごとく一心《いっしん》なり。
*六専修《ろくせんじゅ》とは、次《つ》いでのごとく専修《せんじゅ》なり。

【六三】また正雑《しょうぞう》二行《にぎょう》について、また二行《にぎょう》あり。
一には*定行《じょうぎょう》、二には*散行《さんぎょう》なり。

【六四】また正雑《しょうぞう》について、また二種《にしゅ》あり。
一には念仏《ねんぶつ》、二には観仏《かんぶつ》なり。

【六五】また念仏《ねんぶつ》について、また二種《にしゅ》あり。
一には弥陀念仏《みだねんぶつ》、二には諸仏念仏《しょぶつねんぶつ》なり。
法身《ほっしん》　報身《ほうじん》　応身《おうじん》　化身《けしん》

【六六】また弥陀念仏《みだねんぶつ》について、二種《にしゅ》あり。
一には正行《しょうぎょう》*定心念仏《じょうしんねんぶつ》、
二には正行《しょうぎょう》*散心念仏《さんしんねんぶつ》なり。
弥陀定散《みだじょうさん》の念仏《ねんぶつ》、これを浄土《じょうど》の真門《しんもん》といふ、また一向専修《いっこうせんじゅ》と名《な》づくるなりと、知《し》るべし。

【六七】また諸仏念仏《しょぶつねんぶつ》について、二種《にしゅ》あり。

う意味を持つ。

三所 釈尊が説き讃嘆し証明した法を諸仏が勧めることを示す。「散善義」深心釈の文（註釈版聖典七祖篇四六二頁一五行以下）参照。

証成 所説の法に誤りのないことを証明し、成立させること。親鸞聖人の他の聖教にはすべて「証誠」とあるので、「成」は「誠」の音通表記かもしれない。

五正行 ここでは要門の行としての五専修を示したものとみられる。→専修《せんじゅ》3

正定の業 正定業のこと。→正定業《しょうじょうごう》

六一心・六専修 五専修（要門の行）の一心と弘願《ぐがん》の一心とを合せて六一心とするものか。六専修も同様。

定行 雑念を払い心を凝《こ》ら

一には雑行《ぞうぎょう》定心念仏《じょうしんねんぶつ》、

二には雑行散心念仏《ぞうぎょうさんしんねんぶつ》なり。

諸仏定散《しょぶつじょうさん》の念仏《ねんぶつ》は、これ雑中《ぞうちゅう》の専行《せんぎょう》なりと、知《し》るべし。

【六八】また観仏《かんぶつ》について、また二種《にしゅ》あり。

一には*正《しょう》の観仏《かんぶつ》、　二には*雑《ぞう》の観仏《かんぶつ》なり。

【六九】また正《しょう》の観仏《かんぶつ》について、また二種《にしゅ》あり。

一には*真観《しんかん》、　二には*仮観《けかん》なり。

【七〇】また真仮《しんけ》について、十三《じゅうさん》の観想《かんそう》あり。

日想《にっそう》　水想《すいそう》　地想《じそう》　宝樹想《ほうじゅそう》

宝池《ほうち》　宝楼《ほうろう》　華座《けざ》　像想《ぞうそう》

真観《しんかん》　観音《かんのん》　勢至《せいし》　*普観《ふかん》

雑観《ざっかん》

35

【七一】また正《しょう》の散行《さんぎょう》について、四種《ししゅ》あり。

読誦《どくじゅ》　礼拝《らいはい》　讃嘆《さんだん》　供養《くよう》

【七二】上《かみ》よりこのかた*定散六種兼行《じょうさんろくしゅけんぎょう》するがゆゑに雑修《ざっしゅ》といふ、これを*助業《じょごう》と

して修める行。

散行　散乱した心のままで修める行。

定心念仏　思いをとどめ心を一つに集中して称名念仏すること。

散心念仏　散乱した心のままで称名念仏すること。

正の観仏　阿弥陀仏を観想すること。

雑の観仏　諸仏を観想すること。

真観　浄土の真実の荘厳と阿弥陀仏の真身とを観想すること。

仮観　浄土の真実の荘厳を観想するためのてだてとして日没や水を観じ、阿弥陀仏の真身を観想するためのてだてとして仏像を観ずること。日観《にっかん》（日想）・水観（水想）・像観（像想）の三をいう。他の十観は真観。

名《な》づく、名《な》づけて方便仮門《ほうべんけもん》となす、また浄土《じょうど》の要門《ようもん》と名《な》づくるなりと、知《し》るべし。

【七三】 また雑《ぞう》の観仏《かんぶつ》について、二種《にしゅ》あり。また真仮《しんけ》あり。

一には*無相離念《むそうりねん》、　二には*立相住心《りっそうじゅうしん》なり。

【七四】 また雑《ぞう》の散行《さんぎょう》について、三福《さんぷく》あり。

一には、孝養父母《きょうようぶも》・奉事師長《ぶじしちょう》・慈心不殺《じしんふせつ》・修十善業《しゅじゅうぜんごう》なり。

二には、受持三帰《じゅじさんき》・具足衆戒《ぐそくしゅかい》・不犯威儀《ふぼんいぎ》なり。

三には、発菩提心《ほつぼだいしん》・深信因果《じんしんいんが》・読誦大乗《どくじゅだいじょう》・勧進行者《かんじんぎょうじゃ》なり。

36

【七五】 上《かみ》よりこのかた一切《いっさい》の定散《じょうさん》の諸善《しょぜん》ことごとく雑行《ぞうぎょう》と名《な》づく、六種《ろくしゅ》の正《しょう》に対《たい》して六種《ろくしゅ》の雑《ぞう》あるべし。雑行《ぞうぎょう》の言《ごん》は人《にん》・天《てん》・菩薩《ぼさつ》等《とう》の解行《げぎょう》雑《ぞう》するがゆゑに雑《ぞう》といふなり。もとよりこのかた浄土《じょうど》の業因《ごういん》にあらず、これを発願《ほつがん》の行《ぎょう》と名《な》づく、また*回心《えしん》の行《ぎょう》と名《な》づく、ゆゑに浄土《じょうど》の雑行《ぞうぎょう》と名《な》づく、これを浄土《じょうど》の方《ほう》便仮門《べんけもん》と名《な》づく、また浄土《じょうど》の要門《ようもん》と名《な》づくるなり。おほよそ聖道《しょうどう》・浄土《じょうど》、正《しょう》雑《ぞう》、定散《じょうさん》、みなこれ回心《えしん》の行《ぎょう》なりと、知《し》るべし。

【七六】 「三には回向発願心《えこうほつがんしん》」とは、回向発願心《えこうほつがんしん》といふは、二種《にしゅ》あり。

普観　観想者自身の浄土に往生するさまを観ずること。

定散六種兼行　五正行の第五讃嘆供養《さんだんくよう》を開いて六種とし、この六行を自力心をもって雑え修することを六種兼行といい、雑修《ざっしゅ》の部類に属する。

助業　六種兼行の場合は称名も正定業《しょうじょうごう》としての地位を失って助業と同格になるから、六行すべてを助業という。

無相離念　色もなく形もない真如法性《しんにょほっしょう》の理を観じて、真理と一体になること。

立相住心　仏の相好《そうごう》や浄土の事相を観じて、心を一つに集中すること。

回心の行　その行業《ぎょうごう》を回《え》向《こう》して往生を願わなければならない自力行のこと。あるいは自力の心をひるがえ

一*には、「過去《かこ》・今生《こんじょう》の自他所作《じたしょさ》の善根《ぜんごん》をもつて、みな真実《しんじつ》の深信《じんしん》心《じん》のなかに回向《えこう》してかの国《くに》に生《うま》れんと願《がん》ずるなり」と。

二には、「回向発願《えこうほつがん》して生《うま》るるものは、*かならず決定《けつじょう》して真実心《しんじつしん》のなかに回向《えこう》せしめたまへる願《がん》を須《もち》ゐて*得生《とくしょう》の想《おもい》をなすなり」となり。

【七七】回向発願《えこうほつがん》して生《うま》るるものについて、信心《しんじん》あり。

信心《しんじん》とは、

「得生《とくしょう》の想《おもい》をなす、この心深信《しんじんしん》すること、なほ金剛《こんごう》のごとし」となり。

【七八】この深信《じんしん》について、一譬喩《いちひゆ》・二異《にい》・二別《にべつ》・一問答《いちもんどう》・二回向《にえこう》あり。

一譬喩《いちひゆ》とは、

「この心深信《しんじんしん》すること、なほ金剛《こんごう》のごとし」となり。

二異《にい》とは、

一には異見《いけん》、　二には異学《いがく》なり。

二別《にべつ》とは、

して、他力に帰さなければならない自力行のこと。

一　右傍に「自利」と註記がある。

かならず…想をなすなり　通常は「かならずすべからく決定真実心のうちに回向し願じて、得生の想をなすべし」と読む。

得生の想　必ず浄土に往生できるという想い。

一には別解《べつげ》、　二には別行《べつぎょう》なり。

【七九】 *一問答《いちもんどう》について、七悪《しちあく》・六譬《ろっぴ》・二門《にもん》・四有縁《しうえん》・二所求《にしょぐ》・二所愛《にしょあい》・二欲学《によくがく》・二必《にひつ》あり。

七悪《しちあく》とは、

一には十悪《じゅうあく》、　二には五逆《ごぎゃく》、

三には*四重《しじゅう》、　四には破戒《はかい》、

五には*破見《はけん》、　六には謗法《ほうぼう》、

七には闡提《せんだい》なり。

六譬《ろっぴ》とは、

一には、明《みょう》よく闇《あん》を破《は》す。　二には、空《くう》よく有《う》を含《ふく》む。

三には、地《じ》よく*載養《さいよう》す。　四には、水《すい》よく*生潤《しょうにん》す。

五には、火《か》よく*成壊《じょうえ》す。　六には、*二河《にが》　水《みず》の河《かわ》・火《ひ》の河《かわ》。

二門《にもん》とは、

*一には、「*随《したが》ひて一門《いちもん》を出《い》づるは、すなはち一煩悩門《いちぼんのうもん》を出《い》づるなり」と。

一問答　「散善義」回向発願心釈の「問ひていはく、もし解行不同の」（註釈版聖典七祖篇四六四頁一五行）以下の問答を指す。

四重　四重禁《じゅうきん》のこと。↓四《し》重禁

破見　邪悪な見解をいだき仏教の正見を破壊すること。

載養　草木などを載せて育成すること。

生潤　うるおし育てること。

成壊　ものを熟成させたり、ほろぼしたりすること。

二河　二河譬のこと。↓二《に》河《が》の譬喩《ひゆ》

一　右傍に「愚痴《ぐち》門を出づ」と註記がある。

随ひて一門を出づる…　それぞれの縁にしたがい、どれか一つの法門によって出るのは一つの迷いの門を出ることであるという意。

*二には、「*随《したが》ひて一門《いちもん》に入《い》るは、すなはち一解脱智慧門《いちげだつちえもん》に入《い》るなり」となり。

四有縁《しうえん》とは、

一には、「なんぢなにをもつて、いましまさに有縁《うえん》の要行《ようぎょう》にあらざるをもつて、われを障惑《しょうわく》する」と。

二には、「しかるにわが*所愛《しょあい》はすなはちこれわが有縁《うえん》の行《ぎょう》なり、すなはちなんぢが所求《しょぐ》にあらず」と。

三には、「なんぢが所愛《しょあい》はすなはちこれなんぢが有縁《うえん》の行《ぎょう》なり、またわが所求《しょぐ》にあらず。このゆゑにおのおの*所楽《しょぎょう》に随《したが》ひてその行《ぎょう》を修《しゅ》すれば、必《かなら》ず疾《と》く解脱《げだつ》を得《う》るなり」と。

四には、「もし*行《ぎょう》を学《まな》ばんと欲《おも》はば、必《かなら》ず有縁《うえん》の法《ほう》によれ。少《すこ》しき功労《くろう》を用《もち》ゐるに多《おお》く益《やく》を得《う》」となり。文

二所求《にしょぐ》とは、上《かみ》の文《もん》のごとし。

二所愛《にしょあい》とは、上《かみ》の文《もん》のごとし。

二欲学《によくがく》とは、

二　右傍に「智願海に入る」と註記がある。

随ひて一門に入る…　それぞれの縁にしたがい、どれか一つの法門によって入るのは一つのさとりに入る門であるという意。

所愛・所楽　好むところ。ねがうところ。

行を学ばん　行を修めて迷いの世界を出離《しゅつり》する。

40

一には、「行者《ぎょうじゃ》まさに知《し》るべし、もし*解《げ》を学《まな》ばんと欲《おも》はば、凡《ぼん》より聖《しょう》に至《いた》るまで、乃至《ないし》*仏果《ぶっか》まで一切《いっさい》礙《さわり》なくみな学《まな》ぶことを得《え》んとなり」と。

二には、「もし行《ぎょう》を学《まな》ばんと欲《おも》はば、必《かなら》ず有縁《うえん》の法《ほう》によれ」となり。

乃至

二必《にひつ》とは、上《かみ》の文《もん》のごとし。

【八〇】この深信《じんしん》のなかについて、二回向《にえこう》といふは、

一*には、「つねにこの想《おもい》をなせ、つねにこの解《げ》をなす。ゆゑに回向《えこう》発願心《ほつがんしん》と名《な》づく」と。

二*には、「また回向《えこう》といふは、かの国《くに》に生《うま》れをはりて還《かえ》りて大悲《だいひ》を起《おこ》して生死《しょうじ》に*回入《えにゅう》して衆生《しゅじょう》を教化《きょうけ》するを、また回向《えこう》と名《な》づくるなり」となり。

【八一】*二河《にが》のなかについて、「二《ひと》つの譬喩《ひゆ》を説《と》きて信心《しんじん》を守護《しゅご》して、もつて外《げ》邪異見《じゃいけん》の難《なん》を防《ふせ》がん」と。

「この道《どう》、東《ひがし》の岸《きし》より西《にし》の岸《きし》に至《いた》るまで、また長《なが》

解を学ばん　仏教を学問的に研究する。

仏果　仏の証果。仏のさとり。

一　右傍に「自利」と註記がある。

二　右傍に「利他他力の回向」と註記がある。

回入　めぐり入ること。ひるがえって入ること。

二河…　以下は「散善義」二河譬の文言について釈したもの。→二河《にが》の譬喩《ひゆ》

さ百歩《ひゃくぶ》なり」となり。文

「百歩《ひゃくぶ》」とは、
　人寿百歳《にんじゅひゃくさい》に譬《たと》ふるなり。

「群賊《ぐんぞく》・悪獣《あくじゅう》」とは、

「群賊《ぐんぞく》」とは、*別解《べつげ》・別行《べつぎょう》・異見《いけん》・異執《いしゅう》・悪見《あくけん》・邪心《じゃしん》・定散自力《じょうさんじりき》の心《しん》なり。

「悪獣《あくじゅう》」とは、六根《ろっこん》・六識《ろくしき》・六塵《ろくじん》・五陰《ごおん》・四大《しだい》なり。

「つねに悪友《あくう》に随《したが》ふ」といふは、

「悪友《あくう》」とは、善友《ぜんぬ》に対《たい》す、雑毒虚仮《ぞうどくこけ》の人《にん》なり。

「*〈無人空迴《むにんくうきょう》の沢《たく》〉といふは、悪友《あくう》なり。真《しん》の善知識《ぜんぢしき》に値《あ》はざるなり」
となり。

「真《しん》」の言《ごん》は仮《け》に対《たい》し偽《ぎ》に対《たい》す。

「善知識《ぜんぢしき》」とは、悪知識《あくちしき》に対《たい》するなり。

真《しん》の善知識《ぜんぢしき》、　正《しょう》の善知識《ぜんぢしき》、
実《じつ》の善知識《ぜんぢしき》、　是《ぜ》の善知識《ぜんぢしき》、

別解…異執　五二五頁「二別」「三異」の脚註参照。

無人空迴の沢　ここでは真の善知識《ぜんぢしき》にあわないことを無人という。空迴の沢は広々とした野原。

善《ぜん》の善《ぜん》知識《ぢしき》、　善性人《ぜんしょうにん》なり。
悪《あく》の知識《ちしき》とは、　仮《け》の善《ぜん》知識《ぢしき》、
偽《ぎ》の善《ぜん》知識《ぢしき》、　邪《じゃ》の善《ぜん》知識《ぢしき》、
虚《こ》の善《ぜん》知識《ぢしき》、　非《ひ》の善《ぜん》知識《ぢしき》、
悪《あく》の善《ぜん》知識《ぢしき》、　悪性人《あくしょうにん》なり。

「白道四五寸《びゃくどうしごすん》」といふは、

「白道《びゃくどう》」とは、白《びゃく》の言《ごん》は黒《こく》に対《たい》す、*道《どう》の言《ごん》は路《ろ》に対《たい》す、白《びゃく》とは、すなはちこれ六度万行《ろくどまんぎょう》、定散《じょうさん》なり。これすなはち自力小善《じりきしょうぜん》の路《ろ》なり。黒《こく》とは、すなはちこれ六趣《ろくしゅ》・四生《ししょう》・二十五有《にじゅうごう》・十二類生《じゅうにるいしょう》の黒悪《こくあく》道《どう》なり。

「四五寸《しごすん》」とは、四《し》の言《ごん》は*四大《しだい》、毒蛇《どくじゃ》に喩《たと》ふるなり。五《ご》の言《ごん》は*五陰《ごおん》、悪獣《あくじゅう》に喩《たと》ふるなり。

「*能生清浄願往生心《のうしょうしょうじょうがんおうじょうしん》」といふは、無上《むじょう》の信心《しんじん》、金剛《こんごう》の真心《しんしん》を発起《ほっき》するなり、これは如来回向《にょらいえこう》の信楽《しんぎょう》なり。

道の言は路に対す　親鸞聖人は道を大きなみち（大道）、路を小さなみち（小路）とする。

四大毒蛇・五陰悪獣　四大・五陰は行者の身心をいい、毒蛇・悪獣は貪瞋煩悩《とんじんぼんのう》をいう。

能生清浄…　「よく清浄願往生の心を生ぜしむ」

「あるいは行《ゆ》くこと一分二分《いちぶんにぶん》す」といふは、
*年歳時節《ねんさいじせつ》に喩《たと》ふるなり。
「悪見人等《あくけんにんとう》」といふは、
憍慢《きょうまん》・懈怠《けだい》・邪見《じゃけん》・疑心《ぎしん》の人《ひと》なり。

43 【八三】「また、西《にし》の岸《きし》の上《うえ》に、人《ひと》ありて喚《よ》ばうていはく、〈汝一心正念《なんじいっしんしょうねん》にして直《ただ》ちに来《きた》れ、我能《われよ》く護《まも》らん〉」といふは、

「西《にし》の岸《きし》の上《うえ》に、人《ひと》ありて喚《よ》ばうていはく」といふは、阿弥陀如来《あみだにょらい》の誓願《せいがん》なり。「汝《なんじ》」の言《ごん》は行者《ぎょうじゃ》なり、これすなはち必定《ひつじょう》の菩薩《ぼさつ》と名《な》づく。龍樹大士《りゅうじゅだいじ》『十住毘婆沙論《じゅうびばしゃろん》』（易行品　一六）にいはく、「*即時入必定《そくじにゅうひつじょう》」となり。曇鸞菩薩《どんらんぼさつ》の『論《ろん》』（論註・上意）には、「*入正定聚之数《にゅうしょうじょうじゅしじゅ》」といへり。善導和尚《ぜんどうかしょう》は、「希有人《けうにん》なり、最勝人《さいしょうにん》なり、妙好人《みょうこうにん》なり、好人《こうにん》なり、上上人《じょうじょうにん》なり、真仏弟子《しんぶつでし》なり」（散善義・意　五〇〇）といへり。「一心《いっしん》」の言《ごん》は、真実《しんじつ》の信心《しんじん》なり。「正念《しょうねん》」の言《ごん》は、選択摂取《せんじゃくせっしゅ》の本願《ほんがん》なり、また*第一希有《だいいちけう》の行《ぎょう》なり、*金剛不壊《こんごうふえ》の心《しん》なり。「直《じき》」の言《ごん》は、回《え》に対《たい》し迂《う》に対《たい》するなり。また「直《じき》」の言《ごん》は、方便仮門《ほうべんけもん》を捨《す》てて如来大願《にょらいだいがん》の他力《たりき》に帰《き》するなり、諸仏出世《しょぶつしゅっせ》の直説《じきせつ》を顕《あらわ》さしめんと欲《おぼ》してなり。

年歳時節に喩ふる　『一多証文』には「一分二分ゆくといふは、一年二年すぎゆくにたとへたるなり」とある。

即時入必定　「即の時に必定に入る」信心を獲得《ぎゃくとく》すると同時に、必ず仏になることに定まった位に入ること。

入正定聚之数　「正定聚の数に入る」

第一希有の行　十地《じゅうじ》の菩薩が修める十波羅蜜《じっぱらみつ》の行。ここでは本願の大行を指す。

金剛不壊の心　金剛のように堅く、破壊されることのない信心。

44

「来《らい》」の言《ごん》は、去《こ》に対《たい》し往《おう》に対《たい》するなり。また報土《ほうど》に還来《げんらい》せしめんと欲《おぼ》してなり。「我《が》」の言《ごん》は、尽十方無礙光如来《じんじっぽうむげこうにょらい》なり、不可思議光仏《ふかしぎこうぶつ》なり。「能《のう》」の言《ごん》は、不堪《ふかん》に対《たい》するなり、疑心《ぎしん》の人《にん》なり。「護《ご》」の言《ごん》は、阿弥陀仏果成《あみだぶつかじょう》の正意《しょうい》を顕《あらわ》すなり、また摂取不捨《せっしゅふしゃ》を形《あらわ》すの貌《かおばせ》なり、すなはちこれ現生護念《げんしょうごねん》なり。「念道《ねんどう》」の言《ごん》は、他力白道《たりきびゃくどう》を念《ねん》ぜよとなり。「慶楽《きょうらく》」とは、「慶《きょう》」の言《ごん》は印可《いんか》の言《ごん》なり、獲得《ぎゃくとく》の言《ごん》なり、「楽《らく》」の言《ごん》は悦喜《えつき》の言《ごん》なり、歓喜踊躍《かんぎゆやく》なり。

【八三】「仰《あお》いで釈迦発遣《しゃかはっけん》して、指《おし》へて西方《さいほう》に向《む》かへたまふことを蒙《かぶ》る」といふは、順《じゅん》なり。「また弥陀《みだ》の悲心招喚《ひしんしょうかん》したまふによる」といふは、信《しん》なり。「いま二尊《にそん》の意《おんこころ》に信順《しんじゅん》して、水火二河《すいかにが》を顧《かえり》みず、念々《ねんねん》に遺《わす》るることなく、かの願力《がんりき》の道《どう》に乗《じょう》ず」といへり。

【八四】至誠心《しじょうしん》について、難易対《なんいたい》　彼此対《ひしたい》　去来対《こらいたい》　毒薬対《どくやくたい》　内外対《ないげたい》

難易対《なんいたい》

難《なん》とは三業修善不真実《さんごうしゅぜんふしんじつ》の心《しん》なり、易《い》とは如来願力回向《にょらいがんりきえこう》の心《しん》なり。

彼此対《ひしたい》

彼《ひ》とは*浄邦《じょうほう》なり、　此《し》とは穢国《えこく》なり。

*去来対《こらいたい》

去《こ》とは釈迦仏《しゃかぶつ》なり、　来《らい》とは弥陀仏《みだぶつ》なり。

毒薬対《どくやくたい》

毒《どく》とは善悪雑心《ぜんあくざつしん》なり、　薬《やく》とは純一専心《じゅんいっせんしん》なり。

*内外対《ないげたい》

内《ない》は外道《げどう》、外《げ》は仏教《ぶっきょう》。　内《ない》は聖道《しょうどう》、外《げ》は浄土《じょうど》。
内《ない》は疑情《ぎじょう》、外《げ》は信心《しんじん》。　内《ない》は悪性《あくしょう》、外《げ》は善性《ぜんしょう》。
内《ない》は邪《じゃ》、外《げ》は正《しょう》。　内《ない》は虚《こ》、外《げ》は実《じつ》。
内《ない》は非《ひ》、外《げ》は是《ぜ》。　内《ない》は偽《ぎ》、外《げ》は真《しん》。
内《ない》は雑《ぞう》、外《げ》は専《せん》。　内《ない》は愚《ぐ》、外《げ》は賢《けん》。
内《ない》は仮《け》、外《げ》は真《しん》。　*内《ない》は退《たい》、外《げ》は進《しん》。
内《ない》は疎《そ》、外《げ》は親《しん》。　*内《ない》は遠《おん》、外《げ》は近《ごん》。
内《ない》は迂《う》、外《げ》は直《じき》。　*内《ない》は違《い》、外《げ》は随《ずい》。
内《ない》は逆《ぎゃく》、外《げ》は順《じゅん》。　内《ない》は軽《きょう》、外《げ》は重《じゅう》。

浄邦　阿弥陀仏の浄土のこと。

去来対　釈尊は「去《ゆ》け」と発遣《はっけん》し、阿弥陀仏は「来《きた》れ」と招喚《しょうかん》することをいう。

内外対　内心と外相とが相応しない不真実のありさま。

内は退…　内心はたじろいていながら、外相には白道を進むふりをしている。

内は遠…　内心は阿弥陀仏から遠ざかりながら、外相には近づいているような姿を示している。

内は違…　内心は教えに違いながら、外相では随順しているふりをする。

内《ない》は浅《せん》、外《げ》は深《じん》。　内《ない》は苦《く》、外《げ》は楽《らく》。
内《ない》は毒《どく》、外《げ》は薬《やく》。
内《ない》は*怯弱《こうにゃく》、外《げ》は強剛《ごうごう》。　内《ない》は懈怠《けだい》、外《げ》は勇猛《ゆうみょう》。
*内《ない》は間断《けんだん》、外《げ》は無間《むけん》。　内《ない》は自力《じりき》、外《げ》は他力《たりき》。

【八五】おほよそ心《しん》について、二種《にしゅ》の三心《さんしん》あり。
一には*自利《じり》の三心《さんしん》、　二には*利他《りた》の三信《さんしん》なり。

【八六】また二種《にしゅ》の往生《おうじょう》あり。
一には*即往生《そくおうじょう》、　二には*便往生《べんおうじょう》なり。

【八七】ひそかに『観経《かんぎょう》』の三心往生《さんしんおうじょう》を案《あん》ずれば、これすなはち*諸機自力各別《しょきじりきかくべつ》の三心《さんしん》なり。『大経《だいきょう》』の三信《さんしん》に帰《き》せしめんがためなり、諸機《しょき》を勧誘《かんゆう》して三信《さんしん》に通入《つうにゅう》せしめんと欲《おも》ふなり。三信《さんしん》とは、これすなはち金剛《こんごう》の真心《しんしん》、不可思議《ふかしぎ》の信心海《しんじんかい》なり。また「即往生《そくおうじょう》」とは、これすなはち難思議往生《なんじぎおうじょう》、真《しん》の報土《ほうど》なり。「便往生《べんおうじょう》」とは、すなはちこれ諸機各別《しょきかくべつ》の業因果成《ごういんかじょう》の土《ど》なり、胎宮《たいぐ》・辺地《へんじ》・懈慢界《けまんがい》、双樹林下往生《そうじゅりんげおうじょう》なり、また難思往生《なんじおうじょう》なりと、知《し》るべし。

怯弱　臆病な心。ひるみためらう心。

内は間断…　内心では信心が持続していないのに、外には持続の姿を示す。

自利の三心　『観経』の三心（至誠心《しじょうしん》・深心《じんしん》・回向発願心《えこうほつがんしん》）は、顕説《けんぜつ》（経文に顕著にあらわれた教え）の意味からいえば自力の心であるので自利の三心と名づける。

利他の三信　『観経』の三心は、隠彰《おんしょう》（微かにあらわされた教え）の意味からいえば阿弥陀仏の利他（他力）回向の信心であるので利他の三信と名づける。

即往生　信の一念の時、即時に正定聚《しょうじょうじゅ》の位につき定まり、真実報土《ほうど》の往生をとげる第十八願の他力の往生をいう。即の字に速疾（時をへだてない）の意味と正

*本《ほん》にいはく

*建長七歳《けんちょうしちさい》乙卯《きのとのう》八月《はちがつ》二十七日《にじゅうしちにち》これを書《か》く。

愚禿親鸞《ぐとくしんらん》八十三歳《はちじゅうさんさい》

定聚の位につくという意味とがある。↓即得往生《そくとくおうじょう》

便往生　化土《けど》に生ずる自力行者の往生をいう。往生即成仏の究竟の往生でないことを示す。

諸機自力各別の三心　自力の三心は機によって各々異なるので、このようにいう。

本にいはく　「本」とは書写原本のこと。原本にあった奥書をそのまま転写したことを示す。

建長七歳　一二五五年。

入《にゅう》出《しゅつ》二《に》門《もん》偈《げ》頌《じゅ》

本書は、世親《せしん》（天親《てんじん》）菩薩《ぼさつ》の『浄土論《じょうどろん》』の入出二門と、曇鸞大師《どんらんだいし》・道綽禅師《どうしゃくぜんじ》・善導《ぜんどう》大師の釈義についての讃嘆の偈頌《げじゅ》である。

初めに『浄土論』の「願生偈《がんしょうげ》」によって、世親菩薩が真実の教によって阿弥陀仏に帰命《きみょう》されていることを讃え、さらに曇鸞大師の解釈にもとづいて、「願生偈」がまったく阿弥陀仏の本願力を讃嘆するものと理解されている。

すなわち礼拝《らいはい》・讃嘆《さんだん》・作願《さがん》・観察《かんざつ》・回向《えこう》の五念門《ごねんもん》と、それに応ずる近門《ごんもん》・大会衆門《だいえしゅもん》・宅門《たくもん》・屋門《おくもん》（以上が入の四門）・園林遊戯地門《おんりんゆげじもん》（出第五門）の五功徳門《ごくどくもん》（入出二門）について、元来は往生人の所修として論じられていたものを、親鸞聖人《しんらんしょうにん》はすべて法蔵《ほうぞう》菩薩の修められたところとみなし、「願力成就《がんりきじょうじゅ》を五念《ごねん》と名《な》づく」といわれている。こうした解釈は、曇鸞大師が『浄土論』の文にしたがって五念門を修行者である菩薩の行として論じつつ、最後に五念門の因果が「阿弥陀如来を増上縁《ぞうじょうえん》とする」ことを明らかにし、他利利他の釈をなされた意をうけて、親鸞聖人が釈顕《しゃっけん》されたものである。

さらに道綽禅師の聖浄二門の釈義を讃え、善導大師が念仏成仏の法門を真宗といい、一乗海と呼び、信心の行者を称讃されたことを述べられている。

入出二門偈頌《にゅうしゅつにもんげじゅ》

愚禿親鸞作《ぐとくしんらんさく》

【一】　世親菩薩《せしんぼさつ》（天親）は、*大乗修多羅真実功徳《だいじょうしゅたらしんじつくどく》によりて、
一心《いっしん》に尽十方《じんじっぽう》*不可思議光如来《ふかしぎこうにょらい》に帰命《きみょう》せしめたまへり。
無礙《むげ》の光明《こうみょう》は大慈悲《だいじひ》なり。この光明《こうみょう》はすなはち諸仏《しょぶつ》の智《ち》なり。
かの世界《せかい》を観《かん》ずるに辺際《へんざい》なし、究竟《くきょう》せること広大《こうだい》にして虚空《こくう》のごとし。
五《いつ》つには*仏法不思議《ぶっぽうふしぎ》なり。このなかの仏土不思議《ぶつどふしぎ》に、
二種《にしゅ》の不思議力《ふしぎりき》まします。これは安楽《あんらく》の至徳《しとく》を示《しめ》すなり。
一《ひと》つには業力《ごうりき》、いはく法蔵《ほうぞう》の大願業力《だいがんごうりき》に成就《じょうじゅ》せられたり。
二《ふた》つには正覚《しょうがく》の阿弥陀法王《あみだほうおう》の善力《ぜんりき》に摂持《しょうじ》せられたり。
*女人《にょにん》・根欠《こんけつ》・*二乗《にじょう》の種《しゅ》、安楽浄刹《あんらくじょうせつ》に永《なが》く生《しょう》ぜず。
如来浄華《にょらいじょうけ》のもろもろの聖衆《しょうじゅ》は、*法蔵正覚《ほうぞうしょうがく》の華《はな》より化生《けしょう》す。
4 諸機《しょき》はもとすなはち*三三《さんざん》の品《ほん》なれども、いまは*一二《いちに》の殊異《しゅい》なし。

大乗修多羅　親鸞聖人は『銘文』で浄土三部経のこととする。

不可思議光如来　↓不可思《ふかし》議光《ぎこう》

仏法不思議　仏法力不可思議のこと。五不思議の一。↓五不思議《ごふしぎ》

女人根欠…　↓補註14

二乗の種…　底本には「二乗の種に」とある。二乗は声聞《しょうもん》・縁覚《えんがく》の小乗、種は心のこと。浄土では自利のみを求める小乗の心は決して起きないという意。

法蔵正覚の…　浄土の聖《しょう》者《じゃ》たちはみな、法蔵菩薩が成就したさとりの華から生れるという意。

三三の品　九品のこと。↓九品《くぼん》

一二の殊異なし　浄土には上品とか下品といった種別がないことを示す。

同一《どういつ》に念仏《ねんぶつ》して別《べつ》の道《みち》なければなり、なほ*淄澠《しじょう》の一味《いちみ》なるがごときなり。かの如来《にょらい》の本願力《ほんがんりき》を観《かん》ずるに、凡愚《ぼんぐ》、遇《もうお》うて空《むな》しく過《す》ぐるものなし。一心専念《いっしんせんねん》すれば、すみやかに真実功徳《しんじつくどく》の大宝海《だいほうかい》を満足《まんぞく》せしむ。*菩薩《ぼさつ》は五種《ごしゅ》の門《もん》に入《にゅう》出《しゅっ》して、自利利他《じりりた》の行《ぎょう》成就《じょうじゅ》したまへり。不可思議兆載劫《ふかしぎちょうさいこう》に、漸次《ぜんじ》に五種《ごしゅ》の門《もん》を成就《じょうじゅ》したまへり。なんらをか名《な》づけて五念門《ごねんもん》とすると。礼《らい》と讃《さん》と作願《さがん》と観察《かんざつ》と回《え》となり。

いかんが礼拝《らいはい》する。身業《しんごう》に礼《らい》したまひき。阿弥陀仏《あみだぶつ》*正遍知《しょうへんち》の、もろもろの群生《ぐんじょう》を*善巧方便《ぜんぎょうほうべん》して、安楽国《あんらくこく》に生《しょう》ぜん意《こころ》をなさしめたまふがゆゑなり。

すなはちこれを入第一門《にゅうだいいちもん》と名《な》づく。またこれを名《な》づけて*近門《ごんもん》に入《い》るとす。

いかんが讃嘆《さんだん》する。口業《くごう》に讃《さん》じたまひき。*名義《みょうぎ》に随順《ずいじゅん》して仏名《ぶつみょう》を称《しょう》せしめ、如来《にょらい》の*光明智相《こうみょうちそう》によりて、実《じつ》のごとく修《しゅ》し相応《そうおう》せんと欲《おも》ふがゆゑなり。すなはちこれ無碍光如来《むげこうにょらい》の、摂取選択《せっしゅせんじゃく》の本願《ほんがん》なるがゆゑなり。これを名《な》づけて入第二門《にゅうだいにもん》とす。すなはち*大会衆《だいえしゅ》の数《かず》に入《い》ることを獲《う》るなり。

いかんが作願《さがん》する。心《しん》につねに願《がん》じたまひき。一心専念《いっしんせんねん》してかしこに生《うま》れんと

淄澠の…　斉《せい》の国（現在の中国山東省《さんとう》）にあった淄水《しすい》と澠水《じょうすい》という二河の名。二河の水の味は異なるが海に入れば同じ塩からい水になるように、往生の機に九《く》品《ぼん》の別があっても、同じ念仏の一道によって往生すれば平等の果を得るということ。

菩薩は…　ここでの菩薩は法蔵《ほうぞう》菩薩のこと。入は自利、出は利他にあたる。

正遍知　梵語サムヤック・サンブッダ（samyak-sambuddha）の漢訳で如来十号の一。あまねく正しい智慧《ちえ》のある方という意。

善巧方便　→方便《ほうべん》

近門　五功徳門の一。→五《ご》種《しゅ》の功徳《くどく》

名義　名号《みょうごう》の実義、いわれ。

光明智相　光明の本質は智

願《がん》ぜしむ。
蓮華蔵世界《れんげぞうせかい》に入《い》ることを得《え》て、実《じつ》のごとく奢摩他《しゃまた》を修《しゅ》せんと欲《おも》はしむ。
これを名《な》づけて入第三門《にゅうだいさんもん》とす。またこれを名《な》づけて*宅門《たくもん》に入《い》るとす。
いかんが観察《かんざつ》する。智慧《ちえ》をして観《かん》ぜしめたまひき。正念《しょうねん》にかしこを観《かん》じて、
実《じつ》のごとく、
6 毘婆舎那《びばしゃな》を修行《しゅぎょう》せしめんと欲《おも》ふがゆゑに。かの所《ところ》に到《いた》ることを得《う》れば、すな
はち、
種々無量《しゅじゅむりょう》の法味《ほうみ》の楽《らく》を受用《じゅゆう》せしむ。すなはちこれを入第四門《にゅうだいしもん》と名《な》づく。
またこれを名《な》づけて*屋門《おくもん》に入《い》るとす。菩薩《ぼさつ》の修行成就《しゅぎょうじょうじゅ》とは、
四種《ししゅ》は入《にゅう》の功徳《くどく》を成就《じょうじゅ》したまへり、自利《じり》の行《ぎょう》を成就《じょうじゅ》したまへりと、知《し》るべし。
第五《だいご》は出《しゅつ》の功徳《くどく》を成就《じょうじゅ》したまへり。菩薩《ぼさつ》の出第五門《しゅつだいごもん》は、
いかんが回向《えこう》する。心《しん》に作願《さがん》したまひき。苦悩《くのう》の一切衆《いっさいしゅ》を捨《す》てずして、
回向《えこう》を首《はじ》めとして、大悲心《だいひしん》を成就《じょうじゅ》することを得《え》たまへるがゆゑに、功徳《くどく》を施《ほどこ》
したまふなり。
かの土《ど》に生《うま》れをはりて、すみやかに疾《と》く奢摩他《しゃまた》・毘婆舎那《びばしゃな》・

慧であり、智慧のすがたは光明であることをいったもの。智慧を本質とする光明が、十方を照らして衆生《しゅじょう》の迷いを除く。

大会衆の数に… 浄土で阿弥陀仏が説法する時の集会を広大会と名づけ、それに参列し聞法《もんぼう》する大衆《だいしゅ》を大会衆という。ここでは信心の行者が、現生（この世）において正定聚《しょうじょうじゅ》に入り、阿弥陀仏の眷属《けんぞく》となることをいう。

宅門 五功徳門の一。↓五《ご》種《しゅ》の功徳《くどく》

屋門 五功徳門の一。↓五《ご》種《しゅ》の功徳《くどく》

7 *巧方便力成就《ぎょうほうべんりきじょうじゅ》することを得《え》をはりて、生死《しょうじ》の園《その》・煩悩《ぼんのう》の林《はやし》に入《い》りて、応化身《おうげしん》を示《しめ》し、神通《じんずう》に遊《あそ》ぶ、*教化地《きょうけじ》に至《いた》りて群生《ぐんじょう》を利《り》せしむ。すなはちこれを出第五門《しゅつだいごもん》と名《な》づく。園林遊戯地門《おんりんゆげじもん》に入《い》るなり。本願力《ほんがんりき》の回向《えこう》をもつてのゆゑに、利他《りた》の行成就《ぎょうじょうじゅ》したまへりと、知《し》るべし。無礙光仏《むげこうぶつ》、*因地《いんじ》の時《とき》、この弘誓《ぐぜい》を発《おこ》し、この願《がん》を建《た》てたまふ。菩薩《ぼさつ》すでに智慧心《ちえしん》を成《じょう》じ、方便心《ほうべんしん》・無障心《むしょうしん》を成《じょう》じ、*妙楽勝真心《みょうらくしょうしんしん》を成就《じょうじゅ》して、すみやかに*無上道《むじょうどう》を成就《じょうじゅ》することを得《え》たまへるなり。自利《じり》と利他《りた》との功徳《くどく》を成《じょう》ずる、すなはちこれを名《な》づけて入出門《にゅうしゅつもん》とすとのたまへり。

【三】 婆藪槃頭菩薩《ばそばんずぼさつ》（天親）の『論《ろん》』（浄土論）、*本師曇鸞和尚《ほんしどんらんかしょう》註《ちゅう》したまへり。願力成就《がんりきじょうじゅ》を五念《ごねん》と名《な》づく、仏《ぶつ》をしていはばよろしく*利他《りた》といふべし。衆生《しゅじょう》をしていはば*他利《たり》といふべし。まさに知《し》るべし、いままさに仏力《ぶつりき》を談《だん》ぜんとす。

8 如実修行相応《にょじつしゅぎょうそうおう》といふは、名義《みょうぎ》と*光明《こうみょう》と随順《ずいじゅん》するなり。

巧方便力 奢摩他《しゃまた》（止《し》）、毘婆舎那《びばしゃな》（観《かん》）によって生ずる利他教化のはたらき。

教化地 自在に衆生を教化し利益《りやく》し救済する地位。八地以上の菩薩の境地のこと。

因地 因位の時。法蔵《ほうぞう》菩薩であった時。→因位《いんに》

妙楽勝真心 行者が五念門を行じて得る自利利他円満の真実心で、浄土の最勝の真実の徳（妙楽勝真）にかなう菩提心《ぼだいしん》のこと。親鸞聖人はこれを法蔵菩薩によって成就された心とみなし、他力信心の徳をあらわす名とする。

無上道 この上ない仏のさとり。

本師 本宗の祖師。

利他・他利 「行巻」一九二頁九行以下の本文および脚註参照。

光明 十方衆生《しゅじょう》を礙《さわ》りな

この信心《しんじん》をもつて一心《いっしん》と名《な》づく。煩悩成就《ぼんのうじょうじゅ》せる凡夫人《ぼんぶにん》、煩悩《ぼんのう》を断《だん》ぜずして涅槃《ねはん》を得《う》、すなはちこれ安楽自然《あんらくじねん》の徳《とく》なり。*淤泥華《おでいけ》といふは、『経《きょう》』（維摩経）に説《と》いてのたまはく、高原《こうげん》の陸地《ろくじ》には蓮《はちす》を生《しょう》ぜず。*卑湿《ひしゅう》の淤泥《おでい》に蓮華《れんげ》を生《しょう》ずと。これは凡夫《ぼんぶ》、煩悩《ぼんのう》の泥《でい》のうちにありて、仏《ぶつ》の正覚《しょうがく》の華《はな》を生《しょう》ずるに喩《たと》ふるなり。これは如来《にょらい》の本弘誓《ほんぐぜい》不可思議力《ふかしぎりき》を示《しめ》す。すなはちこれ入出二門《にゅうしゅつにもん》を他力《たりき》と名《な》づくとのたまへり。

【三】　道綽和尚《どうしゃくかしょう》、解釈《げしゃく》していはく、*『月蔵経《がつぞうきょう》』にのたまはく、わが末法《まっぽう》に、行《ぎょう》を起《おこ》し道《どう》を修《しゅ》せんに、一切《いっさい》の衆《しゅう》、いまだ一人《いちにん》も獲得《ぎゃくとく》するものあらじと。ここにありて心《しん》を起《おこ》して行《ぎょう》を立《た》つるは、すなはちこれ聖道《しょうどう》なり、自力《じりき》と名《な》づく。
9 当今《とうこん》は末法《まっぽう》にしてこれ五濁《ごじょく》なり。ただ浄土《じょうど》のみありて通入《つうにゅう》すべしと。今《いま》の時《とき》、悪《あく》を起《おこ》し衆罪《しゅざい》を造《つく》る、恒常《ごうじょう》なること暴風《ぼうふう》*駛雨《しう》のごとし。本弘誓願《ほんぐぜいがん》に名《みな》を称《しょう》せしむるは、これ穢濁悪《えじょくあく》の衆生《しゅじょう》のためなり。ここをもつて諸仏《しょぶつ》、浄土《じょうど》を勧《すす》めたまへり。たとひ一生悪業《いっしょうあくごう》を造《つく》れども、三信相応《さんしんそうおう》すればこれ一心《いっしん》なり。一心《いっしん》は淳心《じゅんしん》なれば如実《にょじつ》と名《な》づく。

く救う尽十方無礙光のいわれ。光明が名の義でもある。

淤泥華　泥の中に咲く花。蓮の花のこと。→蓮華《れんげ》

卑湿の淤泥…　湿地の泥沼に蓮の花が咲くように衆生の煩悩《ぼんのう》の泥の中に如来回向《えこう》の信心が生ずることを喩えたもの。

月蔵経　『大集経』「月蔵分」のこと。→大集経《だいじっきょう》

駛雨　にわかにふる大雨。

もし生《しよう》ぜずは、この*処《ことわり》なけん。かならず安楽国《あんらくこく》に往生《おうじよう》を得《う》れば、
生死《しようじ》すなはちこれ大涅槃《だいねはん》なり、すなはち易行道《いぎようどう》なり、他力《たりき》と名《な》づくと。

【四】　善導和尚《ぜんどうかしよう》、義解《ぎげ》していはく、念仏成仏《ねんぶつじようぶつ》する、これ真宗《しんしゆう》なり。
すなはちこれを名《な》づけて一乗海《いちじようかい》とす、すなはちこれをまた*菩提蔵《ぼだいぞう》と名《な》づく。
すなはちこれ*円教《えんぎよう》のなかの円教《えんぎよう》なり、すなはちこれ頓教《とんぎよう》のなかの頓教《とんぎよう》なり。
真宗《しんしゆう》に遇《もうあ》ひがたし、信《しん》を得《う》ること難《かた》し。難《なん》のなかの難《なん》、これに過《す》ぎたるはなし。
釈迦《しやか》・諸仏《しよぶつ》、これ真実慈悲《しんじつじひ》の父母《ぶも》なり。種々《しゆじゆ》の
善巧方便《ぜんぎようほうべん》をもつて、われらが無上《むじよう》の真実信《しんじつしん》を発起《ほつき》せしめたまふ。
煩悩《ぼんのう》を具足《ぐそく》せる凡夫人《ぼんぶにん》、仏願力《ぶつがんりき》によりて信《しん》を獲得《ぎやくとく》す。
この人《ひと》はすなはち*凡数《ぼんじゆ》の摂《しよう》にあらず、これは人中《にんちゆう》の分陀利華《ふんだりけ》なり。
この信《しん》は*最勝希有人《さいしようけうにん》なり、この信《しん》は*妙好上上人《みようこうじようじようにん》なり。
安楽土《あんらくど》に到《いた》れば、かならず自然《じねん》に、すなはち法性《ほつしよう》の常楽《じようらく》を証《しよう》せしむとのたまへり。

処　道理。

菩提蔵　仏のさとりに至る道を説く教え。菩薩蔵に同じ。→菩薩蔵《ぼさつぞう》

円教　円満完全な教え。仏教のうちで最も完全な教え。

凡数の摂　凡夫《ぼんぶ》の仲間。

最勝希有人　この上なくすぐれた功徳《くどく》をそなえたきわめてまれな人。

妙好上上人　この上なくすぐれて好もしい人。前項とともに真実信心の行者をほめたたえた言葉。

入《にゅう》出《しゅつ》二《に》門《もん》偈《げ》頌《じゅ》

七十四行《しちじゅうしぎょう》

愚禿《ぐとく》釈《しゃく》親鸞《しんらん》作《さく》

浄土和讃《じょうどわさん》

高僧和讃《こうそうわさん》

正像末和讃《しょうぞうまつわさん》

和讃とは和語をもって讃嘆する詩という意味で、親鸞聖人《しんらんしょうにん》が撰述された今様《いまよう》形式の和讃は五百首をこえる。とくにそのなかで『浄土和讃《じょうどわさん》』『高僧和讃《こうそうわさん》』『正像末和讃《しょうぞうまつわさん》』をまとめて「三帖和讃《さんじょうわさん》」と呼ばれている。

『浄土和讃』（百十八首）は、経典などによって阿弥陀仏とその浄土の徳を讃嘆したもので、「冠頭讃《かんとうさん》」二首、「讃阿弥陀仏偈讃《さんあみだぶつげさん》」四十八首、「大経讃《だいきょうさん》」二十二首、「観経讃《かんぎょうさん》」九首、「弥陀経讃《みだきょうさん》」五首、「諸経讃《しょきょうさん》」九首、「現世利益讃《げんぜりやくさん》」十五首、「勢至讃《せいしさん》」八首からなっている。とくに「讃阿弥陀仏偈讃」のはじめの六首は、「正信念仏偈《しょうしんねんぶつげ》」とともに門信徒が朝夕読誦《どくじゅ》する和讃で、ひろく知られている。

『高僧和讃』（百十九首）は、「正信念仏偈」の依釈段《えしゃくだん》と同様に、龍樹菩薩《りゅうじゅぼさつ》・天親《てんじん》菩薩・曇鸞大師《どんらんだいし》・道綽禅《どうしゃくぜん》師《じ》・善導《ぜんどう》大師・源信和尚《げんしんかしょう》・源空《げんくう》聖人というインド・中国・日本の三国にわたる七人の浄土教の先達《せんだつ》の教えを、その事蹟や著作に即してわかりやすく讃嘆されたもので、「龍樹讃」十首、「天親讃」十首、「曇鸞讃」三十四首、「道綽讃」七首、「善導讃」二十六首、「源信讃」十首、「源空讃」二十首と、「結讃」二首からなる。

次に『正像末和讃』（百十六首）は、その成立が親鸞聖人八十五歳以降とみられ、最晩年の信境の深まりと、三時通入の本願念仏の讃仰の気持がよくうかがわれる。「夢告讃《むこくさん》」一首、「正像末浄土和讃」五十八首、「誡疑讃《かいぎさん》」二十三首、「皇太子聖徳奉讃《こうたいししょうとくほうさん》」十一首、「愚禿悲歎述懐《ぐとくひたんじゅっかい》」十六首、「善光寺和讃」五首、それに「自然法爾《じねんほうに》」の法語と二首の和讃が終りに収められている。

浄《じよう》土《ど》和《わ》讃《さん》

(一)
*弥《み》陀《だ》の名号《みようごう》となへつつ
信心《しんじん》まことにうるひとは
憶念《おくねん》の心《しん》つねにして
仏恩《ぶつとん》報《ほう》ずるおもひあり

(二)
*誓《せい》願《がん》不《ふ》思《し》議《ぎ》をうたがひて
御《み》名《な》を称《しよう》する往生《おうじよう》は
*宮《く》殿《でん》のうちに五《ご》百《ひやく》歳《さい》
むなしくすぐとぞときたまふ

弥陀の名号…　冠頭の二首の和讃は、念仏する者の中に、本願を信じて称える者と、疑いながら称える者とがあることを示して、信を勧め疑を誡めたものである。

誓願不思議　阿弥陀仏の誓願は人間の思慮分別や議論を超えているので不思議という。→誓願《せいがん》

宮殿　辺地（方便化土《けど》）七宝の宮殿。本願疑惑の行者はこの宮殿に生れて五百年の間、三宝《さんぼう》を見聞せず、有《う》情《じよう》を利益《りやく》することができないという。→辺地《へんじ》

『讃阿弥陀仏偈《さんあみだぶつのげ》』にいはく　曇鸞御造《どんらんごぞう》

南無阿弥陀仏《なもあみだぶつ》　*釈《しゃく》して『無量寿傍経《むりょうじゅぼうきょう》』と名《な》づく、讃《ほ》めたてまつりてまた安養《あんにょう》といふ。成仏《じょうぶつ》よりこのかた十劫《じっこう》を歴《へ》たまへり、寿命《じゅみょう》まさに量《はか》りあることなし、法身の*光《こう》輪法界《りんほうかい》に遍《へん》して、*世《せ》の盲冥《もうみょう》を照《て》らしたまふ、かるがゆゑに頂礼《ちょうらい》したてまつる。また 一 *無量光《むりょうこう》と 二 真実明《しんじつみょう》と号《なづ》く、また 三 無辺光《むへんこう》と 四 平等覚《びょうどうかく》と号《なづ》く、また 五 無礙光《むげこう》と 六 難思議《なんじぎ》と号《なづ》く、また 七 無対光《むたいこう》と 八 畢竟依《ひっきょうえ》と号《なづ》く、また 九 光炎王《こうえんのう》と 一〇 大応供《だいおうぐ》と号《なづ》く、また 一一 清浄光《しょうじょうこう》と号《なづ》く、また 一二 歓喜光《かんぎこう》と 一三 大安慰《だいあんに》と号《なづ》く、また 一四 智慧光《ちえこう》と号《なづ》く、また 一五 不断光《ふだんこう》と号《なづ》く、また 一六 難思光《なんじこう》と号《なづ》く、また 一七 無称光《むしょうこう》と号《なづ》く、一八 超日月光《ちょうにちがっこう》と号《なづ》けたてまつる。

4

一九 無等等《むとうどう》　二〇 広大会《こうだいえ》　二一 大心海《だいしんかい》　二二 無上尊《むじょうそん》　二三 平等力《びょうどうりき》　二四 大心力《だいしんりき》
二五 無称仏《むしょうぶつ》　二六 婆伽婆《ばがば》　二七 講堂《こうどう》　二八 清浄大摂受《しょうじょうだいしょうじゅ》　二九 不可思議尊《ふかしぎそん》
三〇 道場樹《どうじょうじゅ》　三一 真無量《しんむりょう》　三二 清浄楽《しょうじょうがく》　三三 本願功徳聚《ほんがんくどくじゅ》　三四 清浄勲《しょうじょうくん》
三五 功徳蔵《くどくぞう》　三六 無極尊《むごくそん》　三七 南無不可思議光《なもふかしぎこう》　以上略抄《いじょうりゃくしょう》なり。

『十住毘婆沙論《じゅうじゅうびばしゃろん》』にいはく

*自在人《じざいにん》　我礼《がらい》　*清浄人《しょうじょうにん》　帰命《きみょう》　*無量徳《むりょうとく》　称讃《しょうさん》　以上《いじょう》

釈して…安養といふ　通常は「釈して無量寿と名づく。経に傍《そ》へて奉讃す。また安養ともいふ」と読む。『讃弥陀偈』を経典と同等とみて、本文のように読み改めたのであろう。

光輪　仏の光明《こうみょう》のはたらきを法輪（仏の説法）をもってあらわしたもの。すなわち、智慧《ちえ》の光明は教えとなって人々を照らし導くことをあらわす。

世の盲冥　無明煩悩《むみょうぼんのう》の衆《しゅ》生《じょう》を指す。

無量光…　以下の三十七号は阿弥陀仏の徳号。

自在人・清浄人・無量徳　「易行品」から抄出した阿弥陀仏の徳号。

讃阿弥陀仏偈和讃《さんあみだぶつげわさん》

愚禿親鸞作《ぐとくしんらんさく》

南無阿弥陀仏《なもあみだぶつ》

（三）
弥陀成仏《みだじょうぶつ》のこのかたは
いまに十劫《じっこう》をへたまへり
法身《ほっしん》の光輪《こうりん》きはもなく
世《せ》の盲冥《もうみょう》をてらすなり

（四）
智慧《ちえ》の光明《こうみょう》はかりなし
*有量《うりょう》の諸相《しょそう》ことごとく
*光暁《こうきょう》かぶらぬものはなし
*真実明《しんじつみょう》に帰命《きみょう》せよ

（五）
解脱《げだつ》の光輪《こうりん》きはもなし
*光触《こうそく》かぶるものはみな
*有無《うむ》をはなるとのべたまふ
平等覚《びょうどうかく》に帰命《きみょう》せよ

（六）
*光雲無礙如虚空《こううんむげにょこくう》
一切《いっさい》の有礙《うげ》にさはりなし
*光沢《こうたく》かぶらぬものぞなき
難思議《なんじぎ》を帰命《きみょう》せよ

（七）
清浄光明《しょうじょうこうみょう》ならびなし
*遇斯光《ぐしこう》のゆゑなれば
一切《いっさい》の*業繫《ごうけ》ものぞこりぬ
*畢竟依《ひっきょうえ》を帰命《きみょう》せよ

有量の諸相　「よろづの衆生《しゅじょう》なり」（左訓）
光暁　智慧《ちえ》の光明《こうみょう》が無明の闇を破るのを暁に喩える。
真実明　明とは智慧のこと、真実の智慧で十方世界を照らす仏という意。「真といふは偽りへつらはぬを真といふ。実といふはかならずもののみ（実）となるをいふなり」（異本左訓）
光触　「ひかりを身にふるるといふこころなり」（異本左訓）
有無　→有無《うむ》[2]
光雲無礙如虚空　「ひかり雲のごとくしてさはりなきこと虚空のごとし」（左訓）
光沢　「ひかりにあたるゆゑに智慧の出でくるなり」（異本左訓）
遇斯光…　「弥陀仏にまうあひぬるゆゑに」（左訓）
業繫　「罪の縄にしばらるるなり」（左訓）
畢竟依　衆生の究極のより

（八）
仏光照曜最第一《ぶっこうしょうようさいだいいち》
光炎王仏《こうえんのうぶつ》となづけたり
三塗《さんず》の黒闇《こくあん》ひらくなり
*大応供《だいおうぐ》を帰命《きみょう》せよ

（九）
*道光明朗超絶《どうこうみょうろうちょうぜつ》せり
清浄光仏《しょうじょうこうぶつ》とまうすなり
ひとたび光照《こうしょう》かぶるもの
*業垢《ごうく》をのぞき解脱《げだつ》をう

（一〇）
*慈光《じこう》はるかにかぶらしめ
ひかりのいたるところには
*法喜《ほうき》をうとぞのべたまふ
*大安慰《だいあんに》を帰命《きみょう》せよ

（一一）
無明《むみょう》の闇《あん》を破《は》するゆゑ
智慧光仏《ちえこうぶつ》となづけたり
一切諸仏《いっさいしょぶつ》・三乗衆《さんじょうしゅ》
ともに嘆誉《たんよ》したまへり

（一二）
光明《こうみょう》てらしてたえざれば
不断光仏《ふだんこうぶつ》となづけたり
*聞光力《もんこうりき》のゆゑなれば
*心不断《しんふだん》にて往生《おうじょう》す

（一三）
仏光測量《ぶっこうしきりょう》なきゆゑに
難思光仏《なんじこうぶつ》となづけたり
諸仏《しょぶつ》は往生嘆《おうじょうたん》じつつ
弥陀《みだ》の功徳《くどく》を称《しょう》せしむ

どころとなる仏という意。

大応供　衆生《しゅじょう》の供養《くよう》を受けるにふさわしい仏という意。

道光　さとりの智慧《ちえ》（道）から放たれる光明《こうみょう》。

業垢　「悪業煩悩《あくごうぼんのう》なり」（左訓）

慈光　「あはれむひかり。慈は父の慈悲にたとふるなり」（異本左訓）

法喜　「みのりを喜ぶなり」（左訓）

大安慰　衆生に大いなる安らぎとなぐさめを与える仏という意。

聞光力　「弥陀の御《おん》ちかひを信じまゐらするなり」（左訓）

心不断　「弥陀の誓願を信ずる心《こころ》たえずして往生すとなり」（左訓）

（一四）
*神光《じんこう》の離相《りそう》をとかざれば
無称光仏《むしょうこうぶつ》となづけたり
*因光成仏《いんこうじょうぶつ》のひかりをば
諸仏《しょぶつ》の嘆《たん》ずるところなり

（一五）
光明月日《こうみょうつきひ》に勝過《しょうが》して
超日月光《ちょうにちがっこう》となづけたり
釈迦嘆《しゃかたん》じてなほつきず
*無等等《むとうどう》を帰命《きみょう》せよ

（一六）
弥陀《みだ》*初会《しょえ》の聖衆《しょうじゅ》は
算数《さんじゅ》のおよぶことぞなき
浄土《じょうど》をねがはんひとはみな
*広大会《こうだいえ》を帰命《きみょう》せよ

6
（一七）
安楽無量《あんらくむりょう》の大菩薩《だいぼさつ》
一生補処《いっしょうふしょ》にいたるなり
*普賢《ふげん》の徳《とく》に帰《き》してこそ
穢国《えこく》にかならず化《け》するなれ

（一八）
十方衆生《じっぽうしゅじょう》のためにとて
如来《にょらい》の法蔵《ほうぞう》あつめてぞ
本願弘誓《ほんがんぐぜい》に帰《き》せしむる
*大心海《だいしんかい》を帰命《きみょう》せよ

（一九）
観音《かんのん》・勢至《せいし》もろともに
慈光世界《じこうせかい》を照曜《しょうよう》し
有縁《うえん》を度《ど》してしばらくも
休息《くそく》あることなかりけり

神光の離相を…　不可思議なる光明《こうみょう》（神光）の徳は、すがたかたちを超えていて説き尽せないので。
因光成仏　「光きはなからんと誓ひたまひて、無礙光仏となりておはしますとしるべし」（左訓）阿弥陀仏の光明に因《よ》って往生人が成仏するという義、光明無量の願を因として阿弥陀仏となったという義とがある。左訓は後の義を示したもの。
無等等　くらべもののない絶対平等のさとりを得た仏という意。
初会　仏の成道《じょうどう》後、初めての法座、またはその説法。
広大会　無量の聖衆《しょうじゅ》を集めた広大な法会の主である仏という意。
普賢の徳　「われら衆生《しゅじょう》、極楽にまゐりなば、大慈大悲をおこして十方に至りて衆生を利益《りやく》するなり。仏の至極の慈悲を普賢とまうす

（二〇）
安楽浄土《あんらくじょうど》にいたるひと
五濁悪世《ごじょくあくせ》にかへりては
釈迦牟尼仏《しゃかむにぶつ》のごとくにて
利益衆生《りやくしゅじょう》はきはもなし

（二一）
*神力自在《じんりきじざい》なることは
測量《しきりょう》すべきことぞなき
不思議《ふしぎ》の徳《とく》をあつめたり
無上尊《むじょうそん》を帰命《きみょう》せよ

（二二）
安楽声聞《あんらくしょうもん》・菩薩衆《ぼさつしゅ》
人天智慧《にんでんちえ》ほがらかに
身相荘厳《しんそうしょうごん》みなおなじ
*他方《たほう》に順《じゅん》じて名《な》をつらぬ

（二三）
顔容《げんよう》*端正《たんじょう》たぐひなし
*精微妙軀《しょうみみょうく》非人天《ひにんでん》
*虚無之身無極体《こむししんむごくたい》
平等力《びょうどうりき》を帰命《きみょう》せよ

（二四）
安楽国《あんらくこく》をねがふひと
正定聚《しょうじょうじゅ》にこそ住《じゅう》すなれ
*邪定《じゃじょう》・不定聚《ふじょうじゅ》くにになし
諸仏讃嘆《しょぶつさんだん》したまへり

（二五）
十方《じっぽう》*諸有《しょう》の衆生《しゅじょう》は
阿弥陀至徳《あみだしとく》の御名《みな》をきき
*真実信心《しんじつしんじん》いたりなば
おほきに*所聞《しょもん》を慶喜《きょうき》せん

なり」（異本左訓）
大心海　海のように広大な慈悲心をもつ仏という意。

神力　はかりしれないはたらき。神通力《じんずうりき》のこと。
他方に順じて…　他の世界になぞらえて声聞・菩薩・人・天などの名を立てているだけで実体のないこと。
端正　よく整っていること。
精微妙軀　不可思議ですぐれた身体。
虚無之身無極体　「法身如来なり」（左訓）虚無・無極はともに限定を超えた涅《ね》槃《はん》を指す。
邪定不定聚　「邪定は万行万善自力の往生、観経の説。不定聚は阿弥陀経のこころ、行は不可思議なれども、われら自力に修行するあひだ不定聚と説く」（異本左訓）
諸有の…　「あらゆる。諸有は二十五有の衆生《しゅじょう》といふ。諸われら衆生は二十五有に過

7

(二六)
*若不生者《にやくふしようじや》のちかひゆゑ
信楽《しんぎよう》まことにときいたり
一念《いちねん》*慶喜《きようき》するひとは
往生《おうじよう》かならずさだまりぬ

(二七)
安楽仏土《あんらくぶつど》の*依正《えしよう》は
法蔵願力《ほうぞうがんりき》のなせるなり
天上天下《てんじようてんげ》にたぐひなし
*大心力《だいしんりき》を*帰命《きみよう》せよ

(二八)
安楽国土《あんらくこくど》の荘厳《しようごん》は
釈迦無礙《しやかむげ》のみことにて
とくともつきじとのべたまふ
無称仏《むしようぶつ》を帰命《きみよう》せよ

(二九)
*已今当《いこんとう》の往生《おうじよう》は
この土《ど》の衆生《しゆじよう》のみならず
十方仏土《じつぽうぶつど》よりきたる
無量無数《むりようむしゆ》*不可計《ふかけ》なり

(三〇)
阿弥陀仏《あみだぶつ》の御名《みな》をきき
*歓喜《かんぎ》*讃仰《さんごう》せしむれば
功徳《くどく》の宝《ほう》を具足《ぐそく》して
一念《いちねん》*大利無上《だいりむじよう》なり

(三一)
たとひ*大千世界《だいせんせかい》に
みてらん火《ひ》をもすぎゆきて
仏《ぶつ》の御名《みな》をきくひとは
ながく不退《ふたい》にかなふなり

ぎて生るるといふこころなり」(異本左訓)→二十五有《にじゆうごう》

真実信心…　如来回向《えこう》の真実信心が到りとどいたなら。

所聞を…　「信ずることを得てよろこぶなり」(左訓)

若不生者のちかひ　「わがちかひを信ぜんもの、もし生れずは仏《ほとけ》にならじといふこころなり」(異本左訓)第十八願を指す。

慶喜　「信をえてのちによろこぶとなり」(左訓)

依正　→依正二報《えしようにほう》

大心力　大いなる願心の力をそなえた仏という意。

帰命　「仰せにしたがふ」(異本左訓)

已今当の往生　「過去に生る、今生に生る、未来に生るるなり」(左訓)

不可計　「かぞふべからずとなり」(左訓)

歓喜讃仰　「よろこびほめ仰ぐといふ」(左訓)「歓は

(三二)
神力《じんりき》無極《むごく》の阿弥陀《あみだ》は
無量《むりょう》の諸仏《しょぶつ》ほめたまふ
東方恒沙《とうぼうごうじゃ》の仏国《ぶっこく》より
無数《むしゅ》の菩薩《ぼさつ》ゆきたまふ

(三三)
自余《じよ》の九方《くほう》の仏国《ぶっこく》も
菩薩《ぼさつ》の*往覲《おうごん》みなおなじ
釈迦牟尼如来《しゃかむにによらい》*偈《げ》をときて
無量《むりょう》の功徳《くどく》をほめたまふ

(三四)
十方《じっぽう》の無量菩薩衆《むりょうぼさつしゅ》
徳本《とくほん》うゑんためにとて
恭敬《くぎょう》をいたし歌嘆《かたん》す
みなひと*婆伽婆《ばがば》を帰命《きみょう》せよ

8
(三五)
七宝講堂道場樹《しっぽうこうどうどうじょうじゅ》
*方便化身《ほうべんけしん》の浄土《じょうど》なり
十方来生《じっぽうらいしょう》きはもなし
講堂道場《こうどうどうじょう》礼《らい》すべし

(三六)
*妙土広大超数限《みょうどこうだいちょうしゅげん》
本願荘厳《ほんがんしょうごん》よりおこる
*清浄大摂受《しょうじょうだいしょうじゅ》に
稽首帰命《けいしゅきみょう》せしむべし

(三七)
*自利利他円満《じりりたえんまん》して
*帰命方便巧荘厳《きみょうほうべんぎょうしょうごん》
こころもことばもたえたれば
不可思議尊《ふかしぎそん》を帰命《きみょう》せよ

身をよろこばしむるをいふなり、喜は心をよろこばしむるをいふなり」(異本左訓)
讃仰せしむれば　讃仰したてまつれば。
大利　「涅槃《ねはん》に入るを大利といふなり」(異本左訓)
大千世界　→三千大千世界《さんぜんだいせんせかい》

往覲　「往生し仏《ほとけ》をみたてまつる」(左訓)
偈　『大経』(下)の「往覲偈《おうごんげ》」のこと。
婆伽婆　梵語バガヴァット(bhagavat)の音写。世尊と漢訳する。ここでは阿弥陀仏の徳号。
方便化身の浄土　「辺地懈《へんじけ》慢国《まんごく》なり、疑惑胎生の浄土なり」(左訓)
妙土広大…　浄土は広大で数量を超えている。
清浄大摂受　清浄で広く衆生をおさめ取る仏という意。
自利利他…　「自利は阿弥

(三八)
*神力《じんりき》本願《ほんがん》及《ぎゅう》満足《まんぞく》
明了《みょうりょう》堅固《けんご》*究竟願《くきょうがん》
慈悲《じひ》方便《ほうべん》不思議《ふしぎ》なり
真無量《しんむりょう》を帰命《きみょう》せよ

(三九)
宝林《ほうりん》・宝樹《ほうじゅ》微妙音《みみょうおん》
*自然《じねん》清和《しょうわ》の伎楽《ぎがく》にて
*哀婉雅亮《あいえんがりょう》すぐれたり
*清浄楽《しょうじょうがく》を帰命《きみょう》せよ

(四〇)
七宝樹林《しっぽうじゅりん》くににみつ
光耀《こうよう》たがひにかがやけり
華《け》・菓《か》・枝《し》・葉《よう》またおなじ
本願功徳聚《ほんがんくどくじゅ》を帰命《きみょう》せよ

(四一)
清風宝樹《しょうふうほうじゅ》をふくときは
*いつつの音声《おんじょう》いだしつつ
*宮商和《きゅうしょうわ》して自然《じねん》なり
*清浄勲《しょうじょうくん》を礼《らい》すべし

(四二)
一々《いちいち》のはなのなかよりは
*三十六百千億《さんじゅうろっぴゃくせんおく》の
光明《こうみょう》てらしてほがらかに
いたらぬところはさらになし

(四三)
一々《いちいち》のはなのなかよりは
三十六百千億《さんじゅうろっぴゃくせんおく》の
仏身《ぶっしん》もひかりもひとしくて
相好金山《そうごうこんぜん》のごとくなり

陀の仏《ほとけ》になりたまひたるこころ、利他は衆生《しゅじょう》を往生せしむるこころ、円は善悪すべてわかず、よきことになしてましますこころの満ちたるこころなり。みづからも仏《ほとけ》になり、衆生も仏《ほとけ》になることを円満すといふなり」（異本左訓）

帰命方便…　衆生を帰命せしめる慈悲方便としてのたくみな浄土の荘厳相《しょうごんそう》。

神力本願…　不可思議の救済力をもった阿弥陀仏の本願の内容を満足、明了、堅固、究竟の四に分けて説く。

究竟願　どんな困難にもくじけることなく必ず成就する願。

自然清和　おのずから発する響きがきよらかに調和していること。

哀婉雅亮　「あはれに、すみ、ただしく、さえたり」（左訓）

9
(四四)
相好《そうごう》ごとに百千《ひやくせん》の
　ひかりを十方《じつぽう》にはなちてぞ
　つねに妙 法《みようほう》ときひろめ
　衆生《しゆじよう》を仏道《ぶつどう》にいらしむる

(四五)
七宝《しつぽう》の宝池《ほうち》いさぎよく
　八功徳水《はつくどくすい》みちみてり
　*無漏《むろ》の依果《えか》不思議《ふしぎ》なり
　*功徳蔵《くどくぞう》を帰命《きみよう》せよ

(四六)
三塗苦難《さんずくなん》ながくとぢ
　*但有自然快楽音《たんうじねんけらくおん》
　このゆゑ安楽《あんらく》となづけたり
　無極尊《むごくそん》を帰命《きみよう》せよ

(四七)
十方三世《じつぽうさんぜ》の*無量慧《むりようえ》
　おなじく一如《いちによ》に乗《じよう》じてぞ
　*二智円満《にちえんまん》 *道平等《どうびようどう》
　*摂化随縁不思議《せつけずいえんふしぎ》なり

(四八)
弥陀《みだ》の浄土《じようど》に帰《き》しぬれば
　すなはち諸仏《しよぶつ》に帰《き》するなり
　一心《いつしん》をもちて一仏《いちぶつ》を
　ほむるは*無礙人《むげにん》をほむるなり

(四九)
*信心歓喜慶《しんじんかんぎきよう》 所聞《しよもん》
　乃曁一念至心者《ないかいいちねんししんしや》
　南無不可思議光仏《なもふかしぎこうぶつ》
　頭面《ずめん》に礼《らい》したてまつれ

清浄楽　清浄の音楽を成就した仏という意。
いつつの音声　宮《きゆう》・商《しよう》・角《かく》・徴《ち》・羽《う》の五音階。
宮商和して　宮・商などの五音がよく調和して。
清浄勲　きよらかな功勲のある仏という意。「勲」に「にほう」(異本左訓)とある。
三十六百千億　浄土の蓮華《れんげ》には百千億の花びらがあり、その花びらに青・白・玄・黄・朱・紫の六光があって相互に照らし合うから六六三十六の百千億の光になる。一即一切、一切即一という無礙《むげ》の相をあらわしている。

無漏の依果　煩悩《ぼんのう》を離れた国土。漏は煩悩の異名。依果は衆生《しゆじよう》のよりどころとなる環境世界。
功徳蔵　あらゆる功徳をたくわえている仏という意。
但有自然快楽音　ただ自然快楽の音声《おんじよう》のみがある。

(五〇)
*仏慧功徳《ぶつてくどく》を*ほめしめて
十方《じっぽう》の有縁《うえん》にきかしめん
信心《しんじん》すでにえんひとは
つねに仏恩報《ぶつとんほう》ずべし

以上四十八首《いじょうしじゅうはっしゅ》　愚禿親鸞作《ぐとくしんらんさく》

*阿弥陀如来《あみだにょらい》　観世音菩薩《かんぜおんぼさつ》　大勢至菩薩《だいせいしぼさつ》
釈迦牟尼如来《しゃかむににょらい》　富楼那尊者《ふるなそんじゃ》　大目犍連《だいもくけんれん》　阿難尊者《あなんそんじゃ》
頻婆娑羅王《びんばしゃらおう》　韋提夫人《いだいぶにん》　耆婆大臣《ぎばだいじん》　月光大臣《がっこうだいじん》
提婆尊者《だいばそんじゃ》　阿闍世王《あじゃせおう》　雨行大臣《うぎょうだいじん》　守門者《しゅもんじゃ》

10

浄土和讃《じょうどわさん》

愚禿親鸞作《ぐとくしんらんさく》

『大《だい》経《きょうの》』意《こころ》　二十二首《にじゅうにしゅ》

(五一)
尊者阿難座《そんじゃあなんざ》よりたち
世尊《せそん》の威光《いこう》を*瞻仰《せんごう》し
*生希有心《しょうけうしん》とおどろかし
*未曾見《みぞうけん》とぞあやしみし

(五二)
如来《にょらい》の*光瑞希有《こうずいけう》にして
阿難《あなん》はなはだこころよく
*如是之義《にょぜしぎ》ととへりしに
*出世《しゅっせ》の本意《ほんい》あらはせり

無量慧　無量の智慧《ちえ》を有するもの。諸仏のこと。

二智　諸法の空理をさとる実智《じっち》と、差別の事相を知る権智《ごんち》のこと。

道平等　諸仏のさとりが平等で同一であること。道はさとり、菩提の意。

摂化随縁　衆生《しゅじょう》の機縁に従って教化すること。

無礙人　生死即涅槃《しょうじそくねはん》、煩悩《ぼんのう》即菩提《そくぼだい》という無礙の智を得た諸仏のこと。

信心歓喜…　「信巻」二一五頁一二行以下の本文および脚註参照。

仏慧功徳　仏慧は仏の真実の智慧、功徳は国土・仏・菩薩の三種荘厳のこと。異本には「仏恵功徳」とあり、「大慈大悲と功徳とを」の左訓がある。

ほめしめて　ほめたてまつりて。

阿弥陀如来…　以下は『観

(五三)
*大寂定《だいじゃくじょう》にいりたまひ
如来《にょらい》の光顔《こうげん》たへにして
阿難《あなん》の*慧見《えけん》をみそなはし
*問斯慧義《もんしえぎ》とほめたまふ

(五四)
如来《にょらい》*興世《こうせ》の本意《ほんい》には
本願真実《ほんがんしんじつ》ひらきてぞ
*難値難見《なんちなんけん》とときたまひ
*猶霊瑞華《ゆれいずいけ》としめしける

(五五)
弥陀成仏《みだじょうぶつ》のこのかたは
いまに十劫《じっこう》とときたれど
*塵点久遠劫《じんでんくおんごう》よりも
ひさしき仏《ぶつ》とみえたまふ

(五六)
南無不可思議光仏《なもふかしぎこうぶつ》
*饒王仏《にょうおうぶつ》のみもとにて
十方浄土《じっぽうじょうど》のなかよりぞ
本願《ほんがん》*選択摂取《せんじゃくせっしゅ》する

(五七)
無礙光仏《むげこうぶつ》のひかりには
清浄《しょうじょう》・歓喜《かんぎ》・智慧光《ちえこう》
その徳《とく》不可思議《ふかしぎ》にして
十方諸有《じっぽうしょう》を利益《りやく》せり

(五八)
*至心《ししん》・信楽《しんぎょう》・欲生《よくしょう》と
十方諸有《じっぽうしょう》をすすめてぞ
不思議《ふしぎ》の誓願《せいがん》あらはして
真実報土《しんじつほうど》の因《いん》とする

経』に出る二尊と十三の聖者（雨行大臣は『涅槃経』に出る）を列挙したもの。
瞻仰　敬い仰ぎみること。
生希有心　「ありがたきこころといふ」（左訓）
未曾見　いまだかつてみたことがない。
光瑞　光り輝く奇瑞《きずい》の相（めでたいすがた）。
如是之義…　「かくのごときの義、いかなる御《おん》ことと問ひたてまつるにとなり」（異本左訓）
出世の本意　釈尊がこの世に出現した本意、真の目的。

大寂定　釈尊が『大経』を説く時に入った禅定《ぜんじょう》の境地。弥陀三昧という。
慧見　智慧《ちえ》。
問斯慧義　「この慧義を問ふ」慧義は大寂定《だいじゃくじょう》に入った釈尊の智慧のいわれ。
興世の…　「世に出でたまふこころはといふ」（左訓）

11

（五九）
*真実信心《しんじつしんじん》うるひとは
すなはち定聚《じょうじゅ》のかずにいる
不退《ふたい》のくらゐにいりぬれば
かならず滅度《めつど》にいたらしむ

（六〇）
*弥陀《みだ》の大悲《だいひ》ふかければ
仏智《ぶっち》の不思議《ふしぎ》をあらはして
*変成男子《へんじょうなんし》の願《がん》をたて
女人成仏《にょにんじょうぶつ》ちかひたり

（六一）
*至心《ししん》・発願《ほつがん》・欲生《よくしょう》と
十方衆生《じっぽうしゅじょう》を方便《ほうべん》し
*衆善《しゅぜん》の仮門《けもん》ひらきてぞ
*現其人前《げんごにんぜん》と願《がん》じける

（六二）
*臨終現前《りんじゅうげんぜん》の願《がん》により
釈迦《しゃか》は諸善《しょぜん》をことごとく
『観経《かんぎょう》』一部《いちぶ》にあらはして
定散諸機《じょうさんしょき》をすすめけり

（六三）
諸善万行《しょぜんまんぎょう》ことごとく
至心発願《ししんほつがん》せるゆゑに
往生浄土《おうじょうじょうど》の方便《ほうべん》の
善《ぜん》とならぬはなかりけり

（六四）
*至心《ししん》・回向《えこう》・欲生《よくしょう》と
十方衆生《じっぽうしゅじょう》を方便《ほうべん》し
*名号《みょうごう》の真門《しんもん》ひらきてぞ
*不果遂者《ふかすいしゃ》と願《がん》じける

難値難見　あうこともみることもむずかしい。

猶霊瑞華　「なほ霊瑞華のごとし」霊瑞華《うどんげ》は優曇華に同じ。→優曇華

塵点久遠劫　無限の過去。

饒王仏　→世自在王仏《せじざいおうぶつ》

選択摂取　すぐれたものを選び取ること。

至心信楽欲生　「本願のこころ、第十八の選択《せんじゃく》本願なり」（頭註）「至心に信楽してわが国に生れんとおもへ」と願われていることをいう。

真実信心…　第十一願の意を述べた一首。

弥陀の大悲…　「三十五の願のこころなり」（頭註）異本には「諸仏の大悲…」とあり、「弥陀を諸仏とまうす。過度人道（経）のこころなり」の左訓がある。

変成男子　→補註14

至心発願…　「十九《じゅうく》の願の

（六五）
*果遂《かすい》の願《がん》によりてこそ
釈迦《しやか》は*善本徳本《ぜんぽんとくほん》を
『弥陀経《みだきよう》』にあらはして
*一乗《いちじよう》の機《き》をすすめける

（六六）
定散自力《じようさんじりき》の称名《しようみよう》は
果遂《かすい》のちかひに帰《き》してこそ
をしへざれども自然《じねん》に
*真如《しんによ》の門《もん》に転入《てんにゆう》する

（六七）
安楽浄土《あんらくじようど》をねがひつつ
他力《たりき》の信《しん》をえぬひとは
仏智不思議《ぶつちふしぎ》をうたがひて
辺地懈慢《へんじけまん》にとまるなり

12
（六八）
如来《によらい》の*興世《こうせ》にあひがたく
諸仏《しよぶつ》の*経道《きようどう》ききがたし
菩薩《ぼさつ》の*勝法《しようぼう》きくことも
無量劫《むりようこう》にも*まれらなり

（六九）
善知識《ぜんぢしき》にあふことも
をしふることもまたかたし
よくきくこともかたければ
信《しん》ずることもなほかたし

（七〇）
*一代諸教《いちだいしよきよう》の信《しん》よりも
*弘願《ぐがん》の信楽《しんぎよう》なほかたし
難中之難《なんちゆうしなん》とときたまひ
*無過此難《むかしなん》とのべたまふ

こころ、諸行往生なり」（頭註）

衆善の仮門　諸善万行を修めて往生を願う権仮《ごんけ》の法門。

現其人前　臨終にその人の前に仏が現れる。来迎《らいこう》の意。

臨終現前の願　第十九願《じゆうく》の願名。

至心回向…　「二十の願のこころなり、自力の念仏を願じたまへり」（頭註）

名号の真門　名号を自己の善根《ぜんごん》として称える自力念仏の法門。

不果遂者　「つひにはたしとげんとなり」（左訓）

果遂の願　第二十願。果遂は「はたしとげる」という意で、一には化土《けど》往生を、二には第十八願（弘願《ぐがん》）への転入をはたしとげさせるということ。

善本徳本　「因位《いんに》を善本といふ。果位を徳本といふ」（異本左訓）因位の万善、

（七一）
念仏成仏《ねんぶつじょうぶつ》これ真宗《しんしゅう》
万行諸善《まんぎょうしょぜん》これ仮門《けもん》
権実真仮《ごんじつしんけ》をわかずして
自然《じねん》の浄土《じょうど》を*えぞしらぬ

（七二）
聖道権仮《しょうどうごんけ》の方便《ほうべん》に
衆生《しゅじょう》ひさしくとどまりて
諸有《しょう》に流転《るてん》の身《み》とぞなる
*悲願《ひがん》の一乗帰命《いちじょうきみょう》せよ

以上《いじょう》『大経《だいきょうの》』意《こころ》

『観《かん》経《ぎょうの》』意《こころ》　九首《くしゅ》

（七三）
恩徳広大釈迦如来《おんどくこうだいしゃかにょらい》
韋提夫人《いだいぶにん》に勅《ちょく》してぞ
*光台現国《こうだいげんごく》のそのなかに
安楽世界《あんらくせかい》をえらばしむ

（七四）
頻婆娑羅王《びんばしゃらおう》勅《ちょく》せしめ
宿因《しゅくいん》その期《ご》をまたずして
*仙人殺害《せんにんせつがい》のむくひには
*七重《しちじゅう》のむろにとぢられき

（七五）
阿闍世王《あじゃせおう》は瞋怒《しんぬ》して
*我母是賊《がもぜぞく》としめしてぞ
無道《むどう》に母《はは》を害《がい》せんと
つるぎをぬきてむかひける

果位の万徳をおさめた名《みょう》号《ごう》のこと。

一乗の機を…　本願一乗の法を受けとることのできるものに育てたという意。

真如の門…　「法身のさとりを開く身とうつり入るとまうすなり」（異本左訓）第十八願の他力念仏をいう。

興世に…　「世に出でたまふこと難しとなり」（左訓）

経道　諸経に教示された解《げ》脱《だつ》の道。

勝法　「すぐれたる法。勝法といふは六度波羅蜜なり」（異本左訓）

まれらなり　めったにない。

一代諸教　釈尊が一生の間に説いた教法。

弘願の信楽　第十八願の信心。

無過此難　「これに過ぎて難きことなしとなり」（左訓）

えぞしらぬ　とうてい知る

13

（七六）
耆婆《ぎば》・月光《がっこう》ねんごろに
是《ぜ》*旃陀羅《せんだら》とはぢしめて
*不宜住此《ふぎじゅし》と奏《そう》してぞ
闍王《じゃおう》の逆心《ぎゃくしん》いさめける

（七七）
耆婆大臣《ぎばだいじん》おさへてぞ
*却行而《きやくぎように》退《たい》せしめつつ
闍王《じゃおう》つるぎをすてしめて
韋提《いだい》をみやに禁《きん》じける

（七八）
弥陀《みだ》・釈迦方便《しゃかほうべん》して
阿難《あなん》・目連《もくれん》・富楼那《ふるな》・韋提《いだい》
達多《だった》・闍王《じゃおう》・頻婆娑羅《びんばしゃら》
耆婆《ぎば》・月光《がっこう》・行雨等《ぎょううとう》

（七九）
*大聖《だいしょう》おのおのもろともに
凡愚《ぼんぐ》*底下《ていげ》のつみびとを
*逆悪《ぎゃくあく》もらさぬ誓願《せいがん》に
方便引入《ほうべんいんにゅう》せしめけり

（八〇）
釈迦韋提方便《しゃかいだいほうべん》して
*浄土《じょうど》の機縁《きえん》熟《じゅく》すれば
*雨行大臣証《うぎょうだいじんしょう》として
闍王逆悪興《じゃおうぎゃくあくこう》ぜしむ

（八一）
定散諸機各別《じょうさんしょきかくべつ》の
自力《じりき》の三心《さんしん》ひるがへし
如来《にょらい》*利他《りた》の信心《しんじん》に
通入《つうにゅう》せんとねがふべし

ことができない。
悲願の一乗　大悲の願によって成就された、万人を平等に成仏せしめる唯一絶対の教法。
光台現国　「釈迦如来の御《おん》ひかりのなかにさまざまの国を現じたまふなり」（異本左訓）
仙人殺害　仙人は三年後には頻婆娑羅王《びんばしゃらおう》の太子として生れかわるべく定まっていたが、王は早く太子が欲しいばかりにその時期をまたないで仙人を殺害した。
七重のむろ　七重に囲まれ閉ざされた部屋。
我母是賊　「わが母はこれ賊なり」

旃陀羅　→補註9
不宜住此…　「ここにとどまるべからずとまうしけるなり」（左訓）
却行而退　「却行して退く」あとずさりすること。

以上《いじょう》『観経《かんぎょうの》』意《こころ》

『弥陀経《みだきょうの》』意《こころ》　五首《ごしゅ》

（八二）
十方《じっぽう》*微塵世界《みじんせかい》の
念仏《ねんぶつ》の衆生《しゅじょう》をみそなはし
*摂取《せっしゅ》してすてざれば
阿弥陀《あみだ》となづけたてまつる

（八三）
恒沙塵数《ごうじゃじんじゅ》の如来《にょらい》は
*万行《まんぎょう》の少善《しょうぜん》きらひつつ
名号不思議《みょうごうふしぎ》の信心《しんじん》を
ひとしくひとへにすすめしむ

14

（八四）
十方恒沙《じっぽうごうじゃ》の諸仏《しょぶつ》は
*極難信《ごくなんしん》ののりをとき
五濁悪世《ごじょくあくせ》のためにとて
*証誠護念《しょうじょうごねん》せしめたり

（八五）
諸仏《しょぶつ》の護念証誠《ごねんしょうじょう》は
*悲願成就《ひがんじょうじゅ》のゆゑなれば
金剛心《こんごうしん》をえんひとは
弥陀《みだ》の大恩報《だいおんほう》ずべし

（八六）
五濁悪時悪世界《ごじょくあくじあくせかい》
濁悪邪見《じょくあくじゃけん》の衆生《しゅじょう》には
弥陀《みだ》の名号《みょうごう》あたへてぞ
恒沙《ごうじゃ》の諸仏《しょぶつ》すすめたる

大聖　前首に列挙した人々が還相《げんそう》の聖者《しょうじゃ》であることを示す。
底下　「そこ。われらは大海の底に沈めるとなり」（異本左訓）
逆悪　「逆といふは五逆なり、悪は十悪なり」（異本左訓）→五逆《ごぎゃく》、十悪《じゅうあく》
浄土の機縁　浄土教が説き明かされる機縁。阿闍世《あじゃせ》の逆悪を指す。
雨行…　提婆達多《だいばだった》が阿闍世に語った過去の因縁《いんねん》が本当であるということを雨行大臣（第七十八首の行雨はその異称）が証言して、阿闍世の逆害が起った。「信巻」所引の『涅槃経《ねはんぎょう》』の文【一七】参照。
利他の信心　「本願真実の信心なり」（左訓）

微塵世界　数限りない世界。
摂取して…　「摂《おさ》めとる。ひとたびとりて永く捨てぬ

以上《いじょう》『弥陀経《みだきょう》』意《こころ》

諸経《しょきょう》のこころによりて弥陀和讃《みだわさん》

九首《くしゅ》

（八七）
*無明《むみょう》の大夜《たいや》をあはれみて
*法身《ほっしん》の光輪《こうりん》きはもなく
無碍光仏《むげこうぶつ》としめしてぞ
安養界《あんにょうかい》に*影現《ようげん》する

（八八）
久遠実成阿弥陀仏《くおんじつじょうあみだぶつ》
五濁《ごじょく》の凡愚《ぼんぐ》をあはれみて
釈迦牟尼仏《しゃかむにぶつ》としめしてぞ
*迦耶城《がやじょう》には*応現《おうげん》する

（八九）
百千倶胝《ひゃくせんくてい》の劫《こう》をへて
百千倶胝《ひゃくせんくてい》のしたをいだし
したごと無量《むりょう》のこゑをして
弥陀《みだ》をほめんになほつきじ

（九〇）
*大聖易往《だいしょういおう》とときたまふ
浄土《じょうど》をうたがふ衆生《しゅじょう》をば
*無眼人《むげんにん》とぞなづけたる
*無耳人《むににん》とぞのべたまふ

（九一）
*無上上《むじょうじょう》は*真解脱《しんげだつ》
真解脱《しんげだつ》は如来《にょらい》なり
真解脱《しんげだつ》にいたりてぞ
*無愛無疑《むあいむぎ》とはあらはるる

なり。摂はものの逃ぐるを追はへとるなり。摂はをさめとる、取は迎へとる」（異本左訓）→摂取不捨《せっしゅふしゃ》

万行の少善　念仏を多善根《たぜんごん》多功徳《たくどく》というのに対し、それ以外のあらゆる行（万行）を少善とする。

極難信ののり　きわめて信じ難い教法。一二八頁「難信の法」の脚註参照。

証誠護念　念仏の法が真実であることを証明し、念仏の行者をまもること。

悲願　第十七願を指す。

無明　「煩悩《ぼんのう》の王を無明といふなり」（異本左訓）

法身　「法身はすべてこころもことばも及ばぬなり。虚空に満ちたまへり」（異本左訓）

影現　形をとって現れること。影はすがたかたち。

迦耶城　通常は伽耶城と書く。釈尊成道の地、仏陀伽

15

（九二）

*平等心《びょうどうしん》をうるときを
*一子地《いっしじ》となづけたり
一子地《いっしじ》は仏性《ぶっしょう》なり
安養《あんにょう》にいたりてさとるべし

（九三）

如来《にょらい》すなはち涅槃《ねはん》なり
涅槃《ねはん》を仏性《ぶっしょう》となづけたり
*凡地《ぼんじ》にしてはさとられず
安養《あんにょう》にいたりて証《しょう》すべし

（九四）

信心《しんじん》よろこぶそのひとを
如来《にょらい》とひとしとときたまふ
*大信心《だいしんじん》は仏性《ぶっしょう》なり
仏性《ぶっしょう》すなはち如来《にょらい》なり

（九五）

衆生有碍《しゅじょううげ》の*さとりにて
無碍《むげ》の仏智《ぶっち》をうたがへば
*曾婆羅頻陀羅地獄《ぞうばらびんだらじごく》にて
多劫衆苦《たこうしゅく》にしづむなり

以上諸経意《いじょうしょきょうのこころ》

現世利益《げんぜりやく》*和讃《わさん》　十五首《じゅうごしゅ》

（九六）

阿弥陀如来《あみだにょらい》*来化《らいけ》して
*息災延命《そくさいえんめい》のためにとて
*『金光明《こんこうみょう》』の「寿量品《じゅりょうほん》」
ときおきたまへるみのりなり

耶（ブッダガヤー）のこと。異本左訓には「浄飯大王のわたらせたまひしところを伽耶城といふなり」とある。これによると、釈迦族の都城、カピラヴァストゥのこと。

応現　衆生《しゅじょう》に応じたすがたで現れること。

大聖易往　「釈迦仏なり、往きやすしとなり」（左訓）

無眼人・無耳人　→補註14

無上上…　「法身を無上上ともいひ、真解脱ともいふ」（異本左訓）

真解脱　「まことにさとり開くなり」（左訓）

無愛無疑　「欲のこころなし、疑ふこころなしとなり」（左訓）

平等心　愛憎を超えた怨親《おんしん》平等の心をいう。

一子地　「三界の衆生をわがひとり子とおもふことを得るを一子地といふなり」

（九七）
*山家《さんげ》の*伝教大師《でんぎようだいし》は
国土人民《こくどにんみん》をあはれみて
*七難消滅《しちなんしようめつ》の*誦文《じゆもん》には
南無阿弥陀仏《なもあみだぶつ》をとなふべし

（九八）
一切《いつさい》の功徳《くどく》にすぐれたる
南無阿弥陀仏《なもあみだぶつ》をとなふれば
三世《さんぜ》の重障《じゆうしよう》みなながら
かならず転《てん》じて*軽微《きようみ》なり

（九九）
南無阿弥陀仏《なもあみだぶつ》をとなふれば
この世《よ》の利益《りやく》きはもなし
流転輪廻《るてんりんね》のつみきえて
*定業中夭《じようごうちゆうよう》のぞこりぬ

16
（一〇〇）
南無阿弥陀仏《なもあみだぶつ》をとなふれば
*梵王《ぼんのう》・帝釈《たいしやく》帰敬《ききよう》す
諸天善神《しよてんぜんじん》ことごとく
よるひるつねにまもるなり

（一〇一）
南無阿弥陀仏《なもあみだぶつ》をとなふれば
*四天大王《してんだいおう》もろともに
よるひるつねにまもりつつ
よろづの悪鬼《あくき》をちかづけず

（一〇二）
南無阿弥陀仏《なもあみだぶつ》をとなふれば
*堅牢地祇《けんろうじぎ》は尊敬《そんきよう》す
かげとかたちとのごとくにて
よるひるつねにまもるなり

（異本左訓）
凡地　凡夫《ぼんぶ》の地位、境涯。
大信心　「われらが弥陀の本願他力を信じたるを大信心といふ。無上菩提に至るを大信といふなり」（異本左訓）
さとり　了見。考え。
曾婆羅頻陀羅地獄　「無間地獄の衆生《しゆじよう》をみては、あら楽しげやとみるなり。仏法を誹《そし》りたるもの、この地獄に堕《お》ちて八万劫住す。大苦悩を受く」（異本左訓）
和讃　「やはらげほめ」（異本左訓）
来化　「来りてあはれみたまふ」（左訓）
息災延命　「七難をとどめいのちを延べたまふなり」（左訓）
金光明　→金光明経《こんこうみようきよう》

山家　「比叡の山なり」（異本左訓）
伝教大師　→最澄《さいちよう》

(一〇三)
南無阿弥陀仏《なもあみだぶつ》をとなふれば
*難陀《なんだ》・跋難大竜等《ばつなんだいりゅうとう》
無量《むりょう》の竜神尊敬《りゅうじんそんきょう》し
よるひるつねにまもるなり

(一〇四)
南無阿弥陀仏《なもあみだぶつ》をとなふれば
*炎魔法王尊敬《えんまほうおうそんきょう》す
*五道《ごどう》の冥官《みょうかん》みなともに
よるひるつねにまもるなり

(一〇五)
南無阿弥陀仏《なもあみだぶつ》をとなふれば
*他化天《たけてん》の大魔王《だいまおう》
釈迦牟尼仏《しゃかむにぶつ》のみまへにて
まもらんとこそちかひしか

(一〇六)
*天神《てんじん》・地祇《じぎ》はことごとく
善鬼神《ぜんきじん》となづけたり
これらの善神《ぜんじん》みなともに
念仏《ねんぶつ》のひとをまもるなり

(一〇七)
願力不思議《がんりきふしぎ》の信心《しんじん》は
大菩提心《だいぼだいしん》なりければ
天地《てんち》にみてる*悪鬼神《あくきじん》
みなことごとくおそるなり

(一〇八)
南無阿弥陀仏《なもあみだぶつ》をとなふれば
観音《かんのん》・勢至《せいし》はもろともに
恒沙塵数《ごうじゃじんじゅ》の菩薩《ぼさつ》と
かげのごとくに身《み》にそへり

七難…　『七難《しちなん》消滅《しょうめつ》護国《ごこく》頌《じゅ》』に七難等の滅除に言及して「依正安穏にして念仏を修せん」とある。

誦　「そらにうかべよむを誦といふ」(異本左訓)

軽微　「軽《かろ》くなし、少なくなす、うすくなすイ」(左訓)

定業中夭　定業は定まっている寿命、中夭は早死の意。

梵王帝釈　梵天、帝釈天のこと。→梵天王《ぼんてんのう》、帝釈天《たいしゃくてん》

四天大王　→四天王《してんのう》

堅牢地祇　「この地にある神、地より下なる神を堅牢地祇といふ」(異本左訓)

難陀跋難　八大竜王の中の二竜王。竜王は仏法を護持する鬼神《きじん》。

炎魔法王　炎魔は梵語ヤマ(Yama)の音写。地獄の主。閻魔王ともいう。

五道の冥官　地獄・餓鬼《がき》・畜生《ちくしょう》・人・天の五道の罪を

（一〇九）

17 無礙光仏《むげこうぶつ》のひかりには
無数《むしゅ》の阿弥陀《あみだ》ましまして
化仏《けぶつ》おのおのことごとく
真実信心《しんじつしんじん》をまもるなり

（一一〇）

南無阿弥陀仏《なもあみだぶつ》をとなふれば
十方無量《じっぽうむりょう》の諸仏《しょぶつ》は
百重千重《ひゃくじゅうせんじゅう》　*囲繞《いにょう》して
よろこびまもりたまふなり

以上現世利益《いじょうげんぜりやく》

『*首楞厳経《しゅりょうごんぎょう》』によりて大《だい》勢至菩薩和讃《せいしぼさつわさん》したてまつる
八首《はっしゅ》

（一一一）

勢至《せいし》*念仏円通《ねんぶつえんずう》して
*五十二菩薩《ごじゅうにぼさつ》もろともに
すなはち座《ざ》よりたたしめて
*仏足頂礼《ぶっそくちょうらい》せしめつつ

（一一二）

教主世尊《きょうしゅせそん》にまうさしむ
往昔恒河沙劫《おうじゃくごうがしゃこう》に
仏世《ぶつよ》にいでたまへりき
無量光《むりょうこう》とまうしけり

（一一三）

*十二《じゅうに》の如来《にょらい》あひつぎて
十二劫《じゅうにこう》をへたまへり
最後《さいご》の如来《にょらい》をなづけてぞ
超日月光《ちょうにちがっこう》とまうしける

さばく冥界の官吏。

他化天の大魔王　欲界《よくかい》の最上界である他化自在天（第六天）の魔王。↓他化天《たけてん》

天神地祇　天神は梵天王《ぼんてんのう》・帝釈天《たいしゃくてん》・四天王《してんのう》など、地祇は堅牢地祇（大地の神）・八大竜王などを指す。

悪鬼神　仏道修行をさまたげ、衆生《しゅじょう》を悩害する夜叉《やしゃ》・羅刹《らせつ》などの鬼神。

囲繞　とりかこむこと。

首楞厳経　↓首楞厳経《しゅりょうごんぎょう》 [2]

念仏円通して　念仏によって円《まど》かなさとりに通達して。念仏によって無生法忍に入ったことをいう。↓無生法忍《むしょうぼうにん》

五十二菩薩　勢至菩薩とともに『首楞厳経』の会座《えざ》に列なった菩薩たち。

仏足頂礼　仏前にひざまずき、仏足を自分の頂にあてて礼拝《らいはい》する最敬礼のこと。

十二の如来　↓十二光《じゅうにこう》

（一二四）
超日月光《ちょうにちがっこう》*この身《み》には
念仏三昧《ねんぶつざんまい》をしへしむ
十方《じっぽう》の如来《にょらい》は衆生《しゅじょう》を
一子《いっし》のごとく憐念《れんねん》す

（一二五）
子《こ》の母《はは》をおもふがごとくにて
衆生仏《しゅじょうぶつ》を憶《おく》すれば
*現前当来《げんぜんとうらい》とほからず
如来《にょらい》を拝見《はいけん》うたがはず

（一二六）
*染香人《ぜんこうにん》のその身《み》には
香気《こうけ》あるがごとくなり
これをすなはちなづけてぞ
*香光荘厳《こうこうしょうごん》とまうすなる

（一二七）
18 われもと*因地《いんじ》にありしとき
念仏《ねんぶつ》の心《しん》をもちてこそ
*無生忍《むしょうにん》にはいりしかば
いまこの娑婆界《しゃばかい》にして

（一二八）
念仏《ねんぶつ》のひとを摂取《せっしゅ》して
浄土《じょうど》に帰《き》せしむるなり
大勢至菩薩《だいせいしぼさつ》の
大恩《だいおん》ふかく報《ほう》ずべし

以上大勢至菩薩《いじょうだいせいしぼさつ》
*源空聖人御本地《げんくうしょうにんごほんじ》なり。

この身　勢至菩薩を指す。
現前当来　現在と未来。この世と浄土。
染香人　「かうばしき香《か》、身に染めるがごとしといふ」（異本左訓）仏の智慧《ちえ》の香りに染まった人。念仏の行者をいう。
香光荘厳　「念仏は智慧なり」（異本左訓）阿弥陀仏よりたまわった智慧の香りと光によって、念仏者の人生が美しく飾られること。
因地　ここでは勢至菩薩がまだ無生法忍の果を得ていない時の意。
無生忍　「不退の位とまうすなり。かならず仏《ほとけ》になるべき身となるとなり」（異本左訓）
源空聖人…　法然《ほうねん》聖人は勢至菩薩の化身《けしん》と信じられていた。

19

高《こう》僧《そう》和《わ》讃《さん》

高僧和讃《こうそうのわさん》

愚禿親鸞作《ぐとくしんらんさく》

龍樹菩薩《りゅうじゅぼさつ》 *釈文《しゃくもん》に付《つ》けて

十首《じっしゅ》

（一）
*本師龍樹菩薩《ほんしりゅうじゅぼさつ》は
『*智度《ちど》』・『*十住毘婆沙《じゅうじゅうびばしゃ》』等《とう》
つくりておほく*西《にし》をほめ
すすめて念仏《ねんぶつ》せしめたり

（二）
*南天竺《なんてんじく》に比丘《びく》あらん
龍樹菩薩《りゅうじゅぼさつ》となづくべし
*有無《うむ》の邪見《じゃけん》を破《は》すべしと
*世尊《せそん》はかねてときたまふ

（三）
本師龍樹菩薩《ほんしりゅうじゅぼさつ》は
大乗無上《だいじょうむじょう》の法《ほう》をとき
*歓喜地《かんぎじ》を証《しょう》してぞ
ひとへに念仏《ねんぶつ》すすめける

釈文に付けて　高僧の著作によって。

本師　本宗の祖師。

智度　『大智度論《だいちどろん》』のこと。↓大智度論

十住毘婆沙　『十住毘婆沙論《じゅうじゅうびばしゃろん》』のこと。↓十住毘婆沙論

西　西方浄土。

南天竺　南インド。龍樹《りゅうじゅ》菩薩は南インドに出生した。

有無の邪見　有見・無見の誤った見解。↓有無《うむ》[2]

世尊は…　釈尊は（『楞伽経《りょうがきょう》』に）予言しておられる。

歓喜地　「歓喜地は正定聚《しょうじょうじゅ》の位なり。身によろこぶを歓といふ、こころによろこぶを喜といふ。得べきものを得てんずとおもひてよろこぶを歓喜といふ」（異本左訓）

(四)
龍樹《りゅうじゅ》*大士《だいじ》世《よ》にいでて
難行《なんぎょう》・易行《いぎょう》のみちをしへ
流転輪廻《るてんりんね》のわれらをば
*弘誓《ぐぜい》のふねにのせたまふ

(五)
本師龍樹菩薩《ほんしりゅうじゅぼさつ》の
をしへをつたへきかんひと
本願《ほんがん》こころに*かけしめて
つねに弥陀《みだ》を称《しょう》すべし

(六)
不退《ふたい》のくらゐすみやかに
えんとおもはんひとはみな
*恭敬《くぎょう》の心《しん》に*執持《しゅうじ》して
弥陀《みだ》の名号《みょうごう》称《しょう》すべし

(七)
生死《しょうじ》の苦海《くかい》ほとりなし
ひさしくしづめるわれらをば
弥陀弘誓《みだぐぜい》のふねのみぞ
のせてかならずわたしける

(八)
『智度論《ちどろん》』にのたまはく
如来《にょらい》は無上法皇《むじょうほうおう》なり
菩薩《ぼさつ》は法臣《ほっしん》としたまひて
尊重《そんじゅう》すべきは世尊《せそん》なり

(九)
一切菩薩《いっさいぼさつ》ののたまはく
われら*因地《いんじ》にありしとき
無量劫《むりょうこう》をへめぐりて
万善諸行《まんぜんしょぎょう》を*修《しゅ》せしかど

大士　菩薩のこと。→菩薩《ぼさつ》
弘誓のふね　阿弥陀仏の本願を、迷いの海をわたってさとりの彼岸に至らせる船に喩える。
かけしめて　かけたてまつりて。
恭敬の心　つつしみ敬う心。ここでは他力の信心のこと。
執持　「こころにとりたもつといふ」(左訓)
因地　「凡夫《ぼんぶ》にてありしときといふ」(異本左訓)
修せしかど　修めたけれども。

(一〇)
*恩愛《おんない》はなはだたちがたく
生死《しょうじ》はなはだつきがたし
念仏三昧行《ねんぶつざんまいぎょう》じてぞ
罪障《ざいしょう》を滅《めつ》し*度脱《どだつ》せし
以上《いじょう》　龍樹菩薩《りゅうじゅぼさつ》

天親菩薩《てんじんぼさつ》　釈文《しゃくもん》に付《つ》けて　十首《じっしゅ》

(一)
釈迦《しゃか》の教法《きょうぼう》おほけれど
天親菩薩《てんじんぼさつ》はねんごろに
*煩悩成就《ぼんのうじょうじゅ》のわれらには
弥陀《みだ》の弘誓《ぐぜい》をすすめしむ

(二)
安養浄土《あんにょうじょうど》の荘厳《しょうごん》は
*唯仏与仏《ゆいぶつよぶつ》の知見《ちけん》なり
*究竟《くきょう》せること虚空《こくう》にして
広大《こうだい》にして*辺際《へんざい》なし

(三)
本願力《ほんがんりき》にあひぬれば
むなしくすぐるひとぞなき
功徳《くどく》の宝海《ほうかい》みちみちて
煩悩《ぼんのう》の濁水《じょくすい》へだてなし

21
(四)
如来《にょらい》　*浄華《じょうけ》の聖衆《しょうじゅ》は
正覚《しょうがく》のはなより化生《けしょう》して
衆生《しゅじょう》の*願楽《がんぎょう》ことごとく
すみやかにとく満足《まんぞく》す

恩愛　父母妻子等に対する世俗的な情愛。流転《るてん》生死《しょうじ》の因となる。
度脱　解脱《げだつ》に同じ。迷いの世界をわたり、そこから脱すること。
煩悩成就　あらゆる煩悩を欠くことなくそなえていること。
唯仏与仏の知見　ただ仏と仏とのみが知りうることがら。
究竟せること　その大きさが、至りきわまっていること。
辺際なし　「ほとりきはなしとなり」（左訓）
浄華の聖衆　「浄華といふは、阿弥陀の仏《ほとけ》になりたまひしときの華なり。この華に生ずる衆生《しゅじょう》は、同一に念仏して別の道なしといふなり」（異本左訓）
願楽　ねがい。

（一五）
*天《てん》・人《にん》不《ふ》動《どう》の聖衆《しょうじゅ》は
*弘誓《ぐぜい》の智海《ちかい》より生《しょう》ず
*心業《しんごう》の功徳《くどく》清浄《しょうじょう》にて
虚空《こくう》のごとく差別《しゃべつ》なし

（一六）
天親論主《てんじんろんじゅ》は一心《いっしん》に
無礙光《むげこう》に帰命《きみょう》す
本願力《ほんがんりき》に乗《じょう》ずれば
報土《ほうど》にいたるとのべたまふ

（一七）
尽十方《じんじっぽう》の無礙光仏《むげこうぶつ》
一心《いっしん》に帰命《きみょう》するをこそ
天親論主《てんじんろんじゅ》のみことには
*願作仏心《がんさぶっしん》とのべたまへ

（一八）
願作仏《がんさぶつ》の心《しん》はこれ
*度衆生《どしゅじょう》のこころなり
度衆生《どしゅじょう》の心《しん》はこれ
利他《りた》真実《しんじつ》の信心《しんじん》なり

（一九）
信心《しんじん》すなはち一心《いっしん》なり
一心《いっしん》すなはち金剛心《こんごうしん》
金剛心《こんごうしん》は菩提心《ぼだいしん》
この心《しん》すなはち他力《たりき》なり

（二〇）
*願土《がんど》にいたればすみやかに
無上涅槃《むじょうねはん》を証《しょう》してぞ
すなはち大悲《だいひ》をおこすなり
これを回向《えこう》となづけたり

天人不動の聖衆　天上界・人間界から浄土に生れた聖《しょう》者《じゃ》たち。大乗の善根《ぜんごん》を成就して動揺することがないから不動という。

弘誓の智海　本願によって成じた広大な仏の智慧《ちえ》を海に喩える。

心業　心のはたらき。

願作仏心　「仏《ほとけ》にならんと願ふこころなり」（左訓）

度衆生のこころ　「衆生をわたすこころなり」（左訓）

願土　「願土は弥陀の本誓悲願の土なり」（異本左訓）阿弥陀仏の本願によって成就された国土。

以上《いじよう》天親《てんじん》菩薩《ぼさつ》

曇鸞《どんらん》和尚《かしよう》　釈文《しやくもん》に付《つ》けて

三十四首《さんじゆうししゆ》

（二一）
本師《ほんし》曇鸞《どんらん》和尚《かしよう》は
菩提流支《ぼだいるし》のをしへにて
*仙経《せんぎよう》ながくやきすてて
浄土《じようど》にふかく帰《き》せしめき

22
（二二）
四論《しろん》の講説《こうせつ》さしおきて
本願《ほんがん》他力《たりき》をときたまひ
*具縛《ぐばく》の凡衆《ぼんしゆ》をみちびきて
*涅槃《ねはん》のかどにぞいらしめし

（二三）
*世俗《せぞく》の君子《くんし》*幸臨《こうりん》し
勅《ちよく》して*浄土《じようど》のゆゑをとふ
十方仏国《じつぽうぶつこく》浄土《じようど》なり
なにによりてか西《にし》にある

（二四）
鸞師《らんし》こたへてのたまはく
わが身《み》は智慧《ちえ》あさくして
いまだ*地位《じい》にいらざれば
*念力《ねんりき》ひとしくおよばれず

（二五）
一切道俗《いつさいどうぞく》もろともに
帰《き》すべきところぞさらになき
*安楽勧帰《あんらくかんき》のこころざし
鸞師《らんし》ひとりさだめたり

仙経　長生不死の神仙術を説く道教の書。
具縛　「具縛といふは煩悩《ぼんのう》具足の凡夫《ぼんぶ》といふなり」（異本左訓）
涅槃のかど　涅槃に至る門。
世俗の君子　東魏《とうぎ》の孝静帝《こうせいてい》であろう。第二十六首の「魏の主」、第二十七首の「魏の天子」、第三十首の「君子」も同じ。
幸臨　ご来訪になること。
浄土…　西方浄土のみ願生する理由を問う。
地位…　「不退の位に至らずとなり」（左訓）初地《しよじ》（歓喜地《かんぎじ》）以上の菩薩の位。
念力…　「おもふ力、余の浄土にはかなはずとなり」（異本左訓）十方の浄土を平等に念ずる力がないということ。
安楽勧帰　安楽浄土への往生を勧め、自他ともに阿弥陀仏に帰依《きえ》すること。

(二六)
魏《ぎ》の主《しゅ》勅《ちょく》して*并州《へいしゅう》の
*大巌寺《だいがんじ》にぞおはしける
やうやくをはりにのぞみては
*汾州《ふんしゅう》にうつりたまひにき

(二七)
魏《ぎ》の天子《てんし》はたふとみて
*神鸞《じんらん》とこそ号《ごう》せしか
おはせしところのその名《な》をば
鸞公巌《らんこうがん》とぞなづけたる

(二八)
*浄業《じょうごう》さかりにすすめつつ
*玄中寺《げんちゅうじ》にぞおはしける
*魏《ぎ》の興和四年《こうかしねん》に
*遥山寺《ようさんじ》にこそうつりしか

(二九)
六十有七《ろくじゅうゆうしち》ときいたり
浄土《じょうど》の往生《おうじょう》とげたまふ
そのとき*霊瑞不思議《れいずいふしぎ》にて
一切道俗帰敬《いっさいどうぞくききょう》しき

(三〇)
君子《くんし》ひとへにおもくして
勅宣《ちょくせん》くだしてたちまちに
汾州汾西《ふんしゅうふんせい》*秦陵《しんりょう》の
勝地《しょうち》に霊廟《れいびょう》たてたまふ

23
(三一)
*天親菩薩《てんじんぼさつ》のみことをも
鸞師《らんし》ときのべたまはずは
*他力広大威徳《たりきこうだいいとく》の
*心行《しんぎょう》いかでかさとらまし

并州　現在の山西省太原《さんせいしょうたいげん》。
大巌寺　「曇鸞《どんらん》の造らせたまひたる御《おん》寺なり」（異本左訓）
汾州　現在の山西省汾陽《ふんよう》。曇鸞大師はこの州の石壁玄中寺《せきへきげんちゅうじ》に住した。
神鸞　不思議な徳を持っている曇鸞大師の意。
浄業　念仏のこと。
玄中寺　「曇鸞の造らせたまひたる御《おん》寺なり。道綽《どうしゃく》は鸞師の御《おん》弟子なり。この寺に道綽はつぎておはしましけり」（異本左訓）
魏の興和四年　五四二年。
遥山寺　平遥山《へいようさん》の寺。
霊瑞　「霊瑞はやうやうのめでたきことの現じ、仏《ほとけ》もみえなんどしたまふほどのことなり」（異本左訓）
秦陵　大陵の誤伝。
天親菩薩のみこと　天親菩薩の『浄土論』をいう。
他力広大威徳の心行　心は一心帰命の信心、行は五念

（三二）
本願《ほんがん》*円頓一乗《えんどんいちじょう》は
*逆悪摂《ぎゃくあくせつ》すと信知《しんち》して
*煩悩《ぼんのう》・菩提体無二《ぼだいたいむに》と
すみやかにとくさとらしむ

（三三）
*いつつの不思議《ふしぎ》をとくなかに
仏法不思議《ぶっぽうふしぎ》にしくぞなき
仏法不思議《ぶっぽうふしぎ》といふことは
弥陀《みだ》の弘誓《ぐぜい》になづけたり

（三四）
弥陀《みだ》の回向成就《えこうじょうじゅ》して
*往相《おうそう》・還相《げんそう》ふたつなり
これらの回向《えこう》によりてこそ
心行《しんぎょう》ともにえしむなれ

（三五）
往相《おうそう》の回向《えこう》ととくことは
弥陀《みだ》の方便《ほうべん》*ときいたり
悲願《ひがん》の信行《しんぎょう》えしむれば
生死《しょうじ》すなはち涅槃《ねはん》なり

（三六）
還相《げんそう》の回向《えこう》ととくことは
利他教化《りたきょうけ》の果《か》をえしめ
すなはち*諸有《しょう》に*回入《えにゅう》して
*普賢《ふげん》の徳《とく》を修《しゅ》するなり

（三七）
*論主《ろんじゅ》の一心《いっしん》ととけるをば
曇鸞大師《どんらんだいし》のみことには
煩悩成就《ぼんのうじょうじゅ》のわれらが
他力《たりき》の信《しん》とのべたまふ

門の行。この心行は如来より回向《えこう》されたものであるので、他力広大威徳という。

円頓　「八万聖教のすべて少しも欠くることなきを円頓と申すなり」（異本左訓）
逆悪　→五逆《ごぎゃく》、十悪《じゅうあく》
煩悩菩提体無二　煩悩と菩提とが本来一つであること。
いつつの不思議　五不思議のこと。→五不思議《ごふしぎ》
往相還相　「往相はこれより往生せさせんとおぼしめす回向なり。還相は浄土にまゐり、果ては普賢のふるまひをせさせて衆生利益せさせんと回向したまへるなり」（異本左訓）
ときいたり　時節が到来し。
諸有　「十方のよろづの衆生なり」（異本左訓）
回入　めぐり入ること。
普賢　「普賢といふは仏《ほとけ》の慈悲の極まりなり」（異本左訓）

(三八)
尽十方《じんじっぽう》の無礙光《むげこう》は
無明《むみょう》のやみをてらしつつ
*一念歓喜《いちねんかんぎ》するひとを
かならず滅度《めつど》にいたらしむ

(三九)
無礙光《むげこう》の利益《りやく》より
威徳広大《いとくこうだい》の信《しん》をえて
かならず煩悩《ぼんのう》のこほりとけ
すなはち菩提《ぼだい》のみづとなる

24
(四〇)
*罪障功徳《ざいしょうくどく》の体《たい》となる
こほりとみづのごとくにて
こほりおほきにみづおほし
*さはりおほきに徳《とく》おほし

(四一)
名号不思議《みょうごうふしぎ》の海水《かいすい》は
*逆謗《ぎゃくほう》の屍骸《しがい》もとどまらず
*衆悪《しゅあく》の万川帰《ばんせんき》しぬれば
*功徳《くどく》のうしほに*一味《いちみ》なり

(四二)
尽十方無礙光《じんじっぽうむげこう》の
大悲大願《だいひだいがん》の海水《かいすい》に
煩悩《ぼんのう》の衆流帰《しゅりゅうき》しぬれば
智慧《ちえ》のうしほに一味《いちみ》なり

(四三)
安楽仏国《あんらくぶっこく》に生《しょう》ずるは
*畢竟成仏《ひっきょうじょうぶつ》の道路《どうろ》にて
無上《むじょう》の方便《ほうべん》なりければ
諸仏浄土《しょぶつじょうど》をすすめけり

論主　天親《てんじん》菩薩のこと。『浄土論』を製作したので論主という。

一念歓喜するひと　疑いなく、往生せしめられることをよろこぶ人。

罪障功徳の体となる　体は本体。罪障がそのまま功徳になる。

さはり…　「悪業《あくごう》おほければ功徳のおほきなり」(左訓)

逆謗…　五逆・謗法の者は仏道の死骸のようなものであるのでこのようにいう。

衆悪の万川　「よろづの悪をよろづの川にたとへたり」(左訓)

功徳のうしほに…　万川が海に入れば同一の塩味となるように、五逆・謗法の者も他力の信心を獲れば、一切の悪業を転じて仏の功徳と一味となる。

一味　「ひとつあぢはひとなるなり」(左訓)

(四四)
諸仏三業荘厳《しょぶつさんごうしょうごん》して
畢竟《ひっきょう》 *平等《びょうどう》なることは
衆生《しゅじょう》 *虚誑《こおう》の身口意《しんくい》を
*治《ち》せんがためとのべたまふ

(四五)
安楽仏国《あんらくぶっこく》にいたるには
*無上宝珠《むじょうほうしゅ》の名号《みょうごう》と
真実信心《しんじつしんじん》ひとつにて
*無別道故《むべつどうこ》とときたまふ

(四六)
如来清浄本願《にょらいしょうじょうほんがん》の
*無生《むしょう》の生《しょう》なりければ
*本則三三《ほんそくさんざん》の品《ほん》なれど
一二《いちに》もかはることぞなき

(四七)
無礙光如来《むげこうにょらい》の名号《みょうごう》と
かの*光明智相《こうみょうちそう》とは
無明長夜《むみょうじょうや》の闇《あん》を破《は》し
衆生《しゅじょう》の志願《しがん》をみてたまふ

(四八)
*不如実修行《ふにょじつしゅぎょう》といへること
鸞師釈《らんししゃく》してのたまはく
一者信心《いっしゃしんじん》あつからず
*若存若亡《にゃくぞんにゃくもう》するゆゑに

25

(四九)
二者信心一《にしゃしんじんいち》ならず
決定《けつじょう》なきゆゑなれば
三者信心相続《さんじゃしんじんそうぞく》せず
*余念間故《よねんけんこ》とのべたまふ

畢竟成仏…　究極においては仏になること。ここでは転じて究極無上の成仏道の意味とする。

平等　「平等はすべてのものにおいてへだてなきこころなり」（異本左訓）

虚誑　「悪業煩悩《あくごうぼんのう》のこころなり」（異本左訓）

治せん　「たすくるこころなり」（異本左訓）

無上宝珠　「如意宝珠のたまなり。この宝珠は濁れる水に入るれば、水はすめども身さびゐず。水晶は濁り水に入るれば、身さびゐる。かるがゆゑに水晶をば万行万善にたとへ、宝珠をば名《みょう》号《ごう》にたとふ」（異本左訓）

無別道故　「別の道なきがゆゑに」

無生の生　「六道の生を離れたる生なり。六道四生に生るること、真実信心のひとはなきゆゑに無生とい

（五〇）
*三信展転相成《さんしんてんでんそうじょう》す
行者《ぎょうじゃ》こころをとどむべし
信心《しんじん》あつからざるゆゑに
決定《けつじょう》の信《しん》なかりけり

（五一）
決定《けつじょう》の信《しん》なきゆゑに
念相続《ねんそうぞく》せざるなり
念相続《ねんそうぞく》せざるゆゑ
決定《けつじょう》の信《しん》をえざるなり

（五二）
決定《けつじょう》の信《しん》をえざるゆゑ
信心不淳《しんじんふじゅん》とのべたまふ
*如実修行相応《にょじつしゅぎょうそうおう》は
信心《しんじん》ひとつにさだめたり

（五三）
万行諸善《まんぎょうしょぜん》の小路《しょうろ》より
*本願一実《ほんがんいちじつ》の大道《だいどう》に
帰入《きにゅう》しぬれば涅槃《ねはん》の
さとりはすなはちひらくなり

（五四）
本師曇鸞大師《ほんしどんらんだいし》をば
*梁《りょう》の天子蕭王《てんしそうおう》は
おはせしかたにつねにむき
鸞菩薩《らんぼさつ》とぞ礼《らい》しける

以上《いじょう》曇鸞和尚《どんらんかしょう》

道綽禅師《どうしゃくぜんじ》　釈文《しゃくもん》に付《つ》けて　七首《しちしゅ》

ふ」（異本左訓）

本則三三の…　「もとは九《ここの》品《しな》の衆生の報土に生れぬれば、一人《ひとり》もかはることなしとなり」（左訓）

光明智相　光明の本質は智《ち》慧《え》であり、智慧のすがたは光明であることをいったもの。

不如実修行　「をしへのごとくならずといふこころなり」（左訓）

若存若亡　「あるときには往生してんずとおもひ、あるときには往生はえせじとおもふを若存若亡といふなり」（異本左訓）

余念間故　「まじへるがゆゑに信なしといふなり」（左訓）疑いがまじるので。

三信展転…　淳心・一心・相続心の三信が相関連して一つの信心の内容が明らかになる。→三信《さんしん》[2]

如実修行相応　「をしへの

（五五）
本師《ほんし》道綽禅師《どうしゃくぜんじ》は
*聖道万行《しょうどうまんぎょう》さしおきて
*唯有浄土一門《ゆいうじょうどいちもん》を
通入《つうにゅう》すべきみちととく

（五六）
本師道綽大師《ほんしどうしゃくだいし》は
*涅槃《ねはん》の広業《こうごう》さしおきて
本願他力《ほんがんたりき》をたのみつつ
五濁《ごじょく》の群生《ぐんじょう》すすめしむ

26

（五七）
末法五濁《まっぽうごじょく》の衆生《しゅじょう》は
聖道《しょうどう》の*修行《しゅぎょう》せしむとも
ひとりも証《しょう》をえじとこそ
教主世尊《きょうしゅせそん》はときたまへ

（五八）
鸞師《らんし》のをしへをうけつたへ
綽和尚《しゃくかしょう》はもろともに
*在此起心立行《ざいしきしんりゅうぎょう》は
*此是自力《しぜじりき》とさだめたり

（五九）
*濁世《じょくせ》の*起悪造罪《きあくぞうざい》は
*暴風駛雨《ぼうふうしう》にことならず
諸仏《しょぶつ》これらをあはれみて
すすめて浄土《じょうど》に帰《き》せしめり

（六〇）
一形悪《いちぎょうあく》をつくれども
*専精《せんしょう》にこころをかけしめて
つねに*念仏《ねんぶつ》せしむれば
諸障自然《しょしょうじねん》にのぞこりぬ

ごとく信ずるこころなり」（左訓）

本願一実の大道　本願の念仏は、すべての人の往生の道であるから大道という。

梁の天子蕭王　南朝梁の武帝（四六四―五四九）のこと。仏教を深く信奉した。蕭王は通常「しょうおう」と読むが、当派依用音によって「そうおう」と振る。

聖道万行　聖道門の教えによって修める自力諸善の行。

唯有浄土一門…　「ただ浄土の門のみ入るべきみちといふ」（異本左訓）

涅槃の広業　『涅槃経《ねはんぎょう》』を講ずる広大な事業。

修行せしむとも　修行したてまつったとしても。

在此起心立行　「娑婆世界にて菩提心を起し行を立つるはみな自力なりとしるべし」（左訓）

此是自力　「これはこれ自

(六一)
*縦令《じゅりょう》一生《いっしょう》造悪《ぞうあく》の
衆生《しゅじょう》 *引接《いんじょう》のためにとて
*称我名字《しょうがみょうじ》と願《がん》じつつ
若不生者《にゃくふしょうじゃ》とちかひたり

以上《いじょう》道綽《どうしゃく》大師《だいし》

善導大師《ぜんどうだいし》　釈文《しゃくもん》に付《つ》けて

二十六首《にじゅうろくしゅ》

(六二)
*大心海《だいしんかい》より化《け》してこそ
善導和尚《ぜんどうかしょう》とおはしけれ
末代《まつだい》濁世《じょくせ》のためにとて
*十方諸仏《じっぽうしょぶつ》に証《しょう》をこふ

(六三)
世々《よよ》に善導《ぜんどう》いでたまひ
法照《ほっしょう》・少康《しょうこう》としめしつつ
*功徳蔵《くどくぞう》をひらきてぞ
諸仏《しょぶつ》の本意《ほんい》とげたまふ

(六四)
弥陀《みだ》の名願《みょうがん》によらざれば
百千万劫《ひゃくせんまんごう》すぐれども
*いつつのさはりはなれねば
女身《にょしん》をいかでか転《てん》ずべき

27
(六五)
釈迦《しゃか》は要門《ようもん》ひらきつつ
定散諸機《じょうさんしょき》を*こしらへて
正雑二行《しょうぞうにぎょう》方便《ほうべん》し
ひとへに専修《せんじゅ》をすすめしむ

力なりといふ」(左訓)
濁世　五濁の世。→五濁《ごじょく》
起悪造罪…ことならず　「悪を起し罪を造ることの多きことをいふ」(左訓)
暴風駛雨　「あらき風、とき雨のごとしとなり」(異本左訓)
専精　「もっぱらこのみてといふ」(左訓)
念仏せしむれば　念仏したてまつれば。

縦令一生…　「たとひ一期悪を造るものなりとも、弥陀のちかひをたのみまゐらせて往生すべしとなり」(左訓)
引接　「導きとる。とるといふは手にとるこころなり」(異本左訓)
称我名字…　「わが名を称へよと願じたまへり」(左訓)
大心海　海のように広大な慈悲心をもつ仏という意。
十方諸仏…　「観経義つくら

(六六)
*助正《じょしょう》ならべて修《しゅ》するをば
すなはち*雑修《ざっしゅ》となづけたり
一心《いっしん》をえざるひとなれば
仏恩報《ぶっとんほう》ずるこころなし

(六七)
仏号《ぶつごう》むねと修《しゅ》すれども
現世《げんぜ》をいのる行者《ぎょうじゃ》をば
これも雑修《ざっしゅ》となづけてぞ
*千中無一《せんちゅうむいち》ときらはるる

(六八)
こころはひとつにあらねども
雑行雑修《ぞうぎょうざっしゅ》これにたり
*浄土《じょうど》の行《ぎょう》にあらぬをば
ひとへに雑行《ぞうぎょう》となづけたり

(六九)
善導大師《ぜんどうだいし》証《しょう》をこひ
定散二心《じょうさんにしん》をひるがへし
貪瞋二河《とんじんにが》の譬喩《ひゆ》をとき
弘願《ぐがん》の信心守護《しんじんしゅご》せしむ

(七〇)
*経道滅尽《きょうどうめつじん》ときいたり
如来出世《にょらいしゅっせ》の本意《ほんい》なる
*弘願真宗《ぐがんしんしゅう》にあひぬれば
凡夫念《ぼんぶねん》じてさとるなり

(七一)
仏法力《ぶっぽうりき》の不思議《ふしぎ》には
諸邪業繋《しょじゃごうけ》さはらねば
弥陀《みだ》の本弘誓願《ほんぐぜいがん》を
増上縁《ぞうじょうえん》となづけたり

んとて十方諸仏に証を請ひたまひたり」（異本左訓）

功徳蔵　「名号《みょうごう》を功徳蔵とまうすなり。よろづの善根《ぜんごん》を集めたるによりてなり」（異本左訓）

いつつのさはり　↓五障《ごしょう》三従《さんしょう》、補註14

こしらへて　誘い導いて。

助正　助業と正定業のこと。↓助業《じょごう》、正定業《しょうじょうごう》

雑修　↓雑修《ざっしゅ》[2]

千中無一　「千がなかに一《ひと》人《り》も生れずとなり。懐感《えかん》禅師の釈には万不一生と釈せられたり」（異本左訓）

浄土の行　↓正行《しょうぎょう》[2]

経道滅尽　末法《まっぽう》の時代（教のみがあって行・証のない時代）が一万年続いた後、自力成仏の道を説いた聖道門の経典がすべてこの世界から消え失せることをいう。

弘願真宗　本願念仏を説き顕わした真実の教え。

(七二)
願力成就《がんりきじょうじゅ》の報土《ほうど》には
自力《じりき》の心行《しんぎょう》いたらねば
*大小聖人《だいしょうしょうにん》みなながら
如来《にょらい》の弘誓《ぐぜい》に乗《じょう》ずなり

(七三)
煩悩具足《ぼんのうぐそく》と信知《しんち》して
本願力《ほんがんりき》に乗《じょう》ずれば
すなはち穢身《えしん》すてはてて
法性《ほっしょう》常楽《じょうらく》証《しょう》せしむ

28
(七四)
*釈迦《しゃか》・弥陀《みだ》は慈悲《じひ》の父母《ぶも》
種々《しゅじゅ》に善巧方便《ぜんぎょうほうべん》し
われらが*無上《むじょう》の信心《しんじん》を
*発起《ほっき》せしめたまひけり

(七五)
真心《しんしん》*徹到《てっとう》するひとは
*金剛心《こんごうしん》なりければ
*三品《さんぼん》の懺悔《さんげ》するひとと
ひとしと宗師《しゅうし》はのたまへり

(七六)
五濁《ごじょく》悪世《あくせ》のわれらこそ
金剛《こんごう》の信心《しんじん》ばかりにて
ながく生死《しょうじ》をすてはてて
自然《じねん》の浄土《じょうど》にいたるなれ

(七七)
金剛《こんごう》*堅固《けんご》の信心《しんじん》の
さだまるときをまちえてぞ
弥陀《みだ》の*心光《しんこう》摂護《しょうご》して
ながく生死《しょうじ》をへだてける

大小聖人　「大乗の聖人、小乗の聖人」（異本左訓）
釈迦弥陀…　「釈迦は父なり、弥陀は母なりとたとへたまへり」（左訓）
無上の信心　阿弥陀仏のこの上ない智慧《ちえ》をたまわった信心。他力の信心のこと。
発起　「むかしよりありしことをおこすを発といふ。いまはじめておこすを起といふ」（異本左訓）
徹到　「とほりいたる。髄に到り徹る」（異本左訓）
金剛心　「まことの信心なり」（異本左訓）
三品の懺悔　「上品はまなこより血を流し身より血を出す。中品はまなこより血を流し身より汗を流す。下品は涙を流し髄にこころが徹るをいふ」（異本左訓）
堅固　「心《しん》のかたきを堅といふ。意《こころ》のかたきを固といふなり」（異本左訓）
心光　念仏の衆生をおさめ

（七八）
真実信心《しんじつしんじん》えざるをば
一心《いっしん》かけぬとをしへたり
一心《いっしん》かけたるひとはみな
*三信具《さんしんぐ》せずとおもふべし

（七九）
利他《りた》の信楽《しんぎょう》うるひとは
*願《がん》に相応《そうおう》するゆゑに
*教《きょう》と仏語《ぶつご》にしたがへば
*外《げ》の雑縁《ぞうえん》さらになし

（八〇）
真宗念仏《しんしゅうねんぶつ》ききえつつ
*一念無疑《いちねんむぎ》なるをこそ
*希有最勝人《けうさいしょうにん》とほめ
*正念《しょうねん》をうとはさだめたれ

（八一）
本願相応《ほんがんそうおう》せざるゆゑ
雑縁《ぞうえん》きたりみだるなり
信心乱失《しんじんらんしつ》するをこそ
正念《しょうねん》うすとはのべたまへ

（八二）
*信《しん》は願《がん》より生《しょう》ずれば
念仏成仏自然《ねんぶつじょうぶつじねん》なり
自然《じねん》はすなはち報土《ほうど》なり
証大涅槃《しょうだいねはん》うたがはず

29
（八三）
五濁増《ごじょくぞう》のときいたり
*疑謗《ぎほう》のともがらおほくして
道俗《どうぞく》ともにあひきらひ
修《しゅ》するをみてはあだ*をなす

とる摂取《せっしゅ》の光明のこと。

三信　「本願の信心をいふなり」（左訓）
願に相応する　信心を得ることは阿弥陀仏の本願の趣旨にかなっている。
教と仏語　釈尊の教えと諸仏の言葉。
外の雑縁　外からのさまざまなさまたげ。
一念無疑　阿弥陀仏の本願を二心《ふたごころ》なく信じること。
希有最勝人　「ありがたく勝れたるよきひととほむるこころなり」（異本左訓）
正念をう　「往生の信心あるを正念を得とはいふ」（異本左訓）
信は願より…　「われら衆生の信は弥陀の願よりおこるなり」（異本左訓）
疑謗のともがら　「弥陀のちかひを疑ふもの、そしるものなり」（左訓）
あだ　害。

(八四)
本願《ほんがん》 *毀滅《きめつ》のともがらは
*生盲《しょうもう》 *闡提《せんだい》となづけたり
*大地微塵劫《だいじみじんごう》をへて
ながく三塗《さんず》にしづむなり

(八五)
*西路《さいろ》を指授《しじゅ》せしかども
*自障《じしょう》 障他《しょうた》せしほどに
曠劫以来《こうごういらい》もいたづらに
むなしくこそはすぎにけれ

(八六)
弘誓《ぐぜい》のちからをかぶらずは
いづれのときにか娑婆《しゃば》をいでん
仏恩《ぶっとん》ふかくおもひつつ
つねに弥陀《みだ》を念《ねん》ずべし

(八七)
娑婆永劫《しゃばようごう》の苦《く》をすてて
浄土無為《じょうどむい》を*期《ご》すること
本師釈迦《ほんししゃか》のちからなり
長時《じょうじ》に慈恩《じおん》を報《ほう》ずべし

以上善導大師《いじょうぜんどうだいし》

源信大師《げんしんだいし》　釈文《しゃくもん》に付《つ》けて

十首《じっしゅ》

(八八)
源信和尚《げんしんかしょう》ののたまはく
われこれ*故仏《こぶつ》とあらはれて
*化縁《けえん》すでにつきぬれば
*本土《ほんど》にかへるとしめしけり

毀滅　「そしるにとりても、わがする法は勝り、またひとのする法は賤《いや》しといふを毀滅といふなり」(異本左訓)
生盲　→補註14
闡提　「仏法にすべて信なきを闡提といふなり」(異本左訓)
大地微塵劫　三千世界の大地を砕いて微塵にし、その一微塵を一劫とし、その微塵の総数を微塵劫という。
西路　西方浄土へ往生する道。
自障障他　「わが身を障へひとを障へ乱るなり」(左訓)
期すること　心に待ちもうけること。期待すること。
故仏と…　「もとの仏《ほとけ》とまうすことなり」(左訓)元来、仏であったが、衆生《しゅじょう》済度のためにこの世に現れたという伝承を指す。『源《げん》信僧都行実《しんそうずぎょうじつ》』にみえる。

（八九）
本師源信《ほんしげんしん》ねんごろに
*一代仏教《いちだいぶつきょう》のそのなかに
念仏一門《ねんぶついちもん》ひらきてぞ
濁世末代《じょくせまつだい》をしへける

（九〇）
*霊山聴衆《りょうぜんちょうじゅ》とおはしける
源信僧都《げんしんそうず》のをしへには
*報化二土《ほうけにど》をしへてぞ
*専雑《せんぞう》の得失《とくしつ》さだめたる

30

（九一）
本師源信和尚《ほんしげんしんかしょう》は
*懐感禅師《えかんぜんじ》の釈《しゃく》により
*『処胎経《しょたいきょう》』をひらきてぞ
懈慢界《けまんがい》をばあらはせる

（九二）
専修《せんじゅ》のひとをほむるには
*千無一失《せんむいっしつ》とをしへたり
雑修《ざっしゅ》のひとをきらふには
*万不一生《まんぷいっしょう》とのべたまふ

（九三）
報《ほう》の浄土《じょうど》の往生《おうじょう》は
おほからずとぞあらはせる
化土《けど》にうまるる衆生《しゅじょう》をば
すくなからずとをしへたり

（九四）
男女貴賤《なんにょきせん》ことごとく
弥陀《みだ》の名号《みょうごう》称《しょう》するに
*行住座臥《ぎょうじゅうざが》もえらばれず
*時処諸縁《じしょしょえん》もさはりなし

化縁　衆生《しゅじょう》教化の機縁。
本土　本国である浄土。

一代仏教　釈尊が一生の間に説いた教法。
霊山聴衆　インドの霊鷲山で釈尊の説法を聞いた人々。
報化二土　→報土《ほうど》、化土《けど》
専雑の得失　専修《せんじゅ》の得と雑《ざっ》修《しゅ》の失。
懐感禅師の釈　「懐感禅師の群疑論によりて諸行往生のやうをあらはせり」（異本左訓）
処胎経　『菩薩処胎経《ぼさつしょたいきょう》』のこと。→菩薩処胎経
千無一失　「千に一つのとがなしとなり」（左訓）千人の中に一人の例外もなく往生する。
万不一生　「万に一人《ひとり》も報土に生れずとなり」（左訓）
行住座臥　「あるく、とどまる、ゐる、ふすなり」（左訓）
時処諸縁　「とき、ところ、

(九五)
煩悩《ぼんのう》にまなこ*さへられて
摂取《せっしゅ》の光明《こうみょう》みざれども
大悲《だいひ》*ものうきことなくて
つねにわが身《み》をてらすなり

(九六)
弥陀《みだ》の報土《ほうど》をねがふひと
*外儀《げぎ》のすがたはことなりと
本願名号信受《ほんがんみょうごうしんじゅ》して
*寤寐《ごび》にわするることなかれ

(九七)
極悪深重《ごくあくじんじゅう》の衆生《しゅじょう》は
*他《た》の方便《ほうべん》さらになし
ひとへに弥陀《みだ》を称《しょう》してぞ
浄土《じょうど》にうまるとのべたまふ

以上《いじょう》源信大師《げんしんだいし》

源空聖人《げんくうしょうにん》　釈文《しゃくもん》に付《つ》けて

二十首《にじっしゅ》

(九八)
本師源空《ほんしげんくう》世《よ》にいでて
*弘願《ぐがん》の一乗《いちじょう》ひろめつつ
日本一州《にっぽんいっしゅう》ことごとく
*浄土《じょうど》の機縁《きえん》あらはれぬ

(九九)
31
*智慧光《ちえこう》のちからより
本師源空《ほんしげんくう》あらはれて
浄土真宗《じょうどしんしゅう》をひらきつつ
選択本願《せんじゃくほんがん》のべたまふ

よろづのことなり」(左訓)

さへられて　さえぎられて。
ものうきことなく　「ものうきこと(なし)といふは怠り捨つるこころなしとなり」(異本左訓)
外儀のすがた　「外《ほか》のすがた、身のふるまひ」(異本左訓)
寤寐　「ねてもさめてもといふなり」(左訓)
他の方便　「余の善、余の仏・菩薩の方便にては生死《しょうじ》出でがたしとなり」(異本左訓)
弘願の一乗　万人を平等に救って成仏させる最もすぐれた第十八願の念仏往生の教え。
浄土の機縁　浄土教を信受する機縁。
智慧光のちから　勢至菩薩のこと。『観経』一〇五頁九行以下参照。

（一〇〇）
善導《ぜんどう》・源信《げんしん》すすむとも
本師源空《ほんしげんくう》ひろめずは
*片州《へんしゅう》濁世《じょくせ》のともがらは
いかでか真宗《しんしゅう》をさとらまし

（一〇一）
曠劫多生《こうごうたしょう》のあひだにも
*出離《しゅつり》の強縁《ごうえん》しらざりき
本師源空《ほんしげんくう》いまさずは
このたびむなしくすぎなまし

（一〇二）
源空《げんくう》*三五《さんご》のよはひにて
無常《むじょう》のことわりさとりつつ
*厭離《えんり》の素懐《そかい》をあらはして
菩提《ぼだい》のみちにぞいらしめし

（一〇三）
源空《げんくう》*智行《ちぎょう》の至徳《しとく》には
聖道諸宗《しょうどうしょしゅう》の*師主《ししゅ》も
みなもろともに帰《き》せしめて
*一心金剛《いっしんこんごう》の戒師《かいし》とす

（一〇四）
源空存在《げんくうぞんざい》せしときに
金色《こんじき》の光明《こうみょう》はなたしむ
*禅定博陸《ぜんじょうはくりく》まのあたり
拝見《はいけん》せしめたまひけり

（一〇五）
本師源空《ほんしげんくう》の本地《ほんじ》をば
世俗《せぞく》のひとびとあひつたへ
*綽和尚《しゃくかしょう》と*称《しょう》せしめ
あるいは善導《ぜんどう》としめしけり

片州　日本のこと。
出離の強縁　迷いの世界を離れ出るための因縁《いんねん》。阿弥陀仏の本願力のこと。
三五のよはひ　十五歳。法然《ほうねん》聖人は十五歳で出家受戒した。
厭離の素懐　この世を厭い離れたいというかねてからの願い。
智行の至徳　「智慧《ちえ》も行も至りたまふひとなりといふ」（左訓）
師主　「聖人の聖道の御師《おんし》、のちには皆（聖人に）帰したてまつるなり」（異本左訓）
一心金剛の戒師　天台宗《てんだいしゅう》に相伝する菩薩戒（円頓《えんどん》戒《かい》）を授ける師。
禅定博陸　九条兼実《くじょうかねざね》のこと。九条家の祖。法然聖人に帰《き》依《え》した人。禅定は仏門に入った人。博陸は関白の唐名。
綽和尚　道綽禅師《どうしゃくぜんじ》のこと。
称せしめ　称したてまつり。

（一〇六）
源空勢至《げんくうせいし》と示現《じげん》し
あるいは弥陀《みだ》と顕現《けんげん》す
上皇《じょうこう》・群臣尊敬《ぐんしんそんきょう》し
*京夷庶民欽仰《きょういしょみんきんごう》す

（一〇七）
*承久《じょうきゅう》の太上法皇《だいじょうほうおう》は
本師源空《ほんしげんくう》を帰敬《ききょう》しき
*釈門《しゃくもん》・儒林《じゅりん》みなともに
ひとしく真宗《しんしゅう》に悟入《ごにゅう》せり

32
（一〇八）
*諸仏方便《しょぶつほうべん》ときいたり
源空《げんくう》ひじりとしめしつつ
無上《むじょう》の信心《しんじん》をしへてぞ
涅槃《ねはん》のかどをばひらきける

（一〇九）
真《しん》の知識《ちしき》にあふことは
かたきがなかになほかたし
流転輪廻《るてんりんね》のきはなきは
*疑情《ぎじょう》のさはりにしくぞなき

（一一〇）
源空光明《げんくうこうみょう》はなたしめ
門徒《もんと》につねにみせしめき
*賢哲《げんてつ》・愚夫《ぐぶ》もえらばれず
*豪貴《ごうき》・鄙賤《ひせん》もへだてなし

（一一一）
命終《みょうじゅう》その期《ご》ちかづきて
本師源空《ほんしげんくう》のたまはく
*往生《おうじょう》みたびになりぬるに
このたびことにとげやすし

京夷…　「みやこ、ゐなか、よろづの民《たみ》、敬ひ仰ぎたてまつる」（左訓）

承久の太上法皇　後高倉院《ごたかくら》（一一七九―一二二三）のこと。高倉天皇の第二皇子、守貞《もりさだ》親王。承久の乱の後、子の茂仁《ゆたひと》親王（後堀河天皇）が即位し、太上天皇の号を受けた。

釈門儒林　「僧なり、俗学《ぞくがく》生《しょう》なり」（左訓）

諸仏方便…　諸仏が衆生《しゅじょう》を救うために善巧《ぜんぎょう》方便《ほうべん》する時節が到来して。→方便

疑情　阿弥陀仏の本願を疑いはからう心。

賢哲愚夫　賢者と愚者。

豪貴鄙賤　身分の高い者と低い者。

往生みたびに…　インドでは声聞《しょうもん》僧、中国では善導《ぜんどう》として往生し、いま日本の源空《げんくう》として三たび往生することをいう。

(一二)
源空《げんくう》みづからのたまはく
*霊山会上《りょうぜんえじょう》にありしとき
*声聞僧《しょうもんそう》にまじはりて
*頭陀《ずだ》を行《ぎょう》じて*化度《けど》せしむ

(一三)
*粟散片州《ぞくさんへんしゅう》に誕生《たんじょう》して
念仏宗《ねんぶつしゅう》をひろめしむ
衆生化度《しゅじょうけど》のためにとて
この土《ど》にたびたびきたらしむ

(一四)
阿弥陀如来《あみだにょらい》化《け》してこそ
本師源空《ほんしげんくう》としめしけれ
化縁《けえん》すでにつきぬれば
浄土《じょうど》にかへりたまひにき

(一五)
本師源空《ほんしげんくう》のをはりには
光明紫雲《こうみょうしうん》のごとくなり
音楽《おんがく》　*哀婉雅亮《あいえんがりょう》にて
*異香《いきょう》みぎりに映芳《えいほう》す

(一六)
道俗男女《どうぞくなんにょ》　*預参《よさん》し
*卿上雲客《けいしょううんかく》　群集《くんじゅう》す
*頭北面西右脇《ずほくめんさいうきょう》にて
如来涅槃《にょらいねはん》の儀《ぎ》をまもる

33
(一七)
本師源空命終時《ほんしげんくうみょうじゅうじ》
*建暦第二壬申歳《けんりゃくだいにじんしんさい》
初春下旬第五日《しょしゅんげじゅんだいごにち》
浄土《じょうど》に還帰《げんき》せしめけり

霊山会上　釈尊がしばしば説法した霊鷲山《りょうじゅせん》（耆闍崛山）の会座《えざ》。→耆闍崛山《ぎしゃくっせん》

声聞僧　釈尊の直弟子。法《ほう》然《ねん》聖人は舎利弗《しゃりほつ》であったといわれる。

頭陀　梵語ドゥータ（dhūta）の音写。衣食住に関する貪《むさぼ》りを払いのける修行。

化度　衆生《しゅじょう》を教化して救うこと。

粟散片州　日本のこと。

哀婉雅亮　「あはれみすめるこころなり」（左訓）

異香みぎりに…　おりから妙《たえ》なる香りがあたりにただよった。

預参し　あらかじめ参集して。

卿上雲客　卿上は卿相のことで、参議および三位以上の上級官人。雲客は清涼殿の殿上の間に昇ることを許された者（殿上人《てんじょうびと》）。

頭北面西…　頭を北にし、顔を西に向けて、右脇を下

以上源空聖人《いじょうげんくうしょうにん》

以上七高僧和讃《いじょうしちこうそうわさん》　一百十七首《いっぴゃくじゅうしちしゅ》

（一一八）
五濁悪世《ごじょくあくせ》の衆生《しゅじょう》の
選択本願信《せんじゃくほんがんしん》ずれば
*不可称不可説不可思議《ふかしょうふかせつふかしぎ》の
功徳《くどく》は行者《ぎょうじゃ》の身《み》にみてり

*天竺《てんじく》　龍樹菩薩《りゅうじゅぼさつ》　天親菩薩《てんじんぼさつ》

*震旦《しんたん》　曇鸞和尚《どんらんかしょう》　道綽禅師《どうしゃくぜんじ》　善導禅師《ぜんどうぜんじ》

*和朝《わちょう》　源信和尚《げんしんかしょう》　源空聖人《げんくうしょうにん》　以上七人《いじょうしちにん》

聖徳太子《しょうとくたいし》　*敏達天皇元年《びんだつてんのうがんねん》正月一日《しょうがつついたち》誕生《たんじょう》したまふ。

仏滅後《ぶつめつご》一千五百二十一年《いっせんごひゃくにじゅういちねん》に当《あた》れり。

（一一九）
南無阿弥陀仏《なもあみだぶつ》をとけるには
衆善海水《しゅぜんかいすい》のごとくなり
かの清浄《しょうじょう》の善身《ぜんみ》にえたり
ひとしく衆生《しゅじょう》に回向《えこう》せん

にし横たわること。釈尊が入滅《にゅうめつ》した時の姿。
建暦第二壬申歳…　一二一二年一月二十五日（初春は陰暦正月の別称）。

不可称…　たたえ尽すことも、説き尽すことも、心で思いはかることもできない。
天竺　インド。
震旦　中国。古代インド人が中国をチーナ・スターナ（Cīna-sthāna）と呼んだのにもとづくといわれる。
和朝　日本。
敏達天皇元年　五七二年。『聖徳太子伝暦《しょうとくたいしでんりゃく》』などでは、太子の生誕をこの年とするが、五七四年が正しい。

正《しょう》像《ぞう》末《まつ》和《わ》讃《さん》

*康元《こうげん》二《に》歳《さい》丁巳《ひのとのみ》二《に》月《がつ》九日《ここぬか》夜《のよ》
*寅時《とらのとき》夢《ゆめ》に告《つ》げていはく

(一)
弥陀《みだ》の本願信《ほんがんしん》ずべし
本願信《ほんがんしん》ずるひとはみな
摂取不捨《せっしゅふしゃ》の利益《りやく》にて
*無上覚《むじょうかく》をばさとるなり

*正《しょう》像《ぞう》末《まつの》浄《じょう》土《ど》和《わ》讃《さん》

愚《ぐ》禿《とく》善信《ぜんしん》集《あつむ》

(二)
釈迦如来《しゃかにょらい》*かくれましまして
二千余年《にせんよねん》になりたまふ
正像《しょうぞう》の二時《にじ》はをはりにき
*如来《にょらい》の遺弟悲泣《ゆいていひきゅう》せよ

康元二歳　一二五七年。親鸞聖人八十五歳。
寅時　午前四時頃。
無上覚　この上ない仏のさとり。
正像末　正法《しょうぼう》・像法《ぞうぼう》・末法《まっぽう》の三時のこと。→三時《さんじ》
かくれましまして　入滅《にゅうめつ》なされて。
如来の遺弟　釈尊入滅後、その教えを受けついだ弟子。

(三)
末法《まっぽう》五濁《ごじょく》の有情《うじょう》の
*行証《ぎょうしょう》かなはぬときなれば
釈迦《しゃか》の遺法《ゆいほう》ことごとく
*竜宮《りゅうぐ》にいりたまひにき

(四)
正像末《しょうぞうまつ》の三時《さんじ》には
弥陀《みだ》の本願《ほんがん》ひろまれり
*像季《ぞうき》・末法《まっぽう》のこの世《よ》には
諸善《しょぜん》竜宮《りゅうぐ》にいりたまふ

35

(五)
『大集経《だいじっきょう》』にときたまふ
この世《よ》は*第五《だいご》の五百年《ごひゃくねん》
*闘諍堅固《とうじょうけんご》なるゆゑに
*白法隠滞《びゃくほうおんたい》したまへり

(六)
数万歳《しゅまんざい》の有情《うじょう》も
果報《かほう》やうやくおとろへて
二万歳《にまんざい》にいたりては
五濁悪世《ごじょくあくせ》の名《な》をえたり

(七)
*劫濁《こうじょく》のときうつるには
有情《うじょう》やうやく身小《しんしょう》なり
五濁悪邪《ごじょくあくじゃ》まさるゆゑ
毒蛇《どくじゃ》・悪竜《あくりゅう》のごとくなり

(八)
無明煩悩《むみょうぼんのう》しげくして
*塵数《じんじゅ》のごとく遍満《へんまん》す
*愛憎違順《あいぞういじゅん》することは
*高峰岳山《こうぶがくざん》にことならず

行証…　修行ができず、さとりを得ることができない時代であるので。

竜宮　「八大竜王の都《みやこ》なり」(異本左訓)

像季　像法《ぞうぼう》の末期。

第五の五百年　五五百年(五五百歳、五箇五百年)の第五期。五五百年は仏滅後の二千五百年を五百年ごとに五期(解脱《げだつ》堅固・禅《ぜん》定《じょう》堅固・多聞《たもん》堅固・造寺《ぞうじ》堅固・闘諍《とうじょう》堅固)に分け、仏教が次第に衰えていくさまを示したもの。

闘諍堅固　自説が他説よりもすぐれているとして、仏弟子たちの言い争いが盛んになること。

白法隠滞　「よろづの善は竜宮へ隠れ入りたまふなり」(異本左訓)

劫濁　五濁の一。→五濁《ごじょく》

塵数　塵《ちり》の数ほどあるという意で、無数をあらわす。

愛憎違順　心に順《したが》うものに

(九)
有情《うじょう》の邪見《じゃけん》熾盛《しじょう》にて
*叢林棘刺《そうりんこくし》のごとくなり
念仏《ねんぶつ》の信者《しんじゃ》を疑謗《ぎほう》して
*破壊瞋毒《はえしんどく》さかりなり

(一〇)
*命濁《みょうじょく》中夭《ちゅうよう》刹那《せつな》にて
依正二報《えしょうにほう》滅亡《めつもう》し
*背正帰《はいしょうき》邪《じゃ》まさるゆゑ
*横《おう》に*あだをぞおこしける

(一一)
末法第五《まっぽうだいご》の五百年《ごひゃくねん》
この世《よ》の一切《いっさい》有情《うじょう》の
如来《にょらい》の悲願《ひがん》を信《しん》ぜずは
出離《しゅつり》その期《ご》はなかるべし

(一二)
*九十五種《くじゅうごしゅ》世《よ》をけがす
*唯仏一道《ゆいぶついちどう》きよくます
*菩提《ぼだい》に出到《しゅっとう》してのみぞ
*火宅《かたく》の利益《りやく》は自然《じねん》なる

(一三)
五濁《ごじょく》の時機《じき》いたりては
道俗《どうぞく》ともにあらそひて
念仏信《ねんぶつしん》ずるひとをみて
疑謗《ぎほう》破滅《はめつ》さかりなり

36
(一四)
*菩提《ぼだい》をうまじきひとはみな
専修念仏《せんじゅねんぶつ》にあだをなす
頓教《とんぎょう》*毀滅《きめつ》のしるしには
生死《しょうじ》の大海《だいかい》きはもなし

は貪愛《とんない》の心をいだき、心に違うものには瞋憎《しんぞう》の思いをいだくこと。

高峰岳山　「高き峰、岳《おか》に悪のこころをたとへたり」(左訓)

叢林棘刺…　「草むら・はやし・うばら・からたちのごとく悪の心しげきなり」(左訓)

破壊瞋毒　「やぶり、怒り、腹立つなり」(左訓)

命濁中夭…　「人の命みじかく、もろしとなり」(左訓)

背正帰邪　仏教の正理に背いて、外道《げどう》の邪法に帰すること。

横に　不当に。

あだ　害。

九十五種　九十五種の外道のこと。→九十五種《くじゅうごしゅ》の外道《げどう》

唯仏一道…　「仏道のみひとりきよくめでたくましますとしるべし」(異本左訓)

(一五)
正法《しょうぼう》の時機《じき》とおもへども
*底下《ていげ》の凡愚《ぼんぐ》となれる身《み》は
清浄真実《しょうじょうしんじつ》のこころなし
発菩提心《ほつぼだいしん》いかがせん

(一六)
*自力聖道《じりきしょうどう》の菩提心《ぼだいしん》
こころもことばもおよばれず
*常没流転《じょうもつるてん》の凡愚《ぼんぐ》は
いかでか発起《ほっき》せしむべき

(一七)
*三恒河沙《さんごうがしゃ》の諸仏《しょぶつ》の
出世《しゅつせ》のみもとにありしとき
大菩提心《だいぼだいしん》おこせども
自力《じりき》かなはで流転《るてん》せり

(一八)
像末五濁《ぞうまつごじょく》の世《よ》となりて
釈迦《しゃか》の遺教《ゆいきょう》かくれしむ
弥陀《みだ》の悲願《ひがん》ひろまりて
念仏往生《ねんぶつおうじょう》さかりなり

(一九)
超世無上《ちょうせむじょう》に摂取《せっしゅ》し
選択五劫思惟《せんじゃくごこうしゆい》して
*光明《こうみょう》・寿命《じゅみょう》の誓願《せいがん》を
大悲《だいひ》の本《ほん》としたまへり

(二〇)
浄土《じょうど》の大菩提心《だいぼだいしん》は
*願作仏心《がんさぶっしん》をすすめしむ
すなはち*願作仏心《がんさぶっしん》を
*度衆生心《どしゅじょうしん》となづけたり

菩提に出到　「仏《ほとけ》になるを出で到るといふなり」(異本左訓)

火宅の利益　「穢土《えど》にかへり衆生《しゅじょう》利益するをいふなり」(異本左訓)

菩提をうまじきひと　仏のさとりを得られそうもない人。

毀滅　非難攻撃。

底下の凡愚　「煩悩《ぼんのう》悪の人、凡夫《ぼんぶ》を底下といふなり」(左訓)

自力聖道の菩提心　自力で自利利他円満の仏のさとりを得ようと願う勇猛心《ゆうみょうしん》。四弘誓願《しぐぜいがん》であらわされるような願心。第十七首の「大菩提心」も同意。

常没流転　「つねに生死《しょうじ》大海に沈むとなり、二十五有にまどひあるくを流転とはいふなり」(異本左訓)

三恒河沙の…　『安楽集』(上)所引の『涅槃経《ねはんぎょう》』の

（三一）
度衆生心《どしゅじょうしん》といふことは
弥陀智願《みだちがん》の回向《えこう》なり
*回向《えこう》の信楽《しんぎょう》うるひとは
*大般涅槃《だいはつねはん》をさとるなり

（三二）
*如来《にょらい》の回向《えこう》に帰入《きにゅう》して
*願作仏心《がんさぶっしん》をうるひとは
*自力《じりき》の回向《えこう》をすてはてて
利益有情《りやくうじょう》はきはもなし

37
（三三）
*弥陀《みだ》の智願海水《ちがんかいすい》に
他力《たりき》の信水《しんすい》いりぬれば
真実報土《しんじつほうど》のならひにて
*煩悩《ぼんのう》・菩提一味《ぼだいいちみ》なり

（三四）
如来《にょらい》*二種《にしゅ》の回向《えこう》を
ふかく信《しん》ずるひとはみな
*等正覚《とうしょうがく》にいたるゆゑ
憶念《おくねん》の心《しん》はたえぬなり

（三五）
弥陀智願《みだちがん》の回向《えこう》の
信楽《しんぎょう》まことにうるひとは
摂取不捨《せっしゅふしゃ》の利益《りやく》ゆゑ
等正覚《とうしょうがく》にいたるなり

（三六）
*五十六億七千万《ごじゅうろくおくしちせんまん》
弥勒菩薩《みろくぼさつ》はとしをへん
まことの信心《しんじん》うるひとは
このたびさとりをひらくべし

文（註釈版聖典七祖篇一八七頁一一行以下）によっていう。

光明寿命の誓願　光明無量の願（第十二願）、寿命無量の願（第十三願）。

願作仏心をすすめしむ　「他力の菩提心なり。極楽に生れて仏《ほとけ》にならんと願へとすすめたまへるこころなり」（異本左訓）

願作仏心　「弥陀の悲願をふかく信じて仏《ほとけ》にならんとねがふこころを菩提心とまうすなり」（異本左訓）

度衆生心　「よろづの有情《うじょう》を仏《ほとけ》になさんとおもふこころなりとしるべし」（異本左訓）

回向の信楽　「弥陀の願力をふたごころなく信ずるをいふなり」（異本左訓）

大般涅槃…　「弥陀如来とひとしくさとりを得るをまうすなり」（異本左訓）

(二七)
＊念仏往生《ねんぶつおうじょう》の願《がん》により
等正覚《とうしょうがく》にいたるひと
すなはち弥勒《みろく》におなじくて
大般涅槃《だいはつねはん》をさとるべし

(二八)
真実信心《しんじつしんじん》うるゆゑに
すなはち定聚《じょうじゅ》にいりぬれば
補処《ふしょ》の弥勒《みろく》におなじくて
＊無上覚《むじょうかく》をさとるなり

(二九)
＊像法《ぞうぼう》のときの智人《ちにん》も
自力《じりき》の諸教《しょきょう》をさしおきて
＊時機相応《じきそうおう》の法《ほう》なれば
念仏門《ねんぶつもん》にぞいりたまふ

(三〇)＊
弥陀《みだ》の尊号《そんごう》となへつつ
信楽《しんぎょう》まことにうるひとは
憶念《おくねん》の心《しん》つねにして
仏恩報《ぶっとんほう》ずるおもひあり

(三一)＊
五濁悪世《ごじょくあくせ》の有情《うじょう》の
選択本願《せんじゃくほんがん》信ずれば
＊不可称不可説不可思議《ふかしょうふかせつふかしぎ》の
功徳《くどく》は行者《ぎょうじゃ》の身《み》にみてり

38

(三二)
＊無礙光仏《むげこうぶつ》のみことには
未来《みらい》の有情利《うじょうり》せんとて
大勢至菩薩《だいせいしぼさつ》に
智慧《ちえ》の念仏《ねんぶつ》さづけしむ

如来の回向　「弥陀の本願をわれらに与へたまひたるを回向とまうすなり」（異本左訓）

願作仏心　「浄土の大菩提心なり」（異本左訓）

自力の回向　自力によって修めた功徳《くどく》を往生の果を得るためにふり向けたり、また他の人に与えようとすること。

弥陀の智願…　「弥陀の本願を智慧《ちえ》といふなり。この本願を大海にたとへたるなり」（異本左訓）

煩悩菩提一味　「煩悩と功徳と一つになるなり」（左訓）「われらこころ仏《ほとけ》の御《おん》こころと一つになるとしるべし」「安楽浄土に生れぬれば、悪も善も一つあぢはひとなるなり」（異本左訓）

二種の回向　往相回向と還相回向のこと。→往相回向《おうそうえこう》、還相回向《げんそうえこう》

等正覚　「正定聚《しょうじょうじゅ》の位な

（三三）
*濁世《じょくせ》の有情《うじょう》をあはれみて
勢至念仏《せいしねんぶつ》すすめしむ
信心《しんじん》のひとを摂取《せっしゅ》して
浄土《じょうど》に帰入《きにゅう》せしめけり

（三四）
釈迦《しゃか》・弥陀《みだ》の慈悲《じひ》よりぞ
願作仏心《がんさぶっしん》はえしめたる
*信心《しんじん》の智慧《ちえ》にいりてこそ
仏恩報《ぶっとんほう》ずる身《み》とはなれ

（三五）
*智慧《ちえ》の念仏《ねんぶつ》うることは
法蔵願力《ほうぞうがんりき》のなせるなり
信心《しんじん》の智慧《ちえ》なかりせば
いかでか涅槃《ねはん》をさとらまし

（三六）
*無明長夜《むみょうじょうや》の灯炬《とうこ》なり
*智眼《ちげん》くらしとかなしむな
生死大海《しょうじだいかい》の*船筏《せんばつ》なり
罪障《ざいしょう》おもしとなげかざれ

（三七）
願力《がんりき》*無窮《むぐう》にましませば
罪業深重《ざいごうじんじゅう》もおもからず
仏智無辺《ぶっちむへん》にましませば
*散乱放逸《さんらんほういつ》もすてられず

（三八）
如来《にょらい》の作願《さがん》をたづぬれば
苦悩《くのう》の有情《うじょう》をすてずして
回向《えこう》を*首《しゅ》としたまひて
大悲心《だいひしん》をば成就《じょうじゅ》せり

り」（左訓）→等正覚《とうしょうがく》④

五十六億七千万　釈尊の入《にゅう》滅《めつ》から弥勒《みろく》菩薩が成仏するまでの年数（『菩薩処胎経《ぼさつしょたいきょう》』の説）。

念仏往生の願　第十八願。

無上覚　「大般涅槃をまうすなり」（異本左訓）

像法のときの智人　龍樹《りゅうじゅ》菩薩・天親《てんじん》菩薩などを指す。

時機相応の法　時代環境と人間の素質にかなった教法。

三〇　『浄土和讃』（一）とほぼ同じ。

三一　『高僧和讃』（一一八）とほぼ同じ。

不可称…　たたえ尽すことも、説き尽すことも、心で思いはかることもできない。

濁世《じょくせ》　五濁悪世の意。→五《ご》濁

信心の智慧　「弥陀のちかひは智慧にてましますゆゑに、信ずるこころの出でく

（三九）
真実信心《しんじつしんじん》の称名《しょうみょう》は
弥陀回向《みだえこう》の法《ほう》なれば
*不回向《ふえこう》となづけてぞ
自力《じりき》の称念《しょうねん》きらはるる

（四〇）
弥陀智願《みだちがん》の広海《こうかい》に
*凡夫善悪《ぼんぶぜんあく》の心水《しんすい》も
帰入《きにゅう》しぬればすなはちに
*大悲心《だいひしん》とぞ転《てん》ずなる

（四一）
39 造悪《ぞうあく》このむわが弟子《でし》の
邪見放逸《じゃけんほういつ》さかりにて
末世《まっせ》にわが法破《ほうは》すべしと
『蓮華面経《れんげめんぎょう》』にときたまふ

（四二）
念仏《ねんぶつ》*誹謗《ひほう》の有情《うじょう》は
*阿鼻地獄《あびじごく》に堕在《だざい》して
八万劫中大苦悩《はちまんごうちゅうだいくのう》
ひまなくうくとぞときたまふ

（四三）
真実報土《しんじつほうど》の正因《しょういん》を
二尊《にそん》のみことにたまはりて
正定聚《しょうじょうじゅ》に住《じゅう》すれば
かならず*滅度《めつど》をさとるなり

（四四）
十方無量《じっぽうむりょう》の諸仏《しょぶつ》の
*証誠護念《しょうじょうごねん》のみことにて
自力《じりき》の大菩提心《だいぼだいしん》の
かなはぬほどはしりぬべし

るは智慧のおこるとしるべし」（異本左訓）
智慧の念仏　「弥陀のちかひをもつて仏《ほとけ》になるゆゑに、智慧の念仏とまうすなり」（異本左訓）
無明長夜の…　「常のともしびを弥陀の本願にたとへまうすなり。常のともしびを灯といふ。大きなるともしびを炬といふ」（左訓）
智眼　智慧の眼。肉眼に対する。
船筏　「弥陀の願をふね、いかだにたとへたるなり」（異本左訓）
無窮　限界がないこと。
散乱…　「散り乱る、ほしきままのこころといふ」（左訓）「われらが心の散り乱れて悪《わる》きをきらはず、浄土にまゐるべしとしるべしとなり」（異本左訓）
首　第一。中心。
不回向　「行者の回向にあ

(四五)
真実信心《しんじつしんじん》うることは
末法濁世《まっぽうじょくせ》にまれなりと
恒沙《ごうじゃ》の諸仏《しょぶつ》の証誠《しょうじょう》に
えがたきほどをあらはせり

(四六)
往相《おうそう》・還相《げんそう》の回向《えこう》に
*まうあはぬ身《み》となりにせば
流転輪廻《るてんりんね》もきはもなし
*苦海《くかい》の沈淪《ちんりん》いかがせん

(四七)
仏智不思議《ぶっちふしぎ》を信《しん》ずれば
正定聚《しょうじょうじゅ》にこそ住《じゅう》しけれ
*化生《けしょう》のひとは智慧《ちえ》すぐれ
無上覚《むじょうかく》をぞさとりける

(四八)
不思議《ふしぎ》の仏智《ぶっち》を信《しん》ずるを
報土《ほうど》の因《いん》としたまへり
信心《しんじん》の正因《しょういん》うることは
かたきがなかになほかたし

(四九)
*無始流転《むしるてん》の苦《く》をすてて
無上涅槃《むじょうねはん》を*期《ご》すること
如来二種《にょらいにしゅ》の回向《えこう》の
恩徳《おんどく》まことに謝《しゃ》しがたし

(五〇)
40 報土《ほうど》の信者《しんじゃ》はおほからず
化土《けど》の行者《ぎょうじゃ》はかずおほし
*自力《じりき》の菩提《ぼだい》かなはねば
久遠劫《くおんごう》より流転《るてん》せり

らずとしるべしとなり」（異本左訓）
凡夫善悪… 「凡夫の善のこころ、悪の心を水にたとへたるなり」（左訓）
大悲心… 「さまざまの水の海に入りて、すなはちしほとなるがごとく善悪のこころの水みな大悲の心《しん》になるなり」（異本左訓）
誹謗 そしること。
阿鼻地獄 「無間地獄なり」（左訓）→無間地獄《むけんじごく》
滅度 「大般涅槃なり」（異本左訓）
証誠護念 念仏の法が真実であることを証明し、念仏の行者をまもること。

まうあはぬ 「まうあふ」は「あいたてまつる」の意。
苦海の沈淪 苦海（迷いの世界）に沈むこと。
化生のひと 真実報土《ほうど》に往生した人。→化生《けしょう》[2]
無始 永遠の昔（以来の）。

(五一)
南無阿弥陀仏《なもあみだぶつ》の回向《えこう》の
恩徳広大不思議《おんどくこうだいふしぎ》にて
*往相回向《おうそうえこう》の利益《りやく》には
還相回向《げんそうえこう》に*回入《えにゅう》せり

(五二)
往相回向《おうそうえこう》の大慈《だいじ》より
還相回向《げんそうえこう》の大悲《だいひ》をう
如来《にょらい》の回向《えこう》なかりせば
浄土《じょうど》の菩提《ぼだい》はいかがせん

(五三)
弥陀《みだ》・観音《かんのん》・大勢至《だいせいし》
大願《だいがん》のふねに乗《じょう》じてぞ
生死《しょうじ》のうみにうかみつつ
有情《うじょう》を*よばうてのせたまふ

(五四)
弥陀大悲《みだだいひ》の誓願《せいがん》を
ふかく信《しん》ぜんひとはみな
ねてもさめてもへだてなく
南無阿弥陀仏《なもあみだぶつ》をとなふべし

(五五)
聖道門《しょうどうもん》のひとはみな
自力《じりき》の心《しん》を*むねとして
他力不思議《たりきふしぎ》にいりぬれば
義《ぎ》なきを義《ぎ》とすと信知《しんち》せり

(五六)
釈迦《しゃか》の教法《きょうぼう》ましませど
修《しゅ》すべき有情《うじょう》のなきゆゑに
さとりうるもの末法《まっぽう》に
一人《いちにん》もあらじとときたまふ

五七

期すること　心に待ちもうけること。期待すること。

自力の菩提…　自力をもってさとりを完成しようとすること。

往相回向の利益には　浄土に往生して仏果（仏のさとり）を証したことの利益として。

回入　めぐり入ること。ひるがえって入ること。

よばうて　呼びつづけて。

むねとして　根本としているが。

（五七）
*三朝《さんちよう》浄土《じようど》の大師等《だいしとう》
*哀愍摂受《あいみんしようじゆ》したまひて
真実信心《しんじつしんじん》すすめしめ
*定聚《じようじゆ》のくらゐにいれしめよ

（五八）
他力《たりき》の信心《しんじん》うるひとを
うやまひおほきによろこべば
すなはちわが親友《しんぬ》ぞと
*教主世尊《きようしゆせそん》はほめたまふ

（五九）
41 如来大悲《によらいだいひ》の恩徳《おんどく》は
身《み》を粉《こ》にしても報《ほう》ずべし
師主知識《ししゆちしき》の恩徳《おんどく》も
ほねをくだきても謝《しや》すべし

以上正像末法和讃《いじようしようぞうまつぽうわさん》
五十八首《ごじゆうはつしゆ》

（六〇）
*不了仏智《ふりようぶつち》のしるしには
如来《によらい》の諸智《しよち》を疑惑《ぎわく》して
*罪福信《ざいふくしん》じ*善本《ぜんぽん》を
たのめば辺地《へんじ》にとまるなり

（六一）
仏智《ぶつち》の不思議《ふしぎ》をうたがひて
自力《じりき》の称念《しようねん》このむゆゑ
辺地《へんじ》*懈慢《けまん》にとどまりて
仏恩報《ぶつとんほう》ずるこころなし

三朝浄土の大師等　インド・中国・日本の三国に現れた浄土教の祖師たち。七高僧のこと。→七高僧《しちこうそう》
哀愍摂受　「あはれみたまへとなり。われらを受けたまへとなり」（異本左訓）
定聚のくらゐ…　「かならず仏《ほとけ》になる位にすすめ入れたまへとなり」（異本左訓）
教主世尊　釈尊のこと。
不了仏智　仏の智慧《ちえ》を明らかにさとらないこと。了は明らかに知るという意。
罪福信じ　自業自得の因果のみを信じて、善悪を超えた阿弥陀仏の本願力の救いを信じないことをいう。
善本をたのめば　阿弥陀仏の名号《みようごう》を称えた功徳《くどく》をたのみにして往生しようとはからえば。
懈慢　懈慢界のこと。→懈《け》慢界《まんがい》

(六二)
罪福信《ざいふくしん》ずる行者《ぎょうじゃ》は
仏智《ぶっち》の不思議《ふしぎ》をうたがひて
疑城胎宮《ぎじょうたいぐ》にとどまれば
三宝《さんぼう》にはなれたてまつる

(六三)
仏智疑惑《ぶっちぎわく》のつみにより
懈慢辺地《けまんへんじ》にとまるなり
疑惑《ぎわく》のつみのふかきゆゑ
*年歳劫数《ねんさいこうしゅ》をふるとときく

(六四)
*転輪皇《てんりんのう》の王子《おうじ》の
皇《おう》につみをうるゆゑに
*金鎖《こんさ》をもちてつなぎつつ
*牢獄《ろうごく》にいるがごとくなり

(六五)
自力称名《じりきしょうみょう》のひとはみな
如来《にょらい》の本願《ほんがん》*信《しん》ぜねば
うたがふつみのふかきゆゑ
*七宝《しっぽう》の獄《ごく》にぞいましむる

(六六)
信心《しんじん》のひとにおとらじと
疑心自力《ぎしんじりき》の行者《ぎょうじゃ》も
如来大悲《にょらいだいひ》の恩《おん》をしり
称名念仏《しょうみょうねんぶつ》はげむべし

(六七)
42
自力諸善《じりきしょぜん》のひとはみな
仏智《ぶっち》の不思議《ふしぎ》をうたがへば
*自業自得《じごうじとく》の道理《どうり》にて
七宝《しっぽう》の獄《ごく》にぞいりにける

年歳劫数をふる　長い年月を空しく過すという意。
転輪皇　転輪聖王のこと。→転輪聖王《てんりんじょうおう》
金鎖　黄金のくさり。
牢獄にいる…　「自力の念仏者を王の子の罪ふかくして獄にいましむるにたとふるなり」（異本左訓）
信ぜねば　信じないので。
七宝の獄　七宝で飾られた牢獄。方便化土《けど》のこと。
自業自得　みずから業をつくって、その果をみずからが受けること。

(六八)
仏智《ぶっち》不思議《ふしぎ》をうたがひて
*善本徳本《ぜんぽんとくほん》たのむひと
辺地《へんじ》懈慢《けまん》にうまるれば
大慈大悲《だいじだいひ》はえざりけり

(六九)
本願疑惑《ほんがんぎわく》の行者《ぎょうじゃ》には
*含花未出《がんけみしゅつ》のひともあり
*或生辺地《わくしょうへんじ》ときらひつつ
*或堕宮胎《わくだくたい》とすてらるる

(七〇)
如来《にょらい》の諸智《しょち》を疑惑《ぎわく》して
信《しん》ぜずながらなほもまた
罪福《ざいふく》ふかく信《しん》ぜしめ
善本修習《ぜんぽんしゅじゅう》すぐれたり

(七一)
仏智《ぶっち》を疑惑《ぎわく》するゆゑに
胎生《たいしょう》のものは智慧《ちえ》もなし
胎宮《たいぐ》にかならずうまるるを
牢獄《ろうごく》にいるとたとへたり

(七二)
七宝《しっぽう》の宮殿《くでん》にうまれては
五百歳《ごひゃくさい》のとしをへて
三宝《さんぼう》を見聞《けんもん》せざるゆゑ
有情利益《うじょうりやく》は*さらになし

(七三)
辺地七宝《へんじしっぽう》の宮殿《くでん》に
五百歳《ごひゃくさい》までいでずして
みづから*過咎《かぐ》をなさしめて
もろもろの*厄《やく》をうくるなり

善本徳本たのむひと　名号《みょうごう》は善根《ぜんごん》、功徳《くどく》の本であると信じ、念仏の功をつんで往生しようとする自力念仏の人。
含花未出　「はなにふくまるるなり」(異本左訓)蓮華《れんげ》の花につつまれて出られないこと。
或生辺地　「あるいは辺地に生れ」(左訓)
或堕宮胎　「あるいは宮胎におつ」(左訓)
さらに　決して。少しも。全く。
過咎　「とが、つみ」(異本左訓)
厄　わざわい。三宝《さんぼう》を見聞しないことや、有情利益《うじょうりやく》ができないことなどを指す。自利利他の行ができなことが菩薩の「わざわい」である。

(七四)
罪福《ざいふく》ふかく信《しん》じつつ
善本修習《ぜんぽんしゅじゅう》するひとは
疑心《ぎしん》の善人《ぜんにん》なるゆゑに
方便化土《ほうべんけど》にとまるなり

(七五)
弥陀《みだ》の本願信《ほんがんしん》ぜねば
疑惑《ぎわく》を帯《たい》してうまれつつ
はなはすなはちひらけねば
*胎《たい》に処《しょ》するにたとへたり

(七六)
43
ときに*慈氏菩薩《じしぼさつ》の
世尊《せそん》にまうしたまひけり
*何因何縁《がいんがえん》いかなれば
胎生《たいしょう》・化生《けしょう》となづけたる

(七七)
*如来慈氏《にょらいじし》にのたまはく
疑惑《ぎわく》の心《しん》をもちながら
善本修《ぜんぽんしゅ》するをたのみにて
胎生辺地《たいしょうへんじ》にとどまれり

(七八)
仏智疑惑《ぶっちぎわく》のつみゆゑに
五百歳《ごひゃくさい》まで牢獄《ろうごく》に
かたくいましめおはします
これを胎生《たいしょう》とときたまふ

(七九)
仏智不思議《ぶっちふしぎ》をうたがひて
罪福信《ざいふくしん》ずる有情《うじょう》は
宮殿《くでん》にかならずうまるれば
胎生《たいしょう》のものとときたまふ

胎に処する… 母胎に宿っている胎児は、親をみることもできず、自由に行動できないように、方便化土《けど》に生れた者は、真仏にあえず、自在無礙《むげ》の菩薩行ができないことをいう。
慈氏菩薩 弥勒菩薩のこと。↓弥勒《みろく》
何因何縁… どのような因《いん》縁《ねん》によって。
如来 釈尊のこと。

(八〇)
自力《じりき》の心《しん》をむねとして
不思議《ふしぎ》の仏智《ぶっち》をたのまねば
胎宮《たいぐ》にうまれて五百歳《ごひゃくさい》
三宝《さんぼう》の慈悲《じひ》にはなれたり

(八一)
仏智《ぶっち》の不思議《ふしぎ》を疑惑《ぎわく》して
罪福信《ざいふくしん》じ善本《ぜんぽん》を
修《しゅ》して浄土《じょうど》をねがふをば
胎生《たいしょう》といふとときたまふ

(八二)
仏智《ぶっち》うたがふつみふかし
この心《しん》おもひしるならば
くゆるこころをむねとして
仏智《ぶっち》の不思議《ふしぎ》をたのむべし

以上二十三首《いじょうにじゅうさんしゅ》、仏不思議《ぶっふしぎ》の弥陀《みだ》の御《おん》ちかひをうたがふつみとがをしらせんとあらはせるなり。

44

皇《こう》太《たい》子《し》聖《しょう》徳《とく》奉《ほう》讃《さん》

愚《ぐ》禿《とく》善《ぜん》信《しん》作《のさく》

(八三)
仏《ぶつ》智《ち》不《ふ》思《し》議《ぎ》の誓願《せいがん》を
*聖徳皇《しょうとくおう》のめぐみにて
正定聚《しょうじょうじゅ》に帰入《きにゅう》して
補処《ふしょ》の弥勒《みろく》のごとくなり

(八四)
*救《く》世《せ》観音《かんのん》大《だい》菩《ぼ》薩《さつ》
聖徳皇《しょうとくおう》と示現《じげん》して
*多々《たた》のごとくすてずして
*阿摩《あま》のごとくにそひたまふ

(八五)
無始《むし》よりこのかたこの世《よ》まで
聖徳皇《しょうとくおう》のあはれみに
多々《たた》のごとくにそひたまひ
阿摩《あま》のごとくにおはします

(八六)
聖徳皇《しょうとくおう》のあはれみて
仏智不思議《ぶっちふしぎ》の誓願《せいがん》に
すすめいれしめたまひてぞ
住正定聚《じゅうしょうじょうじゅ》の身《み》となれる

(八七)
他力《たりき》の信《しん》をえんひとは
仏恩報《ぶっとんほう》ぜんためにとて
如来二種《にょらいにしゅ》の回向《えこう》を
十方《じっぽう》にひとしくひろむべし

聖徳皇　聖徳太子のこと。
救世観音大菩薩…　観世音菩薩は世の人々の苦を救うのでこの名がある。親鸞聖人在世当時は聖徳太子信仰が盛んで、太子の本地《ほんじ》は観世音菩薩であると一般に信じられていた。
多々　梵語タータ(tāta)の音写。父のこと。
阿摩　梵語アンバー(ambā)の音写。母のこと。

(八八)
大慈《だいじ》救世《くせ》聖徳皇《しょうとくおう》
父《ちち》のごとくにおはします
大悲《だいひ》救世《くせ》観世音《かんぜおん》
母《はは》のごとくにおはします

(八九)
久遠劫《くおんごう》よりこの世《よ》まで
あはれみましますしるしには
仏智不思議《ぶっちふしぎ》に*つけしめて
*善悪《ぜんあく》・浄穢《じょうえ》もなかりけり

(九〇)
*和国《わこく》の教主《きょうしゅ》聖徳皇《しょうとくおう》
広大恩徳《こうだいおんどく》謝《しゃ》しがたし
一心《いっしん》に帰命《きみょう》したてまつり
*奉讃不退《ほうさんふたい》ならしめよ

45
(九一)
*上宮《じょうぐう》皇子《おうじ》方便《ほうべん》し
和国《わこく》の有情《うじょう》をあはれみて
如来《にょらい》の悲願《ひがん》を弘宣《ぐせん》せり
慶喜奉讃《きょうきほうさん》せしむべし

(九二)
多生曠劫《たしょうこうごう》この世《よ》まで
あはれみかぶれるこの身《み》なり
一心帰命《いっしんきみょう》たえずして
奉讃《ほうさん》ひまなくこのむべし

(九三)
聖徳皇《しょうとくおう》のおあはれみに
護持養育《ごじよういく》たえずして
如来二種《にょらいにしゅ》の回向《えこう》に
すすめいれしめおはします

つけしめて　就《つ》けしたがわせて。聖徳太子の慈悲によって、久遠劫《くおんごう》より流転《るてん》して来た身が仏智の不思議につきしたがうようになったという意をあらわす。

善悪浄穢…　善人も悪人も、浄心の者も穢悪な心をもつ者も、わけへだてなく救われるという意。

和国の教主　日本の教主。聖徳太子を日本仏教の始祖とみて教主釈尊に準ずる。

奉讃不退　怠ることなく讃仰したてまつる。

上宮皇子　聖徳太子のこと。父、用明《ようめい》天皇がいた宮の南の上宮《かみつみや》に住したのでこの名がある。

以上《いじょう》聖徳奉讃《しょうとくほうさん》
十一首《じゅういっしゅ》

愚《ぐ》禿《とく》悲《ひ》歎述懐《たんじゅつかい》

(九四)
浄土真宗《じょうどしんしゅう》に帰《き》すれども
真実《しんじつ》の心《しん》はありがたし
虚仮不実《こけふじつ》のわが身《み》にて
清浄《しょうじょう》の心《しん》もさらになし

(九五)
*外儀《げぎ》のすがたはひとごとに
*賢善精進《けんぜんしょうじん》現《げん》ぜしむ
貪瞋《とんじん》・邪偽《じゃぎ》おほきゆゑ
*奸詐《かんさ》*ももはし身《み》にみてり

(九六)
悪性《あくしょう》さらにやめがたし
こころは*蛇蝎《じゃかつ》のごとくなり
修善《しゅぜん》も雑毒《ぞうどく》なるゆゑに
虚仮《こけ》の行《ぎょう》とぞなづけたる

(九七)
*無慚無愧《むざんむぎ》のこの身《み》にて
まことのこころはなけれども
弥陀《みだ》の回向《えこう》の御名《みな》なれば
功徳《くどく》は十方《じっぽう》にみちたまふ

(九八)
小慈小悲《しょうじしょうひ》もなき身《み》にて
有情利益《うじょうりやく》はおもふまじ
如来《にょらい》の願船《がんせん》いまさずは
苦海《くかい》をいかでかわたるべき

外儀のすがた　外面に現れたすがたや身のふるまい。
賢善精進…　賢く善を行いつとめているかのようにみせかける。
奸詐　奸はよこしまなこと、詐はいつわり、人をあざむくこと。
ももはし　百端の訓。数が多いこと。
蛇蝎　へび、さそり。
無慚無愧　罪を恥じる心(慚愧)がないこと。↓慚《ざん》愧《ぎ》

46
(九九)
蛇蝎奸詐《じやかつかんさ》のこころにて
自力修善《じりきしゆぜん》はかなふまじ
如来《にょらい》の回向《えこう》をたのまでは
無慚無愧《むざんむぎ》にてはてぞせん

(一〇〇)
＊五濁増《ごじょくぞう》のしるしには
この世《よ》の道俗《どうぞく》ことごとく
外儀《げぎ》は仏教《ぶっきょう》のすがたにて
内心外道《ないしんげどう》を帰敬《ききょう》せり

(一〇一)
かなしきかなや道俗《どうぞく》の
良時《りょうじ》・吉日《きちにち》えらばしめ
＊天神《てんじん》・地祇《じぎ》をあがめつつ
＊卜占祭祀《ぼくせんさいし》つとめとす

(一〇二)
僧《そう》ぞ法師《ほうし》のその御名《みな》は
たふとききこととききしかど
＊提婆五邪《だいばごじゃ》の法《ほう》ににて
いやしきものになづけたり

(一〇三)
外道《げどう》・＊梵士《ぼんじ》・＊尼乾志《にけんし》に
こころはかはらぬものとして
＊如来《にょらい》の法衣《ほうえ》をつねにきて
一切鬼神《いっさいきじん》をあがむめり

(一〇四)
かなしきかなやこのごろの
和国《わこく》の道俗《どうぞく》みなともに
仏教《ぶっきょう》の威儀《いぎ》をもととして
天地《てんち》の鬼神《きじん》を尊敬《そんきょう》す

五濁増　五濁が熾烈《しれつ》となること。→五濁《ごじょく》
天神地祇　天神は梵天王《ぼんてんのう》・帝釈天《たいしゃくてん》・四天王《してんのう》など、地祇は堅牢地祇（大地の神）・八大竜王などを指す。
卜占祭祀　「うら、まつり、はらへ」（異本左訓）
提婆五邪の法　提婆達多《だいばだった》が釈尊の教団を破壊しようとして立てた五の邪法。
梵士　梵天をあがめる者。バラモン教徒。
尼乾志　ジャイナ教徒。
如来の法衣　釈尊が制定した法衣。袈裟《けさ》のこと。

（一〇五）
五濁邪悪《ごじょくじゃあく》のしるしには
僧《そう》ぞ法師《ほうし》といふ御名《みな》を
*奴婢《ぬひ》・僕使《ぼくし》になづけてぞ
いやしきものとさだめたる

（一〇六）
*無戒名字《むかいみょうじ》の比丘《びく》なれど
末法濁世《まっぽうじょくせ》の世《よ》となりて
舎利弗《しゃりほつ》・目連《もくれん》にひとしくて
供養恭敬《くようくぎょう》をすすめしむ

（一〇七）
罪業《ざいごう》もとよりかたちなし
*妄想顛倒《もうぞうてんどう》のなせるなり
心性《しんしょう》もとよりきよけれど
この世《よ》はまことのひとぞなき

47
（一〇八）
末法悪世《まっぽうあくせ》のかなしみは
*南都北嶺《なんとほくれい》の仏法者《ぶっぽうしゃ》の
*輿《こし》かく僧達《そうたち》*力者法師《りきしゃほうし》
高位《こうい》をもてなす名《な》としたり

（一〇九）
仏法《ぶっぽう》*あなづるしるしには
比丘《びく》・比丘尼《びくに》を奴婢《ぬひ》として
法師《ほうし》・僧徒《そうと》のたふとさも
僕従《ぼくじゅう》ものの名《な》としたり

以上《いじょう》十六首《じゅうろくしゅ》、これは愚禿《ぐとく》が
かなしみなげきにして述懐《じゅっかい》と
したり。この世《よ》の本寺本山《ほんじほんざん》の
*いみじき僧《そう》とまうすも法師《ほうし》と

奴婢僕使　下男、下女、しもべ。
無戒名字の比丘　戒律を持つことなく、ただ外形のみ出家の姿をした名ばかりの僧。
妄想顛倒　虚妄《こもう》の分別によって、真実とは全く逆の見解にとらわれること。
南都北嶺　奈良の興福寺《こうぶくじ》等の諸大寺《じ》と比叡山《ひえいざん》の延暦寺《えんりゃくじ》。
輿かく僧達　南都・北嶺の高位の僧侶の輿をかつぐ僧。
力者法師　剃髪して公家・寺社・武家などに仕え、駕輿、馬の口取り、長刀を帯しての警護、使者など、力役を中心とした奉仕に従った者。
あなづる　軽蔑する。
いみじき僧　官位のある立派な僧。

まうすも*うきことなり。
釈《しゃくの》親鸞《しんらん》これを書《か》く。

（二〇）
*善光寺《ぜんこうじ》の如来《にょらい》の
われらをあはれみましまして
*なにはのうらにきたります
御名《みな》をもしらぬ*守屋《もりや》にて

（二一）
そのとき*ほとほりけとまうしける
*疫癘《えきれい》*あるいはこのゆゑと
守屋《もりや》がたぐひはみなともに
ほとほりけとぞまうしける

（二二）
やすくすすめんためにとて
ほとけと守屋《もりや》がまうすゆゑ
ときの外道《げどう》みなともに
如来《にょらい》をほとけとさだめたり

（二三）
この世《よ》の仏法《ぶっぽう》のひとはみな
守屋《もりや》がことばをもととして
ほとけとまうすをたのみにて
僧《そう》ぞ法師《ほうし》はいやしめり

（二四）
*弓削《ゆげ》の守屋《もりや》の*大連《おおむらじ》
邪見《じゃけん》きはまりなきゆゑに
よろづのものをすすめんと
やすくほとけとまうしけり

うきこと　なげかわしいこと。
善光寺　『善光寺縁起』によると、百済《くだら》から渡来した阿弥陀三尊像（一光三尊像）を、推古《すいこ》天皇十年（六〇二）、本田善光《ほんだよしみつ》が信濃《しなの》の自宅に安置し、皇極《こうぎょく》天皇元年（六四二）、さらにこれを同国水内郡芋井郷（現在の長野市）に移し堂宇を造営したのが同寺の起源であるという。中世以降、広く民衆の信仰を集め、一大霊場となった。
なにはのうら…　百済から摂津《せっつ》の難波（現在の大阪市）の浦へ来たことをいう。
守屋　物部守屋《もののべのもりや》（―五八七）のこと。仏教の受容に反対して蘇我《そが》氏と対立し、用明《ようめい》天皇の死後、穴穂部皇子《あなほべのみこ》を擁立しようとしたが、蘇我馬子《うまこ》らに攻められ敗死した。
ほとほりけ　熱気。仏像が

親鸞八十八歳御筆《しんらんはちじゅうはっさいごひつ》

*「獲《ぎゃく》」の字《じ》は、因位《いんに》のときうるを獲《ぎゃく》といふ。「得《とく》」の字《じ》は、果位《かい》のときにいたりてうることを得《とく》といふなり。

*「名《みょう》」の字《じ》は、因位《いんに》のときのなを名《みょう》といふ。「号《ごう》」の字《じ》は、果位《かい》のときのなを号《ごう》といふ。

*「自然《じねん》」といふは、「自《じ》」はおのづからといふ、行者《ぎょうじゃ》の*はからひにあらず。しからしむといふことばなり。「然《ねん》」といふは、しからしむといふことば、行《ぎょう》者《じゃ》のはからひにあらず、如来《にょらい》のちかひにてあるがゆゑに。「法爾《ほうに》」といふは、如来《にょらい》の御《おん》ちかひなるがゆゑに、しからしむるを法爾《ほうに》といふ。この法爾《ほうに》は、御《おん》ちかひなりけるゆゑに、すべて行者《ぎょうじゃ》のはからひなきをもちて、*このゆゑに他力《たりき》には義《ぎ》なきを義《ぎ》とすとしるべきなり。「自然《じねん》」といふは、もとよりしからしむるといふことばなり。

弥陀仏《みだぶつ》の御《おん》ちかひの、もとより行者《ぎょうじゃ》のはからひにあらずして、南無阿弥陀《なもあみだ》仏《ぶつ》とたのませたまひて、むかへんとはからはせたまひたるによりて、行者《ぎょうじゃ》のよからんともあしからんともおもはぬを、自然《じねん》とは申《もう》すぞ*とききて候《そうろ》ふ。

熱病の起るもとであるという邪説。

疫癘 疫病。伝染病。

あるいはこのゆゑと もしや仏像が原因ではないかと。

弓削 現在の大阪府八尾市内。

大連 大臣《おおおみ》と並ぶ大和《やまと》朝廷の最高執政官の称号。

獲の字… 次下の自然法爾の法語は、顕智《けんち》上人書写本と文に少し異同がある。

名の字は… 『唯信鈔文意』七〇〇頁一行以下参照。

自然と… 以下は『親鸞聖人御消息』第十四通とほぼ同じ。→自然《じねん》[2]

はからひ 自力による思慮分別。

このゆゑに… 顕智上人書写本にはこの前に「この法のとくのゆゑに、しからしむといふなり。すべて人のはじめてはからはざるなり」とある。

49

ちかひのやうは、「*無上仏《むじょうぶつ》にならしめん」と誓《ちか》ひたまへるなり。無上仏《むじょうぶつ》と申《もう》すは、かたちもなくまします。かたちもましまさぬゆゑに、*自然《じねん》とは申《もう》すなり。かたちましますとしめすときは、無上涅槃《むじょうねはん》とは申《もう》さず。かたちもましまさぬやうをしらせんとて、はじめに弥陀仏《みだぶつ》とぞききならひて候《そうろ》ふ。弥陀仏《みだぶつ》は自然《じねん》のやうをしらせん*料《りょう》なり。この道理《どうり》をこころえつるのちには、この自然《じねん》のことはつねに*さたすべきにはあらざるなり。つねに自然《じねん》をさたせば、義《ぎ》なきを義《ぎ》とすといふことは、なほ義《ぎ》のあるべし。これは仏智《ぶっち》の不思議《ふしぎ》にてあるなり。

（一一五）
よしあしの文字《もんじ》をもしらぬひとはみな
　まことのこころなりけるを
*善悪《ぜんあく》の字《じ》しりがほは
　おほそらごとのかたちなり

（一一六）
是非《ぜひ》しらず邪正《じゃしょう》も*わかぬ
　このみなり
小慈小悲《しょうじしょうひ》もなけれども
　*名利《みょうり》に人師《にんし》をこのむなり

以《い》　上《じょう》

ときて候ふ　法然《ほうねん》聖人から伝え聞いた法義であるから、「ときて候ふ」という。

無上仏　この上なくすぐれた仏。『菩薩念仏三昧経《ぼさつねんぶつざんまいきょう》』巻四に「無上自然仏」の語がある。ここでは無色無形《むしきむぎょう》の真如《しんにょ》そのものをいう。

自然　→自然《じねん》[3]

料　ここでは「…するためのもの」という意。

さた　あれこれ論議し、せんさくすること。

善悪の字しりがほ　善や悪の意味をさも知っているかのようなふりをすること。

わかぬ　みわけがつかない。

名利　名聞利養《みょうもんりよう》。名誉や利益。

浄《じょう》土《ど》三《さん》経《ぎょう》往《おう》生《じょう》文《もん》類《るい》

一般には『三経往生文類《さんぎょうおうじょうもんるい》』といわれている。「三経往生」とは大経《だいきょう》往生、観経《かんぎょう》往生、阿弥陀経《あみだきょう》往生のことである。

大経往生とは、『大経』にもとづいて阿弥陀仏の第十八願の法を信じ、現生に正定聚《しょうじょうじゅ》に住して真実報土《しんじつほうど》の往生をとげることであり、これを難思議《なんじぎ》往生という。ここでは、第十八願・第十一願の願文や成就文《じょうじゅもん》によってそれが示され、さらに『論註《ろんちゅう》』の文で助顕《じょけん》されている。なお本書には広略の二本があるが、本聖典依用の広本では、この大経往生の部分で第十七願の願文や成就文等が加えられている。

観経往生とは、『観経』顕説《けんぜつ》の教えにもとづいて、自力心をもって諸善万行を修し、方便化土《けど》に往生することであり、これを双樹林下《そうじゅりんげ》往生という。ここでは、第十九《じゅうく》願の願文と成就文、第二十八願の成就文、『悲《ひ》華経《けきょう》』の文によってそれが示され、さらに『往生要集《おうじょうようしゅう》』の文によって報土と化土の違いがあらわされている。

阿弥陀経往生とは、『小経《しょうきょう》』顕説の教えにもとづいて、自力の称名《しょうみょう》を行じ、七宝の牢獄といわれる疑城《ぎじょう》胎宮《たいぐ》に往生することであり、これを難思《なんじ》往生という。ここでは、第二十願の願文・成就文によってそれが示され、「定善義《じょうぜんぎ》」や『述文賛《じゅつもんさん》』の文で助顕されている。

このように本書は、いわゆる三願・三経・三往生という真宗教義の基本を簡潔に述べたものである。

浄《じょう》土《ど》三《さん》経《ぎょう》往《おう》生《じょう》文《もん》類《るい》

【一】 *大経往生《だいきょうおうじょう》といふは、如来選択《にょらいせんじゃく》の本願《ほんがん》、*不可思議《ふかしぎ》の願海《がんかい》、これを他力《たりき》と申《もう》すなり。これすなはち*念仏往生《ねんぶつおうじょう》の願因《がんいん》によりて、*必至滅度《ひっしめつど》の願果《がんか》をうるなり。*現生《げんしょう》に正定聚《しょうじょうじゅ》の位《くらい》に住《じゅう》して、かならず真実報土《しんじつほうど》にいたる。これは阿弥陀《あみだ》如来《にょらい》の往相回向《おうそうえこう》の真因《しんいん》なるがゆゑに、無上涅槃《むじょうねはん》のさとりをひらく。これを『大《だい》経《きょう》』の*宗致《しゅうち》とす。このゆゑに大経往生《だいきょうおうじょう》と申《もう》す、また難思議往生《なんじぎおうじょう》と申《もう》すなり。

【二】 この如来《にょらい》の往相回向《おうそうえこう》につきて、真実《しんじつ》の行業《ぎょうごう》あり。すなはち諸仏称名《しょぶつしょうみょう》の悲願《ひがん》（第十七願）にあらはれたり。称名《しょうみょう》の悲願《ひがん》は『大無量寿経《だいむりょうじゅきょう》』（上）にのたまはく、「たとひわれ仏《ぶつ》を得《え》んに、十方世界《じっぽうせかい》の無量《むりょう》の諸仏《しょぶつ》、ことごとく*咨嗟《ししゃ》し、わが名《な》を*称《しょう》せずは、正覚《しょうがく》を取《と》らじ」と。文

称名《しょうみょう》・信楽《しんぎょう》の悲願《ひがん》（第十七・十八願）成就《じょうじゅ》の文《もん》、『経《きょう》』（大経・下）にのたまはく、「十方恒沙《じっぽうごうじゃ》の諸仏如来《しょぶつにょらい》、みなともに無量寿仏《むりょうじゅぶつ》の威神功徳不可思議《いじんくどくふかしぎ》なる

大経往生　『大経』に説かれる第十八願の教えにもとづいた往生のこと。→三往《さんおう》生《じょう》

不可思議の願海　本願が衆《しゅ》生《じょう》の思慮を超えたものであることを広大な海に喩えていう。

念仏往生の願因　念仏往生の願（第十八願）に誓われている往生の因。すなわち真実の行信をいう。

必至滅度の願果　必至滅度の願（第十一願）に誓われている証果。すなわち大涅《ね》槃《はん》のさとりをいう。

現生　現在の生。

宗致　「むねとすとなり」（左訓）経典に説かれた法義の最も肝要なことがら。

咨嗟　「よろづの仏《ほとけ》にほめらるるなり」（左訓）讃嘆の意で、ほめたたえること。

称　称揚の意で、名号《みょうごう》を

4

を讃嘆《さんだん》したまふ。あらゆる衆生《しゅじょう》、その名号《みょうごう》を聞《き》きて信心歓喜《しんじんかんぎ》して、乃至《ないし》*一念《いちねん》せん。*至心回向《ししんえこう》したまへり。かの国《くに》に生《うま》れんと願《がん》ずれば、すなはち往生《おうじょう》を得《え》、不退転《ふたいてん》に住《じゅう》せん。ただ五逆《ごぎゃく》と*正法《しょうぼう》を誹謗《ひほう》するを除《のぞ》く」と。文

【三】 また真実信心《しんじつしんじん》あり。すなはち念仏往生《ねんぶつおうじょう》の悲願《ひがん》（第十八願）にあらはれたり。信楽《しんぎょう》の悲願《ひがん》は『大経《だいきょう》』（上）にのたまはく、「たとひわれ仏《ぶつ》を得《え》たらんに、十方《じっぽう》の衆生《しゅじょう》、至心信楽《ししんしんぎょう》してわが国《くに》に生《うま》れんと欲《おも》うて、乃至十念《ないしじゅうねん》せん。もし生《うま》れずは、正覚《しょうがく》を取《と》らじと。ただ五逆《ごぎゃく》と正法《しょうぼう》を誹謗《ひほう》せんを除《のぞ》かん」と。文

同本異訳《どうほんいやく》の『無量寿如来会《むりょうじゅにょらいえ》』（上）にのたまはく、「もしわれ*無上覚《むじょうかく》を証得《しょうとく》せん時《とき》、余《よ》の仏《ぶつ》*刹《せつ》のうちのもろもろの有情類《うじょうるい》、わが名《な》を聞《き》きをはりて、所有《しょう》の善根《ぜんごん》、心々回向《しんしんえこう》して、わが国《くに》に生《うま》れんと願《がん》じて、乃至十念《ないしじゅうねん》せん。もし生《うま》れずは、菩提《ぼだい》を取《と》らじと。ただ*無間悪業《むけんあくごう》を造《つく》り、正法《しょうぼう》およびもろもろの聖人《しょうにん》を誹謗《ひほう》せんを除《のぞ》かん」と。文

【四】 また*真実証果《しんじつしょうか》あり。すなはち必至滅度《ひっしめつど》の悲願《ひがん》（第十一願）にあらはれたり。*証果《しょうか》の悲願《ひがん》、『大経《だいきょう》』（上）にのたまはく、「たとひわれ仏《ぶつ》を得《え》たらんに、国《くに》のうちの人天《にんでん》、*定聚《じょうじゅ》に住《じゅう》し、かならず滅度《めつど》に至《いた》らずは、正覚《しょうがく》を取《と》らじ」と。

ほめたたえること。

一念 →一念《いちねん》[2]

至心回向したまへり 通常は「至心に回向して」と読む。親鸞聖人は如来回向の義をあらわすために、このように読みかえた。

正法を誹謗する 仏の正しい教法をそしり、その真実性を否定する。

無上覚 この上ない仏のさとり。

刹 「くにといふ」（左訓） 梵語クシェートラ（kṣe-tra）の音写。国土・世界の意。

無間悪業 無間地獄（阿鼻地獄）に堕《お》ちる悪しき業で、五逆罪をいう。→五逆《ごぎゃく》

真実証果 「まことのさとりをいふなり」（左訓）→補註2

証果 「まことの仏《ほとけ》となる

文

同本異訳《どうほんいやく》の『無量寿如来会《むりょうじゅにょらいえ》』（上）にのたまはく、「もしわれ成仏《じょうぶつ》せんに、国《くに》のうちの有情《うじょう》、もし決定《けつじょう》して＊等正覚《とうしょうがく》を成《な》り大涅槃《だいねはん》を証《しょう》せずは、菩提《ぼだい》を取《と》らじ」と。文

『無量寿如来会《むりょうじゅにょらいえ》』（下）にのたまはく、「他方仏国《たほうぶっこく》の所有《しょう》の衆生《しゅじょう》、無量寿如来《むりょうじゅにょらい》の名号《みょうごう》を聞《き》きてよく一念《いちねん》の浄信《じょうしん》を発《おこ》して＊歓喜愛楽《かんぎあいぎょう》せん。あらゆる善根回向《ぜんごんえこう》して無量寿国《むりょうじゅこく》に生《うま》れんと願《がん》ぜば、願《がん》に随《したが》うてみな生《うま》れて、不退転乃至《ふたいてんないし》＊無上正等菩提《むじょうしょうとうぼだい》を得《え》んと。五無間《ごむけん》と正法《しょうぼう》を誹謗《ひほう》し、および聖者《しょうじゃ》を謗《ほう》ぜんをば除《のぞ》かん」と。

必至滅度《ひっしめつど》・証大涅槃《しょうだいねはん》の願《がん》（第十一願）成就《じょうじゅ》の文《もん》、『大経《だいきょう》』（下）にのたまはく、「それ衆生《しゅじょう》あつて、かの国《くに》に生《うま》れんもの、みなことごとく＊正定《しょうじょう》の聚《じゅ》に住《じゅう》せん。ゆゑはいかんとなれば、かの仏国《ぶっこく》のうちにはもろもろの＊邪聚《じゃじゅ》および＊不定聚《ふじょうじゅ》はなければなり」。文

また『如来会《にょらいえ》』（下）にのたまはく、「かの国《くに》の衆生《しゅじょう》と、もしまさに生《うま》れんものは、みなことごとく無上菩提《むじょうぼだい》を究竟《くきょう》し、涅槃《ねはん》の処《ところ》に到《いた》らん。なにをもつて

なり」（左訓）

定聚 正定聚のこと。→正定聚《しょうじょうじゅ》

等正覚 →等正覚《とうしょうがく》④

歓喜…回向して 「信巻」では如来回向の義をあらわして「歓喜せしめ、所有の善根回向したまへるを愛楽して」と読んでいる。

無上正等菩提 阿耨多羅三藐三菩提のこと。→阿耨多羅三藐三菩提《あのくたらさんみゃくさんぼだい》

正定の聚 正定聚のこと。→正定聚《しょうじょうじゅ》

邪聚 「自力のもろもろの善人なり」（左訓）邪定聚のこと。→邪定聚《じゃじょうじゅ》

不定聚 「自力の念仏者なり」（左訓）

のゆゑに。もし邪定聚《じゃじょうじゅ》および不定聚《ふじょうじゅ》は、*かの因《いん》を建立《こんりゅう》せることを了知《りょうち》することあたはざるがゆゑなり」と。以上抄要

【五】この真実《しんじつ》の称名《しょうみょう》と真実《しんじつ》の信楽《しんぎょう》をえたる人《ひと》は、すなはち正定聚《しょうじょうじゅ》の位《くらい》に住《じゅう》せしめんと誓《ちか》ひたまへるなり。この正定聚《しょうじょうじゅ》に住《じゅう》するを、等正覚《とうしょうがく》を成《な》るとものたまへるなり。等正覚《とうしょうがく》と申《もう》すは、すなはち補処《ふしょ》の弥勒菩薩《みろくぼさつ》とおなじ位《くらい》となると説《と》きたまへり。しかれば、『大経《だいきょう》』（下）には、「*次如弥勒《しにょみろく》」とのたまへり。

『浄土論《じょうどろん》』（論註・下一一九）にいはく、「〈*荘厳妙声功徳成就《しょうごんみょうしょうくどくじょうじゅ》は、偈《げ》に《*梵声悟深遠《ぼんしょうごじんのん》　微妙聞十方《みみょうもんじっぽう》》とのたまへるがゆゑに〉と。これいかんぞ不思議《ふしぎ》なるや。経《きょう》にのたまはく、〈もし人《ひと》、ただかの国土《こくど》の清浄安楽《しょうじょうあんらく》なるを聞《き》きて、*剋念《こくねん》して生《うま》れんと願《がん》ずると、また往生《おうじょう》を得《う》ると、すなはち正定聚《しょうじょうじゅ》に入《い》る〉。これはこれ、国土《こくど》の名字《みょうじ》、*仏事《ぶつじ》をなす。いづくんぞ思議《しぎ》すべきや。乃至〈*荘厳眷属功徳成就《しょうごんけんぞくくどくじょうじゅ》は、偈《げ》に《*如来浄華衆《にょらいじょうけしゅ》　正覚華化生《しょうがくけけしょう》》とのたまへるがゆゑに〉と。これいかんぞ不思議《ふしぎ》なるや。おほよそこれ雑生《ざっしょう》の世界《せかい》は、もしは胎《たい》もしは卵《らん》もしは湿《しつ》もしは化《け》、眷属《けんぞく》*そこばくなり。苦楽万品《くらくまんぼん》なり。雑業《ぞうごう》をもつてのゆゑに。かの安楽国土《あんらくこくど》は、これ阿弥陀如来《あみだにょらい》の正覚浄華《しょうがくじょうけ》の化生《けしょう》する所《ところ》にあらざる

かの因を…　阿弥陀仏が浄土往生の因をたてたことを明らかに信知することができないからという意。

次如弥勒　「次《つ》いで弥勒のごとしとなり」（左訓）

荘厳妙声功徳成就　国土荘厳十七種の第十一荘厳。浄土のすぐれた名は、あまねく十方世界に聞えて、すべての者を往生させる徳があるということを示す。

梵声悟深遠…　「梵声の悟《さとり》深遠にして微妙なり。十方に聞ゆ」梵声は清浄《しょうじょう》な仏の声のこと。

剋念して…入る　『論註』の当分では「剋念して生ぜんと願ずれば、また往生を得て、すなはち正定聚に入る」と読む。剋念願生する者が浄土に往生して正定聚に入る義であるが、親鸞聖人は原文を読みかえて、剋

ことなし。同一《どういつ》に念仏《ねんぶつ》して別《べつ》の道《どう》なきがゆゑに。遠《とお》く通《つう》ずるにそれ*四海《しかい》のうちみな兄弟《きょうだい》とするなり。眷属《けんぞく》無量《むりょう》なり。いづくんぞ思議《しぎ》すべきや」。

またのたまはく（論註・下 一二二）、「往生《おうじょう》を願《がん》ずるもの、本《もと》はすなはち*三三《さんざん》の品《ほん》なれども、いまは一二《いちに》の殊《こと》なることなし。また*淄澠《しじょう》の一味《いちみ》なるがごとし。いづくんぞ思議《しぎ》すべきや」。以上

また『論《ろん》』（同・下 一一二）にいはく、「〈*荘厳清浄功徳成就《しょうごんしょうじょうくどくじょうじゅ》は、偈《げ》に《*観彼世界相《かんぴせかいそう》 勝過三界道《しょうがさんがいどう》》とのたまへるがゆゑに〉と。これいかんぞ不思議《ふしぎ》なるや。凡夫人《ぼんぶにん》の煩悩成就《ぼんのうじょうじゅ》せるあつて、またかの浄土《じょうど》に生《しょう》を得《う》るに、三界《さんがい》の*繫業《けごう》畢竟《ひっきょう》じて牽《ひ》かず。すなはちこれ煩悩《ぼんのう》を断《だん》ぜずして*涅槃《ねはん》の分《ぶん》を得《う》。いづくんぞ思議《しぎ》すべきや」。以上抄要

【六】この阿弥陀如来《あみだにょらい》の往相回向《おうそうえこう》の選択本願《せんじゃくほんがん》をみたてまつるなり。これを難思議往生《なんじぎおうじょう》と申《もう》す。これをこころえて、他力《たりき》には義《ぎ》なきを義《ぎ》とすとしるべし。

【七】二《ふた》つに*還相《げんそう》の回向《えこう》といふは、『浄土論《じょうどろん》』（四二）にいはく、「本願力《ほんがんりき》の回向《えこう》をもつてのゆゑに、これを*出第五門《しゅつだいごもん》と名《な》づく」といへり。これは還相《げんそう》の回向《えこう》なり。一生補処《いっしょうふしょ》の悲願《ひがん》（第二十二願）にあらはれたり。

念願生する者（此土）と浄土に往生した者（彼土）との二類の正定聚があることを示した。剋念は心を専注して一心になること。ここでは信心の異名。

仏事 衆生《しゅじょう》救済の仕事。

荘厳眷属功徳成就 国土荘厳十七種の第十三荘厳。浄土の往生人はことごとく阿弥陀仏の正覚によって生れた清浄《しょうじょう》な者で優劣の差がないということ、および一切世界の念仏者も平等の眷属であるということを示す。

如来浄華衆… 「如来浄華の衆は、正覚の華より化生す」

そこばく 相当の数量。

四海 須弥山《しゅみせん》をとりまく四方の海。全世界をいう。転じて世界の人々を指す。

三三の品 九品のこと。→

大慈大悲《だいじだいひ》の願《がん》（第二十二願）、『大経《だいきょう》』（上）にのたまはく、「たとひわれ仏《ぶつ》を得《え》たらんに、他方仏土《たほうぶつど》のもろもろの菩薩衆《ぼさつしゅ》、わが国《くに》に来生《らいしょう》すれば、究竟《くきょう》してかならず一生補処《いっしょうふしょ》に至《いた》る。その本願《ほんがん》の自在《じざい》の所化《しょけ》、衆生《しゅじょう》のためのゆゑに、*弘《ぐ》誓《ぜい》の鎧《がい》を被《き》て、徳本《とくほん》を積累《しゃくるい》し、一切《いっさい》を度脱《どだつ》し、諸仏《しょぶつ》の国《くに》に遊《あそ》びて、菩薩《ぼさつ》の行《ぎょう》を修《しゅ》し、十方《じっぽう》の諸仏如来《しょぶつにょらい》を供養《くよう》し、恒沙無量《ごうじゃむりょう》の衆生《しゅじょう》を開化《かいけ》して無上正真《むじょうしょうしん》の道《どう》を立《りゅう》せしめんをば除《のぞ》かんと。*常倫《じょうりん》に超出《ちょうしゅつ》し、*諸地《しょじ》の行現前《ぎょうげんぜん》し、普賢《ふげん》の徳《とく》を修《しゅ》習《じゅう》せん。もししからずは、正覚《しょうがく》を取《と》らじ」と。文

この悲願《ひがん》は、如来《にょらい》の還相回向《げんそうえこう》の御《おん》ちかひなり。

【八】如来《にょらい》の二種《にしゅ》の回向《えこう》によりて、真実《しんじつ》の信楽《しんぎょう》をうる人《ひと》は、かならず正定聚《しょうじょうじゅ》の位《くらい》に住《じゅう》するがゆゑに他力《たりき》と申《もう》すなり。しかれば、『無量寿経優婆提舎願生《むりょうじゅきょううばだいしゃがんしょう》偈《げ》』（三三）にいはく、「いかんが*回向《えこう》したまへる。一切苦悩《いっさいくのう》の衆生《しゅじょう》を捨《す》てずし
6 て、心《しん》につねに*作願《さがん》すらく、回向《えこう》を*首《しゅ》として大悲心《だいひしん》を成就《じょうじゅ》することを*得《え》たまへるがゆゑに」とのたまへり。

これは『大無量寿経《だいむりょうじゅきょう》』の宗致《しゅうち》としたまへり。これを難思議往生《なんじぎおうじょう》と申《もう》すなり。

【九】*観経往生《かんぎょうおうじょう》といふは、修諸功徳《しゅしょくどく》の願《がん》（第十九願）により、至心発願《ししんほつがん》のちか

九品《くぼん》

淄澠の一味なるがごとし 斉《せい》の国（現在の中国山東《さんとう》省）にあった淄水《しすい》と澠水《じょうすい》という二河の名。二河の水の味は異なるが海に入れば同じ塩からい水になるように、往生の機に九品の別があっても、同じ念仏の一道によって往生すれば平等の果を得るという意。

荘厳清浄功徳成就 国土荘厳十七種の第一荘厳。浄土は三界《さんがい》を超越した清浄の世界であり、煩悩《ぼんのう》の寂滅《じゃくめつ》した涅槃《ねはん》の世界であって、そこに往生すれば自然《じねん》にさとりの智慧《ちえ》が得られるということを示す。二十九種《にじゅうくしゅ》荘厳のすべてに通じる功徳とされる。

観彼世界相… 「かの世界の相を観ずるに、三界の道に勝過せり」（真仏土巻訓）

ひにいりて、万善諸行《まんぜんしょぎょう》の自善《じぜん》を回向《えこう》して浄土《じょうど》を*欣慕《ごんぼ》せしむるなり。しかれば、『無量寿仏観経《むりょうじゅぶつかんぎょう》』には、定善《じょうぜん》・散善《さんぜん》、三福九品《さんぷくくぼん》の諸善《しょぜん》、あるいは自力《じりき》の称名《しょうみょう》念仏《ねんぶつ》を説《と》きて、九品往生《くぼんおうじょう》をすすめたまへり。これは他力《たりき》のなかに自力《じりき》を宗致《しゅうち》としたまへり。このゆゑに観経往生《かんぎょうおうじょう》と申《もう》すは、これみな方便化土《ほうべんけど》の往生《おうじょう》なり。これを双樹林下往生《そうじゅりんげおうじょう》と申《もう》すなり。

【二〇】　至心発願《ししんほつがん》の願《がん》（第十九願）、『大経《だいきょう》』（上）にのたまはく、「たとひわれ仏《ぶつ》を得《え》んに、十方《じっぽう》の衆生《しゅじょう》、菩提心《ぼだいしん》を発《おこ》し、*もろもろの功徳《くどく》を修《しゅ》して、至心発願《ししんほつがん》してわが国《くに》に生《うま》れんと欲《おも》はん。寿終《いのちおわ》らん時《とき》に臨《のぞ》まんに、たとひ大衆《だいしゅ》と*囲繞《いにょう》してその人《ひと》の前《まえ》に現《げん》ぜずは、正覚《しょうがく》を取《と》らじ」と。文

また『悲華経《ひけきょう》』「*大施品《だいせぼん》」にのたまはく、「願《ねが》はくは、われ阿耨多羅三藐三《あのくたらさんみゃくさん》菩提《ぼだい》を成《な》りをはらんに、その余《よ》の無量無辺阿僧祇《むりょうむへんあそうぎ》の諸仏世界《しょぶつせかい》の所有《しょう》の衆生《しゅじょう》、もし阿耨多羅三藐三菩提心《あのくたらさんみゃくさんぼだいしん》を発《おこ》し、もろもろの善根《ぜんごん》を修《しゅ》して、わが界《かい》に生《うま》れんと欲《おも》はば、臨終《りんじゅう》の時《とき》、われまさに大衆《だいしゅ》と囲繞《いにょう》してその人《ひと》の前《まえ》に現《げん》ずべし。その人《ひと》、われを見《み》て、すなはちわが前《まえ》にして心《しん》に歓喜《かんぎ》を得《え》て、われを見《み》るをもつてのゆゑに、もろもろの障礙《しょうげ》を離《はな》れてすなはち身《み》を捨《す》ててわが界《かい》に来生《らいしょう》せ

繋業　衆生《しゅじょう》を迷いの世界につなぎとめる煩悩《ぼんのう》のまじった行為。

涅槃の分　涅槃の分斉《ぶんざい》。涅槃のさとりそのもの。

還相の回向　→還相回向《げんそうえこう》

出第五門　出は利他教化に出ること。第五門は五功徳門の中の園林遊戯地門《おんりんゆげじもん》のこと。さとりの世界より迷いの世界にたちかえって、自由自在に衆生を救済するのを楽しみとすることを出第五門という。→五種《ごしゅ》の功徳《くどく》

弘誓の鎧　衆生済度《さいど》の誓願《せいがん》が堅固なことを鎧《よろい》に喩える。

常倫に…現前し　通常は「常倫諸地の行を超出し、現前に」と読む。常倫はつねなみ、普通一般の意。

諸地の行　十地《じゅうじ》の菩薩が行う自利利他の修行。

回向したまへる　通常は

しめん」と。文

至心《ししん》発願《ほつがん》の願《がん》（第十九願）成就《じょうじゅ》の文《もん》、『大経《だいきょう》』（下）にのたまはく、「仏《ぶつ》、阿難《あなん》に告《つ》げたまはく、〈十方《じっぽう》世界《せかい》の諸天《しょてん》・人民《にんみん》、それ心《しん》を至《いた》してかの国《くに》に生《うま》れんと願《がん》ずることあらん。おほよそ三輩《さんぱい》あり。その上輩《じょうはい》は、家《いえ》を捨《す》て欲《よく》を棄《す》てて沙門《しゃもん》となり、菩提心《ぼだいしん》を発《おこ》して一向《いっこう》にもつぱら無量寿仏《むりょうじゅぶつ》を念《ねん》じ、もろもろの功徳《くどく》を修《しゅ》してかの国《くに》に生《うま》れんと願《がん》ぜん。これらの衆生《しゅじょう》、寿《いのち》終《おわ》らん時《とき》に臨《のぞ》みて、無量寿《むりょうじゅ》仏《ぶつ》、もろもろの大衆《だいしゅ》とその人《ひと》の前《まえ》に現《げん》ぜん。乃至 阿難《あなん》、それ衆生《しゅじょう》あつて、今世《こんぜ》
7 において無量寿仏《むりょうじゅぶつ》を見《み》たてまつらんと欲《おも》うて、無上菩提《むじょうぼだい》の心《しん》を発《おこ》し功徳《くどく》を修《しゅ》行《ぎょう》してかの国《くに》に生《うま》れんと願《がん》ずべし〉。仏《ぶつ》、阿難《あなん》に語《かた》りたまはく、〈それ中輩《ちゅうはい》は、十方《じっぽう》世界《せかい》の諸天《しょてん》・人民《にんみん》、それ心《しん》を至《いた》してかの国《くに》に生《うま》れんと願《がん》ずることあらん。行《ぎょう》じて沙門《しゃもん》となり、大《おお》きに功徳《くどく》を修《しゅ》することあたはずといへども、まさに無上《むじょう》菩提《ぼだい》の心《しん》を発《おこ》して一向《いっこう》にもつぱら無量寿仏《むりょうじゅぶつ》を念《ねん》じ、多少《たしょう》、善《ぜん》を修《しゅ》し、*斎戒《さいかい》を奉持《ぶじ》し、*塔像《とうぞう》を起立《きりゅう》し、沙門《しゃもん》に飯食《ぼんじき》せしめ、*繒《ぞう》を懸《か》け灯《とう》を燃《とも》し、華《はな》を散《さん》じ香《こう》を焼《た》くべし。これをもつて回向《えこう》してかの国《くに》に生《うま》れんと願《がん》ぜん。その人《ひと》、終《おわ》りに臨《のぞ》みて、乃至 つぶさに*真仏《しんぶつ》のごとく、もろもろの大衆《だいしゅ》とその人《ひと》の前《まえ》に現《げん》ぜん〉。

「回向する」と読む。

作願　衆生《しゅじょう》救済を願うこと。

首として　第一にして。中心にして。

得たまへるがゆゑに　通常は「得んとするがゆゑに」と読む。

観経往生　『観経』に説かれる諸行往生。→三往生《さんおうじょう》、補註15

欣慕　ねがいしたうこと。

もろもろの功徳　定散の諸善のこと。→定善《じょうぜん》、散善《さんぜん》

囲繞　とりかこむこと。

大施品　引用の文は「大施品」になく「諸菩薩本授記品《しょぼさつほんじゅきぼん》」にある。

斎戒　八斎戒のこと。→八《はっ》戒斎《かいさい》

塔像　堂塔と仏像。

繒　仏殿にかける絹の天蓋《てんがい》

乃至仏《ぶつ》、阿難《あなん》に告《つ》げたまはく、〈それ下輩《げはい》は、十方世界《じっぽうせかい》の諸天《しょてん》・人民《にんみん》、それ心《しん》を至《いた》してかの国《くに》に生《うま》れんと欲《おも》ふことあらん。たとひもろもろの功徳《くどく》をなすことあたはずとも、まさに無上菩提《むじょうぼだい》の心《しん》を発《おこ》して一向《いっこう》に意《こころ》をもつぱらにして、乃至十《ないしじゅう》念《ねん》、無量寿仏《むりょうじゅぶつ》を念《ねん》じて、その国《くに》に生《うま》れんと願《がん》ずべし。もし深法《じんぼう》を聞《き》きて歓喜信《かんぎしん》楽《ぎょう》して疑惑《ぎわく》を生《しょう》ぜず、乃至一念《ないしいちねん》、かの仏《ほとけ》を念《ねん》じて、至誠心《しじょうしん》をもつてその国《くに》に生《うま》れんと願《がん》ぜん。この人《ひと》、終《おわ》りに臨《のぞ》みて、*夢《ゆめ》にかの仏《ぶつ》を見《み》たてまつり、また往《おう》生《じょう》を得《え》ん。功徳《くどく》・智慧《ちえ》、次《つ》いで中輩《ちゅうはい》のもののごとくならんとなり〉」と。以上略抄

『大経《だいきょう》』（上）にのたまはく、「*たとひわれ仏《ぶつ》を得《え》たらんに、国《くに》のうちの菩《ぼ》薩《さつ》、乃至少功徳《ないししょうくどく》のもの、その道場樹《どうじょうじゅ》の無量《むりょう》の光色《こうしき》あつて、高《たか》さ四百万里《しひゃくまんり》なるを知見《ちけん》することあたはずは、正覚《しょうがく》を取《と》らじ」と。文

道場樹《どうじょうじゅ》の願《がん》（第二十八願）成就《じょうじゅ》の文《もん》、『経《きょう》』（大経・上）にのたまはく、「また無量寿仏《むりょうじゅぶつ》、その道場樹《どうじょうじゅ》の高《たか》さ四百万里《しひゃくまんり》ならん。その本《もと》周囲《しゅうい》五十由旬《ごじゅうゆじゅん》ならん。枝葉《しようよう》四《し》に布《し》きて二十万里《にじゅうまんり》ならん。一切《いっさい》の衆宝《しゅぼう》自然《じねん》に合成《ごうじょう》せり。*月光摩《がっこうま》尼《に》・*持海輪宝《じかいりんぼう》の衆宝《しゅぼう》の王《おう》たるをもつてして、これを荘厳《しょうごん》せり。条《えだ》のあひだに*周帀《しゅうそう》して、宝《ほう》の瓔珞《ようらく》を垂《た》れたり。百千万色《ひゃくせんまんじき》にして種々《しゅじゅ》に異変《いへん》す。無量《むりょう》の光《こう》

（かさ）。

真仏　上輩の臨終に現れる仏を指す。

夢に　『三経往生文類』（略本）では「夢のごとくに」と読んでいる。

たとひ…　第二十八願。道《どう》場樹《じょうじゅ》の願。

月光摩尼　摩尼は梵語マニ（maṇi）の音写。宝珠と漢訳する。月光のようにすぐれた輝きをもつ宝珠。

持海輪宝　極楽を飾る摩尼宝珠の別名。海のように広大な徳を有する宝珠。一説には、須弥山《しゅみせん》の頂上にある威華という名の如意宝珠のことで、大海の水をよくたもつからこの名があるという。

周帀　めぐりまわること。あまねくゆきわたること。

8

炎《えん》、照耀極《しょうようきわ》まりなし。珍妙《ちんみょう》の宝網《ほうもう》その上《うえ》に*羅覆《らふ》せり。乃至 一切《いっさい》みな*甚深《じんじん》の法《ほう》忍《にん》を得《え》て不退転《ふたいてん》に住《じゅう》せん。仏道《ぶつどう》を成《な》るに至《いた》るまで、六根清徹《ろっこんしょうてつ》にしてもろもろの悩患《のうげん》なけん」と。以上略出

首楞厳院《しゅりょうごんいん》(源信)の『*要集《ようしゅう》』(下 一一二六)に、感禅師《かんぜんじ》(懐感)の釈《しゃく》(群疑論)を引《ひ》きていはく、「問《と》ふ。『菩薩処胎経《ぼさつしょたいきょう》』の*第二《だいに》に説《と》きたまへり。〈西方《さいほう》この閻浮提《えんぶだい》を去《さ》ること十二億《じゅうにおく》那由他《なゆた》に懈慢界《けまんがい》ありと。乃至 意《こころ》を発《おこ》す衆生《しゅじょう》、阿弥《あみ》陀仏国《だぶつこく》に生《うま》れんと欲《おも》ふもの、深《ふか》く懈慢国土《けまんこくど》に着《じゃく》して、前進《すす》みて阿弥陀仏国《あみだぶつこく》に生《うま》るることあたはず。億千万《おくせんまん》の衆《しゅう》、時《とき》に一人《いちにん》あつて、よく阿弥陀仏国《あみだぶつこく》に生《しょう》ず〉といへり。この経《きょう》をもつて*准難《じゅんなん》するに、生《しょう》を得《う》べしや。答《こた》ふ。『群疑論《ぐんぎろん》』に善導《ぜんどう》和尚《かしょう》の*前《さき》の文《もん》を引《ひ》きて、この難《なん》を釈《しゃく》せり。またみづから*助成《じょじょう》していはく、〈この経《きょう》の下《しも》の文《もん》にのたまはく、《なにをもつてのゆゑに、みな懈慢《けまん》して*執心牢固《しゅうしんろうこ》ならざるによつてなり》。ここに知《し》りぬ、雑修《ざっしゅ》のものは執心牢《しゅうしんかた》からざるの人《ひと》とす。かるがゆゑに懈慢国《けまんこく》に生《しょう》ずるなり。もし雑修《ざっしゅ》せずして、もつぱらこの業《ごう》を行《ぎょう》ずるは、これすなはち執心牢固《しゅうしんろうこ》にして、さだめて極楽国《ごくらくこく》に生《しょう》ず。乃至 また*報《ほう》の浄土《じょうど》の生《しょう》はきはめて少《すく》なし。*化《け》の浄土《じょうど》のなかに生《しょう》ずるものは少《すく》なからず。

羅覆 「こめおほへり」(左訓)上から覆いめぐらすこと。

甚深の法忍 無生法忍のこと。→無生法忍《むしょうぼうにん》

要集 『往生要集』のこと。→往生要集《おうじょうようしゅう》

第二 「西方…生ず」の文は現行の『菩薩処胎経《ぼさつしょたいきょう》』では第三(巻三)にある。

准難 「なずらへなんずといふ」(左訓)なぞらえて論難する。

前の文 『群疑論《ぐんぎろん》』巻四の「雑修《ざっしゅ》のものは万に一も生ぜず、専修《せんじゅ》の人は千に一も失することなし」という『礼讃《らいさん》』取意の文を指す。

助成 補足して義を成立させること。

執心牢固 本願をとりたもつ心(信心)がひとすじで強固であること。

報の浄土 真実報土のこと。

かるがゆゑに経《きよう》の別説《べつせつ》、まことに相違《そうい》せざるなり〉」と。以上略出

【一一】　これらの文《もん》のこころにて、双樹林下往生《そうじゆりんげおうじよう》と申《もう》すことを、よくよくこころえたまふべし。

【一二】　*弥陀経往生《みだきようおうじよう》といふは、植諸徳本《じきしよとくほん》の誓願《せいがん》（第二十願）によりて*不果遂者《ふかすいしや》の真門《しんもん》にいり、*善本徳本《ぜんぽんとくほん》の名号《みようごう》を選《えら》びて万善諸行《まんぜんしよぎよう》の少善《しようぜん》をさしおく。しかりといへども、定散自力《じようさんじりき》の行人《ぎようにん》は、不可思議《ふかしぎ》の仏智《ぶつち》を疑惑《ぎわく》して信受《しんじゆ》せず。如来《によらい》の尊号《そんごう》をおのれが善根《ぜんごん》として、みづから浄土《じようど》に回向《えこう》して*果遂《かすい》のちかひをたのむ。不可思議《ふかしぎ》の名号《みようごう》を称念《しようねん》しながら、*不可称不可説不可思議《ふかしようふかせつふかしぎ》の大悲《だいひ》の誓願《せいがん》を疑《うたが》ふ。その罪《つみ》ふかくおもくして、七宝《しつぽう》の牢獄《ろうごく》にいましめられて、いのち五百《ごひやく》歳《さい》のあひだ、自在《じざい》なることあたはず、三宝《さんぽう》をみたてまつらず、つかへたてまつることなしと、如来《によらい》は説《と》きたまへり。しかれども、如来《によらい》の尊号《そんごう》を称念《しようねん》するゆゑに、胎宮《たいぐ》にとどまる。徳号《とくごう》によるがゆゑに*難思往生《なんじおうじよう》と申《もう》すなり。不可思議《ふかしぎ》の誓願《せいがん》、疑惑《ぎわく》する罪《つみ》によりて*難思議往生《なんじぎおうじよう》とは申《もう》さずと知《し》るべきなり。

【一三】　植諸徳本《じきしよとくほん》の願文《がんもん》、『大経《だいきよう》』（上）にのたまはく、「たとひわれ仏《ぶつ》を得《え》んに、十方《じつぽう》の衆生《しゆじよう》、わが名号《みようごう》を聞《き》きて、念《おもい》をわが国《くに》に係《か》けて、*もろもろの徳本《とくほん》

→真実報土《しんじつほうど》

化の浄土　方便化土のこと。→化土《けど》

弥陀経往生　『小経』に説かれる自力念仏の往生。→三往生《さんおうじよう》、補註15

不果遂者　「はたしとげずはといふなり」（左訓）

善本徳本　自力の念仏のこと。名号《みようごう》には因位《いんに》の法蔵《ほうぞう》菩薩の万善をおさめるから善本といい、果位の阿弥陀仏の万徳を具するから徳本という。自力念仏の人は名号の多善根性《たぜんごんしよう》にとらわれ、多く称えて善根を積み、救われようとするからとくにこの名を立てる。

果遂　「つひにはたすべしとなり」（左訓）はたしとげるという意。一には化土《けど》往生を、二には第十八願（弘願《ぐがん》）への転入をはたし

を植《う》ゑて、心《しん》を至《いた》し回向《えこう》してわが国《くに》に生《うま》れんと欲《おも》はん。果遂《かすい》せずは、正覚《しょうがく》を取《と》らじ」と。文

同本異訳《どうほんいやく》の『無量寿如来会《むりょうじゅにょらいえ》』（上）にのたまはく、「もしわれ成仏《じょうぶつ》せんに、無量国《むりょうこく》のうちの所有《しょう》の衆生《しゅじょう》、わが名《な》を説《と》かんを聞《き》きて、おのれが善根《ぜんごん》をもつて極楽《ごくらく》に回向《えこう》せん。もし生《うま》れずは、菩提《ぼだい》を取《と》らじ」と。文

9 願《がん》（第二十願）成就《じょうじゅ》の文《もん》、『経《きょう》』（大経・下）にのたまはく、「それ胎生《たいしょう》のものの処《しょ》するところの宮殿《くでん》、あるいは百由旬《ひゃくゆじゅん》、あるいは五百由旬《ごひゃくゆじゅん》なり。おのおのそのなかにして、もろもろの快楽《けらく》を受《う》くること、忉利天上《とうりてんじょう》のごとし。またみな自然《じねん》なり。その時《とき》に、慈氏菩薩《じしぼさつ》（弥勒）、仏《ぶつ》にまうしてまうさく、〈世尊《せそん》、なんの因《いん》なんの縁《えん》にか、かの国《くに》の人民《にんみん》、*胎生《たいしょう》・化生《けしょう》なる〉と。仏《ぶつ》、慈氏《じし》に告《つ》げたまはく、〈もし衆生《しゅじょう》あつて、疑惑《ぎわく》の心《しん》をもつてもろもろの功徳《くどく》を修《しゅ》し、かの国《くに》に生《うま》れんと願《がん》じて、*仏智《ぶっち》・不思議智《ふしぎち》・不可称智《ふかしょうち》・大乗広智《だいじょうこうち》・無等無倫最上《むとうむりんさいじょう》勝智《しょうち》を了《さと》らずして、この諸智《しょち》において疑惑《ぎわく》して信《しん》ぜず。しかるになほ罪福《ざいふく》を信《しん》じて、善本《ぜんぽん》を修習《しゅじゅう》して、その国《くに》に生《うま》れんと願《がん》ぜん。このもろもろの衆生《しゅじょう》、かの宮殿《くでん》に生《うま》れて、寿五百歳《いのちごひゃくさい》ならん。つねに仏《ぶつ》を見《み》たてまつらず、経法《きょうぼう》を聞《き》

とげさせるということ。

不可称…　たたえ尽すことも、説き尽すことも、心で思いはかることもできない。

難思往生　「自力の念仏者なり」（左訓）

難思議往生　「本願他力の往生とまうす」（左訓）

もろもろの徳本を植ゑて　名号《みょうごう》を称えるという意。

胎生化生　→胎生《たいしょう》②、化生《けしょう》②

仏智不思議智…　阿弥陀仏の五智。→諸智《しょち》

かず、菩薩《ぼさつ》・声聞《しょうもん》聖衆《しょうじゅ》を見《み》ず。このゆゑにかの国土《こくど》、これを胎生《たいしょう》といふ。乃至 弥勒《みろく》まさに知《し》るべし、かの化生《けしょう》のものは智慧《ちえ》勝《すぐ》れたるがゆゑに。その胎生《たいしょう》のものはみな智慧《ちえ》なし〉。乃至 仏《ぶつ》、弥勒《みろく》に告《つ》げたまはく、〈たとへば転輪聖王《てんりんじょうおう》に七宝《しっぽう》の牢獄《ろうごく》あり。種々《しゅじゅ》に荘厳《しょうごん》し*床帳《じょうちょう》を張設《ちょうせつ》し、もろもろの*繒幡《ぞうばん》を懸《か》けたらん。もしもろもろの小王子《しょうおうじ》、罪《つみ》を王《おう》に得《え》たらん、すなはちかの獄《ごく》のうちに内《い》れて、繫《つな》ぐに金《こがね》の鎖《くさり》をもつてせんがごとし〉。乃至 仏《ぶつ》、弥勒《みろく》に告《つ》げたまはく、〈このもろもろの衆生《しゅじょう》、またまたかくのごとし。仏智《ぶっち》を疑惑《ぎわく》するをもつてのゆゑに、かの胎宮《たいぐ》に生《しょう》ず。乃至 もしこの衆生《しゅじょう》、その*本《もと》の罪《つみ》を識《し》りて、深《ふか》くみづから*悔責《けしゃく》してかの処《ところ》を離《はな》れんと求《もと》めよ。乃至 弥勒《みろく》まさに知《し》るべし、それ菩薩《ぼさつ》あつて疑惑《ぎわく》を生《しょう》ずるは、*大利《だいり》を失《うしな》ふとす〉」と。抄略

また『無量寿如来会《むりょうじゅにょらいえ》』（下）にのたまはく、「仏《ぶつ》、弥勒《みろく》に告《つ》げたまはく、〈もし衆生《しゅじょう》あつて、疑悔《ぎけ》に随《したご》うて善根《ぜんごん》を積集《しゃくじゅう》して、仏智《ぶっち》・*普遍智《ふへんち》・不思議智《ふしぎち》・*無等智《むとうち》・*威徳智《いとくち》・*広大智《こうだいち》を希求《けぐ》せんに、みづからの善根《ぜんごん》において信《しん》を生《しょう》ずることあたはず。この因縁《いんねん》をもつて、五百歳《ごひゃくさい》において宮殿《くでん》のうちに住《じゅう》すと。乃至 阿逸多《あいった》（弥勒）、なんぢ*殊勝智《しゅしょうち》のものを観《み》そなはすに、かの広慧《こうえ》の力《ちから》によるがゆ

床帳を張設し 坐臥する床を設け、その上に幕（帳）を張りめぐらして。
繒幡 うす絹でつくられたはたぼこ。
本の罪 仏智を疑惑した罪。
悔責 くいせめること。
大利 「涅槃のさとり」（左訓）
普遍智 一切にあまねく満ちわたる智慧《ちえ》。
無等智 並びなくすぐれた智慧。
威徳智 人間の思いをはるかに超えた、すぐれた徳をそなえた智慧。
広大智 広く一切を知る智慧。
殊勝智のもの 化生の人は仏の諸智を得るから殊勝智（ことにすぐれた智慧）の者という。→化生《けしょう》[2]

ゐに、*かの化生《けしょう》を受《う》く。蓮華《れんげ》のなかにおいて結跏趺坐《けっかふざ》す。なんぢ*下劣《げれつ》の輩《ともがら》を観《み》そなはすに、乃至 もろもろの功徳《くどく》を修習《しゅじゅう》することあたはざるがゆゑに、*因《いん》なくして無量寿仏《むりょうじゅぶつ》に奉事《ぶじ》せん。このもろもろの人等《ひとら》、みな昔疑悔《むかしぎけ》せしによって致《いた》すところとするなり〉と。乃至 仏《ぶつ》、弥勒《みろく》に告《つ》げたまはく、〈かくのごとし、かくのごとし。もし疑悔《ぎけ》に随《したご》うて、もろもろの善根《ぜんごん》を種《う》ゑて、仏智乃至広大智《ぶっちないしこうだいち》を希求《けぐ》することあらん。みづからの善根《ぜんごん》において信《しん》を生《しょう》ずることあたはず。仏《ぶつ》の名《みな》を聞《き》きて*信心《しんじん》を起《おこ》すによるがゆゑに、かの国《くに》に生《うま》るといへども、蓮華《れんげ》のう
10 ちにおいて出現《しゅつげん》することを得《え》ず。かれらの衆生《しゅじょう》、*華胎《けたい》のうちに処《しょ》すること、*園苑宮殿《おんえんくでん》の想《おもい》のごとし〉」。乃至略出

光明寺《こうみょうじ》（善導）の釈《しゃく》（定善義 四一二）にいはく、「華《はな》に含《ふく》んでいまだ出《い》でず。あるいは*辺界《へんがい》に生《しょう》じ、あるいは*宮胎《くたい》に堕《だ》す」と。以上

憬興師《きょうごうし》（述文賛）のいはく、「仏智《ぶっち》を疑《うたが》ふによって、かの国《くに》に生《うま》るといへども、辺地《へんじ》にあつて*聖化《しょうけ》の事《じ》を被《かぶ》らず。もし胎生《たいしょう》せば、よろしくこれを重《おも》く捨《す》つべし」と。以上

【一四】これらの真文《しんもん》にて、難思往生《なんじおうじょう》と申《もう》すことを、よくよくこころえさせた

かの化生…結跏趺坐す 「化身土巻」では「かの蓮華のなかに化生することを受けて結跏趺坐せん」と読んでいる。結跏趺坐は足の甲を左右のももの上に置く坐法。

下劣の輩 胎生の人を指す。↓胎生《たいしょう》②

因なくして…奉事せん 明信仏智（明らかに仏智の不思議を信じて疑いのないこと）の正因のないまま無量寿仏にお仕えすることになろう。通常は「因《よ》つて無量寿仏に奉事したてまつることなし」と読む。

信心 ここでは自力の信のこと。

華胎 蓮華《れんげ》の胎内。

園苑 「うしろのその、まへのその」（左訓）

辺界 辺地のこと。↓辺地《へんじ》

宮胎 胎宮のこと。↓疑《ぎ》

まふべし。

南無阿弥陀仏《なもあみだぶつ》　南無阿弥陀仏《なもあみだぶつ》　南無阿弥陀仏《なもあみだぶつ》

*康元二年三月二日《こうげんにねんさんがつふつか》これを書写《しょしゃ》す。

愚禿親鸞八十五歳《ぐとくしんらんはちじゅうごさい》

城胎宮《じょうたいぐ》

聖化の事を被らず　阿弥陀仏の教化、導きを受けることがない。

康元二年　一二五七年。

尊《そん》号《ごう》真《しん》像《ぞう》銘《めい》文《もん》

本書題号の「尊号《そんごう》」や「真像《しんぞう》」とは、礼拝《らいはい》の対象とされていたものを指している。「尊号」とは本尊としての名号《みょうごう》という意味で、六字・九字《くじ》・十字などの名号があるが、その銘の文からみて恐らく十字名号であろうと推定される。また「真像」とは善導大師《ぜんどうだいし》・法然聖人《ほうねんしょうにん》などの浄土真宗伝統の祖師方の肖像画のことである。そしてそれらの名号や画像の上下に書かれた経・論・釈の讃文のことを「銘文《めいもん》」という。したがって本書は、親鸞《しんらん》聖人が、その当時に本尊として安置された名号や祖師の画像の讃文を集め、そのこころを解説されたものである。しかし、どの讃文がどの真像の銘文にあたるのかは、にわかには判断しがたい。

本書には広略二本があるが、本聖典依用の広本では、本末二巻に分かれ十三種二十一文があげられる。本巻は『大経《だいきょう》』の三文、『首楞厳経《しゅりょうごんぎょう》』の一文、『十住毘婆沙論《じゅうじゅうびばしゃろん》』の一文、『浄土論《じょうどろん》』の二文、迦才《かざい》の一文、智栄《ちよう》の一文、善導大師の三文、太子礼讃の二文、末巻は源信和尚《げんしんかしょう》の一文、劉官《りゅうかん》（隆寛）の一文、法然聖人の三文、聖覚法印《せいかくほういん》の一文、親鸞聖人ご自身の一文からなっている。

全般的に言えば、冒頭に挙げる『大経』の第十八願に誓われた本願力によって、どのような悪人も本願を信ずる一念に正定聚《しょうじょうじゅ》に住し、往生を遂げて成仏の証果《しょうか》をうるという浄土真宗の肝要《かんよう》を、それぞれの銘文によって解説し、そのことを示された祖師方を讃嘆されたものである。

尊《そん》号《ごう》真《しん》像《ぞう》銘《めい》文《もん》　本《ほん》

【一】『大無量寿経《だいむりょうじゅきょう》』言《にのたまわく》「*設我得仏《せつがとくぶつ》　十方衆生《じっぽうしゅじょう》　至心信楽《ししんしんぎょう》　欲生我国《よくしょうがこく》　乃《ない》至十念《しじゅうねん》　若不生者《にゃくふしょうじゃ》　不取正覚《ふしゅしょうがく》　唯除五逆《ゆいじょごぎゃく》　誹謗正法《ひほうしょうぼう》」（上）文

「大無量寿経言《だいむりょうじゅきょうごん》」といふは、如来《にょらい》の四十八願《しじゅうはちがん》を説《と》きたまへる経《きょう》なり。「設我《せつが》得仏《とくぶつ》」といふは、もしわれ仏《ぶつ》を得《え》たらんときといふ御《み》ことばなり。「十方衆生《じっぽうしゅじょう》」といふは、十方《じっぽう》のよろづの衆生《しゅじょう》といふなり。「至心信楽《ししんしんぎょう》」といふは、「至心《ししん》」は真実《しんじつ》と申《もう》すなり、真実《しんじつ》と申《もう》すは如来《にょらい》の御《おん》ちかひの真実《しんじつ》なるを至心《ししん》と申《もう》すなり。煩悩具足《ぼんのうぐそく》の衆生《しゅじょう》は、もとより真実《しんじつ》の心《しん》なし、清浄《しょうじょう》の心《しん》なし、*濁悪邪見《じょくあくじゃけん》のゆゑなり。「信楽《しんぎょう》」といふは、如来《にょらい》の本願真実《ほんがんしんじつ》にましますを、*ふたごころなくふかく信《しん》じて疑《うたが》はざれば、信楽《しんぎょう》と申《もう》すなり。この「至心信楽《ししんしんぎょう》」は、すなはち十方《じっぽう》の衆生《しゅじょう》をしてわが真実《しんじつ》なる誓願《せいがん》を信楽《しんぎょう》すべしとすすめたまへる御《おん》ちかひの至心信楽《ししんしんぎょう》なり、凡夫自力《ぼんぶじりき》のこころにはあらず。「欲生我国《よくしょうがこく》」といふは、他力《たりき》

設我得仏…　「たとひわれ仏を得たらんに、十方の衆生、心を至し信楽してわが国に生れんと欲《おも》ひて、乃至十念せん。もし生れざれば、正覚を取らじと。ただ五逆と誹謗正法を除く」（信巻訓）

濁悪邪見　悪に汚れたよこしまな見方、考え方。

ふたごころなく　一心に。疑いなく。

の至心信楽《ししんしんぎょう》のこころをもつて、安楽浄土《あんらくじょうど》に生《うま》れんとおもへとなり。「乃至十《ないしじゅう》
念《ねん》」と申《もう》すは、如来《にょらい》のちかひの名号《みょうごう》をとなへんことをすすめたまふに、遍数《へんじゅ》の
4 定《さだ》まりなきほどをあらはし、時節《じせつ》を定《さだ》めざることを衆生《しゅじょう》にしらせんとおぼし
めして、乃至《ないし》のみことを十念《じゅうねん》のみなにそへて誓《ちか》ひたまへるなり。如来《にょらい》より御《おん》ち
かひをたまはりぬるには、*尋常《じんじょう》の時節《じせつ》をとりて*臨終《りんじゅう》の称念《しょうねん》をまつべからず、
ただ如来《にょらい》の至心信楽《ししんしんぎょう》をふかくたのむべしとなり。この真実信心《しんじつしんじん》をえんとき、
摂取不捨《せっしゅふしゃ》の*心光《しんこう》に入《い》りぬれば、正定聚《しょうじょうじゅ》の位《くらい》に定《さだ》まるとみえたり。「若不生者《にゃくふしょうじゃ》
不取正覚《ふしゅしょうがく》」といふは、「若不生者《にゃくふしょうじゃ》」はもし生《うま》れずはといふみことなり。「不取《ふしゅ》
正覚《しょうがく》」は仏《ぶつ》に成《な》らじと誓《ちか》ひたまへるみのりなり。このこころは、すなはち至心《ししん》
信楽《しんぎょう》をえたるひと、わが浄土《じょうど》にもし生《うま》れずは、仏《ぶつ》に成《な》らじと誓《ちか》ひたまへる御《み》
のりなり。この本願《ほんがん》の*やうは、『唯信抄《ゆいしんしょう》』によくよくみえたり。「唯信《ゆいしん》」と申《もう》
すは、すなはちこの真実信楽《しんじつしんぎょう》をひとすぢにとるこころを申《もう》すなり。「唯除五逆《ゆいじょごぎゃく》
誹謗正法《ひほうしょうぼう》」といふは、「唯除《ゆいじょ》」といふはただ除《のぞ》くといふことばなり。五逆《ごぎゃく》のつ
みびとをきらひ*誹謗《ひほう》のおもきとがをしらせんとなり。このふたつの罪《つみ》のおもき
ことをしめして、十方一切《じっぽういっさい》の衆生《しゅじょう》みなもれず往生《おうじょう》すべしとしらせんとなり。

尋常の時節 平生の時。

臨終の称念 命が終る時に称える念仏。

心光 色光《しきこう》に対する語で智光、内光ともいう。大智大悲の仏心をもって念仏の衆《しゅ》生《じょう》をおさめとる摂取《せっしゅ》の光《こう》明《みょう》のこと。

やう 子細。

誹謗 そしること。

【二】又言《またのたまわく》「*其仏本願力《ごぶつほんがんりき》　聞名欲往生《もんみょうよくおうじょう》　皆悉到彼国《かいしっとうひこく》　自致不退転《じちふたいてん》」（大経・下）と。

「其仏本願力《ごぶつほんがんりき》」といふは、弥陀《みだ》の本願力《ほんがんりき》と申《もう》すなり。「聞名欲往生《もんみょうよくおうじょう》」といふは、「聞《もん》」といふは如来《にょらい》のちかひの御《み》なを信《しん》ずと申《もう》すなり。「欲往生《よくおうじょう》」といふは安楽《あんらく》*浄刹《じょうせつ》に生《うま》れんとおもへとなり。「皆悉到彼国《かいしっとうひこく》」といふは、御《おん》ちかひのみなを信《しん》じて生《うま》れんとおもふ人《ひと》は、みなもれずかの浄土《じょうど》に到《いた》ると申《もう》す御《み》ことなり。「自致不退転《じちふたいてん》」といふは、「自《じ》」はおのづからといふ、おのづからといふは衆生《しゅじょう》のはからひにあらず、しからしめて不退《ふたい》の位《くらい》にいたらしむとなり、自然《じねん》といふことばなり。「致《ち》」といふは、いたるといふ、むねとすといふ、如来《にょらい》の本願《ほんがん》のみなを信《しん》ずる人《ひと》は、自然《じねん》に不退《ふたい》の位《くらい》にいたらしむるをむねとすべしとおもへとなり。「不退《ふたい》」といふは、仏《ぶつ》にかならず成《な》るべき身《み》と定《さだ》まる位《くらい》なり。これすなはち正定聚《しょうじょうじゅ》の位《くらい》にいたるをむねとすべしと説《と》きたまへる御《み》のりなり。

【三】又言《またのたまわく》「*必得超絶去《ひっとくちょうぜっこ》　往生安養国《おうじょうあんにょうこく》　横截五悪趣《おうぜつごあくしゅ》　悪趣自然閉《あくしゅじねんぺい》　昇道《しょうどう》無窮極《むぐごく》　易往而無人《いおうにむにん》　其国不逆違《ごこくふぎゃくい》　自然之所牽《じねんししょけん》」（同・下）抄出

「必得超絶去往生安養国《ひっとくちょうぜっこおうじょうあんにょうこく》」といふは、「必《ひつ》」はかならずといふ、かならずと

其仏本願力…　「その仏の本願力、名を聞きて往生せんと欲《おも》へば、みなことごとくかの国に到りて、おのづから不退転に致る」（行巻訓）

浄刹　浄土のこと。刹は梵語クシェートラ（kṣetra）の音写。国土・世界の意。

必得超絶去…　「かならず超絶して去《す》つることを得て、安養国《あんにょう》に往生して、横《おう》に五悪趣を截《き》り、悪趣自然に閉ぢん。道に昇るに窮極なし。往き易くして人なし。その国逆違せず、自然の牽《ひ》くところなり」（信巻訓）

いふは定《さだ》まりぬといふこころなり、また自然《じねん》といふこころなり。「得《とく》」はえたりといふ。「超《ちょう》」はこえてといふ。「絶《ぜっ》」はたちすてはなるといふ。「去《こ》」はすつといふ、ゆくといふ、さるといふなり。娑婆世界《しゃばせかい》をたちすてて、*流転生死《るてんしょうじ》をこえはなれてゆきさるといふなり。安養浄土《あんにょうじょうど》に往生《おうじょう》をうべしとなり。「安養《あんにょう》」といふは、弥陀《みだ》をほめたてまつるみことと*みえたり、すなはち安楽浄土《あんらくじょうど》なり。「横《おう》截五悪趣悪趣自然閉《ぜつごあくしゅあくしゅじねんぺい》」といふは、「横《おう》」はよこさまといふ、よこさまといふは如《にょ》来《らい》の願力《がんりき》を信《しん》ずるゆゑに行者《ぎょうじゃ》のはからひにあらず、五悪趣《ごあくしゅ》を自然《じねん》にたちすて四《し》生《しょう》をはなるるを横《おう》といふ、他力《たりき》と申《もう》すなり。これを横超《おうちょう》といふなり。横《おう》は竪《しゅ》に対《たい》することばなり、*超《ちょう》は迂《う》に対《たい》することばなり。竪《しゅ》は*たたさま、迂《う》はめぐるとなり。竪《しゅ》と迂《う》とは自力聖道《じりきしょうどう》のこころなり、横超《おうちょう》はすなはち他力真宗《たりきしんしゅう》の本意《ほんい》な
6
り。「截《ぜっ》」といふはきるといふ、*五悪趣《ごあくしゅ》のきづなをよこさまにきるなり。「悪趣《あくしゅ》自然閉《じねんぺい》」といふは、願力《がんりき》に帰命《きみょう》すれば五道生死《ごどうしょうじ》をとづるゆゑに自然閉《じねんぺい》といふ。「閉《へい》」はとづといふなり。本願《ほんがん》の業因《ごういん》にひかれて自然《じねん》に生《うま》るるなり。「昇道無《しょうどうむ》窮極《ぐごく》」といふは、「昇《しょう》」はのぼるといふ、のぼるといふは無上涅槃《むじょうねはん》にいたる、これを昇《しょう》といふなり。「道《どう》」は大涅槃道《だいねはんどう》なり。「無窮極《むぐごく》」といふはきはまりなし

六

流転生死 三界六道《さんがいろくどう》の迷いの世界を生れかわり死にかわりして流転すること。↓輪廻《りんね》

みえたり 「安養といふは…」の意は『讃弥陀偈』の冒頭の「讃めたてまつりてまた安養といふ」という文にもとづいているので「みえたり」という。「真仏土巻」三六一頁一三行参照。

超 頓教のこと。↓頓教《とんぎょう》

たたさま たて。

五悪趣のきづな 五種の迷いの世界につなぎとめる綱。↓五道《ごどう》

となり。「易往而無人《いおうにむにん》」といふは、「易往《いおう》」はゆきやすしとなり、本願力《ほんがんりき》に乗《じょう》ずれば本願《ほんがん》の実報土《じっぽうど》に生《うま》るること疑《うたがい》なければ、ゆきやすきなり。「無人《むにん》」といふはひとなしといふ、人《ひと》なしといふは真実信心《しんじつしんじん》の人《ひと》はありがたきゆゑに実報土《じっぽうど》に生《うま》るる人《ひと》まれなりとなり。しかれば、源信和尚《げんしんかしょう》は、「報土《ほうど》に生《うま》るる人《ひと》はおほからず、化土《けど》に生《うま》るる人《ひと》はすくなからず」（往生要集・下意　一一二七）とのたまへり。「其国不逆違自然之所牽《ごこくふぎゃくいじねんししょけん》」といふは、「其国《ごこく》」はそのくにといふ、すなはち安養 浄刹《あんにょうじょうせつ》なり。「不逆違《ふぎゃくい》」はさかさまならずといふ、たがはずといふなり。「逆《ぎゃく》」はさかさまといふ、「違《い》」はたがふといふなり。真実信《しんじつしん》をえたる人《ひと》は、大願業力《だいがんごうりき》のゆゑに、自然《じねん》に浄土《じょうど》の業因《ごういん》たがはずして、かの業力《ごうりき》にひかるるゆゑにゆきやすく、無上大涅槃《むじょうだいねはん》にのぼるにきはまりなしとのたまへるなり。しかれば、「自然之所牽《じねんししょけん》」と申《もう》すなり。他力《たりき》の至心信 楽《ししんしんぎょう》の業因《ごういん》の自然《じねん》にひくなり、これを「牽《けん》」といふなり。「自然《じねん》」といふは、行者《ぎょうじゃ》のはからひにあらずとなり。

【四】　大勢至菩薩御銘文《だいせいしぼさつごめいもん》

*『首楞厳経《しゅりょうごんぎょう》』言《にのたまわく》　*「勢至獲《せいしぎゃく》㆓念仏円通《ねんぶつえんずう》㆒　大勢至法王子《だいせいしほうおうじ》　与其同倫《よごどうりん》　五十《ごじゅう》二菩薩《にぼさつ》　即従座起《そくじゅざき》　頂礼仏足《ちょうらいぶっそく》　而白仏言《にびゃくぶつごん》　我憶往昔《がおくおうじゃく》　恒河沙劫《ごうがしゃこう》　有仏出世《うぶっしゅっせ》

首楞厳経　→首楞厳経《しゅりょうごんぎょう》[2]

勢至獲念仏円通…「勢至念仏円通を獲たり。大勢至法王子、その同倫の五十二菩薩と、すなはち座より起ち、仏足を頂礼して仏にまうしてまうさく、われ往昔の恒河沙劫を憶ふに、仏ありて世に出でます。無量光と名づく。十二の如来、一劫にあひ継ぎ、その最後の仏を超日月光と名づく。かの仏、われに念仏三昧を教へたまふ。（乃至）もし衆生、心に仏を憶ひ仏を念ずれば、現前・当来にかならずさだめて仏を見たてまつらん。仏を去ること遠からず、方便を仮《か》らず、おのづから心開かるることを得ん。染香人の身に香気あるがごとし。これすなはち名づけて香光荘厳といふ。われもと因地にして、念仏の心を

7 名無量光《みょうむりょうこう》 十二如来《じゅうににょらい》 相継一劫《そうけいいっこう》 其最後仏《ごさいごぶつ》 名超日月光《みょうちょうにちがっこう》 彼仏教我《ひぶつきょうが》 念仏《ねんぶつ》三昧《ざんまい》乃至 若衆生心《にゃくしゅじょうしん》 憶仏《おくぶつ》 念仏《ねんぶつ》 現前当来《げんぜんとうらい》 必定見仏《ひつじょうけんぶつ》 去《こ》レ仏《ぶつ》不《ふ》レ遠《おん》 不《ふ》レ仮《け》二方便《ほうべん》一 自得心開《じとくしんかい》 如染香人《にょぜんこうにん》 身有香気《しんうこうけ》 此則名曰《しそくみょうわつ》 香光荘厳《こうこうしょうごん》 我本因地《がほんいんじ》 以念仏心《いねんぶつしん》 入無生忍《にゅうむしょうにん》 今於此界《こんおしかい》 摂念仏人《しょうねんぶつにん》 帰於浄土《きおじょうど》」以上略出

「勢至獲《せいしぎゃく》 *念仏円通《ねんぶつえんずう》」といふは、勢至菩薩《せいしぼさつ》、念仏《ねんぶつ》を獲《え》たまふと申《もう》すことなり。*「獲《ぎゃく》」といふはうるといふことばなり。うるといふはすなはち因位《いんに》のときさとりをうるといふ。念仏《ねんぶつ》を勢至菩薩《せいしぼさつ》さとりうると申《もう》すなり。「大勢至《だいせいし》 *法王子《ほうおうじ》与其同倫《よごどうりん》」といふは、*五十二菩薩《ごじゅうにぼさつ》と勢至《せいし》とおなじきともと申《もう》す。法王子《ほうおうじ》とその菩薩《ぼさつ》とおなじきともと申《もう》すを「与其同倫《よごどうりん》」といふなり。「即従座起頂礼仏足而白仏言《そくじゅざきちょうらいぶっそくにびゃくぶつごん》」と申《もう》すは、すなはち座《ざ》よりたち、仏《ぶつ》の御足《みあし》を礼《らい》して仏《ぶつ》にまうしてまうさくとなり。「我憶往昔《がおくおうじゃく》」といふは、われむかし恒河沙劫《ごうがしゃこう》の数《かず》のとしをおもふといふこころなり。「有仏出世名無量光《うぶつしゅっせみょうむりょうこう》」と申《もう》すは、仏《ぶつ》、世《よ》に出《い》でさせたまひしと申《もう》す御《み》ことばなり。世《よ》に出《い》でさせたまひし仏《ぶつ》は阿弥陀如来《あみだにょらい》なりと申《もう》すなり。*十二光仏《じゅうにこうぶつ》、十二度世《じゅうにどよ》に出《い》でさせたまふを「十二如来相継一劫《じゅうににょらいそうけいいっこう》」と申《もう》すなり。「十二如来《じゅうににょらい》」と申《もう》すは、すなはち阿弥陀如来《あみだにょらい》の十二光《じゅうにこう》の御名《みな》なり。「相継一劫《そうけいいっこう》」

もつて無生忍に入る。いまこの界において、念仏の人を摂して浄土に帰せしむ」

念仏円通 念仏によって円《まど》かなさとりに通達すること。無生法忍《むしょうぼうにん》に入ることをいう。→無生法忍

獲といふは… 親鸞聖人は獲得の二字を釈して「獲の字は、因位《いんに》のときうるを獲といふ。得の字は、果位のときにいたりてうることを得といふなり」（『正像末和讃』末尾の「自然法爾章」）という。

法王子 法王（仏）の子の意で、仏の教化をたすける最上首の菩薩を指していう。

五十二菩薩 勢至菩薩とともに『首楞厳経《しゅりょうごんぎょう》』の会座《えざ》に列なった菩薩たち。

十二光仏 阿弥陀仏の十二種の異名。→十二光《じゅうにこう》

といふは、十二《じゆうに》光仏《こうぶつ》の十二《じゆうに》度《ど》世《よ》に出《い》でさせたまふをあひつぐといふなり。「其《ご》最後《さいご》仏名《ぶつみよう》超日月光《ちようにちがつこう》」と申《もう》すは、十二《じゆうに》光仏《こうぶつ》の世《よ》に出《い》でさせたまひしをはりの仏《ぶつ》を「超日月光仏《ちようにちがつこうぶつ》」と申《もう》すとなり。「彼仏《ひぶつ》教我念仏三昧《きようがねんぶつざんまい》」と申《もう》すは、かの最後《さいご》の超日月光仏《ちようにちがつこうぶつ》の念仏三昧《ねんぶつざんまい》を、勢至《せいし》には教《おし》へたまふとなり。「若衆生心憶仏念《にやくしゆじようしんおくぶつねん》
8 仏《ぶつ》」といふは、もし衆生《しゆじよう》、心《しん》に仏《ぶつ》を憶《おく》し仏《ぶつ》を念《ねん》ずれば〔となり〕。「現前当来必《げんぜんとうらいひつ》定《じよう》見仏去仏不遠不仮方便自得心開《けんぶつこぶつふおんふけほうべんじとくしんかい》」といふは、今生《こんじよう》にも仏《ぶつ》を見《み》たてまつり、*当来《とうらい》にもかならず仏《ぶつ》を見《み》たてまつるべしとなり。仏《ぶつ》もとほざからず、方便《ほうべん》をもからず、自然《じねん》に心《しん》にさとりを得《う》べしとなり。「如染香人身有香気《によぜんこうにんしんうこうけ》」といふは、かうばしき気《け》、身《み》にある人《ひと》のごとく、念仏《ねんぶつ》のこころもてる人《ひと》に、勢至《せいし》のこころをかうばしき人《ひと》にたとへまうすなり。このゆゑに「此則名曰《しそくみようわつ》*香光荘厳《こうこうしようごん》」と申《もう》すなり。勢至菩薩《せいしぼさつ》の御《おん》こころのうちに念仏《ねんぶつ》のこころをもてるを、*染香人《ぜんこうにん》にたとへまうすなり。かるがゆゑに勢至菩薩《せいしぼさつ》のたまはく、「我本因地《がほんいんじ》　以念仏心《いねんぶつしん》　入無生忍《にゆうむしようにん》　今於此界《こんおしかい》　摂念仏人《しようねんぶつにん》　帰於浄土《きおじようど》」といへり。「我本因地《がほんいんじ》」といふは、われもと*因地《いんじ》にしてといへり。「以念仏心《いねんぶつしん》」といふは、念仏《ねんぶつ》の心《しん》をもつてといふ。「入無生忍《にゆうむしようにん》」といふは、*無生忍《むしようにん》に入《い》るとなり。「今於此界《こんおしかい》」といふ

当来　来世。来生。

香光荘厳　「念仏は智慧《ちえ》なり」（左訓）阿弥陀仏よりたまわった智慧の香りと光によって、念仏者の人生が美しく飾られること。

染香人　「かうばしき香《か》、身に染めるがごとしといふ」（左訓）仏の智慧の香りに染まった人。念仏の行者をいう。

因地　ここでは勢至菩薩がまだ無生法忍の果を得ていない時の意。

無生忍　「不退の位なり」（左訓）

は、いまこの娑婆界《しゃばかい》にしてといふなり。「摂念仏人《しょうねんぶつにん》」といふは、念仏《ねんぶつ》の人《ひと》を摂《せっ》取《しゅ》してといふ。「帰於浄土《きおじょうど》」といふは、念仏《ねんぶつ》の人《ひと》〔を〕摂《おさ》め取《と》りて浄土《じょうど》に帰《き》せしむとのたまへるなりと。

【五】 龍樹菩薩御銘文《りゅうじゅぼさつごめいもん》

『十住毘婆沙論《じゅうじゅうびばしゃろん》』曰《にいわく》「*人能念是仏《にんのうねんぜぶつ》　無量力功徳《むりょうりきくどく》　即時入必定《そくじにゅうひつじょう》　是故我常《ぜこがじょう》念《ねん》　若人願作仏《にゃくにんがんさぶつ》　心念阿弥陀《しんねんあみだ》　応時為現身《おうじいげんしん》　是故我帰命《ぜこがきみょう》」（易行品　一六）文

「人能念是仏無量力功徳《にんのうねんぜぶつむりょうりきくどく》」といふは、ひとよくこの仏《ぶつ》の無量《むりょう》の功徳《くどく》を念《ねん》ずべしとなり。「即時入必定《そくじにゅうひつじょう》」といふは、信《しん》ずればすなはちのとき*必定《*ひつじょう》に入《い》ると
9
なり。必定《ひつじょう》に入《い》るといふは、まことに念《ねん》ずればかならず正定聚《しょうじょうじゅ》の位《くらい》に定《さだ》まるとなり。「是故我常念《ぜこがじょうねん》」といふは、われつねに念《ねん》ずるなり。「若人願作仏《にゃくにんがんさぶつ》」といふは、もし人仏《ひとぶつ》にならんと願《がん》ぜば〔となり〕。「心念阿弥陀《しんねんあみだ》」といふ〔は〕、心《しん》に阿弥陀《あみだ》を念《ねん》ずべしとなり。念《ねん》ずれば「応時為現身《おうじいげんしん》」とのたまへり。「応時《おうじ》」といふはときにかなふといふなり、「為現身《いげんしん》」と申《もう》すは、信者《しんじゃ》のために如来《にょらい》のあらはれたまふなり。「是故我帰命《ぜこがきみょう》」といふは、龍樹菩薩《りゅうじゅぼさつ》のつねに阿弥陀如来《あみだにょらい》を帰命《きみょう》したてまつるとなり。

一〇

人能念是仏…　「易行品」の原文では「是故我帰命」の後に「彼仏本願力」の句が続く。「人よくこの仏の無量力功徳を念ずれば、即の時に必定に入る。このゆゑにわれつねに念じたてまつる。もし人仏にならんと願じて、心に阿弥陀を念じたてまつれば、時に応じてために身を現じたまはん。このゆゑにわれ、かの仏の本願力を帰命す」(行巻訓)

すなはちのとき　ただちにその時。

必定　必ず仏になると定まった位。

【六】 婆藪般豆菩薩《ばそばんずぼさつ》『論《ろん》』曰《わつ》「*世尊我一心《せそんがいっしん》 帰命尽十方《きみょうじんじっぽう》 無碍光如来《むげこうにょらい》 願生《がんしょう》安楽国《あんらくこく》 我依修多羅《がえしゅたら》 真実功徳相《しんじつくどくそう》 説願偈総持《せつがんげそうじ》 与仏教相応《よぶつきょうそうおう》 観彼世界相《かんぴせかいそう》 勝過三界道《しょうがさんがいどう》 究竟如虚空《くきょうにょこくう》 広大無辺際《こうだいむへんざい》」（浄土論 二九）と。

又曰《またいわく》「*観仏本願力《かんぶつほんがんりき》 遇無空過者《ぐむくかしゃ》 能令速満足《のうりょうそくまんぞく》 功徳大宝海《くどくだいほうかい》」（同 三二）。

「婆藪般豆菩薩論曰《ばそばんずぼさつろんわつ》」といふは、「婆藪般豆《ばそばんず》」は天竺《てんじく》（印度）のことばなり、晨旦《しんたん》（中国）には天親菩薩《てんじんぼさつ》と申《もう》す。またいまはいはく、世親菩薩《せしんぼさつ》と申《もう》す。*旧訳《くやく》には天親《てんじん》、*新訳《しんやく》には世親菩薩《せしんぼさつ》と申《もう》す。「論曰《ろんわつ》」は、世親菩薩《せしんぼさつ》、弥陀《みだ》の本願《ほんがん》を釈《しゃく》しあらはしたまへる御《み》ことを「論《ろん》」といふなり、「曰《わつ》」はこころをあらはすことばなり。この論《ろん》をば『浄土論《じょうどろん》』といふ、また『往生論《おうじょうろん》』といふなり。「世尊我一心《せそんがいっしん》」といふは、「世尊《せそん》」は釈迦如来《しゃかにょらい》なり。「我《が》」と申《もう》すは世親菩薩《せしんぼさつ》のわが身《み》とのたまへるなり。「一心《いっしん》」といふは、教主世尊《きょうしゅせそん》の御《み》ことのりをふたごころなく疑《うたが》ひなしとなり、すなはちこれまことの信心《しんじん》なり。「*帰命尽十方無碍光如来《きみょうじんじっぽうむげこうにょらい》」と申《もう》すは、「帰命《きみょう》」は南無《なも》なり、また帰命《きみょう》と申《もう》すは如来《にょらい》の勅命《ちょくめい》にしたがふこころなり。「尽十方無碍光如来《じんじっぽうむげこうにょらい》」と申《もう》すはすなはち阿弥陀如来《あみだにょらい》なり、この如来《にょらい》は光明《こうみょう》なり。「尽十方《じんじっぽう》」といふは、「尽《じん》」はつくすといふ、ことごとくとい

世尊我一心… 「世尊、われ一心に尽十方の無碍光如来に帰命したてまつりて、安楽国に生ぜんと願ず。われ修多羅真実功徳相によりて、願偈総持を説きて仏教と相応せり。かの世界の相を観ずるに、三界の道に勝過せり。究竟して虚空のごとし、広大にして辺際なし」（真仏土巻・行巻訓）

観仏本願力… 「仏の本願力を観ずるに、遇《もうお》うて空しく過ぐるものなし。よくすみやかに功徳の大宝海を満足せしむ」（行巻訓）

旧訳 玄奘《げんじょう》（六〇〇または六〇二―六六四）以前の翻訳。

新訳 玄奘以後の翻訳。

帰命尽十方無碍光如来… ↓補註1

ふ、十方《じっぽう》世界《せかい》をつくしてことごとくみちたまへるなり。「無碍《むげ》」といふは、さ*はることなしとなり。さはることなしと申《もう》すは、衆生《しゅじょう》の煩悩悪業《ぼんのうあくごう》にさへられざるなり。「*光如来《こうにょらい》」と申《もう》すは阿弥陀仏《あみだぶつ》なり。この如来《にょらい》はすなはち不可思議光《ふかしぎこう》仏《ぶつ》と申《もう》す。この如来《にょらい》は智慧《ちえ》のかたちなり、十方《じっぽう》*微塵刹土《みじんせつど》にみちたまへるなりとしるべしとなり。「願生安楽国《がんしょうあんらくこく》」といふは、世親菩薩《せしんぼさつ》、かの無碍光仏《むげこうぶつ》を称《しょう》念《ねん》し信《しん》じて安楽国《あんらくこく》に生《うま》れんと願《ねが》ひたまへるなり。「我依修多羅真実功徳相《がえしゅたらしんじつくどくそう》」といふは、「我《が》」は天親論主《てんじんろんじゅ》のわれとなのりたまへる御《み》ことばなり。「依《え》」はよるといふ、修多羅《しゅたら》によるとなり。「修多羅《しゅたら》」は天竺《てんじく》（印度）のことば、仏《ぶつ》の経典《きょうてん》を申《もう》すなり。仏教《ぶっきょう》に大乗《だいじょう》あり、また小乗《しょうじょう》あり。みな修多羅《しゅたら》と申《もう》す。いま修多《しゅた》羅《ら》と申《もう》すは大乗《だいじょう》なり、小乗《しょうじょう》にはあらず。いまの*三部《さんぶ》の経典《きょうてん》は大乗修多羅《だいじょうしゅたら》なり、この三部大乗《さんぶだいじょう》によるとなり。「真実功徳相《しんじつくどくそう》」といふは、「真実功徳《しんじつくどく》」は誓《せい》願《がん》の尊号《そんごう》なり、「相《そう》」はかたちといふことばなり。「説願偈総持《せつがんげそうじ》」といふは、本《ほん》願《がん》のこころをあらはすことばを「偈《げ》」といふなり。「総持《そうじ》」といふは智慧《ちえ》なり、無碍光《むげこう》の智慧《ちえ》を総持《そうじ》と申《もう》すなり。「与仏教相応《よぶっきょうそうおう》」といふは、この『浄土論《じょうどろん》』のこころは、釈尊《しゃくそん》の教勅《きょうちょく》、弥陀《みだ》の誓願《せいがん》にあひかなへりとなり。「観彼世界相《かんぴせかいそう》

さはる　障害となる。

光如来　「無碍光如来」を通常ならば「無碍光」「如来」と分節するのを親鸞聖人はあえて「無碍」「光如来」と分節している。「この如来は光明なり」（六五一頁一四行）という旨を強調するためであろう。

微塵刹土　数限りない国土。

三部の経典　『大経』『観経』『小経』の浄土三部経のこと。

勝過《しょうが》三界道《さんがいどう》」といふは、かの安楽世界《あんらくせかい》をみそなはすに*、ほとりきはなきこと虚空《こくう》のごとし、ひろくおほきなること虚空《こくう》のごとしとたとへたるなり。「観仏《かんぶつ》本願力遇無空過者《ほんがんりきぐむくかしゃ》」といふは、如来《にょらい》の本願力《ほんがんりき》をみそなはすに、願力《がんりき》を信《しん》ずるひとは、むなしくここにとどまらずとなり。「能令速満足功徳大宝海《のうりょうそくまんぞくくどくだいほうかい》」といふは、「能《のう》」はよしといふ、「令《りょう》」はせしむといふ、「速《そく》」はすみやかにとしといふ。よく本願力《ほんがんりき》を信楽《しんぎょう》する人《ひと》は、すみやかに疾《と》く功徳《くどく》の大宝海《だいほうかい》を信《しん》ずる人《ひと》のその身《み》に満足《まんぞく》せしむるなり。如来《にょらい》の功徳《くどく》のきはなくひろくおほきにへだてなきことを、大海《だいかい》の水《みず》のへだてなくみちみてるがごとしとたとへたてまつるなり。

11

【七】　*斉朝曇鸞和尚真像銘文《せいちょうのどんらんかしょうのしんぞうのめいもん》

「*釈曇鸞法師者《しゃくのどんらんほっしは》　幷州汶水県人也《へいしゅうぼっしいけんのひとなり》　魏末高斉之初《ぎのすえこうせいのはじめ》　猶在《なおいましき》　神智高遠《じんちこうえんにして》　三国知聞《さんごくにちもんす》　洞暁二衆経一《あきらかにしゆきょうをさとること》　独出二人外一《ひとりじんがいにいでたり》　梁国天子蕭王《りょうこくのてんしそうおう》　恒向レ北《つねにきたにむかって》　礼二鸞菩薩一《らんぼさつとらいす》　註二解往生論一《おうじょうろんをちゅうげして》　裁二成両巻一《りょうかんにことわりをなす》　*事出二釈迦才三巻浄土論一《ことしゃくのかざいのさんかんのじょうどろんにいでたる》也《なり》」文

「釈《しゃく》の曇鸞法師《どんらんほっし》は幷州《へいしゅう》の汶水県《*ぼっしいけん》の人《ひと》なり」。幷州《へいしゅう》はくにの名《な》なり、汶水県《ぼっしいけん》はところの名《な》なり。「魏末高斉《ぎのすえこうせい》之初《のはじめ》猶在《なおいます》」といふは、「魏末《ぎまつ》」といふは晨旦《しんたん》（中

みそなはす　（天親《てんじん》菩薩が）御覧になる。

斉朝曇鸞和尚真像銘文　迦《か》才《ざい》（七世紀中頃）の『浄土論』（下）の一節を抄出して、少々文字を添削したもの。本山蔵宗祖加点本『論註』奥書にも同文のものが記されているが、訓点はやや異なる。

釈曇鸞…　本文に付してある訓点にしたがって、その書き下しを振り仮名の体裁で示した。

事　事蹟。

汶水　通常は「ぶんすい」と読む。

国）の世《よ》の名《な》なり。「末《まつ》」はするゐといふなり、*魏《ぎ》の世《よ》のするゐとなり。「高斉之《こうせいし》
初《しょ》」は*斉《せい》といふ世《よ》のはじめといふなり。「猶在《ゆざい》」は魏《ぎ》と斉《せい》との世《よ》になほいまし
きといふなり。「神智高遠《じんちこうえん》」といふは、和尚《かしょう》（曇鸞）の智慧《ちえ》すぐれていまし け
りとなり。「三国知聞《さんごくちもん》」といふは、「三国《さんごく》」は魏《ぎ》と斉《せい》と*梁《りょう》と、この三《み》つの世《よ》にお
はせしとなり。「知聞《ちもん》」といふは三《み》つの世《よ》にしられきこえたまひきとなり。「洞《どう》
暁衆経《ぎょうしゅきょう》」といふは、あきらかによろづの経典《きょうてん》をさとりたまふとなり。「独出《どくしゅつ》
人外《じんがい》」といふは、よろづの人《ひと》にすぐれたりとなり。「梁国《りょうこく》の天子《てんし》」といふは、梁《りょう》の
梁《りょう》の世《よ》の王《おう》といふなり、*蕭王《そうおう》の名《な》なり。「恒向レ北礼《つねにきたにむこうてらいしたてまつる》」といふは、梁《りょう》の
王《おう》、つねに曇鸞《どんらん》の北《きた》のかたにましましけるを、菩薩《ぼさつ》と礼《らい》したてまつりたまひけ
12 るなり。「註解往生論《ちゅうげおうじょうろん》」といふは、この『浄土論《じょうどろん》』をくはしう釈《しゃく》したまふを、
『註論《ちゅうろん》』（論註）と申《もう》す論《ろん》をつくりたまへるなり。「裁成両巻《さいじょうりょうかん》」といふは、『註《ちゅう》
論《ろん》』は二巻《にかん》になしたまふなり。「釈迦才《しゃくのかざい》の三巻《さんかん》の浄土論《じょうどろん》」といふは、「釈迦《しゃくのか》
才《ざい》」と申《もう》すは、「釈《しゃく》」といふは釈尊《しゃくそん》の御弟子《みでし》とあらはすことばなり。「迦才《かざい》」
は、浄土宗《じょうどしゅう》の祖師《そし》なり、智者《ちしゃ》にておはせし人《ひと》なり。かの聖人《しょうにん》（迦才）の三巻《さんかん》の
『浄土論《じょうどろん》』をつくりたまへるに、この曇鸞《どんらん》の御《み》ことばあらはせりとなり。

魏　（三八六―五三四）鮮卑族の拓跋珪《たくばつけい》（道武帝）が平城《へいじょう》（現在の山西省大同《さんせいしょうだいどう》）を都にして建てた国。四九四年、洛陽《らくよう》に遷都し、五三四年、内紛によって東魏、西魏に分裂した。

斉　（五五〇―五七七）中国南北朝時代の北朝の一。五五〇年、高洋《こうよう》（文宣帝）が東魏の孝静帝《こうせいてい》から帝位を奪って建てた。五七七年、北周《ほくしゅう》の武帝に滅ぼされた。南朝の斉と区別して北斉といい、また王室が高姓であるため高斉とも呼ばれる。

梁　（五〇二―五五七）南朝の一で蕭衍《しょうえん》（武帝）が南斉《なんせい》の禅譲をうけて建康《けんこう》（現在の南京）を都にして建てた国。五五七年、陳《ちん》に滅ぼされた。

蕭王　南朝梁《りょう》の武帝（四六四―五四九）のこと。名

【八】 *唐朝光明寺《とうちょうこうみょうじの》善導《ぜんどう》和尚《かしょうの》真像銘文《しんぞうのめいもん》

*智栄讃二善導別徳一《ちようぜんどうのべつとくをほめたもうて》云《いわく》「善導阿弥陀仏化身《ぜんどうはあみだぶつのけしんなり》 称二仏六字一《ぶつのろくじをしょうせば》 即嘆レ仏《すなわちぶつをたんずるなり》 即懺悔《すなわちさんげするなり》 即発願回向《すなわちほつがんえこうなり》 一切善根《いっさいぜんごん》荘二厳浄土一《じょうどをしょうごんするなり》」文

「*智栄《ちよう》」と申《もう》すは、震旦《しんたん》（中国）の聖人《しょうにん》なり。善導《ぜんどう》の*別徳《べっとく》をほめたまうていはく、「善導《ぜんどう》は阿弥陀仏《あみだぶつ》の化身《けしん》なり」とのたまへり。「称仏六字《しょうぶつろくじ》」といふは、すなはち南無阿弥陀仏《なもあみだぶつ》の六字《ろくじ》をとなふるとなり。「即嘆仏《そくたんぶつ》」といふは、すなはち南無阿弥陀仏《なもあみだぶつ》をとなふるは、*仏《ぶつ》をほめたてまつるになるとなり。また「即懺悔《そくさんげ》」といふは、南無阿弥陀仏《なもあみだぶつ》をとなふるは、すなはち無始《むし》よりこのかたの罪業《ざいごう》を懺悔《さんげ》するになると申《もう》すなり。「即発願回向《そくほつがんえこう》」といふは、南無阿弥陀仏《なもあみだぶつ》をとなふるは、すなはち安楽浄土《あんらくじょうど》に往生《おうじょう》せんとおもふになるなり、また一切衆生《いっさいしゅじょう》にこの功徳《くどく》をあたふるになるとなり。「一切善根荘厳浄土《いっさいぜんごんしょうごんじょうど》」といふは、阿弥陀《あみだ》の三字《さんじ》に一切善根《いっさいぜんごん》ををさめたまへるゆゑに、名号《みょうごう》をとなふるはすなはち浄土《じょうど》を荘厳《しょうごん》するになるとしるべしとなりと。智栄禅師《ちようぜんじ》、善導《ぜんどう》をほめたまへるなり。

13

【九】 善導《ぜんどう》和尚《かしょうの》云《いわく》「*言南無者《ごんなもしゃ》 即是帰命《そくぜきみょう》 亦是発願回向之義《やくぜほつがんえこうしぎ》 言阿弥陀仏者《ごんあみだぶつしゃ》 即是其行《そくぜごぎょう》 以斯義故《いしぎこ》 必得往生《ひっとくおうじょう》」（玄義分 三二五）文

は蕭衍《しょうえん》。五〇二年、南斉《なんせい》の和帝の禅譲によって帝位につき、梁を興した。仏教を深く信奉。侯景《こうけい》の乱によって憂死した。通常は「しょうおう」と読むが、当派依用音によって「そうおう」と振る。

唐朝 （六一八―九〇七）唐国公の李淵《りえん》（高祖）が隋《ずい》の三世恭帝の禅譲を受けて建てた中国の統一王朝。都は長安。

智栄讃… 本文に付してある訓点にしたがって、その書き下しを振り仮名の体裁で示した。

智栄 伝未詳。『長西録《ちょうさいろく》』（下）に「専修浄業記一巻」の著者として智栄の名が出るが、同異不明。法然聖人《ほうねん》の「無量寿経釈」（『漢語灯録《かんごとうろく》』巻一所収）に善導大師《ぜんどうだいし》

「言南無者《ごんなもしゃ》」といふは、すなはち帰命《きみょう》と申《もう》すみことばなり。帰命《きみょう》は、すなはち*釈迦《しゃか》・弥陀《みだ》の二尊《にそん》の勅命《ちょくめい》にしたがひて、召《め》しにかなふと申《もう》すことばなり。このゆゑに「即是帰命《そくぜきみょう》」とのたまへり。「亦是発願回向之義《やくぜほつがんえこうしぎ》」といふは、二尊《にそん》の召《め》しにしたがうて、安楽浄土《あんらくじょうど》に生《うま》れんとねがふこころなりとのたまへるなり。「言阿弥陀仏者《ごんあみだぶつしゃ》」と申《もう》すは、「即是其行《そくぜごぎょう》」となり。即是其行《そくぜごぎょう》は、これすなはち法蔵菩薩《ほうぞうぼさつ》の選択本願《せんじゃくほんがん》なりとしるべしとなり。安養浄土《あんにょうじょうど》の正定《しょうじょう》の業因《ごういん》なりとのたまへるこころなり。「以斯義故《いしぎこ》」といふは、正定《しょうじょう》の因《いん》なるこの義《ぎ》をもつてのゆゑにといへる御《おん》こころなり。「必《ひつ》」はかならずといふ。「得《とく》」はえしむといふ。「往生《おうじょう》」といふは、浄土《じょうど》に生《うま》るといふなり。かならずといふは、自然《じねん》に往生《おうじょう》をえしむとなり。自然《じねん》といふは、*はじめてはからはざるこころなり。

【一〇】又曰《またいわく》「*言摂生増上縁者《ごんせっしょうぞうじょうえんしゃ》　如無量寿経《にょむりょうじゅきょう》　四十八願中説《しじゅうはちがんちゅうせつ》　仏言若我《ぶつごんにゃくが》
成仏《じょうぶつ》　十方衆生《じっぽうしゅじょう》　願生我国《がんしょうがこく》　称我名字《しょうがみょうじ》　下至十声《げしじっしょう》　乗我願力《じょうががんりき》　若不生者《にゃくふしょうじゃ》
不取正覚《ふしゅしょうがく》　此即是願往生行人《しそくぜがんおうじょうぎょうにん》　命欲終時《みょうよくじゅじ》　願力摂得往生《がんりきしょうとくおうじょう》　故名摂生増《こみょうせっしょうぞう》
上縁《じょうえん》」（観念法門　六三〇）文

「言*摂生増上縁者《ごんせっしょうぞうじょうえんしゃ》」といふは、「摂生《せっしょう》」は十方衆生《じっぽうしゅじょう》を誓願《せいがん》にをさめとらせ

の義を補助するものとして七人を挙げる中の一人。

別徳　特別のすぐれた徳。

仏をほめたてまつるになる　本願を信じて念仏すれば仏を讃嘆していることになる。念仏は讃嘆の徳をもつ行《ぎょう》業《ごう》として私たちに与えられているので、「…になる」という。以下、懺悔《さんげ》等について「…になる」というのも同様の意。

言南無者…　「南無といふは、すなはちこれ帰命なり、またこれ発願回向の義なり。阿弥陀仏といふは、すなはちこれその行なり。この義をもつてのゆゑにかならず往生を得」（行巻訓）

釈迦弥陀の二尊の勅命　釈迦が衆生《しゅじょう》に浄土往生をすすめ（発遣《はっけん》）、阿弥陀仏が衆生を浄土へ来れと招きよ

たまふと申《もう》すこころなり。「如無量寿経四十八願中説《にょむりょうじゅきょうしじゅうはちがんちゅうせつ》」といふは、如来《にょらい》の本《ほん》願《がん》を説《と》きたまへる釈迦《しゃか》の御《み》のりなりとしるべしとなり。「若我成仏《にゃくがじょうぶつ》」と申《もう》すは、法蔵菩薩《ほうぞうぼさつ》誓《ちか》ひたまはく、もしわれ仏《ぶつ》を得《え》たらんにと説《と》きたまふ。「十方衆《じっぽうしゅ》

14

生《じょう》」といふは、十方《じっぽう》のよろづの衆生《しゅじょう》なり、すなはちわれらなり。「願生我国《がんしょうがこく》」といふは、安楽浄刹《あんらくじょうせつ》に生《うま》れんと願《ねが》へとなり。「称我名字《しょうがみょうじ》」といふは、われ仏《ぶつ》を得《え》んにわがなをとなへられんとなり。「下至十声《げしじっしょう》」といふは、名字《みょうじ》をとなへられんこと下十声《しもとこえ》せんものとなり。「下至《げし》」といふは、十声《じっしょう》にあまれるものも聞名《もんみょう》のものをも、往生《おうじょう》にもらさずきらはぬことをあらはししめすとなり。「乗我願力《じょうががんりき》」といふは、「乗《じょう》」はのるべしといふ、また智《ち》なり。智《ち》といふは、願力《がんりき》にのせたまふとしるべしとなり。願力《がんりき》に乗《じょう》じて安楽浄刹《あんらくじょうせつ》に生《うま》れんとしるなり。「若不生者不取正覚《にゃくふしょうじゃふしゅしょうがく》」といふは、ちかひを信《しん》じたる人《ひと》、もし本願《ほんがん》の実《じっ》報土《ぽうど》に生《うま》れずは、仏《ぶつ》に成《な》らじと誓《ちか》ひたまへるみのりなり。「此即是願往生《しそくぜがんおうじょう》行《ぎょう》人《にん》」といふは、これすなはち往生《おうじょう》を願《ねが》ふ人《ひと》といふ。「命欲終時《みょうよくじゅじ》」といふは、いのちをはらんとせんときといふ。「願力摂得往生《がんりきしょうとくおうじょう》」といふは、大願業力《だいがんごうりき》摂《せっ》取《しゅ》して往生《おうじょう》を得《え》しむといへるこころなり。すでに＊尋常《じんじょう》のとき信楽《しんぎょう》をえたる人《ひと》

ぶこと（招喚《しょうかん》）。

はじめて あらためて。ことさらに。

言摂生… 「摂生増上縁といふは、無量寿経の四十八願のなかに説くがごとし。仏ののたまはく、もしわれ成仏せんに、十方の衆生、わが国に生ぜんと願じて、わが名字を称すること、下十声に至るまで、わが願力に乗じて、もし生れずは、正覚を取らじと。これすなはちこれ往生を願ずる行人、命終らんとする時、願力摂して往生を得しむ。ゆゑに摂生増上縁と名づく」（行巻訓）

摂生増上縁 念仏の行者をおさめとって浄土に往生させるすぐれたはたらき。『観念法門《かんねんぼうもん》』に念仏の行者の得る利益《りやく》として五種増上縁（滅罪・護念・見仏・摂

といふなり、臨終《りんじゅう》のときはじめて信楽決定《しんぎょうけつじょう》して摂取《せっしゅ》にあづかるものにはあらず。ひごろ、かの心光《しんこう》に*摂護《しょうご》せられまゐらせたるゆゑに、金剛心《こんごうしん》をえたる人《ひと》は正定聚《しょうじょうじゅ》に住《じゅう》するゆゑに、臨終《りんじゅう》のときにあらず。かねて尋常《じんじょう》のときよりつねに摂護《しょうご》して捨《す》てたまはざれば、摂得往生《しょうとくおうじょう》と申《もう》すなり。このゆゑに「摂生増《せっしょうぞう》上縁《じょうえん》」となづくるなり。またまことに尋常《じんじょう》のときより信《しん》なからん人《ひと》は、ひごろの称念《しょうねん》の功《こう》によりて、最後臨終《さいごりんじゅう》のときはじめて善知識《ぜんぢしき》のすすめにあうて信《しん》心《じん》をえんとき、願力摂《がんりきせつ》して往生《おうじょう》を得《う》るものもあるべしとなり。臨終《りんじゅう》の来迎《らいこう》をまつものは、いまだ信心《しんじん》をえぬものなれば、臨終《りんじゅう》をこころにかけてなげくなり。

【二】　又曰《またいわく》「*言護念増上縁者《ごんごねんぞうじょうえんしゃ》乃至　但有専念《たんうせんねん》　阿弥陀仏衆生《あみだぶつしゅじょう》　彼仏心光《ひぶつしんこう》　常《じょう》照是人《しょうぜにん》　摂護不捨《しょうごふしゃ》　総不《そうふ》レ論《ろん》三照《しょう》二摂《しょう》　余雑業行者《よぞうごうぎょうじゃ》一　此亦是《しやくぜ》　現生護念増《げんしょうごねんぞう》上縁《じょうえん》」（観念法門　六一七）文

「言護念増上縁者《ごんごねんぞうじょうえんしゃ》」といふは、まことの心《しん》をえたる人《ひと》を、この世《よ》にてつねにまもりたまふと申《もう》すことばなり。「但有専念阿弥陀仏衆生《たんうせんねんあみだぶつしゅじょう》」といふは、ひとすぢにふたごころなく弥陀仏《みだぶつ》を念《ねん》じたてまつると申《もう》すなり。「彼仏心光常照是《ひぶつしんこうじょうしょうぜ》

生・証生）を挙げる中の一。

尋常　「つねのときなり」（左訓）

摂護　摂取《せっしゅ》護念。おさめとり、心にかけてまもる。

言護念増上縁者…　「護念増上縁といふは、（乃至）ただ阿弥陀仏を専念する衆生のみありて、かの仏心の光、つねにこの人を照らして摂護して捨てたまはず。すべて余の雑業の行者を照らし摂むと論ぜず。これまたこれ現生護念増上縁なり」（信巻訓）

人《にん》」といふは、「彼《ひ》」はかのといふ。「仏心光《ぶっしんこう》」は無礙光仏《むげこうぶつ》の御《おん》こころと申《もう》すなり。「常照《じょうしょう》」はつねにてらすと申《もう》す。つねにといふは、ときをきらはず、日《ひ》をへだてず、ところをわか*ず、まことの信心《しんじん》ある人《ひと》をばつねにてらしたまふとなり。てらすといふは、かの仏心《ぶっしん》のをさめとりたまふとなり。「仏心光《ぶっしんこう》」は、すなはち阿弥陀仏《あみだぶつ》の御《おん》こころにをさめたまふとしるべし。「是人《ぜにん》」は信心《しんじん》をえたる人《ひと》なり。つねにまもりたまふと申《もう》すは、*天魔波旬《てんまはじゅん》にやぶられず、*悪鬼《あくき》・悪《あく》神《じん》にみだられず、摂護不捨《しょうごふしゃ》したまふゆゑなり。「摂護不捨《しょうごふしゃ》」といふは、をさめまもりてすてずとなり。「総不論照《そうふろんしょう》　摂余雑業行者《しょうよぞうごうぎょうじゃ》」といふは、「総《そう》」はすべてといふ、みなといふ。雑行雑修《ぞうぎょうざっしゅ》の人《ひと》をばすべてみなてらしをさめまもりたまはずとなり。てらしまもりたまはずと申《もう》すは、摂取不捨《せっしゅふしゃ》の利益《りやく》にあづからずとなり。本願《ほんがん》の行者《ぎょうじゃ》にあらざるゆゑなりとしるべし。しかれば、摂護不捨《しょうごふしゃ》と釈《しゃく》したまはず。「現生護念増上縁《げんしょうごねんぞうじょうえん》」といふは、この世《よ》にてまことの信《しん》ある人《ひと》をまもりたまふと申《もう》すみことなり。「増上縁《ぞうじょうえん》」はすぐれたる強縁《ごうえん》となり。

16

【二】　皇太子聖《こうたいししょう》　徳御《とくのご》銘文《めいもん》

*御縁起《ごえんぎ》曰《にいわく》　「百済国《はくさいこく》聖明王《せいめいおう》太子《たいし》阿佐礼《あさらい》　曰《してもうさく》　敬礼《きょうらい》救世《くせ》　大慈観音菩薩《だいじかんのんぼさつ》　妙《みょう》

わかず　区別せず。

天魔波旬　欲界《よくかい》の最上位、他化自在天《たけじざいてん》に住する悪魔を波旬（Pāpīyas　パーピーヤス）という。人の真実の智《ち》慧《え》を断ち、悪業《あくごう》をなさしめる悪しき者の意。

悪鬼悪神　仏道修行をさまたげ、衆生《しゅじょう》を悩害する夜《や》叉《しゃ》・羅刹《らせつ》などの鬼神《きじん》。

御縁起　阿佐《あさ》太子の礼讃《らいさん》の文は『聖徳太子伝暦《しょうとくたいしでんりゃく》』および『上宮太子御記《じょうぐうたいしぎょき》』（『三宝絵詞《さんぼうえことば》』よりの抜書）にほぼ同文のものがある。日羅《にちら》の礼讃の文は『聖徳太子伝暦』に同文のもの、『上宮太子御記』にほぼ同文のものがある。なお、聖徳太子の作と伝えられるものに『四天王寺御手印縁起《してんのうじごしゅいんえんぎ》』があるが、これには該当する文は見当らない。

教流《きょうる》通《ずう》　東方日本国《とうぼうにっぽんこく》　四十九歳《しじゅうくさい》　伝灯演説《でんとうえんぜつ》」文

「新羅国《しんらこくの》　聖人日羅《しょうにんにちら》礼《らいして》　曰《もうさく》　敬礼救世《きょうらいくせ》　観音大菩薩《かんのんだいぼさつ》　伝灯東方《でんとうとうぼう》　粟散王《ぞくさんおう》」文

「御縁起曰《ごえんぎわつ》」といふは、聖徳太子《しょうとくたいし》の御縁起《ごえんぎ》なり。「*百済国《はくさいこく》」といふは、聖徳《しょうとく》太子《たいし》、さきの世《よ》に生《うま》れさせたまひたりける国《くに》の名《な》なり。「*聖明王《せいめいおう》」といふは、百済国《はくさいこく》に太子《たいし》（聖徳太子）の*わたらせたまひたりけるときの、その国《くに》の王《おう》の名《な》なり。「太子阿佐礼曰《たいしあさらいわつ》」といふは、聖明王《せいめいおう》の太子《たいし》の名《な》なり。聖徳太子《しょうとくたいし》をこひしたひかなしみまゐらせて、御《おん》かたちを金銅《こんどう》にて鋳《い》まゐらせたりけるを、この*和《わ》国《こく》に聖徳太子《しょうとくたいし》生《うま》れてわたらせたまふとききまゐらせて、聖明王《せいめいおう》、わがこの*阿《あ》佐太子《さたいし》を勅使《ちょくし》として、金銅《こんどう》の救世観音《くせかんのん》の像《ぞう》をおくりまゐらせしとき、礼《らい》しまゐらすとして誦《じゅ》せる文《もん》なり、「敬礼救世大慈観音菩薩《きょうらいくせだいじかんのんぼさつ》」と申《もう》しけり。「妙教流《みょうきょうる》通東方日本国《ずうとうぼうにっぽんこく》」と申《もう》すは、上宮太子《じょうぐうたいし》（聖徳太子）、仏法《ぶっぽう》をこの和国《わこく》につたへひろめおはしますとなり。「四十九歳《しじゅうくさい》」といふは、上宮太子《じょうぐうたいし》は四十九歳《しじゅうくさい》までぞ、この和国《わこく》にわたらせたまはんずると阿佐太子《あさたいし》申《もう》しけり。おくられたまへる金銅《こんどう》の救世菩薩《くせぼさつ》は、*天王寺《てんのうじ》の金堂《こんどう》にわたらせたまふなり。「伝灯演説《でんとうえんぜつ》」といふは、「伝灯《でんとう》」は仏法《ぶっぽう》をともしびにたとへたるなり。「演説《えんぜつ》」は、上宮太子《じょうぐうたいし》仏教《ぶっきょう》を説《と》

百済国　（四世紀中頃―六六〇）クダラ国。朝鮮半島の西南部に拠った国。

聖明王　（在位五二三―五五四）百済《くだら》第二十六代の国王。五三八年（一説には五五二年）、日本に仏教を伝えた。後に新羅《しらぎ》と戦って敗死した。

わたらせたまひ　「わたらせたまふ」は、おありになる、いらっしゃるの意。

和国　日本。

阿佐太子　『日本書紀』推《すい》古《こ》天皇五年（五九七）四月条にその名がみえる。

天王寺　四天王寺（大阪市天王寺区）のこと。六世紀末、聖徳太子の創建と伝えられる。

17

きひろめましますべしと阿佐太子《あさたいし》申《もう》しけり。

また*新羅国《しんらこく》より上宮太子《じょうぐうたいし》をこひしたひまゐらせて、*日羅《にちら》と申《もう》す聖人《しょうにん》きたりて、聖徳太子《しょうとくたいし》を礼《らい》したてまつりてまうさく、「敬礼救世観音大菩薩《きょうらいくせかんのんだいぼさつ》」と申《もう》すは、聖徳太子《しょうとくたいし》は*救世観音《くせかんのん》にておはしますと礼《らい》しまゐらせけり。「伝灯東方《でんとうとうぼう》」と申《もう》すは、仏法《ぶっぽう》をともしびにたとへて、「東方《とうぼう》」と申《もう》すはこの和国《わこく》に仏教《ぶっきょう》のともしびをつたへおはしますと日羅《にちら》申《もう》しけり。「粟散王《ぞくさんおう》」と申《もう》すは、この国《くに》はきはめて小国《しょうこく》なりといふ。「粟散《ぞくさん》」といふは、あはつぶをちらせるがごとく小《ちい》さき国《くに》の王《おう》と聖徳太子《しょうとくたいし》のならせたまひたると申《もう》しけるなりと。

新羅国　(四世紀—九三五)シラギ国。朝鮮半島の古王国。四世紀に辰韓《しんかん》諸国を統合して成立。六六八年、朝鮮全土を統一した。九三五年、五十六代で高麗《こうらい》に滅ぼされた。

日羅　(六世紀)『日本書紀』の記述では、敏達《びだつ》天皇の要請で来朝した百済《くだら》の日系官人。

救世観音　観世音菩薩は世の人々の苦を救うのでこの名がある。親鸞聖人在世当時は聖徳太子信仰が盛んで、太子の本地《ほんじ》は観世音菩薩であると一般に信じられていた。

18

尊《そん》号《ごうの》真《しん》像《ぞうの》銘《めい》文《もん》　末《まつ》

【三】　*首楞厳院《しゅりょうごんいん》源信《げんしん》和尚《かしょう》の銘文《めいもん》

「*我亦在彼《がやくざいひ》　摂取之中《せっしゅしちゅう》　煩悩障眼《ぼんのうしょうげん》　雖不能見《すいふのうけん》　大悲無倦《だいひむけん》　常照我身《じょうしょうがしん》」（往生要集・中　九五六）　文

「我亦在彼摂取之中《がやくざいひせっしゅしちゅう》」といふは、われまたかの摂取《せっしゅ》のなかにありとのたまへるなり。「煩悩障眼《ぼんのうしょうげん》」といふは、われら煩悩《ぼんのう》にまなこさ*へらるとなり。「雖不能見《すいふのうけん》」といふは、煩悩《ぼんのう》のまなこにて仏《ぶつ》をみたてまつることあたはずといへどもといふなり。「大悲無倦《だいひむけん》」といふは、大慈大悲《だいじだいひ》の御《おん》めぐみ、*ものうきことましまさずと申《もう》すなり。「常照我身《じょうしょうがしん》」といふは、「常《じょう》」はつねにといふ、「照《しょう》」はてらしたまふといふ。無碍《むげ》の光明《こうみょう》、信心《しんじん》の人《ひと》をつねにてらしたまふとなり。つねにてらすといふは、つねにまもりたまふとなり。「我身《がしん》」は、わが身《み》を大慈大悲《だいじだいひ》ものうきことなくして、つねにまもりたまふとおもへとなり。摂取不捨《せっしゅふしゃ》

首楞厳院　比叡山《ひえいざん》横川《よかわ》の中堂の称。ここでは横川（比叡山三塔の一）を総称して首楞厳院という。

我亦在彼…　「われまたかの摂取のなかにあれども、煩悩、眼《まなこ》を障へて見たてまつるにあたはずといへども、大悲、倦《もの》きことなくして、つねにわが身を照らしたまふ」（信巻訓）

さへらる　さえぎられる。

ものうきことましまさず　飽きることがない。ここでは見捨てたもうことなくという意。

の御《おん》めぐみのこころをあらはしたまふなり。「*念仏衆生摂取不捨《ねんぶつしゅじょうせっしゅふしゃ》」（観経）のこころを釈《しゃく》したまへるなりとしるべしとなり。

19

【一四】　日本源空聖人真影《にっぽんげんくうしょうにんのしんねい》

*四明山《しめいざん》　*権律師《ごんりっし》　劉官《りゅうかん》（隆寛）讃《さん》「*普勧道俗《ふかんどうぞく》　念弥陀仏《ねんみだぶつ》　能念皆見《のうねんかいけん》　化仏《けぶつ》菩薩《ぼさつ》　明知称名《みょうちしょうみょう》　往生要術《おうじょうようじゅつ》　宜哉源空《ぎさいげんくう》　慕道化物《ぼどうけもつ》　信珠在心《しんじゅざいしん》　心照迷境《しんしょうめいきょう》　疑雲永晴《ぎうんようじょう》　仏光円頂《ぶっこうえんちょう》　*建暦壬申三月一日《けんりゃくにんしんさんがっついたち》」

「普勧道俗念弥陀仏《ふかんどうぞくねんみだぶつ》」といふは、「普勧《ふかん》」はあまねくすすむとなり。「道俗《どうぞく》」は、道《どう》にふたりあり俗《ぞく》にふたりあり。道《どう》のふたりは、一《ひと》つには僧《そう》、二《ふた》つには比《び》丘尼《くに》なり。俗《ぞく》にふたり、一《ひと》つには仏法《ぶっぽう》を信《しん》じ行《ぎょう》ずる男《おとこ》なり、二《ふた》つには仏法《ぶっぽう》を信《しん》じ行《ぎょう》ずる女《おんな》なり。「念弥陀仏《ねんみだぶつ》」と申《もう》すは、尊号《そんごう》を称念《しょうねん》するとなり。「能念皆見《のうねんかいけん》化仏菩薩《けぶつぼさつ》」と申《もう》すは、「能念《のうねん》」はよく名号《みょうごう》を念《ねん》ずとなり、よく念《ねん》ずと申《もう》すはふかく信《しん》ずるなり。「皆見《かいけん》」といふは、化仏《けぶつ》・菩薩《ぼさつ》をみんとおもふ人《ひと》はみなみたてまつるなり。「化仏菩薩《けぶつぼさつ》」と申《もう》すは、弥陀《みだ》の化仏《けぶつ》、観音《かんのん》・勢至等《せいしとう》の聖衆《しょうじゅ》なり。「明知称名《みょうちしょうみょう》」と申《もう》すは、あきらかにしりぬ、仏《ぶつ》のみなをとなふれば「往生《おうじょう》」すといふことを「要術《ようじゅつ》」とすといふ。往生《おうじょう》の要《よう》には如来《にょらい》のみなをとなふるに

念仏衆生摂取不捨　「念仏の衆生を摂取して捨てたまはず」

四明山　比叡山《ひえいざん》の別名。

権律師　律師とは僧正《そうじょう》・僧都《そうず》の下に位置し、僧尼を統領する官職。五位の殿上人《てんじょうびと》に相当する僧官。権は副官という意。

普勧道俗…　「あまねく道俗を勧めて弥陀仏を念ぜしめたまふ。よく念ずればみな化仏菩薩を見たてまつる。あきらかに知りぬ、称名は往生の要術なることを。宜《よ》きかな源空《げんくう》、道を慕ひ、物を化したまふ。信珠心にあれば、心迷境を照らし、疑雲永く晴れ、仏光頂《いただき》に円《まど》かなり。建暦壬申三月一日」

建暦壬申…　建暦壬申は建暦二年（一二一二）。同年三月一日は法然《ほうねん》聖人示寂《じじゃく》

すぎたることはなしとなり。「宜哉源空《ぎさいげんくう》」と申《もう》すは、「宜哉《ぎさい》」はよしといふなり。「源空《げんくう》」は聖人《しょうにん》の御名《ごみょう》なり。「慕道化物《ぼどうけもつ》」といふは、「慕道《ぼどう》」は*無上道《むじょうどう》をねがひしたふべしとなり。「化物《けもつ》」といふは、「物《もつ》」といふは衆生《しゅじょう》なり、「化《け》」はよろづのものを利益《りやく》すとなり。「信珠在心《しんじゅざいしん》」といふは、金剛《こんごう》の信心《しんじん》をめでたき珠《たま》にたとへたまふ。信心《しんじん》の珠《たま》をこころにえたる人《ひと》は、生死《しょうじ》の闇《やみ》にまどはざるゆゑに、「心照迷境《しんしょうめいきょう》」といふなり。信心《しんじん》の珠《たま》をもつて、愚痴《ぐち》の闇《やみ》をはらひ、あきらかに照《て》らすとなり。「疑雲永晴《ぎうんようじょう》」といふは、「疑雲《ぎうん》」は願力《がんりき》を疑《うたが》ふこころ
20
を雲《くも》にたとへたるなり。「永晴《ようじょう》」といふは疑《うたが》ふこころの雲《くも》をながく晴《は》らしぬれば安楽浄土《あんらくじょうど》へかならず生《うま》るるなり。無碍光仏《むげこうぶつ》の摂取不捨《せっしゅふしゃ》の*心光《しんこう》をもつて信心《しんじん》をえたる人《ひと》をつねに照《て》らしまもりたまふゆゑに、「仏光円頂《ぶっこうえんちょう》」といへり。仏光《ぶっこう》円頂《えんちょう》といふは、仏心《ぶっしん》をしてあきらかに信心《しんじん》の人《ひと》の頂《いただき》をつねに照《て》らしたまふとほめたまひたるなり、これは摂取《せっしゅ》したまふゆゑなりとしるべし。

【一五】　比叡山延暦寺《ひえいざんえんりゃくじ》　*宝幢院黒谷源空聖人真像《ほうどういんくろだにげんくうしょうにんのしんぞう》

『選択本願念仏集《せんじゃくほんがんねんぶつしゅう》』云《にいわく》「南無阿弥陀仏《なもあみだぶつ》　*往生之業《おうじょうしごう》　念仏為本《ねんぶついほん》」（一一八三）

文

後五七日（三十五日）にあたるので、「普勧…」の文はその法要の際の表白文とみられる。

無上道　この上ない仏のさとり。

心光　色光《しきこう》に対する語で智光、内光ともいう。大智大悲の仏心をもって念仏の衆《しゅ》生《じょう》をおさめとる摂取《せっしゅ》の光明《こうみょう》のこと。

宝幢院　ここでは西塔（比《ひ》叡山《えいざん》三塔の一）の総称。

往生之業…　「往生の業は念仏を本とす」（行巻訓）

又曰《またいわく》「*夫速欲離生死《ふそくよくりしょうじ》　二種勝法中《にしゅしょうぼうちゅう》　*且閣聖道門《しゃかくしょうどうもん》　選入浄土門《せんにゅうじょうどもん》　欲入《よくにゅう》浄土門《じょうどもん》　正雑二行中《しょうぞうにぎょうちゅう》　且抛諸雑行《しゃほうしょぞうぎょう》　選応帰正行《せんおうきしょうぎょう》　欲修於正行《よくしゅおしょうぎょう》　正助二業《しょうじょにごう》中《ちゅう》　猶傍於助業《ゆぼうおじょごう》　選応専正定《せんおうせんしょうじょう》　正定之業者《しょうじょうしごうしゃ》　即是称仏名《そくぜしょうぶつみょう》　称名必得生《しょうみょうひっとくしょう》依仏本願故《えぶつほんがんこ》」（一二八五）文

又曰《またいわく》「*当知生死之家《とうちしょうじしけ》　以疑為所止《いぎいしょし》　涅槃之城《ねはんしじょう》　以信為能入《いしんいのうにゅう》」（一二四八）文

「選択本願念仏集《せんじゃくほんがんねんぶつしゅう》」といふは、聖人《しょうにん》（源空）の御製作《ごせいさく》なり。「南無阿弥陀仏《なもあみだぶつ》往生之業念仏為本《おうじょうしごうねんぶついほん》」といふは、安養浄土《あんにょうじょうど》の往生《おうじょう》の正因《しょういん》は念仏《ねんぶつ》を本《ほん》とすと申《もう》す御《み》ことなりとしるべし。正因《しょういん》といふは、浄土《じょうど》に生《うま》れて仏《ぶつ》にかならず成《な》るたねと申《もう》すなり。

またいはく、「夫速欲離生死《ふそくよくりしょうじ》」といふは、それすみやかにとく生死《しょうじ》をはなれんとおもへとなり。「二種勝法中且閣聖道門《にしゅしょうぼうちゅうしゃかくしょうどうもん》」といふは、「二種勝法《にしゅしょうぼう》」は、
21 聖道《しょうどう》・浄土《じょうど》の二門《にもん》なり。「且閣聖道門《しゃかくしょうどうもん》」は、「且閣《しゃかく》」はしばらくさしおけとなり、しばらく聖道門《しょうどうもん》をさしおくべしとなり。「選入浄土門《せんにゅうじょうどもん》」といふは、「選入《せんにゅう》」はえらびていれとなり、よろづの善法《ぜんぼう》のなかに選《えら》びて浄土門《じょうどもん》に入《い》るべしとなり。「欲入浄土門《よくにゅうじょうどもん》」といふは、浄土門《じょうどもん》に入《い》らんと欲《おも》はばといふなり。「正《しょう》

夫速欲離生死…　「それすみやかに生死を離れんと欲《おも》はば、二種の勝法のなかに、しばらく聖道門を閣《さしお》きて、選んで浄土門に入れ。浄土門に入らんと欲はば、正雑二行のなかに、しばらくもろもろの雑行を抛《なげう》ちて、選んで正行に帰すべし。正行を修せんと欲はば、正助二業のなかに、なほ助業を傍《かたわ》らにして、選んで正定をもつぱらにすべし。正定の業とはすなはちこれ仏の名《みな》を称するなり。称名はかならず生ずることを得。仏の本願によるがゆゑに」（行巻訓）この文は『選択集《せんじゃくしゅう》』十六章の内容を要約したもので、「三選の文」また「略選択」などと呼ばれる。なお、三選とは、浄土門を選びとる第一選、正行を選びとる第二選、正定業を選び

雑二行《ぞうにぎょう》中且抛諸雑行《ちゅうしゃほうしょぞうぎょう》」といふは、正雑二行《しょうぞうにぎょう》二《ふた》つのなかに、しばらくもろもろの雑行《ぞうぎょう》をなげすてさしおくべしとなり。「選応帰正行《せんおうきしょうぎょう》」といふは、選《えら》びて正行《しょうぎょう》に帰《き》すべしとなり。「欲修於正行正助二業中猶傍於助業《よくしゅおしょうぎょうしょうじょにごうちゅうゆぼうおじょごう》」といふは、正行《しょうぎょう》を修《しゅ》せんと欲《おも》はば、正行《しょうぎょう》・助業《じょごう》二《ふた》つのなかに助業《じょごう》をさしおくべしとなり。「選応専正定《せんおうせんしょうじょう》」といふは、選《えら》びて*正定《しょうじょう》の業《ごう》をふたごころなく修《しゅ》すべしとなり。「正定之業者即是称仏名《しょうじょうしごうしゃそくぜしょうぶつみょう》」といふは、正定《しょうじょう》の業因《ごういん》はすなはちこれ仏名《ぶつみょう》をとなふるなり。正定《しょうじょう》の因《いん》といふは、かならず無上涅槃《むじょうねはん》のさとりをひらくたねと申《もう》すなり。「称名必得生依仏本願故《しょうみょうひっとくしょうえぶつほんがんこ》」といふは、御名《みな》を称《しょう》するはかならず安楽浄土《あんらくじょうど》に往生《おうじょう》を得《う》るなり、仏《ぶつ》の本願《ほんがん》によるがゆゑなりとのたまへり。

またいはく、「当知生死之家《とうちしょうじしけ》」といふは、「当知《とうち》」はまさにしるべしとなり。「生死之家《しょうじしけ》」は生死《しょうじ》の家《いえ》といふなり。「以疑為所止《いぎいしょし》」といふは、大願業力《だいがんごうりき》の不思議《ふしぎ》を疑《うたが》ふこころをもつて、六道《ろくどう》・四生《ししょう》・二十五有《にじゅうごう》・十二類生《じゅうにるいしょう》 類生《るいしょう》といふは、一に卵生《らんしょう》、二に胎生《たいしょう》、三に湿生《しっしょう》、四に化生《けしょう》、五に有色生《うしきしょう》、六に無色生《むしきしょう》、七に有相生《うそうしょう》、八に無相生《むそうしょう》、九に非有色生《ひうしきしょう》、十に非無色生《ひむしきしょう》、十一に非有相生《ひうそうしょう》、十二に非《ひ》無相生《むそうしょう》 にとどまるとなり。いまにひさしく世《よ》に迷《まよ》ふとしるべしとなり。「涅《ね》

二六

とる第三選を指していう。

且 底本には「且《たん》」とある。『真宗法要』所収本（建長本）によって「且《しゃ》」と読み改めた。以下の「且」も同じ。

当知生死之家… 「まさに知るべし、生死の家には疑をもつて所止となし、涅槃の城には信をもつて能入となす」

正定の業 正定業のこと。↓正定業《しょうじょうごう》

槃《はん》之城《しじょう》」と申《もう》すは、安養《あんにょう》*浄刹《じょうせつ》をいふなり、これを涅槃《ねはん》のみやことは申《もう》すなり。「以信為能入《いしんいのうにゅう》」といふは、真実信心《しんじつしんじん》をえたる人《ひと》の、如来《にょらい》の本願《ほんがん》の実報土《じっぽうど》によく入《い》るとしるべしとのたまへるみことなり。信心《しんじん》は菩提《ぼだい》のたねなり、無上涅《むじょうね》槃《はん》をさとるたねなりとしるべしとなり。

22

【一六】法印聖覚和尚《ほういんせいかくかしょう》の銘文《めいもん》

「*夫根有利鈍者《ふこんうりどんしゃ》　教有漸頓《きょううぜんとん》　機有奢促者《きうしゃそくしゃ》　行有難易《ぎょううなんい》　当知《とうち》　聖道諸門《しょうどうしょもん》　漸教也《ぜんぎょうや》　又難行也《うなんぎょうや》　浄土一宗者《じょうどいっしゅしゃ》　頓教也《とんぎょうや》　又易行也《ういぎょうや》　所謂真言止観之行《しょいしんごんしかんしぎょう》　獼猴《みこう》情難学《じょうなんがく》　三論法相之教《さんろんほっそうしきょう》　牛羊眼易迷《ごようげんいめい》　然至我宗者《ねんしがしゅしゃ》　弥陀本願《みだほんがん》　定行因於十《じょうぎょういんおじゅう》念《ねん》　善導料簡《ぜんどうりょうけん》　決器量於三心《けつきりょうおさんしん》　雖非利智精進《すいひりちしょうじん》　専念実易勤《せんねんじついごん》　雖非多聞広学《すいひたもんこうがく》　信力何不備《しんりきがふび》　乃至　然我大師聖人《ねんがだいししょうにん》　為釈尊之使者《いしゃくそんししsha》　弘念仏一門《ぐねんぶついちもん》　為善導之再誕《いぜんどうしさいたん》　勧称名一行《かんしょうみょういちぎょう》　専修専念之行《せんじゅせんねんしぎょう》　自此漸弘《じしぜんぐ》　無間無余之勤《むけんむよしごん》　在今始知《ざいこんしち》　然則破《ねんそくは》戒罪根之輩《かいざいこんしはい》　加肩入往生之道《かけんにゅうおうじょうしどう》　下智浅才之類《げちせんさいしるい》　振臂赴浄土之門《しんぴふじょうどしもん》　誠知《じょうち》*無明長《むみょうじょう》夜之大灯炬也《やしだいとうこや》　何悲智眼闇《がひちげんあん》　生死大海之大船筏也《しょうじだいかいしだいせんばつや》　豈煩業障重《きぼんごっしょうじゅう》」略抄

「夫根有利鈍者《ふこんうりどんしゃ》」といふは、それ衆生《しゅじょう》の根性《こんじょう》に利鈍《りどん》ありとなり。「利《り》」といふはこころのとき人《ひと》なり、「鈍《どん》」といふはこころのにぶき人《ひと》なり。「教有漸頓《きょううぜんとん》」

浄刹　浄土のこと。刹は梵語クシェートラ（kṣetra）の音写。国土・世界の意。

夫根有利鈍者…　「それ根に利鈍あれば、教に漸頓あり。機に奢促あれば、行に難易あり。まさに知るべし、聖道の諸門は漸教なり、また難行なり。浄土の一宗は頓教なり、また易行なり。いはゆる真言・止観の行、獼猴の情学びがたく、三論・法相の教、牛・羊の眼迷ひやすし。しかるにわが宗に至りては、弥陀の本願、行因を十念に定め、善導の料簡、器量を三心に決す。利智精進にあらずといへども、専念まことに勤めやすし、多聞広学にあらずといへども、信力なんぞ備はらざらん。（乃至）しかるにわが大師聖人、釈尊の使者として念仏の一門を弘め、

23

といふは、衆生《しゅじょう》の根性《こんじょう》にしたがうて仏教《ぶっきょう》に漸頓《ぜんとん》ありとなり。「漸《ぜん》」はやうやく仏道《ぶつどう》を修《しゅ》して、*三祇百大劫《さんぎひゃくだいこう》をへて仏《ぶつ》に成《な》るなり。「頓《とん》」はこの娑婆世界《しゃばせかい》にして、この身《み》にてたちまちに仏《ぶつ》に成《な》ると申《もう》すなり。これすなはち*仏心《ぶっしん》・真言《しんごん》・*法華《ほっけ》・華厳等《けごんとう》のさとりをひらくなり。「機有奢促者《きうしゃそくしゃ》」といふは、機《き》に奢促《しゃそく》あり。「奢《しゃ》」はおそきこころなるものあり、「促《そく》」はときこころなるものあり。このゆゑに「行有難易《ぎょううなんい》」といふは、行《ぎょう》につきて難《なん》あり、易《い》ありとなり。「難《なん》」は聖道《しょうどう》門自力《もんじりき》の行《ぎょう》なり、「易《い》」は浄土門他力《じょうどもんたりき》の行《ぎょう》なり。「当知聖道諸門漸教也《とうちしょうどうしょもんぜんぎょうや》」といふは、すなはち難行《なんぎょう》なり、また漸教《ぜんぎょう》なりとしるべしとなり。「浄土一宗者《じょうどいっしゅうしゃ》」といふは、頓教《とんぎょう》なり、また易行《いぎょう》なりとしるべしとなり。「所謂真言止観之行《しょいしんごんしかんしぎょう》」といふは、「真言《しんごん》」は密教《みっきょう》なり、「止観《しかん》」は法華《ほっけ》なり。「*獼猴情難学《みこうじょうなんがく》」といふは、この世《よ》の人《ひと》のこころをさるのこころにたとへたるなり。さるのこころのごとく定《さだ》まらずとなり。このゆゑに真言《しんごん》・法華《ほっけ》の行《ぎょう》は、修《しゅ》しがたく行《ぎょう》じがたしとなり。「三論法相之教牛羊眼易迷《さんろんほっそうしきょうごようげんいめい》」といふは、この世《よ》の仏法者《ぶっぽうしゃ》のまなこを牛《うし》・羊《ひつじ》のまなこにたとへて、*三論《さんろん》・法相宗等《ほっそうしゅうとう》の聖道自力《しょうどうじりき》の教《きょう》にはまどふべしとのたまへるなり。「然至我宗者《ねんしがしゅうしゃ》」といふは、聖覚和尚《せいかくかしょう》ののたまはく、「わが浄土《じょうど》

善導の再誕として称名の一行を勧めたまへり。専修専念の行、これよりやうやく弘まり、無間無余の勤め、いまにありてはじめて知りぬ。しかればすなはち、破戒罪根の輩、肩《きし》を加りて往生の道に入り、下智浅才の類、臂を振うて浄土の門に赴く。まことに知りぬ、無明長夜の大いなる灯炬なり、なんぞ智眼の闇きことを悲しまん。生死大海の大いなる船筏なり、あに業障の重きことを煩はんや」（高田派専修寺蔵宗祖真蹟「聖覚《せいかく》法印表白文《ほういんひょうびゃくもん》」訓）

無明長夜…　『正像末和讃』（三六）の典拠。

三祇百大劫　菩薩が成仏するまでに経過する長い時間。三阿僧祇劫にわたって六度の行を修め、さらに百劫の

宗《しゅう》は、弥陀《みだ》の本願《ほんがん》の実報土《じっぽうど》の正因《しょういん》として、乃至十声一声《ないしじっしょういっしょう》称念《しょうねん》すれば、*無上《むじょう》菩提《ぼだい》にいたるとをしへたまふ。善導和尚《ぜんどうかしょう》の御《おん》をしへには、*三心《さんしん》を具《ぐ》すればかならず安楽《あんらく》に生《うま》るとのたまへるなり」（唯信鈔・意）と、聖覚和尚《せいかくかしょう》ののたまへるなり。「雖非利智精進《すいひりちしょうじん》」といふは、智慧《ちえ》もなく精進《しょうじん》の身《み》にもあらず、鈍根懈怠《どんこんけだい》のものも、専修専念《せんじゅせんねん》の信心《しんじん》をえつれば往生《おうじょう》すとこころうべしとなり。「然我大師《ねんがだいし》聖人《しょうにん》」といふは、聖覚和尚《せいかくかしょう》は、聖人《しょうにん》（源空）をわが大師聖人《だいししょうにん》と仰《あお》ぎたのみたまふ御《み》ことばなり。「為釈尊之使者弘念仏之一門《いしゃくそんししししゃぐねんぶつしいちもん》」といふは、源空聖人《げんくうしょうにん》は釈《しゃ》迦如来《かにょらい》の御《おん》つかひとして念仏《ねんぶつ》の一門《いちもん》を弘《ひろ》めたまふとしるべしとなり。「為善導《いぜんどう》之再誕勧称名之一行《しさいたんかんしょうみょうしいちぎょう》」といふは、聖人《しょうにん》は*善導和尚《ぜんどうかしょう》の御身《ごしん》として称名《しょうみょう》の一《いち》行《ぎょう》を勧《すす》めたまふなりとしるべしとなり。「専修専念之行自此漸弘無間無余之勤《せんじゅせんねんしぎょうじしぜんぐむけんむよしごん》」といふは、一向専修《いっこうせんじゅ》と申《もう》すことはこれより弘《ひろ》まるとしるべしとなり。「然則破《ねんそくは》戒罪根之輩加肩入往生之道《かいざいこんしはいかけんにゅうおうじょうしどう》」といふは、「然則《ねんそく》」はしからしめて、この浄土《じょうど》のならひにて、破戒《はかい》・無戒《むかい》の人《ひと》、罪業《ざいごう》ふかきもの、みな往生《おうじょう》すとしるべしとなり。「下智浅才之類振臂赴浄土之門《げちせんさいしるいしんぴふじょうどしもん》」といふは、無智《むち》・無才《むさい》のものは浄土門《じょうどもん》

24 に赴《おもむ》くべしとなり。「誠知無明長夜之大灯炬也何悲智眼闇《じょうちむみょうじょうやしだいとうこやがひちげんあん》」といふは、「誠《じょう》

間、相好《そうごう》を感得するための福業を修めて成仏するという。→阿僧祇《あそうぎ》、劫《こう》

仏心 禅宗のこと。→禅《ぜん》宗《しゅう》

法華 天台《てんだい》法華宗のこと。→法華宗《ほっけしゅう》

獼猴 大きな猿。

三論 三論宗のこと。→三《さん》論宗《ろんしゅう》

無上菩提 この上ない仏のさとり。

三心 →三心《さんしん》[2]

善導和尚の御身 善導大師《ぜんどうだいし》の後身。生れかわり。

知《ち》」はまことにしりぬといふ。弥陀《みだ》の誓願《せいがん》は無明《むみよう》長夜《じようや》のおほきなるともしびなり。なんぞ智慧《ちえ》のまなこ闇《くら》しと悲《かな》しまんやとおもへとなり。「生死大海之大《しようじだいかいしだい》船筏也《せんばつや》豈煩業障重《きぼんごつしようじゆう》」といふは、弥陀《みだ》の願力《がんりき》は生死大海《しようじだいかい》のおほきなる船《ふね》・筏《いかだ》なり。極悪深重《ごくあくじんじゆう》の身《み》なりとなげくべからずとのたまへるなり。「*倩思二教授《つらつらきようじゆのおんど》恩徳一《くをおもうに》実等二弥陀悲願一者《まことにみだひがんにひとしきもの》」といふは、師主《ししゆ》のをしへをおもふに、弥陀《みだ》の悲願《ひがん》に等《ひと》しとなり。大師聖人《だいししようにん》（源空）の御《おん》をしへの恩《おん》おもくふかきことをおもひしるべしとなり。「粉骨可報之摧身可謝之《ふんこつかほうしさいしんかしやし》」といふは、大師聖人《だいししようにん》の御《おん》をしへの恩《おん》徳《どく》のおもきことをしりて、骨《ほね》を粉《こ》にしても報《ほう》ずべしとなり、身《み》を摧《くだ》きても恩徳《おんどく》を報《むく》ふべしとなり。よくよくこの和尚《かしよう》（聖覚）のこのをしへを御覧《ごらん》じしるべしと。

【一七】 *和朝愚禿《わちようぐとく》釈親鸞《しやくのしんらんが》「正信偈《しようしんげの》」文《もん》

「*本願名号正定業《ほんがんみようごうしようじようごう》　至心信楽願為因《ししんしんぎようがんいいん》　成等覚証大涅槃《じようとうがくしようだいねはん》　必至滅度願成《ひつしめつどがんじよう》

就《じゆ》　如来所以興出世《によらいしよいこうしゆつせ》　唯説弥陀本願海《ゆいせつみだほんがんかい》　五濁悪時群生海《ごじよくあくじぐんじようかい》　応信如来如実言《おうしんによらいによじつごん》

能発一念喜愛心《のうほついちねんきあいしん》　不断煩悩得涅槃《ふだんぼんのうとくねはん》　凡聖逆謗斉回入《ぼんしようぎやくほうさいえにゆう》　如衆水入海一味《によしゆすいにゆうかいいちみ》　摂《せつ》

取心光常照護《しゆしんこうじようしようご》　已能雖破無明闇《いのうすいはむみようあん》　貪愛瞋憎之雲霧《とんないしんぞうしうんむ》　常覆真実信心天《じようふしんじつしんじんてん》　譬如日《ひによにつ》

倩思教授恩徳…　本文に付してある訓点にしたがって、その書き下しを振り仮名の体裁で示した。

和朝　日本。

本願名号…　「本願の名号は正定の業なり。至心信楽の願を因とす。等覚を成り大涅槃を証することは、必至滅度の願成就なり。如来、世に興出したまふゆゑは、ただ弥陀の本願海を説かんとなり。五濁悪時の群生海、如来如実の言《みこと》を信ずべし。よく一念喜愛の心を発すれば、煩悩を断ぜずして涅槃を得るなり。凡聖・逆謗斉《ひと》しく回入すれば、衆水海に入りて一味なるがごとし。摂取の心光、つねに照護したまふ。すでによく無明の闇を破すといへども、貪愛・瞋憎の雲霧、つねに真実信心の天に覆へり。たと

光覆雲霧《こうふうんむ》　雲霧之下明無闇《うんむしげみようむあん》　*獲信見敬得大慶《ぎやくしんけんきようとくだいきよう》　即横超截五悪趣《そくおうちようぜつごあくしゆ》」文

25

「本願名号正定業《ほんがんみようごうしようじようごう》」といふは、選択本願《せんじやくほんがん》の行《ぎよう》といふなり。「至心信楽願《ししんしんぎようがん》為因《いいん》」といふは、弥陀如来《みだによらい》回向《えこう》の真実信心《しんじつしんじん》なり、この信心《しんじん》を*阿耨菩提《あのくぼだい》の因《いん》とすべしとなり。「成等覚証大涅槃《じようとうがくしようだいねはん》」といふは、「成等覚《じようとうがく》」といふは正定聚《しようじようじゆ》の位《くらい》なり。この位《くらい》を龍樹菩薩《りゆうじゆぼさつ》は「即時入必定《そくじにゆうひつじよう》」（易行品 一六）とのたまへり、曇鸞和尚《どんらんかしよう》は「入正定之数《にゆうしようじようしじゆ》」（論註・上意）とをしへたまへり。これはすなはち弥勒《みろく》の位《くらい》とひとしとなり。「証大涅槃《しようだいねはん》」と申《もう》すは、必至滅度《ひつしめつど》の願《がん》（第十一願）成就《じようじゆ》のゆゑにかならず大般涅槃《だいはつねはん》をさとるとしるべし。「滅度《めつど》」と申《もう》すは、大涅槃《だいねはん》なり。「如来所以興出世《によらいしよいこうしゆつせ》」といふは、諸仏《しよぶつ》の世《よ》に出《い》でたまふゆゑはと申《もう》すみのりなり。「唯説弥陀本願海《ゆいせつみだほんがんかい》」と申《もう》すは、諸仏《しよぶつ》の世《よ》に出《い》でたまふ*本懐《ほんがい》は、ひとへに弥陀《みだ》の願海一乗《がんかいいちじよう》のみのりを説《と》かんとなり。しかれば、『大経《だいきよう》』（上）には、「*如来所以《によらいしよい》　興出於世《こうしゆつおせ》　欲拯群萌《よくじようぐんもう》　恵以真実之利《えいしんじつしり》」と説《と》きたまへり。「如来所以興出於世《によらいしよいこうしゆつおせ》」は、「*如来《によらい》」と申《もう》すは諸仏《しよぶつ》と申《もう》すなり。「所以《しよい》」といふはゆゑといふみことなり。「興出於世《こうしゆつおせ》」といふは世《よ》に仏出《ぶつい》でたまふと申《もう》すみことなり。「欲拯群萌《よくじようぐんもう》」は、「欲《よく》」といふはおぼしめすとなり。「拯《じよう》」はすくはん

へば日光の雲霧に覆はれども、雲霧の下あきらかにして闇なきがごとし。信を獲て見て敬ひ大慶を得れば、すなはち横《おう》に五悪趣を超截す」底本には「覆《ふく》」とある。『真宗法要』所収本（建長本）によって「覆《ふ》」と読み改めた。以下の「覆」も同じ。

獲信見敬得大慶　この句は本山蔵および専修寺《せんじゆじ》蔵の『教行信証』では「獲信見敬大慶喜」となっている。また大谷派本願寺蔵本（坂東本）では「見敬得大慶喜人」を抹消して「獲信見敬大慶人」と改めている。

阿耨菩提　阿耨多羅三藐三菩提のこと。→阿耨多羅三藐三菩提《あのくたらさんみゃくさんぼだい》

本懐　本来の意図、目的。

如来所以…　「如来、世に

となり。「群萌《ぐんもう》」はよろづの衆生《しゅじょう》をすくはんとおぼしめすとなり。仏《ぶつ》の世《よ》に出《い》でたまふゆゑは、弥陀《みだ》の御《おん》ちかひを説《と》きてよろづの衆生《しゅじょう》をたすけすくはんとおぼしめすとしるべし。「五濁悪時群生海応信如来如実言《ごじょくあくじぐんじょうかいおうしんにょらいにょじつごん》」といふは、五濁《ごじょく》悪世《あくせ》のよろづの衆生《しゅじょう》、釈迦如来《しゃかにょらい》のみことをふかく信受《しんじゅ》すべしとなり。「能発一《のうほっいち》念喜愛心《ねんきあいしん》」といふは、「能《のう》」はよくといふ。「発《ほっ》」はおこすといふ、ひらくといふ。「*一念喜愛心《いちねんきあいしん》」は*一念慶喜《いちねんきょうき》の真実信心《しんじつしんじん》よくひらけ、かならず本願《ほんがん》の実報土《じっぽうど》に生《うま》るとしるべし。慶喜《きょうき》といふは、信《しん》をえてのちよろこぶこころをいふなり。「不断煩悩得涅槃《ふだんぼんのうとくねはん》」といふは、「不断煩悩《ふだんぼんのう》」は煩悩《ぼんのう》をたちすてずしてといふ。「得涅槃《とくねはん》」と申《もう》すは無上大涅槃《むじょうだいねはん》をさとるをうるとしるべし。「凡聖逆謗斉回《ぼんしょうぎゃくほうさいえ》入《にゅう》」といふは、*小聖《しょうしょう》・凡夫《ぼんぶ》・五逆《ごぎゃく》・謗法《ほうぼう》・無戒《むかい》・*闡提《せんだい》、みな回心《えしん》して真実信心《しんじつしんじん》
26 海《かい》に帰入《きにゅう》しぬれば、衆水《しゅすい》の海《かい》に入《い》りてひとつ味《あじ》はひとなるがごとしとたとへたるなり。これを「如衆水入海一味《にょしゅすいにゅうかいいちみ》」といふなり。「摂取心光常照護《せっしゅしんこうじょうしょうご》」といふは、信心《しんじん》をえたる人《ひと》をば、無礙光仏《むげこうぶつ》の心光《しんこう》つねに照《て》らし護《まも》りたまふゆゑに、無《む》明《みょう》の闇《やみ》はれ、生死《しょうじ》のながき夜《よ》すでに暁《あかつき》になりぬとしるべしとなり。「已能雖破《いのうすいは》無明闇《むみょうあん》」といふはこのこころなり。信心《しんじん》をうれば暁《あかつき》になるがごとしとしるべ

興出したまふゆゑは群萌を拯《すく》ひ、恵むに真実の利をもってせんと欲《おぼ》してなり」『大経』の原文は「如来、無蓋《むがい》の大悲をもって三界《さんがい》を矜哀したまふ。世に出興するゆゑは、道教を光闡《こうせん》して、群萌を拯ひ恵むに真実の利をもってせんと欲してなり」となっている。「道教を光闡して」の語を省略したのは、道教を出世の本意ではない聖道教とみたためであろう。

如来と申すは…　阿弥陀仏の本願の救いを説くのは、釈尊だけでなく、すべての仏の出世の本意であるということを示す。

一念喜愛心　一念の信心の内容をあらわす。すなわち阿弥陀仏の救済を喜び愛《め》でる心。

27

し。「貪《とん》愛《ない》瞋《しん》憎《ぞう》之《し》雲《うん》霧《む》常《じょう》覆《ふ》真《しん》実《じつ》信《しん》心《じん》天《てん》」といふは、われらが*貪愛《とんない》・*瞋憎《しんぞう》を雲《くも》・霧《きり》にたとへて、つねに信心《しんじん》の天《てん》に覆《おお》へるなりとしるべし。「譬《ひ》如《にょ》*日月《にちがつ》覆《ふ》雲《うん》霧《む》雲《うん》霧《む》之《し》下《げ》明《みょう》無《む》闇《あん》」といふは、日月《にちがつ》の雲《くも》・霧《きり》に覆《おお》はるれども、闇《やみ》はれて雲《くも》・霧《きり》の下《した》あきらかなるがごとく、貪愛《とんない》・瞋憎《しんぞう》の雲《くも》・霧《きり》に信心《しんじん》は覆《おお》はるれども、往生《おうじょう》にさはりあるべからずとしるべしとなり。「獲《ぎゃく》信《しん》見《けん》敬《きょう》得《とく》大《だい》慶《きょう》」といふは、この信《しん》心《じん》をえておほきによろこびうやまふ人《ひと》といふなり。「*大慶《だいきょう》」は、おほきにうべきことをえてのちによろこぶといふなり。「即《そく》横《おう》超《ちょう》截《ぜつ》五《ご》悪《あく》趣《しゅ》」といふは、信心《しんじん》をえつればすなはち横《おう》に五悪趣《ごあくしゅ》をきるなりとしるべしとなり。「即横超《そくおうちょう》」は、「即《そく》」はすなはちといふ、信《しん》をうる人《ひと》はときをへず日《ひ》をへだてずして正定聚《しょうじょうじゅ》の位《くらい》に定《さだ》まるを即《そく》といふなり。「横《おう》」はよこさまといふ、如来《にょらい》の願力《がんりき》なり、他《た》力《りき》を申《もう》すなり。「超《ちょう》」はこえてといふ、生死《しょうじ》の大海《だいかい》をやすくよこさまに超《こ》えて無上大涅槃《むじょうだいねはん》のさとりをひらくなり。信心《しんじん》を浄土宗《じょうどしゅう》の正意《しょうい》としるべきなり。このこころをえつれば、「他力《たりき》には*義《ぎ》のなきをもつて義《ぎ》とす」と、本師聖人《ほんししょうにん》（源空）の仰《おお》せごとなり。「義《ぎ》」といふは行者《ぎょうじゃ》のおのおののはからふこころなり。このゆゑにおのおののはからふこころをもたるほどをば自力《じりき》といふなり。よく

一念　時刻の一念を指すとする説と信相の一念を指すとする説とがある。↓一念《いちねん》

[2] **小聖**　仏を大聖というのに対して、小乗のさとりを得た聖者《しょうじゃ》および大乗の十聖《じっしょう》の菩薩をいう。↓十聖

闡提《せんだい》　一闡提のこと。↓一《いっ》闡提

貪愛　むさぼり愛着すること。

瞋憎　いかり憎むこと。

日月　前掲の文では「日光」となっている。

大慶は…　親鸞聖人は慶（慶喜・慶楽）をすでにわが身の上に実現していることがら（現生で正定聚《しょうじょうじゅ》の位に入ること）をよろこぶ意とし、歓喜を必ず実現すると定まっていることがら（往生成仏の果）を待望し

よくこの自力《じりき》のやうをこころうべしとなり。

*正嘉《しようか》二《に》歳《さい》戊午《つちのえうま》六月《ろくがつ》二十八日《にじゅうはちにち》これを書《か》く。

愚禿親鸞《ぐとくしんらん》八十六歳《はちじゅうろくさい》

てよろこぶ意とする。『一多文意』六八四頁一四行以下参照。

義のなきをもって義とす ↓義《ぎ》なきを義《ぎ》とす

正嘉二歳　一二五八年。

一《いち》念《ねん》多《た》念《ねん》文《もん》意《い》

本書の親鸞聖人《しんらんしょうにん》真蹟本の表紙には『一念多念文意《いちねんたねんもんい》』と題されているが、また『一多証文《いったしょうもん》』『証文』とも称される。同じ法然《ほうねん》聖人門下の隆寛律師《りゅうかんりっし》が著された『一念多念分別事《いちねんたねんふんべつのこと》』に引証された経釈の要文、および関連する諸文をあげて、それに親鸞聖人が註釈を施されたものである。

法然聖人門下におこった一念多念の諍論《じょうろん》に対して、一念や多念に偏執《へんじゅう》してはならないことを諭されたのが隆寛律師の『一念多念分別事』であり、その意をうけてなったのが本書であるが、内容を二段にわけ、前段を「一念をひがごととおもふまじき事」として、一念に関する要文を十三文（あるいは十四文）引証し、また後段を「多念をひがごととおもふまじき事」として、多念に関する要文八文を引証される。そして専修《せんじゅ》念仏は一念多念のいずれも偏執せぬ、念仏往生の義であることを明らかにされた。

しかも本書の前段に引かれる十三文（または十四文）の証文のうち、『一念多念分別事』からの引文はわずかに三文（または四文）であり、また後段では八文のうちの五文ほどが同書からの引文であることなどからしても、本書が単なる『一念多念分別事』の註釈書ではないことが知られるのである。

一《いち》念《ねん》多《た》念《ねん》*文《もん》意《い》

【一】　一念《いちねん》を*ひがごととおもふまじき事《こと》。

*「恒願《ごうがん》*一切臨終時《いっさいりんじゅうじ》　勝縁勝　境《しょうえんしょうきょう》悉現前《しつげんぜん》」（礼讃　六六七）といふは、「恒《ごう》」はつねにといふ、「願《がん》」はねがふといふなり。いまつねにといふは、たえぬこころなり、をりにしたがうて、ときどきもねがへといふなり。いまつねにといふは、常《じょう》の義《ぎ》にはあらず。常《じょう》といふは、つねなること、ひまなかれといふこころなり。ときとしてたえず、ところとしてへだてずきらはぬを常《じょう》といふなり。「一切臨終《いっさいりんじゅ》時《じ》」といふは、極楽《ごくらく》をねがふよろづの衆生《しゅじょう》、*いのちをはらんときまでといふことばなり。「勝縁勝　境《しょうえんしょうきょう》」といふは、仏《ぶつ》をもみたてまつり、ひかりをもみ、*異《い》香《きょう》をもかぎ、善知識《ぜんぢしき》のすすめにもあはんとおもへとなり。「悉現前《しつげんぜん》」といふは、さまざまのめでたきことども、めのまへにあらはれたまへとねがへとなり。

【三】『無量寿経《むりょうじゅきょう》』（下）のなかに、あるいは「*諸有衆生《しょうしゅじょう》　聞其名号《もんごみょうごう》　信心歓《しんじんかん》

文意　「証文」とする異本がある。

ひがごと　間違い。誤り。

恒願一切…　「つねに願はくは一切臨終の時、勝縁・勝境ことごとく現前せん」

一切　「よろづのひとといふこころ」（左訓）

いのちをはらんときまで　「恒願…」の句は元来、臨終迎接を願った文であるが、親鸞聖人は「臨終時」を「いのちをはらんときまで」と読むことによって、平生・臨終を通して摂取《せっしゅ》不捨《ふしゃ》の利益《りやく》の顕現を願う意とした。

異香　「めでたき香《か》」（左訓）常にない妙《たえ》なる香り。

諸有衆生…　「あらゆる衆生、その名号を聞きて信心歓喜せんこと、乃至一念せん。至心に回向せしめたまへり。かの国に生ぜんと願

喜《ぎ》　乃至《ないし》一念《いちねん》　至心《ししん》回向《えこう》　願生彼国《がんしょうひこく》　即得往生《そくとくおうじょう》　住不退転《じゅうふたいてん》」と説《と》きたまへり。
「諸有衆生《しょうしゅじょう》」といふは、十方《じっぽう》のよろづの衆生《しゅじょう》と申《もう》すこころなり。「聞其名号《もんごみょうごう》」
といふは、本願《ほんがん》の名号《みょうごう》をきくとのたまへるなり。きくといふは、本願《ほんがん》をきき
4 て疑《うたが》ふこころなきを「聞《もん》」といふなり。またきくといふは、信心《しんじん》をあらはす御《み》
のりなり。「信心歓喜乃至一念《しんじんかんぎないしいちねん》」といふは、「信心《しんじん》」は如来《にょらい》の御《おん》ちかひをききて
疑《うたが》ふこころのなきなり。「*歓喜《かんぎ》」といふは、「歓《かん》」は身《み》をよろこばしむるなり、
「喜《き》」はこころによろこばしむるなり。うべきことを*えてんずとかねてさきよ
りよろこぶこころなり。「乃至《ないし》」は、おほきをもすくなきをも、ひさしきをも
ちかきをも、さきをものちをも、みなかねをさむることばなり。「*一念《いちねん》」とい
ふは信心《しんじん》をうるときのきはまりをあらはすことばなり。「至心回向《ししんえこう》」といふは、
「至心《ししん》」は真実《しんじつ》といふことばなり、真実《しんじつ》は阿弥陀如来《あみだにょらい》の御《おん》こころなり。「回向《えこう》」
は本願《ほんがん》の名号《みょうごう》をもつて十方《じっぽう》の衆生《しゅじょう》にあたへたまふ御《み》のりなり。「願生彼国《がんしょうひこく》」
といふは、「願生《がんしょう》」はよろづの衆生《しゅじょう》、本願《ほんがん》の報土《ほうど》へ生《うま》れんとねがへとなり。
「彼国《ひこく》」はかのくにといふ、安楽国《あんらくこく》ををしへたまへるなり。「即得往生《そくとくおうじょう》」とい
ふは、「即《そく》」はすなはちといふ、ときをへず、日《ひ》をもへだてぬなり。また「即《そく》」

四

ぜば、すなはち往生を得、不退転に住せん」（信巻訓）

歓喜といふは…　親鸞聖人は歓喜を必ず実現すると定まっていることがら（往生成仏の果）を待望してよろこぶ意とし、慶（慶喜・慶楽）をすでにわが身の上に実現していることがら（現生で正定聚《しょうじょうじゅ》の位に入ること）をよろこぶ意とする。六八五頁二行以下参照。

えてんず　きっと得るであろう。

一念　→一念《いちねん》[2]

5

はつくといふ、その位《くらい》に定《さだ》まりつくといふことばなり。「得《とく》」はうべきことをえたりといふ。真実信心《しんじつしんじん》をうれば、すなはち無礙光仏《むげこうぶつ》の御《おん》こころのうちに*摂取《せっしゅ》して捨《す》てたまはざるなり。摂《せっ》はをさめたまふ、取《しゅ》はむかへとると申《もう》すなり。をさめとりたまふとき、すなはち、とき・日《ひ》をもへだてず、*正定聚《しょうじょうじゅ》の位《くらい》につき定《さだ》まるを「往生《おうじょう》を得《う》」とはのたまへるなり。

【三】しかれば、必至滅度《ひっしめつど》の誓願《せいがん》（第十一願）を『大経《だいきょう》』（上）に説《と》きたまはく、「設我得仏《せつがとくぶつ》　国中人天《こくちゅうにんでん》　不住定聚《ふじゅじょうじゅ》　必至滅度者《ひっしめつどしゃ》　不取正覚《ふしゅしょうがく》」と願《がん》じたまへり。また『経《きょう》』（如来会・上）にのたまはく、「若我成仏《にゃくがじょうぶつ》　国中有情《こくちゅううじょう》　若不《にゃくふ》決定《けつじょう》　成等正覚《じょうとうしょうがく》　証大涅槃者《しょうだいねはんしゃ》　不取菩提《ふしゅぼだい》」と誓《ちか》ひたまへり。この願成就《がんじょうじゅ》を、釈迦如来《しゃかにょらい》説《と》きたまはく、「其有衆生《ごうしゅじょう》　生彼国者《しょうひこくしゃ》　皆悉住於《かいしつじゅうお》　正定之聚《しょうじょうしじゅ》　所以者何《しょいしゃが》　彼仏国中《ひぶつこくちゅう》　無諸邪聚《むしょじゃじゅ》　及不定聚《ぎゅうふじょうじゅ》」（大経・下）とのたまへり。これらの文《もん》のこころは、「たとひわれ仏《ぶつ》を得《え》たらんに、国《くに》のうちの人天《にんでん》、定聚《じょうじゅ》にも住《じゅう》して、かならず滅度《めつど》に至《いた》らずは、仏《ぶつ》に成《な》らじ」と誓《ちか》ひたまへるこころなり。またのたまはく、「もしわれ仏《ぶつ》に成《な》らんに、国《くに》のうちの有情《うじょう》、もし決定《けつじょう》して*等《とう》正覚《しょうがく》を成《な》りて*大涅槃《だいねはん》を証《しょう》せずは、仏《ぶつ》に成《な》らじ」と誓《ちか》ひたまへるなり。かくの

摂取して…　→摂取不捨《せっしゅふしゃ》

正定聚　「往生すべき身とさだまるなり」（左訓）

等正覚　「まことの仏《ほとけ》になるべき身となれるなり」（左訓）→等正覚《とうしょうがく》[4]

大涅槃　「まことの仏《ほとけ》なり」（左訓）

ごとく法蔵菩薩《ほうぞうぼさつ》誓《ちか》ひたまへるを、釈迦如来《しゃかにょらい》、五濁《ごじょく》のわれらがために説《と》きたまへる文《もん》のこころは、「それ衆生《しゅじょう》あつて、*かの国《くに》に生《うま》れんとするものは、みなことごとく*正定《しょうじょう》の聚《じゅ》に住《じゅう》す。ゆゑはいかんとなれば、かの仏国《ぶっこく》のうちにはもろもろの*邪聚《じゃじゅ》および*不定聚《ふじょうじゅ》はなければなり」とのたまへり。この二尊《にそん》の御《み》のりをみたてまつるに、「すなはち往生《おうじょう》す」とのたまへるは、正定聚《しょうじょうじゅ》の位《くらい》に定《さだ》まるを「*不退転《ふたいてん》に住《じゅう》す」とはのたまへるなり。この位《くらい》に定《さだ》まりぬれば、かならず無《む》上大涅槃《じょうだいねはん》にいたるべき身《み》となるがゆゑに、「等正覚《とうしょうがく》を成《な》る」とも説《と》き、「*阿毘《あび》跋致《ばっち》にいたる」とも、「阿惟越致《あゆいおっち》にいたる」とも説《と》きたまふ。「*即時入必定《そくじにゅうひつじょう》」(易行品 一六)とも申《もう》すなり。

【四】 この真実信楽《しんじつしんぎょう》は他力横超《たりきおうちょう》の金剛心《こんごうしん》なり。しかれば、念仏《ねんぶつ》のひとをば『大《だい》経《きょう》』(下)には「*次如弥勒《しにょみろく》」と説《と》きたまへり。弥勒《みろく》は、竪《しゅ》の金剛心《こんごうしん》の菩薩《ぼさつ》なり。竪《しゅ》と申《もう》すはたたさまと申《もう》すことばなり。これは聖道自力《しょうどうじりき》の難行道《なんぎょうどう》の人《ひと》なり。横《おう》
6 はよこさまにといふなり、超《ちょう》はこえてといふなり。これは、仏《ぶつ》の大願業力《だいがんごうりき》の船《ふね》に乗《じょう》じぬれば、*生死《しょうじ》の大海《だいかい》をよこさまにこえて、真実報土《しんじつほうど》の岸《きし》につくなり。「次《し》如弥勒《にょみろく》」と申《もう》すは、「次《し》」はちかしといふ、つぎにといふ。ちかしといふは、弥勒《みろく》

六

かの国に生れんと… 第十一願成就文の「生彼国者」は元来、「かの国に生るれば」と読まれるべきものであるが、親鸞聖人はこれを「かの国に生れんとするものは」と読みかえて、他力信心の行者が現生(この世)で正定聚《しょうじょうじゅ》の位に入ることを示した。

正定の聚に住す 「かならず仏《ほとけ》になるべき身となれるとなり」(左訓)

邪聚 「自力雑行雑修のひとなり」(左訓)→邪定聚《じゃじょうじゅ》

不定聚 「自力の念仏者なり」(左訓)

不退転 「仏《ほとけ》になるまでといふ」(左訓)

阿毘跋致 「仏《ほとけ》になるべき身となるとなり」(左訓)

即時入必定 「即の時に必定に入る」

次如弥勒 「念仏のひとは

は大涅槃《だいねはん》にいたりたまふべきひとなり。このゆゑに「弥勒《みろく》のごとし」とのたまへり。念仏信心《ねんぶつしんじん》の人《ひと》も大涅槃《だいねはん》にちかづくとなり。つぎにといふは、釈迦仏《しゃかぶつ》のつぎに、*五十六億七千万歳《ごじゅうろくおくしちせんまんざい》をへて*妙覚《みょうがく》の位《くらい》にいたりたまふべしとなり。「如《にょ》」はごとしといふ。ごとしといふは、他力信楽《たりきしんぎょう》のひとは、この世《よ》のうちにて不退《ふたい》の位《くらい》にのぼりて、かならず大般涅槃《だいはつねはん》のさとりをひらかんこと、弥勒《みろく》のごとしとなり。

【五】『浄土論《じょうどろん》』（論註・下 一一九）にいはく、「*経《きょうに》 言《のたまわく》 〈若人但聞彼国土《にゃくにんたんもんひこくど》 清浄安楽《しょうじょうあんらく》 剋念願生《こくねんがんしょう》 亦得往生《やくとくおうじょう》 即入正定聚《そくにゅうしょうじょうじゅ》〉 此是国土名字為仏事《しぜこくどみょうじいぶつじ》 安可思議《あんかしぎ》」とのたまへり。この文《もん》のこころは、「〈もしひと、ひとへにかの国《くに》の清浄安楽《しょうじょうあんらく》なるを聞《き》きて、*剋念《こくねん》して生《うま》れんと願《ねが》ふひとと、またすでに往生《おうじょう》を得《え》たるひとも、すなはち正定聚《しょうじょうじゅ》に入《い》るなり〉。これはこれ、かの国《くに》の名字《みょうじ》を聞《き》くに、さだめて仏事《ぶつじ》をなす。いづくんぞ*思議《しぎ》すべきや」とのたまへるなり。安楽浄土《あんらくじょうど》の*不可称《ふかしょう》*不可説不可思議《ふかせつふかしぎ》の徳《とく》を、もとめず、しらざるに、信《しん》ずる人《ひと》に得《え》しむとしるべしとなり。

【六】 また王日休《おうにっきゅう》のいはく（龍舒浄土文・意）、「*念仏衆生便同弥勒《ねんぶつしゅじょうべんどうみろく》」といへり。「念仏衆生《ねんぶつしゅじょう》」は、金剛《こんごう》の信心《しんじん》をえたる人《ひと》なり。「便《べん》」はすなはちといふ、たよ

弥勒のごとく仏《ほとけ》になるべしとなり」（左訓）

生死の大海 「六道にまどふを大海とたとふる。大海はうみなり」（左訓）

五十六億七千万歳 釈尊の入滅《にゅうめつ》から弥勒菩薩《ぼさつ》が成仏するまでの年数（『菩薩処胎経《ぼさつしょたいきょう》』の説）。

妙覚 「まことの仏《ほとけ》なり」（左訓）

経言 『大経』の第十八願文および『大阿弥陀経』『平等覚経《びょうどうがくきょう》』等の文を取意して引く。

剋念して…入る 『論註』の当分では「剋念して生ぜんと願ずれば、また往生を得て、すなはち正定聚に入る」と読む。剋念願生する者が浄土に往生して正定聚に入る義であるが、親鸞聖人は原文を読みかえて、剋

りといふ。信心《しんじん》の方便《ほうべん》によりて、すなはち正定聚《しょうじょうじゅ》の位《くらい》に住《じゅう》せしめたまふがゆゑにとなり。「同《どう》」はおなじきなりといふ。念仏《ねんぶつ》の人《ひと》は無上涅槃《むじょうねはん》にいたること、弥勒《みろく》におなじきひとと申《もう》すなり。

7
【七】 また『経《きょう》』（観経）にのたまはく、「*若念仏者《にゃくねんぶつしゃ》 当知此人《とうちしにん》 是人中《ぜにんちゅう》 分陀利華《ふんだりけ》」とのたまへり。「若念仏者」と申すは、もし念仏せんひとと申すなり。「当知此人是人中分陀利華《とうちしにんぜにんちゅうふんだりけ》」といふは、まさにこのひとはこれ、人中《にんちゅう》の分陀利華《ふんだりけ》なりとしるべしとなり。これは如来《にょらい》のみことに、分陀利華《ふんだりけ》を念仏《ねんぶつ》のひとにたとへたまへるなり。この華《はな》は、人中《にんちゅう》の上*上華《じょうじょうけ》なり、好華《こうけ》なり、*妙好華《みょうこうけ》なり、*希有華《けうけ》なり、*最勝華《さいしょうけ》なりとほめたまへり。*光明寺《こうみょうじ》の和尚《かしょう》（善導）の御《おん》釈《しゃく》（散善義）には、念仏《ねんぶつ》の人《ひと》をば、上上人《じょうじょうにん》・好人《こうにん》・妙好人《みょうこうにん》・希有人《けうにん》・最勝《さいしょう》人《にん》とほめたまへり。

【八】 また現生護念《げんしょうごねん》の利益《りやく》ををしへたまふには、「*但有専念《たんうせんねん》 阿弥陀仏衆生《あみだぶつしゅじょう》 彼仏心光《ひぶつしんこう》 常照是人《じょうしょうぜにん》 摂護不捨《しょうごふしゃ》 総不論照摂《そうふろんしょうしょう》 余雑業行者《よぞうごうぎょうじゃ》 此亦是《しやくぜ》 現《げん》生護念《しょうごねん》 増上縁《ぞうじょうえん》」（観念法門 六一八）とのたまへり。この文《もん》のこころは、「但《たん》有専念阿弥陀仏衆生《うせんねんあみだぶつしゅじょう》」といふは、ひとすぢに弥陀仏《みだぶつ》を信《しん》じたてまつると申《もう》す

念願生する者（此土）と浄土に往生した者（彼土）との二類の正定聚があることを示した。剋念は心を専注して一心になること。ここでは信心の異名。

思議すべきや 「おもひはかるべからずといふ。こころもおよばず、ことばもおよばれずしるべしとなり」（左訓）

不可称 「ことばもおよばずとなり」（左訓）

不可説 「ときつくすべからずとなり」（左訓）

念仏衆生… 「念仏の衆生はすなはち弥勒に同じ」は『龍舒浄土文《りゅうじょじょうどもん》』の原文は「一念往生便同弥勒」となっている。

若念仏者… 「もし念仏するひとは、まさに知るべし、この人はこれ人中の分陀利

御《み》ことなり。「彼仏心光《ひぶつしんこう》」と申《もう》すは、「彼《ひ》」はかれと申《もう》す。「*仏心光《ぶっしんこう》」と申《もう》すは、無礙光仏《むげこうぶつ》の御《おん》こころと申《もう》すなり。「常照是人《じょうしょうぜにん》」といふは、「常《じょう》」はつねなること、ひまなくたえずといふなり。「照《しょう》」はてらすといふ。ときをきらはず、ところをへだてず、ひまなく真実信心《しんじつしんじん》のひとをばつねにてらしまもりたまふなり。かの仏心《ぶっしん》につねにひまなくまもりたまへば、弥陀仏《みだぶつ》をば不断光仏《ふだんこうぶつ》と申《もう》すなり。「*是人《ぜにん》」といふは、「是《ぜ》」は非《ひ》に対《たい》することばなり。真実信楽《しんじつしんぎょう》のひとをば是人《ぜにん》と申《もう》す。*虚仮疑惑《こけぎわく》のものをば非人《ひにん》といふ。非人《ひにん》といふは、ひとにあらずときらひ、わるきものといふなり。是人《ぜにん》はよきひとと申《もう》す。「摂護不捨《しょうごふしゃ》」と申《もう》すは、「摂《しょう》」はをさめとるといふ。「護《ご》」はところをへだてず、ときをわかず、

8 ひとをきらはず、信心《しんじん》ある人《ひと》をばひまなくまもりたまふとなり。まもるといふは、*異学《いがく》・異見《いけん》のともがらにやぶられず、*別解《べつげ》・別行《べつぎょう》のものにさ*へられず、*天《てん》魔《ま》波旬《はじゅん》にをかされず、*悪鬼《あくき》・悪神《あくじん》なやますことなしとなり。「不捨《ふしゃ》」といふは、信心《しんじん》のひとを、智慧光仏《ちえこうぶつ》の御《おん》こころにをさめまもりて、心光《しんこう》のうちに、ときとして捨《す》てたまはずとしらしめんと申《もう》す御《み》のりなり。「総不論照摂余雑業行者《そうふろんしょうしょうよぞうごうぎょうじゃ》」といふは、「総《そう》」はみなといふなり。「不論《ふろん》」はいはずといふこころなり。

華なり」（信巻訓）

上上華　「すぐれたるはな」（左訓）

妙好華　「めでたくよきすぐれたるはななりと」（左訓）

希有華　「まれにありがたきはなとなり」（左訓）

最勝華　「よろづのはなにすぐれたりとなり」（左訓）

光明寺　「善導和尚《ぜんどうかしょう》の御《み》影《え》堂《どう》の名なり」（左訓）

但有専念…　「ただ阿弥陀仏を専念する衆生のみありて、かの仏心の光、つねにこの人を照らして摂護して捨てたまはず。すべて余の雑業の行者を照らし摂むと論ぜず。これまたこれ現生護念増上縁なり」（信巻訓）

仏心光　大智大悲の仏心をもって念仏の衆生《しゅじょう》をおさめとる摂取《せっしゅ》の光明《こうみょう》のこと。

「照摂《しょうしょう》」はてらしをさむと。「余《よ》の雑業《ぞうごう》」といふは、もろもろの善業《ぜんごう》なり。雑《ぞう》行《ぎょう》を修《しゅ》し、雑修《ざっしゅ》をこのむものをば、すべてみなてらしをさむといはずと、まもらずとのたまへるなり。これすなはち本願《ほんがん》の行者《ぎょうじゃ》にあらざるゆゑに、摂取《せっしゅ》の利益《りやく》にあづからざるなりとしるべしとなり。この世《よ》にてまもらずとなり。「此亦是現生護念《しやくぜげんしょうごねん》」といふは、この世《よ》にてまもらせたまふとなり。本願業力《ほんがんごうりき》は、信心《しんじん》のひとの強縁《ごうえん》なるがゆゑに、*増上縁《ぞうじょうえん》と申《もう》すなり。信心《しんじん》をうるをよろこぶ人《ひと》をば、『経《きょう》』（華厳経・意）には「*諸仏《しょぶつ》とひとしきひと」と説《と》きたまへり。

【九】 *首楞厳院《しゅりょうごんいん》の源信和尚《げんしんかしょう》のたまはく、「我亦在彼《がやくざいひ》　摂取之中《せっしゅしちゅう》　煩悩障眼《ぼんのうしょうげん》　雖《すい》不能見《ふのうけん》　大悲無倦《だいひむけん》　常照我身《じょうしょうがしん》」（往生要集・中　九五六）と。この文《もん》のこころは、「われまたかの*摂取《せっしゅ》のなかにあれども、煩悩《ぼんのう》まなこをさ*へて、みたてまつるにあたはずといへども、大悲《だいひ》*ものうきことなくして、つねにわが身《み》を照《て》らしたまふ」とのたまへるなり。

*【一〇】「其有得聞彼仏名号《ごうとくもんひぶつみょうごう》」（大経・下）といふは、本願《ほんがん》の名号《みょうごう》を信《しん》ずべしと、釈尊《しゃくそん》説《と》きたまへる御《み》のりなり。「歓喜踊躍乃至一念《かんぎゆやくないしいちねん》」といふは、「*歓喜《かんぎ》」はうべきことをえてんずと、さきだちてかねてよろこぶこころなり。「踊《ゆ》」は天《てん》にをど

是人　「是」の字は『観念法門《かんねんぼうもん》』の原文では単なる指示語であるが、親鸞聖人はこれを「非」に対する語とみて、真実信楽《しんぎょう》の人を「是人」と讃嘆した。

虚仮疑惑　「むなしく、かりなり、うたがひまどふといふ」（左訓）

異学異見　「ことごとをならひまなぶひとなり」（左訓）

別解別行　「念仏をしながら自力の心なるものなり」（左訓）

さへられず　さまたげられない。

天魔波旬　欲界《よくかい》の最上位、他化自在天《たけじざいてん》に住する悪魔を波旬（Pāpiyas パーピーヤス）という。人の真実の智慧《ちえ》を断ち、悪業《あくごう》をなさしめる悪しき者の意。

悪鬼悪神　仏道修行をさま

9 るといふ、「躍《やく》」は地《ち》にをどるといふ。よろこぶこころのきはまりなきかたちなり。慶楽《きょうらく》するありさまをあらはすなり。慶《きょう》はうべきことをえてのちによろこぶこころなり、楽《らく》はたのしむこころなり。これは正定聚《しょうじょうじゅ》の位《くらい》をうるかたちをあらはすなり。「乃至《ないし》」は、称名《しょうみょう》の遍数《へんじゅ》の定《さだ》まりなきことをあらはす。「*一念《いちねん》」は功徳《くどく》のきはまり、一念《いちねん》に万徳《まんどく》ことごとくそなはる、よろづの善《ぜん》みなをさまるなり。「当知此人《とうちしにん》」といふは、信心《しんじん》のひとをあらはす御《み》のりなり。「*為得大利《いとくだいり》」といふは、無上涅槃《むじょうねはん》をさとるゆゑに、「則是具足無上功徳《そくぜぐそくむじょうくどく》」とものたまへるなり。「則《そく》」といふは、すなはちといふ、のりと申《もう》すことばなり。如来《にょらい》の本願《ほんがん》を信《しん》じて一念《いちねん》するに、かならずもとめざるに無上《むじょう》の功徳《くどく》を得《え》しめ、しらざるに広大《こうだい》の利《り》益《やく》を得《う》るなり。自然《じねん》にさまざまのさとりをすなはちひらく法則《ほうそく》なり。法則《ほうそく》といふは、*はじめて行者《ぎょうじゃ》のはからひにあらず、もとより不可思議《ふかしぎ》の利益《りやく》にあづかること、自然《じねん》のありさまと申《もう》すことをしらしむるを、*法則《ほうそく》とはいふなり。一念《いちねん》信心《しんじん》をうるひとのありさまの自然《じねん》なることをあらはすを、法則《ほうそく》とは申《もう》すなり。

【二】『経《きょう》』（大経・下）に「*無諸邪聚及不定聚《むしょじゃじゅぎゅうふじょうじゅ》」といふは、「無《む》」はなしといふ。「諸《しょ》」はよろづのこととといふことばなり。「邪聚《じゃじゅ》」といふは、雑行《ぞうぎょう》雑修《ざっしゅ》万《まん》

たけ、衆生《しゅじょう》を悩害する夜叉《やしゃ》・羅刹《らせつ》などの鬼神《きじん》。

増上縁 「すぐれたる強縁となり」（左訓）

諸仏とひとしきひと →如来《にょらい》とひとし

首楞厳院 比叡山《ひえいざん》横川《よかわ》の中堂の称。ここでは横川（比叡山三塔の一）を総称して首楞厳院という。

摂取 「弥陀如来（に）摂《おさ》めとられまゐらせたりとしるべし」（左訓）

さへて さえぎって。

ものうきことなくして 飽きることがない。ここでは見捨てたもうことなくという意。

一〇 【一〇】は『大経』流通分《るずうぶん》の「それかの仏の名号《みょうごう》を聞くことを得て、歓喜踊躍して乃至一念せんことあらん。まさに知るべし、

善諸行《ぜんしょぎょう》のひと、報土《ほうど》にはなければなりといふなり。「及《ぎゅう》」はおよぶといふ。「不定聚《ふじょうじゅ》」は、自力《じりき》の念仏《ねんぶつ》、疑惑《ぎわく》の念仏《ねんぶつ》の人《ひと》は、報土《ほうど》になしといふなり。正《しょう》定聚《じょうじゅ》の人《ひと》のみ真実報土《しんじつほうど》に生《うま》るればなり。

この文《もん》どもは、これ一念《いちねん》の証文《しょうもん》なり。おもふほどはあらはしまうさず。これにておしはからせたまふべきなり。

10

【二】多念《たねん》をひがごととおもふまじき事《こと》。

*本願《ほんがん》の文《もん》に、「乃至十念《ないしじゅうねん》」と誓《ちか》ひたまへり。すでに十念《じゅうねん》と誓《ちか》ひたまへるにてしるべし、一念《いちねん》にかぎらずといふことを。いはんや乃至《ないし》と誓《ちか》ひたまへり。称《しょう》名《みょう》の遍数《へんじゅ》さだまらずといふことを。この誓願《せいがん》は、すなはち易往易行《いおういぎょう》のみちをあらはし、大慈大悲《だいじだいひ》のきはまりなきことをしめしたまふなり。

【三】『阿弥陀経《あみだきょう》』(意)に、「一日乃至七日《いちにちないししちにち》、名号《みょうごう》をとなふべし」と、釈迦如《しゃかにょ》来説《らいと》きおきたまへる御《み》のりなり。この『経《きょう》』は*無問自説経《むもんじせっきょう》と申《もう》す。この『経《きょう》』を説《と》きたまひしに、如来《にょらい》に問《と》ひたてまつる人《ひと》もなし。これすなはち釈尊《しゃくそん》*出世《しゅっせ》の本懐《ほんがい》をあらはさんとおぼしめすゆゑに、無問自説《むもんじせつ》と申《もう》すなり。弥陀選択《みだせんじゃく》の本願《ほんがん》、十方諸仏《じっぽうしょぶつ》の*証誠《しょうじょう》、諸仏《しょぶつ》*出世《しゅっせ》の素懐《そかい》、*恒沙如来《ごうじゃにょらい》の護念《ごねん》は、諸仏《しょぶつ》*咨嗟《ししゃ》の

この人は大利を得とす。すなはちこれ無上の功徳《くどく》を具足するなり」（行巻訓）という文の釈。

歓喜 「身をよろこばしむ、心をよろこばしむとなり」（左訓）

一念 この一念について、「行巻」の釈（一八七頁一三行以下）と同じく行の一念と解する説、後文に「一念信心をうるひとの…」（六八五頁一二行）とあることから、信の一念と解する説とがある。→一念《いちねん》②③

為得大利 「仏《ほとけ》になるべき利益《りやく》をうるなりとしるべしとなり」（左訓）

はじめて あらためて。ことさらに。

法則 「ことのさだまりたるありさまといふこころなり」（左訓）

御《おん》ちかひ（第十七願）をあらはさんとなり。

【一四】諸仏称名《しょぶつしょうみょう》の誓願《せいがん》（第十七願）、『大経《だいきょう》』（上）にのたまはく、「設我得仏《せつがとくぶつ》　十方世界《じっぽうせかい》　無量諸仏《むりょうしょぶつ》　不悉咨嗟《ふしつししゃ》　称我名者《しょうがみょうしゃ》　不取正覚《ふしゅしょうがく》」と願《がん》じたまへり。この悲願《ひがん》のこころは、「たとひわれ仏《ぶつ》を得《え》たらんに、十方世界無量《じっぽうせかいむりょう》の諸仏《しょぶつ》、ことごとく咨嗟《ししゃ》して、わが名《な》を称《しょう》せずは、仏《ぶつ》に成《な》らじ」と誓《ちか》ひたまへるなり。「咨《し》嗟《しゃ》」と申《もう》すは、よろづの仏《ぶつ》にほめられたてまつると申《もう》す御《み》ことなり。

*【一五】「一心専念《いっしんせんねん》」（散善義　四六三）といふは、「一心《いっしん》」は金剛《こんごう》の信心《しんじん》なり。「専《せん》念《ねん》」は一向専修《いっこうせんじゅ》なり。一向《いっこう》は、余《よ》の善《ぜん》にうつらず、余《よ》の仏《ぶつ》を念《ねん》ぜず。専修《せんじゅ》は、本願《ほんがん》のみなをふたごころなくもつぱら修《しゅ》するなり。修《しゅ》は、こころの定《さだ》まらぬをつくろひなほし、おこなふなり。専《せん》はもつぱらといふ、一《いち》といふなり。もつぱ

11

らといふは、余善《よぜん》・他仏《たぶつ》にうつるこころなきをいふなり。「行住座臥不問時節《ぎょうじゅうざがふもんじせつ》久近《くごん》」といふは、「行《ぎょう》」はあるくなり、「住《じゅう》」は*たたるなり、「座《ざ》」はゐるなり、「臥《が》」はふすなり。「不問《ふもん》」はとはずといふなり。「時《じ》」はときなり、*十二《じゅうに》時《じ》なり。「節《せつ》」はときなり、十二月《じゅうにがつ》、四季《しき》なり。「久《く》」はひさしき、「近《ごん》」はちかしとなり。ときをえらばざれば不浄《ふじょう》のときをへだてず、よろづのことをきら

無諸邪聚…　六八〇頁三行以下参照。

本願の文　第十八願の文。

無問自説経　問う者がいないのに、仏がみずからすすんで説いた経典。仏の本意の教説が示される。

出世の本懐　釈尊がこの世に出現した本意、真の目的。

証誠　真実であることを証明すること。

出世の素懐　「世に出でたまふとまうす。もとのおんこころざしなり」（左訓）出世の本懐に同じ。

恒沙如来　「仏《ほとけ》のおほくましますこと、数きはまりなきことを恒河沙のいしにたとへまうすなり」（左訓）

咨嗟　「ほめたてまつるとなり」（左訓）

一五　【一五】は「散善義」

はざれば不問《ふもん》といふなり。「是名《ぜみょう》正《しょう》定之《じょうし》業《ごう》順彼《じゅんぴ》仏願故《ぶつがんこ》」といふは、*弘誓《ぐぜい》を信《しん》ずるを、*報土《ほうど》の業因《ごういん》と定《さだ》まるを、正《しょう》定《じょう》の業《ごう》となづくといふ、仏《ぶつ》の願《がん》にしたがふがゆゑにと申《もう》す文《もん》なり。

【一六】 一念多念《いちねんたねん》のあらそひをなすひとをば、*異学《いがく》・別解《べつげ》のひとと申《もう》すなり。異《い》学《がく》といふは、聖道《しょうどう》・外道《げどう》におもむきて、余行《よぎょう》を修《しゅ》し、余仏《よぶつ》を念《ねん》ず、吉日良辰《きちにちりょうしん》をえらび、*占相祭祀《せんそうさいし》をこのむものなり。これは外道《げどう》なり、これらはひとへに自《じ》力《りき》をたのむものなり。別解《べつげ》は、念仏《ねんぶつ》をしながら他力《たりき》をたのまぬなり。別《べつ》といふは、ひとつなることをふたつにわかちなすことばなり。解《げ》はさとるといふ、とくといふことばなり。念仏《ねんぶつ》をしながら自力《じりき》にさとりなすなり。かるがゆゑに別《べつ》解《げ》といふなり。また助業《じょごう》をこのむもの、これすなはち自力《じりき》をはげむひとなり。自力《じりき》といふは、わが身《み》をたのみ、わがこころをたのむ、わが力《ちから》をはげみ、わがさまざまの善根《ぜんごん》をたのむひとなり。

*【一七】 「上尽一形《じょうじんいちぎょう》」（法事讃・下 五七五）といふは、「上《じょう》」はかみといふ、すすむといふ、のぼるといふ、いのちをはらんまでといふ。「尽《じん》」はつくるまでといふ。「形《ぎょう》」はかたちといふ、あらはすといふ。念仏《ねんぶつ》せんことといのちをはらんま

の「一心に弥陀の名号《みょうごう》を専念して、行住座臥、時節の久近を問はず、念々に捨てざるをば、これを正《しょう》定《じょう》の業と名づく、かの仏願に順ずるがゆゑに」（信巻訓）という文の釈。

たたる 立っている。

十二時 一昼夜を昼の卯《う》・辰《たつ》・巳《み》・午《うま》・未《ひつじ》・申《さる》と夜の酉《とり》・戌《いぬ》・亥《い》・子《ね》・丑《うし》・寅《とら》の十二の時点に分割したもの。

弘誓を… 「散善義」では称名念仏を正定業というが、念仏往生の弘誓（本願）を信受したとき、報土《ほうど》往生の業因《ごういん》が定まるので、ここでは信心を正定業という。↓正定業《しょうじょうごう》

報土の業因 本願に報いて完成された浄土に生れるべきたね（因種）。

異学別解 「ことごとをな

12 でとなり。「十念《じゅうねん》・三念《さんねん》・五念《ごねん》のものもむかへたまふ」（意）といふは、念仏《ねんぶつ》の遍数《へんじゅ》によらざることをあらはすなり。「直為弥陀弘誓重《じきいみだぐぜいじゅう》」といふは、「直《じき》」はただしきなり、如来《にょらい》の直説《じきせつ》といふなり。諸仏《しょぶつ》の世《よ》に出《い》でたまふ本意《ほんい》と申《もう》すを直《じき》説《せつ》といふなり。「為《い》」*はなすといふ、もちゐるといふ、さだまるといふ、かれといふ、これといふ、あふといふ。あふといふは、かたちといふこころなり。「重《じゅう》」はかさなるといふ、おもしといふ、あつしといふ。誓願《せいがん》の名号《みょうごう》、これをもちゐさだめなしたまふことかさなれりとおもふべきことをしらせんとなり。

【一八】しかれば、『大経《だいきょう》』（上）には、「*如来所以《にょらいしょい》　興出於世《こうしゅつおせ》　欲拯群萌《よくじょうぐんもう》　恵《え》以真実之利《いしんじつしり》」とのたまへり。この文《もん》のこころは、「*如来《にょらい》」と申《もう》すは諸仏《しょぶつ》を申《もう》すなり。「所以《しょい》」はゆゑといふことばなり。「興出於世《こうしゅつおせ》」といふは、仏《ぶつ》の世《よ》に出《い》でたまふと申《もう》すなり。「欲《よく》」はおぼしめすと申《もう》すなり。「拯《じょう》」はすくふといふ。「群萌《ぐんもう》」はよろづの衆生《しゅじょう》といふ。「恵《え》」はめぐむと申《もう》す。「真実之利《しんじつしり》」と申《もう》すは弥陀《みだ》の誓願《せいがん》を申《もう》すなり。しかれば、諸仏《しょぶつ》の世々《よよ》に出《い》でたまふゆゑは、弥陀《みだ》の願《がん》力《りき》を説《と》きて、よろづの衆生《しゅじょう》を恵《めぐ》み拯《すく》はんと欲《おぼ》しめすを、本懐《ほんがい》とせんとしたまふがゆゑに、真実之利《しんじつしり》とは申《もう》すなり。しかれば、これを諸仏出世《しょぶつしゅっせ》の直説《じきせつ》と申《もう》

らひまななぶなり。自力のひとなり」（左訓）

占相祭祀　「うら・さう・まつり・はらへなり」（左訓）占いをし、吉凶の相をみること、除災招福《じょさいしょうふく》の祭りや祓《はらい》をすること。

一七　【一七】【三〇】は『法事讃《ほうじさん》』（下）の「上一形を尽し、十念・三念・五念に至るまで、仏来迎《らいこう》したまふ。ただちに弥陀の弘誓《ぐぜい》重なれるをもつて、凡夫《ぼんぶ》念ずればすなはち生ぜしむることを致す」（化身土巻訓）という文の釈。

為　「信巻」には「為」の字訓として「定」（さだまる）「用」（もちゐる）「彼」（かれ）「作」（なす）「是」（これ）「相」（あふ）が示されている（二二二頁一一行以下）。

すなり。おほよそ*八万四千《はちまんしせん》の法門《ほうもん》は、みなこれ浄土《じょうど》の方便《ほうべん》の善《ぜん》なり。これを要《よう》門《もん》といふ、これを*仮門《けもん》となづけたり。この要門《ようもん》・仮門《けもん》といふは、すなはち『無《む》量寿仏観経《りょうじゅぶつかんぎょう》』一部《いちぶ》に説《と》きたまへる定善《じょうぜん》・散善《さんぜん》、これなり。定善《じょうぜん》は十三観《じゅうさんがん》なり、散善《さんぜん》は三福九品《さんぷくくぼん》の*諸善《しょぜん》なり。これみな浄土方便《じょうどほうべん》の要門《ようもん》なり、これを仮門《けもん》ともいふ。この要門《ようもん》・仮門《けもん》より、もろもろの衆生《しゅじょう》をすすめこしらへて、*本願一《ほんがんいち》

13

乗円融無碍真実功徳大宝海《じょうえんにゅうむげしんじつくどくだいほうかい》にをしへすすめ入《い》れたまふがゆゑに、よろづの自《じ》力《りき》の善業《ぜんごう》をば方便《ほうべん》の門《もん》と申《もう》すなり。いま一乗《いちじょう》と申《もう》すは、本願《ほんがん》なり。円融《えんにゅう》と申《もう》すは、よろづの功徳善根《くどくぜんごん》みちみちて、かくることなし、自在《じざい》なるこころなり。無碍《むげ》と申《もう》すは、煩悩悪業《ぼんのうあくごう》にさへられず、やぶられぬをいふなり。真実功徳《しんじつくどく》と申《もう》すは名号《みょうごう》なり。一実真如《いちじつしんにょ》の妙理《みょうり》、円満《えんまん》せるがゆゑに、大宝海《だいほうかい》にたとへたまふなり。一実真如《いちじつしんにょ》と申《もう》すは無上大涅槃《むじょうだいねはん》なり。涅槃《ねはん》すなはち法性《ほっしょう》なり、法性《ほっしょう》すなはち如来《にょらい》なり。宝海《ほうかい》と申《もう》すは、よろづの衆生《しゅじょう》をきらはず、さはりなく、へだてず、みちびきたまふを、大海《だいかい》の水《みず》のへだてなきにたとへたまへるなり。*この一如宝海《いちにょほうかい》よりかたちをあらはして、法蔵菩薩《ほうぞうぼさつ》となのりたまひて、無碍《むげ》のちかひをおこしたまふをたねとして、阿弥陀仏《あみだぶつ》となりたまふがゆゑに、報身如来《ほうじんにょらい》と申《もう》

如来所以…　「如来、世に興出したまふゆゑは群萌を拯《すく》ひ、恵むに真実の利をもつてせんと欲《おぼ》してなり」『大経』の原文は「如来、無蓋《むがい》の大悲をもつて三界《さんがい》を矜哀したまふ。世に出興するゆゑは、道教を光闡《こうせん》して、群萌を拯ひ恵むに真実の利をもってせんと欲してなり」となっている。「道教を光闡して」の語を省略したのは、道教を出世の本意ではない聖道教とみたためであろう。

如来と申すは…　阿弥陀仏の本願の救いを説くのは、釈尊だけでなく、すべての仏の出世の本意であるということを示す。

八万四千の法門　八万四千は多数の意。仏の説いた教法全体のことであるが、親

すなり。これを尽十方無礙光仏《じんじっぽうむげこうぶつ》となづけたてまつれるなり。この如来《にょらい》を、南無《なも》不可思議光仏《ふかしぎこうぶつ》とも申《もう》すなり。この如来《にょらい》を、方便法身《ほうべんほっしん》とは申《もう》すなり。方便《ほうべん》と申《もう》すは、かたちをあらはし、御《み》なをしめして、衆生《しゅじょう》にしらしめたまふを申《もう》すなり。すなはち阿弥陀仏《あみだぶつ》なり。この如来《にょらい》は光明《こうみょう》なり、光明《こうみょう》は智慧《ちえ》なり、*智慧《ちえ》はひかりのかたちなり。智慧《ちえ》またかたちなければ不可思議光仏《ふかしぎこうぶつ》と申《もう》すなり。この如《にょ》来《らい》、十方《じっぽう》*微塵世界《みじんせかい》にみちみちたまへるがゆゑに、無辺光仏《むへんこうぶつ》と申《もう》す。しかれば、世親菩薩《せしんぼさつ》（天親）は尽十方無礙光如来《じんじっぽうむげこうにょらい》となづけたてまつりたまへり。

14

【一九】『浄土論《じょうどろん》』（三一）にいはく、「観仏本願力《かんぶつほんがんりき》　遇無空過者《ぐむくかしゃ》　能令速満足《のうりょうそくまんぞく》　功徳大宝海《くどくだいほうかい》」とのたまへり。この文《もん》のこころは、「仏《ぶつ》の本願力《ほんがんりき》を*観《かん》ずるに、まうあうてむなしくすぐるひとなし。よくすみやかに功徳《くどく》の大宝海《だいほうかい》を満足《まんぞく》せしむ」とのたまへり。「観《かん》」は願力《がんりき》をこころにうかべみると申《もう》す、またしるといふこころなり。「遇《ぐ》」は*まうあふといふ。まうあふと申《もう》すは、本願力《ほんがんりき》を信《しん》ずるなり。「無《む》」はなしといふ。「空《く》」はむなしくといふ。「過《か》」はすぐるといふ。「者《しゃ》」はひとといふ。むなしくすぐるひとなしといふは、信心《しんじん》あらんひと、むなしく生死《しょうじ》にとどまることなしとなり。「能《のう》」はよくといふ。「令《りょう》」はせしむ

鸞聖人は本願（第十八願）の法以外の自力方便の教えの意とする。「化身土巻」三九四頁六行以下参照。

仮門　「かりなり、まことならずとなり」（左訓）

諸善　「よろづの善といふなり」（左訓）

こしらへて　誘引して。誘い導いて。

この一如宝海より…　↓補註1

智慧はひかりのかたちなり　「ひかりは智慧のかたちなり」の意か。

微塵世界　数限りない世界。

観ずる　「みるなり、しるこころなり」（左訓）ここでは観を本願力を信知することの意とする。

まうあふ　あいたてまつる。

といふ、よしといふ。「速《そく》」はすみやかにといふ、ときことといふなり。「満《まん》」はみつといふ。「足《そく》」はたりぬといふ。「功徳《くどく》」と申《もう》すは名号《みょうごう》なり。「大宝海《だいほうかい》」はよろづの善根《ぜんごん》功徳《くどく》満《み》ちきはまるを海《かい》にたとへたまふ。この功徳《くどく》をよく信《しん》ずるひとのこころのうちに、すみやかに疾《と》く満《み》ちたりぬとしらしめんとなり。しかれば、金剛心《こんごうしん》のひとは、しらず、もとめざるに、功徳《くどく》の大宝《だいほう》その身《み》にみちみつがゆゑに、大宝海《だいほうかい》とたとへたるなり。

*【二〇】「*致《ち》使《し》凡夫《ぼんぶ》念《ねん》即生《そくしょう》」（法事讃・下 五七五）といふは、「致《ち》」はむねとすといふ。むねとすといふは、これを本《ほん》とすといふことばなり。いたるといふ。いたるといふは、実報土《じっぽうど》にいたるとなり。「使《し》」はせしむといふ。「凡夫《ぼんぶ》」はすなはちわれらなり。本願力《ほんがんりき》を信楽《しんぎょう》するをむねとすべしとなり。「念《ねん》」は如来《にょらい》の御《おん》ちかひをふたごころなく信《しん》ずるをいふなり。「即《そく》」はすなはちといふ、ときをへず、日《ひ》をへだてず、正定聚《しょうじょうじゅ》の位《くらい》に定《さだ》まるを「*即生《そくしょう》」といふなり。「生《しょう》」はうまるといふ。これを「念即生《ねんそくしょう》」と申《もう》すなり。また「即《そく》」はつくといふ。つくといふは、位《くらい》にかならずのぼるべき身《み》といふなり。世俗《せぞく》のならひにも、国《くに》の王《おう》の位《くらい》にのぼるをば即位《そくい》といふ。位《い》といふはくらゐといふ。これを*東宮《とうぐう》の位《くらい》に

二〇　六八九頁「一七」の脚註参照。

致使凡夫…　「凡夫をして念ずれば、すなはち生ぜしむることを致す」

即生　「すなはち生ると」（左訓）

東宮　皇太子のこと。

ゐるひとはかならず王《おう》の位《くらい》につくがごとく、正定聚《しょうじょうじゅ》の位《くらい》につくは東宮《とうぐう》の位《くらい》のごとし。王《おう》にのぼるは即位《そくい》といふ。これはすなはち無上大涅槃《むじょうだいねはん》にいたるを申《もう》すなり。信心《しんじん》のひとは正定聚《しょうじょうじゅ》にいたりて、かならず滅度《めつど》にいたると誓《ちか》ひたまへるなり。これを「致《ち》とす」といふ。むねとすと申《もう》すは、涅槃《ねはん》のさとりをひらくをむねとすとなり。「凡夫《ぼんぶ》」といふは、無明煩悩《むみょうぼんのう》われらが身《み》にみちみちて、欲《よく》もおほく、いかり、はらだち、そねみ、ねたむこころおほくひまなくして、臨終《りんじゅう》の一念《いちねん》にいたるまで、とどまらず、きえず、たえずと、*水火二河《すいかにが》のたとへにあらはれたり。かかるあさましきわれら、*願力《がんりき》の白道《びゃくどう》を一分二分《いちぶんにぶん》やうやうづつあゆみゆけば、無碍光仏《むげこうぶつ》のひかりの御《おん》こころにをさめとりたまふがゆゑに、かならず安楽浄土《あんらくじょうど》へいたれば、弥陀如来《みだにょらい》とおなじく、かの正覚《しょうがく》の華《はな》に化《け》生《しょう》して大般涅槃《だいはつねはん》のさとりをひらかしむるをむねとせしむべしとなり。これを「致使凡夫念即生《ちしぼんぶねんそくしょう》」と申《もう》すなり。二河《にが》のたとへに、「一分二分《いちぶんにぶん》ゆく」といふは、一年二年《いちねんにねん》すぎゆくにたとへたるなり。諸仏出世《しょぶつしゅっせ》の直説《じきせつ》、如来成道《にょらいじょうどう》の素懐《そかい》は、凡夫《ぼんぶ》は弥陀《みだ》の本願《ほんがん》を念《ねん》ぜしめて即生《そくしょう》するをむねとすべしとなり。

*【三】「今信知《こんしんち》　弥陀本弘誓願《みだほんぐぜいがん》　及称名号《ぎゅうしょうみょうごう》」（礼讃　六五四）といふは、如来《にょらい》

水火二河のたとへ　善導大師《ぜんどうだいし》の「散善義」にある譬喩。水の河は貪欲《とんよく》、火の河は瞋恚《しんに》に喩える。↓二河《にが》の譬喩《ひゆ》

願力の白道　水火二河の中間にある道で、凡夫《ぼんぶ》の信心が如来よりたまわったものであることを喩える。↓二河《にが》の譬喩《ひゆ》

二一　【三】は『礼讃《らいさん》』の「いま弥陀の本弘誓願《ほんぐぜいがん》は、名号《みょうごう》を称すること下十声・一声等に至るに及ぶまで、さだめて往生を得と信知して、すなはち一念に至るまで疑心あることなし」という文の釈。

のちかひを信知《しんち》すと申《もう》すこころなり。「信《しん》」といふは金剛心《こんごうしん》なり。「知《ち》」といふはしるといふ、煩悩悪業《ぼんのうあくごう》の衆生《しゅじょう》をみちびきたまふとしるなり。また「知《ち》」といふは観《かん》なり。こころにうかべおもふを観《かん》といふ、こころにうかべしるを知《ち》と
16 いふなり。「及称名号《ぎゅうしょうみょうごう》」といふは、「及《ぎゅう》」は†およぶといふ。およぶといふはかねたるこころなり。「称《しょう》」は御《み》なをとなふるとなり。また「称《しょう》」ははかりといふこころなり。はかりといふはもののほどを定《さだ》むることなり。名号《みょうごう》を称《しょう》すること、十声《とこえ》・一声《ひとこえ》、きくひと、疑《うたが》ふこころ一念《いちねん》もなければ、*実報土《じっぽうど》へ生《うま》ると申《もう》すこころなり。また『阿弥陀経《あみだきょう》』（意）の「七日《しちにち》もしは一日《いちにち》、名号《みょうごう》をとなふべし」となり。

【三】　これは多念《たねん》の証文《しょうもん》なり。おもふやうには申《もう》しあらはさねども、これにて、一念多念《いちねんたねん》のあらそひあるまじきことは、おしはからせたまふべし。浄土真《じょうどしん》宗《しゅう》のならひには、念仏往生《ねんぶつおうじょう》と申《もう》すなり、まつたく一念往生《いちねんおうじょう》・多念往生《たねんおうじょう》と申《もう》すことなし。これにてしらせたまふべし。

南無阿弥陀仏《なもあみだぶつ》

*ゐなかのひとびとの、文字《もんじ》のこころもしらず、あさましき愚痴《ぐち》きはまりな

実報土　「安養《あんにょう》浄土なり」（左訓）

ゐなかの…　『唯信鈔文意』にも同様の跋文がある。

きゆゑに、やすくこころえさせんとて、おなじことを、とりかへしとりかへし書《か》きつけたり。こころあらんひとは、をかしくおもふべし、あざけりをなすべし。しかれども、ひとのそしりをかへりみず、ひとすぢに愚《おろ》かなるひとびとを、こころえやすからんとてしるせるなり。

*康元《こうげん》二《に》歳《さい》丁巳《ひのとのみ》二《に》月《がつ》十七日《じゅうしちにち》

愚禿親鸞《ぐとくしんらん》八十五歳《はちじゅうごさい》これを書《か》く。

康元二歳　一二五七年。

唯《ゆい》信《しん》鈔《しょう》文《もん》意《い》

本書は親鸞聖人《しんらんしょうにん》が、同じ法然《ほうねん》聖人門下の先輩にあたる聖覚法印《せいかくほういん》の著された『唯信鈔《ゆいしんしょう》』について、その題号および引証された経釈の要文に註釈を施されたものである。このなか題号の釈および初めの三文（法照《ほっしょう》禅師《ぜんじ》の『五会法事讃《ごえほうじさん》』の文、慈愍三蔵《じみんさんぞう》の文、善導大師《ぜんどうだいし》の『法事讃』の文）の釈が詳しく、重要な法義上の釈《しゃっ》顕《けん》がみられる。

親鸞聖人が『唯信鈔』を尊重され、また門弟にしばしばこれを熟読するよう勧められていることは、御《ご》消息《しょうそく》の記事や数回にわたる写伝の事実などから知られるところであるが、『唯信鈔』に引用される経釈の文について、聖覚法印は詳細な解釈は施されていない。本書は巻末の文からもうかがえるように、この『唯信鈔』の要文を註釈し、人々に領解《りょうげ》しやすいように懇切に説き示されるとともに、「極楽無為涅槃界《ごくらくむいねはんがい》」の釈に見られるような深遠な解釈を施して、浄土真宗の法義をより明らかにされたものである。

唯《ゆい》信《しん》鈔《しょう》文《もん》意《い》

【一】「唯信抄《ゆいしんしょう》」といふは、「唯《ゆい》」はただこのことひとつといふ、ふたつ*ならぶことをきらふことばなり。また「唯《ゆい》」はひとりといふこころなり。「信《しん》」はうたがひなきこころなり、すなはちこれ真実《しんじつ》の信心《しんじん》なり、虚仮《こけ》はなれたるこころなり。虚《こ》はむなしといふ、仮《け》はかりなるといふことなり。虚《こ》は実《じつ》ならぬをいふ、仮《け》は真《しん》ならぬをいふなり。本願他力《ほんがんたりき》を*たのみて自力《じりき》をはなれたる、これを「唯信《ゆいしん》」といふ。「鈔《しょう》」はすぐれたることをぬきいだしあつむることばなり。このゆゑに「唯信鈔《ゆいしんしょう》」といふなり。また「唯信《ゆいしん》」は、これこの他力《たりき》の信心《しんじん》のほかに余《よ》のこと*ならはずとなり。すなはち本弘誓願《ほんぐぜいがん》なるがゆゑなればなり。

【二】「*如来尊号甚分明《にょらいそんごうじんぶんみょう》　十方世界普流行《じっぽうせかいふるぎょう》
但有称名皆得往《たんうしょうみょうかいとくおう》　観音勢至自来迎《かんのんせいしじらいこう》」（五会法事讃）

「如来尊号甚分明《にょらいそんごうじんぶんみょう》」、このこころは、「如来《にょらい》」と申《もう》すは無礙光如来《むげこうにょらい》なり。「尊《そん》

ならぶ　「ならふ」と読む説もある。

たのみて　信じ、まかせて。↓たのむ

ならはず　「ならばず」と読む説もある。

如来尊号…　「如来の尊号は、はなはだ分明なり。十方世界にあまねく流行せしむ。ただ名を称するのみありて、みな往くことを得。観音・勢至おのづから来り迎へたまふ」（行巻訓）

号《ごう》」と申《もう》すは南無阿弥陀仏《なもあみだぶつ》なり。「尊《そん》」はたふとくすぐれたりとなり。「*号《ごう》」は仏《ぶつ》に成《な》りたまうてのちの御《み》なを申《もう》す、名《みょう》はいまだ仏《ほとけ》に成《な》りたまはぬときの御《み》な
4 を申《もう》すなり。この如来《にょらい》の尊号《そんごう》は、*不可称不可説不可思議《ふかしょうふかせつふかしぎ》にましまして、一切衆《いっさいしゅ》生《じょう》をして無上大般涅槃《むじょうだいはつねはん》にいたらしめたまふ大慈大悲《だいじだいひ》のちかひの御《み》ななり。この仏《ぶつ》の御《み》なは、よろづの如来《にょらい》の名号《みょうごう》にすぐれたまへり。これすなはち誓願《せいがん》なるがゆゑなり。「甚分明《じんぶんみょう》」といふは、「甚《じん》」ははなはだといふ、すぐれたりといふこころなり。「分《ぶん》」はわかつといふ、よろづの衆生《しゅじょう》ごとにとわかつこころなり。「明《みょう》」はあきらかなりといふ。十方一切衆生《じっぽういっさいしゅじょう》をことごとくたすけみちびきたまふこと、あきらかにわかちすぐれたまへりとなり。

「十方世界普流行《じっぽうせかいふるぎょう》」といふは、「普《ふ》」はあまねく、ひろく、きはなしといふ。「流行《るぎょう》」は十方《じっぽう》*微塵世界《みじんせかい》にあまねくひろまりて、すすめ*行《ぎょう》ぜしめたまふなり。しかれば、*大小《だいしょう》の聖人《しょうにん》・善悪《ぜんあく》の凡夫《ぼんぶ》、みなともに自力《じりき》の智慧《ちえ》をもつては大涅《だいね》槃《はん》にいたることなければ、無礙光仏《むげこうぶつ》の御《おん》かたちは、智慧《ちえ》のひかりにてましますゆゑに、この仏《ぶつ》の*智願海《ちがんかい》にすすめ入《い》れたまふなり。一切諸仏《いっさいしょぶつ》の智慧《ちえ》をあつめたまへる御《おん》かたちなり。光明《こうみょう》は智慧《ちえ》なりとしるべしとなり。

号は…　『正像末和讃』末尾の「自然法爾章」六二一頁四行以下参照。

不可称…　たたえ尽すことも、説き尽すことも、心で思いはかることもできない。

微塵世界　数限りない世界。

行　「おこなふとまうすなり」（左訓）

大小の聖人　大乗の聖者《しょうじゃ》と小乗の聖者。

智願海　阿弥陀仏の智慧《ちえ》から起った本願（智願）の広大で深遠な徳を海に喩えていう。

「但有称名《たんうしょうみょう》*皆得往《かいとくおう》」といふは、「但有《たんう》」はひとへに御《み》なをとなふる人《ひと》のみ、みな往生《おうじょう》すとのたまへるなり。かるがゆゑに「称名皆得往《しょうみょうかいとくおう》」といふなり。「観音勢至自来迎《かんのんせいしじらいこう》」といふは、南無阿弥陀仏《なもあみだぶつ》は智慧《ちえ》の名号《みょうごう》なれば、この不可思議光仏《ふかしぎこうぶつ》の御《み》なを信受《しんじゅ》して憶念《おくねん》すれば、観音《かんのん》・勢至《せいし》はかならずかげのかたちにそへるがごとくなり。この無礙光仏《むげこうぶつ》は観音《かんのん》とあらはれ、勢至《せいし》としめす。ある経《きょう》*には、観音《かんのん》を宝応声菩薩《ほうおうしょうぼさつ》となづけて日天子《にってんし》*としめす。これは無明《むみょう》の黒闇《こくあん》*をはらはしむ。勢至《せいし》を宝吉祥菩薩《ほうきっしょうぼさつ》となづけて月天子《がってんし》*とあらはる。生死《しょうじ》の長夜《じょうや》を照《て》らして智慧《ちえ》をひらかしめんとなり。「自来迎《じらいこう》」といふは、「自《じ》」はみづからといふなり。弥陀無数《みだむしゅ》の化仏《けぶつ》・無数《むしゅ》の化観音《けかんのん》・化大勢至《けだいせいし》等《とう》の無量無数《むりょうむしゅ》の聖衆《しょうじゅ》みづからつねに、ときをきらはず、ところをへだてず、真実信心《しんじつしんじん》をえたるひとにそひたまひてまもりたまふゆゑに、みづからと申《もう》すなり。また「自《じ》」はおのづからといふ。おのづからといふは自然《じねん》といふ。自然《じねん》といふはしからしむといふ。しからしむといふは、行者《ぎょうじゃ》のはじめて*ともかくも*はからはざるに、過去《かこ》・今生《こんじょう》・未来《みらい》の一切《いっさい》の罪《つみ》を転《てん》ず。転《てん》ずといふは、善《ぜん》*とかへなすをいふなり。もとめざるに一切《いっさい》の功徳善根《くどくぜんごん》を仏《ぶつ》のちかひを信《しん》ずる人《ひと》に得《え》しむるがゆゑに、しからし

皆得往　「みな生るることを得とまうすなり」（左訓）

ある経　『安楽集』所引の『須弥四域経』を指すが、この経は現存しない。↓須《しゅ》弥《み》四《し》域経《いききょう》

日天子　太陽を神格化したもの。

黒闇　「くらき闇のよなり」（左訓）

月天子　月を神格化したもの。

はじめて　あらためて。ことさらに。

ともかくも　あれこれと。何も。

善と…信ずる人に　「罪をけしうしなはずして、善になすなり。よろづの水、大海に入れば、すなはちうしほとなるがごとし。弥陀の願力を信ずるがゆゑに、如来の功徳を」とする異本がある。

むといふ。はじめてはからはざれば自然《じねん》といふなり。誓願真実《せいがんしんじつ》の信心《しんじん》をえたるひとは、摂取不捨《せっしゅふしゃ》の御《おん》ちかひにをさめとりてまもらせたまふによりて行人《ぎょうにん》のはからひにあらず、金剛《こんごう》の信心《しんじん》をうるゆゑに憶念自然《おくねんじねん》なるなり。この信心《しんじん》のおこることも、釈迦《しゃか》の慈父《じぶ》・弥陀《みだ》の悲母《ひも》の方便《ほうべん》によりておこるなり。これ自然《じねん》の利益《りやく》なりとしるべしとなり。「来迎《らいこう》」といふは、「来《らい》」は浄土《じょうど》へきたらしむといふ、これすなはち若不生者《にゃくふしょうじゃ》のちかひをあらはす御《み》のりなり。穢土《えど》をすてて真《しん》実報土《じっぽうど》にきたらしむとなり、すなはち他力《たりき》をあらはす御《み》ことなり。また「来《らい》」はかへるといふ。かへるといふは、願海《がんかい》に入《い》りぬるによりてかならず大涅槃《だいねはん》にいたるを、*法性《ほっしょう》のみやこへかへると申《もう》すなり。法性《ほっしょう》のみやこといふは、法身《ほっしん》と申《もう》す如来《にょらい》のさとりを自然《じねん》にひらくときを、みやこへかへるといふなり。これを、真如実相《しんにょじっそう》を証《しょう》すとも申《もう》す、無為法身《むいほっしん》ともいふ、滅度《めつど》に至《いた》るともいふ、法《ほっ》
6 性《しょう》の*常楽《じょうらく》を証《しょう》すとも申《もう》すなり。このさとりをうれば、すなはち大慈大悲《だいじだいひ》きはまりて*生死海《しょうじかい》にかへり入《い》りてよろづの有情《うじょう》をたすくるを、†普賢《ふげん》の徳《とく》に帰《き》せしむと申《もう》す。この利益《りやく》におもむくを「来《らい》」といふ。これを法性《ほっしょう》のみやこへかへると申《もう》すなり。「迎《こう》」といふはむかへたまふといふ、まつといふこころなり。選《せん》

法性のみやこ　人間の虚妄《こもう》の分別《ふんべつ》を超えた存在（法）の真実なるありようを法性といい、それは王者のいる「みやこ」のように仏のいます安穏なさとりの領域であるからこのようにいう。

常楽　常楽我浄のこと。常《じょう》住《じゅう》にして移り変りなく、安らかで楽しみが充ち足り、自在で他に縛られず、煩悩《ぼんのう》のけがれがないこと。涅槃《ねはん》にそなわる四種の徳。→四徳《しとく》

生死海　生死輪廻《りんね》が窮まりなく続く迷いの世界を辺際のない大海に喩えていう。

択《じゃく》不思議《ふしぎ》の本願《ほんがん》、無上智慧《むじょうちえ》の尊号《そんごう》をききて、一念《いちねん》も疑《うたが》ふこころなきを真実信《しんじつしん》心《じん》といふなり。金剛心《こんごうしん》ともなづく。この信楽《しんぎょう》をうるときかならず摂取《せっしゅ》して捨《す》てたまはざれば、すなはち正定聚《しょうじょうじゅ》の位《くらい》に定《さだ》まるなり。このゆゑに信心《しんじん》やぶれず、かたぶかず、みだれぬこと金剛《こんごう》のごとくなるがゆゑに、金剛《こんごう》の信心《しんじん》とは申《もう》すなり。これを「迎《こう》」といふなり。『大経《だいきょう》』（下）には、「*願生彼国《がんしょうひこく》　即得往生《そくとくおうじょう》　住不退転《じゅうふたいてん》」とのたまへり。「願生彼国《がんしょうひこく》」は、かのくににうまれんとねがへとなり。「即得往生《そくとくおうじょう》」は、信心《しんじん》をうればすなはち往生《おうじょう》すといふ。すなはち往生《おうじょう》すといふは不退転《ふたいてん》に住《じゅう》するをいふ。不退転《ふたいてん》に住《じゅう》すといふはすなはち正定聚《しょうじょうじゅ》の位《くらい》に定《さだ》まるとのたまふ御《み》のりなり。これを「即得往生《そくとくおうじょう》」とは申《もう》すなり。「即《そく》」はすなはちといふ。すなはちといふは、ときをへず、日《ひ》をへだてぬをいふなり。おほよそ十方世界《じっぽうせかい》にあまねくひろまることは、法蔵菩薩《ほうぞうぼさつ》の四十八大願《しじゅうはちだいがん》のなかに、第十七《だいじゅうしち》の願《がん》に、「十方無量《じっぽうむりょう》の諸仏《しょぶつ》にわがなをほめられん、となへられん」と誓《ちか》ひたまへる、一乗大智海《いちじょうだいちかい》の誓願《せいがん》成就《じょうじゅ》したまへるによりてなり。『阿弥陀経《あみだきょう》』の*証誠護念《しょうじょうごねん》のありさまにてあきらかなり。証誠護念《しょうじょうごねん》の御《おん》こころは、『大経《だいきょう》』にもあらはれたり。また*称名《しょうみょう》の本願《ほんがん》は選択《せんじゃく》の正因《しょういん》たること、こ

願生彼国…　「かの国に生ぜんと願ぜば、すなはち往生を得、不退転に住せん」（信巻訓）

証誠護念　念仏の法が真実であることを証明し、念仏の行者をまもること。

称名の本願は…　称名が本願（第十八願）において選択《せんじゃく》された往生の正《まさ》しき業因《ごういん》であることは、この悲願（第十七願）にあらわれているという意。

7 の悲願《ひがん》にあらはれたり。この文《もん》のこころはおもふほどは申《もう》さず。これにておしはからせたまふべし。この文《もん》は、後善導法照禅師《ごぜんどうほっしょうぜんじ》と申《もう》す聖人《しょうにん》の御釈《ごしゃく》なり。この和尚《かしょう》をば*法道和尚《ほうどうかしょう》と、慈覚大師《じかくだいし》はのたまへり。また『*伝《でん》』には*盧山《ろざん》の*弥陀和尚《みだかしょう》とも申《もう》す、*浄業和尚《じょうごうかしょう》とも申《もう》す。*唐朝《とうちょう》の光明寺《こうみょうじ》の善導和尚《ぜんどうかしょう》の化身《けしん》なり、このゆゑに後善導《ごぜんどう》と申《もう》すなり。

【三】「*彼仏因中立弘誓《ひぶついんちゅうりゅうぐぜい》　聞名念我総迎来《もんみょうねんがそうこうらい》
不簡貧窮将富貴《ふけんびんぐしょうふき》　不簡下智与高才《ふけんげちよこうざい》
不簡多聞持浄戒《ふけんたもんじじょうかい》　不簡破戒罪根深《ふけんはかいざいこんじん》
但使回心多念仏《たんしえしんたねんぶつ》　能令瓦礫変成金《のうりょうがりゃくへんじょうこん》」（五会法事讃）

「彼仏因中立弘誓《ひぶついんちゅうりゅうぐぜい》」、このこころは、「彼《ひ》」はかのといふ。「仏《ぶつ》」は阿弥陀仏《あみだぶつ》なり。「因中《いんちゅう》」は法蔵菩薩《ほうぞうぼさつ》と申《もう》ししときなり。「立弘誓《りゅうぐぜい》」は、「立《りゅう》」はたつといふ、なるといふ。「弘《ぐ》」はひろしといふ、ひろまるといふ。「誓《せい》」はちかひといふなり。法蔵比丘《ほうぞうびく》、超世無上《ちょうせむじょう》のちかひをおこして、ひろくひろめたまふと申《もう》すなり。超世《ちょうせ》は、余《よ》の仏《ぶつ》の御《おん》ちかひにすぐれたまへりとなり。超《ちょう》はこえたりといふは、うへなしと申《もう》すなり。如来《にょらい》の弘誓《ぐぜい》をおこしたまへるやうは、この『唯《ゆい》

八

法道和尚　天台宗《てんだいしゅう》の典籍には、五会念仏《ごえねんぶつ》の創始者、法照《ほっしょう》の名を法道と伝えるものがある（安然『金剛界《こんごうかい》大法対受記《だいほうたいじゅき》』巻六など）。

伝　「高僧伝なり」（左訓）

盧山　中国の江西省北部にある山の名。四世紀末、慧遠《えおん》が東林寺で白蓮社《びゃくれんしゃ》を結んで、阿弥陀仏信仰を勧めたため、仏教の一大中心地となった。

弥陀和尚・浄業和尚　弥陀和尚は法照の師、承遠《じょうおん》の称。浄業和尚は問答体の書『臨終正念訣《りんじゅうしょうねんけつ》』（『龍舒浄土文《りゅうじょじょうどもん》』巻十二・『楽邦文類《らくほうもんるい》』巻四所収）に答者として出る人物（碑文資料によって、善導大師《ぜんどうだいし》の弟子と推測される浄業和尚との同異不明）。これらを法照の異名とする説が親鸞聖人在世当時に流布していたか。

信鈔《しんしょう》』にくはしくあらはれたり。
「聞名念我《もんみょうねんが》」といふは、「聞《もん》」はきくといふ、信心《しんじん》をあらはす御《み》のりなり。「名《みょう》」は御《み》なと申《もう》すなり、如来《にょらい》のちかひの名号《みょうごう》なり。「念我《ねんが》」と申《もう》すは、ちかひの御《み》なを憶念《おくねん》せよとなり。諸仏称名《しょぶつしょうみょう》の悲願《ひがん》（第十七願）にあらはせり。憶念《おくねん》は、信心《しんじん》をえたるひとは疑《うたがい》なきゆゑに本願《ほんがん》をつねにおもひいづるこころのたえぬをいふなり。「総迎来《そうこうらい》」といふは、「総《そう》」はふさねてといふ、すべてみなと
8
いふこころなり。「迎《こう》」はむかふるといふ、まつといふ、他力《たりき》をあらはすこころなり。「来《らい》」はかへるといふ、きたらしむといふ、法性《ほっしょう》のみやこへむかへ率《い》てきたらしめかへらしむといふ。法性《ほっしょう》のみやこより、衆生利益《しゅじょうりやく》のためにこの娑婆界《しゃばかい》にきたるゆゑに、「来《らい》」をきたるといふなり。法性《ほっしょう》のさとりをひらくゆゑに、「来《らい》」をかへるといふなり。
「不簡貧窮将富貴《ふけんびんぐしょうふき》」といふは、「不簡《ふけん》」はえらばず、きらはずといふ。「貧窮《びんぐ》」はまづしく、*たしなきものなり。「将《しょう》」はまさにといふ、もつてといふ、*ゐてゆくといふ。「富貴《ふき》」はとめるひと、よきひとといふ。これらをまさにもつてえらばず、きらはず、浄土《じょうど》へゐてゆくとなり。

唐朝（六一八―九〇七）唐国公の李淵《りえん》（高祖）が隋《ずい》の三世恭帝の禅譲を受けて建てた中国の統一王朝。都は長安。

彼仏因中…「かの仏の因中に弘誓を立てたまへり。名を聞きてわれを念ぜばすべて迎へ来《かえ》らしめん。貧窮と富貴とを簡《えら》ばず、下智と高才とを簡ばず、多聞と浄戒を持てるとを簡ばず、破戒と罪根の深きとを簡ばず。ただ回心して多く念仏せしむれば、よく瓦礫をして変じて金《こがね》と成さんがごとくせしむ」（行巻訓）

たしなきもの 苦しみ困っている者。

ゐてゆく 引き連れて行く。

「不簡《ふけん》下智《げち》与《よ》高才《こうざい》」といふは、「下智《げち》」は智慧《ちえ》あさく、せばく、すくなきものとなり。「高才《こうざい》」は*才学《さいかく》ひろきもの。これらをえらばず、きらはずとなり。

「不簡《ふけん》多聞《たもん》持浄戒《じじょうかい》」といふは、「多聞《たもん》」は聖教《しょうぎょう》をひろくおほくきき、信《しん》ずるなり。「持《じ》」はたもつといふ。たもつといふは、ならひまなぶ†こころをうしなはず、ちらさぬなり。「浄戒《じょうかい》」は大小乗《だいしょうじょう》のもろもろの*戒行《かいぎょう》、五戒《ごかい》、*八戒《はっかい》、*十善戒《じゅうぜんかい》、小乗《しょうじょう》の*具足衆戒《ぐそくしゅかい》、*三千《さんぜん》の威儀《いぎ》、*六万《ろくまん》の斎行《さいぎょう》、『*梵網《ぼんもう》』の五十八戒《ごじゅうはっかい》、*大乗一心金剛法戒《だいじょういっしんこんごうほうかい》、三聚浄戒《さんじゅじょうかい》、大乗《だいじょう》の具足戒等《ぐそくかいとう》、すべて道俗《どうぞく》の戒品《かいほん》、これらをたもつを「持《じ》」といふ。かやうのさまざまの戒品《かいほん》をたもてるいみじきひとびとも、他力真実《たりきしんじつ》の信心《しんじん》をえてのちに真実報土《しんじつほうど》には往生《おうじょう》をとぐるなり。みづからの、おのおのの戒善《かいぜん》、おのおのの自力《じりき》の信《しん》、自力《じりき》の善《ぜん》にては実報土《じっぽうど》には生《うま》れずとなり。

「不簡《ふけん》破戒罪根深《はかいざいこんじん》」といふは、「破戒《はかい》」は上《かみ》にあらはすところのよろづの道俗《どうぞく》の戒品《かいほん》をうけてやぶりすてたるもの、これらをきらはずとなり。「罪根深《ざいこんじん》」と
9 いふは、十悪《じゅうあく》・五逆《ごぎゃく》の悪人《あくにん》、謗法《ほうぼう》・闡提《せんだい》の罪人《ざいにん》、おほよそ善根《ぜんごん》すくなきもの、悪業《あくごう》おほきもの、善心《ぜんしん》あさきもの、悪心《あくしん》ふかきもの、かやうのあさましきさま

一〇

才学 学力。学識。

戒行 戒を持つこと。

八戒 八戒斎のこと。→八《はっ》戒斎《かいさい》

十善戒 十善を在家者の持つべき戒として規定したもの。→十善《じゅうぜん》

具足衆戒 具足戒のこと。→具足戒《ぐそくかい》

三千の威儀 二百五十戒（比丘《びく》の具足戒）を行住坐臥の四威儀《しいぎ》に配列して千とし、さらにこれを過去、未来、現在の三世に繰り返して三千と数えたもの。

六万の斎行 戒を持つ数多くの善行《ぜんぎょう》、または上に列挙した五戒等を総称したものか。

梵網の五十八戒 『梵網《ぼんもう》経《きょう》』に説く十重禁戒《じゅうじゅうきんかい》と四《し》十八軽戒《じゅうはちきょうかい》を合せたもの。大乗戒とされる。

大乗一心金剛法戒 天台《てんだい》

ざまの罪《つみ》ふかきひとを「深《じん》」といふ、ふかしといふことばなり。すべてよきひとあしきひと、たふときひといやしきひとを、無礙光仏《むげこうぶつ》の御《おん》ちかひにはきらはずえらばれず、これをみちびきたまふをさきとしむねとするなり。真実信心《しんじつしんじん》をうれば実報土《じっぽうど》に生《うま》るとをしへたまへるを、浄土真宗《じょうどしんしゅう》の正意《しょうい》とすとしるべしとなり。「総迎来《そうこうらい》」は、すべてみな浄土《じょうど》へむかへ率《い》†てかへらしむといへるなり。

「但使回心多念仏《たんしえしんたねんぶつ》」といふは、「但使回心《たんしえしん》」はひとへに回心《えしん》せしめよといふことばなり。「回心《えしん》」といふは自力《じりき》の心《しん》をひるがへし、すつるをいふなり。実報土《じっぽうど》に生《うま》るるひとはかならず金剛《こんごう》の信心《しんじん》のおこるを、「*多念仏《たねんぶつ》」と申《もう》すなり。「多《た》」は大《だい》のこころなり、勝《しょう》のこころなり、増上《ぞうじょう》のこころなり。大《だい》はおほきなり。勝《しょう》はすぐれたり、よろづの善《ぜん》にまされるとなり。増上《ぞうじょう》はよろづのことにすぐれたるなり。これすなはち他力本願無上《たりきほんがんむじょう》のゆゑなり。自力《じりき》のこころをすつといふは、やうやうさまざまの大小《だいしょう》の†聖人《しょうにん》・善悪《ぜんあく》の†凡夫《ぼんぶ》の、みづからが身《み》をよしとおもふこころをすて、身《み》をたのまず、あしきこころをかへりみず、ひとすぢに*具縛《ぐばく》の凡愚《ぼんぐ》・屠沽《とこ》の下類《げるい》、無礙光仏《むげこうぶつ》の不可思議《ふかしぎ》の本願《ほんがん》、広大智慧《こうだいちえ》の名号《みょうごう》を信楽《しんぎょう》すれば、煩悩《ぼんのう》を具足《ぐそく》しながら無上大涅槃《むじょうだいねはん》にいたるなり。具縛《ぐばく》はよろ

宗《しゅう》に相伝する菩薩戒（円頓戒《えんどんかい》）。『梵網経《ぼんもうきょう》』に説く十《じゅう》重禁戒《じゅうきんかい》・四十八軽戒《しじゅうはちきょうかい》を内容とする。その体徳は一心真如《しんにょ》であり、ひとたび得ればながく失うことがないので一心金剛法戒（「法」は「宝」とも書く）という。

多念仏　元来は「多く念仏すれば」の意。ここでは念仏の徳の超勝性をあらわす語とする。

具縛の凡愚屠沽の下類　「信巻」（本）に引かれた元照《がんじょう》の『阿弥陀経義疏《あみだきょうぎしょ》』にある語。戒度《かいど》の『聞持記《もんじき》』に、この語を釈して、「具縛の凡愚」とは「二惑の煩悩《ぼんのう》をすべて持っている者」、「屠沽の下類」とは「生きものを殺す者（屠）」、「酒を商う者（沽）」で悪人としている。→補註4

づの煩悩《ぼんのう》にしばられたるわれらなり。煩《ぼん》は身《み》をわづらはす、悩《のう》はこころをなやますといふ。屠《と》はよろづのいきたるものをころし、*ほふるものなり、これは*れふしといふものなり。沽《こ》はよろづのものをうりかふものなり、これはあき人《びと》なり。これらを下類《げるい》といふなり。

「能令瓦礫変成金《のうりようがりやくへんじようこん》」といふは、「能《のう》」はよくといふ。「令《りよう》」はせしむといふ。「瓦《が》」はかはらといふ。「礫《りやく》」は*つぶてといふ。「変成金《へんじようこん》」は、「変成《へんじよう》」はかへなすといふ。「金《こん》」はこがねといふ。かはら・つぶてをこがねにかへなさしめんがごとしとたとへたまへるなり。れふし・あき人《びと》、さまざまのものはみな、いし・かはら・つぶてのごとくなるわれらなり。如来《によらい》の御《おん》ちかひを*ふたごころなく信楽《しんぎよう》すれば、摂取《せつしゆ》のひかりのなかにをさめとられまゐらせて、かならず大涅槃《だいねはん》のさとりをひらかしめたまふは、すなはちれふし・あき人《びと》などは、いし・かはら・つぶてなんどをよくこがねとなさしめんがごとしとたとへたまへるなり。摂取《せつしゆ》のひかりと申《もう》すは、阿弥陀仏《あみだぶつ》の御《おん》こころにをさめとりたまふゆゑなり。文《もん》のこころはおもふほどは申《もう》しあらはし候《そうら》はねども、*あらあら申《もう》すなり。ふかきことはこれにておしはからせたまふべし。この文《もん》は、慈愍三蔵《じみんさんぞう》と申《もう》

ほふる　切りさばく。
れふし　猟師。漁師。
つぶて　小石。
ふたごころなく　一心に。疑いなく。
あらあら　だいたい。ざっと。

す聖人《しょうにん》の御釈《ごしゃく》なり。震旦《しんたん》（中国）には恵日三蔵《えにちさんぞう》と申《もう》すなり。

【四】「*極楽《ごくらく》無為《むい》涅槃界《ねはんがい》　随縁《ずいえん》雑善《ぞうぜん》恐《く》難生《なんしょう》
　故使《こし》如来《にょらい》選要法《せんようぼう》　教念《きょうねん》弥陀《みだ》専復専《せんぶせん》」（法事讃・下　五六四）

11

「極楽《ごくらく》無為《むい》涅槃界《ねはんがい》」といふは、「極楽《ごくらく》」と申《もう》すはかの安楽浄土《あんらくじょうど》なり、よろづのたのしみつねにして、くるしみまじはらざるなり。かのくにをば安養《あんにょう》といへり。曇鸞和尚《どんらんかしょう》は、「*ほめたてまつりて安養《あんにょう》と申《もう》す」とこそのたまへり。また『論《ろん》』（浄土論）には、「蓮華蔵世界《れんげぞうせかい》」ともいへり、「無為《むい》」ともいへり。「涅槃《ねはん》界《がい》」といふは無明《むみょう》のまどひをひるがへして、無上涅槃《むじょうねはん》のさとりをひらくなり。「界《かい》」はさかひといふ、さとりをひらくさかひなり。大涅槃《だいねはん》と申《もう》すに、その名《な》無量《むりょう》なり、くはしく申《もう》すにあたはず、*おろおろその名《な》をあらはすべし。「涅槃《ねはん》」をば滅度《めつど》といふ、無為《むい》といふ、安楽《あんらく》といふ、常楽《じょうらく》といふ、実相《じっそう》といふ、法身《ほっしん》といふ、法性《ほっしょう》といふ、真如《しんにょ》といふ、一如《いちにょ》といふ、仏性《ぶっしょう》といふ。仏性《ぶっしょう》すなはち如来《にょらい》なり。この如来《にょらい》、微塵世界《みじんせかい》にみちみちたまへり、すなはち一切群生海《いっさいぐんじょうかい》の*心《しん》なり。この心《しん》に誓願《せいがん》を信楽《しんぎょう》するがゆゑに、この信心《しんじん》すなはち仏性《ぶっしょう》なり、仏《ぶっ》性《しょう》すなはち法性《ほっしょう》なり、法性《ほっしょう》すなはち法身《ほっしん》なり。法身《ほっしん》はいろもなし、かたちも

極楽無為…　「極楽は無為涅槃の界《かい》なり。随縁の雑善おそらくは生じがたし。ゆゑに如来要法を選びて、教へて弥陀を念ぜしめてもつぱらにしてまたもつぱらならしめたまへり」（真仏土巻訓）

ほめたてまつりて安養と申す　「真仏土巻」三六一頁一三行参照。

おろおろ　不十分ながら。ざっと。

心なり　「心にみちたまへるなり。草木国土ことごとく、みな成仏すと説けり」とする異本がある。

ましまさず。しかれば、こころもおよばれず、ことばもたえたり。*この一如《いちにょ》よりかたちをあらはして、方便法身《ほうべんほっしん》と申《もう》す御《おん》すがたをしめして、法蔵比丘《ほうぞうびく》となのりたまひて、不可思議《ふかしぎ》の大誓願《だいせいがん》をおこしてあらはれたまふ御《おん》かたちをば、世親《せしん》菩薩《ぼさつ》（天親）は「尽十方無碍光如来《じんじっぽうむげこうにょらい》」となづけたてまつりたまへり。この如来《にょらい》を報身《ほうじん》と申《もう》す。誓願《せいがん》の業因《ごういん》に報《むく》ひたまへるゆゑに報身如来《ほうじんにょらい》と申《もう》すなり。報《ほう》と申《もう》すは、たねにむくひたるなり。この報身《ほうじん》より*応《おう》・化《け》等《とう》の無量無数《むりょうむしゅ》の身《しん》をあらはして、微塵世界《みじんせかい》に無碍《むげ》の智慧光《ちえこう》を放《はな》たしめたまふゆゑに尽十方無碍光仏《じんじっぽうむげこうぶつ》と申《もう》すひかりにて、かたちもましまさず、いろもましまさず、無明《むみょう》の闇《やみ》をはらひ悪業《あくごう》に*さへられず、このゆゑに無碍光《むげこう》と申《もう》すなり。無碍《むげ》はさはりなしと申《もう》す。しかれば、阿弥陀仏《あみだぶつ》は光明《こうみょう》なり、光明《こうみょう》は智慧《ちえ》のかたちなりとしるべし。

「随縁雑善恐難生《ずいえんぞうぜんくなんしょう》」といふは、「随縁《ずいえん》」は衆生《しゅじょう》のおのおのの縁《えん》にしたがひて、
12 おのおののこころにまかせて、もろもろの善《ぜん》を修《しゅ》するを極楽《ごくらく》に回向《えこう》するなり、すなはち*八万四千《はちまんしせん》の法門《ほうもん》なり。これはみな自力《じりき》の善根《ぜんごん》なるゆゑに実報土《じっぽうど》には生《うま》れずと、きらはるるゆゑに「恐難生《くなんしょう》」といへり。「恐《く》」はおそるといふ、真《しん》の報土《ほうど》に雑善《ぞうぜん》・自力《じりき》の善生《ぜんうま》るといふことをおそるるなり。「難生《なんしょう》」は生《うま》れがたし

この一如より…　→補註1

応化　応身と化身のこと。→応身《おうじん》、化身《けしん》

さへられず　さまたげられない。

八万四千の法門　八万四千は多数の意。仏の説いた教法全体のことであるが、親鸞聖人は本願（第十八願）の法以外の自力方便の教えの意とする。「化身土巻」三九四頁六行以下参照。

となり。

「故《こ》使《し》如来《にょらい》選《せん》要《よう》法《ぼう》」といふは、釈迦《しゃか》如来《にょらい》、よろづの善《ぜん》のなかより名号《みょうごう》をえらびとりて、五濁《ごじょく》悪時《あくじ》・悪世界《あくせかい》・悪衆生《あくしゅじょう》・邪見《じゃけん》無信《むしん》のものにあたへたまへるなりとしるべしとなり。これを「選《せん》」といふ、ひろくえらぶといふなり。「要《よう》」はもつぱらといふ、もとむといふ、ちぎるといふなり。「法《ほう》」は名号《みょうごう》なり。

「教《きょう》念《ねん》弥陀《みだ》専《せん》復《ぶ》専《せん》」といふは、「教《きょう》」はをしふといふ、のりといふ、釈尊《しゃくそん》の教勅《きょうちょく》なり。「念《ねん》」は心《しん》におもひさだめて、ともかくもはたらかぬこころなり。すなはち選択本願《せんじゃくほんがん》の名号《みょうごう》を一向専修《いっこうせんじゅ》なれとをしへたまふ御《み》ことなり。「専復《せんぶ》専《せん》」といふは、はじめの「専《せん》」は一行《いちぎょう》を修《しゅ》すべしとなり。「復《ぶ》」はまたといふ、かさぬといふ。しかれば、また「専《せん》」といふは一心《いっしん》なれとなり、一行《いちぎょう》一心《いっしん》をもつぱらなれとなり。「専《せん》」は一《いち》といふことばなり。もつぱらといふはふたごころなかれとなり。ともかくもうつるこころなきを「専《せん》」といふなり。この一行一心《いちぎょういっしん》なるひとを「*摂取《せっしゅ》して捨《す》てたまはざれば阿弥陀《あみだ》となづけたてまつる」（礼讃・意　六六二）と、光明寺《こうみょうじ》の和尚《かしょう》（善導）はのたまへり。この一心《いっしん》は横超《おうちょう》の信心《しんじん》なり。横《おう》はよこさまといふ、超《ちょう》はこえてといふ。よろづの法《ほう》にす

摂取…「摂《おさ》めとりたまふとなり」（左訓）

ぐれて、すみやかに疾《と》く生死海《しょうじかい》をこえて*仏果《ぶっか》にいたるがゆゑに超《ちょう》と申《もう》すなり。
13 これすなはち大悲誓願力《だいひせいがんりき》なるがゆゑなり。この信心《しんじん》は摂取《せっしゅ》のゆゑに金剛心《こんごうしん》となれり。これは『大経《だいきょう》』の本願《ほんがん》の*三信心《さんしんじん》なり。この真実信心《しんじつしんじん》を、世親菩薩《せしんぼさつ》（天親）は「願作仏心《がんさぶっしん》」とのたまへり。この信楽《しんぎょう》は仏《ぶつ》にならんとねがふと申《もう》すこころなり。この願作仏心《がんさぶっしん》はすなはち度衆生心《どしゅじょうしん》なり。この度衆生心《どしゅじょうしん》と申《もう》すは、すなはち衆生《しゅじょう》をして生死《しょうじ》の大海《だいかい》をわたすこころなり。この信楽《しんぎょう》は衆生《しゅじょう》をして無上涅槃《むじょうねはん》にいたらしむる心《しん》なり。この心《しん》すなはち大菩提心《だいぼだいしん》なり、大慈大悲心《だいじだいひしん》なり。この信心《しんじん》すなはち仏性《ぶっしょう》なり、すなはち如来《にょらい》なり。この信心《しんじん》をうるを慶喜《きょうき》といふなり。慶喜《きょうき》するひとは諸仏《しょぶつ》とひとしきひととなづく。*慶《きょう》はよろこぶといふ、信心《しんじん》をえてのちによろこぶなり。喜《き》はこころのうちによろこぶこころたえずしてつねなるをいふ。うべきことをえてのちに、身《み》にもこころにもよろこぶこころなり。信心《しんじん》をえたるひとをば、「分陀利華《ふんだりけ》」（観経）とのたまへり。この信心《しんじん》をえがたきことを、『経《きょう》』（称讃浄土経）には「*極難信法《ごくなんしんぼう》」とのたまへり。しかれば、『大経《だいきょう》』（下）には、「若聞斯経《にゃくもんしきょう》　信楽受持《しんぎょうじゅじ》　難中之難《なんちゅうしなん》　無過此《むかし》難《なん》」とをしへたまへり。この文《もん》のこころは、「もしこの経《きょう》を聞《き》きて信《しん》ずること、

仏果　仏の証果。仏のさとり。

三信心　至心・信楽・欲生の三心のこと。→三心《さんしん》①

慶は…　親鸞聖人は慶（慶喜・慶楽）をすでにわが身の上に実現していることがら（現生で正定聚《しょうじょうじゅ》の位に入ること）をよろこぶ意とし、歓喜を必ず実現すると定まっていることがら（往生成仏の果）を待望してよろこぶ意とする。『一多文意』六八四頁一四行以下参照。

極難信法　きわめて信じ難い法。自力の心では決して信じることができないという意。本願救済の法は、世間の常識的な道理を超越しているから、自力にとらわれた心では信じ難い法であるということ。そのことはまたこの法の尊高をあらわ

難《かた》きがなかに難《かた》し、これにすぎて難《かた》きことなし」とのたまへる御《み》のりなり。釈《しゃ》迦牟尼如来《かむにによらい》は、五濁悪世《ごじょくあくせ》に出《い》でてこの難信《なんしん》の法《ほう》を行《ぎょう》じて無上涅槃《むじょうねはん》にいたると説《と》きたまふ。さてこの智慧《ちえ》の名号《みょうごう》を濁悪《じょくあく》の衆生《しゅじょう》にあたへたまふとのたまへり。十方諸仏《じっぽうしょぶつ》の証誠《しょうじょう》、恒沙如来《ごうじゃにょらい》の護念《ごねん》、ひとへに真実信心《しんじつしんじん》のひとのためなり。釈迦《しゃか》は慈父《じぶ》、弥陀《みだ》は悲母《ひも》なり。われらがちち・はは、種々《しゅじゅ》の方便《ほうべん》をして*無上《むじょう》の信心《しんじん》をひらきおこしたまへるなりとしるべしとなり。おほよそ過去久遠《かこくおん》に、*三《さん》恒河沙《ごうがしゃ》の諸仏《しょぶつ》の世《よ》に出《い》でたまひしみもとにして、自力《じりき》の菩提心《ぼだいしん》をおこしき。恒《ごう》沙《じゃ》の善根《ぜんごん》を修《しゅ》せしによりて、いま願力《がんりき》に*まうあふことを得《え》たり。他力《たりき》の三信心《さんしんじん》をえたらんひとは、ゆめゆめ余《よ》の善根《ぜんごん》をそしり、*余《よ》の仏聖《ぶっしょう》を*いやしうすることなかれとなり。

【五】「具三心者必生彼国《ぐさんしんしゃひっしょうひこく》」（観経）といふは、三心《さんしん》を具《ぐ》すればかならずかの国《くに》に生《うま》るとなり。しかれば善導《ぜんどう》は、「*具此三心《ぐしさんしん》　必得往生也《ひっとくおうじょうや》　若少一心《にゃくしょういっしん》　即不《そくふ》得生《とくしょう》」（礼讃　六五四）とのたまへり。「具此三心《ぐしさんしん》」といふは、三《み》つの心《しん》を具《ぐ》すべしとなり。「必得往生《ひっとくおうじょう》」といふは、「必《ひっ》」はかならずといふ。「得《とく》」はうるといふ、うるといふは往生《おうじょう》をうるとなり。「若少一心《にゃくしょういっしん》」といふは、「若《にゃく》」はも

している。

無上の信心　阿弥陀仏のこの上ない智慧《ちえ》をたまわった信心。他力の信心のこと。

三恒河沙の…　『安楽集』（上）所引の『涅槃経《ねはんぎょう》』の文（註釈版聖典七祖篇一八七頁一一行以下）によっていう。

まうあふ　あいたてまつる。『一多文意』に「まうあふと申すは、本願力を信ずるなり」とある。

余の仏聖　阿弥陀仏以外の仏菩薩等の聖者《しょうじゃ》。

いやしうする　さげすむ。

具此三心…　「この三心を具してかならず往生を得るなり。もし一心少《か》けぬればすなはち生ずることを得ず」

しといふ、ごとしといふ。「少《しょう》」はかくるといふ、すくなしといふ。一心《いっしん》かけぬれば生《うま》れずといふなり。一心《いっしん》かくるといふは信心《しんじん》のかくるなり、信心《しんじん》かくといふは本願真実《ほんがんしんじつ》の三信心《さんしんじん》†のかくるなり。『観経《かんぎょう》』の三心《さんしん》をえてのちに『大経《だいきょう》』の三信心《さんしんじん》をうるを、一心《いっしん》をうるとは申《もう》すなり。このゆゑに『大経《だいきょう》』の三信心《さんしんじん》をえざるをば、一心《いっしん》かくると申《もう》すなり。この一心《いっしん》かけぬれば、真《しん》の報土《ほうど》に生《うま》れずといふなり。『観経《かんぎょう》』の三心《さんしん》は*定散二機《じょうさんにき》の心《しん》なり。*定散二善《じょうさんにぜん》を*回《え》して、『大《だい》経《きょう》』の三信《さんしん》をえんとねがふ方便《ほうべん》の深心《じんしん》と至誠心《しじょうしん》としるべし。真実《しんじつ》の三信心《さんしんじん》をえざれば、「即不得生《そくふとくしょう》」といふなり。「即《そく》」はすなはちといふ、「不得生《ふとくしょう》」といふは生《うま》るることをえずといふなり。三信《さんしん》かけぬるゆゑにすなはち報土《ほうど》に生《うま》れずとなり。雑行雑修《ぞうぎょうざっしゅ》して定機《じょうき》・散機《さんき》の人《ひと》、他力《たりき》の信心《しんじん》かけたるゆゑに、*多生曠《たしょうこう》劫《ごう》をへて他力《たりき》の一心《いっしん》をえてのちに真実報土《しんじつほうど》†に生《うま》るべきゆゑに、すなはち生《うま》れずといふなり。もし胎生辺地《たいしょうへんじ》に生《うま》れても五百歳《ごひゃくさい》をへ、あるいは億千万衆《おくせんまんしゅ》のなかに、ときにまれに一人《いちにん》、真《しん》の報土《ほうど》にはすすむとみえたり。三信《さんしん》をえんことをよくよくこころえねがふべきなり。

【六】「*不得外現賢善精進之相《ふとくげげんけんぜんしょうじんしそう》」（散善義　四五五）といふは、あらはに、かしこ

定散二機　定善の機、散善の機のことで、定善、散善を行う人。↓定善《じょうぜん》、散善《さんぜん》

定散二善を…ねがふ　この一節で回向発願心《えこうほつがんしん》を釈している（「回向」＝「回して」、「発願」＝「ねがふ」）から、下には深心《じんしん》と至誠心《しじょうしん》の二心のみをあげている。

回して　ここでの「回」は回転、回捨の意。ひるがえし捨てて。

多生曠劫　多くの生を重ねる無限に長い時間。

不得外現…　「散善義」にはこの文に続いて「内懐虚仮」とある。親鸞聖人は「外《ほか》に賢善精進の相を現ずることを得ざれ、内に虚仮を懐《いだ》いて」（信巻訓）と読んでいる。

きすがた、善人《ぜんにん》のかたちをあらはすことなかれ、精進《しょうじん》なるすがたをしめすことなかれとなり。そのゆゑは「内懐虚仮《ないえこけ》」なればなり。「内《ない》」はうちといふ。こころのうちに煩悩《ぼんのう》を具《ぐ》せるゆゑに虚《こ》なり、仮《け》なり。「虚《こ》」はむなしくして実《じつ》ならぬなり。「仮《け》」はかりにして真《しん》ならぬなり。*このこころは上《かみ》にあらはせり。この信心《しんじん》はまことの浄土《じょうど》のたねとなり、みとなるべしと。いつはらず、へつらはず、実報土《じっぽうど》のたねとなる信心《しんじん》なり。しかれば、われらは善人《ぜんにん》にもあらず、賢人《けんじん》にもあらず。賢人《けんじん》といふは、かしこくよきひととなり。精進《しょうじん》なるこころもなし、懈怠《けだい》のこころのみにして、うちはむなしく、いつはり、かざり、へつらふこころのみつねにして、まことなるこころなき身《み》なりとしるべしとなり。「斟酌《しんしゃく》すべし」（唯信鈔）といふは、ことのありさまにしたがうて、はからふべしといふことばなり。

【七】「不簡破戒罪根深《ふけんはかいざいこんじん》」（五会法事讃）といふは、もろもろの戒《かい》をやぶり、罪《つみ》ふかきひとをきらはずとなり。このやうは、はじめにあらはせり。よくよくみるべし。

【八】「*乃至十念《ないしじゅうねん》　若不生者《にゃくふしょうじゃ》　不取正覚《ふしゅしょうがく》」（大経・上）といふは、選択本願《せんじゃくほんがん》の

このこころは…信心なり　「しかれば、いまこの世を如来のみのりに末法悪世とさだめたまへるゆゑは、一切有情《うじょう》まことのこころなくして、師長を軽慢し、父母に孝せず、朋友に信なくして、悪をのみこのむゆゑに、世間・出世みな心口各異、言念無実なりとをしへたまへり。心口各異といふは、こころとくちにいふこと、みなおのおのことなり。言念無実といふは、ことばとこころのうちと実なしといふなり。実はまことといふことばなり。この世の人は無実のこころのみにして、浄土をねがふ人はいつはり、へつらひのこころのみなりときこえたり。世をすつるも名のこころ、利のこころをさきとするゆゑなり」とする異本がある。

文《もん》なり。この文《もん》のこころは、「乃至十念《ないしじゅうねん》の御《み》なをとなへんもの、もしわがくにに生《うま》れずは、仏《ぶつ》に成《な》らじ」と誓《ちか》ひたまへる本願《ほんがん》なり。「乃至《ないし》」は、かみしもと、おほきすくなき、ちかきとほきひさしきをも、みなをさむることばなり。多念《たねん》にとどまるこころをやめ、一念《いちねん》にとどまるこころをとどめんがために、法蔵菩《ほうぞうぼ》薩《さつ》の願《がん》じまします御《おん》ちかひなり。

16

【九】「*非権非実《ひごんひじつ》」（唯信鈔）といふは、法華宗《ほっけしゅう》のをしへなり。浄土真宗《じょうどしんしゅう》のこころにあらず、聖道家《しょうどうけ》のこころなり。かの宗《しゅう》のひとにたづぬべし。

【一〇】「*汝若不能念《にょにゃくふのうねん》」（観経）といふは、五逆《ごぎゃく》・十悪《じゅうあく》の罪人《ざいにん》、*不浄説法《ふじょうせっぽう》のもの、*やまふのくるしみにとぢられて、こころに弥陀《みだ》を念《ねん》じたてまつらずは、ただ口《くち》に南無阿弥陀仏《なもあみだぶつ》ととなへよとすすめたまへる御《み》のりなり。これは称名《しょうみょう》を本願《ほんがん》と誓《ちか》ひたまへることをあらはさんとなり。「*応称無量寿仏《おうしょうむりょうじゅぶつ》」（同）とのべたまへるは、このこころなり。「応称《おうしょう》」はとなふべしとなり。

【一一】「*具足十念《ぐそくじゅうねん》　称南無無量寿仏《しょうなもむりょうじゅぶつ》　称仏名故《しょうぶつみょうこ》　於念々中《おねんねんちゅう》　除八十億劫《じょはちじゅうおくこう》生死之罪《しょうじしざい》」（同）といふは、五逆《ごぎゃく》の罪人《ざいにん》はその身《み》に罪《つみ》をもてること、*十《と》八十《はちじゅう》億劫《おくこう》の罪《つみ》をもてるゆゑに、十念南無阿弥陀仏《じゅうねんなもあみだぶつ》ととなふべしとすすめたまへる

乃至十念…　「乃至十念せん。もし生れざれば、正覚を取らじ」（信巻訓）

非権非実　「中道実相の教なり」（左訓）方便（権）と真実（実）を差別する立場を超えた絶対真実の教えで、中道とも実相ともいう。

汝若不能念・応称無量寿仏　「汝若不能念者、応称無量寿仏（なんぢもし念ずることあたはずは、まさに無量寿仏を称すべし）」

不浄説法　自己の名誉や利益のために教法を説くこと。

やまふ　病気。

具足十念…　「十念を具足して南無無量寿仏と称せしむ。仏名を称するがゆゑに、念々のなかにおいて八十億劫の生死の罪を除く」ただし、『観経』の原文では「無量寿」は「阿弥陀」と

御《み》のりなり。一念《いちねん》に十《と》八十億劫《はちじゅうおくこう》の罪《つみ》を消《け》すまじきにはあらねども、五逆《ごぎゃく》の罪《つみ》のおもきほどをしらせんがためなり。「十念《じゅうねん》」といふは、ただ口《くち》に十返《じっぺん》をとなふべしとなり。しかれば、選択本願《せんじゃくほんがん》には、「*若我成仏《にゃくがじょうぶつ》　十方衆生《じっぽうしゅじょう》　称我名号《しょうがみょうごう》　下至十声《げしじっしょう》　若不生者《にゃくふしょうじゃ》　不取正覚《ふしゅしょうがく》」（礼讃　七一一）と申《もう》すは、弥陀《みだ》の本願《ほんがん》は、とこゑまでの衆生《しゅじょう》みな往生《おうじょう》すとしらせんとおぼして十声《じっしょう》とのたまへるなり。念《ねん》と声《しょう》とはひとつこころなりとしるべしとなり。念《ねん》をはなれたる声《しょう》なし、声《しょう》をはなれたる念《ねん》なしとなり。

17

この文《もん》どものこころは、おもふほどは申《もう》さず、*よからんひとにたづぬべし。ふかきことは、これにてもおしはかりたまふべし。

南無阿弥陀仏《なもあみだぶつ》

*ゐなかのひとびとの、文字《もんじ》のこころもしらず、あさましき愚痴《ぐち》きはまりなきゆゑに、やすくこころえさせんとて、おなじことを、たびたびとりかへしとりかへし書《か》きつけたり。こころあらんひとは、をかしくおもふべし、あざけりをなすべし。しかれども、おほかたのそしりをかへりみず、ひとすぢに愚《おろ》かなるものを、こころえやすからんとてしるせるなり。

なっている。

十八十億劫　八十億劫の十倍の意味。一念で八十億劫の罪が除かれ、十念で十八十億劫の罪が除かれる。

若我成仏…　「もしわれ成仏せんに、十方の衆生、わが名号を称せん。下十声に至るまで、もし生れずは、正覚を取らじ」（行巻訓）

よからんひと　浄土の教えをよく知っている人。

ゐなかの…　『一多文意』にも同様の跋文がある。

*康元《こうげん》二《に》歳《さい》正月《しょうがつ》二十七日《にじゅうしちにち》　愚禿親鸞《ぐとくしんらん》八十五歳《はちじゅうごさい》これを書写《しょしゃ》す。

二二　**康元二歳**　一二五七年。

如《にょ》来《らい》二《に》種《しゅ》回《え》向《こう》文《もん》

本書は、往相回向《おうそうえこう》・還相回向《げんそうえこう》について釈されたものである。初めに、『浄土論《じょうどろん》』の回向の文を釈して、本願力の回向に往相と還相の二種があることを示し、その往相回向に真実の行・信・証のあることが説かれる。続いて第十七・十八・十一願文が引用されて、行・信・証のそれぞれがこれらの願にもとづいていることが示された後、真実信楽《しんぎょう》によって正定聚《しょうじょうじゅ》に住する信心正因の意義が明かされる。続いて『如来会《にょらいえ》』の第十一願文が引用され、等正覚《とうしょうがく》・次如弥勒《しにょみろく》について釈される。次に『浄土論』の出第五門の文によって、還相回向をあらわし、第二十二願文を引用して、還相がこの願にもとづいていることを明かされる。最後に、自利利他ともに法蔵菩薩《ほうぞうぼさつ》の誓願にもとづき、行者のはからいではないと結ばれている。

浄土真宗の立教開宗の書である『教行信証《きょうぎょうしんしょう》』は、往相・還相の二回向のなか、往相の四法である教・行・信・証と真仏土を広説されているが、本書は、そのうちの二回向を中心にして阿弥陀仏の救済の構造を略説されたものである。

なお、本書と『浄土三経往生文類《じょうどさんぎょうおうじょうもんるい》』略本とが統合整理されて、『浄土三経往生文類』広本が成立したとも推察されている。

如来二種回向文《にょらいにしゅえこうもん》

【一】『無量寿経優婆提舎願生偈《むりょうじゅきょううばだいしゃがんしょうげ》』（三三）にいはく、「*云何回向《いかんがえこうする》　不レ捨二一《いっさいくのうの》切苦悩衆生一《しゅじょうをすてずして》　心常作願《しんにつねにさがんすらく》　*回向為レ首《えこうをしゅとして》　得三成二就大悲心一故《だいひしんをじょうじゅすることをえたまえるがゆえにと》」文

この*本願力《ほんがんりき》の回向《えこう》をもつて、如来《にょらい》の回向《えこう》に二種《にしゅ》あり。一《ひと》つには往相《おうそう》の回向《えこう》、二《ふた》つには還相《げんそう》の回向《えこう》なり。

【二】往相《おうそう》の回向《えこう》につきて、*真実《しんじつ》の行業《ぎょうごう》あり、*真実《しんじつ》の信心《しんじん》あり、*真実《しんじつ》の証果《しょうか》あり。

【三】真実《しんじつ》の行業《ぎょうごう》といふは、諸仏称《しょぶつしょう》名《みょう》の悲願《ひがん》（第十七願）にあらはれたり。称《しょう》名《みょう》の悲願《ひがん》、『大無量寿経《だいむりょうじゅきょう》』（上）にのたまはく、「*設我得仏《せつがとくぶつ》　十方世界《じっぽうせかい》　無《む》量《りょう》諸仏《しょぶつ》　不悉《ふしっ》*咨嗟《ししゃ》　*称我名者《しょうがみょうしゃ》　不取正覚《ふしゅしょうがく》」文

【四】真実信心《しんじつしんじん》といふは、念仏往生《ねんぶつおうじょう》の悲願《ひがん》（第十八願）にあらはれたり。信楽《しんぎょう》の悲願《ひがん》、『大経《だいきょう》』（上）にのたまはく、「*設我得仏《せつがとくぶつ》　十方衆生《じっぽうしゅじょう》　至心信楽《ししんしんぎょう》　欲《よく》

云何回向…　本文に付してある訓点にしたがって、その書き下しを振り仮名の体裁で示した。【七】【八】の漢文部分も同じ。

回向為首　回向を第一にして。回向を中心にして。

本願力の回向　→補註12

真実の行業　往生の因となる真実のおこない。→補註10

真実の信心　→補註11

真実の証果　行信の因に報いて得られた果としての真実のさとり。→補註2

設我得仏十方世界…　「たとひわれ仏を得たらんに、十方世界の無量の諸仏、ことごとく咨嗟して、わが名を称せずは、正覚を取らじ」（行巻訓）

咨嗟　讃嘆の意で、ほめたたえること。

称　称揚の意で、名号《みょうごう》を

生我国《しょうがこく》　乃至十念《ないしじゅうねん》　若不生者《にゃくふしょうじゃ》　不取正覚《ふしゅしょうがく》　唯除五逆《ゆいじょごぎゃく》　誹謗正法《ひほうしょうぼう》」文

【五】　真実証果《しんじつしょうか》といふは、必至滅度《ひっしめつど》の悲願《ひがん》（第十一願）にあらはれたり。証果《しょうか》の悲願《ひがん》、『大経《だいきょう》』（上）にのたまはく、「＊設我得仏《せつがとくぶつ》　国中人天《こくちゅうにんでん》　不住定聚《ふじゅじょうじゅ》　必《ひっ》至滅度者《しめつどしゃ》　不取正覚《ふしゅしょうがく》」文

これらの本誓悲願《ほんぜいひがん》を選択本願《せんじゃくほんがん》と申《もう》すなり。

4

【六】　この必至滅度《ひっしめつど》の大願《だいがん》をおこしたまひて、この真実信楽《しんじつしんぎょう》をえたらん人《ひと》は、すなはち正定聚《しょうじょうじゅ》の位《くらい》に住《じゅう》せしめんと誓《ちか》ひたまへり。同本異訳《どうほんいやく》の『無量寿如来会《むりょうじゅにょらいえ》』（上）にのたまはく、「＊若我成仏《にゃくがじょうぶつ》　国中有情《こくちゅううじょう》　若不決定《にゃくふけつじょう》　成等正覚《じょうとうしょうがく》　証大涅槃者《しょうだいねはんしゃ》　不取菩提《ふしゅぼだい》」文

この悲願《ひがん》は、すなはち真実信楽《しんじつしんぎょう》をえたる人《ひと》は決定《けつじょう》して等正覚《とうしょうがく》にならしめんと誓《ちか》ひたまへりとなり。等正覚《とうしょうがく》はすなはち正定聚《しょうじょうじゅ》の位《くらい》なり。等正覚《とうしょうがく》と申《もう》すは、補処《ふしょ》の弥勒菩薩《みろくぼさつ》とおなじからしめんと誓《ちか》ひたまへるなり。これらの選択《せんじゃく》本願《ほんがん》は、法蔵菩薩《ほうぞうぼさつ》の不思議《ふしぎ》の弘誓《ぐぜい》なり。しかれば、真実信心《しんじつしんじん》の念仏者《ねんぶつしゃ》は、『大《だい》経《きょう》』（下）には「＊次如弥勒《しにょみろく》」とのたまへり。これらの大誓願《だいせいがん》を往相《おうそう》の回向《えこう》と申《もう》すとみえたり。弥勒菩薩《みろくぼさつ》とおなじといへりと、『龍舒浄土文《りゅうじょじょうどもん》』にはあらはせ

ほめたたえること。

設我得仏十方衆生…　「たとひわれ仏を得たらんに、十方の衆生、心を至し信楽してわが国に生れんと欲《おも》ひて、乃至十念せん。もし生れざれば、正覚を取らじと。ただ五逆と誹謗正法を除く」（信巻訓）

設我得仏国中人天…　「たとひわれ仏を得たらんに、国のうちの人天、定聚に住し、かならず滅度に至らずは、正覚を取らじ」（証巻訓）

若我成仏…　「もしわれ成仏せんに、国のうちの有情、もし決定して等正覚を成り大涅槃を証せずは、菩提を取らじ」（証巻訓）

次如弥勒　「次《つ》いで弥勒のごとし」（左訓）

り。

【七】二《ふた》つに、還相回向《げんそうえこう》といふは、『浄土論《じようどろん》』（四二）にいはく、「以二本願力《ほんがんりきのえこうを》回向一故《もつてのゆえにと》 是名二*出第五門一《これをしゆつだいごもんとなづく》」と。これはこれ、還相《げんそう》の回向《えこう》なり。

【八】このこころは、一生補処《いつしようふしよ》の大願《だいがん》（第二十二願）にあらはれたり。大慈大悲《だいじだいひ》の†誓願《せいがん》は、『大経《だいきよう》』（上）にのたまはく、「設我得レ仏《たとひわれぶつをえたらんに》 他方仏土諸菩薩衆《たほうぶつどのもろもろのぼさつしゆ》 来二生我国一《わがくににらいしようして》 究竟必至二一生補処一《くきようしてかならずいつしようふしよにいたらしめん》 除下其本願自在所化《そのほんがんのじざいのしよけ》 為二衆生一故《しゆじようのためのゆえに》 被二*弘誓鎧一《ぐぜいのがいをきて》積二累徳本一《とくほんをしやくるいし》度二脱一切一《いつさいをどだつして》 遊二諸仏国一《しよぶつのくににあそびて》 修二菩薩行一《ぼさつのぎようをしゆし》 供二養十方諸仏如来一《じつぽうのしよぶつによらいをくようし》 開二化恒沙無量衆生一《ごうじやむりようのしゆじようをかいけし》 使上立二*無上正真之道一《むじようしようしんのどうをりゆうせしめんをばのぞかんと》 超二出常倫一《じようりんにちようしゆつし》 *諸地之行現前《しよじのぎようげんぜんし》 修二習普賢之徳一《ふげんのとくをしゆじゆうせん》 若不レ爾者《もししからずは》 不レ取二正覚一《しようがくをとらじと》」文

これは如来《によらい》の還相回向《げんそうえこう》の御《おん》ちかひなり。これは他力《たりき》の還相《げんそう》の回向《えこう》なれば、自利利他《じりりた》ともに行者《ぎようじや》の*願楽《がんぎよう》にあらず、法蔵菩薩《ほうぞうぼさつ》の誓願《せいがん》なり。「他力《たりき》には*義《ぎ》なきをもつて義《ぎ》とす」と、大師聖人《だいししようにん》（源空）は仰《おお》せごとありき。よくよくこの選択《せんじやく》悲願《ひがん》をこころえたまふべし。

*正嘉元年《しようかがんねん》丁巳閏《ひのとのみうるう》三月《さんがつ》二十一日《にじゆういちにち》これを書写《しよしや》す。

如来二種回向文

出第五門　「これはこれ五念門のうちに回向門《えこうもん》なり、これは弥陀如来の利他の回向なり」（左訓）出は利他教化に出ること。第五門は五功徳門の中の園林遊戯地《おんりんゆげじ》門《もん》のこと。さとりの世界より迷いの世界にたちかえって、自由自在に衆生《しゆじよう》を救済するのを楽しみとすることを出第五門という。↓五《ご》種《しゆ》の功徳《くどく》

弘誓鎧　衆生済度《さいど》の誓願《せいがん》が堅固なことを鎧《よろい》に喩える。

無上正真之道　↓阿耨多羅《あのくたら》三藐三菩提《さんみやくさんぼだい》

諸地之行　十地《じゆうじ》の菩薩が行う自利利他の修行。

願楽　ねがい。

義なきをもつて義とす　↓義《ぎ》なきを義《ぎ》とす

正嘉元年　一二五七年。親鸞聖人八十五歳。

弥《み》陀《だ》如《によ》来《らい》名《みよう》号《ごう》徳《とく》

本書は完本ではなく一部落丁があり、全体の構成は推定によるしかない。

本書の構成を述べれば、まず十二光の一々について釈される。すなわち無量光《むりょうこう》・無辺光《むへんこう》・無礙光《むげこう》・清浄光《しょうじょうこう》・歓喜光《かんぎこう》・智慧光《ちえこう》・無対光《むたいこう》・炎王光《えんのうこう》・不断光《ふだんこう》・（欠落）・超日月光《ちょうにちがっこう》の順に、そのはたらきを示される。続いて再び無礙光の釈があり、「帰命尽十方無礙光如来《きみょうじんじっぽうむげこうにょらい》」（十字名号）について釈され、難思光《なんじこう》・無称光《むしょうこう》の釈の後、両者が合されたものとして「南無不可思議光仏《なもふかしぎこうぶつ》」（八字名号）について釈されている。

このうち十二光の釈の一部（難思光・無称光か）と、「帰命尽十方無礙光如来」、「南無不可思議光仏」のそれぞれの釈の中間を欠いている。

なお、「南無不可思議光仏」の釈の前にも、難思光・無称光の釈があるが、超日月光の釈の後に、「十二《じゅうに》光《こう》のやう、おろおろかきしるして候《そうろ》ふなり」とあることから、超日月光の釈までに一応十二光の釈が済んでいると見るべきであろう。

本書の題名が「名号徳《みょうごうとく》」とあり、十二光の釈から名号の釈に移っていることからみて、光明《こうみょう》は名号の徳義をあらわすものであるという領解《りょうげ》を示されたもので、一部を欠いているとはいえ大切な聖教《しょうぎょう》の一つである。

弥陀如来名号徳《みだにょらいみょうごうとく》

【一】　無量光《むりょうこう》といふは、『経《きょう》』（観経）にのたまはく、「無量寿仏《むりょうじゅぶつ》に八万四千《はちまんしせん》の相《そう》まします。一々《いちいち》の相《そう》におのおの八万四千《はちまんしせん》の*随形好《ずいぎょうこう》まします。一々《いちいち》の好《こう》にまた八万四千《はちまんしせん》の光明《こうみょう》まします。一々《いちいち》の光明《こうみょう》あまねく十方世界《じっぽうせかい》を照《て》らしたまふ。念仏《ねんぶつ》の衆生《しゅじょう》をば摂取《せっしゅ》して捨《す》てたまはず」といへり。*恵心院《えしんいん》の僧都《そうず》（源信）、このひかりを勘《かんが》へてのたまはく（往生要集・中意　九五三）、「一々《いちいち》の相《そう》におのおの七百五倶胝六百万《しちひゃくごくていろっぴゃくまん》の光明《こうみょう》あり、*熾然赫奕《しねんかくやく》たり」といへり。一相《いっそう》より出《い》づるところの光明《こうみょう》かくのごとし。いはんや八万四千《はちまんしせん》の相《そう》より出《い》でんひかりのおほきことをおしはかりたまふべし。この光明《こうみょう》の数《かず》のおほきによりて、無量光《むりょうこう》と申《もう》すなり。

【三】　つぎに*無辺光《むへんこう》といふは、かくのごとく無量《むりょう》のひかり十方《じっぽう》を照《て》らすこと、きはほとりなきによりて、無辺光《むへんこう》と申《もう》すなり。

随形好　略して「好」ともいう。仏の身体に具《そな》わる大まかな特徴である相に対して、微細でみえにくい特徴のこと。報身《ほうじん》の場合は、相も好も八万四千（無数）。応身の場合は、相を三十二、好を八十とする。

恵心院　比叡山横川《ひえいざんよかわ》にある源信和尚《げんしんかしょう》の住坊。慧心院とも書く。

熾然赫奕　「火のさかりにもゆるがごとしとなり」（左訓）

無辺光　「ひかりのきはほとりなきなり」（左訓）

【三】　つぎに無礙光《むげこう》といふは、この日月《にちがつ》のひかりは、ものをへだてつれば、そのひかりかよはず。この弥陀《みだ》の御《おん》ひかりは、ものにさ*へられずしてよろづの有《う》情《じょう》を照《て》らしたまふゆゑに、無礙光仏《むげこうぶつ》と申《もう》すなり。有情《うじょう》の煩悩悪業《ぼんのうあくごう》のこころにさへられずましますによりて、無礙光仏《むげこうぶつ》と申《もう》すなり。無礙光《むげこう》の徳《とく》ましまさざらましかば、いかがし候《そうら》はまし。かの極楽世界《ごくらくせかい》とこの娑婆世界《しゃばせかい》とのあひだに、*十《じゅう》万億《まんおく》の三千大千世界《さんぜんだいせんせかい》をへだてたりと説《と》けり。その一々《いちいち》の三千大千世界《さんぜんだいせんせかい》におのおの*四重《しじゅう》の*鉄囲山《てっちせん》あり。高《たか》さ須弥山《しゅみせん》とひとし。つぎに*小千界《しょうせんかい》をめぐれる鉄囲山《てっちせん》あり、高《たか》さ*第六天《だいろくてん》に*いたる。つぎに*中千界《ちゅうせんかい》をめぐれる鉄囲山《てっちせん》あり、高《たか》さ*色界《しきかい》の初禅《しょぜん》にいたる。つぎに*大千界《だいせんかい》をめぐれる鉄囲山《てっちせん》あり、高《たか》さ*第二禅《だいにぜん》にいたれり。しかればすなはち、もし無礙光仏《むげこうぶつ》にてましまさずは一世界《いちせかい》をすらとほるべからず。いかにいはんや十万億《じゅうまんおく》の世界《せかい》をや。かの無礙光仏《むげこうぶつ》の光明《こうみょう》、かかる不《ふ》可思議《かしぎ》の山《やま》を徹照《てっしょう》して、この念仏衆生《ねんぶつしゅじょう》を摂取《せっしゅ》したまふにさはることましまさぬゆゑに、無礙光《むげこう》と申《もう》すなり。

4

【四】　つぎに清浄光《しょうじょうこう》と申《もう》すは、法蔵菩薩《ほうぞうぼさつ》、*貪欲《とんよく》のこころなくして得《え》たまへるひかりなり。貪欲《とんよく》といふに二《ふた》つあり。一《ひと》つには婬貪《いんとん》、二《ふた》つには財貪《ざいとん》なり。この

さへられず　さまたげられない。

十万億の…　『大経』二八頁三行、『小経』一二一頁一一行参照。

四重の鉄囲山あり　以下の本文には小千界・中千界・大千界の各々をめぐる三重の鉄囲山しか示されていない。この一段は元来、「法然聖人御説法事」（『西方指南抄《さいほうしなんしょう》』上本）の文に依拠したものであるが、同書では「四重の鉄囲山あり」の後に「いはゆるまづ一四天下をめぐれる鉄囲山あり」の一文がある。

鉄囲山　「くろがねのめぐれる山」（左訓）世界の外郭をなす鉄でできた山。

小千界・中千界・大千界　小千世界、中千世界、大千世界（三千大千世界）のこと。→三千大千世界《さんぜんだいせんせかい》

二《ふた》つの貪欲《とんよく》のこころなくして得《え》たまへるひかりなり。よろづの有情《うじよう》の汚穢《わえ》不《ふ》浄《じよう》を除《のぞ》かんための御《おん》ひかりなり。婬欲《いんよく》・財欲《ざいよく》の罪《つみ》を除《のぞ》きはらはんがためなり。このゆゑに清浄光《しようじようこう》と申《もう》すなり。

【五】つぎに*歓喜光《かんぎこう》といふは、*無瞋《むしん》の善根《ぜんごん》をもつて得《え》たまへるひかりなり。無《む》瞋《しん》といふは、おもてにいかりはらだつかたちもなく、心《こころ》のうちにそねみねたむこころもなきを無瞋《むしん》といふなり。このこころをもつて得《え》たまへるひかりにて、よろづの有情《うじよう》の*瞋恚《しんに》・憎嫉《ぞうしつ》の罪《つみ》を除《のぞ》きはらはんために得《え》たまへるひかりなるがゆゑに、歓喜光《かんぎこう》と申《もう》すなり。

【六】つぎに智慧光《ちえこう》と申《もう》すは、これは無痴《むち》の善根《ぜんごん》をもつて得《え》たまへるひかりなり。*無痴《むち》の善根《ぜんごん》といふは、一切有情《いつさいうじよう》、智慧《ちえ》をならひ学《まな》びて*無上菩提《むじようぼだい》にいたらんとおもふこころをおこさしめんがために得《え》たまへるなり。念仏《ねんぶつ》を信《しん》ずるこころを得《え》しむるなり。念仏《ねんぶつ》を信《しん》ずるは、すなはちすでに智慧《ちえ》を得《え》て仏《ぶつ》に成《な》るべき身《み》となるは、これを愚痴《ぐち》をはなるることとしるべきなり。このゆゑに智慧光仏《ちえこうぶつ》と申《もう》すなり。

【七】つぎに*無対光《むたいこう》といふは、弥陀《みだ》のひかりにひとしきひかりましまさぬゆゑ

第六天　欲界《よくかい》六天の頂上の他化自在天のこと。↓他化《たけ》天《てん》

いたる　底本に「くたる」とあるのを改めた。

色界の初禅・第二禅　色界は三界の一で、浄妙な物質よりなる世界。初禅天《しよぜんてん》・第二禅天・第三禅天・第四禅天の四禅天に大別される。↓三界《さんがい》

貪欲　「むさぶるこころなり」（左訓）「むさぶる」は「むさぼる」の転。

歓喜　「身によろこび、こころによろこぶなり」（左訓）

無瞋　「怒り腹立つこころなきなり」（左訓）

瞋恚憎嫉　「おもてに怒り、こころに怒り、嫉《そね》み妬《ねた》むなり」（左訓）

無痴　「愚痴《ぐち》のこころなき

に、無対《むたい》と申《もう》すなり。

【八】つぎに*炎王光《えんのうこう》と申《もう》すは、ひかりのさかりにして、火《ひ》のさかりにもえたるにたとへまゐらするなり。火《ひ》の炎《ほのお》の煙《けむり》なきがさかりなるがごとしとなり。

【九】つぎに不断光《ふだんこう》と申《もう》すは、この光《ひかり》のときとしてたえずやまず照《て》ら*し……

【一〇】……ちにておはしますひかりなり。超《ちょう》といふは、この弥陀《みだ》の光明《こうみょう》は、日月《にちがつ》の光《ひかり》にすぐれたまふゆゑに、超《ちょう》と申《もう》すなり。超《ちょう》は余《よ》のひかりにすぐれこえたまへりとしらせんとて、超日月光《ちょうにちがっこう》と申《もう》すなり。十二光《じゅうにこう》のやう、*おろおろ書《か》きしるして候《そうろ》ふなり。くはしく申《もう》し尽《つく》しがたく、書《か》きあらはしがたし。

【一一】阿弥陀仏《あみだぶつ》は智慧《ちえ》のひかりにておはしますなり。このひかりを無礙光仏《むげこうぶつ》と申《もう》すなり。無礙光《むげこう》と申《もう》すゆゑは、十方一切有情《じっぽういっさいうじょう》の悪業煩悩《あくごうぼんのう》のこころにさへられずへだてなきゆゑに、無礙《むげ》とは申《もう》すなり。弥陀《みだ》の光《ひかり》の不可思議《ふかしぎ》にましますことをあらはししらせんとて、帰命尽十方無礙光如来《きみょうじんじっぽうむげこうにょらい》とは申《もう》すなり。無礙光仏《むげこうぶつ》をつねにこころにかけ、となへたてまつれば、十方一切諸仏《じっぽういっさいしょぶつ》の徳《とく》をひとつに具《ぐ》したまふによりて、弥陀《みだ》を称《しょう》すれば功徳善根《くどくぜんごん》はまりましまさぬゆゑに、龍樹《りゅうじゅ》菩薩《ぼさつ》は、「*我説㆓彼尊功徳事㆒《われかのそんのくどくのじをとくに》　衆善無辺如㆓海水㆒《しゅぜんむへんにしてかいすいのごとし》」（十二礼　六八一）とをし

なり」（左訓）

無上菩提　「上なき仏《ほとけ》になることなり」（左訓）

無対　「たくらぶることなきなり」（左訓）

炎王　「火を千ならべたらんよりもすぐれたりとなり」（左訓）

し…　以下原本一葉欠落。

おろおろ　不十分ながら。ざっと。

我説彼尊…　本文に付してある訓点にしたがって、その書き下しを振り仮名の体裁で示した。

へたまへり。かるがゆゑに不可思議光仏《ふかしぎこうぶつ》と申《もう》すとみえたり。不可思議光仏《ふかしぎこうぶつ》のゆゑに「尽十方無碍光仏《じんじっぽうむげこうぶつ》と申《もう》す」と、世親菩薩《せしんぼさつ》（天親）は『往生論《おうじょうろん》』（浄土論）
6 にあらはせり。阿弥陀仏《あみだぶつ》に十二《じゅうに》のひかりの名《な》まし＊……

【二】……『浄土論《じょうどろん》』にあらはしたまへり。いふ、諸仏咨嗟《しょぶつししゃ》の願《がん》（第十七願）に大行《だいぎょう》あり。大行《だいぎょう》といふは、無碍光仏《むげこうぶつ》の御名《みな》を称《しょう》するなり。この行《ぎょう》あまねく一切《いっさい》の行《ぎょう》を摂《せっ》す。＊極速円満《ごくそくえんまん》せり。かるがゆゑに大行《だいぎょう》となづく。このゆゑによく衆生《しゅじょう》の一切《いっさい》の無明《むみょう》を破《は》す。また煩悩《ぼんのう》を具足《ぐそく》せるわれら、無碍光仏《むげこうぶつ》の御《おん》ちかひをふたごころなく信《しん》ずるゆゑに、無量光明土《むりょうこうみょうど》にいたるなり。光明土《こうみょうど》にいたれば、自然《じねん》に無量《むりょう》の徳《とく》を得《え》しめ、広大《こうだい》のひかりを具足《ぐそく》す。広大《こうだい》の光《ひかり》を得《う》るゆゑに、さまざまのさとりをひらくなり。

【三】難思光仏《なんじこうぶつ》と申《もう》すは、この弥陀如来《みだにょらい》のひかりの徳《とく》をば、釈迦如来《しゃかにょらい》も御《おん》こころおよばずと説《と》きたまへり。こころのおよばぬゆゑに難思光仏《なんじこうぶつ》といふなり。

【四】つぎに無称光《むしょうこう》と申《もう》すは、これも、「この不可思議光仏《ふかしぎこうぶつ》の功徳《くどく》は説《と》き尽《つく》しがたし」と釈尊《しゃくそん》のたまへり。ことばもおよばずとなり。このゆゑに無称光《むしょうこう》と申《もう》すとのたまへり。しかれば、曇鸞和尚《どんらんかしょう》の『讃阿弥陀仏偈《さんあみだぶつげ》』には、難思光仏《なんじこうぶつ》

し…　以下原本一葉欠落。

極速円満せり　「ことばもおよばず、こころもたえたりとなり」（左訓）きわめて速やかに往生の因が満足する。

と無称光仏《むしょうこうぶつ》とを合《がっ》して、「南無不可思議光仏《なもふかしぎこうぶつ》」とのたまへり。この不可思議光《ふかしぎこう》仏《ぶつ》のあらはれたまふべきところを、かねて世親菩薩《せしんぼさつ》（天親）の*……

【一五】……としとみえたり。自力《じりき》の行者《ぎょうじゃ》をば、如来《にょらい》とひとしといふことはあるべからず。おのおの自力《じりき》の心《しん》にては、不可思議光仏《ふかしぎこうぶつ》の土《ど》にいたることあたはずとなり。ただ他力《たりき》の信心《しんじん》によりて、不可思議光仏《ふかしぎこうぶつ》の土《ど》にはいたるとみえた
7 り。かの土《ど》に生《うま》れんとねがふ信者《しんじゃ》には、*不可称不可説不可思議《ふかしょうふかせつふかしぎ》の徳《とく》を具足《ぐそく》す。こころもおよばれず、ことばもたえたり。かるがゆゑに不可思議光仏《ふかしぎこうぶつ》と申《もう》すとみえたりとなり。

*南無不可思議光仏《なもふかしぎこうぶつ》

*草本《そうほん》にいはく

*文応元年《ぶんおうがんねん》庚申《かのえさる》十二月《じゅうにがつ》二日《ふつか》これを書写《しょしゃ》す。

愚禿親鸞《ぐとくしんらん》八十八歳《はちじゅうはっさい》書《か》きをはりぬ。

八

の… 以下原本十行欠落。

不可称… たたえ尽すことも、説き尽すことも、心で思いはかることもできない。

南無不可思議光仏 「南無は智慧《ちえ》なり。不可思議はりなり。光仏はきやうなりと知るべし」（左訓）

草本にいはく 「草本」とは書写原本のこと。原本にあった奥書をそのまま転写したことを示す。

文応元年 一二六〇年。

親鸞聖人御消息
しんらんしょうにんごしょうそく

本書題号の「御消息《ごしょうそく》」とは、親鸞聖人《しんらんしょうにん》が関東から京都に帰られて遷化《せんげ》されるまでに、関東各地の門弟に与えられた手紙のことである。四十三通あって、そのほとんどは『御消息集』『血脈文集《けちみゃくもんじゅう》』や従覚上人《じゅうかくしょうにん》が編集された『末灯鈔《まっとうしょう》』などに収録されているが、近年公表された真蹟消息や古写本等も含まれている。その内容は門弟の質問に対する返事や聖人の身辺のことであり、門弟からの懇志に対するお礼に添えて書かれたものなどもある。これらの消息集におさめられたものには、互いに重複するものや、真蹟などとの異同が認められるものがある。このため『原典版』では、年代の確定できるものおよび年代の推定が確実視されるものを年代順に、次いで年代の推定に疑問が残るものおよび年代が不明のものを月日順に配列する編綴方法をとった。そして本聖典では、各消息の簡単な内容紹介と消息集諸本における該当通数とを各通の初めに示した。

この消息を通して、関東の門弟たちの間で、教義的にどのようなことが問題になっていたかを推測することができる。誓願名号同一《せいがんみょうごうどういつ》や「如来とひとし」ということについての説明、また造悪無礙《ぞうあくむげ》の異義に対する厳しい批判などがそれである。さらに念仏停止の訴訟に関することや善鸞《ぜんらん》義絶と関連するものがいくつかみられることも注意すべきである。その他、「自然法爾章《じねんほうにしょう》」のような短篇の法語も収録されている。

全体としては、晩年の聖人の信心の領解《りょうげ》がうかがわれるとともに、指導者としての聖人の態度や門弟の信仰態度などを知ることができ、初期の真宗教団の動静をうかがうのに欠かせないものである。

親《しん》鸞《らん》聖《しょう》人《にん》御《ご》消《しょう》息《そく》

(一)

有念無念《うねんむねん》の事《こと》。

来迎《らいこう》は諸行往生《しょぎょうおうじょう》にあり、自力《じりき》の行者《ぎょうじゃ》なるがゆゑに。*臨終《りんじゅう》といふことは、諸行往生《しょぎょうおうじょう》のひとにいふべし、いまだ真実《しんじつ》の信心《しんじん》をえざるがゆゑなり。また十《じゅう》悪《あく》・五逆《ごぎゃく》の罪人《ざいにん》のはじめて善知識《ぜんぢしき》にあうて、すすめらるるときにいふことなり。真実信心《しんじつしんじん》の行人《ぎょうにん》は、摂取不捨《せっしゅふしゃ》のゆゑに正定聚《しょうじょうじゅ》の位《くらい》に住《じゅう》す。このゆゑに臨《りん》終《じゅう》まつことなし、来迎《らいこう》たのむことなし。信心《しんじん》の定《さだ》まるとき往生《おうじょう》また定《さだ》まるなり。来迎《らいこう》の*儀則《ぎそく》をまたず。

正念《しょうねん》といふは、本弘誓願《ほんぐぜいがん》の信楽《しんぎょう》定《さだ》まるをいふなり。この信心《しんじん》うるゆゑに、かならず無上涅槃《むじょうねはん》にいたるなり。この信心《しんじん》を一心《いっしん》といふ、この一心《いっしん》を金剛心《こんごうしん》といふ、この金剛心《こんごうしん》を大菩提心《だいぼだいしん》といふなり。これすなはち他力《たりき》のなかの他力《たりき》なり。

また正念《しょうねん》といふにつきて二《ふた》つあり。一《ひと》つには*定心《じょうしん》の行人《ぎょうにん》の正念《しょうねん》、二《ふた》つには

〈第一通は、関東在住の門弟の疑問に答えた法語で、臨終正念を祈り、有念無念を沙汰することは、ともに浄土真宗の法義にかなわないことを示す。なお、「有念無念の事」という標題は後世の付加と考えられる。『末灯鈔』(1)〉

臨終　ここでは臨終の時に初めて浄土往生が決定《けつじょう》することを指す。

儀則　ここでは臨終における聖衆来迎《しょうじゅらいこう》の儀式のこと。

定心の行人の正念　定善を行ずる人にそなわる正念。↓定善《じょうぜん》

*散心《さんしん》の行人《ぎょうにん》の正念《しょうねん》あるべし。この二《ふた》つの正念《しょうねん》は、他力《たりき》のなかの自力《じりき》の正念《しょうねん》なり。定散《じょうさん》の善《ぜん》は、諸行往生《しょぎょうおうじょう》のことばにをさまるなり。この善《ぜん》は、他力《たりき》のなかの自力《じりき》の善《ぜん》なり。この自力《じりき》の行人《ぎょうにん》は、来迎《らいこう》をまたずしては、辺地《へんじ》・胎生《たいしょう》・懈《け》慢界《まんがい》までも生《うま》るべからず。このゆゑに第十九《だいじゅうく》の誓願《せいがん》に、「もろもろの善《ぜん》をして浄土《じょうど》に回向《えこう》して往生《おうじょう》せんとねがふ人《ひと》の臨終《りんじゅう》には、われ現《げん》じて迎《むか》へん」と誓《ちか》ひたまへり。臨終《りんじゅう》まつことと来迎往生《らいこうおうじょう》といふことは、この定心《じょうしん》・散心《さんしん》の行者《ぎょうじゃ》のいふことなり。

4

　選択本願《せんじゃくほんがん》は*有念《うねん》にあらず、*無念《むねん》にあらず。有念《うねん》はすなはち*色形《しきぎょう》をおもふにつきていふことなり。無念《むねん》といふは、形《かたち》をこころにかけず、色《いろ》をこころにおもはずして、念《ねん》もなきをいふなり。これみな聖道《しょうどう》のをしへなり。*聖道《しょうどう》といふは、すでに仏《ぶつ》に成《な》りたまへる人《ひと》の、われらがこころをすすめんがために、仏心宗《ぶっしんしゅう》・真言宗《しんごんしゅう》・法華宗《ほっけしゅう》・華厳宗《けごんしゅう》・三論宗等《さんろんしゅうとう》の大乗至極《だいじょうしごく》の教《きょう》なり。仏心宗《ぶっしんしゅう》といふは、この世《よ》にひろまる禅宗《ぜんしゅう》これなり。また法相宗《ほっそうしゅう》・成実宗《じょうじつしゅう》・倶舎宗等《くしゃしゅうとう》の権教《ごんきょう》、小乗等《しょうじょうとう》の教《きょう》なり。これみな聖道門《しょうどうもん》なり。権教《ごんきょう》といふは、すなはちすでに仏《ぶつ》に成《な》りたまへる仏《ぶつ》・菩薩《ぼさつ》の、かりにさまざまの形《かたち》をあらはしてすすめたまふが

散心の行人の正念　散善を行ずる人にそなわる正念。→散善《さんぜん》

有念　→有念《うねん》[1]

無念　→無念《むねん》[1]

色形　いろ、かたち。ここでは仏身《ぶっしん》・浄土の荘厳相《しょうごんそう》など具体的に示された仏徳のことを指す。

聖道といふは…　親鸞聖人独自の解釈。聖道門《しょうどうもん》を権《ごん》化《け》の聖者《しょうじゃ》の説いた方便誘引の教えとみる意。

ゆゑに権《ごん》といふなり。

浄土宗《じょうどしゅう》にまた*有念《うねん》あり、*無念《むねん》あり。有念《うねん》は散善《さんぜん》の義《ぎ》、無念《むねん》は定善《じょうぜん》の義《ぎ》なり。浄土《じょうど》の無念《むねん》は聖道《しょうどう》の無念《むねん》には似《に》ず。またこの†聖道《しょうどう》の無念《むねん》のなかにまた有念《うねん》あり。よくよくとふべし。

浄土宗《じょうどしゅう》のなかに真《しん》あり、仮《け》あり。真《しん》といふは選択本願《せんじゃくほんがん》なり、仮《け》といふは定《じょう》散二善《さんにぜん》なり。選択本願《せんじゃくほんがん》は*浄土真宗《じょうどしんしゅう》なり、定散二善《じょうさんにぜん》は方便仮門《ほうべんけもん》なり。浄土真《じょうどしん》宗《しゅう》は大乗《だいじょう》のなかの至極《しごく》なり。方便仮門《ほうべんけもん》のなかにまた大小《だいしょう》・権実《ごんじつ》の教《きょう》あり。*釈《しゃ》迦如来《かにょらい》の御善知識《ごぜんぢしき》は一百一十人《いっぴゃくいちじゅうにん》なり。『華厳経《けごんぎょう》』にみえたり。

南無阿弥陀仏《なもあみだぶつ》

*建長三歳《けんちょうさんさい》辛亥《かのとのい》閏九月《うるうくがつ》二十日《はつかのひ》

愚禿親鸞《ぐとくしんらん》七十九歳《しちじゅうくさい》

（三）

†かたがたよりの御《おん》こころざしのものども、数《かず》のままにたしかにたまはり候《そうろ》ふ。*明教房《みょうきょうぼう》の*のぼられて候《そうろ》ふこと、ありがたきことに候《そうろ》ふ。かたがたの御《おん》こころざし、申《もう》しつくしがたく候《そうろ》ふ。明法御房《みょうほうのおんぼう》の往生《おうじょう》のこと、おどろきまうす

有念　→有念《うねん》[2]
無念　→無念《むねん》[2]
浄土真宗　→浄土真宗《じょうどしんしゅう》[1]
釈迦如来の…　『華厳経《けごんぎょう》』「入法界品《にゅうほっかいぼん》」（晋訳巻五十八）には「この童子（善財《ぜんざい》童子）は昔頻陀伽羅城《ひんだからじょう》において文殊師利《もんじゅしり》の教を受け、展転して善知識《ぜんぢしき》を求めて、一百一十のもろもろの善知識を経由し…」とある。
建長三歳　一二五一年。〈第二通は、鹿島・行方《なめかた》・南の荘などの常陸《ひたち》（現在の茨城県）南部の門弟のために書かれたもので、明法房《みょうほうぼう》やひらつかの入道の往生について感慨を述べ、造悪無碍《ぞうあくむげ》の異義を誡めている。『末灯鈔』(20)〉
明教房　「交名牒《きょうみょうちょう》」（門弟の連名簿）によると、常陸の乗信《じょうしん》の弟子。
のぼられて　京都へ上られ

べきにはあらねども、かへすがへすうれしく候《そうろ》ふ。*鹿島《かしま》・*行方《なめかた》・*奥郡《おうぐん》、かやうの往生《おうじょう》ねがはせたまふひとびとの、みなの御《おん》よろこびにて候《そうろ》ふ。また*ひらつかの入道殿《にゅうどうどの》の御往生《ごおうじょう》のことき候《そうろ》ふこそ、かへすがへす申《もう》すにかぎりなくおぼえ候《そうら》へ。めでたさ申《もう》しつくすべくも候《そうら》はず。おのおのみな往生《おうじょう》は*一定《いちじょう》とおぼしめすべし。さりながらも、往生《おうじょう》をねがはせたまふひとびとの御中《おんなか》にも、御《おん》こころえぬことも候《そうら》ひき、いまもさこそ候《そうろ》ふらめとおぼえ候《そうろ》ふ。京《きょう》にもこころえずして、やうやうにまどひあうて候《そうろ》ふめり。*くにぐににもおほくきこえ候《そうろ》ふ。法然聖人《ほうねんしょうにん》の御弟子《おんでし》のなかにも、われは*ゆゆしき学生《がくしょう》などとおもひあひたるひとびとも、この世《よ》には、みなやうやうに法文《ほうもん》をいひかへて、身《み》もまどひ、ひとをもまどはして、わづらひあうて候《そうろ》ふめり。

聖教《しょうぎょう》のをしへをもみずしらぬ、おのおののやうにおはしますひとびとは、
往生《おうじょう》にさはりなしとばかりいふをきて、*あしざまに御《おん》こころえあること、
6 おほく候《そうら》ひき。いまもさこそ候《そうろ》ふらめとおぼえ候《そうろ》ふ。浄土《じょうど》の教《きょう》もしらぬ*信見房《しんけんぼう》
などが申《もう》すことによりて、*ひがざまにいよいよなりあはせたまひ候《そうろ》ふらんをき
き候《そうろ》ふこそ、あさましく候《そうら》へ。

て。

鹿島　常陸《ひたち》の南東部、鹿島灘に面している郡。

行方　鹿島の西隣の郡。

奥郡　常陸の北部一帯をいう。

ひらつかの入道　相模《さがみ》（現在の神奈川県）大磯の善福寺の開基了源《りょうげん》とも伝えられるが、下総《しもうさ》結城（現在の茨城県結城市）の称名寺所蔵文書に出る「平塚入道」とみるべきか。結城市近在の八千代町に平塚という地名が中世から存在する。

一定　確かに定まっていること。

くにぐに　ここでは京都に対して地方の諸国のことをいう。

ゆゆしき学生　すぐれた学者。

あしざまに　間違って。

まづおのおの、むかしは弥陀《みだ》のちかひをもしらず、阿弥陀仏《あみだぶつ》をも申《もう》さずおはしまし候《そうら》ひしが、釈迦《しゃか》・弥陀《みだ》の*御方便《ごほうべん》にもよほされて、いま弥陀《みだ》のちかひをもききはじめておはします身《み》にて候《そうろ》ふなり。もとは無明《むみょう》の酒《さけ》に酔《え》ひて、貪欲《とんよく》・瞋恚《しんに》・愚痴《ぐち》の三毒《さんどく》をのみ好《この》みめしあうて候《そうら》ひつるに、仏《ぶつ》のちかひをききはじめしより、無明《むみょう》の酔《え》ひも*やうやうすこしづつさめ、三毒《さんどく》をもすこしづつ好《この》まずして、阿弥陀仏《あみだぶつ》の薬《くすり》をつねに好《この》みめす身《み》となりておはしましあうて候《そうろ》ふぞかし。

しかるに、なほ酔《え》ひもさめやらぬに、かさねて酔《え》ひをすすめ、毒《どく》も消《き》えやらぬに、なほ毒《どく》をすすめられ候《そうろ》ふらんこそ、あさましく候《そうら》へ。煩悩具足《ぼんのうぐそく》の身《み》なればとて、こころにまかせて、身《み》にもすまじきことをもゆるし、口《くち》にもいふまじきことをもゆるし、こころにもおもふまじきことをもゆるして、*いかにもこころのままにてあるべしと申《もう》しあうて候《そうろ》ふらんこそ、かへすがへす*不便《ふびん》におぼえ候《そうら》へ。酔《え》ひもさめぬさきに、なほ酒《さけ》をすすめ、毒《どく》も消《き》えやらぬに、いよいよ毒《どく》をすすめんがごとし。薬《くすり》あり毒《どく》を好《この》めと候《そうろ》ふらんことは、*あるべくも候《そうら》はずと†ぞおぼえ候《そうろ》ふ。仏《ぶつ》の御名《みな》をもきき念仏《ねんぶつ》を申《もう》して、ひさしくなりておはしまさんひとびとは、*後世《ごせ》のあしきことをいとふしるし、この身《み》のあしきことをばいと

信見房　伝未詳。

ひがざまに　誤ったふうに。

御方便《ほうべん》　善巧《ぜんぎょう》方便のこと。
↓方便

やうやう　次第に。

いかにも…　どのようにでも、自分の心のままにすればよいと。

不便　気の毒なこと。心の痛むこと。

あるべくも…　あってよいことではないと思われます。

後世　「この世」とする異本がある。

ひすてんとおぼしめすしるしも候《そうろ》ふべしとこそおぼえ候《そうら》へ。

7　はじめて仏《ぶつ》のちかひをききはじむるひとびとの、わが身《み》のわろく、こころのわろきをおもひしりて、この身《み》のやうにてはなんぞ往生《おうじょう》せんずるといふひとにこそ、煩悩具足《ぼんのうぐそく》したる身《み》なれば、わがこころの善悪《ぜんあく》をば沙汰《さた》せず、迎《むか》へたまふぞとは申《もう》し候《そうら》へ。かくききてのち、仏《ぶつ》を信《しん》ぜんとおもふこころふかくなりぬるには、まことにこの身《み》をもいとひ、流転《るてん》せんことをもかなしみて、ふかくちかひをも信《しん》じ、阿弥陀仏《あみだぶつ》をも好《この》みまうしなんどするひとは、†もとこそ、こころのままにてあしきことをもおもひ、あしきことをもふるまひなんどせしかども、いまはさやうのこころをすてんとおぼしめしあはせたまはばこそ、世《よ》をいとふしるしにても候《そうら》はめ。また往生《おうじょう》の信心《しんじん》は、釈迦《しゃか》・弥陀《みだ》の御《おん》すすめによりておこるとこそみえて候《そうら》へば、さりともまことのこころおこらせたまひなんには、いかがむかしの御《おん》こころのままにては候《そうろ》ふべき。

この御中《おんなか》のひとびとも、少々《しょうしょう》はあしきさまなることのきこえ*候《そうろ》ふめり。師《し》をそしり、善知識《ぜんぢしき》をかろしめ、同行《どうぎょう》をもあなづり*なんどしあはせたまふよしきき候《そうろ》ふこそ、あさましく候《そうら》へ。すでに謗法《ほうぼう》のひとなり、五逆《ごぎゃく》のひとなり。な*

きこえ　うわさ。風評。評判。
あなづり　軽蔑したり。
なれむつぶ　親しく交際する。

れむつぶべからず。『浄土論《じょうどろん》』（論註・上意）と申《もう》すふみには、「*かやうのひとは仏法信《ぶっぽうしん》ずるこころのなきより、このこころはおこるなり」と候《そうろ》ふめり。また至《し》誠心《じょうしん》のなかには、「*かやうに悪《あく》をこのまんにはつつしんでとほざかれ、ちかづくべからず」（散善義・意）とこそ説《と》かれて候《そうら》へ。善知識《ぜんぢしき》・同行《どうぎょう》にはしたしみちかづけとこそ説《と》きおかれて候《そうら》へ。

　悪《あく》をこのむひとにもちかづきなんどすることは、浄土《じょうど》にまゐりてのち、衆《しゅ》
8
生利益《じょうりやく》にかへりてこそ、さやうの罪人《ざいにん》にもしたがひちかづくことは候《そうら》へ。それも、わがはからひにはあらず。弥陀《みだ》のちかひによりて御《おん》たすけにてこそ、おもふさまのふるまひも候《そうら》はんずれ。*当時《とうじ》は、この身《み》どものやうにては、いかが候《そうろ》ふべかるらんとおぼえ候《そうろ》ふ。よくよく案《あん》ぜさせたまふべく候《そうろ》ふ。

　往生《おうじょう》の金剛心《こんごうしん》のおこることは、仏《ぶつ》の御《おん》はからひよりおこりて候《そうら》へば、金剛《こんごう》心《しん》をとりて候《そうら》はんひとは、*よも師《し》をそしり善知識《ぜんぢしき》をあなづりなんどすることは候《そうら》はじとこそおぼえ候《そうら》へ。この文《ふみ》をもつて鹿島《かしま》・行方《なめかた》・*南《みなみ》の荘《しょう》、いづかたもこれにこころざしおはしまさんひとには、おなじ御《おん》こころによみきかせたまふべく候《そうろ》ふ。*あなかしこ、あなかしこ。

かやうの…おこるなり　『論註』（上）の「五逆罪の正法なきより生ず」とある文を指す。

かやうに…　「散善義」の「もし善業《ぜんごう》にあらずは、つつしんでこれを遠ざかれ、また随喜せざれ」とある文を指す。

当時　いま。現在。

よも　まさか。

南の荘　現在の茨城県新治《にいはり》郡の南部。

あなかしこ　原意は「なんとまあ、おそれ多いことよ」。転じて書簡の末尾におかれる慣用語。

*建長《けんちょう》四《し》年《ねん》二《に》月《がつ》二十四日《にじゅうよっかのひ》

(三)

この明教房《みょうきょうぼう》ののぼられて候《そうろう》ふこと、まことにありがたきこととおぼえ候《そうろう》ふ。明法御房《みょうほうのおんぼう》の御往生《ごおうじょう》のことをまのあたりきき候《そうろう》ふも、うれしく候《そうろう》ふ。ひとびとの御《おん》こころざしも、ありがたくおぼえ候《そうろう》ふ。かたがたこのひとびとののぼり、不思議《ふしぎ》のことに候《そうろう》ふ。この文《ふみ》をたれたれにもおなじこころによみきかせたまふべく候《そうろう》ふ。この文《ふみ》は奥郡《おうぐん》におはします同朋《どうぼう》の御中《おんなか》に、みなおなじく御覧《ごらん》候《そうろう》ふべし。あなかしこ、あなかしこ。

*としごろ念仏《ねんぶつ》して往生《おうじょう》ねがふしるしには、もとあしかりしわがこころをお
9 もひかへして、とも同朋《どうぼう》にもねんごろにこころのおはしましあはばこそ、世《よ》を
いとふしるしにても候《そうら》はめとこそおぼえ候《そうら》へ。よくよく御《おん》こころえ候《そうろう》ふべし。

(四)

御文《おんふみ》たびたびまゐらせ候《そうら》ひき。御覧《ごらん》ぜずや候《そうら》ひけん。なにごとよりも明法《みょうほうの》御房《おんぼう》の往生《おうじょう》の本意《ほんい》とげておはしまし候《そうろう》ふこそ、常陸国《ひたちのくに》うちの、*これにこころざしおはしますひとびとの御《おん》ために、*めでたきことにて候《そうら》へ。往生《おうじょう》はともか

建長四年　一二五二年。親鸞聖人八十歳。〈第三通は、その内容から、独立した消息ではなく、追伸であろうと考えられる。『末灯鈔』(19)後半〉

としごろ　多年。年来。〈第四通は、常陸《ひたち》（現在の茨城県）の門弟に宛てたもの。その内容は、明法房《みょうほうぼう》の回心《えしん》の事実にことよせて、造悪無礙《ぞうあくむげ》の異義を誡めたものである。第二通とは内容的に重なるところが多い。『末灯鈔』(19)前半〉

これに　往生ということに。

めでたきこと　よろこばしいこと。

くも凡夫《ぼんぶ》のはからひにてすべきことにても候《そうら》はず。*めでたき智者《ちしゃ》もはからふべきことにも候《そうら》はず。*大小《だいしょう》の聖人《しょうにん》だにも、ともかくもはからはで、ただ願力《がんりき》にまかせてこそおはしますことにて候《そうら》へ。ましておのおののやうにおはしますひとびとは、ただこのちかひありとききき、南無阿弥陀仏《なもあみだぶつ》にあひまゐらせたまふこそ、ありがたく、めでたく候《そうろ》ふ御果報《ごかほう》にては候《そうろ》ふなれ。とかくはからはせたまふこと、ゆめゆめ候《そうろ》ふべからず。さきにくだしまゐらせ候《そうら》ひし『唯信鈔《ゆいしんしょう》』・『自力他力《じりきたりき》』なんどのふみにて御覧候《ごらんそうろ》ふべし。*それこそ、この世《よ》にとりてはよきひとびとにておはします。すでに往生《おうじょう》をもしておはしますひとびとにて候《そうら》へば、そのふみどもに書《か》かれて候《そうろ》ふには、なにごともなにごとも*すぐべくも候《そうら》はず。法然聖人《ほうねんしょうにん》の御《おん》をしへを、よくよく御《おん》こころえたるひとびとにておはしますに候《そうら》ひき。さればこそ、往生《おうじょう》もめでたくしておはしまし候《そうら》へ。

おほかたは、としごろ念仏申《ねんぶつもう》しあひたまふひとびとのなかにも、ひとへに*わがおもふさまなることをのみ申《もう》しあはれて候《そうろ》ふひとびとも候《そうら》ひき。いまもさぞ候《そうろ》ふらんとおぼえ候《そうろ》ふ。明法房《みょうほうぼう》などの往生《おうじょう》しておはしますも、もとは*不可思《ふかし》議《ぎ》のひがごとをおもひなんどしたるこころをもひるがへしなんどしてこそ候《そうら》ひ

めでたき智者　すぐれた智《ち》慧《え》者。

大小の聖人　大乗の聖者《しょうじゃ》と小乗の聖者。

それこそ　『唯信鈔』『自力他力事』の著者である聖覚《せいかく》法印《ほういん》・隆寛律師《りゅうかんりっし》こそは。

すぐべくも候はず　まさることのできるものはありません。

わがおもふさまなること　自分勝手なこと。

不可思議のひがごと　とんでもない間違い。考えられないような誤り。ここでは明法房《みょうほうぼう》がかつて犯した悪事を指していう。

しか。*われ往生《おうじょう》すべければとて、すまじきことをもし、おもふまじきことをもおもひ、いふまじきことをもいひなどすることはあるべくも候《そうら》はず。貪欲《とんよく》の煩悩《ぼんのう》にくるはされて欲《よく》もおこり、瞋恚《しんに》の煩悩《ぼんのう》にくるはされてねたむべくもなき因果《いんが》をやぶるこころもおこり、愚痴《ぐち》の煩悩《ぼんのう》にまどはされておもふまじきことなどもおこるにてこそ候《そうら》へ。めでたき仏《ぶつ》の御《おん》ちかひのあればとて、わざとすまじきことどもをもし、おもふまじきことどもをもおもひなどせんは、よくよくこの世《よ》のいとはしからず、身《み》のわろきことをおもひしらぬにて候《そうら》へば、念仏《ねんぶつ》にこころざしもなく、仏《ぶつ》の御《おん》ちかひにもこころざしのおはしまさぬにて候《そうら》へば、念《ねん》仏《ぶつ》せさせたまふとも、その御《おん》こころざしにては*順次《じゅんじ》の往生《おうじょう》も*かたくや候《そうろ》ふべからん。よくよくこのよしをひとびとに、きかせまゐらせさせたまふべく候《そうろ》ふ。かやうにも申《もう》すべくも候《そうら》はねども、なにとなくこの辺《へん》のことを御《おん》こころにかけあはせたまふひとびとにておはしましあひて候《そうら》へば、かくも申《もう》し候《そうろ》ふなり。この世《よ》の念仏《ねんぶつ》の義《ぎ》は、やうやうにかはりあうて候《そうろ》ふめれば、とかく申《もう》すにおよばず候《そうら》へども、故聖人《こしょうにん》（法然）の御《おん》をしへをよくよくうけたまはりておは
11 しますひとびとは、*いまももとのやうにかはらせたまふこと候《そうら》はず。*世《よ》かくれ

われ往生すべければとて　自分が往生できるはずだからといって。

順次の往生　現世の命が終って、次にただちに浄土に生れること。

かたくや候ふべからん　困難なことであるはずでしょう。

いまも…　今も法然《ほうねん》聖人御在世の時と同様で異義を立てることはしておりません。

世かくれなきことなれば　世間に知れわたったことなので。

なきことなれば、きかせたまひあうて候《そうろ》ふらん。*浄土宗《じょうどしゅう》の義《ぎ》、みなかはりておはしましあうて候《そうろ》ふひとびとも、聖人《しょうにん》（法然）の御弟子《おんでし》にて候《そうら》へども、やうやうに義《ぎ》をもいひかへなどして、身《み》もまどひ、ひとをもまどはかしあうて候《そうろ》ふめり。あさましきことにて候《そうろ》ふなり。京《きょう》にもおほくまどひあうて候《そうろ》ふめり。†まして、ゐなかは、さこそ候《そうろ》ふらめと*こころにくくも候《そうら》はず。なにごとも申《もう》しつくしがたく候《そうろ》ふ。またまた申《もう》し候《そうろ》ふべし。

（五）

善知識《ぜんぢしき》をおろかにおもひ、師《し》をそしるものをば、謗法《ほうぼう》のものと申《もう》すなり。おやをそしるものをば、五逆《ごぎゃく》のものと申《もう》すなり。同座《どうざ》せざれと候《そうろ》ふなり。されば*北《きた》の郡《こおり》に候《そうら》ひし*善証房《ぜんしょうぼう》は、おやを*のり、善信《ぜんしん》（親鸞）をやうやうにそしり候《そうら》ひしかば、ちかづきむつまじくおもひ候《そうら》はで、ちかづけず候《そうら》ひき。明法御房《みょうほうのおんぼう》の往生《おうじょう》のことをききながら、*あとをおろかにせんひとびとは、その同朋《どうぼう》にあらず候《そうろ》ふべし。無明《むみょう》の酒《さけ》に酔《え》ひたる人《ひと》にいよいよ酔《え》ひをすすめ、三毒《さんどく》をひさしく好《この》みくらふひとにいよいよ毒《どく》をゆるして好《この》めと申《もう》しあうて候《そうろ》ふらん、不便《ふびん》のことに候《そうろ》ふ。無明《むみょう》の酒《さけ》に酔《え》ひたることをかなしみ、三毒《さんどく》を好《この》みくうていまだ毒《どく》

浄土宗の義…　浄土宗の本義と全く異なる自己流の説を立てておられる人々も。

こころにくくも候はず　知りたいとも思いません。

〈第五通は、一通の独立した消息ではなく、もとは他の消息に添えられた追伸であったとみられている。『末灯鈔』(19)後半〉

北の郡　常陸《ひたち》（現在の茨城県）の北部一帯。

善証房　伝未詳。「善乗房」とする異本がある。

のり　ののしり。

あとを…　明法房《みょうほうぼう》ののこした行跡を疎かにするような人々。

も失《う》せはてず、無明《むみょう》の酔《え》ひもいまださめやらぬにおはしましあうて候《そうろ》ふぞかし。よくよく御《おん》こころえ候《そうろ》ふべし。

12

(六)

*笠間《かさま》の念仏者《ねんぶつしゃ》の疑《うたが》ひとはれたる事《こと》。

それ浄土真宗《じょうどしんしゅう》のこころは、往生《おうじょう》の根機《こんき》に他力《たりき》あり、自力《じりき》あり。このことすでに*天竺《てんじく》（印度）の論家《ろんげ》、浄土《じょうど》の祖師《そし》の仰《おお》せられたることなり。

まづ自力《じりき》と申《もう》すことは、行者《ぎょうじゃ》のおのおのの縁《えん》にしたがひて、*余《よ》の仏号《ぶつごう》を称《しょう》念《ねん》し、余《よ》の善根《ぜんごん》を修行《しゅぎょう》して、わが身《み》をたのみ、わがはからひのこころをもつて身口意《しんくい》のみだれごころをつくろひ、*めでたうしなして浄土《じょうど》へ往生《おうじょう》せんとおもふを自力《じりき》と申《もう》すなり。また他力《たりき》と申《もう》すことは、弥陀如来《みだにょらい》の御《おん》ちかひのなかに、選択摂取《せんじゃくせっしゅ》したまへる第十八《だいじゅうはち》の念仏往生《ねんぶつおうじょう》の本願《ほんがん》を信楽《しんぎょう》するを他力《たりき》と申《もう》すなり。如来《にょらい》の御《おん》ちかひなれば、「他力《たりき》には義《ぎ》なきを義《ぎ》とす」と、聖人《しょうにん》（法然）の仰《おお》せごとにてありき。義《ぎ》といふことは、はからふことばなり。行者《ぎょうじゃ》のはからひは自力《じりき》なれば、義《ぎ》といふなり。他力《たりき》は、本願《ほんがん》を信楽《しんぎょう》して往生必定《おうじょうひつじょう》なるゆゑに、*さらに義《ぎ》なしとなり。

〈第六通は、笠間の門弟の疑問に答えたもので、法語の形をとっている。内容は往生を願うものの中に自力他力の別があることを示して、義なきを義とする本願他力の趣を明らかにし、信心の行者を讃嘆したもの。この消息が書かれた建長七年（一二五五）は、慈信房《じしんぼう》善鸞《ぜんらん》義絶の前年に当っており、笠間の門弟の疑問の背景にはこの慈信房による異義のあったことが推測される。真蹟、『末灯鈔』(2)〉

笠間　現在の茨城県笠間市。親鸞聖人が関東で布教した頃の中心地。

天竺の論家浄土の祖師　七高僧をいう。→七高僧《しちこうそう》

余の仏号　阿弥陀仏以外の仏名。

めでたうしなして　立派にふるまって。

13

しかれば、わが身《み》のわるければ、*いかでか如来迎《にょらいむか》へたまはんとおもふべからず。凡夫《ぼんぶ》はもとより煩悩具足《ぼんのうぐそく》したるゆゑに、わるきものとおもふべし。またわがこころよければ、往生《おうじょう》すべしとおもふべからず。自力《じりき》の御《おん》はからひにては真実《しんじつ》の報土《ほうど》へ生《うま》るべからざるなり。「行者《ぎょうじゃ》のおのおのの自力《じりき》の信《しん》にては、懈慢《けまん》辺地《へんじ》の往生《おうじょう》、胎生疑城《たいしょうぎじょう》の浄土《じょうど》までぞ往生《おうじょう》せらるることにてあるべき」とぞ、うけたまはりたりし。第十八《だいじゅうはち》の本願成就《ほんがんじょうじゅ》のゆゑに阿弥陀如来《あみだにょらい》とならせたまひて、不可思議《ふかしぎ》の利益《りやく》きはまりましまさぬ御《おん》かたちを、天親菩薩《てんじんぼさつ》は尽十方無碍光《じんじっぽうむげこう》如来《にょらい》とあらはしたまへり。このゆゑに、よきあしき人《ひと》をきらはず、煩悩《ぼんのう》のこころをえらばず、へだてずして、往生《おうじょう》はかならずするなりとしるべしとなり。しかれば、恵心院《えしんいん》の和尚《かしょう》（源信）は、『往生要集《おうじょうようしゅう》』（下意 一〇九六）には、本《ほん》願《がん》の念仏《ねんぶつ》を信楽《しんぎょう》するありさまをあらはせるには、「行住座臥《ぎょうじゅうざが》を簡《えら》ばず、*時《じ》処《しょ》諸縁《しょえん》をきらはず」と仰《おお》せられたり。「真実《しんじつ》の信心《しんじん》をえたる人《ひと》は摂取《せっしゅ》のひかりにをさめとられまゐらせたり」（同・意）と、たしかにあらはせり。しかれば、「無明煩悩《むみょうぼんのう》を具《ぐ》して安養浄土《あんにょうじょうど》に往生《おうじょう》すれば、かならずすなはち無上仏果《むじょうぶっか》にいたる」と、釈迦如来《しゃかにょらい》説《と》きたまへり。

さらに　決して。少しも。全く。

いかでか…　どうして阿弥陀如来が迎え取ってくださろうか、（迎え取ってはくださらないだろう）と思ってはなりません。

時処諸縁　時間と場所とさまざまな条件。

しかるに、「五濁悪世《ごじょくあくせ》のわれら、釈迦一仏《しゃかいちぶつ》のみことを信受《しんじゅ》せんこと*ありがたかるべしとて、十方恒沙《じっぽうごうじゃ》の諸仏《しょぶつ》、証人《しょうにん》とならせたまふ」（散善義・意）と、善導和尚《ぜんどうかしょう》は釈《しゃく》したまへり。「釈迦《しゃか》・弥陀《みだ》・十方《じっぽう》の諸仏《しょぶつ》、みなおなじ御《おん》こころにて、本願念仏《ほんがんねんぶつ》の衆生《しゅじょう》には、影《かげ》の形《かたち》に添《そ》へるがごとくしてはなれたまはず」（同・意）とあかせり。しかれば、この信心《しんじん》の人《ひと》を釈迦如来《しゃかにょらい》は、「わが親《した》しき友《とも》なり」（大経・下意）とよろこびまします。この信心《しんじん》の人《ひと》を真《しん》の仏弟子《ぶつでし》といへり。この人《ひと》を正念《しょうねん》に住《じゅう》する人《ひと》とす。この人《ひと》は、〔阿弥陀仏《あみだぶつ》〕摂取《せっしゅ》して捨《す》てたまはざれば、金剛心《こんごうしん》をえたる人《ひと》と申《もう》すなり。この人《ひと》を*上上人《じょうじょうにん》とも、好人《こうにん》とも、妙好人《みょうこうにん》とも、*最勝人《さいしょうにん》とも、*希有人《けうにん》とも申《もう》すなり。この人《ひと》は正定聚《しょうじょうじゅ》の位《くらい》に定《さだ》まれるなりとしるべし。しかれば、*弥勒仏《みろくぶつ》とひとしき人《ひと》とのたまへり。これは真実信心《しんじつしんじん》をえたるゆゑに、かならず真実《しんじつ》の報土《ほうど》に往生《おうじょう》するなりとしるべし。

この信心《しんじん》をうることは、釈迦《しゃか》・弥陀《みだ》・十方諸仏《じっぽうしょぶつ》の御方便《ごほうべん》よりたまはりたるとしるべし。しかれば、「諸仏《しょぶつ》の御《おん》をしへをそしることなし。余《よ》の善根《ぜんごん》を行《ぎょう》ずる人《ひと》をそしることなし。この念仏《ねんぶつ》する人《ひと》をにくみそしる人《ひと》をも、にくみそしることあるべからず。あはれみをなし、*かなしむこころをもつべし」とこそ、聖《しょう》

一六

ありがたかるべし　困難であるに違いない。

上上人　この上ない人。

最勝人　この上なくすぐれた功徳《くどく》をそなえた人。

希有人　きわめてまれな人。

弥勒仏とひとしき人　弥勒は現在の一生を過ぎると仏となる。他力の念仏者も現世の一生を終えるとただちに仏のさとりを得るから、このように称される。↓便《べん》同弥勒《どうみろく》

かなしむ　いとおしむ。

人《にん》（法然）は仰《おお》せごとありしか。あなかしこ、あなかしこ。

仏恩《ぶっとん》のふかきことは、懈慢辺地《けまんへんじ》に往生《おうじょう》し、疑城胎宮《ぎじょうたいぐ》に＊往生《おうじょう》するだにも、弥陀《みだ》の御《おん》ちかひのなかに、第十九《だいじゅうく》・第二十《だいにじゅう》の願《がん》の御《おん》あはれみにてこそ、不可思議《ふかしぎ》のたのしみにあふことにて候《そうら》へ。仏恩《ぶっとん》のふかきこと、そのきはもなし。いかにいはんや、真実《しんじつ》の報土《ほうど》へ往生《おうじょう》して大涅槃《だいねはん》のさとりをひらかんこと、仏恩《ぶっとん》よくよく御案《ごあん》ども候《そうろ》ふべし。これさらに性信坊《しょうしんぼう》・親鸞《しんらん》がはからひまうすにはあらず候《そうろ》ふ。ゆめゆめ。

＊建長七歳乙卯十月三日《けんちょうしちさいきのとのうじゅうがつみっかのひ》

愚禿親鸞八十三歳《ぐとくしんらんはちじゅうさんさい》これを書《か》く。

（七）

四月七日《しがつなぬか》の御文《おんふみ》、五月二十六日《ごがつにじゅうろくにち》たしかにたしかにみ候《そうら》ひぬ。さては仰《おお》せられたること、信《しん》の一念《いちねん》・行《ぎょう》の一念《いちねん》ふたつなれども、信《しん》をはなれたる行《ぎょう》もなし、行《ぎょう》の一念《いちねん》をはなれたる信《しん》の一念《いちねん》もなし。そのゆゑは、行《ぎょう》と申《もう》すは、本願《ほんがん》の名号《みょうごう》をひとこゑとなへて往生《おうじょう》すと申《もう》すことをききて、ひとこゑをもとなへ、もしは十念《じゅうねん》をもせんは行《ぎょう》なり。この御《おん》ちかひをききて、疑《うたが》ふこころのすこしも

往生するだにも　往生することさえも。

建長七歳　一二五五年。

〈第七通は、下野高田《しもつけたかだ》（現在の栃木県芳賀郡）の覚信《かくしん》に与えたもの。信の一念と行の一念は不離の関係であると説く。古来、この消息は「信行一念章」と称されている。真蹟、『末灯鈔』⑾〉

15

なきを信《しん》の一念《いちねん》と申《もう》せば、信《しん》と行《ぎょう》とふたつときけども、行《ぎょう》をひとところゑするときて疑《うたが》はねば、行《ぎょう》をはなれたる信《しん》はなし＊とききて候《そうろ》ふ。また、信《しん》はなれたる行《ぎょう》なしとおぼしめすべし。

　これみな弥陀《みだ》の御《おん》ちかひと申《もう》すことをこころうべし。行《ぎょう》と信《しん》とは御《おん》ちかひを申《もう》すなり。あなかしこ、あなかしこ。

いのち候《そうら》はば、かならずかならずのぼらせたまふべし。

五月《ごがつ》二十八日《にじゅうはちにち》　（花押）

＊覚信御房《かくしんのおんぼう》　御返事《おんへんじ》

＊専信坊《せんしんぼう》、京《きょう》ちかくなられて候《そうろ》ふこそ、たのもしうおぼえ候《そうら》へ。また、御《おん》こころざしの銭《ぜに》＊三百文《さんびゃくもん》、たしかにたしかにかしこまりてたまはりて候《そうろ》ふ。

＊「建長八歳丙辰五月二十八日親鸞聖人御返事《けんちょうはっさいひのえたつごがつにじゅうはちにちしんらんしょうにんおんへんじ》」

（八）

　この御文《おんふみ》どものやう、くはしくみ候《そうろ》ふ。また、さては慈信《じしん》が法文《ほうもん》のやうゆゑに、常陸《ひたち》・下野《しもつけ》の人々《ひとびと》、念仏申《ねんぶつもう》させたまひ候《そうろ》ふことの、としごろうけたまはりたるやうには、みなかはりあうておはしますときこえ候《そうろ》ふ。かへすがへす†こ

とききて候ふ　法然《ほうねん》聖人から伝え聞いた法義であるから、「とききて候ふ」という。

覚信　「交名牒《きょうみょうちょう》」によると、下野高田《しもつけたかだ》（現在の栃木県芳賀郡）の住。『口伝鈔』（一六）に註して「太郎入道」とある。『御消息』（一三）の蓮位《れんい》添状、および『口伝鈔』（一六）によると、病をおして上洛し親鸞聖人のもとで往生したという。

専信　法名は専海《せんかい》。下野高田の住。「交名牒」には真《しん》仏《ぶつ》上人の門下とある。後に遠江《とおとうみ》池田（現在の静岡県浜松市）へ移住した。

三百文　一千文で一貫。およそ一貫で米一石（百升）が買えた。

建長八歳…　一二五六年。親鸞聖人八十四歳。「建…事」は包紙に別筆で記入。

16

ろうくあさましくおぼえ候《そうろ》ふ。としごろ往生《おうじよう》を一定《いちじよう》と仰《おお》せられ候《そうろ》ふ人々《ひとびと》、慈《じ》信《しん》とおなじやうに、そらごとをみな候《そうら》ひけるを、としごろふかくたのみまゐらせて候《そうら》ひけること、かへすがへすあさましう候《そうろ》ふ。

そのゆゑは、往生《おうじよう》の信心《しんじん》と申《もう》すことは、一念《いちねん》も疑《うたが》ふことの候《そうら》はぬをこそ、往生一定《おうじよういちじよう》とはおもひて候《そうら》へ。光明寺《こうみようじ》の和尚《かしよう》（善導）の信《しん》のやうををしへさせたまひ候《そうろ》ふには、「まことの信《しん》を定《さだ》められてのちには、弥陀《みだ》のごとくの仏《ぶつ》、釈《しや》迦《か》のごとくの仏《ぶつ》、そらにみちみちて、釈迦《しやか》のをしへ、弥陀《みだ》の本願《ほんがん》はひがごとなりと仰《おお》せらるるとも、一念《いちねん》も疑《うたがい》あるべからず」とこそうけたまはりて候《そうら》へば、そのやうをこそ、としごろ申《もう》して候《そうろ》ふに、慈信《じしん》ほどのものの申《もう》すことに、常陸《ひたち》・下野《しもつけ》の念仏者《ねんぶつしや》の、みな御《おん》こころどものうかれて*、はては、さしもたしかなる証《しよう》文《もん》を、ちからを尽《つく》して数《かず》あまた書《か》きてまゐらせて候《そうら》へば、それをみなすてあうておはしまし候《そうろ》ふときこえ候《そうら》へば、ともかくも申《もう》すにおよばず候《そうろ》ふ。

まづ慈信《じしん》が申《もう》し候《そうろ》ふ法文《ほうもん》のやう、*名目《みようもく》をもきかず。いはんやならひたることも候《そうら》はねば、慈信《じしん》にひそかにをしふべきやうも候《そうら》はず。また夜《よる》も昼《ひる》も慈信一《じしんいち》人《にん》に、人《ひと》にはかくして法文《ほうもん》をしへたること候《そうら》はず。もしこのこと、慈信《じしん》に申《もう》し

〈第八通は、慈信房《じしんぼう》を義絶したことを性信房《しようしんぼう》へ知らせたもので、第九通の義絶状と同日に書かれている。『血脈文集《けちみやくもんじゆう》』(2)〉

うかれて　動揺して。

名目　教義上の術語。教義の綱目。

ながら、そらごとをも申《もう》しかくして、人《ひと》にもしらせずしてをしへたること候《そうら》はば、三宝《さんぼう》を本《ほん》として、三界《さんがい》の諸天善神《しょてんぜんじん》・*四海《しかい》の*竜神八部《りゅうじんはちぶ》・閻魔王界《えんまおうかい》の*神祇《じんぎ》*冥道《みょうどう》の罰《ばつ》を、親鸞《しんらん》が身《み》にことごとくかぶり候《そうろ》ふべし。

自今以後《じこんいご》は、慈信《じしん》におきては、*子《こ》の義《ぎ》おもひきりて候《そうろ》ふなり。世間《せけん》のことにも、*不可思議《ふかしぎ》のそらごと、申《もう》すかぎりなきことどもを、申《もう》しひろめて候《そうら》へば、出世《しゅっせ》のみにあらず、世間《せけん》のことにおきても、おそろしき申《もう》しごとども数《かず》かぎりなく候《そうろ》ふなり。なかにも、この法文《ほうもん》のやうきき候《そうろ》ふに、こころもおよばぬ申《もう》しごとにて候《そうろ》ふ。*つやつや親鸞《しんらん》が身《み》には、ききもせず、ならはぬことにて候《そうろ》ふ。かへすがへすあさましう、こころうく候《そうろ》ふ。弥陀《みだ》の本願《ほんがん》をすてまゐらせて候《そうろ》ふことに、人々《ひとびと》のつきて、親鸞《しんらん》をもそらごと申《もう》したるものになして候《そうろ》ふ。こころうく、*うたてきことに候《そうろ》ふ。

17 おほかたは、『唯信抄《ゆいしんしょう》』・『自力他力《じりきたりき》の文《ふみ》』・『後世物語《ごせものがたり》の聞書《ききがき》』・『一念多念《いちねんたねん》の証文《しょうもん》』・『唯信鈔《ゆいしんしょう》の文意《もんい》』・『一念多念《いちねんたねん》の文意《もんい》』、これらを御覧《ごらん》じながら、慈信《じしん》が法文《ほうもん》によりて、おほくの念仏者達《ねんぶつしゃたち》の、弥陀《みだ》の本願《ほんがん》をすてまゐらせあうて候《そうろ》ふらんこと、申《もう》すばかりなく候《そうら》へば、かやうの御《おん》ふみども、これよりのちには仰《おお》せ

四海　須弥山《しゅみせん》をとりまく四方の海。全世界をいう。
竜神八部　仏法を護持する八種の鬼神《きじん》。↓八部《はちぶ》
神祇　天地の神々。
冥道　冥界の神々。
子の義　（親鸞の）子であるという関係。
不可思議のそらごと　考えられないような虚偽。
つやつや　少しも。全く。
うたてきことに候ふ　なさけないことです。

らるべからず候《そうろ》ふ。

また『*真宗《しんしゅう》の聞書《ききがき》』、性信房《しょうしんぼう》の書《か》かせたまひたるは、すこしもこれに申《もう》して候《そうろ》ふやうにたがはず候《そうら》へば、うれしう候《そうろ》ふ。『真宗《しんしゅう》の聞書《ききがき》』一帖《いちじょう》はこれにとどめおきて候《そうろ》ふ。

また*哀愍房《あいみんぼう》とかやの、いまだみもせず候《そうろ》ふ。また文一度《ふみいちど》もまゐらせたることもなし。くによりも*文《ふみ》たびたることもなし。親鸞《しんらん》が文《ふみ》を得《え》たると申《もう》し候《そうろ》ふなるは、おそろしきことなり。この『*唯信鈔《ゆいしんしょう》』書《か》きたるやう、あさましう候《そうら》へば、火《ひ》にやき候《そうろ》ふべし。かへすがへすこころうく候《そうろ》ふ。この文《ふみ》を人々《ひとびと》にもみせさせたまふべし。あなかしこ、あなかしこ。

五月二十九日《ごがつにじゅうくにち》　親鸞《しんらん》

性信房御返事《しょうしんぼうおんへんじ》

なほなほよくよく念仏者達《ねんぶつしゃたち》の信心《しんじん》は一定《いちじょう》と候《そうら》ひしことは、みな御《おん》そらごとどもにて候《そうら》ひけり。これほどに第十八《だいじゅうはち》の願《がん》をすてまゐらせあうて候《そうろ》ふ人々《ひとびと》の御《おん》ことばをたのみまゐらせて、としごろ候《そうら》ひけるこそ、あさましう候《そうろ》ふ。

この文《ふみ》をかくさるべきことならねば、よくよく人々《ひとびと》にみせまうしたまふべし。

真宗の聞書　性信房《しょうしんぼう》が自己の領解《りょうげ》を記したもの。高田派専修寺《せんじゅじ》蔵の弘安三年（一二八〇）の写本『真宗《しんしゅう》聞書《ききがき》』がそれであろうといわれる。『蔵外管窺録《ぞうがいかんきろく》』にこの書についての評がある。
哀愍房　伝未詳。
文たびたること　（哀愍房から）手紙をもらったこと。
唯信鈔　哀愍房の書いたもので、性信房がそれを親鸞聖人のもとへ送ってきたものか。

18

（九）

仰《おお》せられたること、くはしくききて候《そうろ》ふ。なによりは、哀愍房《あいみんぼう》とかやと申《もう》すなる人《ひと》の、*京《きょう》より文《ふみ》を得《え》たるとかやと申《もう》され候《そうろ》ふなる、かへすがへす不思議《ふしぎ》に候《そうろ》ふ。いまだかたちをもみず、文一度《ふみいちど》もたまはり候《そうら》はず、これよりも申《もう》すこともなきに、京《きょう》より文《ふみ》を得《え》たると申《もう》すなる、あさましきことなり。

また慈信房《じしんぼう》の法文《ほうもん》のやう、名目《みょうもく》をだにもきかず、しらぬことを、慈信一人《じしんいちにん》に、夜親鸞《よるしんらん》がをしへたるなりと、人《ひと》に慈信房申《じしんぼうもう》されて候《そうろ》ふとて、*これにも常陸《ひたち》・下野《しもつけ》の人々《ひとびと》は、みな親鸞《しんらん》がそらごとを申《もう》したるよしを申《もう》しあはれて候《そうら》へば、いまは父子《ふし》の義《ぎ》はあるべからず候《そうろ》ふ。

また*母《はは》の尼《あま》にも不思議《ふしぎ》のそらごとをいひつけられたること、申《もう》すかぎりなきこと、あさましう候《そうろ》ふ。*みぶの女房《にょうぼう》の、これへきたりて申《もう》すこと、慈信房《じしんぼう》が*たうたる文《ふみ》とて、もちてきたれる文《ふみ》、これにおきて候《そうろ》ふめり。慈信房《じしんぼう》が文《ふみ》とてこれにあり。その文《ふみ》、*つやつやいろはぬことゆゑに、*ままははに*いひまどはされたると書《か》かれたること、ことにあさましきことなり。世《よ》にありけるを、ままははの尼《あま》のいひまどはせりといふこと、あさましきそらごとなり。また*このせにいかにしてありけりともしらぬことを、みぶの女房《にょうぼう》のもとへも文《ふみ》のあるこ

二二

〈第九通は、慈信房《じしんぼう》義絶状ともいわれる。義絶事件後四十九年を経た嘉元三年（一三〇五）に顕智《けんち》上人が書写したもので、古来、いずれの消息集にも収められず、また他の書写も伝わっていない〉

京より文を…　京都にいるこの親鸞から手紙をもらったとかなんとか。

これにも　この親鸞に対しても。

母の尼　親鸞聖人の内室、恵信尼公《えしんにこう》。

みぶの女房　伝未詳。

たうたる文　「賜《た》びたる」の音便形。くださった手紙。

つやつや…　少しも手を加えてはありませんので。

ままはは　恵信尼公を中傷していったものか。

いひまどはされたる　慈信房が言いまどわされたとす

と、こころもおよばぬほどのそらごと、こころうきことなりとなげき候《そうろ》ふ。

まことにかかるそらごとどもをいひて、*六波羅《ろくはら》の辺《へん》、*鎌倉《かまくら》なんどに*披露《ひろう》せられたること、こころうきことなり。これらほどのそらごとはこの世《よ》のことなれば、いかでもあるべし。それだにも、そらごとをいふこと、*うたてきなり。いかにいはんや、往生極楽《おうじょうごくらく》の大事《だいじ》をいひまどはして、常陸《ひたち》・下野《しもつけ》の念仏者《ねんぶつしゃ》をまどはし、親《おや》にそらごとをいひつけたること、こころうきことなり。

19

第十八《だいじゅうはち》の本願《ほんがん》をば、しぼめるはなにたとへて、人《ひと》ごとにみなすてまゐらせたりときこゆること、まことに謗法《ほうぼう》のとが、また五逆《ごぎゃく》の罪《つみ》を好《この》みて、人《ひと》を損《そん》じまどはさるること、かなしきことなり。

ことに*破僧罪《はそうざい》と申《もう》す罪《つみ》は、五逆《ごぎゃく》のその一《ひと》つなり。親鸞《しんらん》にそらごとを申《もう》しつけたるは、父《ちち》を殺《ころ》すなり。五逆《ごぎゃく》のその一《ひと》つなり。このことどもつたへきくこと、あさましさ申《もう》すかぎりなければ、いまは親《おや》といふことあるべからず、子《こ》とおもふことおもひきりたり。三宝《さんぼう》・神明《しんめい》に申《もう》しきりをはりぬ。かなしきことなり。

わが法門《ほうもん》に似《に》ずとて、常陸《ひたち》の念仏者《ねんぶつしゃ》みなまどはさんと好《この》まるるときくこそ、こころうく候《そうら》へ。親鸞《しんらん》がをしへにて、常陸《ひたち》の念仏申《ねんぶつもう》す人々《ひとびと》を損《そん》ぜよと慈信房《じしんぼう》にを

る説と、親鸞聖人が言いまどわされたとする説との両説がある。

このせに　「この世に」「このぜに（銭）」とする説がある。

六波羅　六波羅探題。鎌倉幕府が京都においた出先機関。

鎌倉　鎌倉幕府のこと。

披露　上申すること。

うたてきなり　なげかわしいことです。

破僧　破和合僧《はわごうそう》の略。五逆の一。→五逆《ごぎゃく》

しへたると鎌倉《かまくら》まできこえんこと、あさましあさまし。

同《おなじき》　六月《ろくがつ》二十七日《にじゅうしちにち》到来《とうらい》

建長《けんちょう》八年《はちねん》六月《ろくがつ》二十七日《にじゅうしちにち》これを註《しる》す。　在判

五月《ごがつ》二十九日《にじゅうくにち》

慈信房御返事《じしんぼうおんへんじ》

*嘉元三年七月二十七日書写《かげんさんねんしちがつにじゅうしちにちしょしゃ》しをはんぬ。

（一〇）

また*五説《ごせつ》といふは、よろづの経《きょう》を説《と》かれ候《そうろ》ふに、五種《ごしゅ》にはすぎず候《そうろ》ふなり。一には仏説《ぶつせつ》、二には聖弟子《しょうでし》の説《せつ》、三には天仙《てんせん》の説《せつ》、四には鬼神《きじん》の説《せつ》、五には変《へん》化《げ》の説《せつ》といへり。この五《いつ》つのなかに、仏説《ぶつせつ》をもちゐてかみの四種《ししゅ》をたのむべからず候《そうろ》ふ。この三部経《さんぶきょう》は釈迦如来《しゃかにょらい》の自説《じせつ》にてましますとしるべしとなり。四土《しど》といふは、一には法身《ほっしん》の土《ど》、二には報身《ほうじん》の土《ど》、三には応身《おうじん》の土《ど》、四には化土《けど》なり。いまこの安楽浄土《あんらくじょうど》は報土《ほうど》なり。三身《さんしん》といふは、一には法身《ほっしん》、二には報身《ほうじん》、三には応身《おうじん》なり。いまこの弥陀如来《みだにょらい》は報身如来《ほうじんにょらい》なり。三宝《さんぼう》といふは、一には仏《ぶっ》宝《ぽう》、二には法宝《ほうぼう》、三には僧宝《そうぼう》なり。いまこの浄土宗《じょうどしゅう》は仏宝《ぶっぽう》なり。四乗《しじょう》といふ

嘉元三年　一三〇五年。

〈第十通は、三身・三宝《さんぼう》など、五説・四土・浄土真宗の教えに関する重要な名《みょう》目《もく》を並べ説いたもの。法然《ほうねん》聖人の「浄土宗大意」（『西方指南抄《さいほうしなんしょう》』下本）の解説と考えられる。『末灯鈔』(8)〉

五説　『大智度論《だいちどろん》』巻二には、「仏法に五種の人の説あり」として、仏・仏弟子・仙人・諸天・化人の五を挙げる。本文に示されているのは「玄義分」に出る五説。「化身土巻」四一三頁一四行以下参照。

21

は、一には仏乗《ぶつじょう》、二には菩薩乗《ぼさつじょう》、三には縁覚乗《えんがくじょう》、四には声聞乗《しょうもんじょう》なり。いまこの浄土宗《じょうどしゅう》は*菩薩乗《ぼさつじょう》なり。二教《にきょう》といふは、一には頓教《とんぎょう》、二には漸教《ぜんぎょう》なり。いまこの教《きょう》は頓教《とんぎょう》なり。二蔵《にぞう》といふは、一には菩薩蔵《ぼさつぞう》、二には声聞蔵《しょうもんぞう》なり。いまこの教《きょう》は菩薩蔵《ぼさつぞう》なり。二道《にどう》といふは、一には難行道《なんぎょうどう》、二には易行道《いぎょうどう》なり。いまこの浄土宗《じょうどしゅう》は易行道《いぎょうどう》なり。二行《にぎょう》といふは、一には正行《しょうぎょう》、二には雑行《ぞうぎょう》なり。いまこの浄土宗《じょうどしゅう》は正行《しょうぎょう》を本《ほん》とするなり。二超《にちょう》といふは、一には竪超《しゅちょう》、二には横超《おうちょう》なり。いまこの浄土宗《じょうどしゅう》は横超《おうちょう》なり。竪超《しゅちょう》は聖道自力《しょうどうじりき》なり。二縁《にえん》といふは、一には無縁《むえん》、二には有縁《うえん》なり。いまこの浄土《じょうど》は有縁《うえん》の教《きょう》なり。二住《にじゅう》といふは、一には止住《しじゅう》、二には不住《ふじゅう》なり。いまこの浄土《じょうど》の教《きょう》は、*法滅百歳《ほうめつひゃくさい》まで住《じゅう》したまひて、有情《うじょう》を利益《りやく》したまふとなり。不住《ふじゅう》は聖道諸善《しょうどうしょぜん》なり。諸善《しょぜん》はみな竜宮《りゅうぐう》へかくれいりたまひぬるなり。思《し》・不思《ふし》といふは、思議《しぎ》の法《ほう》は聖道《しょうどう》*八《はち》万四千《まんしせん》の諸善《しょぜん》なり。不思《ふし》といふは浄土《じょうど》の教《きょう》は不可思議《ふかしぎ》の教法《きょうぼう》なり。

　これらはかやうにしるしまうしたり。よくしれらんひとに尋《たず》ねまうしたまふべし。またくはしくはこの文《ふみ》にて申《もう》すべくも候《そうら》はず。目《め》もみえず候《そうろ》ふ。なにごともみなわすれて候《そうろ》ふうへに、ひとにあきらかに申《もう》すべき身《み》にもあらず候《そうろ》ふ。

菩薩乗　この註釈のもとになっている「浄土宗大意」には「仏乗なり」とある。

法滅百歳　『大経』（下）には「当来の世に経道滅尽せんに、われ慈悲をもつて哀愍して、特に此の経を留めて止住すること百歳せん」とある。

八万四千　多数の意。

よくよく*浄土《じょうど》の学生《がくしょう》にとひまうしたまふべし。あなかしこ、あなかしこ。

*閏三月三日《うるうさんがつみっかのひ》　親鸞《しんらん》

（二）

信心《しんじん》をえたるひとは、かならず正定聚《しょうじょうじゅ》の位《くらい》に住《じゅう》するがゆゑに*等正覚《とうしょうがく》の位《くらい》と申《もう》すなり。『大無量寿経《だいむりょうじゅきょう》』には、摂取不捨《せっしゅふしゃ》の利益《りやく》に定《さだ》まるものを正定聚《しょうじょうじゅ》となづけ、『無量寿如来会《むりょうじゅにょらいえ》』には等正覚《とうしょうがく》と説《と》きたまへり。その名《な》こそかはりたれども、正定聚《しょうじょうじゅ》・等正覚《とうしょうがく》は、ひとつこころ、ひとつ位《くらい》なり。等正覚《とうしょうがく》と申《もう》す位《くらい》は、補処《ふしょ》の弥勒《みろく》とおなじ位《くらい》なり。弥勒《みろく》とおなじく、このたび*無上覚《むじょうかく》にいたるべきゆゑに、*弥勒《みろく》におなじと説《と》きたまへり。

さて『大経《だいきょう》』（下）には、「*次如弥勒《しにょみろく》」とは申《もう》すなり。弥勒《みろく》はすでに仏《ぶつ》にちかくましませば、弥勒仏《みろくぶつ》と諸宗《しょしゅう》のならひは申《もう》すなり。しかれば、弥勒《みろく》におなじ位《くらい》なれば、正定聚《しょうじょうじゅ》の人《にん》は如来《にょらい》とひとしとも申《もう》すなり。浄土《じょうど》の真実信心《しんじつしんじん》の人《ひと》は、この身《み》こそあさましき不浄造悪《ふじょうぞうあく》の身《み》なれども、心《こころ》はすでに如来《にょらい》とひとしければ、如来《にょらい》とひとしと申《もう》すこともあるべしとしらせたまへ。弥勒《みろく》はすでに無《む》上覚《じょうかく》にその心定《しんさだ》まりてあるべきにならせたまふによりて、*三会《さんね》のあかつきと

浄土の学生　浄土教の学者。

閏三月三日　親鸞聖人の生涯で閏三月のあった年は安貞元年（一二二七・五十五歳）と正嘉元年（一二五七・八十五歳）の二回しかない。したがって、この消息は正嘉元年のものであることがわかる。

〈第十一通は、性信房《しょうしんぼう》に宛てたもので、信心をえた人は補処《ふしょ》の弥勒《みろく》と同じであり、如来と等しいと説明している。なお、『血脈文集《けちみゃくもんじゅう》』では「金剛信心の事」と標題が付されている。『末灯鈔』(3)〉

等正覚　→等正覚《とうしょうがく》④

無上覚　この上ない仏のさとり。

弥勒におなじ　「便同弥勒」→便同弥勒《べんどうみろく》

次如弥勒　「次《つ》いで弥勒のごとし」

申《もう》すなり。浄土《じようど》真実《しんじつ》のひとも、このこころをこころうべきなり。
光明寺《こうみようじ》の和尚《かしよう》（善導）の『般舟讃《はんじゆさん》』（意 七九二）には、「*信心《しんじん》のひとは、その心《しん》すでにつねに浄土《じようど》に居《こ》す」と釈《しやく》したまへり。「居《こ》す」といふは、浄土《じようど》に、信心《しんじん》のひとのこころつねにゐたりといふこころなり。これは弥勒《みろく》とおなじといふことを申《もう》すなり。これは等正覚《とうしようがく》を弥勒《みろく》とおなじと申《もう》すによりて、信心《しんじん》のひとは如来《によらい》とひとしと申《もう》すこころなり。

*正嘉《しようか》元年《がんねん》丁巳《ひのとのみ》十月《じゆうがつ》十日《とおか》　親鸞《しんらん》

性信御房《しようしんのおんぼう》

（二二）

これは経《きよう》の文《もん》なり。『華厳経《けごんぎよう》』（入法界品・意）にのたまはく、「信心歓喜者《しんじんかんぎしや》与諸如来等《よしよによらいとう》」といふは、「信心《しんじん》よろこぶひとはもろもろの如来《によらい》とひとし」といふなり。「もろもろの如来《によらい》とひとし」といふは、信心《しんじん》をえてことによろこぶひとは、釈尊《しやくそん》のみことには、「*見敬得大慶則我善親友《けんきようとくだいきようそくがぜんしんぬ》」（大経・下）と説《と》きたまへり。また弥陀《みだ》の第十七《だいじゆうしち》の願《がん》には、「*十方世界《じつぽうせかい》　無量諸仏《むりようしよぶつ》　不悉咨嗟《ふしつししや》　称我《しようが》名者《みようしや》　不取正覚《ふしゆしようがく》」（同・上）と誓《ちか》ひたまへり。願成就《がんじようじゆ》の文《もん》（同・下意）には、

三会　竜華三会《りゆうげさんね》を指す。釈尊が入滅《にゆうめつ》してから五十六億七千万年を経た時、弥勒《みろく》菩薩が兜率天《とそつてん》からこの世に下生《げしよう》して、竜華樹の下で成道《じようどう》し、大衆《だいしゆ》のために開くという三回の説法の会座《えざ》。

信心の…　『般舟讃《はんじゆさん》』の「厭へばすなはち娑婆《しやば》永く隔つ、欣《ねが》へばすなはち浄土につねに居せり」とある文による。

正嘉元年　一二五七年。親鸞聖人八十五歳。

〈第十二通は、第十一通と同じ日に書かれたもので、「如来とひとし」ということに関する真仏《しんぶつ》上人の質問に答えたものである。『末灯鈔』(4)〉

見敬得大…　「見て敬ひ得て大きに慶《よろこ》ばば、すなはちわが善き親友なり」

十方世界…　「十方世界の

「よろづの仏《ぶつ》にほめられ、よろこびたまふ」とみえたり。すこしも疑《うたが》ふべきにあらず。これは「如来《にょらい》とひとし」といふ文《もん》どもを†あらはししるすなり。

正嘉元年《しょうかがんねん》丁巳十月十日《ひのとのみじゅうがつとおかのひ》　親鸞《しんらん》

真仏御房《しんぶつのおんぼう》

23

(一三)　*畏《かしこ》まりて申《もう》し候《そうろ》ふ。

『*大無量寿経《だいむりょうじゅきょう》』(下)に「信心歓喜《しんじんかんぎ》」と候《そうろ》ふ。『*華厳経《けごんぎょう》』を引《ひ》きて『浄《じょう》土和讃《どわさん》』(九四)にも、「信心《しんじん》よろこぶそのひとを　如来《にょらい》とひとしとときたまふ　大信心《だいしんじん》は仏性《ぶっしょう》なり　仏性《ぶっしょう》すなはち如来《にょらい》なり」と仰《おお》せられて候《そうろ》ふに、専修《せんじゅ》の人《ひと》のなかに、ある人《ひと》こころえちがへて候《そうろ》ふやらん、「信心《しんじん》よろこぶ人《ひと》を如来《にょらい》とひとしと同行達《どうぎょうたち》ののたまふは自力《じりき》なり。*真言《しんごん》にかたよりたり」と申《もう》し候《そうろ》ふなるは、†*人《ひと》のうへを知《し》るべきに候《そうら》はねども申《もう》し候《そうろ》ふ。

また、「真実信心《しんじつしんじん》うるひとは　すなはち定聚《じょうじゅ》のかずにいる　不退《ふたい》のくらゐにいりぬれば　かならず滅度《めつど》をさとらしむ」(同・五九)と候《そうろ》ふ。「滅度《めつど》

無量の諸仏、ことごとく咨嗟して、わが名を称せずは、正覚を取らじ」(行巻訓)

〈第十三通は、慶信《きょうしん》の質問状に、親鸞聖人が直接、加筆訂正を施し、余白に簡単な返事を書き入れて、蓮位《れんい》の添状とともに、慶信のもとに送り返したものである。真蹟、『末灯鈔』⑭〉

畏まりて…　以下、慶信の質問状。

大無量寿経に信心歓喜　慶信が「経に信心歓喜」と書いていたのを、親鸞聖人が加筆訂正した。

華厳経を引きて浄土和讃　慶信が単に「和讃」と書いていたのを、親鸞聖人が加筆した。

真言　ここでは真言宗の教えのこと。真言宗では即身成仏を唱え、父母より生れ

をさとらしむ」と候《そうろ》ふは、この度《たび》この身《み》の終《おわ》り候《そうら》はんとき、真実信心《しんじつしんじん》の行《ぎょう》者《じゃ》の心《こころ》、報土《ほうど》にいたり候《そうら》ひなば、寿命無量《じゅみょうむりょう》を*体《たい》として、光明無量《こうみょうむりょう》の*徳用《とくゆう》はなれたまはざれば、如来《にょらい》の*心光《しんこう》に一味《いちみ》なり。このゆゑ、「大信心《だいしんじん》は仏性《ぶっしょう》なり、仏性《ぶっしょう》はすなはち如来《にょらい》なり」と仰《おお》せられて候《そうろ》ふやらん。これは十一・二・三の御誓《おんちかい》とこころえられ候《そうろ》ふ。罪悪《ざいあく》のわれらがためにおこしたまへる大悲《だいひ》の御誓《おんちかい》の目出《めで》たくあはれにましますうれしさ、こころもおよばれず、ことばもたえて申《もう》しつくしがたきこと、かぎりなく候《そうろ》ふ。*無始曠劫《むしこうごう》よりこのかた、過去遠々《かこおんおん》に、恒沙《ごうじゃ》の諸仏《しょぶつ》の出世《しゅっせ》の所《みもと》にて、大菩提心《だいぼだいしん》おこすといへども、*自力《じりき》かなはず、二尊《にそん》の御方便《ごほうべん》にもよほされまゐらせて、雑行《ぞうぎょう》雑修自力疑心《ざっしゅじりきぎしん》のおもひなし。無碍光如来《むげこうにょらい》の摂取不捨《せっしゅふしゃ》の御《おん》あはれみのゆゑに、疑心《ぎしん》なくよろこびまゐらせて、*一念《いちねん》までの往生定《おうじょうさだ》まりて、*誓願不思議《せいがんふしぎ》とこころえ候《そうら》ひなんには、聞《き》き見候《みそうろ》ふにあかぬ浄土《じょうど》の聖教《しょうぎょう》も、知識《ちしき》にあひまゐらせんとおもはんことも、摂取不捨《せっしゅふしゃ》も、信《しん》も、念仏《ねんぶつ》も、人《ひと》のためとおぼえられ候《そうろ》ふ。

いま師主《ししゅ》の御教《おんおしえ》のゆゑ、心《こころ》をぬきて御《おん》こころむきをうかがひ候《そうろ》ふによ

た肉体のままでただちに仏果（仏のさとり）を証すると説く。→真言宗《しんごんしゅう》

人のうへを　その人がどんな意味でいっているのかを。

体　本質。本体。

徳用　徳のはたらき。すぐれたはたらき。

心光　色光《しきこう》に対する語で智光、内光ともいう。大智大悲の仏心をもって念仏の衆《しゅ》生《じょう》をおさめとる摂取《せっしゅ》の光明《こうみょう》のこと。

無始曠劫　永遠の昔。

自力　慶信《きょうしん》が「さとり」と書いていたのを、親鸞聖人が訂正した。

一念までの　慶信が「一念するに」と書いていたのを、親鸞聖人が訂正した。一念義的な誤解をさけるためである。

誓願不思議　阿弥陀仏の誓

りて、願意《がんい》をさとり、*直道《じきどう》をもとめえて、まさしき真実報土《しんじつほうど》にいたり候《そうら》はんこと、この度《たび》、*一念聞名《いちねんもんみょう》にいたるまで、うれしさ御恩《ごおん》のいたり、そのうへ『*弥陀経義集《みだきょうぎしゅう》』におろおろあきらかにおぼえられ候《そうろ》ふ。しかるに世間《せけん》の*そうそうにまぎれて、一時《いちじ》もしくは二時《にじ》、三時《さんじ》おこたるといへども、昼《ちゅう》夜《や》にわすれず、御《おん》あはれみをよろこぶ業力《ごうりき》ばかりにて、行住座臥《ぎょうじゅうざが》に時所《じしょ》の不浄《ふじょう》をもきらはず、一向《いっこう》に金剛《こんごう》の信心《しんじん》ばかりにて、仏恩《ぶっとん》のふかさ、師主《ししゅ》の恩徳《おんどく》のうれしさ、報謝《ほうしゃ》のためにただ御名《みな》をとなふるばかりにて、*日の所《ひしょ》作《さ》とせず。このやう*ひがざまにか候《そうろ》ふらん。一期《いちご》の大事《だいじ》、ただこれにすぎたるはなし。しかるべくは、よくよくこまかに仰《おお》せを蒙《かぶ》り候《そうら》はんとて、わづかにおもふばかりを記《しる》して申《もう》しあげ候《そうろ》ふ。

さては京《きょう》にひさしく候《そうら》ひしに、そうそうにのみ候《そうら》ひて、こころしづかにおぼえず候《そうら》ひしことのなげかれ候《そうら》ひて、わざといかにしてもまかりのぼりて、こころしづかに、せめては五日《いつか》、御所《みもと》に候《そうら》はばやとねがひ候《そうろ》ふなり。

噫《ああ》、かうまで申《もう》し候《そうろ》ふも御恩《ごおん》のちからなり。

進上《しんじょう》　聖人《しょうにん》（親鸞）の御所《みもと》へ　　蓮位御房《れんいのおんぼう》申させたまへ

願は人間の思慮分別や議論を超えているので不思議という。→誓願《せいがん》

直道　凡夫《ぼんぶ》がただちに仏になることのできる道。

一念聞名にいたるまで　慶信《きょうしん》が「一念にとげ候ひぬる」と書いていたのを、親鸞聖人が訂正した。

弥陀経義集　著者不明。

そうそう　忙しいさま。

日の所作とせず　日課念仏とはしません。

ひがざまにか候ふらん　間違いでしょうか。

十月十日《じゆうがつとおかのひ》　　　　慶信《*きょうしん》　上《たてまつる》　（花押）

*追《お》つて申《もう》しあげ候《そうろ》ふ。

念仏申《ねんぶつもう》し候《そうろ》ふ人々《ひとびと》のなかに、南無阿弥陀仏《なもあみだぶつ》ととなへ候《そうろ》ふひまには、無礙《むげ》光如来《こうにょらい》ととなへまゐらせ候《そうろ》ふ人《ひと》も候《そうろ》ふ。これをききて、ある人《ひと》の申《もう》し候《そうろ》ふなる、「南無阿弥陀仏《なもあみだぶつ》ととなへてのうへに、帰命尽十方無礙光如来《きみょうじんじっぽうむげこうにょらい》ととなへまゐらせ候《そうろ》ふことは、おそれあることにてこそあれ、*いまめがはしく」と申《もう》し候《そうろ》ふなる、このやういかが候《そうろ》ふべき。

25

*南無阿弥陀仏《なもあみだぶつ》をとなへてのうへに、無礙光仏《むげこうぶつ》と申《もう》さんはあしきことなりと候《そうろ》ふなるこそ、きはまれる御《おん》ひがごととききこえ候《そうら》へ。帰命《きみょう》は南無《なも》なり。無礙光仏《むげこうぶつ》は光明《こうみょう》なり、智慧《ちえ》なり。この智慧《ちえ》はすなはち阿弥陀仏《あみだぶつ》†なり。阿弥陀仏《あみだぶつ》の御《おん》かたちをしらせたまはねば、その御《おん》かたちをたしかにたしかにしらせまゐらせんとて、世親菩薩《せしんぼさつ》（天親）御《おん》ちからを尽《つく》してあらはしたまへるなり。このほかのことは、少々文字《しょうしょうもじ》をなほしてまゐらせ候《そうろ》ふなり。

慶信　「交名牒《きょうみょうちょう》」によると、下野高田《しもつけたかだ》の住。蓮位《れんい》添状に出る覚信《かくしん》の子。

追つて…　以下、慶信の追伸。

いまめがはしく　わざとらしく。きざな感じで。

南無阿弥陀仏を…　以下、慶信の追伸に記された疑問に対する親鸞聖人の返事。

*この御文《おんふみ》のやう、くはしく申《もう》しあげて候《そうろ》ふ。すべてこの御文《おんふみ》のやう、たがはず候《そうろ》ふと仰《おお》せ候《そうろ》ふなり。ただし、「一念《いちねん》するに往生定《おうじょうさだ》まりて誓願不思議《せいがんふしぎ》とこころえ候《そうろ》ふ」と仰《おお》せ候《そうろ》ふをぞ、「よきやうには候《そうら》へども、一念《いちねん》にとどまるところあしく候《そうろ》ふ」とて、御文《おんふみ》のそばに御自筆《ごじひつ》をもつて、あしく候《そうろ》ふよしを入《い》れさせおはしまして候《そうろ》ふ。蓮位《れんい》に「かく入《い》れよ」と仰《おお》せをかぶりて候《そうら》へども、御自筆《ごじひつ》はつよき証拠《しょうこ》におぼしめされ候《そうら》ひぬとおぼえ候《そうろ》ふあひだ、をりふし*御咳病《おんがいびょう》にて御《おん》わづらひにわたらせたまひ候《そうら》へども、申《もう》して候《そうろ》ふなり。

また*のぼりて候《そうら》ひし人々《ひとびと》、くにに論《ろん》じまうすとて、あるいは弥勒《みろく》とひとしと申《もう》し候《そうろ》ふ人々候《ひとびとそうろ》ふよしを申《もう》し候《そうら》ひしかば、しるし仰《おお》せられて候《そうろ》ふ文《ふみ》の候《そうろ》ふ。しるしてまゐらせ候《そうろ》ふなり。御覧《ごらん》あるべく候《そうろ》ふ。

また弥勒《みろく》とひとしと候《そうろ》ふは、弥勒《みろく》は等覚《とうがく》の分《ぶん》なり、これは因位《いんに》の分《ぶん》なり。これは十四《じゅうし》・十五《じゅうご》の月《つき》の円満《えんまん》したまふが、すでに八日《ようか》・九日《ここぬか》の月《つき》のいまだ円満《えんまん》したまはぬほどを申《もう》し候《そうろ》ふなり。これは自力修行《じりきしゅぎょう》のやうなり。われらは信心決定《しんじんけつじょう》の凡夫《ぼんぶ》、位《くらい》〔は〕正定聚《しょうじょうじゅ》の位《くらい》なり。これは因位《いんに》なり、

この御文…　以下、蓮位《れんい》の添状。「この御文」は慶信《きょうしん》の上書を指す。

御咳病　せきの出る病気のこと。

のぼりて候ひし人々　京都へ上った人々。

これ等覚《とうがく》の分《ぶん》なり。かれは自力《じりき》なり、これは他力《たりき》なり。自他《じた》のかはりこそ候《そうら》へども、因位《いんに》の位《くらい》はひとしといふなり。また弥勒《みろく》の妙覚《みょうがく》のさとりはおそく、われらが滅度《めつど》にいたることは疾《と》く候《そうら》はんずるなり。かれは*五十六《ごじゅうろく》億七千万歳《おくしちせんまんざい》のあかつきを期《ご》し、これは*ちくまくをへだつるほどなり。かれは*漸頓《ぜんとん》のなかの頓《とん》、これは頓《とん》のなかの頓《とん》なり。滅度《めつど》といふは妙覚《みょうがく》なり。曇鸞《どんらん》の『註《ちゅう》』（論註・下意　一三四）にいはく、「樹《じゅ》あり、*好堅樹《こうけんじゅ》といふ。この木《き》、地《じ》の底《そこ》に百年《ひゃくねん》わだかまりゐて、生《お》ふるとき一日《いちにち》に百丈《ひゃくじょう》生《お》ひ候《そうろ》ふ」なるぞ。この木《き》、地《じ》の底《そこ》に百年候《ひゃくねんそうろ》ふは、われらが娑婆世界《しゃばせかい》に候《そうら》ひて、正定聚《しょうじょうじゅ》の位《くらい》に住《じゅう》する分《ぶん》なり。一日《いちにち》に百丈生《ひゃくじょうお》ひ候《そうろ》ふなるは、滅度《めつど》にいたる分《ぶん》なり。これにたとへて候《そうろ》ふなり。これは他力《たりき》のやうなり。松《まつ》の生長《しょうちょう》するは、としごとに寸《すん》をすぎず。これはおそし、自力修行《じりきしゅぎょう》のやうなり。

また如来《にょらい》とひとしといふは、煩悩成就《ぼんのうじょうじゅ》の凡夫《ぼんぶ》、仏《ぶつ》の心光《しんこう》に照《て》らされまゐらせて信心歓喜《しんじんかんぎ》す。信心歓喜《しんじんかんぎ》するゆゑに正定聚《しょうじょうじゅ》の数《かず》に住《じゅう》す。信心《しんじん》といふは智《ち》なり。この智《ち》は、他力《たりき》の光明《こうみょう》に摂取《せっしゅ》せられまゐらせぬるゆゑにうるところの智《ち》なり。仏《ぶつ》の光明《こうみょう》も智《ち》なり。かるがゆゑに、おなじといふな

五十六億七千万歳　釈尊の入滅《にゅうめつ》から弥勒《みろく》菩薩《ぼさつ》が成仏するまでの年数（『菩薩処《ぼさつしょ》胎経《たいきょう》』の説）。

ちくまく　竹膜（竹の内側についている膜）のことか。きわめて薄いことの喩え。

漸頓　漸教《ぜんぎょう》と頓教《とんぎょう》のこと。→漸教、頓教

好堅樹　一日に百丈ずつ成長するという樹の名。『大智度論《だいちどろん》』巻十に出る。

り。おなじといふは、信心《しんじん》をひとしとといふなり。歓喜地《かんぎじ》といふは、信心《しんじん》を歓喜《かんぎ》するなり。わが信心《しんじん》を歓喜《かんぎ》するゆゑにおなじといふなり。くはしく御《ご》自筆《じひつ》にしるされて候《そうろう》ふを、書《か》き写《うつ》してまゐらせ候《そうろう》ふ。

また南無阿弥陀仏《なもあみだぶつ》と申《もう》し、また無礙光如来《むげこうにょらい》ととなへ候《そうろう》ふ御不審《ごふしん》も、くはしく自筆《じひつ》に御消息《ごしょうそく》のそばにあそばして候《そうろう》ふなり。かるがゆゑに、それよりの御文《おんふみ》をまゐらせ候《そうろう》ふ。あるいは阿弥陀《あみだ》といひ、あるいは無礙光《むげこう》と申《もう》し、御名《みな》異《こと》なりといへども、心《こころ》は一《ひと》つなり。阿弥陀《あみだ》といふは*梵語《ぼんご》なり。これには無量寿《むりょうじゅ》ともいふ、無礙光《むげこう》とも申《もう》し候《そうろう》ふ。梵漢《ぼんかん》異《こと》なりといへども、心《こころ》おなじく候《そうろう》ふなり。

そもそも、覚信坊《かくしんぼう》のこと、ことにあはれにおぼえ、またたふとくもおぼえ候《そうろう》ふ。そのゆゑは、*信心《しんじん》たがはずしてをはられて候《そうろう》ふ。また、たびたび信心存知《しんじんぞんじ》のやう、いかやうにかとたびたび申《もう》し候《そうら》ひしかば、当時《とうじ》まではたがふべくも候《そうら》はず。いよいよ信心《しんじん》のやうはつよく存《ぞん》ずるよし候《そうら》ひき。*のぼり候《そうら》ひしに、くにをたてて、*ひといちと申《もう》ししとき、病《や》みいだして候《そうら》ひしかども、同行《どうぎょう》たちは帰《かえ》れなんど申《もう》し候《そうら》ひしかども、「死《し》するほどのことな

梵語　インドの古典語。サンスクリット。

信心たがはず…　覚信房《かくしんぼう》は最後まで信心が変ることなくして命終されました。

のぼり候ひしに　覚信房が関東から京都へ上りましたおりに。

ひといち　地名。「一日市」か。下総《しもうさ》下河辺吉河市《よしかわいち》（毎月一日を市日としていた。現在の埼玉県吉川市）とみる説がある。

27

らば、帰《かえ》るとも死《し》し、とどまるとも死《し》し候《そうら》はんず。また病《やまい》はやみ候《そうら》はば、帰《かえ》るともやみ、とどまるともやみ候《そうら》はんず。おなじくは、*みもとにてこそをはり候《そうら》はば、をはり候《そうら》はめと存《ぞん》じてまゐりて候《そうろ》ふなり」と、御《おん》ものがたり候《そうら》ひしなり。この御信心《ごしんじん》まことにめでたくおぼえ候《そうろ》ふ。善導和尚《ぜんどうかしょう》の釈《しゃく》（散善義）の二河《にが》の譬喩《ひゆ》におもひあはせられて、*よにめでたく存《ぞん》じ、うらやましく候《そうろ》ふなり。をはりのとき、南無阿弥陀仏《なもあみだぶつ》、南無無礙光如来《なもむげこうにょらい》、南無《なも》不可思議光如来《ふかしぎこうにょらい》ととなへられて、手《て》をくみてしづかにをはられて候《そうら》ひしなり。また*おくれさきだつためしは、あはれになげかしくおぼしめされ候《そうろ》ふとも、さきだちて滅度《めつど》にいたり候《そうら》ひぬれば、かならず最初《さいしょ》*引接《いんじょう》のちかひをおこして、結縁《けちえん》・眷属《けんぞく》・朋友《ぼうう》をみちびくことにて候《そうろ》ふなれば、しかるべくおなじ法文《ほうもん》の門《もん》に入《い》りて候《そうら》へば、蓮位《れんい》もたのもしくおぼえ候《そうろ》ふ。また、親《おや》となり、子《こ》となるも、先世《せんぜ》のちぎりと申《もう》し候《そうら》へば、たのもしくおぼしめさるべく候《そうろ》ふなり。このあはれさたふとさ、申《もう》しつくしがたく候《そうら》へば、とどめ候《そうら》ひぬ。いかにしてか、みづからこのことを申《もう》し候《そうろ》ふべきや。くはしくはなほなほ申《もう》し候《そうろ》ふべく候《そうろ》ふ。この文《ふみ》のやうを、*御《おん》まへにてあしくもや

みもとにてこそ…　親鸞聖人のお側で、死ぬものならば死のうと思って参上しました。

よに　非常に。

おくれさきだつためし　親しい人に死に遅れたり、先立って死んだりする例。

引接　浄土へ導き入れること。

御まへにて　親鸞聖人の御前で。

候《そうろ》ふとて、よみあげて候《そうら》へば、「これにすぐべくも候《そうら》はず、めでたく候《そうろ》ふ」と仰《おお》せをかぶりて候《そうろ》ふなり。ことに覚信坊《かくしんぼう》のところに、御涙《おんなみだ》をながさせたまひて候《そうろ》ふなり。よにあはれにおもはせたまひて候《そうろ》ふなり。

十月二十九日《じゅうがつにじゅうくにち》　蓮位《れんい》

慶信御坊《きょうしんのおんぼう》へ

（四）

28

自然法爾《じねんほうに》の事《こと》。

「*自然《じねん》」といふは、「自《じ》」はおのづからといふ、行者《ぎょうじゃ》の*はからひにあらず。「然《ねん》」といふは、しからしむといふことばなり。しからしむといふは、行者《ぎょうじゃ》のはからひにあらず、如来《にょらい》のちかひにてあるがゆゑに法爾《ほうに》といふ。「法爾《ほうに》」といふは、この如来《にょらい》の御《おん》ちかひなるがゆゑに、しからしむるを法爾《ほうに》といふなり。法爾《ほうに》は、この御《おん》ちかひなりけるゆゑに、およそ行者《ぎょうじゃ》のはからひのなきをもつて、この法《ほう》の徳《とく》のゆゑにしからしむといふなり。すべて、ひとの*はじめてはからはざるなり。このゆゑに*義《ぎ》なきを義《ぎ》とすとしるべしとなり。「自然《じねん》」といふは、もとよりしからしむるといふことばなり。

〈第十四通は、「自然法爾章」といわれる法語で、『末灯鈔』第五通のほか、文明版『正像末和讃』にも収録され、また高田派専修《せんじゅ》寺《じ》には顕智《けんち》上人の書写本が現存する。顕智上人書写本の後跋には「正嘉二歳戊午十二月日善法坊僧都《ぜんぼうぼうそうず》御坊三条富小路の御坊にて聖人にあひまゐらせての聞き書き、そのとき顕智これをかくなり」とある。『末灯鈔』⑸〉

自然　顕智上人書写本ではこの前に「獲字は因位《いんに》のときうるを獲といふ。得字は果位のときにいたりてうることを得といふなり。名字は因位のときのなを名といふ。号字は果位のときのなを号といふ」とある。

はからひ　自力による思慮分別。

はじめて　あらためて。こ

弥陀仏《みだぶつ》の御《おん》ちかひの、もとより行者《ぎょうじゃ》のはからひにあらずして、南無阿弥陀《なもあみだ》仏《ぶつ》とたのませたまひて、迎《むか》へんとはからはせたまひたるによりて、行者《ぎょうじゃ》のよからんともあしからんともおもはぬを、自然《じねん》とは申《もう》すぞ*とききて候《そうろ》ふ。ちかひのやうは、「*無上仏《むじょうぶつ》にならしめん」と誓《ちか》ひたまへるなり。無上仏《むじょうぶつ》と申《もう》すは、かたちもなくまします。かたちもましまさぬゆゑに、自然《じねん》とは申《もう》すなり。かたちましますとしめすときには、無上涅槃《むじょうねはん》とは申《もう》さず。かたちもましまさぬやうをしらせんとて、はじめて弥陀仏《みだぶつ》と申《もう》すとぞ、ききならひて候《そうろ》ふ。弥陀仏《みだぶつ》は自然《じねん》のやうをしらせん*料《りょう》なり。この道理《どうり》をこころえつるのちには、この自然《じねん》のことはつねに*沙汰《さた》すべきにはあらざるなり。つねに自然《じねん》を沙汰《さた》せば、義《ぎ》なきを義《ぎ》とすといふことは、なほ義《ぎ》のあるになるべし。これは仏智《ぶっち》の不思議《ふしぎ》にてあるなるべし。

*正嘉《しょうか》二年《にねん》十二月《じゅうにがつ》十四日《じゅうよっかのひ》

愚禿《ぐとく》親鸞《しんらん》八十六歳《はちじゅうろくさい》

（一五）

閏十月一日《うるうじゅうがつついたち》の御文《おんふみ》、たしかにみ候《そうろ》ふ。*かくねむばうの御《おん》こと、*かたがたあ

とさらに。

義なき　顕智《けんち》上人書写本ではこの前に「他力には」とある。

とききて候ふ　法然《ほうねん》聖人から伝え聞いた法義であるから、「とききて候ふ」という。

無上仏　この上なくすぐれた仏。『菩薩念仏三昧経《ぼさつねんぶつざんまいきょう》』巻四に「無上自然仏」の語がある。ここでは無色無形《むしきむぎょう》の真如《しんにょ》そのものをいう。

料　ここでは「…するためのもの」という意。

沙汰　あれこれ論議し、せんさくすること。

正嘉二年　一二五八年。〈第十五通は、かくねむばうの往生を知らせた高田入道の書状に対する返信。なおこの消息には親鸞聖人の署名と花押《かおう》が付されており、

29

はれに存《ぞん》じ候《そうろ》ふ。親鸞《しんらん》はさきだちまゐらせ候《そうら》はんずらんと、まちまゐらせてこそ候《そうら》ひつるに、さきだたせたまひ候《そうろ》ふこと、申《もう》すばかりなく候《そうろ》ふ。*かくしんばう、*ふるとしごろは、かならずかならずさきだちてまたせたまひ候《そうろ》ふらん。かならずかならずまゐりあふべく候《そうら》へば、申《もう》すにおよばず候《そうろ》ふ。*かくねんばうの仰《おお》せられて候《そうろ》ふやう、すこしも愚老《ぐろう》にかはらずおはしまし候《そうら》へば、かならずかならず*一《ひと》つところへまゐりあふべく候《そうろ》ふ。明年《みようねん》の十月《じゆうがつ》のころまでも生《い》きて候《そうら》はば、この世《よ》の*面謁《めんえつ》疑《うたがい》なく候《そうろ》ふべし。入道殿《にゆうどうどの》の御《おん》こころも、すこしもかはらせたまはず候《そうら》へば、さきだちまゐらせても、まちまゐらせ候《そうろ》ふべし。人々《ひとびと》の御《おん》こころざし、たしかにたしかにたまはりて候《そうろ》ふ。なにごともなにごとも、いのちの候《そうろ》ふらんほどは申《もう》すべく候《そうろ》ふ。また*仰《おお》せをかぶるべく候《そうろ》ふ。この御文《おんふみ》みまゐらせ候《そうろ》ふこそ、ことにあはれに候《そうら》へ。*なかなか申《もう》し候《そうろ》ふも*おろかなるやうに候《そうろ》ふ。またまた、追《お》つて申《もう》し候《そうろ》ふべく候《そうろ》ふ。あなかしこ、あなかしこ。

親鸞《しんらん》（花押）

*閏十月《うるうじゆうがつ》二十九日《にじゆうくにち》

*高田《たかだ》の入道殿《にゆうどうどの》御返事《おんへんじ》

聖人の消息中、最も丁重な形式をとっている。真蹟〉

かくねむばう　覚念房か。「交名牒《きようみようちよう》」に「真仏《しんぶつ》—顕《けん》智《ち》—覚念」とあるが、同異不明。

かたがた　あれこれ。

かくしんばう　第十三通の蓮位《れんい》添状に出る覚信房か。

ふるとしごろ　先年。

かくねんばう　覚然房か。国宝本「三帖和讃」『正像末和讃』表紙袖書に「釈覚然」の名がある。

一つところ　おなじところ、つまり阿弥陀仏の浄土のこと。

面謁　面会すること。

仰せ　（入道殿の）お言葉。

なかなか　かえって。

おろかなる　言葉が足りない。いいつくせない。

閏十月　流罪以後の親鸞聖

（一六）

なによりも、*去年《こぞ》・今年《ことし》、老少男女《ろうしょうなんにょ》おほくのひとびとの、死《し》にあひて候《そうろ》ふらんことこそ、あはれに候《そうら》へ。ただし生死無常《しょうじむじょう》のことわり、くはしく如来《にょらい》の説《と》きおかせおはしまして候《そうろ》ふうへは、おどろきおぼしめすべからず候《そうろ》ふ。まづ善《ぜん》信《しん》（親鸞）が身《み》には、臨終《りんじゅう》の善悪《ぜんあく》を申《もう》さず、信心決定《しんじんけつじょう》のひとは、疑《うたがい》なければ正定聚《しょうじょうじゅ》に住《じゅう》することにて候《そうろ》ふなり。さればこそ愚痴無智《ぐちむち》の人《ひと》も、をはりもめでたく候《そうら》へ。如来《にょらい》の御《おん》はからひにて往生《おうじょう》するよし、ひとびとに申《もう》され候《そうら》ひける、すこしもたがはず候《そうろ》ふなり。としごろ、おのおのに申《もう》し候《そうら》ひしこと、たがはずこそ候《そうら》へ。*かまへて*学生沙汰《がくしょうざた》せさせたまひ候《そうら》はで、往生《おうじょう》をとげさせたまひ候《そうろ》ふべし。

故法然聖人《こほうねんしょうにん》は、「浄土宗《じょうどしゅう》の人《ひと》は愚者《ぐしゃ》になりて往生《おうじょう》す」と候《そうら》ひしことを、たしかにうけたまはり候《そうら》ひしうへに、ものもおぼえぬあさましきひとびとのまゐりたるを御覧《ごらん》じては、「往生必定《おうじょうひつじょう》すべし」とて、笑《え》ませたまひしを、みまゐらせ候《そうら》ひき。文沙汰《ふみざた》して、*さかさかしきひとのまゐりたるをば、「往生《おうじょう》はいかがあらんずらん」と、たしかにうけたまはりき。いまにいたるまで、おもひあはせられ候《そうろ》ふなり。ひとびとに*すかされさせたまはで、御信心《ごしんじん》たぢろかせたま

人の生涯で、閏の十月があったのは、承久三年（一二二一・四十九歳）、仁治元年（一二四〇・六十八歳）、正元元年（一二五九・八十七歳）である。文面からみると、第十五通の閏十月は正元元年である。

高田の入道 高田派の所伝では、下野《しもつけ》（現在の栃木県）真壁《まかべ》の城主大内国時《おおうちくにとき》が親鸞聖人に帰依《きえ》して出家し、高田入道と号したといい、真仏《しんぶつ》上人の伯父にあたると伝えられる。

〈第十六通は、文応元年 乗《じょう》信《しん》に送ったもので、信心の行者は、臨終の善悪にかかわらず救われると説く。現存する親鸞聖人の消息中、年月日の明記されている最後のものである。『末灯鈔』⑹〉

はずして、おのおの御往生《ごおうじょう》候《そうろ》ふべきなり。ただし、ひとにすかされさせたまひ候《そうら》はずとも、信心《しんじん》の定《さだ》まらぬ人《ひと》は正定聚《しょうじょうじゅ》に住《じゅう》したまはずして、*うかれたまひたる人《ひと》なり。

*乗信房《じょうしんぼう》にかやうに申《もう》し候《そうろ》ふやうを、ひとびとにも申《もう》され候《そうろ》ふべし。あなかしこ、あなかしこ。

*文応元年十一月十三日《ぶんおうがんねんじゅういちがつじゅうさんにち》　善信八十八歳《ぜんしんはちじゅうはっさい》

乗信御房《じょうしんのおんぼう》

31

（一七）

さては*念仏《ねんぶつ》のあひだのことによりて、*ところせきやうにうけたまはり候《そうろ》ふ。かへすがへすこころぐるしく候《そうろ》ふ。詮《せん》ずるところ、そのところの縁《えん》ぞ尽《つ》きさせたまひ候《そうろ》ふらん。念仏《ねんぶつ》を*さへらるるなんど申《もう》さんことに、ともかくもなげきおぼしめすべからず候《そうろ》ふ。*念仏《ねんぶつ》とどめんひとこそ、いかにもなり候《そうら》はめ。申《もう》したまふひとは、なにかくるしく候《そうろ》ふべき。*余《よ》のひとびとを縁《えん》として、念仏《ねんぶつ》をひろめんと、はからひあはせたまふこと、ゆめゆめあるべからず候《そうろ》ふ。そのところに念仏《ねんぶつ》のひろまり候《そうら》はんことも、*仏天《ぶってん》の御《おん》はからひにて候《そうろ》ふべし。

四〇

去年今年　去年（正元元年・一二五九年）、今年（文応元年・一二六〇年）は全国的な大飢饉と悪疫におそわれ、死者がはなはだ多かった。

かまへて　決して。

学生沙汰　学者ぶった論議。

さかさかしきひと　いかにも賢明なようにふるまう人。

すかされ　だまされ。

うかれたまひたる人　心が落ち着かない人。

乗信房　「交名牒《きょうみょうちょう》」によると、常陸奥郡《ひたちおうぐん》（現在の茨城県北部）の住。数名の門下の名も伝わる。

文応元年　一二六〇年。〈第十七通は、真浄房《しんじょうぼう》に宛てたもので、権力者の力をかりて念仏の布教をはかってはならないと誡め、弾圧をうけて、やむを得なけれ

慈信坊《じしんぼう》がやうやうに申《もう》し候《そうろ》ふなるによりて、ひとびとも御《おん》こころどものやうやうにならせたまひ候《そうろ》ふよし、うけたまはり候《そうろ》ふ。かへすがへす不便《ふびん》のことに候《そうろ》ふ。ともかくも仏天《ぶってん》の御《おん》はからひにまかせまゐらせさせたまふべし。そのところの縁《えん》尽《つ》きておはしまし候《そうら》はば、いづれのところにてもうつらせたまひ候《そうろ》うておはしますやうに御《おん》はからひ候《そうろ》ふべし。慈信坊《じしんぼう》が申《もう》し候《そうろ》ふことをたのみおぼしめして、*これよりは余《よ》の人《ひと》を*強縁《ごうえん》として念仏《ねんぶつ》ひろめよと申《もう》すこと、ゆめゆめ申《もう》したること候《そうら》はず。きはまれるひがごとにて候《そうろ》ふ。*この世《よ》のならひにて、念《ねん》仏《ぶつ》をさまたげんことは、*かねて仏《ぶつ》の説《と》きおかせたまひて候《そうら》へば、おどろきおぼしめすべからず。やうやうに慈信坊《じしんぼう》が申《もう》すことを、これより申《もう》し候《そうろ》ふと御《おん》こころえ候《そうろ》ふ、ゆめゆめあるべからず候《そうろ》ふ。法門《ほうもん》のやうも、あらぬさまに申《もう》しなして候《そうろ》ふなり。御耳《おんみみ》にききいれらるべからず候《そうろ》ふ。きはまれるひがごとどものきこえ候《そうろ》ふ。あさましく候《そうろ》ふ。

*入信坊《にゅうしんぼう》なんども不便《ふびん》におぼえ候《そうろ》ふ。鎌倉《かまくら》に長居《ながい》して候《そうろ》ふらん、不便《ふびん》に候《そうろ》ふ。

32 当時《とうじ》、それも*わづらふべくてぞ、さても候《そうろ》ふらん。ちからおよばず候《そうろ》ふ。

奥郡《おうぐん》のひとびとの、慈信坊《じしんぼう》にすかされて、信心《しんじん》みなうかれあうておはしまし

ばいずれの地へでも移るようにと諭している。『御消息集』広本⑿、略本⑺〉

念仏のあひだのこと　念仏に関する問題。

ところせき　居づらい。大へん困っている。

さへらる　さまたげられる。

念仏とどめんひと　念仏を禁止する人。

余のひとびと　在地の権力者を指すと考えられる。

仏天　仏の尊称。仏を天尊、第一義天ともいうのでその「天」を添えた語。

これよりは　私の方からは。

強縁　強力な縁ということから転じて権力者にたよりすがること。

この世のならひ　この末法《まっぽう》の世の通例、きまり。

かねて仏の説きおかせ…　『法事讃《ほうじさん》』（下）に「五濁増

候《そうろ》ふなること、かへすがへすあはれにかなしうおぼえ候《そうろ》ふ。これもひとびとをすかしまうしたるやうにきこえ候《そうろ》ふこと、かへすがへすあさましくおぼえ候《そうろ》ふ。それも日《ひ》ごろ、ひとびとの信《しん》の定《さだ》まらず候《そうら》ひけることのあらはれてきこえ候《そうろ》ふ。かへすがへす不便《ふびん》に候《そうら》ひけり。

　慈信坊《じしんぼう》が申《もう》すことによりて、ひとびとの日《ひ》ごろの信《しん》のたぢろきあうておはしまし候《そうら》ふも、詮《せん》ずるところは、ひとびとの信心《しんじん》のまことならぬことのあらはれて候《そうろ》ふ。よきことにて候《そうろ》ふ。*それを、ひとびとは、*これより申《もう》したるやうにおぼしめしあうて候《そうろ》ふこそ、あさましく候《そうら》へ。

　日《ひ》ごろやうやうの御《おん》ふみどもを、書《か》きもちておはしましあうて候《そうろ》ふ甲斐《かい》もなくおぼえ候《そうろ》ふ。『唯信鈔《ゆいしんしょう》』、やうやうの御《おん》ふみどもは、いまは詮《せん》なくなりて候《そうろ》ふとおぼえ候《そうろ》ふ。よくよく書《か》きもたせたまひて候《そうろ》ふ法門《ほうもん》は、みな詮《せん》なくなりて候《そうろ》ふなり。慈信坊《じしんぼう》にみなしたがひて、*めでたき御《おん》ふみどもはすてさせたまひあうて候《そうろ》ふときこえ候《そうろ》ふこそ、詮《せん》なくあはれにおぼえ候《そうら》へ。よくよく『唯信《ゆいしん》鈔《しょう》』・『後世物語《ごせものがたり》』なんどを御覧《ごらん》あるべく候《そうろ》ふ。年《とし》ごろ、信《しん》ありと仰《おお》せられあうて候《そうら》ひけるひとびとは、みなそらごとにて候《そうら》ひけりときこえ候《そうろ》ふ。あさまし

の時は多く疑謗し、道俗あひ嫌ひて聞くことを用ゐず。修行することあるを見ては瞋毒を起し、方便破壊して競ひて怨を生ず」とあるのを指す。

入信坊　「交名牒《きょうみょうちょう》」によると、常陸奥郡《ひたちおうぐん》（現在の茨城県北部）の住。

わづらふべくてぞ…　さしつかえるべき事情があって、そのようなことになっているのでしょう。

それを　慈信房《じしんぼう》がいっていることを。

これより　私（親鸞聖人）の方より。

めでたき御ふみ　立派な書物。ここでは『唯信鈔』等の書物のことを指す。

く候《そうろ》ふ、あさましく候《そうろ》ふ。なにごともなにごとも、またまた申《もう》し候《そうろ》ふべし。

正月九日《しょうがつここぬか》　　　　親鸞《しんらん》

*真浄御坊《しんじょうのおんぼう》

(一八)

なにごとよりは、如来《にょらい》の御本願《ごほんがん》のひろまらせたまひて候《そうろ》ふこと、かへすがへすめでたく、うれしく候《そうろ》ふ。そのことに、おのおのところどころに、*われはといふことをおもうてあらそふこと、ゆめゆめあるべからず候《そうろ》ふ。京《きょう》にも一念多《いちねんた》念《ねん》なんど申《もう》す、あらそふことのおほく候《そうろ》ふやうにあること、さらさら候《そうろ》ふべからず。ただ詮《せん》ずるところは、『唯信鈔《ゆいしんしょう》』・『後世物語《ごせものがたり》』・『自力他力《じりきたりき》』、この御《おん》ふみどもをよくよくつねにみて、その御《おん》こころにたがへずおはしますべし。いづかたのひとびとにも、このこころを仰《おお》せられ候《そうろ》ふべし。なほおぼつかなきことあらば、今日《こんにち》まで生《い》きて候《そうら》へば、*わざともこれへたづねたまふべし。また便《びん》にも仰《おお》せたまふべし。鹿島《かしま》・行方《なめかた》、そのならびのひとびとにも、このこころをよく仰《おお》せらるべし。一念多念《いちねんたねん》のあらそひなんどのやうに、*詮《せん》なきこと、論《ろん》じごとをのみ申《もう》しあはれて候《そうろ》ふぞかし。よくよくつつしむべきことなり。あなかし

真浄御坊　光明寺本《こうみょうじぼん》「交《きょう》名牒《みょうちょう》」には常陸《ひたち》(現在の茨城県)鹿島の順信《じゅんしん》の門下に「真浄」の名がみえる。妙源寺本《みょうげんじぼん》・万福寺本《まんぷくじぼん》には「信浄」の名はあるが、「真浄」の名はみえない。〈第十八通は、常陸の門弟に宛てたものとみられる。一念多念の論争を誡め、『唯信鈔』『後世物語』『自力他力事』などの熟読を勧めている。『御消息集』広本(6)、略本(1)〉

われはといふこと　自分の意見こそは正しいということ。

わざとも　あらためてでも。

詮なきこと　かいのないこと。

こ、あなかしこ。

かやうのことをこころえぬひとびとは、*そのこととなきことを申《もう》しあはれて候《そうろ》ふぞ。よくよくつつしみたまふべし。かへすがへす。

二月三日《にがつみつかのひ》　親鸞《しんらん》

34

（一九）諸仏称名《しょぶつしょうみょう》の願《がん》（第十七願）と申《もう》し、諸仏咨嗟《しょぶつししゃ》の願《がん》（同）と申《もう》し候《そうろ》ふなるは、十方衆生《じっぽうしゅじょう》をすすめんためときこえたり。また十方衆生《じっぽうしゅじょう》の疑心《ぎしん》をとどめん*料《りょう》ときこえて候《そうろ》ふ。『弥陀経《みだきょう》』の十方諸仏《じっぽうしょぶつ》の*証誠《しょうじょう》のやうにてきこえたり。詮《せん》ずるところは、方便《ほうべん》の御誓願《ごせいがん》と信《しん》じまゐらせ候《そうろ》ふ。念仏往生《ねんぶつおうじょう》の願《がん》（第十八願）は、如《にょ》来《らい》の往相回向《おうそうえこう》の正業《しょうごう》・正因《しょういん》なりとみえて候《そうろ》ふ。まことの信心《しんじん》あるひとは、等《とう》正覚《しょうがく》の弥勒《みろく》とひとしければ、如来《にょらい》とひとしとも諸仏《しょぶつ》のほめさせたまひたりとこそきこえて候《そうら》へ。また「弥陀《みだ》の本願《ほんがん》を信《しん》じ候《そうら》ひぬるうへには、義《ぎ》なきを義《ぎ》とす」とこそ、大師聖人《だいししょうにん》（法然）の仰《おお》せにて候《そうら》へ。かやうに義《ぎ》の候《そうろ》ふらんかぎりは、他力《たりき》にはあらず、自力《じりき》なりときこえて候《そうろ》ふ。また他力《たりき》と申《もう》すは、仏智不思《ぶっちふし》議《ぎ》にて候《そうろ》ふなるときに、煩悩具足《ぼんのうぐそく》の凡夫《ぼんぶ》の無上覚《むじょうかく》のさとりを得候《えそうろ》ふなること

そのこととなきこと　無意味なこと。重要でもないこと。

〈第十九通は、慶西《きょうさい》に宛てたもの。第十七願の意趣を示し、凡夫《ぼんぶ》が仏になることは、ひとえに仏と仏との御はからいによるといい、「他力の信心は義なきを義とする」と説き及んでいる。『御消息集』広本(18)、略本(10)〉

料　ため。

証誠　真実であることを証明すること。

をば、仏《ぶつ》と仏《ぶつ》のみ御《おん》はからひなり。さらに行者《ぎょうじゃ》のはからひにあらず候《そうろう》ふ。しかれば、義《ぎ》なきを義《ぎ》とすと候《そうろう》ふなり。義《ぎ》と申《もう》すことは、自力《じりき》のひとのはからひを申《もう》すなり。他力《たりき》には、しかれば、義《ぎ》なきを義《ぎ》とすと候《そうろう》ふなり。このひとびとの仰《おお》せのやうは、これにはつやつやとしらぬことにて候《そうら》へば、とかく申《もう》すべきにあらず候《そうろう》ふ。また「来《らい》」の字《じ》は、衆生利益《しゅじょうりやく》のためには、きたると申《もう》す、方便《ほうべん》なり。さとりをひらきては、かへると申《もう》す。ときにしたがひて、きたるともかへるとも申《もう》すとみえて候《そうろう》ふ。なにごともなにごとも、またまた申《もう》すべく候《そうろう》ふ。

35

二月九日《にがつここぬか》　親鸞《しんらん》

*慶西御坊《きょうさいのおんぼう》　御返事《おんへんじ》

（三〇）

無礙光如来《むげこうにょらい》の慈悲光明《じひこうみょう》に摂取《せっしゅ》せられまゐらせ候《そうろう》ふゆゑ、名号《みょうごう》をとなへつつ不退《ふたい》の位《くらい》に入《い》り定《さだ》まり候《そうら》ひなんには、この身《み》のために摂取不捨《せっしゅふしゃ》をはじめてたづぬべきにはあらずとおぼえられて候《そうろう》ふ。そのうへ『華厳経《けごんぎょう》』（入法界品）に、「*聞此法歓喜信心無疑者《もんしほうかんぎしんじんむぎしゃ》　速成無上道与諸如来等《そくじょうむじょうどうよしょにょらいとう》」と仰《おお》せられて候《そうろう》ふ。また第十七《だいじゅうしち》の願《がん》に「十方無量《じっぽうむりょう》の諸仏《しょぶつ》にほめとなへられん」と仰《おお》

慶西御坊　「交名牒《きょうみょうちょう》」によると、親鸞聖人の門弟の一人（妙源寺本《みょうげんじぼん》には「常州北郡由下住」とあり、万福寺本《まんぷくじぼん》には「下総ムシロタ」とある）。

〈第二十通は、浄信房《じょうしんぼう》の上書と親鸞聖人の返書からなる。その返書には、信心の人は摂取不捨《せっしゅふしゃ》の利益《りやく》にあずかり正定聚《しょうじょうじゅ》・等正覚《とうしょうがく》の位に定まること、その信心の人は十方恒沙の如来によって讃嘆されるところから仏と等しいこと、さらに他力とは義なきを義とするものであるということが説き示されている。真蹟、『末灯鈔』(7)〉

聞此法歓喜…　「この法を聞きて信心を歓喜して、疑なきものは、すみやかに無上道を成らん。もろもろの如来と等し」（信巻訓）

せられて候《そうろ》ふ。また願成就《がんじょうじゅ》の文《もん》（大経・下）に「十方恒沙《じっぽうごうじゃ》の諸仏《しょぶつ》」と仰《おお》せられて候《そうろ》ふは、信心《しんじん》の人《ひと》とこころえて候《そうろ》ふ。この人《ひと》はすなはちこの世《よ》より如来《にょらい》とひとしとおぼえられ候《そうろ》ふ。このほかは、凡夫《ぼんぶ》のはからひをばもちゐず候《そうろ》ふなり。このやうをこまかに仰《おお》せかぶりたまふべく候《そうろ》ふ。恐々謹言《きょうきょうきんげん》。

二月十二日《にがつじゅうににち》　　*浄信《じょうしん》

36

如来《にょらい》の誓願《せいがん》を信《しん》ずる心《しん》の定《さだ》まるときと申《もう》すは、摂取不捨《せっしゅふしゃ》の利益《りやく》にあづかるゆゑに、不退《ふたい》の位《くらい》に定《さだ》まると御《おん》こころえ候《そうろ》ふべし。真実信心定《しんじつしんじんさだ》まると申《もう》すも、金剛信心《こんごうしんじん》の定《さだ》まると申《もう》すも、摂取不捨《せっしゅふしゃ》のゆゑに申《もう》すなり。さればこそ、無上覚《むじょうかく》にいたるべき心《しん》のおこると申《もう》すなり。これを不退《ふたい》の位《くらい》とも、正定聚《しょうじょうじゅ》の位《くらい》に入《い》るとも申《もう》し、等正覚《とうしょうがく》にいたるとも申《もう》すなり。このこころの定《さだ》まるを、十方諸《じっぽうしょ》仏《ぶつ》のよろこびて、諸仏《しょぶつ》の御《おん》こころにひとしとほめたまふなり。このゆゑに、まことの信心《しんじん》の人《ひと》をば、諸仏《しょぶつ》とひとしと申《もう》すなり。また補処《ふしょ》の弥勒《みろく》とおなじとも申《もう》すなり。この世《よ》にて真実信心《しんじつしんじん》の人《ひと》をまもらせたまへばこそ、†『阿弥陀経《あみだきょう》』（意）には、「十方恒沙《じっぽうごうじゃ》の諸仏護念《しょぶつごねん》す」とは申《もう》すことにて候《そうら》へ。安楽浄土《あんらくじょうど》へ往《おう》

浄信　「交名牒《きょうみょうちょう》」には「七条次郎入道」とあり、洛中居住の弟子としてその名がみられる。また『末灯鈔』の諸本には「高田門人」と伝えるものもある。

生《じょう》してのちは、まもりたまふと申《もう》すことにては候《そうら》はず。娑婆世界《しゃばせかい》に居《い》†たるほど護念《ごねん》すとは申《もう》†すことなり。信心《しんじん》まことなる人《ひと》のこころを、十方恒沙《じっぽうごうじゃ》の如来《にょらい》のほめたまへば、仏《ぶつ》とひとしとは申《もう》すことなり。

また他力《たりき》と申《もう》すことは、義《ぎ》なきを義《ぎ》とすと申《もう》すなり。義《ぎ》と申《もう》すことは、行者《ぎょうじゃ》のおのおののはからふことを義《ぎ》とは申《もう》すなり。如来《にょらい》の誓願《せいがん》は不可思議《ふかしぎ》にましますゆゑに、仏《ぶつ》と仏《ぶつ》との御《おん》はからひなり。凡夫《ぼんぶ》のはからひにあらず。補処《ふしょ》の弥勒菩薩《みろくぼさつ》をはじめとして、仏智《ぶっち》の不思議《ふしぎ》をはからふべき人《ひと》は候《そうら》はず。しかれば、「如来《にょらい》の誓願《せいがん》には義《ぎ》なきを義《ぎ》とす」とは、大師聖人《だいししょうにん》（法然）の仰《おお》せに候《そうら》ひき。このこころのほかには*往生《おうじょう》にいるべきこと候《そうら》はずとこころえて、まかりすぎ候《そうら》へば、人《ひと》の仰《おお》せごとにはいらぬものにて候《そうろ》ふなり。諸事恐々謹言《しょじきょうきょうきんげん》。

親鸞《しんらん》（花押）

37

（二一）

安楽浄土《あんらくじょうど》に入《い》りはつれば、すなはち大涅槃《だいねはん》をさとるとも、また無上覚《むじょうかく》をさとるとも、滅度《めつど》にいたるとも申《もう》すは、御名《みな》こそかはりたるやうなれども、これみな法身《ほっしん》と申《もう》す仏《ぶつ》のさとりをひらくべき正因《しょういん》に、弥陀仏《みだぶつ》の御《おん》ちかひを、法蔵《ほうぞう》

往生に…　往生のために必要なことはないと心得て、この世を過ごしてまいりましたので。

〈第二十一通は、阿弥陀仏の本願力の回向《えこう》によって、この上ないさとりを得しめられると信じて、念仏すべきであると説いたもの。『末灯鈔』(21)〉

菩薩《ぼさつ》われらに回向《えこう》したまへるを、往相《おうそう》の回向《えこう》と申《もう》すなり。この回向《えこう》せさせたまへる願《がん》を、念仏往生《ねんぶつおうじょう》の願《がん》（第十八願）とは申《もう》すなり。この念仏往生《ねんぶつおうじょう》の願《がん》を*一向《いっこう》に信《しん》じて*ふたごころなきを、一向専修《いっこうせんじゅ》とは申《もう》すなり。如来《にょらい》*二種《にしゅ》の回向《えこう》と申《もう》すことは、この二種《にしゅ》の回向《えこう》の願《がん》を信《しん》じ、ふたごころなきを、真実《しんじつ》の信心《しんじん》と申《もう》す。この真実《しんじつ》の信心《しんじん》のおこることは、釈迦《しゃか》・弥陀《みだ》の二尊《にそん》の御《おん》はからひよりおこりたりとしらせたまふべし。あなかしこ、あなかしこ。

（二二）

*いやをんなのこと、文書《ふみか》きてまゐらせられ候《そうろ》ふ*なり。いまだ居所《いどころ》もなくて、*わびゐて候《そうろ》ふなり。あさましくあさましく、*もてあつかひて、いかにすべしともなくて候《そうろ》ふなり。あなかしこ。

三月二十八日《さんがつにじゅうはちにち》　（花押）

*わうごぜんへ　しんらん

（二三）

誓願《せいがん》・名号同一《みょうごうどういつ》の事《こと》。

一向　一つのことに専注し他を顧みないこと。ひたすら。ただひとすじ。

ふたごころなき　疑いがないこと。

二種の回向　往相回向と還相回向のこと。→往相回向《おうそうえこう》、還相回向《げんそうえこう》

〈第二十二通は、いやをんなの近況を知らせた消息である。真蹟〉

いやをんな　親鸞聖人に仕えていた使用人とみられる。

なり　真蹟本は「めり」とも読める。

わびゐて候ふなり　貧しく暮らしている。

もてあつかひて　もてあまして。

わうごぜん　王御前。親鸞聖人の末娘の覚信尼公《かくしんにこう》のこと。→覚信《かくしん》

〈第二十三通は、教《きょう》名《みょう》（養）の質問に答えたもの。〉

38

御文《おんふみ》くはしくうけたまはり候《そうら》ひぬ。さてはこの御不審《ごふしん》＊しかるべしともおぼえず候《そうろ》ふ。そのゆゑは、誓願《せいがん》・名号《みょうごう》と申《もう》してかはりたること候《そうら》はず。誓願《せいがん》をはなれたる名号《みょうごう》も候《そうら》はず、名号《みょうごう》をはなれたる誓願《せいがん》も候《そうら》はず候《そうろ》ふ。かく申《もう》し候《そうろ》ふも、はからひにて候《そうろ》ふなり。ただ誓願《せいがん》を不思議《ふしぎ》と信《しん》じ、また名号《みょうごう》を不思議《ふしぎ》と一念《いちねん》信《しん》じとなへつるうへは、＊なんでふわがはからひをいたすべき。＊ききわけ、しりわくるなど、わづらはしくは仰《おお》せられ候《そうろ》ふやらん。これみなひがごとにて候《そうろ》ふなり。ただ不思議《ふしぎ》と信《しん》じつるうへは、とかく御《おん》はからひあるべからず候《そうろ》ふ。＊往生《おうじょう》の業《ごう》には、わたくしのはからひはあるまじく候《そうろ》ふなり。あなかしこ、あなかしこ。ただ如来《にょらい》にまかせまゐらせおはしますべく候《そうろ》ふ。あなかしこ、あなかしこ。

五月五日《ごがついつかのひ》　親鸞《しんらん》

＊教名御房《きょうみょうのおんぼう》

端書《はしがき》にいはく

この文《ふみ》をもつて、ひとびとにもみせまゐらせさせたまふべく候《そうろ》ふ。他力《たりき》には義《ぎ》なきを義《ぎ》とすとは申《もう》し候《そうろ》ふなり。

誓願《せいがん》と名号《みょうごう》とを別執すべきでないと説く。なお、「誓願名号同一の事」という標題は後世の付加と考えられる。『末灯鈔』(9)〉

しかるべし…　もっともなこととも思われません。

なんでふわが…　どうして自分のはからいをさしはさめましょうか。

ききわけしりわくる　誓願不思議を信じるのは他力、名号不思議を信じるのは自力と、聞きわけ知りわけねばならないと教える異義。

往生の業　浄土に往き生れるための因となる行為。

教名御房　伝未詳。「交《きょう》名牒《みょうちょう》」にはこの名はない。古写本には「けうやう（教養）」とある。教養は稲田《いなだ》九郎頼重《くろうよりしげ》の法名と伝えられる。

（三四）仏智《ぶっち》不思議《ふしぎ》と信《しん》ずべき事《こと》。

御文《おんふみ》くはしくうけたまはり候《そうら》ひぬ。さては御法門《ごほうもん》の御不審《ごふしん》に、一念発起《いちねんぽっき》のとき、無礙《むげ》の心光《しんこう》に＊摂護《しょうご》せられまゐらせ候《そうろ》ふゆゑに、＊つねに＊浄土《じょうど》の業因決定《ごういんけつじょう》すと仰《おお》せられ候《そうろ》ふ。これめでたく候《そうろ》ふ。かくめでたくは仰《おお》せ候《そうら》へども、これみな＊わたくしの御《おん》はからひになりぬとおぼえ候《そうろ》ふ。ただ不思議《ふしぎ》と信《しん》ぜさせたまひ候《そうら》ひぬるうへは、わづらはしきはからひあるべからず候《そうろ》ふ。

またある人《ひと》の＊候《そうろ》ふなること、＊出世《しゅっせ》のこころおほく、浄土《じょうど》の業因《ごういん》すくなしと候《そうろ》ふなるは、こころえがたく候《そうろ》ふ。出世《しゅっせ》と候《そうろ》ふも、浄土《じょうど》の業因《ごういん》と候《そうろ》ふも、みなひとつにて候《そうろ》ふなり。すべてこれ、＊なまじひなる御《おん》はからひと存《ぞん》じ候《そうろ》ふ。仏智《ぶっち》不《ふ》思議《しぎ》と信《しん》ぜさせたまひ候《そうら》ひなば、別《べつ》にわづらはしく、とかくの御《おん》はからひあるべからず候《そうろ》ふ。＊ただひとびとのとかく申《もう》し候《そうら》はんことをば、御不審《ごふしん》あるべからず候《そうろ》ふ。ただ如来《にょらい》の誓願《せいがん》にまかせまゐらせたまふべく候《そうろ》ふ。とかくの御《おん》はからひあるべからず候《そうろ》ふなり。あなかしこ、あなかしこ。

五月五日《ごがついつかのひ》　　親鸞《しんらん》　御判

浄信御房《じょうしんのおんぼう》へ

〈第二十四通は、浄信《じょうしん》の質問に答えたもの。仏智不思議と信じるほかに、私のはからいがあってはならないと説く。なお、「仏智不思議と信ずべき事」という標題は後世の付加と考えられる。『末灯鈔』⑽〉

摂護　摂取《せっしゅ》護念。おさめとり、心にかけてまもる。

つね　平生。ふだん。

浄土の業因　浄土往生の因となるべき行業《ぎょうごう》。

わたくしの　自分勝手の。

候ふなること　申すことには。

出世のこころ　浄土往生を願う心。

なまじひなる　余計な。

ただ　全く。

袖書《そでがき》にいはく

他力《たりき》と申《もう》し候《そうろ》ふは、とかくのはからひなきを申《もう》し候《そうろ》ふなり。

40

(二五)

六月一日《ろくがっついたち》の御文《おんふみ》、くはしくみ候《そうら》ひぬ。さては鎌倉《かまくら》にての御訴《おんうった》へのやうは、*おろおろうけたまはりて候《そうろ》ふ。*この御文《おんふみ》にたがはずうけたまはりて候《そうら》ひしに、*別《べつ》のことはよも候《そうら》はじとおもひ候《そうら》ひしに、*御《おん》くだりうれしく候《そうろ》ふ。

おほかたは、この訴《うった》へのやうは、御身《おんみ》ひとりのことにはあらず候《そうろ》ふ。すべて浄土《じょうど》の念仏者《ねんぶつしゃ》のことなり。このやうは、故聖人《こしょうにん》(法然)の御時《おんとき》、この身《み》どものやうやうに申《もう》され候《そうら》ひしことなり。*こともあたらしき訴《うった》へにても†候《そうら》†はず。性《しょう》信坊《しんぼう》ひとりの沙汰《さた》あるべきことにはあらず。念仏申《ねんぶつもう》さんひとは、みなおなじこころに御沙汰《おんさた》あるべきことなり。御身《おんみ》をわらひまうすべきことにはあらず候《そうろ》ふべし。*念仏者《ねんぶつしゃ》のものにこころえぬは、*性信坊《しょうしんぼう》のとがに申《もう》しなされんは、きはまれるひがごとに候《そうろ》ふべし。念仏申《ねんぶつもう》さんひとは、性信坊《しょうしんぼう》のかたうど*にこそなりあはせたまふべけれ。母《はは》・姉《あね》・妹《いもうと》なんどやうやうに申《もう》さるることは、*ふるごとにて候《そうろ》ふ。さればとて、*念仏《ねんぶつ》をとどめられ候《そうら》ひしが、世《よ》に*曲事《くせごと》のおこり候《そうら》ひ

〈第二十五通は、鎌倉での念仏訴訟が落着したことを報じた性信房《しょうしんぼう》の書状に対する返書。聖人は性信房の対処の仕方を賞賛している。なお、この訴訟に関しては、第四十三通にも触れられているが、詳細は明らかでない。『御消息集』広本(7)、略本(2)〉

おろおろ… (性信房のお手紙の前に)大体のところは聞いております。

この御文 六月一日付の性信房の手紙を指す。

別のことは… 格別のことはまさかあるまいと。

御くだり 訴訟が終って性信房が鎌倉から下総《しもうさ》に帰ったこと。

ことも… とりわけ新しい訴えでもありません。

念仏者の… 念仏者の中のものの道理を心得ない人が。

しかば、それにつけても念仏《ねんぶつ》をふかくたのみて、世《よ》のいのりにこころにいれて、申《もう》しあはせたまふべしとぞおぼえ候《そうろ》ふ。

御文《おんふみ》のやう、おほかたの*陳状《ちんじょう》、よく御《おん》はからひども候《そうら》ひけり。うれしく候《そうろ》ふ。詮《せん》じ候《そうろ》ふところは、御身《おんみ》にかぎらず、念仏申《ねんぶつもう》さんひとびとは、わが御身《おんみ》の料《りょう》はおぼしめさずとも、*朝家《ちょうか》の御《おん》ため、*国民《こくみん》のために、念仏《ねんぶつ》を申《もう》しあはせたまひ候《そうら》はば、*めでたう候《そうろ》ふべし。往生《おうじょう》を不定《ふじょう》におぼしめさんひとは、まづわが身《み》の往生《おうじょう》をおぼしめして、御念仏候《おんねんぶつそうろ》ふべし。わが身《み》の往生一定《おうじょういちじょう》とおぼしめさんひとは、仏《ぶつ》の御恩《ごおん》をおぼしめさんに、御報恩《ごほうおん》のために、御念仏《おんねんぶつ》こころにいれて申《もう》し

41

て、世《よ》のなか安穏《あんのん》なれ、仏法《ぶっぽう》ひろまれとおぼしめすべしとぞ、おぼえ候《そうろ》ふ。よくよく御案候《ごあんそうろ》ふべし。このほかは、別《べつ》の御《おん》はからひあるべしとはおぼえず候《そうろ》ふ。

なほなほ疾《と》く御《おん》くだりの候《そうろ》ふこそ、うれしう候《そうら》へ。よくよく御《おん》こころにいれて、往生一定《おうじょういちじょう》とおもひさだめられ候《そうら》ひなば、仏《ぶつ》の御恩《ごおん》をおぼしめさんには、*異事《ことごと》は候《そうろ》ふべからず。御念仏《おんねんぶつ》をこころにいれて申《もう》させたまふべしとおぼえ候《そうろ》ふ。あなかしこ、あなかしこ。

七月九日《しちがつここぬか》　　親鸞《しんらん》

性信坊の…　性信房のとがであるかのように申しなされるのは。

かたうど　「かたびと（方人）」の転。味方。

ふるごと　昔からよくあること。昔のこと。

念仏をとどめられ　承元《じょうげん》元年（一二〇七）の専修《せんじゅ》念仏停止《ちょうじ》を指す。

曲事　承久の乱（一二二一）による三上皇の配流を指すものか。

陳状　原告（訴人《そにん》）の訴状に対し、被告（論人《ろんにん》）の提出する反論を陳状という。

朝家の御ため　「おほやけのおんためとまうすなり」（左訓）

国民　「くにのたみ、ひやくしやう」（左訓）

めでたう候ふべし　結構なことであるに違いありませ

性信御坊《しょうしんおんぼう》

(二六)

尋《たず》ね仰《おお》せられ候《そうろう》ふ念仏《ねんぶつ》の不審《ふしん》のこと。念仏往生《ねんぶつおうじょう》と信《しん》ずる人《ひと》は、辺地《へんじ》の往生《おうじょう》とてきらはれ候《そうろ》ふらんこと、*おほかたこころえがたく候《そうろ》ふ。そのゆゑは、弥陀《みだ》の本願《ほんがん》と申《もう》すは、名号《みょうごう》をとなへんものをば極楽《ごくらく》へ迎《むか》へんと誓《ちか》はせたまひたるを、ふかく信《しん》じてとなふるがめでたきことにて候《そうろ》ふなり。信心《しんじん》ありとも、名号《みょうごう》をとなへざらんは*詮《せん》なく候《そうろ》ふ。また一向名号《いっこうみょうごう》をとなふとも、信心《しんじん》あさくは往生《おうじょう》しがたく候《そうろ》ふ。されば念仏往生《ねんぶつおうじょう》とふかく信《しん》じて、しかも名号《みょうごう》をとなへんずるは、疑《うたがい》なき報土《ほうど》の往生《おうじょう》にてあるべく候《そうろ》ふなり。詮《せん》ずるところ、名号《みょうごう》をとなふといふとも、他力本願《たりきほんがん》を信《しん》ぜざらんは辺地《へんじ》に生《うま》るべし。本願他力《ほんがんたりき》をふかく
42
信《しん》ぜんともがらは、*なにごとにかは辺地《へんじ》の往生《おうじょう》にて候《そうろ》ふべき。このやうをよくよく御《おん》こころえ候《そうろ》うて御念仏《おんねんぶつ》候《そうろ》ふべし。

この身《み》は、いまは、としきはまりて候《そうら》へば、さだめてさきだちて往生《おうじょう》し候《そうら》はんずれば、浄土《じょうど》にてかならずかならずまちまゐらせ候《そうろ》ふべし。あなかしこ、あなかしこ。

ん。

異事 別のこと。変ったこと。

〈第二十六通は、有阿弥陀《ゆうあみだ》仏《ぶつ》の質問に答えたもの。念仏往生を否定することの誤りをただし、信心と念仏が不離の関係であると述べる。『末灯鈔』⑿〉

おほかた 全く。

詮なく候ふ そのかいがありません。

なにごとにかは… どうして辺地の往生でありましょうか、(決してそうではありません)。

七月十三日《しちがつじゆうさんにち》

親鸞《しんらん》

*有阿弥陀仏御返事《ゆうあみだぶつおんかえりごと》

(二七)

まづよろづの仏《ぶつ》・菩薩《ぼさつ》をかろしめまゐらせ、よろづの神祇《じんぎ》・冥道《みようどう》をあなづりすてたてまつると申《もう》すこと、この事《こと》ゆめゆめなきことなり。世《せ》々生々《せしようじよう》に無量《むりよう》無辺《むへん》の諸仏《しよぶつ》・菩薩《ぼさつ》の利益《りやく》によりて、よろづの善《ぜん》を修行《しゆぎよう》せしかども、自力《じりき》にては生死《しようじ》を出《い》でずありしゆゑに、曠劫多生《こうごうたしよう》のあひだ、諸仏《しよぶつ》・菩薩《ぼさつ》の御《おん》すすめによりて、いままうあひがたき弥陀《みだ》の御《おん》ちかひにあひまゐらせて候《そうろ》ふ御恩《ごおん》をしらずして、よろづの仏《ぶつ》・菩薩《ぼさつ》をあだに申《もう》さんは、ふかき御恩《ごおん》をしらず候《そうろ》ふべし。仏《ぶつ》法《ぽう》をふかく信《しん》ずるひとをば、天地《てんち》におはしますよろづの神《かみ》は、かげのかたちに添《そ》へるがごとくして、まもらせたまふことにて候《そうら》へば、念仏《ねんぶつ》を信《しん》じたる身《み》にて、天地《てんち》の神《かみ》をすてまうさんとおもふこと、ゆめゆめなきことなり。神祇等《じんぎとう》だにもすてられたまはず。いかにいはんや、よろづの仏《ぶつ》・菩薩《ぼさつ》をあだにも申《もう》し、おろかにおもひまゐらせ候《そうろ》ふべしや。よろづの仏《ぶつ》をおろかに申《もう》さば、念仏《ねんぶつ》†を信《しん》ぜず、弥陀《みだ》の御名《みな》をとなへぬ身《み》にてこそ候《そうら》はんずれ。詮《せん》ずるところは、そらご

43

有阿弥陀仏　親鸞聖人の門弟の一人。伝未詳。〈第二十七通は、第二十八通と同じく九月二日付であり、内容も似ていることから、同日に書かれたものとみられる。諸神軽視、造悪《ぞうあく》無礙《むげ》を口実として念仏者を弾圧する在地権力者がいるが、そうした権力者に対しては憐れみをもって念仏して彼らをたすけよと諭している。『御消息集』広本(9)、略本(4)〉

すて　「すつ」は無視するの意。

ゆめゆめなきことなり　決してないことです。

あだ　いいかげんなさま。

神祇等だにも…　天神地祇などでさえ（念仏者に）無視されたまわないのです。

おろかに　疎かに。いいかげんに。

とを申《もう》し、ひがごとを、ことにふれて、念仏《ねんぶつ》のひとびとに仰《おお》せられつけて、念《ねん》仏《ぶつ》をとどめんとするところの*領家《りようか》・*地頭《じとう》・*名主《みようしゆ》の御《おん》はからひども候《そうろ》ふらんこと、よくよく*やうあるべきことなり。そのゆゑは、釈迦如来《しやかによらい》のみことには、念仏《ねんぶつ》するひとをそしるものをば「*名無眼人《みようむげんにん》」と説《と》き、「*名無耳人《みようむににん》」と仰《おお》せおかれたることに候《そうろ》ふ。善導和尚《ぜんどうかしよう》は、「*五濁《ごじよく》増《ぞう》時《じ》多《た》疑《ぎ》謗《ほう》　道俗《どうぞく》相嫌《そうけん》不《ふ》用聞《ようもん》　見《けん》有《う》修《しゆ》行《ぎよう》起《き》瞋毒《しんどく》　方便《ほうべん》破《は》壊《え》競《きよう》生《しよう》怨《おん》」（法事讃・下　五七六）とたしかに釈《しやく》しおかせたまひたり。この世《よ》のならひにて念仏《ねんぶつ》をさまたげんひとは、そのところの領家《りようか》・地《じ》頭《とう》・名主《みようしゆ》の*やうあることにてこそ候《そうら》はめ。とかく申《もう》すべきにあらず。「念仏《ねんぶつ》せんひとびとは、かのさまたげをなさんひとをばあはれみをなし、不便《ふびん》におもうて、念仏《ねんぶつ》をもねんごろに申《もう》して、さまたげなさんを、たすけさせたまふべし」とこそ、*ふるきひとは申《もう》され候《そうら》ひしか。よくよく御《おん》たづねあるべきことなり。

つぎに、念仏《ねんぶつ》せさせたまふひとびとのこと、弥陀《みだ》の御《おん》ちかひは煩悩具足《ぼんのうぐそく》のひとのためなりと信《しん》ぜられ候《そうろ》ふは、*めでたきやうなり。ただしわるきもののためなりとて、ことさらにひがごとをこころにもおもひ、身《み》にも口《くち》にも申《もう》すべしとは、浄土宗《じようどしゆう》に申《もう》すことならねば、ひとびとにもかたること候《そうら》はず。おほかた

領家　荘園の領有者。

地頭　幕府任命の荘園管理職。

名主　名田を経営管理し、年貢・公事《くじ》の徴収に当った者。

やうあるべきことなり　そのいわれがあるはずのことです。

名無眼人・名無耳人　「眼《まなこ》なき人と名づく」「耳なき人と名づく」→補註14

五濁増時…　「五濁増の時は多く疑謗し、道俗あひ嫌ひて聞くことを用ゐず。修行することあるを見ては瞋毒を起し、方便破壊して競ひて怨を生ず」

の　であって、(それは…)。

ふるきひと　法然《ほうねん》聖人を指す。七四八頁一三行以下参照。

めでたきやうなり　結構なことであります。

は、煩悩具足《ぼんのうぐそく》の身《み》にて、こころをもとどめがたく候《そうら》ひながら、往生《おうじょう》を疑《うたが》はずせんとおぼしめすべしとこそ、師《し》も善知識《ぜんぢしき》も申《もう》すことにて候《そうろ》ふに、かかるわる
44 き身《み》なれば、ひがごとをことさらに好《この》みて、念仏《ねんぶつ》のひとびとのさはりとなり、師《し》のためにも善知識《ぜんぢしき》のためにも、とがとなさせたまふべしと申《もう》すことは、ゆめゆめなきことなり。弥陀《みだ》の御《おん》ちかひにまうあひがたくしてあひまゐらせて、仏《ぶっ》恩《とん》を報《ほう》じまゐらせんとこそおぼしめすべきに、*念仏《ねんぶつ》をとどめらるることに沙汰《さた》しなされて候《そうろ》ふらんこそ、かへすがへすこころえず候《そうろ》ふ。あさましきことに候《そうろ》ふ。ひとびとのひがざまに御《おん》こころえどもの候《そうろ》ふゆゑ、*あるべくもなきことどもきこえ候《そうろ》ふ。申《もう》すばかりなく候《そうろ》ふ。ただし念仏《ねんぶつ》のひと、ひがごとを申《もう》し候《そうら》はば、その身《み》ひとりこそ地獄《じごく》にもおち、*天魔《てんま》ともなり候《そうら》はめ。よろづの念仏者《ねんぶつしゃ》のとがになるべしとはおぼえず候《そうろ》ふ。よくよく御《おん》はからひども候《そうろ》ふべし。なほなほ念仏《ねんぶつ》せさせたまふひとびと、よくよくこの文《ふみ》を御覧《ごらん》じとかせたまふべし。あなかしこ、あなかしこ。

九月二日《くがつふつかのひ》　親鸞《しんらん》

念仏《ねんぶつ》の人々御中《ひとびとおんなか》へ

念仏を…　念仏を停止《ちょうじ》されるようなことに言動をなされておられるとかいうのは、ほんとうに腑におちません。

あるべくもなきこと　（念仏者はことさらに悪を好み行うものだという）事実であるはずもない風評。

天魔　欲界《よくかい》の最上位、他化《たけ》自在天《じざいてん》に住する悪魔を波旬《はじゅん》（Pāpīyas パーピーヤス）という。人の真実の智慧《ちえ》を断ち、悪業《あくごう》をなさしめる悪しき者の意。

(二八)

文書《ふみか》きてまゐらせ候《そうろう》ふ。この文《ふみ》を、ひとびとにも読《よ》みてきかせたまふべし。

*遠江《とおとうみ》の尼《あま》御前《ごぜん》の御《おん》こころにいれて御沙汰《おんさた》候《そうろう》ふらん、かへすがへすめでたくあはれにおぼえ候《そうろう》ふ。よくよく京《きょう》よりよろこび申《もう》すよしを申《もう》したまふべし。

*信願坊《しんがんぼう》が申《もう》すやう、かへすがへす不便《ふびん》のことなり。わるき身《み》なればとて、ことさらにひがごとを好《この》みて、師《し》のため善知識《ぜんぢしき》のためにあしきことを沙汰《さた》し、念《ねん》仏《ぶつ》のひとびとのために、とがとなるべきことをしらずは、仏恩《ぶっとん》をしらず、よくよくはからひたまふべし。

また、ものにくるうて死《し》にけんひとびとのことをもちて、信願坊《しんがんぼう》がことを、よしあしと申《もう》すべきにはあらず。念仏《ねんぶつ》するひとの死《し》にやうも、身《み》より病《やまい》をするひとは、往生《おうじょう》のやうを申《もう》すべからず。こころより病《やまい》をするひとは、天魔《てんま》ともなり、地獄《じごく》にもおつることにて候《そうろう》ふべし。*こころよりおこる病《やまい》と、身《み》よりおこる病《やまい》とは、かはるべければ、こころよりおこりて死《し》ぬるひとのことを、よくよく御《おん》はからひ候《そうろう》ふべし。

信願坊《しんがんぼう》が申《もう》すやうは、凡夫《ぼんぶ》のならひなれば、わるきこそ*本《ほん》なればとて、おもふまじきことを好《この》み、身《み》にもすまじきことをし、口《くち》にもいふまじきことを申《もう》す

〈第二十八通は、慈信房《じしんぼう》に宛てたもの。信願房が造悪《ぞうあく》無礙《むげ》の主張をするとは思えないと述べ、臨終のありさまで往生の得否を論ずることは誤りであると指摘して、念仏をさまたげる者に対しては彼らをたすけようと思って念仏すべきであると説く。また追伸の部分では仏法を破滅させるのは仏法者自身であると述べる。『御消息集』広本⑽、略本⑸〉

遠江の尼御前　伝未詳。

信願坊　「交名牒《きょうみょうちょう》」に信願の名は、㈠親鸞聖人の直弟（下野《しもつけ》那須《なす》住）、㈡真仏《しんぶつ》上人の門下（常陸国府《ひたちこくぶ》住）、㈢入信《にゅうしん》（親鸞聖人門下、常陸奥郡《おうぐん》住）の門下としてみえる。

こころよりおこる病　邪見をいだいて、仏教をそしったりすることなどをいう。

べきやうに申《もう》され候《そうろ》ふこそ、信願坊《しんがんぼう》が申《もう》しやうとはこころえず候《そうろ》ふ。往生《おうじょう》にさはりなければとて、ひがごとを好《この》むべしとは、申《もう》したること候《そうら》はず。かへすがへすこころえずおぼえ候《そうろ》ふ。

詮《せん》ずるところ、ひがごと申《もう》さんひとは、その身《み》ひとりこそ、*ともかくもなり候《そうら》はめ。すべてよろづの念仏者《ねんぶつしゃ》のさまたげとなるべしとはおぼえず候《そうろ》ふ。

また念仏《ねんぶつ》をとどめんひとは、そのひとばかりこそいかにもなり候《そうら》はめ。よろづの念仏《ねんぶつ》するひとのとがとなるべしとはおぼえず候《そうろ》ふ。「五濁《ごじょく》増時《ぞうじ》多疑《たぎ》謗《ほう》道《どう》
俗相嫌不用聞《ぞくそうけんふようもん》　見有修行起瞋毒《けんうしゅぎょうきしんどく》　方便破壊競生怨《ほうべんはえきょうしょうおん》」（法事讃・下　五七六）と、
46 まのあたり善導《ぜんどう》の御《おん》をしへ候《そうろ》ふぞかし。釈迦如来《しゃかにょらい》は、「名無眼人《みょうむげんにん》、名無耳人《みょうむにん》」
と説《と》かせたまひて候《そうろ》ふぞかし。かやうなるひとにて、念仏《ねんぶつ》をもとどめ、念仏者《ねんぶつしゃ》をもにくみなんどすることにても候《そうろ》ふらん。*それは、*かのひとをにくまずして、念仏《ねんぶつ》をひとびと申《もう》して、たすけんとおもひあはせたまへとこそおぼえ候《そうら》へ。あなかしこ、あなかしこ。

九月二日《くがつふつかのひ》　　親鸞《しんらん》

慈信坊《じしんぼう》　御返事《おんへんじ》

本　本来の姿。

ともかくもなり候はめ　悪道に堕するようなことにもなるでありましょう。次々行の「いかにもなり候はめ」も同意。

それは　念仏を非難妨害されることについては。

かのひと　念仏を非難妨害する人。

入信坊《にゅうしんぼう》・*真浄坊《しんじょうぼう》・*法信坊《ほうしんぼう》にも、この文《ふみ》を読《よ》みきかせたまふべし。かへすがへす不便《ふびん》のことに候《そうろ》ふ。性信坊《しょうしんぼう》には、春《はる》のぼりて候《そうら》ひしに、よくよく申《もう》して候《そうろ》ふ。*くげどのにも、よくよくよろこび申《もう》したまふべし。このひとびとのひがごとを申《もう》しあうて候《そうら》へばとて、*道理《どうり》をば失《うしな》はれ候《そうら》はじとこそおぼえ候《そうら》へ。世間《せけん》の事《こと》にも、さることの候《そうろ》ふぞかし。領家《りょうけ》・地頭《じとう》・名主《みょうしゅ》のひがごとすればとて、*百姓《ひゃくしょう》をまどはすことは候《そうら》はぬぞかし。仏法《ぶっぽう》をばやぶるひとなし。仏法者《ぶっぽうしゃ》のやぶるにたとへたるには、「*獅子《しし》の身中《しんちゅう》の虫《むし》の獅子《しし》をくらふがごとし」と候《そうら》へば、念仏者《ねんぶつしゃ》をば仏法者《ぶっぽうしゃ》のやぶりさまたげ候《そうろ》ふなり。よくよくこころえたまふべし。なほなほ御文《おんふみ》には申《もう》しつくすべくも候《そうら》はず。

47

（二九）

武蔵《むさし》よりとて、*しむの入道《にゅうどう》どのと申《もう》す人《ひと》と、*正念房《しょうねんぼう》と申《もう》す人《ひと》の、*王番《おうばん》にのぼらせたまひて候《そうろ》ふとておはしまして候《そうろ》ふ。みまゐらせて候《そうろ》ふ。御念仏《おんねんぶつ》の御《おん》こころざしおはしますと候《そうら》へば、ことにうれしうめでたうおぼえ候《そうろ》ふ。*御《おん》すすめと候《そうろ》ふ。かへすがへすうれしうあはれに候《そうろ》ふ。なほなほよくよくすすめまゐらせて、信心《しんじん》かはらぬやうに人々《ひとびと》に申《もう》させたまふべし。如来《にょらい》の御《おん》ちかひのうへ

真浄坊　光明寺本《こうみょうじぼん》「交名《きょうみょう》牒《ちょう》」によると、常陸《ひたち》鹿島の順信《じゅんしん》の門下。

法信坊　伝未詳。

くげどの　伝未詳。

道理をば…　道理まで失ってはおられまいと思われます。

百姓を…　一般の人々を惑わすことはありません。

獅子の…　『蓮華面経《れんげめんぎょう》』（上）、『梵網経《ぼんもうきょう》』（下）などに出る喩え。

〈第二十九通は、性信房《しょうしんぼう》に宛てたもの。大番役で京都へ上ったしむの入道と正《しょう》念房《ねんぼう》に面会したことを喜び記している。『血脈文集《けちみゃくもんじゅう》』(4)〉

しむの入道　伝未詳。恵空《えくう》本《ぼん》『血脈文集』には「しむしの入道」とある。

正念房　伝未詳。

王番　大番のこと。宮廷の

に、釈尊《しゃくそん》の御《おん》ことなり。また十方恒沙《じっぽうごうじゃ》の諸仏《しょぶつ》の御証誠《ごしょうじょう》なり。信心《しんじん》はかはらじとおもひ候《そうら》へども、やうやうにかはりあはせたまひて候《そうろ》ふこと、ことになげきおもひ候《そうろ》ふ。よくよくすすめまゐらせたまふべく候《そうろ》ふ。あなかしこ、あなかしこ。

九月七日《くがつなぬか》　　親鸞《しんらん》

性信御房《しょうしんおんぼう》

*念仏《ねんぶつ》のあひだのことゆゑに、御沙汰《ごさた》どものやうやうにきこえ候《そうろ》ふに、*こころやすくならせたまひて候《そうろ》ふと、この人々《ひとびと》の御《おん》ものがたり候《そうら》へば、ことにめでたううれしう候《そうろ》ふ。なにごともなにごとも申《もう》しつくしがたく候《そうろ》ふ。いのち候《そうら》はば、またまた申《もう》し候《そうろ》ふべく候《そうろ》ふ。

(三〇)

尋《たず》ね仰《おお》せられて候《そうろ》ふ摂取不捨《せっしゅふしゃ》のことは、『*般舟三昧行道往生讃《はんじゅざんまいぎょうどうおうじょうさん》』(七一五)と申《もう》すに仰《おお》せられて候《そうろ》ふをみまゐらせて候《そうら》へば、「釈迦如来《しゃかにょらい》・弥陀仏《みだぶつ》、われら
48 が慈悲《じひ》の父母《ぶも》にて、さまざまの方便《ほうべん》にて、われらが無上信心《むじょうしんじん》をばひらきおこさせたまふ」(意)と候《そうら》へば、まことの信心《しんじん》の定《さだ》まることは、釈迦《しゃか》・弥陀《みだ》の御《おん》はからひとみえて候《そうろ》ふ。往生《おうじょう》の心疑《しんうたがい》なくなり候《そうろ》ふは、摂取《せっしゅ》せられまゐらする

警護をつとめる役。幕府の御家人がこの役に当てられた。

御すすめと候ふ　あなた(性信房)のお勧めであるということです。

念仏のあひだのこと…　念仏に関する問題。鎌倉での念仏訴訟を指す。

こころやすく　平穏無事なありさま。ここは念仏訴訟が落着したことを指すものと考えられる。

〈第三十通は、摂取不捨《せっしゅふしゃ》についての質問状に対する返書。信心が定まることは釈迦・弥陀のはからいであると述べ、弥陀に摂取されるから信心が定まり、正定聚《しょうじょうじゅ》の位に入らしめられると説いて、行者のはからいを誡めている。真蹟、『末灯鈔』(13)〉

ゆゑとみえて候《そうろう》ふ。摂取《せっしゅ》のうへには、ともかくも行者《ぎょうじゃ》のはからひあるべからず候《そうろう》ふ。浄土《じょうど》へ往生《おうじょう》するまでは、不退《ふたい》の位《くらい》にておはしまし候《そうら》へば、正定聚《しょうじょうじゅ》の位《くらい》となづけておはしますことにて候《そうろう》ふなり。まことの信心《しんじん》をば、釈迦如来《しゃかにょらい》・弥陀如来《みだにょらい》二尊《にそん》の御《おん》はからひにて発起《ほっき》せしめたまひ候《そうろう》ふとみえて候《そうら》へば、信心《しんじん》の定《さだ》まると申《もう》すは、摂取《せっしゅ》にあづかるときにて候《そうろう》ふなり。そののちは正定聚《しょうじょうじゅ》の位《くらい》にて、まことに浄土《じょうど》へ生《うま》るるまでは候《そうろう》ふべしとみえ候《そうろう》ふなり。ともかくも行者《ぎょうじゃ》のはからひをちりばかりもあるべからず候《そうら》へばこそ、他力《たりき》と申《もう》すことにて候《そうら》へ。あなかしこ、あなかしこ。

十月六日《じゅうがつむゆかのひ》　親鸞《しんらん》

*しのぶの御房《おんぼう》の御返事《おんへんじ》

(三二)

ひとびとの仰《おお》せられて候《そうろう》ふ*十二光仏《じゅうにこうぶつ》の御《おん》ことのやう、書《か》きしるしてくだしまゐらせ候《そうろう》ふ。くはしく書《か》きまゐらせ候《そうろう》ふべきやうも候《そうら》はず。*おろおろ書《か》きしるして候《そうろう》ふ。

詮《せん》ずるところは、無礙光仏《むげこうぶつ》と申《もう》しまゐらせ候《そうろう》ふことを*本《ほん》とせさせたまふべく

般舟三昧行道往生讃　般舟讃のこと。→般舟讃《はんじゅさん》

しのぶの御房　真蹟本の原型は、「しんぶつの御房」であったが、後世に「しのぶの御房」と書きかえられたとみる説がある。『末灯鈔』所収本では「真仏御房」となっている。

〈第三十一通は、十二光についての解説を唯信《ゆいしん》に送り与えた際の添状と考えられている。その解説とは、『弥陀如来名号徳』を指すと推測されている。『御消息集』広本(17)、略本(9)〉

十二光仏　→十二光《じゅうにこう》

おろおろ　不十分ながら。ざっと。

本　根本。

候《そうろ》ふ。無礙《むげ》光仏《こうぶつ》は、よろづのもののあさましきわるきことにはさはりなく、た
49 すけさせたまはん料《りょう》に、無礙《むげ》光仏《こうぶつ》と申《もう》すとしらせたまふべく候《そうろ》ふ。あなかし
こ、あなかしこ。

十月《じゅうがつ》二十一日《にじゅういちにち》　親鸞《しんらん》

*唯信御坊《ゆいしんおんぼう》　御返事《おんへんじ》

（三二）

尋《たず》ね仰《おお》せられて候《そうろ》ふこと、かへすがへす*めでたう候《そうろ》ふ。まことの信心《しんじん》をえたる人《ひと》は、すでに仏《ぶつ》に成《な》らせたまふべき御身《おんみ》となりておはしますゆゑに、「如来《にょらい》とひとしき人《ひと》」と『経《きょう》』（華厳経・入法界品）に説《と》かれ候《そうろ》ふなり。弥勒《みろく》はいまだ仏《ぶつ》に成《な》りたまはねども、このたびかならずかならず仏《ぶつ》に成《な》りたまふべきによりて、弥勒《みろく》をばすでに弥勒仏《みろくぶつ》と申《もう》し候《そうろ》ふなり。*その定《じょう》に、真実信心《しんじつしんじん》をえたる人《ひと》をば、如来《にょらい》とひとしと仰《おお》せられて候《そうろ》ふなり。また*承信房《じょうしんぼう》の、弥勒《みろく》とひとしと候《そうろ》ふも、ひがごとには候《そうら》はねども、他力《たりき》によりて信《しん》をえてよろこぶこころは如《にょ》来《らい》とひとしと候《そうろ》ふを、自力《じりき》なりと候《そうろ》ふらんは、いますこし承信房《じょうしんぼう》の御《おん》こころの底《そこ》のゆきつかぬやうにきこえ候《そうろ》ふこそ、よくよく御案《ごあん》候《そうろ》ふべくや候《そうろ》ふらん。

唯信御坊　「交名牒《きょうみょうちょう》」には、親鸞聖人の直弟子に唯信という名が二人あがっている。一人は常陸奥郡《ひたちおうぐん》（現在の茨城県北部）、一人は会津に住していた。そのほか、孫弟子として、常陸鹿島の順信《じゅんしん》の弟子、および下野《しもつけ》（現在の栃木県）那須《なす》の信願《しんがん》の弟子にも唯信という人がいる。〈第三十二通は、浄信《じょうしん》の問いに答えたもの。真実信心を得た人は、如来と等しいことを示し、そのことを自力の信心であると批判することの非を指摘している。真蹟、『末灯鈔』⒂〉

めでたう候ふ　結構でございます。

その定に　それと同様に。

承信房　伝未詳。

50

自力《じりき》のこころにて、わが身《み》は如来《にょらい》とひとしと候《そうろ》ふらんは、まことにあしう候《そうろ》ふべし。他力《たりき》の信心《しんじん》のゆゑに、*浄信房《じょうしんぼう》のよろこばせたまひ候《そうろ》ふらんは、なにかは自力《じりき》にて候《そうろ》ふべき。よくよく御《おん》はからひ候《そうろ》ふべし。このやうは、この人々《ひとびと》にくはしう申《もう》して候《そうろ》ふ。*承信《じょうしん》の御房《おんぼう》、とひまゐらせさせたまふべし。あなかしこ、あなかしこ。

十月二十一日《じゅうがつにじゅういちにち》　親鸞《しんらん》

浄信御房《じょうしんのおんぼう》　御返事《おんへんじ》

（三三）

九月二十七日《くがつにじゅうしちにち》の御文《おんふみ》、くはしくみ候《そうら》ひぬ。さては御《おん》こころざしの銭《ぜに》*五貫文《ごかんもん》、十一月九日《じゅういちがつここぬか》にたまはりて候《そうろ》ふ。

さてはゐなかのひとびと、みなとしごろ念仏《ねんぶつ》せしは、いたづらごとにてありけりとて、かたがた、ひとびとやうやうに申《もう》すなることこそ、かへすがへす不《ふ》便《びん》のことにきこえ候《そうら》へ。やうやうの文《ふみ》どもを書《か》きてもてるを、いかにみなして候《そうろ》ふやらん。かへすがへすおぼつかなく候《そうろ》ふ。

慈信坊《じしんぼう》のくだりて、わがききたる法文《ほうもん》こそまことにてはあれ、日《ひ》ごろの念仏《ねんぶつ》

浄信房　第二十通の浄信と同異不明。

承信の御房　「承信の御房に」とする異本がある。

〈第三十三通は、慈信房《じしんぼう》に宛てたもの。文面には、関東の門弟の動揺を伝え聞いて深く悲嘆している様子がうかがわれる。この時点では、親鸞聖人はまだ、慈信房の異義について十分承知していない。『御消息集』広本⑾、略本⑹〉

五貫文　おおよそ一貫文で米一石（百升）が買えた。

は、みないたづらごとなりと候《そうら》へばとて、*おほぶの中太郎《ちゅうたろう》の方《かた》のひとは、九《く》十《じゅう》なん人《にん》とかや、みな慈信坊《じしんぼう》の方《かた》へとて、中太郎入道《ちゅうたろうにゅうどう》をすてたるとかやきき候《そうろ》ふ。いかなるやうにて、さやうには候《そうろ》ふぞ。詮《せん》ずるところ、信心《しんじん》の定《さだ》まらざりけるときき候《そうろ》ふ。いかやうなることにて、さほどにおほくのひとびとの*たぢろき候《そうろ》ふらん。不便《ふびん》のやうときき候《そうろ》ふ。またかやうのきこえなんど候《そうら》へば、そらごともおほく候《そうろ》ふべし。また親鸞《しんらん》も*偏頗《へんぱ》あるものときき候《そうら》へば、ちからを尽《つく》して『唯信鈔《ゆいしんしょう》』・『後世物語《ごせものがたり》』・『自力他力《じりきたりき》の文《ふみ》』のこころども、二河《にが》の譬喩《ひゆ》など書《か》きて、かたがたへ、ひとびとにくだして候《そうろ》ふも、みなそらごとになりて候《そうろ》ふときこえ候《そうろ》ふは、いかやうにすすめられたるやらん。不可思議《ふかしぎ》のことときき
51
候《そうろ》ふこそ、不便《ふびん》に候《そうら》へ。よくよくきかせたまふべし。あなかしこ、あなかしこ。

十一月九日《じゅういちがつここぬか》　親鸞《しんらん》

慈信御坊《じしんおんぼう》

真仏坊《しんぶつぼう》・性信坊《しょうしんぼう》・入信坊《にゅうしんぼう》、*このひとびとのことうけたまはり候《そうろ》ふ。かへすがへすなげきおぼえ候《そうら》へども、ちからおよばず候《そうろ》ふ。また余《よ》のひとびとのおなじこころならず候《そうろ》ふらんも、ちからおよばず候《そうろ》ふ。ひとびとのおなじこ

おほぶの中太郎　『御伝鈔』【三】に出る平太郎と同一人物ともいわれる。「おほぶ」は現在の茨城県水戸市飯富《いいとみ》町。同地には真仏寺があり、平太郎真仏を開基とする。

たぢろき　動揺して。

偏頗　不公平。えこひいき。

このひとびとの…　慈信房《じしんぼう》は真仏・性信・入信などの信心が変ったと親鸞聖人に報告していたらしい。

ころならず候《そうら》へば、とかく申《もう》すにおよばず。いまは*ひとのうへも申《もう》すべきにあらず候《そうろ》ふ。よくよくこころえたまふべし。

親鸞《しんらん》

慈信御坊《じしんごぼう》

52

（三四）

ある人《ひと》のいはく、

往生《おうじょう》の業因《ごういん》は、一念発起《いちねんぽっき》信心《しんじん》のとき、無碍《むげ》の心光《しんこう》に摂護《しょうご》せられまゐらせ候《そうら》ひぬれば、同一《どういつ》なり。このゆゑに不審《ふしん》なし。このゆゑに、はじめてまた信不信《しんふしん》を論《ろん》じ尋《たず》ねまうすべきにあらずとなり。このゆゑに他力《たりき》なり、義《ぎ》なきがなかの義《ぎ》となり。ただ無明《むみょう》なること、おほはるる煩悩《ぼんのう》ばかりとなり。恐々謹言《きょうきょうきんげん》。

十一月一日《じゅういちがつついたち》

専信《せんしん》上《たてまつる》

仰《おお》せ候《そうろ》ふところの往生《おうじょう》の業因《ごういん》は、真実信心《しんじつしんじん》をうるとき摂取不捨《せっしゅふしゃ》にあづかる

ひとのうへも　他人のことについても。

〈第三十四通は、専信《せんしん》の上書に対する返事。現生正《しょう》定聚《じょうじゅ》の義を示して、義なきを義とする他力のおもむきを明かしている。『御消息集（善性本）』(7)〉

とおもへば、かならずかならず如来《にょらい》の誓願《せいがん》に住《じゅう》すと、悲願《ひがん》にみえたり。「*設我《せつが》得仏《とくぶつ》　国中人天《こくちゅうにんでん》　不住定聚《ふじゅじょうじゅ》　必至滅度者《ひっしめつどしゃ》　不取正覚《ふしゅしょうがく》」（大経・上）と誓《ちか》ひたまへり。正定聚《しょうじょうじゅ》に信心《しんじん》の人《ひと》は住《じゅう》したまへりとおぼしめし候《そうら》ひなば、行者《ぎょうじゃ》のはからひのなきゆゑに、義《ぎ》なきを義《ぎ》とすと、他力《たりき》をば申《もう》すなり。善《ぜん》とも悪《あく》とも、浄《じょう》とも穢《え》とも、行者《ぎょうじゃ》のはからひなき身《み》とならせたまひて候《そうら》へばこそ、義《ぎ》なきを義《ぎ》とすとは申《もう》すことにて候《そうら》へ。

十七《じゅうしち》の願《がん》に、「わがなをとなへられん」と誓《ちか》ひたまひて、十八《じゅうはち》の願《がん》に、「信心《しんじん》まことならば、もし生《うま》れずは仏《ぶつ》に成《な》らじ」と誓《ちか》ひたまへり。十七《じゅうしち》・十八《じゅうはち》の悲願《ひがん》みなまことならば、正定聚《しょうじょうじゅ》の願《がん》（第十一願）は*せんなく候《そうろ》ふべきか。補処《ふしょ》の弥勒《みろく》におなじ位《くらい》に信心《しんじん》の人《ひと》はならせたまふゆゑに、摂取不捨《せっしゅふしゃ》とは定《さだ》められて候《そうら》へ。このゆゑに、他力《たりき》と申《もう》すは行者《ぎょうじゃ》のはからひのちりばかりもいらぬなり。かるがゆゑに義《ぎ》なきを義《ぎ》とすと申《もう》すなり。このほかにまた申《もう》すべきことなし。ただ仏《ぶつ》にまかせまゐらせたまへと、大師聖人《だいししょうにん》（法然）のみことにて候《そうら》へ。

十一月十八日《じゅういちがつじゅうはちにち》　親鸞《しんらん》

専信御坊《せんしんのおんぼう》　御報《ごほう》

設我得仏…　「たとひわれ仏を得たらんに、国のうちの人天、定聚に住し、かならず滅度に至らずは、正覚を取らじ」（証巻訓）第十一願。

せんなく候ふべきか　意味がないことになりましょうか、そんなはずはありません。

（三五）　*「御返事《おんへんじ》（花押）」

常陸《ひたち》の人々《ひとびと》の御中《おんなか》へ、この文《ふみ》をみせさせたまへ。すこしもかはらず候《そうろ》ふ。この文《ふみ》にすぐべからず候《そうら》へば、この文《ふみ》を、くにの人々《ひとびと》、おなじこころに候《そうら》はんずらん。あなかしこ、あなかしこ。

十一月十一日《じゅういちがつじゅういちにち》　（花押）

*いまごぜんのははに

（三六）

このいまごぜんのははの、たのむかたもなく、そらう（所領）をもちて候《そうら》はばこそ、譲《ゆず》りもし候《そうら》はめ。*せんしに候《そうら》ひなば、くにの人々《ひとびと》、いとほしうせさせたまふべく候《そうろ》ふ。この文《ふみ》を*書《か》く常陸《ひたち》の人々《ひとびと》をたのみまゐらせて候《そうら》へば、申《もう》しおきて、あはれみあはせたまふべく候《そうろ》ふ。この文《ふみ》をごらんあるべく候《そうろ》ふ。この*そくしやうばうも、*すぐべきやうもなきものにて候《そうら》へば、申《もう》しおくべきやうも候《そうら》はず。身《み》のかなはず、わびしう候《そうろ》ふことは、ただこのことおなじことにて候《そうろ》ふ。ときにこのそくしやうばうにも、申《もう》しおかず候《そうろ》ふ。常陸《ひたち》の人々《ひとびと》ばかりぞ、このものどもをも、御《おん》あはれみあはれ候《そうろ》ふべからん。いとほしう、人々《ひとびと》あはれみおぼしめす

〈第三十五通は、第三十六通と一連のもの。いまごぜんのははに対し、第三十六通を常陸《ひたち》の人々にみせるようにと申し送っている。真蹟〉

御返事　端裏書であり、上部に切封がある。

いまごぜんのはは　不明。親鸞聖人の妻、末娘の覚信《かくしん》尼公《にこう》、親鸞聖人の息男の妻の母など、諸説があって定まらない。

〈第三十六通は、常陸（現在の茨城県）の人々にいまごぜんのははとそくしやうばうの扶持を依頼されたもの。筆蹟の乱れが著しく、最晩年に書かれた遺言状であろうともいわれる。真蹟〉

せんしに　「善（信）死に」「詮、死に」あるいは「ぜんしん（善信）」の「ん」を

べし。この文《ふみ》にて、人々《ひとびと》おなじ御《おん》こころに候《そうろ》ふべし。あなかしこ、あなかしこ。

十一月十二《じゅういちがつじゅうに》日《にち》

ぜんしん（花押）

常陸《ひたち》〔の〕人々《ひとびと》の御中《おんなか》へ

54

*常陸《ひたち》の人々《ひとびと》の御中《おんなか》へ　（花押）

（三七）

なによりも、聖教《しょうぎょう》のをしへをもしらず、また浄土宗《じょうどしゅう》の*まことのそこをもしらずして、不可思議《ふかしぎ》の*放逸無慚《ほういつむざん》のものどものなかに、悪《あく》はおもふさまにふるまふべしと仰《おお》せられ候《そうろ》ふなるこそ、かへすがへすあるべくも候《そうら》はず。北《きた》の郡《こおり》にありし*善証房《ぜんしょうぼう》といひしものに、つひに*あひむつるることなくてやみにしをばみざりけるにや。凡夫《ぼんぶ》なればとて、なにごともおもふさまならば、ぬすみをもし、人《ひと》をもころしなんどすべきかは。もとぬすみごころあらん人《ひと》も、極楽《ごくらく》をねがひ、念仏《ねんぶつ》を申《もう》すほどのことになりなば、もと*ひがうたるこころをもおもひなほしてこそあるべきに、そのしるしもなからんひとびとに、*悪《あく》くるしからずと

脱したもの等の諸説がある。
書く　「かく（このように）」とする説がある。
そくしやうばう　伝未詳。
すぐべきやうもなき…　暮らしを立てて世をすごしてゆく方法も知らない者ですので。

常陸の人々の御中へ　前に切封がある。
〈第三十七通は、宛先は不明であるが、その内容は念仏者の放逸無慚なふるまいを誡めたものである。『末灯鈔』⒃〉
まことのそこ　真髄。
放逸無慚　勝手気ままな行動をし、自己の心に恥じることのないこと。
善証房　伝未詳。「善勝房」「善乗房」とする異本がある。
あひむつるること　相親し

55

いふこと、ゆめゆめあるべからず候《そうろ》ふ。煩悩《ぼんのう》にくるはされて、おもはざるほかにすまじきことをもふるまひ、いふまじきことをもいひ、おもふまじきことをもおもふにてこそあれ。*さはらぬことなればとて、ひとのためにもはらぐろく、すまじきことをもし、いふまじきことをもいはば、煩悩《ぼんのう》にくるはされたる儀《ぎ》にはあらで、わざとすまじきことをもせば、かへすがへすあるまじきことなり。

鹿島《かしま》・行方《なめかた》のひとびとのあしからんことをばいひとどめ、*その辺《へん》の人々《ひとびと》の、ことにひがみたることをば制《せい》したまはばこそ、*この辺《へん》より出《い》できたるしるしにては候《そうら》はめ。ふるまひは、なにともこころにまかせよといひつると候《そうろ》ふらん、あさましきことに候《そうろ》ふ。この世《よ》のわろきをもすて、あさましきことをもせざらんこそ、世《よ》をいとひ、念仏申《ねんぶつもう》すことにては候《そうら》へ。としごろ念仏《ねんぶつ》するひとなんどの、ひとのためにあしきことをし、またいひもせば、世《よ》をいとふしるしもなし。

されば善導《ぜんどう》の御《おん》をしへには、「悪《あく》をこのむ人《ひと》をば、†つつしんでとほざかれ」（散善義・意）とこそ、至誠心《しじょうしん》のなかにはをしへおかせおはしまして候《そうら》へ。いつか、わがこころのわろきにまかせてふるまへとは候《そうろ》ふ。おほかた経釈《きょうしゃく》をもしらず、如来《にょらい》の御《おん》ことをもしらぬ身《み》に、ゆめゆめその沙汰《さた》あるべくも*候《そうら》はず。

むこと。

ひがうたる　「ひがみたる」の音便形。曲がった。

悪くるしからず　悪いことをしてもかまわない。

さはらぬ…　浄土往生のさまたげにはならないからといって。

その辺の人々の…　鹿島・行方《なめかた》の人々の、間違ったことを説得してやめさせ。

この辺より…　この親鸞の門下より出できたしるしである。あるいは京都より出てきたとみる説もある。

候はず　異本には続けて「また往生はなにごともなにごとも凡夫《ぼんぶ》のはからひならず。如来の御ちかひにまかせまゐらせたればこそ、他力にては候へ。やうやうにはからひあうて候ふらん、をかしく候ふ」とある。

あなかしこ、あなかしこ。

十一月二十四日《じゅういちがつにじゅうよっかのひ》　親鸞《しんらん》

（三八）

他力《たりき》のなかには自力《じりき》と申《もう》すことは候《そうろ》ふときき候《そうら》ひき。他力《たりき》のなかにまた他力《たりき》と申《もう》すことはきき候《そうら》はず。他力《たりき》のなかに自力《じりき》と申《もう》すことは、雑行雑修《ぞうぎょうざっしゅ》・定心《じょうしん》念仏《ねんぶつ》・†散心念仏《さんしんねんぶつ》をこころがけられて候《そうろ》ふひとびとは、他力《たりき》のなかの自力《じりき》のひとびとなり。他力《たりき》のなかにまた他力《たりき》と申《もう》すことはうけたまはり候《そうら》はず。なにごとも専信房《せんしんぼう》のしばらくも居《い》たらんと候《そうら》へば、そのとき申《もう》し候《そうろ》ふべし。あなかしこ、あなかしこ。

銭二十貫文《ぜににじっかんもん》、たしかにたしかに給《たま》はり候《そうろ》ふ。あなかしこ、あなかしこ。

十一月二十五日《じゅういちがつにじゅうごにち》　親鸞《しんらん》

（三九）

御《おん》たづね候《そうろ》ふことは、弥陀他力《みだたりき》の回向《えこう》の誓願《せいがん》にあひたてまつりて、真実《しんじつ》の信《しん》心《じん》をたまはりて、よろこぶこころの定《さだ》まるとき、摂取《せっしゅ》して捨《す》てられまゐらせざるゆゑに、金剛心《こんごうしん》になるときを正定聚《しょうじょうじゅ》の位《くらい》に住《じゅう》すとも申《もう》す。弥勒菩薩《みろくぼさつ》とおな

〈第三十八通は、本願寺蔵本『御消息集』（広本）には「真仏《しんぶつ》御坊御返事」とある。他力の中に自力ということはあるが、他力の中にさらに奥深い他力ということはないと示す。『末灯鈔』⒄〉

〈第三十九通は、随信《ずいしん》の問いに答えたもの。信心をたまわった時、正定聚《しょうじょうじゅ》に住するので、信心の人は弥勒《みろく》と同じ位であり、諸仏と等しいと説いて、来迎《らいこう》・臨終をまたない旨を示している。『末灯鈔』⒅〉

じ位《くらい》になるとも説《と》かれて候《そうろ》ふめり。弥勒《みろく》とひとつ位《くらい》になるゆゑに、信心《しんじん》まことなるひとを、仏《ぶつ》にひとしとも申《もう》す。

また諸仏《しょぶつ》の真実信心《しんじつしんじん》をえてよろこぶをば、まことによろこびて、われとひとしきものなりと説《と》かせたまひて候《そうろ》ふなり。『大経《だいきょう》』（下）には、釈尊《しゃくそん》のみことばに、「*見敬得大慶則我善親友《けんきょうとくだいきょうそくがぜんしんぬ》」とよろこばせたまひ候《そうら》へば、信心《しんじん》をえたるひとは諸仏《しょぶつ》とひとしと説《と》かれて候《そうろ》ふめり。また弥勒《みろく》をば、すでに仏《ぶつ》に成《な》らせたまはんことあるべきにならせたまひて候《そうら》へばとて、弥勒仏《みろくぶつ》と申《もう》すなり。しかれば、すでに他力《たりき》の信《しん》をえたるひとをも、仏《ぶつ》とひとしと申《もう》すべしとみえたり。御《おん》疑《うたがい》あるべからず候《そうろ》ふ。

御同行《おんどうぎょう》の「臨終《りんじゅう》を期《ご》して」と仰《おお》せられ候《そうろ》ふらんは、ちからおよばぬことなり。信心《しんじん》まことにならせたまひて候《そうろ》ふひとは、誓願《せいがん》の利益《りやく》にて候《そうろ》ふうへに、摂取《せっしゅ》して捨《す》てずと候《そうら》へば、来迎臨終《らいこうりんじゅう》を期《ご》せさせたまふべからずとこそおぼえ候《そうら》へ。いまだ信心定《しんじんさだ》まらざらんひとは、臨終《りんじゅう》をも期《ご》し、来迎《らいこう》をもまたせたまふべし。

この御文主《おんふみぬし》の御名《ごみょう》は*随信房《ずいしんぼう》と仰《おお》せられ候《そうら》はば、めでたく候《そうろ》ふべし。この御文《おんふみ》の書《か》きやうめでたく候《そうろ》ふ。御同行《おんどうぎょう》の仰《おお》せられやうは、こころえず候《そうろ》ふ。それ

見敬得大慶……「見て敬ひ得て大きに慶ぶは、すなはちわが善き親しき友なり」（左訓）

随信房　「交名牒《きょうみょうちょう》」に慈《じ》善《ぜん》の門下としてその名がある。

をばちからおよばず候《そうろ》ふ。あなかしこ、あなかしこ。

十一月二十六日《じゅういちがつにじゅうろくにち》　親鸞《しんらん》

随信御房《ずいしんのおんぼう》

（四〇）

この*ゑん仏《ぶつ》ばう、くだられ候《そうろ》ふ。こころざしのふかく候《そうろ》ふゆゑに、主《ぬし》などにもしられまうさずして、のぼられて候《そうろ》ふぞ。こころにいれて、主《ぬし》などにも仰《おお》せられ候《そうろ》ふべく候《そうろ》ふ。この十日《とおか》の夜《よ》、*せうまうにあうて候《そうろ》ふ。この御《おん》ばうよくよくたづね候《そうら》ひて候《そうろ》ふなり。こころざしありがたきやうに候《そうろ》ふぞ。さだめてこのやうは申《もう》され候《そうら》はんずらん。よくよくきかせたまふべく候《そうろ》ふ。なにごともなにごともいそがしさに、くはしう申《もう》さず候《そうろ》ふ。あなかしこ、あなかしこ。

十二月十五日《じゅうにがつじゅうごにち》　（花押）

真仏御房《しんぶつのおんぼう》へ

（四一）

*護念坊《ごねんぼう》のたよりに、*教忍御坊《きょうにんおんぼう》より銭《ぜに》二百文《にひゃくもん》、*御《おん》こころざしのものたまはりて候《そうろ》ふ。さきに*念仏《ねんぶつ》のすすめのもの、かたがたの御中《おんなか》よりとて、たしかにたま

七二

〈第四十通は、ゑん仏ばうが主人に無断で京都の親鸞聖人のもとを訪れたので、その帰東に際して、とりなしを真仏《しんぶつ》上人に依頼したもの。真蹟〉

ゑん仏ばう　伝未詳。「交《きょう》名《みょう》牒《ちょう》」の真仏上人門下の信願《しんがん》の下に出る円仏房のことか。

せうまう　焼亡（火事）であろう。

〈第四十一通は、教忍の質問に答えたもの。一念多念、有念無念の争いをしてはならないと誡め、『唯信鈔』の熟読を勧めている。『御消息集』広本(8)、略本(3)〉

護念坊　「交名牒」には名はみえない。

教忍御坊　「交名牒」に顕《けん》智《ち》上人の門下としてその名がある。

御こころざしのもの・念仏

58

はりて候《そうら》ひき。ひとびとによろこび申《もう》させたまふべく候《そうろ》ふ。この御返事《おんへんじ》にて、おなじ御《おん》こころに申《もう》させたまふべく候《そうろ》ふ。

さてはこの御《おん》たづね候《そうろ》ふことは、まことによき御《おん》疑《うたがい》どもにて候《そうろ》ふべし。まづ一念《いちねん》にて往生《おうじょう》の業因《ごういん》はたれりと申《もう》し候《そうろ》ふは、まことにさるべきことにて候《そうろ》ふべし。さればとて、一念《いちねん》のほかに念仏《ねんぶつ》を申《もう》すまじきことには候《そうら》はず。そのやうは、『唯信鈔《ゆいしんしょう》』にくはしく候《そうろ》ふ。よくよく御覧候《ごらんそうろ》ふべし。一念《いちねん》のほかにあまるところの念仏《ねんぶつ》は、十方《じっぽう》の衆生《しゅじょう》に回向《えこう》すべしと候《そうろ》ふも、さるべきことにて候《そうろ》ふべし。十方《じっぽう》の衆生《しゅじょう》に回向《えこう》すればとて、二念《にねん》・三念《さんねん》せんは往生《おうじょう》にあしきこととおぼしめされ候《そうら》はば、ひがごとにて候《そうろ》ふべし。念仏往生《ねんぶつおうじょう》の本願《ほんがん》とこそ仰《おお》せられて候《そうら》へば、おほく申《もう》さんも、一念一称《いちねんいっしょう》も往生《おうじょう》すべしとこそうけたまはりて候《そうら》へ。かならず、一念《いちねん》ばかりにて往生《おうじょう》すといひて、多念《たねん》をせんは往生《おうじょう》すまじきと申《もう》すことは、ゆめゆめあるまじきことなり。『唯信鈔《ゆいしんしょう》』をよくよく御覧候《ごらんそうろ》ふべし。

また有念《うねん》・無念《むねん》と申《もう》すことは、他力《たりき》の法文《ほうもん》†にはあらぬことにて候《そうろ》ふ。聖道門《しょうどうもん》に申《もう》すことにて候《そうろ》ふなり。みな自力聖道《じりきしょうどう》の法文《ほうもん》なり。阿弥陀如来《あみだにょらい》の選択本願念仏《せんじゃくほんがんねんぶつ》は、有念《うねん》の義《ぎ》にもあらず、無念《むねん》の義《ぎ》にもあらずと申《もう》し候《そうろ》ふなり。いかな

のすすめのもの　「こころざしのもの」は門徒個人の懇志《こんし》、「念仏のすすめのもの」は毎月の「二十五日の御念仏」（八〇八頁の脚註参照）に集まった同行たちが醵出した懇志を意味するようである。

るひと申《もう》し候《そうろ》ふとも、ゆめゆめもちゐさせたまふべからず候《そうろ》ふ。聖道《しょうどう》に申《もう》すことを、あしざまにききなして、浄土宗《じょうどしゅう》に申《もう》すにてぞ候《そうろ》ふらん。さらさらゆめ
59
ゆめもちゐさせたまふまじく候《そうろ》ふ。また慶喜《きょうき》と申《もう》し候《そうろ》ふことは、他力《たりき》の信心《しんじん》をえて、往生《おうじょう》を＊一定《いちじょう》してんずとよろこぶこころを申《もう》すなり。常陸国中《ひたちこくちゅう》の念仏者《ねんぶつしゃ》のなかに、有念《うねん》・無念《むねん》の念仏沙汰《ねんぶつざた》のきこえ候《そうろ》ふは、ひがごとに候《そうろ》ふと申《もう》し候《そうら》ひにき。ただ詮《せん》ずるところは、他力《たりき》のやうは、行者《ぎょうじゃ》のはからひにてはあらず候《そうら》へば、有念《うねん》にあらず、無念《むねん》にあらずと申《もう》すことを、あしうききなして、有念《うねん》・無念《むねん》なんど申《もう》し候《そうら》ひけるとおぼえ候《そうろ》ふ。弥陀《みだ》の選択本願《せんじゃくほんがん》は、行者《ぎょうじゃ》のはからひの候《そうら》はねばこそ、ひとへに他力《たりき》とは申《もう》すことにて候《そうら》へ。一念《いちねん》こそよけれ、多念《たねん》こそよけれなんど申《もう》すことも、ゆめゆめあるべからず候《そうろ》ふ。なほなほ一念《いちねん》のほかにあまるところの御念仏《おんねんぶつ》を法界衆生《ほうかいしゅじょう》に回向《えこう》すと候《そうろ》ふは、釈迦《しゃか》・弥陀如来《みだにょらい》の御恩《ごおん》を報《ほう》じまゐらせんとて、十方衆生《じっぽうしゅじょう》に回向《えこう》せられ候《そうろ》ふらんは、さるべく候《そうら》へども、二念《にねん》・三念《さんねん》申《もう》して往生《おうじょう》せんひとをひがごととは候《そうろ》ふべからず。よくよく『唯信鈔《ゆいしんしょう》』を御覧《ごらん》候《そうろ》ふべし。念仏往生《ねんぶつおうじょう》の御《おん》ちかひなれば、一念《いちねん》・十念《じゅうねん》も往生《おうじょう》はひがごとにあらずとおぼしめすべきなり。あなかしこ、あなかしこ。

七四

一定してんず　必ずするであろう。

十二《じゅうに》月《がつ》二十六日《にじゅうろくにち》

親鸞《しんらん》

教忍御坊《きょうにんおんぼう》　御返事《おんへんじ》

60

（四二）

*『宝号経《ほうごうきょう》』にのたまはく、「弥陀《みだ》の本願《ほんがん》は行《ぎょう》にあらず、善《ぜん》にあらず、ただ仏《ぶつ》名《みょう》をたもつなり」。名号《みょうごう》はこれ善《ぜん》なり、行《ぎょう》なり。行《ぎょう》といふは、善《ぜん》をするについていふことばなり。本願《ほんがん》はもとより仏《ぶつ》の御約束《おんやくそく》とこころえぬるには、善《ぜん》にあらず、行《ぎょう》にあらざるなり。かるがゆゑに他力《たりき》とは申《もう》すなり。本願《ほんがん》の名号《みょうごう》は能《のう》生《しょう》する因《いん》なり。*能生《のうしょう》の因《いん》といふはすなはちこれ父《ちち》なり。大悲《だいひ》の光明《こうみょう》はこれ*所《しょ》生《しょう》の縁《えん》なり。所生《しょしょう》の縁《えん》といふはすなはちこれ母《はは》なり。

（四三）

*くだらせたまひてのち、なにごとか候《そうろ》ふらん。この*源藤四郎殿《げんとうしろうどの》におもはざるにあひまゐらせて候《そうろ》ふ。便《びん》のうれしさに申《もう》し候《そうろ》ふ。そののちなにごとか候《そうろ》ふ。念仏《ねんぶつ》の訴《うった》へのこと、しづまりて候《そうろ》ふよし、かたがたよりうけたまはり候《そうら》へば、うれしうこそ候《そうら》へ。いまはよくよく念仏《ねんぶつ》もひろまり候《そうら》はんずらんと、よろこびいりて候《そうろ》ふ。

〈第四十二通は、『宝号経』によって本願の念仏が非行非善の他力の行であることや、光明《こうみょう》名号《みょうごう》の因縁《いんねん》について述べた法語である。『末灯鈔』㉒〉

宝号経　現存の大蔵経には存しない。『弥陀経義集《みだきょうぎしゅう》』に「又宝号王経、非行非善、但持仏名故、生不退位」とある。

能生の因・所生の縁　父母を能生と所生に分けたのは、父は生ませる側（子種を下す下種）、母は生ませられる側（子種をたもち育てる持種）であるという俗説によっている。また因と縁に分けたのは、名号は正定《しょうじょう》の業因《ごういん》となり、光明は摂取《せっしゅ》の外縁となるからである。ただし光明と名号は別なものではなく、しばらく因と縁に配当しただけである。

これにつけても御身《おんみ》の*料《りょう》はいま定《さだ》まらせたまひたり。念仏《ねんぶつ》を御《おん》こころにいれてつねに申《もう》して、念仏《ねんぶつ》そしらんひとびと、この世《よ》・のちの世《よ》までのことを、いのりあはせたまふべく候《そうろ》ふ。御身《おんみ》どもの料《りょう》は、御念仏《おんねんぶつ》はいまはなにかはせさせたまふべき。ただひがうたる世《よ》のひとびとをいのり、弥陀《みだ》の御《おん》ちかひにいれとおぼしめしあはば、仏《ぶつ》の御恩《ごおん》を報《ほう》じまゐらせたまふになり候《そうろ》ふべし。よくよく御《おん》こころにいれて申《もう》しあはせたまふべく候《そうろ》ふ。聖人《しょうにん》（法然）の*二十五日《にじゅうごにち》の御念《おんねん》仏《ぶつ》も、詮《せん》ずるところは、かやうの邪見《じゃけん》のものをたすけん*料《りょう》にこそ、申《もう》しあはせたまへと申《もう》すことにて候《そうら》へば、よくよく念仏《ねんぶつ》そしらんひとをたすかれとおぼし
61
めして、念仏《ねんぶつ》しあはせたまふべく候《そうろ》ふ。

またなにごとも、度々便《たびたびびん》には申《もう》し候《そうら》ひき。源藤四郎殿《げんとうしろうどの》の便《びん》にうれしうて申《もう》し候《そうろ》ふ。あなかしこ、あなかしこ。

*入西御坊《にゅうさいおんぼう》のかたへも申《もう》したう候《そうら》へども、おなじことなれば、このやうをつたへたまふべく候《そうろ》ふ。あなかしこ、あなかしこ。

親鸞《しんらん》

性信御坊《しょうしんのおんぼう》へ

〈第四十三通は、性信房《しょうしんぼう》に宛てたもの。念仏訴訟の解決を喜び、念仏をそしる人々のために念仏することを勧め、合せてこのことを入西にも伝えるようにと記している。『御消息集』広本⒀、略本⑻〉

くだらせたまひてのち　鎌倉から（郷里の下総《しもうさ》に）お帰りになって後。

源藤四郎殿　伝未詳。

料　考え。思いめぐらし。

二十五日の御念仏　法然《ほうねん》聖人の命日にあたる二十五日に集って行う念仏会《え》のこと。聖人は建暦《けんりゃく》二年（一二一二）一月二十五日に示寂《じじゃく》。

料　ため。

入西御坊　「交名牒《きょうみょうちょう》」によると、常陸《ひたち》（現在の茨城県）の住。

恵《え》信《しん》尼《に》消《しょう》息《そく》

恵信尼公《えしんにこう》（親鸞聖人《しんらんしょうにん》の内室）の自筆の文書は本山に蔵されているもので、末娘の覚信尼公《かくしんにこう》宛ての消息八通と譲状《ゆずりじょう》二通からなる。消息八通は弘長《こうちょう》三年（一二六三）から文永《ぶんえい》五年（一二六八）までの六年間に書き送られたものであり、譲状二通は建長《けんちょう》八年（一二五六）に書き記されたものである。譲状二通はいわゆる証文であり、八通の消息とは性質を異にするため、本聖典には収録しなかった。

消息八通のうち最初の四通は、親鸞聖人の御往生について覚信尼公から書状を受け取った際に、親鸞聖人のことを懐かしく回想されて書かれたものである。これらの消息のなかでとくに注目すべきものは、親鸞聖人が比叡山で堂僧をつとめられていたことや、法然《ほうねん》聖人との出会いに至るまでのことを示した記事であろう。また親鸞聖人がかつて三部経千回読誦《どくじゅ》を中止されたことを回顧された記述や、法然聖人が勢至《せいし》の化身《けしん》であり親鸞聖人が観音《かんのん》の化身であるという恵信尼公の夢のことなども注意すべきである。他の四通には恵信尼公の身辺のもようが記されている。

このようにこれらの消息は、親鸞聖人の生涯、さらには聖人と恵信尼公、覚信尼公と恵信尼公との間柄を伝える貴重な資料である。

恵《え》信《しん》尼《に》消《しょう》息《そく》

（一）

*去年《こぞ》の十二月《しわす》一日《ついたち》の御文《おんふみ》、同《おなじき》二十日《はつか》あまりに、たしかにみ候《そうら》ひぬ。なによりも殿《との》（親鸞）の御往生《ごおうじょう》、なかなかはじめて申《もう》すにおよばず候《そうろ》ふ。

*山《やま》を出《い》でて、*六角堂《ろっかくどう》に百日籠《ひゃくにちこも》らせたまひて、後世《ごせ》をいのらせたまひけるに、九十五日《くじゅうごにち》のあか月《つき》、*聖徳太子《しょうとくたいし》の文《もん》を結《むす》びて、示現《じげん》にあづからせたまひて候《そうら》ひければ、やがてそのあか月出《つきい》でさせたまひて、後世《ごせ》のたすからんずる*縁《えん》にあひまゐらせんと、たづねまゐらせて、法然上人《ほうねんしょうにん》にあひまゐらせて、また六角堂《ろっかくどう》に百日籠《ひゃくにちこも》らせたまひて候《そうら》ひけるやうに、また百《ひゃっ》か日《にち》、降《ふ》るにも照《て》るにも、いかなる*たいふにも、まゐりてありしに、ただ後世《ごせ》のことは、よき人《ひと》にもあしきにも、おなじやうに、*生死出《しょうじい》づべき道《みち》をば、ただ一《ひと》すぢに仰《おお》せられ候《そうら》ひしを、うけたまはりさだめて候《そうら》ひしかば、「上人《しょうにん》のわたらせたまはんところには、人《ひと》はいかにも申《もう》せ、たとひ悪道《あくどう》にわたらせたまふべしと申《もう》すとも、世《せ》々生々《せしょうじょう》に

去年の十二月一日の御文　弘長二年十一月二十八日に親鸞聖人が示寂《じじゃく》し、十二月一日付で、そのことを覚信《かくしん》尼公《にこう》から母の恵信尼公に伝えたその書状。

山　比叡山《ひえいざん》。

六角堂　現在の京都市中京区六角通東洞院西入ルにある頂法寺《ちょうほうじ》。聖徳太子の創建と伝えられ、当時は観世音菩薩の霊験所として知られていた。

あか月　暁《あかつき》。

聖徳太子の文を…　この時の示現の文について、「聖徳太子廟窟偈」とする説、「行者宿報…」の偈（『御伝鈔』一〇四四頁一三行以下参照）とする説などがある。

縁　底本は仮名であり、「上人」と読む説がある。

たいふ　大風。「だい事」（大事）と読む説がある。

も*迷《まよ》ひければこそありけめ、とまで思《おも》ひまゐらする身《み》なれば」と、やうやうに人《ひと》の申《もう》し候《そうら》ひしときも仰《おお》せ候《そうら》ひしなり。

4　さて常陸《ひたち》の下妻《しもつま》と申《もう》し候《そうろ》ふところに、*さかいの郷《ごう》と申《もう》すところに候《そうら》ひしとき、夢《ゆめ》をみて候《そうら》ひしやうは、堂供養《どうくよう》かとおぼえて、東向《ひんがしむ》きに御堂《みどう》はたちて候《そうろ》ふに、*しんがくとおぼえて、御堂《みどう》のまへには*たてあかししろく候《そうろ》ふに、たてあかしの西《にし》に、御堂《みどう》のまへに、鳥居《とりい》のやうなるによこさまにわたりたるものに、仏《ほとけ》を掛《か》けまゐらせて候《そうろ》ふが、一体《いったい》は、*ただ仏《ほとけ》の御顔《みかお》にてはわたらせたまはで、ただひかりのま中《なか》、仏《ほとけ》の*頭光《ずこう》のやうにて、まさしき御《おん》かたちはみえさせたまはず、ただひかりばかりにてわたらせたまふ。いま一体《いったい》は、まさしき仏《ほとけ》の御顔《みかお》にてわたらせたまひ候《そうら》ひしかば、「これはなに仏《ほとけ》にてわたらせたまふぞ」と申《もう》し候《そうら》へば、申《もう》す人《ひと》はなに人《びと》ともおぼえず、「あのひかりばかりにてわたらせたまふは、あれこそ法然上人《ほうねんしょうにん》にてわたらせたまへ。勢至菩薩《せいしぼさつ》にてわたらせたまふぞかし」と申《もう》せば、「さてまた、いま一体《いったい》は」と申《もう》せば、「あれは観音《かんのん》にてわたらせたまふぞかし。あれこそ善信《ぜんしん》の御房《おんぼう》（親鸞）よ」と申《もう》すとおぼえて、うちおどろきて候《そうら》ひしにこそ、夢《ゆめ》にて候《そうら》ひけりとは思《おも》ひて候《そうら》ひしか。さは候《そうら》へど

生死出づべき道　生死の迷いから出ることのできる道。

迷ひければこそ…　迷ってきたからこそ（悪道におもむくしか道のない）こんな私なのであったのだろうとさえ思っている身ですから。

さかいの郷　現在の茨城県下妻市坂井とされる。また「堺」「幸井」の字を充てる説もある。

しんがく　覚如《かくにょ》上人の『口伝鈔』（一二）に「試楽《しがく》」とあり、舞楽の予行演習のこと。転じて宵祭りのことか。

たてあかし　たいまつ。

ただ仏の御顔にては…　普通の仏様のお顔ではあらせられず。

頭光　頭部より放たれる円形の光明《こうみょう》。

も、さやうのことをば人《ひと》にも申《もう》さぬときき候《そうら》ひしうへ、尼《あま》（恵信尼）がさやうのこと申《もう》し候《そうろ》ふらんは、*げにげにしく人《ひと》も思《おも》ふまじく候《そうら》へば、*てんせい、人《ひと》にも申《もう》さで、上人《しょうにん》（法然）の御《おん》ことばかりをば、殿《との》に申《もう》して候《そうら》ひしかば、「夢《ゆめ》には*しなわいあまたあるなかに、これぞ実夢《じつむ》にてある。上人《しょうにん》をば、所々《しょしょ》に勢至《せいし》菩薩《ぼさつ》の化身《けしん》と、夢《ゆめ》にもみまゐらすることあまたありと申《もう》すうへ、勢至菩薩《せいしぼさつ》は*智《ち》慧《え》のかぎりにて、*しかしながら光《ひかり》にてわたらせたまふ」と*候《そうら》ひしかども、*観音《かんのん》の御《おん》ことは申《もう》さず候《そうら》ひしかども、心《こころ》ばかりはそののち*うちまかせては思《おも》ひまゐらせず候《そうら》ひしなり。かく御《おん》こころえ候《そうろ》ふべし。

されば御《ご》りんず（臨終）はいかにもわたらせたまへ、疑《うたが》ひ思《おも》ひまゐらせぬうへ、おなじことながら、益方《ますかた》も御《ご》りんず（臨終）にあひまゐらせて候《そうら》ひける、親子《おやこ》の契《ちぎ》りと申《もう》しながら、ふかくこそおぼえ候《そうら》へば、うれしく候《そうろ》ふ、うれしく候《そうろ》ふ。

*またこの国《くに》は、去年《こぞ》の作物《つくりもの》、ことに損《そん》じ候《そうら》ひて、あさましきことにて、おほかたいのち生《い》くべしともおぼえず候《そうろ》ふなかに、ところどももかはり候《そうら》ひぬ。一《ひと》ところならず、益方《ますかた》と申《もう》し、またおほかたはたのみて候《そうろ》ふ人《ひと》の領《りょう》ども、みなかやうに候《そうろ》ふうへ、おほかたの世間《せけん》も損《そん》じて候《そうろ》ふあひだ、なかなかとかく申《もう》しや

げにげにしく人も… 本当のことのように人も思うはずがないでしょうから。

てんせい 全く。全然。

しなわい 品別。種類。

智慧のかぎり 智慧ばかり。智慧そのもの。

しかしながら そのまま。

候ひしかども観音の御こと 一説に「候ひしか、殿《との》観音の御こと」と読む。

観音の御こと 親鸞聖人が観世音菩薩の化身《けしん》であるという夢のこと。

うちまかせては… ありふれた普通のお方とは思い申し上げないでおりました。

また… 以下、原本では紙が切ってあるが、第三紙の後に続くことを数字で示している。一説には、別の断簡として文永元年（一二六四）のものとする。

るかたなく候《そうろ》ふなり。かやうに候《そうろ》ふほどに、年《とし》ごろ候《そうら》ひつる*奴《やつ》ばらも、男《おとこ》二《ふた》人《り》、正月《しょうがつ》*うせ候《そうら》ひぬ。なにとして、物《もの》をも作《つく》るべきやうも候《そうら》はねば、いよいよ世間《せけん》たのみなく候《そうら》へども、いくほど生《い》くべき身《み》にても候《そうら》はぬに、世間《せけん》を心《こころ》ぐるしく思《おも》ふべきにも候《そうら》はねども、身一人《みひとり》にて候《そうら》はねば、これらが、あるいは親《おや》も候《そうら》はぬ*小黒《おぐろの》女房《にょうぼう》の女子《おんなご》、男子《おのこご》、これに候《そうろ》ふうへ、益方《ますかた》が子《こ》どもも、ただこれにこそ候《そうら》へば、なにとなく母《はは》めきたるやうにてこそ候《そうら》へ。いづれもいのちもありがたきやうにこそおぼえ候《そうら》へ。

*この文《もん》ぞ、殿《との》の比叡《ひえい》の山《やま》に*堂僧《どうそう》つとめておはしましけるが、山《やま》を出《い》でて、六《ろっ》角堂《かくどう》に百日籠《ひゃくにちこも》らせたまひて、後世《ごせ》のことをいのりまうさせたまひける九十五《くじゅうご》日《にち》のあか月《つき》の御示現《ごじげん》の文《もん》なり。御覧候《ごらんそうら》へとて、書《か》きしるしてまゐらせ候《そうろ》ふ。

(三)

「*ゑちごの御文《おんふみ》にて候《そうろ》ふ」

6 *この文《もん》を書《か》きしるしてまゐらせ候《そうろ》ふも、生《い》きさせたまひて候《そうら》ひしほどは、申《もう》しても要候《ようそうら》はねば申《もう》さず候《そうら》ひしかど、いまはかかる人《ひと》にてわたらせたまひけりとも、御心《おんこころ》ばかりにもおぼしめせとて、しるしてまゐらせ候《そうろ》ふなり。よく

奴ばら　使用人。

うせ　「失せ（逃亡）」とも「亡せ（死亡）」とも解釈される。

小黒女房　親鸞聖人と恵信《えしん》尼公《にこう》の間に生まれた息女（『日野一流系図』）。「小黒」は地名で、現在の新潟県上越市安塚区小黒であろうといわれる。

この文ぞ…　第一紙の前部の余白に書かれていて、現存しないが第一通と一具にして送られた「御示現の文」の添書である。また「文ぞ」は、一説に「文書」と読む。

堂僧　比叡山《ひえいざん》の常行三昧《じょうぎょうざんまい》堂《どう》につとめる不断念仏衆のことを当時一般に「堂僧」「山の堂僧」などと呼んだ。〈第一通の端裏書に「恵信御房御筆」とあり、覚如《かくにょ》上人の筆と推定されている〉

書《か》き候《そうら》はん人《ひと》によく書《か》かせて、もちまゐらせたまふべし。

またあの*御影《ごえい》の一幅《いっぷく》、ほしく思《おも》ひまゐらせ候《そうろ》ふなり。幼《おさな》く、*御身《おんみ》の八《や》つにておはしまし候《そうら》ひし年《とし》の四月十四日《うづきじゅうよっかのひ》より、*かぜ大事《だいじ》におはしまし候《そうら》ひしときのことどもを書《か》きしるして候《そうろ》ふなり。

今年《ことし》は八十二《はちじゅうに》になり候《そうろ》ふなり。一昨年《おとどし》の十一月《しもつき》より去年《こぞ》の五月《さつき》までは、いまやいまやと時日《ときひ》を待《ま》ち候《そうら》ひしかども、今日《きょう》までは死《し》なで、今年《ことし》の飢渇《けかつ》にや飢《うえ》死《じに》もせんずらんとこそおぼえ候《そうら》へ。かやうの便《たよ》りに、なにもまゐらせぬことこそ、心《こころ》もとなくおぼえ候《そうら》へども、ちからなく候《そうろ》ふなり。

益方殿《ますかたどの》にも、この文《ふみ》をおなじ心《こころ》に御伝《おんつた》へ候《そうら》へ。もの書《か》くこともものうく候《そうら》ひて、別《べっ》に申《もう》し候《そうら》はず。

「*弘長三年　癸亥《こうちょうさんねんみずのとのい》」

二月十日《きさらぎとおかのひ》

(三)

善信《ぜんしん》の御房《おんぼう》(親鸞)、*寛喜三年四月十四日《かんぎさんねんうづきじゅうよっかのひ》*午《うま》の時《とき》ばかりより、かざ心地《ごこち》すこしおぼえて、その夕《ゆう》さりより臥《ふ》して、大事《だいじ》におはしますに、腰《こし》・膝《ひざ》をも打《う》た

ゑちご…　下に「此御表書は覚信御房御筆也」また別行に「此一枚は端の御文のうへにまき具せられたり」とあり、今日では、共に覚《かく》如《にょ》上人の筆かとみられている。

この文　第一通にいう「御示現の文」のことか。

御影　親鸞聖人の肖像画。

御身の八つにて…　寛喜三年(一二三一)の出来事を記した第三通を指していう。覚信尼公《かくしんにこう》はこの年に八歳であるから、その生年が元仁元年(一二二四)であることが判明する。

かぜ　風邪。

弘長三年癸亥　一二六三年。別筆であり、覚如上人の筆かとみられている。〈第三通のはじめに「此一紙ははしの御文にそへられ

7 せず、てんせい、看病人《かんびょうにん》をもよせず、ただ音《おと》もせずして臥《ふ》しておはしませば、御身《おんみ》をさぐれば、あたたかなること火《ひ》のごとし。*頭《かしら》のうたせたまふこともなのめならず。

さて臥《ふ》して四日《よっか》と申《もう》すあか月《つき》、くるしきに、「*まはさてあらん」と仰《おお》せらるれば、「なにごとぞ、*たはごととかや申《もう》すことか」と申《もう》せば、「たはごとにてもなし。臥《ふ》して二日《ふつか》と申《もう》す日《ひ》より、『大経《だいきょう》』をよむことひまもなし。たまたま目《め》をふさげば、経《きょう》の文字《もんじ》の一字《いちじ》も残《のこ》らず、きららかにつぶさにみゆるなり。さてこれこそこころえぬことなれ。念仏《ねんぶつ》の信心《しんじん》よりほかには、なにごとか心《こころ》にかかるべきと思《おも》ひて、よくよく案《あん》じてみれば、この*十七八年《じゅうしちはちねん》がそのかみ、*げにげにしく*三部経《さんぶきょう》を千部《せんぶ》よみて、*すざう（衆生）利益《りやく》のためにとて、よみはじめてありしを、これはなにごとぞ、*〈自信教人信《じしんきょうにんしん》　難中転更難《なんちゅうてんきょうなん》〉（礼讃　六七六）とて、みづから信《しん》じ、人《ひと》を教《おし》へて信《しん》ぜしむること、まことの仏恩《ぶっとん》を報《むく》ひたてまつるものと信《しん》じながら、名号《みょうごう》のほかにはなにごとの不足《ふそく》にて、かならず経《きょう》をよまんとするやと思《おも》ひかへして、よまざりしことの、さればなほもすこし残《のこ》るところのありけるや。人《ひと》の執心《しゅうしん》、自力《じりき》のしんは、よくよく思慮《しりょ》あるべしとおもひな

たり」と別筆の書込みがあり、覚如《かくにょ》上人の筆かとみられている〉

寛喜三年　一二三一年。親鸞聖人五十九歳。

午の時　正午頃。

頭のうたせ…　頭痛のはげしさも並ひととおりではありません。

まはさてあらん　まあそうであろう。他に「真はさてあらん」（本当はそうであろう）などとする説がある。

たはごととかや…　うわごととか申すことでしょうか。一説に「たはごとにや」と読む。

十七八年がそのかみ　十七年前は建保二年（一二一四）に相当する。

げにげにしく　誠実に。もっともらしくとする説もある。

してのちは、経《きょう》よむことはとどまりぬ。さて臥《ふ》して四日《よっか》と申《もう》すあか月《つき》、〈まはさてあらん〉とは申《もう》すなり」と仰《おお》せられて、やがて汗垂《あせた》りて、よくならせたまひて候《そうら》ひしなり。

三部経《さんぶきょう》、げにげにしく千部《せんぶ》よまんと候《そうら》ひしことは、信蓮房《しんれんぼう》の四《よ》つの歳《とし》、武蔵《むさし》の国《くに》やらん、上野《かんずけ》の国《くに》やらん、*佐貫《さぬき》と申《もう》すところにて、よみはじめて、四五日《しごにち》ばかりありて、思《おも》ひかへして、よませたまはで、常陸《ひたち》へはおはしまして候《そうら》ひしなり。

信蓮房《しんれんぼう》は未《ひつじ》の年三月三日《としやよいみっかのひ》の昼生《ひるうま》れて候《そうら》ひしかば、今年《ことし》は五十三《ごじゅうさん》やらんとぞおぼえ候《そうろ》ふ。

弘長三年二月十日《こうちょうさんねんきさらぎとおかのひ》　恵信《えしん》

8

（四）

*御文《おんふみ》のなかに、先年《せんねん》に、寛喜三年《かんぎさんねん》の四月四日《うづきよっかのひ》より病《や》ませたまひて候《そうら》ひしときのこと、書《か》きしるして、文《ふみ》のなかに入《い》れて候《そうろ》ふに、そのときの日記《にき》には、四月《うづき》の十一日《じゅういちにち》のあか月《つき》、「経《きょう》よむことは、まはさてあらん」と仰《おお》せ候《そうら》ひしは、やがて四月《うづき》の十一日《じゅういちにち》のあか月《つき》としるして候《そうら》ひけるに候《そうろ》ふ。それを数《かぞ》へ候《そうろ》ふには八日《ようかのひ》にあたり候《そうら》ひけるに候《そうろ》ふ。四月《うづき》の四日《よっかのひ》よりは八日《ようかのひ》にあたり候《そうろ》ふなり。

三部経　『大経』『観経』『小経』の浄土三部経のこと。

すざう利益　生きとし生けるものの苦を抜き、楽を与えること。

自信教人信…　「みづから信じ、人を教へて信ぜしむること、難きがなかにうたたまた難し」（信巻訓）

佐貫　上野《こうずけ》佐貫。現在の群馬県邑楽《おうら》郡明和町大佐貫。

〈第三通の終りに別筆で「徳治二年（一三〇七）丁《ひのとの》未《ひつじ》 四月十六日　この御うはがきは故上（覚恵《かくえ》）の御て也　覚如《かくにょ》しるす」「上人の御事ゑちごのあまごぜんの御しるし文」とあり、前者は覚如上人の自筆、後者は覚恵法師の筆である〉

御文　弘長三年（一二六三）二月十日付の第三通を指す。

*わかさ殿申《どのもう》させたまへ　　ゑしん

(五)
もし便《たよ》りや候《そうろ》ふとて、*ゑちうへこの文《ふみ》はつかはし候《そうろ》ふなり。さても*一年《ひととせ》、八《はち》十《じゅう》と申《もう》し候《そうら》ひし年《とし》、*大事《だいじ》のそらう(所労)をして候《そうら》ひしにも、*八十三《はちじゅうさん》の歳《とし》ぞ*一定《いちじょう》と、
9 ものしりたる人《ひと》の文《ふみ》どもにも、おなじ心《こころ》に申《もう》し候《そうろ》ふとて、今年《ことし》はさることと思《おも》ひきりて候《そうら》へば、生《い》きて候《そうろ》ふとき、*卒都婆《そとば》をたててみ候《そうら》はばやとて、五重《ごじゅう》に候《そうろ》ふ石《いし》の塔《とう》を、丈七《たけしち》(尺)さくにあつらへて候《そうら》へば、塔師《とうし》造《つく》ると申《もう》し候《そうら》へば、いできて候《そうら》はんにしたがひてたててみばやと思《おも》ひ候《そうら》へども、*去年《こぞ》の飢渇《けかつ》に、なにも、益《ます》方《かた》のと、*これのと、なにとなく幼《おさな》きものども、上下《かみしも》あまた候《そうろ》ふを、*殺《ころ》さじとし候《そうら》ひしほどに、ものも着《き》ずなりて候《そうろ》ふうへ、しろきものを一《ひと》つも着《き》ず候《そうら》へば、

(以下欠失)

一人《ひとり》候《そうろ》ふ。またおと、、法師《ほうし》と申《もう》し候《そうら》ひし童《わらわ》をば、と、、う四郎《しろう》と申《もう》し候《そうろ》ふぞ。それへまゐれと申《もう》し候《そうろ》ふ。さ御《おん》こころえあるべく候《そうろ》ふ。、、けさが娘《むすめ》は十七《じゅうしち》になり候《そうろ》ふなり。さて、、、ことりと申《もう》す女《おんな》は、子《こ》も一人《ひとり》も候《そうら》はぬときに、七《なな》つになり候《そうろ》ふ女童《めならわ》をやしなはせ候《そうろ》ふなり。それは親《おや》につきてそれへまゐるべく候《そうろ》ふ

わかさ殿申させたまへ　わかさを覚信尼公《かくしんにこう》の侍女とみる説（「申させたまへ」は侍女への披露依頼文）、わかさを覚信尼公とみる説（「申させたまへ」は敬愛の意の慣用表現）がある。
ゑちうへこの文　「ゑちう」を国名「越中《えっちゅう》」とする説と、人名とみる説とがある。また一説に「ゑちごの文」（越後《えちご》の手紙）と読む。
一年　先年。
大事のそらう　生命にかかわる大病。
八十三の歳　この消息に日付はないが、恵信尼公《えしんにこう》の年齢から弘長四年（一二六四）のものであることがわかる。なお、同年は二月二十八日に文永と改元。
一定　確定していること。ここでは死ぬことが定まっているという意。

なり。よろづ尽《つく》しがたくて、かたくて、とどめ候《そうら》ひぬ。あなかしこ、あなかしこ。

（六）

便《たよ》りをよろこびて申《もう》し候《そうろ》ふ。たびたび便《びん》には申《もう》し候《そうら》へども、まゐりてや候《そうろ》ふらん。

今年《ことし》は八十三《はちじゅうさん》になり候《そうろ》ふが、去年《こぞ》・今年《ことし》は死年《しにどし》と申《もう》し候《そうら》へば、よろづつねに申《もう》しうけたまはりたく候《そうら》へども、たしかなる便《たよ》りも候《そうら》はず。さて生《い》きて候《そうろ》ふときと思《おも》ひ候《そうら》ひて、五重《ごじゅう》に候《そうろ》ふ塔《とう》の、七尺《しちしゃく》に候《そうろ》ふ石《いし》の塔《とう》をあつらへて候《そうら》へば、このほどは仕《し》いだすべきよし申《もう》し候《そうら》へば、いまはところどもはなれ候《そうら》ひて、下人《げにん》どももみな逃《に》げうせ候《そうら》ひぬ。よろづたよりなく候《そうら》へども、生《い》きて候《そうろ》ふとき、たててもみばやと思《おも》ひ候《そうら》ひて、このほど仕《し》いだして候《そうろ》ふなれば、これへ持《も》つほどになりて候《そうろ》ふときき候《そうら》へば、いかにしても生《い》きて候《そうろ》ふとき、たててみばやと思《おも》ひ候《そうら》へども、いかやうにか候《そうら》はんずらん。そのうちにも、いかにもなり候《そうら》はば、子《こ》どももたて候《そうら》へかしと思《おも》ひて候《そうろ》ふ。なにごとも、生《い》きて候《そうら》ひしときは、つねに申《もう》しうけたまはりたくこそおぼえ

卒都婆　梵語ストゥーパ（stūpa）の音写。ここでは墓標のこと。卒都婆は親鸞聖人のためのものとする説と、恵信尼公《えしんにこう》がみずからの寿塔《じゅとう》として建てたとする説とがある。

去年　弘長三年（一二六三）。

これの　小黒女房の子どもたちと思われる。

殺さじ　「こころざし」と読む説がある。

候《そうら》へども、*はるばると雲《くも》のよそなるやうにて候《そうろ》ふこと、まめやかに親子《おやこ》の契《ちぎ》りもなきやうにてこそおぼえ候《そうら》へ。ことには末子《おとご》にておはしまし候《そうら》へば、いとほしきことに思《おも》ひまゐらせて候《そうら》ひしかども、みまゐらするまでこそ候《そうら》はざらめ。つねに申《もう》しうけたまはることだにも候《そうら》はぬこと、*よに心《こころ》ぐるしくおぼえ候《そうろ》ふ。

*「文永元年甲子《ぶんえいがんねんきのえね》」

五月《さつ》十三日《きじゅうさんにち》

*ぜんあく、*それへの殿人《とのびと》どもは、もと候《そうら》ひしけ、、さと申《もう》すも、娘《むすめ》うせ候《そうら》ひぬ。いまそれの娘一人《むすめひとり》候《そうろ》ふ。*母《はは》めもそらう（所労）ものにて候《そうろ》ふ。さて、お、、と法師《ほうし》と申《もう》し候《そうら》ひしは、*男《おとこ》になりて、、、とう四郎《しろう》と申《もう》すと、また女《め》の童《わらわ》のふ、、たばと申《もう》す女《め》の童《わらわ》、今年《ことし》は十六《じゅうろく》になり候《そうろ》ふ女《め》の童《わらわ》は、それへまゐらせよと申《もう》して候《そうろ》ふなり。なにごとも御文《おんふみ》に尽《つ》しがたく候《そうら》ひてとどめ候《そうら》ひぬ。また*もとよりのい、、ことり、*七《なな》つ子《ご》やしなはせて候《そうろ》ふも候《そうろ》ふ。

五月《さつ》十三日《きじゅうさんにち》（花押）

これはたしかなる便《たよ》りにて候《そうろ》ふ。ときに、こまかにこまかに申《もう》したく候《そうら》へども、ただいまとて、この便《たよ》りいそぎ候《そうら》へば、こまかならず候《そうろ》ふ。またこの

はるばると…　娘の覚信尼《かくしんに》公《こう》は京都にいて、越後《えちご》にいる恵信尼公《えしんにこう》から余りにも遠く隔たっているから、きめ細やかな親子の情を心ゆくまで交すことが出来ないように思えるという意。

よに　非常に。

文永元年甲子　一二六四年。覚信尼公の筆かとみられている。

ぜんあく　いずれにせよ。ともかく。〈「ぜんあく」以下の一段は、前段に続く追伸である〉

それへの殿人ども　そちらへ参りお使いいただく人たち。

母めも…　母親（けさ）も病身です。

男になりて　成人して。

もとよりの　もとからいました。

七つ子やしなはせて候ふも

11

ゐもん入道殿《にゆうどうどの》の御《おん》ことばかけられまゐらせて候《そうろ》ふとて、よろこび申《もう》し候《そうろ》ふなり。この便《たよ》りはたしかに候《そうら》へば、なにごともこまかに仰《おお》せられ候《そうろ》ふべし。

あなかしこ。

(七)

便《たよ》りをよろこびて申《もう》し候《そうろ》ふ。

さては*去年《こぞ》の八月《はづき》のころより、*とけ腹《はら》のわづらはしく候《そうら》ひしが、ことにふれてよくもなり得《え》ず候《そうろ》ふばかりぞ、わづらはしく候《そうら》へども、そのほかは年《とし》の故《け》にて候《そうら》へば、いまは*耄《ほ》れてさうたい（正体）なくこそ候《そうら》へ。今年《ことし》は八十六《はちじゆうろく》になり候《そうろ》ふぞかし、*寅《とら》の年《とし》のものにて候《そうら》へば。

またそれへまゐらせて候《そうら》ひし奴《やつ》ばらも、とかくなり候《そうら》ひて、ことりと申《もう》し候《そうろ》ふ年《とし》ごろのやつにて、三郎《さぶろう》たと申《もう》し候《そうら》ひしがあひ具《ぐ》して候《そうろ》ふが、入道《にゆうどう》になり候《そうら》ひて、さいしんと申《もう》し候《そうろ》ふ。入道《にゆうどう》めには*ちあるもののなかの、むまのぜうとかや申《もう》して*御家人《ごけにん》にて候《そうろ》ふものの娘《むすめ》の、今年《ことし》は十《とお》やらんになり候《そうろ》ふを、母《はは》は*よにおだしくよく候《そうら》ひし、かがと申《もう》してつかひ候《そうら》ひしが、一年《ひととせ》の*温病《うんびよう》の年《とし》死《し》にて候《そうろ》ふ。親《おや》も候《そうら》はねば、ことりも子《こ》なきものにて候《そうろ》ふ。ときにあづけて候《そうろ》ふなり。

候ふ　七歳の子供を養わせております者もおります。従来「七つ子やしなはせて候ふ」と読まれてきたが、原本は「七つ子やしなはせて候ふも候ふ」と判断される。

去年　文永三年（一二六六）。

とけ腹　下痢と吐き気を伴った胃腸病かと思われる。

耄れて…　もうろくして、わけがわからなくなっています。

寅の年のもの　この記述から恵信尼《えしんに》公《こう》が寿永元年（一一八二）壬寅《みずのえとら》の誕生であることがわかる。

ちあるもの　血縁関係のある者という意味か。

御家人　一般には鎌倉幕府から本領安堵された武士のことだが、ここでは武家に

12

それまた、けさと申《もう》し候《そうら》ひし娘《むすめ》の、なでしと申《もう》し候《そうら》ひしが、よによく候《そうら》ひしも、温病《うんびょう》にうせ候《そうら》ひぬ。その母《はは》の候《そうろ》ふも、年《とし》ごろ、頭《かしら》に腫物《はれもの》の年《とし》ごろ候《そうら》ひしが、それも*当時《とうじ》*大事《だいじ》にて、たのみなきと申《もう》し候《そうろ》ふ。その娘一人《むすめひとり》候《そうろ》ふは、今年《ことし》は二十《はたち》になり候《そうろ》ふ。それとことり、また*いとく、また*それにのぼりて候《そうら》ひしとき、おと法師《ほうし》とて候《そうら》ひしが、*このごろ、とう四郎《しろう》と申《もう》し候《そうろ》ふはまゐらせんと申《もう》し候《そうら》へば、父母《ちちはは》うちすててはまゐらじと、こころには申《もう》し候《そうろ》ふと申《もう》し候《そうら》へども、それはいかやうにもはからひ候《そうろ》ふ。*かくゐ中《なか》に*人《ひと》にみを入《い》れて代《かわ》りをまゐらせんとも、栗沢《くりさわ》（信蓮房）が候《そうら》はんずれば申《もう》し候《そうろ》ふべし。ただし代《かわ》りはいくほどかは候《そうろ》ふべきとぞおぼえ候《そうろ》ふ。これらほどの男《おとこ》は世《よ》に*すくなく申《もう》し候《そうろ》ふなり。

また小袖《こそで》たびたびたまはりて候《そうろ》ふ。うれしさ、いまは*よみぢ小袖《こそで》にて衣《きぬ》も候《そうら》はんずれば、申《もう》すばかり候《そうら》はず、うれしく*候《そうろ》ふなり。いまは*尼《あま》（恵信尼）が着《き》て候《そうろ》ふものは、最後《さいご》のときのことはなしては思《おも》はず候《そうろ》ふ。いまは時日《ときひ》を待《ま》つ身《み》にて候《そうら》へば。

またたしかならん便《びん》に、小袖賜《こそでた》ぶべきよし仰《おお》せられて候《そうら》ひし。このゐもん入道《にゅうどう》の便《たよ》りは、たしかに候《そうら》はんずらん。また*宰相殿《さいしょうどの》は、ありつきておはしま

仕えている人というほどの意味であろう。

よにおだしくよく候ひし　本当におだやかでよい性格の者でありました。「よく」を「かく」「うく」「うへ」等と読む説がある。

温病　熱病。はやりやまい。

当時　いま。現在。

大事　底本は湮滅《いんめつ》して読めない。ここでは「大事」（重い病気のこと）とする説に従った。

いとく　底本は「い」に続く二字が不明で、他に「こく」「さく」「とへ」等と読む説がある。使用人の名前と思われる。

それに　京都の覚信尼公《かくしんにこう》のもとへ。

このごろ　底本は「ろ」に続く一字が不明。

かく　底本では不明。「か

し候《そうろ》ふやらん。よろづ*公達《きんだち》のことども、みなうけたまはりたく候《そうろ》ふなり。尽《つく》しがたくてとどめ候《そうら》ひぬ。あなかしこ、あなかしこ。

九月七日《ながつきなぬか》

またわかさ殿《どの》も、いまは年《とし》すこし寄《よ》りてこそおはしまし候《そうろ》ふらめ。あはれ、*ゆかしくこそ思《おも》ひ候《そうら》へ。年寄《としよ》りては、*いかがしくみて候《そうろ》ふ人《ひと》も、ゆかしくみたくおぼえ候《そうら》ひけり。かこのまへのことのいとほしさ、上《じょう》れんばうのことも*思《おも》ひいでられて、ゆかしくこそ候《そうら》へ。あなかしこ、あなかしこ。

*ちくぜん

*とびたのまきより

わかさ殿《どの》申《もう》させたまへ

（八）

「*わかさ殿《どの》」

便《たよ》りをよろこびて申《もう》し候《そうろ》ふ。

さては*今年《ことし》まであるべしと思《おも》はず候《そうら》ひつれども、今年《ことし》は八十七《はちじゅうしち》やらんにな
13 り候《そうろ》ふ。寅《とら》の年《とし》のものにて候《そうら》へば、八十七《はちじゅうしち》やらん八《はち》やらんになり候《そうら》へば、いまは*時日《ときひ》を待《ま》ちてこそ候《そうら》へども、年《とし》こそおそろしくなりて候《そうら》へども、*しはぶく

く」かと思われる。

人　底本では不明。「人」かと思われる。

すく　底本は湮滅《いんめつ》して読めない。「すく」かと思われる。

よみぢ小袖　死に装束のこと。「よみぢ」は黄泉。

く候　底本は湮滅して読めない。「く候」かと思われる。

尼が　「あまり」と読む説がある。

宰相殿　覚信尼公《かくしんにこう》と日野《ひの》広《ひろ》綱《つな》との間に生れた娘で、実悟師の「日野一流系図」に「字光玉」とある女性にあたるとされる。

公達　子どもたち。

ゆかしく　何となく慕わしく。逢いたい。

いかがしくみて候ふ人　あまり感心しないように思っ

こと候《そうら》はねば、唾《つわき》など吐《は》くこと候《そうら》はず。腰《こし》・膝《ひざ》打《う》たすると申《もう》すことも当時《とうじ》までは候《そうら》はず。ただ犬《いぬ》のやうにてこそ候《そうら》へども、今年《ことし》になり候《そうら》へば、あまりにものわすれをし候《そうら》ひて、耄《ほ》れたるやうにこそ候《そうら》へ。

さても去年《こぞ》よりは、よにおそろしきことどもおほく候《そうろ》ふなり。

また*すかいのものの便《たよ》りに、綾《あや》の衣《きぬ》賜《た》びて候《そうら》ひしこと、*申《もう》すばかりなくおぼえ候《そうろ》ふ。いまは時日《ときひ》を待《ま》ちて居《い》て候《そうら》へば、これをや最後《さいご》にて候《そうら》はんずらんとのみこそおぼえ候《そうら》へ。当時《とうじ》までもそれより賜《た》びて候《そうら》ひし綾《あや》の小袖《こそで》をこそ、最後《さいご》のときのと思《おも》ひてもちて候《そうら》へ。よにうれしくおぼえ候《そうろ》ふ。衣《きぬ》の表《おもて》も、いまだもちて候《そうろ》ふなり。

また公達《きんだち》のこと、よにゆかしく、うけたまはりたく候《そうろ》ふなり。*上《かみ》の公達《きんだち》の御《おん》ことも、よにうけたまはりたくおぼえ候《そうろ》ふ。あはれ、この世《よ》にていま一度《いちど》みまゐらせ、またみえまゐらすること候《そうろ》ふべき。わが身《み》は極楽《ごくらく》へただいまにまゐり候《そうら》はんずれ。*なにごともくらからず、みそなはしまゐらすべく候《そうら》へば、*かまへて御念仏《おんねんぶつ》申《もう》させたまひて、極楽《ごくらく》へまゐりあはせたまふべし。なほなほ極楽《ごくらく》へまゐりあひまゐらせ候《そうら》はんずれば、なにごともくらからずこそ候《そうら》はんずれ。

ていた人。どうかと思っていた人。

思ひいでられて　一説に「とはせられて」と読む。

ちくぜん　恵信尼公《えしんにこう》の呼び名であろう。

とびたのまき　恵信尼公の手紙の発信地。現在の新潟県上越市内で、諸説があって確定しない。

わかさ殿　端裏書。下部は欠失している。

今年　文永五年（一二六八）。恵信尼公八十七歳。

時日を待ちてこそ候へ　浄土へ往生させていただく時を待っているばかりです。

しはぶく　咳《せき》をする。

すかい　一説に「すりい」と読む。地名と考えられる。

申すばかりなくおぼえ候ふ　お礼の申しようもありません。

14

またこの便《びん》は、これにちかく候《そうろ》ふ*みこの甥《おい》とかやと申《もう》すものの便《びん》に申《もう》し候《そうろ》ふなり。あまりにくらく候《そうら》ひて、こまかならず候《そうろ》ふ。またかまへてたしかならん便《たよ》りには、綿《わた》すこし賜《た》び候《そうら》へ。*をはりに候《そうろ》ふ、ゑもん入道《にゅうどう》の便《たよ》りぞ、たしかの便《たよ》りにて候《そうろ》ふべき。それもこのところに*まゐることの候《そうろ》ふべきやらんときき候《そうら》へども、いまだ披露《ひろう》せぬことにて候《そうろ》ふなり。

また*くわうず(光寿)御前《ごぜん》の修行《しゅぎょう》に下《くだ》るべきとかや仰《おお》せられて候《そうら》ひしかども、これへはみえられず候《そうろ》ふなり。

またわかさ殿《どの》のいまはおとなしく年寄《としよ》りておはし候《そうろ》ふらんと、よにゆかしくこそおぼえ候《そうら》へ。かまへて、念仏申《ねんぶつもう》して極楽《ごくらく》へまゐりあはせたまへと候《そうろ》ふべし。

なによりもなによりも公達《きんだち》の御《おん》こと、こまかに仰《おお》せ候《そうら》へ。うけたまはりたく候《そうろ》ふなり。*一昨年《おととし》やらん生《うま》れておはしまし候《そうら》ひけるとうけたまはり候《そうら》ひしは、それもゆかしく思《おも》ひまゐらせ候《そうろ》ふ。

またそれへまゐらせ候《そうら》はんと申《もう》し候《そうら》ひし女《め》の童《わらわ》も、一年《ひととせ》の大温病《おおうんびょう》におほくうせ候《そうら》ひぬ。ことりと申《もう》し候《そうろ》ふ女《め》の童《わらわ》も、はや年寄《としよ》りて候《そうろ》ふ。父《ちち》は御家人《ごけにん》にて

上の公達　覚信尼公《かくしんにこう》の娘宰相か、長男覚恵法師《かくえほっし》のことであろう。

なにごともくらからず…　どんなことも明らかにご覧になることができますから。

かまへて　必ず。

みこ　巫女か。

をはりに候ふ　「これが最後です」と解釈する説、「尾張《おわり》におります」と解釈する説などがある。

まゐる　底本では上の二字が不明。他に「かかる」「かへる」等と読む説がある。

くわうず御前　覚信尼公の長男で、後の覚恵法師。覚《かく》如《にょ》上人の父。

一昨年やらん生れて…　一昨年は文永三年（一二六六）にあたる。この年に覚信尼公の次男唯善《ゆいぜん》が生れている。

いむまのぜうと申《もう》すものの娘《むすめ》の候《そうろ》ふも、それへまゐらせんとて、ことりと申《もう》すにあづけて候《そうら》へば、*よに無道《ぶとう》げに候《そうら》ひて、髪《かみ》なども、よにあさましげにて候《そうろ》ふなり。ただの童《わらわべ》にて、いまいましげにて候《そうろ》ふめり。

けさが娘《むすめ》のわかばと申《もう》す女《め》の童《わらわ》の、今年《ことし》は二十一《にじゅういち》になり候《そうろ》ふが妊《はら》みて、この三月《やよい》やらんに子産《こう》むべく候《そうら》へども、男子《おのこご》ならば父《ちち》ぞ取《と》り候《そうら》はんずらん。さきにも五《いつ》つになる男子《おのこご》産《う》みて候《そうら》ひしかども、父相伝《ちちそうでん》にて、父《ちち》が取《と》りて候《そうろ》ふ。これもいかが候《そうら》はんずらん。わかばが母《はは》は、頭《かしら》になにやらんゆゆしげなる腫物《はれもの》のいでき候《そうら》ひて、はや十余年《じゅうよねん》になり候《そうろ》ふなるが、いたづらものにて、時日《ときひ》を待《ま》つやうに候《そうろ》ふと申《もう》し候《そうろ》ふ。

それに上《のぼ》りて候《そうら》ひしをり、おと法師《ほうし》とて童《わらわ》にて候《そうら》ひしが、それへまゐらすべきと申《もう》し候《そうら》へども、妻子《めこ》の候《そうら》へば、よもまゐらんとは申《もう》し候《そうら》はじとおぼえ候《そうろ》ふ。尼《あま》（恵信尼）がりんず(臨終)し候《そうら》ひなんのちには、栗沢《くりさわ》（信蓮房）に申《もう》しおき候《そうら》はんずれば、まゐれと仰《おお》せ候《そうろ》ふべし。

また栗沢《くりさわ》はなにごとやらん、*のづみと申《もう》す山寺《やまでら》に不断念仏《ふだんねんぶつ》はじめ候《そうら》はんずるに、なにとやらん撰《せん》じまうすことの候《そうろ》ふべきとかや申《もう》すげに候《そうろ》ふ。*五条殿《ごじょうどの》の

よに無道げに候ひて　非常に無作法なようすでありまして。

のづみと申す…　「のづみ」は、現在の新潟県上越市板倉区にある山寺薬師を指すという説と、同県長岡市寺泊野積であろうとする説とがある。山寺薬師には、栗沢信蓮房《しんれんぼう》が不断念仏を行ったという伝承を持つ「聖《ひじり》の岩窟《いわや》」がある。なお、不断念仏とは特定の日時を定めて昼夜不断に行う念仏修行のことをいう。

五条殿　親鸞聖人のことか。『御伝鈔』（一〇五七頁一行）に、聖人が京都五条西洞院に居住していた旨の記述がある。

15
御《おん》ためにと申《もう》し候《そうろ》ふめり。

なにごとも申《もう》したきことおほく候《そうら》へども、あか月《つき》、便《たよ》りの候《そうろ》ふよし申《もう》し候《そうら》へば、夜書《よるか》き候《そうら》へば、よにくらく候《そうら》ひて、よも御覧《ごらん》じ得候《えそうら》はじとて、とどめ候《そうら》ひぬ。

また針《はり》すこし賜《た》び候《そうら》へ。この便《びん》にても候《そうら》へ。御文《おんふみ》のなかに入《い》れて賜《た》ぶべく候《そうろ》ふ。なほなほ公達《きんだち》の御《おん》こと、こまかに仰《おお》せたび候《そうら》へ。うけたまはり候《そうら》ひてだになぐさみ候《そうろ》ふべく候《そうろ》ふ。よろづ尽《つく》しがたく候《そうら》ひて、とどめ候《そうら》ひぬ。

またさいさう（宰相）殿《どの》、いまだ姫君《ひめぎみ》にておはしまし候《そうろ》ふやらん。

あまりにくらく候《そうら》ひて、いかやうに書《か》き候《そうろ》ふやらん、よも御覧《ごらん》じ得候《えそうら》はじ。

三月《やよい》十二日《じゅうににち》＊亥《い》の時《とき》

亥の時　午後十時頃。

歎《たん》異《に》抄《しょう》

本書は、親鸞聖人《しんらんしょうにん》滅後、主に関東の門弟の間で故聖人の口伝《くでん》の真信《しんしん》に背く異義が生じたことを歎き、聖人面授《めんじゅ》の門弟である著者（おそらく唯円房《ゆいえんぼう》）が同心の行者の不審を除くために著したもので、題号も著者自身によって付せられたことは明らかである。

内容は、巻頭に撰述の趣旨を示した漢文の序があり、本文は十八箇条からなっている。それは前半と後半に分れ、初めの十条は、著者が直接聖人から聞いて耳底に留まるところの法語を記したものである。このうち第十条の後半には、聖人の滅後に異義の生じたことを歎く文があって第十一条以下の序の体裁をとっている。後半の第十一条から第十八条までは、異義を挙げて歎異《たんに》されたもので、このなかにも聖人の御法語が回顧されている。次いで、総結の文で、聖人の吉水《よしみず》時代の信心一異の諍論《じょうろん》や聖人の常の仰せを挙げている。前後両段のなか第一、第二、第三条と、第十一、第十二、第十三条は対応しているが、他は必ずしも対応するものではない。

本聖典では、第八代宗主蓮如上人《れんにょしょうにん》書写本を底本としているので、承元《じょうげん》の法難（承元元年、一二〇七）のときの流罪記録の文が存するが、これの存在しない写本もある。

歎《たん》異《に》抄《しょう》

ひそかに愚案《ぐあん》を回《めぐ》らして、ほぼ*古今《ここん》を勘《かんが》ふるに、先師《せんし》(親鸞)の*口伝《くでん》の真信《しんしん》に異《こと》なることを歎《なげ》き、*後学相続《こうがくそうぞく》の疑惑《ぎわく》あることを思《おも》ふに、幸《さいわ》ひに*有縁《うえん》の知識《ちしき》によらずは、いかでか*易行《いぎょう》の一門《いちもん》に入《い》ることを得《え》んや。*まつたく*自見《じけん》の覚語《かくご》をもつて、他力《たりき》の宗旨《しゅうし》を乱《みだ》ることなかれ。よつて、故親鸞聖人《こしんらんしょうにん》の御物語《おんものがたり》の趣《おもむき》、耳《みみ》の底《そこ》に留《とど》むるところ、いささかこれを注《しる》す。ひとへに同心行者《どうしんぎょうじゃ》の不審《ふしん》を散《さん》ぜんがためなりと云々《うんぬん》。

(一)

一 弥陀《みだ》の*誓願不思議《せいがんふしぎ》にたすけられまゐらせて、往生《おうじょう》をばとぐるなりと信《しん》じて念仏申《ねんぶつもう》さんとおもひたつこころのおこるとき、*すなはち摂取不捨《せっしゅふしゃ》の利益《りやく》に*あづけしめたまふなり。弥陀《みだ》の本願《ほんがん》には、老少《ろうしょう》・善悪《ぜんあく》のひとを*えらばれず、ただ信心《しんじん》を要《よう》とすとしるべし。そのゆゑは、罪悪深重《ざいあくじんじゅう》・煩悩《ぼんのう》*熾盛《しじょう》の衆生《しゅじょう》をたすけ

古今 親鸞聖人在世の昔と滅後の今。
口伝の真信 口から直接に伝えられた真実の信心。
後学相続の疑惑 後の者が教えを受け継いでゆくについての疑いや惑い。
有縁の知識 深い因縁《いんねん》に結ばれた仏道の師。
易行の一門 易行道のこと。→易行道《いぎょうどう》
まつたく 決して。
自見の覚語 自分勝手な見解の意で、口伝の真信に対し、自己の見解をもって信心を定めることをいう。「自見の覚悟」とする異本もあるが、意は同じ。
誓願不思議 阿弥陀仏の誓願は人間の思慮分別や議論を超えているので不思議という。→誓願《せいがん》
すなはち ただちに。即時に。

んがための願《がん》にまします。しかれば、本願《ほんがん》を信《しん》ぜんには、他《た》の善《ぜん》も要《よう》にあらず、念仏《ねんぶつ》にまさるべき善《ぜん》なきゆゑに。悪《あく》をもおそるべからず、弥陀《みだ》の本願《ほんがん》をさまたぐるほどの悪《あく》なきゆゑにと云々《うんぬん》。

(三)

一　*おのおのの十余《じゅうよ》箇国《かこく》のさかひをこえて、*身命《しんみょう》をかへりみずして、たづね
4 きたらしめたまふ御《おん》こころざし、ひとへに往生極楽《おうじょうごくらく》のみちを問《と》ひきかんがためなり。しかるに念仏《ねんぶつ》よりほかに往生《おうじょう》のみちをも存知《ぞんじ》し、また法文等《ほうもんとう》をもしりたるらんと、*こころにくくおぼしめしておはしましてはんべらんは、おほきなるあやまりなり。もししからば、*南都《なんと》北嶺《ほくれい》にも*ゆゆしき学生《がくしょう》たちおほく座《おわ》せられて候《そうろ》ふなれば、かのひとにもあひたてまつりて、往生《おうじょう》の要《よう》よくよくきかるべきなり。親鸞《しんらん》におきては、ただ念仏《ねんぶつ》して、弥陀《みだ》にたすけられまゐらすべしと、よきひと（法然）の仰《おお》せを*かぶりて、信《しん》ずるほかに*別《べつ》の子細《しさい》なきなり。念仏《ねんぶつ》は、まことに浄土《じょうど》に生《うま》るるたねにてやはんべらん、また地獄《じごく》におつべき業《ごう》にてやはんべるらん、*総《そう》じてもつて存知《ぞんじ》せざるなり。たとひ法然聖人《ほうねんしょうにん》に*すかされまゐらせて、念仏《ねんぶつ》して地獄《じごく》におちたりとも、*さらに後悔《こうかい》すべからず候《そうろ》ふ。

あづけしめたまふなり　（摂取不捨《せっしゅふしゃ》の利益《りやく》を）お与えくださるという意。

えらばれず　わけへだてなさらない。

熾盛　はげしく盛んなこと。

おのおの　あなた方。関東から京都の親鸞聖人のところへ信仰上の疑問を質《ただ》しに来た人々。

身命をかへりみずして　命がけで。

こころにくく　はっきりと知りたく。

南都北嶺　奈良の興福寺《こうふくじ》等の諸大寺と比叡山《ひえいざん》の延暦寺《えんりゃくじ》。

ゆゆしき学生　すぐれた学僧。

かぶりて　いただいて。

別の子細　格別なわけ。

総じて　全く。

すかされ　だまされ。

そのゆゑは、*自余《じよ》の行《ぎやう》もはげみて*仏《ぶつ》に成《な》るべかりける身《み》が、念仏《ねんぶつ》を申《もう》して地獄《じごく》にもおちて候《さうら》はばこそ、すかされたてまつりてといふ後悔《こうかい》も候《さうら》はめ。いづれの行《ぎやう》もおよびがたき身《み》なれば、*とても地獄《じごく》は*一定《いちじやう》すみかぞかし。弥陀《みだ》の本願《ほんがん》まことにおはしまさば、釈尊《しやくそん》の説教《せつきやう》虚言《きよごん》なるべからず。仏説《ぶつせつ》まことにおはしまさば、*善導《ぜんどう》の御釈《おんしやく》虚言《きよごん》したまふべからず。善導《ぜんどう》の御釈《おんしやく》まことならば、法然《ほうねん》の仰《おお》せそらごとならんや。法然《ほうねん》の仰《おお》せまことならば、親鸞《しんらん》が申《もう》すむね、またもつてむなしかるべからず候《さうろ》ふか。詮《せん》ずるところ、愚身《ぐしん》の信心《しんじん》におきてはかくのごとし。このうへは、念仏《ねんぶつ》をとりて信《しん》じたてまつらんとも、またすてんとも、*面々《めんめん》の御《おん》はからひなりと云々《うんぬん》。

5

（三）

一　善人《ぜんにん》なほもつて往生《おうじやう》をとぐ。*いはんや悪人《あくにん》をや。しかるを世《よ》のひとつねにいはく、「悪人《あくにん》なほ往生《おうじやう》す。いかにいはんや善人《ぜんにん》をや」。この条《じやう》、*一旦《いつたん》そのいはれあるに似《に》たれども、本願《ほんがん》他力《たりき》の意趣《いしゆ》にそむけり。そのゆゑは、*自力作善《じりきさぜん》のひとは、ひとへに他力《たりき》をたのむこころ*かけたるあひだ、弥陀《みだ》の本願《ほんがん》にあらず。しかれども、自力《じりき》のこころをひるがへして、他力《たりき》をたのみたてまつれば、

さらに　決して。少しも。全く。

自余の行　念仏以外の行業《ぎやうごう》。
仏に成るべかりける身　仏になれたはずの身。
とても　どうしても。
一定　確実に。必ず。
善導の御釈　『観経疏』等を指す。
面々の御はからひ　各人のお考え。
いはんや悪人をや　まして悪人（が往生するの）はいうまでもない。悪人とはどのような行によっても生死《しようじ》を離れることのできない煩悩《ぼんのう》具足のわれら。↓補註3
一旦　一応。
自力作善のひと　自力で修めた善によって往生しようとする人。
かけたるあひだ　欠けているから。

真実報土《しんじつほうど》の往生《おうじょう》をとぐるなり。*煩悩具足《ぼんのうぐそく》のわれらは、いづれの行《ぎょう》にても生死《しょうじ》をはなるることあるべからざるを、あはれみたまひて願《がん》をおこしたまふ本意《ほんい》、悪人成仏《あくにんじょうぶつ》のためなれば、他力《たりき》をたのみたてまつる悪人《あくにん》、もつとも*往生《おうじょう》の正因《しょういん》なり。よつて善人《ぜんにん》だにこそ往生《おうじょう》すれ、まして悪人《あくにん》はと、仰《おお》せ候《そうら》ひき。

(四)

一　慈悲《じひ》に聖道《しょうどう》・浄土《じょうど》の*かはりめあり。聖道《しょうどう》の慈悲《じひ》といふは、*ものをあはれみ、*かなしみ、はぐくむなり。しかれども、おもふがごとく*たすけとぐること、きはめてありがたし。浄土《じょうど》の慈悲《じひ》といふは、念仏《ねんぶつ》して、いそぎ仏《ぶつ》に成《な》りて、大慈大悲心《だいじだいひしん》をもつて、おもふがごとく衆生《しゅじょう》を利益《りやく》するをいふべきなり。今生《こんじょう》に、いかに*いとほし不便《ふびん》とおもふとも、*存知《ぞんじ》のごとくたすけがたければ、この慈悲《じひ》*始終《しじゅう》なし。しかれば、念仏申《ねんぶつもう》すのみぞ、*すゑとほりたる大慈悲心《だいじひしん》にて候《そうろ》ふべきと云々《うんぬん》。

(五)

一　親鸞《しんらん》は父母《ぶも》の*孝養《きょうよう》のためとて、一返《いっぺん》にても念仏申《ねんぶつもう》したること、いまだ候《そうら》はず。そのゆゑは、一切《いっさい》の有情《うじょう》はみなもつて*世《せ》々生 々《せしょうじょう》の父母《ぶも》・兄弟《きょうだい》なり。い

煩悩具足　あらゆる煩悩を身にそなえているという意。

往生の正因　他力をたのむこころが往生の正因であるとする説、他力をたのむ悪人が往生の正機であるとする説などがある。

かはりめ　区別。違い。

もの　衆生《しゅじょう》のこと。

かなしみ　いとおしみ。かわいがり。

たすけとぐること　完全に救いとること。

いとほし　かわいそうだ。

存知のごとく　思い通りに。

始終なし　終始一貫しない。徹底しない。

すゑとほりたる　最後まで一貫した。徹底した。

孝養　ここでは追善供養《ついぜんくよう》のこと。

世々生々の　何度となく生れ変る間の。

づれもいづれも、この*順次生《じゅんじしょう》に仏《ぶつ》に成《な》りてたすけ候《そうろ》ふべきなり。わがちからに
6 てはげむ善《ぜん》にても候《そうら》はばこそ、念仏《ねんぶつ》を回向《えこう》して父母《ぶも》をもたすけ候《そうら》はめ。ただ自《じ》力《りき》をすてて、いそぎ浄土《じょうど》†のさとりをひらきなば、六道四生《ろくどうししょう》のあひだ、いづれの*業苦《ごっく》にしづめりとも、*神通方便《じんずうほうべん》をもつて、まづ*有縁《うえん》を*度《ど》すべきなりと云々《うんぬん》。

（六）

一　専修念仏《せんじゅねんぶつ》のともがらの、わが弟子《でし》、ひとの弟子《でし》といふ*相論《そうろん》の候《そうろ》ふらんこと、*もつてのほかの子細《しさい》なり。親鸞《しんらん》は弟子《でし》一人《いちにん》ももたず候《そうろ》ふ。そのゆゑは、わがはからひにて、ひとに念仏《ねんぶつ》を申《もう》させ候《そうら》はばこそ、弟子《でし》にても候《そうら》はめ。弥陀《みだ》の御《おん》もよほしにあづかつて念仏申《ねんぶつもう》し候《そうろ》ふひとを、わが弟子《でし》と申《もう》すこと、きはめたる*荒涼《こうりょう》のことなり。つくべき縁《えん》あればともなひ、はなるべき縁《えん》あればはなるることのあるをも、師《し》をそむきて、ひとにつれて念仏《ねんぶつ》すれば、往生《おうじょう》すべからざるものなりなんどいふこと、*不可説《ふかせつ》なり。如来《にょらい》よりたまはりたる信心《しんじん》を、わがものがほに、とりかへさんと申《もう》すにや。*かへすがへすもあるべからざることなり。自然《じねん》のことわりにあひかなはば、仏恩《ぶっとん》をもしり、また師《し》の恩《おん》をもしるべきなりと云々《うんぬん》。

順次生　現世の命が終って、次に受ける生。

業苦　悪業《あくごう》の結果として受ける苦悩。

神通方便　自由自在で不可思議なはたらき。

有縁　自分に関係のある者。

度す　済度《さいど》する。迷いの世界（此岸）の衆生《しゅじょう》をさとりの世界（彼岸）にわたすこと。

相論　言い争い。

もつてのほかの子細　とんでもないこと。

荒涼　途方もないこと。とんでもないこと。

不可説　とんでもないこと。

かへすがへすも　決して。

（七）

一　*念仏者《ねんぶつしゃ》は無礙《むげ》の一道《いちどう》なり。そのいはれいかんとならば、信心《しんじん》の行者《ぎょうじゃ》には、*天神《てんじん》・地祇《じぎ》も敬伏《きょうぶく》し、魔界《まかい》・外道《げどう》も障礙《しょうげ》することなし。罪悪《ざいあく》も*業報《ごうほう》を感《かん》ずることあたはず、諸善《しょぜん》もおよぶことなきゆゑなりと云々《うんぬん》。

（八）

一　念仏《ねんぶつ》は*行者《ぎょうじゃ》のために、非行《ひぎょう》・非善《ひぜん》なり。わがはからひにて行《ぎょう》ずるにあらざれば、非行《ひぎょう》といふ。わがはからひにてつくる善《ぜん》にもあらざれば、非善《ひぜん》とい
7 ふ。ひとへに他力《たりき》にして、自力《じりき》をはなれたるゆゑに、行者《ぎょうじゃ》のためには、非行《ひぎょう》・非善《ひぜん》なりと云々《うんぬん》。

（九）

一　念仏申《ねんぶつもう》し候《そうら》へども、*踊躍歓喜《ゆやくかんぎ》のこころおろそかに候《そうろ》ふこと、またいそぎ浄《じょう》土《ど》へまゐりたきこころの候《そうら》はぬは、いかにと候《そうろ》ふべきことにて候《そうろ》ふやらんと、*申《もう》しいれて候《そうら》ひしかば、親鸞《しんらん》もこの不審《ふしん》ありつるに、唯円房《ゆいえんぼう》おなじこころにてありけり。よくよく案《あん》じみれば、天《てん》にをどり地《ち》にをどるほどによろこぶべきことをよろこばぬにて、いよいよ往生《おうじょう》は一定《いちじょう》†*とおもひたまふなり。よろこぶべきこころをおさへてよろこばざるは、煩悩《ぼんのう》の所為《しょい》なり。しかるに仏《ぶつ》かねてしろ

念仏者は…　念仏の行者は無礙の一道（何ものにもさまたげられないひとすじの道）を歩む者という意。「念仏者は」の「は」を「者」に添えた訓《よ》み仮名とみて、「念仏は」と読む説がある。その場合、念仏は無礙の一道であるという意になるが、いずれにしても念仏の法が無礙道であるから、念仏者は何ものにもさまたげられないことを明かしている。

天神地祇　天神は梵天王《ぼんてんのう》・帝釈天《たいしゃくてん》・四天王《してんのう》など、地祇は堅牢地祇（大地の神）・八大竜王などを指す。

業報　善悪の業を因としてそれに応じる結果としての苦楽の報い。→補註5

行者のために　念仏を行ずる人にとって。

踊躍歓喜　おどりあがってよろこぶこと。

しめして、煩悩具足《ぼんのうぐそく》の凡夫《ぼんぶ》と仰《おお》せられたることなれば、他力《たりき》の悲願《ひがん》はかくのごとし、われらがためなりけりとしられて、いよいよたのもしくおぼゆるなり。また浄土《じょうど》へいそぎまゐりたきこころのなくて、いささか*所労《しょろう》のこともあれば、死《し》なんずるやらんとこころぼそくおぼゆることも、煩悩《ぼんのう》の所為《しょい》なり。久遠劫《くおんごう》よりいままで流転《るてん》せる*苦悩《くのう》の旧里《きゅうり》はすてがたく、いまだ生《うま》れざる安養《あんにょう》浄土《じょうど》はこひしからず候《そうろ》ふこと、まことによくよく煩悩《ぼんのう》の*興盛《こうじょう》に候《そうろ》ふにこそ。なごりをしくおもへども、娑婆《しゃば》の縁《えん》尽《つ》きて、ちからなくしてをはるときに、かの土《ど》へはまゐるべきなり。いそぎまゐりたきこころなきものを、ことにあはれみたまふなり。これにつけてこそ、いよいよ大悲大願《だいひだいがん》はたのもしく、往生《おうじょう》は決定《けつじょう》と存《ぞん》じ候《そうら》へ。踊躍歓喜《ゆやくかんぎ》のこころもあり、いそぎ浄土《じょうど》へもまゐりたく候《そうら》はんには、煩悩《ぼんのう》のなきやらんと、*†あやしく候《そうら》ひなましと云々《うんぬん》。

（一〇）

8 一 念仏《ねんぶつ》には*無義《むぎ》をもつて義《ぎ》とす。*不可称不可説不可思議《ふかしょうふかせつふかしぎ》のゆゑにと仰《おお》せ候《そうら》ひき。

*そもそも、かの御在生《ございしょう》のむかし、おなじくこころざしをして、*あゆみを遼《りょう》

申しいれて　ここではお尋ねしてという意。

おもひたまふなり　ここでの「たまふ」は謙譲の補助動詞ともいわれるが、その場合、通常は「おもひたまふるなり」となる。底本以外の多くの古写本には「おもひたまふべきなり」とある。この場合の「たまふ」は尊敬の補助動詞である。

所労　病気。

苦悩の旧里　苦悩にみちた故郷。迷いの世界をいう。

興盛　つよく盛んなこと。

あやしく候ひなまし　疑わしく思われるであろう。

無義をもつて義とす　→義《ぎ》なきを義《ぎ》とす

不可称…　たたえ尽すことも、説き尽すことも、心で思いはかることもできない。

そもそも…　第十条の後半

遠《えん》の洛陽《らくよう》にはげまし、信《しん》をひとつにして、心《こころ》を*当来《とうらい》の報土《ほうど》にかけしともがらは、同時《どうじ》に*御意趣《ごいしゅ》をうけたまはりしかども、そのひとびとにともなひて念仏《ねんぶつ》申《もう》さるる老若《ろうにゃく》、そのかずをしらずおはしますなかに、上人《しょうにん》（親鸞）の仰《おお》せにあらざる異義《いぎ》どもを、近来《きんらい》はおほく仰《おお》せられあうて候《そうろ》ふよし、伝《つた》へうけたまはる。いはれなき条々《じょうじょう》の子細《しさい》のこと。

（一一）

一　*一文不通《いちもんふつう》のともがらの念仏申《ねんぶつもう》すに*あうて、「*なんぢは誓願不思議《せいがんふしぎ》を信《しん》じて念仏申《ねんぶつもう》すか、また名号不思議《みょうごうふしぎ》を信《しん》ずるか」といひおどろかして、ふたつの不《ふ》思議《しぎ》を子細《しさい》をも分明《ぶんみょう》にいひ*ひらかずして、ひとのこころをまどはすこと。この条《じょう》、かへすがへすもこころをとどめて、*おもひわくべきことなり。

　誓願《せいがん》の不思議《ふしぎ》によりて、やすくたもち、となへやすき名号《みょうごう》を*案《あん》じいだしたまひて、この名字《みょうじ》をとなへんものをむかへとらんと御約束《おんやくそく》あることなれば、まづ弥陀《みだ》の大悲大願《だいひだいがん》の不思議《ふしぎ》にたすけられまゐらせて、生死《しょうじ》を出《い》づべしと信《しん》じて、念仏《ねんぶつ》の申《もう》さるるも如来《にょらい》の御《おん》はからひなりとおもへば、すこしもみづからのはからひまじはらざるがゆゑに、本願《ほんがん》に相応《そうおう》して、実報土《じっぽうど》に往生《おうじょう》するなり。

一〇

は親鸞聖人の滅後に異義の生じたことを歎くものであり、第十一条以下の序の体裁をとっている。また、底本以外のすべての古写本に改行がみられないので、この箇所を含む第十条全体を第十一条以下の序説とみる説もある。

あゆみを…はげまし　はるかに遠い京都まで足を運び。遼遠ははるかに遠いこと。洛陽は京都の別称。

当来　来世。来生。

御意趣　（親鸞聖人の）お考え。

一文不通　文字一つ知らず、無学、無知であること。

あうて　向かって。対して。

なんぢは…信ずるか　本来は一つである本願と名号《みょうごう》を別物のように分別して、誓願《せいがん》不思議を信じるものは

9

これは誓願《せいがん》の不思議《ふしぎ》を*むねと信《しん》じたてまつれば、名号《みょうごう》の不思議《ふしぎ》も具足《ぐそく》して、誓願《せいがん》・名号《みょうごう》の不思議《ふしぎ》ひとつにして、さらに異《こと》なることなきなり。つぎにみづからのはからひをさしはさみて、善悪《ぜんあく》のふたつにつきて、往生《おうじょう》のたすけ・さはり、二様《ふたよう》におもふは、誓願《せいがん》の不思議《ふしぎ》をばたのまずして、*わがこころに往生《おうじょう》の業《ごう》をはげみて申《もう》すところの念仏《ねんぶつ》をも*自行《じぎょう》になすなり。このひとは、名号《みょうごう》の不《ふ》思議《しぎ》をもまた信《しん》ぜざるなり。信《しん》ぜざれども、辺地《へんじ》懈慢《けまん》・疑城《ぎじょう》胎宮《たいぐ》にも往生《おうじょう》して、*果遂《かすい》の願《がん》（第二十願）のゆゑに、つひに報土《ほうど》に生《しょう》ずるは、名号《みょうごう》不思議《ふしぎ》のちからなり。これすなはち、誓願《せいがん》不思議《ふしぎ》のゆゑなれば、ただひとつなるべし。

（一二）

一　経釈《きょうしゃく》をよみ学《がく》せざるともがら、往生《おうじょう》不定《ふじょう》のよしのこと。この条《じょう》、すこぶる*不足言《ふそくごん》の義《ぎ》といひつべし。

他力真実《たりきしんじつ》のむねをあかせるもろもろの*正教《しょうぎょう》は、本願《ほんがん》を信《しん》じ念仏《ねんぶつ》を申《もう》さば仏《ぶつ》に成《な》る。そのほか、*なにの学問《がくもん》かは往生《おうじょう》の要《よう》なるべきや。まことに、このことわりに*迷《まよ》へらんひとは、いかにもいかにも学問《がくもん》して、本願《ほんがん》のむねをしるべきなり。経釈《きょうしゃく》をよみ学《がく》すといへども、聖教《しょうぎょう》の本意《ほんい》をこころえざる条《じょう》、もつとも

往生できるが、名号不思議を信じて念仏するものは往生できないと主張した誓名別信の異義を指す。

いひひらかずして　説き明かさないで。

おもひわく　考え定める。

案じいだし　考えだす。工夫してつくりだす。

むねと　ひとすじに。もっぱら。

わがこころに　自分のはからいでもって。

自行　阿弥陀仏より与えられた念仏を、自分の力でなしている行とみなすこと。

果遂　はたしとげるという意。親鸞聖人は、一には方便化《け》土《ど》往生を、二には第十八願（弘願《ぐがん》）への転入をはたしとげさせる意とするが、ここでは方便化土から真実報《ほう》土《ど》への転入をはたしとげ

不便《ふびん》のことなり。一文不通《いちもんふつう》にして、経釈《きょうしゃく》の*往《ゆ》く路《じ》もしらざらんひとの、となへやすからんための名号《みょうごう》におはしますゆゑに、易行《いぎょう》といふ。学問《がくもん》をむねとするは聖道門《しょうどうもん》なり、難行《なんぎょう》となづく。あやまつて学問《がくもん》して名聞《みょうもん》・利養《りよう》のおもひに住《じゅう》するひと、順次《じゅんじ》の往生《おうじょう》、いかがあらんずらんといふ*証文《しょうもん》も候《そうろ》ふべきや。*当《とう》時《じ》、専修念仏《せんじゅねんぶつ》のひとと聖道門《しょうどうもん》のひと、法論《ほうろん》をくはだてて、「わが宗《しゅう》こそすぐれたれ、ひとの宗《しゅう》はおとりなり」といふほどに、法敵《ほうてき》も出《い》できたり、謗法《ほうぼう》もおこる。*これしかしながら、みづからわが法《ほう》を破謗《はほう》するにあらずや。たとひ諸門《しょもん》こぞりて、「念仏《ねんぶつ》は*かひなきひとのためなり、その宗《しゅう》あさし、いやし」といふとも、さらにあらそはずして、「われらがごとく*下根《げこん》の凡夫《ぼんぶ》、一文不通《いちもんふつう》のものの、信《しん》ずればたすかるよし、うけたまはりて信《しん》じ候《そうら》へば、さらに*上根《じょうこん》のひとのためにはいやしくとも、われらがためには最上《さいじょう》の法《ほう》にてまします。たとひ*自余《じょ》の教法《きょうぼう》すぐれたりとも、みづからがためには*器量《きりょう》およばざれば、つとめがたし。われもひとも、生死《しょうじ》をはなれんことこそ、諸仏《しょぶつ》の御本意《ごほんい》にておはしませば、御《おん》さまたげあるべからず」とて、*にくい気《げ》せずは、たれのひとかありて、*あだをなすべきや。かつは諍論《じょうろん》のところにはもろもろの煩悩《ぼんのう》おこる、智者遠《ちしゃおん》

一二

させる意となっている。

不足言の義　論じるまでもない誤った考え。

正教　経典や相承《そうじょう》の祖師・宗祖などの著述。聖教とも書く。

なにの学問かは…　浄土に往生するために、どのような学問が必要であろうか、(いや必要ではない)。

迷へらんひと　迷っている人。

往く路　筋道。

証文　証拠となる文。親鸞聖人は『御消息』(一六)の中で法然《ほうねん》聖人に言及して「文沙汰して、さかさかしきひとのまゐりたるをば、往生はいかがあらんずらんと、たしかにうけたまはりき」と述べている。

当時　いま。現在。

しかしながら　そのまま。

離《り》すべきよしの*証文《しょうもん》候《そうろ》ふにこそ。故聖人《こしょうにん》（親鸞）の仰《おお》せには、「この法《ほう》をば信《しん》ずる衆生《しゅじょう》もあり、そしる衆生《しゅじょう》もあるべしと、仏《ぶっ》説《と》きおかせたまひたることなれば、われはすでに信《しん》じたてまつる。またひとありてそしるにて、仏説《ぶっせつ》まことなりけりとしられ候《そうろ》ふ。しかれば、往生《おうじょう》はいよいよ一定《いちじょう》とおもひたまふなり。*あやまつてそしるひとの候《そうら》はざらんにこそ、いかに信《しん》ずるひとはあれども、そしるひとのなきやらんともおぼえ候《そうら》ひぬべけれ。かく申《もう》せばとて、かならずひとにそしられんとにはあらず。仏《ぶつ》の、かねて*信謗《しんぼう》ともにあるべきむねをしろしめして、ひとの疑《うたがい》をあらせじと、説《と》きおかせたまふことを申《もう》すなり」とこそ候《そうら》ひしか。今《いま》の世《よ》には、学文《がくもん》してひとのそしりをやめ、ひとへに論義問答《ろんぎもんどう》*むねとせんと*かまへられ候《そうろ》ふにや。学問《がくもん》せば、いよいよ如来《にょらい》の御本意《ごほんい》をしり、悲願《ひがん》の広大《こうだい》のむねをも存知《ぞんじ》して、いやしからん身《み》にて往生《おうじょう》はいかがなんどあやぶまんひとにも、本願《ほんがん》には善悪《ぜんあく》・浄穢《じょうえ》なき趣《おもむき》をも説《と》ききかせられ候《そうら》はばこそ、学《がく》
11 生《しょう》のかひにても候《そうら》はめ。たまたまなにごころもなく、本願《ほんがん》に相応《そうおう》して念仏《ねんぶつ》するひとをも、学文《がくもん》してこそなんどいひおどさるること、法《ほう》の魔障《ましょう》なり、仏《ぶつ》の怨敵《おんてき》なり。みづから他力《たりき》の信心《しんじん》かくるのみならず、あやまつて他《た》を迷《まよ》はさんとす。

かひなきひと　能力のない人。
下根　根は根機の意。仏道を修める能力の劣った者。↓根機《こんき》
上根　根は根機の意。仏道を修める能力のすぐれた者。
自余の教法　念仏以外の教え。
器量　才能。力量。
にくい気せずは　憎らしい様子（態度・風情）をしなければ。
あだ　ここではさまたげ。

証文　『往生要集《おうじょうようしゅう》』（中）所引の『宝積経《ほうしゃくきょう》』の文（註釈版聖典七祖篇九六九頁一一行以下）、同文にもとづく「七箇条制誡《しちかじょうせいかい》」第二条の文。ここではとくに後者の文を指す。
あやまつて　まかり間違って。

つつしんでおそるべし、先師《せんし》（親鸞）の御《おん》こころにそむくことを。かねてあはれむべし、弥陀《みだ》の本願《ほんがん》にあらざることを。

（一三）

一　弥陀《みだ》の本願不思議《ほんがんふしぎ》におはしませばとて、悪《あく》をおそれざるは、また*本願《ほんがん》ぼこりとて、往生《おうじょう》かなふべからずといふこと。この条《じょう》、*本願《ほんがん》を疑《うたが》ふ、善悪《ぜんあく》の*宿業《しゅくごう》をこころえざるなり。

よきこころのおこるも、宿善《しゅくぜん》のもよほすゆゑなり。悪事《あくじ》のおもはれせらるるも、悪業《あくごう》のはからふゆゑなり。故聖人《こしょうにん》（親鸞）の仰《おお》せには、「*卯毛《うもう》・羊毛《ようもう》のさきにゐるちりばかりもつくる罪《つみ》の、宿業《しゅくごう》にあらずといふことなしとしるべし」と候《そうら》ひき。

またあるとき、「唯円房《ゆいえんぼう》はわがいふことをば信《しん》ずるか」と、仰《おお》せの候《そうら》ひしあひだ、「*さん候《ぞうろ》ふ」と、申《もう》し候《そうら》ひしかば、「さらば、*いはんことたがふまじきか」と、かさねて仰《おお》せの候《そうら》ひしあひだ、つつしんで*領状《りょうじょう》申《もう》して候《そうら》ひしかば、「*たとへばひと千人《せんにん》*ころしてんや、しからば往生《おうじょう》は一定《いちじょう》すべし」と、仰《おお》せ候《そうら》ひしとき、「仰《おお》せにては候《そうら》へども、一人《いちにん》もこの身《み》の器量《きりょう》にては、*ころしつべしと

信謗　仏法を信じる者とそしる者。

むねとせん　一番大切なこととしよう。主目的にしよう。

かまへられ候ふにや　心がけておられるのであろうか。

本願ぼこり　本願にあまえてつけあがること。

本願を疑ふ善悪の…　本願を疑うことであり、それはまた善悪の宿業を心得ていないことである。

宿業　→補註5

卯毛羊毛の…　きわめて微細なものの喩え。

さん候ふ　さようでございます。ここでは「はい、信じます」という応答。

いはんことたがふまじきか　（私が）いうことに背かないか。

領状　承諾すること。領掌、

もおぼえず候《そうろ》ふ」と、申《もう》して候《そうら》ひしかば、「さてはいかに親鸞《しんらん》がいふことをたがふまじきとはいふぞ」と。「これにてしるべし。なにごとも*こころにまかせ
12 たることならば、往生《おうじよう》のために千人《せんにん》ころせといはんに、すなはちころすべし。しかれども、一人《いちにん》にても*かなひぬべき業縁《ごうえん》なきによりて、害《がい》せざるなり。わがこころのよくてころさぬにはあらず。また害《がい》せじとおもふとも、百人《ひやくにん》・千人《せんにん》をころすこともあるべし」と、仰《おお》せの候《そうら》ひしかば、われらがこころのよきをばよしとおもひ、悪《あ》しきことをば悪《あ》しとおもひて、願《がん》の不思議《ふしぎ》にてたすけたまふといふことをしらざることを、仰《おお》せの候《そうら》ひしなり。*そのかみ邪見《じやけん》におちたるひとあつて、悪《あく》をつくりたるものをたすけんといふ願《がん》にてましませばとて、わざとこのみて悪《あく》をつくりて、往生《おうじよう》の業《ごう》とすべきよしをいひて、*やうやうにあしざまなることのきこえ候《そうら》ひしとき、*御消息《ごしようそく》に、「薬《くすり》あればとて、毒《どく》をこのむべからず」と、*あそばされて候《そうろ》ふは、かの邪執《じやしゆう》をやめんがためなり。まつたく、悪《あく》は往生《おうじよう》のさはりたるべしとにはあらず。*持戒持律《じかいじりつ》にてのみ本願《ほんがん》を信《しん》ずべくは、われらいかでか生死《しようじ》をはなるべきやと。かかるあさましき身《み》も、本願《ほんがん》にあひたてまつりてこそ、*げにほこられ候《そうら》へ。さればとて、*身《み》にそなへざらん悪業《あくごう》

領承とも書く。
たとへば　まずもって。
ころしてんや　殺してくれないか。
ころしつべしとも…　殺すことなどできるとは思えません。

こころにまかせたる　思い通りになる。
かなひぬべき業縁　思い通りに（殺すことのできる）縁。
そのかみ　かつて。その昔。
やうやうに　次第に。
御消息　『御消息』（二）に「薬あり毒を好めと候ふらんことは、あるべくも候はずとぞおぼえ候ふ」とある。
あそばされて　ここではお書きになってという意。
持戒持律　戒律を守って犯さないこと。
げにほこられ候へ　本当に

13

は、よもつくられ候《そうら》はじものを。また、「海《うみ》・河《かわ》に網《あみ》をひき、釣《つり》をして、世《よ》をわたるものも、野山《のやま》に*ししをかり、鳥《とり》をとりて、*いのちをつぐともがらも、商《あきな》ひをし、田畠《でんばく》をつくりて過《す》ぐるひとも、ただおなじことなり」と。「さるべき業縁《ごうえん》の*もよほさば、いかなるふるまひもすべし」とこそ、聖人《しょうにん》（親鸞）は仰《おお》せ候《そうら》ひしに、当時《とうじ》は*後世者《ごせしゃ》ぶりして、よからんものばかり念仏申《ねんぶつもう》すべきやうに、あるいは道場《どうじょう》に*はりぶみをして、*なんなんのことしたらんものをば、道場《どうじょう》へ入《い》るべからずなんどといふこと、ひとへに*賢善精進《けんぜんしょうじん》の相《そう》を外《ほか》にしめして、内《うち》には*虚仮《こけ》をいだけるものか。願《がん》にほこりてつくらん罪《つみ》も、宿業《しゅくごう》のもよほすゆゑなり。されば善《よ》きことも悪《あ》しきことも業報《ごうほう》にさしまかせて、ひとへに本願《ほんがん》をたのみまゐらすればこそ、他力《たりき》にては候《そうら》へ。『唯信抄《ゆいしんしょう》』にも、「*弥陀《みだ》いかばかりのちからましますとしりてか、*罪業《ざいごう》の身《み》なればすくはれがたしとおもふべき」と候《そうろ》ふぞかし。本願《ほんがん》にほこるこころのあらんにつけてこそ、他力《たりき》をたのむ信心《しんじん》も決定《けつじょう》しぬべきことにて候《そうら》へ。おほよそ悪業煩悩《あくごうぼんのう》を断《だん》じ尽《つく》してのち、本《ほん》願《がん》を信《しん》ぜんのみぞ、願《がん》にほこるおもひもなくてよかるべきに、煩悩《ぼんのう》を断《だん》じなば、すなはち仏《ぶつ》に成《な》り、仏《ぶつ》のためには、*五劫思惟《ごこうしゆい》の願《がん》、その*詮《せん》なくやましまさ

（本願を）ほこり甘えることができるのである。

身にそなへざらん悪業… まさか自分に縁のない悪い行いをすることなどできないであろう。

しし その肉を食用とする獣の総称。猪、鹿など。

いのちをつぐ 命をつなぐ。生活する。

もよほさば 「もよほせば」とする異本がある。

後世者ぶり 名利《みょうり》を離れて来世の往生をもっぱら願っているかのようにふるまうこと。

はりぶみ （禁制を記した）張紙。

なんなん 何々。これこれ。

賢善精進の相 賢者や善人らしくつとめ励む姿。

虚仮 うそ。いつわり。

弥陀・罪業 『唯信鈔』の

ん。本願《ほんがん》ぼこりといましめらるるひとびとも、煩悩《ぼんのう》・不浄具足《ふじょうぐそく》せられてこそ候《そうろ》うげなれ。それは願《がん》†にほこらるるにあらずや。いかなる悪《あく》を本願《ほんがん》ぼこりといふ、いかなる悪《あく》かほこらぬにて候《そうろ》ふべきぞや。*かへりて、こころをさなきことか。

（一四）

一　*一念《いちねん》に八十億劫《はちじゅうおくこう》の重罪《じゅうざい》を滅《めっ》すと信《しん》ずべしといふこと。この条《じょう》は、十悪《じゅうあく》・五逆《ごぎゃく》の罪人《ざいにん》、日《ひ》ごろ念仏《ねんぶつ》を申《もう》さずして、命終《みょうじゅう》のとき、はじめて善知識《ぜんぢしき》のをしへにて、一念申《いちねんもう》せば八十億劫《はちじゅうおくこう》の罪《つみ》を滅《めっ》し、十念申《じゅうねんもう》せば十《と》八十億劫《はちじゅうおくこう》の重罪《じゅうざい》を滅《めっ》して往生《おうじょう》すといへり。これは十悪《じゅうあく》・五逆《ごぎゃく》の*軽重《きょうじゅう》をしらせんがために、一《いち》念《ねん》・十念《じゅうねん》といへるか、滅罪《めつざい》の利益《りやく》なり。いまだわれらが信《しん》ずるところにおよばず。そのゆゑは、弥陀《みだ》の光明《こうみょう》に照《て》らされまゐらするゆゑに、一念発起《いちねんぽっき》するとき金剛《こんごう》の信心《しんじん》をたまはりぬれば、すでに*定聚《じょうじゅ》の位《くらい》にをさめしめたまひて、命《みょう》終《じゅう》すれば、もろもろの煩悩悪障《ぼんのうあくしょう》を転《てん》じて、無生忍《むしょうにん》をさとらしめたまふなり。この悲願《ひがん》ましまさずは、かかるあさましき罪人《ざいにん》、いかでか生死《しょうじ》を解脱《げだつ》すべきとおもひて、一生《いっしょう》のあひだ申《もう》すところの念仏《ねんぶつ》は、みなことごとく如来大悲《にょらいだいひ》の恩《おん》を報《ほう》じ、徳《とく》を謝《しゃ》すとおもふべきなり。念仏申《ねんぶつもう》さんごとに、罪《つみ》をほろぼさんと信《しん》

14

原文には「仏」「罪悪」とある。

五劫思惟の願　阿弥陀仏が因位《いんに》の法蔵《ほうぞう》菩薩の時、一切衆生《しゅじょう》を平等に救うために、五劫という長い間思惟をめぐらし立てた誓願《せいがん》。

詮なく　かいがなく。無意味で。

かへりて…　（本願ぼこりはよくないというのは）むしろ考えが幼いのではないか。

一念に…　一声の念仏で八十億劫という長い間、生死《しょうじ》を流転《るてん》しなければならないほどの重罪を消すということ。『観経』の下下品に「十念を具足して南無阿弥陀仏と称せしむ。仏名を称するがゆゑに、念々のなかにおいて八十億劫の生死の罪を除く」とある。

ぜんは、すでにわれ*と罪《つみ》を消《け》して、往生《おうじょう》せんとはげむにてこそ候《そうろ》ふなれ。もししからば、一生《いっしょう》のあひだおもひとおもふこと、みな*生死《しょうじ》のきづなにあらざることなければ、いのち尽《つ》きんまで念仏《ねんぶつ》退転《たいてん》せずして往生《おうじょう》すべし。ただし業《ごう》報《ほう》*かぎりあることなれば、いかなる*不思議《ふしぎ》のことにもあひ、また*病悩苦痛《びょうのうくつう》せ†めて、*正念《しょうねん》に住《じゅう》せずしてをはらん。念仏申《ねんぶつもう》すことかたし。そのあひだの罪《つみ》をば、いかがして滅《めっ》すべきや。罪消《つみき》えざれば、往生《おうじょう》はかなふべからざるか。摂《せっ》取不捨《しゅふしゃ》の願《がん》をたのみたてまつらば、いかなる不思議《ふしぎ》ありて、罪業《ざいごう》ををかし、念《ねん》仏申《ぶつもう》さずしてをはるとも、すみやかに往生《おうじょう》をとぐべし。また*念仏《ねんぶつ》の申《もう》されんも、ただいまさとりをひらかんずる期《ご》のちかづくにしたがひても、いよいよ弥《み》陀《だ》をたのみ、御恩《ごおん》を報《ほう》じたてまつるにてこそ候《そうら》はめ。罪《つみ》を滅《めっ》せんとおもはんは、自力《じりき》のこころにして、臨終《りんじゅう》正念《しょうねん》といのるひとの本意《ほんい》なれば、他力《たりき》の信心《しんじん》なきにて候《そうろ》ふなり。

（一五）

一　煩悩具足《ぼんのうぐそく》の身《み》をもつて、すでに*さとりをひらくといふこと。この条《じょう》、もつてのほかのことに候《そうろ》ふ。

軽重　（罪の）重さ。

定聚　正定聚のこと。↓正定聚《しょうじょうじゅ》

われと　自分の力で。

生死のきづな　生死流転《るてん》の迷いの世界につなぎとめる綱。

かぎり　制約。

不思議のこと　不慮のこと。思いがけないこと。

病悩苦痛せめて　病気に悩まされ苦痛に責められて。

正念　臨終正念の意。死に臨んで、妄念を起すことなく、正しく阿弥陀仏を念じていること。

念仏の申されんも　（臨終の時）念仏することができるとしても。

すでに　この世ですでにという意。

*即身成仏《そくしんじょうぶつ》は*真言《しんごん》秘教《ひきょう》の本意《ほんい》、*三密《さんみつ》行業《ぎょうごう》の証果《しょうか》なり。*六根《ろっこん》清浄《しょうじょう》はまた*法華《ほっけ》一乗《いちじょう》の所説《しょせつ》、*四《し》安楽《あんらく》の行《ぎょう》の*感徳《かんとく》なり。これみな難行《なんぎょう》上根《じょうこん》のつとめ、観念成就《かんねんじょうじゅ》のさとりなり。来生《らいしょう》の開覚《かいかく》は他力《たりき》浄土《じょうど》の宗旨《しゅうし》、信心決定《しんじんけつじょう》の*通故《つうこ》なり。これまた易行《いぎょう》下根《げこん》のつとめ、*不簡善悪《ふけんぜんあく》の法《ほう》なり。おほよそ今生《こんじょう》においては、煩悩悪障《ぼんのうあくしょう》を断《だん》ぜんこと、きはめてありがたきあひだ、真言《しんごん》・法華《ほっけ》を行《ぎょう》ずる*浄侶《じょうりょ》、なほもつて順次生《じゅんじしょう》のさとりをいのる。いかにいはんや、*戒行《かいぎょう》・慧解《えげ》ともになしといへども、弥陀《みだ》の願船《がんせん》に乗《じょう》じて、生死《しょうじ》の苦海《くかい》をわたり、報土《ほうど》の岸《きし》につきぬるものならば、煩悩《ぼんのう》の黒雲《こくうん》はやく晴《は》れ、法性《ほっしょう》の*覚月《かくげつ》すみやかにあらはれて、尽十方《じんじっぽう》の無碍《むげ》の光明《こうみょう》に一味《いちみ》にして、一切《いっさい》の衆生《しゅじょう》†を利益《りやく》せんときにこそ、さとりにては候《そうら》へ。この身《み》をもつてさとりをひらくと候《そうろ》ふなるひとは、釈尊《しゃくそん》のごとく、種々《しゅじゅ》の応化《おうげ》の身《み》をも現《げん》じ、三十二相《さんじゅうにそう》・八十随形好《はちじゅうずいぎょうこう》をも具足《ぐそく》して、説法利益《せっぽうりやく》候《そうろ》ふにや。これをこそ、今生《こんじょう》にさとりをひらく本《ほん》とは申《もう》し候《そうら》へ。『和讃《わさん》』（高僧和讃・七七）にいはく、「金剛堅固《こんごうけんご》の信心《しんじん》の　さだまるときをまちえてぞ　弥陀《みだ》の心光《しんこう》摂護《しょうご》して　ながく生死《しょうじ》をへだてける」と†候《そうろ》ふは、信心《しんじん》の定《さだ》まるときに、ひとたび摂取《せっしゅ》して捨《す》てたまはざれば、六道《ろくどう》に輪廻《りんね》すべからず。しかれば、ながく生死《しょうじ》を

即身成仏　この世でこの身のままで仏になること。

真言秘教　密教のこと。↓密教《みっきょう》

三密行業　身口意《しんくい》の三密加持《かじ》の実践法。↓三密《さんみつ》

六根清浄　眼《げん》・耳《に》・鼻《び》・舌《ぜつ》・身《しん》・意《い》の六根が清浄となること。『法華経《ほけきょう》』を受持《じゅじ》・読《どく》・誦《じゅ》・解説《げせつ》・書写する五種の行を修めることによって得られるという。↓六根《ろっこん》

法華一乗　『法華経』に説く一仏乗の教え、つまり天台《てんだい》の教えを指す。

四安楽の行　『法華経』「安楽行品」に説かれる四種の行法。身安楽行・口安楽行・意安楽行・誓願《せいがん》安楽行の四をいう。身口意のはたらきにおいてあやまちを離れ、すべての衆生《しゅじょう》をさとりに導こうという慈悲の誓願をおこすこと。

ばへだて候《そうろ》ふぞかし。かくのごとくしるを、さとるとはいひまぎらかすべきや。あはれに候《そうろ》ふをや。「浄土真宗《じょうどしんしゅう》には、今生《こんじょう》に本願《ほんがん》を信《しん》じて、かの土《ど》にしてさとりをばひらくとならひ候《そうろ》ふぞ」とこそ、故聖人《こしょうにん》（親鸞）の仰《おお》せには候《そうら》ひしか。

16

（一六）

一　信心《しんじん》の行者《ぎょうじゃ》、自然《じねん》にはらをもたて、あしざまなることをもをかし、*同朋《どうぼう》同侶《どうりょ》にもあひて口論《こうろん》をもしては、かならず*回心《えしん》すべしといふこと。この条《じょう》、*断《だん》悪修善《あくしゅぜん》のここちか。

　一向専修《いっこうせんじゅ》のひとにおいては、回心《えしん》といふこと、ただひとたびあるべし。その回心《えしん》は、日《ひ》ごろ本願他力真宗《ほんがんたりきしんしゅう》をしらざるひと、弥陀《みだ》の智慧《ちえ》をたまはりて、日《ひ》ごろのこころにては往生《おうじょう》かなふべからずとおもひて、*もとのこころをひきかへて、本願《ほんがん》をたのみまゐらするをこそ、回心《えしん》とは申《もう》し候《そうら》へ。一切《いっさい》の事《じ》に、あしたゆふべに回心《えしん》して、往生《おうじょう》をとげ候《そうろ》ふべくは、ひとのいのちは、出《い》づる息《いき》、入《い》るほどをまたずしてをはることなれば、回心《えしん》もせず、*柔和忍辱《にゅうわにんにく》のおもひにも住《じゅう》せざらんさきにいのち尽《つ》き〔な〕ば、摂取不捨《せっしゅふしゃ》の誓願《せいがん》はむなしくならせおはしますべきにや。口《くち》には願力《がんりき》をたのみたてまつるといひて、こころには*さこそ

感徳　修行の結果、得られる功徳《くどく》。「威徳」とする異本がある。

通故　例外のない道理の意。「道なるがゆゑ」「通ずるゆゑ」とする異本がある。

不簡善悪の法　善人と悪人とをわけへだてしない教法。

浄侶　清僧。徳の高い僧。

戒行慧解　戒律を持つことと、智慧《ちえ》によって仏法を領《りょう》解《げ》すること。

覚月　法性《ほっしょう》のさとりを月に喩える。前の「煩悩の黒雲」の対句。

同朋同侶　同じ教えを奉ずる仲間。→補註13

回心　ここでは悪心を改悔する回心懺悔《さんげ》の意。

断悪修善のここち　悪を断ち切り、善を修めて浄土に往生しようという考え。

もとのこころをひきかへて

悪人《あくにん》をたすけんといふ願《がん》、不思議《ふしぎ》にましますといふとも、*さすがよからんものをこそたすけたまはんずれと*おもふほどに、願力《がんりき》を疑《うたが》ひ、他力《たりき》をたのみまゐらするこころかけて、辺地《へんじ》の生《しょう》をうけんこと、もつともなげきおもひたまふべきことなり。信心定《しんじんさだ》まりなば、往生《おうじょう》は弥陀《みだ》にはからはれまゐらせてすることなれば、わがはからひなるべからず。わろからんにつけても、いよいよ願力《がんりき》を仰《あお》ぎまゐらせば、自然《じねん》のことわりにて、柔和忍辱《にゅうわにんにく》のこころも出《い》でくべし。すべてよろづのことにつけて、往生《おうじょう》には*かしこきおもひを具《ぐ》せずして、ただほれぼれと弥陀《みだ》の御恩《ごおん》の深重《じんじゅう》なること、つねはおもひいだしまゐらすべし。しかれば、念仏《ねんぶつ》も*申《もう》され候《そうろ》ふ。これ自然《じねん》なり。わがはからはざるを自然《じねん》と申《もう》すなり。これすなはち他力《たりき》にてまします。しかるを、自然《じねん》といふことの別《べつ》にあるやうに、*われ物《もの》しりがほにいふひとの候《そうろ》ふよしうけたまはる、あさましく候《そうろ》ふ。

17

(一七)

一　辺地往生《へんじおうじょう》をとぐるひと、つひには地獄《じごく》におつべしといふこと。この条《じょう》、なにの証文《しょうもん》にみえ候《そうろ》ふぞや。*学生《がくしょう》だつるひとのなかに、いひいださるることにて候《そうろ》ふなるこそ、あさましく候《そうら》へ。経論《きょうろん》・正教《しょうぎょう》をば、いかやうにみなされ

自力のこころをひるがえして。

柔和忍辱のおもひ　やすらかで、落ち着いた思い。

さこそ…いふとも　いくら…といっても。

さすが　そうはいうものの。それでもやはり。

おもふほどに　思うから。

かしこきおもひ　こざかしい考え。

申され　自然に称えられる。

われ物しりがほにいふひと　自分だけがいかにも知っているかのようにふるまう人。

学生だつるひと　学者ぶった人。

て候《そうろ》ふらん。

信心《しんじん》かけたる行者《ぎょうじゃ》は、本願《ほんがん》を疑《うたが》ふによりて、辺地《へんじ》に生《しょう》じて、疑《うたがい》の罪《つみ》をつぐのひてのち、報土《ほうど》のさとりをひらくとこそ、うけたまはり候《そうら》へ。信心《しんじん》の行者《ぎょうじゃ》すくなきゆゑに、化土《けど》におほくすすめいれられ候《そうろ》ふを、つひに*むなしくなるべしと候《そうろ》ふなるこそ、*如来《にょらい》に虚妄《こもう》を申《もう》しつけまゐらせられ候《そうろ》ふなれ。

（一八）

一　*仏法《ぶっぽう》の方《かた》に、*施入物《せにゅうもつ》の多少《たしょう》にしたがつて、大小仏《だいしょうぶつ》に成《な》るべしといふこと。この条《じょう》、不可説《ふかせつ》なり、不可説《ふかせつ》なり。*比興《ひきょう》のことなり。

まづ、仏《ぶつ》に大小《だいしょう》の分量《ぶんりょう》を定《さだ》めんこと、あるべからず候《そうろ》ふか。かの安養《あんにょう》浄《じょう》土《ど》の教主《きょうしゅ》（阿弥陀仏）の*御身量《ごしんりょう》を説《と》かれて候《そうろ》ふも、それは*方便報身《ほうべんほうじん》のかたちなり。法性《ほっしょう》のさとりをひらいて、長短《ちょうたん》・方円《ほうえん》のかたちにもあらず、青《しょう》・黄《おう》・赤《しゃく》・白《びゃく》・黒《こく》のいろをもはなれなば、なにをもつてか大小《だいしょう》を定《さだ》むべきや。念仏申《ねんぶつもう》すに、化仏《けぶつ》をみたてまつるといふことの候《そうろ》ふなるこそ、「大念《だいねん》には大仏《だいぶつ》を見《み》、小念《しょうねん》には小仏《しょうぶつ》を見《み》る」（大集経・意）といへるが、もし*このことわりなんどにばし、ひきかけられ候《そうろ》ふやらん。かつはまた、*檀波羅蜜《だんばらみつ》の行《ぎょう》ともいひつべし。

むなしくなる　いたずらごとになる。むだになる。

如来に虚妄を…　釈尊が嘘いつわりをいわれたと取りざたするという意。

仏法の方　仏事関係、あるいは寺院や道場のこと。

施入物　布施《ふせ》として寄進する金品。

比興のこと　不都合なこと。道理にあわないこと。

御身量　『観経』の真身観に「仏身《ぶっしん》の高さ六十万億那《な》由他恒河沙由旬《ゆたごうがしゃゆじゅん》なり」とある。

方便報身　真実報身に対したもので方便の報身、すなわち方便化身《けしん》のこと。

このことわりなんどにばし　この説などにでも。

檀波羅蜜　梵語ダーナ・パーラミター(dāna-pāramitā)の音写。布施《ふせ》波羅蜜のこと。→六波羅蜜《ろっぱらみつ》

いかに宝物《たからもの》を仏前《ぶつぜん》にもなげ、師匠《ししょう》にも施《ほどこ》すとも、信心《しんじん》かけなば、その詮《せん》なし。一紙《いっし》・半銭《はんせん》も仏法《ぶっぽう》の方《かた》に入《い》れずとも、他力《たりき》にこころをなげて信心《しんじん》ふかくは、それこそ願《がん》の本意《ほんい》にて候《そうら》はめ。すべて仏法《ぶっぽう》に*ことをよせて、世間《せけん》の欲心《よくしん》もあるゆゑに、同朋《どうぼう》をいひおどさるるにや。

18

*右条々《みぎじょうじょう》は、みなもつて信心《しんじん》の異《こと》なるよりことおこり候《そうろ》ふか。故聖人《こしょうにん》（親鸞）の御物語《おんものがたり》に、法然聖人《ほうねんしょうにん》の御時《おんとき》、御弟子《おんでし》そのかずおはしけるなかに、おなじく御信心《ごしんじん》のひともすくなくおはしけるにこそ、親鸞《しんらん》、御同朋《おんどうぼう》の御中《おんなか》にして御《ご》相論《そうろん》のこと候《そうら》ひけり。そのゆゑは、「善信《ぜんしん》（親鸞）が信心《しんじん》も、聖人《しょうにん》（法然）の御信心《ごしんじん》も一《ひと》つなり」と仰《おお》せの候《そうら》ひければ、勢観房《せいかんぼう》・*念仏房《ねんぶつぼう》なんど申《もう》す御同朋《おんどうぼう》達《たち》、*もつてのほかにあらそひたまひて、「いかでか聖人《しょうにん》の御信心《ごしんじん》に善信房《ぜんしんぼう》の信心《しんじん》、一《ひと》つにはあるべきぞ」と候《そうら》ひければ、「聖人《しょうにん》の御智慧《おんちえ》・*才覚《さいかく》ひろくおはしますに、一《ひと》つならんと申《もう》さばこそ*ひがごとならめ。往生《おうじょう》の信心《しんじん》においては、まつたく異《こと》なることなし、ただ一《ひと》つなり」と御返答《ごへんとう》ありけれども、なほ「いかでかその義《ぎ》あらん」といふ疑難《ぎなん》ありければ、詮《せん》ずるところ、聖人《しょうにん》の御《おん》まへに

ことをよせて　かこつけて。

右条々　第十一条以下の各条を指す。

念仏房　生没年未詳。念阿弥陀仏のこと。比叡山《ひえいざん》の僧であったが、法然《ほうねん》聖人に帰依《きえ》し、晩年京都嵯峨《さが》の往生院（現在の祇王寺）に住したという。

もつてのほかに　意外なことに。

才覚　学才。学識。

ひがごと　間違い。誤り。

19

て*自《じ》他《た》の是《ぜ》非《ひ》を定《さだ》むべきにて、この子細《しさい》を申《もう》しあげければ、法然聖人《ほうねんしょうにん》の仰《おお》せには、「源空《げんくう》が信心《しんじん》も、如来《にょらい》よりたまはりたる信心《しんじん》なり。善信房《ぜんしんぼう》の信心《しんじん》も、如《にょ》来《らい》よりたまはらせたまひたる信心《しんじん》なり。さればただ一《ひと》つなり。別《べつ》の信心《しんじん》にておはしまさんひとは、源空《げんくう》が*まゐらんずる浄土《じょうど》へは、*よもまゐらせたまひ候《そうら》はじ」と仰《おお》せ候《そうら》ひしかば、当時《とうじ》の一向専修《いっこうせんじゅ》のひとびとのなかにも、親鸞《しんらん》の御信心《ごしんじん》に一《ひと》つならぬ御《おん》ことも候《そうろ》ふらんとおぼえ候《そうろ》ふ。いづれもいづれも*繰《く》り言《ごと》にて候《そうら》へども、書《か》きつけ候《そうろ》ふなり。*露命《ろめい》わづかに*枯草《こそう》の身《み》にかかりて候《そうろ》ふほどにこそ、あひともなはしめたまふひとびと〔の〕御不審《ごふしん》をもうけたまはり、聖人《しょうにん》（親鸞）の仰《おお》せの候《そうら》ひし趣《おもむき》をも申《もう》しきかせまゐらせ候《そうら》へども、*閉眼《へいがん》ののちは、*さこそ*しどけなきことどもにて候《そうら》はんずらめと、歎《なげ》き存《ぞん》じ候《そうら》ひて、*かくのごとくの義《ぎ》ども、仰《おお》せられあひ候《そうろ》ふひとびとにも、いひまよはされなんどせらるることの候《そうら》はんときは、故聖人《こしょうにん》（親鸞）の御《おん》こころにあひかなひて御《おん》もちゐ候《そうろ》ふ*御聖教《おんしょうぎょう》どもを、よくよく御覧候《ごらんそうろ》ふべし。おほよそ聖教《しょうぎょう》には、真実《しんじつ》・*権仮《ごんけ》ともにあひまじはり候《そうろ》ふなり。権《ごん》をすてて実《じつ》をとり、仮《け》をさしおきて真《しん》をもちゐるこそ、聖人《しょうにん》（親鸞）の御本意《ごほんい》にて候《そうら》へ。*かまへてかまへて、聖教《しょうぎょう》をみ、

自他の是非を定むべき　自分と相手とどちらの主張が正しいかを決めよう。
まゐらんずる　参るであろう。
よも　まさか。
繰り言　同じことを繰り返し言うこと。つまらないこと。
露命　消えやすい露のようにはかない命。
枯草の身　枯れ草のように老い衰えた身。
閉眼　死ぬこと。
さこそ　さぞかし。きっと。
しどけなきこと　しまりがないこと。ここでは異義がはびこるさまを指していう。
かくのごとくの義　先にあげたような異義。
御聖教ども　『唯信鈔』『自力他力事』『後世物語』等を指す。
権仮　方便として仮に用い

みだらせたまふまじく候《そうろ》ふ。*大切《たいせつ》の証文《しょうもん》ども、少々《しょうしょう》ぬきいでまゐらせ候《そうろ》うて、*目《め》やすにして、この書《しょ》に添《そ》へまゐらせて候《そうろ》ふなり。聖人《しょうにん》（親鸞）のつねの仰《おお》せには、「弥陀《みだ》の五劫思惟《ごこうしゆい》の願《がん》をよくよく案《あん》ずれば、ひとへに親鸞一人《しんらんいちにん》がためなりけり。さればそれほどの*業《ごう》をもちける身《み》にてありけるを、たすけんとおぼしめしたちける本願《ほんがん》のかたじけなさよ」と御述懐《ごじゅっかい》候《そうら》ひしことを、いままた案《あん》ずるに、善導《ぜんどう》の「自身《じしん》はこれ現《げん》に罪悪生死《ざいあくしょうじ》の凡夫《ぼんぶ》、曠劫《こうごう》よりこのかたつねにしづみつねに流転《るてん》して、出離《しゅつり》の縁《えん》あることなき身《み》としれ」（散善義　四五七）といふ金言《きんげん》に、すこしもたがはせおはしまさず。さればかたじけなく、わが御《おん》身《み》にひきかけて、われらが身《み》の罪悪《ざいあく》のふかきほどをもしらず、如来《にょらい》の御恩《ごおん》のたかきことをもしらずして迷《まよ》へるを、おもひしらせんがためにて候《そうら》ひけり。まことに如来《にょらい》の御恩《ごおん》といふことをば沙汰《さた》なくして、われもひとも、よしあしといふことをのみ申《もう》しあへり。聖人《しょうにん》の仰《おお》せには、「善悪《ぜんあく》のふたつ、総《そう》じてもつて存知《ぞんじ》せざるなり。そのゆゑは、如来《にょらい》の御《おん》こころに善《よ》しとおぼしめすほどにしりとほしたらばこそ、善《よ》きをしりたるにてもあらめ、如来《にょらい》の悪《あ》しとおぼしめすほどにしりとほしたらばこそ、悪《あ》しさをしりたるにてもあらめど、煩悩具足《ぼんのうぐそく》の凡夫《ぼんぶ》、

るもの。

かまへてかまへて　よくよく注意して。

大切の証文　すでに散逸して存しないとする説、第一条から第十条までの法語とする説、すぐ後に出る「弥陀の五劫思惟の願…」と「善悪のふたつ…」の二文とする説、末尾の流罪記録が散逸した証文の残欠であるとする説などがある。

目やす　箇条書にした文書。または標準の意。

それほどの　底本および専《せん》精寺本《しょうじぼん》以外の多くの古写本では「そくばくの」とある。その場合は「多くの」の意。

火宅《かたく》無常《むじょう》の世界《せかい》は、よろづのこと、みなもつてそらごとたはごと、まことあることなきに、ただ念仏《ねんぶつ》のみぞまことにておはします」とこそ仰《おお》せは候《そうら》ひしか。まことに、われもひともそらごとをのみ申《もう》しあひ候《そうろ》ふなかに、ひとついたましきことの候《そうろ》ふなり。そのゆゑは、念仏申《ねんぶつもう》すについて、信心《しんじん》の趣《おもむき》をもたがひに問《もん》答《どう》し、ひとにもいひきかするとき、ひとの口《くち》をふさぎ、相論《そうろん》をたたんがために、まつたく仰《おお》せにてなきことをも仰《おお》せとのみ申《もう》すこと、あさましく歎《なげ》き存《ぞん》じ候《そうろ》ふなり。このむねをよくよく*おもひとき、こころえらるべきことに候《そうろ》ふ。これさらに*わたくしのことばにあらずといへども、経釈《きょうしゃく》の往《ゆ》く路《じ》もしらず、法《ほう》文《もん》の浅深《せんじん》をこころえわけたることも候《そうら》はねば、さだめてをかしきことにてこそ候《そうら》はめども、*古親鸞《こしんらん》の仰《おお》せごと候《そうら》ひし趣《おもむき》、百分《ひゃくぶん》が一《ひと》つ、*かたはしばかりをもおもひいでまゐらせて、書《か》きつけ候《そうろ》ふなり。かなしきかなや、さいはひに念仏《ねんぶつ》しながら、直《じき》に報土《ほうど》に生《うま》れずして、辺地《へんじ》に宿《やど》をとらんこと。*一室《いっしつ》の行者《ぎょうじゃ》のなかに、信心異《しんじんこと》なることなからんために、なくなく筆《ふで》を染《そ》めてこれをしるす。な
21 づけて「歎異抄《たんにしょう》」といふべし。*外見《がいけん》あるべからず。

おもひとき　よく考えて理解し。

わたくしのことば　自分一人の勝手な言葉。

古親鸞　「いにしへ親鸞」とする異本がある。

かたはし　ほんのすこし。

一室の行者　同じ念仏の教えをうけた同門の人々。

外見あるべからず　同門の人以外にみせないでほしい。

*後鳥羽院《ごとばのいん》の*御宇《ぎょう》、法然聖人《ほうねんしょうにん》、他力本願念仏宗《たりきほんがんねんぶつしゅう》を興行《こうぎょう》す。時《とき》に、興福寺《こうぶくじ》の僧《そう》侶《りょ》、*敵奏《てきそう》の上《うえ》、御弟子《おんでし》のなか、*狼藉子細《ろうぜきしさい》あるよし、*無実《むじつ》の風聞《ふうぶん》によりて罪科《ざいか》に処《しょ》せらるる人数《にんじゅ》の事《こと》。

一　法然聖人《ほうねんしょうにん》ならびに御弟子七人《おんでししちにん》、流罪《るざい》。また御弟子四人《おんでししにん》、死罪《しざい》におこなはるるなり。聖人《しょうにん》（法然）は*土佐国《とさのくに》　幡多《はた》　といふ所《ところ》へ流罪《るざい》、罪名藤井元彦《ざいみょうふじいのもとひこ》　男《おとこ》云々《うんぬん》、生年《しょうねん》*七十六歳《しちじゅうろくさい》なり。

親鸞《しんらん》は越後国《えちごのくに》、罪名藤井善信《ざいみょうふじいのよしざね》云々《うんぬん》、生年三十五歳《しょうねんさんじゅうごさい》なり。

浄聞房《じょうもんぼう》　備後国《びんごのくに》　澄西禅光房《ちょうさいぜんこうぼう》　伯耆国《ほうきのくに》　好覚房《こうかくぼう》　伊豆国《いずのくに》　*行空法本房《ぎょうくうほうほんぼう》　佐渡国《さどのくに》

幸西成覚房《こうさいじょうかくぼう》・善恵房《ぜんえぼう》二人《ににん》、同《おな》じく遠流《おんる》に定《さだ》まる。しかるに*無動寺《むどうじ》の善題大《ぜんだいだい》僧正《そうじょう》、これを申《もう》しあづかると云々《うんぬん》。遠流《おんる》の人々《ひとびと》、以上八人《いじょうはちにん》なりと云々《うんぬん》。

死罪《しざい》に行《おこな》はるる人々《ひとびと》

一番《いちばん》　*西意善綽房《さいいぜんしゃくぼう》
二番《にばん》　性願房《しょうがんぼう》
三番《さんばん》　*住蓮房《じゅうれんぼう》
四番《しばん》　*安楽房《あんらくぼう》

後鳥羽院　後鳥羽天皇（一一八〇—一二三九）。一二二一年、北条《ほうじょう》氏追討の院《いん》宣《ぜん》を下したが失敗し、隠岐《おき》に配流された（承久の乱）。
御宇　御治世。在位期間。
敵奏の上　仏敵として朝廷に奏状《そうじょう》をもって訴え出た上に。
狼藉子細あるよし　道にはずれた行為に糾弾されるべき理由があるということ。
無実の風聞　事実無根の風評。
土佐国　現在の高知県。法《ほう》然《ねん》聖人は実際には讃岐《さぬき》（現在の香川県）に留まった。
七十六歳　建永二年（承元元年・一二〇七）は法然聖人七十五歳であった。
行空法本房　一念義の代表的人物とされる。
無動寺の善題大僧正　無動寺は比叡山《ひえいざん》の東塔にあった

22

*二位法印尊長《にいのほういんそんちよう》の沙汰《さた》なり。

親鸞《しんらん》、僧儀《そうぎ》を改《あらた》めて俗名《ぞくみよう》を賜《たま》ふ。よつて僧《そう》にあらず俗《ぞく》にあらず、しかるあひだ、禿《とく》の字《じ》をもつて姓《しよう》となして、奏聞《そうもん》を経《へ》られをはんぬ。かの御申《おんもう》し状《じよう》、いまに*外記庁《げきのちよう》に納《おさ》まると云々《うんぬん》。流罪以後《るざいいご》、愚禿親鸞《ぐとくしんらん》と書《か》かしめたまふなり。

右《みぎ》この聖教《しようぎよう》は、*当流大事《とうりゆうだいじ》の聖教《しようぎよう》となすなり。*無宿善《むしゆくぜん》の機《き》においては、*左右《さう》なく、これを許《ゆる》すべからざるものなり。

釈蓮如《しやくれんによ》（花押）

寺。善題大僧正は慈円《じえん》（慈鎮）を指す。→慈鎮和尚《じちんかしよう》

西意善綽房　『口伝鈔』（一）では親鸞聖人とともに聖覚《せいかく》法印《ほういん》への使者となった人物として出る。

住蓮房・安楽房　ともに美声をもって知られ、六時礼讃《ろくじらいさん》を修して多くの帰依《きえ》者を得た。

二位法印尊長　正二位権中納言一条能保《いちじようよしやす》の子。法勝寺などの執行となった。「法印」は法印大和尚《だいかしよう》位の略で、僧位の最高位。

外記庁　詔勅《しようちよく》の起草・上奏文の記録などをつかさどる役所。

当流　浄土真宗を指す。

無宿善の機　宿善のない者。仏の教えを聞く機縁が熟していない者。

左右なく　たやすく。